Deutsche Marinen im Wandel

Beiträge zur Militärgeschichte

Herausgegeben vom
Militärgeschichtlichen Forschungsamt

Band 63

R. Oldenbourg Verlag München 2005

Deutsche Marinen im Wandel

Vom Symbol nationaler
Einheit zum Instrument
internationaler Sicherheit

Im Auftrag des
Militärgeschichtlichen Forschungsamtes
herausgegeben von

Werner Rahn

R. Oldenbourg Verlag München 2005

Die Deutsche Bibliothek - CIP-Einheitsaufnahme

Ein Titeldatensatz für diese Publikation ist bei der
Deutschen Bibliothek erhältlich.

© 2005 Oldenbourg Wissenschaftsverlag GmbH, München
Rosenheimer Str. 145, D-81671 München
Internet: http://www.oldenbourg-verlag.de

Satz: Militärgeschichtliches Forschungsamt, Potsdam
Druck und Bindung: R. Oldenbourg Graphische Betriebe Druckerei GmbH, München

Vordere Umschlagbilder:
    H. Leitner: Gedeckte Korvette »Hertha« vor Konstantinopel 1878
    (Militärgeschichtliches Forschungsamt, Potsdam)
    Deutscher Marine-Einsatzverband im Golf von Aden April 2002: Einsatzgruppenversor-
    ger »Berlin« bei der Versorgung der Fregatten »Bayern« und »Köln«
    (Foto: Flottenkommando, Glücksburg)
Hinteres Umschlagbild:
    Zwei Jagdbomber F-104 G in den Farben des Marine-Demonstrationsteams »Vikings«
    über der Marineschule Mürwik 1987 (Foto: Axel Ostermann)

Weitere Bildgeber:
Archiv für Kunst und Geschichte, Berlin (akg-images)
Bildarchiv Preußischer Kulturbesitz, Berlin (bpk)
Deutsches Schiffahrtsmuseum, Bremerhaven
Wehrgeschichtliches Ausbildungszentrum der Marineschule Mürwik, Flensburg (MSM/WGAZ)
WZ-Bilddienst, Wilhelmshaven

Falls nicht alle Rechteinhaber ermittelt wurden, bitten wir gegebenenfalls um Mitteilung.

ISBN 3-486-57674-7

Inhalt

III. Die Zeit der Weltkriege

IV. Die Zeit des Kalten Krieges, 1946–1990

V. Vor neuen Herausforderungen, 1991–2004

VI. Schlußbetrachtung

Geleitwort
des Inspekteurs der Marine

Liebe Leserinnen und Leser!

Moderne deutsche Marineeinheiten stehen derzeit Seite an Seite mit unseren Bündnispartnern in See, um der Bedrohung durch einen weltweiten Terrorismus zu begegnen. Die veränderten Rahmenbedingungen nach dem Zusammenbruch der bipolaren Weltordnung haben den deutschen Streitkräften neue Aufgaben zugewiesen. Im Rahmen der politischen Vorgaben tragen wir diesen heute Rechnung. Diese Aufgaben stellen besondere Herausforderungen an die Menschen und das Material und spiegeln einen Wandlungsprozeß in gesellschaftlicher und in technischer Hinsicht. Dieser Wandel wird in der Marine besonders dann deutlich, wenn wir die heutige Entwicklung mit der vergangener Zeitläufe unserer Marinegeschichte vergleichen. Dieser Vergleich erfüllt uns zunächst mit Dankbarkeit, daß es uns möglich war, jahrzehntelang in der Bundesrepublik Deutschland in Frieden und Freiheit zu leben und unsere Kinder und Kindeskinder zu erziehen und auszubilden. Hieran wird aber auch unsere besondere Verpflichtung für unser notwendiges Handeln heute sichtbar. Der Blick in unsere Geschichte, und als Teil dessen in unsere Marinegeschichte, verdeutlicht die Komplexität dieses Wandlungsprozesses.

Der ehrliche und kritische Blick in die Vergangenheit hilft, unsere heutige Marine zu gestalten und optimistisch in die Zukunft zu blicken, denn eine Lehre der Vergangenheit muß auch lauten, daß der unzufriedene, teilweise sogar »jammervolle« Blick in die Vergangenheit die Chancen für die Zukunft verstellt. Ich bezweifle sehr ernsthaft, ob früher – als Begriff sehr standort- und personengebunden – »alles besser« war; es war anders. Jede Zeit hat ihre eigene Identität und entwickelt ihre Forderungen. Diese zu ergründen, darf weder ideologischen noch dogmatischen Gründen folgen, sondern muß sich an historischer Offenheit und Aufrichtigkeit, vor allem aber an Wissenschaftlichkeit orientieren.

Die Marine hält daran fest, ihre Historiker nach einer angemessenen Zeit in Truppenverwendungen aus eigenen Reihen zu rekrutieren. Dabei geht es nicht um eine »Blaufärbung« der deutschen Marinegeschichte wie in einigen Vorgängermarinen zu beobachten war, sondern folgt den Zielen, ausgewählten Offizieren Weiterbildungs- und Qualifikationsmöglichkeiten zu eröffnen und sich professionell Fragen der deutschen Marinegeschichte zu widmen sowie die Unterschiede auf der Grundlage des eigenen beruflichen Werdeganges zwischen unserer heutigen Marine und den Vorgängermarinen einordnen und vermitteln zu können. Zugleich sollen unsere Historiker in der zivilen Wissenschaftslandschaft präsent sein und sich mit ihren Fachkollegen auseinandersetzen können. Dieser wissenschaftliche Austausch belebt und erweitert unsere Kenntnisse der nationalen und internationalen Marinegeschichte. Ich begrüße deswegen die Initiative von Kapitän zur See a.D. Dr. Werner Rahn, genau dieses Bestreben in dem vorliegenden Sammelband abzubilden.

Ich verfolge mit viel Interesse die Forschungsergebnisse zu unserer Geschichte und weiß um das Engagement unserer Historiker, die sowohl in zivilen wie in eigenen Reihen nicht immer leichte Wege zu gehen hatten und haben. Ich halte jedoch Auseinandersetzungen zu unserer Marine-Vergangenheit für erforderlich und wichtig. Ich will aber auch gewährleistet wissen, dass diese Diskussionen mit unserem Führungsnachwuchs auf der Grundlage wissenschaftlicher Untersuchungen geführt werden, damit wir gerade in der historisch-politischen Bildung die erforderlichen geistigen Schlüsselqualifikationen schulen. In der Verbindung zwischen Forschung und Lehre können wir diesem Anspruch in besonderer Weise Rechnung tragen. Nur so kann gewährleistet werden, daß wir auch in der historisch-politischen Bildung am *»Puls der Zeit«* bleiben. Diesem Bestreben folgt das Militärgeschichtliche Forschungsamt mit seinen Publikationen und Tagungen seit Jahren und bietet Angebote und Möglichkeiten, die historisch-politische Bildung in den Streitkräften zu beleben und zu optimieren. Diese Angebote gilt es zu nutzen, und sich mit ihnen kritisch auseinanderzusetzen. Auch dies stellt eine Schlüsselqualifikation dar und ist damit Verpflichtung für jeden von uns. Die Auseinandersetzung mit unserer Geschichte ist Teil unserer menschlichen und beruflichen Identität.

Der vorliegende Band wurde Kapitän zur See Dr. Jörg Duppler zugeeignet, der zum 1. Dezember 2004 in den Ruhestand tritt. Ich danke Dr. Duppler an dieser Stelle für sein unermüdliches Engagement, die historisch-politische Bildung in der Marine und auch in den Streitkräften zu beleben und stetig voranzutreiben.

Liebe Leserinnen und Leser! Ihnen wünsche ich eine anregende Lektüre und hoffe auf lebhafte und konstruktive Diskussionen. Möge das vorliegende Buch eine hohe Verbreitung finden.

Lutz Feldt
Vizeadmiral

Widmung

›Germania auf dem Meere. Bilder und Dokumente zur deutschen Marinegeschichte 1848 bis 1998‹ ist der Titel einer nach wie vor sehr gefragten Wanderausstellung des Militärgeschichtlichen Forschungsamtes (MGFA), welche – 1998
erstmalig gezeigt – die wechselvolle Geschichte deutscher Marinen über 150 Jahre
behandelt.

Die Initiative zu dieser Präsentation ging von Kapitän zur See Dr. Jörg Duppler
aus, der die Ausstellung auch erarbeitet und den dazugehörigen Begleitband verfaßt hat. Das Thema der Ausstellung korrespondiert auf das engste mit dem hier
vorliegenden Band ›Deutsche Marinen im Wandel‹ – zusammen umreißen sie das
wissenschaftliche Spezialgebiet von Jörg Duppler. Das MGFA widmet ihm, der
von 2001 bis 2004 als Amtschef die Forschungseinrichtung geleitet hat, diesen
Band aus Anlaß der Beendigung seiner aktiven Dienstzeit.

Geboren am 9. November 1944 in Bauschlott/Baden trat Jörg Duppler 1966
als Offizieranwärter in die Bundesmarine ein. Nach Abschluß der Ausbildung zum
Marineoffizier und einer Reihe von Verwendungen in der Flotte, die für ihn mit
seiner Kommandantenzeit auf dem Schnellboot S 43 »Luchs« gekrönt wurde, begann er – von der Marine für die Laufbahn als Historiker ausgewählt – 1976 sein
Studium an der Rheinischen Friedrich-Wilhelms-Universität Bonn. Gefördert
durch seinen Lehrer Prof. Dr. Walther Hubatsch wandte er sich bald Fragen der
deutschen Marinegeschichte zu. 1983 wurde er mit der Studie ›England und die
Entwicklung der deutschen Marine 1848–1890‹ promoviert. Wie der Titel der
Dissertation zu erkennen gibt, richtete sich das Forschungsinteresse auf die Frühzeit deutscher Marinen, die noch nicht durch den britisch-deutschen Gegensatz
belastet war. So hatte er noch vor seinem Studienabschluß in der ›Information für
die Truppe‹ (1979, Heft 7, S. 115–124) einem breiten Leserkreis ›Die Gründung
der ersten deutschen Marine‹ – so der Titel des Aufsatzes – im Zeichen der liberalen, nationalen Revolution von 1848/49 in Erinnerung gerufen. Diese Veröffentlichung weist nicht nur auf Jörg Dupplers historiographisches, sondern auch auf
sein Vermittlungsinteresse hin: Denn ebenso wie er immer wieder auf die Anfänge
und die ersten Jahrzehnte zurückkommen sollte, blieb er seiner Akzentsetzung
treu, weit über den Kreis der Fachkollegen hinaus gerade auch die Soldaten und
die interessierte Öffentlichkeit mit den Ergebnissen geschichtswissenschaftlicher
Studien vertraut zu machen.

Seine weiteren Verwendungen eröffneten den besonderen Interessen von Jörg
Duppler ein breites Wirkungsfeld. Nach kurzer Zeit als Hörsaalleiter an der Marineschule Mürwik wurde er dort als Lehrstabsoffizier für Wehrgeschichte einge-

setzt, woran sich nahtlos die Tätigkeit als Dozent für Wehrgeschichte an der Führungsakademie anschloß. Hier stand die Unterrichts- und Lehrtätigkeit vor Bundeswehrangehörigen im Vordergrund seines Wirkens. Von 1992 bis 1995 betreute er als Referent im Bundesministerium der Verteidigung die Militärgeschichte. 1995 wurde er zum Stellvertretenden Amtschef und Leiter der Abteilung ›Ausbildung, Information, Fachstudien‹ im MGFA ernannt, die u.a. Materialien zur historischen Bildung erarbeitet und sich mit der Betreuung der beiden militärgeschichtlichen Museen und den Ausstellungen des Amtes nicht nur den Angehörigen der Bundeswehr, sondern auch einer breiten Öffentlichkeit zuwendet.

Nach Abschluß seines Studiums war Jörg Duppler in besonderer Weise mit der alljährlich zu Jahresbeginn stattfindenden ›Historisch-taktischen Tagung der Flotte‹ verbunden, wobei er vortragende Marineoffiziere als Mentor betreute. Darüber hinaus hat er regelmäßig die jeweiligen Befehlshaber der Flotte bei der Auswahl der Tagungsthemen und der Festlegung der Referate beraten. Sodann stand er über lange Jahre der seit 1989 einzigen deutschsprachigen maritimen Fachzeitschrift ›MarineForum‹ als fachkundiger Historiker zur Verfügung. Während seiner Verwendung an der Marineschule Mürwik hat er die didaktische Aufbereitung der Geschichte deutscher Marinen durch Planung und Einrichtung des neuen ›Wehrgeschichtlichen Ausbildungszentrums‹ nachhaltig vorangetrieben und auch später als Mitglied des ›Freundeskreises‹ weiterentwickelt. Parallel dazu konnte er sowohl an der Marineschule als auch an der Führungsakademie mit der Redaktion bzw. Herausgabe von aufwendig gestalteten Sammelbänden zu besonderen Aspekten der Geschichte deutscher Marinen das Interesse der Öffentlichkeit wecken. Zu nennen sind hier ›Marineschule Mürwik, hrsg. vom Deutschen Marine Institut, Herford 1985‹, ›Marineflieger. Von der Marineluftschiffabteilung zur Marinefliegerdivision, hrsg. vom Deutschen Marine Institut, Herford 1988‹ und ›Hamburg zur See. Maritime und militärische Beiträge zur Geschichte Hamburgs, hrsg. von Jörg Duppler, Herford 1989‹. Sein Engagement im Dienste der Vermittlung der Geschichte deutscher Marinen in der Bundeswehr und der Öffentlichkeit mündete in die von ihm erarbeitete Ausstellung ›Germania auf dem Meere‹, auf die einleitend schon Bezug genommen wurde. Mehr an die Fachöffentlichkeit gerichtet war schließlich der Tagungsband zu der von ihm konzipierten 38. Internationalen Tagung für Militärgeschichte, der unter dem Titel ›Seemacht und Seestrategie im 19. und 20. Jahrhundert, hrsg. von Jörg Duppler‹ 1999 erschien.

Hatte er bei seiner Lehrtätigkeit sowie im Rahmen der erwähnten Tagungs-, Ausstellungs- und Publikationsprojekte sich zwangsläufig der gesamten Spanne der neueren Geschichte deutscher Marinen zuzuwenden, kehrte er doch immer wieder zu seinem besonderen Interesse an den ersten Jahrzehnten zurück. So trug er im September 2004 in Oxford zum ›Honorary Admiral of the Fleet: Kaiser Wilhelm II.‹ vor. Auch Prinz Adalbert von Preußen, jener konzeptionelle Vordenker der ersten deutschen Marine, der später gerne zitiert wurde, fand wiederholt das historiographische Interesse von Jörg Duppler, etwa in einer eigenen biographischen Skizze, die er mit der Edition einer ›Gründungsdenkschrift‹ verbunden hat: ›Prinz Adalbert von Preußen. Gründer der Deutschen Marine, Herford 1986‹. Seine gefragte marinegeschichtliche Expertise wußte man auch außerhalb der Bundeswehr zu nutzen, so im Deutschen Schiffahrtsmuseum Bremerhaven, dessen wissenschaftlichem Beirat er seit 1998 angehört. In gleicher Weise steht er seit Jahren dem Deutschen Marine Museum Wilhelmshaven als Stellvertretender Vorsitzender des Kuratoriums zur Seite.

Neben diesen zahlreichen Aktivitäten hat Jörg Duppler sich ein weiteres Forschungsgebiet rund um Seeoffiziere wie Admiral von Knorr und Konteradmiral Bromme bewahrt, denen er sich gewiß auch nach dem Ausscheiden aus dem aktiven Dienst noch widmen wird.

Kapitän zur See Dr. Jörg Duppler hat fast zehn Jahre seiner Dienstzeit als Abteilungsleiter und Amtschef im MGFA gewirkt. In diese Zeit fallen vielfältige Initiativen und wichtige Beiträge, nicht zuletzt in seiner Funktion als Präsident der Kommission für Militärgeschichte der Bundesrepublik Deutschland. Die Aufgabe, die Interessen der deutschen Militärgeschichtsschreibung innerhalb und außerhalb der Bundeswehr zu vertreten, stets vor Augen, hat er sich durch vorbildlichen Einsatz für »sein« Forschungsamt und die beiden unterstellten Museen große Verdienste erworben.

Das MGFA bedankt sich bei Kapitän zur See a.D. Dr. Werner Rahn als Herausgeber für die überzeugende Konzeption und umsichtige Betreuung dieses Bandes; ohne seinen unermüdlichen Einsatz wäre es nicht möglich gewesen, das Projekt zeitgerecht fertigzustellen. Ein besonderer Dank gilt dem Inspekteur der Marine, Herrn Vizeadmiral Lutz Feldt, der für den Band das Geleitwort verfaßt hat.

Dr. Hans Ehlert   Potsdam, im November 2004
Oberst i.G. und
Stellvertretender Amtschef

Kapitän zur See Dr. Jörg Duppler
Amtschef des Militärgeschichtlichen Forschungsamtes
2001–2004

>»Die Geschichtsschreibung der Marine ist komplizierter als der Außenstehende ahnt. Wenn man bei der Wahrheit bleiben will und doch die alte Waffe schonen muß[1].«
(Vizeadmiral a.D. Eberhard von Mantey, 1932)

>»Es bedarf vielmehr eines ständigen Bemühens, der Wahrheit nahe zu kommen. Nur die Wahrheit, wie schwer sie auch zu ergründen und zu ertragen sein mag, kann uns die Sicherheit eines tragfähigen Fundaments liefern, von dem aus wir selbstbewußt in die Zukunft hinein handeln können[2].«
(Vizeadmiral Günter Fromm, 1985)

Werner Rahn

Einführung

Die deutsche Marine steht in dem Ruf, ein lebendiges Interesse für ihre wechselvolle Geschichte, aber auch ein besonderes Verhältnis zu ihr entwickelt zu haben, zumal der Weg von der Gründung einer ersten deutschen Marine bis zur Gegenwart durch tiefe Einbrüche und gravierende Veränderungen der politischen Rahmenbedingungen gekennzeichnet ist, aus denen jeweils sehr unterschiedliche Marinen entstanden. Deutsche Marinen mußten in ihrer relativ kurzen Geschichte häufig um Anerkennung und wiederholt sogar um ihre Existenz ringen.

Mit diesem Sammelband soll der Versuch unternommen werden, den wechselvollen Weg von den historischen Wurzeln deutscher Seestreitkräfte im Mittelalter über die Entstehung einer ersten deutschen Marine in der Mitte des 19. Jahrhunderts, über die Konfrontationen in beiden Weltkriegen sowie im Kalten Krieg des 20. Jahrhunderts bis zur internationalen Kooperation in der Gegenwart aus unterschiedlicher Perspektive zu betrachten. Dabei werden Historiker und auch einige Zeitzeugen zu Wort kommen. Das Spektrum der Beiträge reicht von Detailuntersuchungen, z.B. über Medien und Öffentlichkeitsarbeit, bis zu übergreifenden Analysen zum strategischen und machtpolitischen Denken der jeweiligen Marineführung. Dabei wurden inhaltliche Überschneidungen bewußt in Kauf genommen, um unterschiedliche Interpretationsansätze vorzustellen. Unter den 30 Beiträgen sind acht Erstveröffentlichungen. Alle übrigen Beiträge wurden von den Autoren bzw. vom Herausgeber für die erneute Veröffentlichung durchgesehen und zum Teil aktualisiert. Der älteste, bislang unveröffentlichte Beitrag entstand 1934 auf Wunsch des damaligen Leiters des Marine-Archivs. Der Autor, William Michaelis (1871–1948), setzte sich mit dem strategischen Wirken von Tirpitz auseinander und konnte dabei als Zeitzeuge eigene Erfahrungen einbringen[3]. Andere Autoren, die sich mit der Zeit des Kalten Krieges und mit den neuen Herausforderungen nach 1991 befassen, haben bei ihren Untersuchungen ebenfalls auf eigene Erfahrungen zurückgegriffen (siehe die Beiträge von Peter Monte, Knut Eckstein, Dirk Horten, Gottfried Hoch und Hans Frank).

Als das erste frei gewählte deutsche Parlament in Frankfurt am 14. Juni 1848 beschloß, die Bundesversammlung zu veranlassen, sechs Millionen Taler für den Aufbau einer Flotte bereitzustellen, war dies der erste Schritt zur Bildung einer deutschen Marine, die ein Machtinstrument für die Zentralgewalt des noch zu schaffenden Reiches werden sollte. Doch die historischen Wurzeln deutscher Seestreitkräfte reichen weit in das Mittelalter zurück, wie noch heute aus den Namen der Hansestädte Bremen, Hamburg, Lübeck, Rostock, Stralsund und Wismar zu erkennen ist. Die Hanse war der Zusammenschluß von über 100 Städten zu einem Städtebund, von dem in seiner Blütezeit im 14. Jahrhundert durch die Beherrschung des Nord- und Ostseehandels eine wirtschaftliche Macht ausging, die bei Konflikten von Fall zu Fall auch militärische Dimensionen erreichte. Macht und Einfluß der Hanse gingen allerdings in dem Maße zurück, wie deutsche Territorialfürsten und Staaten Nord- und Westeuropas ihre Machtposition ausbauen konnten. Von den deutschen Territorialstaaten war es nur Brandenburg, das unter seinem Kurfürsten Friedrich Wilhelm I., genannt »der Große Kurfürst« (1620–1688), im ausgehenden 17. Jahrhundert für einige Jahrzehnte maritime Machtansprüche entfaltete, die zum Aufbau staatlich organisierter Seestreitkräfte führten. Dieser maritime Ehrgeiz war eng verbunden mit einer eigenständigen Kolonialpolitik in Übersee, die jedoch nach anfänglichen Erfolgen aus Mangel an Ressourcen und Seestreitkräften scheiterte. Demgegenüber verzichtete Preußen im 18. Jahrhundert unter der Herrschaft seines strategisch denkenden Königs Friedrich II., genannt »der Große« (1712–1786), bewußt auf den Aufbau von Seestreitkräften und beschränkte seine maritimen Aktivitäten auf die Förderung des Seehandels, der sich unter dem Schutz der verbündeten Seemacht England entwickeln sollte (siehe die Beiträge von John B. Hattendorf und Dieter Hartwig).

Die Befreiung Europas von der napoleonischen Vorherrschaft hatte zu Beginn des 19. Jahrhunderts zu einem wachsenden Nationalbewußtsein in Deutschland geführt, das bei vermeintlich berechtigten Territorialansprüchen auch kleinerer Nachbarstaaten heftige Reaktionen auslösen sollte. Dies geschah im Frühjahr 1848, als der Konflikt um das Herzogtum Schleswig zum Krieg mit Dänemark führte. Der dänischen Blockade hatte der Deutsche Bund nichts entgegenzusetzen, der Seehandel lag brach. Dieses Dilemma löste eine nationale Flottenbegeisterung aus, die auch – wie bereits erwähnt – die gerade erst zusammengetretene Nationalversammlung in Frankfurt erfaßte. Die Marine galt als Symbol für die bewaffnete Macht der erhofften Reichseinheit. Dabei fand der Flottengedanke besonders im liberalen Bürgertum breiten Rückhalt: »Die Marine erschien den Zeitgenossen als geeignetes Instrument zur Erreichung revolutionärer Ziele wie nationale Geschlossenheit und Souveränität, wirtschaftlicher Entfaltungsmöglichkeit, sozialer Sicherheit, internationaler Partnerschaft, moralischer Höherentwicklung, schließlich auch zu Selbstbestätigung, Macht und Imperium[4].«

Eng verbunden mit den frühen maritimen Planungen ist Wilhelm Adalbert Prinz von Preußen (1811–1873). Im Mai 1848 legte er eine Denkschrift über die Bildung einer deutschen Kriegsflotte vor[5]. Diese Denkschrift gilt als erste Marinekonzeption, da sie die seestrategische Lage Preußens und Deutschlands treffend analysierte und für den Aufbau von Seestreitkräften verschiedene Optionen vorschlug: von der reinen Küstenverteidigung bis zur Entwicklung einer selbständigen Seemacht. Prinz Adalbert rechnete mit Dänemark, Frankreich und Rußland als möglichen Gegnern. Er sah in einem Bündnis mit England eine denkbare Lösung der strategischen Probleme und hob warnend hervor, daß der Schritt in Richtung selbständige Seemacht nicht ungefährlich sei.

In den Vereinigten Staaten hatte man die liberale deutsche Revolution mit großer Aufgeschlossenheit verfolgt. Die deutschen Wünsche um Unterstützung beim Flottenaufbau fanden daher ein positives Echo. Bereits im Herbst 1848 wurde in Bremerhaven eine amerikanische Fregatte als Sendbote eines erhofften Verbündeten begeistert aufgenommen. Die materielle Unterstützung konzentrierte sich auf die Bereitstellung einer Fregatte, die im Sommer 1849 nach Europa überführt wurde. Auch wenn diese erste Militärhilfe für Deutschland nach Dauer und Umfang bescheiden blieb, so führten doch auf beiden Seiten des Atlantiks gemeinsame Ziele und wechselseitige Sympathie der liberal-demokratischen Kräfte zu Ansätzen einer Kooperation[6].

Die damalige deutsche Flotte muß allerdings auch als ein politisches Instrument gesehen werden. Sie verkörperte Ansprüche, die unterschiedliche Entwicklungstendenzen in sich bargen: einmal die liberale Zielsetzung, die auf freien Zugang zur Welt und Ausdehnung des Handels gerichtet war, und zum anderen die mehr machtpolitische Ambition, die das Recht des Stärkeren in Anspruch nahm und auf Hegemoniebestrebungen hinauslief. Es waren allerdings nüchternes Denken und auch Selbstkritik gefordert, »wenn der qualitative Sprung vom konstruktiven zum destruktiven Konzept unter Kontrolle bleiben« sollte[7] (siehe die Beiträge von Günter Moltmann und Bernhard R. Kroener).

Die erste deutsche Flotte führte die Flagge Schwarz-Rot-Gold und existierte noch bis 1853, als der Traum von der Reichseinheit längst vorbei war und im Deutschen Bund – neben Österreich – nur noch Preußen eine eigene, 1849 gegründete Marine unterhielt. Es war Prinz Adalbert, der die Königlich-Preußische Kriegsmarine gegen andauernd starke Vorbehalte in Politik und Familienkreis, aber mit Unterstützung weiter Volkskreise aufbaute. Er entwickelte die Marine in bewußter Abhebung von den operativen und geistig-sozialen Führungsansprüchen der Armee und suchte in den Ausbildungsprinzipien seemännischen Drill, Manneszucht und die militärpädagogischen Maximen der preußischen Reformer zu vereinen[8] (siehe den Beitrag von Herbert Graubohm).

Mit der Reichsgründung von 1871 entstand aus der Norddeutschen Bundesmarine, die 1867 aus der Königlich-Preußischen Marine hervorgegangen war, die
»Kriegsmarine des Reiches«. Gemäß Artikel 53 der Reichsverfassung unterstand
sie direkt dem Kaiser und ist daher besser als »Kaiserliche Marine« bekannt. Im
Gegensatz zur Armee, die organisatorisch an die Einzelstaaten gebunden blieb,
war die Kaiserliche Marine ein reichsunmittelbares Machtinstrument. Das Marinepersonal rekrutierte sich daher aus allen Teilen des Reiches. In der damaligen nationalen Euphorie galt die Flotte als »Schmelztiegel des Deutschtums«[9], was in
dienstlichen Unterrichtsleitfäden auch stolz hervorgehoben wurde:

> »Man kann keinem deutschen Seemann ansehen, welchem Königreiche oder Herzog-
> thume Deutschlands er angehört, man erkennt nur, daß er dem deutschen Reiche in der
> Marine dient [...] Und diese gemeinsame Theilnahme an dem, was Deutschland durch
> seine Marine thut, ist geeignet, ein starkes Einigungsband aller deutschen Stämme zu
> bilden[10].«

Am 1. Januar 1872 übernahm der vom Armeedienst suspendierte Generalleutnant
Albrecht von Stosch (1818–1896) die Führung der »Kaiserlichen Marine« als Chef
der Admiralität[11]. Als Staatsminister unterstand er mit der Marineverwaltung dem
Reichskanzler, während er bei der militärischen Führung der Marine der Befehls-
und Kommandogewalt des Kaisers unterworfen war. Bei dieser doppelten Unterstellung blieben Reibungen nicht aus[12]. Stosch führte die Marine nach straffen
militärischen Richtlinien, verlor dabei jedoch nicht ihren Auftrag aus den Augen,
nämlich laufende Praxis in der Seefahrt und Ausbildung zum Seegefecht. Das
Ausbildungssystem der Marine erreichte aufgrund seiner Initiative einen im Zeit-
maßstab beispielhaften Stand. Der hohe Leistungstand des längerdienenden Personals erlaubte eine enorme Ausweitung des Auslandsdienstes der Kriegsschiffe
mit oft jahrelanger Abwesenheit von der Heimat.

Mit Leo Graf von Caprivi (1831–1899) trat 1883 als Nachfolger Stoschs der
zweite Armeegeneral an die Spitze der Marine, obwohl Stosch für den Vizeadmiral
Carl Ferdinand Batsch (1831–1898) plädiert hatte. Die Gründe für diese Personalentscheidung lagen einmal in dem gespannten Verhältnis zwischen Bismarck und
Stosch, und zum anderen in dem Zweifel der Reichsleitung, ob die Marine schon
aus ihren Reihen einen qualifizierten Nachfolger für Stosch stellen konnte. Da das
Marineoffizierkorps die Ernennung von Batsch zum Chef der Admiralität erhofft
hatte, stand es Caprivi reserviert gegenüber. Dabei gelang diesem Chef der Admiralität und späteren Reichskanzler noch, was nach ihm für lange Zeit ausbleiben
sollte, nämlich der Marine einen sinnvollen Platz in einem gesamtstrategischen
Zusammenhang anzuweisen. Im Falle des stets erwarteten Zweifrontenkrieges
gegen Frankreich und Rußland sollte sie in der Lage sein, eine Nahblockade zu
brechen. Gegen die durchaus für möglich gehaltene völkerrechtswidrige Fernblo-
kade blieb allerdings nur die Hoffnung auf die Intervention der dadurch ebenfalls
betroffenen mächtigen Neutralen. Vor diesem Hintergrund erscheinen der verstärkte Torpedobootbau bei reduziertem Auslandsdienst und die Ausgleichsbemü-
hungen gegenüber Großbritannien als zwei Seiten der einen maritimen Sicherheitsvorsorge des Reiches[13].

Über Jahrzehnte hinweg erfolgte der Aufbau der Kaiserlichen Marine nach dem Vorbild der Royal Navy, die quasi als Lehrmeisterin empfunden wurde. Ihren Höhepunkt erreichten die deutsch-britischen Marinebeziehungen am 2. August 1889, als Queen Victoria ihren Enkel, den jungen Kaiser Wilhelm II. (1859–1941), zum »Honorary Admiral of the Fleet« ernannte. In Fehleinschätzung der Bedeutung dieses Ehrentitels nutzte Wilhelm II. wenige Monate später diesen Rang, um im Mittelmeer für einen Tag persönlich das Kommando über einen Verband von deutschen, britischen und italienischen Einheiten zu übernehmen (siehe den Beitrag von Jörg Duppler).

Im ausgehenden 19. Jahrhundert blieben die Thesen des amerikanischen Seeoffiziers Alfred Th. Mahan (1840–1914) über die Grundlagen einer Seemacht auch in Deutschland nicht ohne Wirkung. Nachdem Wilhelm II. 1897 den damaligen Konteradmiral Alfred Tirpitz (1849–1930) zum Staatssekretär des Reichsmarineamtes ernannt hatte, setzte der zielstrebige Ausbau einer Schlachtflotte ein. Tirpitz sah in Großbritannien den gefährlichsten potentiellen Gegner, gegen den Deutschland nach seiner Auffassung ein gewisses Maß an Flottenmacht haben müsse. Die Schlachtentscheidung galt nunmehr als die natürliche Bestimmung einer Flotte (siehe die Beiträge von Holger H. Herwig und Rolf Hobson).

Der Ausbau der Flotte erfolgte auf der Grundlage von Gesetzen, die den Sollbestand an Schiffen und die Dauer ihrer Indiensthaltung festlegten. Tirpitz erkannte frühzeitig die Bedeutung der öffentlichen Meinung für die Durchsetzung und spätere Novellierung der Gesetze. So gelang es ihm nicht zuletzt mit einer geschickten Öffentlichkeitsarbeit, seine Flottenpolitik im Reichstag stets durchzusetzen. Sobald jedoch kritische Stimmen aus der Marine diese Politik zu gefährden drohten, scheute sich Tirpitz nicht, diese abweichenden Meinungen durch rigide Maßnahmen zu unterdrücken (siehe den Beitrag von Rüdiger Bergien).

Die Schlachtentscheidung in einem künftigen Seekrieg stand ab 1898 im Mittelpunkt aller operativen Überlegungen und der praktischen Flottenausbildung der Kaiserlichen Marine. Dementsprechend waren Kenntnisse und Erfahrungen in Waffentechnik, Taktik und Seemannschaft und weniger Bewährung in Stabsverwendungen die ausschlaggebenden Faktoren für die Karriere der Seeoffiziere, was sich langfristig auf die Personalauswahl für Führungsverwendungen auswirken sollte. Dies hatte zur Folge, daß im Seeoffizierkorps der Blick für die umfassenden seestrategischen Dimensionen eines Seekrieges gegen Großbritannien wenig geschärft war (siehe die Beiträge von Wulf Diercks und Thomas Scheerer).

Beim Ausbruch und im Verlauf des Ersten Weltkrieges sollte sich zeigen, daß die Konzeption der Marineführung untauglich war: In der Julikrise 1914 versagte die in den Vorkriegsjahren immer wieder propagierte Abschreckungswirkung der Flotte, Großbritannien trat in den Krieg ein. Die Einsätze der Flotte hatten bis 1918 kaum Einfluß auf die Gesamtkriegführung, sie wirkte vor allem durch ihre Existenz, indem sie Kräfte des Gegners band, die eigenen Küsten und vor allem die Ostsee sicherte. Die einseitige und militärisch unzureichende Konzeption des U-Boot-Krieges trug maßgeblich zum Kriegseintritt der USA bei. Ende Oktober 1918 wurde die Marine nicht zuletzt aufgrund ihrer eigenmächtigen und riskanten

Operationsplanung, die eine Revolte bei den Mannschaften auslöste, zum Ausgangspunkt des politischen Umsturzes im Reich (siehe den Beitrag von Gerhard P.
Groß). Die Marine stand somit am Ende des Ersten Weltkrieges trotz hervorragender Einzelleistungen vor dem Desaster, daß nicht nur ihre Konzeptionen für
den Einsatz der Hochseeflotte und für den Handelskrieg mit U-Booten versagt
hatten, sondern daß sie auch die Führungsprobleme des inneren Dienstes nicht
hatte bewältigen können, was schließlich nach Gehorsamsverweigerungen auf den
großen Schiffen im November 1918 zum Zusammenbruch der Marine und letztlich auch des Reiches führte.

Die neue, kleine Reichsmarine entstand 1919/20 aus den Strukturen der Kaiserlichen Marine. Ihr Umfang war durch den Friedensvertrag von Versailles drastisch begrenzt, U-Boote und Flugzeuge waren verboten. In den ersten Jahren der
Weimarer Republik hatte das Marineoffizierkorps erhebliche Probleme, sich mit
der neuen republikanischen Staatsform abzufinden. Dies zeigte sich besonders
beim Kapp-Lüttwitz-Putsch im März 1920, als die Marineführung nicht loyal zur
verfassungsmäßigen Reichsregierung stand, sondern mit den Putschisten sympa-
thisierte, was eine schwere Existenzkrise der Reichsmarine zur Folge hatte. Als
diese Krise nicht zuletzt durch das geschickte Wirken des zeitweilig mit der Führung der Marine beauftragten Konteradmirals William Michaelis überwunden war,
kam es in den folgenden Jahren der Marineführung, d.h. den Admiralen Paul
Behncke (bis 1924), Hans Zenker (bis 1928) und Erich Raeder (bis 1943) darauf
an, einmal durch eine gründliche Auswertung der Kriegserfahrungen aus den Fehlern der Vergangenheit zu lernen, zum Beispiel aus der unzureichenden Führungsorganisation der Kaiserlichen Marine (siehe den Beitrag von William Michaelis),
und zum anderen die Erfolge und Leistungen im Kriege in der Öffentlichkeit hervorzuheben. Es galt, das 1918 und 1920 verloren gegangene Ansehen wieder
zurückzugewinnen, um so nicht nur das politische Klima für den gemäß Friedensvertrag erlaubten Neubau von modernen Kriegsschiffen zu verbessern, sondern
darüber hinaus im Rahmen einer langfristigen marinepolitischen Zielvorstellung
das Fundament für den Wiederaufbau einer hochseefähigen Marine zu schaffen.
Die Reichsmarine verstand sich zunächst als ein unverzichtbares Element der
Landesverteidigung, doch sie hoffte auch auf bessere Zeiten, um ohne Rüstungsbeschränkungen wieder eine Flotte aufbauen zu können, die der vermeintlich angemessenen Machtposition des Reiches entsprechen sollte. Diese langfristigen
Zielvorstellungen wurden allerdings eher verschleiert als offen ausgesprochen
(siehe die Beiträge von Michael Epkenhans, Jörg Hillmann, Gerhard Schreiber und
Walter Schwengler).

Nach der Machtübernahme der Nationalsozialisten im Januar 1933 spielte die
Marinerüstung im Kalkül von Adolf Hitler zunächst nur eine untergeordnete Rolle, auch wenn bald der Versailler Vertrag gebrochen wurde. Mit dem deutsch-
britischen Flottenabkommen vom Juni 1935 schien der weitere Aufbau der Marine
zu einer Seemacht zweiten Ranges gesichert zu sein. Aus der Reichsmarine wurde
in diesem Jahr die Kriegsmarine. Ihr Oberbefehlshaber, der damalige Generaladmiral Erich Raeder (1876–1960), war sich allerdings der Totalität eines künftigen

Krieges bewußt, was er auch gegenüber Hitler am 3. Februar 1937 deutlich machte: der nächste Krieg werde nicht nur ein Kampf der Soldaten, sondern »Volk gegen Volk« sei. In diesem Zusammenhang machte Raeder auf die möglichen negativen Auswirkungen für Deutschland aufmerksam, dessen Kriegführungsfähigkeit stark von Rohstoffimporten abhängig sei[14]. Damit wies Raeder frühzeitig auf eine fundamentale Schwäche des Reiches hin, ohne allerdings damit die Politik Hitlers im geringsten beeinflussen zu können.

Eine grundlegende Wendung setzte im Frühjahr 1938 ein, als Hitler die Weisung erteilte, neben Frankreich und Rußland auch Großbritannien als möglichen Gegner zu berücksichtigen. Eine erneute Konfrontation mit der britischen Seemacht zeichnete sich ab. Raeder folgte diesem gefährlichen Kurs bereitwillig und ohne Widerspruch, offensichtlich in der irrigen Annahme, daß der Marine noch mehrere Friedensjahre für die weitere Aufrüstung zur Verfügung stehen würden.

Es entstand ein Flottenplan, der als »Z-Plan« in die Geschichte eingegangen ist. Ab 1944/45 sollte eine Flotte mit Schlachtschiffen, Flugzeugträgern, Kreuzern und U-Booten für die Seekriegführung im Atlantik einsatzbereit sein. Nachdem Hitler im Januar 1939 befohlen hatte, daß der Flottenbau gegenüber der Aufrüstung der beiden anderen Wehrmachtteile Vorrang habe, zeichnete sich in Umrissen der gigantische Aufbau einer Marine ab, mit der Hitler und die Marineführung nach der Kündigung des deutsch-britischen Flottenabkommens am 28. April 1939 eine Seemachtstellung des Reiches anstrebten, die langfristig die britische Vorherrschaft zur See ablösen sollte (siehe die Beiträge von Michael Salewski und Gerhard Schreiber).

Am 1. September 1939 führte die Konfrontationspolitik Hitlers die Marine in einen Krieg, auf den sie in keiner Weise vorbereitet war. Raeder trat nicht zurück, sondern stellte nur in einem Anflug von Resignation fest, daß den wenigen Überwasserstreitkräften nichts anderes übrigbleibe, als »mit Anstand zu sterben« und damit »die Grundlage für einen späteren Wiederaufbau zu schaffen«[15].

Eine neue Ausgangslage ergab sich ab Sommer 1940, als Deutschland nach der Eroberung Norwegens und Dänemarks und der überraschenden Niederlage Frankreichs, Belgiens und der Niederlande die europäische Festlandküste vom Nordkap bis zu den Pyrenäen beherrschte und damit über eine sehr gute geographische Basis für einen Seekrieg gegen Großbritannien verfügte. In der Euphorie des unerwarteten Erfolges entstanden im Oberkommando der Kriegsmarine Pläne, die den Z-Plan weit in den Schatten stellten und als Fernziel ein Flotte anvisierten, mit der nach der vermeintlich bald absehbaren Niederlage Großbritanniens der Kampf mit den USA um die Weltherrschaft aufgenommen werden sollte (siehe die Beiträge von Michael Salewski und Gerhard Schreiber). Allerdings mußte die Marineführung davon ausgehen, daß eine offensive Seekriegführung im Atlantik zur Ausschaltung der britischen Seemacht eine Gegenreaktion der USA auslösen würde. Dies zeichnete sich bereits im Juli 1940 ab, als Washington den Ausbau seiner Marine mit dem Ziel forcierte, sowohl im Atlantik als auch im Pazifik als überlegene Seemacht auftreten zu können. In realistischer Einschätzung der eigenen Ressourcen sah die deutsche Seekriegsleitung bereits im Dezember 1940 offenbar die Gefahr, daß das Reich einen langen Abnutzungskrieg gegen beide atlantische Seemächte kaum durchstehen könne. Die daraufhin von Raeder geforderte Schwerpunktbildung der Kriegführung gegen England unterblieb jedoch, da Hitler bereits sein zentrales Kriegsziel, die Vernichtung der Sowjetunion im Auge hatte.

Mit den U-Booten verfügte die Marine zwar bis 1942 über eine sehr wirksame Waffe zur Bekämpfung der Seetransporte, doch der strategische Ansatz des U-Boot-Krieges scheiterte bereits im Herbst 1942, d.h. etwa ein Jahr nach Pearl Harbor und der daraufhin erfolgten deutschen Kriegserklärung an die USA im Dezember 1941. Vor allem die enormen amerikanischen Kapazitäten und Fertigungsmethoden im Schiffbau führten dazu, daß der vom Befehlshaber der U-Boote, Admiral Karl Dönitz (1891–1980), favorisierte Tonnagekrieg, d.h. das »Wettrennen« zwischen Neubauten und Versenkungen, nicht mehr zu gewinnen war. Es ist daher eine immer noch weit verbreitete Legende, daß Großbritannien im März 1943 auf dem Höhepunkt der Atlantikschlacht am Rande einer Niederlage gestanden habe.

Mit Großadmiral Dönitz stand ab Januar 1943 ein Offizier an der Spitze der Kriegsmarine, der einerseits eine charismatische Führerpersönlichkeit war, und andererseits eine enge innere Bindung an Hitler und die NS-Ideologie hatte, was er in öffentlichen Reden und internen Vermerken auch drastisch zum Ausdruck brachte. Als im Mai 1943 der U-Boot-Krieg im Nordatlantik wegen der hohen Verluste eingestellt werden mußte, war Dönitz nicht bereit, das an sich militärisch »vernünftige« Ziel der Kräftebindung beim Gegner mit dem sparsamsten Einsatz einsatzbereiter Boote zu erreichen, bis neue, modernere U-Boote zur Verfügung stehen würden. Im Wissen um ihre geringen Erfolgs- und Überlebenschancen opferte Dönitz quasi zahlreiche Boote mit ihren Besatzungen, nur um Hitler den ungebrochenen Angriffsgeist seiner Waffe zu demonstrieren[16].

Aber nicht alle U-Boot-Kommandanten glaubten noch an den Sieg. Sie erfüllten zwar ihre soldatische Pflicht, doch etliche verabscheuten gleichzeitig das NS-Regime, was ihren Kameraden nicht verborgen blieb. Für einen Kommandanten endete diese Haltung im Frühjahr 1944 mit dem Todesurteil, da er sich gegenüber seinen Offizieren kritisch über Hitler und das NS-Regime geäußert hatte[17]. Als Ob.d.M. hätte Dönitz sehr wohl die Möglichkeit gehabt, die Vollstreckung des Urteils zu verhindern und auf eine Bewährungsstrafe im Fronteinsatz zu dringen. Doch er unternahm nichts. Hier versagte Dönitz nicht nur in seiner Verantwortung als Oberbefehlshaber eines Wehrmachtteils, sondern auch als Kamerad. Indem er einen seiner Offiziere fallen ließ, der nur durch die perfide Denunziation eines »Kameraden« vor Gericht gekommen war, agierte er als willfähriger Erfüllungsgehilfe eines Regimes, das zwar stets »Kameradschaft« propagierte, jedoch keine Kritik ertrug und seine Gegner brutal ausschaltete. Auch in diesem Fall kam es Dönitz offenbar darauf an, Hitler erneut seine bedingungslose Vasallentreue unter Beweis zu stellen. In diesem Sinne blieb Dönitz nur konsequent, wenn er die Attentäter des 20. Juli 1944 als »gedungene Helfershelfer« der Gegner beschimpfte und sich auf »die Vorsehung« berief, die »das deutsche Volk und seine Wehrmacht vor unvorstellbarem Unglück« bewahrt habe[18].

Im August 1944 versuchte Dönitz seinen höchsten Flaggoffizieren klar zu machen, daß die Wehrmacht Schiffbruch erleiden werde, wenn sie nicht fanatisch an dem Mann hänge, »dem sie Treue geschworen« habe. Teile des Generalstabes seien deswegen gescheitert, weil sie »nicht mit ganzer Seele an dem Führer gehangen« hätten. Daher gab es für ihn »in diesem bitterernsten Schicksalskampf nur die fanatische Anhängerschaft an diesen Mann« und jedes Abweichen sei »eine Lockerung und ein Verbrechen«. Mit Blick auf die Jahre der liberalen Weimarer Republik, als »Systemzeit« verunglimpft, brach dann beim Ob.d.M. ein fest verwurzelter Antisemitismus hervor: »Lieber möchte ich Erde fressen, als daß meine Enkel in dem jüdischen Geist und Schmutz erzogen würden und vergiftet werden und daß die Sauberkeit der heutigen öffentlichen Kunst, Kultur und Erziehung [...] wieder in jüdische Hand kommen soll[19].« Dönitz mußte allerdings zugeben, daß die Argumente der Widerstandsbewegung auch Stabsoffiziere der Seekriegsleitung erreicht und überzeugt hatten, so den Ic der Operationsabteilung, Korvettenkapitän Alfred Kranzfelder, und den Bruder des Attentäters, den Marine-Oberstabsrichter Bertold Schenk Graf v. Stauffenberg, die beide noch im August hingerichtet worden waren. Weitere Offiziere, die mit dem Widerstand sympathisierten oder sogar Kontakt zu Widerstandskreisen hatten[20], blieben unerkannt oder nach kurzer Haft von der weiteren Verfolgung verschont (siehe den Beitrag von Heinrich Walle).

Erst nach dem Tode Hitlers scheint die suggestive, ja dämonische Wirkung, mit der Hitler über Jahre hinweg das Denken und Handeln des Ob.d.M. beeinflußt hatte, plötzlich abgefallen zu sein. Dönitz wandelte sich schnell »vom nahezu blinden Werkzeug eines Verbrechers zum verantwortungsbewußten Soldaten traditioneller preußischer Schule«[21], der jetzt Realismus und Verantwortungsbewußtsein zeigte, indem er den längst verlorenen Krieg beendete und dabei in den letzten Kriegstagen bis zur Kapitulation noch soviel Menschen wie möglich über die Ostsee nach Westen evakuieren ließ (siehe den Beitrag von Herbert Kraus).

Nachdem die deutsche Wehrmacht am 8. Mai 1945 bedingungslos kapituliert hatte, übernahmen die vier Siegermächte, USA, Großbritannien, Sowjetunion und Frankreich, die oberste Gewalt in Deutschland. Damit endete auch die Geschichte der Kriegsmarine. Was in den nächsten Jahren folgte, war keine Marine im eigentlichen Sinne, sondern nur eine Organisation zur Liquidation der Kriegsfolgen. Deutsche Minensucheinheiten unter britischem Befehl mußten die zahlreichen Minensperren in Ost- und Nordsee räumen. Doch die Einigkeit der Siegerstaaten sollte nicht lange dauern. Der »Kalte Krieg« zwischen Ost und West eskalierte in Deutschland. Aus den Besatzungszonen entstanden 1949 zwei deutsche Staaten. Der erste Bundeskanzler, Konrad Adenauer, bemühte sich schon früh um die Sicherheit Westeuropas, das er durch das sowjetische Militärpotential und die Aufrüstung in der sowjetischen Besatzungszone bedroht sah. Daher forderte er bereits im August 1950 eine Verstärkung der westalliierten Truppen und bot zugleich an, »im Falle der Bildung einer internationalen westeuropäischen Armee einen Beitrag in Form eines westdeutschen Kontingents zu leisten«[22].

Nach dem Beitritt der Bundesrepublik Deutschland zur NATO im Mai 1955 begann in einer bereits gefestigten Demokratie der Aufbau neuer Streitkräfte, zu

denen auch eine Teilstreitkraft Marine gehörte. Diese war nach Entstehung,
Struktur und Auftrag nicht mit früheren deutschen Marinen zu vergleichen. Aller-
dings blieben zunächst noch Schatten der Vergangenheit, als der kommissarische
Leiter der Abteilung Marine im Bundesverteidigungsministerium, Kapitän zur See
Karl-Adolf Zenker (1907–1998), am 16. Januar 1956 bei seiner Ansprache zur
Begrüßung der Marine-Lehrkompanie in Wilhelmshaven auch auf den Zweiten
Weltkrieg einging und im Hinblick auf die benötigten Freiwilligen aus der früheren
Kriegsmarine wohl auch eingehen mußte. Er kritisierte die Urteile des Internatio-
nalen Militärgerichtshofes von Nürnberg und erwähnte in diesem Zusammenhang,
daß die Marine unter den beiden Großadmiralen Raeder und Dönitz »sauber, an-
ständig und ehrenhaft geführt worden« sei[23].

Diese Ansprache führte, ausgelöst durch eine Große Anfrage der SPD, am
18. April 1956 im Deutschen Bundestag zu einer längeren, auf hohem Niveau
geführten Grundsatzdebatte über die Frage, welche soldatischen Vorbilder für die
neuen deutschen Streitkräfte zu akzeptieren seien und welche nicht. Dabei ging es
im Ansatz auch um die Frage der historischen Wahrheit über den Zweiten Weltkrieg und die Verbrechen des NS-Regimes, denn alle Redner hatten den Zweiten
Weltkrieg bewußt miterlebt und fühlten sich als kompetente Zeitzeugen, die allerdings die verbrecherischen Dimensionen des NS-Systems kaum oder nur begrenzt
wahrgenommen haben wollten (siehe den Beitrag von Dieter Krüger).

In den folgenden Jahren bemühte sich die Marineführung darum, die neuen
Grundsätze der Inneren Führung so zu interpretieren und anzuwenden, wie es
ihren bisherigen Erfahrungen in der Menschenführung zu entsprechen schien.
Nicht ohne Stolz wurde dabei betont, daß man doch diese Grundsätze bereits in
der Reichsmarine weitgehend erarbeitet habe und damit dem Heer um Jahre voraus gewesen sei[24]. Bei dieser Argumentation wurde allerdings übersehen, daß die
Innere Führung nicht nur die Komponente »zeitgemäße Menschenführung« umfaßt, sondern von jedem Soldaten auch fordert, sich als Bürger mit seinem demokratisch verfaßten Staat zu identifizieren (siehe den Beitrag von Frank Nägler).

Die neue Marine, »Bundesmarine« genannt, war von Anfang an eine Marine im
Bündnis, und die Bündnispartner waren auch darum bemüht, ihren Aufbau materiell und personell zu unterstützen. Dies galt besonders für die U.S. Navy, die
frühzeitig erkannt hatte, daß verbündete Streitkräfte ihren Auftrag nur dann gemeinsam erfüllen können, wenn ihre Zusammenarbeit von Offenheit und gegen-
seitigem Vertrauen getragen wird[25]. Mit viel Geschick gelang es dem ersten Inspekteur der Marine, Vizeadmiral Friedrich Ruge (1894–1985), diese Vertrauensbasis aufzubauen, die in den folgenden Jahren weiter gefestigt wurde und heute
eine Selbstverständlichkeit ist. Die Einbindung der Bundeswehr in das atlantische
Bündnis bedeutete für die Marine, daß erstmalig in der Geschichte deutscher Seestreitkräfte Auftrag, Konzeption und Umfang so aufeinander abgestimmt waren,
daß eine deutsche Marine in enger Kooperation mit den großen Seemächten nur
das leisten muß, was sie auch leisten kann (siehe den Beitrag von Peter Monte).

Parallel zum Eintritt der Bundesrepublik Deutschland in die NATO erfolgte
auch die Einbindung der DDR in den Warschauer Pakt. Aus der bereits 1950 auf-

gestellten Volkspolizei (See) entstanden noch vor der offiziellen Etablierung der Nationalen Volksarmee leichte Seestreitkräfte, die 1960 in Erinnerung an revolutionäre Traditionen von 1918 die Bezeichnung »Volksmarine« erhielten. Diese Marine, strikt eingebunden im ideologischen Führungsanspruch einer sozialistischen Partei, zeigte nach Entstehung, Struktur und Auftrag keine Kontinuitätslinien zu früheren deutschen Marinen. Sie entwickelte sich innerhalb des Warschauer Paktes zu einer offensiven Randmeermarine (siehe die Beiträge von Hans Ehlert und Knut Eckstein).

Beide deutsche Marinen wiesen bis 1990 starke Unterschiede auf. Jede Marine sah die andere als Gegner im Militärpotential eines Bündnissystems. Doch es blieb ihnen erspart, ihre jeweilige Kampfkraft unter Beweis zu stellen. Mit der Vereinigung beider deutscher Staaten wurden im Herbst 1990 Teile der Volksmarine in die Marine der Bundeswehr integriert (siehe den Beitrag von Dirk Horten).

Die nunmehr als »Deutsche Marine« bezeichnete kleinste Teilstreitkraft der Bundeswehr hatte sich nach Auflösung des Ost-West-Gegensatzes frühzeitig auf die neuen sicherheitspolitischen Rahmenbedingungen eingestellt. Der bisherige Verteidigungsauftrag im Nordflankenraum der NATO verlor erheblich an Bedeutung, was in wenigen Jahren dazu führte, daß bei den See- und Seeluftstreitkräften die Waffensysteme nahezu halbiert wurden. Da es jedoch rechtzeitig gelungen war, eine konsequente Verjüngung und Modernisierung der wichtigsten Überwassereinheiten und auch der U-Boote einzuleiten, war die Marine für die künftigen Aufgaben im Rahmen der internationalen Krisenbewältigung gut vorbereitet. Dies zeigte sich bereits 1991 beim Einsatz des Minenabwehrverbandes Südflanke im Nordarabischen Golf[26] und im Frühjahr 1994 bei der Rückführungsoperation des Heereskontingentes aus Somalia.

In eine Phase der erneuten Umstrukturierung und Personalreduzierung der Bundeswehr kam es am 11. September 2001 zu den kaum für möglich gehaltenen brutalen Terrorattacken von New York und Washington, die aus der Sicht der USA der Beginn eines asymmetrischen Krieges waren und sind. Im Rahmen der Unterstützung der internationalen Bekämpfung des Terrorismus beteiligte sich die Bundesrepublik Deutschland mit Spezialeinheiten des Heeres an militärischen Einsätzen gegen die Führungs- und Ausbildungszentren in Afghanistan und mit Einheiten der Marine an der Unterbrechung der logistischen Verbindungslinien am Horn von Afrika. Die Überwachung und teilweise auch Kontrolle des Seeverkehrs wurde inzwischen auf die Straße von Gibraltar ausgedehnt[27] und hält zur Zeit (Herbst 2004) noch an (siehe die Beiträge von Gottfried Hoch und Hans Frank).

Die Gründung einer ersten deutschen Marine vor mehr als 155 Jahren erinnert daran, daß erstmalig deutsche Streitkräfte ihre Legitimation von einem frei gewählten Parlament erhielten, daß die Flagge dieser Flotte mit den Farben Schwarz-Rot-Gold als Symbol für Einheit in Freiheit galt und gilt. Nachdem deutsche Marinen bis 1945 vor allem als Machtinstrumente für nationalstaatliche Konflikte konzipiert waren, entstand vor etwa 50 Jahren, nach einer zehnjährigen Pause ohne deutsche Seestreitkräfte, in der Bundesrepublik Deutschland eine Bündnismarine, die sich inzwischen zu einem Instrument internationaler Sicherheit entwikkelt hat. Es ist ein Instrument, das mit seinen Fähigkeiten zur Seekontrolle, Aufklärung, Transport und Waffenwirkung einen wichtigen Beitrag zur Krisenbewältigung und Terrorbekämpfung leisten kann und wird.

Die Aufsätze dieses Bandes sollen dazu beitragen, daß die Liebe und das Interesse der Deutschen für die See nicht nur »bis etwa zwei Meter Wassertiefe und bis zum Horizont mit Sonnenuntergang« reicht[28], und sollen daran erinnern, daß die historischen und globalen Dimensionen internationaler Sicherheit stets auch eine maritime Komponente enthalten, zumal oft eine elementare geographische Tatsache verdrängt wird: die Erdoberfläche besteht zu mehr als 70 Prozent aus Wasser!

Anmerkungen

[1] VAdm a.D. Eberhard von Mantey an Adm a.D. Georg von Müller, 19.10.1932 (Original im Nachlaß von KptzS a.D. Helmut von Mantey, Kopie im Besitz des Verfassers).

[2] Vizeadmiral Günter Fromm, Schlußbemerkungen, in: Die deutsche Flotte im Spannungsfeld der Politik 1848–1985. Vorträge und Diskussionen der 25. Historisch-Taktischen Tagung der Flotte 1985, hrsg. vom Deutschen Marine Institut und vom MGFA, Herford 1985 (= Schriftenreihe des Deutschen Marine Instituts, Bd 9), S. 223.

[3] Siehe dazu die Einführung zum Beitrag Michaelis in diesem Band.

[4] Zit. aus dem Beitrag von Günter Moltmann, Die deutsche Flotte von 1848/49 im historisch-politischen Kontext (in diesem Band).

[5] Adalbert Prinz von Preußen, Denkschrift über die Bildung einer deutschen Kriegsflotte, Potsdam 1848. – Reprint als Anhang 1 in Jörg Duppler, Prinz Adalbert von Preußen. Gründer der deutschen Marine, Herford, Bonn 1986, S. 79–115.

[6] Siehe dazu Günter Moltmann, Atlantische Blockpolitik im 19. Jahrhundert. Die Vereinigten Staaten und der deutsche Liberalismus während der Revolution von 1848/49, Düsseldorf 1973.

[7] Nach Moltmann, Die deutsche Flotte (wie Anm. 4). Siehe in diesem Zusammenhang auch die Diskussion über den Beitrag in der Erstveröffentlichung in: Die deutsche Flotte (wie Anm. 2), S. 42–51.

[8] Nach Herbert Graubohm, Die Ausbildung in der deutschen Marine von ihrer Gründung bis zum Jahre 1914. Militär und Pädagogik im 19. Jahrhundert, Düsseldorf 1977, passim.

[9] Alfred Tirpitz, Erinnerungen, Leipzig 1920, S. 127.

[10] Leitfaden für den Unterricht in Geographie und Geschichte für die Schiffsjungen der Kaiserlichen Marine, gedruckt auf Veranlassung der Kaiserlichen Admiralität, Kiel 1884, S. 213–215, zit. nach Graubohm, Die Ausbildung (wie Anm. 8), S. 21. – Die Schreibweise des Originalzitats wurde im Hinblick auf die aktuelle Diskussion der Rechtschreibreform bewußt beibehalten.

[11] Die folgenden Ausführungen über Stosch und Caprivi in Anlehnung an Kurztexte von Herbert Graubohm, 1977 dem Wehrgeschichtlichen Ausbildungszentrum der Marineschule Mürwik (WGAZ/MSM) zur Verfügung gestellt.

[12] Siehe in diesem Zusammenhang Ekkhard Verchau, Von Jachmann über Stosch und Caprivi zu den Anfängen der Ära Tirpitz, in: Marine und Marinepolitik im kaiserlichen Deutschland 1871–1914, hrsg. vom MGFA durch Herbert Schottelius und Wilhelm Deist, 2. Aufl., Düsseldorf 1981, S. 54–72.

[13] Zum seestrategischen Denken in der Kaiserlichen Marine von 1871 bis 1895 siehe jetzt die grundlegende Untersuchung von Rolf Hobson, Maritimer Imperialismus. Seemachtideologie, seestrategisches Denken und der Tirpitzplan 1875 bis 1914, aus dem Englischen übersetzt von Eva Besteck, hrsg. vom MGFA, Potsdam, und dem Institut für Verteidigungsstudien, Oslo, München 2004 (= Beiträge zur Militärgeschichte, Bd 61), hier besonders S. 119–163. – Ich danke in diesem Zusammenhang Fregattenkapitän Dr. Frank Nägler für wichtige Hinweise.

14 Vortrag Oberbefehlshaber der Kriegsmarine, 3.2.1937: »Grundsätzliche Gedanken der Seekrieg-
    führung«, in: Bundesarchiv-Militärarchiv (BA-MA), RM 6/53. Vgl. dazu Jost Dülffer, Weimar,
    Hitler und die Marine. Reichspolitik und Flottenbau 1920–1939, Düsseldorf 1973, S. 435 f.
15 »Gedanken des Oberbefehlshabers der Kriegsmarine zum Kriegsausbruch«, 3.9.1939, in: Lage-
    vorträge des Oberbefehlshabers der Kriegsmarine vor Hitler 1939–1945, hrsg. von Gerhard
    Wagner, München 1972, S. 19–21.
16 Siehe dazu Karl Silex in einer Rezension über Karl Dönitz, Zehn Jahre und zwanzig Tage. Erin-
    nerungen 1935–1945, 1. Aufl. 1958, 11. Aufl., Bonn 1997: »Der Großadmiral ließ sich für diesen
    ungeheuerlichen Entschluß die Rückenstärkung, die er in seinem Stab nicht finden konnte, von
    den schnell zusammengerufenen jungen Flottillenchefs geben.« (Der Tagesspiegel, Mai 1959). –
    Silex (Crew 1914) war ab Herbst 1939 als Reserveoffizier im OKM eingesetzt, blieb aber gleich-
    zeitig auf Wunsch Raeders Chefredakteur der »Deutschen Allgemeinen Zeitung«, bis er Anfang
    1943 nach einem Konflikt mit Goebbels ein Bordkommando übernahm. Im Frühjahr 1944 nahm
    er als Korvettenkapitän z.V. für einige Monate an den Lagebesprechungen des Ob.d.M. teil. Siehe
    Karl Silex, Mit Kommentar. Lebensbericht eines Journalisten, Frankfurt a.M 1968, S. 211–247.
17 Es handelte sich um den Oberleutnant zur See Oskar Kusch, siehe dazu im Detail Heinrich
    Walle, Die Tragödie des Oberleutnants zur See Oskar Kusch, Stuttgart 1995, sowie dessen Bei-
    trag in diesem Band.
18 Zit. nach Lagevorträge (wie Anm. 15), S. 603 (20./21.7.1944). Zum gesamten Vorgang detailliert
    Michael Salewski, Die deutsche Seekriegsleitung 1935–1945, Bd 2: 1942–1945, München 1975,
    S. 432–448. Zur späteren Sichtweise und Rechtfertigung von Dönitz, siehe Dönitz, Zehn Jahre
    (wie Anm. 16), S. 392–396. Vgl. jetzt auch die materialreiche Studie von Jörg Hillmann, Der
    20. Juli 1944 und die Marine. Ein Beitrag zu Ereignis und Rezeption, Bochum 2004.
19 Ansprache des Ob.d.M. am 24.8.1944 bei der Tagung der Oberbefehlshaber der Marine, vollstän-
    dig publiziert bei Salewski, Die deutsche Seekriegsleitung, Bd 2 (wie Anm. 18), S. 640–648. Zur
    Überlieferung und Interpretation des Textes siehe ebd., S. 437–442; siehe auch Hillmann, Der
    20. Juli 1944 (wie Anm. 18), S. 68–74 mit Auszügen aus der Ansprache des Ob.d.M.
20 Zu den Offizieren, die Kranzfelder vorsichtig angesprochen hatte, gehörte der damalige Referent
    für Minenkriegführung in der Operationsabteilung, Fregattenkapitän Karl-Adolf Zenker, von
    1961 bis 1967 Inspekteur der Marine, der erst 1985 zu erkennen gab, warum er sich nicht am Wi-
    derstand beteiligt hatte: siehe Diskussionsbeitrag Vizeadmiral a.D. Karl-Adolf Zenker in: Die
    deutsche Flotte (wie Anm. 2), S. 218. In diesem Band erneut veröffentlicht bei den Diskussions-
    beiträgen zum Beitrag von Michael Salewski.
21 Salewski, Die deutsche Seekriegsleitung, Bd 2 (wie Anm. 18), S. 552.
22 Memorandum des Bundeskanzlers über die Sicherung des Bundesgebietes nach innen und außen
    vom 29.8.1950, in: Hans-Jürgen Rautenberg und Norbert Wiggershaus, Die »Himmeroder Denk-
    schrift« vom Oktober 1950, Karlsruhe 1977, S. 35 f. (Dokument 1), Zitat S. 36.
23 Zit. nach Jörg Duppler, Germania auf dem Meere. Bilder und Dokumente zur deutschen Marine-
    geschichte 1848–1998, Hamburg 1998, S. 203 f. (Dokument 7).
24 Werner Rahn, Menschenführung in der Reichsmarine, in: Menschenführung in der Marine, Her-
    ford, Bonn 1981 (= Vorträge zur Militärgeschichte, hrsg. vom MGFA, Bd 2), S. 69–82, hier
    S. 80 f.
25 Siehe Arleigh Burke, Fred Ruge – My Friend, in: Seemacht und Geschichte. Festschrift zum
    80. Geburtstag von Friedrich Ruge, hrsg. vom Deutschen Marine Institut, Bonn-Bad Godesberg
    1975, S. 29–38.
26 Siehe Klaus-Peter Hirtz, Bewährung im Nordarabischen Golf. Bericht über den Einsatz des
    Minenabwehrverbandes Südflanke, in: Marineforum, 66 (1991), H. 9, S. 283–288.
27 Siehe Gerald Heuer, Schnellboote in Gibraltar. Der deutsche Beitrag zur NATO-Operation
    Active Endeavor, in: Marineforum (2004), H. 9, S. 26–28.
28 Zit. nach einem Diskussionsbeitrag von Dieter Hartwig 1985 in: Die deutsche Flotte (wie
    Anm. 2), S. 169.

I.

Historische Wurzeln

John B. Hattendorf

Deutschland und die See:
Historische Wurzeln deutscher Seestreitkräfte bis 1815

Die im Herzen Europas entspringenden großen Flüsse Deutschlands münden in das Meer und sind somit Verbindungswege zur Welt der Seefahrt. An den Mündungen dieser Flüsse in die Nord- und Ostsee und an den nahe gelegenen Küsten haben die Archäologen Funde gemacht, die den Seehandel, Fischfang und Schiffbau in längst vergangenen Zeiten belegen. Solche Funde zeugen von den vielen maritimen Verbindungen zwischen den nordeuropäischen Meeren und dem Herzen des Kontinents, die schon Jahrhunderte vor unserer Zeitrechnung bestanden haben. Somit umfaßt der geographische Raum, in dem die heutige Bundesrepublik Deutschland liegt, viele Regionen mit einer langen Bindung zur See, die mittelbar und unmittelbar durch die See und die Aktivitäten auf See beeinflußt worden sind.

Wie in allen anderen Teilen der Welt ist die Geschichte der Seestreitkräfte eng mit den übrigen maritimen Aktivitäten verbunden. Die Seeleute sind – unabhängig von der Art ihres Einsatzes – alle mit den Gefahren der Seefahrt vertraut und beherrschen die wissenschaftlichen, technischen und handwerklichen Grundkenntnisse auf dem Gebiet der Navigation, der Seemannschaft und des Schiffbaus. Sie teilen viele Erfahrungen des Lebens auf und mit der See. Die Seestreitkräfte stehen für eine spezielle Form der Aktivität auf den Meeren, die aus einer umfassenderen maritimen Erfahrung hervorging und von dieser abhängt. Zugleich haben Seestreitkräfte Anteil an anderen Traditionen und Aktivitäten: in kulturellen, wissenschaftlichen und geschichtlichen Bereichen der Waffenentwicklung, der Streitkräfte und der Kriegführung. Diese beiden Aspekte, d.h. der maritime und der militärische, sind Schlüsselfaktoren, um das Entstehen der Seestreitkräfte der einzelnen Länder verstehen zu können. Wenn ihre geschichtliche Entwicklung über gewisse Zeiträume auch unterschiedlich verlief, so gab es doch wiederholt Überschneidungen. Das maritime Erbe Deutschlands reicht viel weiter in die Vergangenheit zurück als das seiner Seestreitkräfte, aber die frühesten Ereignisse, bei denen bewaffnete Kräfte auf See zum Einsatz kamen, sind Teil einer umfassenderen Entwicklung sowie deren Folge. Es ist eine verwickelte Geschichte, die – was für die Geschichte der Seefahrt ganz allgemein gilt – die konventionellen Grenzen der nationalen Geschichte und akademischen Spezialgebiete überschreitet.

Die Zeit der Wikinger

In der Geschichte der Seefahrt reichen die Anfänge des friedlichen Schiffsverkehrs auf den Nordmeeren in die Jungsteinzeit und die Bronzezeit zurück. Mit der Entwicklung des Handels jedoch erschienen bewaffnete Schiffe zur Begleitung und zum Schutz sowie zum Angriff auf den feindlichen Handelsverkehr und auch zu rein kriegerischen Zwecken. Es gibt Zeugnisse kleiner bewaffneter Auseinandersetzungen zwischen Römern und Germanen im Mündungsbereich der Ems um die Zeitenwende. Es liegen Berichte über ähnliche Ereignisse in den folgenden Jahrhunderten vor. Unter den frühesten großen Kriegsflotten auf den nördlichen Meeren nennt uns Tacitus im 1. Jahrhundert nach Chr. die mächtigen Flotten der »Suiones«, der Svear aus Mittelschweden. Solche Wikingerflotten bildeten sich und tauchten vielerorts auf, als die Wikinger zwischen dem 9. und 11. Jahrhundert den Gipfel ihrer Macht erklommen hatten und schließlich die Nordsee, die Ostsee und die Irische See beherrschten. Obwohl den Wikingern oft Brutalität, Zerstörungs- und Schändungswut nachgesagt wird, war ihr Einfluß auf Nordeuropa nicht nur nachteilig. Skandinavische Händler waren an vielen Orten anzutreffen, unter anderem am Rhein. Sie bauten wichtige Handelszentren auch in anderen Regionen wie in Truso bei Elbing und in Wollin an der Odermündung auf. Mit dieser Entwicklung kam der Handel in Gang, durch den Nordeuropa in unmittelbare Verbindung mit dem Westen und den westlichen Kulturen und auch mit dem Osten kam. Der Einfluß der Wikinger machte sich bei den ersten wichtigen maritimen Aktivitäten bemerkbar, die sich auf die Küsten der Ost- und Nordsee auswirkten. Deutsche Kaufleute und Seefahrer trafen mit Kauf- und Seeleuten aus vielen anderen Ländern in Birka, dem Zentrum der Wikinger in Schweden während der nordischen Blütezeit im 9. und 10. Jahrhundert, zusammen. Dort beteiligten sich die Deutschen am Warenaustausch mit der damals bekannten Welt. Eine der Hinterlassenschaften der Wikinger, die mit verschiedenen Völkern und einer Anzahl von Ländern in Berührung gekommen waren, sind Ausdrücke der Seefahrersprache und Kenntnisse über die Seefahrt und den Schiffbau, die sie an andere Völkergruppen weitergegeben haben und von denen viele jahrhundertelang Anwendung fanden[1].

Nach dem Ende der Wikingerzeit, d.h. zwischen dem 11. und 13. Jahrhundert, entwickelten sich aus den ursprünglichen Wikingerschiffen die mittelalterlichen nordeuropäischen Schiffe, da für den verstärkten internationalen Warenaustausch größere Schiffe benötigt wurden. Bei der Entwicklung dieses als »knaar« bezeichneten Schiffstyps lag das Hauptdeck im Lauf der Zeit immer höher über dem Wasserspiegel, und es war zum Schutz der Fracht gedeckt. Piratenüberfälle und Kriegseinwirkungen führten bald zum Bau von erhöhten Plattformen auf dem Vor- und Achterschiff, um von dort aus kämpfen zu können[2]. Parallel dazu entwickelte sich ein anderer Schiffstyp aus örtlichen Traditionen heraus, die Kogge, ein Schiff mit flachem Rumpf, bauchigen Bordwänden und spitzem Bug und Heck[3]. Dies waren die Schiffe, die in der frühen Zeit der Seefahrt den geographischen Raum beherrschten, den die heutige Bundesrepublik Deutschland einnimmt.

In der Wikingerzeit und im Mittelalter hatte das Schiff nicht nur praktische Funktionen in Krieg und Handel, sondern auch eine symbolische, weshalb Abbildungen von Schiffen auf Münzen und Runensteinen, in Kirchen und mittelalterlichen Stadtsiegeln zu finden sind. Die meisten bildlichen Überlieferungen dieser frühen Schiffe haben sich nur in solchen symbolischen Darstellungen erhalten. Symbole hatten in der Geschichte stets eine soziale Funktion und beeinflussen weiterhin unser historisches Verständnis. In der Wikingerzeit war das Schiff ein Symbol für das Schenken und konnte auch als Denkmal gelten, das die kulturelle Identität unterstrich. Es war sogar Zeichen der Aggression. Im Mittelalter wurden Abbildungen antiker Schiffe Teil der christlichen Symbolik. Im politischen Bereich wurde das Schiff schließlich auch zu einem Symbol, das Macht und Einfluß legitimieren sollte[4].

Diese frühen maritimen Aktivitäten berührten und beeinflußten den geographischen Raum des heutigen Deutschland, lagen jedoch am Rande der Hauptströmungen der politischen und kulturgeschichtlichen Entwicklung des Landes, wie wir es heute kennen. Es ist eher üblich, als Anfang seiner neueren historischen Ära die Krönung Karls d. Großen im Jahr 800 anzusetzen, und die Auswirkungen von Aufstieg und Niedergang des karolingischen Reiches auf die östlichen Regionen dieses Reiches zu verfolgen. In dieser Entwicklung spielten die Nord- und Ostseeküsten eine untergeordnete Rolle, weshalb die Geschichte der Seefahrt zuweilen aus dem Blickfeld entschwindet. Gleichwohl bildet die allmähliche Inbesitznahme der Küstengebiete durch die Deutschen den Anfang der deutschen Seefahrtgeschichte.

Während der Lebenszeit Karls des Großen hatten die Wikinger schon mit ihren Angriffen begonnen. Von einem Stützpunkt auf der Insel Walcheren aus verwüsteten sie Friesland, bis sie von König Arnulf 891 bei Löwen geschlagen wurden[5]. Die Wikingerüberfälle waren jedoch weniger gefährlich als die Bedrohung durch die Magyaren im Osten. Angesichts dieser Invasionen zerfiel der östliche Teil des Karolingerreiches in fünf große Herzogtümer, aus denen sich in groben Umrissen die Territorien und Grenzen der deutschen »Nationen« ergaben, die früher der fränkischen Herrschaft unterstanden hatten. Die Grenzziehung war jedoch nicht volks- oder stammesbedingt, sondern beruhte auf militärischen Überlegungen. Unter diesen fünf Herzogtümern, d.h. Bayern, Franken, Sachsen, Schwaben und Thüringen erreichte Sachsen zuerst an verschiedenen Stellen Zugang zu den deutschen Küstengebieten zwischen der Ems und der Ostgrenze an der Elbe. Im Winter 928/29 schuf Herzog Heinrich I. von Sachsen die Voraussetzungen für die deutsche Expansion nach Osten über die Elbe und Saale hinweg, indem er die Havel überquerte, Brandenburg als Garnison aufbaute und dann im Jahr 934 nach seinem Sieg über die Dänen die Mark Schleswig gründete. Unter Heinrich I. und seinem Nachfolger, Otto I., entwickelte sich die erst hundert Jahre zuvor im Jahr 834 gegründete Stadt Hamburg rasch zu einem Zentrum des deutschen Einflußes und wurde für den Norden so bedeutend wie Magdeburg an der Elbe für den Osten. Durch den slawischen Aufstand ein halbes Jahrhundert später wurde diesen expansionistischen Tendenzen entlang der südlichen Ostseeküste bis zum 12. Jahrhundert Einhalt geboten.

Anstatt ihr Augenmerk auf die nahen Küsten zu richten, wandten sich die Deutschen nach Ottos Wahl zum Kaiser den Vorgängen in Südeuropa zu. So bestand unter anderem über lange Zeit ein kaiserliches Interesse am Mittelmeer. In diesem Zusammenhang erschien mit der Thronbesteigung von Kaiser Otto III. im Jahr 983 erstmals der Titel eines »Oberst Admiral« auf der Liste der hohen Ämter am Kaiserhof. Durch diese Verknüpfungen nahm auch eine Reihe friesischer Schiffe am Ersten Kreuzzug im Jahr 1097 teil. Ihrem Beispiel folgend beteiligten sich Schiffe aus Friesland und vom Niederrhein in den Jahren 1147 bis 1149 am Zweiten Kreuzzug. Zum Dritten Kreuzzug brachen im Jahr 1189 Schiffe von der Weser aus auf, für die Friesland, Bremen und Lübeck die Besatzungen gestellt hatten.

Der Aufstieg deutscher Städte

Wenn während der Regierungszeit der Hohenstaufenkaiser auch der Mittelmeerraum im Mittelpunkt der politischen Aktivitäten stand, so fanden damals doch einige entscheidende Weichenstellungen an den Küsten der Nord- und Ostsee statt. Zu Beginn des 12. Jahrhunderts kam eine langdauernde Entwicklung in Gang, die zu einer grundlegenden Umschichtung der politischen Macht in Deutschland führte. Dabei erhielten die Fürsten zu Lasten des Reiches mehr Rechte und politische Macht. Da das Hohenstaufengeschlecht seine ganze Aufmerksamkeit den Vorgängen in Italien widmen mußte, ließ sein Machteinfluß in den deutschen Landen nach. Zu jener Zeit setzte auch der schon lange spürbare Expansionsdrang der deutschen Fürsten nach Osten ein. Deutsche Siedlungsvorhaben wurden erneut jenseits der östlichen Reichsgrenzen, die entlang der Elbe verliefen, bis zur Weichsel und dann entlang der Süd- und Ostküste der Ostsee vorangetrieben, bis schließlich der Finnische Meerbusen erreicht war. Zu dieser Zeit zerfielen die alten Herzogtümer, auf denen die alte Machtstruktur gründete, in kleinere Einheiten.

1180 waren beispielsweise aus dem Herzogtum Sachsen die Fürstentümer Westfalen, Anhalt und Braunschweig hervorgegangen. Besonders die Teilung Sachsens wirkte sich nachhaltig auf die künftige Entwicklung der deutschen Seefahrtsgeschichte aus. Die Rivalität um die sächsischen Ländereien zwischen Albrecht dem Bären von Brandenburg, Adolf von Holstein und Heinrich dem Löwen von Sachsen führte zu einer Aufteilung des Territoriums. Der Erwerb des wagrischen Seengebietes ermöglichte Adolf von Holstein die Gründung der Stadt Lübeck im Jahr 1143 und – was noch bedeutsamer war – Siedler zur Niederlassung in diesem weithin menschenleeren Gebiet anzuwerben. Die Besiedlung dieses einst slawischen Gebietes war ein kleiner, aber wichtiger Auftakt zu einer Entwicklung, die sich in größerem Stil fortsetzte. Danach folgte der viel aggressivere wendische Kreuzzug Heinrichs des Löwen in Mecklenburg und Pommern. Bedeutsam für die damalige Seefahrt war vor allem Heinrichs gleichzeitig verfolgtes Interesse am Handel und an der Entwicklung von Handelsbeziehungen im Ostseeraum. Daran beteiligten sich zu jener Zeit Kaufleute aus Köln, Schleswig und Nowgorod. Diese Handelsbeziehungen wurden jedoch weitgehend von den Bewohnern der Insel Gotland beherrscht[6].

1158 zwang Heinrich der Löwe Adolf von Holstein zur Herausgabe von Lübeck, worauf er unverzüglich die Entwicklung der Stadt vorantrieb. Eine Maßnahme von grundlegender Bedeutung, die seinen eigenen Sturz und die darauffolgende Zeit der dänischen Hegemonie im Ostseeraum überlebte, war die Entsendung von Gesandtschaften nach Dänemark, Norwegen, Schweden und Rußland mit einem Friedensangebot unter der Bedingung, Handel mit Lübeck zu treiben. In Lübeck richtete er eine Münzanstalt und eine Zollverwaltung ein und gab den Bürgern praktische Anreize, Handel zu treiben. Die Stadt erlebte einen Aufschwung und nahm im ersten Jahrhundert ihres Bestehens eine Monopolstellung im Handel zwischen dem Osten und Westen ein, bevor der Seeweg zur Nordsee durch dänische Gewässer offenstand.

Als wichtigster Handelsplatz zwischen dem Westen und der Ostsee gab Lübeck den Anstoß zur Gründung einer Reihe deutscher Städte wie Wismar 1228, Rostock 1218, Stralsund 1234 und Danzig 1238. Dazu kamen noch Greifswald, Cammin und Kolberg. Beim Größerwerden benutzten einige dieser neuen deutschen Städte das Schiff als Symbol ihrer Legitimation und führten es in ihrem Siegel. Es ist bezeichnend, daß Lübeck – an der Spitze dieser Städte stehend – 1280 auf eine viel ältere Abbildung zurückgriff und damit seine neue Handelstätigkeit an die einstige Wikingerzeit in der Seefahrtgeschichte des Ostseeraums anknüpfte (siehe Abbildung des Lübecker Siegels von 1280)[7].

Siegel von Lübeck aus dem Jahr 1280
Grafik J. Schmidt / DSM

Neben dem Aufbau dieser Handelsbeziehungen beteiligten sich die Deutschen an der Christianisierung der Slawen. Zuerst wurde der militärische Orden der Schwertritter zur Durchführung dieses Vorhabens gegründet. Dieser wurde 1237 mit dem Deutschen Orden verschmolzen, der schon mit der Unterwerfung Preußens begonnen hatte. In der Folgezeit wurden deutsche Städte in Reval, Dorpat und Narwa gegründet. Währenddessen erhielten Kaufleute der wiedergegründeten Stadt Riga das Recht zur Schiffahrt auf der Dwina, wodurch sie eine Zeitlang Handelsbeziehungen bis nach Smolensk pflegen konnten.

Die fortschreitende deutsche Ostsiedlung schaffte städtische Märkte, die auf den Seehandel abgestützt waren und Gelegenheit zur Ausfuhr überschüssiger Güter boten. So entstanden die Voraussetzungen, unter denen sich allmählich die Hanse entwickeln konnte. Es begann damit, daß Kaiser Friedrich I. 1189 der Stadt Hamburg einen Freibrief mit wirtschaftlichen Privilegien zum Schutz des deutschen Seehandels auf der Nord- und Ostsee ausstellte. Die aufstrebenden Städte in diesem Raum begannen, ihre eigenen Handelsinteressen zu verfolgen, die über den politischen Machtbereich der verschiedenen regierenden Landesfürsten hinausgingen. Im Jahr 1226 erhob der Kaiser Lübeck zur Reichsstadt. Dadurch gewann die Stadt so an Macht und Prestige, daß sie die Führung in diesem Raum übernehmen konnte. Schon 1230 gingen Hamburg und Lübeck ihr erstes förmliches Bündnis ein, und einige norddeutsche Kaufleute bildeten eine Genossenschaft zur Förderung und zum Schutz des Handels, den sie mit ihren unterschiedlichen Schiffen tätigten[8].

Sieg der Hanse über die Dänen vor der Warnow-Mündung 1234

MSM

Bis zur Mitte des 14. Jahrhunderts hatte sich diese Kaufmannsgenossenschaft zu einem Städtebund entwickelt, dessen Hauptzweck der Schutz seiner Kaufleute im Ausland und die Ausweitung des Handels war. Mit dem Nachlassen des politischen Einflusses der deutschen Fürsten in diesem Raum konnte sie auch erhebliche politische Macht an sich ziehen und Kriege in Nordeuropa führen. Im Jahr 1356 fand die erste Hauptversammlung der offiziellen Vertreter der Städte, der

Hansetag, statt. Der Hansetag wurde das Leitungs- und Steuerungsforum der Hanse in allen die Gesamtheit der Städte betreffenden Angelegenheiten, worunter diplomatische Aufgaben und Beschlüsse über Krieg und Frieden und maritime Wirtschaftsblockaden fielen. Die Hanse wuchs über die nächsten zweihundert Jahre, bis ihr schließlich zwischen 180 und 200 Städte angehörten, die über Privilegien für den Handel mit dem Ausland verfügten. Den Kern der Hanse bildeten etwa 70 Städte. Die wichtigsten Hansestädte gruppierten sich um Lübeck, wie die nahegelegenen Städte Hamburg, Stralsund und Rostock. Das Territorium der Hanse erstreckte sich auch nach Süden und Westen, wo ihr Städte wie Braunschweig, Bremen, Dortmund und Deventer angehörten, rund um die Ostsee bis nach Visby, Stockholm, Reval, Riga und Danzig sowie entlang der Flüsse bis Köln und Krakau. In Bergen, London, Brügge und Nowgorod gründeten die im Ausland lebenden deutschen Kaufleute Kontore zur Förderung ihrer Handelstätigkeit. Ein aus diesem Rahmen fallendes, aber äußerst gewichtiges Mitglied der Hanse war der Großmeister des Deutschen Ordens, der wichtige Küstenabschnitte in der östlichen Ostsee unter seiner Kontrolle hatte.

In dieser Zeit war der Handel in der Ostsee für Europa von größter Bedeutung, da dieser Raum wichtiger Lieferant von Holz und das für den Schiffbau benötigte Zubehör sowie von Weizen, Eisen, Kupfer und Fisch war. Der Güteraustausch stützte sich vorwiegend auf die Seefahrt ab, jedoch auch auf Verbindungen mit Überlandrouten und auf Binnengewässer. Die Nutzung schiffbarer Flüsse war von ausschlaggebender Bedeutung für den Transport von Waren aus dem Herzen Deutschlands in andere Länder. Dies führte zum Ausbau von Hafenanlagen und Wasserstraßen und zum Bau von Kanälen. In dieser frühen Zeit war der Bau des Stecknitzkanals, der Hamburg mit Lübeck und damit die Nordsee mit der Ostsee verband, ein wichtiger Schritt. Dieser Kanal wies eine bedeutende technische Errungenschaft auf: die erste Schleuse, mit der Schiffe einen Höhenunterschied überwinden konnten[9].

Bei der Verfolgung ihrer Handelsziele stießen die Kaufleute der Hanse bisweilen auf große Schwierigkeiten. In einigen Regionen wurden Handelsschiffe durch Piraten bedroht, in anderen wurde Widerstand durch politische und wirtschaftliche Kräfte geleistet. Als Wirtschaftsgruppe bildete die Hanse eine frühe Form der kaufmännischen Zusammenarbeit über politische Grenzen hinweg, wobei jedoch ihre eigene politische Macht beschränkt blieb. Dennoch verfügte die Hanse über drei Verfahren zur Bewältigung kritischer Situationen. Zuerst einmal wurde eine Lösung auf dem Verhandlungswege gesucht. Beim Scheitern von Verhandlungen wurde der Handel mit dem Gegner durch Verhängen einer Seehandelsblockade eingestellt, und wenn alle Mittel versagten, dann wurde Krieg geführt. Im Verlauf ihrer langen Geschichte führte die Hanse mehrere Kriege: gegen Dänemark 1426 bis 1435, gegen Holland 1438 bis 1441, gegen England 1470 bis 1474, gegen Dänemark und Holland 1509 bis 1512, gegen Dänemark 1523 bis 1524 und gegen Dänemark, Norwegen und Schweden 1534 bis 1536. Lübeck nahm von 1563 bis 1570 auch am siebenjährigen Nordischen Krieg teil.

Als ein Zusammenschluß von Kaufleuten unterhielt die Hanse keine eigenen Streitkräfte und mußte mit den Kräften und Mitteln improvisieren, die von den Mitgliedsstädten sowie dem Deutschen Orden und den Verbündeten zur Verfügung gestellt wurden[10]. Wahrscheinlich verfügte die Hanse im 15. Jahrhundert über die stärkste seetüchtige Flotte in Europa, die mit Gewißheit größer als die englische oder holländische Flotte und vielleicht auch stärker als die Flotten der Spanier und Franzosen war. Zwar fehlen genaue Zahlenangaben, aber nach Schätzungen umfaßte diese Flotte im 15. Jahrhundert ohne die Küstenschiffe 1000 Schiffe mit einer Gesamtkapazität von 30 000 Lasten oder 90 000 Tonnen. Ein Drittel dieser Schiffe gehörte Hamburg und Lübeck[11]. Für den Bau und die Unterhaltung dieser großen Zahl von Schiffen wurden zahlreiche Seeleute wie auch Werften und Arbeiter in zuarbeitenden Handwerksbetrieben benötigt. Die für die Beschaffung von Waffen und Munition erforderlichen Gelder wurden in Kriegszeiten durch Erheben von Warenzoll, den sogenannten Pfundzoll, beschafft. In Kriegszeiten heuerten die Hansestädte private Schiffe an, die sie ausstatteten und bemannten. Damals unterschieden sich die Schiffe nur nach ihrer Größe, aber noch nicht durch eine spezielle funktionsbedingte Konstruktion. Deshalb waren die großen Kriegsschiffe der Hanse kaum von den üblichen seetüchtigen Handelsschiffen dieser Region zu unterscheiden. Es gab die Kogge, und ab dem 15. Jahrhundert die Hulk und die Karavelle. Kleinere Transportschiffe wie die Schnigge und die Peyte wurden auch zu Kriegszwecken eingesetzt, während andere Schiffstypen wie Ewer, Busse und Barke als Kaperschiffe Verwendung fanden. In der ganz frühen Hansezeit wurden Kampfhandlungen gewöhnlich von einzelnen Schiffen geführt, wobei bewaffnete Seeleute von Deck zu Deck kämpften. Um die Wende vom 12. zum 13. Jahrhundert führte der Einsatz der Kogge als typisches Hanseschiff zu innovativen Entwicklungen in der Seetaktik, die in anderen Teilen Europas noch unbekannt waren. Große, rudergesteuerte Segelschiffe kämpften im Verband[12]. Außerdem entwickelten Seeleute der Hanse einschlägige Verfahren für die Seeblockade, die Seeherrschaft und das Konvoigeleit zum Schutz des Schiffsverkehrs[13].

Im 15. Jahrhundert setzte die Hanse ihr Wirken als kommerzielles Transportunternehmen im Ostseeraum fort, wo sich weite, früher dem Kaiser unterstehende Gebiete entweder immer mehr vom Reich lösten oder nur durch sehr schwache Bande mit dem Reich verbunden waren. Gleichzeitig verstärkten benachbarte Fürsten ihren Machtanspruch auf Städte und ihre wirtschaftlichen Verbindungen. Den ersten unübersehbaren Schritt unternahm Kurfürst Friedrich II. von Brandenburg mit seinem Sieg über Berlin-Cölln im Jahr 1442 und die Unterwerfung von Mainz im Jahr 1462. Im weiteren Verlauf untersagte Brandenburg seinen Städten jede Art von Beziehung zu Genossenschaften und Verbänden außerhalb der Mark, durch welche die herrschaftlichen Rechte des Kurfürsten hätten beschnitten werden können. Aus diesem Grund wurden die Städte in Brandenburg ab 1442 allmählich gezwungen, sich aus der Hanse zurückzuziehen. Diese Entwicklung verstärkte sich durch eines der politischen Ergebnisse der Reformation, nämlich die Entstehung eines Systems von Landeskirchen, die nach dem Grundsatz »cuius regio, eius religio« dem regionalen Herrscher unterstanden. All diese Entwicklungen trugen zur Schwächung der Städte und insbesondere zur Auflösung der Hanse bei. Gleichzeitig begann sich der Einflußbereich anderer Mächte über die Grenzen und Küstenregionen ins Reich hinein auszudehnen. Durch den Frieden von Thorn im Jahr 1466 wurde der inzwischen geschwächte Deutsche Orden zum Vasallen des polnischen Königs, und Holstein, das damals in Personalunion von Dänemark regiert wurde, befand sich nun im dänischen Herrschaftsbereich.

Solche sich in ganz Deutschland abzeichnenden Entwicklungen läuteten den wirtschaftlichen Niedergang der Hanse ein. Außerdem mußte sich die Hanse unmittelbar dem Wettbewerb mit dem englischen, flämischen und skandinavischen Seehandel stellen, hinter dem die Regierungen dieser Länder standen. Im 16. Jahrhundert war die Zahl der Hansestädte drastisch zurückgegangen, auch wenn es einer kleinen Zahl bedeutender Hafenstädte im Herrschaftsbereich von Landesfürsten – wie Rostock und Wismar, Stralsund und Greifswald – weiterhin gelang, sich ein beträchtliches Maß an Unabhängigkeit zu sichern.

Vom Ende des 14. Jahrhunderts bis zur Mitte des 16. Jahrhunderts herrschte in Nordeuropa politisches Gleichgewicht, wobei die Küsten der Ostsee von drei Mächten beherrscht wurden. Die Hansestädte und ihr Handel hatten das Sagen auf See, aber im Westen und Norden hatten sich Dänemark, Norwegen und Schweden 1397 im Rahmen der Kalmarer Union zusammengeschlossen und wurden vom dänischen König regiert, der nicht nur Herr über die Seewege zwischen der Ost- und Nordsee, sondern auch über die ganze skandinavische Halbinsel bis zur Karelischen Landenge zwischen dem Ladogasee und dem Finnischen Meerbusen war. Die polnisch-litauische Union unter der Jagellonendynastie erstreckte sich von der südöstlichen Ostseeküste bis zum Schwarzen Meer und von der Donau bis zum Dnjepr. Weiter im Osten nahm im 15. Jahrhundert die Macht des Großfürstentums Moskau zu, als Iwan III. 1470 weite Teile von Nowgorod unter seine Herrschaft brachte und damit die Moskauer Grenzen westwärts nach Litauen, Livland und Finnland hinein verschob. Die Schwäche und Zerbrechlichkeit der Kalmarer Union sowie der polnisch-litauischen Union hatten voneinander unabhängige Ursachen, die jedoch beide im Zusammenhang mit der Seeherrschaft im Ostseeraum und dem aufstrebenden Rußland gesehen werden müssen.

Aus dem Blickwinkel der Geschichte der Seefahrt gesehen war das erste wichtige Ereignis das Ende der Kalmarer Union und die Entstehung des heutigen Königreichs Schweden durch die Wahl von Gustav Vasa zum König am 6. Juni 1523[14]. Als Schweden unabhängig wurde, lag die schwedische Wirtschaft noch ganz in den Händen der Hanse. Im Jahr 1523 machte der Handel mit Schweden 15 % des Gesamthandelsvolumens der Stadt Lübeck aus, wobei 80 % des eingeführten Eisens aus Schweden kam. Wenn man die Handelswege betrachtet, so liefen die meisten für den deutschen, englischen und niederländischen Markt bestimmten schwedischen Waren durch Lübeck, selbst wenn nennenswerte Mengen über Danzig und Reval verfrachtet wurden. In dieser Zeit begann man in Lübeck in wachsendem Maße den holländischen Einfluß im Ostseeraum zu fürchten und unternahm alles, um den eigenen Vorteil zu wahren. 1523 leitete Lübeck erste maritime Gegenmaßnahmen ein und entsandte eine Flotte bewaffneter Schiffe nach Stockholm, Kopenhagen und Malmö. In der Hoffnung, den Einfluß auf Dänemark aufrechterhalten zu können, setzte sich Lübeck Anfang 1524 für die Wahl des der Hanse freundlich gesinnten Friedrich I., und nicht für Christian II. als König von Dänemark ein. Durch Unterstützung von Gustav Vasa und eines selbständigen schwedischen Staates unternahm Lübeck Schritte zur Sicherung seiner außergewöhnlichen Privilegien. Schweden verschloß sich allen anderen ausländischen Handelsbeziehungen und überließ diese gänzlich Lübeck und jenen anderen Hansestädten, deren Beteiligung Lübeck zuließ. Als Gegenleistung für die finanzielle Unterstützung des neuen Regimes wurde den Lübecker Kaufleuten zollfreier Handel in Stockholm, Kalmar, Söderköping und Abo zugestanden, und schwedische Kaufleute durften nur mit der Hanse Geschäfte tätigen. Außerdem war den schwedischen Schiffen ausdrücklich untersagt, den Sund in westlicher Richtung zu durchfahren.

Während des ersten Jahrzehnts von Gustav Vasas Regierungszeit war die Steuerung der schwedischen Angelegenheiten für Lübeck zunehmend mit Ärger und Aufwand verbunden. Wenn Schweden auch kein reiches Land war, so gelang es der neuen Dynastie doch, Ressourcen nutzbar zu machen und Institutionen zum Aufbau des neuen Staates zu schaffen, insbesondere mit dem Ziel, dem politischen und wirtschaftlichen Druck der Hanse und Dänemark-Norwegens zu entrinnen. Einer der ersten Schritte war, daß Gustav Schiffe erwarb, die nach zehn Jahren den Kern der dem König unterstehenden und mit Steuergeldern unterhaltenen schwedischen Marine bildeten[15]. Da Lübeck und die Hanse den schwedischen Außenhandel dominierten, gab es nur wenige schwedische Schiffe, die sich zum Einsatz als Kriegsschiffe eigneten[16]. Die neue schwedische Marine mußte einige ihrer ersten Schiffe kaufen, wobei die besten aus Lübeck kamen. In der Tradition der Hanse handelte es sich dabei unter anderem um ehemalige Handelsschiffe. Schweden beschaffte jedoch bald speziell für bewaffnete Auseinandersetzungen auf See gebaute Schiffe, die dem Staat gehörten und von diesem unterhalten wurden. Schwedens Aufbau der ersten staatlich organisierten Seestreitkräfte im Ostseeraum war der Anfang eines bedeutsamen Wandels.

Während sich diese Entwicklung in Schweden vollzog, scheiterte die von Lübeck in Dänemark verfolgte Politik. Friedrich I. verstarb 1533, worauf im Land ein Bürgerkrieg ausbrach, der sog. »Herzogkrieg«, der von 1534 bis 1536 dauerte. In einer großen Anstrengung mit dem Ziel, sich in Skandinavien gegen die Holländer zu behaupten, entfaltete Lübeck unter dem neuen Bürgermeister Jürgen Wullenwever eine neue, ehrgeizige Außenpolitik. Er versuchte, dem katholischen König (und Schwager von Kaiser Karl V.) Christian II. wieder auf den Thron zu verhelfen. Dabei wurde Lübeck von jenen Kräften unterstützt, die nicht mit der Unabhängigkeit Schwedens einverstanden waren. Angesichts dieser Bedrohung kam Schweden unter Gustav Vasa den Oppositionskräften in Dänemark zu Hilfe, an deren Spitze bald ein Lutheraner, Christian von Holstein, der spätere König Christian III., stand. Dazu stieß auch bald Albrecht von Brandenburg-Ansbach, der etwa zehn Jahre zuvor als

Großmeister des Deutschen Ordens abgedankt hatte, zum Luthertum übergetreten war und jetzt von Königsberg aus Preußen als polnisches Lehen regierte.

Im Laufe dieses Konflikts brachten die hanseatischen Kräfte die Herrschaft über den Sund an sich, und zogen sogar für einige Zeit den Sundzoll ein. So konnten sie auch die holländischen Schiffe an der Einfahrt in die Ostsee hindern. Als Vergeltung belegten die Seestreitkräfte der dänischen Opposition Lübeck mit einer Blockade. In einer ersten größeren Auseinandersetzung vernichtete am 9. Juni 1535 ein schwedisches Geschwader vor den Küsten von Bornholm ein Geschwader aus Lübeck. Eine Woche später errang eine gemeinsame Flotte unter dem dänischen Admiral Peder Skram, zu der auch ein von Reinhold Sachs geführtes preußisches Geschwader sowie vierzehn dänische und zehn schwedische Schiffe gehörten, einen Sieg über die hanseatische Flotte[17].

Lübecks wiederholte Niederlagen führten schließlich zu Wullenwevers Sturz und hielten die Hansestadt davon ab, sich weiter um die Wiederherstellung der alten hanseatischen Größe zu bemühen. Die Hansestädte schlossen 1536 mit Dänemark-Norwegen in Malmö und im darauffolgenden Jahr mit Schweden Frieden. Obwohl Kaiser Karl V. weiter Widerstand gegen Christian III. von Dänemark leistete, schloß er schließlich mit dem Vertrag von Speyer im Jahr 1544 Frieden. Durch diesen Vertrag erhielten die holländischen Untertanen des Kaisers offiziell das Recht zur Einfahrt in die Ostsee, wobei Dänemark weiterhin der Einzug des Sundzolls zugestanden wurde[18].

In den Jahrzehnten nach dem Rückzug Lübecks wurde die Ostsee nur von den beiden noch nicht lange bestehenden Flotten Schwedens und Dänemarks beherrscht. In dieser Lage konnte sich die Hanse nicht behaupten und schien der Auflösung nahe. Damals haben jedoch weder Dänemark noch Schweden den Versuch unternommen, gewaltsam eine Monopolstellung zu erzielen, sondern waren vielmehr bemüht, den jeweils anderen an der Ausübung eines Monopols im einst von Lübeck und der Hanse gepflogenen Stil zu hindern. Dänemark wie auch Schweden hatten erkannt, daß sie den umfangreichen und bedeutenden Ostseehandel nicht beherrschen, aber niedrigere Import- und höhere Exportpreise durch freie und offene Abwicklung des Handels erzielen konnten. Schweden und Dänemark gingen dabei unterschiedlich vor, ergänzten sich jedoch in ihren Bestrebungen. Sie setzten sich für den Zugang von Kaufleuten aus anderen Ländern in den Ostseeraum ein und hinderten die deutschen Städte am Südufer der Ostsee am Eingreifen. Sie gingen im wesentlichen so vor, daß sie den Zoll und die Gebühren für das Passieren der Meerengen in Schutzmaßnahmen für die Handelsschiffahrt investierten. Die Dänen nutzten den Sundzoll unmittelbar zur Unterstützung und zum Aufbau ihrer königlichen Marine, der wiederum als Hauptaufgabe der Schutz des Handels oblag. Schweden, das anfänglich weniger Möglichkeiten als Dänemark zum wirkungsvollen Einzug von Zöllen hatte, setzte seine Marine ebenfalls zur Sicherung des Handels ein[19].

1557 machten die Hansestädte einen Anlauf, sich neu zu organisieren und die einstige Machtstellung wiederzuerlangen. In jenem Jahr gab sich der Hansetag eine neue Verfassung, deren Bestimmungen auch den Schutz der Land- und Seehandelswege sowie ein gemeinsames bewaffnetes Vorgehen gegen Angreifer vorsah. Diese Verfassung blieb bis zum Dreißigjährigen Krieg in Kraft, konnte jedoch nicht die einstige Macht und Stärke der Hanse wiederherstellen. Die Struktur der internationalen Politik und Wirtschaft, unter welcher die Hanse einst gediehen war und eine Blütezeit erlebt hatte, hatte sich dramatisch verändert[20].

Nicht nur Dänemark und Schweden waren so zu konkurrierenden Mächten im Ostseeraum geworden, sondern eine Bedrohung der alten Ordnung erwuchs auch noch aus einer anderen Ecke. Iwan IV. (»der Schreckliche«) bemühte sich plötzlich erneut um eine Ausweitung des Großfürstentums Moskau und griff Livland im Jahr 1558 an. Die Russen besetzten Narwa und zerstörten Dorpat, ließen nur Riga und Reval unbehelligt. In dieser Lage wurde das letzte Überbleibsel des Deutschen Ordens, der Orden der Livländischen Ritter und ihr Gebiet im Jahr 1561 unter polnischer Mitwirkung als Herzogtum Kurland säkularisiert. Dieser Destabilisierung folgten weitere Veränderungen. Dänemark erwarb die Insel Ösel, während Schweden Reval seinem Einflußbereich einverleibte. Die Russen bauten Narwa wieder auf und schufen unter ihrer Herrschaft einen florierenden Hafen. In der Zwischenzeit hatten die Engländer sehr aktive Handelsbeziehungen mit den Russen in Archangelsk aufgenommen und sich durch Handelsniederlassungen in Hamburg, Emden und Stade vermehrt in den Ostseehandel eingeschaltet.

Aufgrund des zunehmenden Wettbewerbs nahm Lübeck schnell wieder Handelsbeziehungen mit Narwa auf, traf jedoch bald auf den Widerstand der Schweden, die sich als Beschützer von Reval sahen und diesen Hafen deshalb ausbauen und gleichzeitig die Vorherrschaft im Finnischen Meerbusen ausüben wollten. 1565 kaperte Schweden 32 Lübecker Handelsschiffe, die von Narwa aus Handel tätigten. Im darauffolgenden Jahr brach der siebenjährige Nordische Krieg aus, in dem Lübeck ganz selbstverständlich die Verteidigung der Hanse übernahm und sich zusammen mit Dänemark den schwedischen Bestrebungen widersetzte. Die anderen Hansestädte waren nicht willens, durch einen Krieg mit Schweden auf ihren Handel zu verzichten und verweigerten Lübeck die Gefolgschaft, das sich dadurch politisch isoliert sah.

Die Frage des Dominum Maris Baltici

Aus Sicht der Schiffahrtgeschichte stellte sich in diesem Konflikt erstmals die Frage, welche Macht Anspruch auf die Vorherrschaft in der Ostsee habe und zwar in der Form, in der diese Frage bekannt ist: *dominum maris Baltici*. Insgesamt sind aufgrund der Ereignisse drei wesentliche Perioden zu unterscheiden: die Anfangszeit zwischen 1558 und 1621, der mittlere Zeitraum der schwedischen Vorherrschaft zwischen 1621 und 1700 und der abschließende Zeitraum zwischen 1700 und 1725. In jeder dieser Perioden fanden eine Reihe von Kriegen statt, die sich auf die deutsche Seefahrt auswirkten.

Bald nach Ausbruch des siebenjährigen Nordischen Krieges (1563 bis 1570) begannen die Schweden, eine Blockade über die Russen in Narwa zu verhängen, wozu sie ihre Marine in der Art einsetzten, wie es üblicherweise in dieser Zeit geschah. Für den Widerstand gegen Schweden rüstete Lübeck vier Kriegsschiffe aus, darunter das ungewöhnlich große Kriegsschiff »Der Adler« mit 68 Kanonen. Dieser Krieg war in vielerlei Hinsicht der erste moderne Krieg, der in Nordeuropa von Segelschiffen geführt wurde. Er gab den Anstoß zum Aufbau staatlich organisierter Seestreitkräfte, die sich in den ersten drei Kriegsjahren sieben größere Schlachten lieferten, um die Bedrohung durch feindliche Flotten auszuschalten. In diesen Schlachten ging es um das Recht, wessen Handelsschiffe auf der Ostsee verkehren durften, und um die Nutzung des Meeres für kriegerische Zwecke, d.h. für den Transport von Invasionskräften[21]. Entgegen den Auslegungen des 19. Jahrhunderts vertritt der schwedische Historiker Jan Glete die Auffassung, daß es im Fall von Schweden und Dänemark möglicherweise um »eine kompensatorische Handlung unterentwickelter Länder gegen die ›wirkliche‹, durch große Frachtschiffe verkörperte Seemacht ging«[22].

Nach der Beendigung des Krieges durch den Friedensvertrag vom 13. Dezember 1570 von Stettin kam der in Speyer zusammengetretene Reichstag zur Überzeugung, daß staatlich organisierte Seestreitkräfte in der Nordsee aufgebaut werden müßten. Im darauffolgenden Jahr prüften zwei von Kaiser Maximilian II. berufene Ausschüsse die Möglichkeit, Küstenverteidigungskräfte mit zwanzig Schiffen in der Nord- wie auch in der Ostsee aufzubauen. Diesem Vorschlag folgten erst einmal keine Taten, aber Dänemark wie auch Schweden waren beide bestrebt, die Aufstellung von irgendwelchen anderen staatlich unterhaltenen Seestreitkräften in der Ostsee zu verhindern, obwohl sie sich gegenseitig nicht trauten und sich gegenseitig bekämpften. Keine andere Seemacht zeigte Interesse, in diesem Raum zu intervenieren, so daß sich Schweden und Dänemark tatsächlich in den Jahren von 1570 bis 1640 das *dominum maris Baltici* teilten. Durch dieses Gleichgewicht war ein Zustand geschaffen, in dem sich zwei Mächte diese Vorherrschaft teilten und andere Seemächte am Eingreifen hinderten, jedoch die Ostsee für den friedlichen Handelsverkehr offenhielten. Besonders die Holländer machten von dieser Möglichkeit für den Ausbau ihres Frachtverkehrs mit den Ostseehäfen Gebrauch.

In diesen siebzig Jahren, in denen sich Dänemark und Schweden in die Herrschaft über die ganze Ostsee teilten, vollzogen sich in den deutschen Territorien mehrere die Schiffahrt betreffende Entwicklungen. 1601 unternahm Preußen den ersten Schritt zum Bau und zur Ausrüstung mehrerer Hilfskriegsschiffe, um das Pillauer Tief und Königsberg im Falle eines schwedischen Angriffs auf polnisches Territorium verteidigen zu können. Lübeck blieb das führende Seehandelszentrum, obwohl sich sein latenter Abstieg abzeichnete, auch wenn die Stadt weiter ihre traditionelle Rolle wahrnahm und versuchte, wieder enger mit anderen Hansestädten zusammenzuarbeiten. Der Dreißigjährige Krieg setzte dieser Wiederaufstiegsphase ein Ende.

In dem Krieg, der zwischen dem Reich, Dänemark, Schweden und Polen ausbrach, bemühte sich jede Seite, die potentiell mächtige Unterstützung der von Lübeck geführten Hanse zu erhalten. Lübeck, das angesichts dieser unterschiedlichen und widersprüchlichen Avancen neutral zu bleiben versuchte, konnte seine Neutralität nicht aufrechterhalten und keine konsequente Politik verfolgen. Deshalb schlossen andere Hansestädte zum Schutze ihrer eigenen Interessen selbständige Verträge, wodurch sie die Daseinsberechtigung der Hanse untergruben.

Sogar schon vor Kriegsausbruch bestanden Streitigkeiten zwischen Hansestädten und Dänemark. 1617 gründete König Christian IV. die Stadt und Festung Glückstadt nahe der Elbemündung, um den Hamburger Handel zu stören, und zwei Jahre darauf besetzten die Dänen die Stadt Stade. Trotz dieses Vorgehens gelang es den Dänen nicht, den Zugriff auf den über die Elbe abgewickelten Handel sicherzustellen[23]. 1623 gründete Hamburg eine eigene Admiralität zum Schutz des Handels und beauftragte diese auch mit der Überwachung des Hafens und der Unterelbe, mit der teilweisen Durchsetzung des Seerechts und der Ernennung von Konsuln in ausländischen Häfen. Die Hamburger Admiralität hatte bis 1811 Bestand, d.h. bis zu ihrer Auflösung während der französischen Besetzung der Stadt.

Der Aufstand der böhmischen Länder im Jahr 1618 löste einen Krieg aus, der in den nächsten drei Jahrzehnten ganz Europa in seinen Bann zog. Im Grunde waren von diesem Konflikt früher oder später alle Teile Deutschlands betroffen, aber erst Ende der 1620er Jahre fanden im norddeutschen Raum bedeutendere Ereignisse auf See statt.

Die mittlere Periode hinsichtlich der Frage des *dominum maris Baltici* begann 1621. In jenem Jahr war das militärische Vorgehen von Kaiser Ferdinand II. in Böhmen von Erfolg gekrönt. Zusammen mit Philipp IV. von Spanien und der Katholischen Liga plante er die Vernichtung der Holländer und einen Schlag gegen den protestantischen Fürsten von Braunschweig-Wolfenbüttel und seinen Verbündeten, Christian IV. von Dänemark. Um dieses Ziel zu erreichen, planten Philipp IV. und Ferdinand II. die Ausschaltung der Holländer und Dänen und die Wiedererrichtung der kaiserlichen Macht in Norddeutschland. Ihr besonderes Interesse galt den Häfen in Ostfriesland und im Mündungsbereich der Elbe, wobei der Hanse und Polen eine Schlüsselstellung in einem Plan zukam, welcher die vollkommen neue, die ganze Welt umspannende strategische Sicht des spanischen Staatsministers, des Herzogs von Olivares, wiederspiegelte[24].

Nach einer Reihe von Schlachten besiegte die kaiserliche Armee unter Albrecht von Wallenstein die Protestanten und besetzte 1627 schnell das Gebiet nördlich der Elbe, einschließlich des größten Teils von Jütland. Als Belohnung für diesen Erfolg ernannte der Kaiser Wallenstein zum Herzog von Mecklenburg und verlieh ihm zusätzlich den Titel eines »Generals des ozeanischen und baltischen Meeres« und eines »Generalkapitäns« der Habsburger Schlachtflotte, die in diesem Raum aufgebaut werden sollte. Der Abgesandte des Kaisers schlug 1628 dem Hansetag vor, Lübeck solle einer privilegierten deutsch-spanischen Gesellschaft unter kaiserlichem Schutz beitreten, um sich gemeinsam für die Sicherheit des Seehandels und die Förderung des Handelsverkehrs zwischen den deutschen Städten und den spanischen Niederlanden und Spanien einzusetzen. Lübeck und elf weitere Hansestädte, die die Zunahme der kaiserlichen Macht auf Kosten der Hanse fürchteten, und sich auch gegen ein Zusammengehen mit den katholischen Mächten gegen die

Protestanten wehrten, gingen nicht auf den kaiserlichen Vorschlag ein, wodurch sie selbst von einem unmittelbaren und sofortigen Angriff der Schweden verschont blieben.

Trotz des fehlgeschlagenen Planes, der Hanse eine maritime Schlüsselrolle in der Habsburger Strategie zur Vernichtung der Niederlande und anderer Protestanten in Nordeuropa zu übertragen, machte sich Wallenstein an die Verwirklichung einer Schlachtflotte in diesem Raum[25]. Unter Einsatz der von Polen erworbenen und sechs von Lübeck gemieteten und in Wismar liegenden Schiffe griff Wallenstein zuerst Stralsund an. Er belagerte die Stadt in der Hoffnung, aus dem dortigen Hafen einen festen Habsburger Marinestützpunkt machen zu können.

Der schwedische König Gustav II. Adolf, bei dem die Habsburger Absichten gleich auf Argwohn gestoßen waren, hatte sich schon zuvor heimlich die Erlaubnis von einem Ausschuß des Riksdag geben lassen, jede von ihm als angemessen erachtete Maßnahme gegen das Habsburger Vorgehen ergreifen zu dürfen. Nachdem er ein Bündnis mit Dänemark geschlossen hatte, kamen den Verteidigern von Stralsund vereinte schwedisch-dänische Truppen zu Hilfe. Kurz darauf wurde der schwedische Truppenführer *de facto* Gouverneur der Stadt, wodurch die Schweden ihren ersten Stützpunkt auf deutschem Boden hatten. Erst im Juli 1630 traf der König mit dem ganzen schwedischen Heer auf dem Seeweg in Peenemünde ein, aber in der Zwischenzeit hatte Gustav Adolf und der schwedische *rad* begonnen, klar umrissene Pläne für die Verwirklichung des schwedischen *dominum maris Baltici* zu schmieden und somit die Sicherheit des schwedischen Herrschaftsbereiches weiter zu festigen[26]. Während dieser Zeit war die schwedische Marine auf Seeherrschaft und Machtprojektion ausgerichtet. In Ausübung dieser fundamentalen Marinefunktionen schützte sie den schwedischen Seeverkehr und blockierte die unter polnischer, russischer und habsburger Kontrolle stehenden Häfen. Sie hinderte deren Schiffe durch Beschuß und amphibische Landungen am Auslaufen, während sie eigene Truppen und Material über die Ostsee transportierte. Die Größe ihrer zweckmäßig gebauten Kriegsschiffe erlaubte es den Schweden, sie auch als bewaffnete Versorgungsschiffe einzusetzen, um den Bedarf der auf deutschem Boden befindlichen schwedischen Truppen zu decken. Da Schweden über die Rohstoffe Eisen und Kupfer verfügt, nutzte die schwedische Marine diesen Vorteil für Innovationen beim wirksamen Einsatz von Geschützen[27] und entwickelte die verhältnismäßig neue Konzeption von staatlich organisierten Seestreitkräften weiter.

Für den Rest des 17. Jahrhunderts übte Schweden die Vorherrschaft im Ostseeraum aus. Die Macht und der Einfluß Schwedens auf See waren gefestigt durch die Kontrolle weiter Küstengebiete, die von der Provinz Trondheim entlang der norwegischen Nordseeküste über die ganze nördliche Ostseeküste, d.h. vom Sund über die wichtigen Inseln Öland, Gotland, Aland und Ösel bis zu den Ufern des Bottnischen Meerbusens und bis nach Finnland und Riga reichte. Diese Kontrolle war eigentlich nur durch die Vorherrschaft und den Einfluß Schwedens in Deutschland möglich, der sich im Westen auf den Abschnitt zwischen Weser und Elbe (Bremen – Verden) erstreckte. Die ehemaligen Hansestädte am Südufer der Ostsee, darunter Wismar, Stralsund, Greifswald, Cammin und Stettin unterstanden

den Schweden unmittelbar. Angesichts dieser Lage ließ die Hamburger Admiralität unter ihrer herausragendsten Persönlichkeit, Berend Karpfanger, in den Jahren 1668/1669 zwei mächtige Konvoischiffe, »Wappen von Hamburg« und »Leopoldus Primus«, zum Schutz ihres Handelsverkehrs bauen. Unter Leitung der Hamburger Admiralität wurden fünf weitere solche Schiffe in Dienst gestellt, die den Konvoischutz bis 1747 aufrechterhielten[28].

Kurland an der östlichen Ostseeküste florierte damals eine Zeitlang, vor allem während der ersten Hälfte der vierzigjährigen Regierungszeit von Herzog Jakob, die 1640 begann. Er trieb den Schiffbau voran und vergrößerte die Seestreitkräfte und die Handelsflotte. Durch die Pflege freundschaftlicher diplomatischer Beziehungen mit den führenden Mächten konnte er 1645 die Insel Tobago (Westindische Inseln) und 1651 eine Kolonie in Gambia in Westafrika erwerben. Als Kurland in den Jahren 1655 bis 1660 zwischen die Fronten der kriegführenden Polen und Schweden geriet, gingen allerdings die kurz zuvor erlangten Vorteile wieder verloren.

Der mittlere Zeitabschnitt bezüglich der Frage der Vorherrschaft im Ostseeraum, in dem Schweden eindeutig dominierte, trat 1700 in seine letzte Phase. Damals drangen in diesen Raum fremde Seestreitkräfte ein, und es brach der Große Nordische Krieg aus, in dem der schwedische König Karl XII. durch gemeinsames Vorgehen der Dänen, Polen und Russen besiegt wurde. Obwohl die niederländische Marine schon 1656 in der Ostsee zum Schutz der niederländischen Handelsinteressen in Danzig interveniert hatte, nahm an der ersten dieser neuen Auseinandersetzungen ein englisch-niederländisches Geschwader unter Admiral Sir George Rooke teil, das sich der schwedischen Marine in einem Versuch anschloß, negative Auswirkungen eines Konfliktes in der Ostsee und in Nordeuropa auf das allgemeine Kräftegleichgewicht im restlichen Europa zu verhindern. Ähnliche Motive waren der Grund für das wiederholte Eingreifen der englischen Marine in der Ostsee, was 1721 zum Frieden von Nystad und später zur Aufrechterhaltung des regionalen Mächtegleichgewichts in Nordeuropa führte. Im Jahr 1725 war das *dominum maris Baltici* in der internationalen Politik kein wichtiges Thema mehr. Im Ostseeraum hatte Schweden die wichtigsten Teile seines jenseits der Ostsee liegenden Reiches eingebüßt, und das Erbe war weitgehend Rußland zugefallen, obwohl andere Mächte eingegriffen hatten, um Rußland daran zu hindern, den schwedischen Einfluß vollkommen auszuschalten.

Der Zeitraum, in dem das *dominum maris Baltici* eine wichtige seefahrtpolitische Frage war, verdeutlicht, daß maritime Angelegenheiten üblicherweise grenzüberschreitend sind und mit einer ganzen Reihe von Fragen in Verbindung stehen, die oft in einem anderen, getrennten Rahmen betrachtet werden. Damals beteiligten sich die Deutschen an den maritimen Herausforderungen ihrer Zeit als Seeleute auf Handels- und Kriegsschiffen, als Schiffbauer und als Arbeiter in einer Vielzahl von der Seefahrt abhängiger Gewerbebetriebe in Zuarbeit für die Hanse, aber auch im historischen Kontext dessen, was als die Geschichte Schwedens, Dänemarks, Polens, Österreichs oder der baltischen Staaten zu sehen ist. Bisweilen unterstanden Territorien des heutigen Deutschland der Herrschaft dieser Staaten. Selbst in

Zeiten, in denen dies nicht der Fall war, machte sich der Einfluß anderer in der Ost- und Nordsee präsenter Seestreitkräfte bemerkbar.

Seestreitkräfte, der Nationalstaat und die Rivalität der Reiche

Diese Vorgänge in der Ost- und Nordsee fanden zu einer Zeit statt, in der die Seefahrt für ganz Europa an Bedeutung gewann. Von 1688 an setzten die europäischen Großmächte ihre Seestreitkräfte anders ein als in früheren Zeiten. In der Folgezeit – bis 1815 – wurde erkennbar, daß die staatlich organisierten Seestreitkräfte in der europäischen Politik schlechthin eine wichtigere Rolle zu spielen begannen. Einerseits wurden sie nun eindeutig als Instrument des Nationalstaates betrachtet, und ihre Präsenz wurde Teil der allgemeinen Bürokratisierung der organisierten Gewalt, die die staatliche Entwicklung im gesamten 18. Jahrhundert kennzeichnete[29]. Andererseits machte sich diese Entwicklung für Europa als Ganzes am nachhaltigsten durch eine Reihe von Kriegen bemerkbar, die Folge der politischen und maritimen französisch-englischen Rivalität in den Jahren zwischen 1688 und 1815 waren. Eine Auswirkung dieser Entwicklung ist auch in den deutschen Staaten, vor allem im Aufstieg Brandenburgs, erkennbar.

Im Gegensatz zu anderen europäischen Seestreitkräften blieben jene, die im 18. Jahrhundert den Ostseeraum dominierten, also die russischen, dänischen und schwedischen, größenmäßig weitgehend unverändert[30]. Es gab nur einen ungewohnten Aspekt in der Entwicklung der Seestreitkräfte in diesem Raum, und das war das Interesse von Brandenburg-Preußen am Ausbau seiner Kriegs- und Handelsflotte. Vergleichbar mit den kurzlebigen Ambitionen des Herzogs Jakob von Kurland begann Brandenburg unter der Herrschaft des Großen Kurfürsten Friedrich Wilhelm maritime Interessen zur Stärkung des absolutistischen Staates und zur Schaffung eines Instruments für einen leistungsstarken wirtschaftlichen Wettbewerb mit den Engländern, Dänen, Niederländern, Franzosen und Russen zu zeigen. Wie im Fall von Kurland wurde die freie Entwicklung durch die anderen, die Ostsee dominierenden Mächte behindert. Brandenburg konnte seine maritime Präsenz anfänglich nur durch Kaperei im Nordseeraum und erste Seehandelsbeziehungen demonstrieren. Bei Beendigung des Dreißigjährigen Krieges hatte Brandenburg durch den Westfälischen Frieden Magdeburg und damit unmittelbaren Zugang zum schiffbaren Teil der Elbe bekommen. Da die Schweden die Odermündung bei Stettin und Cammin unter ihrer Kontrolle hatten, öffnete die Elbe neue Möglichkeiten für die wirtschaftliche Entwicklung Brandenburgs. Zur Nutzung dieser Möglichkeiten machte sich der Große Kurfürst an den Ausbau der Binnenwasserstraßen und des Fernhandels. Nach mehrjährigen Verhandlungen schloß er 1651 einen Vertrag zum Kauf von Fort Dansborg und zwei benachbarten Orten in Tranquebar an der Koromandelküste von der dänischen Ostindiengesellschaft. Als für eine private Finanzierung unter Einbeziehung der Hanse nicht die erforderlichen Mittel für den Kauf aufgebracht werden konnten, wurde der Vertrag im Jahr 1653 annulliert.

Friedrich Wilhelm, der
Große Kurfürst
(1620–1688)

                                                                    MSM

Als Brandenburg die schwedischen Invasionskräfte 1675 bei Fehrbellin besiegt
hatte, kam der Große Kurfürst auf seine Pläne zur Förderung des brandenburgischen Handels zurück. Zu diesem Zeitpunkt war ihm vor allem an der Entwicklung des brandenburgischen Überseehandels gelegen. Der Große Kurfürst sah
auch die Notwendigkeit, diesen Überseehandel mit begrenzten Seestreitkräften zu
unterstützen. Deshalb setzte er sich für die private Ausstattung einer kleinen Zahl
von Kriegsschiffen ein und ernannte Benjamin Raule, einen Kaufmann und
Schiffseigner holländischer Abstammung, zum Befehlshaber. 1680 war diese kleine
Flotte von Kriegsschiffen auf 28 Einheiten angewachsen. Die Schiffe wurden vor
allem zum Angriff auf feindlichen Seehandel, zu Blockaden und zur Unterstützung
militärischer Operationen eingesetzt und beteiligten sich an Gefechten mit gegnerischen Kriegsschiffen[31]. Der im Februar 1681 zum Generaldirektor der Marine
beförderte Raule wurde bald zur Schlüsselfigur in der Entwicklung einer umfassenden brandenburgischen Seefahrtpolitik, bei der Beschaffung staatseigener
Schiffe, beim Ausbau Emdens zum wichtigsten brandenburgischen Marinestützpunkt an der Nordsee im Jahr 1683 und bei der Gründung der Brandenburgischen
Afrikanischen Handelskompanie. In der Folgezeit errichtete die Afrikanische Handelskompanie das Fort Großfriedrichsburg mit mehreren Außenstellen an der
Goldküste und auf der Insel Arguin vor der mauretanischen Küste. Von diesen
Außenstellen übernahmen brandenburgische Schiffe Sklaven und transportierten
sie nach Westindien zur Insel St. Thomas (Jungfern-Inseln), die damals zu Däne-

mark gehörte. Brandenburg hatte mit Dänemark vertraglich vereinbart, daß die Afrikanische Handelskompanie dort Sklaven anlanden und verkaufen durfte.

Daneben gründete der Große Kurfürst am 1. Oktober 1684 offiziell die brandenburgisch-preußische Marine. Fünf Jahre später erließ sein Sohn und Nachfolger, Kurfürst Friedrich III., organisatorische Vorschriften und richtete Admiralitätsämter in Berlin, Emden und Pillau ein, die auch Agenten in Hamburg und an der afrikanischen Küste hatten. Außer Schiffen, Offizieren und Matrosen umfaßte die Marine auch eine Kompanie Marineinfanteristen. Nachdem es nicht gelang, die Marine durch Außenhandelsgewinne zu finanzieren und nachdem Schiffe von feindlichen Piraten gekapert worden waren, wurde die Marine 1701 aufgelöst, und der Kolonialbesitz 1721 verkauft[32].

Besitzergreifung der brandenburgischen Kolonie an der Westafrikanischen Küste 1683

MSM

In Hannover hatte Kurfürst Georg im Jahr 1714 zusätzlich den Titel »King George I of Great Britain« verliehen bekommen. Sechs Jahre später erhielt Hannover im Vertrag von Nystad, der den Großen Nordischen Krieg beendete, das einst schwedische Gebiet Bremen-Verden zwischen Weser und Elbe. Dies hatte zur Folge, daß zur Erhebung des Elbzolls eine Fregatte in Dienst gestellt und ein Wachschiff auf der Weser eingesetzt werden mußten. Obwohl die Schiffsbesatzungen deutsch waren, wurden die Schiffe von der Admiralität in London unterhalten und verwaltet[33].

Derselbe Vertrag, durch den Hannover maritime Aufgaben bekam, brachte Preußen in den Besitz von Vorpommern. Während Schweden Stralsund und Rü-

gen behielt, erwarb Preußen das Gebiet zwischen Stettin und Swinemünde. So
erhielt Preußen seine ersten Häfen mitten an der Südküste der Ostsee. 1733 prüften brandenburgisch-preußische Beamte erneut die Frage des Seehandels und kamen zu dem Schluß, daß es für das Königreich ausreichend sei, sich weiter hauptsächlich auf ausländische Schiffe abzustützen.

Während seiner Regierungszeit von 1740 bis 1786 konzentrierte sich Friedrich II., der Große, auf den Aufbau schlagkräftiger Truppen, zeigte aber wenig
Interesse am Aufbau einer Marine. Während des Siebenjährigen Krieges fanden
jedoch einige kleinere Kampfhandlungen auf See statt. Von 1758 bis 1759 war
Generalleutnant Herzog von Braunschweig-Bevern Gouverneur von Stettin. Als
Teil seiner Stadtverteidigung stellte er provisorisch Seestreitkräfte mit einem Dutzend Schiffe zum Schutz des Stettiner Haffes an der Odermündung auf und bewaffnete die »Zösekähne« genannten örtlichen Fischerboote sowie die als »Ko-
penhagenfahrer« bezeichneten örtlichen Holzhandelsschiffe. Am 10. September
1759 griff ein kleiner schwedischer Marineverband an und besiegte die Stettiner
»Flottille«. Im selben Jahr begann ein preußisches Kaperschiff, die »Prinz Ferdinand«, seinen Einsatz im Mittelmeer und kaperte innerhalb eines Jahres 14 Handelsschiffe, während ein anderes Kaperschiff, die »Lissa«, die Nordsee und den
Kanal befuhr und dreimal erfolgreich zuschlug. Schließlich stellte Stettin 1760 eine
neue »Flottille« als Ersatz für die im Vorjahr verlorenen Schiffe in Dienst, die bis
zum Kriegsende ihre Aufgaben wahrnahm.

Obwohl Preußen eine gewisse Aktivität auf dem Meer entfaltet hatte, konnte
sich Friedrich der Große nicht für den Aufbau einer eigenen Marine erwärmen.
Trotzdem unterschätzte er die Wichtigkeit maritimer Angelegenheiten nicht. Im
Hinblick auf den Schutz der preußischen Seefahrt verließ er sich auf seine Bündnispartner, die Neutralität im Ostseeraum und das Völkerrecht und förderte andere maritime Aktivitäten[34]. 1751 ernannte er Emden zum Freihafen. Nachdem das
erste preußische Handelsschiff, die »König von Preußen«, nach China gesegelt war,
gründete er im Jahr 1752 die Königlich Preußische Bengalische Handelskompanie.
In den folgenden Jahren wurden weitere ähnliche Kompanien zur Pflege weiterer
Handelsbeziehungen gegründet. In anderen Gebieten hat er 1772 auch die See-
handlungs-Sozietät zur Förderung des Überseehandels mit preußischen Schiffen
angesiedelt, und 1777 begann er mit dem Bau des Eiderkanals zwischen Nord- und
Ostsee als Verbindungsweg für kleine Schiffe. Eine solche Förderung blieb nicht
ohne Wirkung. Im Jahr 1782 eröffnete die erste preußische Seemannsschule in
Emden.

Nordeuropa war von den Kriegen zur Zeit der Französischen Revolution und
des Kaiserreiches weitgehend verschont geblieben. Im Oktober 1805 brach
Schweden die Neutralität des Nordens und erklärte Frankreich den Krieg. Im darauffolgenden Jahr traf Napoleon eine Reihe politischer Maßnahmen zur Stärkung
seines Einflusses in Nordeuropa. Er hatte etwa sechzig kleinere Herrschaftsberei-
che gezwungen, dem unter französischem Protektorat stehenden Rheinbund bei-
zutreten. Durch diesen Zusammenschluß zwang er Österreich, das Ende des Hl.
Römischen Reiches anzuerkennen. Er ging noch weiter und überzeugte Preußen,

sich Hannover, also die kurfürstlichen Ländereien des englischen Königs, anzueignen und alle Küsten Brandenburg-Preußens für die britische Schiffahrt zu sperren. Großbritannien reagierte darauf mit einer Kriegserklärung an Preußen und der Beschlagnahmung von etwa 300 preußischen Handelsschiffen in der ganzen Welt. Um Hannover zu besetzen, hatte Preußen seine Truppen durch das am Ostufer der Elbe liegenden Herzogtum Lauenburg marschieren lassen, wo schwedische Truppen stationiert waren. Die Schweden, die diese Truppenverlegung als unmittelbare Bedrohung auffaßten, reagierten mit der Blockade der preußischen Ostseehäfen und legten die preußische Schiffahrt völlig lahm[35]. Zu diesem Zeitpunkt kam König Friedrich Wilhelm III. schließlich zu der Überzeugung, daß Preußen durch Napoleon aufs äußerste bedroht sei. Er gab die zehnjährige Neutralität auf und mobilisierte seine Streitkräfte. Im Oktober 1806 gelang Napoleon jedoch bei Jena und Auerstedt ein schneller Sieg über die preußischen Truppen. Die preußische Königsfamilie suchte Zuflucht in Ostpreußen, und Napoleon marschierte daraufhin mit seinen Truppen in Berlin ein.

Während seines Aufenthaltes in Berlin gab Napoleon eine der weitreichendsten Erklärungen für die Auseinandersetzungen auf See in diesem Krieg ab: es handelte sich um das Berliner Dekret vom 21. November 1806. Napoleon, der Großbritannien hiermit den Wirtschaftskrieg erklärte, kündigte eine Kontinentalsperre an, um den gesamten britischen Handel und Seehandel mit dem Kontinent zu unterbinden. Dieses Dekret ging sogar noch weiter, denn es regelte die wirtschaftlichen und maritimen Aktivitäten für ganz Europa, und damit auch in Deutschland[36]. Am gleichen Tag befahl Napoleon, Mecklenburg und die Hansestädte an der Küste zu besetzen, um die Kontinentalsperre durchsetzen zu können. Im Januar 1807 reagierte Großbritannien mit den *Orders in Council*, die zum Ziel hatten, den gesamten Handel zwischen dem Napoleonischen Reich und dem Rest der Welt zu unterbinden.

Im Juli 1807 ernannte Napoleon einen seiner Marschälle, Jean Baptiste Bernadotte, zum Gouverneur der Hansestädte. Dieser hatte seinen Sitz in Hamburg, denn diese Stadt war das führende Verschiffungs- und Finanzzentrum während des ersten Teils des Krieges. Bernadotte erkannte, daß die strikte Durchsetzung der Kontinentalsperre den Niedergang der Hansestädte bewirken würde, weshalb er nichts unternahm, um den verbotenen Handel über kleinere Häfen in diesem Gebiet abzustellen[37].

Anfang 1807 versuchten mehrere regionale Truppenführer in Preußen, provisorisch Seestreitkräfte zur Bekämpfung der Franzosen aufzustellen. Drei bewaffnete Fischerboote wurden in Kolberg eingesetzt. Vier bewaffnete Handelsschiffe unterstützten die Truppen in Danzig. Im Frischen Haff bewaffnete Generalleutnant von Rüchel 16 Handelsschiffe, mit denen er eine »Königliche Flottille« bildete. Im Juli 1807 beendete der Tilsiter Friede den Krieg zwischen Frankreich und Preußen. In diesem Vertrag wurde Nordeuropa verpflichtet, die Napoleonische Kontinentalsperre in vollem Umfang zu respektieren, wodurch Großbritannien in seiner Existenz gefährdet werden sollte. Beinahe gleichzeitig kam Beamten in London zu Ohren, daß die dänische Flotte zur Unterstützung Frankreichs mobil machte. Admiral James Gambier, der einem solchen Vorgehen zuvorkommen wollte, segelte schnell mit einer der größten Flotten, die Großbritannien in diesem Krieg zusammenzog (es waren mehr als 50 Linienschiffe!), zum Sund und griff Kopenhagen an. An dem Tag, an dem sich die Stadt ergab (7. September 1807) und Großbritannien die Führung über die dänischen Seestreitkräfte übernahm, besetzte das britische Nordseegeschwader auch Helgoland als Schlüsselposition für die Überwachung der Seewege, zur Leitung der Blockade vor der Elbemündung und Einschleusung britischer Güter nach Kontinentaleuropa[38]. Großbritannien behielt für die nächsten 80 Jahre die Hoheitsrechte über diese Insel.

Während der restlichen Jahre der Napoleonischen Kriege hatte kaum einer der deutschen Staaten die Möglichkeit, Seehandel zu treiben oder Seestreitkräfte einzusetzen. Die Lage in diesen Jahren war vergleichbar mit früheren Erfahrungen der deutschen Territorien. Kriegs- und Handelsmarine konnten nur eingesetzt werden, wenn keine anderen stärkeren Mächte die Küsten Nordeuropas und die angrenzenden Meere beherrschten. Trotzdem wurden 1811 in Preußen ernsthafte Überlegungen angestellt, staatlich organisierte Seestreitkräfte aufzubauen. Damals legte Oberstleutnant von Raul einen Plan zur Schaffung einer Flotte mit 16 Schiffen vor. Die Schiffe wurden dezentral bewaffnet, d.h. 1812 in Kolberg und 1813 in Stettin und Danzig.

Im Rückblick auf zwei Jahrtausende ist festzustellen, daß Deutschlands Verbindung zum Meer von den geographischen, politischen und wirtschaftlichen Beziehungen der deutschen Städte und Staaten zur Küste und zu den Häfen der Nord- und Ostsee abhing. Die Flüsse und Binnenwasserstraßen in Deutschland, die den Kontinent mit diesen beiden Meeren verbinden, waren ebenfalls wichtig für den Seehandel im Warenaustausch mit dem Hinterland. Der Fernhandel über See vermittelte die einschlägigen Fertigkeiten und Kenntnisse, die für die spezielle Form maritimer Aktivitäten benötigt wurden, die auf die Anwendung militärischer Gewalt hinauslaufen. Die unmittelbare Notwendigkeit, deutsches Territorium zu verteidigen, führte zur improvisierten Aufstellung von Seestreitkräften beispielsweise im Siebenjährigen Krieg und erneut in den Jahren 1806 bis 1813. Jedoch keiner dieser Faktoren reichte aus, um ein deutsches Königreich oder Fürstentum zur Unterhaltung staatlich organisierter Seestreitkräfte, also einer Marine, zu veranlassen.

Die Tatsache, daß kein deutscher Territorialstaat über organisierte Seestreitkräfte verfügte, besagt jedoch nicht, daß kein Seekrieg geführt worden wäre oder die einschlägigen Kenntnisse oder die maritimen Traditionen zur Aufstellung von Seestreitkräften gefehlt hätten. Den deutschen Staaten fehlte zur Unterhaltung staatlicher Seestreitkräfte vor 1815 ein Küstenstaat, der die Leitung und den fest geregelten Einsatz der Seestreitkräfte übernommen hätte und mächtig genug gewesen wäre, um die damit verbundenen, sich daraus ergebenden und in Wechselwirkung damit stehenden wirtschaftlichen, industriellen, politischen, bürokratischen und fachlichen Interessen wahrzunehmen. Deutschland verfügt über ein weit zurückreichendes und umfangreiches maritimes Erbe, aber bis zum Jahr 1815 hatten die deutschen Territorien weder den erforderlichen Zusammenhalt zur Unterhaltung von Seestreitkräften gefunden noch deren wiederkehrenden Einsatz als notwendig erachtet.

Anmerkungen

1   Geoffrey V. Scammell, The World Encompassed: The First European Maritime Empires, c. 800–1650, Berkeley, Los Angeles 1981, S. 27–31.

2   Es sei hier verwiesen auf Richard W. Unger, The Ship in the Medieval Economy, 600–1600, London 1980, und John B. Hattendorf, Ships of the late Middle Ages, in: Maritime History: The Age of Discovery, Malabar, FL 1966, Bd 1, S. 35–44; Owain T.P. Roberts, Descendants of Viking Ships, in: Cogs, Caravels and Galleons: The Sailing Ship, 1000–1650, ed. by Richard W. Unger, Annapolis 1994 (= Conway's History of the Ship), S. 25–26, 28; Jan Bill, Ships and Seamanship, in: Oxford Illustrated History of the Vikings, ed. by Peter Sawyer, Oxford 1997, S. 182–201.

3   Timothy Runyan, The Cog as Warship, in: Cogs (wie Anm. 2), S. 47–58.

4   Björn Varenius, Det Nordiska Skeppet: Teknologi och samhällsstrategi i vikingatid och medeltid, Stockholm 1992 (= Studies in Archeology, 10), S. 128–133.

5   Die kurze Darstellung in diesem und in den nachfolgenden Abschnitten stützt sich auf Geoffrey Barraclough, The Origins of Modern Germany, New York 1964, S. 18, 37, 41, 250 f., 262, 265 und 310 sowie auf Albert Röhr, Handbuch der deutschen Marinegeschichte, Oldenburg, Hamburg 1963, S. 14–16.

6   Diese frühe Entwicklung ist beschrieben in Hugo Yrwing, Visby: Hansestad på Gotland, Stockholm 1986.

7   Nach Varenius, Det Nordiska Skeppet (wie Anm. 4).

8   Einen allgemeinen Überblick über dieses Thema gibt Philipp Dollinger, The German Hanse, Stanford 1970. Einige weitere bibliographische Anmerkungen sind enthalten in Scammel, The World Encompassed (wie Anm. 1), S. 83–85. Die Schiffe werden beschrieben durch Ole Crumlin-Pedersen, The Vikings and the Hanseatic Merchants, 900–1450, in: A History of Seafaring, Based on Underwater Archaeology, ed. by George F. Bass, New York 1972, S. 181–204 und in jüngerer Zeit in: Die Hanse-Kogge von 1380: Geschichte, Fund, Bergung, Rekonstruktion, Konservierung, hrsg. von Klaus-Peter Kiedel und Uwe Schnall, 2., verb. Aufl., Bremerhaven 1989, sowie Paul Heinsius, Das Schiff der hansischen Frühzeit, 2., verb. Aufl., Köln 1986; die Kogge und ihre Fracht beschreibt Günter Krause, Der hansische Schiffbau im Spiegel seiner Produkte, in: Nordeuropa-Studien, 16 (1990), S. 35–43.

9   James E. Vance, Jr., Capturing the Horizon: The Historical Geography of Transportation since the Technological Revolution of the Sixteenth Century, Baltimore 1990, S. 44.

10   Bezüglich kriegerischer Auseinandersetzungen der Hanse siehe Dollinger, The German Hanse (wie Anm. 8), S. 111; Paul Heinsius, Die Seefahrt in Nordeuropa bis zum Ende der Hansezeit, in: Elmar B. Potter und Chester W. Nimitz, Seemacht. Eine Seekriegsgeschichte von der Antike bis zur Gegenwart, deutsche Fassung hrsg. von Jürgen Rohwer, München 1974, S. 12–23 sowie Konrad Fritze und Günter Krause, Seekriege der Hanse, Berlin (Ost) 1989.

11   Dollinger, The German Hanse (wie Anm. 8), S. 144; Fritze/Krause, Seekriege (wie Anm. 10), S. 37–38; die beiden Arbeiten zitieren aus Walter Vogel, Geschichte des deutschen Volkes, Berlin 1915, Bd 1, und Deutsche Seestrategie in hansischer Zeit, in: Hansische Geschichtsblätter, 55 (1930), S. 34–66.

12   Paul Heinsius, Zur Entwicklung der Seetaktik und des Seekriegswesens im Ostseeraum während des 13. Jahrhunderts, in: Festschrift Hermann Aubin zum 80. Geburtstag, hrsg. von Otto Brunner, Hermann Kellenbenz, Erich Mascke und Wolfgang Zorn, Wiesbaden 1965, S. 274–302.

13   Günter Krause, Das Seekriegswesen in der Geschichte der Hanse, in: Nordeuropa-Studien, 27 (1990), S. 76–84.

14   Dieser Abschnitt basiert auf Michael Roberts, The Early Vasas: A History of Sweden, 1523–1611, Cambridge 1964, S. 33–34, 93–107.

[15] Jan Glete, Navies and Nations: Warships, Navies, and State Building in Europe and America, 1500–1860, Bd 1, Stockholm 1993, S. 110–114, 134–136.

[16] Einen Überblick über die Geschichte der schwedischen Marine vermittelt Jan Glete, The Swedish Navy in the Baltic, 1500—1809, in: In Quest of Trade and Security: The Baltic in Power Politics, 1500–1990, hrsg. von Göran Rystad, Klaus-R. Böhme und Wilhelm Carlgren, Bd 1, Lund 1994, S. 9–59.

[17] Jørgen H. Barfod, Christian 3.s Flåde: Den Danske Flådes Historie, 1533–1588, København 1995 (= Marinehistoriske Skrifter, 25), S. 19–34.

[18] Zusammenfassend sind die Auswirkungen dieses Vertrages auf die holländische Politik und das holländische Vorgehen in der nachfolgenden Zeit dargestellt von Anja Tjaden, The Dutch in the Baltic, 1544–1721 in: In Quest (wie Anm. 16), S. 61–136.

[19] Glete, Navies and Nations (wie Anm. 15), Bd 1, S. 112.

[20] Dollinger, The German Hanse (wie Anm. 8), S. 332.

[21] Glete, Navies and Nations (wie Anm. 15), Bd 1, S. 113. Hinsichtlich neuerer Studien über diesen Krieg wird verwiesen auf Günter Krause, Der Flotteneinsatz im Nordischen Siebenjährigen Krieg von 1563 bis 1570 (1), in: Nordeuropa-Studien, 21 (1987), S. 59–69, und Der Flotteneinsatz im Nordischen Siebenjährigen Krieg von 1563 bis 1570 (2), in: Nordeuropa-Studien, 22 (1988), S. 31–40; Barfod, Christian (wie Anm. 17), S. 163–240.

[22] Glete, Navies and Nations (wie Anm. 15), Bd 1, S. 113.

[23] Niels M. Probst, Christian 4.s Flåde: Den Dansåke Flådes Historie, 1588–1660, København 1996 (= Marinehistoriske Skrifter, 26), S. 144–145.

[24] John H. Elliott, The Count-Duke of Olivares: The Statesman in an Age of Decline, New Haven 1986, S. 216, 218 f., 272, 332–235, 360 f., 681.

[25] Fr. Mares, Die maritime Politik der Habsburger in den Jahren 1625–1628, in: Mitteilungen des Instituts für Österreichische Geschichtsforschung, Teil I, Bd 2 (1880), Nr. 1, S. 541–578 und Teil II, Bd 2 (1881), Nr. 2, S. 49–82.

[26] David Kirby, Northern Europe in the Early Modern Period: The Baltic World, 1492–1772, London und New York 1990, S. 170–180.

[27] Glete, Navies and Nations (wie Anm. 15), Bd 1, S. 113.

[28] Peter Tamm, Hamburgs Konvoi-Schiffe, in: Hamburg zur See. Maritime und militärische Beiträge zur Geschichte Hamburgs, hrsg. im Auftrag der Führungsakademie der Bundeswehr von Jörg Duppler, Herford 1989, S. 45–52 mit Verweis auf Ernst Baasch, Hamburgs Convoyschiffahrt und Convoywesen, Hamburg 1896.

[29] William H. McNeill, The Pursuit of Power: Technology, Armed Force, and Society since A.D. 1000, Chicago 1982, Kap. 5.

[30] Glete, Navies and Nations (wie Anm. 15), Bd 1, S. 295–305.

[31] Neueste Forschungsergebnissse bei Hans Georg Stetzler, Mit herrlichen Häfen versehen. Brandenburg-preußische Seefahrt vor dreihundert Jahren, Frankfurt a.M., Berlin 1981, und Ulrich von Heyden, Rote Adler an Afrikas Küste: Die brandenburgisch-preußische Kolonie Großfriedrichsburg an der westafrikanischen Küste, Berlin 1993. Es wird ebenfalls verwiesen auf Hermann Kirchhoff, Seemacht in der Ostsee: Ihre Einwirkung auf die Geschichte der Ostseeländer im 17. und 18. Jahrhundert, Bd 1, Kiel 1907, S. 147–161.

[32] Wolfgang Petter, Deutsche Flottenrüstung von Wallenstein bis Tirpitz, in: Handbuch zur deutschen Militärgeschichte 1648–1939, hrsg. vom MGFA, Bd 4, Abschn. VIII, München 1977, S. 23–28.

[33] Paul Heinsius, Deutsche Flotten im 17. und 18. Jahrhundert, in: Potter/Nimitz, Seemacht (wie Anm. 10), S. 52.

[34] Siehe den Beitrag von Dieter Hartwig, Maritime Aspekte im Denken und Handeln Friedrichs des Großen in diesem Band.

[35] H. Arnold Barton, Scandinavia in the Revolutionary Era, 1760–1815, Minneapolis 1986, S. 268–270.

[36] Paul W. Schröder, The Transformation of European Politics, 1763–1848, Oxford 1994, S. 308.

[37] Alan Palmer, Bernadotte: Napoleon's Marshal, Sweden's King, London 1990, S. 144.

[38] Zu den offizielle Dokumenten über die Besetzung von Helgoland 1807 siehe Offizielle Dokumente über die Besetzung von Helgoland, 1807, in: The Naval Miscellany. Publications of the Navy Records Society, ed. by John Knox Laughton, vol. 20, London 1902, S. 379–386.

Dieter Hartwig

Maritime Aspekte im Denken und Handeln Friedrichs des Großen[1]

Vor fast 100 Jahren wurde sachlich richtig festgestellt: »Der Große Kurfürst hat eine Kriegsflotte gehabt ohne Handelsflotte. Friedrich der Große hatte eine Handelsflotte ohne Kriegsflotte[2].« Fraglich ist allerdings, ob damit auch das unterschiedlich gerichtete Interesse der beiden Herrscher richtig beschrieben wurde: der eine nur für den militärischen, der andere allein am zivilen Aspekt maritimen Handelns interessiert? Hat sich denn Friedrich II. von Preußen neben all den anderen Interessens- und Aufgabengebieten wirklich auch noch um maritime Fragen gekümmert? Und wenn – hat er sich nicht vielleicht nur auf die ökonomische Seite beschränkt, eingedenk seiner ständig stark beanspruchten Staatskasse, und das hieß vor allem Kriegskasse? Umgekehrt betrachtet: Preußen war im Siebenjährigen Krieg mit der Seemacht England verbündet, was allerdings auch damit begründet gewesen sein kann, daß England des Königreichs Hannover wegen klare Interessen auf dem Kontinent hatte, Friedrich II. sich also mit dem König von Hannover, nicht mit dem König von England verbündet fühlte. Wie bestimmend für das Bündnis war der Charakter Englands als Seemacht?

Die marinehistorische Literatur gibt nicht von vornherein Antwort auf die Frage, ob sich Friedrich der Große überhaupt, geschweige denn wie intensiv mit maritimen Fragen befaßt hat. In der jüngeren Literatur äußert sich hierzu noch am ausführlichsten Heinsius[3], was angesichts sonstiger Knappheit sehr relativ zu betrachten ist! Auch Bidlingmaier[4] bietet Ansatzpunkte, vor allem aber weitergehende Literatur, aus der hervorgeht, daß vor allem zum 200. Geburtstag Friedrichs II. die »Marine-Rundschau« sich des preußischen Königs ganz außerordentlich angenommen hat: fast das gesamte Februar-Heft des Jahrgangs 1912[5] widmete sich ihm. Aber auch schon 1911[6] und 1904[7] veröffentlichte die »Marine-Rundschau« umfangreiche Aufsätze, die sich mit besonderen Aspekten im Denken und Handeln Friedrichs des Großen befaßten. Die letzte große Arbeit in der »Marine-Rundschau« erschien 1940[8]. Ganz im Gegensatz dazu enthält zwar das Marineforum 7/8 (1986)[9] zum 200. Todestag Friedrichs des Großen einen Artikel. Dieser aber setzte sich mit der Frage, ob und eventuell wie sich der preußische König auch mit maritimen Fragen befaßt hat, überhaupt nicht auseinander. – An der Führungsakademie der Bundeswehr allerdings wurden Studien »Zum Begriff ›Seemacht‹ in den politischen und militärischen Vorstellungen Friedrichs des Großen« angefertigt, die den wohl besten Einblick in spezielle Fragestellungen im anstehenden Zusammenhang gegeben – hätten. Leider blieben diese Jahresarbeiten der Heeresoffiziere (!) Abel, Altekrüger und Schubart unveröffentlicht und somit nur einem kleinen Leserkreis zugänglich[10].

Im Gegensatz zur landläufigen Meinung, Friedrich II. habe sich mit maritimen Fragen überhaupt nicht oder doch nur sehr am Rande befaßt, lohnt es sich durchaus, den »Maritimen Aspekten im Denken und Handeln Friedrichs des Großen« nachzuspüren und sich mit ihnen auseinanderzusetzen. Trotz aller Vorbehalte gegenüber spekulativen Thesen sei nachfolgenden Ausführungen gleichsam als Leitmotiv die Frage vorangestellt: Die Geschichte Deutschlands, Europas, ja, der Welt wäre anders verlaufen, hätten sich führende Männer vor allem des Kaiserlichen Deutschland nach 1871 mit dem »maritimen Denken und Handeln« Friedrichs des Großen ernsthaft befaßt!

I. Seemachtpolitik – der militärische Aspekt

1. Grundsätzliche Überlegungen zur Flottenrüstung

Der erste Chef der Admiralität der Kaiserlichen Marine, General v. Stosch, kehrte eine seinerzeit gängige Argumentation gegen eine große deutsche Flotte um und formulierte sinngemäß: Wir brauchen Kolonien – denn wir wollen eine Flotte[11]! Damit schlug er, wahrscheinlich unwissentlich, dennoch aber geradezu grotesk!, das Vermächtnis Friedrichs des Großen in den Wind: dieser nämlich hatte sich sowohl gegen Kolonien als auch gegen eine preußische Marine ausgesprochen: »Wenn wir keine Kolonien in Afrika und Amerika haben, beglückwünschte ich meine Nachfolger, weil diese entfernten Besitzungen die Staaten, denen sie gehören, entvölkern; man muß sie durch große Flotten schützen[12]« – und solche großen Flotten kosten Geld. »Bis heute aber reichen die Einnahmen des Staats kaum aus, die Armeen zu bezahlen [...] Es würde in dieser Stunde ein großer politischer Fehler sein, daran zu denken, unsere Kräfte zu zersplittern[13].« In seiner »Zukunftsspekulation«[14] überlegte Friedrich II. zwar, ob es eventuell sinnvoll sein könnte, eine Flotte aus Galeeren und Fregatten zu haben, falls Preußen im Besitz Polnisch-Preußens und vor allem Danzigs wäre. Aber von Linienschiffen sah er auch dann ausdrücklich ab, weil sie für den Ostseeeinsatz – und für welchen Zweck käme eine preußische Kriegsflotte sonst in Frage? – nicht geeignet wären. Weiter führte Friedrich II. in seinem Testament von 1752 aus: »Deshalb glaube ich, daß wir [im Falle einer Vergrößerung] unsere Seestreitkräfte auf das beschränken sollen, was wir für unsere Verteidigung nötig haben[15].«

Für Friedrich den Großen galt bis zu seinem Lebensende hinsichtlich einer preußischen Kriegsflotte: als Einsatzgebiet kam nur die Ostsee in Frage; als Auftrag war nur an Verteidigung, keinesfalls an Angriff zu denken; hierfür mußte eine Flottille kleiner, wenig kostenintensiver Schiffe/Boote genügen. Diese Haltung schlug sich in einer Reihe weiterer Dokumente nieder. Vielleicht ahnte – oder befürchtete – der König diesbezüglich Bestrebungen seiner Nachfolger in eine von ihm für falsch gehaltene Richtung. Dabei ist auffallend, daß Friedrich seine Ablehnung umfassender Seerüstungspläne gleichbleibend deutlich, wenn nicht gar zum Ende seines Lebens hin schärfer formulierte. Im Testament von 1768 bringt er die Situation Preußens und Deutschlands auf den Punkt: »Preußen ist eine Kontinentalmacht: es braucht eine gute Armee und keine Flotte. Unsere Ostseehäfen gestatten uns nicht, unsere Schiffahrt auszudehnen[16].« Das dauerhafte und nicht wegzudiskutierende Dilemma Deutschlands ist ja gerade die geostrategische Lage zu den überseeischen Handelsstraßen. Aus der Ostsee und auch aus der Deutschen Bucht heraus ist überseeischer Handel schwer zu treiben; ohne das Wohlwollen der anliegenden Seestaaten geht für Deutschland zur See nichts und erst recht nicht im Kriege gegen sie – zumal die kontinentale Mittellage die Konzentration auf die Heeresrüstung erfordert. Wie weit sich Friedrich von positiven Gedanken hinsichtlich einer preußischen Flotte entfernt hatte, zeigt auch die Tatsache, daß diese Feststellungen im Testament von 1768 im Kapitel »Handel« getroffen werden, während er im Testament von 1752 »Seemachtfragen« noch im militärischen Teil abhandelte[17]. Ökonomischen Aspekten legte der König offenkundig mehr Gewicht bei als militärischen, sofern es sich um »maritime Fragen« handelte.

Im »Abriß der preußischen Regierung« von 1776 widmet Friedrich einen zwar kurzen, aber sehr deutlichen Absatz Seemachtfragen: »Ich glaube nicht, daß Preußen sich je [sic!] zur Bildung einer Kriegsmarine entschließen darf[18].« Preußen könne nämlich niemals mit den in Europa vorhandenen Flotten konkurrieren; außerdem ginge solche Seerüstung zu Lasten der Landtruppen und zwar was die Finanzmittel wie auch die verfügbaren Menschen betraf. Gerade hinsichtlich der Konkurrenzsituation in Europa wie auch des Geldes sollte sich unter seinem späten (und letzten) Nachfolger zeigen, wie recht Friedrich hatte.

Ganz im Gegensatz auch zu diesem und seinen Admiralen versprach sich Friedrich von Seeschlachten keine Kriegsentscheidung, so daß man »besser tut, das erste Landheer in Europa zu halten als die schlechteste Flotte unter den Seemächten«[19]. Nun hat Friedrich auch nicht in den Kategorien »die größte Flotte oder gar keine« gedacht; erst recht hat er – auch später – nicht daran gedacht, sowohl das erste Landheer, als auch die erste Flotte zu haben – dieser Versuchung sind erst spätere deutsche Regierungen erlegen. Vielmehr zählt Friedrich in seinem Text »Regierungsformen und Herrscherpflichten«[20] von 1777 jene Staaten auf, die u.a. wegen ihrer Kolonien Seemächte sein müssen –, und er zählt Preußen zu jenen, die einen Fehler begehen würden, strebten auch sie nach Kolonien und Seemachtstatus. Friedrich der Große hat »niemals maritime Großmachtwünsche gehegt«[21] – und er hat seine Ablehnung solcher Pläne immer gut begründet, nicht nur für seine jeweils gegenwärtige Situation, sondern grundsätzlich für Preußen und für Deutschland. Dies wird vor allem deutlich in der Gegenüberstellung mit den Begründungen seiner späten Nachfahren für gegenteilige Ambitionen.

Folgerichtig hat Friedrich auch allen Vorschlägen anderer für eine preußische Flotte widersprochen[22]. 1751 legte der Franzose Bertrand Maké de la Bourdonnaie einen solchen Plan vor, 20 Jahre später der spätere Kriegsrat und Archivar am Preußischen Geheimen Staatsarchiv in Berlin, Christian von Dohm. In dem einen wie im anderen Falle verwies Friedrich auf den zu großen Umfang wie auf die zu großen Kosten solcher Unternehmen. Durchgängig ist bei Friedrich der Blick fürs Wesentliche und Machbare erkennbar, der ihn davor bewahrte, dem Wünschbaren nachzujagen, nur weil es möglich schien – ohne aber auch sinnvoll zu sein! Dem Notwendigen hat sich Friedrich im akuten Fall nicht verschlossen – zur Verteidigung gegen schwedische Angriffe wurde im Siebenjährigen Krieg eine Küstenflottille aufgestellt; das aber änderte nichts an seiner grundsätzlichen Einstellung gegen eine preußische Flotte mittleren oder gar größeren Ausmaßes.

2. Überlegungen und Anregungen zum Einsatz der Flotte des englischen Verbündeten im Siebenjährigen Krieg

Mehr von Hoffnungen als von Realitätssinn etwa für die Interessen und Ziele seines Verbündeten getragen waren die Überlegungen und Anregungen Friedrichs II. zum Einsatz der englischen Flotte im Siebenjährigen Krieg[23].

Sie bezogen sich auf zwei Kriegsschauplätze mit unterschiedlicher Zielsetzung: Friedrich erwartete Erleichterung auf dem westdeutschen Kriegsschauplatz durch Abzug französischer Truppen; für den Ostseeraum rechnete er mit Schutz durch ein englisches Geschwader vor russischen und schwedischen Angriffen.

Friedrich schlug dem englischen Verbündeten immer wieder vor, die französischen Küsten zu bedrohen, damit die Franzosen sich genötigt sähen, Truppen an viele Küstenorte zu verlegen, wodurch der westdeutsche Kriegsschauplatz für die preußischen Truppen entlastet würde. Es ging ihm also um eine Diversionswirkung, die um so leichter erreichbar sein müsse, als die Franzosen seiner Ansicht nach leicht zu alarmieren seien und ihre Truppen schnell abziehen würden[24]. Auf allen ihm verfügbaren Wegen – in Denkschriften, Korrespondenzen, Minister- und Gesandtengesprächen – trug Friedrich diese Idee dem Verbündeten vor.

Den Zusammenhang zwischen dem englischen Seekrieg in europäischen Gewässern und dem Landkrieg in Deutschland hat Glatzel ausführlich untersucht. Ohne die einzelnen Unternehmungen der Engländer z.B. gegen Rochefort (1757) oder gegen St. Malo (1758) erneut zu untersuchen, können diese durchaus auch als Diversionsunternehmungen verstanden werden. Insofern kann Glatzel zugestimmt werden, wenn er zusammenfassend plausibel argumentiert, daß der begrenzte strategische Zweck, nämlich kritische Situationen auf dem Landkriegsschauplatz bereinigen zu helfen bzw. eine Verschärfung zum Zusammenbruch Preußens hin zu verhindern, erreicht wurde[25]. Fraglich ist allerdings die Feststellung Glatzels, daß man »das ›sentiment exact des difficultés de la marine‹ [...] bei Friedrich dem Großen [...] in ausgeprägtester Form erkennen«[26] könne. Wenn das so wäre, ließe sich Friedrichs Enttäuschung über das Ausbleiben eines englischen Geschwaders in der Ostsee nicht erklären – die Problematik des Seekrieges in der Ostsee mußte ihm als »seemänischem Laien« verschlossen bleiben. D.h. die operative und auch die taktische Ebene des Seekrieges wurden von Friedrich II. nicht durchdringend erfaßt. Daß er die strategische Ebene dagegen nicht nur gut, sondern vollständig gedanklich bewältigte, zeigt außer den Ausführungen zum Problem der Seerüstung an sich auch seine Analyse der Niederlage Frankreichs gegen England im Siebenjährigen Krieg:

> »Bemerken wir zunächst den Fehler, sich in die deutschen Wirren einzumischen. Mit England führten sie bisher einen Seekrieg. [...] Bisher waren sie den Engländern zur See überlegen gewesen. Sobald aber ihre Aufmerksamkeit durch den Kontinentalkrieg abgelenkt wurde und ihre Heere in Deutschland all die Geldmittel verschlangen, die sie zur Vermehrung ihrer Flotte hätten verwenden sollen, gebrach es ihrer Marine am Nötigsten[27].«

Die Hoffnungen auf ein englisches Geschwader in der Ostsee erwiesen sich als allzu optimistisch; sie verkannten die Möglichkeiten und die eigentlichen Interessen der Engländer in der Ostsee[28]. Hier hätten sie ausschließlich zugunsten ihres Verbündeten, zum Schutz seiner Küsten und Häfen gegen schwedische, vor allem aber gegen russische Angriffe operiert – und dabei ihr eigenes Interesse an einem störungsfreien Handel gerade mit Rußland vernachlässigt, wenn nicht gar geschädigt. Zwar hatte Friedrich II. in den Vorverhandlungen zur Konvention zu Westminster Verständnis auch für den Fall des Ausbleibens des erwarteten Geschwaders gezeigt; entgegen diesen eher von diplomatischen Rücksichtnahmen geprägten Ausführungen sind jene, die seine tiefe Enttäuschung zeigen, wohl ehrlicher. Seine Befürchtungen nämlich über russische Angriffe auf Memel und Ostpreußen waren gerechtfertigt[29]. Memel wurde in einer kombinierten Operation von Land- und Seestreitkräften im Juli 1757 eingenommen. Ein weiteres Vordringen der russischen Flotte wurde von zu Wachbooten umfunktionierten Fischerbooten zwar nicht verhindert, aber deren rechtzeitige Meldungen ermöglichten es, Landtruppen jeweils richtig zu dislozieren, so daß Landungsversuche immer erfolgreich abgeschlagen werden konnten. Dieses Verdienst einer improvisierten Wachboot-Flottille allerdings erwähnt Friedrich II. in seiner »Geschichte des Siebenjährigen Krieges« nicht.

Preußen mußte sich gegen Rußland und Schweden also selber helfen, weil England statt mit einem Geschwader nur mit Subsidien half, denn »es beherrschte die Ozeane und alle anderen Meere. Was lag ihm da an der Ostsee«[30]. Die Enttäuschung über das Ausbleiben eines englischen Geschwaders zieht sich als Spiegelbild größter Erwartungen durch die entsprechenden Jahresbände der Politischen Correspondenz wie durch die vielfältigen Werke des preußischen Königs. Sie gipfelt in der schon im Juli 1757 verfaßten Satire »Kurz gefaßte Gründe, durch die ein österreichischer Gesandter zu London im Jahre 1763 Subsidien von England erlangen kann«[31]: »5. Da England im letzten Kriege die Erfahrung gemacht habe, daß es Frankreich zur See allein nicht gewachsen sei, so müßten die Seekriege zu Englands eigenem Nutz und Frommen durch große Diversionen zu Lande unterstützt werden, und dazu wäre keine andere Macht außer der König von Ungarn imstande.« Gerade in dieser subtil-ironischen Formulierung wird erkennbar, wie klar Friedrich sah, daß er von England gebraucht, vielleicht sogar mißbraucht wurde – und Preußen keine Alternative zu diesem Bündnis hatte!

Angesichts der vorwiegend überseeisch-kolonialen Interessen Englands in diesem Kriege kann dessen Gewichtung nicht überraschen. Überraschend ist allenfalls die Tatsache, daß Friedrich dem tatsächlichen Kriegsgeschehen an der pommerschen Küste in seiner »Geschichte des Siebenjährigen Krieges« keine Zeile gewidmet hat[32].

3. Preußische Seerüstungsimprovisationen im Siebenjährigen Krieg

Friedrich II. schildert die Ereignisse um Usedom, Wollin und das Stettiner Haff ausschließlich als Landkriegsoperationen. Im Gegensatz dazu würdigt das Werk des Großen Generalstabes von 1912 über den Siebenjährigen Krieg die Stettiner Haff-Flottille ausdrücklich: »Das Seegefecht von Neuwarp war für die großen Entscheidungen des Kriegsjahres 1759 zwar ohne Belang, dagegen beeinflußte es den Fortgang der Operationen auf dem pommerschen Kriegstheater merklich[33].« »Der Strand von Neuwarp« hatte also, wie Sulicky 1867 schrieb, »das anziehende Schauspiel einer preußischen Seeschlacht«[34]. In diesem Seegefecht, das auch jenes am Repziner Haken genannt wird, standen sich gegenüber[35]:

	Schiffstyp	Schiffsname	Besatzung Land-	See-	Geschütze[a]
	Galliote	»König v. Preußen«	22	61	14
		»Prinz v. Preußen«	20	61	14
		»Prinz Heinrich«	21	57	14
		»Prinz Wilhelm«	21	57	14
	Galeere	»Jupiter«	17	41	10
		»Mars«	17	41	10
Preußen –		»Neptunus«	12	41	12
Haff-Flottille		»Merkurius«	12	41	12
	Espings	Nr. 1	3	12	6
	(Barkassen)	Nr. 2	3	12	6
		Nr. 3	7	12	6
		Nr. 4	7	12	6
	Summen:		*162*	*448*	*124*
	Gesamt:		*610*		
	Galeeren	4	300	30	12
	Halbgaleeren	4	300	30	12
	Prahme	2			
	Rekognoszier-	3			
Schweden	schaluppen				
	Bombardier-	3	422	162[b]	
	gallioten				
	Barkassen	12			
	Summen:		*2822*	*402*	*96* [c]

a) 12-, 6-, 4-, 3-, 2-Pfd.
b) ungewiß
c) mindestens

Zusammengestellt nach Hermann, Die Rolle der Seemächte (wie Anm. 8), S. 336 und 339, und Hans Jürgen Witthöft, Lexikon zur deutschen Marinegeschichte, Herford 1978, Bd 2, S. 77, »Siebenjähriger Krieg«.

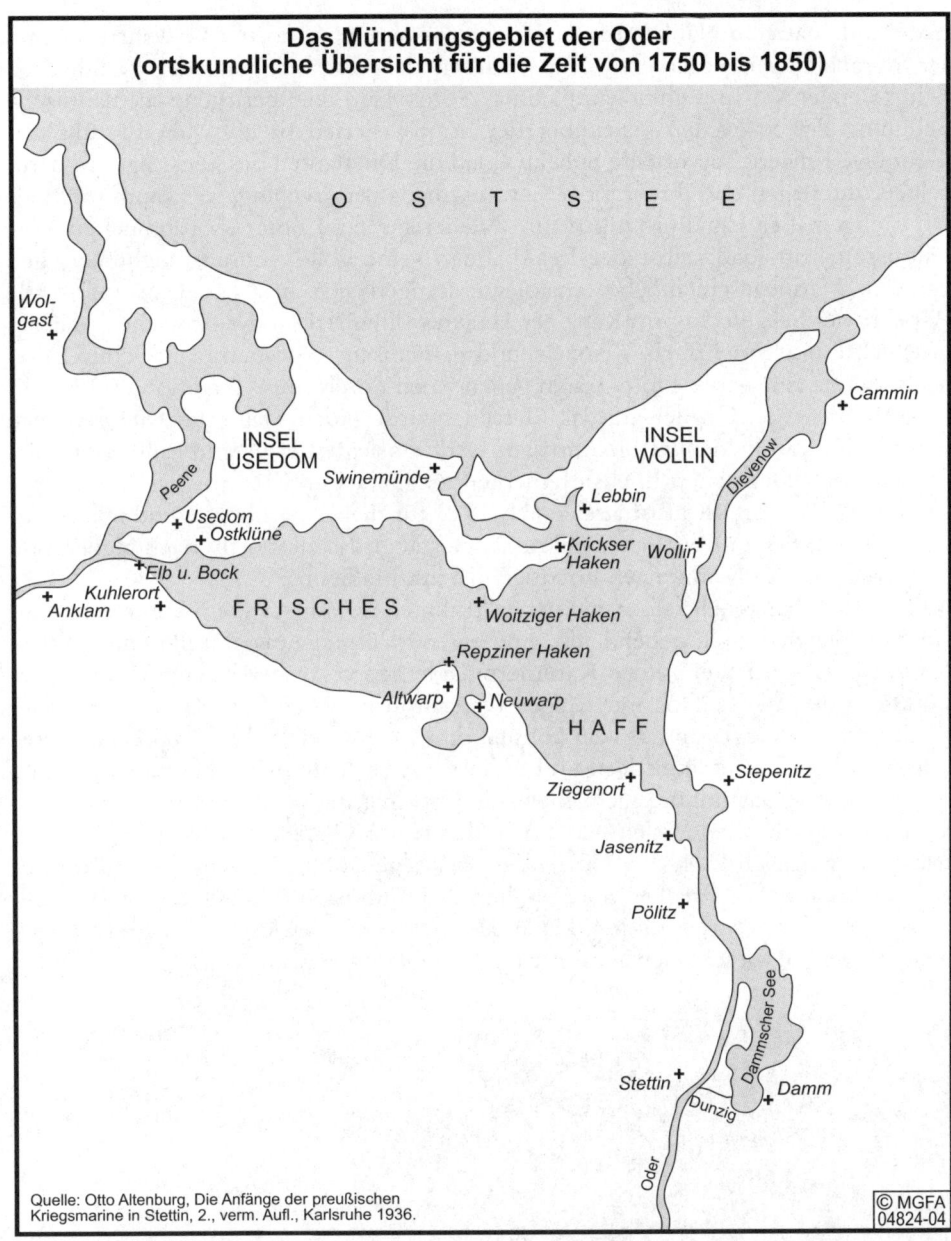

Das Mündungsgebiet der Oder
(ortskundliche Übersicht für die Zeit von 1750 bis 1850)

O S T S E E

Wol-
gast

Cammin

INSEL
USEDOM

INSEL
WOLLIN

Dievenow

Peene

Swinemünde

Lebbin

Usedom
Ostklüne

Krickser
Haken

Wollin

Elb u. Bock

Kuhlerort

Anklam

F R I S C H E S

Woitziger Haken

Repziner Haken

Altwarp

Neuwarp

H A F F

Stepenitz

Ziegenort

Jasenitz

Pölitz

Dammscher See

Stettin

Dunzig

Damm

Oder

Quelle: Otto Altenburg, Die Anfänge der preußischen
Kriegsmarine in Stettin, 2., verm. Aufl., Karlsruhe 1936.

© MGFA
04824-04

Trotz offenkundiger Unterlegenheit stellte sich die mehr oder weniger improvisierte Haff-Flottille, zum großen Teil mit Landtruppen bemannt, denen das ruhige
Wetter sicher willkommen war, den Schweden zum Kampf. Die Schweden sollten
nicht weiter ins Haff und nach Stettin vordringen können. Das Gefecht wurde
erbittert geführt – das Werk des Generalstabes berichtet von zweistündiger Kano-

nade und späterem Nahkampf, der »auf kleinstem Abstand mit Gewehrfeuer und Handgranaten ausgefochten wurde und mit der Überwältigung der preußischen Schiffe endete«[36]. Im Schlußkampf unter Segel »kam die überlegene seemännische Schulung der Schweden gegenüber der improvisierten preußischen Flottille zur Geltung«. Folgerichtig urteilte Sulicki: »Daß die Dilettanten des Seekrieges in demselben unterlagen und ihre improvisierte Armada verlorenging, war kaum mehr als ein sachgemäßes Ergebnis; allein ihre Niederlage fand unter so rühmlichen Verhältnissen statt, daß selbst der Feind ihnen seine volle Achtung nicht versagen kann[37].« Marinegeschichtliche Analogien drängen sich hier geradezu auf – alle Aspekte des Seegefechts am Repziner Haken sollten sich in der deutschen Marinegeschichte noch mehrfach – einzeln und gemeinsam – wiederholen: Schiffe, Geschwader, ja eine ganze Flotte traten gegen einen durch lange Tradition und Erfahrung überlegenen Gegner an; das Gefecht wurde (auch) deutscherseits geradezu aufopfernd und heldenhaft geführt; am Ende obsiegte der Gegner und zollte den unterlegenen Deutschen höchste Anerkennung – sei es 1914 für das Kreuzergeschwader, 1941 für die »Bismarck« oder 1943 für die »Scharnhorst« und zuletzt für den U-Bootkrieg im Zweiten Weltkrieg[38]. Bestätigt das alles nicht nachträglich und nachdrücklich die Mahnungen Friedrichs II. zur Mäßigung?

Friedrich hatte sich selber erst im Falle akuter Gefahr für die pommersche Küste, von Schweden ausgehend, für eine eigene Verteidigungsflottille entschieden. Im Juli 1757 schrieb er an den Kammerpräsidenten v. Aschersleben: »Wenn Ihr es nöhtig findet, die Hafens mit einiger Defension von Schiffen zu versehen oder solche, wenn es nicht anders sein könnte, durch versenkte Schiffe zu decken; worüber Ihr dann mit vernünftigen und erfahrenen Seeleuten sprechen und conferieren müsset[39].« Das konnte nicht mehr als Improvisation sein und weist völlig auf Verteidigung mit allen Mitteln hin. So ist denn auch Glatzel zuzustimmen, wenn er feststellt, daß »sich eben die Waffen des Seekrieges ihrer Natur nach nicht improvisieren lassen«[40]. – Preußen aber wollte und konnte unter der Herrschaft Friedrichs II. keinen Seekrieg führen, keine Seemacht sein. Seegestützte Verteidigungsmaßnahmen in bescheidenstem Ausmaß mußten genügen – und sie genügten letztlich auch.

Preußische Galiot 1759

Quelle: Otto Altenburg, Die Anfänge der preußischen Kriegsmarine in Stettin, 2., verm. Aufl., Karlsruhe 1936

Im weiteren Verlauf des Siebenjährigen Krieges wurde eine zweite Haff-Flottille (1760 bis 1763) gegründet[41], die aber nur einmal in ein kurzes Gefecht, das wohl mehr ein Überfall mit Enterkampf war, mit den Schweden verwickelt wurde. Während der Endphase des Siebenjährigen Krieges hielten sich schwedische und preußische Fahrzeuge unterschiedlicher Größe im Haff auf, ohne daß es zu weiteren Kämpfen kam.

Exkurs: Kaperbriefe und Kaperkrieg[42]

»Improvisation« war nicht nur das Kennzeichen der Haff-Flottille, sondern auch jener Kriegsmaßnahmen, die eigentlich immer die Aushilfe des »armen Seemannes« waren – des Kaperkrieges, vergleichbar in der Neuzeit dem Seekrieg mit Hilfskreuzern. – Nur zögerlich näherte sich Friedrich II., trotz anfänglichen Drängens seiner Berater, diesem in vielerlei Hinsicht suspekten Bereich der Seekriegführung. Abgesehen davon, daß hierfür ausschließlich nicht-preußische Staatsangehörige und Schiffe in Frage kamen, weil sich nur englische und französische Interessenten gemeldet hatten, lag die besondere Problematik in möglichen internationalen Verwicklungen vor allem mit den Neutralen, sowie in Gegenmaßnahmen der betroffenen Seestaaten gegen Preußens Seehandel und Küsten. Hierauf zielten insbesondere die Gegenvorstellungen Stettins und Emdens, denen die Beratungsgremien, d.h. das Auswärtige Departement und das Generaldirektorium, dann auch sehr schnell Rechnung trugen. Mit eindrucksvoller Klarheit wurden die völkerrechtlichen und handelspolitischen Implikationen für den Fall dargelegt, daß eben nicht-preußische Kaperschiffe unter preußischer Flagge und gleichsam im Namen Preußens z.B. gegen Schweden und Holland vorgingen.

Erst als Schweden im Sommer 1758 von sich aus gegen den preußischen Seehandel vorging, »war das Auswärtige Departement sofort entschlossen, Repressalien zu ergreifen und Kaperbriefe gegen Schweden auszugeben«[43]. Ohne daß es vorher zu Konsultationen mit dem König gekommen war, sahen sich die politischen Berater nun einig mit ihrem König, der mit Schreiben vom 21. September 1758 Kaperbriefe auszugeben gestattete. Dies war eine Reaktion auf schwedische Kriegsmaßnahmen gegen Vorpommern sowie auf ein erneutes schwedisch-französisches Bündnis. Die Motive des Königs gehen aus einem späteren Schreiben eindeutig hervor: »Wenn Ich den Ideen dieser Leute näher treten will, so geschieht dies nur, um daraus Geld zu ziehen und in der Erwartung, daß Ich, indem Ich Meinen Feinden schade, dabei Meine private Rechnung finde[44].« Weil aber der preußische Handel durch Frankreich selbst in französischen Häfen nicht behindert wurde und Rußland in der Ostsee jederzeit mit Repressalien hätte reagieren können, waren Kaperbriefe allein auf Schweden und Österreich und auch nur für die Ostsee und – später – für das Mittelmeer ausgestellt. Jegliche Komplikationen mit Neutralen sollten vermieden werden. Friedrich II. befolgte selbst im Kontext des Kaperkrieges jene Prinzipien, denen er England gegenüber in einem jahrelangen Streit hatte Geltung verschaffen wollen. Deswegen waren nach dem Prinzip »Frei Schiff – frei Gut« auf neutralen Handelsschiffen selbst feindliche Waren, soweit es sich nicht eindeutig um kriegsbedeutsame Konterbande handelte, geschützt.

Nachdem im Petersburger Vertrag vom 9./20. März 1759 auf russische Initiative hin durch Rußland und Schweden, später auch durch Dänemark, der freie Seehandel in der Ostsee auch – sogar! – mit preußischen Häfen gesichert war, entfiel für Preußen der Grund für Kaperbriefe. Gleichzeitig erklärte Preußen aber auch, daß die Haff-Flottille nur Verteidigungszwecken diente, weshalb tatsächlich der Seehandel in der Ostsee von nun ab unbehelligt blieb. – Faktisch wurde auch in Nordsee und Mittelmeer die Kaperei unter preußischer Flagge schon 1759 wieder eingestellt. Friedrich II. gab aber erst im März 1760 ausdrücklich Befehl, die Kaperei zu beenden bzw. keine neuen Kaperbriefe mehr auszustellen.

Die ökonomischen Erwartungen, die Friedrich II. mit der Kaperei verbunden hatte, wurden enttäuscht: insgesamt erhielt die Staatskasse nur 11 091 Taler, was gegenüber den Feldzugskosten von 11 bis 12 Millionen Talern[45] marginal war. Die Asiatische Handlungskompanie hatte im Frieden zuvor »als Anerkennungsgebühr für sechs Chinareisen an den König 48 697 Taler« bezahlt[46]. Größerer materieller Schaden, wie er von den Kaufleuten Stettins und Emdens befürchtet worden war, konnte verhindert werden. Auch völkerrechtlicher Schaden, wie er bei Verwicklungen mit den größeren Seemächten hätte entstehen können, blieb Preußen erspart.

Allerdings gab es infolge der Kaperei im Mittelmeer durch teilweise obskure Kapitäne noch langwierige Auseinandersetzungen z.B. mit Österreich, aber auch mit kleineren Inselstaaten. – Umgekehrt allerdings leistete Friedrich der Große gerade im Kontext der Kaperei einen wesentlichen Beitrag zur Entwicklung des Seevölkerrechts. Der Grundsatz »Frei Schiff – frei Gut« war am 21. November 1758 zu »Unfrei Schiff – frei Gut« erweitert worden. Dies ging in eine Verordnung vom 30. April 1781 ein, konnte aber erst 1856 allgemein-völkerrechtliche Anerkennung finden.

II. Seehandelspolitik – der zivile Aspekt

Friedrichs maritimes Denken und Handeln richtete sich, sofern es konstruktiv war, auf konkret-erfaßbare ökonomisch wirksame Bereiche[47]. Anders als heute z.B. die Bundesrepublik Deutschland war Preußen im Zeitalter Friedrichs des Großen noch nicht existentiell auf Importe aus Übersee angewiesen. Seehandelspolitik war für Friedrich II. aus ökonomischen Gründen interessant: an den Gewinnen der Häfen und Handelsgesellschaften war der Staat beteiligt, d.h. wenn ökonomische Gründe ihn entscheidend zum Verzicht auf Seemachtpolitik bestimmten, veranlaßten sie den König umgekehrt gerade zu einer aktiven Seehandelspolitik. Deren Vorteile wollte er nutzen, möglichst ohne die Kosten mittragen zu müssen.

1. Häfen

Zur Zeit Friedrichs II. verfügte Preußen über nur kurze Küsten und nur wenige Häfen, von denen allein Stettin und Emden als bedeutsam bzw. entwicklungsfähig galten. Gerade Stettin galt Friedrichs besonderes Interesse: einerseits lag Stettin seiner Hauptstadt näher, hier kannte er die Verhältnisse daher sicherlich besser. Emden lag doch allzu fern; er nahm zweimal die beschwerliche Reise ans »Ende der Welt« (Friedrich, 1768) auf sich. Andererseits konnte der König gerade für Stettin hoffen, im Verbund verschiedener Maßnahmen »den Handel von Stettin auf Kosten desjenigen von Hamburg zu fördern«[48]. Die Bedingungen der beiden Städte waren schon allein wegen ihrer Einbindung in die jeweilige »Infrastruktur des Hinterlandes« sehr unterschiedlich; im Testament von 1752 deutet Friedrich dies und die weiteren Ausbaumöglichkeiten an[49]: Zollangleichungen oder gar Senkungen gegenüber jenem auf der Elbe, Kanalaus- oder -neubauten, Flußregulierungen und Hafenneubau an der Swinemündung. Ziel war es, den Handel auf der Oder und über Stettin zu fördern gegenüber jenem auf der Elbe und über Hamburg.

Mit Befriedigung hatte der König 1752 auch registriert, daß »die Häfen Pommerns [...] 56 000 Taler über den Etat hinaus eingenommen haben«. 1768 allerdings sah Friedrich für den Überseehandel von den Ostseehäfen aus keine großen Entwicklungsmöglichkeiten, solange nämlich die Handelsbilanz Preußens infolge des Mangels an exportfähigen Waren negativ sei. Durch die Errichtung neuer Manufakturen könnte dies besser werden. Dann erst bestände Aussicht auf eine Neubelebung des Handels, für den der König an gleicher Stelle weitreichende Ideen entwickelte. Stettin sollte als »Drehscheibe« ausgebaut werden, wofür der ansonsten sehr sparsame König 140 000 Taler auszugeben bereit war. Solche Investitionen waren auch deshalb notwendig, weil Stettins Stellung als Handels- und Umschlagplatz im Siebenjährigen Krieg gegenüber Hamburg erheblich gelitten hatte, nachdem sich vorher schon die Maßnahmen des preußischen Königs durchaus positiv für Stettin ausgewirkt hatten.

Dem seit 1744 zu Preußen gehörenden Emden[50] galt zwar auch das Interesse Friedrichs. Emden war aber weniger wichtig als Glied im Verbund zwischen Binnenwirtschaft und Außenhandel; vielmehr lag seine Bedeutung vor allem in seiner Funktion als Sitz mehrerer privater Seehandelsgesellschaften, für die Emden Ausrüstungs-, Abgangs- und Heimkehrhafen war. Ungeachtet einiger Einzelaspekte, in denen er Friedrichs Wirken für Emden und Ostfriesland bzw. deren Wirtschaft sehr kritisch sieht, stellt Bokeloh dem preußischen König insgesamt ein gutes Zeugnis aus: »Es ist keine Frage, daß die Einverleibung in Preußen für Ostfriesland von großem Vorteil gewesen ist[51].« Hierfür war entscheidend, daß Friedrich der Große die Rolle seiner Seehäfen – und damit eben auch Emdens – als wichtiges Glied der angestrebten Entwicklung der Wirtschaft seines Reiches und damit der Wohlfahrt sowohl der Staats- und Kriegskasse, als auch der Bürger erkannt hatte. Die bedeutende Funktion leistungsfähiger Seehäfen im Zusammenwirken von Außenhandel und binnenwirtschaftlicher Entwicklung hat Friedrich II. wahrscheinlich besser erkannt und auch gefördert als die meisten Politiker nach ihm in Deutschland. Im Testament von 1752 gibt er hierfür ein bemerkenswertes Beispiel, wenn er seinen Einsatz für die »Emdener Orientkompanie« u.a. damit begründet, »5. endlich, indem wir den Handel von Emden mit dem von Stettin verbinden, werden die Unternehmungen unserer Kaufleute weitaus beträchtlicher und Stettin könnte einen Teil des Hamburger Handels nach Polen, Böhmen und Mähren übernehmen«[52].

2. Handelsgesellschaften

Im Testament von 1752 äußert sich Friedrich II. ausführlich zu den Beweggründen, die ihn zum Privileg für eine »Orientkompanie«, womit die »Königlich Preußische Asiatische Handlungskompanie« von 1750 (1751) gemeint war, veranlaßten:

> »1. weil dies den Privatleuten das Mittel in die Hand gibt, ihre Kapitalien mit mindestens 20 Prozent, selbst mit 50 Prozent Gewinn anzulegen, 2. weil durch diesen Handel die Anweisungen der Kompanie, sobald sie in Umlauf kommen, die Zahlungsmittel verdoppeln, 3. weil es ein Zweig des holländischen Handels ist, den wir dadurch erwerben, 4. weil wir mittels dieser Kompagnie alle Arten von Drogenwaren aus Indien billiger kaufen können als im Augenblick aus zweiter Hand[53].«

Primär scheinen hier die Interessen der Emder Kaufleute den König zu bewegen; ähnlich hört es sich im Oktroy von 1772 für die Seehandlungsgesellschaft, kurz Seehandlung genannt, an. »Indem Wir unablässig bemüht sind, für das Glück und den Wohlstand Unserer Unterthanen zu sorgen, so bemerken Wir, wie vorteilhaft es ihnen sein würde, von Unseren Häfen die Häfen von Spanien und aller anderen Plätze zu beschiffen, wo sich vernünftige und sichere Aussichten zu einem tüchtigen Gewinn von Aus- und Einfuhr für unseren Staat vorfinden möchten[54].« Nicht anders als heute war auch zu Friedrichs Zeiten der Staat am Gewinn von Handelsgesellschaften direkt beteiligt, und darauf zielten die Oktroys. Aber doch nicht nur: 1765 hatte Friedrich die »Oktroyierte Nutzholz-Handlungskompanie« genehmigt, die nicht nur Holz exportierte, sondern auch Schiffe baute. Hier ging es Friedrich auch um den komplexen Nutzen des Seeschiffbaus, den er richtig einzuschätzen wußte:

> »Und könntet Ihr den Seeschiffbau zu Havelberg nur immer weiter poussieren, so viel als tunlich, denn wir gewinnen dabei auf doppelte Weise; erstlich werden wir unser Holz desto besser los, und zum anderen wird ein so sehr ansehnliches jährlich für Arbeitslohn, und für die übrigen Zutaten im Lande verdient, die Sache ist also recht sehr gut, und kann mit diesem Schiffbau nur immer fortgefahren werden[55].«

Dies geschah allerdings nicht; vielmehr verfiel dieser Zweig maritimen Handelns nach dem Tode Friedrichs II. ebenso schnell wie die Seehandlung. Die Seehandlungsgesellschaft war 1772 mit Sitz erst in Stettin, später in Berlin als staatliches Handelsinstitut gegründet worden. Sie sollte – auch durch eigene Aktivitäten – den überseeischen Handel Preußens in und aus der Ostsee heraus fördern. Während der Regierungszeit Friedrichs des Großen verzeichnete sie auch erhebliche Erfolge, allerdings riß diese gute Entwicklung schon im Todesjahr des Königs ab, obwohl sie doch erst 1783 mit 14 Schiffen in ihrem Besitz ihren Höchstbestand erreicht hatte. Ganz offensichtlich war für die Existenz preußischer Seehandlungsgesellschaften im weitesten Sinne das persönliche Interesse nicht nur der Kaufleute, sondern eben des Königs selber entscheidend. Aber hierauf konnten sich die Emder Kaufleute nur anfänglich abstützen. Nachdem die Bengalische Kompanie kurz nach ihrer Gründung (1753) bei absoluter Erfolglosigkeit eingegangen, die Asiatische Kompanie im Siebenjährigen Krieg aufgelöst worden war, hatte auch die erste Neugründung einer Handelsgesellschaft (Levantinische, 1765) keine lange Lebensdauer. Sie wurde 1769 aufgelöst, und im Testament von 1768 findet sich auch die Erklärung dafür – der König war in seinen Erwartungen sehr viel zurückhaltender geworden. Hier erwähnt er Stettin und den über diesen Hafen möglichen Handel. Emden aber und der etwa von hier ausgehende Handel werden – aber nur sehr knapp – angesprochen, und vor allem: »Französische Kaufleute gründen dort eine Ostindienkompagnie. [...] Diese Kompagnie kann also nützlich werden. Ich möchte jedoch nicht unseren Rentnern raten, ihr Geld anzulegen, weil sie in Kriegszeiten stets gefährdet ist[56].« In Emden scheiterten diese und weitere Handlungsgesellschaften; allein die schon erwähnte Seehandlung war erfolgreich. Die aber residierte in Stettin mit enger Anlehnung an Berlin.

Die Emder Handlungsgesellschaften scheiterten vor allem wegen der politischen und geographischen Gegebenheiten: die Nachbarschaft zu Holland und die Konkurrenz mit England waren doch zu große Hemmnisse für Handelsbestrebungen ohne große Tradition, die ja auch Erfahrung eingeschlossen hätte. Erst als Holland durch England in den Krieg um die Unabhängigkeit der jungen Vereinigten Staaten von Amerika hineingezogen wurde, eröffnete sich ab 1781 eine neue Gelegenheit für eine Emder Handelsgesellschaft, die aber an der Unfähigkeit ihrer Betreiber scheiterte[57].

Allein die Emder Heringskompanie[58] bildete einen Sonderfall. Sie wurde erst nach dem Siebenjährigen Krieg gegründet und profitierte geradezu vom Interesse des Königs, das sich in »jährlichen Zahlungen der königlichen Kasse« ausdrückte – während doch dessen Interesse bei allen anderen Gesellschaften gerade auf Einnahmen aus den Gesellschaften für seine Staats- und vor allem Kriegskasse gerichtet war! Der entscheidende Unterschied der Heringskompanie gegenüber allen anderen Gesellschaften lag in deren konkretem Beitrag zur Versorgung der Bevölkerung – zuletzt fast aller preußischen Provinzen! – mit dem Nahrungsmittel Hering. Die Heringskompanie verfügte über einen ständig wachsenden Schiffsbestand und wirkte so zusätzlich – und ganz im Sinne des Oktroys für die Nutzholz-Handlungskompanie – positiv auf Zulieferbetriebe und Beschäftigungszahlen, ja, sogar auf die Einwohnerzahlen Emdens. Gerade am Beispiel der Emder Heringskompanie wird deutlich, daß die Zuwendung königlicher Aufmerksamkeit und Einflußnahme ziemlich direkt abhing vom realistischerweise erwartbaren Nutzen der jeweiligen Unternehmung für die wirtschaftliche Entwicklung des Gesamtstaates, der Region und für die Untertanen. Bei den Handelsgesellschaften »war der Staat nur am Gewinn, nicht aber am Risiko beteiligt. Bei der Heringskompanie handelt[e] es sich um eine staatliche Versorgungsaufgabe«[59], der sich der König

nicht entzog. Insgesamt gesehen hat er die zivilökonomischen Möglichkeiten, die
ihm die kurzen Küsten seines Reiches boten, erkannt und konsequent genutzt.
Daß er dabei nicht altruistisch vorging, kann man ihm nicht vorwerfen.

3. Seerecht und internationale Verträge

Dabei waren dem König schon früh die Grenzen maritimen Handelns auch nur im
kleinsten Rahmen vor Augen geführt worden, und zwar sehr deutlich und von der
Seemacht allerersten Ranges, nämlich England. Ohne selbst auch nur über be-
scheidenste Seemachtmittel zu verfügen, focht Friedrich elf Jahre lang mit England
einen Streit[60] um maritime Fragen grundsätzlicher Art – und machte sich um
die Entwicklung des Völkerrechts im Seekrieg verdient. Letztlich ging es darum,
dem vernünftigen Recht des Schwächeren gegen das positive Recht des Stärkeren
Geltung zu verschaffen.

Entgegen mündlicher Zusagen der englischen Regierung hatten englische Ka-
per 1745 preußische Handelsschiffe aufgebracht und den Handel entscheidend
behindert. Darüber hinaus stellte sich auf Klagen der preußischen Regierung die
englische Regierung auf den Standpunkt, sie könne hier nicht tätig werden, da die
Sache gerichtsanhängig sei und sie in die juristische Abwicklung der Streitfälle
nicht eingreifen dürfe. Zuständig für Fragen der Kaperei und Konterbande seien
selbstverständlich englische Gerichte, und die Beweislast liege bei den preußischen
Kapitänen. Friedrichs Ziel war es, daß die englische Regierung den preußischen
Kaufleuten den entstandenen Schaden ersetzen sollte. Als sich die englische Regierung weigerte, behielt der preußische König die Einkünfte aus den Herzogtümern
Ober- und Niederschlesien ein, die Preußen nach dem Gewinn Schlesiens an Stelle
des Hauses Habsburg an England zu zahlen sich verpflichtet hatte. Diesem Pfand
in seiner Hand verdankte es Friedrich II., daß die Seemacht England sich auf einen
Briefwechsel über Seerechtsfragen mit ihm, dem König eines relativ jungen und ja
auch noch nicht allzu bedeutenden Kontinentalstaates einließ. Und der Notwendigkeit für England, im absehbaren Konflikt mit Frankreich in Nordamerika einen
Verbündeten auf dem europäischen Kontinent zu haben, verdankte Friedrich II.
das Einlenken Englands. Im Zusammenhang mit der Konvention zu Westminster
erklärte sich England zur Zahlung von 20 000 Pfund Sterling bereit, die der preußische König ausdrücklich ohne viel Aufhebens[61] an die betroffenen Kaufleute
weiterzugeben befahl. Allerdings: »Die Vernunft der Sache hatte in einem einzelnen Falle nur gesiegt.« Darüber hinaus erkannte England ein neues Seevölkerrecht
noch nicht an.

Friedrich der Große hatte in diesem Streit Gespür bewiesen für eines der
Hauptprobleme der Seefahrt und damit auch des Seehandels: die Freiheit der Meere. Indem ihm dieses Problem durch England, also die Seemacht ersten Ranges,
vorgeführt wurde, war er gezwungen, entweder sofort nach deren Bedingungen
einzulenken oder mit vollem Engagement um den absoluten Erfolg zu kämpfen.
Ohne Rechtssicherheit auf dem Meer, wo kein Staat seinen Untertanen verzugslos
beistehen und ihm Recht verschaffen kann, ist Handel nicht möglich. Darauf aber

kam es Friedrich II. ja gerade an, und er hatte sich diesem Thema gerade in der Friedensphase vor dem Siebenjährigen Krieg besonders verschrieben. Denn kein Kaufmann wird sich dem zusätzlichen Risikio der Rechtsunsicherheit auf der hohen See aussetzen, muß er doch schon das Risiko der Seefahrt an sich tragen. Gerade weil Friedrich II. sich aus guten Gründen entschlossen hatte, keine Kriegsflotte zu haben, damit also auf jegliche auch noch so geringe Sanktionsmöglichkeit bei Rechtsverstößen auf der hohen See von vornherein verzichtet hatte, mußte ihm daran gelegen sein, das Risiko der Rechtsunsicherheit für seine Kaufleute auch gegenüber der ersten Seemacht zu minimieren. Nur so konnte er hoffen, die Flagge seines Staates auch durch andere, kleinere Seemächte geachtet zu sehen.

Dem Ziel, der Flagge Preußens auf See Geltung und damit den preußischen Kaufleuten Handelsmöglichkeiten bei maximaler Rechtssicherheit zu verschaffen, diente auch die Beteiligung Preußens an der bewaffneten Seeneutralität[62] von 1781 bis 1783 im Zusammenhang des nordamerikanischen Unabhängigkeitskrieges und dessen Auswirkungen auf Europa. Hauptanliegen der bewaffneten Seeneutralität war das Prinzip »Frei Schiff – frei Gut«, wonach auf neutralen Schiffen alle Waren, auch der kriegsbeteiligten Staaten, sofern es sich nicht um Konterbande handelte, befördert werden konnten. Da Holland durch eine gleichsam präventive Kriegserklärung Englands daran gehindert war, sich an der bewaffneten Seeneutralität zu beteiligen, konnte der benachbarte ostfriesische Seehandel wesentliche Teile des ehemals holländischen Handels übernehmen[63].

Das große Interesse Friedrichs II. an friedlichem Seeverkehr aller Seehandelsstaaten, seien sie nun kleine oder große Seemächte oder auch »nur« Kontinentalmächte, war also nicht eine nur vorübergehende, vielleicht auf »jugendlichen Elan« zurückzuführende Angelegenheit der Anfangszeit seiner Regierung. In der Endphase seiner Regierungszeit trug er diesem Interesse nicht nur mit der Beteiligung an der bewaffneten Seeneutralität Rechnung, sondern er verlieh ihm auch mit dem erst 1785 endlich abgeschlossenen Freundschafts- und Handelsvertrag mit den jungen Vereinigten Staaten von Amerika[64] Ausdruck. Dieser Vertrag garantierte zwischen den Vertragsparteien sogar noch für den Kriegsfall Entschädigungen für konfiszierte Konterbande! Von einem eventuellen Krieg zwischen beiden Staaten sollte die zivile Schiffahrt nicht betroffen sein, womit zwar vorübergehender Praxis entsprochen wurde, der Idealzustand des Friedens auch im Krieg für die Zukunft aber doch nicht erreicht wurde.

Bemerkenswerterweise beginnt die »Sammlung diplomatischer Noten und anderer Urkunden, zusammengestellt im Auftrage des Staatssekretärs des Reichs-Marine-Amtes« zum »Seekriegsrecht im Weltkriege« mit dem Artikel XII dieses preußisch-amerikanischen Vertrages vom 10. September 1785. Die Beamten des letzten regierenden Nachfahren Friedrichs des Großen beriefen sich ständig auf diesen Vertrag und die Folgeverträge von 1799 und 1828, als es im Ersten Weltkrieg in der Auseinandersetzung mit den USA um Seerechtsfragen, um Rechte und Pflichten der Kriegführenden und der Neutralen ging. Bekanntermaßen endeten diese Streitereien im »uneingeschränkten U-Bootkrieg«, in dem dann die Ideal-Bestimmungen des Vertrages von 1785 nicht angewendet wurden. Angesichts der

Fortentwicklung sowohl der Waffentechnik, insbesondere in Gestalt des Unter-
seebootes, als auch des Kriegsvölkerrechts resp. der Kriegspraxis wirkt die Hoffnung auf Berücksichtigung eines etwa 130 Jahre alten Vertrages fast träumerisch
und als verstecktes Einverständnis erkannter Aussichtslosigkeit. Nachdem das
Deutsche Reich nicht zuletzt wegen der Mißachtung des Vermächtnisses Friedrichs II., in Seemachtfragen zurückhaltend zu sein, in die »Gefangenschaft« einer
Seemacht ersten Ranges und in den Weltkrieg geraten war, wirkt die Vorstellung
geradezu grotesk, der letzte Vertrag Friedrichs II. hätte das Schlimmste in diesem
Krieg, nämlich die Gegnerschaft der USA und damit die Niederlage im Seehan-
delskrieg, verhindert.

III. Friedrich der Große –
landgebunden handelnd, seeorientiert denkend

Nur eine sehr verengte Betrachtungsweise macht es möglich, die Epoche Friedrichs des Großen als irrelevant für die deutsche Marinegeschichte im weitesten
Sinne zu bezeichnen. Auch das Urteil eines Zeitgenossen des preußischen Königs,
wonach »der Einfluß, den Handel und Seefahrt heute auf die politischen Systeme
Europas haben, [...] für ihn etwas völlig Unbekanntes [ist]«[65], ist grundfalsch. Ganz
im Gegenteil zu der Beobachtung dieses und auch späterer Zeitgenossen hat sich
Friedrich II. von Anfang bis Ende seiner Regierungszeit immer wieder und gründlich mit maritimen Fragen im weitesten Sinne befaßt und auseinandergesetzt.
Nicht nur aus ökonomischen Gründen lehnte er eine mittlere oder gar große
Kriegsflotte für Preußen zu seiner Zeit und auch in Zukunft ab. Dieses zum Dik-
tum für seine Nachfolger erhobene Fazit zog Friedrich II. aus der Analyse der
politischen, geostrategischen und ökonomischen Situation Preußens. Hier sah er
auf Dauer keine wesentliche Änderung – und sie trat auch nicht ein. Die Lage
Preußens und Deutschlands im Zeitalter Friedrichs des Großen zu den Weltmeeren und Welthandelsstraßen ist ja von der des Deutschen Reiches und Deutschlands im 20. Jahrhundert wenig unterschiedlich.
    Die Analyse dieser Daten hinderte Friedrich II. aber nicht daran, eine aktive
Seehandelspolitik zu betreiben. Gerade die ökonomische Situation Preußens und
die antizipierten Möglichkeiten und Gewinne veranlaßten ihn hierzu. Als sich Erfolge einstellten, bewog ihn dies dann nicht zur Revision der ersten Erkenntnis,
wonach Seemachtpolitik mit militärischen Mitteln Preußens Aufgabe nicht sein
könne. Friedrich II. ließ sich nicht zu einer Flotte verleiten, nur weil er sie sich –
vielleicht! – leisten konnte, sie deshalb aber noch lange nicht nützlich sein mußte.
    Nicht etwa Unverständnis für maritime Fragen im umfassendsten Sinne führte
Friedrich II. nur zufällig zu der richtigen Erkenntnis, wonach Mäßigung in der
Seemachtpolitik bei gleichzeitiger Zielstrebigkeit in der Seehandelspolitik für Preußen der richtige Weg sei. Preußen blieb nicht zufällig »nur« Landmacht resp. wurde
wegen eines Versäumnisses Friedrichs des Großen nicht auch Seemacht. Vielmehr
trug der König mit seiner pragmatisch-prognostischen Haltung in maritimen Fra-

gen, soweit sie den militärischen Aspekt betrafen, sehr einfühlsam realitätsbezogen den Gegebenheiten Preußens und später Deutschlands als Kontinentalstaat mit maritimen Interessen, ja, Abhängigkeiten, Rechnung. Nur bei oberflächlicher Betrachtung handelte er ausschließlich landgebunden; tatsächlich bewies er tiefgehendes Verständnis für Bedingungen und Möglichkeiten maritimen Handelns von der »schmalen« Basis seines Staates aus. So spricht viel für die Richtigkeit der eingangs nur vorsichtig und unter Vorbehalt formulierten These vom ganz anderen Verlauf der Geschichte Deutschlands, Europas, ja, der Welt für den Fall, daß man sich in Deutschland mit den »maritimen Gedanken« Friedrichs des Großen ernsthaft befaßt hätte. Man stelle sich nur vor: Deutsch-britisches Bündnis statt Zweibund und Flottenrivalität ...! Wohlbegründete Vorbehalte setzen derartigen »Vergangenheitsspekulationen« schnell ein Ende. Für Gegenwart und Zukunft aber haben jene, die sich um maritimes Bewußtsein in und für Deutschland sorgen, in Friedrich dem Großen eine Berufungsinstanz für Ausmaß und Qualität dessen, was für Deutschland an maritimem Denken und Handeln möglich und notwendig ist. Die für Import und Export unabdingbaren Seeverbindungen werden am besten geschützt durch 1. kodifiziertes, vor allem weltweit respektiertes Seerecht, 2. durch das Bündnis mit Seemächten.

Friedrich der Große hatte in der Zeit seiner schwersten Bewährungsprobe eine Seemacht als Bündnispartner, dessen Wert er zu Recht hoch einschätzte. Damit unserem Staat heute und zukünftig die höchste Bewährungsprobe des Krieges erspart bleibt, sind wir mit Seemächten verbündet – und müssen selber auch einen Beitrag zur Verteidigung der Seewege leisten, wodurch aber die Verteidigung unserer Landesgrenzen nicht beeinträchtigt werden darf. Zur kooperativen Verteidigung unserer Landesgrenzen als Bündnisgrenzen auch durch unsere Bündnispartner stimulieren wir diese u.a. durch unseren maritimen Bündnisbeitrag[66]. Dabei können wir es im Gegensatz zu Friedrich dem Großen nicht auf improvisierte Verteidigungsmaßnahmen ankommen lassen; aber in Übereinstimmung mit ihm vermeiden wir eine Zersplitterung unserer Kräfte und konzentrieren uns auf das Notwendige, nicht auf das Wünschbare.

Daran hat sich auch unter den Bedingungen des überwundenen Kalten Krieges und Ost-West-Gegensatzes nichts geändert. Der Einsatz der Deutschen Marine ist weiterhin Bündnis- oder UN-Einsatz sowie, ganz in der Nachfolge Friedrichs des Großen, Ausdruck einer maritimen Politik der Mäßigung[67].

Anmerkungen

1   Vizeadmiral a.D. Prof. Friedrich Ruge zum Gedächtnis! – »Mit einem Gespräch über die Behandlung der Seemachtprobleme in den Politischen Testamenten Friedrichs des Großen begann vor zehn Jahren der Gedankenaustausch zwischen Admiral Ruge und mir.« – So Karl-Erich Born in seiner »Vorbemerkung« zu dem Aufsatz Die Politischen Testamente Friedrichs des Großen, in: Seemacht und Geschichte. Festschrift zum 80. Geburtstag von Friedrich Ruge, hrsg. vom Deutschen Marine-Institut, Bonn-Bad Godesberg 1975, S. 13–28. Diese »Vorbemerkung« war der erste Anhalt, mit dem die Untersuchungen zu diesem Aufsatz begannen. – Frau Rath (Bibliothek

der Führungsakademie der Bundeswehr, Hamburg) danke ich für ihre ideenreichen Bemühungen bei der Literaturbeschaffung. – Der vorliegende Beitrag ist ein durchgesehener Wiederabdruck aus: Friedrich der Große und das Militärwesen seiner Zeit. Mit Beitr. von Johann Christoph Allmayer-Beck [u.a.], Herford, Bonn 1987 (= Vorträge zur Militärgeschichte, 8), S. 93–119.

2   Reinhold Koser, Der Große Kurfürst und Friedrich der Große in ihrer Stellung zu Marine und Seehandel, in: Marine-Rundschau (1904), S. 397–411, hier S. 104.

3   Paul Heinsius, Deutsche Flotten im 17. und 18. Jahrhundert, in: Seemacht. Eine Seekriegsgeschichte von der Antike bis zur Gegenwart, von E.[lmer] B. Potter und Chester W. Nimitz, deutsche Fassung hrsg. im Auftrag des Arbeitskreises für Wehrforschung von Jürgen Rohwer, München 1974, S. 48–53.

4   Gerhard Bidlingmaier, Seegeltung in der deutschen Geschichte, Darmstadt 1967.

5   Ludwig Glatzel, KAdm. z.D., Der Siebenjährige Krieg zu Lande und zu Wasser, in: Marine-Rundschau (1912), S. 186–200; Gerhard v. Janson, Friedrich der Große und die Marine der Gegenwart, ebd., S. 232 f.; Johann Friedrich Meuss, KzS a.D., Friedrich der Große und die Gründung der Seehandlung, ebd., S. 220–231.

6   Vgl. R. Krauel, Preußische Kaperei im Siebenjährigen Kriege, in: Marine-Rundschau (1911), S. 157–173, 297–312.

7   Vgl. Koser, Der Große Kurfürst (wie Anm. 2).

8   Vgl. E. Hermann, Die Rolle der Seemächte in der Ostsee während des Siebenjährigen Krieges 1756 bis 1763, in: Marine-Rundschau (1940), S. 257–274, 331–341.

9   Vgl. Dieter Stockfisch, Ein König – seiner Zeit voraus. Zum 200. Todestag Friedrichs des Großen, in: Marineforum (1986), S. 256–258.

10   Klaus Abel, Der Begriff »Seemacht« im politischen und militärischen Denken Friedrichs des Großen, dargestellt am Siebenjährigen Krieg, Hamburg 1969 (unveröffentlicht); W. Altekrüger, Der Begriff »Seemacht« in den politischen und militärischen Vorstellungen Friedrichs des Großen, Hamburg 1969 (unveröffentlicht); H. Schubart, Der Begriff der Seemacht im politischen und militärischen Denken Friedrichs des Großen. Eine Analyse seiner Handelspolitik, Hamburg 1969 (unveröffentlicht).

11   Vgl. Wolfgang Petter, Deutsche Flottenrüstung von Wallenstein bis Tirpitz, in: Handbuch zur deutschen Militärgeschichte 1648 bis 1939, hrsg. vom MGFA, Bd 4, Abschnitt VIII, München 1979, S. 13–262, hier S. 117.

12   Die politischen Testamente der Hohenzollern, hrsg. von Richard Dietrich, München 1981, hier S. 270 (Politisches Testament von 1768).

13   Ebd., S. 246 (Politisches Testament von 1752).

14   Ebd., S. 245–247.

15   Ebd., S. 247.

16   Ebd., S. 270.

17   Darauf weist auch Born, Die Politischen Testamente (wie Anm. 1) hin.

18   Friedrich der Große, Die Werke Friedrichs des Großen, 10 Bde mit Illustr. von Adolph v. Menzel, hrsg. von Gustav Berthold Volz, Berlin 1912–1914, hier Bd 7, S. 215.

19   Ebd.

20   Ebd., S. 225.

21   L.U. Scholl, Die Schiffahrt, in: Panorama der Friderizianischen Zeit. Friedrich der Große und seine Epoche. Ein Handbuch, hrsg. von Jürgen Ziechmann, Bremen 1985, S. 641–646, hier S. 641.

22   Vgl. zum Folgenden Johann Gustav Droysen, Projekte zu einer preußischen Flotte, 1751, in: Monatsberichte der Königlich Preußischen Akademie der Wissenschaften zu Berlin aus dem Jahre 1881 (gelesen am 6. Januar), Berlin 1882 und Hans Szymanski, Brandenburg-Preußen zur See 1605 bis 1815, Leipzig 1939, S. 95.

23   Vgl. zum Folgenden Glatzel, Der Siebenjährige Krieg (wie Anm. 5) und Julian S. Corbett, England in the Seven Years' War. A Study in Combined Strategy, 2 vols., London 1918 (reprint 1973), insb. Bd 1, S. 139 ff., 254 ff., 282 ff.

24   Vgl. Friedrich der Große, Politische Correspondenz Friedrichs des Großen, hrsg. von Reinhold Koser [et al.], 46 Bde, Berlin 1979 bis 1993, hier, Bd 15, S. 199 und Die Werke (wie Anm. 18), Bd 3, S. 173 f., »Denkschrift für England«, vom 26.7.1756.

25   Vgl. Glatzel, Der Siebenjährige Krieg (wie Anm. 5), S. 196.

26   Ebd., S. 200.
27   Geschichte des Siebenjährigen Krieges, in: Die Werke (wie Anm. 18), Bd 4, S. 180.
28   Vgl. Corbett, England (wie Anm. 23), Bd 1, S. 147, sowie insb. S. 153 ff.!
29   Vgl. zum Folgenden Hermann, Die Rolle der Seemächte (wie Anm. 8).
30   Geschichte des Siebenjährigen Krieges, in: Die Werke (wie Anm. 18), Bd 3, S. 156; zum Problem
      der Entsendung eines englischen Geschwaders in die Ostsee vgl. Corbett, England (wie
      Anm. 23), Bd 1, S. 147 ff.
31   Die Werke (wie Anm. 18), Bd 3, S. 207; vgl. auch zu Friedrichs Enttäuschung »Rechtfertigung
      meines politischen Verhaltens«, ebd., S. 209–215, insb. S. 214 und Anm. 4, ebd., sowie Anm. 1
      auf S. 209.
32   Ebd., Bd 4, S. 27 f., schreibt Friedrich über die Ereignisse in Pommern im Jahre 1759 – erwähnt
      aber die Haff-Flottille nicht.
33   Ebd., S. 255; vgl. auch Otto Altenburg, Die Anfänge der preußischen Kriegsmarine in Stettin,
      2. Aufl., Karlsruhe 1936; Szymanski, Brandenburg-Preußen (wie Anm. 22), S. 95 ff.; Alfred Tes-
      dorpf, Geschichte der Kaiserlich Deutschen Kriegsmarine in Denkwürdigkeiten von allgemeinem
      Interesse, Kiel, Leipzig 1889, S. 13, mit der Wiedergabe des offiziellen Berichtes aus den Akten.
34   K.M. Sulicki, Der Siebenjährige Krieg in Pommern und in den benachbarten Marken, Berlin
      1867, S. 242.
35   Vgl. Hermann, Die Rolle der Seemächte (wie Anm. 8), S. 339 ff.; vgl. Tesdorpf, Geschichte (wie
      Anm. 33), S. 13 ff.; hier werden 603 Mann Besatzung genannt.
36   Die Kriege Friedrichs des Großen, hrsg. vom Großen Generalstab, Teil III: Der Siebenjährige
      Krieg 1756 bis 1763, Bd 11, Berlin 1912, S. 251; das nächste Zitat ebd., S. 252.
37   Sulicki, Der Siebenjährige Krieg (wie Anm. 34), S. 245.
38   Vgl. z.B. für das Kreuzergeschwader Geoffrey M. Bennett, Die Seeschlachten von Coronel und
      Falkland und der Untergang des deutschen Kreuzergeschwaders unter Admiral Graf Spee, Mün-
      chen 1980, S. 184 – aber auch ebd., Anm. 95! Für den Untergang der »Scharnhorst« Bidlingmaier,
      Seegeltung (wie Anm. 4), S. 259, und für den Untergang der »Bismarck« Gerhard Bidlingmaier,
      Einsatz der schweren Kriegsmarineeinheiten im ozeanischen Zufuhrkrieg, Neckargemünd 1963,
      S. 230.
39   Politische Correspondenz (wie Anm. 24), Bd 15, S. 253.
40   Glatzel, Der Siebenjährige Krieg (wie Anm. 5), S. 198.
41   Vgl. Hermann, Die Rolle der Seemächte (wie Anm. 8), S. 403.
42   Zum Folgenden vgl. Krauel, Preußische Kaperei (wie Anm. 6) und Szymanski, Brandenburg-
      Preußen (wie Anm. 22), S. 105–108.
43   Krauel, ebd., S. 161.
44   Zit. nach Krauel, ebd., S. 170; zur nachfolgenden Summe vgl. Krauel, ebd., S. 310 f.
45   Reinhold Koser, Geschichte Friedrichs des Großen, 3 Bde, Stuttgart, Berlin 1921–1925, hier
      Bd 3, S. 363 (zusätzlich zum Friedensetat von ca. 5,5 bis 8,3 Mio. Talern, vgl. hierzu ebd., S. 365).
46   Szymanski, Brandenburg-Preußen (wie Anm. 22), S. 129.
47   Nur der Vollständigkeit halber sei erwähnt: An den deutschen Binnentourismus zum Nord- und
      Ostseestrand (und an den sich daraus z.B. im Wege der Kurtaxe ergebenden Gewinn für den
      Staat!) hat der preußische König überhaupt nicht gedacht. Ganz im Gegenteil ließ er eine Eingabe
      von 1783 des Pastors Gerhard Otto Christoph Janus (sic!) von Juist (nicht von Norderney!) un-
      beantwortet. So ist Friedrich der Große jedenfalls nicht schuld daran, daß sich das maritime Den-
      ken der Deutschen allein auf den Strand beschränkt. Vgl. »Saison am Strand, Badeleben an Nord-
      und Ostsee, 200 Jahre«, Katalog zur Ausstellung des Altonaer Museums in Hamburg, Norddeut-
      sches Landesmuseum, 16.4.1986–31.8.1986, Herford 1986, S. 14–17.
48   Die Politischen Testamente (wie Anm. 12), S. 139, Testament von 1752!
49   Ebd., S. 146 f.; zum folgenden vgl. ebd., S. 272 f.
50   Siehe dazu und zum folgenden Abschnitt die Dissertation von Karl-Heinz Bokeloh, Emder
      Wirtschaftsgeschichte 1744 bis 1806. Preußischer Absolutismus der zweiten Hälfte des
      18. Jahrhunderts in einer Randprovinz, Phil. Diss. Tübingen 1984. – Herrn Prof. Dr. Karl-Erich
      Born gilt mein besonderer Dank, daß er mir ein Exemplar dieser Arbeit zur Verfügung stellte!
51   Ebd., S. 157.
52   Die Politischen Testamente (wie Anm. 12), S. 154.
53   Ebd., S. 153 f.

54   Zit. nach Meuss, Friedrich der Große (wie Anm. 5), S. 220; vgl. zur Seehandlung insg. Meuss, ebd., sowie Szymanski, Brandenburg-Preußen (wie Anm. 22), S. 123 ff., das nachfolgende Zitat ebd., S. 127, zum Schicksal aller Handelsgesellschaften Bokeloh, Emder Wirtschaftsgeschichte (wie Anm. 50), S. 80 ff.

55   Kgl. Kabinettsorder vom 2.5.1780 an den Minister v. d. Schulenburg-Kehnert, zit. nach Szymanski, Brandenburg-Preußen (wie Anm. 22), S. 127.

56   Die Politischen Testamente (wie Anm. 12), S. 273.

57   Vgl. Reinhard Bruhns, Emdens Seefahrt: historische Plauderei, Emden, S. 93 f. (sehr knapp) und Bokeloh, Emder Wirtschaftsgeschichte (wie Anm. 50), S. 80 ff.

58   Vgl. zur Heringskompanie Bokeloh, ebd., S. 83 ff.; Bruhns, Emdens Seefahrt (wie Anm. 57), S. 94 ff., das anschl. Zitat Bokeloh ebd., S. 160.

59   Bruhns, ebd., S. 96.

60   Vgl. zum Folgenden vor allem Friedrich Adolf Trendelenburg, Friedrichs des Großen Verdienst um das Völkerrecht im Seekrieg (Vortrag, gehalten am 25.1.1866 in der Akademie der Wissenschaften), in: Trendelenburg, Kleine Schriften erster Teil, Leipzig 1871, S. 248–272; auch Manfred Schlenke, England und das Friderizianische Preußen 1740 bis 1763. Ein Beitrag zum Verhältnis von Politik und öffentlicher Meinung im England des 18. Jahrhunders, Freiburg, München 1963, S. 308, Anm. 191; Die Werke (wie Anm. 18), Bd 3, Geschichte des Siebenjährigen Krieges, S. 26. Höchst aufschlußreich sind die Ausführungen Schlenkes zur Einschätzung preußischer Seemacht (Ambitionen) durch die englische Öffentlichkeit. Demnach machte man sich anläßlich des hier anstehenden Streites eben nicht nur über die »Baby-Flotte« lustig, wie Scholl wiederholt (Scholl, Die Schiffahrt [wie Anm. 21], S. 641, und Scholl, Flotte und Schiffahrt, in: Preußens großer König, hrsg. von Wilhelm Treue, Freiburg, Würzburg 1986, S. 113) hervorhebt. Vielmehr berichtet Schlenke von hysterischen Reaktionen und »Stürmen in der Öffentlichkeit«. Insgesamt ein erstaunliches Beispiel absoluter Fehleinschätzungen infolge ungenauer Kenntnisse.

61   Vgl. Trendelenburg, Friedrichs des Großen Verdienst (wie Anm. 60), S. 257, das nachfolgende Zitat, ebd., S. 266; vgl. auch Geschichte des Siebenjährigen Krieges, in: Die Werke (wie Anm. 18), Bd 3, S. 33.

62   Vgl. Koser, Der Große Kurfürst (wie Anm. 2); zum Gesamtthema jenes Krieges vgl. Rudolph Rittmeyer, Seekriege und Seekriegswesen in ihrer weltgeschichtlichen Entwicklung; mit besonderer Berücksichtigung der großen Seekriege des XVII. und XVIII. Jahrhunderts, Bd 2: 1793 bis 1793, Berlin 1911, S. 207–416, insb. S. 298, 320 ff.

63   Bokeloh, Emder Wirtschaftsgeschichte (wie Anm. 50), S. 79; Bruhns, Emdens Seefahrt (wie Anm. 57), S. 93 f. – allerdings verhinderte die Untüchtigkeit Emder Kaufleute den möglichen Gewinn.

64   Text in: The Consolidated Treaty Series, ed. by C. Perry, vol. 49: 1783–1786, New York 1969, S. 331–354 (für die Beschaffung danke ich Herrn FKpt Dr. Frank Nägler); vgl. auch Trendelenburg, Friedrichs des Großen Verdienst (wie Anm. 60), S. 269 ff.; P. Kruse, Die Vereinigten Staaten von Amerika (Kap. 2: Die Beziehungen zwischen den USA und Preußen), in: Panorama (wie Anm. 21), S. 908–921. – Für den Hinweis auf die »Fernwirkung« des Vertrages bis in den Ersten Weltkrieg hinein danke ich Herrn FKpt Dr. Walter Schwengler.

65   Ludwig J.B.M. Herzog von Nivernais [...], zit. nach Otto Bardong, Friedrich der Große, Darmstadt 1982 (= Ausgewählte Quellen zur deutschen Geschichte der Neuzeit, Bd 22), S. 562. Völlig abwegig erscheint auch das Urteil des späteren französischen Gesandten in Berlin, Graf Esterno, vgl. Bardong, ebd., S. 565: »Von allen Zweigen der Verwaltung ist der Handel unter Friedrich II. am wenigsten gediehen.« Koser, Der Große Kurfürst (wie Anm. 2), S. 405, stellt fest, daß sich gerade in der Regierungszeit Friedrichs II. der Handel Stettins und Emdens erheblich entwickelt hat. Vgl. auch Bokeloh, Emder Wirtschaftsgeschichte (wie Anm. 50), S. 158 ff.

66   Vgl. hierzu Dieter Wellershoff, Spezialisierung und Multinationalität als Teil der Abschreckung der NATO, in: Marineforum, 9 (1986), S. 286–288.

67   Vgl. hierzu das Interview mit dem Inspekteur der Marine, Vizeadmiral Hans-Rudolf Boehmer, »Die maritimen Maßstäbe in einem von Seemächten bestimmten Umfeld«, in: Marineforum (1997), H. 1/2, S. 4–10.

II.

Von der ersten deutschen Flotte zur Kaiserlichen Marine

Günter Moltmann

Die deutsche Flotte von 1848/49
im historisch-politischen Kontext[*]

Wer am 14. Juni 1848 auf den Zuschauerrängen der Frankfurter Paulskirche saß, wo die Deutsche Konstituierende Nationalversammlung tagte, um als Konsequenz einer Revolution im ganzen Lande einen neuen Staat zu errichten, konnte folgenden Vorgang erleben:

Der Präsident, Heinrich v. Gagern, verlas nach gut zweistündiger Debatte den nachstehenden, als Frage formulierten Antrag: »Beschließt die Nationalversammlung, daß die Bundesversammlung zu veranlassen sei, die Summe von 6 Millionen Thalern zum Zweck der Begründung eines Anfangs für die deutsche Marine, über deren Verwendung und Vertretung die zu bildende provisorische Centralgewalt der Nationalversammlung verantwortlich sein wird, auf bisher verfassungsmäßigem Wege verfügbar zu machen, und zwar 3 Millionen sofort, und die fernern 3 Millionen nach Maßgabe des Bedürfnisses?« Der Präsident bat dann »diejenigen Mitglieder, welche wollen, daß der Bundestag auf diese Weise zu veranlassen sei«, sich von ihren Plätzen zu erheben. Fast alle Abgeordneten entsprachen dieser Bitte. Der Präsident stellte fest: »Die Frage ist mit einer an Stimmeneinhelligkeit gränzenden Majorität bejaht.« Ein allgemeines Bravorufen ging durch den Saal[1].

In der Rückschau mag dieser Vorgang wie ein Spuk erscheinen. Da waren Volksvertreter seit noch nicht einmal vier Wochen versammelt, um eine Verfassung für ein geeintes Deutschland auszuarbeiten. Sie beschlossen die Verfügbarmachung einer Summe für den Flottenbau, ohne ein dafür zuständiges Exekutivorgan zu haben; die provisorische Zentralgewalt wurde erst 14 Tage später durch Gagerns »kühnen Schritt« geschaffen. Sie beschlossen dies, ohne das verfassungsmäßig erst noch zu konstituierende Haushaltsrecht zu besitzen; sie mußten dafür auf Matrikularbeiträge der Einzelstaaten zurückgreifen, die die Bundesversammlung verwaltete, also das noch bestehende Exekutivorgan des alten Staatsgebildes, das durch die Revolution überwunden werden sollte (daß die bisherige Verfassung hier noch einmal zugrunde gelegt wurde, fand sogar ausdrückliche Erwähnung). Sie beschlossen dies, ohne daß die Revolution im Inneren und im Äußeren schon diejenige Anerkennung gefunden hatte, die für einen Dauererfolg notwendig gewesen wäre. Bekanntlich konnte der Beschluß zum Bau der Flotte sogar verwirklicht werden. Gegen Ende des Jahres 1849 lagen auf der Weser unter dem Kommando des Konteradmirals Brommy neun Dampffregatten oder Dampfkorvetten, zwei Großsegler und 27 Kanonenboote[2]. Aber auch diese Flotte mutet den rückschauenden Betrachter wie ein Spuk an: Sie war zu einem Zeitpunkt einsatzbereit, als die Nationalversammlung längst auseinandergegangen und das Stuttgarter Rumpfparlament verjagt worden war. Ihr Auslaufen aus der Weser war riskant, weil ihre Flagge mangels einer hinter ihr stehenden, allseits anerkannten Regierungsgewalt völkerrechtlich nicht geschützt war. Am 2. April 1852 beschloß die inzwischen reaktivierte Bundesversammlung ihre Auflösung. Einige Schiffe gingen an Preußen, andere wurden zu Spottpreisen versteigert, zwei übriggebliebene Dampfschiffe wurden 1853 billig an Bremer Reedereien verkauft[3].

Stenographischer Bericht

über die

Verhandlungen der deutschen constituirenden National-Versammlung zu Frankfurt a. M.

1. Abonnement.   № 17.   Freitag, 16. Juni 1848.

Sechzehnte Sitzung in der Paulskirche.
Mittwoch, den 14. Juni 1848. (Vormittags 11 Uhr.)

Präsident: Heinrich von Gagern.

Inhalt: Protocollverlesung. — Anzeige mehrerer Beiträge für die deutsche Marine. — Berathung über den Bericht des Marine-Ausschusses, Bewilligung von 6 Millionen Thalern betr. — Einlösung der neuangemeldeten Mitglieder. — Eingänge.

(...)

Präsident: Ich stelle nun die Frage so: Beschließt die Nationalversammlung, daß die Bundesversammlung zu veranlassen sei, die Summe von 6 Millionen Thalern zum Zweck der Begründung eines Anfangs für die deutsche Marine, über deren Verwendung und Vertretung die zu bildende provisorische Centralgewalt der Nationalversammlung verantwortlich sein wird, auf bisher verfassungsmäßigem Wege verfügbar zu machen, und zwar 3 Millionen sofort, und die fernern 3 Millionen nach Maßgabe des Bedürfnisses? Diejenigen Mitglieder, welche wollen, daß der Bundestag auf diese Weise zu veranlassen sei, bitte ich aufzustehen. (Fast die ganze Versammlung erhebt sich.) Die Frage ist mit einer an Stimmeneinhelligkeit grenzenden Majorität bejaht. (Allgemeines Bravo.)

Der Beschluß der Nationalversammlung vom 14. Juni 1848

MSM

Angesichts dieser Umstände erhebt sich die Frage, was die Parlamentarier 1848 bewog, die Errichtung einer Flotte zu beschließen. Wieso galt der erste materielle Entscheid der Nationalversammlung, denn um diesen handelte es sich, ausgerechnet der Aufstellung von Seestreitkräften? Gab es in der Anfangsphase der revolutionären Staatsgründung nichts Wichtigeres zu tun als dies? Hätten sich die Volksvertreter nicht erst einmal um die Festigung ihrer Macht kümmern sollen, um die Durchsetzung der Revolution gegen die alten, keineswegs gebrochenen Gewalten? Gilt der Vorwurf der Weltfremdheit, den man der Paulskirche wegen ihrer langen Grundrechte-Diskussion bei gleichzeitiger Blindheit für heraufkommende Gefahren der Gegenrevolution oft gemacht hat, nicht auch im Blick auf das merkwürdige Marineexperiment?

Bevor diese Fragen erörtert werden, sei zunächst der Zusammenhang skizziert, in dem der Beschluß zustande gekommen war. Die Forderung nach einer deutschen Flotte war im Zuge der umwälzenden Ereignisse bereits vielfach erhoben worden. Mitte April hatten sich Bundestag und Fünfzigerausschuß mit der Flottenfrage befaßt. In einem Promemoria des Ausschusses der 17 Vertrauensmänner an den Bundestag (15. April) war die Notwendigkeit einer Marine für den »bewaffneten Schutz Deutschlands zur See« dargelegt worden. Daraufhin setzte der Bundestag einen Marineausschuß ein, dem die Gesandten der deutschen Küstenstaaten angehörten (18. April)[4]. Auf Antrag dieses Ausschusses wurden Sondierungen in England zur Erwerbung von Kriegsdampfschiffen eingeleitet (20. April)[5].

Im Fünfzigerausschuß, den das Vorparlament als Überbrückungsgremium bis zum Zusammentritt der Nationalversammlung eingesetzt hatte, waren am 18. April schon die Errichtung von Küstenverteidigungsanlagen und der Dampferankauf gefordert worden[6]. Auch hier gab es eine Kommission über die Marineverhältnisse. Sie bewog den Gesamtausschuß am 11. Mai, zugleich drei Schreiben »zum Zwecke der Errichtung einer deutschen Kriegsflotte« auszusenden. Im ersten, gerichtet an die »seegrenzenden deutschen Regierungen«, wurde ein Kongreß am 31. Mai in Hamburg vorgeschlagen, »zur Verständigung über die momentan nöthigen Maßregeln und Entwerfung eines Gutachtens zur Begründung einer deutschen Kriegsmarine«. Im zweiten forderte der Fünfzigerausschuß den Bundestag auf, »sofort Hand ans Werk zu legen und unverzüglich wenigstens so viele, größtentheils kleinere Fahrzeuge auszurüsten, wie erforderlich« seien, »um die Blockade der deutschen Häfen und Ströme an der Nord- und Ostsee unwirksam zu machen«, womit auch ein »Stamm für die künftige deutsche Flotte« gewonnen würde, »deren rasche Vermehrung vom ganzen Volk um so kräftiger gefördert werden wird, wenn die schwarz-rot-goldne Flagge bei ihrem ersten Erscheinen auf der See zum Sieg voranleuchtet, Handel und Verkehr die frühere freie Bewegung wieder errungen hat«. Ferner wurde der Bundestag aufgefordert, für den Hamburger Kongreß einen Kredit von einer halben Million Taler zu gewähren. Das dritte Schreiben war ein »Aufruf an das deutsche Volk«, in dem Spenden für die Flotte erbeten wurden. Er endete mit den Worten: »Wenn das deutsche Volk will, werden bald schwarz-rot-goldne Flaggen auf deutschen Kriegsschiffen wehen, werden bald unsere Feinde uns achten zur See, wie auf dem festen Lande. Voran, wackeres deutsches Volk, allüberall deine Ehre zu wahren, allüberall für die Entfaltung deiner Machtherrlichkeit zu sorgen[7]!«

Der Marinekongreß in Hamburg tagte. Eine von ihm eingesetzte Marine-Commission deutscher Küstenstaaten entwarf große Pläne für die weltweite Verwendung einer deutschen Flotte in Friedenszeiten[8]. Der Gedanke an eine Flotte war damals überaus populär. Spontan bildeten sich in der Bevölkerung Vereine und Komitees. Geldspenden wurden gesammelt[9]. Der amerikanische Konsul in Leipzig, Johann Gottfried Flügel, forderte sogar alle Deutschen in Nordamerika auf, »schleunigst Vereine zu gründen [...] um Sammlungen zu einem Grundfonds für eine deutsche Kriegs-Flotte in's Leben zu rufen«[10]. Eine allgemeine Flottenbewegung ergriff – parallel mit dem revolutionären Aufbruch – die Nation. Die Nationalversammlung, die vom 18. Mai an in Frankfurt tagte, beschloß schon am 26. Mai die Einsetzung eines Ausschusses für die deutsche Marine. In diesem Gremium war der eingangs zitierte Antrag formuliert worden.

Er war also keineswegs unvermutet vom Himmel gefallen. Erste Antworten auf die Frage nach den Motiven der Flottengründung lassen sich aus zeitgenössischen Äußerungen unschwer ablesen. Berichterstatter General v. Radowitz, Abgeordneter der äußersten Rechten, sagte in der Paulskirche: »Meine Herren! Wir wollen die Einheit Deutschland's gründen; es gibt kein Zeichen für diese Einheit, das in dem Maaße innerhalb Deutschland's und außerhalb Deutschland's diesen Beschluß verkündet, als die Schöpfung einer deutschen Flotte [...] Die Schöpfung der Flotte ist nicht bloß eine militärische Frage, eine commercielle Frage, sondern im höchsten Grade eine nationale Frage[11].« Damit waren drei wichtige Bereiche angesprochen: (1) die Flotte als Kriegsmittel – besonders aktuell wegen des deutsch-dänischen Krieges, der damals seinem Höhepunkt entgegenging und durch die dänische Blockade deutscher Häfen höchst unangenehme Nebenwirkungen zeitigte –; (2) die Flotte als Schutzschild für den deutschen Handel über See gegen Feinde jeglicher Art; (3) die Flotte als nationales Symbol. Dabei war die Rangfolge klar: Wichtiger als alles andere war für Radowitz der letzte Punkt, die Demonstration der nationalen Einheit. Dafür erhielt er den stärksten Beifall.

Differenzierter äußerte sich der Breslauer Nationalökonom Johann Ludwig Tellkampf, Abgeordneter des linken Zentrums. Es gebe ein gegenwärtiges Bedürfnis, nämlich den Krieg gegen Dänemark; aber »eine Flotte ist auch höchst wichtig zur Zeit des Friedens«. Man könne »ohne den Schutz einer Flotte [...] viel schwieriger Handelsverträge schließen und aufrecht erhalten«. Auch sei eine Flotte erforderlich »zur Beseitigung des Sundzolls und zur Erwerbung und Erhaltung einer Colonie«. Näher noch liege ein weiterer Gesichtspunkt: durch den Schutz einer Flotte für die Handelsschiffe würde »dem Interesse der Industrietreibenden des Inlandes auf das Wesentlichste« genützt. Mit einer Flotte könne man sich »wieder Absatz nach den überseeischen Ländern eröffnen«, dann werde man auch besser »Arbeiter beschäftigen können«. Überdies erhalte auch der Landbau »einen großen Aufschwung«, denn die Flotte schaffe – mindestens in Küstenländern – einen »unendlichen Absatz«; Nahrungsmittel, Waldungen und Bergwerke würfen »einen höheren Preis« ab. Neben materiellen Vorteilen sah Tellkampf »geistige, höhere Vortheile«. Der Verkehr mit anderen Völkern fördere »geistigen Fortschritt«. In handeltreibenden Völkern habe sich stets »neben der Civilisation das freieste politische Leben« entwickelt. Ein »frisches wagnißvolles Seeleben« erhalte ein Volk »stets jung und kräftig«. Das Seeleben »stähle« die Küstenvölker und »durchhauche« sie »mit den Gefühlen der Freiheit und Unabhängigkeit«. Abschließend meinte er, ähnlich wie Radowitz: »Wir geben durch die Bewilligung der beantragten Mittel der Welt durch die That den klarsten Beweis, daß die Einigkeit Deutschlands eine Wahrheit ist[12].«

Das ist eine breite Palette von Gründen. Das Spektrum reicht von militärischer Sicherheit über Handelsvorteile, Beseitigung anachronistischer Zollbarrieren, Kolonialexpansion, Industrieförderung, Arbeitsbeschaffung, Förderung der Landwirtschaft zu internationalem Kulturaustausch, zivilisatorischem Fortschritt, politischer Freiheit, Volkserziehung und schließlich wiederum zur nationalen Demonstration. Der Zusammenhang zwischen Flottengründung und Revolution wird hier schon deutlicher: Die Marine erschien den Zeitgenossen als geeignetes Instrument zur Erreichung revolutionärer Ziele wie nationaler Geschlossenheit und Souveränität, wirtschaftlicher Entfaltungsmöglichkeit, sozialer Sicherheit, internationaler Partnerschaft, moralischer Höherentwicklung, schließlich auch zu Selbstbestätigung, Macht und Imperium.

Historiker haben die Akzente schärfer gesetzt, Vordergründiges und Hintergründiges voneinander gesondert, Motivation und Tragweite kritischer eingeschätzt. Dabei wurden Positionen bezogen und Kontroversen ausgetragen. Die facettenreichen Formulierungen der Zeitgenossen ließen allerdings Interpretationen verschiedener Art zu. Einige Meinungen seien hier in geraffter Form dargeboten.

In Marinekreisen ist bisweilen der Standpunkt vertreten worden, daß die Notwendigkeit einer Flotte für eine Nation, die etwas auf sich hält, so selbstverständlich sei, daß man die Frage nach den Gründen gar nicht zu stellen brauche. Man solle vielmehr fragen, warum es nicht längst vorher in Deutschland eine Flotte gegeben habe[13]. Dieser Meinung liegt eine ahistorische Prämisse zugrunde. Die Geschichte lehrt nicht, daß eine Flotte selbstverständlich ist. Zur Vorgeschichte von 1848/49 muß man wissen, daß der Deutsche Bund weder nach Verfassungsnorm noch nach Verfassungwirklichkeit eine ausreichende Basis für eine nationale Flotte darstellen konnte[14]. Einzelne Mitgliedstaaten des Deutschen Bundes besaßen übrigens Seestreitkräfte: Österreich, Dänemark und die Niederlande, ganz begrenzt auch Hannover und Preußen[15]. Für eine deutsche Flotte war die Reichseinheit, auf die die Revolution zielte, aber wohl unumgängliche Voraussetzung.

Substantieller ist die Ansicht, daß die Flotte von 1848/49 aus konkreten militärischen Bedürfnissen im Frühjahr der Revolution entstanden sei. Der bereits erwähnte Krieg gegen Dänemark, vor allem die Gefährdung der deutschen Häfen durch dänische Seestreitkräfte, habe Abwehrmaßnahmen erfordert, in deren Verfolg eine »schwimmende Streitmacht« entstanden sei[16]. Problematisch bleibt bei dieser pragmatischen Erklärung die Tatsache, daß die Langfristigkeit der Flottenplanung und -errichtung nicht zur begrenzten zeitlichen Dauer des Dänemark-Konfliktes paßt. Allenfalls läßt sich im Flottenbau eine prophylaktische Maßnahme für zukünftige Wiederholungen des Konfliktes sehen, die es immerhin gegeben hat. Aber der aktuelle militärische Aspekt spielte in den Debatten der Nationalversammlung nur eine untergeordnete Rolle.

Oft wurde von Historikern das nationale Motiv betont. Die Flotte sei als Symbol der deutschen Einheit, mehr noch: als Akt der nationalen Selbstverwirklichung errichtet worden. Veit Valentin, der große Historiker der 48er Revolution, vertrat die Ansicht, daß die Flottenbewegung zwar von der »schleswig-holsteinischen Sache« ihren Ausgang genommen habe, daß dann aber der Gedanke an eine Flotte »einer der stärksten nationalen Impulse des Revolutionsjahres« geworden sei[17]. In den Debatten der Nationalversammlung spiegelt sich dies tatsächlich vielfach wider. Die entscheidenden Wortführer verstanden sich in der Flottenfrage unmittelbar als Vertreter des Volkswillens. Zum ersten Mal könne man, so der Abgeordnete v. Wartensleben, »das Prinzip des Volkswillens, der Volkssouveränität, aussprechen«[18]. Befürworter einer Flotte gab es damals tatsächlich in allen Lagern. Parteidifferenzen waren hier kaum involviert.

Der Wille der Abgeordneten, durch eine nationale Tat der deutschen Revolution Nachdruck zu verleihen, war sehr deutlich. Der Hamburger Abgeordnete Edgar Ross meinte: »Der Ausschuß ist vor die Nationalversammlung mit der ersten That getreten, welche bekunden soll, daß das deutsche Volk nicht bloß philosophisch zu räsonniren, sondern auch im Handeln entschlossen zu sein versteht[19].« Hier war ein zentrales Problem der revolutionären Bewegung angesprochen, der schon von Zeitgenossen entgegengehalten wurde und von späteren Interpreten immer wieder vorgeworfen werden sollte, daß sie zu viel gedacht, aber zu wenig getan und damit ihr Scheitern letzten Endes selbst verschuldet habe.

Der Gedanke an einen Flottenbau allein als Selbstverwirklichungsakt der Nation vermochte manchen Verfechter zu motivieren. Seestreitkräfte konnten aber auch, darauf hat zum Beispiel der Freiburger Historiker Wolfgang Petter hingewiesen, als Vehikel für weiterreichende Zwecke angesehen werden[20]. Das war schon im Aufruf des Fünfzigerausschusses »An das deutsche Volk!« vom 11. Mai zum Ausdruck gekommen. In der Paulskirche hatte Tellkampf, wie erwähnt, von der Erwerbung einer überseeischen Kolonie und von überseeischen Absatzmärkten gesprochen, und an weltwirtschaftlichen und weltpolitischen Spekulationen fehlte es der revolutionären Bewegung auch sonst keineswegs. Im Bericht der Marine-Commission Deutscher Küstenstaaten zu Hamburg kamen solche Tendenzen noch deutlicher zum Ausdruck. Kriegsschiffe sollten künftig überall dort stationiert werden, wo deutsche Handelsbeziehungen beständen oder zu begründen wären. Sie sollten als bewaffnete Macht der deutschen Diplomatie Nachdruck verleihen. Sie sollten natürlich auch für den Kriegsfall gerüstet sein. Um all diese Aufgaben abzusichern, war an die Errichtung deutscher Flottenstationen an den Küsten Nord-, Mittel- und Südamerikas, des Fernen Ostens und im Mittelmeer gedacht[21]. Kein Zweifel, Gedanken an eine weltweite Wirtschaftsexpansion und an eine globale Machtherrlichkeit Deutschlands waren hier in einer Konzeption vereinigt.

Flottenbegeisterte dachten also damals an See- und Weltgeltung, verkörpert durch Kriegsschiffe, die den Handel schützen, Macht demonstrieren und vielleicht Konkurrenten einschüchtern konnten[22]. War dies schon ein imperialistisches Programm, wie man es gemeinhin mit der Politik des Kaiserreiches in den letzten Jahren des 19. Jahrhunderts und vor dem Ersten Weltkrieg verbindet? War hier, wo es doch eigentlich erst darum ging, die nationale Einheit und Freiheit gegen die autokratischen Partikulargewalten durchzusetzen, bereits das Streben nach einem überseeischen Wirtschaftsimperium oder gar einem deutschen Kolonialreich mit Weltmachtanspruch festzustellen? Manche Zeugnisse sprechen dafür. Der Historiker Heinrich Best stellte ähnliches schon für die Zeit des Vormärz bei Friedrich List fest[23].

Schließlich steht in der historischen Forschung noch ein weiterer Beweggrund für den Flottenbau zur Diskussion, der aus der späteren deutschen Geschichte bekannt ist und möglicherweise auf die Revolutionszeit vordatiert werden kann. Tellkampf hatte in seinem Plädoyer für den Flottenbau argumentiert, daß man mit Hilfe von Kriegsschiffen einen Absatz von Wirtschaftsgütern in überseeischen Ländern erzielen könne. Das käme dann der »Gewerb- und Fabrik-Industrie« zugute, und diese könne wiederum Arbeiter beschäftigen[24]. War die soziale Frage vielleicht ein treibendes Moment bei der Marineplanung? Sollte durch kraftvolle Weltpolitik ein Sicherheitsventil für krisenbedingte sozio-ökonomische Probleme geschaffen werden? Gab es also schon das, was im Blick auf wirtschaftliche und politische Expansionstendenzen der Industrieländer im späteren 19. Jahrhundert als Sozialimperialismus bezeichnet worden ist? Bewegte die Sorge um die Innenpolitik die Außenpolitik[25]?

Auch für diese Ansicht spricht einiges. Der Gedanke des sozialen Sicherheitsventils war den Zeitgenossen der Revolution nicht fremd[26]. Allerdings muß nach dem Stellenwert dieses Arguments gefragt werden. Das gilt im Grunde für alle Positionen, hier aber drängt sich diese Frage geradezu auf. In den Diskussionen über die Flotte war von der Arbeitsmarktsituation, wenn überhaupt, nur recht nebensächlich die Rede: Arbeitsbeschaffung als willkommener Nebeneffekt. Überdies war die Flottenbegeisterung eben nicht nur beim Bürgertum vorhanden, das sich für eine Stabilisierung der bestehenden gesellschaftlichen Ordnung besonders interessierte, sondern auch, und nicht gering, auf seiten der politischen Linken und der Arbeiter[27]. Man sah dort die sozialen Vorteile einer wirtschaftlichen Expansion, aber man schätzte die Flottenpolitik nicht als bloßes Vehikel zur Bekämpfung der innenpolitischen Probleme ein. Für diese hätten Frühsozialisten andere Antworten gewußt.

Die Liste der hier aufgereihten Meinungen ist komplex, vielleicht verwirrend. Das mag zum Teil an Vorlieben einzelner Historiker für bestimmte Deutungen liegen. Sicher aber ist die Flottenbewegung selbst ein vielstimmiges Konzert gewesen, vielleicht deshalb so lautstark, weil Exponenten verschiedener Interessen und Ideen in ein und dasselbe Horn bliesen. Im historischen Rückblick liegt es nahe, dieses oder jenes Motiv stärker hervorzuheben und zum »wesentlichen« hochzustilisieren. Und es liegt nahe, Vorphasen der späteren deutschen Flottenpolitik aufzuspüren, Kontinuierliches von Anfang an festzustellen.

Zum besseren Verständnis der Zusammenhänge ist ein Blick in die Vorstellungswelt der vorangegangenen Jahrzehnte wichtig. Die Revolution von 1848/49 war zugleich Kulminationspunkt früherer Tendenzen und Artikulierungsforum für Neues, in die Zukunft Weisendes. Das gilt auch für die Flottenfrage.

Forderungen nach einer deutschen Marine hatte es in der ersten Jahrhunderthälfte gelegentlich schon gegeben. Einmal war sogar die Bundesversammlung damit befaßt worden. Das war im Frühjahr 1817 gewesen, nachdem tunesische Seeräuber im Kanal und in der Nordsee deutsche Schiffe belästigt und dem Handel Schaden zugefügt hatten. Damals hatte der badische Gesandte die Dringlichkeit einer deutschen Marine um der Nationalehre, der deutschen Handelsindustrie und des deutschen Völkerrechts willen betont. Allerdings hatte diese Ermahnung keinerlei konkrete Folgen gehabt[28].

Eine regere Diskussion setzte in den 1840er Jahren ein. Friedrich List schrieb 1843 im »Zollvereinsblatt«: »Die See, dieses fruchtbare Feld der Nationen, will so gut kultiviert sein wie der Acker, wenn er reichlichen Ertrag geben soll, und es ist eine kleinliche Ansicht, eine Ansicht, die bei einer großen Nation ins Lächerliche geht, wenn man die Kosten einer Marine als Grund anführt, ihren Seeverkehr völlig schutzlos zu lassen[29].« Etwa zur gleichen Zeit gaben die Dichter Georg Herwegh und Ferdinand Freiligrath ihren Flottenwünschen pathetischen Ausdruck. Man besann sich damals auch auf die mittelalterliche Hanse und glaubte, in dieser einen Vorläufer deutscher Seemacht und Seegeltung zu sehen, ein Vorbild für die Gegenwart. In Broschüren und Flugschriften, die vor der Revolution erschienen, wurde Handelsschutz verlangt und Rat erteilt, wie eine Seemacht aufzubauen wäre. Der Titel einer dieser Schriften, verfaßt von H. v.d. Ölsnitz, publiziert 1845, lautete: »Die Nothwendigkeit großer deutscher Colonien und Kriegsflotten«. Sie begann mit dem Satz: »Deutschland muß endlich eine See- und Colonialmacht ersten Ranges werden[30].«

Wie erklärt sich dieses drängende, pathetische, ambitiöse, manchmal auch großtuerische und gefährlich anmutende Anspruchsdenken? Es hing zusammen mit den historischen Bestimmungen der ersten Jahrhunderthälfte. Damals öffnete sich erstmals die Welt für freie unternehmerische Initiativen. Nordamerika, dessen Zugangswege lange Zeit durch britische Navigationsgesetze unter strikter Kontrolle gestanden hatten, war seit dem Unabhängigkeitskrieg der 13 britischen Kolonien und der Gründung der Vereinigten Staaten für Kaufleute aller Nationen frei erreichbar geworden. Der sogleich aufblühende europäisch-amerikanische Handel war jedoch infolge europäischer Konvulsionen, der Revolutionskrisen, Koalitionskriege, Handelsbeschränkungen, Embargos und der Kontinentalsperre bald wieder erheblich gestört worden. Erst ab 1815 kam die Öffnung Nordamerikas dem europäischen Handel voll zugute. Kurze Zeit später wurde auch Lateinamerika, das Jahrhunderte hindurch von den iberischen Kolonialmächten wirtschaftlich exklusiv ausgebeutet worden war, für den internationalen Handel frei – eine zusätzliche große Horizonterweiterung! Nicht so dramatisch, aber auch sehr nachhaltig wirkten sich das Eindringen der Handelsmächte in den Pazifik und die sukzessive Öffnung des Fernen Ostens auf die kommerzielle Unternehmungslust aus. Freier Welthandel war eine Zauberformel, eine inspirierende Vorstellung, die die am Handel interessierten Völker in Bewegung brachte, besonders die, die bislang wenig daran partizipiert hatten. Damit im Zusammenhang stand eine andere Vorstellung: die Welt als Lebens- und Wohnraum für alle. Die großen Auswanderungswellen des 19. Jahrhunderts setzten ein. Die amerikanische Zeitschrift »Essex Register« sah bereits 1816 ein neues Zeitalter für die Menschheit heraufkommen: »Jede Familie wird, derjenigen Abrahams gleich, danach Ausschau halten, auf welchem Teil der bewohnbaren Erde sie sich niederläßt, um den Ort zu finden, wo die Gesetze am mildesten sind, Sparsamkeitsgrundsätze beim Regieren am besten befolgt werden und die Lebensgewohnheiten den Wünschen am ehesten entsprechen. Die Bevölkerungsverteilung vollzieht sich wie auf einem Markt: Man geht dorthin, wo das Leben den höchsten Wert, die größte Sicherheit und die längste Dauer hat[31].«

Die erste Hälfte des 19. Jahrhunderts war eine Zeit großer Reisen. Europäer und Amerikaner vagabundierten durch die Welt, natürlich nur die, die es sich leisten konnten; aber die anderen lasen begierig deren Berichte. Es war eine Zeit der aufblühenden Reiseliteratur. Wenn nicht unmittelbar, dann doch im Geiste eroberten sich die Bewohner der westlichen Welt die Erde, einen phantastischen Tummelplatz für Existenzgründungen und unternehmerische Initativen aller Art, realiter oder im Traum.

Dazu kamen andere Bestimmungsfaktoren, die jedermann geläufig sind. Technische Innovationen erleichterten das Ausgreifen in weite Räume und in überseeische Gebiete, die Eisenbahn zu Lande, das Dampfschiff auf See. Die Erde schrumpfte sozusagen, sie wurde überschaubar, erfaßbar und organisierbar. Dies kam der industriellen Revolution zugute. Zur Massenproduktion von Industriegütern waren Rohstoffe erforderlich. Deren Beschaffung hatte sich an den geographischen Gegebenheiten der Vorkommen zu orientieren. Umgekehrt wurden neue Absatzmärkte benötigt. Die Konsumkapazität der Mutterländer war zu gering. Der Gedanke des Weltmarktes drängte sich geradezu auf. Barrieren, wie sie die altertümlichen dänischen Sundzölle darstellten, wurden als lästig, fortschrittshemmend und unmoralisch angesehen. Freie Entfaltungsmöglichkeiten wurden in einer Welt verlangt, die fast unbegrenzten Expansionsraum zu bieten schien.

Die theoretischen Grundlagen des neuen Gebarens und Empfindens sind ebenfalls geläufig, nämlich die Lehren des Liberalismus, des politischen und des wirtschaftlichen, sowie die des Nationalismus. Nur freies Konkurrieren im offenen Raum erschien förderlich. Im Wettbewerb entfalteten sich nach zeitgenössischer Meinung die progressiven Kräfte, zum Nutzen des einzelnen und zum Wohle der Menschheit. Nationen erschienen als die neuen, revolutionären Organisationsgebilde der Wettbewerbswelt. Was den Individuen recht war, sollte Nationen billig sein.

Schattenseiten dieses optimistischen Fortschrittsglaubens deuteten sich allerdings schon früh an. Freies Konkurrieren und ungehinderte Kraftentfaltung waren gut, solange sich die Beteiligten gegenseitig nicht ins Gehege kamen. War letzteres der Fall, konnten Rivalitäten und Machtkämpfe entstehen. Dann, so dachten viele, galt es, Einflüsse abzuschirmen, Konkurrenten auszuschalten, Kolonien gegeneinander abzuschotten und Macht zu demonstrieren. Dann konnte aus nationalem Denken nationalistisches und chauvinistisches Auftrumpfen werden. Aus dem Nationalstaat als einem Freiraum der Nation, der in friedlicher Konkurrenz zu anderen Nationalstaaten stand, konnte der nationale Machtstaat mit Hegemonialstreben und Weltmachtambitionen werden. In der zweiten Hälfte des 19. Jahrhunderts sollten diese gefährlichen Tendenzen deutlich in den Vordergrund treten. Ansatzweise sind sie schon in der ersten Jahrhunderthälfte nachweisbar.

Die Rolle, die eine Flotte in vormärzlicher Spekulation und in Wilhelminischer Weltmachtpolitik spielen konnte, ist evident. Sie eignete sich zunächst zum Schutz

der nationalen Küsten, des nationalen Überseehandels, der nationalen Überseein-
teressen und der nationalen Völkerrechtsansprüche. Sie konnte zunächst helfen,
Chancengleichheit im weltweiten Konkurrenzstreben durchzusetzen und hem-
mende Barrieren zu beseitigen. Sie konnte darüber hinaus aber auch Konkurrenten
einschüchtern, Rivalen bekämpfen, nationale Größe demonstrieren und Welt-
machtpositionen erobern. Der Übergang zwischen beiden Funktionsbereichen
scheint im Denken der Zeitgenossen fließend gewesen zu sein. Es gehört nüchternes Denken und Selbstkritik dazu, wenn der qualitative Sprung vom konstruktiven
zum destruktiven Konzept unter Kontrolle bleiben soll.

Die Flotte von 1848/49 war ein Kind ihrer Zeit, ein Kind der Revolution, in
der sich – wie gesagt – frühere Entwicklungslinien bündelten, in der aber auch
schon spätere Tendenzen manifest wurden. Sie war also kein gar so merkwürdiges
Experiment, wie es auf den ersten Blick erscheinen konnte. Revolution, nationales
und liberales Aufbegehren, Flottenideologie und Flottenbau korrespondierten
miteinander. Die militärstrategische Bedeutung der Flotte war sekundär, wenn
nicht tertiär. Ein neuer Staat sollte gegründet werden, frei im Innern, geeint in
seinen Teilen und anerkannt von außen. Die Flotte als nationale Institution sollte
dies unterstreichen. Sie war gedacht als politisches Instrument und Verkörperung
von Ansprüchen, nicht als Selbstzweck, sondern als Funktionsträger und Symbol.

Wie verhielten sich in der Marinepolitik von 1848/49 Vorstellungswelt und
Wirklichkeit, Theorie und Praxis zueinander? Diese Frage sei an drei Einzelpunk-
ten erörtert: am Flaggenproblem, am Nebeneinander zentraler und partikularer
Flottenambitionen und an dem Bemühen um die Einsetzung eines kompetenten
Oberbefehlshabers. Schlaglichtartig lassen sich auf diese Weise sowohl die schwierige Konstellation, in der sich das revolutionäre Deutschland damals befand, als
auch die Unausgewogenheit marinepolitischer Tendenzen, die seinerzeit verfolgt
wurden, beleuchten. Die Flotte war kein glückliches Kind der Revolution, stand
unter keinem guten Stern; sie war, wie Veit Valentin einmal gesagt hat, »das
Schmerzenskind der deutschen Revolution«[32].

Wenn die Flotte die Einheit und Freiheit Deutschlands bezeugen sollte, dann
war ihre Flagge das äußere Kennzeichen dafür. Die Nationalversammlung beschloß am 31. Juli 1848 die Einführung einer Kriegsflagge: Schwarz-Rot-Gold in
horizontalen Streifen mit einem Reichswappen in der linken oberen Ecke. Der
Vorschlag dazu war vom Marineausschuß gekommen und damit begründet worden, daß nach »den von ihm eingezogenen Nachrichten [...] bereits Kriegsfahrzeuge vollendet, andere der Vollendung nahe« seien und daß die Flagge anderen
Mächten offiziell angezeigt werden müsse[33]. So schnell ließ sich die Aufstellung
einer einsatzbereiten Flotte dann aber doch nicht verwirklichen. Es war keine Eile
geboten. Erst am 13. November wurde das Flaggengesetz vom Reichsverweser
verkündet und konnte danach auswärtigen Mächten mitgeteilt werden.

Schwierigkeiten ergaben sich jedoch aus der Tatsache, daß eine Anzeige nur erfolgen konnte, wenn eine auswärtige Macht die Frankfurter Zentralgewalt als neue
deutsche Regierung anerkannt hatte und dementsprechend diplomatische Beziehungen aufgenommen worden waren. Das war nicht durchweg der Fall. Die Ver-

einigten Staaten hatten als einzige Großmacht die Zentralgewalt in Frankfurt offiziell anerkannt, sehr früh übrigens schon. Ihnen folgten dann nur noch mittlere und kleinere Staaten: Schweden, die Niederlande, Belgien, die Schweiz, Neapel und Griechenland. Von Großmächten wie England und Frankreich – von Rußland ganz zu schweigen – erfolgte die völkerrechtliche Anerkennung nicht, und damit auch nicht die Anerkennung der Flagge[34].

So ergab sich folgende widersprüchliche Situation: Am 31. Mai 1849 verließ eine auf der Marinewerft Brooklyn für Deutschland ausgerüstete Dampffregatte mit dem Namen »United States« – später umbenannt in »Hansa« – unter der Flagge Schwarz-Rot-Gold den Hafen von New York[35]. Fünf Tage später, am 4. Juni 1848, kam es bei Helgoland zu einem Gefecht zwischen drei deutschen Kriegsfahrzeugen unter der gleichen Flagge und einer dänischen Segelkorvette (der deutsch-dänische Krieg war erneut ausgebrochen), wobei zwar Schiffe nicht getroffen wurden, aber möglicherweise britische Hoheitsgewässer um die Insel verletzt wurden. Diesbezügliche Protestnoten des Foreign Office wurden zunächst an die Regierung Preußens, dann an die Hansestädte Hamburg und Bremen adressiert, die sich aber allesamt für unzuständig erklärten. Deshalb ließ Außenminister Palmerston verlauten, daß Schiffe, die nicht von einer existierenden Regierung »als unter ihrem Kommando operierend« anerkannt würden, Gefahr liefen, »wie Piraten behandelt zu werden«. Reichsgewalt und Reichsflagge könnten erst anerkannt werden, wenn sich das Deutsche Reich dauerhaft etabliert habe[36].

Auch andere Vorfälle illustrieren die prekäre Flaggenfrage. Am 25. Mai, noch vor dem Gefecht bei Helgoland, hatte es ein kleines britisches Kriegsschiff bei der Einfahrt in den Kieler Hafen unterlassen, die schwarz-rot-goldene Flagge der Festung Friedrichsort zu salutieren. Ein Warnschuß sollte es an seine vermeintliche Pflicht erinnern. Die Folge war eine britische Beschwerde bei der Statthalterschaft von Schleswig-Hostein, in der auf die geringe Kanonenzahl des Schiffes hingewiesen wurde, angesichts deren es gar nicht »salutfähig« sei. Der Kommandant von Friedrichsort wurde daraufhin angewiesen, sich bei einer Rückkehr des Schiffes zu entschuldigen – eine Unannehmlichkeit, die auszuführen ihm allerdings erspart blieb, da sich der Besuch nicht wiederholte[37].

Am 18. Juni kam es auf der Weser zu einem Vorfall, der insofern schwerer wog, als der übliche Flaggengruß von der amerikanischen Fregatte »St. Lawrence« gegenüber der dort liegenden deutschen Dampffregatte »Barbarossa« versäumt wurde, also von einem Schiff der Vereinigten Staaten, einer Macht, die die Zentralgewalt anerkannt hatte. Allerdings war die Anerkennungswürdigkeit der Frankfurter Regierung für liberal denkende Beobachter bereits im Mai zunehmend fraglich geworden. Die Nationalversammlung befand sich in voller Auflösung. Das Reichsministerium Grävell, das nach dem Rücktritt des Kabinetts Gagern am 9. Mai 1849 die Regierungsgeschäfte übernommen hatte, besaß nicht das Vertrauen des Parlaments. Doch sah sich der in Frankfurt residierende amerikanische Gesandte Andrew Jackson Donelson aufgrund einer deutschen Beschwerde veranlaßt, die Nichterweisung des Flaggengrußes als Versehen darzustellen und zu versichern, daß der Salut nunmehr gegeben werde[38].

Alle drei Vorfälle, besonders der britische Protest nach dem Gefecht von Helgoland, sind von Zeitgenossen und auch von Historikern oft als nationale Beleidigungen angeprangert worden. Nüchtern gesehen, handelte es sich bei ihnen um Mißverständnisse, schlichte Rechtsbelehrungen oder auch nur um Versehen. Unlängst hat der Marinehistoriker Jörg Duppler darauf hingewiesen, daß die deutsche Marinepolitik von englischer Seite trotz der dortigen Zurückhaltung in der Anerkennungsfrage keineswegs unfreundlich verfolgt wurde[39]. Charakteristisch aber ist die Empfindlichkeit auf deutscher Seite, wenn die Flagge der Revolution und des projektierten neuen Deutschlands nicht die uneingeschränkte Achtung erfuhr, die man sich ihr gegenüber erhofft hatte und die man wie selbstverständlich erwartete. Mit der Flagge war das Symbol getroffen, auf das die Nation mit Stolz blickte. Die Nichtbeachtung des Symbols weckte Ressentiments, mochte der Anlaß auch noch so geringfügig sein. Die Diskrepanz zwischen Ambitionen und Realitäten wurde dabei deutlich. Dies sich einzugestehen aber fiel angesichts all der hochfliegenden Ideen, von denen die Flottenbewegung getragen war, sehr schwer.

Die Flotte konnte die ihr zugedachte und durch die Flagge gekennzeichnete Funktion sowieso nur dort ausüben, wo der revolutionäre Umbruch anerkannt wurde. Das war nicht überall der Fall, am ehesten noch im liberalen Lager der Welt. Mit dem Rückgang der revolutionären Dynamik und dem Wiedererstarken der Partikularmächte wurde der nationalen Flotte auch im Innern Deutschlands die erwünschte Anerkennung versagt. Das war zum Beispiel daran zu sehen, daß sich Österreich im Dezember 1848 weigerte, Matrikularbeiträge für die deutsche Marine zu zahlen, und Preußen nur die erste Rate entrichtete und 1849 die von ihm beigesteuerten Schiffe wieder unter preußischer Flagge fahren ließ. Andere deutsche Länder übten daraufhin ähnliche Zurückhaltung[40].

Anfangs war die Zusammenarbeit zwischen der Frankfurter Zentrale und den einzelstaatlichen Regierungen weniger prekär gewesen. Sie hatte sich in der Marinefrage sogar viel besser als in der Heeresfrage entwickelt. Gegen die Unterstellung von Landstreitkräften unter Frankfurter Befehlsgewalt – gefordert mit dem Huldigungserlaß des Reichskriegsministers Eduard von Peucker vom 16. Juli 1848 – gab es gleich Widerstand, und der Waffenstillstand von Malmö, am 26. August 1848 zwischen Preußen und Dänemark vereinbart, mißachtete die Frankfurter Prärogative auf provozierende Weise[41].

Der Aufbau einer nationalen Flotte wurde in den Einzelstaaten positiver eingeschätzt und dementsprechend nachhaltiger unterstützt, weil hier etwas Neues geschaffen werden sollte, was keinem Staat nennenswerte Opfer durch Unterstellung bestehender Einheiten aufzwang. Auch war die nationale Flottenbegeisterung so stark, daß es sich die Partikulargewalten zunächst gar nicht leisten konnten, dagegen Front zu machen. Die Tatsache, daß die Flotte nach dem Scheitern der Revolution noch fast drei Jahre Bestand hatte, obwohl deren Unterhaltung erhebliche Schwierigkeiten bereitete, Dienstwidrigkeiten bei den Besatzungen offenbar nicht ausblieben und Preußen sein Interesse an einer Aufteilung der Schiffe auf die Seeanliegerstaaten bekundete, erklärt sich unter anderem daraus, daß ein nationales Prestige involviert war, das anzutasten man sich immer noch scheute[42].

Die Übereinstimmung zwischen revolutionärer Zentrale und preußischer Regierung kam vielleicht am stärksten in der Berufung des Prinzen Adalbert von Preußen nach Frankfurt im Oktober 1848 zum Ausdruck. Der Vetter König Friedrich Wilhelms IV. war zuvor Generalinspekteur der preußischen Artillerie gewesen, hatte sich aber von Jugend an lebhaft für Marinefragen interessiert. Da Seine Königliche Hoheit aber weder selbst Minister werden konnte noch einem Minister zu unterstellen war, erhielt er die Leitung einer neugeschaffenen Technischen Marinekommission, die sich mit der Anschaffung, dem Bau und der Ausrüstung von Schiffen sowie mit der Anlage von Häfen, Werften und Arsenalen beschäftigen sollte[43].

Hätte man einen besseren Mann finden können als diesen nationalgesinnten Prinzen? In seiner berühmten Denkschrift vom 1. Juni 1848 sagte Adalbert überschwenglich: »Die gesamte Nation begehrt [...] einstimmig eine deutsche Kriegsmarine; denn deutsch, ganz deutsch muß sie seyn – ein ächte Repräsentantin der wiedergebornen Einheit des Vaterlandes – das fühlt wohl jeder von uns, der es mit der neuen Schöpfung redlich meint; und das ist mithin als leitender Grundsatz obenan zu stellen[44].« Konnte man bei dem Vertreter einer Partikularmacht so viel Chauvinismus vermuten? Galt hier noch das Wort des Königs, daß Preußen fortan »in Deutschland aufgehen« solle?

Sieht man sich die Rolle des Prinzen im Dienste der Zentralgewalt genauer an, muß man jedoch feststellen, daß die preußisch-deutsche Kooperation in der Marinefrage keineswegs durch eindeutig nationale Akzente und durch ungetrübte Harmonie ausgezeichnet war. Der preußische Kriegsminister Karl Friedrich Wilhelm v. Reyher hatte Adalbert Ende April 1848 mit der Bemerkung, »wenn es politisch richtig ist, daß Preußen sich thatsächlich an die Spitze der deutschen Nationalinteressen stellte«, um Rat in Marinefragen gebeten[45]. Das hatte den Prinzen zur Ausarbeitung seiner Denkschrift veranlaßt. Ob hier nationales oder preußisches Interesse Vorrang hatte, ließ Reyhers Formulierung durchaus offen. Wolfgang Petter hat die Hintergründe der Kooperation Berlin-Frankfurt sehr sorgfältig herausgearbeitet: Preußen ließ den Prinzen nach Frankfurt gehen, »um die Leitung der deutschen Marineangelegenheiten in preußische Hände zu bringen«; die Zentralgewalt versuchte mit der Berufung Adalberts das Gegenteil: Sie wollte preußische Eigenmächtigkeit unterlaufen und partikulare Marinevorstellungen prophylaktisch integrieren[46]. Es ging also um die Frage, wer wen vereinnahmte und für seine Zwecke nutzte.

Diese Frage war nicht nur personeller, sondern auch konzeptioneller Natur. Die preußische Regierung war primär an einer Flotte für den Dänemark-Krieg und einer regionalen Umfeldsicherung interessiert. Sie wünschte sich vorwiegend kontinental-orientierte Seestreitkräfte, mit denen preußisch-deutsche Machtstaatsinteressen verfolgt werden konnten. Bei der Zentralgewalt überwogen hingegen die bereits dargelegten liberal-kommerziellen Ziele mit See- und Weltgeltungsansprüchen. Die Marineangelegenheiten unterstanden in Frankfurt deshalb nicht dem Reichskriegsministerium, sondern dem Reichshandelsministerium, dessen Leitung in den Händen des Bremers Arnold Duckwitz lag. Dieser wünschte sich,

»Deutschland werde einst eine mächtige Flotte besitzen, die seine Ehre auf dem Meere in der Nähe und in der Ferne hütet«[47].

Die Konzeptionen Preußens und der Zentralgewalt deckten sich nur partiell: In beiden galten nationale Seestreitkräfte als wünschenswert. Die Partikulargewalt verfolgte jedoch räumlich enge, die Bundesgewalt weiträumig interkontinentale Absichten[48]. Ambivalent waren beide Zielsetzungen. Für die preußische Regierung sollten Seestreitkräfte primär defensive Aufgaben haben, dies allerdings zur Absicherung eigener real- und machtpolitischer Ansprüche. Für die Zentralgewalt sollten sie weltweit Handelsverbindungen herstellen und internationale Kontakte fördern, konnten aber auch gefährliche Weltmacht- und Expansionsbestrebungen implizieren. Im Spektrum zeitgenössischer Meinungen galt die partikulare Position Preußens als konservativ, die weltoffene Position der Zentralgewalt als progressiv. Das Tauziehen um diese Positionen war in Frankfurt zu spüren, jedenfalls solange die Zentralgewalt etwas zu sagen hatte.

Ähnliches läßt sich an der Befehlshaberfrage aufzeigen. Soll eine Flotte in kurzer Zeit sozusagen aus dem Boden gestampft werden, ist außer der Schiffsbeschaffung auch die Frage brennend, wo fachkundige Offiziere hergenommen werden. Diese lassen sich nicht von heute auf morgen ausbilden. In den Jahren 1848/49 lag daher der Gedanke nahe, Offiziere fremder Marinen heranzuziehen. Prinz Adalbert sprach sich am Ende seiner Denkschrift für »die Annahme einiger fremder (besser noch deutscher, in fremden Marinen dienender) Offiziere« aus[49]. Handelsminister Duckwitz, dem es oblag, die Flotte zu organisieren, war noch stärker darauf bedacht, ausländisches Personal anzuwerben. Am 4. Oktober 1848 wandte er sich über den amerikanischen Gesandten in Deutschland, Donelson, an die Regierung in Washington mit der Bitte um amerikanische Personal- und Sachhilfe für die deutsche Marine[50]. Die Reaktion Washingtons war zunächst positiv. Im Januar erschien der amerikanische Kommodore Alexander Foxhall Parker in Frankfurt, um nähere Einzelheiten zu erfahren.

Duckwitz präsentierte keine geringen Wünsche. Erstens bat er um einen amerikanischen Offizier, »um das Nötige wegen der Beurteilung des zu kaufenden Dampfschiffes zu bewirken und, nachdem das Dampfschiff gekauft, für die Armierung und Bemannung zu sorgen«. Er hatte tatsächlich die Vorstellung von einem amerikanisch geführten, armierten und zum Teil auch bemannten deutschen Kriegsschiff[51]. Die übrigen Personalwünsche spezifizierte er wie folgt. Insgesamt würden 39 Offiziere benötigt: ein Kommodore, der den Rang eines Konteradmirals erhalten sollte – diese Position war für den Oberbefehl über die Flotte gedacht und wurde gleich in Frankfurt Kommodore Parker angeboten –; ferner einen Leutnant mit Deutsch- oder Französisch-Kenntnissen zur Verfügung des Kommodore; drei Leutnants, die im Range von Fregattenkapitänen Korvetten befehligen sollten; zehn weitere Leutnants, die kleinere Dampfschiffe oder Kanonenboot-Staffeln befehligen sollten; 24 Kadetten mit abgeschlossener Ausbildung, die zu Leutnants befördert und auf deutsche Schiffe verteilt würden.

Parker verhielt sich angesichts dieser Wünsche reserviert. Er ging keinerlei Verbindlichkeiten ein, berichtete an seine Regierung in Washington sehr skeptisch und lehnte dann selbst die Übernahme eines Postens in Frankfurt ab. Er begründete seine Einstellung damit, daß bislang kaum etwas für die Gründung einer deutschen Marine getan worden sei, daß im Falle der Erneuerung des deutsch-dänischen Krieges ein erfolgreicher Kampf gegen dänische Seestreitkräfte nicht möglich sei und daß die Errichtung eines deutschen Bundesstaates kaum ohne einen Bürgerkrieg des Volkes gegen Könige und Fürsten abgehen würde. Diese Haltung braucht hier nicht genauer betrachtet zu werden. Interessant ist die weitgehende Bereitschaft der Zentralregierung zu übernationalen Personalkonstruktionen. Sie ging zweifellos über Prinz Adalberts Vorstellungen weit hinaus, der zwar auch die Anstellung einiger fremder Offiziere empfohlen hatte, ansonsten aber, wie oben erwähnt, der Meinung war, daß die Kriegsmarine »deutsch, ganz deutsch« sein müsse. Tatsächlich machte sich auch in Kreisen deutscher Aspiranten auf Führungsposten Widerstand gegen die Personalvorstellungen Duckwitz' bemerkbar. Ein preußischer Offizier erklärte, daß er und ein schleswig-holsteinischer Kollege »nicht unter einem Amerikaner dienen würden, und daß sich der Prinz in solch einem Falle auch von der Marinebehörde zurückziehen würde«[52].

Die Positionen beider Seiten sind deutlich. Die Zentralgewalt war nicht eng national eingestellt. Für sie war es selbstverständlich, daß sich der neue Staat mit anderen liberalen Staaten in der Welt verbünden könne, daß er selbst einen Offizier des befreundeten Auslandes an der Spitze seiner Flotte akzeptieren würde. Ging es ihr doch weniger um realpolitische Stärkung des neuen deutschen Reiches an sich, als um die Herstellung eines freien Nationalstaates, der bereit war, sich einzureihen in die Front des liberalen Lagers in der Welt gegen Unfreiheit und Reaktion. Preußische Politiker dachten und spekulierten anders. Sie waren bei der Unterstützung nationaler Belange auf eine Führungsrolle Preußens bedacht, sie verfolgten machtpolitische Ziele im nationalen Gewande und wollten damit jene realpolitische Wendung der deutschen Geschichte vorwegnehmen, die sich in den folgenden zwei Jahrzehnten tatsächlich vollziehen sollte. Während die Zentralgewalt vorzugsweise Ideen der frühen nationalen und liberalen Bewegung verwirklichen wollte, war in der preußischen Flottenpolitik, mindestens seit dem Herbst 1848, späteres preußisch-deutsches Machtstaatsdenken vorgeprägt.

Damit ist abschließend die Frage nach der Kontinuität der deutschen Flottenpolitik von 1848/49 aufgeworfen. Die beiden Positionen Frankfurt und Berlin mögen ein wenig überspitzt gegenübergestellt worden sein; es gab in der Nationalversammlung mancherlei Zwischenpositionen, die hier nur angedeutet werden konnten. Gleiches gilt für die öffentliche Flottenbewegung. Aber tendenziell läßt sich doch feststellen, daß die Marinepolitik der Umbruchzeit in zwei unterschiedliche Traditionen eingebunden war: eine weitere, offenere, die im Liberalismus des Vormärz angelegt, und eine engere, auf machtpolitischem Kalkül basierende, die von Führungsbestrebungen einer Partikularmacht bestimmt war.

Ist dies heute noch relevant? Wenn Geschichte nicht nur sterile Vergangenheitsrekonstruktion ist, sondern bei der Orientierung in der Gegenwart helfen kann, dann läßt sich sagen, daß die erste Phase der deutschen Flottengeschichte vor nunmehr 136 Jahren unser Interesse verdient. Geschichte gibt zwar keine Rezepte, die wiederholbar sind, sie kann aber das Bewußtsein schärfen, indem sie Weichenstellungen, Entscheidungsprozesse, Motivzusammenhänge und Wirkungsmechanismen verdeutlicht und zum gründlicheren Durchdenken von Gegenwartsfragen anregt.

In der Bundesrepublik gibt es nationale Identitätsprobleme. Es fällt schwer, Phasen der eigenen Vergangenheit zu begreifen und einzuordnen. Da kann es nützlich sein, sich zu vergegenwärtigen, daß es im 19. Jahrhundert eine politische Phase gegeben hat, in der Freiheit nach innen und nach außen verbunden werden sollte mit übernationaler Kooperation; in der ein nationaler Staat errichtet werden sollte, der sich einreihen ließ in eine Front mit anderen liberalen Kräften der Welt zur Sicherung von Freiheit und von Entwicklungschancen, wo immer diese realisierbar erschienen; in der allerdings auch Gefahren wie Hegemonie und Machtexpansion ansatzweise vorhanden waren und in der ein Pathos zum Ausdruck kam, das heute schwer nachzuvollziehen ist. Die deutsche Flotte von 1849 sollte dabei eine wichtige Rolle spielen. Daß sie, ebenso wie die Revolution selbst, nur von kurzer Dauer war, mindert nicht ihren Orientierungswert für spätere Generationen, auch für uns heute.

Anmerkungen

* Unveränderter Beitrag aus: Die deutsche Flotte im Spannungsfeld der Politik 1848–1885. Vorträge und Diskussionen der 25. Historisch-Taktischen Tagung der Flotte 1985, hrsg. vom Deutschen Marine Institut und vom MGFA, Redaktion Werner Rahn, Herford 1985 (= Schriftenreihe des Deutschen Marine Instituts, 9), S. 21–41.

1 Stenographischer Bericht über die Verhandlungen der deutschen constituirenden Nationalversammlung zu Frankfurt am Main, hrsg. von Franz Wigard, 9 Bde, Frankfurt a.M. 1848–1849, Bd 1, S. 318–319.

2 Aus der Fülle des Schrifttums über die Gründung der ersten deutschen Flotte seien hier nur einige besonders wichtige Titel genannt: Arnold Duckwitz, Über die Gründung der Deutschen Kriegsmarine, Bremen 1849; Artikel »Die deutsche Kriegsflotte« und »Die deutsche Flotte von ihrer Gründung bis zu ihrer Auflösung«, in: Die Gegenwart. Eine encyclopädische Darstellung der neuesten Zeitgeschichte für alle Stände, 12 Bde, Leipzig 1848–1856, Bd 1, S. 439–472, und Bd 10, S. 111–125; Max Bär, Die deutsche Flotte von 1848–1852, Leipzig 1898. Vgl. auch Paul Heinsius, Die deutsche Marine, eine Schöpfung des Jahres 1848, in: Die deutsche Marine. Historisches Selbstverständnis und Standortbestimmung, hrsg. vom Deutschen Marine Institut und der Deutschen Marine-Akademie, Herford, Bonn 1983, S. 25–34; Paul Heinsius, Anfänge der Deutschen Marine, in: Walther Hubatsch [u.a.], Die erste deutsche Flotte 1848–1853, hrsg. von der Deutschen Marine-Akademie und dem Deutschen Marine Institut, Herford, Bonn 1981 (= Schriftreihe, Bd 1), S. 13–27.

3 Vgl. Artikel »Die deutsche Flotte« (wie Anm. 2), Bd 10, S. 124–125.

4 Verhandlungen des Deutschen Parlaments, 2. Lfg., Frankfurt a.M. 1848, S. 114–115.

5 Ebd., S. 148.

6 Vgl. Ernst Rudolf Huber, Deutsche Verfassungsgeschichte seit 1789, Bd 2, Stuttgart 1960, S. 656–657.

7 Verhandlungen des Deutschen Parlaments (wie Anm. 4), S. 345, Texte ebd., S. 347–350.

8 Siehe Wolfgang Petter, Programmierter Untergang. Die Fehlrüstung der deutschen Flotte von 1848, in: Militärgeschichte. Probleme – Thesen – Wege, im Auftr. des MGFA aus Anlaß seines

25jährigen Bestehens ausgew. und zsgest. von Manfred Messerschmidt [u.a.], Stuttgart 1982 (= Beiträge zur Militär- und Kriegsgeschichte, Bd 25), S. 150–170, hier 154.

9   Vgl. Veit Valentin, Geschichte der deutschen Revolution von 1848–1849, 2 Bde, Berlin 1930–1931, Bd 2, S. 26; Artikel »Die deutsche Flotte« (wie Anm. 2), Bd 10, S. 115–116.

10 Text des Appells bei Günter Moltmann, Atlantische Blockpolitik im 19. Jahrhundert. Die Vereinigten Staaten und der deutsche Liberalismus während der Revolution von 1848/49, Düsseldorf 1973, S. 369–371.

11 Stenographischer Bericht (wie Anm. 1), Bd 1, S. 251.

12 Ebd., S. 309.

13 Vgl. Petter, Programmierter Untergang (wie Anm. 8), S. 151.

14 Vgl. Walther Hubatsch, Die deutsche Reichsflotte 1848 und der Deutsche Bund, in: Die erste deutsche Flotte (wie Anm. 2), S. 30 f.

15 Ebd. und Heinsius, Anfänge der Deutschen Marine, ebd., S. 17.

16 Diese Motivierung zugespitzt bei Walther Hubatsch, Die Deutsche Flotte von 1848 bis 1852 in verfassungsmäßiger Beziehung, in: Deutsche Marine, die erste deutsche Flotte, Bremerhaven 1979 (= Führer des Deutschen Schiffahrtsmuseums, 10), S. 5, zitiert nach Petter, Programmierter Untergang (wie Anm. 8), S. 151–152.

17 Valentin, Geschichte (wie Anm. 9), Bd 1, S. 523.

18 Stenographischer Bericht (wie Anm. 1), Bd 1, S. 308.

19 Ebd., S. 313.

20 Petter, Programmierter Untergang (wie Anm. 8), S. 152–155.

21 Ebd., S. 154.

22 Vgl. Huber, Deutsche Verfassungsgeschichte (wie Anm. 6), Bd 2, S. 655 f.

23 Heinrich Best, Interessenpolitik und nationale Integration 1848/49. Handelspolitische Konflikte im frühindustriellen Deutschland, Göttingen 1980 (= Kritische Studien zur Geschichtswissenschaft, Bd 37), S. 27–29.

24 Stenographischer Bericht (wie Anm. 1), Bd 1, S. 309.

25 Diese Ansicht bei Petter, Programmierter Untergang (wie Anm. 8), S. 155.

26 Er wurde vor allem im Hinblick auf die deutsche Auswanderungsbewegung oft ausgesprochen. Vgl. Christine Hansen, Die deutsche Auswanderung im 19. Jahrhundert – ein Mittel zur Lösung sozialer und sozialpolitischer Probleme?, in: Deutsche Amerikaauswanderung im 19. Jahrhundert. Sozialgeschichtliche Beiträge, hrsg. von Günter Moltmann, Stuttgart 1976 (= Amerikastudien/American Studies, Bd 44), S. 10–61; Günter Moltmann, Nordamerikanische »Frontier« und deutsche Auswanderung – soziale Sicherheitsventile im 19. Jahrhundert?, in: Industrielle Gesellschaft und politisches System. Beiträge zur politischen Sozialgeschichte, hrsg. von Dirk Stegmann [u.a.], Bonn 1978 (= Schriftenreihe des Forschungsinstituts der Friedrich-Ebert-Stiftung, Bd 137), S. 279–296.

27 Vgl. Huber, Deutsche Verfassungsgeschichte (wie Anm. 6), Bd 3, S. 656; Best, Interessenpolitik (wie Anm. 23), S. 172.

28 Vgl. Artikel »Die deutsche Flotte« (wie Anm. 2), Bd 10, S. 111.

29 Friedrich List, Schriften, Reden, Briefe, 10 Bde, hrsg. von Erwin v. Beckerath [u.a.], Berlin 1931, Neudr.: Aalen 1971, Bd 7, S. 61.

30 Siehe Artikel »Die deutsche Flotte« (wie Anm. 2), Bd 10, S. 112.

31 Essex Register, Salem, Mass., Ausg. vom 21.8.1816, S. 4, Sp. 3: »Every family, like that of Aabraham, will take a view at its settlement of the habitable globe, to find the place where laws are most mild, the economy of government is best observed, and the habits most congenial. Population will be like the market, where life is of most value, most safe, and most prolonged.«

32 Valentin, Geschichte (wie Anm. 9), Bd 2, S. 324.

33 Stenographischer Bericht (wie Anm. 1), Bd 2, S. 1252, 1278.

34 Huber, Deutsche Verfassungsgeschichte (wie Anm. 6), Bd 2, S. 636–638.

35 Vgl. Moltmann, Atlantische Blockpolitik (wie Anm. 10), S. 171.

36 Nach Jörg Duppler, Der Juniorpartner. England und die Entwicklung der Deutschen Marine 1848–1890, Herford 1985 (= Schriftenreihe des Deutschen Marine Instituts, Bd 7), S. 182–183.

37 Näheres bei Ernst II. Herzog von Sachsen-Coburg-Gotha, Aus meinem Leben und aus meiner Zeit, 3 Bde, Berlin 1887–1889, S. 406–408; Hans Precht, Englands Stellung zur deutschen Ein-

heit 1848–1850, München, Berlin 1925 (= Beiheft 3 der Historischen Zeitschrift), S. 109–110. Dankenswerter Hinweis von Korvettenkapitän Dr. Jörg Duppler, Flensburg.

[38] Bericht Donelsons an den amerikanischen Außenminister John M. Clayton, 1.7.1849, Anhang, Records of the Department of State, National Archives, Washington, D.C., Despatches from U.S. Ministers to the German States and Germany, 1801–1906. Vgl. auch Bär, Die deutsche Flotte (wie Anm. 2), S. 227, Anm.

[39] Duppler, Der Juniorpartner (wie Anm. 36), S. 177–185.

[40] Vgl. Huber, Deutsche Verfassungsgeschichte (wie Anm. 6), Bd 2, S. 658 f.

[41] Vgl. ebd., S. 650–655.

[42] Vgl. Artikel »Die deutsche Flotte« (wie Anm. 2), Bd 10, S. 117–124. Dienstwidrigkeiten führten 1850 zur Einführung eines Strafgesetzbuches für die Marine; vgl. Bär, Die deutsche Flotte (wie Anm. 2), S. 58–59.

[43] Vgl. Duckwitz, Über die Gründung (wie Anm. 2), S. 7 f.

[44] Adalbert Prinz von Preußen, Denkschrift über die Bildung einer Deutschen Kriegsflotte. Vom Marine-Ausschuß der Bundesversammlung als Manuskript veröffentlicht, Frankfurt a.M. 1848, S. 4.

[45] Reyher an Prinz Adalbert, Berlin, 28.4.1848, nach Petter, Programmierter Untergang (wie Anm. 8), S. 158.

[46] Petter, Programmierter Untergang (wie Anm. 8), S. 165 f.

[47] Duckwitz, Über die Gründung (wie Anm. 2), Vorwort, S. 4.

[48] Vgl. auch Huber, Deutsche Verfassungsgeschichte (wie Anm. 6), Bd 2, S. 656.

[49] Adalbert Prinz von Preußen, Denkschrift (wie Anm. 44), S. 35.

[50] Text des Schreibens abgedruckt bei Moltmann, Atlantische Blockpolitik (wie Anm. 10), S. 382 f.

[51] Einzelheiten ebd., S. 157–165.

[52] Konsul Graebe an Donelson, 31.1.1849, Papers of Andrew J. Donelson, Library of Congress, Washington, D.C., vol. 15. Vgl. auch Moltmann, Atlantische Blockpolitik (wie Anm. 10), S. 159.

Bernhard R. Kroener

Die Deutsche Flotte 1848/49 –
»das Schmerzenskind der deutschen Revolution«?[*]

Am 14. Juni 1848 beschloß die deutsche Nationalversammlung in der Frankfurter
Paulskirche, die Bundesversammlung zu veranlassen, einen Betrag von sechs Millionen Talern für die Begründung einer deutschen Reichsmarine zu bewilligen[1].
Was mochte ein mit der Ausarbeitung der Verfassung für ein endlich geeintes
Deutschland beauftragtes Gremium veranlaßt haben, nur wenige Wochen nach
seiner konstituierenden Sitzung sich mit der Frage nach der Aufstellung von Seestreitkräften zu beschäftigen?

Neben Festungen zählte der Bau und Unterhalt von Kriegsschiffen seit jeher
zu den kostenträchtigsten Einrichtungen der Landesverteidigung. Was also bestimmte die Nationalversammlung, den Aufbau einer Flotte auf den Weg zu bringen, für die es bisher kein Vorbild gab, und für deren politische Lenkung noch
kein zentrales Exekutivorgan bestand? Dabei war das Schlüsselproblem einer ausreichenden Finanzausstattung zunächst völlig offen. Weder bestand ein verbindli-
ches Haushaltsrecht, noch verfügte die Nationalversammlung über regelmäßige
Einnahmen. Die Verantwortlichen hofften auf Mittel des Deutschen Bundes zurückgreifen zu können, dessen Überwindung die Revolution von 1848 doch eigentlich auf ihre Fahnen geschrieben hatte. Aus welchem inneren wie äußeren
Antrieb heraus beförderte die Nationalversammlung also ein Vorhaben, dessen
Realisierung von so vielen Imponderabilien abhing?

I.

Die auf den ersten Blick erstaunliche Einhelligkeit mit der die Abgeordneten und
mit ihnen die öffentliche Meinung den Aufbau einer Marine begleiteten, wird vor
dem Hintergrund des in der Geistesströmung der Romantik wurzelnden vormärz-
lichen Liberalismus und seiner Wirtschaftsideen verständlich. Als Gegenpol zu
einer sich zunehmend entfremdenden Welt der industriellen Revolution entwik-
kelte sich eine auf die Vergangenheit projizierte romantische Nostalgie. Auch die
Entwicklung der Geschichtswissenschaft im Banne des Historismus nahm hier
ihren Ausgang. Weder der als reaktionär empfundene Deutsche Bund metternich-
scher Prägung, noch das untergegangene Alte Reich erschienen dabei als geeignete

Identifikationsobjekte, empfand man doch beide als Exponenten fürstlicher Will-kür.

Ein nicht zuletzt von seiner Wirtschaftskraft getragenes, zunehmend selbstbe-wußteres Bürgertum fand in der Wiederentdeckung des deutschen Mittelalters eine historische Projektionsfläche der eigenen politischen Ortsbestimmung. Ein gei-stesgeschichtlicher Vorgang, der gleichzeitig auch in anderen europäischen Staaten stattfand, und der nicht zuletzt in der neogotisch geprägten Architektur der Ro-mantik uns vielfältige Zeugnisse seiner gesellschaftlichen Prägekraft hinterlassen hat. Der Mythos von dem im Kyffhäuser schlafenden, die Geburt des neuen Rei-ches erwartenden Kaisers Barbarossa beflügelte die romantische Dichtung und Literatur ebenso wie das Bild weltumspannender Handelstätigkeit deutscher Kaufleute.

In diesem Zusammenhang weckte der Städtebund der Hanse als Manifestation des politischen Zusammenwirkens von Wirtschaftssoligarchien zur Beförderung und Sicherung des Handels über See besondere Aufmerksamkeit. Die Hebung der nationalen Wohlfahrt durch einen gleichzeitigen Schutz des Seehandels wurde in der Publizistik des Vormärz intensiv befördert und erhielt vor dem Hintergrund der ökonomischen Krisen, die die europäische Gesellschaft der späten vierziger Jahre erschütterten, zusätzliche Brisanz.

Die große Zahl der Auswanderer, die unter diesen Umständen Europa den Rücken kehrten, und deren deutsches Kontingent von Bremen aus die Reise in die Neue Welt antrat, stärkte bei den in der reaktionären Enge des biedermeierlichen Deutschlands Zurückbleibenden die Überzeugung, daß das Meer, daß Seefahrt gleichzeitig Freiheit bedeute. Der Vater des Deutschen Zollvereins, Friedrich List, kleidete seine Ansicht von der Bedeutung der See für die wirtschaftliche Prosperi-tät der deutschen Staaten in für einen Nationalökonom erstaunlich schwärmeri-sche Formulierungen.

»Die See ist die Hochstraße des Erdballs«, schrieb er, »der Paradeplatz der Na-tionen; die See ist der Tummelplatz der Kraft und des Unternehmergeistes für alle Völker der Erde«[2]. Kommerzielle und ideelle Motive verbanden sich bei den bür-gerlichen Befürwortern eines freien Welthandels aber noch nicht ohne weiteres mit den machtpolitischen Schlußfolgerungen des Imperialismus.

Die Sicherung und Beförderung des Überseehandels stellte einen wichtigen, wenngleich nicht den einzigen Schubfaktor dar, der die Abgeordneten in der Paulskirche die Gründung einer deutschen Flotte gutheißen ließ. Georg Herweghs »Flottenlied« und sein programmatischer Ausruf »Das Meer, das Meer macht frei« wurde zum Freiheitsruf des gesamten Volkes politisch umgemünzt. Die Flotten-begeisterung stellte also ein integratives Element der Revolution dar, eine Forde-rung, hinter der sich alle politischen Gruppierungen wiederfinden konnten und wiederfanden.

Der außenpolitische Spannungszustand, der diese Begeisterung in praktisches Handeln umschlagen ließ, baute sich in der 1848 rasch bis zum offenen Krieg sich verschärfenden politischen Krise zwischen Dänemark und dem Deutschen Bund auf. Als in revolutionärer Aufwallung Schleswig die eiderdänische Lösung des schwelenden Konfliktes um die Zukunft der Herzogtümer Schleswig und Holstein zu realisieren suchte, reagierte die deutsche Bevölkerung mit der Gründung einer provisorischen Landesregierung. Das Kernproblem der deutschen Nationalstaatsgründung, die Frage nach seinen zukünftigen Grenzen und damit verbunden das Problem der Repräsentation nationaler Minderheiten stand damit auf der Agenda der europäischen Politik. Die Büchse der Pandora war erneut geöffnet, aus dem Kabinettskrieg der Regierungen war der Krieg der Völker entstanden. In dieser Atmosphäre verschmolzen in dem Wunsch nach einer deutschen Seemacht die unterschiedlichsten politischen Motive zu einem gemeinsamen nationalen Handeln. Die Freiheitsvorstellungen der Demokraten gegenüber einer als reaktionär empfundenen fürstlichen Gewaltpolitik verbanden sich mit dem handelsliberalen Gedankengut des Wirtschaftsbürgertums und den nationalen Seemachtvorstellungen der Konservativen.

Der Feldzug gegen Dänemark erwies sehr rasch, daß einem auf seinen Inseln verschanzten Gegner mit Mitteln der Landkriegführung nicht beizukommen war. Im Gegenteil, der dänischen Flotte gelang es, da sie in ihrem Vorgehen nicht gehindert werden konnte, die preußische Handelsschiffahrt in der Ostsee zu unterbrechen und die Seestädte zu blockieren. Aus dieser Situation ergab sich eine gemeinsame außenpolitische Interessenlage zwischen Preußen und den norddeutschen Küstenländern. Der kriegerische Konflikt in seiner innen- wie außenpolitischen Komplexität bildete den erwünschten Bezugspunkt einer gesamtdeutschen Solidarität.

Aus dieser Situation wird die Feststellung des dem konservativen Flügel der Nationalversammlung zuzurechnenden preußische Generals Joseph Maria von Radowitz verständlich, der betonte: »Wir wollen die Einheit Deutschland's gründen; es gibt kein Zeichen für diese Einheit, das in dem Maaße innerhalb Deutschland's und außerhalb Deutschland's diesen Beschluß verkündet, als die Schöpfung einer deutschen Flotte [...] Die Schöpfung dieser Flotte ist nicht bloß eine militärische Frage, eine commercielle Frage, sondern im höchsten Grade eine nationale Frage[3].«

An dieser Stelle wird ein weiteres zentrales Argument erkennbar. Die Revolution benötigte, wollte sie nicht nur eine Revolution des Geistes sein, auf dem Sektor des staatlichen Machtmonopols eines integrierenden weil allgemein akzeptierten Zeichens. In diesem Sinne hatte die blau-weiß-rote Kokarde an den Hüten der Pariser Nationalgarde gewirkt, war die schwarze Uniform der preußischen Landwehr und das Eiserne Kreuz zum verbindenden Symbol des Kampfes gegen die Fremdherrschaft geworden. Eine Revolution, die weniger auf Konfrontation, denn auf Ausgleich mit den Kräften der Beharrung setzte, fand in den Landstreitkräften der deutschen Fürsten kein geeignetes Betätigungsfeld. Die unmittelbare Treuebeziehung zwischen dem jeweiligen Landesherrn und seiner Armee blieb auch durch die Ereignisse vom Frühjahr 1848 unberührt und manifestierte sich öffentlichkeitswirksam in der Symbolik von Fahne und Uniform.

Eine Unterstellung von Landstreitkräften unter die Zentralgewalt, wie sie Reichskriegsminister von Peucker bereits am 16. Juli 1848 gefordert hatte, kam

nicht zustande, da keiner der Einzelstaaten bereit war, seine militärischen Prägro-
gativen antasten zu lassen. Die Farben des Reiches, das bisher verfemte Schwarz-
Rot und Gold, ließen sich also nur außerhalb fürstlicher Souveränität zur Geltung
bringen.

Die zu schaffenden Seestreitkräfte dagegen waren hierzu in besonderer Weise
geeignet. Einerseits waren fürstliche Partikularinteressen auf diesem Sektor nur
unwesentlich tangiert, da konkurrierende Loyalitäten noch nicht bestanden, andererseits, und dies war entscheidend, bot die Flotte die hervorragende Chance, den
Farben des Reiches auch außerhalb seiner Grenzen Achtung zu verschaffen und
Respekt einzufordern. Hieraus resultierten die besondere Brisanz der Flaggenfrage
und die damit einhergehende Empfindlichkeit seitens der Frankfurter Institutionen. Schließlich bot der Konflikt mit Dänemark die Gelegenheit, der neugewon-
nenen Einheit im Kampf eine besondere, die aufbrechenden politischen Interes-
sengegensätze aufhebende Legitimität zu verleihen. Der Versuch einer Neutralisierung unterschiedlicher innenpolitischer Positionen durch gemeinsames militärisches Handeln nach außen entwickelte sich erst in den folgenden Jahrzehnten
unter den Bedingungen einer aggressiven nationalistischen Machtpolitik zu einer
fatalen Krisenstrategie der europäischen Mächte.

Die Begründungen für die Errichtung der ersten deutschen Flotte waren also
so vielfältig wie das politische Meinungsspektrum der Frankfurter Nationalversammlung. Da die Geschichte monokausale Deutungen nicht zuläßt, ist auch die
Interpretation des Entstehungskontextes deutscher Seestreitkräfte von den Historikern der nachfolgenden Generationen häufig aus ihrer jeweiligen aktuellen politischen Orientierung heraus vorgenommen worden. In der Analyse von Marineplanung und dem realisierten Aufbau der Flotte lassen sich aber, wie ich meine, am
deutlichsten imaginäre ideologische Zukunftserwartungen von den unmittelbaren
Ergebnissen politischen Handelns analytisch trennen.

In historischen Ereignissen bündeln sich die unterschiedlichsten Entwicklungslinien. Von ihnen gehen mehr oder weniger intensive Handlungsimpulse aus. Welche von ihnen sich zu einer Kontinuitätslinie verdichten oder, zunächst nicht weiter verfolgt, später aber wieder aufgegriffen werden, und welche völlig dem Vergessen anheimfallen, läßt sich im Wechselspiel von Planung und Realisierung am
eindrücklichsten veranschaulichen.

II.

Die militärischen Erfolge der zur Sicherung der provisorischen Regierung von
Schleswig-Holstein als Bundeskorps eingesetzten preußischen Truppen provo-
zierten einen internationalen Spannungszustand. Rußland, das über die wohlwollende preußische Unterstützung der polnischen Freiheitsbestrebungen ebenso
verärgert war, wie man in Petersburg territoriale Veränderungen im Sund, dem
»Bosporus des Nordens«, nicht hinzunehmen bereit war, demonstrierte seine maritime Präsenz in der Ostsee. Ein Geschwader der baltischen Flotte kreuzte de-

monstrativ vor der pommerschen Küste. Die englische Regierung, die einer konstitutionellen Entwicklung im Deutschen Bund durchaus positiv gegenüberstand, zeigte sich durch eine mögliche Ausdehnung der russischen Interessensphäre bis in die Ostseeeingänge zunehmend irritiert. Der Regierung Palmerston galt die angestrebte deutsche Einheit daher als die eigentliche Ursache der wachsenden Spannungen im Ostseeraum. Die Vereinigten Staaten standen den deutschen Einheitsbestrebungen wie auch einer Schwächung Dänemarks durchaus aufgeschlossen gegenüber, hoffte man doch in Washington auf diese Weise, den als anachronistisch empfundenen Sundzoll endgültig zu Fall bringen zu können[4]. Frankreich, das die Entwicklungen im Deutschen Bund zunächst reserviert abwartend verfolgt hatte, schied aufgrund wachsender innenpolitischer Konflikte als aktiver Faktor der europäischen Politik im Sommer 1848 aus dem Kräftespiel der Mächte aus.

Wohlwollende Neutralität auf Seiten der Vereinigten Staaten und Englands auf der einen und eine latente Bedrohung durch die maritime Präsenz Rußlands auf der anderen Seite, zeichnete die europäische Großwetterlage im Frühjahr 1848 aus. Schleswig-Holstein, die Seestädte, Preußen und der Deutsche Bund begannen in dieser Situation fast gleichzeitig mit ersten Planungen beziehungsweise einem hastigen Aufbau von Seestreitkräften. Während sich überall in Deutschland Flottenvereine konstituierten und Spendensammlungen zur Finanzierung von Schiffen auf den Weg gebracht wurden, beauftragte der preußische König Friedrich Wilhelm IV. seinen in Marineangelegenheiten versierten Vetter Adalbert mit der Ausarbeitung einer Denkschrift, die geeignete Maßnahmen zur Sicherung der preußischen Ostseeküste unterbreiten sollte. Der preußische Kriegsminister erweiterte in der Folge den Auftrag und bat den Prinzen »die relevanten Gesichtspunkte [...] für die Bildung einer deutschen Kriegsmarine zu erarbeiten«. Die Aufgabe, der sich Prinz Adalbert gegenübersah, war also eine zweifache: Möglichkeiten zur Küstenvorfeldsicherung Preußens einerseits, und Aufgabenbeschreibung einer gesamtdeutschen Reichsmarine andererseits. Folgerichtig erschien sein Kommissionsbericht wenig später auch in Potsdam und Frankfurt. Die Denkschrift widmet sich der Analyse von drei Planungsvarianten, zwischen denen sich die Entwicklung der deutschen Marine bis in die Gegenwart bewegen sollte[5]:

> »Im Allgemeinen lassen sich alle [...] Wünsche in folgende drei Hauptrubriken bringen. Man verlangt entweder:
>
> 1) eine Kriegsmarine zur rein defensiven Küstenvertheidigung,
>
> 2) eine solche zur offensiven Vertheidigung und zum nothwendigsten Schutze des Handels, oder
>
> 3) eine selbstständige Seemacht.«

Die Interpretation dieses Schlüsseldokuments hat Historiker wie auch die Vertreter einer offiziellen Marinegeschichte über Generationen beschäftigt. Hatte der Prinz drei genetisch aufeinander bezogene Entwicklungsstadien vorgestellt, dann entsprachen die Tirpitzsche Flottenrüstung und auch noch die jedes Maß übersteigenden Weltmachtträume des Oberkommandos der Kriegsmarine von 1939/40

*Adalbert Prinz von Preußen
(1811–1873)*

Quelle: MSM

»*Sobald [Deutschland] aber
durch den Bau von Linienschiffen,
von Schlachtschiffen, aus diesem
anspruchslosen Kreise heraustritt,
werden alle Augen sich darauf
richten, eine scharfe Kritik wird
anheben und wehe dem Vaterlande, wenn es sich bei diesem entscheidenden Schritt einer halben
Maßregel schuldig machen sollte.*«
(Prinz Adalbert 1848)

den Forderungen Adalberts, der damit der Gründervater des preußisch-deutschen martitimen Imperialismus wäre.

Oder spielte die Denkschrift nicht vielmehr verschiedene, vor dem Hintergrund der aktuellen außenpolitischen Lage mögliche Planungsvarianten durch, deren Realisierung von den politischen Verhältnissen, den finanziellen Rahmenbedingungen und den technisch-industriellen Kapazitäten abhängig war? Ohne hier auf Einzelheiten eingehen zu wollen, ist doch, wie erkennbar, mit den Händen zu greifen, daß die erste Variante eine regional orientierte und damit spezifisch preußische Lösung umriß, während die zweite im Interesse der konservativ-liberalen Mehrheit der Frankfurter Paulskirche dem Handelsschutz Rechnung trug. Diese Variante kombinierte eine offensive Verteidigung in Nord- und Ostsee mit einer Sicherung des Handelsverkehrs nach Übersee, die eine deutsche Marine der Zukunft realistischerweise nur im Zusammenwirken mit der Royal Navy zu leisten im Stande sein würde.

»Eine Macht«, heißt es in diesem Zusammenhang in der Denkschrift, »in deren Absicht es nicht liegt, rangirte Seeschlachten zu liefern, die keine Colonien besitzt, [...] auch keine Engpässe (gleich Dänemark) zu vertheidigen hat, welche von Linienschiffen forciert werden können, aber dennoch ihren Handel im Frieden, in Neutralitätsfällen selbst gegen kleinere Seemächte im Kriege zu schützen gesonnen ist, thut wohl, sich mit dem Bau von Fregatten zu begnügen«[6].

Vor dem Hintergrund dieser mahnenden Worte ist die dritte Option zu interpretieren, die sich mit dem Aufbau einer selbständigen Seemacht beschäftigt. Prinz Adalbert hat diese Variante offensichtlich nicht als organischen Bestandteil eines Stufenplanes gesehen, wie in der historischen Forschung bisweilen noch heute zu lesen ist, sondern als explizite Warnung an diejenigen Publizisten eines deutschen Navalismus gerichtet, die bereits vor 1848 von einer großen Flotte träumten, einer Flotte, die zu jeder Zeit auf den Weltmeeren in der Lage gewesen wäre, deutsche Interessen offensiv durchzusetzen. In diesem Sinne ist seine folgende Formulierung zu werten:

> »So lange Deutschland [...] fern von allem Ehrgeiz fast ohne die Aufmerksamkeit, geschweige die Eifersucht seiner weit mächtigeren Nachbarn zu erregen, nur Fregatten und Dampfschiffe baut, und es sich begnügt, eine bescheidene Stelle unter den kleineren Marinen einzunehmen; so lange Jedermann einsieht, daß es weder nach großer Geltung zur See strebt, noch daran denkt, Schlachten zu liefern, wird Niemand es einer Halbheit in seinen Maßregeln zeihen. Sobald es aber durch den Bau von Linienschiffen, von Schlachtschiffen, aus diesem anspruchslosen Kreise heraustritt, werden alle Augen sich darauf richten, eine scharfe Kritik wird anheben, und wehe dem Vaterlande, wenn es sich bei diesem entscheidenden Schritte einer halben Maßregel schuldig machen sollte[7].«

Während man der dänischen Flotte mit den bereits genannten Maßnahmen ebenbürtig sei, könne Deutschland gegenüber der gewaltigen baltischen Flotte Rußlands nur im Bündnis mit England erfolgreich sein. Die dritte Variante einer selbständigen Seemacht zielte ausschließlich gegen die als Bedrohung empfundene russische Präsenz im Ostseeraum. Einen imperialen Gestus sucht man in der Denkschrift vergebens.

Zweifellos hat Adalbert spezifisch preußische und gesamtdeutsche Marineinteressen zur Deckung zu bringen gesucht. Ebenso unbestritten ist auch, daß man sich in Berlin an die Spitze der deutschen Flottenplanung setzen wollte, nicht zuletzt, um die im Juni 1848 in Frankfurt verfügbar gemachten Gelder in die Kassen preußischer Werften zu lenken. Insofern war die im November 1848 erfolgte Berufung des Prinzen zum Vorsitzenden der Technischen Marinekommission der Nationalversammlung auch im Interesse der Berliner Regierung.

Es stellt sich nun die Frage, ob und in welchem Umfang die unmittelbaren Flottenpläne der Paulskirche den Optionen Adalberts gefolgt sind. Da deutsche Werften noch nicht über die Produktionskapazitäten verfügten, um in kurzer Zeit die erforderlichen Kriegsschiffe bauen zu können, blieb nur die Umrüstung von Dampfschiffen, die in England und Amerika erworben werden mußten. Erst der Waffenstillstand von Malmö, den Preußen auf Vermittlung Englands im September 1848 mit Dänemark schloß, ermöglichte es den neutralen Seemächten, Waffenlieferungen an Deutschland zuzustimmen. Im März 1849 legte die Technische Marinekommission ihren Abschlußbericht vor, in dem sie den Aufbau einer Küsten- und Handelsschutzmarine und damit eine Kombination der Optionen 1 und

2 der Mai-Denkschrift Adalberts anregte. Obwohl die Finanzierung der geplanten Seestreitkräfte von Anfang an unter keinem günstigen Stern stand, gelang es während der siebenmonatigen Kampfpause mit Dänemark durch Übernahmen, Ankäufe und Neubauten kleinerer Einheiten, den Kern einer handlungsfähigen Flotte zusammenzubringen. In dieser Zeit bewährte sich die Zusammenarbeit mit England und den Vereinigten Staaten. In London betrachtete man die deutsche Seerüstung nicht als Ausdruck einer sich entwickelnden Rivalität zur See, sondern vielmehr als Maßnahmen eines potentiellen Juniorpartners, dessen Entwicklung man mit distanziertem Wohlwollen begleitete. Das Grundprinzip preußisch-deutscher Marinepolitik bis an die Schwelle der Ära Tirpitz, sich auf einen bewaffneten Küstenschutz einerseits und eine Sicherung der überseeischen Handelsbeziehungen im Zusammenwirken mit den Großmächten, und hier vor allem Englands zu beschränken, hat über Jahrzehnte eine weitgehend spannungsfreie Kooperation zur See ermöglicht.

In diesem Zusammenhang hat das einzige Seegefecht der ersten deutschen Flotte vor dem noch britischen Helgoland im Juni 1849 weniger historische denn historiographische Bedeutung erlangt. Die Publizistik der wilhelminischen Flottenrüstung brachte in diesem Zusammenhang die propagandistisch eingefärbte Version in Umlauf, England habe in seinem Protest gegen die Verletzung englischer Hoheitsgewässer die Flagge der deutschen Flotte als Piratenflagge verunglimpft. Ein schlagender Beweis, so schien es, für Englands ablehnende Haltung gegenüber jedweder deutschen Flottenrüstung. Neuere Forschungen haben inzwischen eindeutig ergeben, daß London nur wohlwollend-warnend darauf hingewiesen hatte, nicht akkreditierte Flaggen liefen Gefahr, unter Umständen als Piratenflaggen angesehen zu werden[8]. Die unterschiedliche Interpretation verdeutlicht anschaulich die rivalitätsgeprägte Klimaveränderung zwischen den beiden Mächten am Ausgang des 19. Jahrhunderts.

Der Ankauf, die Ausrüstung, Bemannung und Ausbildung der schwimmenden Einheiten der ersten deutschen Flotte nahmen mehr Zeit in Anspruch, als die durch die Kräfte der Beharrung in Gang gesetzte Gegenrevolution ihr zuzugestehen bereit war. Das Scheitern der Revolution, sinnfällig in der Zurückweisung der Kaiserkrone durch Friedrich Wilhelm IV., verurteilte die Flotte unter ihrem Befehlshaber Konteradmiral und Seezeugmeister Karl Rudolf Brommy zu einer jahrelangen Phase der Stagnation. Zunächst aber wagten weder Preußen noch Österreich die Flotte, das einzige noch sichtbare Zeichen revolutionärer Begeisterung, aufzulösen.

Admiral Brommy gebührt der besondere, da unspektakuläre Ruhm, die unvollkommene deutsche Flotte mit ihren neun Dampfschiffen, zwei Großseglern und 27 Ruderkanonenbooten bis 1852 unter der Flagge Schwarz-Rot-Gold und der Bezeichnung »Bundesmarine« in Disziplin und Moral zusammengehalten zu haben, daß selbst der politische Gegner ihr den Respekt nicht versagen konnte. Daß die Arbeit der Paulskirche und ihre Errungenschaften von der nationalistischen Propaganda späterer Generationen nicht der Lächerlichkeit preisgegeben werden konnten, haben sie nicht zuletzt dem Erscheinungsbild der Flotte als dem einzigen von ihr geschaffenen Exekutivorgan zu verdanken.

III.

Geschichte vollzieht sich in einer ständigen Abfolge von Kontinuitäten und Brüchen. Auch der Bruch mit der bisherigen Entwicklung wird bestimmt durch die Auseinandersetzung mit dem Gewesenen. Alle Hoffnungen, Vorstellungen und Zielsetzungen, die wir auf die Zukunft richten, werden gespeist aus den Erfahrungen und Erinnerungen der Vergangenheit. Vor dem Hintergrund ihrer eigenen Zeitgebundenheit ordnet und gewichtet jede Generation erneut die Fakten der Vergangenheit. Sie setzt damit auch die Maßstäbe einer zeitgebundenen Traditionsstiftung. Das gebrochene Verhältnis der deutschen Marinen nachfolgender Epochen zur Geschichte der ersten deutschen Flotte von 1848 spiegelt diese Haltung besonders eindrucksvoll wider.

Die Bundesflotte des Norddeutschen Bundes und die Kriegsmarine des Reiches in der Regierungszeit Kaiser Wilhelms I. bewegten sich noch im Rahmen der seit 1848 vorgegebenen Aufgaben. Das bedeutete einerseits, die Sicherung der strategischen Verbindungswege durch die Ostsee zu gewährleisten, und andererseits ihrer Rolle, Allianzpartner der großen Seemächte im Rahmen globaler maritimer Präsenz zu sein, gerecht zu werden.

Erst durch die Flottenrüstung in der Ära Tirpitz wurde die Maxime, als Partner, nicht aber als Rivale Englands aufzutreten, mit den für das Reich bekannten fatalen Folgen aufgegeben. In diesem Kontext spiegelt die informell verwendete Bezeichnung »Kaiserliche Marine« gleichermaßen imperiale Herrschaftsansprüche wie auch die unmittelbare Treuebeziehung zum Monarchen wider.

Die Republik von Weimar knüpfte in der politischen Zielsetzung der Reichsregierung mit der Verwendung der Bezeichnung »Reichsmarine« bewußt an die älteren Traditionen an, während gleichzeitig die militärische Führung diese Begrifflichkeit programmatisch mit der Marinepolitik des Wilhelminischen Reiches verband. Die 1935 erneut umbenannte »Kriegsmarine« trug die revisionistische Abkehr von Versailles bereits im Namen, während 1955 mit dem endgültigen Untergang des Reiches die Wiederaufnahme der historischen Bezeichnung von 1848 sich von selbst verbot.

Für die Marine der Bundesrepublik Deutschland setzte sich im Bewußtsein der Bevölkerung, wenngleich ebenfalls nicht offiziell sanktioniert, der Begriff »Bundesmarine« durch. Damit bot sich eine traditionsstiftende Verknüpfung mit der Geschichte der »Bundesmarine« der Jahre 1850 bis 1853 an. Auch die Seestreitkräfte der DDR bezogen sich mit der zu Beginn der sechziger Jahre eingeführten Benennung »Volksmarine« auf eine revolutionäre Entwicklungslinie der deutschen Marinegeschichte. Mit dem bewußten Rückbezug auf die Volksmarinedivision der Revolution von 1918/19 erhielt auch hier der historische Kontinuitätsbruch eine traditionsstiftende Funktion.

Das Thema der Stralsunder Gedenkveranstaltung von 1998 »150 Jahre deutsche Marinen« war somit zutreffend gewählt, ermöglicht es doch, die Bestandteile
der deutschen Marinegeschichte, die Identifikationsbögen zur Gegenwart erlauben,
in Abgrenzung zu den Irrwegen und Fehlentwicklungen späterer Zeiten deutlich
zu bestimmen[9]. 1979 hat der damalige Inspekteur der Marine, Vizeadmiral Günter
Luther, in prägnanter Form die traditionswürdigen Aspekte der Entstehungsgeschichte der ersten deutschen Flotte herausgestellt: »Gegründet durch das erste
Deutsche Parlament – die Nationalversammlung der Paulskirche – zum Schutze
der deutschen Küsten und des deutschen Seehandels, symbolisiert [die Flotte] [...]
den Gedanken der Reichseinheit auf liberal-demokratischer Grundlage[10].« Dem
wäre vor dem Hintergrund der Ereignisse von 1989 noch hinzuzufügen, daß die
endlich erreichte staatliche Einheit in Freiheit letztlich auch durch das nordatlanti-
sche Bündnis mit den Seemächten ermöglicht worden ist. Mit der Hinwendung zu
den westlichen Demokratien und der Integration in ein Bündnissystem konnte,
wenn auch verspätet, eine mit politischem Augenmaß erhobene zentrale Forderung der Gründerväter der ersten deutschen Flotte eingelöst werden.

Anmerkungen

*   Bei diesem Beitrag handelt sich um den Festvortrag aus Anlaß des 150. Gründungstages einer
     deutschen Flotte am 14. Juni 1998. Die Erstveröffentlichung erfolgte in der Zeitschrift »Marine-
     forum« (1998), 7/8, S. 12–18. Der Text wurde für die erneute Veröffentlichung durchgesehen
     und etwas gekürzt. Die Anmerkungen beschränken sich weitgehend auf Belege der Zitate.
1   Siehe dazu in diesem Band den Beitrag von Günter Moltmann, Die deutsche Flotte von 1848/49
     im historisch-politischen Kontext.
2   Zit. nach Willi A. Boelcke, So kam das Meer zu uns. Die preußisch-deutsche Kriegsmarine in
     Übersee 1822 bis 1914, Frankfurt a.M., Berlin, Wien 1981, S. 13.
3   Zit. nach Moltmann, Die deutsche Flotte (wie Anm. 1), S. 66.
4   Zur damaligen Haltung der Vereinigten Staaten grundlegend: Günter Moltmann, Atlantische
     Blockpolitik im 19. Jahrhundert. Die Vereinigten Staaten und der deutsche Liberalismus während
     der Revolution von 1848/49, Düsseldorf 1973. Siehe auch dessen Beitrag in diesem Band.
5   Adalbert Prinz von Preußen, Denkschrift über die Bildung einer deutschen Kriegsflotte, Potsdam
     1848, Zitat S. 5. – Reprint als Anhang 1 in: Jörg Duppler, Prinz Adalbert von Preußen. Gründer
     der deutschen Marine, Herford, Bonn 1986, S. 79–115.
6   Ebd., S. 95 f.
7   Ebd., S. 102.
8   Siehe dazu Jörg Duppler, Der Juniorpartner. England und die Entwicklung der deutschen Marine
     1848–1990, Herford 1986 (= Schriftenreihe des Deutschen Marine-Instituts, Bd 7), S. 178–185.
9   Siehe dazu die Ausstellung des Militärgeschichtlichen Forschungsamtes »Germania auf dem
     Meere« und den mit zahlreichen Bild- und Textdokumenten ausgestatteten Katalog zur Ausstel-
     lung: Jörg Duppler, Germania auf dem Meere. Bilder und Dokumente zur Deutschen Marinege-
     schichte 1848 bis 1998, Hamburg, Berlin, Bonn 1998.
10   Grußwort des Inspekteurs der Marine, Vizeadmiral Günter Luther, in: Deutsche Marine. Die
     erste deutsche Flotte, Bremerhaven 1979 (= Führer des Deutschen Schiffahrtsmuseums, 10), S. 5.
     Siehe in diesem Zusammenhang auch die Ansprache Luthers vor Offizieranwärtern am 21.9.1978
     am Vorabend ihrer Vereidigung: Günter Luther, Standortbestimmung – Erfahrungen und Ver-
     pflichtungen aus der historischen Entwicklung der deutschen Marine ab 1848, in: Die deutsche
     Marine. Historisches Selbstverständnis und Standortbestimmung, hrsg. vom Deutschen Marine
     Institut, Herford, Bonn 1983, S. 13–22.

Jörg Duppler

Die Anlehnung der Kaiserlichen Marine an Großbritannien 1870 bis 1890[*]

1870 äußerte Otto von Bismarck gegenüber Odo Russel, dem späteren englischen Botschafter in Berlin, England und Österreich seien die natürlichen Bundesgenossen Deutschlands[1]. 1889 ergänzte er diese Aussage dahingehend, es sei das ganze Ziel und Objekt der deutschen Politik seit zehn Jahren gewesen, England für den Dreibund zu gewinnen[2].

Ähnliche Feststellungen gab es auch von englischer Seite: 1872 berichtete Kaiserin Augusta dem Kaiser über die in England herrschende geneigte Stimmung Deutschland gegenüber: »Man erkennt, daß von Deutschlands politischer Haltung die Ruhe Europas abhängt, daß sie für das europäische Gleichgewicht bestimmend ist[3].« 1875 wies Premierminister Benjamin Disraeli auf einem parlamentarischen Dinner, zu welchem mit dem deutschen Botschafter Georg Herbert Graf zu Münster-Ledenburg zum ersten Mal ein ausländischer Diplomat hinzugezogen worden war, auf die politische Bedeutung Deutschlands und Englands hin, wonach die beiden Völker, die allein Hand in Hand gehen könnten und das immer mehr einsehen müßten, England und Deutschland seien; und auf das Resultat des Deutsch-Französischen Krieges eingehend, versicherte er, daß die gründliche Niederlage Frankreichs ebenso nützlich für England wie für Deutschland gewesen sei: »In der Zukunft werde Deutschland immer sicher auf England rechnen können[4].«

Aber nicht nur die dem Reich positiv gegenüberstehenden konservativen englischen Politiker traten für ein gutes Verhältnis zu Deutschland ein, auch Liberale wie Lord George L.-G. Granville, die eben diese Non-Intervention-Policy um jeden Preis verfochten, erkannten in Deutschland den Garanten für die Aufrechterhaltung des Status quo in Europa. Legte Lord Granville 1873 noch großen Wert auf »ein wirklich gutes Einvernehmen mit dem mächtigen Deutschen Reiche«[5], so wünschte er zehn Jahre später unter dem Eindruck eines möglichen überseeischen Konflikts mit Frankreich eine »bonne entente«[6].

Diese punktuell herausgegriffenen Fixpunkte deutsch-englischer Beziehungen können natürlich kein vollständiges Bild des Verhältnisses zwischen beiden Staaten geben, denn nicht zuletzt gerade durch den häufigen Kurswechsel in der englischen Außenpolitik – hier die strikte Nichteinmischung (sofern möglich) in europäische Angelegenheiten der liberalen, dort die vorsichtige Öffnung und Annäherung an Europa durch die konservativen Regierungen – war von deutscher Seite aus eine vorausschauende und England als sichere Größe einbeziehende Politik nicht möglich.

Auf der anderen Seite bezeichnen diese Fixpunkte aber die Position beider Staaten, wo sie trotz unterschiedlicher Zielrichtungen gleiche Interessen verfolgten und wo Berührungspunkte gegeben waren. Für England, sei es unter liberaler oder konservativer Regierung, war Deutschland unter Bismarck spätestens nach der Krieg-in-Sicht-Krise von 1875 als kontinentale Hegemonialmacht der Garant des europäischen Friedens, zu dessen Erhaltung auch und gerade das mit Österreich geschlossene Defensivbündnis von 1879 (Zweibund) begrüßt wurde: Außenminister Lord Robert A.T.G. Salisbury äußerte sich, bevor der Vertrag bekannt wurde, zu entsprechenden Gerüchten mit einem Bibelwort: Wenn diese Gerüchte zuträfen, so meine er, daß dies gute Nachrichten von großer Freude seien[7]. Für Bismarck bedeutete dieses Verhältnis, daß er mit Billigung Englands sein Spiel mit den »fünf Bällen« auf dem europäischen Kontinent spielen konnte, während er eine gleiche Rolle Englands Seemacht in Übersee zuwies.

Durch den Beitritt Italiens zum Zweibund und aufgrund der englischen Interessen im Mittelmeer war nach dem Berliner Kongreß ein weiterer Berührungspunkt gegeben, der zumindest für diesen Bereich eine parallele Politik ermöglichte, ohne daß es hierfür zu einer »besonderen und engen Allianz mit einer oder zwei europäischen Mächten« kommen mußte, wie es 1880 der liberale Oppositionsführer im Unterhaus befürchtete[8]. Im November 1878 hatte Earl of Beaconsfield auf dem bedeutenden Lord-Mayor-Bankett die Grundsätze der englischen Außenpolitik skizziert, welche für das kommende Jahrzehnt unter sämtlichen englischen Regierungen gültig waren und die sich, was ihre europäische Komponente anbetraf, mit den Vorstellungen Bismarcks deckten. Der Premierminister führte aus:

> »Sicherung der afghanischen Grenzen, englisches Protektorat in Asien und Unabhängigkeit des Sultans im englischen Sinne. Sicherung der Grenzen Kleinasiens auf der einen Seite durch Erzerum, im Zentrum durch Konstantinopel und vom Mittelmeer aus durch Zypern, dann schließlich energisches Festhalten am Berliner Vertrag[9].«

Aber gerade das Festhalten Englands am Berliner Vertrag von 1878, in welchem es das Mittel zum Fernhalten Rußlands vom Mittelmeer und zur hierzu als ebenso wichtig erachteten Erhaltung der Integrität der Türkei sah, stellt die Verbindung her zwischen der Unmöglichkeit, mit England ein formelles Bündnis abzuschließen und der Möglichkeit, über die »maritime Solidarität« mit England, die noch vor Abschluß des »Orient-Dreibunds« im Mittelmeer dreimal praktiziert worden war, doch zu einem vertragsähnlichen Verhältnis zu kommen.

Dieses Verhältnis, welches hier als »Anlehnung an England« bezeichnet wird, soll im folgenden unter bewußter Auslassung des sogenannten deutsch-englischen Bündnisproblems und unter dem Aspekt der deutsch-englischen Marinebeziehungen näher beleuchtet werden[10].

1. Die Marine als vehiculum für politische Verträge

Von den gemeinsamen deutsch-englischen Flottenoperationen in Europa und in Übersee fallen die Aktionen gegen Spanien (1873), in China (1876 bis 1883) und vor Ostafrika (1888/89) insofern aus dem Rahmen[11], als sie mit verhältnismäßig starken Kräften und unter einem äußerst regen diplomatischen Verkehr zwischen Berlin und London durchgeführt wurden. In den zwischen beiden Regierungen gewechselten Noten finden sich für die genannten Operationen Hinweise, die ein Interesse an schriftlich festgehaltenen politischen Abmachungen vermuten lassen. So suchte Bismarck 1873 eine »Verständigung«[12] und »Bezugnahme mit England, mit welchem wir bisher in Betreff der spanischen Angelegenheiten Hand in Hand gegangen sind«[13]. Lord Granville ging noch weiter und schlug Graf Münster »ein vertragsmäßiges Abkommen« vor[14]. 1876 suchte die Reichsregierung beim Vorgehen in China die diplomatische und eventuell maritime Solidarität mit England, ein Verhältnis, welches die gesamte deutsche Politik in Ostasien bestimmen sollte[15]; England war 1883 an gemeinsamen Maßregeln zum Schutz der Fremden in China interessiert[16]. Vor Ostafrika schließlich gingen die beiderseitigen Interessen so weit, daß man sich 1888 entschloß, sich »aneinander anzulehnen«[17].

Bei der Durchführung der genannten Operationen bzw. bei der Durchsetzung von gemeinsamen Interessen waren in allen Fällen Seestreitkräfte der Kaiserlichen Marine und der Royal Navy in joint actions beteiligt; d.h. sie setzten nach vorheriger Absprache und nach verabredeten Weisungen ihrer Regierungen die von diesen beschlossenen Maßnahmen durch, so daß das militärisch-maritime Vorgehen in Spanien, China und Ostafrika eine maritim-politische Wendung erhielt. Es kann an dieser Stelle nicht auf die politischen Begleitumstände zu diesen Aktionen eingegangen werden.

Zusammenfassend ist jedoch hierzu festzuhalten, daß durch den politisch verabredeten gemeinsamen Einsatz der beiden Marinen die Anlehnung zwischen England und dem Deutschen Reich gefördert und Abmachungen im Vorfeld politischer Verträge erleichtert wurden.

2. 1889: Wilhelm II., Honorary Admiral of the Fleet

An Weihnachten 1896, dem Jahr der sogenannten Krüger-Depesche, erschien auf der ersten Seite der englischen »Navy & Army Illustrated« eine Photographie, welche Kaiser Wilhelm II. in der Uniform eines Admiral of the Fleet der Royal Navy zeigte. Als Erklärung heißt es dazu im Text:

> »Seine Majestät Wilhelm II., Deutscher Kaiser und König von Preußen, Ritter des Hosenbandordens, ist seit August 1889, als ihn die Königin als besonderes Kompliment in dieses Amt berief, ehrenhalber Admiral of the Fleet der britischen Marine. Dies ist eine Auszeichnung, die, wie allgemein bekannt ist, der Deutsche Kaiser sehr hoch schätzt, und er hat bei vielen Gelegenheiten den Beweis seiner Hochachtung vor dieser hohen Ehre gegeben[18].«

Die Verleihung dieses Titels kann in der Tat als besondere Auszeichnung angesehen werden, denn außer dem Prince of Wales und späteren König Eduard VII. sowie 1908 (!) dem russischen Zaren hat kein anderer Souverän oder Seeoffizier diesen Ehrenrang erhalten, und Wilhelm II. wurde zusammen mit seinem Bruder Prinz Heinrich, der 1901 zum Honorary Admiral ernannt wurde, bis September 1914 in der englischen Navy List geführt[19].

Die Ernennung des Kaisers fand 1889 statt, in dem Jahr also, in welchem vor Sansibar die joint action deutscher und englischer Geschwader durchgeführt wurde, und durch diese beiden Ereignisse wird das Jahr 1889 zum Höhepunkt der maritim-politischen Beziehungen beider Länder. Verlauf und Wirkung der Ernennung Wilhelms sollen im folgenden unter Berücksichtigung des politischen Verhältnisses zwischen England und Deutschland untersucht werden.

a) Die Vorbereitungen zum deutschen Flottenbesuch in Portsmouth

Am 14. Februar 1889 meldete der »Standard« das Gerücht einer Reise Wilhelms II. nach England. Das Blatt sprach die Erwartung aus, daß der Empfang des Kaisers an Herzlichkeit alles überbieten werde, was ihm im Verlauf seiner Besuche in Wien, St. Petersburg und Stockholm in dieser Hinsicht erwiesen worden sei. Aufgrund des »Ungestüms der deutschen Kolonialversuche« seien zwar Stimmen gegen einen derartigen Besuch in England laut geworden, dieser werde aber unter Beweis stellen, »daß zwei große Nationen Besseres zu tun haben, als törichte Eifersucht und vorgebliche Erbitterung zu pflegen«[20].

Zu dem Bericht des Botschafters Paul Graf von Hatzfeldt-Wildenburg zu diesem Artikel des regierungsfreundlichen »Standard« und zu dessen Hinweis, der Kaiser werde nicht nur Gast der englischen Königin, sondern des ganzen englischen Volkes sein, vermerkte Bismarck, der Besuch würde »Druck auf Richtung der Reg[ierung]« üben[21] und wies Hatzfeldt an, er möge bei Salisbury vertraulich nachfragen und das Interesse des Kaisers mitteilen. Die Königin möge dann Ort und Zeit des Besuches bestimmen[22].

Wilhelm II. bekundete auf eine ähnliche Meldung, wonach im Sommer die probeweise Mobilisierung der englischen Marine mit einer Revue der Flotte vor dem Kaiser beginnen oder endigen werde, seine Zustimmung: »Das wäre nett[23].«

In der Antwort Lord Salisburys von Anfang März zeichnete sich die Art der Durchführung des Besuches ab: »Die englische Regierung hoffe, daß der Kaiser [...] von seiner Flotte begleitet sein werde, und bei der Ankunft werde Seine Majestät von der englischen Flotte empfangen werden[24].« Dies wurde in Berlin akzeptiert, indem bekannt gemacht wurde, daß der Kaiser auf der Yacht »Hohenzollern«, begleitet von einem Panzergeschwader, in England eintreffen werde[25].

In den Stäben von Admiralty und Kaiserlicher Admiralität wurden entsprechende Vorbereitungen getroffen, und am 25. Mai 1889 teilte die englische Königin ihrem Enkel – »My Dear Willie« – mit, daß aufgrund der Tideverhältnisse der 3. August 1889 als Ankunftstag am günstigsten sei[26].

Mitte Juni folgte das vorläufige Programm, wobei dem Wunsch des Lord Mayor von London, Wilhelm möge in der City die Ehrenbürgerschaft entgegennehmen, nicht entsprochen wurde: Lord Salisbury hielt den Aufenthalt des Kaisers in den engen Straßen für zu gefährlich wegen der »zahlreichen anarchistischen und französisch gesinnten« Elemente[27].

In einem Privatschreiben ließ Königin Victoria ihren Enkel wissen, daß sie aus Anlaß des Kaiserbesuchs in England mit großer Freude bereit sei, die Chefstelle eines Preußischen Regiments anzunehmen. Als Dank dafür habe sie, wie der Kaiser Bismarck mitteilen ließ, die Absicht, ihn zum Admiral in der englischen Flotte zu ernennen. Er habe dies »bereitwilligst angenommen« und das 1. Garde-Dragonerregiment für die Königin vorgesehen. Aus der Ernennung zum Admiral erkenne er, »daß es dem Lord Salisbury endgültig gelungen zu sein scheint, Ihre Majestät Mir und Meiner Politik gegenüber günstiger zu stimmen, und [Ich] sehe dies als einen bedeutenden Fortschritt zur Sicherung des internationalen Friedens an, der Euere Durchlaucht gewiß mit Freude erfüllen wird«[28].

Inzwischen gingen die Vorbereitungen in England weiter. Da beide Häuser des Parlaments der Flottenrevue zu Ehren Wilhelms II. beizuwohnen wünschten, wurde der Ankunftstag auf den 2. August 1889 vorgelegt[29]. Die Admiralty befahl, daß jedes auf Spithead-Reede (Portsmouth) liegende englische Kriegsschiff am 5. August 1889 seeklar und auf eine Inspizierung durch den Kaiser vorbereitet sei[30]. Der Kaiserliche Marineattaché, Konteradmiral Wilhelm Schröder, meldete nach Berlin, daß für die Flottenrevue der Ausdruck »Inspektion« befohlen worden sei, »in der Hoffnung, daß Seine Majestät geruhen werden, Allerhöchst sich durch persönliche Inspizierung einzelner Schiffe vom Grade der Schlagfertigkeit der Flotte zu überzeugen«[31].

In der Admiralty wurde zur gleichen Zeit nach Vorgängen gesucht, nach welchen man bei Kaiser Wilhelms Besuch verfahren könne. Hierzu mußte man zurückgehen bis zum 1855 erfolgten Besuch Kaiser Napoleons III. in England, wozu die »Times« vom 16. April 1855 als Quelle diente[32]!

Aber auch Salisbury schaltete sich in die Vorbereitungen ein: Er wünschte den Besuch der königlichen Familie an Bord eines der deutschen Panzerschiffe[33], ein Wunsch, der vom Prince of Wales geteilt wurde[34]. Letzterer regte auch die Teilnahme der deutschen Offiziere an einem Dinner im Royal Yacht Squadron Club an, dessen Kommodore er war, eine Einladung, die, wie Hatzfeldt unterstrich, »eine hier sehr seltene und wertvolle Manifestation« darstelle[35].

Am 10. Juli 1889 teilte Schröder das Zeremoniell für den Flottenbesuch mit: Aus Rücksicht auf die Gesundheit der Königin werde der Prince of Wales als ihr Vertreter am 2. August dem Kaiser auf der königlichen Yacht »Osborne« entgegenfahren; danach Begrüßung der »Hohenzollern« bei Osborne und Austausch der Salute. Die Flottenrevue finde am 3. August in Begleitung des Prince of Wales statt, am 4. August, einem Sonntag, erfolge dann »eine eingehende Inspizierung«, wobei die englische Seite ihre Hoffnung auf einen »innerdienstlichen Charakter« der Inspektion ausgedrückt habe; deshalb werde auch kein Salut gefeuert, sondern nur das in der Marine übliche Zeremoniell an Bord durchgeführt. »Es scheint besonderer Wert darauf gelegt zu werden, daß S.M. die Gnade haben möchten, die Meldungen der englischen Admirale und Kommandanten (Leutnants ausgeschlossen) entgegenzunehmen[36].«

Interessant und äußerst aufschlußreich ist die Marginalbemerkung Bismarcks, die er hinsichtlich des beabsichtigten Zeremoniells äußerte. Zum Programmpunkt[37]: »Die Königliche und Kaiserliche Standarte werden zusammen am Mastkopf der Yacht »Victoria and Adalbert« entfaltet, und die Schiffe der Flotte werden mit der deutschen und englischen Flagge geschmückt sein, die zusammen vom Hauptmast wehen«, vermerkte der Kanzler: »Hauptsache« – eine Feststellung, welche den Hauptzweck erkennen läßt, den er dem Flottenbesuch des Kaisers in England beimaß –: Öffentliche, überall sichtbare Demonstration der deutsch-englischen Anlehnung und Hervorhebung der maritimen und politischen Solidarität beider Mächte.

Am 12. Juli traf aus London die Meldung ein, Königin Victoria wolle Wilhelm II. zum Admiral ernennen, er möge deshalb die entsprechende Uniform mitbringen[38]. Dies rief in Berlin Unklarheit über den Rang hervor[39], so daß Hatzfeldt in London genauere Information einholte: »Die Königin beabsichtigt, Seine Majestät den Kaiser und König zum Admiral of the Fleet zu ernennen. Dies entspricht dem Range eines Feldmarschalls in der Armee[40].«

Schließlich überreichte der Privatsekretär der Königin, General Sir Henry Ponsonby, Hatzfeldt am 18. Juli 1889 das endgültige Besuchsprogramm, wonach folgender zeitlicher Ablauf festgelegt wurde:

Freitag, 2.8.:
    Ankunft des Geschwaders, Begrüßung, Aufenthalt in Osborne;
Samstag, 3.8.:
    »Inspect the Fleet«[41];
Sonntag, 4.8.:
    »Visit« von 3 bis 4 Schiffen;
Montag, 5.8.:
    Besichtigung des Auslaufens der englischen Manöverflotte, Besuch eines
    deutschen Schiffes;
Dienstag, 6.8.:
    Regatten vor Cowes, Dinner im Yacht-Club;
Mittwoch, 7.8.:
    Besuch des Truppenübungsplatzes Aldershot;
Donnerstag, 8.8.:
    Abreise[42].

Nach diesem Zeitplan erfolgte die Durchführung des mit großer Genauigkeit und Sorgfalt vorbereiteten ersten Besuchs eines Deutschen Kaisers auf englischem Boden. Welche Bedeutung diesem Besuch hierbei von englischer Seite beigemessen wurde, zeigt sich z.B. daran, daß das House of Commons zusätzlich 150 Tickets für die Revue zu den ihm zugeteilten 400 nachforderte[43], und daß selbst hochgestellten Mitgliedern des Royal Yacht Squadron Clubs die Erlaubnis versagt wurde, mit ihren Yachten an der Revue teilzunehmen, da man eine »Überfüllung des

Reviers« verhindern wolle[44]; und was die Beteiligung der Presse anging, so wurden an ihre Vertreter nicht weniger als 77 Tickets vergeben, eine Zahl, die sich durchaus an heutigen Verhältnissen messen läßt[45].

b) Kaiser Wilhelm II. in England

Programmgemäß erreichten die deutschen Schiffe, aufgeteilt in das Manöver- und Übungsgeschwader unter Vizeadmiral Philipp von Kall[46], am Nachmittag des 2. August 1889 die englischen Hoheitsgewässer, wo sie unter »großer Bewunderung der englischen Marineoffiziere« das äußerst schwierige Revier bis zum Ankerplatz vor Osborne durchfuhren, begleitet von der Yacht »Osborne« mit dem Prince of Wales an Bord[47]. Kaiser Wilhelm begab sich unverzüglich nach Osborne House, um die Königin zu begrüßen, von welcher er noch am 2. August 1889 zum Honorary Admiral of the Fleet ernannt wurde[48]. Gleichzeitig überreichte der Kaiser der Königin die Ernennungsurkunde zum Chef des 1. Garde-Dragonerregiments[49], welches von nun an »Königin von England« genannt werden sollte.

Mag zunächst der Ehrenoberst-Titel im Vergleich zum Honorary Admiral of the Fleet geringer erschienen sein, so wurde diese Diskrepanz durch den Umstand ausgeglichen, daß mit Königin Victoria erstmals ein ausländischer Souverän mit diesem Regiment ausgezeichnet wurde, was sonst nur den preußischen Königen vorbehalten blieb, eine Ehre, die sehr wohl erkannt wurde[50].

Der Ablauf des Besuchs richtete sich, wie erwähnt, nach dem im Juli ausgearbeiteten Plan, wobei anstelle der auf den 5. August 1889 verschobenen Flottenrevue am 3. August mehrere englische Schiffe von Wilhelm II. inspiziert wurden. Zu den Höhepunkten zählte ohne Zweifel die Revue, welche vom Kaiser in der neuen Uniform abgenommen wurde und vor deren Durchführung auf Wunsch der Königin ein Foto genommen wurde, auf welchem sie die Farben ihres Regiments und die Bänder von Hosenband- und Familienorden der Hohenzollern trug, gleichsam ein Symbol für die politische und militärische Anlehnung beider Staaten aneinander.

Diese Anlehnung stand auch im Mittelpunkt der Tischreden, welche vom Prince of Wales und Kaiser Wilhelm II. am 6. August während des Dinners im Royal Yacht Squadron Club in Cowes gehalten wurden: Der englische Thronfolger wies darauf hin, daß noch nie in der Geschichte eine derart große Flotte von Kriegsschiffen zusammengezogen worden sei[51]. In diesen Zeiten müsse man auf alle möglichen Eventualitäten gefaßt sein, und er vertraue darauf, daß die deutsche Armee und die englische Flotte danach strebten, den Frieden in der Welt aufrecht zu erhalten.

Der Kaiser erwiderte, wie sehr er beeindruckt sei von der englischen Flotte, die er als die beste in der Welt ansehe:

»Deutschland verfüge über eine seinen Bedürfnissen entsprechende Armee, und wenn England eine Flotte besitze, die seinen Erfordernissen entspreche, so würde dies allgemein in Europa als ein wichtiger Faktor der Friedenssicherung angesehen werden[52].«

Ähnlich war der Tenor einer Rede, die Wilhelm II. vor der englischen Armee in Aldershot hielt: Es habe immer schon eine Brüderschaft zwischen den deutschen und britischen Armeen gegeben, und auf vielen Schlachtfeldern sei preußisches und englisches Blut zusammen vergossen worden. Die beiden Nationen seien immer miteinander verbunden gewesen, und die roten und blauen Uniformen hätten vielmals Seite an Seite gekämpft; er hoffe, daß beide Armeen immer Freunde blieben[53].

Kaiser Wilhelm II. wurde 1889 während seines Staatsbesuches in England zum Honorary Admiral of the Fleet ernannt. Hier die Parade deutscher Matrosen vor Queen Victoria

Am 8. August 1889 fand schließlich, wie der »Daily Telegraph« ausführte, dessen Berichterstatter während der gesamten Dauer des Kaiserbesuchs an Bord des Flaggschiffes »Baden« weilte, »ein wirklich bemerkenswertes Finale« statt. Unter Führung des Kaisers paradierten Abordnungen der deutschen Schiffe vor den Augen der Königin auf dem Rasen von Osborne House:

> »Ihre Majestät hat häufig«, so schrieb der »Daily Telegraph«, »Regimenter [...] besichtigt; aber eine Parade dieser Größe, darüber hinaus durchgeführt von den Vertretern einer Marine eines fremden Souveräns, ist bisher in den Annalen der Britischen Königsfamilie noch nicht verzeichnet: 2000 teutonische Teerjacken zogen an der Königin vorbei. Von jedem Schiff der Flotte eine Abteilung[54].«

Durch diese »großartige Parade« wurde das Bild noch verstärkt, das sich die Engländer von den »strammen Kerlen«, die »soldatischer« als die englischen Matrosen aufträten, im Verlauf des Flottenbesuchs gemacht hatten: Neben ihrer gesunden Erscheinung wurde immer wieder ihre Gesangsfreudigkeit und ihre Vorliebe für

Musik hervorgehoben; was aber am meisten in Erstaunen versetzte, war die Tatsache, daß kein Fall von Trunkenheit oder ungebührlichem Benehmen festgestellt worden sei, und das bedeute etwas, wo die deutschen Matrosen doch seit den letzten Manövern nicht mehr an Land beurlaubt gewesen seien[55].

Gerade aber dadurch, daß es an Land keine »Ausfälle« von deutschen Matrosen gegeben hatte, wurde der Eindruck, den der Besuch des Kaisers in England hinterließ, abgerundet: Die Seeleute verhielten sich vorbildlich, die Offiziere verbrachten den größten Teil ihrer Freizeit in Gesellschaft ihrer englischen Kameraden, und der Kaiser selbst, äußerst erfreut über die Art seines Empfangs, zeigte sich allen und besonders den englischen Marineoffizieren gegenüber von der liebenswürdigsten Seite, kurzum, der Besuch hatte sich, zumindest an Ort und Stelle, als voller Erfolg erwiesen. Es bleibt nun zu untersuchen, welchen Eindruck er hinterließ und welche politischen Auswirkungen sich aus ihm ergaben.

c) Die Wirkung des Kaiserbesuchs

Als Wilhelm II. seine Reise von »Bedeutung und politischer Wucht«[56] Anfang August 1889 antrat, schrieb die offiziöse »Norddeutsche Allgemeine Zeitung«[57]:

> »Heute Nachmittag landet Kaiser Wilhelm an der Küste des befreundeten England [...] Zum ersten Mal betritt ein Deutscher Kaiser das Inselreich und zum ersten Mal erscheint ein so ansehnliches deutsches Geschwader in britischen Gewässern. Dieses geschichtliche Ereignis ist wohl geeignet, beiden Nationen zum Bewußtsein zu bringen, welche Kräfte sie in den Dienst der großen Kulturaufgaben stellen, die sie in unserem Weltteile wie in fernsten Gegenden der Erde übernommen haben.«

Besonders die hier geäußerte Bedeutung des Besuchs für eine Zusammenarbeit auf dem europäischen Kontinent wurde in Englands Presse geteilt. Der regierungsfreundliche »Standard« vermerkte, Bismarcks Prinzip: »do ut des« könne in Hinblick auf Frankreich und Rußland angewandt werden, die zwar nicht den Frieden brechen wollten, da sie ihre Schwäche einsähen, die aber trotzdem auf Rhein, Donau, Nil oder Indus blickten:

> »Dies ist es, was Deutschland und England genauso wie Österreich und Italien veranlaßt [...] starke Land- und Seestreitkräfte zu unterhalten. Der Deutsche Kaiser kann versichert sein, daß, solange Deutschland vorbereitet ist, es den ihm zufallenden Part in der Bewahrung des Friedens oder, sollte dieser gebrochen werden, in der Verteidigung der territorialen Integrität der überfallenen Länder zu übernehmen, daß dann England nicht zurückstehen wird, den ihm zufallenden Teil der öffentlichen Pflicht zu übernehmen[58].«

Ähnlich, wenn auch nicht als zwingende Notwendigkeit für eine Allianz, sahen es die liberalen »Daily News«, die zumindest für den Augenblick die Freundschaft Deutschlands mit Blick auf die Erhaltung der Türkei für sehr nützlich hielten[59].

Die »Times« schließlich, die sich sehr spröde dem Deutschen Kaiser gegenüber zu äußern pflegte, wies auf das Mittel der englischen Seemacht hin, mit welchem der Status quo und der europäische Frieden erhalten werden könne: Zwar hätte man dem Kaiser ohne Zweifel zu jeder Zeit ein imponierendes Schauspiel von Seemacht geboten, der jetzige Besuch erhalte jedoch durch die Mobilmachung der

Flotte für die folgenden Manöver seinen außergewöhnlichen und unvorhergesehenen Charakter[60].

Waren die Stimmen noch vor Beginn des Flottenbesuchs in England geäußert worden, so steigerte sein Verlauf noch die in ihn gesetzten Erwartungen. Wilhelms Besuch, so schrieb die »St. James' Gazette«, habe zu einer herzlichen Verständigung zwischen beiden Staaten beigetragen:

> »England ist eine große, Deutschland eine kleine Seemacht; ähnlich ist Deutschland eine große, England dagegen unglücklicherweise eine kleine Landmacht. Die englischen und deutschen Marinen und Armeen haben gegenseitigen Respekt voreinander, und es ist etwas gewonnen worden dadurch, daß man sie in freundschaftlichen Kontakt gebracht hat[61].«

Für die »Morning Post« stellten Besuch und Ehrungen zwar keine politische Deklaration dar, zweifelsohne sei dadurch aber eine »Entente Cordiale« erzielt worden, welche anknüpfe an die engen Verbindungen aus der Zeit der Napoleonischen Kriege[62]; und in gesteigerter Form heißt es in einem weiteren Leitartikel des Blatts, bei dem Kaiserbesuch habe es sich um »ein Ereignis von erstrangiger politischer Bedeutung« gehandelt; der Toast des Prince of Wales beim Dinner im Yacht Club, wonach die englische Marine und das deutsche Heer »ein Bollwerk« bildeten gegen kriegerische Faktoren in Europa, bestätige dies genauso wie die Verleihung des Ehrentitels eines Admirals an den Kaiser. Falls ein Krieg über beide Länder hinwegziehe, müßten sie miteinander stehen oder fallen, und aus diesem Grunde sei auch keine Allianz auf dem Papier nötig, denn die gegenseitigen Interessen wiesen beiden Mächten den gleichen Weg[63].

Gerade der Allianzgedanke nahm in der Reaktion auf den Besuch Wilhelm II. in England einen breiten Raum ein. Übereinstimmend wurde in der Presse die Meinung vertreten, daß mit dem Besuch sich kein Bündnis abzeichne, weder mit Deutschland noch mit dem Dreibund, allerdings seien »die engstmöglichen Beziehungen sowohl zwischen den beiden Königlichen Häusern als auch zwischen den beiden Staaten«[64] erreicht worden, und man könne deshalb von einer »Union der Herzen und Hände« zwischen Deutschland, der größten Landmacht, und England, der größten Seemacht, sprechen und damit von einer Allianz im Interesse des Friedens[65].

Die Erkenntnis, daß mehr als die Union der Herzen und Hände nicht zu erreichen war, mag der Grund dafür gewesen sein, daß sich die politischen Hauptakteure des Besuchs, Bismarck und Salisbury, im Hintergrund hielten und es fast peinlich vermieden, in irgendeiner Form Einfluß auf Planung und Verlauf der gemeinsamen Marine-Demonstration zu nehmen. Vielmehr wurde dies den beiden Admiralitäten überlassen, und Bismarck ergänzte z.B. seine Marginalbemerkung zu einem Punkt des Programmvorschlags dahingehend, daß dies kein Auftrag sei, bezüglich irgendeiner Förmlichkeit Schritte zu unternehmen[66]. Er wollte alles in dieser Hinsicht dem Kaiser überlassen, zumal die politischen Weichen für den Besuch bereits im Frühjahr gestellt worden waren.

Im März 1889 hatte sich nämlich der Staatssekretär des Auswärtigen Amtes, Herbert von Bismarck, zu Gesprächen bei Lord Salisbury in London befunden, und bei diesem Anlaß wurde auch über die »joint naval demonstration« gesprochen. Es sollte auch nach dem Wunsch des englischen Premierministers eine Demonstration sein, da aufgrund des parlamentarischen Systems in England zum gegenwärtigen Zeitpunkt eine weitergehende Verbindung mit Deutschland nicht möglich sei: »Einstweilen könne er nichts tun, als möglichst demonstrativ mit uns Hand in Hand zu gehen [...][67].«

Wo aber hätte ein solches demonstratives, also sichtbares Hand-in-Hand-Gehen im Vorfeld einer »Papier-Allianz« deutlicher zu Tage treten können als in einem Flottenbesuch, bei welchem – und das war symbolisch die »Hauptsache« – die englische und deutsche Flagge *gemeinsam* am Mast wehten? Wie hätte man dieses informelle Verhältnis sichtbarer machen können als durch die Verleihung des Honorary Admiral of the Fleet an den Kaiser und die Übernahme eines hervorragenden Regiments durch die Königin? Daß hierbei auch eine Besänftigung des politischen Partners Deutschland durch Salisbury beabsichtigt war, zeigt nicht zuletzt die Tatsache, daß mit der Verleihung des Admiralstitels zum ersten und einzigen Mal ein ausländischer Souverän in dieser Form geehrt wurde.

Bismarck hat jedenfalls »die Vereinigung der deutschen und englischen Flotte bei Osborne«, die in Paris große Aufmerksamkeit erregte[68], dazu genutzt, die Anlehnung an England mit Hilfe der Marine weiter zu fördern und eine Störung dieses Ziels unterbunden. So wies er das Auswärtige Amt an, die gleichzeitig von der Kaiserlichen Marine gewünschte Initiative in Hinblick auf den Erwerb von Helgoland zugunsten der vorrangigen Flottenentsendung zu unterlassen, denn »die englische Ablehnung würde den sonst, wie ich hoffe, großen politischen Effekt des Kaiserbesuchs fast neutralisieren«[69].

Daß der politische Effekt durchaus erreicht wurde, zeigen die Reaktionen in Frankreich. Zwar hatte man dort zu Beginn des Besuchs die Situation hinsichtlich einer Allianz richtig eingeschätzt und vorausgesagt, daß sich im deutsch-englischen Verhältnis nichts ändern werde, da England aus nationalem Egoismus seine alte Politik der »freien Hand« fortsetzen werde[70]. Infolge der Reaktionen in England und vor allem aufgrund des in der englischen Presse verbreiteten Hinweises, daß Frankreich eine Gefahr für den europäischen Frieden darstelle, war man jedoch in Paris »empfindlich berührt« und erging sich in Attacken gegen Lord Salisbury, während man den Auftritt des deutschen Geschwaders herunterzuspielen suchte auf einen Höflichkeitsbesuch auf dynastischer Ebene[71].

Als Ergebnis dieses Kaiserlichen Flottenbesuchs kann festgehalten werden: Zwar hat er nicht zum Abschluß eines formellen Bündnisses, wie es 1889 sicherlich von Bismarck angestrebt worden ist, beigetragen. Durch die Anwesenheit des deutschen Geschwaders jedoch, durch die gegenseitige Verleihung von militärischen Ehrenrängen[72] und vor allem aufgrund der demonstrativen Vereinigung der Kaiserlichen Marine mit der Royal Navy auf Spithead-Reede, wurde eine so große Summe von Einzelergebnissen erzielt, welche die deutsch-englischen Beziehungen in den Bereich eines Bündnisses brachten. Auf die Kaiserliche Marine bezogen bedeuteten »Honorary Admiral of the Fleet«, das herzliche Einvernehmen zwischen den englischen und deutschen Marineoffizieren sowie die zur gleichen Zeit vor Sansibar durchgeführte joint action des deutschen und englischen Geschwaders den Höhepunkt der maritimen Solidarität mit der Royal Navy, durch welche die »engstmöglichen Beziehungen« zwischen den beiden Regierungen in London und Berlin hergestellt werden konnten.

3. Die englische Zurückhaltung

Die »festen Beziehungen« zwischen Deutschland und England, welche durch den Besuch des Kaisers und das »Zusammengehen in der afrikanischen Politik« begründet worden seien[73], fanden ihre Fortsetzung in zwei weiteren Ereignissen des Jahres 1889. Zunächst ließ Lord Salisbury im Parlament die Teilnahme des englischen Militärattachés in Berlin, Oberst Russel, an einem Bankett des Regiments »Königin von England«, während dessen Verlauf der Jahrestag der Schlacht von Mars-la-Tour gefeiert wurde, durch den Unterstaatssekretär im Foreign Office, Fergusson, rechtfertigen. Bei diesem Bankett hatte Russel die damals gezeigte Tapferkeit des Regiments hervorgehoben, was im Unterhaus zu einer Interpellation des radikalen Abgeordneten Labouchère geführt hatte. Dieser hatte gefordert, »in Zukunft Mitgliedern der britischen Botschaft in Berlin die Beteiligung an Festmählern zur Erinnerung preußischer Siege über Frankreich zu untersagen.«

Fergusson wies diese Forderung zurück und führte aus, daß die Teilnahme Russels Ausdruck der Dankbarkeit für die Königin Victoria erwiesene Ehrung gewesen sei, und der Umstand, daß das Dinner am Jahrestag jener Schlacht stattgefunden habe, sei ohne politische Bedeutung. Außerdem sei »das heldenmütige Verhalten« des Regiments eine Waffentat gewesen, »auf welche alle Deutschen stolz sind und der Bewunderung aller Nationen wert ist«[74].

Auf die französischen Reaktionen zur Teilnahme Russels und zur parlamentarischen Rechtfertigung dieser »Beleidigung Frankreichs«[75] ließ das Auswärtige Amt, unter dem Eindruck des erfolgreichen Kaiserbesuchs, in Paris auf die Lage hinweisen, in welche England bei einer deutschen Niederlage geraten wäre: England benötige »für seine politische Existenz neben seiner Flotte eine Anlehnung an eine starke kontinentale Armee«, und diese könne es wohl kaum bei Frankreich oder Rußland finden. Die guten Beziehungen zwischen Deutschland und England seien also »lediglich ein Ergebnis der politischen Logik, auf welches in London ebensowohl wie in Berlin gerechnet werde«[76].

Das zweite Ereignis, welches erneut die besondere Solidarität zwischen der Kaiserlichen Marine und der Royal Navy ausdrückte, war der Gegenbesuch der englischen Kanalflotte in Kiel im Oktober 1889. Zu diesem Besuch begab sich der Kaiser eigens nach Kiel, um in englischer Admiralsuniform einige Schiffe zu inspizieren. Den englischen Gästen wurde ein ebenso herzlicher Empfang zuteil, wie dies im August in Portsmouth der Fall gewesen war, und eine Abordnung der Schiffe wurde vom Kaiser nach Berlin eingeladen.

Admiral Baird, der Kommandeur des Flottenverbands, meldete nach Abschluß des Besuchs an die Admiralty: »Ich halte es für meine Pflicht, Eure Lordschaften auf die besonders herzliche Natur des Willkommens aufmerksam zu machen, welches die deutschen Offiziere ganz allgemein dem Geschwader zukommen ließen: ein umfangreicher Austausch von Gastfreundschaft zeigte sich überall«[77], und der konservative »Globe« erinnerte noch einmal an die Flottenrevue von Spithead und wies darauf hin, »der Kaiser habe durch die Begrüßung der englischen Flotte in Kiel aufs neue gezeigt, daß [...] Deutschland auf die Freundschaft der größten Seemacht bedeutenden Wert lege«[78].

Diese beiden Ereignisse, welche im Zusammenhang mit dem großartigen Empfang des Kaisers in England im August zu sehen sind, können allerdings nicht darüber hinwegtäuschen, daß die Veranstaltungen und Ehrungen des Sommers 1889 sich nicht mehr wiederholten und daß auch das Verhältnis der beiden Marinen zueinander keiner Steigerung mehr fähig war, sondern sich auf den, wenn auch freundschaftlichen, aber doch weniger überschwenglichen Stand der Zeit vor dem 2. August 1889 einpendelte.

Diese Entwicklung hatte ihre politische Begründung zum einen in der Ernüchterung, die sich nach dem Fehlversuch, mit England ein Bündnis einzugehen, in Berlin einstellte, und zum anderen in der Entlassung Bismarcks im März 1890, als mit dem Kanzler und seinem Sohn die beiden Hauptakteure einer bis dahin berechenbaren deutschen Außenpolitik ausschieden.

Diese Umstände hatten auch ihre Rückwirkungen auf das maritime Verhältnis beider Staaten, dessen Abschwächung nicht zuletzt auch auf das Verhalten Wilhelms II. als Admiral of the Fleet zurückzuführen war, über welches der damalige Marineminister und Erste Lord der Admiralty, Lord George Hamilton, wenn auch unter dem Eindruck des Ersten Weltkrieges, so doch zutreffend in seinen Erinnerungen geschrieben hat: »In dem Moment, in dem ihm diese Ehre zuteil geworden war, maßte er sich an, die Bewegungen unserer Flotte zu beeinflussen und unsere Politik zu dirigieren.« Dies habe sich in seinen Vorschlägen, die – in der Tat wenig ausgereiften – Geschütze der Firma Armstrong durch die deutschen Krupp-Geschütze zu ersetzen, in seinen als unerwünschte Ratschläge empfundenen Vorstellungen über Zusammensetzung und Verteilung der englischen Flotte im Mittelmeer und in den von ihm durchgeführten und den Dienst störenden »inspections« englischer Schiffe niedergeschlagen[79].

a) Kaiser Wilhelms »inspections« und seine Verbesserungsvorschläge für die Royal Navy

Der in Kiel während des Besuchs der englischen Kanalflotte durchgeführten Inspizierung einiger Schiffe durch den Kaiser, die offensichtlich als erwartetes Ereignis gewertet und deshalb nur am Rande erwähnt wurde, folgte gegen Ende Oktober eine weitere Inspizierung; dieses Mal fand sie in der Bucht des griechischen Phaleron statt, wo sich mehrere ausländische Geschwader zu Ehren der Hochzeit der Schwester des Kaisers mit dem griechischen Kronprinzen versammelt hatten. Wilhelm II., die Uniform des Admiral of the Fleet im Reisegepäck, nahm die Gelegenheit wahr, dessen Recht zur Inspizierung aller englischen Schiffe für sich in Anspruch zu nehmen.

Während der englische Botschafter in Athen über die zu diesem Anlaß gehaltene »äußerst beredte Ansprache zu Ehren der englischen Flotte«[80] nach London
berichtete und seiner Bewunderung für sein Interesse und seine Kenntnisse in
maritimen Dingen zum Ausdruck gab[81], äußerte sich der englische Geschwaderchef, Admiral Hoskins, in seinem Bericht an die Admiralty weitaus zurückhaltender. Wilhelm II., dessen Standarte auf der Yacht »Hohenzollern« wehte, habe während der gesamten Zeit des gemeinsamen Zusammenliegens den Union Jack, das
Kommandozeichen eines Admirals of the Fleet, an Bord seines Flaggschiffes, der
Panzerfregatte »Kaiser«, geführt: »Ein derartiges Auftreten erscheine als etwas ganz
Außergewöhnliches.«

Am 30. Oktober 1889 habe der Kaiser die Besichtigung des englischen Geschwaders durchgeführt. Hierzu seien er und sein Stab mit einer Dampfbarkasse,
auf welcher der Union Jack wehte und die ein anderes Boot mit der Kaiserstan-
darte im Schlepp gehabt habe, vom deutschen Geschwader herübergebracht worden. Hoskins berichtete, daß er eigentlich auftragsgemäß am Vormittag habe auslaufen wollen, daß der Kaiser jedoch ein gemeinsames Auslaufen des englischen,
deutschen und italienischen Geschwaders gewünscht habe; fast entschuldigend
fügte der Admiral hinzu: »Ich dachte, es sei wünschenswert, seinem Verlangen
nachzukommen«[82], und so wurde das gemeinsame Auslaufen wunschgemäß
durchgeführt. Der spätere Admiral Hopmann erinnert sich:

> »Am 29. [!] Oktober ging das deutsche, englische und italienische Geschwader in See
> und formierte sich vor dem Hafen in drei nebeneinanderlaufenden Kolonnen. In der
> Mitte stand das deutsche Geschwader [...] Auf dem Flaggschiff »Kaiser«, wo der Deut-
> sche Kaiser sich eingeschifft hatte, wehte neben seiner Standarte der Union Jack, das
> Rangabzeichen eines englischen Admiral of the Fleet. Die für die Bewegung der verei-
> nigten Flotten erforderlichen Signale wurden von dort aus gegeben. An Steuerbordseite
> von unserer Linie dampfte das englische Geschwader [...] an Backbord das italienische
> [...] Ein noch nie geschauter und bedeutsamer Anblick, der von dem im Hafen zurück-
> bleibenden russischen Geschwader wohl mit scheelen Augen betrachtet wurde und in
> Petersburg und in Paris zu denken gab[83]!«

In der Tat, die Vorstellung, daß der Repräsentant der führenden Macht des Drei-
bundes in eigener Person im Mittelmeer das Kommando über eine Flottenmacht
von zehn Panzerschiffen, mehreren Kreuzern und Avisos übernehmen und damit
vor den staunenden Augen der europäischen Öffentlichkeit operieren konnte,
mußte die möglichen Gegner im Mittelmeer in Verwirrung stürzen. Ob allerdings
eine derartige »joint naval demonstration« im Interesse der englischen Politik gelegen hat, kann bezweifelt werden. Zwar liegen keine Erkenntnisse über die Reaktionen in London vor, jedoch wurde einer ähnlichen Verbrüderung deutscher und
englischer Schiffe schon kurz darauf ein Riegel vorgeschoben.

Als nämlich das Übungsgeschwader, welches sich während des Winters im
Mittelmeer aufgehalten hatte, im Januar 1890 in Malta Station machte, wurde der
Vorschlag des Chefs der englischen Flotte im Mittelmeer, die deutschen Offiziere
in Erinnerung des vorjährigen Empfangs der Kanalflotte in Kiel besonders zu
unterhalten, von der Admiralty abgelehnt, da man kein Beispiel schaffen wolle[84]!

So kann auch der überschwengliche Bericht des deutschen Geschwaderchefs, Konteradmiral Friedrich Hollmann, über die Gastfreundschaft und den Willen der Engländer, »eine herzliche und kameradschaftliche Gesinnung« zu zeigen[85], nicht darüber hinwegtäuschen, daß sich die deutsch-englischen Marinebeziehungen nach 1889 wieder normalisiert hatten, denn eine Aufnahme in Malta, wie sie Hollmann schilderte, war in den Jahrzehnten davor, wie gezeigt, »normal« und üblich gewesen, und nur durch die beabsichtigte »besondere Unterhaltung« wäre eine weitere Steigerung möglich geworden.

Die Zurückhaltung, wie sie, verglichen mit 1889, von englischer Seite der deutschen Marine gegenüber ab 1890 an den Tag gelegt wurde, fand im Oktober dieses Jahres seine Bestätigung in der Bitte des Foreign Office, die Admiralty möge dafür Sorge tragen, daß für die französische Mittelmeerflotte, die wenige Tage vor dem deutschen Übungsgeschwader zu einem Besuch in Malta weilte, alles getan werde, um sich dadurch für die der englischen Flotte in Toulon und Algier erwiesene Gastfreundschaft erkenntlich zu zeigen[86].

Beim Aufenthalt des deutschen Übungsgeschwaders in England im Sommer 1890, als sich der Kaiser zu einem weiteren Besuch in Osborne aufhielt, kam es zu einem erneuten, von ihm verursachten Zwischenfall, der zwar nur geringfügig war, bei dem jedoch ein Mangel an Fingerspitzengefühl gegenüber der durch Tradition geprägten Royal Navy zum Ausdruck kam. Als das Geschwader bei Nacht die Marinestation von Dover passierte, gab der Kaiser den Befehl, trotz Dunkelheit und bereits lange vorher durchgeführter Flaggenparade den zur Begrüßung der englischen Flagge üblichen Salut zu feuern. Es dauerte daraufhin einige Zeit, bis dieser von Land aus erwidert wurde, waren doch die englischen Bedienungsmannschaften bereits abgezogen worden. Admiral Hopmann schreibt dazu: »Der Vorfall verursachte eine bemerkbare Erregung in der englischen Marinepresse und zeigte, wie wenig angenehm man es in England empfand, [...] daß unsere junge Marine neue Moden in das durch Jahrhunderte geheiligte internationale Zeremoniell einführen wolle[87].«

Eine noch größere Erregung hätte ein achtzehnseitiges Schreiben des Kaisers vom 20. Dezember 1893 über die von ihm als bedenklich bezeichneten Zustände in der Royal Navy hervorrufen können, wenn es sein Empfänger, Lord Salisbury, in der Weise, wie es sein Verfasser gewünscht hatte, behandelt hätte. »Als einfacher britischer Admiral«, so führte der Kaiser aus, mache er sich Sorgen über den Stand und die Entwicklung der englischen Marine. Sie sei hinsichtlich ihres Umfangs im Mittelmeer und ihrer Kampfkraft bereits von ihren Rivalen, der russischen und französischen Marine, eingeholt worden, und werde aufgrund des umfangreichen Bauprogramms dieser beiden Staaten bald überholt sein.

Es fehle an Torpedobooten und Kreuzern, die Schlachtschiffe seien zu schwach, ganz zu schweigen von den völlig untauglichen 111 ts-Geschützen. Außerdem fehle es an Offiziers- und Mannschaftspersonal, und was die Ausbildung angehe, so zählte der Kaiser anhand des Totalverlusts des englischen Schlachtschiffes »Victoria« im Mittelmeer die Fehler auf, die zu diesem Verlust geführt hätten und die auf Ausbildungsmängel zurückzuführen gewesen seien. In einer langatmigen Erklärung belehrte er Lord Salisbury, wie der Dienst an Bord, die Ausbildung des Personals und der Einsatz der Offiziere vor sich zu gehen habe, und wie dies alles in der deutschen Marine gehandhabt werde, wo Zustände wie in der Royal Navy »absolut unmöglich seien«. Der Brief des Deutschen Kaisers, dem durchaus brauchbare Entwürfe zu verschiedenen Schiffstypen beigefügt waren, endete mit Lord Nelsons berühmtem Signal von Trafalgar: »England expects every man to do his duty[88].«

Es ist nicht ersichtlich, warum Kaiser Wilhelm sein Schreiben an Lord Salisbury gerichtet hat, denn dieser war bereits im August 1892 von William E. Gladstone als Regierungschef abgelöst worden und ohne Regierungsamt. Somit brauchte er, sofern er das Schreiben als vom Deutschen Kaiser verfaßt ansah, seinen Eingang nicht offiziell zu bestätigen, und wenn er es als dienstliches Schreiben eines englischen Admirals auffaßte, mußte es nicht der Admiralty zugestellt werden, die bei Einhaltung des Dienstwegs eigentlich der Adressat hätte sein müssen. Wenngleich anzunehmen ist, daß Lord Salisbury der Admiralty den Inhalt des Schreibens mitteilte, konnte es dort ignoriert werden; glücklicherweise, denn der schulmeisterliche, verletzende Ton, mit welchem kein gutes Haar an der Royal Navy gelassen wurde, hätte sich bei aller wohlmeinenden Absicht des Kaisers gewiß nicht förderlich auf die deutsch-englischen Marinebeziehungen ausgewirkt, zumal die Kaiserliche Marine, sieht man einmal von der Torpedowaffe ab, in ihrem eigenen Schiffsbestand im Jahr 1893 erheblich überaltert war.

Die Antwort Lord Salisburys fiel entsprechend nichtssagend aus: Er habe keine Macht, die Übelstände zu beseitigen; man könne zwar im Parlament dagegen protestieren, aber dies würde aufgrund des englischen Parteien- und Fraktionssystems zu nichts führen.

»Gegenwärtig sind die Zeiten unglücklicherweise so schlecht, daß jeder nur an seine eigenen Schwierigkeiten denkt – und nicht an die Bestimmung Großbritanniens. Ich kann auf Eurer Majestät gewichtige Warnung nur antworten, daß ich sie nicht vergessen werde und daß ich, soweit ich es vermag, keine Mühen scheuen werde, für die Annahme einer gesünderen Politik zu sorgen[89].«

Unabhängig von der Entwicklung des *politischen* Verhältnisses zwischen England und Deutschland, dessen Abkühlung nach 1890 z.B. Lord Hamilton in Verbindung bringt mit Bismarcks Entlassung[90], und das sich unter der Regierung Gladstone weiter abkühlte, haben Kaiser Wilhelms »Inspections« der englischen Flotte und seine ungefragten Anregungen zu ihrer Verbesserung sicher auch ihren Teil dazu beigetragen, daß das maritime Verhältnis beider Marinen wieder auf den Normalzustand gebracht wurde, wie er vor dem Höhepunkt von 1889 geherrscht hatte.

b) Die deutschen Marinemanöver von 1890

Wolffs Telegraphisches Bureau meldete am 24. April 1890:

»Die britische Admiralität hat die Mitteilung ergehen lassen, daß den im September stattfindenden deutschen Flottenmanövern das Kanalgeschwader, bestehend aus vier

Schlachtschiffen und zwei erstklassigen Kreuzern, als Vertreter der großbritannischen Marine beiwohnen soll[91].«

Als die »Times« zwei Tage später dieselbe Meldung in einem Leitartikel kommentierte, schien das Zusammentreffen der beiden Flotten in der Ostsee, zu welchen noch ein österreichisches Geschwader stoßen sollte, eine beschlossene Sache. In der »Times« heißt es:

»Die Teilnahme eines englischen Geschwaders an deutschen Marine-Manövern [...] werde der Welt zeigen, daß jetzt zwischen beiden Ländern ein engeres und freundschaftlicheres Einvernehmen bestehe als zu manch anderer Periode der neuen Zeit[92].«

Doch schon einen Monat später folgte aus London das Dementi. Wie der deutsche Militärattaché in London, Korvettenkapitän Hasenclever, dem Auswärtigen Amt berichtete, wünsche der neue Chef des Kanalgeschwaders, Vizeadmiral Sir Michael Culme-Seymour, die Teilnahme seines Geschwaders nicht, da es noch nicht genügend eingeschult sei, »um es kompetenter Kritik präsentieren zu lassen«[93]. Die Kaiserliche Marginalbemerkung: »Wird wohl einen anderen Grund haben«[94], wurde dem Attaché nach London übermittelt[95], der jedoch keine anderen Gründe ermitteln konnte: Admiral Seymour sage, was er denke, und er sei mit zwei seiner Kommandanten unzufrieden, von denen er nicht glaube, daß sie ihre Schiffe rechtzeitig in einen entsprechenden Bereitschaftszustand versetzen könnten.

Hasenclever glaubte allerdings, daß trotz allem die Teilnahme noch ermöglicht werde, »falls nicht ein politischer direkter ›Krach‹ kommt«. Er werde die entsprechenden Stellen zu überzeugen suchen, »daß es in jeder Hinsicht richtig ist, das englische Geschwader hinaufzuschicken«[96]. In Berlin war man jedoch der Auffassung, diese Frage vorläufig bis zum Besuch des Kaisers in England im August des Jahres ruhen zu lassen[97], zumal Hasenclever auch noch nicht über so gute Kontakte zu den »entsprechenden Stellen« verfügte wie sein Vorgänger, Konteradmiral Schröder[98].

Auch Kapitän zur See Domville, englischer Marineattaché bei den europäischen Seehöfen, wurde zu den Manövern eingeladen, jedoch von der Admiralty angewiesen, nicht teilzunehmen. Dadurch würde vermieden, daß ausländische Attachés zu englischen Manövern eingeladen werden müßten, wogegen schwerwiegende Vorbehalte bestünden[99], ein Verhalten, das, verglichen mit der ein Jahr zuvor gezeigten Offenheit in Hinblick auf die englische Manöverflotte, in Erstaunen versetzen mußte.

Nachfragen ergaben, daß Domville »zu seinem Bedauern« verhindert sei[100] und wahrscheinlich an den russischen Manövern teilnehme[101]. Auf Veranlassung von Königin Victoria, die offenbar die Verwunderung und Enttäuschung des Kaisers über die Nichtteilnahme des Geschwaders mildern wollte, erhielt schließlich Admiral Hornby, welcher ein Jahr zuvor zu den dem Kaiser zugeordneten Ehrenoffizieren gehört hatte, die Erlaubnis, zusammen mit zwei weiteren Offizieren zur Teilnahme an den Manövern nach Deutschland zu reisen[102].

Zur gleichen Zeit gelang es dem Botschafter in London, Hatzfeldt, unter Einsatz aller diplomatischen Möglichkeiten die wahren Hintergründe für die Absage des Kanalgeschwaders herauszufinden. Am 20. August 1890 berichtete er, wie er versucht habe, über Lord Salisbury, dann den Marineminister und das Foreign

Office eine Meinungsänderung zu erzielen. Man habe ihm aber erklärt, aufgrund der Seemanöver in England seien keine Schiffe verfügbar. Schließlich habe er, »als letztes Mittel«, Lord Salisbury einen Privatbrief geschrieben und ihn auf die »große Enttäuschung« des Kaisers hingewiesen. Außerdem habe er den Ersten Minister darauf aufmerksam gemacht, daß »das Fernbleiben der nachbarlichen englischen Kriegsschiffe [...] leicht zu politischen Mißverständnissen führen könne«[103]. Am folgenden Tag konnte er dann einen der Hintergründe nennen: »Streng vertraulich und nicht amtlich« habe er erfahren, daß die dänische Empfindlichkeit – die Princess of Wales war die Tochter des dänischen Königs – geweckt würde, wenn englische Schiffe an den deutschen Manövern an der schleswig-holsteinischen Küste teilnähmen[104].

Am 26. August 1890 folgte die Ankündigung eines streng vertraulichen Privatbriefs Lord Salisburys, in welchem dieser weitere Gründe darlegte, welche die »Entsendung von Schiffen nach Kiel in *diesem* Jahr bedenklich erscheinen lassen. Er fürchtet gleich nach Abtretung von Helgoland den Vorwurf der Opposition, daß er jetzt politisch vollständig unter dem Einfluß Seiner Majestät des Kaisers stehe und daß ihm dadurch in großen europäischen Fragen das wünschenswerte Zusammengehen mit uns erschwert werden könne. Im nächsten oder in jedem anderen Jahr würde er zur Entsendung von Schiffen gern bereit sein«[105].

Die genannten Gründe bezeichneten zwei Positionen der englischen Politik Deutschland gegenüber. Zum einen eine rein politische: Die Ostsee, in englischen Augen, wie gesehen, durch die deutsche Marine hinreichend geschützt, lag dadurch außerhalb der direkten Interessen Englands[106]. Hinzu kam noch die Rücksichtnahme auf die dänische Prinzessin, die ja einmal englische Königin sein würde. Zum anderen enthalten sie aber auch eine maritim-politische Komponente. Ein – nach englischer Auffassung nicht zwingend notwendiges – Zusammenwirken von deutschen, englischen und österreichischen Flotteneinheiten in der Ostsee hätte für zusätzliche Spannungen mit Rußland gesorgt, zumal dieses Zusammenwirken, und zwar ohne deutsche Beteiligung, in dieser Form nur für das Mittelmeer vorgesehen war.

Wenn wir uns nun zurückerinnern an das von Wilhelm II. veranlaßte gemeinsame Auslaufen von deutschen, italienischen und englischen Schiffen aus der Bucht von Phaleron im Jahr zuvor, so liegt durchaus der Schluß nahe, daß man von englischer Seite bemüht war, eine derartig demonstrative Aktion gar nicht erst in den Bereich des Möglichen gelangen zu lassen. Denn auch 1890 war der Kaiser noch Admiral of the Fleet und damit ranghöher als der Chef des englischen Kanalgeschwaders. Wie hätte denn dieser aber eine ähnliche und vorher nicht berechenbare Aktion ohne Affront gegen den Kaiser verhindern können?

Der Hinweis Lord Salisburys, daß er sonst zu jeder Zeit für die Teilnahme von Schiffen der Royal Navy an deutschen Marinemanövern eintreten werde, kann deshalb nur als Abschwächung der klaren Absage an eine zu enge Anlehnung zwischen beiden Staaten gewertet werden: Die Möglichkeiten, die sich ein Jahr zuvor noch unter der berechenbaren Außenpolitik Bismarcks aus dem »engstmöglichen Zusammengehen« ergeben hatten, waren ein Jahr später überholt, denn die englische Politik orientierte sich zunächst an den eigenen Interessen, zu deren Durchsetzung die Royal Navy eines der Mittel bildete. Dieses Mittel wollte man jedoch keinesfalls in andere Hände geben, und es sei an dieser Stelle die spekulative Frage erlaubt, ob – in Anlehnung an den der englischen Königin verliehenen Titel eines »Honorary Colonel« der preußischen Armee – die Verleihung des Rangs eines »Honorary Captain of the Royal Navy« an den Deutschen Kaiser für die beiderseitigen Beziehungen in Hinblick auf die politische und maritime Solidarität nicht förderlicher gewesen wäre.

Anmerkungen

*   Dieser Beitrag ist entnommen aus: Jörg Duppler, Der Juniorpartner. England und die Entwicklung der Deutschen Marine 1848 bis 1890, Herford 1985, S. 302–326. – Die Überschrift wurde für diese erneute Veröffentlichung verändert.

1   Nach Kurt Rheindorf, England und der Deutsch-Französische Krieg. Ein Beitrag zur englischen Politik in der Zeit des Übergangs vom Manchestertum zum Imperialismus, Diss. phil. Bonn, Leipzig 1923, S. 126.

2   Nach Ekkhard Verchau, Von Jachmann über Stosch und Caprivi zu den Anfängen der Ära Tirpitz, in: Marine und Marinepolitik im kaiserlichen Deutschland 1871 bis 1914, hrsg. vom MGFA durch Herbert Schottelius und Wilhelm Deist, Düsseldorf 1972, S. 69.

3   Politisches Archiv des Auswärtigen Amtes (PA-AA), England 61, v. 1, Augusta an Wilhelm I., Windsor Castle, 11.5.1872.

4   Ebd., England 64, v. 4, Münster an Bismarck, London, 28.2.1875, Nr. 32.

5   Ebd., England 63, v. 2, Münster an Bismarck, London, 23.6.1873, Nr. 114.

6   Ebd., England 69 secret, v. 2, H. von Bismarck, London, 12.3.1883.

7   Ebd., England 69, v. 2, Brincken an Bismarck, London, 18.10.1879, Nr. 119; Zitat aus der »Times« vom 18.10.1879: »good tidings of great joy« (Lukas 2, 10).

8   »Times« vom 23.3.1880: Wahlrede Lord Hartingtons, des späteren englischen Kriegsministers.

9   PA-AA, England 64, v. 15, Münster an Bülow, London, 10.11.1878, Nr. 150.

10   In Bezug auf das deutsch-englische Bündnisproblem sei verwiesen auf: Hans Rothfels, Bismarcks englische Bündnispolitik, Stuttgart 1924; Friedrich Meinecke, Geschichte des deutsch-englischen Bündnisproblems 1890 bis 1901, München, Berlin 1927. Vor allem aber Günter Hollenberg, Englisches Interesse am Kaiserreich. Die Attraktivität Preußen-Deutschlands für konservative und liberale Kreise in Großbritannien 1860 bis 1914, Wiesbaden 1974, der den Schwerpunkt auf die englische Behandlung des Problems legt und hierzu umfangreiche Literatur nennt; zuletzt Paul M. Kennedy, The Rise of the Anglo-German Antagonism: 1860–1914, London 1980.

11   Dazu im Detail Duppler, Der Juniorpartner (wie Anm. *), S. 239–301.

12   PA-AA, Spanien 35 adh., v. 2, Balan an Bülow, Berlin, 5.8.1873, Telegr. Nr. 21.

13   Bundesarchiv-Militärarchiv (BA-MA), RM 1, v. 593, Bülow an Stosch, Berlin, 5.11.1873.

14   PA-AA, Spanien 35 adh., v. 3, Münster an Bismarck, London, 11.8.1873, Nr. 140.

15   BA-MA, RM 1, v. 2429, Philipsborn an Admiralität, Berlin, 25.6.1876 (Nr. 140), ganz vertraulich.

16   Ebd., v. 2383, fol. 162, Busch an Caprivi, Berlin, 25.11.1883.

17   Ebd., v. 2440, Berchem an Malet, Berlin, 16.9.1888, und Malet an AA, Berlin, 29.9.1888.

18   »The Navy and Army Illustrated«, vol. 3, no. 27, vom 25.12.1896 (Übersetzung d. Vf.).

19   Prince of Wales: 18.7.1887, Admiral of the Fleet; Wilhelm II.: 2.8.1889; Prinz Heinrich: Honorary Vice-Admiral am 5.2.1901 und Honorary Admiral am 13.9.1901. Vgl. auch Lord William Laird Cloves, The Royal Navy: A History from the Earliest Times to the Present, vol. 7, London 1903, S. 581.

20   PA-AA, Preußen 1, v. 1, Pressebericht vom 15.2.1889.

21   Ebd., Hatzfeldt an Bismarck, London, 14.2.1889, Nr. 75.

22   Ebd., Bismarck an Hatzfeldt, Berlin, 19.2.1889, Nr. 165, sicher.

23   Ebd., England 71 b, v. 7, Hamburgischer Correspondent vom 25.2.1889, Marginalbemerkung des Kaisers.

[24] Ebd., Preußen 1, v. 1, Hatzfeldt an AA, London, 4.3.1889, Telegr. Nr. 29.

[25] Ebd., H. von Bismarck an Hatzfeldt, Berlin, 6.3.1889, Nr. 21.

[26] Ebd., Victoria an Wilhelm, Windsor Castle, 25.5.1889.

[27] Ebd., Hatzfeldt an Bismarck, London, 14.6.1889, Nr. 284.

[28] Ebd., Wilhelm an Auswärtiges Amt (AA), Friedrichskron, 15.6.1889, mit Telegr. Nr. 1, Varzin, 15.6.1889, drückte Bismarck seinen Dank über die »politisch sehr erfreuliche Benachrichtigung« aus.

[29] Ebd., Hatzfeld an AA, London, 19.6.1889, Telegr. Nr. 74.

[30] Memorandum von Admiral Sir J.E. Commerell (Commander-in-Chief von Portsmouth), in: »Daily News« vom 22.6.1889.

[31] PA-AA, Preußen 1, v. 1, Schröder an AA, London, 25.6.1889, Nr. 260.

[32] Public Record Office (PRO), ADM, v. 6954, Admiralty an M-Branch, Admiralty, 25.6.1889.

[33] PA-AA, Preußen 1, v. 1, Hatzfeldt an Bismarck, London, 26.6.1889, Nr. 301.

[34] Ebd., London, 26.6.1889, Nr. 302.

[35] Ebd., London, 10.7.1889, Nr. 333.

[36] Ebd., Schröder an AA, London, 10.7.1889, Nr. 282.

[37] Ebd., Bemerkung auf einer Abschrift von Schröders Bericht, Datum 12.8.1889.

[38] Ebd., Hatzfeldt an AA, London, 12.7.1889, Telegr. Nr. 80.

[39] Ebd., v. 2, Berchem an Hatzfeldt, Berlin, 12.7.1889, Telegr. Nr. 73.

[40] Ebd., Hatzfeldt an AA, London, 16.7.1889, Telegr. Nr. 83.

[41] Die Inspektion wurde wegen Nebels auf den 5.8.1889 verlegt.

[42] Ebd., Hatzfeldt an Bismarck, London, 18.7.1889, Nr. 347.

[43] PRO, ADM1, v. 6954, Ponsonby an Hamilton, London, 27.7.1889.

[44] Ebd., MacGregor an Grant, Admiralty, 19.7.1889.

[45] Ebd., Admiralty an Press-Representatives, July 1889, Nr. 81.

[46] Manövergeschwader bestehend aus den Panzerkorvetten »Baden«, »Oldenburg« und »Sachsen«, dem Kreuzer »Irene« (Kommandant Prinz Heinrich) und dem Aviso »Wacht«; das Übungsgeschwader bestand aus den Panzerfregatten »Kaiser«, »Deutschland«, »Preußen« und »Friedrich der Große« sowie den Avisos »Zieten« und »Greif«. Außerdem die Kaiserliche Yacht »Hohenzollern« sowie die Segelfregatte »Niobe« und ab 4.8.1889 das Schiffsjungenschulschiff »Nixe«.

[47] »The Daily Telegraph« vom 4.8.1889.

[48] »London Gazette« vom 2.8.1889; Bekanntgabe im Marine-Verordnungsblatt vom 4.8.1889.

[49] Veröffentlicht im Armee-Verordnungsblatt vom 8.8.1889.

[50] »The Daily Telegraph« vom 4.8.1889.

[51] Die englische Flotte vor Spithead umfaßte 74 Schiffe und 38 Torpedoboote.

[52] »The Daily Telegraph« vom 7.8.1889 (Übersetzung d. Vf.).

[53] Ebd., 8.8.1889.

[54] Ebd. (Übersetzung d. Vf.).

[55] Ebd., 5.8.1889.

[56] Die ungarische Zeitung »Pester Lloyd« vom 2.8.1889.

[57] »Norddeutsche Allgemeine Zeitung« vom 2.8.1889.

[58] »Standard« vom 31.7.1889 (Übersetzung d. Vf.).

[59] »Daily News« vom 1.8.1889.

[60] »Times« vom 17.7.1889.

[61] »St. James' Gazette« vom 9.8.1889.

[62] »Morning Post« vom 6.8.1889.

[63] Ebd., vom 10.8.1889.

[64] »Globe« vom 5.8.1889.

[65] »Sheffield Telegraph« vom 3.8.1889.

[66] PA-AA, Preußen 1, v. 1, Hatzfeldt an Bismarck, London, 10.7.1889, Nr. 333; das Wort »kein« war dabei doppelt unterstrichen.

[67] Die Große Politik der Europäischen Kabinette 1871–1914, Berlin 1927, Nr. 945: H. von Bismarck an Bismarck, London, 22.3.1889, geheim, eigenhändiger Privatbrief.

[68] PA-AA, Preußen 1, v. 1, Hatzfeldt an Bismarck, London, 14.6.1889, Nr. 287.

[69] Ebd., England 96 geh., Bismarck an AA, Varzin, 23.6.1889, geheim, Telegr. Nr. 11.

[70] »Les Temps« vom 3.8.1889.

71 PA-AA, Preußen 1, v. 3, von Schoen an Bismarck, Paris, 9.8.1889.
72 Neben der Königin wurde auch der Oberbefehlshaber der englischen Armee, Herzog von Cambridge, zum Ehrenoberst des 28. Regiments zu Fuß ernannt. Bereits 1883 war dem Prince of Wales dieser Rang für das Blüchersche Husarenregiment, um 1888 dem Herzog von Connaught für die Zietenschen Husaren verliehen worden.
73 PA-AA, England 78, v. 7, Leyden an Bismarck, London, 12.10.1889, Nr. 466.
74 Ebd., Schröder an AA, London, 20.8.1889, Nr. 317.
75 Ebd., Schoen an Bismarck, Paris, 21.8.1889, Nr. 215.
76 Ebd., Berchem an Botschaft Paris, Berlin, 31.8.1889, Nr. 199.
77 PRO, ADM 1, v. 6959, Baird an Admiralty, Carlscrona, 19.10.1889, Nr. 374 (Übersetzung d. Vf.).
78 »Globe« vom 10.10.1889.
79 Lord George F. Hamilton, Parliamentary Reminiscences and Reflections, 1886–1906, vol 2, London 1922, S. 138.
80 PRO, ADM 1, v. 7000, Monson an FO (Athens), 31.10.1889, Telegr. Nr. 74.
81 Ebd., FO 32, v. 609, Monson an Salisbury, Athen, 31.10.1889, Nr. 318.
82 Ebd., ADM 1, v. 6962, Hoskins an Admiralty, »Dreadnought«, at sea, 1.11.1889.
83 Albert Hopman, Das Logbuch eines deutschen Seeoffiziers, Berlin 1924, S. 114 f. Der Admiral irrte sich im Datum, denn »inspection« und gemeinsames Auslaufen fanden am 30.10. statt.
84 PRO, ADM 12, v. 1218, CinC Mittelmeer an Admiralty, Malta, 7.1.1890. Vermerk der Admiralty: »Refused, there beeing no precedent.«
85 PA-AA, England 71b, v. 11, Hollmann an von der Goltz, Reede von Syracus, 15.2.1890, Nr. 347.
86 PRO, ADM 12, v. 1218, Foreign Office an Admiralty, F.O., 10.10.1890.
87 Hopman, Das Logbuch (wie Anm. 83), S. 128.
88 BA-MA, RM 2, v. 120, Wilhelm II. an Salisbury, Neues Palais, 20.12.1893, private and confidential.
89 Ebd., Salisbury an Wilhelm II., Hatfield, 26.12.1893 (Übersetzung d. Vf.).
90 Hamilton, Parliamentary Reminiscences (wie Anm. 79), vol. 1, S. 275; vol. 2, S. 142.
91 PA-AA, England 71b, v. 11, Wolffs vom 24.4.1890, Nr. 2029.
92 Ebd., England 78, v. 7, Bülows Pressebericht vom 27.4.1890, die »Times« vom 26.4.1890 betreffend.
93 Ebd., England 71b, v. 11, Hasenclever an AA, London, 20.5.1890, Nr. 143.
94 Ebd.
95 BA-MA, RM 2, v. 360, Senden an Hasenclever, Berlin, 30.5.1890, Nr. 739.
96 Ebd., Hasenclever an Senden, London, 5.6.1890.
97 Ebd., Senden an Hasenclever, Berlin, 17.6.1890.
98 PA-AA, England 71b, v. 12, Hatzfeldt an Caprivi, London, 31.7.1890, Nr. 404.
99 PRO, FO 64, v. 1246, Hornby an FO, Admiralty, 30.7.1890, M 1726.
100 BA-MA, RM 2, v. 360, Frantzius an Senden, Berlin, 24.8.1890.
101 Ebd., Senden, Notiz vom 23.8.1890.
102 PA-AA, England 71b, v. 12, Hasenclever an AA, London, 23.8.1890, Nr. 306.
103 Ebd., Hatzfeldt an Caprivi, London, 20.8.1890, Nr. 430.
104 Ebd., London, 21.8.1890, Telegr. Nr. 207.
105 Ebd., London, 26.8.1890, geheim, Telegr. Nr. 209.
106 Ebd., London, 27.8.1890.

Herbert Graubohm

Historische Wurzeln der Ausbildung in der Marine[*]

Lohnt sich der Blick zurück unter dem Blick-Winkel »Ausbildung«[1] in der deutschen Marine?

Ein wichtiger, wenn nicht entscheidender Indikator für das Selbstverständnis von Organisationen ist die ihnen innewohnende Sichtweise des Menschen. Die Organisations-»Kultur« spiegelt sich im offiziellen und im inoffiziellen Handeln der Organisationsangehörigen, im Handeln und Be-Handeln der Menschen untereinander, in ihrem Handeln für die Organisationsziele und in ihrem Rollenverhalten gegenüber der Außenwelt.

Um es, auf die Großorganisation Marine übertragen, auf den Punkt zu bringen: in ihren Ausbildungskonzeptionen und den daraus abgeleiteten Ausbildungsplänen und Maßnahmen spiegelt sich das jeweilige zeitgenössische Selbstverständnis der Marine. Welche Aufgaben die Führenden als ihre vordringlichen oder als entscheidend betrachten. Wie sich die Marineangehörigen selbst in ihren Funktionen verstehen. Wie die jeweiligen Rollen der handelnden Menschen intern definiert werden. Welche Ziele der Gesamtorganisation oder ihrer Teile mittels Ausbildungsmaßnahmen angestrebt werden. Ob und wie Volksbildung, Gesellschaftsentwicklung und der Dienst in der Marine einen Wirkungsverbund darstellen, intentional und de facto.

Wenn wir die zeitgenössische Sichtweise der Menschen ansprechen, die sich aus den Ausbildungskonzeptionen erschließt, meinen wir dann nur den Menschen als Marineangehörigen, als Soldat? Zunächst und systembezogen ist das so. Aber man kann es wagen, den Zusatz »als Soldat« zu vernachlässigen. Weil, wie sich zeigt, in Militär und Gesamtgesellschaft die jeweiligen zeitgenössischen Grundmuster zur Sichtweise des Menschen vergleichbar sind. Hiermit begründet sich auch, warum die Betrachtung der »historischen Wurzeln« mit der Zäsur 1914 beendet wird. Nachdem das Prinzip erkannt und in drei Epochen beispielhaft nachgewiesen ist, könnte sich eine chronologisch weiterführende Darstellung auf reine Historiographie beschränken. Reizvoll auch das, aber entbehrlich für die hier beabsichtige Kernaussage.

Versuchen wir zunächst, von den themarelevanten Begriffen unserer Generation eine Brücke zu schlagen zur themarelevanten Sprachwelt in den betrachteten Frühepochen der Marine bis zum Ersten Weltkrieg.

Vermittlungsdienst: Pädagogische Begriffe damals und heute

Der Begriff »Ausbildung« gilt in der Bundeswehr seit etwa 1970 als der zusammenfassende Oberbegriff für alle organisierten Erscheinungsformen der Menschenbil-
dung. Eine Anekdote sagt, daß dem Verteidigungsminister Helmut Schmidt angesichts der Begriffsvielfalt auf dem Bildungssektor der Kragen geplatzt sei. Er hat
dann spontan von den Begriffen des pädagogischen Denkzusammenhanges jenen
als Zentralbegriff bestimmt, der im Militär bereits der gebräuchlichste geworden
war. Zumal ein Angebot der pädagogischen Fachwelt für einheitliche Begriffsdefi-
nitionen nicht in Sicht war; vielmehr muß ein Fachbuch der Pädagogik zunächst
diskutieren, was im Sinne des Autors unter »Bildung«, »Erziehung« etc. etc. zu
verstehen ist. Klare Sprachregelungen aber sind für das Militär eine unverzichtbare
Grundlage für klares, gemeinsames Handeln.

Dieser Aufsatz hält sich an den seither in der Marine gültigen Zentralbegriff.
Im übrigen versucht er, in den Begriffen »Lehre«, »Erziehung« und »Bildung« die
Brücke zu schlagen zwischen Begriffen mit langer Tradition in der Marine und
heutigem Verstehenkönnen. Durchaus eingedenk des ständigen Wandels der Sprache und des Wandels in der Sinn-Besetzung von Wörtern, bis hin zu politisch oder
sozial motivierten Tabuisierungen. In der vorliegenden, leicht überarbeiteten Fassung von 2004 sind bewußt keine Änderungen im Sprachgebrauch gegenüber der
ersten Fassung von 1983 eingeflossen. Denn jeder aktuelle Sprachstandard, heute
im betriebspädagogischen Denkzusammenhang mit den Arbeitsbegriffen »(Grund-
lagen-)Ausbildung,«, »Weiterbildung«, »Fortbildung«, dem zwischenzeitlichen Ta-
bubegriff »Erziehung« und dem weithin benutzten Oberbegriff »Personalentwicklung«, ist bald selbst wieder dem nächsten Wandel unterworfen.

In Anbetracht dessen haben sich die Begriffe im Ausbildungssystem der Marine erstaunlich durchhaltestark erwiesen. Ihr Bedeutungsgehalt ergibt sich am jeweiligen Ort. Auf langwierige Explikationen kann verzichtet werden. Es ist aus
dem Zusammenhang unmittelbar verständlich, was zum Beispiel »Bildung« –
»Ausbildung« – »Fortbildung« – »Erziehung« – »Instruktion« – »Schule« – »Fach«
in der angezogenen Quelle bedeutet haben.

Der Zentralbegriff aber war damals ein anderer als heute. Da die oberste zuständige Instanz »Inspektion des Bildungswesens« genannt wurde, zeigt sich allein
daran, daß zur Zeit der historischen Wurzeln der Begriff »Bildung«, Humboldt
folgend, der weithin akzeptierte Zentralbegriff gewesen sein muß.

Ausbildung – Schlüssel zur Kampfkraft

Bei der Beschäftigung mit den historischen Wurzeln der Ausbildung in der Marine
lernen wir Heutigen, daß weder Problemstellungen noch Lösungsmöglichkeiten
für Ausbildungskonzeptionen der Marine grundsätzlich neu sein können, jedoch
die notwendigen Entscheidungen immer unter Berücksichtigung der jeweiligen

Umstände in einmaliger Art zu fällen sind. In jeder Epoche kam es darauf an, die urständigen Einflußgrößen auf die Kampfkraft – das letztlich angestrebte Ziel – in zeitgemäß optimale Ausbildungskonzeptionen umzusetzen. Diese Einflußgrößen waren und sind

– Der technische Wandel bei Kampfmitteln, Geräten und Waffensystemen.
– Die in der jeweiligen Zeit für den Marinedienst in Frage kommenden Menschen,
– ihre gesellschaftlich-politische Bildung als Grundlage ihres Wehr- und Einsatzwillens,
– ihr naturwissenschaftlich-technisches Vorwissen aus dem öffentlichen Bildungssystem als Grundlage der zu entwickelnden Fachqualifikationen.
– Die zur Verfügung stehenden Finanzmittel, Organisationsformen und Einrichtungen.

Der Schlüssel, um aus diesen Komponenten ein Optimum an Kampfkraft herauszubilden, ist die »Ausbildung« in den Streitkräften. Ihr Ziel ist, den einzelnen Soldaten mit Waffe, Gerät, Einsatzgrundsätzen und Handlungszweck so vertraut zu machen, daß einsichtige Handhabung die komplexe Struktur aus Material – Automatik – Verfahrensabläufen – menschlichem Handeln im Waffensystem und im Verbund von Waffensystemen zum Wirken bringt. Können und Wollen greifen dabei untrennbar ineinander.

Im 19. Jahrhundert wurde das Tempo technischer Neuerungen von den Militärs nicht minder als Herausforderung angesehen wie heute. Entwicklung der Rohrwaffen, der Antriebstechnik, der Fertigungsmaterialien und das Aufkommen neuer Waffen geboten permanente Neuorientierung. Im Kriegsschiffbau ging der Weg vom Holzschiff mit durchlaufenden Decks zum Stahlnickelpanzer-Schiff mit vielfacher Quer- und Längsschottung, von Vorderlader-Einzellafetten zu drehbaren Geschütztürmen, vom Segel zur Dampfturbine. U-Boot, Torpedo und Mine stellten völlig neue Seekriegsmittel dar. Als in der Mitte des 19. Jahrhunderts der Gedanke einer deutschen Seerüstung gewaltigen Antrieb bekam und mit der gegen die dänische Blockade gerichteten Bundesflotte von 1848 bis 1852, schleswig-holsteinischen Seestreitkräften und mit Gründung der preußischen Marine 1848 verwirklicht wurde, bestanden die Kriegsflotten aus einer Mischung von großen Segelschiffen und Ruderkanonenbooten sowie Dampfschiffen mit einer Antriebsanlage aus Zylinderkessel, Kolbendampfmaschine und Seitenantriebsrad.

Bundesflotte und schleswig-holsteinische Marine stellen insofern keine isolierten Elemente unserer maritimen Geschichte dar, als führende Männer in die später allein weiterbestehende preußische Marine übertraten, Schiffe übernommen wurden und auch wichtige Vorschriften in die preußische Marine übertragen worden sind. Folgt man der Entwicklung der Staatsverfassungen, so ging 1872 die Reichsinstitution »Kaiserliche Marine« aus der seit 1867 bestehenden »Marine des Norddeutschen Bundes« und diese wiederum unmittelbar aus der »Königlich preußischen Marine« hervor.

Späte Auswirkungen des
Individualbildungsprinzips in der preußischen Marine

In der Zeit der preußischen Marine herrschten erstaunliche, weil so ganz dem heutigen Verständnis militärischer Ausbildungsordnung widersprechende Ausbildungsmaximen. Das Personal bestand aus Seeoffizieren, Auxiliaroffizieren, Deckoffizieren, Maaten, Gasten und Schiffsjungen. Mit der Klärung dieser Bezeichnungen werden Strukturelemente der Aus- und Fortbildung deutlich:

Seeoffiziere erwarben ihre Qualifikation in praktischer Anlernzeit an Bord und in Kursen im Seekadetten-Institut. Vier Winterhalbjahre sollten dort aufgewendet werden. Es bestand allerdings kein unmittelbarer Zwang zur Einhaltung, denn letztlich waren die jungen Leute darauf angewiesen, ihr Wissen für die Seeoffizierprüfung im Selbststudium zu erwerben. Das Seekadetten-Institut als Winterschule sollte nur Unterstützung bieten.

Auxiliaroffiziere wurden die aus der Handelsschiffahrt übernommenen Steuerleute genannt – Praktiker, die zur Weiterbildung auf eigene Initiative verwiesen waren.

Die Mannschaften kamen einesteils aus der Handelsschiffahrt oder aus den mit der Seefahrt verbundenen Berufen. Sie mußten als Fachleute ihre Wehrpflicht ableisten, zum Beispiel als »Matrose«, als Steuermanns-»Gast«, als Zimmermanns-»Gast« oder »Heizer«. Ein anderer Teil begann mit vierzehn Jahren als »Schiffsjunge«. Mit der Schiffsjungen-Ausbildung hatte die Marine eine Institution, die zu einem Zeitpunkt, als dies im zivilen Bereich erst in den Anfängen steckte, jungen Leuten schon eine durchkonzipierte und geregelte Lehrzeit bot. Ihre Dauer betrug – mit Ausnahmephasen – drei Jahre.

In diesen Jahren lernten die Jungen von Grund auf die drei Hauptgebiete: Seemannschaft, Waffenbedienung und Soldatendienst in Praxis und Theorie kennen, und sie erhielten eine Förderung ihrer allgemeinen Bildung in dem Maße, wie es für künftige Unteroffiziere nötig erachtet wurde. Denn wenn sie zwar mit erfolgreichem Abschluß ihrer Lehrzeit als Matrosen übernommen wurden, so bestand ihr Berufsziel doch darin, in die Maaten-Ebene und möglichst Deckoffizierebene hineinzuwachsen. Schiffsjungen waren nicht Kombattanten, sondern »Zöglinge«. Intensität und Sorgfalt ihrer Ausbildung können als Gradmesser der in den einzelnen Epochen angesetzten Bemühungen um die Ausbildung des Personals allgemein angesehen werden. Harte körperliche Schulung, wohlwollend-strenge Erziehungsmaßnahmen und intensives Bemühen um Hebung des allgemeinen Kulturwissens, sowohl auf Schulschiffen als auch in der Winterschule, sind die hervorragenden Kennzeichen der Schiffsjungenbildung in der preußischen Marine gewesen.

Der Aufstieg in höhere Verantwortungsebenen beruhte für die längerdienenden Mannschaften auf Qualifikationsnachweisen, die sie sich selbst erarbeiten mußten. Dazu gehörten eine angemessen lange Erfahrung im praktischen Dienst ihres Fachgebietes, aktive Seefahrtzeit und nachgewiesenes theoretisches Wissen. Wer unter diesen Voraussetzungen als geeignet angesehen wurde, konnte dann zum

»Maat«, das heißt zum Unteroffizierrang seiner Fachrichtung, oder später zum Deckoffizier mit Dienstgradbezeichnungen wie »Steuermann«, »Bootsmann«, »Stückmeister«, »Maschinist« befördert werden.

Interessant ist, wie fortgeschrittenes Wissen für die angestrebte höhere Verantwortungsebene vermittelt wurde. Es gab keinen vorgeschriebenen Weg, etwa durch ein Kursussystem, sondern Angebote zur Wissensvermittlung. So konnte sich ein Steuermannsgast für den Besuch einer zivilen Navigationsschule bewerben, um nach dort bestandenem Examen als Steuermannsmaat in der Marine Dienst zu tun. Ein Feuerwerksgast konnte, sofern er alle anderen Voraussetzungen erfüllte, mit dem Ziel, Feuerwerksmaat zu werden, die »Feuerwerksmaatenklasse« auf dem Artillerieschulschiff besuchen. Wer Maschinistenmaat werden wollte, hatte Gelegenheit zum Besuch sporadisch eingerichteter »Maschinistenmaatenklassen« oder er mußte sich darauf verlassen, von seinem Maschinisten genügend Wissen und Fähigkeiten zu erlernen, um als Maschinistenmaat ausgewählt zu werden; er konnte aber auch nach beendeter Wehrpflicht auf Dampf-Handelsschiffen fahren, und – wir würden heute sagen als »Seiteneinsteiger« – als Maschinistenmaat zur Marine zurückkehren.

Es waren nicht Ziellosigkeit oder Zufälligkeit, von denen die dienstliche Förderung des Personals abhing. Wir erkennen in der Art, wie in der Marine bis etwa Mitte der 1860er Jahre Ausbildung betrieben wurde, die Bildungsphilosophie der Nachaufklärung wieder, geläufigerweise mit dem Namen Humboldts verknüpft. Der die Marine damals führende Mann, Prinz Adalbert von Preußen, hat einmal die bezeichnende Bemerkung gemacht, Auswahl oder Beförderung sollten »lieber durch die sich allseitig empfehlende Persönlichkeit als durch formulierte Bedingungen« bestimmt werden.

Wir wissen, daß Scharnhorsts und Gneisenaus Pläne für ein militärisches Bildungswesen in der Zeit nach 1806 von der gleichen Grundauffassung getragen waren. Die Bildungstheorie der Reformzeit stellte nämlich das wichtigste Instrument des bürgerlichen Freiheitsstrebens dar. Indem nicht mehr der durch Geburt zugewiesene Stand, sondern der nachgewiesene Bildungsgrad den gesellschaftlichen Status des einzelnen bestimmen sollte, mußten die Besten auf ihrem Weg nach oben der durchaus weiter bestehenden Standesgesellschaft ihre Geisteskraft, ihren Fleiß, ihre Zielstrebigkeit und »allgemeine Bildung« beweisen. Ziel des Bildungswesens war deshalb das Individuum, das mit seinen speziellen Anlagen und Gaben die Chance zur »Selbstverwirklichung« erhalten sollte. So hatten in der Marine unter Prinz Adalbert die zeitweise im Winterhalbjahr eingerichteten Fachklassen und die Beschickung ziviler Fachschulen ihren Platz im freien Spiel zwischen dem Bedarf der Marine an höherqualifiziertem Personal und der Neigung wie den Fähigkeiten der Männer.

Allerdings verlor man durchaus nicht aus dem Auge, daß dem Unterricht in Fachkursen nur bei entsprechend guter Vorbildung gefolgt werden konnte. Da beispielsweise ein vierjähriger Volksschulbesuch nur bei einer Minderheit der eintretenden Männer vorausgesetzt werden konnte, bot die Marine selbst den Unterricht an, der das zeitgenössische allgemeine Kulturwissen vermittelte. Nach verschiedenen Versuchen mit »Matrosenklassen« in vorangegangenen Jahren wurde 1863 in Danzig die »Divisionsschule« eröffnet. Unterrichtsziel war »die nötige allgemeine Bildung zum Unteroffizier«, deren Maß expressis verbis mit der zeitgenössischen Volksschulbildung gesetzt wurde. Fertig konzipiert war die sogenannte »Stations-Schule«, deren Zweck darin bestand, das Kulturwissen weiterstrebender Maate vor ihrer Beförderung zum Deckoffizier anzuheben.

In jener Zeit zeichnete sich allerdings schon das Ende dieser Grundkonzeption ab. Sie baute auf einen von der Marine, ersatzweise für das noch nicht voll funktionsfähige Volksschulwesen, vermittelten allgemeinen Bildungsstand als Fundament für die jeweilige Fachausbildung. Für die Fachausbildung partizipierten die Marineangehörigen so weit wie möglich an bestehenden öffentlichen Schuleinrichtungen oder besuchten speziell eingerichtete Kurse. Die zum Teil sperrige Haltung öffentlicher Schulen, vornehmlich der Navigationsschulen, gegen die Aufnahme von Marineangehörigen trug nicht gerade zur Stützung dieser Ausbildungskonzeption bei. Sie war allerdings langfristig schon deshalb nicht zu halten, weil im öffentlichen Bildungswesen und in der Armee das Prinzip der Individualbildung mit Hilfe von Lehrangeboten bereits seit langem überrollt worden war von straffer Lernorganisation.

Die autarke Stellung »allgemeiner« Bildung gegenüber fachspezifischer Schulung war in der zunehmend technischen Umwelt nicht mehr zu rechtfertigen. Analog ist im öffentlichen Schulwesen des 19. Jahrhunderts die stetig wachsende Bedeutung der »Real«-Schulen und ihre schrittweise errungene Gleichberechtigung mit den »allgemein«-bildenden Schulen zu sehen. Ihren historischen Wert besitzt die Adalbertsche Ausbildungskonzeption als spätes Beispiel für die konkrete Umsetzung der Bildungstheorie des frühen 19. Jahrhunderts, die in der Selbstverwirklichung des Einzelmenschen den größten Nutzen für das Ganze postulierte.

Geordnete Ausbildungsgänge in der frühen Kaiserlichen Marine

Die Prinzipwende der Marine deutete sich mit Schulgründungen ab 1867 an und kam 1872 unter der Führung des neuen Chefs der Admiralität, General von Stosch, voll zum Tragen. Der Lehrgang, d.h. der geplante Gang durch die Lehre, wurde für jede Laufbahn und Fachrichtung eingeführt, und die Schulen boten ihren Absolventen ein umfassend berufsqualifizierendes Lehrprogramm. Zentrale Stelle für die Unteroffizier- und Deckoffizierausbildung war die »Deckoffizierschule«, die fast sämtliche Fachkurse für die Verantwortungsebene der Deckoffiziere und in einigen Fachrichtungen auch die Kurse für die Maatenebene beherbergte. In anderen Fällen fanden die Maatenkurse in gesonderten Schulen oder auf Schulschiffen statt. Hatten unter dem zuvor geschilderten Prinzip die angebotenen Schulkurse der Unterstützung beruflichen Emporstrebens gedient, waren mithin bei günstigen Vorbildungs- und Lernvoraussetzungen durchaus verzichtbar, so stellten sie nunmehr unabdingbare Schritte in der Stufung des Ausbildungsganges dar. Praktische und theoretische Phasen folgten einander systematisch und waren inhaltlich aufeinander bezogen.

Nehmen wir als Beispiel die Maschinistenlaufbahn. Ausgangspunkt der Lehre bildete die festgeschriebene Eingangsforderung, die in einer Eintrittsprüfung nachzuweisen war und deren Niveau vom Bewerber vor der Marinezeit erreicht sein mußte, oder für deren Erreichung er eine »Vorbereitungsklasse« in Anspruch nehmen konnte. Die Abfolge von militärdienstlicher Grundausbildung, fachlichem Grundkurs auf dem Maschinenschulschiff, Integration in den Betrieb aktiver Kriegsschiffe, Maschinistenmaatenklasse, Verwendung auf Maatendienstposten in der Flotte, Untere Maschinistenklasse, Verwendung als Wachmaschinist in der Flotte, Obere Maschinistenklasse, Verwendung als Leitender Maschinist, Ingenieurklasse und anschließende Beförderung zum Maschinen-Unter-Ingenieur im Leutnantsrang bildeten ein zusammenhängendes Ganzes. Lehrinhalte und bewußt eingeplante Erfahrungen in den verschiedenen Verantwortungsebenen des Bordbetriebes bauten sich stufenförmig auf zum Ausbildungsgang. Ein solcher straff organisierter und durchgeplanter Ausbildungsgang entspricht am ehesten den militärischen Notwendigkeiten, weil Personal-, Ausbildungs- und Einsatzplanung miteinander abgestimmt werden können.

Wie uns die zugänglichen Dokumente und Schriften der damals verantwortlichen Offiziere zeigen, bildeten militärische Notwendigkeiten aber nicht das alleinige Motiv. Planende Stufung der Lehre, die dem Lernenden den Weg durch den Stoff in systematischen Schritten bereitete, gehörte zum Credo der sogenannten »Formalstufen«-Lehre des Herbartianismus, einer bildungstheoretischen Richtung, die das Prinzip der Individualbildung im öffentlichen Schulwesen zu jenem Zeitpunkt schon voll verdrängt hatte und weitere drei Jahrzehnte uneingeschränkt herrschend sein sollte. Die »Formalstufen« zeigten auch im Unterrichtsverlauf an den Schulen der Marine ihren Einfluß, und ihr Prinzip bestimmte insgesamt die Ausbildungsgänge: Ein Indiz für das fraglose Hineinwirken vorherrschender zeitgenössischer Einsichten in den militärischen Bereich.

In jenen Jahren erhielt die Marine ihr Gerüst an Ausbildungsvorschriften, das seitdem nur noch den Zeitumständen entsprechend angepaßt werden mußte.

In den Fachlaufbahnen wurden die Wege vom Mannschaftdienstgrad zum Unteroffizier und weiter zum Deckoffizier aufgezeigt. Die Ausbildung zum Seeoffizier im Kern unverrückbar konzipiert, mit ihrem Ablauf von praktischem Mittun, theoretischer Besinnung, zunehmend verantwortlichem Handeln und wieder theoretischer Unterweisung vor höheren Aufgaben.

Die Formung von Schiff und Besatzung zu einem funktionierenden Waffensystem erfolgte seit der »Anleitung für die stufenweise Ausbildung der Besatzungen alleinsegelnder Schiffe und Fahrzeuge« erstmals einheitlich und so folgerichtig, wie es später und bis heute der »Dienst an Bord« und die Jahreseinsatzbildungspläne der Flotte festlegen. Wenn hier das Ausbildungskonzept der Ära Stosch eingehend geschildert wurde, so mag das insofern verwundern, als diese Zeitspanne nur gut ein Jahrzehnt umfaßte, von 1872 bis 1883, die Expansion der Marine jedoch erst später kam. Die weiterreichende Bedeutung der in jedem Jahrzehnt für die

Ausbildung in der Marine getroffenen Maßnahmen rechtfertigt allerdings diese Schwerpunktsetzung. Die Veränderungen gegenüber der vorhergehenden Ausbildungskonzeption hatten wir bereits herausgestellt. Für die nachfolgenden Jahrzehnte setzte die unter Stosch vorgenommene Formierung der Ausbildungsgänge und ihre Synchronisierung mit den Verantwortungsebenen den Maßstab. Sie gewinnt so im Rückblick zentrale Bedeutung im Ausbildungssystem der Marine bis 1914, und sie hat ihren Orientierungscharakter für eine systematische Folge von Lernschritten hin zum funktionierenden Mensch-Maschine-System »Kriegsschiff« bis heute behalten. Über die Leistungsfähigkeit der Marine unter Adalbert und unter Stosch gibt es kaum sich widersprechende Aussagen.

Geschützexerzieren in der Kaiserlichen Marine unter Beteiligung von Schiffsjungen

Quelle: MSM/WGAZ

Die recht lose Fügung des Ausbildungswesens unter dem Leitgedanken individuellen und selbstverantworteten Bildungsstrebens konnte den Bedürfnissen des technischen Instruments »Marine« nicht genügen. Ebensowenig wie das Individualbildungsprinzip im größeren Staatsrahmen der zunehmenden Industrialisierung und Verwaltung im 19. Jahrhundert auf Dauer hatte genügen können. Verzicht auf planmässig organisiertes und stufenweises Vorgehen im Ausbildungsgang des Marinepersonals hat vor 1872 auf verschiedenen Gebieten zu fachlichen Mängeln des Personals geführt, die nicht zuletzt die erstaunlich geringe Aktivität der Marine in den Kriegen 1864 und 1866 erklären. Zum Teil war es damals nicht gelungen, die Antriebsanlagen rechtzeitig klarzumachen.

Beispielhaft dagegen war die Leistungsfähigkeit des Personals nach einem Jahrzehnt straff und pädagogisch-durchdacht organisierter Lehre: Auf das Maschinenpersonal gemünzt, äußerte sich 1884 der zuständige Offizier der »Nordseestation« mit Genugtuung über die »Vielseitigkeit der Ausbildung«, der es zu verdanken sei, daß Betriebsstörungen bzw. Unglücksfälle durch Unwissenheit oder Nachlässigkeit kaum zu beklagen seien. Dazu muß man bedenken, daß die »Nordseestation« für den Einsatz aller Auslandsschiffe verantwortlich war, deren Betrieb fern der heimatlichen Basen nur durch hervorragendes Können sichergestellt werden konnte. In jener Zeit standen von den 13 Panzerschiffen und 20 Korvetten oft mehr als die Hälfte in Übersee. Effektive Berufsvorbereitung und Fortbildung ermöglichten die Aufgabenerfüllung der Marine.

Rüstungsexpansion und Ausbildungserfordernisse im Zielkonflikt

Unter dem Zwang des Personalmangels infolge der wachsenden Rüstungsprogramme nach Amtsantritt Kaiser Wilhelms II. blieben Kürzungen der Ausbildungswege nicht aus. Damals, wie auch später immer wieder bei ähnlichen Lagen, bestand ein gern geübter Notbehelf darin, die Ordnung der den Einsatz vorbereitenden Lehre zugunsten früherer Einsteuerung in die Einsatzverbände zu durchbrechen. Anstatt logisch-systematischer Abfolge von Lernschritten, von Erfahrung – Frage – Belehrung – Übung ergibt sich dann eine Ausbildung in Form geballter Wissensvermittlung mit anschließend tastender Anwendung in der Flottenpraxis oder in Form althergebrachter Meisterlehre mit Abschauen und Nachahmen im praktischen Handeln.

In Reduzierungsschritten 1892 und 1899, jeweils unmittelbare Auswirkungen der vorangegangenen Flottenvermehrungsgesetze, verloren sowohl Seeoffizier- wie Schiffsjungenausbildungsgang den wohlgeordneten Bezug der praktischen mit den theoretischen Komponenten. Jeweils das volle letzte Jahr der insgesamt noch dreieinhalbjährigen Seeoffizierausbildung und der insgesamt nur noch zweijährigen Schiffsjungenausbildung entschwand darüber hinaus der leitenden Obhut, weil die Lernenden bereits im Flottendienst eingesetzt wurden.

Da die Schiffsjungen das Gros der Unteroffizieranwärter in den nichttechnischen Fachrichtungen ausmachten, kündigten immer mehr warnende Stimmen die Überforderung dieser jungen Leute im Flottenalltag und den vorhersehbaren Kollaps des Personal- und Ausbildungssystems an. 1907 mußten die größten Reduzierungen rückgängig gemacht werden. Die folgenden Jahre waren gekennzeichnet vom Bemühen der Verantwortlichen, unter Beachtung der Vorbildung im öffentlichen Schulwesen und unter Einbeziehung des auch damals schon den Längerdienenden zustehenden Berufsförderungsunterrichts ein Optimum sinnvoll gestufter Lehre zu planen.

Es blieb weiterhin schwierig, die notwendige Balance zwischen Rüstungs- und Ausbildungsanstrengungen herzustellen. Doch hatte die Marine zum zweiten Male in ihrer Geschichte die Erkenntnis gewonnen, daß die modernsten Schiffe nichts taugen, wenn nicht befähigte Männer zu ihrer Bedienung und Wartung zur Verfügung stehen.

Wägung von Inhalten und Zielen

In der Seeoffizierausbildung machten sich Mängel in dem gerade für die Schiffsjungenausbildung angeführten Ausmaße nicht bemerkbar. Das lag an den kontinuierlich gesteigerten Anforderungen an die Vorbildung und den greifenden Maßnahmen zur Weiterbildung – also den beiden Ausbildungsabschnitten, die der reduzierten Berufsvorbereitungslehre voran- und nachgingen.

Welche Qualitäten wurden von einem Seeoffizier gefordert? Eine Formulierung aus dem Jahre 1897 hätte genausogut in der Anfangsphase der Marine wie auch nach der folgenden Jahrhundertwende getroffen werden können: Sie schreibt dem Idealtyp »eine gediegene allgemeine und formale Bildung, gepaart mit gründlicher Kenntnis des praktischen Dienstes und darin erworbener Erfahrungen« zu. Bewährung in der sozialen Umwelt bildete den einen Forderungspol, sichere Führung des Schiffes und der Besatzung den anderen. Voraussetzung war ein Bildungsstand bei Eintritt in die Marine, der unter anderem neusprachliche, historische und geographische Kenntnisse als Fundament weltweiter Reisen umfaßte, der aber auch mathematisch-naturwissenschaftliche Grundlagen für den stark zu erweiternden Unterricht bot, wie sie zur Anwendung in den technischen Disziplinen des Kriegsschiffsbetriebes erforderlich waren. Voraussetzung war aber auch ein Eintrittsalter, das noch genügend Gelegenheit zur Formung des Gemeinschaftsgeistes und Übermittlung seemännischen Könnens offenhielt. So schraubte sich das geforderte Schulniveau zwischen Segelschiffszeit und Dampfturbinenepoche von der Obersekunda-Reife bis zum Abitur und bewegte sich von »humanistischen« Bildungsinhalten weg zu denen der Realgymnasien und Oberrealschulen – in harten Auseinandersetzungen der Verantwortlichen. Letztlich hatten nie Zweifel bestanden, daß Mathematik und Physik die »Hauptfächer« sein mußten, weil sie die Grundlagen für das berufliche Kernwissen, nämlich Schiffbau, Waffentechnik, Waffeneinsatz, Antriebstechnik und Navigation darstellen. In der Trennung von Seeoffizier- und Ingenieuroffizierlaufbahn lag ein Ansatz, die naturwissenschaftlich-technischen Anforderungen an den Seeoffizier gelegentlich zu übersehen. Diese Trennung der Offizierlaufbahnen ist eines der Zeichen dafür, wie die Marine in die sozialen Auffassungen und Spannungen der Zeit eingebunden war. Die permanente Diskussion über die Wägung von wünschenswertem Bildungsniveau der Offizieranwärter und ihrer »Herkunft«, nämlich möglichst aus monarchiebejahenden sozialen Schichten, gehörte dazu.

Wurden Entscheidungen über das zu fordernde Eintrittsniveau der Marinebewerber und ihr Ausbildungsniveau fällig, so fielen sie für jede Laufbahn und für jede Verantwortungsebene im Grundsatz wie bei den Offizieranwärtern: Langfristig ist die Tendenz erkennbar, höhere Eintrittsbedingungen zu stellen bzw. marineintern Grundlagen- und Weiterbildungsmöglichkeiten zu schaffen.

Leitende Gesichtspunkte des Lehrprogramms für Vorgesetzte waren Fachkompetenz und gesellschaftliche Handlungskompetenz. Fachkompetenz erwuchs aus der Lehre und der Erfahrung und dem praktischen Handeln in den Fachgebieten. Weltverständnis und gesellschaftliche Handlungskompetenz wurden aufgebaut durch Erfüllung zeitgenössischer Bildungsstandards. So erklären sich die durchgehend zu beobachtenden Anstrengungen, den Unteroffizieranwärtern im Schiffsjungen-Institut und in der Fachausbildung einen möglichst hohen Standard in den elementaren Kulturfertigkeiten »Lesen – Schreiben – Rechnen« zu vermitteln, nicht allein aus deren Grundlagenfunktion für weiterführendes Wissen, sondern auch in der Absicht, die künftigen Vorgesetzten von Wehrpflichtigen in dieser Beziehung unangreifbar zu machen.

Musik, Geschichte, Erdkunde, Zeichnen dienten dem gleichen Zweck. Er fand seine höchste Ausprägung in der Ausbildung künftiger Deckoffiziere. Beispielsweise blieb jenen auf den Schulen der Marine in der Zeit hoher Wertschätzung der deutschen Sprache weder die Grammatiklehre noch das Lesen der Klassiker erspart, ob Maschinist, Steuermann oder Torpedofachmann.

Wie in der hier dargelegten Gedankenführung deutlich werden sollte, gehen militärische Ausbildungskonzeptionen ihr Ziel durch Einflußnahme auf das längerdienende Personal an. Innere Einstellung und Können von Offizieren und Unteroffizieren bestimmen Umfang und Grad der militärischen Befähigung, welche den Wehrpflichtigen in Grundausbildung, Fachausbildung und Truppendienst vermittelt werden kann: wie erfolgreich ein Ausbildungssystem ist, erweist sich erst im Handeln des »letzten« (des letzt-ausgebildeten) Soldaten.

Marineschule Flensburg-Mürwik (Luftaufnahme von 1911)

Quelle: MSM/WGAZ

Lehre, Erziehung, Bildung

Rufen wir uns das Stichwort Kampfkraft und seine theoretischen Einflußgrößen, Technik – Seemannschaft – Gesellschaft – Sicherheitspolitik, noch einmal in Erinnerung, um eine zusammenfassende Wertung des Ausbildungssystems der preußischen und Kaiserlichen Marine für die Entwicklung der deutschen Marine vorzunehmen.

Wird Kampfkraft beschrieben als auch durch Können und Wollen der Soldaten gewährleistete Fähigkeit zum erfolgreichen Waffeneinsatz, dann umschließt der Vorgang »Ausbildung« die Einheit von Lehre, Erziehung und Bildung:

– Lehre in Praxis und Theorie, um erfolgreich handeln zu können, mit dem Gerät, mit der Waffe, mit dem Waffensystem.

– Erziehung durch Sinn-Setzung, Normen-Setzung und beispielgebendes Vorleben von Werthaltungen und Einstellung, um den Handlungswillen bis in den Kampf hinein zu stabilisieren.

– Bildung durch Vermittlung eines erweiterten Weltverständnisses, um Können und Wollen durch Einsicht in übergeordnete Zusammenhänge zu stützen. »Bildung« aber auch im jeweiligen zeitgenössischen Verständnis, um den Soldaten im sozialen Umfeld zu integrieren.

Erste Phase

Betrachtet man die Ausbildung in den vorgestellten Epochen unter diesen Prämissen, so läßt sich konstatieren, daß unter Führung des Prinzen Adalbert Erziehung und Bildung die hervorstechenden Ausbildungsziele darstellten. Während eine Lehre kaum systematisiert wurde, vertraute die Marineführung auf den handlungsprägenden Effekt langer Dienstzeiten und, gemäß dem zeitüblichen Menschenbild, auf Person wie Gemeinschaft fördernde Bildung. In Kampfhandlungen bewiesen die Männer der preußischen Marine ihren Kampfesmut. Damit erreichte die Erziehung ihre höchste Bewährung. Bezüglich der Kampffähigkeit, insbesondere die der technisch modernen Schiffe, wird jedoch ein herbes Urteil überliefert.

Zweite Phase

Ein ausgewogener Dreiklang von Lehre, Erziehung und Bildung ist erst nach 1872 zu beobachten. Durch Integration einer systematisierten Fachlehre mit auftragsorientierter Erziehung und zeitgemäßer Allgemeinbildung entstand allmählich ein effektives Marineausbildungssystem. Ihm werden Betriebssicherheit und Kampfkraft der Flotte zu einem guten Teil zugeschrieben.

Es bleibt bemerkenswert, wie Erziehungsauftrag und Erziehungsmaximen mit dem Gang der Lehre verwoben worden sind, so daß sie den alltäglichen Ausbildungsdienst mit nachhaltiger Wirkung durchsetzten. Die Formung des fähigen und bereiten Berufssoldaten der Marine im Kaiserreich vollzog sich in einer Symbiose von fachlicher Unterweisung, geleiteter Diensterfahrung, zwingender Bindung an Dienstvorschriften und in den Ausbildungsgang eingeflochtener Allgemeinbildung.

Ausbildung von Seekadetten im Maschinenleitstand der Schulfregatte »Graf Spee« im Frühjahr 1961
Quelle: Archiv des Herausgebers

Dritte Phase

Einen Einbruch erlitt dieses ausgewogene System in der Phase rascher Indienststellungen neuer Schiffe nach 1890. Als zwangsläufige Folge ergab sich Personalmangel, der nur durch Kürzungen im Ausbildungsgang des Nachwuchses aufzufangen war. Die Komponente Bildung hatte als erstes zu leiden, aber auch das Fachkönnen kam durch Zeitreduzierungen immer mehr zu kurz. Überbrückung des Mangels, bis zum Einpendeln auf ausreichende Personalumfangszahlen, wurde ermöglicht durch die fachliche Qualifikation der vorhandenen langdienenden Seefahrer. Pufferwirkung ist eine befristete Zeit möglich, bis zum erneuten Umschalten durch die Verantwortlichen auf eine ausgewogene Ausbildung.

Das Ausbildungssystem der Kaiserlichen Marine stellte also auf personellem Gebiet die Kampfkraft sicher, und es vertrug auch Belastungen in Friedens- und Kriegszeiten. Die Leistungen der Flotte im Überseedienst und im Kriege wurden von allen Seemächten anerkannt[2].

Beim zweimaligen Wiederaufbau der Marine, nach dem Ersten und nach dem Zweiten Weltkrieg, hatten sich die Verantwortlichen die Frage der Wichtung von Lehre, Erziehung und Bildung für das Personal unter neuen Bedingungen und im Lichte der Erfahrungen jeweils neu zu stellen. Auch in der bisher einmaligen Kon-

tinuität der Marineentwicklung nach 1955 ist es zu Zäsuren hinsichtlich der Ausbildungskonzeption gekommen, mit jeweils neuen Wichtungen. Grundsätzlich
Neues konnte es allerdings auf der konzeptionellen Ebene nicht geben. Nur Ge-
wichtungsverschiebungen bei Lehre-Erziehung-Bildung, und unterschiedliche
Ausprägungsformen, da die bestimmenden Einflußgrößen jeder Ausbildungskonzeption die gleichen sind wie ehedem:
Technik, Seemannschaft, Gesellschaft, Sicherheitspolitik.

Anmerkungen

[*] Zuerst erschienen in: Die Deutsche Marine. Historisches Selbstverständnis und Standortbestim-
mung, hrsg. vom Deutschen Marine Institut und der Deutschen Marine-Akademie, Herford,
Bonn 1983 (= Schriftenreihe Deutsches Marine Institut, Deutsche Marine-Akademie, 4),
S. 131–142.

[1] Ausgebreitet und belegt in: Herbert Graubohm, Die Ausbildung in der deutschen Marine von
ihrer Gründung bis zum Jahre 1914. Militär und Pädagogik im 19. Jahrhundert, Düsseldorf 1977.

[2] Die Meuterei auf einigen Großkampfschiffen 1917 und die Tatsache, daß die deutsche Revolution von 1918 einen ihrer Kristallisationspunkte in der Hochseeflotte hatte, kann nicht unerwähnt
bleiben, sprengt aber unser Thema. Ausbildung kann nur einen Teilaspekt der Revolution beleuchten. Es liegt unter diesem Teilaspekt nahe, daß offensichtlich im System der Einflußgrößen
auf die Kampfkraft die gesellschaftlich-politische Komponente unterbewertet oder falsch gehandhabt worden ist. Ein Fehler wäre dann bei der Weiterbildung des Offizierkorps zu suchen,
die den Zeitentwicklungen nur unzureichend gefolgt ist. Es war den Offizieren auf den ab Sommer 1916 weitgehend zur Untätigkeit verurteilten Großkampfschiffen dadurch in entscheidenden
Fragen nicht möglich, eine richtige Bewertung sichtbarer Entwicklungen vorzunehmen und entsprechend zu handeln.

Holger H. Herwig

Der Einfluß von Alfred Th. Mahan
auf die deutsche Seemacht[*]

Als das Verlagshaus Little, Brown in Boston im Mai 1890 für vier Dollar einen regelrechten Wälzer mit dem Titel »The Influence of Sea Power Upon History, 1660–1783« herausbrachte, war sein Erfolg kaum vorauszusehen. Das Buch erlebte schließlich seine 50. Auflage und wurde in sechs wichtige Sprachen übersetzt. Sein Autor, ein unbekannter Kapitän im Stab des Naval War College, konnte genauso wenig ahnen, daß dies der Anfang einer bemerkenswerten Karriere als Marinehistoriker und Propagandist war. Alfred Thayer Mahan schrieb in der Folge mehr als zwanzig Bücher, 160 Artikel für Fachzeitschriften und 100 Artikel für Zeitungen, von denen viele in eine ganze Reihe von Sprachen übersetzt wurden, wie z.B. ins Chinesische, Niederländische, Französische, Italienische, Japanische, Koreanische, Russische, Spanische und Schwedische[1].

Mahans »Influence of Sea Power« erschien zu einem günstigen Zeitpunkt in der deutschen Geschichte. Zwei Monate zuvor hatte der junge Kaiser Wilhelm II. brüsk den »Steuermann«, Reichskanzler Otto von Bismarck, »von Bord gejagt«, um – wie der Monarch es formulierte – alleiniger »Wachoffizier des Staatsschiffes« zu werden[2]. Der halbenglische Kaiser war von der maritimen Größe Großbritanniens geblendet, und Mahans Buch überzeugte ihn von der Notwendigkeit, nach Übersee zu expandieren und Deutschland Weltmachtstatus (statt Kontinentalstatus) auf der Grundlage einer ausgewogenen Flotte verschaffen zu müssen, deren zentrales Machtinstrument das Schlachtschiff bilden sollte. 1894 »verschlang« Wilhelm II. Mahans »Influence of Sea Power«, wobei er sein Exemplar mit vielen Anmerkungen versah und seinen deutschen Marineoffizieren empfahl, das Werk auswendig zu lernen. Im darauffolgenden Jahr freute er sich sehr, daß er den amerikanischen Kapitän zur See Mahan an Bord der königlichen Jacht in Cowes begrüßen konnte[3]. Realitätsorientierter als mit seiner Weisung des Auswendiglernens setzte sich Wilhelm II. bei den Herausgebern der halbamtlichen »Marine-Rundschau« dafür ein, Vizeadmiral Karl Batsch mit der Übersetzung von Mahans Werk zu beauftragen. Es wurde 1896 unter dem Titel »Der Einfluß der Seemacht auf die Geschichte 1660–1783« von dem Militärverlag E.S. Mittler & Sohn in Berlin herausgegeben.

Alfred von Tirpitz (1900 geadelt) wurde im Juni 1897 zum Staatssekretär im Reichsmarineamt ernannt und sorgte augenblicklich dafür, daß 1898 eine zweite Auflage von »Der Einfluß der Seemacht« bei Mittler erschien. Die meisten späte-

ren Admiräle Deutschlands von Assmann bis Wegener haben irgendwann am
Anfang ihrer Laufbahn Mahans großes Werk gelesen, mit Anmerkungen versehen
und Stellung dazu bezogen. Tatsächlich wurde Mahan in deutschen Marinekreisen
schnell bekannt. Um Zustimmung zur Idee der Seemacht im allgemeinen und zur
Verabschiedung der beiden Flottengesetze in den Jahren 1898 und 1900 im besonderen zu gewinnen, stellte Tirpitz auch die Übersetzung von Mahans Werk
»The Influence of Sea Power Upon the French Revolution and Empire,
1793–1812« sicher. Die Übersetzung erschien 1898 erneut bei Mittler, und da
Mahan inzwischen zum Bestsellerautor avanciert war, wurden die beiden Bände
preiswerter als sein erstes Werk auf den Markt gebracht[4]. Mahans Abhandlung
über »The Interest of America in Sea Power, Present and Future« aus dem Jahr
1897 erschien ebenfalls in Deutsch und wurde diesmal von einem anderen Verlag
und mit dem prägnanteren Titel »Die weiße Rasse und die Seeherrschaft« herausgebracht[5]. Schließlich waren die Herausgeber der »Marine-Rundschau« so sehr von
Mahans Artikeln »Lessons of the War With Spain« in der Londoner »Times« beeindruckt, daß sie 1899 eine vierteilige Übersetzung erwarben. Um zu verstehen,
welche Teile sich die Deutschen vom Mahanschen Werk zu Gemüte führten, ist
vielleicht der Hinweis interessant, daß Tirpitz auf die Übersetzung von Mahans
Ausführungen über internationale Beziehungen sowie Seestrategie und militärische
Operationen verzichtete[6].

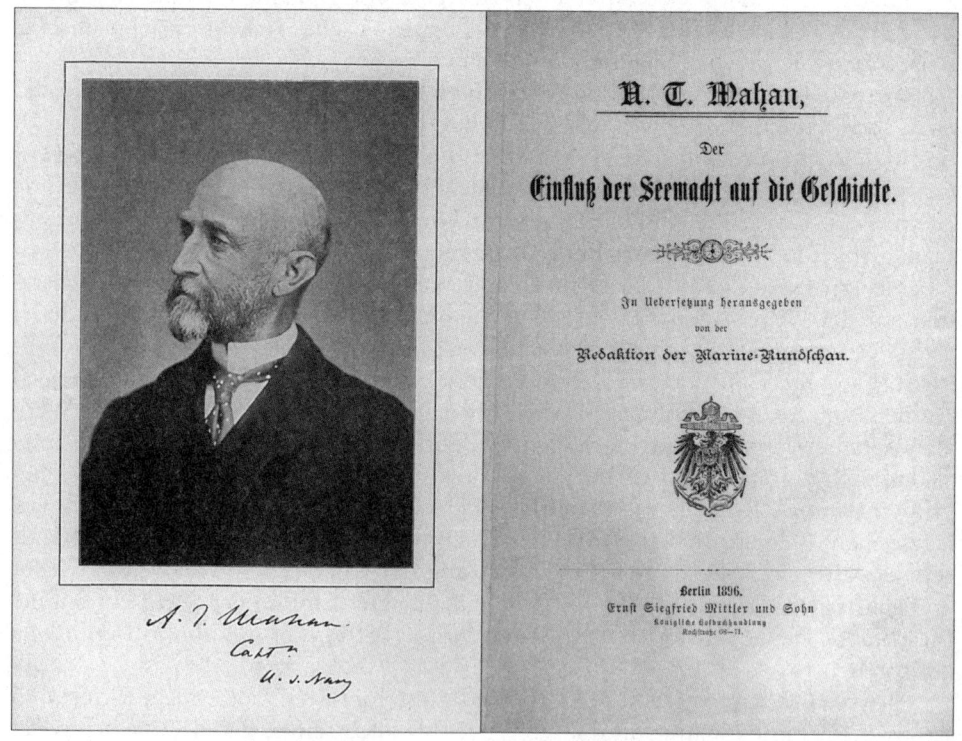

Deutsche Erstausgabe des Werkes von A.T. Mahan (Bibliothek MGFA)

Mahan wie auch Tirpitz waren sich bewußt, daß die Öffentlichkeit erst auf die Notwendigkeit einer Schlachtflotte aufmerksam gemacht werden mußte. In den Vereinigten Staaten wirkte Mahan an der Gründung der Navy League mit. In Deutschland gelang es Tirpitz, die öffentliche Meinung in einem bislang unbekannten Umfang zu manipulieren. Ein spezielles Nachrichtenbüro im Reichsmarineamt und die beiden halbamtlichen Publikationen wie die Zeitschrift »Marine-Rundschau« und das Jahrbuch »Nauticus« übermittelten die Mahansche Botschaft in die entferntesten Gegenden des Reiches. Etliche Geistliche und 270 sogenannte »Flottenprofessoren« wetteiferten darin, die frohe Botschaft der »Flottenpolitik« zu verkündigen. Und der Deutsche Flottenverein, der 1914 eine Million Mitglieder zählte, gab »Die Flotte« heraus – ein geschickt aufgemachtes Blatt mit einer Auflage von 750 000 Exemplaren, mit dem die Unterstützung der breiten Öffentlichkeit für das Tirpitzsche Flottenprogramm gewonnen werden sollte[7].

Mahan selbst war zu sehr mit der Royal Navy beschäftigt, um die Entwicklungen in Deutschland genau zu registrieren. Als junger Mann hatte Mahan 1855 und 1856 am Columbia College Deutschkurse absolviert, aber sein lebhaftes Interesse an der deutschen Marinepolitik kam – wie nicht anders zu erwarten – erst mit Beginn der deutsch-britischen Flottenrivalität zum Durchbruch. 1911 war Mahan vom Aufbau der deutschen Flotte so beeindruckt, daß er seine »nicht mehr haltbare« einstige Meinung revidierte, »die europäische Politik [sei] im Unterricht am Naval War College kaum zu berücksichtigen«[8].

Mahan ging mit seinem Standpunkt an die Öffentlichkeit. Im April 1909 hielt er den Amerikanern in »Collier's Weekly« im Hinblick auf die »deutschen Marineambitionen« eine regelrechte Standpauke. Im Juni und Juli 1910 trat er an die »Daily Mail« in London heran, um den Briten »die internationale Bedeutung der Flottenentwicklung in Deutschland« zu erläutern. Am 24. Mai 1912 warnte Mahan seine Landsleute in der »New York Times«, die Monroe-Doktrin sei nun der »Willkür Deutschlands« ausgeliefert. Am Vorabend des Kriegsausbruchs 1914 war Mahan äußerst alarmiert über das unkontrollierte Wachstum der deutschen Seemacht. Im August 1914 bediente er sich der »New York Evening Post« und der »New York Times« zur Aufforderung: »England muß gegen Deutschland antreten.« Zwei Tage nach Mahans Tod, am 3. Dezember 1914, veröffentlichte die »New York American« posthum seinen Aufruf an die Nation: »Mahan sieht Gefahren für die Vereinigten Staaten für den Fall, daß Deutschland gewinnt[9].«

In all diesen Artikeln ging es im wesentlichen um »die wachsende Bedeutung Deutschlands als Industrie-, Handels- und Flottenmacht« als »bezeichnendes Merkmal für den Wandel« in den europäischen Beziehungen seit der Jahrhundertwende. Die »Macht der deutschen Marine« sei von nun an auch »für die Vereinigten Staaten eine Sache von höchster Wichtigkeit«. In Europa verfüge einzig die britische Royal Navy über das »Potential, Deutschland in Schranken zu halten«[10].

Der begeisterte Anklang, den Mahan seinerzeit in Deutschland fand, beruhte vor allem darauf, daß von dem Amerikaner Seemacht generell befürwortet wurde, und nicht etwa auf bestimmten geschichtlichen »Lehren«, die er aus dem Studium Großbritanniens im Zeitalter der Segelschiffahrt gewonnen hatte. Eigentlich kann sich bei der Lektüre von »Der Einfluß der Seemacht auf die Geschichte 1660–1783« niemand des Eindrucks erwehren, daß sich das Buch schwer liest. In weiten Teilen ergeht sich der Autor in der schwerfälligen chronologischen Darstellung der britischen Seemacht vom Zweiten Holländischen Krieg bis zur Kapitulation von Yorktown. Man muß das Buch wirklich sorgfältig lesen, um die wenigen aussagekräftigen Stellen zu entdecken. Die Deutschen hätten sich wirklich auf die Übersetzung des ersten Kapitels beschränken können, das sich mit den sechs sakrosankten »Elementen von Seemacht« befaßt, denn für Wilhelm und Tirpitz zählte die Darlegung der Faktoren, auf denen die maritime Vorherrschaft Großbritanniens begründet war.

Es überrascht deshalb nicht, daß Mahans Werk von Tirpitz politisch unverzüglich in die Praxis umgesetzt wurde. Ein Viertel der vorhandenen 8000 Exemplare dieses Buches wurde zur Unterstützung des Ersten Flottengesetzes im Jahr 1898 verteilt. Das Buch war bald an Bord jedes Kriegsschiffes der Kaiserlichen Kriegsmarine zu finden. Tirpitz wandte sich sodann an den preußischen Kultusminister, den Chef des Generalstabes und an die Kriegsminister von Preußen, Sachsen, Bayern und Württemberg und bat um tatkräftige Unterstützung bei der Verbreitung des Mahanschen Werkes in militärischen Einrichtungen und an öffentlichen Schulen. Außerdem forderte Tirpitz alle Staatssekretäre der Reichsregierung, die Spitze der jeweiligen Regierung in Berlin, Dresden, München und Stuttgart, die Senate der Hansestädte und die Rektoren aller Universitäten dazu auf, die Ausbreitung der Mahanschen Lehre zu fördern. Den Aufforderungen des Admirals lagen Bestellisten für »Der Einfluß der Seemacht« bei.

Die beinahe unterwürfige Verehrung Mahans diente verschiedenen Zwecken. Erst einmal – und das ist am augenfälligsten – verliehen Mahans Vorstellungen der schon vom Reichsmarineamt angekurbelten Flottenpropaganda Glaubwürdigkeit und Schwung. Zweitens erhielten diese Publikationen aufgrund der Art, in der der Kaiser und Tirpitz den von Mahan vertretenen Auffassungen beipflichteten und sie befürworteten, tendenziell halbamtlichen Charakter. Dieser Umstand wiederum kam dem dritten Zweck zugute: Nachdem Tirpitz den Schriften Mahans quasi amtlichen Status verschafft hatte, setzte er sie als Instrument zur Disziplinierung des Offizierkorps ein. Schon im Juni 1897 hatte Tirpitz durch kaiserlichen Erlaß untersagen lassen, Inhalte von grundsätzlicher Bedeutung für die Entwicklung der deutschen Flotte – wobei es sich natürlich ausschließlich um Mahans Ansichten handelte – in der Öffentlichkeit zu diskutieren. Kurzum, eine Abweichung von der Mahanschen Philosophie der Seemacht wurde durch Zensur unterbunden und konnte sogar zur vorzeitigen Entlassung aus der Marine führen[11].

Leider stellte sich Tirpitz nie einer kritischen Erörterung der Vorstellungen Mahans. Statt dessen gab er sich bei seinem Vorhaben, eine deutsche Kriegsflotte aufzustellen, die sich mit der Großbritanniens messen konnte, damit zufrieden, sich auf Mahan abzustützen. Nach dem Ersten Weltkrieg erklärte Tirpitz in seinen Memoiren recht selbstgefällig, er habe seine eigenen Marinepläne »auf dem ›kleinen Exerzierplatz‹ vor der Kieler Föhrde [...] empirisch« gefunden, wohingegen Mahan in Newport »sie gleichzeitig theoretisch aus der Geschichte« entwickelt habe[12].

Anders ausgedrückt, Mahan diente den deutschen Bedürfnissen mehr als Prophet denn als Historiker.

Ende der dreißiger Jahre mußte sich Admiral Erich Raeder bei der Formulierung seiner eigenen Theorie der Seemacht nicht mehr auf Mahan berufen, denn die Publikationen des Amerikaners waren bis dahin bei den meisten Seeoffizieren zu einer Frage des Glaubens geworden. Raeders Hauptaufgabe war es in Wirklichkeit, dem Österreicher Adolf Hitler die Doktrin von der Seemacht schmackhaft zu machen. Folglich ist statt der intellektuellen Analyse von «Der Einfluß der Seemacht auf die Geschichte» durch Tirpitz und Raeder nur noch zu prüfen, inwieweit der Aufbau der deutschen Flotte um die Jahrhundertwende und in den dreißiger Jahren den Mahanschen Maximen entsprach.

Zuerst muß herausgestellt werden, daß von Mahan, Tirpitz und (in geringerem Umfang) Raeder nicht nur Seestrategien, sondern vielmehr Seemachtphilosophien entwickelt wurden, die nationale Elemente aus den Bereichen Kultur, Politik, Volkswirtschaft sowie Streitkräfte- und Marinedoktrin umfaßten. Alle drei waren Seeoffiziere, gleichermaßen bestrebt, die strategische Kultur ihrer jeweiligen Nation zu verändern. Nach ihrem Verständnis befand sich die Hierarchie von Großmächten ununterbrochen im Fluß. Stillstand bedeutete Abstieg. Auf Seemacht aufgebaute Imperien blühten auf und zerfielen. Besonders Mahan und Tirpitz wandten die unausgegorene Lehrmeinung des sozialen Darwinismus vorbehaltlos auch auf den Bereich des internationalen Wettbewerbs an. Während Mahan mit der Zeit eine offen antideutsche Haltung einnahm, betrachtete Tirpitz (und später Raeder) den angelsächsischen Raum diesseits und jenseits des Atlantiks als die natürliche Nemesis des Reiches.

Nationale Größe konnte nach Ansicht dieser Seeoffiziere nur durch Seemacht erreicht werden, die ihrer Vorstellung nach auf ausgewogenen Schlachtflotten aufgebaut sein mußte, deren Kern mächtige Schlachtschiffe bildeten. Einzig und allein die Zusammenziehung der Hauptflotte und eine Entscheidungsschlacht auf den Weltmeeren führte ihrer Ansicht nach zur »Seeherrschaft« und zur vollen Entfaltung von »Seemacht«, die nicht nur die maritime, sondern auch die kommerzielle Komponente einschloß. Kurzum, die Kontrolle über die von Mahan als »die großen Straßen des Weltverkehrs« bezeichneten Verbindungswege mittels strategischer »Stationen entlang dieser Straßen«, d.h. durch Einrichtung von Marinestützpunkten, führe zu Großmachtstatus.

Zur Verwirklichung dieses Zieles waren natürlich internationale Konflikte unvermeidlich. Im Seehandel herrschte harter Wettbewerb, der sich notgedrungen noch verstärken und vielleicht sogar zum Krieg führen würde. Tirpitz äußerte dazu im Februar 1896 gegenüber dem früheren ersten Chef der Admiralität Albrecht von Stosch: »Wollen wir aber gar unternehmen, in die Welt hinauszugehen und wirtschaftlich durch die See zu erstarken, [...] stoßen wir überall auf vorhandene oder in der Zukunft liegende Interessen. Damit sind Interessenkonflikte gegeben.« Dem war also nicht zu entgehen. Mahan hatte zu verstehen gegeben, eine Strategie der offensiven Seeherrschaft sei in einer Welt des unvermeidlichen Handelskampfes die einzige Überlebensmöglichkeit. Ebenso argumentierte Tirpitz in seiner recht undurchsichtigen Ausdrucksweise: »Weltpolitisch vielseitig ist aber nur die Seemacht[13].«

Tirpitz' berühmte »Dienstschrift IX« vom 16. Juni 1894 wurde zum Entwurf für die deutsche »Flottenpolitik« der folgenden vierzig Jahre. Sie beruht vollständig auf den Mahanschen Thesen. Tirpitz meinte: »Ein Staat, der See- oder, was hierfür gleichbedeutend ist, Weltinteressen hat, muß sie vertreten und seine Macht über seine Territorialgewässer hinaus fühlbar machen können.« Nur eine Hochseeflotte könne Deutschland eine sichere Rolle in Welthandel, Weltindustrie, bis zu gewissem Grade auch Hochseefischerei, Weltverkehr und Kolonien« verleihen. Wie Mahan schon dargelegt hatte, müsse eine solche Flotte jedem potentiellen Gegner zahlenmäßig um ein Drittel überlegen sein. Tirpitz argumentierte: »Die natürliche Bestimmung einer Flotte ist die strategische Offensive.« Einziges Ziel einer Hochseeflotte sei, »möglichst bald zur Schlacht zu kommen«. Die Geschichte habe gezeigt, daß der Geschwaderkrieg »die wirkungsvollste Art der Flottenoffensive und damit der Seekriegführung überhaupt« sei und »in der Schlacht seine Hauptentscheidung«[14] liege. Kurzum, das Ziel einer Seeschlacht sei das Versenken der feindlichen Flotte und damit der Schutz der eigenen Küste und des eigenen Handels, den Feind dagegen hilflos zu machen und seine Küsten durch Blockaden verwundbar – also ihn völlig vom Meer abzuschneiden.

Mit der Zeit erstarrten die Ansichten von Tirpitz im Dogma der Entscheidungsschlacht, die in den Gewässern »zwischen Helgoland und der Themse« zu führen sei. Ein solches maritimes Armageddon würde dem Sieger zur »Seeherrschaft« verhelfen. Für Tirpitz wie für so viele andere seiner Generation gab es im Leben nur das stark vereinfachende »entweder – oder«: entweder der »Entscheidungskampf auf offener See« oder »Untätigkeit, d.h. moralische Selbstvernichtung«[15]. Seemacht wurde somit als etwas Absolutes und nicht als etwas Vorübergehendes oder den Verhältnissen Angemessenes betrachtet. Doktrinäre wie organisatorische Unbeweglichkeit wurden zum dominanten Merkmal der Tirpitzschen Vorstellungen von der Marine, in die keine neuen Überlegungen mehr Eingang fanden.

Admiral Raeder übernahm unbesehen den größten Teil der von Mahan und Tirpitz vertretenen Seemacht-Philosophie. Ein Jahr nach Adolf Hitlers Ernennung zum Reichskanzler verkündete Raeder, was dann zum Credo der Kriegsmarine wurde: »Denn die Skala der Weltgeltung der Nationen ist identisch mit der Skala ihrer Seemacht[16].« Wieder war die ideale Waffe zum Erreichen der Seemacht die ausgewogene Schlachtflotte, die sich um Schlachtschiffe gruppierte. Und während die Kaiserliche Marine im Ersten Weltkrieg Pläne für Großkampfschiffe mit 50 000 Tonnen vorbereitet hatte, ließ Raeder seinen Stab bis 1937 Pläne für Schiffsriesen mit 100 000 Tonnen fertigen[17].

Raeder erwies sich als guter Verkäufer. Hitler, bei dem Seemacht generell nicht hoch im Kurs stand und von dem insbesondere die Kaiserliche Marine ob ihrer unbedeutenden Rolle im Ersten Weltkrieg als »Paradestück« verunglimpft wurde, war um 1934 herum von Raeder überzeugt worden, daß sogar ein Landkrieg »unmöglich« sei, wenn die Erztransporte aus Skandinavien nicht durch Seemacht gesichert werden könnten[18]. Im selben Jahr forderte Raeder das »Dritte Reich« dazu auf, eine Überwasserflotte zu bauen, die ein Drittel der Stärke der englischen Überwasserflotte haben müsse. Später erhöhte er den gewünschten Umfang auf 35 Prozent und dann auf 50 Prozent der britischen Überwassertonnage[19]. Damit war man der magischen Formel von Tirpitz, nämlich zwei deutsche auf jeweils drei britische Großkampfschiffe, erheblich nähergekommen.

Im Februar 1937 war Raeder bestrebt, Hitler und führende Parteimitglieder über die Rolle von Seemacht in der modernen deutschen Geschichte zu belehren. Die strategische Verteidigung durch die Kaiserliche Marine in den Jahren von 1914 bis 1918 habe zur Niederlage des Reiches im Krieg geführt. Raeder beschwor, daß sich so etwas niemals wiederholen dürfe. Wie Mahan und Tirpitz vor ihm definierte Raeder Seemacht als »Beherrschung der Verbindungswege zur See«. Nur die strategische Offensive garantiere den Erfolg. Nur eine mit allen Seekriegsmitteln ausgerüstete Flotte sei in der Lage, »in stärkster Initiative und offensivem Handeln den Krieg auf hoher See zu führen und ihren Aufgaben gerecht zu werden«[20]. Raeders berühmter Z-Plan vom Januar 1939 war die endgültige Bestätigung der Mahanschen und Tirpitzschen Denkweise mit dem Schwerpunkt auf Schlachtschiffen, Schlachtkreuzern und schweren Kreuzern unter dem Oberbegriff einer ausgewogenen Schlachtflotte[21].

Der Kreuzerkrieg, der *guerre de course* der *jeune école* des französischen Admirals Théophile Aube, wurde von Mahan, Tirpitz und Raeder einmütig als Ketzerei abgetan. Der Amerikaner wurde nicht müde, seinen Lesern nahezubringen, daß die Schiffe und Flotten des Feindes »die einzig richtigen Objekte sind, die bei allen Gelegenheiten angegriffen werden müssen«, und er hielt den Kreuzerkrieg in seiner Wirkung für substanzlos und unbedeutend (»unsubstantial and evanescent«), völlig unvereinbar mit »Seeherrschaft«, und sei damit ein höchstgefährlicher Irrtum (»a most dangerous delusion«), indem er für die Seekriegführung eine scheinbar preiswerte Lösung anbiete (»in the fascinating garb of cheapness«)[22].

Tirpitz hätte sich dazu kaum weniger zurückhaltend äußern können. Schon in der »Dienstschrift Nr. IX« von 1894 hatte er behauptet, der Kreuzerkrieg würde stets »an den Stellen unter den ungünstigsten Umständen geführt werden, wo feindliche Geschwader die See beherrschen«. Vor allem werde in einem Kreuzerkrieg »von vornherein auf die stärksten Mittel, die der Seekrieg bietet, verzichtet«, nämlich »das Ringen um die Seeherrschaft«. Seeherrschaft könne nur in einer »Schlacht«, und zwar in einer »rangierten Massenschlacht« errungen werden, weshalb der Kreuzerkrieg »das letzte oder einzige Mittel des Besiegten oder des von vornherein zur See Machtlosen« bleibe[23]. Tirpitz setzte vereinfachend Seemacht mit Schlachtschifftonnage gleich.

Auch Raeder tat den Kreuzerkrieg als mit Seemacht unvereinbar ab. Schon in den zwanziger Jahren während seiner kurzen Tätigkeit als Marinehistoriker hatte Raeder an den Anfang seiner beiden Bände der offiziellen deutschen Seekriegsgeschichte »Der Kreuzerkrieg in den ausländischen Gewässern« ein Kapitel »Allgemeines über den Kreuzerkrieg« gestellt und dabei Mahans Meinung übernommen, indem er ihn wörtlich sowohl in Englisch als auch in Deutsch zitierte:

»Der Handelskrieg ist zweifellos im Seekriege eine überaus wichtige Operation zweiter Ordnung, [...] ihn aber als an erster Stelle stehendes und grundlegendes Kriegsmittel zu betrachten, das an und für sich genüge, um den Feind zu vernichten, ist gewiß ein Irrtum, und zwar ein höchst gefährlicher Irrtum, wenn er sich den Volksvertretern in dem bestechenden Licht der Billigkeit darstellt[24].«

Damit nicht der Eindruck entsteht, Tirpitz und Raeder seien die beiden einzigen deutschen Admiräle gewesen, die vorbehaltlos solche Behauptungen Mahans ausposaunten, sei darauf hingewiesen, daß Admiral Reinhard Scheer, Flottenchef von 1916 bis 1918, wie auch dessen Chef der Operationsabteilung, Kapitän z.S. Magnus von Levetzow, voll hinter der Auffassung standen, daß das Schwergewicht auf Schlachtschiffe und die Schlacht gelegt werden müsse. Wenn Scheer auch nicht abgeneigt war, nach der Skagerrakschlacht den unbegrenzten U-Bootkrieg als einzig mögliches Mittel gegen »die große materielle Übermacht« und die vorteilhaftere »militärgeographische Lage« des Gegners zu befürworten, so blieb er doch der Mahanschen Seemachtphilosophie treu. Im Januar 1917 ließ er seinen Stab kurz und bündig wissen, das U-Boot sei nur ein vorübergehendes Mittel auf dem Weg, der letztlich zu Mahan und Tirpitz zurückführen werde: Der durch die U-Boote erhoffte siegreiche Frieden, so Scheer, müsse die »zweite Geburtsstunde« der deutschen Hochseeflotte werden[25]. Beinahe zwanzig Jahre danach faßte Admiral Raeders offizieller Marinehistoriker, Vizeadmiral Kurt Assmann, die Abneigung seines Chefs sowie seiner Kollegen gegen Unterwasserfahrzeuge in einer ähnlichen Aussage zusammen: Eine »U-Boot Macht« sei noch lange keine »Seemacht«[26]. Vizeadmiral Eberhard v. Mantey, der langjährige Leiter des Marine-Archivs, stellte 1932 resignierend fest: »Wir hatten uns im Schlachtflottenbau gewissermaßen zu sehr festgelegt, und aus den Akten geht hervor, daß wir durch jahrelange etwas einseitige Arbeit in unseren Gedanken verrannt waren[27].«

Levetzow konnte sich sogar nach dem Ersten Weltkrieg noch nicht von der fixen Idee der zentralen Bedeutung einer Schlacht lösen. Er belehrte den in Doorn im Exil lebenden Kaiser Wilhelm II.: »Ein taktischer Sieg ist richtige Strategie [...] Das erste Mittel zur Erreichung des Kriegszweck [ist] die Schlacht, die Erkämpfung der Seeherrschaft [...] Die siegreiche Seeschlacht ist daher immer richtig und kann niemals falsche Strategie sein – wo auf der See sie gegen die feindliche Hauptmacht erfochten wird, spielt an sich keine Rolle.« Eine siegreiche Schlacht war also automatisch gleichzusetzen mit Seemacht[28].

Während Mahan, wie Carl von Clausewitz vor ihm, von seinen Kritikern als reiner Verfechter großer (Schlachtschiff-)Zahlen hingestellt wurde, läßt eine sorgfältige Lektüre von »Der Einfluß der Seemacht auf die Geschichte« erkennen, daß Mahans Ausführungen einer gewissen Scharfsinnigkeit und Komplexität nicht entbehren. Tatsächlich ist bei ihm nachzulesen, für eine Seemacht ersten Ranges sei es ausreichend »dem stärksten Widersacher nur unter günstigen Bedingungen zu begegnen«; er hatte jedoch vorsichtig hinzugefügt, dies treffe nur für den Fall zu, wenn man »sicher sei, daß andere [Seemächte] sich dann nicht daran beteiligten, einen Faktor des politischen Gleichgewichts zu zerstören«[29]. Mit anderen Worten, Mahan war sich durchaus des Prinzips der Wechselwirkung bewußt und lehnte es ab, Kampfhandlungen auf See losgelöst von bedeutenden politischen Entwicklungen zu sehen.

Tirpitz machte sich Mahans Vorbehalt zu eigen und entwickelte schließlich eine äußerst wichtige Komponente seiner marinepolitischen Konzeption, die Bündnisfähigkeit einer Schlachtflotte. Schon 1894 hatte er in seiner Dienstschrift Nr. IX behauptet, daß eine potentielle Schlachtflotte politisch einen Machthebel gegenüber neutralen Staaten darstelle; wörtlich hieß es, »daß nur eine Offensivflotte eine begehrenswerte Allianzkraft bildet, eine Defensivflotte aber nach dieser Richtung hin ganz wirkungslos ist«. Er wollte damit sagen, daß eine deutsche Hochseeflotte zahlenmäßig stark genug sein müsse, »das perfide Albion« nicht nur abschrecken zu können, sondern auch andere, weniger bedeutende Seemächte unter das deutsche Banner zu locken[30]. In der Folgezeit gelang es Tirpitz, Mahans Empfehlung, eine angreifende Flotte müsse um ein Drittel überlegen sein, über Bord zu werfen; stattdessen müsse sie nur genügend stark sein, sowohl einen Angriff abzuwehren als auch für potentielle Verbündete zur See attraktiv zu sein.

Vierzig Jahre später ließ Admiral Raeder dieses Thema der potentiellen »Bündnisfähigkeit« einer zweiten deutschen Hochseeflotte wieder aufleben, allerdings in einer von Tirpitz leicht abweichenden Form. Anläßlich seines ersten offiziellen Vortrags bei Reichskanzler Hitler im April 1933 gab Raeder geschickt zu verstehen, daß eine Schlachtflotte für die vom Führer geplante Expansion auf dem Kontinent eine äußerst wünschenswerte Ergänzung darstellen dürfte. Tatsächlich resümierte der Admiral sein erstes Zusammentreffen mit dem nationalsozialistischen Kanzler schlicht und optimistisch in dem Schlagwort »Bündnisfähigkeit«[31]. Sieben Monate darauf, also im November 1933, bemerkte Raeder dem britischen Marineattaché in Berlin gegenüber freimütig, »ein Geschwader von großen Schiffen« wäre vielleicht in Großbritanniens Kampf gegen den amerikanischen Rivalen ein »politisches Plus«[32]. Mit anderen Worten, Raeder war durchaus dafür gerüstet, den Briten den potentiellen »Bündniswert« eines deutschen Geschwaders mit Großkampfschiffen verlockend in Aussicht zu stellen in der Hoffnung, daß sie Hitler dafür auf dem Kontinent »freie Hand« lassen würden. Anders ausgedrückt hieß dies auch, daß eine mächtige deutsche Schlachtflotte als Abschreckung gegen eine etwaige abträgliche Einmischung Englands in deutsche Angelegenheiten auf dem Kontinent eingesetzt werden könnte. Wenn sich Großbritannien aber »wohlwollend« verhielte, könnte Deutschland bei künftigen Großmachtauseinandersetzungen die entscheidende Hilfe leisten. In beiden Fällen würde die deutsche Flotte erneut ihre »Bündnisfähigkeit« unter Beweis stellen.

Die britische Vormachtstellung auf den Meeren war ein zentrales Thema in der Marinephilosophie von Mahan, Tirpitz und Raeder. Für den Amerikaner war die Royal Navy eine Streitmacht, mit der man sich befassen und der man nacheifern sollte. Sie war auch eine potentielle Verbündete in der globalen Machtpolitik. Für Tirpitz und Raeder war sie die wahrscheinlichste große Gegnerin, die im Mittelpunkt ihrer Einschätzung einer Bedrohung stand.

Sicher wird heute niemand behaupten wollen, der Tirpitz-Plan sei nicht in erster Linie gegen das »perfide Albion« gerichtet gewesen. Schon 1899 hatte der

Admiral dem Sächsischen Bevollmächtigten in Berlin anvertraut, er könne »aus politischen Gründen« dem Reichstag nicht einfach mitteilen, »daß die Flottenvermehrung sich in erster Linie gegen England richte«. Tirpitz gab auch zu verstehen, daß sich der endgültige Umfang und die Dislozierung der Schlachtflotte an Überlegungen orientiere, »die man wohl denken kann bzw. muß, die aber eigentlich nicht niedergeschrieben werden dürfen«. Im Spätsommer 1912, d.h. kurz vor dem sogenannten »Kriegsrat« vom 8. Dezember, versicherte Tirpitz dem Chef des Marinekabinetts, daß »Seine Majestät jetzt [...] eine Flotte haben, vor der England jetzt schon bangt«[33].

Raeder versuchte seinerseits anfänglich ebenfalls, die gegen England gerichtete Vergrößerung der deutschen Flotte zu verschleiern. Bis 1937 hielt er verzweifelt an dem »Tabu«, wie Michael Salewski es nannte, fest, d.h. er lehnte es ab, Überlegungen zu künftigen kriegerischen Auseinandersetzungen mit England anzustellen. Immer wieder versuchte Raeder, sich Hitlers Zusicherung einzuholen (die er auch bekam), daß Deutschland nie wieder Krieg mit England, Italien oder Japan führen werde.

Aber wie realistisch war dieses »Tabu«? Eine sorgfältige Lektüre der Mahanschen Schriften hätte eindeutig erkennen lassen, daß England aufgrund von Tradition und geschichtlicher Notwendigkeit noch nie die Vorherrschaft irgendeiner Macht auf dem europäischen Kontinent zugelassen hatte. Raeder war sich dessen wohl im Innersten bewußt. Schon in den zwanziger Jahren war er im Zusammenhang mit seiner Arbeit über den Kreuzerkrieg während des Ersten Weltkrieges zu dem Schluß gekommen: »Bei der herrschenden politischen Lage mußte indessen stets der Fall eines Krieges mit England den seestrategischen Überlegungen zugrunde gelegt werden[34].« 1928 hatte Raeder gegenüber Konteradmiral a.D. von Levetzow vertraulich geäußert, Hitler sollte die Themen England und Seemacht ausklammern, da er von beiden nichts verstehe. Juni 1934 schließlich gab Raeder Hitler freimütig den Rat, daß die Flotte »später doch gegen England entwickelt werden müsse«[35].

Es kann nicht verschwiegen werden, daß Mahans Unzulänglichkeiten und Fehleinschätzungen von Tirpitz und Raeder unbesehen übernommen wurden. Gemeinsame Operationen der Teilstreitkräfte oder entsprechende strategische Pläne fanden in Mahans Überlegungen keinen Raum – und ebensowenig bei seinen deutschen Bewunderern. Tirpitz wehrte sich standhaft gegen eine Koordinierung seiner Seestrategie mit den Verbündeten des Reiches in Wien und Rom, seiner Haushaltsstrategie mit dem Kanzler und anderen Organen des Reiches und seiner Operationspläne mit dem preußischen Generalstab und dem Kriegsministerium. Raeder widersetzte sich dann in gleicher Weise einer Abstimmung seiner Haushaltspläne mit anderen Dienststellen der Wehrmacht und seiner operativen Vorstellungen mit dem Heer bzw. der Luftwaffe. Und als er 1940 sein gepriesenes Mittelmeerprogramm erarbeitete, d.h. die einzige strategische Alternative, die Deutschland zur Invasion der Sowjetunion hatte, geschah dies im Alleingang und ohne Rücksicht auf die Wehrmacht, die Luftwaffe oder die räumlich betroffenen, äußerst wichtigen Partner in Rom, Vichy und Madrid[36]. So wie man im Inhaltsverzeichnis von »Der Einfluß der Seemacht auf die Geschichte« vergeblich nach Begriffen wie Kräftegleichgewicht, Bündnisse und Koalitionskriegführung sucht, so wenig tauchten sie im Arbeitsvokabular von Tirpitz oder Raeder auf.

Da die deutsche Marine in beiden Weltkriegen ihr politisches Ziel – Großbritannien als führende Seemacht auf dem atlantischen Kriegsschauplatz abzulösen – nicht erreichen konnte, erhebt sich nachgerade die Frage, ob dies teilweise auf die grundlegenden Mängel in Mahans Marinephilosophie zurückzuführen ist. Ich meine, daß das Problem eigentlich mehr in der fortgesetzten Fehlinterpretation (oder Unkenntnis) der Mahanschen Schriften zu suchen ist.

Zum einen ist es weder Tirpitz noch Raeder gelungen, Mahans Vorbedingungen für Seemacht richtig zu werten, nämlich »den leichten Zugang zum Meer auf ein oder zwei Wegen«. Durch die maritime Geographie bedingt – und darauf hat Mahan wiederholt hingewiesen – konnte Deutschland das »große Gemeingut«, d.h. den freien Ozean, nur durch den Ärmelkanal oder auf dem zwischen Schottland und Norwegen hindurchführenden Seeweg erreichen. Die Lage Großbritanniens zu Deutschland gleicht der Irlands zu Großbritannien, d.h. Großbritannien flankiert beide möglichen deutschen Seewege zum Atlantik[37]. Weder Tirpitz noch Raeder waren willens, sich im erforderlichen Maße mit Deutschands unvorteilhafter seegeographischer Lage an der »unzugänglichen« Nordsee auseinanderzusetzen.

Zum anderen übergingen Tirpitz und Raeder die Mahansche Warnung, daß keine Nation gleichzeitig eine große Landmacht und eine große Seemacht sein könne. Begrenzte materielle und personelle Ressourcen sprachen gegen die Durchführbarkeit einer gewaltigen Kräfteentfaltung an Land und auf See. Die Geschichte hatte Mahan ein vorzügliches Beispiel einer Nation geliefert, die beides anstrebte: Frankreich unter Ludwig XIV. »Eine irrige Politik der kontinentalen Expansion verschlang die Ressourcen der Nation[38].« Außerdem hatte Mahan darauf hingewiesen, daß Inselstaaten aufgrund ihrer sicheren geographischen Lage einen naturgegebenen Vorteil beim Wettbewerb auf dem Meer haben: »Die Geschichte hat schlüssig nachgewiesen, daß ein Staat selbst mit nur einer einzigen kontinentalen Grenze zum Wettbewerb im Aufbau einer Marine mit einem Inselstaat unfähig ist, auch wenn dieser Inselstaat nur über eine kleinere Bevölkerung und geringere Mittel verfügt[39].« Das Deutsche Kaiserreich hatte 1910 durch Streitkräfte- und Marineausgaben seine finanziellen Mittel erschöpft, wogegen Raeders »Z-Plan« vom Januar 1939 dadurch beeinträchtigt wurde, daß akuter Mangel an Rohstoffen, Arbeitskräften und Produktionsstätten herrschte.

Drittens waren sowohl Tirpitz als auch Raeder bestrebt, mit List von Mahans letztlich entscheidender Forderung der überlegenen Flottenstärke wegzukommen. Der Amerikaner hatte nachdrücklich darauf hingewiesen, daß eine »in Größe und Qualität der beabsichtigten Operation angemessene Flotte« unabdingbar sei. Eine stärkemäßig unterlegene Flotte dagegen »könnte offensiv nur äußerst vorsichtig« eingesetzt werden und auch dann nur, »unter günstigen Bedingen gegen Teilstreitkräfte des Gegners«[40]. Schlagworte wie »Bündnisfähigkeit« oder Abschreckungsfunktion der deutschen Schlachtflotte halfen am Ende weder Tirpitz noch Raeder – und Deutschland noch weit weniger.

Im politischen Bereich ignorierten Tirpitz wie auch Raeder Mahans besonderen Hinweis auf den britischen Nationalcharakter und die Zusammensetzung der Regierung. Eine noch so flüchtige Lektüre von Mahans Schriften hätte beiden deutschen Admirälen die Augen dafür öffnen müssen, daß es Großbritannien in der jüngeren Geschichte stets gelungen war, bei allen vom Kontinent kommenden Herausforderungen die Oberhand zu behalten – ob es sich nun um Ludwig XIV. oder Napoleon, um Wilhelm II. oder Adolf Hitler handelte. Winston S. Churchill drückte es einmal so aus, daß das, was aufgrund der Gegebenheiten für Deutschland einen »Luxus« darstelle, nämlich Seemacht, für das Überleben Englands unverzichtbar sei. Aus Mahans Schriften blieb eigentlich nur die hartnäckige Zwangsvorstellung von zusammengezogenen Schlachtflotten, um die Offensive kräftig nach vorn tragen zu können.

Am Ende ist es weder Tirpitz noch Raeder gelungen, sich Mahan unter strategischem Blickwinkel zu erschließen – aus dem einfachen Grund, weil sie sich beinahe ausschließlich auf die Marinephilosophie des Amerikaners konzentrierten und dabei seine vielen Veröffentlichungen vernachlässigten, die in einer Vielzahl populärer wie militärischer Zeitschriften erschienen und dem Thema der Militärstrategie gewidmet waren[41]. Die Folge war, daß eigentlich alle deutschen Admiräle unter dem litten, was Herbert Rosinski, 1932 bis 1936 im Marinearchiv tätig, als »Verkümmerung des strategischen Denkens« bezeichnete[42]. Die Feststellung von Rosinski wird nachhaltig untermauert durch Äußerungen wie die pathetische Frage, die Admiral von Tirpitz dem Flottenchef, Admiral Friedrich von Ingenohl, im Mai 1914 stellte: »Was machen Sie, wenn sie [die Briten] nun nicht kommen[43]?« oder Admiral Raeders niederschmetternde Schlußfolgerung vom 3. September 1939, die Kriegsmarine könne in dem Krieg, der erneut fünf Jahre zu früh ausgebrochen sei, letztlich nur zeigen, daß sie »mit Anstand zu sterben« verstehe[44].

Es darf nicht verschwiegen werden, daß eine Reihe deutscher Marineoffiziere auf Anhieb Mahans Ansichten über seegeographische Lage und Zugang zu den Hauptverkehrsadern für weltlichen Austausch verstanden hatten. In den Jahren 1908/09 hatten zwei aufeinander folgende Admiralstabschefs, Vizeadmiral Friedrich von Baudissin und Admiral Max von Fischel, Tirpitz darauf aufmerksam gemacht, daß Deutschland nur durch einen Angriff auf England hoffen konnte, zu einer Seemacht ersten Ranges aufzusteigen und seinen Wirkungsradius über die Nordsee hinaus auszudehnen. Fischel hatte dazu im August 1910 in einer Denkschrift lakonisch geäußert: »Wir kämpfen letzten Endes um den Zugang zum Ozean, dessen Eingänge jenseits der Nordsee in Englands Händen sind. Wir sind also, wie immer auch der Krieg geführt wird, im Grunde genommen der Angreifer, der dem Feinde einen Besitz streitig machen will[45].« Tirpitz ging darauf nicht ein. Stattdessen verdoppelte er seine Anstrengungen, den Admiralstab daran zu hindern, Einfluß auf seine Flottenpläne zu nehmen.

1915, erneut in 1925 und nochmal im Jahr 1929 übte Wolfgang Wegener sehr scharfe Kritik am Tirpitz-Plan. Wegener, der sich intensiv mit Mahan beschäftigt hatte, belehrte Tirpitz und Raeder, ohne ein Blatt vor den Mund zu nehmen, daß die Vernichtung der feindlichen Flotte »gewissermassen« nur ein »Gelegenheitsziel« im Flottenkrieg darstelle, – »es sei denn, daß anschließend die absolute Kontrolle der Hauptseehandels- und -verkehrswege gesichert wäre«. Die »ganz einseitige« Fixierung der deutschen Marine »auf die Schlacht« zwischen Helgoland und der Themse hatte laut Wegener den Blick auf die Seestrategie verstellt und zu einer zwanghaften Hinwendung zu operativer Kriegskunst geführt. Wegener, der sich diesbezüglich Mahan anschloß, behauptete sogar, daß die vorteilhafte »strategisch-geographische Lage« Englands an den beiden Nordseezugängen sowie seine erdrückende Flottenüberlegenheit die deutschen Marineambitionen wirkungsvoll blockierten. Wegener, der die Nordsee als eine »tote See«, als »ein Kaspisches Meer«, ja, sogar als einen »Tümpel« bezeichnete, vertrat die Auffassung, daß »die Tür zum Atlantik« nur mittels territorialer Expansion im Westen (Frankreich) und Norden (Norwegen) sowie durch eine größere, schnellere und mächtigere Hochseeflotte »aufgebrochen« werden könne. Raeder – wie vor ihm schon Tirpitz – ließ keine Kritik zu: Wegener wurde zum schwarzen Schaf der Kriegsmarine abgestempelt und von Raeder geschmäht[46].

Zusammenfassend ist festzustellen, daß sowohl Tirpitz als auch Raeder Mahans naval philosophy nicht gründlich genug analysiert hatten. Beide scheiterten daran, die tiefere Bedeutung von Mahans Analyse der britischen Seemacht und des britischen Nationalcharakters zu verstehen. Schließlich hatten beide deutschen Admiräle mit dem Problem der ungünstigeren geographischen Lage, der unzureichenden Flottengröße und einer »Verkümmerung des strategischen Denkens« zu kämpfen. Im Grunde scheiterten Tirpitz wie auch Raeder 1914 bzw. 1939 daran, sich der eindeutigen Alternative zu stellen, d.h. entweder eine Flotte aufzubauen, die der englischen um ein Drittel überlegen sein mußte, damit dem »perfiden Albion« die Vorherrschaft auf dem offenen Atlantik entrissen werden konnte, oder sich von Anbeginn mit der maritimen Überlegenheit Großbritanniens abzufinden und sich voll auf die Rolle des Reiches als »Achse und Ausgleichsmasse« einer »Halbhegemonie« im Herzen Europas, eingekeilt zwischen zwei potentiell feindlichen Landmächten, zu konzentrieren.

Gegen Herbert Rosinskis Schlußfolgerung ist kaum etwas einzuwenden; danach war es »der fundamentale strategische Widerspruch in der Politik Tirpitz'«, daß er bei dem Versuch, »sich zwischen diesen beiden unerbittlichen Alternativen hindurchzuschlängeln, sich nicht nur zu dieser Lage genau in Widerspruch setzte, sondern auch zu allen Grundsätzen der Seekriegführung«[47]. Diese Feststellung trifft auch auf Erich Raeder zu. Letzten Endes waren Tirpitz' und Raeders falsche Auslegungen von Mahan und nicht dessen falsche Darstellung der britischen Seemacht oder der nationalen Interessen Großbritanniens schuld an den Schwächen der deutschen »Flottenpolitik« im 20. Jahrhundert.

Abschließend sei darauf hingewiesen, daß Mahan – ob man ihn nun als verehrungswürdigen Helden oder als verachtenswerten Bösewicht einstuft (und für beide Sichtweisen gibt es genügend Anhänger) – in seinen Ansichten nicht so dogmatisch war, wie oft behauptet wird. Vier Jahre nach der Veröffentlichung seiner Werkes »Der Einfluß der Seemacht auf die Geschichte« gab Mahan dem »New York Herald« (Paris) ein Interview, in dem er rundheraus die Verwendung

von »Taschenhandbüchern« zur Vermittlung von »Regeln und Normen« am Naval
War College ablehnte. In gleicher Weise lehnte er es ab, sich in unterwürfigem
Vertrauen am »Werk von ein oder zwei Meistern der Kriegskunst« zu orientieren,
da deren Schriften hinderlich sein könnten, »andere dazu zu bewegen, eigene
Überlegungen anzustellen«. Trotz der Tatsache, daß er durch die Werke Henri
Jominis aus der Bibliothek seines Vaters inspiriert worden war und sogar seinen
Hund nach diesem Schweizer Biographen Napoleons I. benannt hatte, schloß
Mahan das Interview mit einer Aussage ab, die von Carl von Clausewitz stammen
könnte: »Krieg kann nicht über den Daumen entschieden werden, und jeder Versuch in dieser Richtung führt zu einer Katastrophe, die im Verhältnis zu dem
Ernst, in den die Fragen eines Krieges seit jeher gekleidet sind, schwerwiegend
ist[48].« Die Admiräle Tirpitz und Raeder wären gut beraten gewesen, hätten sie
diesen weisen Rat befolgt.

Anmerkungen

[*] Bei diesem Beitrag handelt es sich um die Übersetzung meines Aufsatzes The Influence of A.T.
     Mahan Upon German Sea Power, in: The Influence of History on Mahan: The Proceedings of a
     Conference Marking the Centenary of Alfred Thayer Mahan's The Influence of Sea Power Upon
     History, 1660–1783, ed. by John B. Hattendorf, Newport, R.I. 1991, S. 67–80. Die deutsche Fas-
     sung wurde für diesen Band durchgesehen und geringfügig ergänzt.
[1] Siehe A Bibliography of the Works of Alfred Thayer Mahan, Historical Monograph Series No. 7,
     ed. by John B. Hattendorf and Lynn C. Hattendorf, Newport, R.I. 1986 und Register of the Al-
     fred Thayer Mahan Papers, Manuscript Register Series No. 15, ed. by John B. Hattendorf, New-
     port, R.I. 1987.
[2] Siehe Holger H. Herwig, »Luxury« Fleet: The Imperial German Navy, 1888–1918, London and
     Atlantic Highlands, NJ 1987, S. 17 ff.
[3] William E. Livezey, Mahan on Sea Power, Norman, Oklahoma 1981, S. 67, 73. Richard von
     Kühlmann, Erinnerungen, Heidelberg 1948, S. 130, 291 f., erinnert sich, daß »die besten Köpfe«
     des Auswärtigen Amtes Mahans Werk »Wort für Wort studierten«. Nach seiner Tätigkeit als
     Staatssekretär im Auswärtigen Amt kam Kühlmann zu dem Schluß, daß »die ganze maritime
     Weltanschauung Wilhelms II. durch die Schlachtflottenbau-Ideen Mahans beeinflußt« gewesen
     und dadurch die ganze »deutsche Politik für lange, lange Zeit« geprägt gewesen sei. Andrew D.
     White, Autobiography, vol. 2, London 1905, S. 224.
[4] Der Einfluß der Seemacht auf die Geschichte, Bd 2: 1783–1812, Die Zeit der französischen
     Revolution und des Kaiserreiches, Berlin 1898.
[5] Die weiße Rasse und die Seeherrschaft, Wien und Leipzig 1909.
[6] Alfred T. Mahan, Retrospect and Prospect: Studies in International Relations, Naval and Political,
     Boston 1902, und Alfred T. Mahan, Naval Strategy Compared and Contrasted with the Principles
     and Practice of Military Operations on Land, Boston 1911. Allerdings wurde das letztgenannte
     Werk ins Chinesische, Französische, Japanische, Koreanische und Spanische übersetzt.
[7] Die gründlichste Untersuchung dessen, was Tirpitz die »spirituelle Botschaft« nannte, stammt von
     Wilhelm Deist, Flottenpolitik und Flottenpropaganda. Das Nachrichtenbureau des Reichsmarine-
     amtes 1897 bis 1914, Stuttgart 1976, siehe besonders S. 71 ff.
[8] Mahan, Naval Strategy (wie Anm. 6), S. 103.
[9] Viele dieser Artikel sind wiedergegeben in Charles C. Taylor, The Life of Admiral Mahan, New
     York 1920, S. 293–294, 325–326, 308–345, und in Letters and Papers of Alfred Thayer Mahan,
     ed. by Robert Seager II. und Doris D. Maguire, vol. 3, Annapolis, MD 1975, S. 457–459,
     550–551, 698–700.
[10] Mahan, Naval Strategy (wie Anm. 6), S. 108–110.

[11] Siehe Deist, Flottenpolitik (wie Anm. 7), S. 89. Bereits zu einem frühen Zeitpunkt forderte diese Kabinettsordre zwei berühmte Opfer, nämlich Vizeadmiral Victor Valois und Kapitän zur See Curt Freiherr von Maltzahn.

[12] Alfred von Tirpitz, Erinnerungen, Leipzig 1919, S. 47.

[13] Tirpitz an Stosch am 13.2.1896, zitiert in Tirpitz, Erinnerungen (wie Anm. 12), S. 55, Kursivdruck im Originaltext; siehe auch Holger H. Herwig, The Failure of German Sea Power, 1914–1945: Mahan, Tirpitz, and Raeder Reconsidered, in: The International History Review (Februar 1988), S. 68–105. Immer wieder formulierte Tirpitz seine Begründung für deutsche Seemacht ausschließlich mit Mahanschen Begriffen: »Glaubt man wirklich, daß eine Weltindustrie möglich ist ohne Welthandel und ein Welthandel ohne Weltmacht? Eine Weltmacht ist aber nicht zu denken ohne eine starke Flotte«, zitiert bei Deist, Flottenpolitik (wie Anm. 7), S. 35.

[14] Bundesarchiv-Militärarchiv Freiburg (BA-MA), Nachlaß Tirpitz, N 253, Bd 34. Taktische und strategische Denkschriften des Oberkommandos der Marine Nr. IX. Allgemeine Erfahrungen aus den Manövern der Herbstübungsflotte, S. 48 ff.

[15] Ebd., auch BA-MA, Nachlaß Tirpitz, N 253, Bd 4, A-B 4-5, Notizen von Tirpitz für eine kaiserliche Audienz am 15.6.1897. Viele mit dem »Tirpitz-Plan« zusammenhängende grundsätzliche Dokumente sind veröffentlicht von Volker R. Berghahn und Wilhelm Deist, Rüstung im Zeichen der wilhelminischen Weltpolitik. Grundlegende Dokumente 1890 bis 1914, Düsseldorf 1988; zur Dienstschrift Nr. IX, siehe ebd., Dokument II/2, S. 87–99.

[16] Zitiert von Wilhelm Deist, Die Aufrüstung der Wehrmacht, in: Das Deutsche Reich und der Zweite Weltkrieg, Bd 1, Stuttgart 1979, S. 454.

[17] Bernd Stegemann, Hitlers »Stufenplan« und die Marine, in: Historische Studien zu Politik, Verfassung und Gesellschaft, Festschrift für Richard Dietrich zum 65. Geburtstag, Bern, Frankfurt 1976, S. 308–311.

[18] Raeders Diskussion mit Hitler am 2.11.1934, die erwähnt ist bei Michael Salewski, Die deutsche Seekriegsleitung 1935 bis 1945, Bd 1, Frankfurt a.M. 1970, S. 15 f.

[19] Salewski, ebd., S. 8, 13; Deist, Aufrüstung der Wehrmacht (wie Anm. 16), S. 453 f. und Deutsche Marinerüstung 1919–1942. Die Gefahren der Tirpitz-Tradition, hrsg. von Wilhelm Treue, Eberhard Möller und Werner Rahn, Herford, Bonn 1992, S. 14–18.

[20] BA-MA, RM 8/1491, S. 55–76, »Grundsätzliche Gedanken der Seekriegführung, Vortrag Ob.d.M. gehalten am 3.2.1937«. Das Dokument umfaßt beinahe 70 Seiten.

[21] Siehe Deist, Aufrüstung der Wehrmacht (wie Anm. 16), S. 471 und Gerhard Bidlingmaier, Die strategischen und operativen Überlegungen der Marine 1932 bis 1942, in: Wehrwissenschaftliche Rundschau (Juni 1963), S. 317.

[22] Alfred T. Mahan, The Influence of Sea Power upon History, 1660–1783, Boston 1895, S. 132, 318 ff., 539.

[23] BA-MA, Nachlaß Tirpitz, N 253, Bd 34, »Dienstschrift Nr. IX«; siehe auch Tirpitz, Erinnerungen (wie Anm. 12), S. 80.

[24] Erich Raeder, Der Kreuzerkrieg in den ausländischen Gewässern, Bd 1: Das Kreuzergeschwader, 2. Aufl., Berlin 1927, S. 3, das englische Originalzitat ebd. in der Fußnote.

[25] BA-MA, RM 5/922, »U-Bootskrieg 1916—1918«, Memorandum vom 31.1.1917.

[26] Zitiert in Donald Cameron Watt, Anglo-German Alliance Negotiations on the Eve of the Second World War, in: Journal of the Royal United Service Institution (Februar–November 1958), S. 384.

[27] Zitiert in Werner Rahn, Strategische Optionen und Erfahrungen der deutschen Marineführung 1914–1944. Zu den Chancen und Grenzen einer mitteleuropäischen Kontinentalmacht gegen Seemächte, in: Erster Weltkrieg – Zweiter Weltkrieg. Ein Vergleich. Krieg, Kriegserlebnis, Kriegserfahrung in Deutschland, hrsg. von Bruno Thoss und Hans-Erich Volkmann, Paderborn, München, Wien 2002, S. 215 f., siehe auch in diesem Band.

[28] BA-MA, N 239/43, Nachlaß Levetzow, Levetzow an Wilhelm II., 12.10.1932; Wolfgang Wegener, The Naval Strategy of the World War, ed. by Holger H. Herwig, Annapolis, MD 1989, S. XI; Edward Wegener, Das geistige Erbe Wolfgang Wegeners, Privatdruck, o.J., S. 88.

[29] Mahan, The Influence (wie Anm. 22), S. 156: »It is necessary only to be able to meet the strongest on favourable terms, sure that the others will not join in destroying a factor on the political equilibrium.«

[30] BA-MA, Nachlaß Tirpitz, N 253, Bd 34, »Dienstschrift Nr. IX«; Tirpitz, Erinnerungen (wie Anm. 12), S. 106; Alfred von Tirpitz, Politische Dokumente, Bd 1: Der Aufbau der deutschen Weltmacht, Stuttgart, Berlin 1924, S. 108.

[31] Deist, Aufrüstung der Wehrmacht (wie Anm. 16), S. 452; Wilhelm Deist, The Wehrmacht and German Rearmament, London und Basingstoke 1981, S. 72.

[32] Michael Salewski, Marineleitung und politische Führung 1931 bis 1935, in: Militärgeschichtliche Mitteilungen (MGM) (Herbst 1971), S. 131, und Werner Rahn, Vom Revisionskurs zur Konfrontation. Deutsche Marinepolitik und Seestrategie von 1928 bis 1939, in: »Der Fall Weiß«. Der Weg in das Jahr 1939, hrsg. von Jörg Hillmann, Bochum 2001, S. 85.

[33] Volker R. Berghahn, Zu den Zielen des deutschen Flottenbaus unter Wilhelm II., in: Historische Zeitschrift (HZ), 210 (1970), S. 67 f., 69 und Michael Epkenhans, Die wilhelminische Flottenrüstung 1909 bis 1914. Weltmachtstreben, industrieller Fortschritt, soziale Integration, München 1991, S. 323; Hervorhebung im Originaltext.

[34] Raeder, Der Kreuzerkrieg (wie Anm. 24), Bd l, S. 6, Anm. 1.

[35] »Entwicklung Fl. [Flotte] später ev. [eventuell] gegen E. [England?]«, zit. in Rahn, Vom Revisionskurs (wie Anm. 32), S. 87; Michael Salewski, Die deutsche Kriegsmarine zwischen Landesverteidigung und Seemachtambitionen, in: Die Deutsche Marine. Historisches Selbstverständnis und Standortbestimmung, Herford, Bonn 1983, S. 77; Salewski, Die deutsche Seekriegsleitung (wie Anm. 18), Bd 1, S. 14.

[36] Siehe insbesondere Gerhard Schreiber, Revisionismus und Weltmachtstreben. Marineführung und deutsch-italienische Beziehungen 1919 bis 1944, Stuttgart 1978.

[37] Mahan, Retrospect (wie Anm. 6), S. 166.

[38] Mahan, The Influence (wie Anm. 22), S. 73, 198–199. »A false policy of continental expansion swallowed up the resources of the country.«

[39] Mahan, Retrospect (wie Anm. 6), S. 169.

[40] Mahan, The Influence (wie Anm. 22), S. 528. »It therefore could be used offensively only by great care, and through good fortune in meeting the enemy in detail.«

[41] Beispielsweise wären zu nennen: »Atlantic Monthly«, »Century Magazine«, »Collier's Weekly«, »Engineering Magazine«, »Forum«, »Harper's Independent«, »Leslie's Weekly«, »McClure's«, »North American Review«, »Scientific American«, »Scribner's« und »World's Work«.

[42] Herbert Rosinski, German Theories of Sea Warfare, in: Brassey's Naval Annual (1940), S. 90. Dieser Artikel, wie zahlreiche andere von Rosinski, wurde abgedruckt in: The Development of Naval Thought: Essays by Herbert Rosinski, ed. by B. Mitchell Simpson III, Newport, R.I. 1977.

[43] Albert Hopman, Das Logbuch eines deutschen Seeoffiziers, Berlin 1924, S. 393.

[44] Siehe auch Lagevorträge des Oberbefehlshabers der Kriegsmarine vor Hitler 1939 bis 1945, hrsg. von Gerhard Wagner, München 1972, S. 20.

[45] BA-MA, Admiralstab der Marine, PG 67304, A 1481 IV vom 18.8.1910: Ostsee oder Nordsee als Kriegsschauplatz; Carl-Axel Gemzell, Organization, Conflict, and Innovation: A Study of German Naval Strategic Planning, 1888–1940, Lund 1973, S. 79 f.

[46] Siehe meine Einführung zu Wegener, The Naval Strategy (wie Anm. 28), S. XV–LV; Wolfgang Wegener, Die Seestrategie des Weltkrieges, Berlin 1929.

[47] The Development (wie Anm. 42), S. 76.

[48] The New York Herald, Paris, 7.2.1894, S. 2.

Rüdiger Bergien

Flotte und Medien im Kaiserreich

Es ist kein Zufall, daß zu den wichtigsten Aufgaben des Nachrichtenbüros des Reichsmarineamtes die Beobachtung und Beeinflussung der Presse zählte[1]. Die Flottenfrage war vom hoffnungsvollen Aufbruch zum »Platz an der Sonne«[2] bis zur internationalen Isolierung und finanziellen Verausgabung des Reichs ein Medienthema. Ob Gerüchte über neue Novellen oder die Haltung der Parteien, ob Beschaffungsskandal oder das Echo im Ausland – alles, was die Flotte betraf, wurde in Tageszeitungen und Zeitschriften erschöpfend analysiert und debattiert.

Diese Debatte war, wie die Aufmerksamkeit der Offiziere des Nachrichtenbüros zeigt, mehr als ein wirkungsloser Nachhall von höheren Orts getroffenen Entscheidungen. Vielmehr stellte die öffentliche Kommunikation über die Flottenfrage für die Entscheidungsträger des Reichs eine wichtige Referenzlinie dar, denn zumindest bei außenpolitischen Entscheidungen mußte die Reichsleitung die Haltung dieser politisierten Öffentlichkeit berücksichtigen[3].

Nicht zuletzt wegen solcher politischen Implikationen erscheint es lohnend, die öffentliche Debatte über die Flotte nachzuzeichnen. Ansatzweise soll das hier auf der Quellenbasis von Tageszeitungen und Zeitschriften geschehen, die auf ihre Positionierung der Flottenfrage hin analysiert wurden. Mit »Positionierung der Flottenfrage« ist die Haltung des jeweiligen Mediums zum Schlachtflottenbau gemeint, die durch eine qualitative Analyse von Artikeln, Meldungen und Kommentaren erschlossen wurde.

Aus der Art der Berichterstattung und Kommentierung soll auf die Haltung der deutschen Gesellschaft gegenüber der Flottenrüstung geschlossen werden, die in der Forschung oft nur am Rande untersucht worden ist. Stattdessen wurde aus den Mitgliederzahlen des Flottenvereins und der Mode der Marinekleidung häufig etwas zu direkt auf eine »breite Akzeptanz«[4] der Flottenrüstung, wenn nicht auf eine anhaltenden Flottenbegeisterung geschlossen[5].

Doch waren die Deutschen tatsächlich davon überzeugt, daß ihnen diese Flotte »bitter not«[6] war, wie ihr Monarch behauptete, waren sie ein Volk von »Flottenschwärmern«, verfügte die Flottenbewegung über eine breite Basis in der deutschen Gesellschaft? Oder war »Deutschlands Wendung nach Übersee« nicht doch nur eine Phase in der Entwicklung der Nation zur Industriegesellschaft, eine populäre Mode, geschürt von interessierten Kräften, die nach dem Ausbleiben der versprochenen Erfolge und dem internationalen Gegendruck wieder unpopulär wurde, um dann nur noch von gesellschaftlichen Subgruppen, die vom Flottenbau abhängig waren – Schwerindustrie, Militär und auf die Flottenpropaganda festgelegte Pressure Groups –, bis zum Ersten Weltkrieg am Leben erhalten zu werden?

Eine Analyse der öffentlichen Kommunikation über die Flotte könnte neues Material zur Beantwortung dieser Frage liefern. Wenn die Flotte wirklich von großen Teilen der Gesellschaft akzeptiert war, dann muß in den Zeitungen anders für (und gegen) sie argumentiert worden sein als im Falle einer Flotte, deren Zweck nicht überzeugte.

I. Welfenblatt und Wehrzeitschrift

Für eine kommunikationsgeschichtliche Untersuchung wie die folgende ist grundsätzlich die Orientierung am Medienverbund erstrebenswert. Medien sind demnach nicht isoliert, sondern als ein Verbund von sich gegenseitig beeinflussenden Akteuren zu betrachten[7]. Beschränkt auf die Gattung der Printmedien soll dem Konzept des Medienverbundes hier durch die Analyse von fünf verschiedenen Zeitungen und Zeitschriften entsprochen werden – ausgewählt wurden das »Göttinger Tageblatt«, die »Kölnische Volkszeitung«, der »Vorwärts«, die »Preußischen Jahrbücher« und die »Überall«. An diesen Titeln lassen sich wichtige Determinanten der ausdifferenzierten wilhelminischen Presselandschaft veranschaulichen. Inwieweit sie für Genres, Leserschichten, Regionen und politische Richtungen tatsächlich repräsentativ sind, sollen ihre nun folgenden pressegeschichtlichen »Kurzbiographien« zeigen.

Der vielleicht am wenigsten bekannte Titel, das »Göttinger Tageblatt«, erscheint noch heute. Diese Lokalzeitung steht für die sich im Wilhelminismus entwickelnde Generalanzeigerpresse[8], wurde 1889 gegründet und trat politisch bis zum Ersten Weltkrieg für eine preußenkritische Minderheit, die Welfen, ein[9]. Diese Ausrichtung war Konsequenz der Geschäftsstrategie des Gründers des Blattes, Gustav Wurms (1855–1933)[10], der sich mit seiner Neugründung gegen die liberale, den Welfen aber indifferent gegenüberstehende »Göttinger Zeitung« durchsetzen mußte.

Im Jahre 1897 hatte das »Göttinger Tageblatt« eine Auflage von 8200, im Jahre 1912 von etwa 10 000 Exemplaren[11]. Damit besaß die »auflagenstärkste, bis zum Jahre 1900 auch anzeigenstärkste Zeitung Südniedersachsens«[12] in Göttingen und dem Umland eine dominierende Position.

Die »Kölnische Volkszeitung« steht für den Typus der institutionell unabhängigen Parteizeitung; sie ist das Blatt des patriotischen politischen Katholizismus[13]. Zwar orientierte sie sich an den Positionen der Zentrums-Partei, hatte aber durchaus ein eigenes Profil – im Unterschied zu dem Zentralorgan des Zentrums, der in Berlin erscheinenden »Germania«, die um die Jahrhundertwende zu einem »Sprachrohr der Zentrumsfraktion im Reichstag« geworden war[14].

Die »Kölnische Volkszeitung« ist wie das »Göttinger Tageblatt« eng mit dem Namen einer Verlegerfamilie verbunden, mit dem der kölnischen Familie Bachem[15]. Wie Gustav Wurm nahmen die Bachems Einfluß auf die Ausrichtung des

Titels: Julius Bachem (1845–1918) setzte sich publizistisch für die »Kölner Richtung« innerhalb der Zentrumspartei ein, eine Strömung, die sich gegen einen zu engen Konfessionalismus wandte[16].

Die »Kölnische Volkszeitung« hatte 1897 eine Auflage von 14 000 und 1912 von 27 300 Exemplaren[17]. Im Vergleich zu überregionalen Titeln wie dem »Berliner Tageblatt« (1900: 68 000, 1914: 230 000[18]) könnte dies als wenig erscheinen. Betrachtet man jedoch die Auflagenhöhe der »Germania« (1900: 4000[19]), so wird deutlich, daß die »Kölnische Volkszeitung« tatsächlich bei Kriegsausbruch die »bedeutendste überregionale katholische Tageszeitung[20]« war, dem hauptstädtischen Zentralorgan des Zentrums an publizistischer Wirkung weit überlegen.

Der »Vorwärts« war als das Zentralorgan der SPD seit 1891 im Parteibesitz[21]. Die Verflechtung mit der Partei war eng, prägend für die Geschichte des »Vorwärts« sind daher die Auseinandersetzungen in der Partei um die politische Linie des Zentralorgans. Bis 1900 lag das Blatt auf der Linie des Chefredakteurs Wilhelm Liebknecht, einem orthodoxen Kommunisten; unter Kurt Eisner und nach 1905 unter dem Einfluß Rudolf Hilferdings neigte der »Vorwärts« überwiegend der gemäßigten Linken zu[22]. Die Auflage wuchs stetig: Wurden 1900 noch etwa 52 000 Exemplare gedruckt, so waren es 1914 bereits 146 120[23].

Die Expansion des Zeitschriftenmarktes ist ein Charakteristikum der Pressegeschichte des Kaiserreichs. Stellvertretend für diese Mediengattung werden hier zwei Titel herangezogen. Erstens die »Preußischen Jahrbücher«; sie stehen für die Rundschau-Zeitschriften, »bildungsbürgerlich und anspruchsvoll, fein«[24], die trotz niedriger Auflagen von nur etwa 1000 bis 3000 Stück sehr einflußreich waren[25]. Die »Preußischen Jahrbücher« hatten ihr Publikum im konservativen Bildungsbürgertum, im Wilhelminismus trugen sie die Handschrift des »aufgeklärten Konservativen« und Militärhistorikers Hans Delbrück[26], seit 1883 neben Heinrich von Treitschke Mitherausgeber, seit 1889 der Alleinherausgeber der Zeitschrift[27].

Der zweite Titel ist die »Überall«, die das Genre Fachzeitschrift vertritt. Politisch steht die »Überall« für die radikale Rechte. Sie wurde 1898 als Stimme des Deutschen Flottenvereins gegründet, ab 1902 war sie Organ der Deutschen Gesellschaft für Heereskunde. Für einige Jahre, bis 1909, war ihr Chefredakteur Ernst Graf zu Reventlow. Graf Reventlow war ein radikaler Nationalist, der Kaiser Wilhelm II. und Admiral Tirpitz wiederholt scharf wegen »Flauheit« angriff und im Deutschen Flottenverein der Fraktion von August Keim nahestand[28]. Regelmäßige Autoren der »Überall« waren August Keim[29] sowie der alldeutsche Professor Dietrich Schäfer.

Jürg Meyer zufolge hatte die »Überall« eine Auflage von 250 000 Exemplaren um 1900 und »später« von bis zu 750 000[30]. Diese Zahlen sind nirgends belegt. Im Vergleich erscheinen sie unrealistisch hoch, auszugehen ist von etwa 80 000 Exemplaren[31].

Die vorstehend charakterisierten Titel lassen als Querschnitt der Presselandschaft Rückschlüsse auf Tendenzen in der öffentlichen Kommunikation des Wilhelminismus zu. Anhand von drei Schlüsseldaten des Schlachtflottenbaus sollen nun die Positionierungen der Titel zur Flottenfrage herausgearbeitet werden. Bei diesen Daten handelt es sich um den Spätherbst 1897, als das erste Flottengesetz in den Reichstag eingebracht wurde, um die Monate vom Dezember 1907 bis zum Juli 1908, während derer der Deutsche Flottenverein in einer Existenzkrise stand und um den Februar und März 1912, als die deutsche Publizistik sich gegenüber der Haldane-Mission und der Flottenrede Churchills positionierte.

II. Verhaltener Aufbruch zum »Platz an der Sonne«

Der 6. Dezember 1897 war ein entscheidender Tag in der steilen Karriere des Admirals Alfred von Tirpitz, der seit dem Frühjahr des Jahres 1897 dem Reichsmarineamt als Staatssekretär vorstand. Das maßgeblich von ihm erarbeitete Konzept einer blokkadebrechenden Offensivschlachtflotte stand kurz vor der Realisierung; seine bereits in der berühmten »Dienstschrift IX« von 1894 formulierten Ideen sollten endlich durch das Flottengesetz von 1898 umgesetzt werden. Diesem Gesetz mußte jedoch noch, aufgrund seines Budgetrechtes, der Reichstag zustimmen[32].

In seiner Rede in der Reichstagssitzung vom 6. Dezember verfolgte Tirpitz die Strategie, das Vertrauen der Parlamentarier gewinnen zu wollen, und betonte, daß durch das Flottengesetz Maß und Verläßlichkeit in die Marinerüstung einkehren würden[33]. In der Presse war zuvor schon lange über ein mögliches Flottengesetz spekuliert worden, nun, nachdem die Karten auf dem Tisch lagen, setzten sich viele Titel grundsätzlich mit dem Flottenbau und dem Einfluß von Kaiser, Regierung und Parteien damit auseinander[34].

Von Flotteneuphorie lassen die Autoren des »Göttinger Tageblattes« nichts verspüren, eher wird ihre Sorge deutlich, daß mit dem Flottenbau der Weg in eine ungewisse Zukunft eingeschlagen wird. Besonders die Rolle des Monarchen betrachteten sie mit Skepsis. Der Kaiser, der seit Krönung mit großem Engagement, aber ohne Konzept danach gestrebt hatte, die deutsche Marine entscheidend zu stärken, sah sich im Herbst 1897 wie Tirpitz kurz vor dem Ziel[35]. Er mißtraute jedoch dem Reichstag, und so hatte er keine Hemmungen, der deutschen Volksvertretung bei der Eröffnung des Reichstages am 1. Dezember 1897 seinen Willen noch einmal eindringlich vor Augen zu führen und in seiner Thronrede mit Nachdruck für das Flottengesetz[36] zu werben. In seinem Leitartikel vom 3. Dezember kritisierte das »Göttinger Tageblatt«:

> »Es kann keinem politisch Urtheilenden zweifelhaft sein, daß diese von impulsivem Pathos erfüllten Sätze schließlich nur den nüchternen Zweck haben, Stimmung für die Vermehrung der Flotte oder sagen wir: Begeisterung dafür zu erwecken[37].«

Nach einer weiteren »Flottenrede« des Kaisers anläßlich des Auslaufens eines deutschen Flottenverbandes nach China[38] meldete sich wieder ein Leitartikler des »Göttinger Tageblattes« zu Wort[39]. Die Kaiserworte »Reichsgewalt bedeutet Seegewalt« deutete er treffend als neues Programm der deutschen Reichspolitik:

> »Dadurch wird man in der Auffassung bestärkt, daß die gegenwärtige Marinevorlage [...] lediglich die Einleitung ist zur Schaffung einer Kriegsflotte, die dem deutschen Volke im Laufe längerer Zeiträume noch ungeahnte Opfer auferlegen wird.«

Der Weitsicht des Provinzblattes gegenüber erscheint die Positionierung der »Kölnischen Volkszeitung« zwiespältig. Während die Kölner noch bis Anfang Dezember 1897 den »Chauvinismus und [die] Hurrah-Stimmung auf dem Marinegebiet«[40] eindeutig ablehnten, hielt sich das Zentrumsblatt nach der »Platz-an-der-Sonne-Rede«, während der Beratung des Flottengesetzes im Reichstag, mit Kritik zurück. In einer kommentierenden Zusammenfassung des ersten Beratungstages stellte sie ihren Lesern den neuen Marine-Staatssekretär mit folgenden Worten vor:

»Hr. Tirpitz ist eine hohe, stattliche Erscheinung, die noch schlank genannt werden darf [...] Hr. Tirpitz ist ungefähr das gerade Gegentheil von einem ›Seebären‹. Warm und sachlich vertritt er seine Vorlage, zuweilen liest er vor, sich eines Klemmers bedienend, er spricht gerade aus, bleibt auf derselben Stelle stehen und wandelt nicht wie sein Vorgänger Hollmann ruhelos auf der Bundesrathsbühne einher[41].«

»Warm«, »sachlich«, sogar intellektuell (dafür wird der »Klemmer« erwähnt) – mit diesen Attributen präsentierte die »Kölnische Volkszeitung« ihren Lesern den neuen Staatssekretär. Besser konnte Tirpitz' Werben um Vertrauen und seine Betonung der neuen Verläßlichkeit gar nicht aufgenommen werden. Noch angenehmer dürfte dem Nachrichtenbüro des Reichsmarineamtes jedoch gewesen sein, daß sich über derartige Passagen hinaus keine (kritischen) Kommentare mehr zur Flottenvorlage in den Dezemberwochen finden lassen. In der Zurückhaltung spiegelt sich eine Anpassung an die Position des Zentrums, welches das Flottengesetz nun als Möglichkeit erkannt hatte, den eigenen parlamentarischen Einfluß zu steigern[42].

Für solche Taktik hatte der »Vorwärts« keinen Anlaß, die Haltung seiner Redaktion war fundamental-oppositionell. Den ganzen Dezember hindurch berichtete das Parteiorgan kritisch über die Reichstagsdebatten, oft stilistisch gekonnt, wie in der Wiedergabe der Tirpitz-Rede vom 6. Dezember:

»Der Ausarbeiter des Flottenplanes [...] hat ein Debut im Reichstage gehabt, wie es unglücklicher kaum sein konnte. Auch kein Hauch frischer Seeluft ging von dem neuen Marine-Staatssekretär aus. Fast wie ausgetrocknet, schläfrig und matt, siechte das Bächlein seiner Rede dahin[43].«

Wie unterschiedlich dieselbe Rede bei unterschiedlicher Weltanschauung aufgenommen werden kann! Der »Vorwärts« sah die Wurzeln der Flottenfrage im Imperialismus und Militarismus, deren Repräsentanten ebenso angegriffen wurden wie das »ewig lavierende Zentrum« und dessen Politiker, denen der »Vorwärts« die Verantwortung für den möglichen Erfolg des Flottengesetzes von vornherein zuschob. In jedem Fall stünde die Flotte im Widerspruch zu den Interessen der Arbeiterschaft und des deutschen Volkes[44].

Hans Delbrück war fest von der Notwendigkeit der Seerüstung überzeugt, die er entsprechend den Intentionen Tirpitz' und der »Weltpolitiker« als Mittel sah, durch eine Veränderung der »Balance of Power« politische Ziele zu erreichen[45]. An eine Gefährdung des Friedens glaubte der renommierte Militärhistoriker nicht, im Gegenteil, seiner Meinung nach würde die Aufrüstung den Frieden sicherer machen[46].

Die Tagespolitik beleuchtete er in den »Politischen Korrespondenzen«, einer Rubrik am Ende jeder Ausgabe der »Preußischen Jahrbücher«, in der er regelmäßig auch seine Haltung zur Flottenfrage formulierte. Vor allem durch Verweise auf den Zusammenhang von Seerüstung und wirtschaftlichem Aufschwung wollte Delbrück seine Leserschaft überzeugen. So verurteilte er in der »Politischen Korrespondenz« der Oktoberausgabe 1897 die ablehnende Haltung der Liberalen zum Flottengesetz mit »Argumenten« wie diesem:

> »Deutschland hat auf je 87 Handelsschiffe je einen Kreuzer zum Schutz, die andern Nationen im Durchschnitt auf etwa 20 Handelsschiffe. Deutschland ist also in seiner Seerüstung zurückgeblieben. Hierin muß etwas geschehen[47].«

Vorfreude auf die Schlachtflotte schwang jedoch in keinem der Artikel mit. Die Flotte war entweder eine Gefahr oder etwas Notwendiges, ein Mittel zum Zweck, aber nichts, an das sich positive Emotionen geknüpft hätten. Zehn Jahre später bereits stand die Organisation, die seit 1898 für eben eine solche Flottenbegeisterung sorgen sollte, schon in ihrer Existenzkrise.

III. »Flottenschwärmer« in der Krise

Der Deutsche Flottenverein war die wirkungsvollste Organisation zur Verbreitung des Flottengedankens im Wilhelminismus und der weitaus größte der radikalen Agitationsverbände[48]. Die Positionierung der Medien gegenüber diesem Verband ist von besonderem Interesse für die Frage, ob die Flotte akzeptiert war oder beworben werden mußte – brauchte Deutschland diesen Agitationsverband mit Auflösungserscheinungen noch?

Mit plebejischer Radikalität hatte der Deutsche Flottenverein zu einer Beschleunigung der Flottenrüstung und damit zur internationalen Isolierung des Deutschen Reiches beigetragen. 1907 geriet der Verein in eine schwere innere Krise: Am 29. November 1907 wurde der Vertreter des extremen Flügels, August Keim, zum Geschäftsführenden Vorsitzenden des Deutschen Flottenvereins ernannt, was einen noch schärferen Kurs des Vereins befürchten ließ; da Keim einen gegen das Zentrum gerichteten Vereinskurs verfocht, kam es zu Massenaustritten katholischer Mitglieder[49]. Im Januar forderte der Kaiser Keim »im Staatsinteresse« zum Rücktritt auf; am 19. Januar 1908, dem Tag der Hauptversammlung des Vereins in Kassel, erklärte das Präsidium des Vereins darauf geschlossen seinen Rücktritt. Am 13. Juni 1908, anläßlich der Danziger Hauptversammlung, wurde der zurückgetretene Präsident, Otto Fürst zu Salm-Horstmar, wiedergewählt. Fürst Salm nahm die Wahl jedoch nicht an, woraufhin Großadmiral Hans von Koester Präsident wurde. Unter seiner Leitung verbesserte sich das Verhältnis zur Regierung[50].

Diesen Vorgängen maß das »Göttinger Tageblatt« offenbar wenig Bedeutung bei, sie waren ihm, im Gegensatz zum breiten Echo in der bürgerlichen Presse, nicht mehr als eine Meldung[51] und zwei Berichte[52] wert. Eine Positionierung wird allenfalls in der Meldung vom 12. Dezember 1907 spürbar. Dort heißt es:

»Wie die Dinge liegen, ist freilich nicht anzunehmen, daß die radikale Richtung, an deren Spitze Herr Keim steht, unterliegen wird. Vielmehr werden die besonneneren Elemente, soweit sie sich nicht ganz und gar zurückziehen, klein beigeben müssen.«
Nach einer Hochschätzung der Radikalen klingt das nicht.

Eine andere Dimension nimmt das Thema in der Berichterstattung der »Kölnischen Volkszeitung« ein. Das Zentrum war seit dem Herbst 1907 offizieller Hauptfeind der Radikalen im Flottenverein: Zentrumspolitiker hatten sich angeschickt, die für 1908 geplante Flottenvorlage zu Fall zu bringen, um so den »Bülow-Block« zu sprengen[53]. Die Zentrumsblätter »Kölnische Volkszeitung« und »Germania« hatten ihren Teil zu dieser Kampagne beigetragen, indem sie sich gegen den Kern des »Tirpitz-Planes« wandten: So hatte die »Germania« erklärt, daß die »gesetzliche Festlegung im Jahre 1898 […] als Versuch zu rechtfertigen gewesen« sei, »nunmehr habe man Erfahrungen gesammelt und diese würden gegen eine gesetzliche Fixierung, dagegen für eine jährliche Bewilligung im Rahmen des Etats sprechen«[54].

Das war eine klare Absage an den Schlachtflottenbau bisherigen Musters durch das Organ einer der Stützen der Flottenpolitik der Regierung. Aggressiv hatte sich der neue Vorsitzende des Flottenvereins August Keim gegen den Katholizismus im allgemeinen und das Zentrum im besonderen gewandt; scharf schoß nun die »Kölnische Volkszeitung« zurück: Keim sei die »Personifikation des dickköpfigsten Draufgängertums«[55], den »Keimlingen«[56] müsse jeder Einfluß genommen werden. Die Sympathien der Kölner galten dem Prinzen Rupprecht von Bayern, dem gemäßigten Widersacher Keims. Doch zu einer klaren Distanzierung vom Flottenverein kam es nicht – der Rang der Flottenrüstung als nationales Anliegen wurde nicht in Frage gestellt. In einem Kommentar zur Danziger Hauptversammlung im Juni 1908 scheint der Flottenverein bereits wieder akzeptiert, solange »er die Bahnen Keims verlassen will«[57].

Gegen Keim und seine Anhänger gingen die Autoren des »Vorwärts« weniger scharf vor als gegen das Zentrum und die gemäßigte Gruppierung innerhalb des Deutschen Flottenvereins. Das Zentrum wurde als »treibende Kraft hinter der bayerischen Opposition« im Flottenverein ausgemacht; die Gemäßigten um den Großadmiral Koester waren für den »Vorwärts« gefährlichere Gegner als Keim und sein »Komplize« Fürst Salm. Wirklich wichtig nahm der »Vorwärts« den Streit jedoch nicht, seine Redaktion sah die Weichen bereits gestellt:

»Die deutschen Flottenfanatiker haben […] nicht umsonst gekämpft; sie haben die dritte Position erobert und kämpfen nun um die zweite Stelle unter den Seemächten, um dann wirklich den völlig aussichtslosen Wettkampf mit England aufzunehmen. Wir sind noch nicht am Ende der Periode des Flottenwahnsinns, und haben die Marine-Ausgaben auch schon jetzt eine außerordentliche Höhe erreicht, in den nächsten Jahren werden sie ins Uferlose wachsen[58].«

Für Hans Delbrück war der Streit im Flottenverein aus anderen Gründen nicht weltbewegend: Die Flottenidee war seiner Ansicht nach im Volk bereits verwurzelt, der Verein hatte seine Aufgabe erfüllt, »das Verständnis im deutschen Volke für die Notwendigkeit der deutschen Seegewalt ist so sehr gewachsen […] daß wir auch ohne den Flottenverein weiterkommen werden«[59].

Delbrück trennte die »richtige« Flottenrüstung von der übertriebenen Flotten-
agitation, nicht sehend, daß letzteres Voraussetzung für ersteres war. Über Keim
verlor Delbrück kein schlechtes Wort, sondern kritisierte lediglich »die Männer um
Keim«, zum einen, weil sie das Zentrum angegriffen hätten, was Delbrück aus
Gründen der Einheit der Flottenbewegung ablehnte, zum anderen, weil sie das
Reichsmarineamt mit dem Vorwurf bekämpft hätten, daß viel zu langsam an der
Flotte gebaut werde. Diese Beschuldigung hielt Delbrück, der Tirpitz zu verehren
schien[60], für »grundfalsch«.

Doch im Juni 1908, nach der Danziger Hauptversammlung, beurteilte Delbrück die Rolle der radikalen Flottenbefürworter wieder positiv, denn

»es ist vielleicht auch nicht so übel, daß Männer existieren, die diese Stellung einnehmen
und dadurch immer weiter treiben, wenn sie nur die Vorsicht beobachten, das Vertrau-
en zu den führenden Stellen im Marineministerium nicht zu untergraben«[61].

Besonders interessant ist die Haltung der »Überall«, da ihr damaliger Chefredakteur, Ernst Graf zu Reventlow, im Flottenverein für die Radikalen stand. Seine
Zeitschrift war in diesen Jahren ein Sprachrohr dieser Strömung. Zwar wird die
Krise des Flottenvereins in den »Überall«-Ausgaben von Oktober 1907 bis März
1908 nicht einmal erwähnt. Doch die Positionierung dieser Vorgänge durch die
Zeitschrift läßt sich leicht an ihren Artikeln mit flottenpolitischem Inhalt ablesen,
in denen von allen Autoren radikale und regierungsfeindliche Positionen vertreten
wurden. Die Artikel dieses Zeitraums behandelten sämtlich die Novelle von 1908,
die als ungenügend betrachtet wurde und der die eigenen Forderungen entgegen-
gestellt wurden: »Schnellerbauen«[62], mehr Geld für den Flottenausbau[63] und keine
Rücksicht auf die Haltung des Auslandes.

Knapp zehn Jahre nach dem Beginn des Schlachtflottenbaus vermochte die
»Wehr zur See« bei den analysierten Titeln immer noch keine (oder keine mehr?)
Euphorie auszulösen. Stattdessen erscheinen die Positionen verhärtet, argumentiert wurde entlang weltanschaulicher und parteipolitischer Verwerfungen. Die
innere Zerissenheit der politisierten Öffentlichkeit verschärfte sich noch, als der
vermeintliche Rivale seinen Gegendruck erhöhte.

IV. »Stärkung unserer Wehr« trotz »Friedenssehnsucht«?

Die deutsche Flotte war eine Flotte gegen England[64]. Seit dem Übergang
Deutschlands zum Dreadnought-Bau, spätestens seit 1908, befanden sich beide
Nationen in einem offenen Rüstungswettlauf. Flottenverein und Reichsmarineamt
schürten Englandfurcht und -haß der Deutschen, um einen schnelleren und weit-
gehenderen Flottenausbau durchsetzen zu können, während parallel seit dem
Amtsantritt des Reichskanzlers Bethmann Hollweg 1909 auf Regierungsebene
Verhandlungen liefen.

Den Scheitelpunkt der Verständigungsbemühungen markiert die Mission des
englischen Kriegsministers Lord Richard Burdon Haldane vom 8. bis 11. Februar
1912. Vor dem Hintergrund einer neuen deutschen Novelle traf sich Haldane in

Berlin mit Wilhelm II. und Tirpitz, um eine Verlangsamung des deutschen Bautempos zu erreichen[65]. Die Verhandlungen waren geheim, nur Gerüchte drangen an die Öffentlichkeit, die in diesen Tagen jedoch stärker unter dem Eindruck von Winston Churchills Flottenrede[66] stand. Die Medien griffen die Verhandlungsgerüchte und die Flottenrede auf und positionierten sich gegenüber den Alternativen »Weiterbauen« oder »Verständigung«.

Für letztere votierte das »Göttinger Tageblatt«. Seine Leser erfuhren, es sei hoffnungsvoll, daß der englische Kriegsminister Haldane, »eine uns Göttingern besonders bekannte Persönlichkeit«[67], in Berlin mit »führenden Persönlichkeiten« zu Abrüstungsverhandlungen zusammengetroffen sei. Auch die Flottenrede Churchills, die andernorts Aufschreie auslöste, sah dieser Redakteur positiv: In ihr habe doch der Sinn gelegen, »in der Schrankenlosigkeit des gegenseitigen Wettbewerbs auf maritimen Gebiete zu bremsen«[68]. Der flottenskeptische Autor hoffte, daß diese neuen Ideen – Rüstungsbeschränkung und Abrüstung – »reiche und gesegnete Früchte« tragen werden.

Hatte noch im Juni 1910 das Zentrumsorgan »Germania« vor dem Hintergrund der Agitation für eine neue Novelle festgestellt, die Marine sei wohl »zu sehr verwöhnt« und solle endlich zu sparen beginnen[69], so ist im Februar 1912 bei dem Schwesterblatt aus Köln von Marinekritik nichts zu spüren. Anders als ihre Kollegen aus Göttingen erhofften die Redakteure der »Kölnischen Volkszeitung« wohl gar das Scheitern der Gespräche mit Haldane. Erst wollten sie den Verhandlungscharakter von Haldanes Reise nicht wahrhaben (»billiges Gerede«[70]), dann betonten sie die völlige Aussichtslosigkeit von Verhandlungen nach der Rede des »sogenannten Deutschenfreund[s] Churchill«[71]. Die Berichterstattung trägt chauvinistische Züge, den Zusammenfall von Haldanes Reise und Churchills Rede kommentierte ein Redakteur mit dem Satz: »So darf man Deutschland nicht kommen, wenn man freundschaftliche Zugeständnisse anstrebt[72].« Regelrecht verblendet wirkt jedoch ein anderer Autor, der sich, als Reaktion auf Churchills Rede, mit »Englands und Deutschlands Flottenzwecken« auseinandersetzte. Er kam zu dem Schluß, daß es England sei, das mit seiner Flotte den Frieden gefährdete:

> »England ist und bleibt eine Gefahr für die ganze Welt, so lange es seine Landesverteidigung nicht zu Lande, sondern lediglich durch die Übermacht seiner Flotte zu bewirken sucht[73].«

Auch den »Vorwärts« beschäftigte die Rede des Ersten Lords der Admiralität. In der sozialdemokratischen Zeitung erschien sie jedoch nicht als englische Aggression, sondern als »deutliche Antwort auf die deutsche Flottenvermehrung«[74]. Diese neue Vermehrung, die Novelle von 1912, und die »Kriegshetze«, die Diskussion um einen Präventivkrieg gegen England, gaben dem »Vorwärts« in den Februarwochen die Anlässe für pazifistische Appelle. Der »Flottenwahnsinn« wurde wieder mit den ökonomischen Interessen der »Kanonen- und Panzerplattenfabrikanten« erklärt[75], die gegen die Völker gerichtet seien[76]. Schon vor der Reise Haldanes rief die Zeitung die Diplomatie auf, endlich friedliche Beziehungen zwischen den beiden Ländern herzustellen und die Rüstungen zu stoppen:

> »Die Arbeiterklasse beider Länder will schon lange nichts mehr von der Vermehrung der schwimmenden Panzerkolosse und deren Riesengeschütze wissen[77].«

Aus der Perspektive des Herausgebers der Preußischen Jahrbücher, Hans Delbrück, und seines Mitarbeiters Emil Daniels schien die Flotte dagegen im Spät-
winter 1912 ihren wichtigsten Zweck zu erfüllen – ihrer Meinung nach flößte sie
England nun endlich Respekt ein:

> »Der englische Kriegsminister kommt nach Berlin und bietet uns die Hand, der engli-
> sche Marineminister streckt uns im *House of Commons* unter dem Beifall der Regierungs-
> partei beide Hände entgegen [...] Eine günstigere Situation ist [...] für die kolonialen
> Bestrebungen Deutschlands gar nicht denkbar[78].«

Denn darum ging es in den Beiträgen zur Flottenfrage in den »Jahrbüchern« in
diesen Monaten: um die Möglichkeit, über die Flotte zu Kolonien zu gelangen.
Solange Deutschland noch keine Flotte besaß, so führte Hans Delbrück in einem
späteren Beitrag aus, konnte es sich an der Kolonialpolitik nicht anders beteiligen
als an dieser oder jener Stelle einen »kleinen Fetzen in Besitz zu nehmen«[79]. Und er
fragte rhetorisch: »Soll es aber dabei bleiben?« Natürlich nicht. Delbrück malte ein
»deutsches Mittelafrika« aus, daß jetzt, nach der Reise Haldanes, in greifbarer Nähe
liege. Daniels mahnte dagegen angesichts der deutsch-englischen Spannungen die
»Überpatrioten« in Flottenfragen zu Zurückhaltung, denn eine weitere Steigerung
der Rüstung zur See könne zu einem Krieg führen, der ein »jedenfalls vorzeitiger
Krieg« wäre[80].

Die Stimmen der »Überpatrioten« verbreitete wiederum die »Überall«. Im März
1912 erschien eine Sonderausgabe, die Aufsätze einzig zu dem Thema »England
und Deutschland« enthielt. Und so gibt es für die Autoren vor dem Hintergrund
des Wettrüstens, der englischen Drohungen während der Marokkokrise, der Flot-
tenreden englischer Politiker, nur eine Schlußfolgerung: »die englische Politik ist
ein gefährliches Wesen, denn sie kennt nichts anderes wie den eigenen Vorteil[81]!«
Charakter der britischen Diplomatie sei »Hohn« und »Anmaßung«, »Haß, Argwohn und maßlose Herrschsucht« hätten während der Marokkokrise den »Kriegs-
vulkan in England« geschürt[82]. Haldane-Mission und andere Verständigungssignale
aus London wurden als »Friedenssirenengesänge« abgetan, die Deutschland keinesfalls dazu bringen dürften, »den seinen natürlichen Lebensgesetzen entsprechenden Flottenrüstungen« Schranken setzen zu lassen[83]. Die »Überall« opponierte
gegen die schwache deutsche Politik und das Versagen der Krone[84] und forderte
eine nationale Politik, eine Politik für das Volk[85]. Die Möglichkeit eines kolonialen
Ausgleichs mit England wird verneint, das »deutsche Mittelafrika«, über das Hans
Delbrück seitenlang spekulierte, abfällig abgetan[86]. Denn Deutschland sei einge-
kreist. Und da gebe es nur eins: »Stärkung unserer Wehr zu Wasser und zu Lande«[87].

Vor den Alternativen »Verständigung und Flottenbegrenzung« oder »Kriegsgefahr und Weiterrüsten« rundet sich das Bild der Positionierungen der Flottenfrage
ab. Wiederum der Flotte gegenüber distanziert und die Verständigung erhoffend
gab sich das »Göttinger Tageblatt«. Aggressiv positioniert sich die »Kölnische
Volkszeitung«, wobei für diese Haltung weniger Flottenbegeisterung als Nationalismus motivierend zu sein scheint. Der »Vorwärts« hielt der Aggressivität der
»Kriegstreiber« die Friedenssehnsucht des Volkes entgegen, die »Preußischen
Jahrbücher« hielten in maßloser Fehleinschätzung der Lage die Zeit für gekom-

men, mit einem »deutschen Mittelafrika« die Früchte des Flottenbaus zu ernten. Und die »Überall« zeigte sich als Organ jener radikalen Bewegung, die für einen neuen Rüstungsnationalismus die Monarchie als den traditionellen Referenzrahmen aufgab.

V. Die Flotte als Frage des nationalen Prestiges

Welfische und sozialdemokratische Publizisten waren sich einig: Im »Göttinger Tageblatt« und im »Vorwärts« erschien die Rüstung als eine Belastung für das deutsche Volk, die zu nichts führt, nur zu außenpolitischem Gegendruck. Es griffe zu kurz, diese Haltung als wenig überraschende Opposition ehemaliger »Reichsfeinde«, ohne Einfluß auf die öffentliche Kommunikation, abzutun. Spätestens 1912 reichte der Einfluß der Sozialdemokratie weit über das klassische Arbeitermilieu hinaus, die Positionen des »Vorwärts« zur Flottenfrage werden wenigstens bei den Freisinnigen, unter Umständen auch bei Teilen des Zentrums, Beachtung gefunden haben.

Und auch das »Göttinger Tageblatt« war nicht irgendeine Provinzzeitung, sondern führende Tageszeitung in einer der bedeutendsten deutschen Universitätsstädte. Es wird nicht die bevorzugte Lektüre der dortigen Professorenschaft gewesen sein; einen gewissen Einfluß auch auf das akademische Milieu wird man jedoch in Rechnung stellen müssen.

Ohne das Zentrum hätte die Schlachtflotte nicht gebaut werden können. Doch weder die »Kölnische Volkszeitung«, noch, wie auch gezeigt wurde, die »Germania« neigten zu Flottenenthusiasmus. Gewiß, die Berechtigung des Flottenbaus wurde nie bestritten. Angesichts der vermeintlichen Bedrohung von außen im Februar 1912 gab sich die »Kölnische Volkszeitung« sogar ausgesprochen nationalistisch. Es ergibt sich aus den untersuchten Artikeln jedoch der Eindruck, daß die Redaktion der »Kölnischen Volkszeitung« die Flotte eher aus Gründen der Partei- und Reichsräson befürwortete, denn aus Überzeugung. Für das Zentrum war die Flottenfrage im Wilhelminismus eng mit politischer Macht oder Ohnmacht verknüpft, die Befürwortung des Flottenbaus beruhte daher auf pragmatischen, weniger auf ideologischen Motiven. »Flottenschwärmertum« oder der Gebrauch von imperialistischen und militaristischen Stereotypen lag den Kölner Redakteuren jedenfalls fern.

Die »Preußischen Jahrbücher« präsentierten die Flotte als eine nationale Notwendigkeit und blieben dieser Linie auch bis 1912 treu. Doch Begeisterung verbreitete auch diese Intellektuellen-Zeitschrift ab 1907 nicht mehr. Die Flotte war da, und aus Gründen der Konsequenz, der nationalen Ehre und um der politischen Ziele – kolonialen Erwerbungen – willen, mußte sie weitergebaut werden – so liest es sich zwischen Zeilen Hans Delbrücks und Emil Daniels. Aber Artikel, die wie in den ersten Jahren des Flottenbaus mit langen Erörterungen für die Flotte warben, wurden 1911 und 1912 nicht mehr abgedruckt – weil »das Verständnis im deutschen Volke für die Notwendigkeit der deutschen Seegewalt [...]

so sehr gewachsen«[88] war – so argumentierte Hans Delbrück. Wahrscheinlicher ist jedoch, daß kein Bedarf mehr nach derartigen Artikeln herrschte, daß die Flotteneuphorie verflogen war und die Faszination der »Wehr zur See« Vergangenheit.

Mit dieser Faszination versuchte in ihren ersten Jahren die »Überall« zu agitieren, als sie vor allem Abenteuerartikel über die Seefahrt und die Kolonien, doppelseitige Farbdrucke von Kriegsschiffen und Informationen über technische Aspekte des Kriegsschiffbaus brachte. Doch damit war es ab etwa 1906 vorbei, ab dieser Zeit dominierten neben fachlichen politische Artikel, durch die mit erstaunlicher Aggressivität eine Beschleunigung des Flottenbaus gefordert wurde. Gerade diese Aggressivität läßt den Schluß zu, daß die Flotte eben nicht allgemein akzeptiert war, daß die organisierte Flottenbewegung trotz ihrer Stärke den Mangel eines gesamtgesellschaftlichen Rückhalts spürte und sich auch dadurch radikalisierte.

Wenn diese Untersuchung auch nicht beanspruchen kann, repräsentativ zu sein, so erscheint dennoch der Verdacht erhärtet, daß das Projekt Schlachtflottenbau wie von den Repräsentanten der politisierten Öffentlichkeit, den Redakteuren und freien Autoren, so auch von einer Mehrheit der Bevölkerung kritisch gesehen wurde. Zweifellos gab es in der Gesellschaft Flottenenthusiasmus und eine Flottenlobby mit einer breiten Basis, ein Selbstläufer war die Flottenrüstung jedoch nie. Das »Verständnis über die Notwendigkeit der Rüstung zur See« war nie nationales Allgemeingut, das von der Regierung beliebig abrufbar gewesen wäre. Stattdessen wurde die Flottenfrage in ihren unterschiedlichen Aspekten in der öffentlichen Kommunikation aus unterschiedlichen Perspektiven heraus debattiert, ihre Entwicklung war nicht durch die Macht des Staates oder durch äußere Umstände in irgendeiner Weise determiniert.

Bei dem festgestellten Diskussionsbedarf, angesichts der Schärfe der Auseinandersetzung und mit Blick auf die Gegensätzlichkeit der Positionen bleibt abschließend eine Frage offen. Warum setzte sich die bürgerliche Presse, hier vertreten durch die »Kölnische Volkszeitung«, für die aber genauso gut die »Frankfurter Zeitung« oder die »Vossische Zeitung« hätten gewählt werden können, nie grundsätzlich mit der Flottenpolitik der Regierung auseinander? Denn diese Titel fielen der Reichsregierung nicht in den Rücken. Ob sich der Deutsche Flottenverein aufzulösen drohte oder ob in England von Hardlinern einem Präventivkrieg das Wort geredet wurde – zu einer Generalauseinandersetzung mit dem Flottenbau kam es nie.

Dieser Befund deckt sich mit dem Verhalten der Parteien im Wilhelminismus: Nur die SPD und die Vertreter der Minderheiten sagten öffentlich »Nein« zur Flotte, die übrigen Parteien blieben auf Kurs, auch noch zu einer Zeit, in der das Scheitern des ursprünglichen Ansatzes des Flottenbaus offensichtlich geworden war. Damit verzichtete die Presse im Falle der Flotte auf ihre Macht, die sie bei anderen Gelegenheiten, genannt sei nur die »Daily-Telegraph-Affäre«[89], souverän zu nutzen wußte.

Erklären läßt sich diese Rückendeckung nur durch die Annahme, daß es dem Nachrichtenbüro des Reichsmarineamtes und der Flottenbewegung mit ihrer bisher in Deutschland beispiellosen Propaganda zumindest gelungen war, die Flotte zu einer Sache des Staatsprestiges zu stilisieren, zu einer Prestigefrage, von der nur unter Aufgabe der nationalen Ehre Abstriche gemacht werden konnten. Diese Stilisierung überdauerte alle Krisen der Flottenpolitik und führte dazu, daß auch noch für die Flotte geschrieben wurde, als das ihr zugrunde liegende Konzept längst gescheitert war.

Überall. Illustrierte Zeitschrift für Armee und Marine, 14 (1912), Heft 6
Quelle: bpk

Anmerkungen

1 Wilhelm Deist, Flottenpolitik und Flottenpropaganda. Das Nachrichtenbureau des Reichsmarineamtes 1897 bis 1914, Stuttgart 1976, S. 129–145.

2 Mit dem Ausspruch »auch wir verlangen einen Platz an der Sonne« rechtfertigte der Staatssekretär des Auswärtigen, Bernhard von Bülow, in der Reichstagssitzung vom 6.12.1897 das deutsche Vorgehen gegen Haiti und China. In derselben Sitzung wurde das Flottengesetz eingebracht. Bülows Rede ist abgedruckt in Verhandlungen des Reichstages, IX. Legislaturperiode, Stenographische Berichte, Bd 159, Berlin 1898, S. 60.

3 Michael Epkenhans, Die wilhelminische Flottenrüstung 1908–1914: Weltmachtstreben, industrieller Fortschritt, soziale Integration, München 1991, S. 9 f.

4 Ebd., S. 19 f.

5 Ein Beispiel für eine auflagenstarke populärwissenschaftliche Darstellung mit dieser Tendenz: Robert K. Massie, Dreadnought. Britain, Germany and the Coming of the Great War, New York 1991 (dt. Titel: Die Schalen des Zorns, Frankfurt a.M. 1993).

6 Den Ausspruch »bitter not ist uns eine starke deutsche Flotte« machte Wilhelm II. nach der Taufe des Linienschiffes »Kaiser Karl der Große« am 18.10.1899 bei einem Festmahl im Hamburger Rathaus; siehe Die Reden Kaiser Wilhelms II. in den Jahren 1888–1912, hrsg. von Johannes Penzler und Bogdan Krieger, Bd 2, Leipzig o.J. [1900–1913], hier S. 176.

7 Bernd Sösemann, Einführende Bemerkungen zur Geschichte der Medien und der öffentlichen Kommunikation in Preußen, in: Kommunikation und Medien in Preußen vom 16. bis zum 19. Jahrhundert, hrsg. von Bernd Sösemann, Stuttgart 2002, S. 9–21, hier S. 8.

8 Eckhard Sürig, Göttinger Zeitungen. Ein pressegeschichtlicher und bibliographischer Führer mit Standortnachweis, Göttingen 1985, S. 18. Zur Gattung der Generalanzeiger siehe Rudolf Stöber, Deutsche Pressegeschichte: Einführung, Systematik, Glossar, Konstanz 2000, S. 310.

9 Zur welfischen Bewegung siehe Ernst Schubert, Verdeckte Opposition in der Provinz Hannover. Der Kampf der »Welfen« um die regionale Identität während des Kaiserreichs, in: Blätter für deutsche Landesgeschichte, 134 (1998), S. 211–272.

10 Heinz Koch, Ein deutscher Verleger: Zum Gedächtnis an Gustav Wurm, in: Göttinger Tageblatt, 31.10.1964.

11 Zeitungskatalog der Annoncenexpedition Rudolf Mosse. Verzeichnis der Zeitungen und Zeitschriften, für welche die Annoncen-Expedition Rudolf Mosse Anzeigen entgegennimmt, 30. Aufl., Berlin 1897 und 45. Aufl., Berlin 1912. Zu den Auflagenzahlen des Zeitungskatalogs Mosse ist zu bemerken, daß diese nur für die politischen Zeitungen aufgenommen wurden und laut Einleitung des Zeitungskatalogs von den Verlegern stammten. Diese hatten in diesem Zusammenhang ein Interesse, hohe Auflagenzahlen mitzuteilen, da dies ihren Anzeigenerlös steigerte.

12 Hans-Christian Winters, Vom »Welfenblatt« zur modernen Heimatzeitung: 100 Jahre »Göttinger Tageblatt«, in: Göttinger Jahresblätter, 12 (1989), S. 51–61, hier S. 53.

13 Rolf Kramer, Kölnische Volkszeitung (1860–1941), in: Deutsche Zeitungen des 17. bis 20. Jahrhunderts, hrsg. von Heinz-Dietrich Fischer, München 1972, S. 257–267, hier S. 261.

14 Klaus Martin Stiegler, Germania (1871–1938), in: Deutsche Zeitungen (wie Anm. 13), S. 301.

15 Vgl. Eckehard Schneider, Joseph Wilhelm Peter Bachem [1821–1893], in: Deutsche Zeitungen (wie Anm. 13), S. 151–162.

16 Kramer, Kölnische Volkszeitung (wie Anm. 13), S. 260.

17 Zeitungskatalog Mosse (wie Anm. 11), 30. Aufl., Berlin 1897 und 45. Aufl., Berlin 1912.

18 Stöber, Deutsche Pressegeschichte (wie Anm. 8), S. 212.

19 Kurt Koszyk, Deutsche Presse im 19. Jahrhundert, Geschichte der deutschen Presse, Teil II, Berlin 1966, S. 181.

20 Kramer, Kölnische Volkszeitung (wie Anm. 13), S. 260.

21 Diese Charakterisierung bei Rudolf Stöber. Siehe Stöber, Deutsche Pressegeschichte (wie Anm. 8), S. 316.

22 Dieter Fricke, Sozialistische Presse, in: Dieter Fricke, Handbuch zur Geschichte der deutschen Arbeiterbewegung 1869 bis 1917, Bd 1, Berlin (Ost) 1987, S. 556–558.

23 Ebd., S. 559, dort auch weitere Angaben.

24 Thomas Nipperdey, Deutsche Geschichte 1866—1918, Bd 1: Arbeitswelt und Bürgergeist, Sonderausg. München 1998, S. 810.

25 Auflagenzahlen für die »Preußischen Jahrbücher« ließen sich nicht ermitteln. Walter Heynen erwähnt in seiner Geschichte der »Preußischen Jahrbücher« lediglich, daß nach deren Gründung 1858 weniger als 1000 Exemplare vertrieben wurden. Walter Heynen, Die blauen Blätter: Erinnerungen an die Preußischen Jahrbücher, in: Der Bär von Berlin. Jahrbuch für die Geschichte Berlins (1959), 8, S. 84–115, hier S. 84.

26 Hans Delbrück (1848–1929) war einer der ersten »Flottenprofessoren«; das Eintreten für die Marine war jahrelang eines seiner Hauptanliegen. Bis etwa August 1912 war er Mitglied des Flottenvereins. Vgl. Sven Lange, Hans Delbrück und der »Strategiestreit«. Kriegführung und Kriegsgeschichte in der Kontroverse 1879–1914, Freiburg 1995 (= Einzelschriften zur Militärgeschichte, Bd 40) sowie Wilhelm Deist, Hans Delbrück. Militärhistoriker und Publizist, in: Militärgeschichtliche Mitteilungen (MGM), 57 (1998), S. 371–383. Zu den Bemühungen des Reichsmarineamtes, Fachleute und Hochschulprofessoren für eine propagandistische Tätigkeit zu gewinnen, vgl. Wolfgang Marienfeld, Wissenschaft und Schlachtflottenbau in Deutschland 1897–1906, Frankfurt a.M. 1957.

27 Die »Preußischen Jahrbücher« waren 1858 von den Vertretern eines konstitutionellen Liberalismus gegründet worden. Unter Delbrücks Leitung waren die monatlich erscheinenden »Jahrbücher« eine Zeitschrift, »die sich die gebildetste Leserschaft wohl ganz Deutschlands herangezogen hatte«. (Heynen, Die blauen Blätter (wie Anm. 25), S. 99).

28 Siehe Horst Boog, Graf Ernst zu Reventlow (1869–1943): Eine Studie zur Krise der deutschen Geschichte seit dem Ende des 19. Jahrhunderts, Heidelberg 1967.

29 Zu August Keim (1845–1926) siehe Stephan Leistenschneider, August Keim, in: Handbuch zur »Völkischen Bewegung« 1871–1918, hrsg. von Uwe Puschner, Walter Schmitz und Justus H. Ulbricht, München 1999 (Nachdruck), S. 912 f. Vgl. weiterhin August Keims Autobiographie »Erlebtes und Erstrebtes«, Berlin 1925.

30 Jürg Meyer, Die Propaganda der deutschen Flottenbewegung 1897–1900, Bern 1967, S. 183.

31 Diese Zahl läßt sich indirekt für den Untersuchungszeitraum erschließen: »Die Flotte«, Monatsschrift des Deutschen Flottenvereins, hatte eine Auflage von durchschnittlich 300 000 Exemplaren (diese Angabe unter anderem bei Dieter Fricke, Deutscher Flottenverein [DFV] 1898–1934, in: Dieter Fricke, Lexikon zur Parteiengeschichte, Bd 2: Die bürgerlichen und kleinbürgerlichen Parteien und Verbände in Deutschland 1789–1945, Berlin 1984, S. 67–89, hier S. 68). Der »Zeitungskatalog Rudolf Mosse« gibt nun für die Zeitschriften zwar keine Auflagenzahlen, wohl aber den Pfennigpreis für eine Annoncenzeile an: Er betrug für »Die Flotte« 300 Pfennig, für die »Überall« 80 (Zeitungskatalog Rudolf Mosse (wie Anm. 11), 41. Aufl., Berlin 1908, S. 215 und 45. Aufl., Berlin 1912, S. 251). Der Preis für eine Annoncenzeile wiederum muß sich nach der Auflagenhöhe gerichtet haben. Da beide Titel demselben Genre entstammen und beide monatlich erschienen, ist ein solcher Analogieschluß möglich.

32 Zur Entwicklung des »Navalismus« in Preußen-Deutschland bis zur Jahrhundertwende im internationalen Vergleich siehe die exzellente Studie von Rolf Hobson, Imperialism at Sea: Strategic Naval Thought, the Ideology of Sea Power and the Tirpitz Plan, 1875–1914, Boston, Leiden 2002, die jetzt auch in deutscher Übersetzung vorliegt: Rolf Hobson, Maritimer Imperialismus. Seemachtideologie, seestrategisches Denken und der Tirpitzplan 1875 bis 1914, München 2004. Zur Dienstschrift IX und ihrer Realisierung durch die Flottengesetze siehe bes. ebd., S. 201–246. Siehe außerdem Volker R. Berghahn und Wilhelm Deist, Rüstung im Zeichen der wilhelminischen Weltpolitik. Grundlegende Dokumente 1890 bis 1914, Düsseldorf 1988, S. 87–99.

33 Ebd., S. 238.

34 Die Titelseiten der großen Tageszeitungen waren bis Weihnachten gefüllt mit den Reichstagsdebatten über das Flottengesetz, für dessen parlamentarischen Erfolg Tirpitz das Zentrum gewinnen mußte. Das gelang ihm schließlich: Am 28.3.1898 stimmte der Reichstag dem Flottengesetz zu. Siehe Volker R. Berghahn, Der Tirpitz-Plan. Genesis und Verfall einer innenpolitischen Krisenstrategie unter Wilhelm II., Düsseldorf 1971, S. 108–128.

35 Zur Bedeutung des Kaisers für den Aufbau der deutschen Schlachtflotte siehe jetzt Michael Epkenhans, Wilhelm II and ›His‹ Navy, 1888–1918, in: The Kaiser: New Research on Wilhelm II's Role in Imperial Germany, hrsg. von Annika Mombauer und Wilhelm Deist, Cambridge 2003, S. 12–36.

[36] Nach der Begrüßungsformel leitete Wilhelm II. den Hauptteil seiner Rede mit folgendem Satz ein: »Die Entwicklung unserer Kriegsflotte entspricht nicht den Aufgaben, welche Deutschland an seine Wehrkraft zur See zu stellen gezwungen ist.« (Die Reden, Bd 2 (wie Anm. 6), S. 72–76, hier S. 72 [Berlin, 30.XI.1897]).

[37] Göttinger Tageblatt, 3.12.1897.

[38] Die Reden, Bd 2 (wie Anm. 6), S. 78–80, hier: S. 79 (Kiel, 15.12.1897).

[39] »Die Kieler Kaiserrede«, in: Göttinger Tageblatt, 19.12.1897.

[40] »Ruhig Blut!«, in: Kölnische Volkszeitung, 5.12.1897, Morgenausgabe.

[41] »Der erste Tag der Marineberathung«, in: Kölnische Volkszeitung, 7.12.1897, Abendausgabe.

[42] Das Zentrum mit Ernst Lieber an der Spitze stand Militärausgaben traditionell ablehnend gegenüber, war jedoch im Fall des Flottengesetzes das parlamentarische Zünglein an der Waage. Im März 1898 stimmte die Zentrumsfraktion dem Flottengesetz schließlich mit dem einzigen Vorbehalt zu, daß eventuell notwendig werdende Steuern von den Wohlhabenden getragen werden müßten.

[43] »Um die Flotte«, in: Vorwärts, 7.12.1897.

[44] Die Begriffe »Arbeiterschaft«, »arbeitende Schichten« und »deutsches Volk« werden teilweise synonym verwendet.

[45] Hobson, Imperialism at Sea (wie Anm. 32), S. 47.

[46] Hans Delbrück, Zukunftskrieg und Zukunftsfrieden, in: Preußische Jahrbücher, Bd 96 (1899), neu abgedruckt in: Hans Delbrück, Erinnerungen, Aufsätze, Reden, Berlin 1905, S. 498–525, hier S. 525.

[47] Hans Delbrück, Politische Korrespondenz, in: Preußische Jahrbücher, 91 (1897), S. 181.

[48] Zwischen 1906 und 1914 hatte der Deutsche Flottenverein im Schnitt 300 000 Mitglieder, der Alldeutsche Verband hatte vor 1914 um die 20 000, die Kolonialgesellschaft 40 000 Mitglieder. Diese Zahlen bei Geoff Eley, Reshaping the Right. Radical Nationalism and the German Navy League, 1898–1908 in: Historical Journal, 21 (1978), S. 327–354, hier S. 330.

[49] Zur Geschichte des Deutschen Flottenvereins siehe Fricke, Deutscher Flottenverein (wie Anm. 31), zur Semantik des »radikalen Nationalismus« des Verbandes Eley, Reshaping the Right (wie Anm. 48). – August Keim, 1898 als Oberst aus der Armee ausgeschieden, wurde im Jahre 1900 als Beisitzer in das Präsidium des Deutschen Flotten-Vereins gewählt; er war Protagonist des regierungsfeindlichen Kurses des Vereins ab 1903. Siehe zu seiner Person die Kurzbiographie von Stephan Leistenschneider, August Keim, in: Handbuch zur »Völkischen Bewegung« (wie Anm. 29), S. 912 f.

[50] Zur Krise des Flottenvereins und zu den Beziehungen zwischen Flottenverein und Reichsmarineamt siehe Deist, Flottenpolitik (wie Anm. 1), S. 147–162 und 194–248.

[51] »Ein neuer Krach im Flottenverein« in: Göttinger Tageblatt, 12.12.1907.

[52] »Hauptversammlung des Flottenverbandes«, in: Göttinger Tageblatt, 21.1.1908 und »Deutscher Flottenverein«, in: Göttinger Tageblatt, 16.6.1908.

[53] Deist, Flottenpolitik (wie Anm. 1), S. 219.

[54] »Die Lebensdauer der Linienschiffe«, in: Germania, 14.11.1907 (zitiert nach Deist, Flottenpolitik [wie Anm. 1], S. 219).

[55] »Der Flottenverein als Störenfried«, in: Kölnische Volkszeitung, 9.12.1907, Abendausgabe. Im übrigen ist verblüffend, wie unterschiedlich August Keim beurteilt wurde. Hans Delbrück etwa beschreibt Keim als »einen tatkräftigen Mann« und als »die Seele des Flottenvereins« (Hans Delbrück, Politische Korrespondenz, in: Preußische Jahrbücher, Bd 131, S. 192).

[56] »Hinter den Kulissen des Flottenvereins«, Kölnische Volkszeitung, 23.1.1908, Abendausgabe.

[57] »Der Flottenvereinsfriede«, in: Kölnische Volkszeitung, 15.6.1908, Mittagsausgabe.

[58] »Vom Wettrüsten«, in: Vorwärts, 28.1.1908. Dieser Kommentar ist vor dem Hintergrund der Beratungen über die Novelle von 1908 zu sehen, deren Entwurf am 30.11.1907 in den Reichstag eingebracht worden war (Verhandlungen des Reichstages, XII. Legislaturperiode, Stenographische Berichte, Bd 229, Berlin 1908, S. 1868 f.).

[59] Delbrück, Politische Korrespondenz, in: Preußische Jahrbücher, Bd 131, S. 194.

[60] Delbrück, Politische Korrespondenz, in: Preußische Jahrbücher, Bd 133, S. 381: »Die Leistungen im Ausbau unsrer Flotte sind so bedeutend, die Taktik des Chefs der Admiralität, des Admirals von Tirpitz, seine Forderungen durchzusetzen, war so klug, weit ausschauend und energisch, daß man mit vollem Vertrauen auch weiter seiner Führung folgen kann.«

61 Delbrück, Politische Korrespondenz, in: Preußische Jahrbücher, Bd 133, S. 381. Damit liegt Delbrück auf einer Linie mit Tirpitz, der sich nach der Beilegung der Krise »auf den Standpunkt stellte, daß, ›so unbequem der Flottenverein gelegentlich einmal werden kann, [...] wir alle Ursache [haben], ihn zu halten. Wir wissen nicht, wann wir ihn einmal wieder sehr nötig haben werden‹«; (zit. nach Epkenhans, Die wilhelminische Flottenrüstung (wie Anm. 3), S. 18).

62 Von Rosendahl, Zum Flottenausbau, in: Überall, 10 (Dezember 1907), 3, S. 153–157.

63 M. Mühlmann, Ueber das Zusammenarbeiten von Reichstag und Marineamt, in: Überall, 10 (Februar 1908), 5, S. 314–317.

64 Volker R. Berghahn, Der Tirpitz-Plan. Genesis und Verfall einer innenpolitischen Krisenstrategie unter Wilhelm II., Düsseldorf 1971, S. 173–204 und Hobson, Imperialism at Sea (wie Anm. 32), bes. S. 325–335. Anders als Berghahn sieht Hobson den Flottenbau nicht vor dem Hintergrund eines deutschen Sonderweges, sondern vielmehr als eine typische Form der Machtentfaltung im Zeitalter des Imperialismus.

65 Siehe zum Ablauf der Verhandlungen und zu den Gründen des Scheiterns Jonathan Steinberg, Diplomatie als Wille und Vorstellung: Die Berliner Mission Lord Haldanes im Februar 1912, in: Herbert Schottelius und Wilhelm Deist, Marine und Marinepolitik im kaiserlichen Deutschland 1871–1914, Düsseldorf 1972, S. 263–282 sowie Epkenhans, Die wilhelminische Flottenrüstung (wie Anm. 3), S. 113–137.

66 Der Erste Lord der Admiralität Winston Churchill hatte anläßlich eines Werftbesuchs in Glasgow am 9.2.1912 eine Rede gehalten, in der die englische Flotte als eine Notwendigkeit, die deutsche dagegen als eine »Luxus-Flotte« bezeichnet wurde, was in Deutschland sehr schlecht aufgenommen wurde. Jonathan Steinberg weist allerdings darauf hin, daß das englische Wort »luxury« nicht die gleiche pejorative Färbung des deutschen Wortes »Luxus« hat; siehe Steinberg, Diplomatie (wie Anm. 65), S. 280.

67 Haldane hatte in Göttingen studiert. Die Matrikel der Georg-August-Universität zu Göttingen 1837–1900, hrsg. von Wilhelm Ebel, Hildesheim 1974, S. 420.

68 »Die neue Zeit bricht an«, in: Göttinger Tageblatt, 14.2.1912.

69 Germania, 22.6.1910; zit. nach Epkenhans, Die wilhelminische Flottenrüstung (wie Anm. 3), S. 90.

70 »Die englisch-deutschen Beziehungen«, in: Kölnische Volkszeitung, 10.2.1912, Mittagsausgabe.

71 Ebd.

72 Ebd.

73 »Englands und Deutschlands Flottenzwecke«, in: Kölnische Volkszeitung, 13.2.1912, Mittagsausgabe.

74 »Die deutsch-englischen Beziehungen«, in: Vorwärts, 11.2.1912.

75 Ebd.

76 Mit seiner Argumentation liegt der »Vorwärts« ganz auf der Linie von August Bebel, der auf die destabilisierenden Effekte des Wettrüstens hinwies und hellsichtig vor der Möglichkeit eines Kriegsausbruches aus rein militärischen Gründen warnte. Siehe Hobson, Imperialism at Sea (wie Anm. 32), S. 48 f.

77 »Dreadnought-Koller und kein Ende«, in: Vorwärts, 8.12.1912.

78 Emil Daniels, Politische Korrespondenz, in: Preußische Jahrbücher, Bd 148 (April 1912), S. 187. Daniels – er war Hans Delbrücks engster Mitarbeiter – scheint es nicht für möglich zu halten, daß die Haldane-Reise von Deutschland initiiert worden sein könnte. Der zweite Teil des Zitats bezieht sich auf die Rede Winston Churchills vor dem Unterhaus am 18.3.1912, in der er seinen Haushaltsentwurf vorstellte. Von einem »beide Hände entgegenstrecken« kann dabei keine Rede sein – Churchill erklärte, daß England für jedes neue deutsche Schiff zwei englische auf Stapel legen werde. Allerdings bot er dem Reich auch »Flottenurlaub« an: Wenn Deutschland sein Rüstungstempo drossele, werde England folgen.

79 Hans Delbrück, Politische Korrespondenz, in: Preußische Jahrbücher, Bd 149 (August 1912), S. 363.

80 Emil Daniels, Politische Korrespondenz, in: Preußische Jahrbücher, Bd 147 (März 1912), S. 562.

81 »Ein Schlußwort der Redaktion«, in: Überall, 14 (März 1912), 6, S. 438.

82 V. Mackay, »Deutschland und England in geographischen, geschichtlichen und politischen Perspektiven«, in: Überall, 14 (März 1912), 6, S. 372–384, hier: S. 383.

83 Ebd., S. 384. Bei der Gelegenheit vergleicht der Autor mögliche Abkommen über Flottenbegrenzungen mit der Beschränkung der preußischen Armee durch Napoleon in Tilsit.

84 Dietrich Schäfer, »Englands Weltstellung und Deutschlands Lage«, in: Überall, 14 (März 1912), 6, S. 394–401, hier: S. 400: »Die Krone hat sich in dieser Lage aber zu vergegenwärtigen, daß sie ihre Stellung nicht schlimmer gefährden kann als durch Versagen in nationalen Anliegen.«

85 Ebd., S. 399.

86 Ebd., S. 401.

87 Ebd.

88 Delbrück, Politische Korrespondenz, in: Preußische Jahrbücher, Bd 131, S. 194.

89 Am 28.10.1908 war im englischen »Daily Telegraph« ein Interview Kaiser Wilhelms II. erschienen, in dem der Monarch Taktlosigkeiten und Affronts mit Bezug auf die deutsch-britischen Beziehungen aneinandergereiht hatte. Die deutsche Presse griff dieses offensichtliche Versagen der Spitzen des Reichs scharf an; von Bülows Rücktritt im Sommer 1909 resultiert auch aus seiner Schwächung während der Daily-Telegraph-Affäre. Siehe als neueste Darstellung Peter Winzen, Das Kaiserreich am Abgrund: Die Daily-Telegraph-Affäre und das Hale-Interview von 1908, Stuttgart 2002.

Rolf Hobson

Die Besonderheiten des wilhelminischen Navalismus[*]

Obgleich es zahlreiche Studien zum Tirpitzschen Flottenprogramm gibt, wurde es
nie systematisch mit gleichzeitigen Programmen anderer Länder verglichen[1]. Die
weltweite Verbreitung jenes Phänomens des Navalismus, welches sich, Jahre bevor
Tirpitz sein Amt als Staatssekretär antrat, abzeichnete, kann nicht bestritten werden. Was den Historiker vor größere Probleme stellt, ist eine Differenzierung, was
genau den deutschen Navalismus von dem anderer Länder unterschied. Einige
Historiker haben die revolutionäre Wirkung hervorgehoben, welche die ›Risikoflotte‹ auf das europäische Staatssystem und das Weltgleichgewicht gehabt
hätte, wären die mit ihr verbundenen Ziele verwirklicht worden. Eine genauere
Analyse der strategischen Konzeption der ›Risikoflotte‹ führt aber eher zu der
Schlußfolgerung, daß sie für die britische Seeherrschaft keine große Gefahr darstellen konnte. Tirpitz stand nicht im Begriff, die militärische Schlagkraft so weit
zu steigern, daß sie derart weitreichende Zielvorstellungen hätte einlösen können.
Andere Wissenschaftler arbeiteten die besonderen innenpolitischen Strukturen als
den Grund dafür heraus, daß Deutschland einen herausfordernden außenpolitischen Kurs eingeschlagen hatte: ein Parlament mit keiner effektiven Kontrolle der
Exekutive, ein Monarch mit einer ausschlaggebenden Stimme bezüglich des Militärs und der Rüstungsprioritäten. Eine solche Kombination war aber mitnichten
nur in Deutschland gegeben. Schließlich hat eine äußerst einflußreiche Gruppe
von Historikern im Tirpitz-Plan die Verteidigungsstrategie von herrschenden vorindustriellen Eliten gesehen, die den innenpolitischen Status quo durch eine abenteuerliche Außenpolitik zu stabilisieren suchten. Ganz von der Tatsache abgesehen, daß der Nationalismus in dieser Zeit in vielen Ländern zugunsten der herrschenden Eliten ausgenutzt wurde, läßt der Entstehungszusammenhang des besonderen Deutungsmusters zur Natur des deutschen Sozialimperialismus Zweifel
aufkommen, was seine Tauglichkeit als analytische Kategorie anbelangt. Die folgenden Abschnitte stellen einen Versuch dar, die speziellen Aspekte des deutschen
Navalismus mit Hilfe einer detaillierten Untersuchung der genannten Ansätze
herauszuarbeiten.

Um das Phänomen des Navalismus einzukreisen, wird hier folgende Begriffs-
definition zugrunde gelegt: Eine Politik der maritimen Aufrüstung, die als ein Mittel zur Mehrung nationaler Macht und Größe dienen sollte und die die Erfordernisse der nationalen Verteidigung im Kontext eines angeblichen Expansionsbe-
dürfnisses beurteilte. In bezug auf den deutschen Navalismus kam diese Politik mit

der innerhalb der Marine aufkommenden Seemachtideologie Mitte der 1890er Jahre zum Tragen. Sie manifestierte sich, genauer gesagt, in den weitreichenden Thesen, die über die ›politische Bedeutung‹ der Seemacht aufgestellt wurden: Eine Schlachtflotte in Heimatgewässern, die an den deutschen Interessen in Übersee bemessen sei, könne deren künftiges Wachstum in Friedenszeiten sichern und sei daher von wesentlicher Bedeutung für den Aufstieg Deutschlands zur Weltmacht. Sie würde das Land auch für die Interessenkonflikte wappnen, die irgendwann im zwanzigsten Jahrhundert über die Umverteilung der großen globalen Zusammenballungen kolonialer, kommerzieller und industrieller Macht bestimmen würden.

Diese Behauptungen gaben die Forderungen führender Vertreter des liberalen Bürgertums nach einer offensiveren ›Weltpolitik‹ wieder. Wilhelm II. lieh ihnen bei öffentlichen Auftritten seine Stimme. 1897 berief er Fürst von Bülow und Alfred von Tirpitz und betraute sie damit, Welt- wie Flottenpolitik in enger Abstimmung zu betreiben. Um die Jahrhundertwende hatte sich die Reichsleitung von der Caprivischen Konzentration auf Deutschlands kontinentale Lage und von dessen auf Zusammenarbeit mit Großbritannien bedachte Politik getrennt. Mit Bülows Politik der ›freien Hand‹ hielt man sich Rußland und Großbritannien vom Leibe, während das Tirpitzsche Flottenbauprogramm das Fundament für die Abschreckungsmacht des großen deutschen Weltreiches der Zukunft legte. Mit der festen Rückendeckung seitens des Kaisers und der zunehmenden Unterstützung der Mehrheit der nichtsozialistischen Parteien rückte der Navalismus für ein Jahrzehnt dicht an das Zentrum der Außenpolitik des Reiches.

Sofern der Tirpitz-Plan als Kernstück einer expansionistischen Außenpolitik angelegt wurde, fügt er sich in die oben genannte Navalismus-Definition ein. Die Abschreckungsstrategie, auf welcher er basierte, sowie die weit verbreiteten Argumente bezüglich der notwendigen Verteidigung von Interessen in Übersee müssen im Rahmen des neuen weltpolitischen Paradigmas gesehen werden, welches das kontinentale Paradigma Bismarcks und Caprivis ablöste. Verteidigung wurde nun nicht mehr als Mittel verstanden, um die Position des Deutschen Reiches als europäische Großmacht zu sichern, sondern als Voraussetzung für seine Wandlung zur Weltmacht. Die Aufgabe der Marine bestand nicht länger darin, in einem langwierigen kontinentalen Krieg die Versorgungslinien offenzuhalten, sondern absolute Sicherheit für Exporte und Verbindungslinien zu gewährleisten, indem sie selbst die mächtigste Seemacht, Großbritannien, davor zurückschrecken ließ, die Eliminierung des aufkommenden Handels- und Reichsrivalen zu versuchen.

Die Erfordernisse der nationalen Verteidigung fielen sehr unterschiedlich aus, je nachdem, ob man sie im Rahmen des bestehenden europäischen und maritimen Gleichgewichtes oder einer Zukunft bemaß, in der die Ressourcen des Planeten in geschlossene Wirtschaftsräume aufgeteilt sein würden, von denen jeder der ausschließlichen Kontrolle einer der vier Weltmächte unterstehen würde. Deutschlands Position als eine der Mächte des europäischen Kontinents hing vor allem von der Schlagkraft seiner Armee ab. Es benötigte nicht auch noch eine der größten Flotten der Welt, um dem Wachstum seiner überseeischen Interessen absolute Sicherheit zu verschaffen. Hierfür gab es zwei Gründe. Erstens: ein Abschrekkungsmechanismus gegen den Mißbrauch der britischen Seemacht war, wie Bismarck erkannte, schon lange in Form einer potentiellen Koalition zweitrangiger Seemächte gegeben. Seit 1856 hatte diese Abschreckung ihre feste Gestalt gewonnen in dem Willen der neutralen Mächte, ihre Rechte, wie sie in der Pariser Seerechtsdeklaration festgelegt worden waren, zu behaupten. Zweitens: Obgleich die Drohkulisse eines Bündnisses der bewaffneten Neutralität nur eine relative Sicherheit versprach, in einem Maß ähnlich dem des kontinentalen Gleichgewichtes, warnte Bismarck den Reichstag im Jahre 1885 davor, sich der Illusion hinzugeben, man könne absolute Sicherheit für die deutschen Handels- und Kolonialinteressen erzielen. Jeder Versuch, eine der britischen gleichwertige deutsche Flotte zu bauen, würde mit einem französisch-britischen Seebündnis beantwortet werden.

Caprivi für seinen Teil erkannte, daß Deutschland durch die Industrialisierung in eine gefährliche Abhängigkeit von Nahrungsimporten geraten war. Er war pessimistisch, was die Wirkung der Pariser Seerechtsdeklaration anbelangte und ob diese Frankreich in einem Zweifrontenkrieg von einer Nahrungsmittelblockade abhalten würde; er glaubte aber, daß sich das Risiko durch den Bau einer blockadebrechenden Schlachtflotte und durch die Pflege guter Beziehungen zu Großbritannien verringern lasse. Vor allem aber war Caprivi davon überzeugt, daß die Zukunft Deutschlands als einer wachsenden Industriemacht von dessen Zugang zu den *europäischen* Märkten – nicht zu jenen in Übersee – abhing.

Leo Graf v. Caprivi (1831–1899), General, von 1883 bis 1888 Chef der Admiralität, von 1890 bis 1894 Reichskanzler

Quelle: akg-images

»Ich kann mich des Eindrucks nicht erwehren, daß das Sinnen und Denken unseres Offizierkorps immer noch nicht genug auf den Krieg und das, was er insbesondere von der deutschen Marine fordern wird, gerichtet ist. [...] Zum Siegen gehört aber außer den höchsten moralischen Eigenschaften, vollends für eine kleine Marine, das klare Bewußtsein von der Richtigkeit der gewählten Mittel. Wer im Kriege führen will, muß, wenn er nicht gefährlichen Überraschungen ausgesetzt sein will, sich ein Bild von dem, was kommen kann, schon im Frieden gemacht haben.«
(Caprivi an Konteradmiral v. Knorr, 30. Januar 1888)

Aus Sicht einer Politik, welche die Aufrechterhaltung des Status quo verfolgte, konnte sich Deutschland in den 1890er Jahren mehr und mehr in Sicherheit wiegen. Seine Armee war gestärkt, seine Beziehungen zu Großbritannien waren freundlicher Natur (bis 1896), Caprivis Handelsverträge öffneten europäische Märkte für die deutschen Industrieexporte und den eigenen Markt für landwirtschaftliche Importe, von denen die städtische Bevölkerung des Deutschen Reiches mittlerweile abhängig war. 1897 machte sich Deutschland daran, eine Schlachtflotte zu bauen, welche die Fähigkeit besitzen würde, eine französische Blockade zu brechen, und diese Marine würde Teil eines globalen maritimen Gleichgewichtes werden, welches an die Stelle der britischen allumfassenden Vorherrschaft getreten war.

Aus Sicht einer Politik, die lediglich die Optionen ›Weltmacht oder Niedergang‹ vor Augen hatte, gefährdeten gerade diese Entwicklungen die Zukunft des Reiches. Die deutsche Armee konnte auf zukünftige Rivalen in Übersee, wie Großbritannien oder die Vereinigten Staaten, keinen Eindruck machen; es gab unheilvolle Vorzeichen, daß Großbritannien seine ›open door‹ schließen werde, um Deutschland als Handelsrivalen auf den heimischen wie auf den Märkten des Empires auszuschalten. Die Märkte der Zukunft lagen in Übersee, ebenso lebenswichtige Rohstoffquellen und Siedlungsgebiete für die überschüssige Bevölkerung, und Deutschland mußte sich den Zutritt zu selbigen sichern – daher auch die Schlußfolgerung, daß die Entwicklung der deutschen Flotte auf eine Neutralisierung der von England ausgehenden Bedrohung, unseres »gefährlichste[n] Gegner[s] zur See«[2] ausgerichtet werden müsse. Die Tatsache, daß andere Mächte in den Flottenbau investierten, implizierte nicht, daß sich die britische Gefahr verflüchtigte, sondern daß jeder seine eigenen Ziele verfolgte in dem Streben nach absolutem Schutz der eigenen exponierten Seeinteressen.

Auf den ersten Blick mag es scheinen, als ob diese Prioritätenverschiebung den Unterschied zwischen einer rückwärtsgewandten, auf den Kontinent beschränkten und den Agrariern verpflichteten und einer vorwärtsgewandten bürgerlich-kapitalistischen Weltsicht spiegelte, wobei sich erstere gegen die Folgen der Industrialisierung sperrte und letztere ihre Analyse der nationalen Verteidigungsbedürfnisse an den Realitäten des Exportwachstums und der wirtschaftlichen Spezialisierung innerhalb einer globalen Wirtschaft orientierte. Auf den zweiten Blick verhält sich die Lage anders. Die Prioritätenverschiebung fand vielmehr zwischen zwei alternativen Visionen statt, die beide für sich in Anspruch nahmen, den besten Weg in die industriewirtschaftliche Zukunft zu weisen.

Zugegebenermaßen hielt Bismarck bis zum Ende an einem agrarischen Prioritätenkatalog fest. In den 1880er Jahren hatte seine Tarifpolitik die deutschen Industrieexporte geschädigt und das Reich von Rußland entfremdet. Doch war dies ein Preis, den der Kanzler zu zahlen bereit gewesen war, um den ostelbischen Grundbesitz wirtschaftlich am Leben zu halten[3]. 1897 verwarf der ehemalige Kanzler Tirpitz' Argument, daß Deutschland eine Schlachtflotte brauche, um seine Interessen in Übersee und die Nahrungsversorgung vor einer Blockade zu schützen. Eine Ankurbelung der Landwirtschaft mit dem Ziel, Deutschland in der Weizenproduktion autark zu machen, würde die Drohung einer Hungerblockade aufheben. Zum Schutz der deutschen Interessen in Übersee benötige man Kreuzer, die durch eine effektive, zweitrangige Schlachtflotte, welche sich ins maritime Gleichgewicht einfügte, Unterstützung erfahren könnten. Bismarck erschien aber der Gedanke, eine größere Flotte für heimische Gewässer zu bauen, um ›bündnisfähig‹ für England zu werden oder sogar um den Kampf gegen selbiges in Erwägung ziehen zu können, anmaßend und gefährlich: »Qui trop embrasse mal étreint«, warnte er Tirpitz[4].

Caprivi ging davon aus, die wirtschaftliche Zukunft Deutschlands liege in einer europäischen Zollunion, in der die weniger entwickelten Regionen die vorherrschende deutsche Industriewirtschaft mit den notwendigen landwirtschaftlichen Erzeugnissen versorgen würden. Nur als wirtschaftliche Einheit unter deutscher Führung könne Europa den sich verschärfenden Wettbewerb mit den riesigen autarken Wirtschaftsräumen Rußlands, der Vereinigten Staaten und Chinas aufnehmen[5]. Die ›Weltpolitiker‹ sagten sich von diesem Ziel nicht los, sondern integrierten es vielmehr in ihr Programm, indem sie es ihrer ersten Priorität – der überseeischen Expansion – unterordneten[6]. Ungeachtet der Unterschiede in der Schwerpunktsetzung, waren sich alle Richtungen darin einig, daß die Hauptaufgabe ihrer Generation darin bestehe, den Rahmen für ein Großdeutsches Reich zu errichten, in dem der gesicherte Zugriff auf Märkte in Übersee und Rohstoffe das künftige Wachstum der Industrie garantieren würde[7]. Die Schlachtflotte war der Eckpfeiler dieses Konzeptes. Sie würde die Rivalen Deutschlands davon abhalten, es gewaltsam von der Weltwirtschaft auszuschließen. Sollten sich diese Rivalen mit Zollmauern umgeben, so würde die Flotte jenes Stück der Weltwirtschaft sichern, welches Deutschland sich herausgeschnitten hatte. Und sollten sich die Interessenkonflikte zwischen den Weltmächten friedlich nicht ausgleichen lassen, so würde die Flotte die entscheidende Rolle spielen in dem Krieg um die Neuverteilung der globalen Großräume.

Diese defensiven Wirtschaftsargumente waren aber in ihrem Ursprung durch eine ihnen unterlegte nationalistische Logik verdreht. Die Befürworter der Weltpolitik überschätzten die Bedeutung der Exporte nach Übersee und der Kolonien für die deutsche Wirtschaft um ein Vielfaches, bzw. sie gingen davon aus, daß die deutschen Interessen in Übersee (einschließlich der Siedlungsgebiete) in der Zukunft erheblich an Bedeutung gewinnen würden[8]. Ihre Vorstellung davon, wie eine Schlachtflotte in der Nordsee diese Interessen wahren sollte, war verschwommen bis nicht vorhanden. Keiner von ihnen schien sich einen Begriff zu machen von den Zwängen, die auf dem offensiven Gebrauch von Seemacht lasteten. Sie ignorierten durchgängig die Frage, ob Großbritannien (oder irgendeine andere Seemacht) überhaupt die *Fähigkeit* besaß, den deutschen Handelsrivalen gewaltsam auszuschalten, selbst wenn es sich dies zum *Ziel* gesetzt haben sollte. Sie zogen es vor, die relative Sicherheit, die durch das maritime Gleichgewicht gegeben war, kleinzureden, weil sie auf die Schaffung eines absolut sicheren Weltreiches hofften[9].

Die ›Flotte gegen England‹ war keine Reaktion auf die Verteidigungserfordernisse, welche sich als Folge der wirtschaftlichen Spezialisierung ergeben hatten. Oder anders formuliert: Man bediente sich der neuen Verwundbarkeit einer von strategischen Rohstoffen abhängigen Industriewirtschaft, um den Kurs einer deutschen Weltpolitik zu stabilisieren. Doch zeichnete sich dieser Kurs a priori durch seinen nationalistischen Charakter aus, ein Sprung des preußischen Machtstaates auf die Weltbühne[10]. Der nationalistische Historiker Heinrich von Treitschke übte großen Einfluß aus, indem er die Generation der wilhelminischen Führungselite auf einen Kampf zwischen unabhängig operierenden Machtgebilden vorbereitete, die wetteifernd um die Bewahrung ihrer ›Individualität‹ versuchen würden, einem möglichst großen Teil der Welt den Stempel ihrer besonderen ›Idee‹ aufzudrücken. Tirpitz besuchte einige seiner Vorlesungen an der Berliner Universität, und Bülow ließ sich von seiner Botschaft der Anglophobie und des Navalismus inspirieren[11]. Dieser »social Darwinism before social Darwinism« war es, der Weltpolitiker für die Lehren Mahans empfänglich und zu enthusiastischen Konvertiten zur Sache des Navalismus machte. Sie sahen die Bedürfnisse der Landesverteidigung nur noch im Kontext des angeblichen Zwanges zur Expansion. Ihre Überzeugung von der Notwendigkeit, gegen den Widerstand konkurrierender Weltmächte ein Großdeutsches Reich zu schaffen, war unumstößlich – ein Glaubensartikel. Es war ihre Überzeugung, daß eine aktive imperialistische Politik auf globaler Ebene die wichtigste Aufgabe des Reiches sei, welche sie von Caprivi unterschied – nicht ihre Erkenntnis von der Notwendigkeit industrieller Entwicklung und zu den mit der wirtschaftlichen Spezialisierung entstandenen neuen Verwundbarkeiten.

Dessen ungeachtet paßt die erwähnte Navalismusdefinition, welche die Metamorphose des Verteidigungskonzeptes zu der neuen imperialistischen Interpretation der internationalen Beziehungen in Bezug setzt, auch auf die Bauprogramme eines Dutzend anderer Länder in den 1890er Jahren. Der deutsche Navalismus hatte viele Gemeinsamkeiten mit dem anderer Staaten. Wie Kolonien wurden auch die Flotten als wesentliche Bestandteile einer modernen Großmacht erachtet[12]. Ohne sie würde das künftige Wachstum von Handel und Industrie von der Gnade skrupelloser und habgieriger Konkurrenten abhängen. Der Bau einer Schlachtflotte war die Lizenz zum großen Spiel der Zukunft – der Weltpolitik. In den maritimen Rüstungsbestrebungen Deutschlands sehen aber nach wie vor viele Historiker einen qualitativen Unterschied zu jenen anderer Länder. Zur Unterstützung dieser These sind zwei Hauptgründe angeführt worden. Erstens: Die Zielsetzung der deutschen Bestrebungen ging über jene der anderen Länder hinaus. Zweitens: Der innenpolitische Druck, der diese vorwärtsdrängende Politik freisetzte, war offensichtlich stärker als in anderen Ländern die Folge politischer Strukturen, wie sie einzig Deutschland aufwies.

Die Vorstellung, das Flottenbauprogramm habe die internationale Politik revolutionieren wollen, geht auf die vorherrschende Meinung zurück, der Tirpitz-Plan habe auf einem geheimen, offensiven militärischen Kalkül basiert, welches die britische Seeherrschaft und somit die Rolle Großbritanniens als Eckpfeiler des europäischen Mächtegleichgewichts bedroht habe[13]. Wie ich in meiner diesbezüglichen Analyse versucht habe zu zeigen, war dies nicht der Fall[14]. Tatsächlich ereignete sich in dem Vierteljahrhundert vor 1914 im internationalen System eine maritime Revolution. Doch bestand diese in der Ablösung der Pax Britannica durch ein globales Gleichgewicht maritimer Mächte. Das wiedererrichtete maritime Gleichgewicht zog einen Schlußstrich unter die ungewöhnliche Situation der Jahre 1865 bis 1890, in der die Vorherrschaft der Royal Navy unanfechtbar gewesen war. Das maritime Gleichgewicht formulierte die Regeln der Sicherheitsgleichung für alle maritimen Mächte neu[15]. Einen großen Teil hierzu trug Deutschland bei, keineswegs aber brachte es die Veränderung alleine zustande. Und der relative Rückgang der globalen maritimen Vorherrschaft Großbritanniens hat nicht notwendigerweise die deutsche Seemacht in der Nordsee gestärkt.

Wie Tirpitz auch ausdrücklich und aufrichtig feststellte, würde die ›Risikoflotte‹ nicht über die Fähigkeit verfügen, der Royal Navy die Seeherrschaft zu entreißen. Sie sollte Großbritannien davor zurückschrecken lassen, Deutschland als kolonialen und kommerziellen Rivalen zu beseitigen. Im Lichte seiner eigenen früheren Theorien fällt es schwer zu erkennen, wie sie selbst dieser Aufgabe erfolgreich hätte nachkommen können. Seine Ziele hatten tatsächlich eine revolutionäre Dimension, in bezug sowohl auf das kontinentale Gleichgewicht als auch auf die Beziehung zwischen Großbritannien und Deutschland; doch waren die deutschen Navalisten ausschließlich an der überseeischen Expansion interessiert, und keiner, schon gar nicht Tirpitz, war sich bewußt, welche revolutionären Verschiebungen bewerkstelligt worden wären, wenn das militärische Instrument die Wirkung erzielt hätte, von der man ausging. Die Abschreckungsflotte, die dem weiteren Wachstum der Seeinteressen des Großdeutschen Reiches angeblich absolute Sicherheit geboten hätte, hätte Großbritannien vermutlich auch davon abgehalten, in einen gegen Deutschland geführten Krieg auf dem europäischen Festland einzugreifen. Die Abschreckungsflotte hätte so die britische Land- und Seemacht im europäischen Gleichgewicht neutralisiert und Deutschlands hegemoniales Potential gesteigert. Doch waren diese möglichen Folgen weder beabsichtigt noch traten sie ein[16]. Im Zentrum des deutschen Navalismus lag kein geheimes militärisches Kalkül, welches die ›Risikoflotte‹ in eine offensive Bedrohung für die Seeherrschaft der Royal Navy gewendet (und so für die britische Position im europäischen Gleichgewicht eine Gefahr dargestellt) hätte, sondern die Hoffnung, daß ›die politische Bedeutung der Seemacht‹ das Reich irgendwie in eine der großen Weltmächte des zwanzigsten Jahrhunderts verwandeln würde. Was diese Bestrebung anbelangte, unterschied sich der deutsche Navalismus nicht von dem anderer Länder.

Genauso gab es für die innenpolitischen Strukturen, die das wilhelminische Reich in den Navalismus trieben, anderswo enge Parallelen. Der folgende internationale Vergleich stellt einen Versuch dar, einige der Merkmale herauszuarbeiten, welche die Rüstungswettläufe in der Zeit des ›new navalism‹[17] von denen der vorangegangenen Jahrzehnte abhoben. Diese Merkmale waren den meisten jener Länder gemeinsam, die in den 1890er Jahren ambitionierte Flottenprogramme umzusetzen begannen. Vor allem Österreich-Ungarn und Rußland wiesen einander verwandte institutionelle und politische Strukturen auf, die eine Marinepolitik ähn-

Wilhelm II., rechts Großadmiral Prinz Hein-
rich v. Preußen, an Bord der kaiserlichen Yacht
»Hohenzollern«
Quelle: Archiv des Herausgebers

lich der des wilhelminischen Deutschland hervorbrachten. Der ›semi-absolutisti-
sche Navalismus‹ dieser drei Landmächte unterschied sich von dem anderer Länder, und in diesem Zusammenhang gewinnen die besonderen Merkmale des wilhelminischen Navalismus an Kontur.

1. Semiabsolutistischer Navalismus

Für die Unterscheidung zwischen Rüstungs- und Modernisierungswettläufen sind
folgende Momente von Bedeutung: Erstere zeichnen sich durch die zusätzliche
politische Dynamik aus, welche zur technologischen Konkurrenz der Waffensysteme hinzutritt. Dieser Antrieb konnte auf die bewußte Anwendung einer Strategie des Wettrüstens von einer Seite zurückgehen, mit anderen Worten, auf die
Verfolgung politischer Ziele mittels eines Aufrüstens, das auf eine Verschiebung
des Mächtegleichgewichts abzielte. Den Antrieb konnte aber auch die Übertragung
von Spannungen aus anderen Gebieten der internationalen Beziehungen auf die
militärische Ebene verursachen.

Für die bekanntesten maritimen Rüstungswettläufe des neunzehnten Jahrhunderts trifft die erste Beschreibung zu, so auch für die Tirpitzsche Zielsetzung der Schaffung eines Abschreckungsfundamentes für »eine große überseeische Politik«[18]. Die politischen Ziele, welche in der Zeit des »new navalism« verfolgt wurden, hatten aber eine andere Qualität. Sicherlich nicht nur in Deutschland wurde der nützliche, aber unscharf definierte ›Einfluß der Seemacht‹, zu dem ein maritimes Wettrüsten angeblich verhelfen sollte, zu einem weitverbreiteten Glaubensgrundsatz. Schlachtflotten wurden nicht nur gegen designierte Gegner gebaut, sondern auch, um das Gewicht eines Landes auf der Weltbühne zu erhöhen.

Der Navalismus teilte die grenzenlosen Ambitionen und die undefinierten Ziele der ›Expansion ohne angebbare Ziele‹, welche das Zeitalter des Imperialismus charakterisierte. Dem wurde zusätzliche Stoßkraft verliehen durch das Einfließen von Spannungen, die auf die koloniale Rivalität der 1880er Jahre zurückgingen. Am deutlichsten wird dies am Beispiel des längsten und am wenigsten untersuchten maritimen Wettrüstens zwischen Großbritannien und der französisch-russischen Allianz in den Jahren von 1884 bis 1904[19]. Andere Länder sind zu ihren eigenen Schlüssen gekommen, was die Aufteilung der Welt unter den weißen Mächten anbelangte. Das ›scramble for Africa‹ und die Aussicht auf eine ähnliche Aufteilung Ostasiens in den 1890er Jahren setzte eine allgemeine Rivalität in Gang, bei der die Marinen eine entscheidende Rolle spielen sollten. Das Streben, Vorteile aus den imperialen Spannungen zu ziehen, und deren gleichzeitige Übersetzung in ambitionierte Bauprogramme waren es, was den Navalismus der 1890er und späterer Jahre von früheren Rüstungswettläufen unterschied. Die ›Jeune Ecole‹ hatte den Weg gewiesen, indem sie die französische koloniale Rivalität mit Großbritannien zur Triebfeder ihres Strebens nach einer wirkungsvollen Bedrohung britischer Interessen gemacht hatte. Der eigentlich neue Navalismus setzte seine kolonialen Hoffnungen und Ängste um in Schlachtflotten. Mit ihrem enormen Einfluß rückten die Mahanschen Publikationen das Schlachtschiff in den Mittelpunkt öffentlicher Aufmerksamkeit, und sie knüpften die ideologische Verbindung zwischen dieser konzentriertesten Vergegenständlichung von Seemacht und dem wirtschaftlichen und kolonialen Wachstum.

Außerdem erfuhr die Seemachtideologie Auftrieb durch eine neue Konstellation innenpolitischer Kräfte[20]. Der massive Transfer von Ressourcen wurde von einem Bündnis zwischen verschiedenen Interessengruppen getragen. Die regelmäßig wiederkehrenden Paniken und parlamentarischen Interventionen früherer Jahrzehnte wurden abgelöst von der organisierten öffentlichen Agitation von seiten nationalistischer pressure groups. Diese Aktivitäten wurden oft von der Schwerindustrie finanziert, welche zusätzlich zu dem, was hinter der Bühne an Lobbyarbeit geleistet wurde, auch die Öffentlichkeit mobilisiert sehen wollte. Die neue Massenpresse verbreitete die Botschaft, und die bürgerlichen Parteien standen der ›nationalen‹ Sache wohlwollend gegenüber.

Die meisten Elemente dieses neuen Navalismus waren in nahezu allen Großmächten und vielen kleineren Staaten während der zwei Jahrzehnte nach 1890 präsent. Unter diesem Gesichtspunkt sticht als einzig bemerkenswerter Aspekt des deutschen Navalismus hervor, daß dieser sich relativ spät durchsetzte, dafür dann aber durch den steten, systematischen und langfristig angelegten Charakter des Flottenprogramms mit voller Wucht einschlug.

Obgleich die oben genannten Faktoren den Navalismus in den zwei Jahrzehnten nach 1890 als ein internationales Phänomen ausweisen, gab es bestimmte innenpolitische und individuelle Voraussetzungen, die eine besonders wichtige Rolle für dessen Ausprägung in Deutschland spielten. Eine erste Voraussetzung war Tirpitz' sehr eigene Übertragung der Seemachtideologie in eine klar definierte Zielsetzung seiner Baupolitik – die ›Zwei-Drittel-Flotte‹ –, welche anscheinend in ein ebenso klar definiertes strategisches Konzept paßte, nämlich die abschreckende Wirkung einer unterlegenen Flotte in der strategischen Defensive. Irgendeine Form von maritimer Entwicklung hätte es in Deutschland wohl gegeben, es ist aber unwahrscheinlich, daß diese in der Gestalt des 2. Flottengesetzes von 1900 aufgetreten wäre, hätte ein Tirpitz nicht die Ambition der »Stärkung unserer politischen Macht u. Bedeutung gegen England«[21] gehegt. Friedrich v. Hollmann, Wilhelm II., Curt Freiherr v. Maltzahn, Karl Galster und schließlich Bülow hatten alle irgendwann einmal andere Ideen vertreten. Drei von ihnen hatten sich in einer Position befunden, in der sie die Baupolitik hätten beeinflussen können – hätte die ›Risikoflotte‹ nicht alle anderen Überlegungen vom Tisch gefegt[22].

Die zweite notwendige Voraussetzung für den deutschen Navalismus war die zentrale Position des Kaisers innerhalb der politischen Struktur, welche dem Reich durch den Verfassungskompromiß Bismarcks mit den Liberalen im Jahre 1867 vermacht worden war[23]. Ohne die ›Marinepassion‹ Wilhelms II. wäre der Flottenbau vermutlich nicht ganz so ehrgeizig ausgefallen, was nicht heißen soll, daß das ›persönliche Regiment‹ den Kurs der Marinepolitik festgelegt hat[24]. Vielmehr soll seine Rolle hervorgehoben werden als die desjenigen, dem der größte Einfluß für das Ermöglichen vermehrter Seerüstung, welcher Art auch immer, zukam. Wilhelms II. Wahl seiner Staatssekretäre hatte die weitreichendsten politischen Folgen, nicht seine willkürlichen Einmischungen in die Politik[25]. Wilhelm II. wollte, mit anderen Worten, eine beeindruckende Marine und vertraute acht Jahre lang auf Hollmann, daß er ihm eine solche verschaffen würde. Danach *wählte* er Tirpitz, *unterstützte* dessen Pläne für eine Flotte gegen England und *hielt* ihn neunzehn Jahre lang im Amt[26]. Bülow wurde unter der Bedingung Staatssekretär des Auswärtigen Amtes, daß seine wichtigste Aufgabe darin bestehen würde, die Vermehrung der Flotte nach außen abzuschirmen[27]. Selbst dann, als er als Reichskanzler im Jahre 1908 den Glauben an das Projekt verloren hatte, konnten weder er noch Bethmann Hollweg darauf hoffen, das Verhältnis zu Großbritannien durch eine Modifizierung der Flottenpolitik zu verbessern, da Tirpitz immer noch das Vertrauen Wilhelms II. genoß und daher kein Weg an ihm vorbeiführte. Es ist schwer vorstellbar, daß Tirpitz unter allen damaligen Chefs der Marineressorts zu dem am längsten im Amt befindlichen geworden wäre, hätte ihn nicht Wilhelm II. gegen politische Anfeindungen standhaft in Schutz genommen.

Die dritte notwendige Voraussetzung teilte Deutschland mit vielen anderen Ländern: die feste und zunehmende Unterstützung des Reichstages für den stei-

genden Marineetat. Diese Unterstützung wurde mit Enthusiasmus von der Mehrheit der Abgeordneten des liberalen Bürgertums getragen sowie von den die agrarischen Interessen vertretenden Konservativen, die einen eher reservierteren Patriotismus pflegten, und von den Abgeordneten des katholischen Zentrums, die
zunehmend ihre ›nationale Verantwortung‹ zu erkennen glaubten. Hätten sich das
Bürgertum, dessen intellektuelle Elite und dessen Reichstagsabgeordnete gegen
Imperialismus und Navalismus gesperrt, so hätte es keine ›Flotte gegen England‹
gegeben – ganz gleich was der Kaiser und sein Staatssekretär gewünscht hätten[28].
Von Anfang 1896 bis Ende 1897 herrschte in der Tat ein solcher Zustand, da eine
Mehrheit im Reichstag den berühmt-berüchtigten ›uferlosen‹ Flottenplänen Wilhelms II. mißtraute. Tirpitz hingegen traute man, da er professionelles Können zu
verkörpern und in bezug auf den Flottenbau einen systematischen, klar abgesteckten Weg einzuschlagen schien[29]. Und noch einmal muß an diesem Punkt
darauf hingewiesen werden, daß der Kurs der deutschen Aufrüstung von der persönlichen strategischen Vision des Staatssekretärs abhing. Wilhelm II. unterstützte
ihn, Bülow hielt ihm den Rücken frei, und im Bürgertum war man davon überzeugt, daß Deutschland über eine starke Marine verfügen müsse, um seine Stellung
in der Welt zu festigen[30]. Hätte dieser Mann nun, dem der Reichstag sein Vertrau-
en schenkte, das Gewicht seines professionellen Könnens für einen Plan eingesetzt, der eine große Anzahl von Kreuzern zum Schutz der Interessen in Übersee
vor britischen Übergriffen vorsah, so hätte sich eine Mehrheit gefunden, die genauso bereitwillig dafür gestimmt hätte[31].

Wie sich die Sache verhielt, unterstützte der Reichstag nicht nur den Ausbau
der Schlachtflotte, sondern jede Novelle (ausgenommen die letzte) wurde mit noch
größerer Mehrheit verabschiedet als die ihr jeweils vorangegangene – ungeachtet
der Tatsache, daß die Ausgaben sich im ersten Jahrzehnt des zwanzigsten Jahrhunderts mehr als verdoppelten[32]. Die Reichsleitung konnte den Nationalismus,
der aus diesen Zahlen sprach, nicht hervorgerufen haben[33]; doch besteht kein
Zweifel, daß vor allem Bülow diesen auszunutzen verstand, um Unterstützung für
Monarchie und Regierung zu sammeln[34]. Tirpitz' enge Zusammenarbeit mit den
Parteien vergrößerte das relative Gewicht des Reichstages im politischen System[35].
Mit der Zeit erwies sich Bülows manipulativer Sozialimperialismus wahrscheinlich
für die Verwirklichung des Tirpitz-Planes mehr als Hindernis denn als Hilfestellung. Er alarmierte die britische öffentliche Meinung in übertriebenem Maße und
trug zur Freisetzung eines außerparlamentarischen radikalen Nationalismus bei.
Sogar die eigene Propagandakampagne des Reichsmarineamtes (RMA) – so inno-
vativ und gut organisiert sie auch gewesen sein mag – trug vermutlich nur mehr
dazu bei, dem Navalismus noch weiteren Auftrieb zu geben. Der bürgerliche Nationalismus mußte nicht künstlich stimuliert und über den Reichstag in die Flottengesetze gelenkt werden – er war schon als notwendige Voraussetzung vorhanden.

Aber selbst diese drei inneren Voraussetzungen, die am meisten zur Ausprägung des Navalismus in Deutschland beigetragen haben, lassen sich auch in anderen Ländern nachweisen. Die Kombination eines einflußreichen und über einen

langen Zeitraum amtierenden Marineministers, der von der Unterstützung eines Monarchen mit zentraler Entscheidungsgewalt bezüglich der Rüstungsprioritäten abhängig war, und eines langfristig angelegten Bauprogramms, welches enthusiastisch von den Abgeordneten der Mittelschichten in einer Nationalversammlung ohne parlamentarische Kontrolle der Regierung unterstützt wurde – all das wiederholte sich wenige Jahre später sowohl in Österreich-Ungarn als auch in Rußland. Österreich-Ungarn verfolgte seit der Jahrhundertwende eine Politik der maritimen Expansion. Rußland war gezwungen, sich zu überlegen, wie es seine 1905 von Japan zerstörte Flotte wieder aufbauen sollte. Beide Länder orientierten sich an Deutschland[36].

Wie für Deutschland war auch für die österreich-ungarische und die russische maritime Expansion die Protektion der Krone in einem semi-absolutistischen politischen System von wesentlicher Bedeutung. Deren Prärogative hinsichtlich der Militärpolitik wurde genutzt, um bei den Rüstungsausgaben die Weichen zugunsten der Marine zu stellen. Energische Marineminister regten die Phantasie sowohl von Franz Ferdinand, dem Anwärter auf die Krone der Habsburger und Schlüsselfigur bei der militärischen Entscheidungsfindung, als auch des Zaren Nikolaus II. an. Navalistische Rhetorik zur zentralen Rolle der Seemacht in der Weltpolitik inspirierte die Monarchen und ihre Admirale wie andere führende Politiker. Obgleich weder Montecuccoli noch Grigorovich als Marineminister Tirpitz mit seiner Amtszeit von knapp zwei Jahrzehnten überbieten konnten, verschaffte ihnen die Unterstützung ›von oben‹ den nötigen Spielraum, um ihre langfristig angelegten Pläne maritimer Expansion zu realisieren. Ebenso wichtig war jedoch die politische Unterstützung der nationalistisch-bürgerlichen Parteien. Die auf der Basis des allgemeinen Männerwahlrechts gewählten Parlamente, denen jedoch die formale Kontrolle über die Exekutive nicht zustand, brachten sowohl in Rußland als auch in Österreich-Ungarn stabile Mehrheiten für den navalistischen Kurs in der Rüstungspolitik hervor. Es gab auch noch weitere frappierende Ähnlichkeiten mit der Situation in Deutschland.

Der Erzherzog Franz Ferdinand entwickelte, nachdem er an Bord des Kreuzers »Kaiserin Elisabeth« in den Jahren 1892 bis 1893 nach Japan gereist war, ein reges Interesse an maritimen Angelegenheiten. Die Marine erschien ihm als ein Mikrokosmos desjenigen Österreich-Ungarn, welches er zu schaffen wünschte[37]. Drei Jahre später wurde er, mit dem Tode seines Vaters, der Habsburger Thronfolger.

In der ersten Hälfte der 1890er Jahre wurden Liberale und deutsche Nationalisten, besonders im österreichischen Parlament, zu Konvertiten in der Frage der maritimen Expansion. Starke wirtschaftliche Interessen in den industrialisierten Regionen von Böhmen und Mähren wurden insbesondere durch die Verträge gewonnen, die aus den zunehmend an inländische Firmen vergebenen Aufträgen resultierten. Außerdem gab es triftige militärische Gründe, die für einen Ausbau der Flotte sprachen. Mit Abschluß des französisch-russischen Bündnisses im Jahre 1894 kam für Österreich-Ungarn die unliebsame Möglichkeit hinzu, in einen Zweifrontenkrieg zwischen Rußland und Italien – Wiens nominellen, aber unzuverlässigen Verbündeten – zu geraten. Selbst Graf Beck, der Chef des Generalstabes, erkannte, daß die Marine gestärkt werden mußte, um die Küste schützen zu können und – wenn möglich – die Adria zu kontrollieren. In der zweiten Hälfte des Jahrzehnts wurde der Bau von Schlachtschiffen und Küstenverteidigungseinheiten vorangetrieben, obgleich der Flottenausbau nicht mit jenem der führenden Seemächte verglichen werden konnte. Der Einfluß der ›Jeune Ecole‹ wurde nach und nach geringer.

Als Admiral Baron Hermann Spaun Anfang 1898 zum Chef der Marinesektion avancierte, war er, ob seines Mangels an politischer Erfahrung, auf die politische Unterstützung Franz Ferdinands angewiesen. Angeregt von der gerade erfolgten Verabschiedung des Tirpitzschen ersten Flottengesetzes, schlug Spaun ein sich über zehn Jahre erstreckendes Bauprogramm vor, bestehend aus neun neuen Schlachtschiffen sowie vielen Kreuzern und anderen Hilfsschiffen. Der Außenminister stellte sich aus allgemeinen politischen Gründen hinter diesen Plan[38]. Das Argument der augenscheinlichen wirtschaftlichen Notwendigkeit des Flottenbaus kam bei den Delegierten aus jenen Gegenden Österreichs, die von vermehrten Regierungsaufträgen profitieren würden, besonders gut an. Die Delegierten aus Ungarn, die bei der Gesetzgebung über gemeinsame Angelegenheiten beider Reichsteile mitwirkten, zeigten größere Zurückhaltung. An ihrem Widerstand zerbrach Spauns Langzeitplan; es bestand aber die allgemeine Bereitschaft, über die folgenden Jahre den Flottenausbau in gewissem Umfang zu finanzieren, wobei über die Bewilligung der einzelnen Schiffe im Rahmen des jährlichen Haushaltes abzustimmen war.

Im Gegensatz zum Tirpitz-Plan stand der Habsburgische Navalismus nicht in erster Linie im Zusammenhang mit der angeblichen Notwendigkeit einer wirtschaftlichen und kolonialen Expansion, sondern mit Überlegungen bezüglich der nationalen Verteidigung. Der Enthusiasmus Roms für den Dreibund kühlte nach der Jahrhundertwende merklich ab. In einem Krieg wäre der tatsächliche Bedarf gegeben gewesen, die Adriaküste vor den Verwüstungen durch die italienische Marine zu schützen. Der zunehmende Antagonismus der beiden Bündnispartner stellte das außenpolitische Hauptargument zugunsten einer Stärkung der seewärtigen Verteidigung der Doppelmonarchie dar. Trotz der stetig steigenden Bewilligungen veranlaßten finanzielle Schwierigkeiten, hervorgerufen durch komplizierte politische Kompromisse, Spaun 1904 zum Rücktritt. Es war unter seinem Nachfolger, Graf Montecuccoli (der diesen Posten bis zu seiner 1913 im Alter von siebzig Jahren erfolgten Pensionierung ausfüllte), daß die österreichisch-ungarische Marine alle ihre Anstrengungen darauf richtete, den Vorsprung der italienischen Marine zu verringern. Da die Handelsmarine und der Überseehandel der Doppelmonarchie sich ausdehnten, wurde es wichtiger, über eine Flotte zu verfügen, die Italien daran hindern konnte, Österreich-Ungarn den Zugang zu den großen Handelsrouten zu verwehren. Ob diese Interessen von so lebenswichtiger Bedeutung waren, daß sie, in einem Versuch, eine Parität an Dreadnoughts zu erzielen, die Umleitung von Geldern auf Kosten der Armee rechtfertigten, war eine Frage der gesamten Verteidigungsprioritäten. Diese Prioritäten wurden zu einem Großteil durch die Vorlieben des Thronfolgers bestimmt, an den der alternde Kaiser nach

1906 viel von seiner Zuständigkeit in solchen Angelegenheit abtrat[39], was sich wiederum positiv für Montecuccoli auswirkte[40].

Dem Thronfolger und seinem kompetenten Marinekommandanten wurde die beständige und zunehmende Unterstützung der deutschen Nationalisten, tschechischen Liberalen, der Luegerschen christlichsozialen Bewegung, eines neugegründeten österreichischen Marinebundes und auch einiger südslawischer Anhänger des Trialismus Franz Ferdinands zuteil. Infolgedessen konnte die Marine ihren Teil des Verteidigungsbudgets über die nächsten acht Jahre von ungefähr fünfzehn auf nahezu fünfundzwanzig Prozent aufstocken – fast eine Parallele zu dem, was zwischen der Jahrhundertwende und 1908 mit den deutschen Rüstungsausgaben geschehen war.

Der Übergang zum Dreadnought-Bau gab Wien die Möglichkeit, in der Adria eine Parität mit Rom zu erzielen. Die Krise über die Annexion Bosnien-Herzegowinas durch Österreich-Ungarn im Winter 1908/09 steigerte die Spannungen zwischen den nominell Verbündeten, und beide bauten in den folgenden Jahren neue und größere Schlachtschiffe. Im Jahre 1909 hatte Montecuccoli ein langfristig angelegtes Bauprogramm entworfen, für das er sich an den Tirpitzschen Flottengesetzen orientierte und welches bis zum Jahre 1920 verwirklicht werden sollte. Dieses Mal stimmten die Delegationen beider Reichsteile im Januar 1911 zu. Im Jahre 1914 hatte die österreichisch-ungarische Dreadnought-Flotte dann, was die Tonnage anbelangte, in der Tat die der italienischen Marine überholt, allerdings hatte letztere ein gefährliches Übergewicht an Untersee- und Torpedobooten[41].

Weitere Parallelen mit dem Lauf der Dinge in Deutschland und Österreich wurden in Rußland nach 1905 deutlich. Es bestand kein Zweifel darüber, daß einige der Schiffe, die von den Japanern versenkt worden waren, ersetzt werden mußten; gleichzeitig erscheint es aber doch als naheliegend, daß dem Wiederaufbau einer durch Niederlage und Revolution zerrütteten Armee der Vorrang eingeräumt worden wäre. Um so überraschender wirkt daher die von Nikolaus II., seinem Außenminister Izvol'sky und den liberalen Abgeordneten der Duma gezeigte Konzentration auf den Wiederaufbau der Marine. Und wieder einmal konnte die Kombination von Präferenzen eines semi-absolutistischen Monarchen mit einem kompetenten Marineminister und einem bürgerlichen Nationalismus die Verteilung der Verteidigungsausgaben zugunsten der Marine aus dem Gleichgewicht bringen.

Der Wendepunkt für die russische Rüstungspolitik kam mit einem Treffen des Landesverteidigungsrates am 9. April 1907[42]. Der Vertreter des Heeres, F.F. Palitsyn, wies darauf hin, daß die im sogenannten »kleinen« Flottenbauprogramm festgelegten Hauptaufgaben – der Bau einer Ostseeflotte zur Küstenverteidigung – sich gut in die Verteidigungspläne des Generalstabes der Armee einfügen ließen. Das weitere Ziel der Verwirklichung einer »unabhängigen Seemacht« aber, fuhr er fort, ginge weit über das im Dezember des Vorjahres zwischen Heer und Marine Vereinbarte hinaus. Der Marineminister I.M. Dikov setzte dem entgegen, daß diese zweite Aufgabe schon immer vorhanden gewesen und »vollkommen natürlich« sei. Er fand die Unterstützung des Außenministers, A.P. Izvol'sky, der sich nicht nur von allgemeinen politischen Überlegungen leiten ließ, sondern auch der Mahanschen Interpretation der Seemacht folgte. Auf einer Sondersitzung am 14. Dezember 1909, die einberufen worden war, um über die weitere Entwicklung der russischen maritimen Aufrüstung zu entscheiden, ließ er verlauten, er neige »zu der Idee der Bedeutung der Seemacht für jeden Staat, der zu den Großmächten zählen« wolle. Die Geschichte habe bewiesen, daß Staaten, die den Verfall ihrer Flotten zuließen, unweigerlich zu Mächten zweiten Ranges abstiegen. Die Geschichte habe außerdem bewiesen, daß die russische Marine es Rußland ermöglicht habe, seinen Aufgaben als Weltmacht nachzukommen[43].

Nachdem die Schlüsselentscheidungen getroffen worden waren, schritt die russische maritime Aufrüstung schnell voran. Zwar war der Anteil des Heeres am gesamten Verteidigungshaushalt viel größer als jener der Marine, dafür wies letzterer aber erheblich größere Zuwachsraten auf. In den Jahren 1907 bis 1913 steigerten sich die Bewilligungen für das Heer um 43 Prozent – die Ausweitung des Marineetats belief sich insgesamt auf 178 Prozent[44]. 1913 betrug der Marineetat schon fast die Hälfte dessen, was dem Kriegsministerium zur Verfügung stand (245 im Verhältnis zu 581 Millionen Rubel)[45].

Dies war in der Tat eine bemerkenswerte Prioritätensetzung für eine riesige Landmacht, die eine niederschmetternde militärische Niederlage hatte hinnehmen müssen, ein Bündnispartner Frankreichs war und sich an ihrer verwundbarsten Grenze der besten Armee der Welt gegenübersah. K.F. Shatsillo hat eindringlich dargelegt, daß diese »disproportionalen« Rüstungsausgaben die Hauptursache für die Katastrophen waren, die in den ersten Feldzügen des Jahres 1914 die russische Armee befielen[46]. Mehr noch als im Falle Deutschlands oder Österreich-Ungarns scheint die russische maritime Aufrüstung von dem politischen Wunsch diktiert gewesen zu sein, das Land mit den mächtigsten Symbolen des Großmachtstatus auszustatten – zum Schaden der Berücksichtigung der Bedürfnisse der Landesverteidigung. Dies war am offensichtlichsten der Fall in bezug auf die *Beschleunigung* des Aufbaus der Ostseeflotte, über welche die Regierung am Vorabend des Krieges entschied[47].

Es besteht kein Zweifel darüber, wer letztendlich für die Gestaltung der russischen Aufrüstung verantwortlich war. Immer wieder unterstützte Nikolaus II. die immer ambitionierteren Forderungen der Marine, vor allem nachdem diese der kompetenten Führung des Admirals I.K. Grigorovich unterstellt worden war. Dieser Marineminister sorgte auch für die wesentliche Verbindung zu einer flottenbegeisterten und zunehmend willfährigen Duma[48].

Die Parallelen bezüglich der innenpolitischen Voraussetzungen des Navalismus in den drei östlichen Monarchien sollten allerdings nicht zu weit getrieben werden. Vor allem hatte der Deutsche Reichstag, der seit 1867 auf der Basis des allgemeinen Männerwahlrechts gewählt wurde, im wilhelminischen politischen System mehr Gewicht als die vom russischen Autokraten widerwillig zugestandene Duma – Niederlage und Revolution hatten ihn zu diesem Schritt gezwungen. Dennoch sollten die Parallelen auch nicht ignoriert werden.

Drei große Landmächte kürzten erhebliche Summen bei ihren Armeen, die, hierüber waren sich alle einig, das Fundament der Verteidigung darstellten. Sicherlich konnten für ein gewisses Maß an maritimer Aufrüstung gute Gründe vorgebracht werden. Deutschland mußte eine enge Blockade seiner Häfen verhindern; Österreich-Ungarns adriatischer Handel nahm zu; die Verteidigung von St. Petersburg und anderer Ostseestädte hing vom Wiederaufbau der vor Tsushima zerstörten russischen Flotte ab. Gleichwohl führten alle drei Staaten Bauprogramme durch, die weit über jene genannten Ziele hinausgingen. Die Lobbyarbeit der Industrie, die Agitation der Flottenvereine und die enthusiastische Unterstützung der bürgerlichen Parteien verliehen den Marineprogrammen einen beachtlichen zusätzlichen Auftrieb, was auch für viele andere Länder dokumentiert ist. In den drei Kaiserreichen war jedoch das persönliche Interesse an der Marine, welches die Monarchen, die Schlüsselpositionen bei der militärischen Entscheidungsfindung innehatten, an den Tag legten, der entscheidende Faktor. Vom Prestigedenken geleitete Überlegungen scheinen das Hauptmotiv gewesen zu sein hinter dem Wunsch, eine Menge Kriegsschiffe zu besitzen, obgleich führende Regierungsmitglieder gewiß auch von der Seemachtideologie beeinflußt waren. Nikolaus II. und Franz Ferdinand hatten beide persönlich die Möglichkeit, der Marine in der Rüstungspolitik zu dem ausschlaggebenden Vorteil zu verhelfen. Wilhelm II. konnte dies nur dann tun, wenn die Armee (aus eigenen internen Gründen) zustimmte und sich mit ihren Forderungen zurückhielt, und wenn der Reichstag in seine Wahl des Staatssekretärs Vertrauen setzte. Doch stellte seine ›Marinepassion‹ einen Faktor dar, der schon an sich Hürden beseitigte, die ansonsten bestanden hätten. Sobald Armee und Reichstag gewonnen waren, konnte Tirpitz sich gegen Widerstand selbst aus höchsten Kreisen durchsetzen.

Das offensichtlichste Merkmal des semi-absolutistischen Navalismus war jenes, daß die Patronage der Krone energischen und lange ihr Amt führenden Chefs der Marineressorts zu einem bemerkenswerten Handlungsspielraum verhalf. Tirpitz, Montecuccoli und Grigorovich wurde zugetraut, vagen Visionen der Machtsteigerung mittels maritimer Expansion konkrete Formen zu geben. Ihre Bedeutung für ihre jeweiligen Marinen kann nur mit jener Sir John Fishers als Erstem Seelord verglichen werden. Dennoch blieben alle weitaus länger im Amt als er. In dieser Hinsicht war Tirpitz, der unübertroffene neunzehn Jahre als Staatssekretär wirkte, unter seinen Zeitgenossen wahrhaft einzigartig. Die persönliche strategische Vision dieses Großadmirals und die beispiellosen Möglichkeiten, welche ihm durch die Unterstützung Wilhelms II. zuteil wurden, waren die charakteristischen Merkmale des wilhelminischen Navalismus. Der intellektuelle Stempel, welchen Tirpitz der Marine aufdrückte, blieb über zwanzig Jahre lang unangefochten. Und seine Position innerhalb der Reichsleitung war eine solche, daß bis 1911/12 noch nicht einmal die Reichskanzler eine andere Wahl hatten, als ihre Politik der innenpolitischen und internationalen Lage anzupassen, die sich aus dem Versuch ergab, jene persönliche Vision, die heute zu recht als ›Tirpitz-Plan‹ bezeichnet wird, zu verwirklichen.

2. Sozialimperialismus von Weber bis zu den ›Kehrites‹: die Politik der Historiographie zur ›Risikoflotte‹

In den letzten drei Jahrzehnten sind Themen wie die Entwicklung der Seekriegführung und die maritime Dimension deutscher nationaler Sicherheit der politischen Interpretation des wilhelminischen Imperialismus untergeordnet worden, die seit der Fischer-Kontroverse die historiographische Agenda beherrscht. Im Zentrum dieser politischen Deutung stehen Themen, die ursprünglich von dem großen radikalen Historiker Eckart Kehr herausgearbeitet worden waren, der 1933 zu früh im Alter von dreißig Jahren verstarb. Seit Ende der 1960er Jahre werden die Kehrschen Themen neu interpretiert im Rahmen der ›historischen Sozialwissenschaft‹, einem Zweig, der sich mit den Fragen beschäftigt, die eine neue Historikergeneration an die deutsche Vergangenheit stellt. Dieser Ansatz konzentriert sich darauf, die im Bereich der Innenpolitik gelegenen sozialen und politischen Strukturen zu untersuchen, von denen getrieben die bismarcksche und die wilhelminische Außenpolitik in den Imperialismus, die Weltpolitik und schließlich in den Krieg steuerte. 1973 hat Wolfgang Mommsen diese historiographische Vorgehensweise umrissen als »Ansatz der sogenannten Kehrites, der dazu neigt, die Entwicklung des politischen Systems als Ergebnis der Defensivstrategien der herrschenden Eliten gegen das zu beschreiben, was man den Prozeß der Demokratisierung nennen mag, ein Erklärungsmodell, dem zuweilen kräftige marxistische Untertöne beigemengt sind«[49].

Im folgenden Jahrzehnt war diese Kehrsche Interpretation das Thema einer weitreichenden Debatte unter den mit Blick auf das wilhelminische Deutschland führenden Historikern. Die Debatte kreiste um die Frage, ob der manipulative Sozialimperialismus der regierenden vorindustriellen Eliten die Natur des deutschen Imperialismus hinreichend erklären könne – oder sogar als Erklärung für den deutschen Sonderweg von Bismarck zu Hitler tauge[50]. Seit Eckart Kehr die These aufgestellt hat, daß die Vorherrschaft des Adels und das wilhelminische Flottenprogramm als Themen nicht voneinander zu trennen seien, ist diese Verbindung zum Zankapfel der Historikerzunft geworden. Volker Berghahn hat den Tirpitzschen ›großen Plan‹ als Versuch verstanden, die Parlamentarisierung und Demokratisierung des Reiches zu verhindern und die privilegierte Position der alten Eliten in einer semi-absolutistischen Monarchie zu konservieren. Die maritime Herausforderung Großbritanniens war seiner Meinung nach das Ergebnis einer innenpolitischen Strategie, die vor allem die Sicherung des Status quo anstrebte: Die Verbindung zwischen innenpolitischer Stabilisierung und Marinepolitik kam durch eine breite ›Sammlung‹ zustande, die auf einem Kompromiß zwischen den Wirtschaftsinteressen des Bürgertums und des Adels fußte und darüber hinaus auch noch das katholische Zentrum im Rahmen einer antisozialistischen Koalition einbezog. Das Flottenprogramm stellte den Kern da, um den herum die Sammlung Gestalt gewann, wobei die konservativen Agrarier den Mittelschichten zu ihrer Flotte verhalfen und als Gegenleistung höhere Zölle auf landwirtschaftliche Erzeugnisse zugesagt bekamen[51].

Geoff Eley hat, auf der anderen Seite, die Frage aufgeworfen, ob man überhaupt irgendeine Verbindung herstellen könne zwischen konservativen innenpolitischen Strategien und dem Flottenbauprogramm. Seine sorgfältige Analyse zeitgenössischer Quellen zeigt, daß die Tirpitzschen Flottenpläne dem Abschluß eines
Bündnisses zwischen Industrie und Landwirtschaft im Wege lagen, welches der
Miquelschen »engen« Sammlung als Basis hätte dienen sollen[52]. Des weiteren bemerkte Eley, daß der Ursprung des Begriffs »Sozialimperialismus« diesen gleichermaßen für die liberalen Imperialisten, die Imperialismus mit innenpolitischer
Reform zu verbinden suchten, anwendbar mache[53]; außerdem unterstrich er das
Aufkommen eines radikalen nationalistischen Drucks ›von unten‹, womit er die
These von der Manipulation ›von oben‹ in Frage stellte[54].

Aus Sicht der vorliegenden Studie ist der Ansatz der ›Kehrites‹ nicht sonderlich
hilfreich. Dadurch, daß er seine volle Aufmerksamkeit den ›ablenkenden Herrschaftstechniken‹ adeliger, vorindustrieller Eliten, die sich gegen die Modernisierung sperrten, widmet, verdunkelt er die Tatsache, daß Tirpitz' weltpolitisches
Programm viele seiner wichtigsten Elemente mit den Vorstellungen der liberalen
Imperialisten gemeinsam hatte. Durch seine Hervorhebung der Besonderheiten
der wilhelminischen Gesellschaft und Politik erstickt er jeden Versuch des Verglei-
ches mit den Navalismen anderer Länder. Obgleich eine solche ›Gesellschaftsgeschichte der Politik‹ vorgibt, das besondere Wesen des deutschen Imperialismus
erklären zu können, bleibt sie die Antwort auf die Frage schuldig, warum das
Flottenbauprogramm eine besondere Vision mit einer Zähigkeit verfolgte, die den
deutschen Navalismus in der Tat von dem anderer Länder unterschied[55]. Schluß-
endlich versagt sich dieser Ansatz dem Problem, welche Marine – wenn überhaupt
– Deutschland zum Zwecke der nationalen Sicherheit gebraucht hätte. Verblüf-
fenderweise sind Fragen zur maritimen Dimension der nationalen Sicherheit
Deutschlands von den meisten Historikern, die sich mit dem Tirpitz-Plan beschäftigt haben, vollkommen ignoriert worden, obgleich Avner Offer im Jahre
1989 jene Fragen durchaus aufgegriffen hat[56]. Die Annahme, eine Kontinuität
sozialimperialistischer ›Herrschaftstechniken‹ liefere den Schlüssel zum Verständnis der Außenpolitik von Bismarck bis zu Bethmann Hollweg, zeichnet ein sehr
irreführendes Bild. Denn dabei werden die beträchtlichen Unterschiede nicht
kenntlich gemacht, die zwischen der Würdigung der im Rahmen des europäischen
und des maritimen Gleichgewichtes erreichbaren *relativen* Sicherheit und einem
Streben nach *absoluter* Sicherheit bestanden, die als eine Voraussetzung für den
Weltmachtstatus begriffen wurde.

Dennoch sind zwei der Kehrschen Prämissen nach wie vor von fundamentaler
Bedeutung für ein Verständnis des Tirpitz-Planes. Erstens: Der Bau einer ›Flotte
gegen England‹ kann nur im Kontext des Hochimperialismus verstanden werden.
Die ›Risikoflotte‹ war nur insofern ein Instrument nationaler Verteidigung, als sie
die Grundlage für Deutschlands notwendigen Aufstieg zur Weltmacht sichern
sollte. Zweitens: Dem wilhelminischen Imperialismus war ein starkes manipulati-
ves Element eigen. Es zeigte sich erstmalig in der Bismarckschen Kolonialpolitik
und war von zentraler Bedeutung für Bülows Weltpolitik in dem Jahrzehnt nach

1897. Obgleich diese beiden Faktoren eine Verbindung zwischen Sozialimperialismus und maritimer Expansion nahelegen, bieten sie jedoch für sich genommen keine hinreichende Basis, um mit dem manipulativen Element der Weltpolitik entweder die Entstehung oder die Umsetzung des Tirpitz-Planes erklären zu können.

Der vielzitierten ›Palliativ‹-Wendung vom 21. Dezember 1895 wurde in der von den ›Kehrites‹ vorgelegten Deutung der Wechselbeziehungen zwischen verschanzten vorindustriellen Interessen, manipulativem Sozialimperialismus, der Miquelschen Sammlung gegen das Proletariat und der Verabschiedung der beiden Flottengesetze eine zentrale Stellung eingeräumt[57]. Für einige Historiker stellt diese einzelne Quelle ein zu dünnes Eis dar, um die Last der Interpretation tragen zu können[58]. Tirpitz mag in der Tat nur Mahan zitiert haben, um anderen Argumenten, die er ebenfalls der Seemachtideologie entnommen hatte, zusätzliches Gewicht zu verleihen. An einem Wendepunkt in seiner Karriere dienten sie ihm dazu, seine Kandidatur für den Posten des Staatssekretärs des RMA zu betreiben. Als er sich dann auf diesem Posten befand, ließ er das ›Palliativ‹-Argument bezeichnenderweise fallen. Obgleich er an seinem Hauptargument festhielt – der abschreckenden Wirkung, welche die auf eine unterlegene Schlachtflotte gestützte politische Bedeutung der Seemacht auf England ausüben sollte –, führte er bis zum Ende seines Lebens nie wieder das Argument des innenpolitischen Beruhigungsmittels an.

Außerdem stand die propagandistische Instrumentalisierung der Flottenpolitik zum Zwecke der innenpolitischen Werbung um Unterstützung für die Reichsleitung im Widerspruch zu Tirpitz' erklärtem Ziel: »Mund halten und Schiffe bauen[59].« Solche Instrumentalisierung war auch für die Werbung um die Wählerschaft unnötig. Das Maximalziel des Flottenbaus wurde schon 1900 als Gesetz verabschiedet. Die Weltpolitik hatte auf die Reichstagswahlen der Jahre 1898 und 1903 wenig Einfluß[60]. Sogar nachdem die Sozialdemokraten in den Wahlen von 1903 die Zahl ihrer Abgeordneten hatten beträchtlich steigern können, fand sich eine Mehrheit für die Novelle von 1906, welche die Finanzierung des ›Dreadnought-Sprungs‹ sicherte. Einzig in den Wahlen von 1907 wurde eine ›nationale‹ Sache zu dem Thema des Wahlkampfes – Südwest-Afrika. Die sich bei diesen Wahlen ergebende Konstellation von Parteien ermöglichte es dem RMA, den Wechsel zum Vierertempo einzuleiten; doch drängte zu diesem Zeitpunkt die sich im Aufschwung befindende radikale Rechte die Reichsleitung dazu, eine energischere Flottenpolitik zu verfolgen, als es dieser recht war[61].

Sicherlich taten Bülows Manipulationen sowie die gutgeölte Propagandamaschine des RMA das ihre, um der maritimen Expansion den Weg zu ebnen. Allerdings waren, wie schon im vorangegangenen Abschnitt erwähnt, zwei weitere Faktoren von fundamentaler Bedeutung. Ohne sie hätte es Manipulation und Propaganda nicht gelingen können, die Ziele des Tirpitz-Planes zu verwirklichen. Erstens: Eine Mehrheit im Reichstag fand Gefallen am Tirpitz-Plan, weil sie grundsätzlich eine systematische Politik der maritimen Expansion unterstützte, die in ihren Augen einer modernen Großmacht angemessen war. Und zweitens: Die zentrale Position des Kaisers im politischen System schirmte Tirpitz vor politischen Angriffen ab, selbst nachdem Bülow das Vertrauen in dessen Projekt verloren hatte.

Der Tirpitz-Plan war also, wie sich als Ergebnis festhalten läßt, ein wesentlicher Aspekt des wilhelminischen Imperialismus, und Bülows Weltpolitik zeichnete sich durch ein Gutteil Manipulation ›von oben‹ aus. Daraus folgt jedoch noch nicht, daß der Flottenbau innenpolitisch motiviert war. Es gibt keinen überzeugenden Beweis dafür, daß die günstige innenpolitische Wirkung seiner Politik im Zentrum der Tirpitzschen Überlegungen stand. Es gibt aber im Gegensatz dazu stichhaltige Nachweise dafür, daß das Flottenbauprogramm unvereinbar war mit der Sammlung, die, in der Deutung der ›Kehrites‹, angeblich als wirtschaftliches und politisches Fundament des Sozialimperialismus fungierte: »There is little indication, in fact, that Tirpitz himself saw beyond the naval issue in any coherent way at all[62].« Er wollte in Übersee die Grundlage für ein Handelsimperium und ein Kolonialreich legen und in Deutschland sein eigenes bürokratisches Reich schaffen – genau so weit reichten seine Ambitionen.

Es gibt noch einen weiteren Bereich, in dem die Ergebnisse, zu denen die vorliegende Studie kommt, von jenen der meisten Historiker der Nachkriegszeit abweichen, wenn auch nicht von jenen, zu denen Kehr selbst gelangt war. Als Tirpitz im Zuge seiner Propagandakampagne nach dem Kriege im Jahre 1926 Ausschnitte aus der Dienstschrift IX veröffentlichte, behauptete er, daß die strategische Offensive die Grundlage der Flottengesetze gebildet habe[63]. Diese Behauptung wurde von den beiden führenden Experten zur Entwicklung des deutschen seestrategischen Denkens, Kurt Assmann und Herbert Rosinski, verworfen[64]. Wie schon Karl Galster dies vor dem Krieg getan hatte, wiesen die beiden darauf hin, daß die Risikotheorie und die Doktrin der strategischen Offensive sich nicht vereinbaren ließen. Diese Kritik der strategischen Grundlagen des Tirpitz-Planes, die sich von Galster bis hin zu Rosinski durchzog, ist in der Historiographie der Nachkriegszeit unberücksichtigt geblieben[65].

Ludwig Dehio war der erste, der die Risikotheorie als eine Mischung aus offensiven und defensiven Elementen sah, die letztlich drohte, Großbritannien in seiner Position als vorherrschende See- und Kolonialmacht abzulösen[66]. In einer Zeit, in der viele der zentralen Dokumente der Wissenschaft noch nicht zugänglich waren, war dies eine scharfsinnige Beurteilung der Tirpitzschen Endziele; allerdings vernachlässigte sie die Argumente jener Kenner des deutschen seestrategischen Denkens, die schon vorher die Frage aufgeworfen hatten, ob das Flottenbauprogramm jemals die Fähigkeiten hätte bereitstellen können, um solche Endziele zu verwirklichen. Volker Berghahn hat Dehios Thesen aufgegriffen und sich diesem Problem gestellt. Seine Analyse des Kalküls der Risikotheorie suchte zu zeigen, daß eine ›Zwei-Drittel-Flotte‹ durchaus die britische Seeherrschaft bedrohen konnte und daß dem Tirpitz-Plan daher auch eine kohärente militärische Überlegung zugrunde lag. Allerdings eignet sich sein mathematisches Argument eher für den Nachweis, daß die ›Zwei-Drittel-Flotte‹ diese Fähigkeit nicht besaß[67]. Die Quellengrundlage ist zu dürftig, um den Schluß zuzulassen, daß Tirpitz eine viel größere Flotte im Sinn hatte, die außerdem nur dann den Sieg in einer Schlacht hätte davontragen können, wenn sie – Annahmen, die ziemlich willkürlich erscheinen – über eine deutliche qualitative Überlegenheit über die führende Marine der Welt verfügt und wenn letztere sich zu einem Angriff genötigt gesehen hätte.

Die Galster-Rosinski- und die Dehio-Berghahn-Interpretationen schlossen sich jedoch nicht gegenseitig aus. Tirpitz' Intention – oder eher sein ursprüngliches Ziel – war es, die deutschen Seeinteressen zu sichern, indem die britische Fähigkeit, Deutschland als Handels-, Kolonial- und Seerivalen auszuschalten, zunichte gemacht würde. Wäre dieses Ziel erreicht worden, so wäre Großbritannien auch aus dem europäischen Gleichgewicht ausgeschieden. Die deutsche Gleichberechtigung wäre in der Tat der erste Schritt zu einer Ablösung Großbritanniens gewesen. Man darf Absichten aber nicht mit Fähigkeiten verwechseln. Nimmt man sich Tirpitz' eigene strategische Theorien als Maßstab, scheint es höchst unwahrscheinlich, daß die unterlegene ›Risikoflotte‹ die Fähigkeit hätte besitzen können, für die Seeherrschaft der Royal Navy eine wirksame Bedrohung darzustellen. Hinter dem Tirpitz-Plan stand kein geheimes militärisches Kalkül. Stellt man jedoch die Wirkung in Rechnung, welche die Mahansche Seemachtideologie auf Tirpitz' Weltbild ausgeübt hat, so erklärt es sich leichter, warum er sich mit solcher Überzeugung auf die abschreckende Wirkung einer ›Zwei-Drittel-Flotte‹ verlassen hat. Die ›politische Bedeutung der Seemacht‹ würde dem Zweck der Abschreckung dienen, der das militärische Kalkül fehlte.

Obgleich er ein Außenseiter war, teilte Eckart Kehr die innerhalb der Marine von Galster bis Rosinski formulierte Skepsis gegenüber den Fähigkeiten der ›Risikoflotte‹. Die Erklärung, die er für diese militärische Wirkungslosigkeit lieferte, war jedoch grundverschieden zu jener strategischen und ideologischen Erklärung, die gerade erläutert worden ist. Sie markiert die Entstehung der zentralen Überlegungen der ›Kehrites‹ zu den Verbindungen zwischen Innen- und Außenpolitik im wilhelminischen Deutschland. Sie verweist auch auf die wichtigen Unterschiede zwischen den Interpretationen der ›Kehrites‹ und jenen, die Kehr persönlich anstellte.

In der Nachkriegszeit haben die ›Kehrites‹ das ›Palliativ‹-Zitat als entscheidenden Beweis für eine sozialimperialistische Herrschaftstechnik gewertet, deren Ziel es gewesen sei, den bestehenden innenpolitischen Status quo durch eine abenteuerliche Außenpolitik zu erhalten. Dem Zitat wurde in der Historiographie auch über die ›Kehrites‹ hinaus eine zentrale Position zugestanden[68]. Es wurde, genauer gesagt, als Hauptverbindungsstück in eine Argumentationskette eingepaßt, die vorgeblich die Sammlungs- mit der Flottenpolitik verbindet. Aus diesem Grund sollte man der Tatsache Aufmerksamkeit schenken, daß Kehr selber dieses Zitat in seinem großen Werk *nur* in seiner Analyse der Risikotheorie anführt. Seiner Argumentation nach hatten in Deutschland die herrschenden Klassen den außenpolitischen Erfolg angestrebt, um der gesellschaftlichen Krise Herr zu werden und das bestehende Gesellschaftssystem gegen die sozialistische Bedrohung zu bewahren. Sie wagten aber nicht, ihre Außenpolitik in einen Krieg münden zu lassen, der ihrer Vorherrschaft ein Ende hätte setzen können, sollte er in einer Niederlage enden. Der *unblutige* Sieg, den die ›Risikoflotte‹ erringen sollte, war Ausdruck dieses

Dilemmas. Tirpitz baute eine Schlachtflotte, die »*nicht* befähigt war, England offensiv an seiner eigenen Küste aufzusuchen und zu schlagen, [...] die vielmehr nur bescheiden in der Helgoländer Bucht den englischen Angriff *abwarten* sollte«. Und an diesem Punkt bemühte Kehr das ›Palliativ‹-Zitat als Beleg für Tirpitz' gesellschaftlichen Beweggrund, den Krieg zu vermeiden und gleichzeitig eine außerordentliche Rüstung zu betreiben[69].

Drei Feststellungen drängen sich hier auf. Erstens: Natürlich legte Kehr den Grundstein für die von den ›Kehrites‹ vorgenommene Interpretation der stabilisierenden innenpolitischen Funktion einer abenteuerlichen Außenpolitik. Zweitens: Im Gegensatz zu der Deutung von Dehio und Berghahn ging er nicht davon aus, daß sich hinter der Risikotheorie ein geheimes, offensives militärisches Kalkül verbarg, welches die britische Seeherrschaft bedrohte. Drittens: In seiner Erklärung zum defensiven Grundzug der Risikotheorie wagten es die herrschenden Klassen nicht, eine forsche Politik zu verfolgen, die das Risiko eines Krieges mit sich brachte, der im Falle einer Niederlage ihre Stellung hätte untergraben können. An diesem Punkt öffnete sich ein Zwiespalt zwischen den Interpretationen der späteren ›Kehrites‹ und Kehr selbst. Während erstere davon überzeugt waren, daß der manipulative Sozialimperialismus der vorindustriellen Eliten Deutschland in eine immer abenteuerlichere Außenpolitik getrieben habe, die in der Flucht in den Ersten Weltkrieg endete, glaubte Kehr selbst, daß die herrschenden Klassen auch eine retardierende Wirkung auf den deutschen Imperialismus ausübten. Ihr Interesse daran, der Gesellschaftskrise Herr zu werden und ihre eigene Position zu erhalten, ließ sie in der Außenpolitik als *Motor* wie auch als *Bremse* wirken. Der defensive Charakter der Risikotheorie war Ausdruck der Ängstlichkeit ihres Sozialimperialismus, als sie sich vor Augen führten, daß ihre herausfordernde Politik zu einem Konflikt mit Großbritannien führen könnte. Dieser Zusammenhang ging in der Zeit des erwachenden Interesses an Kehr nach dem Krieg verloren. Für einen demokratischen Nationalisten wie Wilhelm Mommsen war dies der bei weitem interessanteste Aspekt der Arbeit Kehrs. In seiner 1932 verfaßten Besprechung zu ›Schlachtflottenbau und Parteipolitik‹ begrüßte Mommsen die zentrale Hypothese von Kehr, nach der eine von kapitalistischen Motiven getragene Weltpolitik unvereinbar sei mit einer Innenpolitik, die sich an den Interessen der Agrarier orientierte[70].

Die spezifische Verbindung zwischen der Innen- und Außenpolitik, mit der Kehr die inkonsequente Ängstlichkeit der deutschen Weltpolitik begründete, wurde von den ›Kehrites‹ als Begründung für die besondere Aggressivität jener Politik angeführt. Diese Verbindung stellte die angebliche symbiotische Beziehung zwischen Sammlungs- und Flottenpolitik dar. Beide, Kehr wie ›Kehrites‹, führten das ›Palliativ‹-Zitat als Beleg für eine derartige Verklammerung an. Ihre Interpretationen von deren Wirkung jedoch waren sehr verschieden. Kehr ging davon aus, daß die Vorsicht der herrschenden Klassen die maritime Herausforderung Großbritanniens ineffektiv werden ließ. Die ›Kehrites‹ glaubten, daß der Sozialimperialismus der herrschenden Klassen diese zu einem Wettrüsten mit Großbritannien anstachelte, welches für die britische Seeherrschaft eine wirkliche militärische Bedrohung darstellte, auf eine Revolutionierung des internationalen Systems abzielte und sie letztlich im Jahre 1914 dazu bewegte, den Krieg zu entfesseln.

Überdies hat man bisher nicht zur Kenntnis genommen, daß jene Identifikation der angeblichen Beziehung zwischen der Sammlung und dem Flottenbauprogramm auf eine einzige Quelle zurückgeht, die jene Beziehung unter ein Vorzeichen gestellt hat, das der Nachkriegshistoriographie der ›Kehrites‹ genau entgegengesetzt ist.

Geoff Eley hat auf die Tatsache aufmerksam gemacht, daß Eckart Kehr den »vital link« darstellte zwischen »Max Weber's left liberal critique of the landed interest« und der »more recent ›critical history‹ of the 1970s«: »The most interesting ›continuity‹ in the West German historiography is not that of the ›pre-industrial‹ survivals that allegedly blocked the ›long hard road to modernity‹ (Dahrendorf), but the familiar liberal fixation on such an idea[71].« Eley hat gezeigt, daß die Ziele der Miquelschen Sammlungspolitik und die Tirpitzsche Flottenpolitik im Widerspruch zueinander standen, und John Röhl hat darauf hingewiesen, daß es nicht ein einziges Dokument gebe, mit dem sich beweisen ließe, daß zwischen den beiden ein Zusammenhang bestand[72]. Dies ist nicht ganz zutreffend. In einem zeitgenössischen Zeugnis ist eine Verbindung zwischen der Miquelschen und der Tirpitzschen Politik hergestellt worden[73]: Max Webers »Stellungnahme zur Flottenumfrage«, veröffentlicht in der Münchner Allgemeinen Zeitung am 13. Januar 1898. Dieser flüchtige politische Kommentar sollte das zentrale Thema von Eckart Kehrs Hauptwerk anregen. Außerdem brachten Webers politische und persönliche Beweggründe für einen solchen Kommentar ein seltsames Paradoxon hervor: Daß nämlich die Obsessionen eines überzeugten wilhelminischen Imperialisten eine ausgesprochen linke Kritik des wilhelminischen Imperialismus inspirierten.

Webers Antworten auf die ihm von der Münchner Zeitung gestellten Fragen zum ersten Flottengesetz offenbarten sein bürgerlich-imperialistisches Credo. Er glaubte mit »völliger Sicherheit«, daß die wirtschaftliche Konkurrenz zwischen den Nationen (Weber spricht von »Kulturvölkern«) einen Punkt erreichen würde, an dem Macht,

> »*nur die Macht* über das Maß des Anteils der Einzelnen an der ökonomischen Beherrschung der Erde und damit über den Erwerbsspielraum ihrer Bevölkerung, speziell auch ihrer Arbeiterschaft, entscheiden wird. [...] Nicht eine mit antikapitalistischen Schlagworten operierende Politik sogenannter ›Sammlung‹, sondern allein eine entschlossene Durchführung der Konsequenzen unserer kraftvollen bürgerlich-gewerblichen Entwicklung [...] kann für die bürgerliche Klasse dem Verlangen nach Macht zur See einen Sinn verleihen [...] Und nur einem Regiment, welches in seiner inneren Politik zeigt, daß es die freien Institutionen des Vaterlandes zu erhalten und freiheitlich weiterzuentwickeln sich *nicht fürchtet*, wird man das Vertrauen entgegenbringen, daß ihm nicht auf dem Gebiete der äußeren Politik Kraft und Mut im entscheidenden Momente [...] versagen werden[74].«

Webers Warnung vor der schwächenden Wirkung, welche der Einfluß der Agrarier auf die Weltpolitik haben würde, war eine Hauptinspirationsquelle für die Kehrsche Interpretation der strukturellen Schwächen der wilhelminischen Gesellschaft und Politik. Genauer gesagt war es Weber, der in seinem Kommentar die Sammlung als untaugliches Fundament für das Flottenbauprogramm bezeichnet hat, welches bald den Erwerbsspielraum des deutschen Kapitalismus absichern sollte. Kehr und Weber teilten die Auffassungen, daß der Imperialismus die zwangsläufige Folge des modernen Kapitalismus sei, daß Marinen die militärischen Instrumente konkurrierender kapitalistischer Weltreiche darstellten und daß Deutschland nur dann Weltpolitik wirklich verfolgen könne, wenn es sich bürgerlich-parlamentarischen Institutionen verschriebe und seine Außenpolitik am kapitalistischen Interesse orientierte. Nur bürgerliche Politiker hätten die Interessen der kapitalistischen Wirtschaft mit jener Rücksichtslosigkeit verfolgen können, die den Konflikt nicht scheute, als es zur Krise kam.

Die Ursprünge der Weberschen Forderungen nach einer auftrumpfenden Weltpolitik liegen in der Geschichte des deutschen Liberalismus während der Bismarckzeit und in seinem persönlichen quasi-religiösen Glauben an den deutschen Nationalstaat. Mit bitterer Verachtung begegnete er dem, was er als die Selbst-Erniedrigung des liberalen Bürgertums vor dem Junker-Kanzler erachtete. Er sah die Weltpolitik als eine Möglichkeit, auf dem Gebiet der Innenpolitik verlorenes Terrain zurückzugewinnen, indem der Nation eine ›große nationale Aufgabe‹ gestellt würde und damit dem entkräftenden Einfluß, den Bismarck auf die politische Kultur ausgeübt habe, ein Gegengewicht geschaffen würde. Weber glaubte daran, daß die Weltpolitik die politische Erziehung des Bürgertums vorantreiben, das Machtmonopol der Junker brechen und die Energien einer demokratisierten Gesellschaft in eine dann auch wirkungsvolle Überseepolitik lenken werde.

Auf persönlicher Ebene hatte der nachhaltige Einfluß von Nietzsche Weber davon überzeugt, daß, da es keine objektiv gegebenen absoluten Werte gebe, jeder für sich über den Kanon höchster Werte entscheiden müsse. Seine Wahl des Nationalstaates sah er als einen solchen Akt seines freien Willens an, wobei er in diesem Zusammenhang Nietzsches tiefen Haß gegenüber allem Nationalistischen ignorierte. Webers Bindung an den deutschen Nationalstaat ist als eine Art Ersatzreligion beschrieben worden. Mit den Worten Wolfgang Mommsens war das Deutsche Reich für Weber das, was Jehova für das Israel des Alten Testaments war. Webers Unterordnung aller politischen Gegenwartsfragen unter die Hauptaufgabe der Macht- und Prestigesteigerung des Deutschen Reiches bestätigte die prophetische Beobachtung von Jakob Burckhardt aus dem Jahre 1871, daß der Nationalstaat alle Loyalitäten an sich reißen würde[75].

Der ganz und gar überzeugte Nationalist und liberale Imperialist Weber propagierte Ende 1897 das rücksichtslose Betreiben von Welt- und Flottenpolitik, ungehindert von den bremsenden Interessen der Agrarier, von denen er glaubte, sie würden durch die Miquelsche Sammlungspolitik vertreten werden[76]. Die Ausgangspunkte für seine Analyse der Schwächen der deutschen Gesellschaft und Politik waren: der Mangel an parlamentarischer Regierung, die Institution und Persönlichkeit des Kaisers und die künstliche Aufrechterhaltung der Vorherrschaft der Junker[77]. Der praktische Nebeneffekt seiner Kritik am wilhelminischen System war, daß in der Schuldfrage bezüglich des späteren Fehlschlages der Weltpolitik vom Programm der liberalen Imperialisten selbst abgelenkt wurde. Rückblickend verurteilte Weber Anfang 1918 die Entfremdung von Großbritannien, die von der Tirpitzschen Flottenpolitik verursacht worden sei. Er erkannte jetzt, daß eine Flotte von der Größe der französischen zu Verteidigungszwecken vollkommen ausgereicht hätte; unter den gegebenen geographischen Bedingungen wäre noch nicht einmal eine Flotte von der Größe der Royal Navy in der Lage gewesen, eine effektive Blockade der Haupthäfen Großbritanniens durchzuführen[78].

Wie Mommsen zu recht angemerkt hat, fehlte es Weber an Konsequenz, als er Tirpitz' mißglückten Versuch, das Reich die Rolle einer Weltmacht spielen zu lassen, kritisierte. Obgleich er am Ende zu dem Schluß kam, daß Weltpolitik im Zusammenspiel mit Großbritannien erfolgen müsse, hatte er von Anfang an das antibritische Flottenbauprogramm unterstützt. Weber beschuldigte all diejenigen, von denen er glaubte, sie seien für das schließliche Scheitern der Weltpolitik verantwortlich, welches daher rühre, daß man sie nicht so verfolgt habe, wie er es für richtig hielt: Tirpitz mit seiner »Admirals-Demagogie«, die Junker, Wilhelms II. »persönliches Regiment« und das der Aristokratie nacheifernde Bürgertum. Es ist aber unwahrscheinlich, daß die von Weber empfohlene »rücksichtslos entschlossene« Machtpolitik den Krieg hätte verhindern können[79]. Und die von ihm 1898 unterstützte Flottenpolitik hätte vor dem gleichen unlösbaren strategischen Rätsel gestanden, dessen er 1918 (mit dem Vorteil späterer Einsicht) gewahr wurde – ob sie nun von rücksichtslosen bürgerlichen Politikern durchgeführt worden wäre oder nicht.

Es besteht kein Zweifel, daß Max Weber Eckart Kehrs wissenschaftlichem Ideal entsprach[80]. Es ist gleichermaßen offensichtlich, daß Kehrs Methodik in weiten Teilen marxistisch geprägt war[81]. Er stellte die Entzweiung von Proletariat auf der einen Seite, und all denjenigen, die sich durch dessen Aufstieg herausgefordert fühlten, auf der anderen Seite als *die* große Kluft dar, die sich in der deutschen Gesellschaft mit dem Voranschreiten des Kapitalismus auftat[82]. In seinem Reduktionismus treten die marxistischen Einflüsse besonders deutlich zutage. Er machte politische Parteien ausschließlich an spezifischen wirtschaftlichen Interessen fest; Ideologien verhüllten seiner Meinung nach nur die dahinter verborgenen Klasseninteressen. Außerdem sah Kehr den Imperialismus als unvermeidliches Ergebnis der kapitalistischen Entwicklung an[83].

In letzterer Hinsicht hatte der marxistische Ansatz Kehrs viel gemeinsam mit dem bürgerlichen Nationalismus der liberalen Imperialisten der vorangegangenen Generation. Eine Interpretation nach den objektiven Gesetzen der kapitalistischen Entwicklung fiel zusammen mit dem Programm einer Generation, welche die Stärkung des Nationalstaates als höchsten Wert und den politischen Maßstab betrachtete, an dem sie alle innen- und außenpolitischen Fragen maß[84]. Kehr konnte mit Weber darin übereinstimmen, daß der Imperialismus eine unvermeidliche, »tragische« Notwendigkeit darstellte, diktiert von den objektiven Bedürfnissen des globalen Kapitalismus[85]. Um erfolgreich zu sein, hätte der deutsche Imperialismus auf der Grundlage eines demokratisierten politischen Systems betrieben werden müssen, welches sich im Einklang befunden hätte mit den Erfordernissen einer bürgerlich-kapitalistischen Außenpolitik[86]. Anstatt ein Klassenbewußtsein zu entwickeln und den Junkern die Macht zu entreißen, habe das träge Bürgertum die Werte des Adels übernommen und sich mit diesem verbündet, um das Proletariat von der politischen Macht auszuschließen[87]. Als Ergebnis dessen sei die Weltpolitik von den alten feudalen Eliten (mit einem dilettantischen Monarchen an deren Spitze) in einer Mischung aus gespielter Tapferkeit und Kleinmut geführt worden, doch keineswegs mit der Rücksichtslosigkeit, die zu ihrem Erfolg vonnöten gewesen wäre.

Im Gegensatz zur Mehrheit der navalistischen Zeitgenossen Webers verschrieben sich weder er selbst noch Kehr den Argumenten der Seemachtideologie. Weber sah die Marine als notwendiges militärisches Instrument in einem Krieg um wirtschaftlichen Lebensraum. Kehr machte sich über die Versprechungen der navalistischen Propaganda lustig, welche die Seemacht als das Rückgrat für den Ausbau maritimer Interessen in Friedenszeiten präsentierte: In Anbetracht der Natur des internationalen Wettbewerbs im Zeitalter des industriellen Kapitalismus waren Marinen notwendig, um sich auf die Wahrscheinlichkeit eines Krieges zwischen konkurrierenden nationalen Wirtschaften vorzubereiten[88].

Kehr übernahm Webers Verbindung von Sammlungspolitik und Flottenpolitik und bediente sich des ›Palliativ‹-Zitats, um den Nachweis für die gesellschaftlichen Motive zu führen, die hinter dem halbherzigen Charakter der maritimen Herausforderung Großbritanniens standen. Als Kehr nach dem Krieg jedoch wiederentdeckt wurde, wurde dieses Zitat als Beleg für die gesellschaftlichen Beweggründe ausgegeben, die Deutschland auf Konfrontationskurs mit Großbritannien gebracht hätten. Beide Interpretationen sahen hinter der Flottenpolitik die Machenschaften der Junker, ein Einfluß, dessen Grundlage das Bündnis zwischen den Agrariern und der Industrie in der Sammlung gewesen sei. Die Masse an Zeugnissen, die für diese Deutungen zusammengestellt wurden, tendieren dazu, die Herkunft jener Kennzeichnung der Sammlung als Quelle des Junker-Einflusses auf die Außen- und Flottenpolitik zu verdunkeln. Zu dieser Kennzeichnung wurde Weber durch seine Überzeugung gebracht, daß Weltpolitik so rücksichtslos wie nötig verfolgt werden müsse, selbst wenn – oder vor allem wenn – die Wahrscheinlichkeit gegeben war, daß dies zum Krieg mit Großbritannien führen würde. Durch das Medium von Eckart Kehrs Arbeit wandelte sich Webers zeitgenössisches Verdikt über die strukturellen Gründe für das unzureichend rücksichtslose Wesen des wilhelminischen Imperialismus in eine Erklärung für die strukturellen Gründe seiner besonders aggressiven Natur. Beide Interpretationen haben Anstoß für viele wundervolle Forschungsarbeiten gegeben, allerdings schließen sie sich, geht man ihnen auf den Grund, gegenseitig aus.

Mit Blick auf den wilhelminischen Navalismus hat der Ansatz der ›Kehrites‹ die Aufmerksamkeit weggelenkt von den politischen und ideologischen Faktoren, die nicht den Interessen der vorindustriellen Eliten zugeschrieben werden können. Der wichtigste Aspekt des ›persönlichen Regiments‹ Wilhelms II. für die Entwicklung des deutschen Navalismus war nicht, daß es als Grundlage für eine antiparlamentarische Strategie dienen konnte. Viel bedeutender war, daß seine Wahl auf Tirpitz fiel und daß er ihn länger als jeden anderen für die Marine zuständigen

Ressortchef seiner Zeit im Amt behielt. Dies erlaubte Tirpitz, eine Strategie gegen Großbritannien zu verfolgen, die auf seiner sehr persönlichen Deutung einer Seemachtideologie beruhte, die hauptsächlich auf Mahan zurückging. Diese Orientierung war nicht in erster Linie – wenn überhaupt – durch eine sozialimperialistische Politik der inneren Stabilisierung motiviert, sondern wohl eher durch bürokratisches Eigeninteresse und sicherlich durch ein expansionistisches Verständnis von Weltpolitik. Sein Streben nach absolutem Schutz für die deutschen exponierten Interessen in Übersee stand in offenem Widerspruch zu den Ängsten der Agrarier vor einer weiteren Industrialisierung. Nur zu einem sehr geringen Grade ging dieses Programm auf ein Schutzbegehren zurück, das von den Vertretern der überseeischen Interessen selbst vorgebracht wurde. Selbst die Gefahr einer Hungerblockade wurde im Rahmen des neuen expansionistischen Paradigmas dem Erfordernis, die Grundlage für den Aufstieg Deutschlands zur Weltmacht zu sichern, nachgeordnet. Dieses Programm war weder Ausfluß spezifischer wirtschaftlicher Interessen innerhalb der deutschen Gesellschaft noch eine Antwort auf das nationale Sicherheitsbedürfnis einer sich industrialisierenden Wirtschaft im Zeitalter wirtschaftlicher Spezialisierung. Es war das Produkt jener Bedürfnisse, wie sie die bürgerlichen Nationalisten, allen voran die liberalen Imperialisten, begriffen haben. Tirpitz' Verständnis von der Rolle der Seemacht bei der überseeischen wirtschaftlichen und kolonialen Expansion war dem der liberalen Flottenprofessoren näher als dem irgendeiner anderen Gruppe. Die Parallelen in Österreich-Ungarn und Rußland hinsichtlich der zentralen Rolle des Monarchen in bezug auf die Rüstungspolitik, der langen Amtsdauer zuständiger Ressortchefs und des bürgerlichen Nationalismus zeigen, daß auffällige Elemente des wilhelminischen Navalismus keineswegs einzigartig waren. *Last but not least* gingen die besonderen Aspekte der Strategie, auf der er basierte, auf ideologische Einflüsse zurück, die sich nicht auf die gesellschaftlichen Motive vorindustrieller Eliten reduzieren lassen. Dies alles sind Themen, die es verdienen, unter ihren eigenen Fragestellungen untersucht zu werden, ohne dem Themenkatalog untergeordnet zu werden, der ursprünglich von Max Weber vorgegeben worden war.

Anmerkungen

*   Der Text ist eine leicht geänderte Fassung des letzten Kapitels aus Rolf Hobson, Maritimer Imperialismus. Seemachtideologie, seestrategisches Denken und der Tirpitzplan 1875 bis 1914, München 2004.
1   Die einschlägigen Arbeiten, auf die im Folgenden Bezug genommen werden soll, sind Eckart Kehr, Schlachtflottenbau und Parteipolitik 1894 bis 1901. Versuch eines Querschnitts durch die innenpolitischen, sozialen und ideologischen Voraussetzungen des deutschen Imperialismus, Berlin 1930; Eckart Kehr, Der Primat der Innenpolitik. Gesammelte Aufsätze zur preußisch-deutschen Sozialgeschichte im 19. und 20. Jahrhundert, Berlin 1970; Volker R. Berghahn, Der Tirpitz-Plan. Genesis und Verfall einer innenpolitischen Krisenstrategie unter Wilhelm II., Düsseldorf 1971; Marine und Marinepolitik im kaiserlichen Deutschland 1871 bis 1914, hrsg. von Herbert Schottelius und Wilhelm Deist, Düsseldorf 1972; Wilhelm Deist, Flottenpolitik und Flottenpropaganda. Das Nachrichtenbureau des Reichsmarineamts 1897 bis 1914, Stuttgart 1976;

Ivo Nikolai Lambi, The Navy and German Power Politics, 1862–1914, Boston 1984; Michael Epkenhans, Die wilhelminische Flottenrüstung 1908-1914. Weltmachtstreben, industrieller Fortschritt, soziale Integration, München 1991. Die wichtigste Quellensammlung ist Volker R. Berghahn und Wilhelm Deist, Rüstung im Zeichen der wilhelminischen Weltpolitik. Grundlegende Dokumente 1890 bis 1914, Düsseldorf 1988.

2   Denkschrift Tirpitz, Juli 1897, in: Berghahn/Deist, Rüstung (wie Anm. 1), S. 122.

3   Hans-Ulrich Wehler, Bismarcks Imperialismus und späte Rußlandpolitik unter dem Primat der Innenpolitik, in: Michael Stürmer, Das kaiserliche Deutschland. Politik und Gesellschaft 1870 bis 1918, Düsseldorf 1970, S. 235–264.

4   Rudolf Stadelmann, Die Epoche der deutsch-englischen Flottenrivalität, in: Rudolf Stadelmann, Deutschland und Westeuropa, Schloß Laupheim 1948, S. 92–94.

5   Reichstagsrede vom 10.12.1891, in: Rudolf Arndt, Die Reden des Grafen von Caprivi, Berlin 1884, S. 179 f.

6   Fritz Fischer, Krieg der Illusionen. Die deutsche Politik von 1911 bis 1914, Düsseldorf 1970, S. 23–32; Woodruff D. Smith, The Ideological Origins of Nazi Imperialism, New York 1986, S. 78–80. Ich verwende den Begriff ›Weltpolitiker‹ im Smithschen Sinne als Terminus für die »expounders and practitioners« von Weltpolitik (ebd., S. 53), ganz gleich, ob es sich um Amtsinhaber, Akademiker oder Publizisten handelte.

7   Fischer, Krieg der Illusionen (wie Anm. 6), S. 68–77.

8   Wolfgang J. Mommsen, Wandlungen der liberalen Idee im Zeitalter des Imperialismus, in: Liberalismus und imperialistischer Staat. Imperialismus als Problem liberaler Parteien in Deutschland 1890 bis 1914, hrsg. von Karl Holl und Günther List, Göttingen 1975, S. 109–148, 136; Paul M. Kennedy, The Rise of the Anglo-German Antagonism, 1860–1914, London 1982, S. 310–318.

9   Vgl. die Terminologie, welche verwandt wurde, um die Motive hinter dem Annexionsstreben während des Ersten Weltkrieges zu beschreiben, in: Theodor Schieder, Staatensystem als Vormacht der Welt 1848 bis 1918, Frankfurt 1977 (= Propyläen Geschichte Europas, Bd 5), S. 354. Bei dem »radikalen nationalen Egoismus«, der die »perfekte Sicherheit« habe gewinnen wollen, und dem dabei »der letzte Rest eines europäischen Ordnungsgedankens« zum Opfer gefallen sei, handelte es sich um eine radikalisierte Version der navalistischen Vorkriegskonzeption zur Sicherheit der überseeischen Interessen, die gleichermaßen im Rahmen des expansionistischen Paradigmas ihre Erklärungen gewann. Ein gutes Beispiel bietet Vizeadmiral a.D. Rudolf Siegel, Einige Gedanken über die notwendige Stärke unserer Flotte und die Abrüstungsfrage, in: Deutsche Revue (1908), S. 154–162.

10 Wolfgang Hardtwig, Von Preußens Aufgabe in Deutschland zu Deutschlands Aufgabe in der Welt. Liberalismus und Borussianisches Geschichtsbild zwischen Revolution und Imperialismus, in: Historische Zeitschrift (HZ) (1980), 231, S. 265–324, 297—309; vgl. Wolfgang Marienfeld, Wissenschaft und Schlachtflottenbau in Deutschland 1897 bis 1906, Frankfurt a.M. 1957, S. 101.

11 Alfred von Tirpitz, Erinnerungen, Leipzig 1919, S. 96; Peter Winzen, Treitschke's Influence on the Rise of Imperialist and Anti-British Nationalism in Germany, in: Nationalist and Racialist Movements in Britain and Germany before 1914, ed. by Paul Kennedy and Anthony Nicolls, Oxford 1981, S. 154–170.

12 Theodore Ropp, War in the Modern World, New York 1962, S. 208.

13 Stadelmann, Die Epoche (wie Anm. 4), S. 120 f.; Ludwig Dehio, Gleichgewicht oder Hegemonie. Betrachtungen über ein Grundproblem der neueren Staatengeschichte, Krefeld 1948, S. 202–205; Ludwig Dehio, Deutschland und die Epoche der Weltkriege, in: Ludwig Dehio, Deutschland und die Weltpolitik im 20. Jahrhundert, München 1955, S. 11–35, 14 f.; Ludwig Dehio, Gedanken über die deutsche Sendung, ebd., S. 71–106, 77–80; Andreas Hillgruber, Kontinuität und Diskontinuität in der deutschen Außenpolitik von Bismarck bis Hitler, Düsseldorf 1969, S. 12 f.; Andreas Hillgruber, Zwischen Hegemonie und Weltpolitik. Das Problem der Kontinuität von Bismarck bis Bethmann Hollweg, in: Stürmer, Das kaiserliche Deutschland (wie Anm. 3), S. 187–204, 197; Michael Stürmer, Deutschlands Rolle in der Vorgeschichte der beiden Weltkriege, Göttingen 1979, S. 19 f.; Michael Stürmer, Die gescheiterte Großmacht. Eine Skizze des Deutschen Reiches 1871 bis 1945, Düsseldorf 1984, S. 35 f.; Klaus Hildebrand, Imperialismus, Wettrüsten und Kriegsausbruch 1914, in: Neue politische Literatur, 20 (1975), S. 160–194, 339–364, 184 f.; Klaus Hildebrand, Between Alliance and Antagonism. The Problem of Bilateral Normality in British-German Relations in the Nineteenth Century (1870–1914), in: Klaus Hilde-

brand, German Foreign Policy from Bismarck to Adenauer. The Limits of Statecraft, London 1989, S. 64–84, 74; Klaus Hildebrand, The Crisis of July 1914: The European Security Dilemma. Observations on the Outbreak of the First World War, ebd., S. 85–117, 94; Klaus Hildebrand, Das vergangene Reich. Deutsche Außenpolitik von Bismarck bis Hitler 1871 bis 1945, Stuttgart 1995, S. 190–206.

14 Siehe Anm. 1.

15 Die Royal Navy besaß 1883 achtunddreißig Schlachtschiffe — alle anderen Seemächte der Welt zusammengenommen verfügten über vierzig. 1897 war das Verhältnis 62:96. Vgl. Paul M. Kennedy, The Rise and Fall of British Naval Mastery, 3rd ed., London 1991, S. 243–282, bes. S. 247.

16 Trotz des ungebrochenen Interesses an den historischen Studien Mahans und am preußischen Befreiungskrieg gegen Napoleon zeigte Tirpitz kein Verständnis von der Rolle, welche die britische Seemacht bei der Aufrechterhaltung des kontinentalen Gleichgewichtes spielte. Erst der Ausbruch des Krieges im Jahre 1914 lenkte seine Aufmerksamkeit auf dieses historische Muster. Deutsche Navalisten sahen die zeitgenössische Rolle der Seemacht ausschließlich in einer wirtschaftlichen und imperialen Dimension und vernachlässigten ihr Verhältnis zum kontinentalen Gleichgewicht. Es kann keine Rede davon sein, daß sie eine Abschreckungsflotte als wesentliches Element in einem Krieg um die kontinentale Vorherrschaft erachteten – als ein Mittel, um sowohl eine Hungerblockade als auch eine militärische Intervention Großbritanniens auf dem Festland zu verhindern. Dies hätte einem ›Griff nach der Weltmacht‹ zumindest eine gewisse Kohärenz verliehen – einer solchen Koordination mangelte es jedoch der wilhelminischen Gesamtstrategie. Gute Beispiele dafür, wie deutsche Navalisten glaubten, daß sich die Rolle der Seemacht seit den Napoleonischen Kriegen geändert hatte, finden sich in Curt Freiherr von Maltzahn, Der Seekrieg. Seine geschichtliche Entwickelung vom Zeitalter der Entdeckungen bis zur Gegenwart, Leipzig 1906; Curt Freiherr von Maltzahn, Nelson und die Schlacht von Trafalgar, in: Marine Rundschau (1906), S. 259–273; Hans Delbrück, Zukunftskrieg und Zukunftsfriede, in: Preußische Jahrbücher, 96 (1899), neu aufgelegt in: Hans Delbrück, Erinnerungen, Aufsätze, Reden, Berlin 1905, S. 498–525. Delbrück formuliert am deutlichsten die vorherrschende Meinung, daß Großbritannien eine maritime Hegemonie ähnlich der Napoleonischen Kontinentalhegemonie besitze. Preußen habe gegen letztere gekämpft, um das Recht der europäischen Nationen auf unabhängige Entwicklung zu verfechten. Mit dem Bau der Schlachtflotte stelle Deutschland auf ähnliche Weise das unabhängige Bestehen mehrerer gleicher Weltreiche innerhalb eines globalen Mächtegleichgewichts sicher. Vgl. Ludwig Dehio, Ranke und der deutsche Imperialismus, in: Ludwig Dehio, Deutschland und die Weltpolitik im 20. Jahrhundert, München 1955, S. 37–69, 45–51. Zur zweiten Generation von Navalisten zum selben Thema siehe BA-MA, N 607/3, Wolfgang Wegener, Der deutsch-englische Machtkonflikt (maschinenschriftliches Ms. 1931), S. 19–22.

17 Der Terminus stammt von William L. Langer, The Diplomacy of Imperialism, 1890–1902, New York 1951.

18 Notizen Tirpitz' zum Immediatvortrag am 28.9.1899 in: Berghahn/Deist, Rüstung (wie Anm. 1), S. 161.

19 John F. Beeler, British Naval Policy in the Gladstone-Disraeli Era, 1866–1880, Stanford, CA 1997, S. 276–278.

20 William H. McNeill, The Pursuit of Power. Technology, Armed Force, and Society since A.D. 1000, Chicago 1982, S. 262–294.

21 Notizen Tirpitz' zum Immediatvortrag am 15.6.1897, in: Berghahn/Deist, Rüstung (wie Anm. 1), S. 135.

22 Weder Wilhelm II. noch Bülow begriffen den langfristig angelegten Charakter des Tirpitz-Planes und die diplomatische Zurückhaltung, die er verlangte. Vgl. Wolfgang J. Mommsen, Kaiser Wilhelm II and German Politics, in: Journal of Contemporary History, 25 (1990), S. 289–316, 302; Lambi, The Navy (wie Anm. 1), S. 158 f.

23 Wolfgang J. Mommsen, Die Verfassung des Deutschen Reiches von 1871 als dilatorischer Herrschaftskompromiß, in: Wolfgang J. Mommsen, Der autoritäre Nationalstaat. Verfassung, Gesellschaft und Kultur im deutschen Kaiserreich, Frankfurt a.M. 1990, S. 39–65; John C.G. Röhl, Der ›Königsmechanismus‹ im Kaiserreich, in: John C.G. Röhl, Kaiser, Hof und Staat. Wilhelm II. und die deutsche Politik, München 1987, S. 116–140, 126 f.; Hans-Ulrich Wehler, Deutsche Gesellschaftsgeschichte, Bd 3: Von der »deutschen Doppelrevolution« bis zu Beginn des Ersten Weltkrieges 1849–1914, München 1995, S. 359 f., 873–875.

24 Wehler, ebd., S. 1016–1020.
25 Mommsen, Kaiser Wilhelm II (wie Anm. 22), S. 296 f.; Röhl, Der ›Königsmechanismus‹ (wie
    Anm. 23), S. 129, spricht dem Kaiser eine zu aktive Rolle bei der Formulierung der Ziele der Ma-
    rinepolitik zu. Jahre vor und selbst noch nach der Berufung von Tirpitz schwankte er zwischen
    Kreuzern und Schlachtschiffen. Vgl. Lambi, The Navy (wie Anm. 1), S. 33 f., 155 f., 158 f.; Kehr,
    Schlachtflottenbau (wie Anm. 1), S. 48 f., 177 f., 310, 315 f.; Hans Hallmann, Der Weg zum deut-
    schen Schlachtflottenbau, Stuttgart 1933, S. 144; Jonathan Steinberg, Yesterday's Deterrent, Tir-
    pitz and the Birth of the German Battle Fleet, London 1965, S. 73 f.; Deist, Flottenpolitik (wie
    Anm. 1), S. 43 f.; Berghahn, Der Tirpitz-Plan (wie Anm. 1), S. 351 f., 359–370.
26 Jürgen Rohwer, Kriegsschiffbau und Flottengesetze und die Jahrhundertwende, in: Marine und
    Marinepolitik (wie Anm. 1), S. 225; vgl. Paul M. Kennedy, Fisher and Tirpitz Compared, in: Paul
    M. Kennedy, Strategy and Diplomacy, 1870–1945, London 1983, S.109–126, 117 f.
27 Bernard von Bülow, Denkwürdigkeiten, Bd 1: Vom Staatssekretariat bis zur Marokko-Krise,
    Berlin 1930, S. 16.
28 Steinberg, Yesterday's Deterrent (wie Anm. 25), S. 25; vgl. Jonathan Steinberg, The Kaiser's Navy
    and German Society, in: Past and Present (1964), S. 102–110; Deist, Flottenpolitik (wie Anm. 1),
    S. 44.
29 Dirk Bönker, Maritime Aufrüstung zwischen Partei- und Weltpolitik. Schlachtflottenbau in
    Deutschland und den USA um die Jahrhundertwende, in: Zwei Wege in die Moderne: Aspekte
    der deutsch-amerikanischen Beziehungen 1900 bis 1918, hrsg. von Ragnhild Fiebig-von Hase und
    Jürgen Heydeking, Trier 1998, S. 231–257, 248.
30 Vgl. Bülows Reichstagsrede vom 11.12.1899, in: Fürst Bülows Reden nebst urkundlichen Beiträ-
    gen zu seiner Politik, Bd 1: 1897 bis 1903, hrsg. von Johannes Penzler, Berlin 1907, S. 94.
31 Eckart Kehr, Die deutsche Flotte in den neunziger Jahren und der politisch-militärische Dualis-
    mus des Kaiserreichs, in: Eckart Kehr, Der Primat (wie Anm. 1), S. 111–130, 124 f.
32 Hansgeorg Fernis, Die Flottennovellen im Reichstag 1906-1912, Stuttgart 1934, S. 2, 155. Die
    Unterstützung stieg von 50,6 % im Jahre 1900 über 64,9 % im Jahre 1906 auf 84 % im Jahre 1908
    und fiel 1912 auf 65,2 % zurück.
33 Thomas Nipperdey, Wehlers Kaiserreich. Eine kritische Auseinandersetzung, in: Geschichte und
    Gesellschaft (1976), S. 539–560, 549.
34 Mommsen, Kaiser Wilhelm II (wie Anm. 22), S. 301 f.
35 Wolfgang J. Mommsen, Triebkräfte und Zielsetzungen des deutschen Imperialismus vor 1914, in:
    Wolfgang J. Mommsen, Der autoritäre Nationalstaat (wie Anm. 23), S. 182–213, 189–192.
36 Eine weitere zeitgenössische Parallele findet sich in Japan. Vgl. David C. Evans and Mark R.
    Peattie, Kaigun. Strategy, Tactics, and Technology in the Imperial Japanese Navy, 1887–1941,
    Annapolis, MD 1991, S. 13–31.
37 Lawrence Sondhaus, The Naval Policy of Austria-Hungary, 1867–1918. Navalism, Industrial
    Development and the Politics of Dualism, West Lafayette, ID 1994, S. 125 (auch Anm. 8), 176 f.
    Die folgenden Abschnitte lehnen sich an Sondhaus an.
38 Leo Reiter, Die Entwicklung der k.u.k. Flotte und die Delegation des Reichsrathes, Wien 1949,
    S. 117; vgl. Sondhaus, The Naval Policy (wie Anm. 37), S. 145.
39 Samuel R. Williamson Jr., Austria-Hungary and the Origins of the First World War, London
    1991, S. 38; David Stevenson, Armaments and the Coming of War. Europe, 1904–1914, Oxford
    1996, S. 85 f.
40 Sondhaus, The Naval Policy (wie Anm. 37), S. 204.
41 Williamson, Austria-Hungary (wie Anm. 39), S. 51 f.
42 K.F. Shatsillo, Russkij imperializm i razvitie flota nakanun'e pervoj mirovoj vojny, 1906–1914gg,
    Moskau 1968, S. 59 ff.
43 Protokoll der Sondersitzung, wiedergegeben in Shatsillo, Russkij imperializm (wie Anm. 42), S. 346;
    vgl. Sitzung vom 3.8.1909, S. 323.
44 Dietrich Geyer, Der russische Imperialismus. Studien über den Zusammenhang von innerer und
    auswärtiger Politik 1860 bis 1914, Göttingen 1977, S. 196 f.
45 Die Zahlen stammen aus den Tabellen in Peter Gatrell, Government, Industry and Rearmament
    in Russia, 1900–1914. The last Argument of Tsarism, Cambridge 1994, S. 140.
46 K.F. Shatsillo, O disproporsii v razvitii vooryzhenikh sil Rossii nakanun'e pervoj mirovoj vojny,
    in: Istoričeskie, zapiski, 83 (1969), S. 123–136.

47 K.F. Shatsillo, Poslednie voeynnye programmy Rossiiskoj imperii, in: Voprosy istorii (1991), S. 224–233.

48 Gatrell, Government (wie Anm. 45), S. 117–152.

49 Mommsen, Der autoritäre Nationalstaat (wie Anm. 23), S. 321 f. Volker Berghahn wendete sich in der Zeitschrift »Geschichte und Gesellschaft« gegen einen von Thomas Nipperdey eingelegten »ganz kategorisch[en] Einspruch« gegen Hans-Ulrich Wehler und die ›Kehrites‹; siehe: Der Bericht der Preußischen Oberrechnungskammer, in: Geschichte und Gesellschaft, 2 (1976), S. 125–136; Geoff Eleys Verwendung des Begriffs in Die Kehrites und das Kaiserreich, in: Geschichte und Gesellschaft, 4 (1978), S. 91–107, wurde kritisiert von Hans-Jürgen Puhle, Zur Legende der ›Kehrschen Schule‹, ebd., S. 108–119, und auch noch einmal von Volker R. Berghahn, Politik und Gesellschaft im wilhelminischen Deutschland, in: Neue politische Literatur, 24 (1979), S. 164–195.

50 Der Hauptangriff auf dieses Sonderwegmodell kam von David Blackbourne und Geoff Eley, The Peculiarities of German History. Bourgeois Society and Politics in Nineteenth-Century Germany, Oxford 1984; eine knappere deutsche Version erschien im Jahre 1980; vgl. Richard J. Evans, Wilhelm II's Germany and the Historians, in: Richard J. Evans, Rethinking German History. Nineteenth Century Germany and the Origins of the Third Reich, London 1987, S. 23–54, und Richard J. Evans, The Myth of Germany's Missing Revolution, in ebd., S. 93–122. Zum Überblick über die daraus entsprungene Debatte siehe »Deutscher Sonderweg – Mythos oder Realität?« Kolloquium des Instituts für Zeitgeschichte, München 1982; Helga Grebing [et al.], Der »deutsche Sonderweg« in Europa 1806 bis 1945. Eine Kritik, Stuttgart 1986; Jürgen Kocka, German History before Hitler. The Debate about the German Sonderweg, in: Journal of Contemporary History, 23 (1988), S. 3–16; Rolf Hobson, Slutten på den tyske *Sonderweg?* Keiserrikets historiografi og Forbundsrepublikken går nye veier, in: Historisk tidsskrift (1989), S. 303–332; Chris Lorenz, Beyond Good and Evil? The German Empire of 1871 and Modern German Historiography, in: Journal of Contemporary History, 30 (1995), S. 729–765.

51 Volker R. Berghahn, Germany and the Approach of War in 1914, London 1973, S. 24, 26–31; Volker R. Berghahn, Das Kaiserreich in der Sackgasse, in: Neue politische Literatur (1970), S. 494–506; Volker R. Berghahn, Flottenrüstung und Machtgefüge, in: Stürmer, Das kaiserliche Deutschland (wie Anm. 3), S. 378–396; Volker R. Berghahn, Der Tirpitz-Plan und die Krisis des preußisch-deutschen Herrschaftssystems, in: Marine und Marinepolitik (wie Anm. 1), S. 89–115; letzterer Artikel bietet sich für einen knappen Überblick dieser Interpretation an. Außerdem Volker R. Berghahn, Rüstung und Machtpolitik. Zur Anatomie des »Kalten Krieges« vor 1914, Düsseldorf 1973, S. 14. Zur Berghahnschen Interpretation der Verbindung zwischen Flotten- und breit angelegter Sammlungspolitik siehe vor allem Der Tirpitz-Plan und die Krisis, S. 151 f., Anm. 162 und passim für die umfassende Darstellung dieser Themen.

52 Geoff Eley, Sammlungspolitik, Social Imperialism and the Navy Law of 1898, in: Geoff Eley, From Unification to Nazism. Reinterpreting the German Past, Boston 1986, S. 110–153; siehe auch Dirk Bönker, Naval Professionalism and the State in Turn-of-the-Century Germany and America, in: New Interpretations in Naval History, ed. by William B. Cogar, Annapolis, MD 1997, S. 111–138.

53 Geoff Eley, Defining Social Imperialism: Use and Abuse of an Idea, in: Social History (1976), S. 265–290; Geoff Eley, Social Imperialism in Germany: Reformist Synthesis or Reactionary Sleight of Hand?; Eley, From Unification (wie Anm. 52), S. 154–167.

54 Geoff Eley, The German Right, 1860–1945: How it Changed, in: Eley, From Unification (wie Anm. 52), S. 231–253; Geoff Eley, Reshaping the German Right. Radical Nationalism and Political Change after Bismarck, Ann Arbor 1991.

55 In seiner Analyse der gesellschaftlichen Motive der Risikotheorie unterscheidet sich Eckart Kehr, wie im folgenden noch zu zeigen sein wird, von den ›Kehrites‹. Meiner Meinung nach kann jedoch keine der beiden Deutungen den paradoxen Charakter der Risikotheorie hinreichend erklären, genausowenig wie ihren ideologischen Ursprung.

56 Avner Offer, The First World War: An Agrarian Interpretation, Oxford 1989.

57 Tirpitz an Stosch, 21.12.1895, in: Berghahn/Deist, Rüstung (wie Anm. 1), S. 103–105: »Meiner Ansicht nach sinkt Deutschland im kommenden Jahrhundert schnell von seiner Großmachtstellung, wenn jetzt nicht energisch, ohne Zeitverlust und systematisch diese allgemeinen Seeinteressen vorwärts getrieben werden. Nicht zu geringem Grad auch deshalb, weil in der neuen großen

nationalen Aufgabe und dem damit verbundenen Wirtschaftsgewinn ein starkes Palliativ gegen gebildete und ungebildete Sozialdemokraten liegt.«

58 Deist, Flottenpoltik (wie Anm. 1), S. 13 f.; vgl. Eley, Sammlungspolitik (wie Anm. 52), S. 120; Franz Hermann Huberti, Tirpitz als ›Verschleierungs‹-Politiker?, in: Marine Rundschau, 71 (1974), S. 531–554, 550 f.

59 Gerhard Ritter, Staatskunst und Kriegshandwerk. Das Problem des »Militarismus« in Deutschland, Bd 2: Die Hauptmächte Europas und das wilhelminische Reich (1890 bis 1914), München 1965, S. 178; Paul M. Kennedy, Strategic Aspects of the Anglo-German Naval Race, in: Paul M. Kennedy, Strategy and Diplomacy, 1870–1945, London 1983, S. 127–160, 132, 138; Kennedy, The Rise (wie Anm. 8), S. 228; Hildebrand, Das vergangene Reich (wie Anm. 13), S. 206. Zit. nach Michael Salewski, Tirpitz. Aufstieg – Macht – Scheitern, Göttingen 1979, S. 73.

60 Brett Fairbairn, Democracy in the Undemocratic State. The German Reichstag Elections of 1898 and 1903, Toronto 1997, S. 61 f., 101, 106, 136, 164, 166, 246 f.

61 Vgl. Wilhelm Deist, Reichsmarineamt und Flottenverein 1903–1906, in: Marine und Marinepolitik (wie Anm. 1), S. 116–146; Geoff Eley, Reshaping the Right. Radical Nationalism and the German Navy League, 1898–1908, in: Historical Journal, 21 (1978), S. 327–354.

62 Eley, Sammlungspolitik (wie Anm. 52), S. 120; vgl. Jonathan Steinberg, The Tirpitz-Plan, in: Historical Journal, 16 (1973), 1973, S. 196–204, 202 f.

63 Alfred von Tirpitz, Über den strategisch-taktischen Ursprung der Flottengesetze, in: Nauticus (1926), S. 185–202.

64 Kurt Assmann, Gedanken über die Probleme der deutschen Seekriegführung im Weltkriege, in: Militärwissenschaftliche Rundschau (1939), S. 187–203, 315–339, 500–528; Herbert Rosinski, German Theories of Sea Warfare (1940), in: The Development of Naval Thought. Essays by Herbert Rosinski, ed. by B. Mitchell Simpson III, Newport, R.I. 1977, S. 53–68; Herbert Rosinski, Strategy and Propaganda in German Naval Thought (1945), in: ebd., S. 69—101; vgl. BA-MA, RM 8/1233, Michaelis, Tirpitz' strategisches Wirken vor und während des Weltkrieges (siehe auch in diesem Band).

65 In der Historiographie der Nachkriegszeit zum Tirpitz-Plan war sicherlich Gerhard Ritter derjenige, der am ehesten erkannte, daß die Risikotheorie auf genau jener strategischen Defensive basierte, die Tirpitz in der Dienstschrift IX abgelehnt hatte. Außerdem hat Ritter darauf hingewiesen, daß die Tatsache, daß eine britische weite Blockade die abschreckende Wirkung der »Risikoflotte« zunichte machen würde, auch im Einklang stand mit den Argumenten, die gegen eine strategische Defensive sprachen und die auch Tirpitz im Jahre 1894 selbst geäußert hatte. Ritter, Staatskunst (wie Anm. 59), Bd 2, S. 187 f.; vgl. Edward Wegener, Die Tirpitzsche Seestrategie, in: Marine und Marinepolitik (wie Anm. 1), S. 244; Huberti, Tirpitz (wie Anm. 58), S. 536 f., 546 f.

66 Siehe vor allem Dehio, Gedanken (wie Anm. 13), S. 77–79. Rudolf Stadelmann hielt dies auch für Tirpitz' Intention, war allerdings zurückhaltender, was die militärische Fähigkeit der Schlachtflotte anbelangte; vgl. Stadelmann, Die Epoche (wie Anm. 4), S. 145.

67 Berghahn, Der Tirpitz-Plan (wie Anm. 1), S. 194 f.; Hobson, Maritimer Imperialismus (wie Anm. *), S. 284–290.

68 Hans-Ulrich Wehler, Bismarck und der Imperialismus, Frankfurt a.M. 1969, S. 498; Hans-Ulrich Wehler, Das deutsche Kaiserreich, Göttingen 1973, S. 166; Peter-Christian Witt, Die Finanzpolitik des deutschen Reiches von 1903 bis 1913, Lübeck 1970, S. 59; Dirk Stegmann, Die Erben Bismarcks. Parteien und Verbände in der Spätphase des wilhelminischen Deutschlands. Sammlungspolitik 1897 bis 1918, Köln 1970, S. 109; Berghahn, Germany and the Approach (wie Anm. 51), S. 29; Paul M. Kennedy, German World Policy and the Alliance Negotiations with England, in: Journal of Modern History, 45 (1973), S. 605–625, 607.

69 Kehr, Schlachtflottenbau (wie Anm. 1), S. 317 f. (Hervorhebungen im Original).

70 HZ, 146 (1932), S. 570–572. Die Charakterisierung Mommsens als eines »demokratischen Nationalisten« wird zitiert in Wolfgang Jäger, Historische Forschung und politische Kultur in Deutschland. Die Debatte 1914 bis 1980 über den Ausbruch des Ersten Weltkrieges, Göttingen 1984, S. 80.

71 Geoff Eley, Capitalism and the Wilhelmine State, in: Eley, From Unification (wie Anm. 52), S. 42–58, 55; vgl. Blackbourne/Eley, The Peculiarities (wie Anm. 50), S. 45. Zur Wiederentdeckung Kehrs durch eine jüngere Generation westdeutscher Wissenschaftler nach dem Krieg siehe

Jäger, Historische Forschung (wie Anm. 70), S. 103–105, 136 f., 157–159; Blackbourn/Eley, The Peculiarities (wie Anm. 50), S. 8.

72 Eley, Sammlungspolitik (wie Anm. 52); Röhl, Der ›Königsmechanismus‹ (wie Anm. 23), S. 121 f.

73 Es handelt sich jedoch nicht um das von Hans-Ulrich Wehler angegebene Zitat (Deutsche Gesellschaftsgeschichte [wie Anm. 23], S. 1131). Tirpitz hat die für 1895 ihm zugeschriebenen Sätze erst zwanzig Jahre später zu Papier gebracht.

74 Zit. nach Wolfgang J. Mommsen, Max Weber und die deutsche Politik 1890 bis 1920, Tübingen 1959, S. 420 f. (Hervorhebungen im Original).

75 Mommsen, ebd., S. 52, 69, 126; vgl. Eugène Fleischmann, De Weber à Nietzsche, in: Archives européenne de sociologie, 5 (1964), S. 190–238. Webers Besessenheit vom deutschen Nationalstaat könnte auch als ein frühes Beispiel für jenen Kniefall vor dem Kollektiv gedeutet werden, zu dem so viele Intellektuelle des zwanzigsten Jahrhunderts neigten. Dies paßt zu Simone Weils Definition von Vergötterung als »the error that attributes a sacred character to the collectivity«. Simone Weil, On Human Personality, zit. nach David McLellan, Simone Weil. Utopian Pessimist, London 1989, S. 276.

76 Siehe auch Kenneth D. Barkin, The Controversy over German Industrialization, 1890–1902, Chicago 1970, S. 203–207.

77 Cornelius Torp, Max Weber und die preußischen Junker, Tübingen 1998.

78 Max Weber, Zur Neuordnung Deutschlands, Tübingen 1991, S. 65.

79 Mommsen, Max Weber (wie Anm. 74), S. 167.

80 Wehlers Einleitung zu Kehr, Der Primat (wie Anm. 1), S. 26.

81 Vgl. Eleys Beschreibung von Kehr und seinen Anhängern in Geoff Eley, Hans Rosenberg and the Great Depression of 1873–1896, in: Eley, From Unification (wie Anm. 52), S. 25.

82 Kehr, Die deutsche Flotte (wie Anm. 31), S. 111.

83 Ebd., S. 129.

84 Theodor Schieder, Das Deutsche Kaiserreich von 1871 als Nationalstaat, Göttingen 1992, S. 78.

85 Vgl. Kehr, Schlachtflottenbau (wie Anm. 1), S. 3–9, insbes. 6 f., 224 f., 247, 249, 305, 325 f. Zusätzliche Einblicke in Webers Auffassung von der Notwendigkeit nationalen Schutzes zur weiteren kapitalistischen überseeischen Entwicklung (oder zur Erschließung wirtschaftlichen Lebensraums) bietet Mommsen, Max Weber (wie Anm. 74), S. 73, 77 f., 82 f.; Smith, The Ideological Origins (wie Anm. 6), S. 157–159.

86 Kehr, Schlachtflottenbau (wie Anm. 1), S. 430 f.

87 Eckart Kehr, Zur Genesis des Königlich Preußischen Reserveoffiziers, in: Kehr, Der Primat (wie Anm. 1), S. 53–63.

88 Kehr, Schlachtflottenbau (wie Anm. 1), S. 403 f. (zu Weber), 38, 45–47, 102, 213 f., 230, 353, 389–391, 412–414; Kehr, Die deutsche Flotte (wie Anm. 31), S. 119.

III.

Die Zeit der Weltkriege

Werner Rahn

Strategische Optionen und Erfahrungen der deutschen Marineführung 1914 bis 1944: Zu den Chancen und Grenzen einer mitteleuropäischen Kontinentalmacht gegen Seemächte[*]

Im 19. und frühen 20. Jahrhundert verfügten Großmächte mit weltweiten Handelsbeziehungen, Kolonialbesitz in Übersee und Zugang zu den Weltmeeren in ihren Seestreitkräften über ein Machtmittel, das ihnen – je nach Stärke und geographischen Dislozierungsmöglichkeiten – die Fähigkeit gab, ihre strategische Position gegenüber anderen Mächten zu behaupten bzw. auszubauen. Dabei beeinflußte Großbritannien mit seiner überlegenen Flotte und seinem weltweiten Stützpunktsystem das maritime Machtkalkül aller übrigen Großmächte, die zum Schutz ihrer Interessen eine Marine unterhielten, deren Auftrag über die Küstenverteidigung hinausging. Deutschland mit seiner zentralen Lage in Mitteleuropa und längeren Küstenstreifen an der Nord- und Ostsee war vor 1914 von acht Nachbarstaaten umgeben. So stand jede Strategie des Reiches, die sich nicht auf starke Bündnispartner abstützen konnte, vor dem Problem, ob eine mögliche Bedrohung defensiv neutralisiert oder offensiv ausgeschaltet werden sollte. Dies galt auch für die Seekriegführung, die in ihrem strategischen Kern auf den Schutz der eigenen und die Bekämpfung der gegnerischen Seeverbindungswege hinausläuft. Solange die Reichsleitung nur mit Frankreich und später auch mit Rußland als potentiellen Gegnern rechnete, schien eine offensive seestrategische Konzeption, die sich auf Panzerschiffe, Kreuzer und Torpedoboote abstützen konnte, der Lage durchaus angemessen zu sein. Doch unter dem Einfluß der Thesen von Alfred Th. Mahan über Bedeutung und Wirkung von »sea power« für den Aufstieg Großbritanniens setzte sich im ausgehenden 19. Jahrhundert die Auffassung durch, daß Seestreitkräfte in Form einer Schlachtflotte nicht nur ein Waffenarsenal für den Kriegsfall, sondern auch ein unverzichtbares Machtinstrument bildeten, um Weltinteressen vertreten und nötigenfalls durchsetzen zu können.

Nach der Übersetzung des Werkes von Mahan war der Begriff »Seemacht« auch in Deutschland ein fester Bestandteil aller seestrategischen Diskussionen[1]. Als »Seemächte« wurden fortan Staaten bezeichnet, die aufgrund ihrer Lage und außenpolitischen Zielsetzung wesentliche Elemente ihres militärischen und wirtschaftlichen Potentials zur maritimen Machtentfaltung einsetzen. Seemacht als Staat, als Fähigkeit zur maritimen Machtentfaltung und als Kurzbezeichnung für die Seekriegsmittel eines Staates waren in Deutschland über Jahrzehnte hinweg mit dem Begriff »Seegeltung« verbunden, der eine machtpolitische, auf globalen Einfluß ausgerichtete Zielvorstellung umschrieb[2]. Sobald jedoch die deutsche Politik mit dem Anspruch auf weltweite Seegeltung eine Gegenposition zu Großbritannien bezog, mußte sie dort bei der maritim denkenden Führungselite auf tiefes Mißtrauen und entsprechende Reaktionen stoßen.

Es war der Chef des Stabes beim Oberkommando der Marine, Kapitän zur See Alfred Tirpitz, der im Juni 1894 in der Dienstschrift Nr. IX »Allgemeine Erfahrungen aus den Manövern der Herbstübungs-Flotte« diese machtpolitischen Zielvorstellungen prägnant herausarbeitete, als er darauf hinwies, daß ein Staat, der See- oder Weltinteressen habe, auch über die Fähigkeit verfügen müsse, »seine Macht über seine Territorialgewässer hinaus fühlbar machen« zu können[3]:

> »Nationaler Welthandel, Weltindustrie [...] Weltverkehr und Kolonien sind unmöglich ohne eine der Offensive fähige Flotte. Die Interessenkonflikte der Nationen und das alsdann mangelnde Zutrauen des Kapitals und der Geschäftswelt würden diese Lebensäußerungen eines Staates im Laufe der Zeit ersterben oder überhaupt nicht aufkommen lassen, wenn nicht nationale Macht auf den Meeren, also jenseits unserer Gewässer, ihnen das Rückgrat gibt. Hierin liegt der vornehmlichste Zweck der Flotte überhaupt.«

Nach seiner Berufung zum Staatssekretär des Reichsmarineamtes gelang es Tirpitz 1897, die Reichsleitung von der Notwendigkeit des systematischen Aufbaus einer Schlachtflotte zu überzeugen und damit die Voraussetzungen für die Umsetzung dieser machtpolitischen Zielvorstellungen zu schaffen. Mit dem Griff zur Seemacht sollte das Reich an der britischen maritimen Hegemonie vorbei eine Stellung als »Weltmacht neben anderen« erringen und dabei ein Bedrohungspotential aufbauen, um den potentiellen Gegner abzuschrecken und letztlich zur friedlichen Preisgabe seiner Hegemonialstellung zu bringen. Wie es Ludwig Dehio später überzeugend auf den Punkt gebracht hat, kam es also nicht darauf an, »durch die Seerüstung zu verteidigen, was wir besaßen, sondern mit ihrer Hilfe friedlich zu erringen, was wir besitzen wollten: Weltmacht«. Es war das Szenario eines kalten Krieges mit dem Risiko eines heißen Krieges, den Tirpitz beim Aufbau des Abschreckungspotentials möglichst lange vermeiden wollte, um allmählich eine Wandlung der globalen Machtverhältnisse zugunsten Deutschlands zu erreichen[4]. Er war sich allerdings darüber im klaren, daß der potentielle Gegner auf diese Herausforderung mit verstärkten Rüstungsanstrengungen reagieren und damit die Abschreckungsfunktion der deutsche Flotte aushebeln würde, wenn die deutsche Seite beim Schlachtschiffbau nicht entsprechend mithalten konnte. Mit düsteren Worten malte Tirpitz daher im Oktober 1910 gegenüber Wilhelm II. das sich abzeichnende Scheitern der Flottenpolitik an die Wand: Falls Großbritannien seine Flotte ständig so stark halten könne, daß ein »Angriff auf Deutschland kein Risiko« bedeute, »so war die deutsche Flottenentwicklung vom historischen Standpunkt aus ein Fehler, die Flottenpolitik [...] ein historisches Fiasko«. Bei der gegebenen politischen Lage bliebe dann die deutsche Weltmachtstellung »eine solche von Englands Gnaden«[5]. Indem Tirpitz die Machtposition des Reiches in Europa überschätzte und den potentiellen Gegner mit seinen Ressourcen fahrlässig unterschätzte, scheiterten vor 1914 die Bemühungen einer Rüstungsbeschränkung und damit eines deutsch-britischen Ausgleichs. Die tiefere Ursache dieses Scheitern lag nicht zuletzt im Ressortegoismus von Tirpitz, der mit seiner Politik der Stärke sowohl beim Kaiser als auch in der Öffentlichkeit einen starken Rückhalt fand[6].

Während das Denken und Handeln von Tirpitz vor allem von seinen langfristigen Zielvorstellungen geprägt und das Reichsmarineamt bis 1914 darauf bedacht war, im Rahmen der verfügbaren Ressourcen den Aufbau und die laufende Modernisierung der Flotte voranzutreiben, standen beim Admiralstab und in der Flotte selbst das künftige Kriegsbild und die Einsatzmöglichkeiten der Flotte im Vordergrund. Die konzeptionellen Überlegungen der Führungsstäbe und der Ausbildungsbetrieb der Seestreitkräfte konzentrierten sich auf eine künftige Seekriegführung, die – nicht zuletzt nach den Erfahrungen des russisch-japanischen Krieges von 1904/05 – ihren Kulminationspunkt in der Schlachtentscheidung finden sollte.

I. Strategische Optionen vor 1914

Für Tirpitz war England bereits 1897 »der gefährlichste Gegner zu See«, gegen den Deutschland im Kriegsfall aus Mangel an Stützpunkten keinen Kreuzerkrieg und »transozeanischen Krieg« führen könne, daher müsse auf eine planmäßige Vorbereitung dieser Kriegsart verzichtet werden. Daher forderte Tirpitz den Aufbau einer Flotte, die »ihre höchste Kriegsleistung zwischen Helgoland und der Themse entfalten« könne[7]. Eine von Curt Freiherr von Maltzahn bereits 1898 im Ansatz entwickelte, durchaus realistische Alternative, die eine ausgewogene Defensivflotte mit einer starken Kreuzerkomponente verband und dabei von vornherein auf den »eigentlichen Sieg« als Ziel des Kampfes verzichtete, hielt Tirpitz für »verhängnisvoll«, weil sie die Umsetzung seiner Zielvorstellungen zu gefährden schien. Er plädierte für eine Konzentration der Kräfte »auf Schaffung der Schlachtflotte gegen England, die uns England gegenüber allein Seegeltung verschaffen« könne[8]. Seine strategischen Vorstellungen und die führender Seeoffiziere gingen davon aus, daß die Royal Navy immer offensiv vorgehen und in einem Krieg gegen Deutschland eine enge Blockade vor der Nordseeküste errichten würde. Aus einer solchen Blockade sollte sich dann unter für Deutschland günstigen Bedingungen eine ›Entscheidungsschlacht‹ entwickeln. Diese Schlacht stand wie ein Dogma im Mittelpunkt aller konzeptionellen Überlegungen und der taktischen Ausbildung. Daher fehlte im Seeoffizierkorps weitgehend der Blick für die umfassenden seestrategischen Dimensionen eines Seekrieges gegen Großbritannien.

Bei der Konzentration der Kriegsvorbereitung auf die ›Entscheidungsschlacht‹ blieb nämlich unklar, was eigentlich mit der Schlacht erreicht werden sollte, zumal die Kaiserliche Marine die von Tirpitz 1894 in der »Dienstschrift Nr. IX« geforderte Fähigkeit zur Flottenoffensive nie auch nur annähernd erreichte. Im Frühjahr 1907 war sich Tirpitz darüber im klaren, daß die strategische Position des

Reiches gegenüber England noch »äußerst gefährdet« war. Daher plädierte er in einem Brief an den Reichskanzler von Bülow dafür, einen Krieg mit England »noch für eine Reihe von Jahren mit allen Mitteln« zu vermeiden. In diesem Zusammenhang – es ging um die deutsche Position zum Seebeuterecht bei der Zweiten Haager Friedenskonferenz – gab er im Gegensatz zu seiner früher vertretenen Auffassung zu erkennen, daß er im Handelskrieg ein geeignetes Mittel sah, das »gerade England gegenüber nennenswerte Erfolge« verspreche: »Nach einer gewonnenen Schlacht ist der Handelskrieg unentbehrlich, um den Sieg auszunutzen und England zum Frieden zu zwingen. Nach verlorener Schlacht ist der Handelskrieg wahrscheinlich das einzige Kriegsmittel, das uns noch übrig bleibt, um uns wenigstens einen halbwegs günstigen Frieden zu erkämpfen[9].« Bei der bereitwilligen Übernahme der Seemachttheorie von Mahan hatte die deutsche Marineführung zunächst ein wichtiges Element dieser Theorie kaum beachtet: Die Bedeutung der geographischen Position und der damit verbundenen strategischen Vorteile für eine Seemacht wie England gegenüber Deutschland bei der Errichtung einer Blockade. Diese Fehleinschätzung bleibt gerade deswegen erstaunlich, weil Tirpitz bereits 1897 gegenüber Wilhelm II. die Auffassung vertreten hatte, daß selbst bei einem Kriegsfall Deutschland–Frankreich der Gegner in der Lage sein werde, ohne größere eigene Verluste etwa zwei Drittel bis drei Viertel aller deutschen Seeimporte auf den Zufahrtswegen im Ärmelkanal und nördlich von England zu unterbrechen[10]. Zehn Jahre später gab Tirpitz erneut zu erkennen, daß er die Nachteile der Geographie für eine Seestrategie gegen den potentiellen Gegner England nicht aus den Augen verloren hatte. In der Anlage (»Über die Bedeutung des Seebeuterechts«) zu seinem oben erwähnten Schreiben von 1907 an den Reichskanzler deutete er an, daß England nach wenigen Jahren wahrscheinlich nicht mehr in der Lage sein werde, im Kriegsfall eine engere Küstenblockade aufrechtzuerhalten, sondern sich darauf beschränken müsse, »uns die Passage südlich und nördlich von England zu verlegen« und mit dem Gros seiner Flotte »in der Nordsee, gestützt auf England zu stehen«:

> »Eine so erweiterte Blockade würde in ihrer Hauptwirkung auf uns nicht viel hinter der engeren Küstenblockade zurückstehen. Wir würden sie auf die Dauer wirtschaftlich auch nicht aushalten können. Dagegen wird unserer Lage militärisch insofern geändert werden, als es unseren Schiffen und Geschwadern alsdann sehr leichter werden würde, an England heranzukommen, wie bei einer engen Küstenblockade. Das, was wir dann gegen England unternehmen können, um den Krieg dem Lande fühlbar zu machen, ist nur die rücksichtsloseste Anwendung des Seebeuterechts im weitesten Sinne; hierbei eingeschlossen Beunruhigung der englischen Küsten und Häfen durch unsere Schlachtflotte oder Teile derselben. Ein anderes Mittel haben wir nicht, und das wissen die Engländer. Denn eine Blockade Englands durch uns kommt auf absehbare Zeit überhaupt nicht in Frage. Landungen in England im napoleonischen Stil sind eine Utopie, solange die englische Flotte existiert; selbst eine zeitweilig erheblich schwächere englische Flotte würde solche Landungen unmöglich machen[11].«

Diese Erkenntnis führte allerdings nicht zu einer Neuorientierung der Marinerüstung mit dem Ziel, gerade die Seekriegsmittel stärker zu fördern, von denen eine echte Bedrohung britischer Seeverbindungswege ausgehen könnte, d.h. vor allem

Kreuzer mit großem Fahrbereich für den Handelskrieg. Es blieb beim Schlachtflottenbau und bei der damit verbundenen Abschreckungsdoktrin, die vor allem
langfristige politische Ziele verfolgte. Der Übergang zum Bau von Großkampfschiffen (»Dreadnought«-Sprung) schien zwar eine neue Ausgangsbasis zu bilden,
um die britische Überlegenheit zu reduzieren, doch dies sollte sich bald als
Trugschluß erweisen.

Kaiser Wilhelm II., der Staatssekretär
des RMA, Admiral v. Tirpitz, und der
Flottenchef, Admiral v. Holtzendorff, an
Bord der Yacht »Hohenzollern« während
der Kieler Woche 1910.
(Marinearchiv Hans H. Hildebrand,
Hamburg)

   Die militärische Funktion der Hochseeflotte blieb weiterhin fragwürdig, was
nicht zuletzt aus einer Fehleinschätzung der Seestrategie des potentiellen Gegners
herrührte. Großbritannien strebte nämlich nicht von vornherein an, die gegnerische Flotte um jeden Preis auszuschalten, sondern nur dann, wenn diese die britischen Inseln selbst sowie die Seeverbindungswege im Atlantik ernsthaft bedrohte.
Jene Seewege blieben jedoch – später von U-Booten abgesehen – weitgehend außerhalb des Wirkungsbereiches deutscher Seestreitkräfte. Die baldige Vernichtung
der deutschen Flotte wäre zwar für die Royal Navy von Vorteil gewesen, doch vor
dem Hintergrund einer wachsenden Bedrohung durch Minen, Torpedoboote und
U-Boote mußte die britische Admiralität davon ausgehen, daß sie mit einer in die
südliche Nordsee vorgetragenen Offensive hohe Verluste riskierte. Es kam daher
zu einer Umstellung der Operationsplanung, die unter Ausnutzung der günstigen
geographischen Lage zur risikoloseren Fernblockade überging, um die deutschen
Seeverbindungen bereits außerhalb der Reichweite der deutschen Flotte unterbrechen zu können. Diese Planung war für den Kriegsfall mit einer neuen Dislozierung der Grand Fleet in Scapa Flow verbunden[12].
   Als der deutsche Admiralstab 1912 die Neuorientierung des potentiellen Gegners erkannte, ließ er in einem Kriegsspiel untersuchen, ob und wie die Hochseeflotte erfolgreich gegen eine Fernblockade vorgehen könne. Das Ergebnis war

ernüchternd: Eine Seeschlacht unter für Deutschland günstigen Bedingungen ließ sich nicht mehr erzwingen. Der langjährige Leiter des Marine-Archivs, Vizeadmiral a.D. Dr. h.c. Eberhard v. Mantey, kam nach gründlicher Durchsicht aller ihm verfügbaren Akten im Herbst 1932 zu dem Ergebnis, daß weder Tirpitz noch irgend ein anderer führender Flaggoffizier damals oder später im Weltkrieg einen überzeugenden Ansatz entwickelt habe, »wie denn eine Schlacht unter für uns günstigen Umständen zustande kommen sollte. Eine Schlacht ohne Rücksicht auf die Umstände [...] konnten wir natürlich immer haben.« Für Mantey blieb im Rückblick unverständlich, warum Tirpitz nicht ab 1912 eine Umstellung des Flottenbaus zugunsten von Kreuzern und Blockadebrechern vorgenommen habe. Damit deutete er eine seestrategische Option an, die Tirpitz offensichtlich in Überschätzung der Machtposition des Reiches und in fahrlässiger Unterschätzung der Ressourcen und strategischen Möglichkeiten des Gegners nicht sah bzw. nicht sehen wollte, wie Mantey resignierend feststellte: »Wir hatten uns im Schlachtflottenbau gewissermaßen zu sehr festgelegt, und aus den Akten geht hervor, daß wir durch jahrelange etwas einseitige Arbeit in unseren Gedanken verrannt waren.« Dies sei »ein menschlicher Irrtum von Tirpitz« gewesen, der die gesamte Marine beeinflußt habe. »Tirpitz selbst aber hat [...] bis ans Lebensende dies nicht empfunden, oder wollte es nicht empfinden[13].« – Es liegen daher auch keine Anzeichen vor, daß die Marineführung in den letzten beiden Jahren vor Kriegsausbruch eine Neuverteilung und Verstärkung der in Übersee dislozierten Kreuzer und Panzerkreuzer durch modernere Einheiten anstrebte, um die britischen Seeverbindungen effektiver, als dann ab August 1914 geschehen, angreifen zu können.

II. Ergebnisse des Ersten Weltkrieges

Nach dem Übergang zum Großkampfschiffbau ab 1906 hatte die Royal Navy ihre Überlegenheit gegenüber der Kaiserlichen Marine nicht nur behaupten, sondern weiter ausbauen können, so daß die deutsche Marineführung bei Kriegsausbruch im August 1914 zunächst ihre Hoffnung auf einen Kräfteausgleich durch U-Boote und Minen setzte. Danach sollte der Einsatz der Flotte erfolgen, um eine Schlacht »unter günstigen Umständen« anzustreben, wobei man noch immer davon ausging, daß auch der Gegner die Konfrontation in der südlichen Nordsee suchen würde[14]. Das Reich hatte jedoch keine Gesamtstrategie, in der seine vielfältigen Kraftpotentiale aufeinander abgestimmt waren. Während das Heer an der Westfront im September 1914 die Entscheidung suchte, wartete die Hochseeflotte vergebens auf den »Kräfteausgleich« und unternahm nichts, um die alliierten Nachschublinien im Ärmelkanal anzugreifen. Es gab keine aufeinander abgestimmte operative Planung von Heer und Marine. Der deutschen Führung fehlte der Mut zum Risiko. Die Flotte sollte als »wichtiges politisches Instrument« in der Hand der Reichsleitung intakt bleiben[15].

Indem sich die Kaiserliche Marine auf die Schlacht konzentriert hatte, war das eigentliche Ziel jeder Seekriegführung, die Sicherung der eigenen und die Bekämpfung der gegnerischen Seeverbindungen, weitgehend aus dem Blickfeld geraten. So berücksichtigte die maritime Konzeption kaum die grundlegende Erkenntnis, daß ein Seekrieg gegen Großbritannien stets überseeische und damit weltweite Dimensionen haben mußte und daher zwischen den verschiedenen, oft weit voneinander entfernten Kriegsschauplätzen eine Wechselbeziehung bestand, die es mit dem verfügbaren Potential auszunutzen und gegebenenfalls zu verstärken galt. Die unzureichende Vorbereitung eines Kreuzerkrieges war Ausdruck dieser Fehleinschätzung. Mit Ausnahme der mobilmachungsmäßig vorbereiteten Umwandlung von einigen Schnelldampfern in Hilfskreuzer wurden für den Kreuzerkrieg nur die wenigen Seestreitkräfte eingeplant, die ohnehin auf Auslandsstationen disloziert waren und nach einigen beachtlichen Anfangserfolgen vom Gegner vernichtet bzw. neutralisiert wurden. Die einzige Ausnahme bildete die Mittelmeerdivision, bestehend aus einem Schlachtkreuzer und einem Kleinen Kreuzer, die sich auf Konstantinopel zurückziehen konnte und formal der Türkei übergeben wurde. Durch weitere Zusagen im Rahmen eines Bündnisvertrages gelang es Berlin, seinen Einfluß auf die Türkei so zu verstärken, daß das Land sich Ende Oktober 1914 entschloß, auf Seiten der Mittelmächte in den Krieg einzutreten. Damit wurden und blieben die türkischen Meerengen, Dardanellen und Bosporus, für die Alliierten unpassierbar.

Einheiten der Hochseeflotte bei
einer Gefechtsübung 1918
Quelle: Archiv des Herausgebers

Die Diskussion über den Einsatz der Flotte wurde bald überlagert von der Auseinandersetzung über die politischen und militärischen Probleme, die ein Handelskrieg mit U-Booten aufwarf. Im Grunde bedeutete die U-Bootkriegführung gegen die Seeverbindungen des Gegners eine neue seestrategische Konzeption, die Konsequenzen für Einsatz und Struktur der Hochseeflotte hätte haben müssen. Statt dessen verfolgte die Marineführung ohne klare Schwerpunktbildung zwei unterschiedliche Ansätze gleichzeitig: Auf der einen Seite U-Bootkrieg und auf der anderen Seite Flottenaktivitäten nach der Devise: es muß etwas geschehen mit der Flotte, doch sie darf keinen Schaden erleiden, denn Tirpitz lag dem Kaiser »andau-

ernd mit der Bitte in den Ohren, [...] um keinen Preis die Flotte einzusetzen, sondern sie zum Ende des Krieges bei den Friedensverhandlungen als ›Thors Hammer‹ in der Hand zu behalten«[16]. So blieb die grundlegende Frage einer erfolgversprechenden Seekriegführung gegen Großbritannien ungelöst.

Nach der Skagerrakschlacht kam der Flottenchef, Admiral Reinhard Scheer,
immerhin zu der Erkenntnis, daß die Hochseeflotte »wegen der Nachteile unserer
militärgeographischen Lage« keine strategische Wende im Seekrieg gegen Großbritannien bewirken könne[17]. Trotzdem wollte er die Flotte weiterhin offensiv
einsetzen, um doch noch einen operativen Teilerfolg zu erzielen. Einige Indizien
weisen darauf hin, daß die Überlegungen der Marineführung auch von dem Gedanken beeinflußt wurden, die Existenzberechtigung der Flotte schlechthin beweisen zu müssen[18].

Während der ersten Kriegsmonate hatte sich das U-Boot als ein wirksames
Seekriegsmittel erwiesen, dessen Leistungsfähigkeit allerdings erheblich überschätzt wurde[19]. Die ersten Überlegungen zum Einsatz von U-Booten gegen den
britischen Seeverkehr hatten noch kein klares Bild ergeben, als Tirpitz diese Frage
in die Öffentlichkeit trug und damit Druck auf die Reichsleitung ausübte. Der
Admiralstab fühlte sich dadurch bestärkt, einen Handelskrieg zu fordern, dessen
Erfolgsaussichten keineswegs abzuschätzen waren, zumal die Zahl der dafür ge-
eigneten U-Boote mit 14 Einheiten sehr gering war. Als Anfang Februar 1915 die
Entscheidung für einen baldigen Beginn des U-Bootkrieges fiel, hatten Reichslei-
tung und Marineführung Methode, völkerrechtliche Problematik und politische
Risiken eines derartigen Handelskrieges keineswegs gründlich analysiert. Mit dem
Einsatz von U-Booten gegen Handelsschiffe beschritt das Reich, militärisch und
völkerrechtlich gesehen, neue Wege, denn es war von vornherein klar, daß ein
U-Boot die Regeln des Prisenrechts nur unvollkommen würde einhalten können.

Deutsches U-Boot in See: U-50, etwa 1915/16

Quelle: Archiv des Herausgebers

U-53 bei seinem kurzen Hafen-
aufenthalt in Newport, R.I. am
17. Oktober 1916 nach einem
zwanzigtägigen Marsch von
Helgoland zur Demonstration der
eigenen Leistungsfähigkeit.
Rückkehr nach Helgoland am
28. Oktober 1916.
Quelle: Naval War College,
Newport, R.I.

Zu U-53 siehe auch Jan Heitmann, Von der Demonstration zur Provokation: U 53 in der Neuen Welt, in: Gesellschaft und Diplomatie im transatlantischen Kontext. Festschrift für Reinhard R. Doerries zum 65. Geburtstag, hrsg. von Michael Wala, Stuttgart 1999, S 79−96.

Die warnungslose Versenkung von Handelsschiffen − insbesondere von Passagierdampfern, siehe zum Beispiel die »Lusitania«-Katastrophe im Mai 1915 mit ihren großen Opfern unter den Passagieren und der Besatzung[20] − führte in den deutsch-amerikanischen Beziehungen zu einer ernsten Krise, die zwar im Sommer 1915 beigelegt werden konnte, sich dann jedoch nach einem weiteren Zwischenfall im Frühjahr 1916 erneut zuspitzte. Damals wollte die Reichsregierung eine Konfrontation mit dieser Großmacht noch vermeiden und gab daher die Zusicherung, künftig Handelsschiffe »nicht ohne Warnung und Rettung der Menschenleben zu versenken«[21]. Trotz der im Sommer und Herbst 1916 erkennbaren Erfolgsmöglichkeiten der U-Boote im Handelskrieg nach Prisenordnung forderte die Marineführung weiterhin hartnäckig den »uneingeschränkten U-Bootkrieg«, d.h. die warnungslose Versenkung von allen Schiffen in einem Sperrgebiet um Großbritannien, und sie war in eklatanter Fehleinschätzung der amerikanischen Ressourcen sogar bereit, dafür den zu erwartenden Bruch mit den USA hinzunehmen. Als auch die Oberste Heeresleitung Ende 1916 auf die Linie der Marineführung einschwenkte und den »uneingeschränkten U-Bootkrieg« als zu diesem Zeitpunkt einzig verfügbares Siegesrezept durchsetzte[22], kam es, wie zu erwarten war, im Frühjahr 1917 zum Bruch mit Washington. Doch bereits im Sommer 1917 zeichnete sich ab, daß die Marine mit den U-Booten ihre seestrategischen Ziele nicht erreichen konnte. Durch die Einführung des Geleitzugsystems war es den Alliierten gelungen, die Verluste entscheidend zu reduzieren.

Mit dem Eingeständnis der Obersten Heeresleitung, daß die Niederlage unabwendbar sei, wurde führenden Seeoffizieren Ende September 1918 bewußt, daß die Marine den Krieg beenden müsse, ohne dessen Verlauf wesentlich beeinflußt zu haben. Die künftige Daseinsberechtigung einer Flotte schien mehr als fraglich zu sein. So entstand der Gedanke eines letzten Flotteneinsatzes, um noch einen spektakulären Schlagabtausch mit der Grand Fleet zu suchen. Ein derartiger Kampf, von dem die Marineführung keine Wendung des Krieges mehr erwartete, sollte die moralische Grundlage für eine neue Flotte bilden[23]. Wo nüchternes strategisches Denken gefordert war, betrachtete die Marineführung das Schicksal ihrer Teilstreitkraft völlig isoliert von den politischen Lagebedingungen. Ein Großteil der Mannschaften sah jedoch in der geplanten Operation ein eigenmächtiges Vorgehen der Offiziere und verweigerte daher den Gehorsam. Die scheinbar so gefestigte Kaiserliche Marine brach wie ein Kartenhaus zusammen.

Die Ergebnisse des Ersten Weltkrieges zeigten, daß Deutschland, dessen Kriegführungspotential stark von Rohstoffimporten abhing, durch eine Blockade langfristig so geschwächt werden konnte, daß nach vier Jahren selbst eine defensive Kriegführung nicht mehr möglich war. Die deutsche Marineführung hatte nicht erkannt, daß Seemacht das Produkt von Machtelementen ist, von denen Flottenstärke und geographische Position die wichtigsten Faktoren sind. Wenn einer dieser Faktoren gering ausgeprägt war, mußte das Produkt »Seemacht«, das heißt die Fähigkeit, die See zu kontrollieren und erfolgreich zu nutzen, unzureichend ausfallen. Dies war ein wesentlicher Grund dafür, daß die Hochseeflotte im Rahmen der Gesamtkriegführung keine strategische Entscheidung bewirkte. Es gelang der Marineführung aber auch nicht, eine Konzeption zu entwickeln, in der unter Ausnutzung einer weiträumigen Minenkriegführung die beiden Seekriegspotentiale Überwasserstreitkräfte und U-Boote integriert waren, um diese effektiv gegen die strategischen Schwachpunkte des gegnerischen Bündnisses, die Seeverbindungen im Atlantik und die russische Ostseeküste, zum Einsatz zu bringen. Bei dem Handelskrieg mit U-Booten setzte die Marineführung in einer Fehleinschätzung der eigenen Leistungsfähigkeit starr auf eine letztlich unzureichende Konzeption, die den Kriegseintritt der USA bewußt einkalkulierte und damit wesentlich zur Niederlage des Reiches beitrug. Demgegenüber verzichtete man bei der Kriegführung gegen Rußland in der Ostsee weitgehend auf die Ausnutzung der eigenen Überlegenheit. Immerhin hat die Sperrung der Ostseezugänge in Verbindung mit der Beherrschung der türkischen Meerengen die russische Kampfkraft erheblich geschwächt. Diese von deutscher Seite nicht geplante Wirtschaftskriegführung hat das Reich im Frühjahr 1918 wohl aus dem Zweifrontenkrieg herausgeführt, doch für die Gesamtkriegführung kam dieser Erfolg zu spät.

Trotz beachtlicher Leistungen und Erfolge im Kampf gegen einen überlegenen Gegner stand die Kaiserliche Marine am Ende des Ersten Weltkrieges vor einem Scherbenhaufen ihrer Seestrategie und kurz vor dem Aus als Teilstreitkraft: Nicht nur ihre Konzeptionen für den Einsatz der Hochseeflotte und für den Handelskrieg mit U-Booten hatten sich als untauglich erwiesen, sondern sie hatte dazu noch eine Revolte ausgelöst, die zum politischen Umsturz im Reich mit beigetragen hatte. Die verschiedenen Vorstöße der Hochseeflotte können nicht darüber hinwegtäuschen, daß die Flotte strategisch lediglich als »fleet in being« gewirkt hatte: ihre Präsenz band die britische Grand Fleet in der Nordsee. Darüber hinaus sicherte sie den eigenen Küstenbereich, blockierte die Ostsee für alliierte Nachschublieferungen nach Rußland und bot der U-Bootkriegführung einen Rückhalt.

Die Flotte hatte also entgegen der gängigen Bewertung durch Historiker, die ihr jede strategische Bedeutung absprechen[24], durchaus ihren militärischen Wert für die deutsche Kriegführung, doch eine nüchterne Kosten-Nutzen-Rechnung muß zu dem Ergebnis kommen, daß sie letztlich nicht das geleistet hat, was man von ihr erwartete bzw. erwarten konnte.

III. Auswertung der Kriegserfahrungen

»Die Geschichtsschreibung der Marine ist komplizierter als der Außenstehende ahnt. Wenn man bei der Wahrheit bleiben will und doch die alte Waffe schonen muß[25].« Mit diesen, an den früheren Chef des Marinekabinetts gerichteten Worten umschrieb von Mantey im Herbst 1932 seine schwierige Gratwanderung zwischen maritimer Hagiographie und dem Streben nach historischer Wahrheit. – Aus der Niederlage im Weltkrieg hatten sich für die Marine ganz konkrete Existenzprobleme ergeben, die eine intensive und offene Auseinandersetzung mit den Kriegserfahrungen erforderlich machten, um den künftigen Stellenwert von Seestreitkräften im Rahmen einer deutschen Gesamtstrategie zu bestimmen. Dabei mußte es einerseits darauf ankommen, die Schwachpunkte der bisherigen Konzeption zu erkennen und daraus Folgerungen für Struktur und Einsatzmöglichkeiten der künftig drastisch reduzierten Seestreitkräfte abzuleiten. Andererseits galt es, Erfolge und Leistungen öffentlich hervorzuheben, um das bei Kriegsende entstandene negative Bild über die Marine zu verwischen[26].

Die Auswertung der Kriegserfahrungen erfolgte innerhalb der Marine auf drei Ebenen mit unterschiedlicher Zielsetzung: (1) durch interne Studien mit einer klar umrissenen militärischen oder technischen Problemstellung, (2) in einer offiziellen Darstellung des Seekrieges in Form eines Admiralstabswerkes und (3) in geheimen Dienstschriften als Ergänzung dieses Werkes.

Im Sommer 1921 ordnete der Chef der Marineleitung, Admiral Paul Behncke, an, daß möglichst alle Offiziere im Rahmen ihrer Weiterbildung zu vorgegebenen Themen kurze Studien (»Winterarbeiten«) anfertigen sollten. Bei diesen Themen handelte es sich nicht nur um militärisch-technische Untersuchungen auf der Grundlage von Kriegserfahrungen, sondern auch um die Bearbeitung von Lösungsmöglichkeiten für verschiedene Probleme einer künftigen Seekriegführung. Einige nach Themenstellung und Ergebnis besonders wertvolle Studien bildeten dann eine Grundlage für weitere Planungen und technische Entwicklungen. Dabei handelte es sich vor allem um Untersuchungen über Waffensysteme, die der Marine gemäß Friedensvertrag verboten waren: U-Boote und Flugzeuge. Von den 42 Arbeiten, die von 1922 bis 1927 der Marineleitung vorgelegt wurden, beschäftigen sich neun mit U-Bootfragen und 14 mit Problemen des militärischen Flugwesens. Gerade weil im Laufe der Zeit die kriegserfahrenen U-Bootkommandanten und Flugzeugführer für einen erneuten Einsatz zu alt sein würden, mußte es darauf ankommen, die Erfahrungen und Empfehlungen dieser Offiziere im Hinblick auf Technik, Taktik und Ausbildung für eine eventuelle Wiedereinführung dieser Waffensysteme systematisch zu sammeln und auszuwerten. Besonders die Untersuchungen über U-Bootfragen erwiesen sich als wichtige Vorarbeiten für die geheimen Entwicklungen der Reichsmarine im Ausland. So gelang es den ehemaligen U-Bootoffizieren, »das U-Boot von seinem Ruf als ›überholte Waffe‹ zu befreien« und durch technische Verbesserungen sowie neue Führungsmittel und -grundsätze zu einem äußerst wirkungsvollen Seekriegsmittel weiterzuentwickeln[27].

Bei der amtlichen Darstellung des Seekrieges in dem vom Marine-Archiv herausgegebenen Reihenwerk »Der Krieg zur See 1914–1918« wurden zwar die Einsätze der Seestreitkräfte auf taktischer und operativer Ebene umfassend untersucht, um Erfahrungen für künftige Führungsgrundsätze herauszuarbeiten, doch andererseits blieb dabei – von wenigen Ausnahmen abgesehen – die Analyse der grundsätzlichen strategischen Probleme des Seekrieges unzureichend. Der Aufbau des Werkes verstärkte diese Schwäche noch. Statt die vielschichtigen Zusammenhänge und Wechselwirkungen des Seekrieges in einer umfassenden Gesamtdarstellung zu behandeln, erfolgte die Bearbeitung getrennt nach Kriegsschauplätzen und Methoden der Seekriegführung[28]. Die sich daraus ergebenden Mängel hatte Großadmiral Erich Raeder – nicht zuletzt aus seiner Mitwirkung an dem Werk – offensichtlich erkannt, denn er soll sich vorbehalten haben, selbst noch einen zusammenfassenden Band über die Strategie des Seekrieges 1914 bis 1918 zu schreiben. Dazu ist es jedoch nicht mehr gekommen, was bis heute in der Wissenschaft kritisch vermerkt wird[29].

Im Gegensatz zum Werk des Reichsarchivs »Der Weltkrieg 1914–1918«, das bis 1933 unter der zivilen Aufsicht eines wissenschaftlichen Gremiums stand, konnte sich der Leiter des Marine-Archivs einer solchen Aufsicht entziehen. Von Mantey ließ sämtliche Bände ausschließlich von aktiven oder inaktiven Offizieren bearbeiten und war stolz darauf, bis zum Herbst 1923 bereits sechs Bände herausgebracht zu haben, bevor das Reichsarchiv seinen ersten Band überhaupt fertigstellen konnte[30]. Diese zügige Bearbeitung hatte allerdings zur Folge, daß eine kritische Auseinandersetzung mit den Schwächen des Tirpitzschen Flottenbaus unterblieb, da sich die meisten Autoren noch sehr an die Kaiserliche Marine und ihren ›Baumeister‹ gebunden fühlten und daher zu der Auffassung neigten, daß die deutsche Flotte »infolge der Ungunst der geographischen Lage die Schädigung des englischen und die Deckung des deutschen Überseehandels nur [...] durch die Erkämpfung der Seeherrschaft in einer Reihe siegreicher Schlachten« hätte erreichen können[31]. Bei der inneren Geschlossenheit des Seeoffizierkorps war daher eine Kritik an Tirpitz und den erfolgreichen Flottenführern Scheer und Hipper kaum zu erwarten. Im Gegenteil, das Marine-Archiv bemühte sich, die Stellungnahmen und Einwände dieser Offiziere weitgehend zu berücksichtigen. Wenige Jahre später, im Herbst 1932 gab von Mantey gegenüber dem Chef der Marineleitung, Admiral Dr. h.c. Erich Raeder, selbstkritisch zu, daß Tirpitz in den Anfangsjahren im Archiv ein- und ausgegangen sei, »da ihm selbst sehr daran lag, einen starken Einfluß auszuüben«. Dies habe zu dem Ergebnis geführt, daß die ersten Nordseebände »ganz im Tirpitzschen Fahrwasser« geschrieben seien, was ihre spätere Umarbeitung notwendig mache. Für Mantey stand fest, daß deren Autor Otto Groos »in

Bezug auf Historie nur subjektiv denken« könne[32]. In diesem Zusammenhang ist bemerkenswert, daß Groos sich bereits 1927 von einem jungen Offizier in der offiziösen Marine-Rundschau vorhalten lassen mußte, daß er »für die eigene Seite fehlerausgleichend geschrieben« und die Leistungen der Hochseeflotte betont hervorgehoben habe[33].

Demgegenüber kam Raeder bei seinen Untersuchungen über die Kreuzerkriegführung 1922 zu dem Ergebnis[34], daß der Kampf gegen den feindlichen Seehandel in Übersee und die Operationen einer starken Schlachtflotte in den heimischen Gewässern für Deutschland keine sich ausschließenden strategischen Optionen gewesen seien, sondern in ihrer Wechselwirkung gesehen werden müßten. Am Beispiel der Vernichtung des deutschen Kreuzergeschwaders im Dezember 1914 machte er deutlich, daß erst die Passivität der Hochseeflotte in der Nordsee der britischen Admiralität die Möglichkeit gegeben habe, überlegene Streitkräfte in den Südatlantik zu entsenden, um einer Bedrohung wichtiger Seeverbindungen entgegenzutreten. In Unkenntnis dieser Diversionswirkung des eigenen Kreuzergeschwaders habe die deutsche Marineführung die zeitweilige günstige Lage in der Nordsee nicht ausgenutzt. Diese Erkenntnis bildete für Raeder ab 1928 als Chef der Marineleitung und ab 1935 als Oberbefehlshaber der Kriegsmarine eine wesentliche Grundlage für die Entwicklung seiner eigenen seestrategischen Konzeption für eine weiträumige Seekriegführung, einer Konzeption, auf die noch einzugehen sein wird.

Die von Raeder vorgelegten Ergebnisse zeigten allerdings auch die Notwendigkeit, daß der Seekrieg nach einer klaren strategischen Zielsetzung und unter Berücksichtigung der Gesamtlage von einer Seekriegsleitung zentral geführt werden mußte, um eine höchstmögliche Wirkung des eigenen maritimen Machtpotentials zu erreichen. Diese grundlegende Kriegserfahrung berücksichtige die Marineleitung von Anfang an beim organisatorischen Aufbau ihrer Teilstreitkraft sowie bei sämtlichen Kriegsspielen, Manövern und Operationsplanungen. Es blieb allerdings kennzeichnend für die Wehrpolitik der Weimarer Republik, daß die politische Führung des Reiches der Marine bis 1928 keinen konkreten militärischen Auftrag für die Landesverteidigung erteilte, sondern daß die Marineführung in dieser Frage stets selbst die Initiative ergriff, um ihre Auffassung über die Bedeutung der künftigen Seekriegführung im Rahmen einer Gesamtstrategie einzubringen[35].

Die Aufarbeitung des Handelskrieges mit U-Booten verzögerte sich um mehrere Jahre, da sich das 1927 vorgelegte umfangreiche Manuskript eines ehemaligen U-Bootkommandanten als völlig unbrauchbar erwiesen hatte. Mit einiger Mühe gelang es von Mantey 1928, den gerade verabschiedeten Konteradmiral a.D. Arno Spindler mit einem Honorarvertrag des Verlages als neuen Autor zu gewinnen. Dieser legte dann im Herbst 1931 sein Manuskript über die Vorgeschichte vor. Nach der Lektüre war Mantey über die aufgezeigten Fehler der Marineführung im Weltkrieg so erschüttert, daß er nicht alle Erkenntnisse an die Öffentlichkeit bringen wollte, »denn diese versteht es nicht und sieht nur das Negative und sagt: ›wie war so etwas möglich?‹, während es doch der Finger Gottes ist, der dies Menetekel an die Wand geschrieben hat«[36]. – Spindler bemühte sich ernsthaft um eine wissenschaftlich einwandfreie Darstellung und konnte zum Beispiel bereits in seinem zweiten Band nachweisen, daß die U-Boote mit dem Handelskrieg nach Prisenordnung, den die Marineführung im Weltkrieg so strikt abgelehnt hatte, durchaus beachtliche Erfolge erzielt hatten. Seine Forschungsergebnisse paßten jedoch nicht in das Bild, das sich vor allem ältere Offiziere über die vermeintlich beste Methode des U-Booteinsatzes im Handelskrieg gemacht hatten. Als im Herbst 1932 die Darstellung Spindlers durch die großzügige Verteilung der Druckfahnen den damals verantwortlichen Zeitzeugen bekannt wurde, intervenierten diese beim Chef der Marineleitung, um eine Revision des Manuskriptes zu erreichen. Mantey mußte resigniert feststellen, daß Raeder die Admirale a.D. Hermann Bauer (1914 bis 1917 Führer der U-Boote der Hochseestreitkräfte) und Gustav Bachmann (1915 Chef des Admiralstabes) »nicht an die Luft gesetzt, sondern [...] sich in die Geschichtsschreibung, die ihn gar nichts angeht, hineingemischt« habe[37]. Mit Einverständnis Manteys setzte Raeder als Gutachter Konteradmiral Dr. h.c. Groos ein, der sich jedoch als Zensor aufspielte und den Autor »reichlich herablassend« behandelte. Für Mantey war es »nicht ganz faßbar, wie ein Historiker, der buchstäblich nichts vom U-Bootskrieg weiß, in wenigen Tagen einen U-Bootband kritisieren will, von dem er noch nicht einmal die Karten gesehen hat«[38]. In mehreren langen Besprechungen gelang es Mantey dann doch noch, Raeder davon zu überzeugen, daß der Band nicht revidiert, sondern nur geringfügig verändert wurde, so daß er bereits Anfang 1933 erscheinen konnte[39]. Bis 1939 kam dann nur noch der dritte Band heraus, dessen Darstellung bis Anfang 1917 reicht. Die erste Phase des uneingeschränkten U-Bootkrieges behandelte der vierte Band, der jedoch erst 1941 in einer auf 1000 Exemplare begrenzten Auflage erschien, die »Nur für den Dienstgebrauch« innerhalb der Kriegsmarine verteilt wurde[40]. Ob dieser Band nach 1943 auf Veranlassung des OKM wieder eingezogen wurde, ließ sich bislang nach Durchsicht der entsprechenden Akten nicht nachweisen[41].

Im Rahmen der ab 1923 durchgeführten verdeckten Ausbildung zum Admiralstabsoffizier (»Führergehilfenlehrgänge«) sollte der Unterricht in Seekriegsgeschichte hauptsächlich »den Nachweis führen, inwieweit Seemacht und Seekriegführung Einfluß auf den Gang der geschichtlichen Ereignisse gehabt hat [...] [und] ferner zeigen, wie verschieden die Völker und Staaten Seemacht zu bilden und auszunutzen verstanden haben«. Daraus müsse der angehende Admiralstabsoffizier beurteilen können, »wie Entwicklung und Gebrauch der Seemacht mit Volksart, erdkundlichen, geschichtlichen, wirtschaftlichen und gesellschaftlichen Voraussetzungen zusammenhängt«[42]. Dieses Ausbildungsziel – formuliert offensichtlich in enger Anlehnung an entsprechende Thesen von Mahan – läßt erkennen, daß die Marineführung im Offizierkorps die theoretische Basis für maritime Optionen bewahren wollte, die über die vermeintlich zu engen Grenzen der Versailler Friedensordnung hinausgingen. In Vorträgen berichteten ältere Offiziere über ihre Kriegserfahrungen oder trugen eine Zusammenfassung eigener Forschungsergebnisse vor. Die Marineleitung gab diese Referate ab 1928 als geheime Dienstschriften heraus, die das Admiralstabswerk ergänzen sollten, »indem sie auch Angaben und Urteile bringen, die nicht zur Veröffentlichung geeignet sind«[43]. Dieser Hinweis wird verständlich bei Bereichen mit besonders negativen Kriegserfahrungen. Es waren sensible Bereiche, deren Stellenwert auch in einer künftigen Seekriegführung nicht unterschätzt werden durfte. Dies galt vor allem für die Funkaufklärung und die Minenkriegführung. Die Dienstschrift über die Funkaufklärung kam zu dem wenig erfreulichen Ergebnis, daß die Seekriegführung in der Nordsee für den Gegner »ein Spiel mit offenen Karten« gewesen und »die britische Admiralität bis weit in das Jahr 1917 hinein Meister der Situation« geblieben sei[44]. Die Dienstschrift »Mine und Seestrategie« arbeitete deutlich heraus, daß sich die Marineführung auf den Einsatz dieses Seekriegsmittels, mit dem u.a. der Kräfteausgleich erreicht werden sollte, bis 1914 weder gedanklich noch materiell angemessen vorbereitet hatte. Die meisten Minensperren wurden »auf gut Glück geworfen« und verfehlten weitgehend die ihnen zugedachte operative Wirkung. Mit bemerkenswertem Weitblick wies der Verfasser darauf hin, daß der Hauptwert der Mine darin bestehe, »fehlende Seestreitkräfte zu ersetzen« und bis zu einem bestimmten Grad die »Geographie« eines Seegebietes zu verändern[45]. Dies gelte für beide Seiten, denn es sei »eine der charakteristischen Eigenschaften der Mine, daß sie, auf ihrem Platze stehend, Freund oder Feind sein kann. Sie kann Partei wechseln und sie kann ihre Bedeutung wechseln, strategisch wie taktisch«[46].

Die Spitzengliederung der Kaiserlichen Marine mit ihren unklaren Verantwortlichkeiten für den Einsatz der verfügbaren Kräfte hatte im Weltkrieg oft zu Friktionen geführt, weil es bis zum Sommer 1918 keine einheitliche Seekriegsleitung vergleichbar der OHL gegeben hatte. Im Hinblick auf diese Erfahrung veranlaßte das Marine-Archiv eine größere Anzahl von Seeoffizieren, die bis 1918 in Spitzenverwendungen eingesetzt waren, Einzelbeiträge über die Entwicklung und das Wirken des Admiralstabes zu erarbeiten[47]. Aus diesen, zum Teil sehr umfangreichen Beiträgen stellte Admiral a.D. Gustav Bachmann 1934/35 im Auftrag der aus dem Marine-Archiv hervorgegangenen Kriegswissenschaftlichen Abteilung der Marine den Entwurf der Dienstschrift »Der Admiralstab der Kaiserlichen Marine« zusammen, die in vorsichtigen Formulierungen auch Kritik an Tirpitz hinsichtlich der nicht zuletzt von ihm zu verantwortenden schwachen Stellung des Admiralstabes übte. Die Druckfahnen gingen wiederum an zahlreiche Zeitzeugen zur Mitprüfung, so auch an Vizeadmiral a.D. Adolf von Trotha. Dessen umfangreiche Stellungnahme führte dazu, daß Raeder 1936 die Drucklegung der Dienstschrift verbot und darüber hinaus befahl, »daß ihr Vorhandensein innerhalb der Marine totgeschwiegen wurde«[48].

Auch wenn Raeder darum bemüht war, die Größe des Gesamtwerkes von Tirpitz nicht herabsetzen zu lassen, so hatte er doch die strategische Schwäche des Schlachtflottenbaus vor 1914 gerade im Hinblick auf die ungünstige geographische Lage des Reiches erkannt. Bei der Beantwortung der Frage von Reichswehrminister Wilhelm Groener, ob Deutschland für seine Seeverteidigung überhaupt Überwassereinheiten benötige, die über 10 000 Tonnen hinausgingen, wies Raeder im Mai 1929 ausdrücklich auf die negativen Kriegserfahrungen hin, als er die wichtigste Kriegsaufgabe seiner Teilstreitkraft darlegte: »Eine Abschließung unserer Zufuhr über See muß unter allen Umständen verhindert werden, da ohne sie

jeder Kampf auf dem Lande [...] von vornherein nutzlos ist. [...] Die bedingungslose Abhängigkeit unserer Widerstandskraft an der Landfront von der Seeblockade
hat der Weltkrieg bewiesen. Die Abschnürung von der Seezufuhr ist das einfach-
ste, unblutigste und sicherste Mittel, uns niederzuzwingen. Das wissen auch unsere
Gegner.« England verfüge über die stärkste Flotte der Welt und über eine für
Deutschland »verhängnisvolle geographische Lage«, es müsse daher »jeder Waffengang vermieden werden, bei dem England zu unseren Gegnern gehört. Er wäre
von vornherein zur Aussichtslosigkeit verurteilt[49].« Die Marine könne den Kampf
gegen eine Blockade nur dann bestehen, wenn sie künftig über Marineflieger, U-
Boote und »einzelne *stärkere* Schiffe« verfüge, die den Großkampfschiffen des
potentiellen Gegners Frankreich gewachsen sein sollten.

Im Februar 1937, inzwischen unter dem Schirm der erweiterten Rüstungsmöglichkeiten des deutsch-britischen Flottenabkommens, argumentierte Raeder bereits
auf einer anderen, eher machtpolitisch ausgerichteten Ebene, als er vor Hitler,
Reichskriegsminister von Blomberg und höheren Parteiführern der NSDAP einen
langen Grundsatzvortrag über Seestrategie und Seekriegführung hielt und dabei
ausführlich die Kriegserfahrungen des Weltkrieges erläuterte[50]. In diesem Zusammenhang arbeitete er die enge Wechselwirkung zwischen Flottenstärke und strate-
gisch-geographischer Position heraus, ohne allerdings mit dem Begriff »Seemacht«
zu operieren. Im Hinblick auf das Kräfteverhältnis zum künftigen Gegner (er
rechnete nur mit Kontinentalmächten!) stellte er die eigenen und gegnerischen
Seeverbindungen in den Mittelpunkt seines konzeptionellen Ansatzes, der von der
Erkenntnis ausging, daß alle Seekriegsschauplätze eine Einheit bildeten und jede
weiträumige Operation in ihrer Wechselwirkung zu anderen Seegebieten gesehen
werden mußte. So plädierte er dafür, gegen die Seeverbindungen des Gegners offensiv vorzugehen, dadurch dessen Kräfte zu binden und auf diese Weise einen
Kräfteausgleich an anderer Stelle herbeizuführen. Mit Blick auf den sich abzeichnenden Übergang von der getrennten Land- und Seekriegführung zur einheitlichen
»Wehrmachtkriegführung« stellte er den alliierten Angriff auf die Dardanellen von
1915 als eine Operation heraus,

> »die zweifellos von großer strategischer Konzeption war, da sie den gesamten Kriegs-
> schauplatz als Einheit auffaßte und die schwächste Stelle der Gesamtfront zum Ziel ei-
> ner groß angelegten kombinierten Wehrmachtoperation machte. Der Erfolg des Dar-
> danellen-Unternehmens ist letzten Endes daran gescheitert, daß die einzelnen Frontbe-
> fehlshaber der Alliierten über ihre eigene Front nicht hinaus sahen und dementspre-
> chend die militärischen Vorbereitungen der Größe des Gedankens *nicht* Rechnung tru-
> gen. Wie sich der Erfolg dieses Unternehmens im Jahre 1915 ausgewirkt haben würde,
> zeigt ein Blick auf die Karte. Die Verbindung Rußlands mit den übrigen Alliierten wäre
> durch sie hergestellt und der Ring um Deutschland geschlossen worden.«

Angesichts der gerade anlaufenden Marinerüstung hob Raeder beim Vergleich der
Land- und Seekriegführung die Bedeutung der materiellen Komponente für den
Seekrieg hervor. Versäumnisse im Frieden seien im Kriege nicht mehr nachzuholen: »Starke und weitreichende Schiffbaupolitik im Frieden ist deshalb ein Bestandteil der Strategie im Kriege[51].« Der Ob.d.M. war sich aber auch der Totalität

eines künftigen Krieges bewußt, der ein Kampf nicht nur der Soldaten, sondern »Volk gegen Volk« bedeute. Biete sich kein Ziel für eine operative Entscheidung

> »kann nur eine Art Festungskrieg entstehen, der sich in gegenseitigen taktischen Erfolgen und Mißerfolgen erschöpft. In dem wechselseitigen Ringen um diese taktischen Erfolge wird dann *der* Staat den Enderfolg für sich buchen können, der über die größere Menschenzahl, noch mehr aber über unbegrenztes Material und Lebensmittel verfügt. Das Material wird bei dieser Art des Kampfes eine größere Rolle spielen, als die Zahl der Menschen. Wie gerade eine derartige Kriegführung sich für Deutschland auswirken kann, wenn die fehlenden Rohstoffe nicht laufend beschafft werden können, braucht bei unserer geographischen Lage nicht besonders erläutert zu werden[52].«

Mit dieser gesamtstrategischen Argumentation wies Raeder auf die eklatanten Schwächen im Kriegführungspotential des Reiches hin, vermochte aber damit die auf Konfrontation angelegte Politik Hitlers nicht zu beeinflussen, wie die Entwicklung ab Frühjahr 1938 zeigen sollte.

Bei der Analyse der Erfahrungen des Weltkrieges und der damit verbundenen Hervorhebung der Wechselwirkung zwischen Seestrategie und geographischen Ausgangspositionen für die Seekriegführung griff Raeder den Ansatz seines Crewkameraden Wolfgang Wegener auf, den dieser bereits ab 1926 zur Diskussion gestellt hatte, um die Zusammenhänge von Seemacht und Seestrategie zu verdeutlichen[53].

IV. Visionen über einen atlantischen Seekrieg der Zukunft

Bei einem künftigen Konflikt mit einer europäischen Kontinentalmacht drohte dem Reich weiterhin eine empfindliche Beeinträchtigung seiner Seeverbindungen in der Nordsee mit entsprechenden Folgen für die Kriegswirtschaft, auch wenn die Marineführung bei ihren Planungen zunächst noch von einer Neutralität Englands ausging. Die mit dem deutsch-britischen Flottenabkommen verbundenen Rüstungsmöglichkeiten schufen zwar ab 1935 mittelfristig die Parität mit dem potentiellen Gegner Frankreich, bildeten jedoch nur eine erste Etappe bei dem erneuten Anlauf zu einer deutschen Seemachtstellung. Bereits bei den Überlegungen, die 1927/28 zur Entscheidung für den Bau der Panzerschiffe führten, spielten diese ehrgeizigen Ziele unterschwellig eine Rolle, wie es ein führender Stabsoffizier der Marineleitung zum Ausdruck gebracht hatte: Küstenpanzerschiffe als Ersatz der alten Linienschiffe hätten die Reichsmarine »zum Range einer reinen Küstenmarine erniedrigt; das hätte unserer traditionellen Auffassung von Seegeltung und unserer Hoffnung auf die Zukunft widersprochen«[54].

Zur gleichen Zeit kursierte innerhalb der Marine als Privatdruck die Denkschrift des Vizeadmirals a.D. Wolfgang Wegener »Die Seestrategie des Weltkrieges«. Bereits 1925 hatte Wegener, damals noch im aktiven Dienst, seine ersten Überlegungen über die Wechselwirkung von Seemacht und Strategie der Marineleitung vorgelegt und dann 1926 zu einer Denkschrift ausgebaut[55]. Im Kern liefen seine Thesen auf eine Alternativkonzeption ex-post hinaus, mit der Deutschland im Weltkrieg gegen Großbritannien eine größere Chance gehabt hätte: Im Mittelpunkt seiner Konzeption stand die strategisch-geographische Position als unverzichtbares Element jeder Seemacht, die sich auf den Kampf um die Seeherrschaft konzentriert. Um die atlantischen Seewege zu erreichen, hätte die deutsche Führung die geographische Ausgangsbasis verbessern müssen. Dänemark, Norwegen, die Färöer und Island wären die entscheidenden Positionen auf dem Weg zum Atlantik gewesen, wenn sich die französische Atlantikküste nicht hätte erreichen lassen. Die Reichsleitung habe der Flotte kein strategisches Ziel gesetzt, weil sie »keine weltpolitisch-geographischen Ziele« gekannt und demnach die Flotte nicht zu einer strategischen Offensive angesetzt habe[56]. Daraus ergab sich für Wegener die Forderung, daß Deutschland »den Weg zur Welt- und Seemacht, diesmal aber mit reifem Seemachtsinstinkt noch einmal gehen« müsse[57]. Ohne Seemacht sei Deutschland »ganz von der Gnade Englands abhängig. Wenn wir aber wieder einmal als Volk und Staat in Form sind, dann taucht auch wieder das Verlangen nach der See und Seegeltung und mit ihm die Angelsachsen als Gegner auf«. Wenn allerdings der Seemachtgedanke in Heer und Politik nicht klar erfaßt werde, könne Deutschland »ein strategisch-geographisches Objekt weder erstreben noch nehmen, selbst wenn es uns geschenkt würde. Unser Wachstum seit der Jahrhundertwende ist kein europäisch-kontinentales Problem, das allein mit dem Heer gelöst werden kann, sondern eine weltpolitisch-maritime Aufgabe, die deshalb der Seemacht also, [Zeichensetzung gem. Original!] einer Kampfflotte und der nötigen strategischen Position bedarf[58].« Es ist aufschlußreich, daß es Wegener – offen-

Titelblatt von Wolfgang Wegener, Die Seestrategie des Weltkrieges, 2. Aufl., Berlin 1941

Vizeadmiral a.D. Wolfgang Wegener (1875–1956)
Quelle: Archiv des Herausgebers

sichtlich aus Rücksichtnahme auf die damalige innenpolitisch angeschlagene Stellung der Reichsmarine – für opportun hielt, die hier zuletzt zitierten aggressiven Formulierungen bei der Erstveröffentlichung 1929 wegzulassen.

Innerhalb der Marineführung nahm Wegener zwar keine Position ein, die es ihm erlaubt hätte, einen direkten Einfluß auf die langfristigen Planungen der Marine auszuüben, doch seine Thesen fanden gerade bei jüngeren Offizieren viel Zustimmung. Die Bedeutung seiner Schrift lag vor allem darin, daß er eine seestrategische Theorie über die grundsätzlichen Probleme der Seekriegführung entwickelte und dabei die Bedeutung der geographischen Operationsbasis herausstellte. Darüber hinaus rückten bei ihm die eigentlichen Objekte des Seekrieges, die Seewege und das zivile Handelsschiff, in den Mittelpunkt einer künftigen Seekriegführung. Sein Crewkamerad Raeder war zwar über die Veröffentlichung dieser Thesen selbst in ihrer gemilderten Form wenig erbaut und versuchte ihre Verbreitung zu unterdrücken[59], doch im Grunde dachte er in ähnlichen seestrategischen und machtpolitischen Kategorien, was aus seinem bereits erwähnten Grundsatzvortrag vom Februar 1937 deutlich wird.

Für Raeder war nämlich das deutsch-britische Flottenabkommen von vornherein nur ein zeitlich befristetes Instrument, um den weiteren Flottenaufbau außenpolitisch abzusichern. Bereits im Juni 1937, nur vier Monate nach dem Grundsatzvortrag Raeders bei Hitler, kam das Oberkommando der Marine in einer Untersuchung über die »Aufgaben der Seekriegführung 1937/38« zu dem Ergebnis, daß bei einem Zweifrontenkrieg gegen Frankreich und Rußland »ein aktives englisches Eingreifen früher oder später« nicht ausgeschlossen sei. Doch im Hinblick auf die fehlenden materiellen und geographischen Voraussetzungen schien eine Seekriegführung für diesen Kriegsfall noch als wenig erfolgversprechend[60]. Als Hitler am 5. November 1937 gegenüber den Spitzen der Wehrmacht erklärte, daß er seine imperialistischen Ziele (»Gewinnung größeren Lebensraumes«) gewaltsam erreichen wolle[61], mußte Raeder erkennen, daß der Flottenaufbau ein Torso zu bleiben drohte, wenn ein Konflikt unter Beteiligung Großbritanniens vorzeitig ausbrechen sollte. Es gab zwar noch keine Operationsplanungen gegen diesen übermächtigen

Der Chef der Marineleitung, Admiral Dr. h.c. Erich Raeder
und Adolf Hitler bei einer Besichtigung von Einheiten der
Reichsmarine 1934

   Quelle: Archiv MSM/WGAZ

Gegner, doch im April 1938 erklärte Raeder vor Seeoffizieren, »daß wir heute in einem Krieg mit Frankreich auch mit England zu rechnen hätten, wodurch die Grundlagen der Seekriegführung völlig verändert werden«[62].

Als Hitler im Frühjahr 1938 bei dem sich abzeichnenden Widerstand der Westmächte gegen seine Expansionspolitik in Mittel- und Osteuropa die Weisung erteilte, bei allen Kriegsvorbereitungen neben Frankreich und Rußland auch England als möglichen Gegner zu berücksichtigen, war die Marineführung gedanklich bereits auf diesen Konfrontationskurs vorbereitet, dem Raeder dann auch bereitwillig folgte, weil er offensichtlich langfristig ohnehin mit einer deutsch-britischen Auseinandersetzung rechnete, die sich aus dem Streben nach einer neuen deutschen Seemachtstellung ergeben mußte. Ohne Rücksicht auf seine früher geäußerten Bedenken[63] ließ er daher die Möglichkeiten einer künftigen Seekriegführung gegen England untersuchen. Die Ergebnisse lagen im Sommer 1938 in Form einer umfangreichen Denkschrift der Seekriegsleitung vor. Daraus ergab sich, daß eine deutsche Seekriegführung in einem künftigen Krieg gegen England angesichts der wie 1914 gegebenen geographischen Ausgangslage und der absehbaren weiteren Überlegenheit des Gegners an Seestreitkräften nur im ozeanischen Kreuzerkrieg mit Panzerschiffen, Kreuzern und U-Booten gewisse, jedoch keineswegs sichere Erfolgsaussichten habe[64]. Trotz dieser Erkenntnis beschäftigte sich ein Planungsausschuß höherer Seeoffiziere – von Raeder eingesetzt, doch ohne seine direkte Beteiligung – intensiv mit der Frage der künftigen Struktur der Flotte und der Kriegsaufgaben von Schlachtschiffen. Das Resultat war entlarvend: Die meisten Offiziere vertraten die Auffassung, daß man »schwerste Schiffe« brauche, doch deren Verwendungszweck erst später festlegen könne[65]. Hier zeigte sich, daß die deutsche Marine, wie übrigens andere Marinen auch[66], noch in strategischen Denkkategorien verharrte, die vom Großkampfschiff mit seiner schweren Artillerie als wichtigster Waffe einer Seemacht ausgingen und die durch den Einsatz von Seeluftstreitkräften sich abzeichnende neue Dimension der Seekriegführung nur unzureichend erfaßten. Dies führte dazu, daß die immer wieder zur Diskussion gestellte und jetzt von der Seekriegsleitung auch vorgeschlagene Konzeption eines Kampfes *gegen* die Seeherrschaft (sea denial) eines überlegenen Gegners in den Hintergrund trat gegenüber der Konzeption des Kampfes *um* die Seeherrschaft (sea control). Bei einem derartigen Kampf sollte es – nach den Worten des damaligen Flottenchefs, Admiral Rolf Carls, vom Herbst 1938 – um »eine in sich gesicherte Weltmachtstellung« des Reiches schlechthin gehen, um den Willen Hitlers umzusetzen[67].

Es war aber nicht nur Carls, der die Weltmachtambitionen Hitlers erfaßt hatte. Wenige Monate später, Ende März 1939, ging sein Nachfolger als Flottenchef, Admiral Hermann Boehm, in einer Ansprache noch einen Schritt weiter. Für Boehm war die Anerkennung des Nationalsozialismus der einzig richtige und erfolgversprechende Weg für Deutschland. Daher forderte er von den Offizieren »die *äußere freudige* Bejahung des Nationalsozialismus«. Er brachte Hitler »das felsenfeste und unbedingte *Vertrauen*« entgegen und machte in seinem außenpoliti-

Hermann Boehm (1884–1972), Admiral, im Ersten Weltkrieg Kommandant von Torpedobooten, 1934 bis 1937 Befehlshaber der Aufklärungsstreitkräfte, 1938/39 Flottenchef, 1940 bis 1943 Kommandierender Admiral Norwegen bzw. Oberbefehlshaber Marineoberkommando Norwegen.

Quelle: MSM/WGAZ

»Was früheren Jahrhunderten und Generationen nur als Sehnsucht und verschwommen vorschwebte, ein für immer gefestigtes großes starkes Deutschland, steht als klares greifbares Ziel vor uns. Zeigen wir uns dieser Aufgabe würdig!« (Boehm im Frühjahr 1939)

schen Überblick deutlich, welche Dimensionen die künftige deutsche Machtpolitik erreichen sollte[68]:

> »Wir müssen uns jedoch darüber klar sein, daß die Entwicklung des deutschen Volkes noch nicht zu Ende ist, sondern, daß wir am Anfang eines neuen Weges stehen, der Großdeutschland in die Reihe der Weltvölker führen wird. Seien wir uns darüber klar, daß der 29.IX.1938 mit seiner Zusammenkunft und Übereinkunft der 4 Staatsmänner in München nicht den Abschluß einer überwundenen unheilvollen Epoche bedeutet. Seien wir uns vielmehr darüber im klaren, daß dieser Tag der *Beginn* war des *schwersten Kampfes*, den das deutsche Volk je auszufechten hatte, des Kampfes, in dem die Entscheidung darüber ausgetragen wird, ob das deutsche Volk sich, dank seiner wachsenden Kraft und Stärke, in unblutiger Weise genügenden Lebensraum u. eine führende Stellung innerhalb der Völker Europas erwerben wird, oder ob es sich diese Stellung erst mit dem Schwerte erringen muß[69].«

Boehm rechnete bei dem für Deutschland »aus der Geschichte überkommenen und unserem jetzigen Existenzkampf« mit einer großen Überlegenheit der potentiellen Gegner (Rußland, Frankreich, England und voraussichtlich auch die Vereinigten Staaten), doch sein Gegenargument war schlicht und doch bezeichnend für die damalige Denkweise, es war ein Argument, das Hitler im Zweiten Weltkrieg gegenüber seinen Militärs immer wieder anführen sollte:

> »Die Geschichte aller Zeiten beweist, daß die absoluten Stärken niemals allein ausschlaggebend gewesen sind, sondern daß die psychologischen Faktoren, unter ihnen als Hauptkräfte Glaube und Wille, einen ausschlaggebenden Einfluß auf die Entscheidungen aller Art ausgeübt haben. Es liegt also beim deutschen Volk und damit bei jedem von uns, die ideellen Kräfte zu mobilisieren und damit das relative Kräfteverhältnis zu unseren Gunsten zu gestalten.«

Bei der marineinternen Diskussion über die Verwendungsmöglichkeiten einer künftigen Flotte fällt auf, daß man zwar die Ungunst der geographischen Ausgangslage erkannte, jedoch die sich daraus ergebende Forderung nach sicheren Stützpunkten außerhalb der Deutschen Bucht weitgehend ausklammerte. So sehr die Inbesitznahme der Küste des Ärmelkanals bis Brest »von ausschlaggebendem Wert« für die eigene See- und Luftkriegführung eingestuft wurde, blieben doch nach den Erfahrungen des Weltkrieges Zweifel, ob »Offensiv-Operationen nach Westen überhaupt als aussichtsreich betrachtet und von der Gesamtkriegführung angestrebt werden«[70]. Raeder hatte nämlich bereits im April 1938 deutlich gemacht, daß sich die Marine davor hüten müsse, »Forderungen an die politische Leitung und Gesamtkriegführung zu stellen, die zwar vom Standpunkt der reinen Seekriegführung als erwünscht und vorteilhaft gelten können, im übrigen aber der *gesamtpolitischen und Wehrmachtkriegslage* nicht Rechnung tragen«[71].

Selbst unter Inkaufnahme der weiterhin ungünstigen geographischen Ausgangslage war Raeder im Herbst 1938 vom Konzept des ozeanischen Kreuzerkrieges, wie es die Seekriegsleitung entwickelt hatte, so überzeugt, daß er – im Gegensatz zur Mehrheit seines Planungsausschusses – vorschlug, neue Panzerschiffe in möglichst großer Zahl gleichzeitig in Bau zu geben, »um vorzeitige englische Gegenmaßnahmen zu verhindern«[72]. Doch Anfang November 1938 konnte er sich damit bei Hitler nicht durchsetzen. Dieser forderte einen stärkeren Schlachtschiffbau, als Raeder für zweckmäßig und realisierbar hielt. Denn Hitler wollte offensichtlich möglichst bald über ein weltweit einsetzbares Machtinstrument verfügen[73]. Raeder akzeptierte diese gravierende Veränderung seines Konzeptes und ließ einen Plan (Z-Plan) erarbeiten, der im Kern bis 1946 den Bau von sechs großen Schlachtschiffen (mit Motorenantrieb und 40,6 cm-Geschützen) sowie acht neuen Panzerschiffen vorsah. Darüber hinaus sollten wenige Flugzeugträger, Kreuzer und etwa 160 größere U-Boote für Fernverwendungen die wichtigsten Träger des atlantischen Seekrieges werden[74].

Nachdem Hitler im Januar 1939 befohlen hatte, daß der »Aufbau der Kriegsmarine allen anderen Aufgaben einschließlich der Aufrüstung der beiden anderen Wehrmachtteile« vorzugehen habe[75], zeichnete sich in Umrissen der Aufbau einer großen, modernen Flotte ab, mit der das Reich nach der Kündigung des deutschbritischen Flottenabkommens am 28. April 1939 eine Seemachtstellung anstrebte, die langfristig – in Verbindung mit der erneuten Besitznahme von Kolonien und damit weltweiten Stützpunkten – die britische Vorherrschaft zur See ablösen sollte[76]. Allerdings zeigten sich bei der Umsetzung des Rüstungsplanes schon bald die Grenzen, auf die das Kriegführungspotential eines modernen Industriestaates stieß, der außer Kohle kaum über strategische Rohstoffreserven verfügte.

Bevor es zu ersten Friktionen bei ihrer Rüstung kam, sah sich die Marine am 3. September 1939 plötzlich mit einem Seekrieg konfrontiert, auf den sie in keiner Weise vorbereitet war. In seiner Enttäuschung über diese Entwicklung, die alle Hoffnungen auf die angestrebte Seemachtposition des Reiches bereits im Keime zu ersticken schien, hielt Raeder fest, wie er sich den Einsatz der Z-Plan-Flotte ab 1944 vorgestellt hatte[77]: Der ozeanische Handelskrieg sollte mit drei schnellen

Schlachtschiffen, drei Panzerschiffen, fünf Schweren Kreuzern, einigen Leichten Kreuzern, zwei Flugzeugträgern und etwa 190 U-Booten geführt werden.

»Bei der Jagd der englischen Flotte auf diese über die Ozeane zerstreuten, Handelskrieg führenden deutschen Streitkräfte würden zwei Gruppen von je 3 schwersten Schlachtschiffen mit Motoren und 40 cm-Geschützen die Aufgabe gehabt haben, die zur Jagd mehr oder weniger aufgelöst fahrenden englischen schweren Streitkräfte zu stellen und zu schlagen.« Die vier Schlachtschiffe der »Scharnhorst«- und »Bismarck«-Klasse[78] sollten einen Teil der britischen Flotte im Heimatbereich binden. »Auf diese Weise wäre, insbesondere bei Mitwirkung von Japan und Italien, [...] gute Aussicht gewesen, die englische Flotte zu schlagen und die englischen Zufuhren abzuschneiden, d.h. die Endlösung der englischen Frage zu finden.«

Diese »Endlösung« bedeutete nach dem Selbstverständnis Raeders offensichtlich nicht nur die militärische Niederlage Großbritanniens, sondern auch die Ablösung dieser Seemacht durch Deutschland. Allerdings fällt bei diesen »Gedanken« des Ob.d.M. auf, daß er mit keinem Wort die geographische Ausgangslage und die fehlenden Stützpunkte außerhalb der Deutschen Bucht erwähnte und darüber hinaus die Erfahrungen des Reiches im Ersten Weltkrieges mit der Politik und den Ressourcen der zweiten atlantischen Seemacht USA völlig ausklammerte.

Als im Zweiten Weltkrieg innerhalb der Marineführung die selbstkritische Frage auftauchte, warum das Reich nicht von vornherein den U-Bootbau stärker forciert habe, kam Wilhelm Treue als Historiker des OKM bereits 1943 zu dem Ergebnis, daß die Marine bis 1939 beim künftigen Kampf gegen die britischen Seeverbindungen die entscheidende Wirkung nicht von U-Booten, sondern vor allem von Überwassereinheiten erwartet hatte. Die Hauptursache für den Verzicht auf einen forcierten U-Bootbau sah Treue jedoch in der machtpolitischen Zielsetzung der deutschen Marinerüstung vor 1939[79]: »Im Ziele des deutschen Flotten- und allgemeinen Macht- und Staatsaufbaues lag es, eine an Stärke Englands ähnliche Welt- und Seemacht zu werden, nicht *nur* eine U-Bootsmacht ersten Ranges mit allen ihren engen Grenzen und trotzdem eindeutig offensiven Drohungen.«

Der damalige Führer der U-Boote (F.d.U.), Kapitän zur See Karl Dönitz, hat zwar im Herbst 1938 an einem wichtigen Kriegsspiel teilgenommen, dem der für 1943 angenommene Kriegsfall Deutschland-Italien gegen England-Frankreich zu Grunde lag, doch dabei hat er offensichtlich nicht für eine abweichende Konzeption plädiert, die den U-Booten die entscheidende Rolle im Kampf gegen die britischen Seeverbindungen zuwies[80]. Die Erkenntnis der Seekriegsleitung, daß »von einer offensiven Seekriegführung nur mit U-Booten [keine] zu weitreichenden Erfolge erwartet werden« dürften[81], entsprach offenbar der damals allgemein gültigen Auffassung. Dönitz kam allerdings im Frühjahr 1939 nach einem Kriegsspiel seines eigenen Befehlsbereichs zu dem Ergebnis, daß der Anteil der für den Atlantikeinsatz geeigneten und verfügbaren Boote beim weiteren Ausbau der Flotte auf über 350 Boote gesteigert werden sollte. Dieser Forderung schloß sich der Flottenchef, Admiral Hermann Boehm, an. Es ist zwar bislang nicht bekannt, ob und wie Raeder, dem der Vorgang vorgelegen hat, diese Forderung bei den weiteren

Bauplanungen umsetzen wollte, doch die Seekriegsleitung ging bereits Anfang
August 1939 bei den U-Booten von einem »zu erweiternden Z-Plan« aus und wies
darauf hin, daß ein verstärkter U-Bootbau mit den zur Verfügung stehenden fünf
U-Bootwerften in den nächsten Jahren nicht möglich sei und daher »die sofortige
Einschaltung weiterer Werften in den U-Bootsbau gefordert werden« müsse[82].

V. Optionen und Seekriegsmittel in der vorzeitigen Konfrontation

Bei Kriegsausbruch 1939 stand die Kriegsmarine angesichts der großen Überlegenheit der Gegnermächte England und Frankreich vor einer vermeintlich aussichtslosen Lage. Raeder stellte daher resignierend fest, daß die wenigen U-Boote
und Überwasserstreitkräfte nicht kriegsentscheidend wirken könnten, sondern
ihnen nichts anderes übrig bliebe, als »mit Anstand zu sterben« und damit »die
Grundlage für einen späteren Wiederaufbau zu schaffen«[83]. Mit Blick zurück auf
das Kriegsende 1918 schien die Marineführung den Sinn ihres künftigen Handelns
zunächst nur darin zu sehen, in Kampf und Untergang die Existenzberechtigung
ihres Wehrmachtteils zu beweisen. – Dies galt jedoch nicht für den Führer der
U-Boote, Karl Dönitz. Er war davon überzeugt, daß die einzige Möglichkeit,
»England auf die Knie zu zwingen«, im Angriff auf seine Seeverbindungen im
Atlantik liege, und daß dabei das U-Boot »immer das Rückgrat der Kriegführung«
sein werde. Bereits am 1. September 1939 meldete er daher erneut einen Gesamt-
bedarf von etwa 300 einsatzbereiten Booten an, um möglichst bald mit 90 Booten
gleichzeitig im Nordatlantik operieren zu können[84]. Als sich im Oktober 1939 die
Hoffnung auf ein baldiges Kriegsende zerschlug, kam es Raeder darauf an, bei
Hitler den Übergang zu einem umfassenden Wirtschaftskrieg durchzusetzen, dessen Träger vor allem U-Boote und Luftstreitkräfte sein sollten. Doch Hitler rechnete noch mit einem kurzen Krieg und hoffte auf ein Einlenken Großbritanniens.
Hinzu kam, daß der bevorstehende Feldzug im Westen eine Schwerpunktbildung
bei Heeres- und Luftwaffenrüstung erforderte[85].
    Eine völlig neue Ausgangslage ergab sich ab Sommer 1940, als das Reich nach
der Eroberung Norwegens und Dänemarks und der überraschenden Niederlage
Frankreichs, Belgiens und der Niederlande die europäische Festlandküste vom
Nordkap bis zu den Pyrenäen beherrschte und damit über eine hervorragende
geographische Basis für den offensiven Ansatz von See- und Luftstreitkräften
gegen Großbritannien verfügte. In der Euphorie des unerwarteten Erfolges entstanden in der Seekriegsleitung Pläne, die den Z-Plan weit in den Schatten stellten
und als Fernziel ein Flotte anvisierten, mit der nach der erwarteten Niederlage
Großbritanniens der Kampf mit den USA um die Weltherrschaft aufgenommen
werden sollte[86]. Allerdings mußte die Marineführung, nicht zuletzt aus der Erfahrung des Ersten Weltkrieges, zur gleichen Zeit bereits davon ausgehen, daß eine
offensive Seekriegführung im Atlantik zur Ausschaltung der britischen Seemacht
eine Gegenreaktion der USA auslösen würde, sobald die Existenz des Inselreiches
bedroht war. Dies zeichnete sich bereits im Juli 1940 ab, als Washington den Aus-

Admiral Karl Dönitz (1891–1980)
Befehlshaber der U-Boote von 1939 bis Januar 1943,
ab Januar 1943 bis Kriegsende als Großadmiral
Oberbefehlshaber der Kriegsmarine
                    Quelle: Archiv MSM/WGAZ

»Wir sitzen in einer Klemme, die aber wieder eindeutig zeigt,
daß man alles, aber auch restlos alles in die U-Bootswaffe hinein-
stecken sollte, daß die Fiktion, daß wir immer noch eine See-
macht mit Überwasserstreitkräften sind, zusammenbricht, sowie
an irgendeiner Stelle irgendeine Forderung des Seekrieges an uns
herantritt.«
(Dönitz an den F.d.U. Italien, 5. Januar 1942)

bau seiner Marine forcierte und damit die Zielsetzung verband, sowohl im Atlantik als auch im Pazifik als überlegene Seemacht auftreten zu können. Angesichts der erkennbaren Grenzen der eigenen Ressourcen sah die Seekriegsleitung (Skl) bereits im Dezember 1940 in der wachsenden Unterstützung der britischen Kriegführung durch die USA eine gefährliche Entwicklung »in Richtung einer starken Kriegsverlängerung«, was sich »höchst nachteilig für die deutsche Gesamtkriegführung auswirken« werde[87]. Hinter dieser Formulierung verbarg sich die Einschätzung, daß das Reich wohl kaum einen langen Abnutzungskrieg gegen beide atlantische Seemächte durchstehen könne. Raeder forderte daher von Hitler »die klare und ausschließliche Schwerpunktbildung gegen England«. Doch dieser verwies auf die vermeintlich neue politische Lage, die eine Ausschaltung der Sowjetunion erfordere[88]. Hitler wußte aber auch, daß ein forcierter Wirtschaftskrieg selbst bei größter Kraftanstrengung nicht innerhalb eines Jahres durchgreifende Erfolge bringen konnte und zudem mit dem Risiko des Kriegseintritts der USA belastet war.

Bau und Herstellung der Einsatzbereitschaft von U-Booten in der von der Marine gewünschten Größenordnung erforderten einen Zeitraum von etwa zwei Jahren, so daß frühzeitig eine Konzentration der Kräfte erforderlich war, doch die Realität sah bis Ende 1940 anders aus. Der Bestand an U-Booten war seit Kriegsbeginn lediglich von 57 auf 73 Einheiten gestiegen, von denen wiederum nur 27 für Fronteinsätze eingeplant werden konnten, zwölf weniger als im September/ Oktober 1939. Auch wenn diese Boote bei ihren Einsätzen, nicht zuletzt wegen der kurzen Anmarschwege von Westfrankreich aus, relativ hohe Erfolge erzielten, konnte die günstige geographische Ausgangslage nicht in dem erwünschten Ausmaß genutzt werden. Daher setzte die Skl ihre Hoffnungen auf laufende Atlantikeinsätze mit schweren Überwassereinheiten. Doch nach ersten Erfolgen im Frühjahr 1941 kam es im Mai 1941 mit dem Untergang der »Bismarck« zu einem schweren Rückschlag, der praktisch das Ende dieses ehrgeizigen Konzeptes bedeutete, auch wenn die Skl noch bis Ende 1941 die Illusion hatte, nochmals Schlachtschiffe in den Atlantik zu entsenden.

Unter dem Eindruck der Anfangserfolge des Rußlandfeldzuges und der wachsenden Unterstützung der britischen Seekriegführung durch die USA analysierte die Skl im Juli 1941 die strategische Gefährdung des Reiches und beschrieb dabei in Anlehnung an Mahan das Dilemma einer europäischen Kontinentalmacht, der wesentliche Elemente einer Seemacht fehlten und die trotzdem gegen die größten Seemächte der Welt kämpfen müsse[89]:

> »Im Gegensatz zum Weltkrieg 1914/18, in dem wir die zweitstärkste Schlachtflotte der Welt, aber keine für ihren Einsatz erforderliche Operationsbasis besaßen, verfügen wir jetzt über eine strategisch günstige Ausgangsbasis, jedoch es fehlt uns die zum Einsatz erforderliche Atlantik-Schlachtflotte.«

Doch angesichts der offenen Entscheidung in Rußland mußte die Skl akzeptieren, daß sich die Grundstruktur der deutschen Strategie nicht ändern konnte und daß sich mit dem verfügbaren Streitkräftepotential ihre weit ausgreifenden Pläne nicht realisieren ließen.

Hinzu kam, daß die ständigen Reparaturen der wenigen Schlachtschiffe und Kreuzer die Instandsetzungskapazitäten bereits derart beanspruchten, daß darunter die Einsatzbereitschaft der U-Boote zu leiden begann, was Dönitz im November 1941 zu dem radikalen Vorschlag veranlaßte, die schweren Einheiten nicht mehr für eine Atlantikkriegführung einzuplanen[90]. Auch wenn die Skl noch nicht bereit war, dieser Argumentation zu folgen, so mußte sie sich Anfang 1942 doch dem Druck Hitlers beugen, der die Verlegung der schweren Einheiten vom Atlantik nach Norwegen durchsetzte. Somit blieb die Nutzung von Brest als Ausgangsbasis für weiträumige Schlachtschiffoperationen, wie es ein weitblickender Stabsoffizier ausdrückte, »ein strategischer-operativer *Wunschtraum*, der seine Erfüllung nicht gefunden hat und auch in Zukunft durch die gegnerische Luftüberlegenheit nicht finden konnte«[91].

Nachdem das Deutsche Reich den Vereinigten Staaten am 11. Dezember 1941 den Krieg erklärt hatte, blieben die hohen Schiffsverluste ein entscheidendes Problem der alliierten Kriegführung. Ausreichender Handelsschiffsraum war einmal für das Durchhalten von Großbritannien lebensnotwendig und bildete zum anderen die Voraussetzung für jede Offensive gegen die Achsenmächte sowohl im Pazifik als auch im europäischen Raum. Da die deutsche Marine nie die Aussicht hatte, das Machtelement der gegnerischen Seemächte auszuschalten, konzentrierte sie sich allein auf die Vernichtung des Transportelements, um so eine Entscheidung zu erzielen. Mit der Abschnürung der Zufuhren sollten die Widerstandskraft Großbritanniens allmählich gebrochen und zugleich die USA vom Europa ferngehalten werden. Im Hinblick auf die Steigerung des alliierten Handelsschiffbaus hatte Dönitz bereits im November 1941 auf den Zeitfaktor aufmerksam gemacht, der gegen Deutschland arbeite[92]: Es sei richtig, »möglichst bald zu schlagen«, ehe die zu lösende Aufgabe immer schwieriger werde. Er stellte kategorisch fest, daß die Marine »nur noch durch das U-Boot entscheidend an der siegreichen Beendigung dieses Krieges mitwirken« könne.

Die hohen Versenkungserfolge der U-Boote im Frühjahr und Sommer 1942 schienen darauf hinzudeuten, daß mit dem Konzept des Tonnagekrieges ein Erfolg zu erzielen war. Doch im September gab es in der Skl erste Zweifel, daß der U-Bootkrieg im Hinblick auf das feindliche Schiffbauprogramm »eine kriegsentscheidende Auswirkung im Sinne der totalen Niederringung der Gegenmächte nicht erzielen« könne[93]. Dieser aufschlußreiche Satz wurde zwar aus dem Entwurf gestrichen, bevor die Lagebeurteilung einem größeren Leserkreis auch außerhalb der Skl zur Verfügung stand, doch mit der historischen Begründung, daß »noch kein geschichtlicher Krieg [...] durch den Einsatz *eines* Kriegsmittels gewonnen worden« sei[94], bewegte sich die Skl bereits auf einer Ebene, die den realen Gegebenheiten recht nahe kam, denn es war schon zu diesem Zeitpunkt absehbar, daß angesichts der enormen amerikanischen Kapazitäten und Fertigungsmethoden im Schiffbau ein »Wettrennen« zwischen den Neubauten und Versenkungen nicht zu gewinnen war.

Im Frühjahr 1943 versuchte Dönitz als neuer Oberbefehlshaber der Kriegsmarine zwar mit einer Konzentration der Kräfte, sein Konzept des Tonnagekrieges durchzuhalten, um noch einen Erfolg zu erzwingen. Doch bereits im April 1943 sah er auch das Risiko des Scheiterns, wenn es nicht gelinge, »dieses Mehr zu versenken, was über der Neubaumöglichkeit des Gegners liegt«[95]. Im Grunde mußte er jedoch aus den Berechnungen der Skl wissen, daß »dieses Mehr« an Versenkungen reine Illusion war, daß der Kampf der U-Boote nach dem Konzept des Tonnagekrieges schon längst verloren war.

Hitler hatte zwar mehrfach zu erkennen gegeben, daß er den U-Boot-Krieg für »kriegsentscheidend« hielt, doch erst als sich nach der Stalingrad-Katastrophe im Frühjahr 1943 herauskristallisierte, daß nur noch die U-Boote das einzig verbliebene Offensivpotential der deutschen Kriegführung bildeten, erhielt die Marinerüstung in der Gesamtrüstung eine hohe Priorität. Allerdings gab es seit Herbst 1942 – auch von Dönitz als B.d.U. erkannte! – Warnsignale, die darauf hindeuteten, daß die bisherige Konzeption des Waffensystems U-Boot, d.h. eines über Wasser operierenden und unter Wasser weitgehend stationären Tauchbootes, angesichts der enormen Leistungssteigerung der alliierten U-Bootabwehr nicht mehr erfolgversprechend sein konnte. Die Lage erforderte einen Umdenkungsprozeß, dessen Ergebnis der radikale Übergang vom Tauchboot zum echten Unterseeboot sein mußte.

Als Dönitz im Mai 1943 die U-Boote aus dem Nordatlantik wegen der untragbar hohen Verluste zurückziehen mußte, sah er diese Entscheidung in Fehleinschätzung der alliierten Überlegenheit zunächst nur als eine vorübergehende Maßnahme an. Es war für ihn selbstverständlich, U-Boote auch künftig zur Kräftebindung des Gegners im Atlantik einzusetzen, doch diese Einsätze führten weiterhin zu hohen Verlusten und damit zum Verschleiß von Personal und Material, ohne entsprechende Erfolge. Jetzt rächte sich, daß die bisherige U-Bootrüstung zu einseitig auf die Verbesserung der Tauchbootkonzeption ausgerichtet war.

Ab Sommer 1943 konzentrierten sich alle Hoffnungen der Marineführung auf den »neuen U-Boot-Krieg«, der im Herbst 1944 mit den inzwischen entwickelten echten Unterseebooten einsetzte sollte. Es waren Boote, die mit Hilfe eines Schnorchels und ihres diesel-elektrischen Antriebs ständig unter Wasser operieren konnten[96]. Noch im Oktober 1944, als Westeuropa für das Reich bereits verloren war, gab sich Dönitz zuversichtlich, den Tonnagekrieg wieder aufnehmen und damit die Offensivkraft der atlantischen Seemächte entscheidend schwächen zu können[97]: »Was nutzt ihnen dann ihre große Seemacht und aller Aufwand, wenn sie trotzdem ihre Schiffe verlieren. Die angelsächsischen Führer sind sich ihrer Lage auch durchaus bewußt und bezeichnen den deutschen Tonnagekrieg als die einzige Gefahr ihrer ganzen Kriegführung, die plötzlich eines Tages wieder akut werden kann.« – Nur wenige Tage später hatten jedoch die Alliierten durch ihre Funkaufklärung eine Kurzfassung des Vortrages in ihren Händen, die als Sonderlage des Ob.d.M. »Warum Ubootskrieg?« an alle im Atlantik befindlichen U-Boote gefunkt worden war[98]. Diesem Funkspruch war zu entnehmen, daß eine Wiederaufnahme des U-Bootkrieges bevorstand. Dönitz hatte nämlich den Kampf gegen die Westmächte »als die entscheidendste Front dieses Krieges« und die »Ansatzpunkte eines neuen U-Bootkrieges« als »durchaus günstig« bezeichnet. Er hoffte auch, daß durch diesen U-Bootkrieg vielleicht »doch die letzte Entscheidung« falle. Allerdings wußte Dönitz, und hat dies gegenüber Hitler auch mehrfach zum Ausdruck gebracht, daß der »neue U-Bootkrieg« ohne weitreichende Luftaufklärung keine großen Erfolge bringen konnte[99]. Doch indem die alliierten Bomber das Rüstungspotential des Reiches in Schutt und Asche legten, blieb nicht nur die so dringend benötigte Fernaufklärung für die Marine ein Wunschtraum, sondern auch die Realisierung ihres letzten ehrgeizigen U-Boot-Bauprogramms.

Wie ein Kontrastprogramm zur desolaten Lage der eigenen Rüstung wirkte demgegenüber eine amerikanische Veröffentlichung, die am 15. Dezember 1944 in der Skl einging und von ihr kommentarlos im KTB registriert wurde. Demnach hatte die U.S. Navy seit Juli 1940 folgende Neubauten erhalten: Zehn Schlachtschiffe, 123 [sic!] Flugzeugträger[100], 31 Kreuzer, 300 Zerstörer, 170 U-Boote, über 800 Hilfsschiffe und etwa 32 000 Landungsfahrzeuge verschiedener Typen[101]. – Die deutsche Marineführung wußte also allein aus diesen, in keiner Weise angezweifelten Daten, welches Machtelement der Gegner auf dem europäischen Kriegsschauplatz noch entfalten konnte, sobald Japan niedergerungen war. Alle Hoffnungen der Marineführung auf eine Wiederaufnahme der Offensive bewegten sich daher bis Kriegsende im Reich der Illusionen, die Dönitz mit seinem fanatischen Durchhaltekomplex noch verstärkte.

Als sein engster langjähriger Mitarbeiter aus der U-Bootführung, Konteradmiral Eberhard Godt, im Februar 1945 telefonisch seine Sorgen über die Gesamtlage zum Ausdruck brachte, herrschte ihn Dönitz mit den Worten an, er solle nicht immer nach dem Osten starren: »Sagen Sie den U-Bootkommandanten, daß es auf den Westen ankommt. Im Osten können wir den Krieg niemals verlieren[102].« Es war nicht zuletzt Dönitz, der Hitler bis kurz vor Kriegsende die Möglichkeit einer »Wende« der Gesamtkriegslage durch die Seekriegführung, d.h. durch den Einsatz der neuen U-Boote und durch die Opferbereitschaft der Kleinkampfverbände[103], suggerierte und damit den Durchhaltekomplex des Diktators noch bestärkte, ob-

wohl er wissen mußte, daß für eine derartige Wende inzwischen alle Voraussetzungen fehlten. Indem Dönitz seine früher geäußerte Einsicht verdrängte, daß mit
einer erfolgreichen Landung der Alliierten im Westen die Vorentscheidung über
den Kriegsausgang fallen würde[104], und er ab Sommer 1944 nichts unternahm, um
Hitler zu einer Beendigung des Krieges zu bewegen, versagte er als Oberbefehlshaber, dessen Verantwortungsbewußtsein und strategisches Denken über die Res-
sortgrenzen hinausgehen mußte.

VI. Schlußbetrachtung

Von Tirpitz über Raeder bis Dönitz zieht sich das Problem der Seemacht und der
damit verbundenen angestrebten Machtstellung des Reiches wie ein roter Faden
durch alle strategischen Überlegungen, die letztlich stets auf Konfrontation mit
den atlantischen Seemächten abzielten.

Es gehört zu den grundlegenden Erfahrungen des Ersten Weltkrieges, daß
Deutschland durch eine Seeblockade über Jahre hinweg strategisch so geschwächt
wurde, daß eine Niederlage nicht mehr abzuwenden war. Die Marineführung erkannte nicht, daß Seemacht im Kern das Produkt aus den Faktoren Flottenstärke
und geographischer Position bedeutete. Es gelang nicht, für den Einsatz der
Hochseeflotte und der U-Boote eine integrierte Konzeption zu entwickeln, die
sich vor allem die Bekämpfung des Transportelements der gegnerischen Seemacht
als operatives Ziel setzte.

Die Bereitschaft der Marineführung, nach 1933 eine erneute Konfrontation mit
der Seemacht Großbritannien hinzunehmen, ohne über eine bessere geographische Ausgangslage, angemessene Seekriegsmittel und strategische Rohstoffreserven zu verfügen, läßt erkennen, daß die Auswertung der Erfahrungen des Ersten
Weltkrieges begrenzt geblieben war und daß es im strategischen Denken weiterhin
gefährliche Defizite gab, was im Zweiten Weltkrieg entsprechende Folgen haben
sollte.

Als Dönitz im Mai 1943 die U-Boote aus dem Nordatlantik zurückziehen
mußte, war eine offensive seestrategische Konzeption gescheitert, die unter Verzicht auf den Kampf um die Seeherrschaft allein in der Minderung und der Ausschaltung des Transportelements der überlegenen atlantischen Seemächte eine
Entscheidung erzwingen wollte. Diese Konzeption konnte sich nur auf ein Waffensystem abstützen, das inzwischen seine Fähigkeit eingebüßt hatte, sich dem
Ortungs- und Abwehrpotential des Gegners zu entziehen. Diese Unterlegenheit
führte dazu, daß bei den weiteren Einsätzen der U-Boote bis Kriegsende ein ver-
senktes Handelsschiff mit dem Verlust eines U-Bootes (meist mit der gesamten
Besatzung) bezahlt werden mußte.

Die Konzeption des U-Bootkrieges war allerdings nicht von vornherein aussichtslos, sondern scheiterte an der unzureichende Schwerpunktbildung der Marinerüstung in den ersten Kriegsjahren, an der indirekten und bald darauf direkten
Unterstützung Großbritanniens durch die USA mit ihren Seestreitkräften und

nicht zuletzt an den Ressourcen und der industriellen Leistungsfähigkeit dieser zur
Weltmacht aufstrebenden zweiten atlantischen Seemacht, die von deutscher Seite
trotz der Erfahrungen des Ersten Weltkrieges wiederum sträflich unterschätzt
worden war. – Im Hinblick auf die strategische Wirkung einer offensiven U-Boot-
kriegführung im Rahmen eines Tonnagekrieges zeigt die Niederlage Japans im
Pazifik durchaus beispielhaft die strategische Gefährdung eines von Seeverbindungen abhängigen Inselreiches. Indem die japanische Marineführung ab 1942 die
eigenen langen Seewege nur unzureichend sicherte und sich statt dessen vor allem
auf die Ausschaltung der gegnerischen Flotte, auf das Machtelement des Gegners,
konzentrierte, konnten die U-Boote der U.S. Navy erfolgreich gegen das Trans-
portelement der japanischen Seemacht vorgehen und damit die Kriegswirtschaft
Japans bereits vor dem Einsatz der Atombombe weitgehend zum Erliegen bringen[105].

Im 20. Jahrhundert hat Deutschland zweimal versucht, in einer Konfrontation
mit den atlantischen Seemächten durch Vernichtung ihres Transportelements eine
Entscheidung zu erzwingen. Beide Versuche sind mit schweren und verlustreichen
Niederlagen gescheitert. Es waren nicht nur unzureichende Mittel und Konzeptionen, die zu diesem Ergebnis führten, sondern auch Unzulänglichkeiten im Denken
einer Marineführung, die nicht die natürlichen Grenzen erkannte, die jeder deutschen Seestrategie gesetzt waren, ja gesetzt werden mußten.

Grab eines unbekannten deutschen
Seemanns von U-853 auf einem
Friedhof von Newport, R.I. Das
U-Boot ist am 6. Mai 1945 bei
einem Wasserbombenangriff mit
seiner gesamten Besatzung
(55 Mann) versenkt worden.
Quelle: Archiv des Herausgebers

Anmerkungen

* Bei diesem Beitrag handelt es sich um die überarbeitete, in einigen Punkten auch ergänzte und revidierte Fassung eines Aufsatzes, der erstmals 2002 in folgendem Sammelband erschienen ist: Erster Weltkrieg – Zweiter Weltkrieg. Ein Vergleich. Krieg, Kriegserlebnis, Kriegserfahrung in Deutschland, im Auftrag des MGFA hrsg. von Bruno Thoß und Hans-Erich Volkmann, Paderborn, München, Wien 2002, S. 211–240.

1 Alfred Thayer Mahan, The Influence of History upon Sea Power, 1660–1783, Boston 1890. – Zu der Wirkung des Werkes und seinen Folgebänden in Deutschland siehe Michael Epkenhans, Seemacht = Weltmacht. Alfred T. Mahan und sein Einfluß auf die Seestrategie des 19. und 20. Jahrhunderts, in: Kiel, die Deutschen und die See, hrsg. von Jürgen Elvert, Jürgen Jensen und Michael Salewski, Stuttgart 1992 (= Historische Mitteilungen der Ranke-Gesellschaft [HMRG], Beih. 3), S. 35–47, und Holger H. Herwig, The Influence of A.T. Mahan Upon German Sea Power, in: The Influence of History on Mahan. The Proceedings of a Conference Marking the Centenary of Alfred Thayer Mahan's The Influence of Sea Power Upon History, 1660-1783, ed. by John B. Hattendorf, Newport, R.I. 1991, S. 67–80.

2 Zur Rezeption und zum Bedeutungswandel der Begriffe siehe Ernst Wolgast, Seemacht und Seegeltung. Entwickelt an Athen und England, Berlin 1944, und Heinrich Gerlach, Was heißt »Seemacht«? Versuch einer Begriffsbestimmung, in: Marine-Rundschau, 63 (1966), S. 61–69. Vgl. dazu Edward Wegener, Was heißt Seemacht? Ein Diskussionsbeitrag zum »Versuch einer Begriffsbestimmung«, in: Marine-Rundschau, 63 (1966), S. 254–263, Edward Wegener, Die Elemente von Seemacht und maritimer Macht, in: Seemacht und Außenpolitik, hrsg. von Dieter Mahncke und Hans-Peter Schwarz, Frankfurt a.M. 1974, S. 25–58, und Jörg Duppler, Seemacht, Seestrategie, Seeherrschaft, in: Seemacht und Seestrategie im 19. und 20. Jahrhundert, im Auftrag des MGFA hrsg. von Jörg Duppler, Hamburg, Berlin, Bonn 1999 (= Vorträge zur Militärgeschichte, Bd 18), S. 14–20.

3 Taktische und Strategische Dienstschriften des Oberkommandos der Marine Nr. IX: Allgemeine Erfahrungen aus den Manövern der Herbstübungsflotte, Berlin, 16.6.1894, Bundesarchiv-Militärarchiv (BA-MA) RM 4/176. – In Auszügen veröffentlicht in: Volker R. Berghahn und Wilhelm Deist, Rüstung im Zeichen der wilhelminischen Weltpolitik. Grundlegende Dokumente 1890–1914, Düsseldorf 1988. S. 87–99; vgl. dazu Volker R. Berghahn, Der Tirpitz-Plan. Genesis und Verfall einer innenpolitischen Krisenstrategie unter Wilhelm II., Düsseldorf 1971, S. 45–89; Ivo N. Lambi, The Navy and German Power Politics, 1862–1914, Boston 1984, S. 68–86, sowie Rolf Hobson, Imperialism at Sea. Naval Strategic Thought, the Ideology of Sea Power and the Tirpitz Plan, 1875–1914, Boston 2002; deutsche Übersetzung: Rolf Hobson, Maritimer Imperialismus. Seemachtideologie, seestrategisches Denken und der Tirpitzplan 1875 bis 1914, aus dem Englischen übersetzt von Eva Besteck, hrsg. vom MGFA, Potsdam, und dem Institut für Verteidigungsstudien, Oslo, München 2004 (= Beiträge zur Militärgeschichte, Bd 61).

4 Nach Ludwig Dehio, Deutschland und die Weltpolitik im 20. Jahrhundert, Frankfurt a.M. 1961 (= Fischer-TB Nr. 352) S. 69; vgl. dazu weiterführend Berghahn, Der Tirpitz-Plan (wie Anm. 3), S. 197–201 und Hobson, Maritimer Imperialismus (wie Anm. 3), S. 231–295.

5 Zit. nach Entwurf VAdm Capelle der Disposition für den Immediatvortrag des Staatssekretärs (Sts) RMA am 24.10.1910 zur Frage der Verständigung mit England über Flottenrüstung, in: Berghahn/Deist, Rüstung (wie Anm. 3), S. 329 f. (Dok. Nr. VII/11); vgl. auch Alfred von Tirpitz, Der Aufbau der deutschen Weltmacht, Stuttgart 1924, S. 184 f.

6 Dazu grundlegend Michael Epkenhans, Die wilhelminische Flottenrüstung 1908–1914. Weltmachtstreben, industrieller Fortschritt, soziale Integration, München 1991 (= Beiträge zur Militärgeschichte, Bd 32). Siehe in diesem Band den Beitrag von Rolf Hobson, Die Besonderheiten des wilhelminischen Navalismus.

7 Denkschrift Sts RMA vom Juli 1897: Allgemeine Gesichtspunkte bei der Feststellung unserer Flotte nach Schiffsklassen und Schiffstypen, zit. nach Berghahn/Deist, Rüstung (wie Anm. 3), S. 122–127 (Dok. Nr. II/10); vgl. auch Jonathan Steinberg, Yesterday's Deterrent: Tirpitz and the Birth of the German Battle Fleet, London 1965, S. 208–212 und meinen Aufsatz: Seestrategisches Denken in deutschen Marinen von 1848 bis 1990, in: Seemacht und Seestrategie (wie Anm. 2), S. 53–79.

8   Randbemerkungen des Sts RMA, KAdm Tirpitz, vom November 1899 zu den strategischen Vorstellungen des Kapitäns z.S. von Maltzahn und des VAdm a.D. Valois, zit. nach Berghahn/ Deist, Rüstung (wie Anm. 3), S. 127 (Dok. Nr. II/11).

9   Staatssekretär des RMA an Reichskanzler, 20.4.1907, in: Die große Politik der Europäischen Kabinette 1871–1914. Sammlung der Diplomatischen Akten des Auswärtigen Amtes, im Auftrag des .Auswärtigen Amtes hrsg. von Johannes Lepsius, Albrecht Mendelssohn Bartholdy und Friedrich Thimme, Bd 23: Die Zweite Haager Friedenskonferenz (Zweite Hälfte), Berlin 1927, Dok. Nr. 8006, S. 359–361, Zitat S. 360. Zur Haltung von Tirpitz zum Seebeuterecht siehe im Detail Hobson, Maritimer Imperialismus (wie Anm. 3), S. 303–308 sowie Jost Dülffer, Begrenzter Seekrieg und Deutschlands Zukunft als Weltmacht. Eine deutsche Debatte 1904/06, in: Jost Dülffer, Im Zeichen der Gewalt: Frieden und Krieg im 19. und 20. Jahrhundert, hrsg. von Martin Kräger, Ulrich S. Soénius und Stefan Wunsch, Köln, Weimar, Wien 2003, S. 88–106.

10 Bericht Tirpitz an den Kaiser, 15.6.1897, nach Lambi, The Navy (wie Anm. 3), S. 143; siehe auch die ausführliche Diskussion des Faktors Geographie für die deutsche Seestrategie bei Hobson, Maritimer Imperialismus (wie Anm. 3), S. 293–296.

11 »Über die Bedeutung des Seebeuterechts« (Anlage zum Schreiben Tirpitz an Reichskanzler, 20.4.1907) in: Die große Politik, Bd 23, 2. Teil (wie Anm. 9), S. 361–367, hier S. 365.

12 Siehe Paul M. Kennedy, Maritime Strategieprobleme der deutsch-englischen Flottenrivalität, in: Marine und Marinepolitik im kaiserlichen Deutschland 1871–1914, hrsg. vom MGFA durch Herbert Schottelius und Wilhelm Deist, 2. Aufl., Düsseldorf 1981, S. 178–210, hier S. 197 f.; Edward Wegener, Die Tirpitzsche Seestrategie, ebd., S. 236–262, sowie Uwe Dirks, Julian S. Corbett und die britische Seekriegführung 1914–1918, in: Militärgeschichtliche Mitteilungen (MGM), 37 (1985), S. 35–50.

13 Brief VAdm a.D. E. von Mantey an Adm a.D. Georg-Alexander von Müller, 19.10.1932 (Original im Nachlaß von KptzS a.D. Helmut von Mantey, Kopie im Besitz des Verfassers).

14 Operationsbefehl für den Nordseekriegsschauplatz vom 30.7.1914, in: Der Krieg in der Nordsee, Bd 1, bearb. von Otto Groos, 2. Aufl., Berlin 1922, S. 54 (= Der Krieg zur See 1914–1918, hrsg. vom Marine-Archiv). Zur Seekriegführung 1914–1918 siehe auch meine Aufsätze: Strategische Probleme der deutschen Seekriegführung 1914–1918, in: Der Erste Weltkrieg. Wirkung, Wahrnehmung, Analyse, im Auftrag des MGFA hrsg. von Wolfgang Michalka, München, Zürich 1994 (= Serie Piper, 1927), S. 341–365, sowie Die Kaiserliche Marine und der Erste Weltkrieg, in: Ringelnatz als Mariner im Krieg, hrsg. von Stephan Huck, Bochum 2003, S. 39–89 (= Kleine Schriftenreihe zur Militär- und Marinegeschichte, Bd 4). Die wichtigsten Dokumente zur deutschen Seekriegführung liegen jetzt in einer mehrbändigen Dokumentation vor: Die deutsche Seekriegsleitung im Ersten Weltkrieg, bearb. von Gerhard Granier, Bd 1, Koblenz 1999; Bd 2 und 3, Koblenz 2000; Bd 4, Koblenz 2004 (= Materialien aus dem Bundesarchiv, Heft 9).

15 Weisung an den Flottenchef vom 10.1.1915, in: Der Krieg in der Nordsee, Bd 3, bearb. von Otto Groos, Berlin 1923, S. 158.

16 Aus der Stellungnahme Wilhelms II. vom Dezember 1930 zur Frage der Entstehung des Handelskrieges mit U-Booten im Februar 1915, zit. nach Brief GenMaj a.D. Graf von Schwerin an VAdm a.D. von Mantey, 22.12.1930, BA-MA, RM 8/527, Bl. 111.

17 Immediatbericht über die Seeschlacht vor dem Skagerrak, 4.7.1916, zit. nach: Der Krieg in der Nordsee, Bd 6, bearb. von Walter Gladisch, Berlin 1937, S. 12.

18 Zu Nachweisen siehe Rahn, Strategische Probleme (wie Anm. 14), S. 353, Anm. 49.

19 Zum U-Booteinsatz 1914–1918 siehe jetzt: Joachim Schröder, Die U-Boote des Kaisers. Die Geschichte des deutschen U-Boot-Krieges gegen Großbritannien im Ersten Weltkrieg, Bonn 2003; sowie Axel Niestlé, Wechselwirkung zwischen U-Bootbau und strategischer Konzeption für den U-Boot-Einsatz in den Weltkriegen, in: Erster Weltkrieg – Zweiter Weltkrieg (wie Anm *), S. 241–255.

20 Die »Lusitania« sank am 7.5.1915 nach einem Torpedotreffer von U-20 innerhalb weniger Minuten, dabei verloren 1198 Menschen (darunter 120 U.S.-Bürger) ihr Leben. – Zu den Details und diplomatischen Folgen siehe vor allem: Der Handelskrieg mit U-Booten, bearb. von Arno Spindler, Bd 2: Februar bis September 1915, Berlin 1933, S. 86–103.

21 Deutsche Note an die Vereinigten Staaten, 4.5.1916, in: Der Handelskrieg (wie Anm. 20), Bd 3, Berlin 1934, S. 145–149, Zitat S. 148.

22 Vgl. Gerhard Ritter, Staatskunst und Kriegshandwerk. Das Problem des Militarismus in Deutschland, Bd 3, München 1964, S. 376–416.

23 Zu den Planungen des letzten Flotteneinsatzes siehe vor allem Wilhelm Deist, Die Politik der Seekriegsleitung und die Rebellion in der Flotte Ende Oktober 1918, in: Vierteljahreshefte für Zeitgeschichte (VHfZ), 14 (1966), S. 341–368 sowie Gerhard P. Groß, Eine Frage der Ehre? Die Marineführung und der letzte Flottenvorstoß 1918, in: Kriegsende 1918. Ereignis, Wirkung, Nachwirkung, im Auftrag des MGFA hrsg. von Jörg Duppler und Gerhard P. Groß, München 1999 (= Beiträge zur Militärgeschichte, Bd 53), S. 349–375 (siehe auch Beitrag in diesem Band).

24 So beispielsweise Thomas Nipperdey, Deutsche Geschichte 1866–1918, Bd 2: Machtstaat vor der Demokratie, München 1993, S. 771.

25 VAdm a.D. E. von Mantey an Adm a.D. von Müller, 19.10.1932 (wie Anm. 13).

26 Zu den folgenden Ausführungen siehe Werner Rahn, Reichsmarine und Landesverteidigung 1919–1928. Konzeption und Führung der Marine in der Weimarer Republik, München 1976, S. 123–128.

27 Dirk Horten, Auswertung von U-Booterfahrungen im Ersten Weltkrieg. Eine Untersuchung anhand von Winterarbeiten in der Reichsmarine 1922–1933, Hamburg 1972 (unveröffentlichtes Ms., Führungsakademie der Bundeswehr, Bibliothek); vgl. dazu auch die materialreiche Dissertation von Allison W. Saville, The Development of the German U-Boat Arm, 1919–1935, Phil. Diss. Washington 1963 und Niestlé, Wechselwirkung (wie Anm. 19).

28 Das Werk gliedert sich in folgende Abteilungen: Nordsee, Ostsee, Kreuzerkrieg, Handelskrieg mit U-Booten, türkische Gewässer, Kolonien, Technik. Siehe Gerd Sandhofer, Von der preußisch-deutschen Militärgeschichtsschreibung zur heutigen Militärgeschichte. Teilstreitkraft Marine, in: Geschichte und Militärgeschichte. Wege der Forschung, hrsg. von Ursula v. Gersdorff, Frankfurt a.M. 1974, S. 55–66.

29 Siehe Michael Salewski in einer Rezension über die Dokumentation: Die deutsche Seekriegsleitung (wie Anm. 14), in: Das Historisch-Politische Buch, 48 (2000), S. 81 f.

30 Brief Mantey an seine Mutter, 5.8.1923, auszugsweise Abschrift in Nachlaß von KptzS a.D. Helmut von Mantey (wie Anm. 13).

31 Der Krieg in der Nordsee, Bd 1 (wie Anm. 14), S. 44.

32 Brief VAdm a.D. von Mantey an Raeder, 18.11.1932, Original in Nachlaß von KptzS a.D. Helmut von Mantey (wie Anm. 13). Siehe auch in diesem Band den Beitrag von Michael Epkenhans, »Clio« und die Marine.

33 Gottfried Krüger [OLtzS], Kritischer Vergleich der bisherigen Skagerrak-Literatur, in: Marine-Rundschau, 32 (1927), S. 436 f.

34 Der Kreuzerkrieg in den ausländischen Gewässern, Bd 1: Das Kreuzergeschwader, bearb. von Erich Raeder, 2. verbesserte Aufl., Berlin 1927; vgl. dazu auch Erich Raeder, Die deutsche und die britisch-japanische Strategie vor der Coronel- und der Falkland-Schlacht, in: Marine-Rundschau, 26 (1921), S. 513–538.

35 Rahn, Reichsmarine (wie Anm. 26), S. 108; zu den Überlegungen einer angemessenen Führungsstruktur im Kriege siehe besonders Vizeadmiral (Hans) Zenker, Einführung in den Admiralstabsdienst, Januar 1924 (Druckschrift, Bibliothek Marineschule Mürwik).

36 VAdm a.D. von Mantey an seinen Sohn, 4.11.1931, auszugsweise Abschrift in Nachlaß von KptzS a.D. Helmut von Mantey (wie Anm. 13).

37 VAdm a.D. von Mantey an seinen Sohn, 26.10.1932, ebd.

38 VAdm a.D. von Mantey an Raeder, 18.11.1932, ebd.

39 Der Handelskrieg mit U-Booten, bearb. von Arno Spindler, Bd 2: Februar bis September 1915, Berlin 1933. – Die Auseinandersetzung zwischen Bauer und Spindler setzte sich auch nach 1945 fort, siehe: Hermann Bauer, Reichsleitung und U-Bootseinsatz 1914 bis 1918. Zusammenarbeit zwischen politischer und militärischer Führung im Kriege, Lippoldsberg 1956, und Arno Spindler, Der Meinungsstreit in der Marine über den U-Bootskrieg 1914–1918, in: Marine-Rundschau, 55 (1958), S. 235–245.

40 Der Handelskrieg (wie Anm. 39), Bd 3: Oktober 1915 bis Januar 1917, Berlin 1934; Bd 4: Februar bis Dezember 1917, Berlin 1941 (Reprint: Frankfurt a.M. 1964).

41 Der Hinweis geht bislang nur von einem Brief des Admirals a.D. Erich Förste an KptzS a.D. Schulze-Hinrichs vom 25.7.1956 aus, siehe Rahn, Reichsmarine (wie Anm. 26), S. 128, Anm. 16. Schulze-Hinrichs hat dies Jahre später in einem Artikel ohne Beleg wiederholt: Alfred Schulze-

Hinrichs, Der Krieg zur See 1914–1918. Das Admiralstabswerk über den Ersten Weltkrieg, in: Truppenpraxis (1968), Nr. 11, S. 870–871. – Die Bewertung von Knut Stang, Das zerbrechende Schiff. Seekriegsstrategien und Rüstungsplanung der deutschen Reichs- und Kriegsmarine 1918–1939, Frankfurt a.M. 1995 (= Europäische Hochschulschriften, Reihe III: Geschichte und ihre Hilfswissenschaften, Bd 630), S. 21, Anm. 22, ist nicht haltbar. Stang ist entgangen, daß der 4. Band 1941 mit Genehmigung Raeders gedruckt und verteilt werden konnte und vom 5. Band bis 1945 erst das Rohmanuskript vorlag. – Bei der Durchsicht des Bestandes RM 8 (Kriegswissenschaftliche Abteilung der Marine) im BA-MA ist bislang kein Hinweis aufgetaucht, der die Behauptung von Schulze-Hinrichs stützen könnte.

[42]   Entwurf einer Lehrordnung, zit. nach Rahn, Reichsmarine (wie Anm. 26), S. 128.

[43]   Vorwort zur Dienstschrift 1 (Groos), hrsg. von der Leitung der Führergehilfenausbildung der Marine, Berlin 1928. – Eine Aufstellung aller Dienstschriften bringt Sandhofer, Von der preußisch-deutschen Militärgeschichtsschreibung (wie Anm. 28), S. 65.

[44]   Korvettenkapitän [Gustav] Kleikamp, Der Einfluß der Funkaufklärung auf die Seekriegsführung in der Nordsee 1914–1918, hrsg. von der Leitung der Führergehilfenausbildung der Marine, Kiel 1934 (= Dienstschrift Nr. 13), S. 32.

[45]   Korvettenkapitän [Winfried] Hagen, Mine und Seestrategie. Die Verwendung der Mine nach den Erfahrungen des Weltkrieges, Berlin 1935 (= M.Dv.Nr. 352, Dienstschrift Nr. 14), S. 27–32.

[46]   Ebd., S. 20.

[47]   Es waren dies u.a. die Admirale a.D. Paul Behncke, Friedrich von Bülow, William Michaelis, Walter Frhr. von Keyserlingk und Otto Wurmbach.

[48]   Kurt Assmann, Großadmiral Dr. h.c. Raeder und der Zweite Weltkrieg, in: Marine-Rundschau, 58 (1961), S. 3–17, hier S. 8. – Es sind jedoch wenige Exemplare der Druckfahnen überliefert, die für Walther Hubatsch eine wichtige Grundlage für sein Werk »Der Admiralstab und die obersten Marinebehörden in Deutschland 1848–1945«, Frankfurt a.M. 1958 bildeten. – Der Verfasser plant eine quellenkritische Edition dieser Dienstschrift.

[49]   Denkschrift der Marineleitung vom 28.5.1929: »Braucht Deutschland große Kriegsschiffe?«, publiziert bei Rahn, Reichsmarine (wie Anm. 26), S. 281–286, hier S. 283 f.

[50]   Vortrag Oberbefehlshaber der Kriegsmarine, 3.2.37: »Grundsätzliche Gedanken der Seekriegführung«, BA-MA, RM 6/53. – Von diesem umfangreichen Dokument sind bislang in der Literatur nur wenige Auszüge bzw. Zitate veröffentlicht, aus denen die Gedankengänge Raeders nur rudimentär nachvollziehbar sind. Dies gilt auch für die hier ausgewählten Gesichtspunkte. Eine Edition des Vortrages bleibt daher ein Desiderat. Siehe: Carl-Axel Gemzell, Raeder, Hitler und Skandinavien. Der Kampf für einen maritimen Operationsplan, Lund 1965, S. 49–56.

[51]   Vortrag Raeder, 3.2.1937 (wie Anm. 50), S. 10 (Hervorhebung im Original).

[52]   Ebd. (Hervorhebung im Original).

[53]   Die in der Literatur mehrfach vorgetragene These, daß Raeder mit seinem seestrategischen Ansatz lediglich die Thesen von Wolfgang Wegener aufgegriffen und umgesetzt habe und damit quasi »als ein treuer ›Schüler‹ Wegeners« gelten könne, ist überzogen und m.E. nicht haltbar. Siehe Gemzell, Raeder (wie Anm. 50), S. 57, und Holger H. Herwig, Introduction zu: Wolfgang Wegener, The Naval Strategy of the World War, Annapolis 1989, S. XV–LV.

[54]   Vortrag des Chefs der Flottenabteilung der Marineleitung, Kpt.z.S. Kurt Assmann, in der Berliner »Skagerrak-Gesellschaft«, 2.11.1928, zit. bei Rahn, Reichsmarine (wie Anm. 26), S. 243.

[55]   Es handelte sich dabei um einen Privatdruck, den Wegener einem ausgewählten Leserkreis zur Verfügung stellte. Siehe dazu im Detail Rahn, Reichsmarine (wie Anm. 26), S. 129–132, und Gemzell, Raeder (wie Anm. 50), S. 16 und S. 24.

[56]   Wolfgang Wegener, Die Seestrategie des Weltkrieges, Berlin 1929, 2., erw. Aufl., Berlin 1941, S. 83.

[57]   Ebd., S. 84.

[58]   Wegener, Die Seestrategie (wie Anm. 56), S. 81. Bei dieser Auflage handelt es sich um die ursprüngliche Fassung von 1926, siehe Gemzell, Raeder (wie Anm. 50), S. 16–25.

[59]   Siehe dazu Edward Wegener, Selbstverständnis und historisches Bewußtsein der deutschen Kriegsmarine, in: Marine-Rundschau, 67 (1970), S. 321–340, in diesem Zusammenhang S. 324 und ebd., Anm. 3 u. 4. Vgl. auch Jost Dülffer, Weimar, Hitler und die Marine. Reichspolitik und Flottenbau 1920–1939, Düsseldorf 1973, S. 187 f.

60 »Studie über Aufgaben der Seekriegführung 1937/1938« (Entwurf), zit. nach Michael Salewski, Die deutsche Seekriegsleitung 1935–1945, Bd 1, Frankfurt a.M. 1970, S. 34. Vgl. Dülffer, Weimar (wie Anm. 59), S. 440 f. – Zu den langfristigen Zielvorstellungen der Marine siehe besonders Gerhard Schreiber, Thesen zur ideologischen Kontinuität in den machtpolitischen Zielsetzungen der deutschen Marineführung 1897 bis 1945, in: Militärgeschichte. Probleme – Thesen – Wege, im Auftrag des MGFA ausgewählt u. zusammengest. von Manfred Messerschmidt [et al.], Stuttgart 1982, S. 260–280 (= Beiträge zur Militär- und Kriegsgeschichte, Bd 25), hier S. 268 f. (durchgesehene und ergänzte Fassung erneut veröffentlicht in diesem Band).

61 Siehe Zusammenfassung der sog. Hoßbach-Niederschrift vom 10.11.1937 bei Dülffer, Weimar (wie Anm. 59), S. 448–450.

62 Zit. nach Dülffer, Weimar (wie Anm. 59), S. 461.

63 Siehe oben bei Anm. 44. – Vgl. zu den folgenden Ausführungen meinen Aufsatz: Vom Revisionskurs zur Konfrontation. Deutsche Marinepolitik und Seestrategie von 1928 bis 1939, in: »Der Fall Weiß«. Der Weg in das Jahr 1939, hrsg. von Jörg Hillmann, Bochum 2001, S. 67–107 (= Kleine Schriftenreihe zur Militär- und Marinegeschichte, Bd 1).

64 Es handelt sich um die Denkschrift »Seekriegführung gegen England und die sich daraus ergebenden Forderungen für die strategische Zielsetzung und den Aufbau der Kriegsmarine« in der Endfassung vom 25.10.1938. Verfasser war der damalige Fregattenkapitän Hellmuth Heye (1961–1964 als Vizeadmiral a.D. der zweite Wehrbeauftragte des Deutschen Bundestages). Siehe dazu: Salewski, Die deutsche Seekriegsleitung (wie Anm. 60) Bd 1, S. 43–56 und Bd 3: Denkschriften und Lagebetrachtungen, Frankfurt a.M. 1973, S. 27–63, sowie Dülffer, Weimar (wie Anm. 59), S. 471–482.

65 Dülffer, Weimar (wie Anm. 59), S. 483. Vgl. auch: Das Deutsche Reich und der Zweite Weltkrieg, Bd 1: Ursachen und Voraussetzungen der deutschen Kriegspolitik, Stuttgart 1979, S. 465–473 (Beitrag Deist).

66 Zur Struktur der verschiedenen Marinen bis 1941 siehe jetzt: Technology and Naval Combat in the Twentieth Century and Beyond, ed. by Phillips Payson O'Brien, London 2001 sowie Das Deutsche Reich und der Zweite Weltkrieg, Bd 6: Der globale Krieg. Die Ausweitung zum Weltkrieg und der Wechsel der Initiative 1941 bis 1943, Stuttgart 1990, S. 220–226 (Beitrag Rahn).

67 Admiral Carls in einer Stellungnahme zu der Denkschrift der Skl, nach Dülffer, Weimar (wie Anm. 59), S. 486.

68 Ansprache an das Offizierkorps der Flotte (o.D., wahrscheinlich März oder April 1939), in: Dokumentation Hermann Boehm. Ansprachen, Besprechungen und Entwürfe als Befehlshaber der Aufklärungsstreitkräfte und als Flottenchef 1936–1939, Archiv des Wehrgeschichtlichen Ausbildungszentrums/Marineschule Mürwik (Flensburg), Sign. Nr. 20755, Bl. 85–138. Das Ms. ist in Maschinenschrift überliefert und enthält zahlreiche handschriftl. Korrekturen und Ergänzungen aus der Feder Boehms, Zitat Bl. 88a u. 89 (Hervorhebungen im Original). Vgl. dazu meinen Aufsatz: Vom Revisionskurs zur Konfrontation (wie Anm. 63), dort auf S. 93–97 weitere Auszüge aus der Ansprache Boehms.

69 Die letzten beiden Sätze durch Boehm handschriftlich ergänzt.

70 Denkschrift »Seekriegführung gegen England«, 25.10.1938, zit. nach Salewski, Die deutsche Seekriegsleitung, Bd 3 (wie Anm. 64), S. 45.

71 Ansprache Raeders in Kiel am 12.4.1938, zit. nach Gemzell, Raeder (wie Anm. 50), S. 64 (Hervorhebung im Original). Vgl. auch Salewski, Die deutsche Seekriegsleitung, Bd 1 (wie Anm. 60), S. 52 f.

72 Vorlage des OKM vom 2.11.1938 für einen Vortrag Raeders bei Hitler, zit. nach Dülffer, Weimar (wie Anm. 59), S. 498 f.

73 Dazu ausführlich Dülffer, Weimar (wie Anm. 59), S. 544–555; vgl. auch Holger H. Herwig, The Failure of German Sea Power, 1914–1945: Mahan, Tirpitz, and Raeder Reconsidered, in: The International History Review, vol. X,1 (February 1988), S. 68–105, hier bes. S. 92–96.

74 Siehe im Detail den Flottenbauplan 1939–1947 vom Stand Januar 1939, Dülffer, Weimar (wie Anm. 59), S. 569 (Anhang A, Dok. Nr. 10). – Auf die Veränderungen des Planes im Sommer 1939 kann hier nicht näher eingegangen werden, siehe dazu ebd., S. 503 f.

75 Zitiert nach Dülffer, Weimar (wie Anm. 59), S. 502.

76 Siehe Schreiber, Thesen (wie Anm. 60), S. 271 f. und 279 f.

77 »Gedanken des Oberbefehlshabers der Kriegsmarine zum Kriegsausbruch«, 3.9.1939, in: Lagevorträge des Oberbefehlshabers der Kriegsmarine vor Hitler 1939–1945, hrsg. von Gerhard Wagner, München 1972, S. 19 f.

78 Es handelte sich um die Schlachtschiffe, die noch vor dem Z-Plan in Bau gegeben und bis Kriegsausbruch bereits in Dienst gestellt bzw. von Stapel gelaufen waren. Sie eigneten sich wegen ihrer Antriebsanlage und des damit verbundenen Brennstoffverbrauchs nicht sehr gut für weiträumige und längere Einsätze im Atlantik.

79 Wilhelm Treue, »Entwurf einer Denkschrift über den Flottenaufbau 1926–1939«, publiziert in: Wilhelm Treue [et al.], Deutsche Marinerüstung 1919–1942. Die Gefahren der Tirpitz-Tradition, Herford, Bonn 1992, S. 41–172, hier S. 145 f., Zitat S. 147.

80 Ebd., S. 145 f. Vgl. dazu auch Dülffer, Weimar (wie Anm. 59), S. 531–534 und Karl Dönitz, Zehn Jahre und zwanzig Tage. Erinnerungen 1935–1945, 11. Aufl., Bonn 1997, S. 36.

81 Denkschrift »Seekriegführung gegen England«, 25.10.1938, zit. nach Salewski, Die deutsche Seekriegsleitung, Bd 3 (wie Anm. 64), S. 37.

82 Der Bericht des F.d.U. vom 14.4.1939 und die Stellungnahme des Flottenchefs vom 26.5.1939 enthalten zahlreiche aufschlußreiche Randbemerkungen, aus denen deutlich wird, daß die gesamte Problematik für die Skl kein Randthema war. Gesamter Vorgang in BA-MA, RM 7/1469, Bl. 140–160. Siehe in diesem Zusammenhang die Denkschrift Kapitän zur See Fürbringer (1. Skl/Iu g.Kdos. Nr. 1552/39 vom 4.8.1939): »U-Bootstypen für den Handelskrieg«, ebd., Bl. 165–182, Zitat Bl. 181; siehe auch Niestlé, Wechselwirkung (wie Anm. 19), bes. S. 246–248 und dort bes. Anm. 23.

83 Lagevorträge (wie Anm. 77), S. 19 f.

84 F.d.U., 1.9.1939: »Gedanken über den Aufbau der U-Bootswaffe«, publiziert bei Salewski, Die deutsche Seekriegsleitung, Bd 3 (wie Anm. 64), S. 64–69; vgl. Dönitz, Zehn Jahre (wie Anm. 80), S. 40–51.

85 Zu den folgenden Ausführungen siehe auch meinen Beitrag Der Seekrieg im Atlantik und Nordmeer, in: Das Deutsche Reich und der Zweite Weltkrieg, Bd 6 (wie Anm. 66), S. 275–425.

86 Siehe die Denkschriften der Skl »Raumerweiterungs- und Stützpunktfragen« (3.6.1940) und »Gedanken der Seekriegsleitung zum Aufbau der Flotte nach dem Kriege« (4.7.1940), publiziert bei Salewski, Die deutsche Seekriegsleitung, Bd 3 (wie Anm. 64), S. 105–136 (Dok. Nr. 4 u. 5); vgl. auch Lagevorträge (wie Anm. 77), S. 113–119, sowie die Dokumentation von Gerhard Schreiber, Zur Kontinuität des Groß- und Weltmachtstrebens der deutschen Marineführung, in: MGM, 26 (2/1979), S. 101–171 und Gerhard Schreiber, Thesen (wie Anm. 60), S. 273 f.

87 Kriegstagebuch der Seekriegsleitung 1939–1945 (KTB Skl), Teil A, hrsg. im Auftrag des MGFA von Werner Rahn und Gerhard Schreiber unter Mitwirkung von Hansjoseph Maierhöfer, Bd 16, Herford 1990, S. 233 (20.12.1940).

88 Lagevorträge (wie Anm. 77), S. 171–174 (27.12.1940).

89 »Denkschrift zum gegenwärtigen Stand der Seekriegführung gegen England Juli 1941« (21.7.1941), zit. nach Salewski, Die deutsche Seekriegsleitung, Bd 3 (wie Anm. 64), S. 189–210, Zitat S. 195.

90 B.d.U. g.Kdos. 3618 vom 26.11.1941, vollständig abgedruckt in: Lagevorträge (wie Anm. 77), S. 320–325; vgl. Dönitz, Zehn Jahre (wie Anm. 80), S. 161, und Salewski, Die deutsche Seekriegsleitung, Bd 1 (wie Anm. 60), S. 445 f.

91 Handschriftliche Bemerkung des Ib der 1. Skl, FKpt Heinz Assmann, auf dem KTB des Befehlshabers der Schlachtschiffe, VAdm. Ciliax, zit. nach Rahn, Der Seekrieg im Atlantik (wie Anm. 85), S. 388.

92 B.d.U. vom 26.11.1941 (siehe Anm. 90).

93 Entwurf der Lagebeurteilung vom 20.9.1942, Verfasser: FKpt Heinz Assmann, zit. nach Rahn, Der Seekrieg im Atlantik (wie Anm. 85), S. 304.

94 Anlage 1 der Lagebetrachtung vom 20.10.1942: Stand und Aussichten des U-Bootkrieges, in: Salewski, Die deutsche Seekriegsleitung, Bd 3 (wie Anm. 64), S.293–303, Zitat S. 303 (Hervorhebung im Original).

95 Lagevorträge (wie Anm. 77), S. 475 f. (11.4.1943).

96 Siehe meinen Aufsatz Die Entstehung neuer deutscher U-Boot-Typen im Zweiten Weltkrieg. Bau, Erprobung und erste operative Erfahrungen, in: Militärgeschichte, Neue Folge, 3 (1993), S. 13–20; vgl. auch Salewski, Die deutsche Seekriegsleitung (wie Anm. 60), Bd 2: 1942–1945,

München 1975, S. 496–528 und Guntram Schulze-Wegener, Die deutsche Kriegsmarine-Rüstung 1942–1945, Hamburg, Berlin, Bonn 1997.

[97] Vortrag des Ob.d.M. über den Tonnagekrieg, gehalten am 19.10.1944 vor führenden Persönlichkeiten der Politik, Wissenschaft und Wirtschaft (gedruckte Fassung als »Geheime Kommandosache« in mindestens 1540 Exemplaren zur Bekanntgabe an alle Offiziere innerhalb der Marine verteilt!), Prüf. Nr. 1535, BA-MA, RM 7/848, Bl. 294–301, Zitat Bl. 301.

[98] Siehe dazu Francis H. Hinsley, British Intelligence in the Second World War. Its Influence on Strategy and Operations, vol. 3,2, London 1988, S. 478 f.

[99] Lagevorträge (wie Anm. 77), S. 555 (19./20.12.1943); siehe dazu im Detail: Sönke Neitzel, Der Einsatz der deutschen Luftwaffe über dem Atlantik und der Nordsee 1939–1945, Bonn 1995, S. 227–232.

[100] 13 große, 9 leichte und 101 Geleitflugzeugträger.

[101] KTB Skl, Teil A, Bd 64/I, S. 356 (15.12.1944). Zum tatsächlichen Rüstungsstand der U.S. Navy bei Kriegsende, der diese Zahlen z. T. noch übertraf, siehe Weyers Flottentaschenbuch, 37 (1953), hrsg. von Alexander Bredt, München 1953, S. 112–139.

[102] Zit. nach Aufzeichnung Konteradmiral Eberhard Godt vom 1.8.1945, Kopie im Nachlaß KptzS a.D. Hans Meckel (MGFA).

[103] Siehe dazu in diesem Band meinen Beitrag: Winkelriede, Opferkämpfer oder Sturmwikinger? Zu besonderen Einsatzformen der Kriegsmarine 1944/45.

[104] Siehe dazu Salewski, Die deutsche Seekriegsleitung, Bd 2 (wie Anm. 96), S. 413–415 und 429 f.

[105] Siehe Clay Blair, Silent Victory: The U.S. Submarine War Against Japan, Philadelphia 1975; Ronald H. Spector, Eagle Against the Sun. The American War with Japan, New York (TB-Ausgabe) 1985, S. 485–487 und Gerhard Schreiber, Der Zweite Weltkrieg, München 2002, S. 77 und 115. – Erstaunlicherweise wird diese strategische Schwächung des japanischen Kriegführungspotentials in dem Reihenwerk Das Deutsche Reich und der Zweite Weltkrieg, Bd 7: Das Deutsche Reich in der Defensive. Strategischer Luftkrieg, Krieg im Westen und in Ostasien 1943–1944/45, Stuttgart 2001, S. 641–771 (Beitrag Krebs) nicht erwähnt.

Wulf Diercks

Der Einfluß der Personalsteuerung
auf die deutsche Seekriegführung 1914 bis 1918

Einführung

Zur Person des Autors und zur Entstehung des Manuskriptes:
Wulf Diercks wurde am 8. Februar 1945 geboren und trat nach seinem Abitur im April 1965 als Offizieranwärter in die Bundeswehr (TSK Marine) ein. Er durch- lief planmäßig die Ausbildung zum Offizier des Truppendienstes und wurde durch weitere Lehrgänge auf seine erste Bordverwendung auf dem Flugkörperzerstörer »Lütjens« vorbereitet. Nach einem einjährigen Vertiefungslehrgang für Überwas- serwaffen (B-Lehrgang) war Diercks vom Oktober 1974 bis September 1976 zu- nächst Artillerieoffizier und dann Schiffswaffenoffizier auf der »Lütjens«. An- schließend, inzwischen zum Kapitänleutnant befördert, erfolgte seine Versetzung in die Personalabteilung des Bundesministeriums der Verteidigung, wo er in der Unterabteilung P V als Sachbearbeiter an der Personalsteuerung für jüngere Offi- ziere (bis einschließlich zum Dienstgrad Kapitänleutnant) mitwirkte. Inzwischen hatte sich Diercks im Stabsoffizierlehrgang die Qualifikation für die Ausbildung zum Admiralstabsoffizier erworben. Er wurde am 1. Oktober 1978 zur Führungs- akademie der Bundeswehr (Hamburg) versetzt und durchlief im 20. Admiral- stabslehrgang eine zweijährige Ausbildung. Bestandteil der Ausbildung war für jeden Lehrgangsteilnehmer die Erarbeitung einer größeren Studie, die nach dem ersten Ausbildungsjahr vorzulegen war (»Jahresarbeit«). Die Lehrgangsteilnehmer konnten aus einer Liste von Themen, die Dozenten der verschieden Fachgruppen vorgeschlagen hatten, auswählen. Als Mentor fungierte dann der Dozent. Nicht zuletzt aufgrund seiner bisherigen Erfahrungen in der Personalführung entschied sich Diercks für folgende Jahresarbeit aus dem Bereich der Militärgeschichte: »Der Einfluß der Personalsteuerung auf die Seekriegführung. Eine Untersuchung zur seestrategischen Konzeption und operativen Planung in der Kaiserlichen Marine 1914–1918 anhand der Organisation und Stellenbesetzung der oberen Führungs- stäbe«. Bei der Bearbeitung war es auch möglich, Originalakten des Kaiserlichen Marinekabinetts aus dem Bundesarchiv-Militärarchiv (Freiburg i.Brsg.) auszuwer- ten. Die Arbeit wurde sowohl vom Mentor als auch von den Vorgesetzten sehr positiv bewertet und ist heute in der Führungsakademie der Bundeswehr als Ma- nuskript zugänglich.

Diercks stand nach Abschluß der zweijährigen Ausbildung 1980 in der Spitzen-
gruppe seines Jahrgangs, was auch in der ersten Anschlußverwendung deutlich
wurde, mit der die Personalbteilung die Voraussetzung für eine weitere Förderung
schaffen wollte. Diercks wurde Erster Offizier des Zerstörers »Lütjens« (bis September 1982) und wenige Jahre später – nach einer Zwischenverwendung als Referent im Führungsstab der Streitkräfte – als Kommandant des Zerstörers »Lütjens«
eingeplant. Er konnte jedoch dieses Kommando aus gesundheitlichen Gründen
nicht mehr übernehmen. Nach schwerer Krankheit starb er am 28. März 1986 im
Alter von 41 Jahren.

Wenige Jahre nach seinem Tode bemühte sich sein damaliger Mentor darum,
eine überarbeitete und leicht gekürzte Fassung der Jahresarbeit zu veröffentlichen,
die dann bereits 1988 erscheinen konnte (Wulf Diercks, Der Einfluß der Personalsteuerung auf die deutsche Seekriegführung 1914–1918, in: Militärgeschichtliches
Beiheft zur Europäischen Wehrkunde, 3 (1988), Heft 1). Diese Veröffentlichung
bildet zusammen mit Ergänzungen aus der Erstfassung von 1979 die Grundlage
für die hier erneut vorgelegte Arbeit. Dabei ist zu berücksichtigen, daß Ergebnisse
und Wertungen des Autors, auch im Hinblick auf die Forschungsansätze anderer
Historiker, mehr als 20 Jahre zurückliegen. In den Anmerkungen wird jedoch von
Fall zu Fall auf wichtige Arbeiten, die nach 1985 zum Thema erschienen sind,
hingewiesen. – Mit der erneuten Veröffentlichung dieser Arbeit soll noch einmal
die Leistung eines sehr fähigen jüngeren Offiziers der Marine gewürdigt werden.

Werner Rahn

* * *

In der vorliegenden Arbeit soll der Versuch unternommen werden, innerhalb der
Ausbildung und Erziehung des Offizierkorps der Kaiserlichen Marine die Kriteri-
en der Personalauswahl und Verwendungsplanung von Flaggoffizieren am Beispiel
der personellen Besetzung der oberen Kommandobehörden zu analysieren. Es soll
ermittelt werden, welche Auswirkungen das die Personalsteuerung bestimmende
Anforderungsprofil der Flaggoffiziere auf die Seekriegführung hatte und in welchem Umfang die verantwortlichen militärischen Führer die Kriegführung aufgrund ihrer Persönlichkeit zu beeinflussen vermochten. Die Untersuchung konzentriert sich dabei nur auf die für die Fragestellung besonders relevanten Immediatstellen, d.h. Kommandobehörden, die dem Kaiser unmittelbar unterstanden,
hier also das Kommando der Hochseeflotte und den Admiralstab der Marine.

Für die seestrategische Konzeption und operative Planung bleibt das Untersu-
chungsobjekt beschränkt auf den Einsatz der Hochseeflotte in der Nordsee und
die Problematik der Schwerpunktverlagerung des Seekrieges auf die U-Boote. Eine
besondere Rolle spielt dabei die alles überragende Persönlichkeit des Großadmirals
Alfred von Tirpitz, dessen grundlegender Einfluß auf Strategie, Taktik und Ausbildung der Kaiserlichen Marine aufgezeigt werden soll.

Personalsteuerung und Seekriegführung sind nicht als ein abgeschlossenes System zu verstehen. Das strategische Konzept und die operative Planung werden somit auch in das Beziehungsgeflecht politischer und gesellschaftlicher Faktoren einzuordnen sein. Da die vorliegenden Quellen nur in Einzelfällen gesicherte Aussagen über die Beiträge der die Befehlshaber beratenden Offiziere innerhalb der Führungsstäbe erlauben, werden bei der Stellenbesetzung der oberen Kommandobehörden nur die Kommandoinhaber selbst betrachtet.

Vorschnell generalisierende Erklärungsmodelle können nur wenig Einblick in geschichtliche Abläufe vermitteln. Von dieser Gefahr der Einseitigkeit ist die Geschichtsschreibung der Zwischenkriegszeit generell nicht freizusprechen. Sie trifft aber auch noch auf neuere Veröffentlichungen zu, selbst wenn diese die uneingeschränkt erhalten gebliebenen Akten des Marinearchivs berücksichtigen konnten. Nach Ende des Ersten Weltkrieges wurde die deutsche Flottenführung sowohl in der offiziellen Kriegsgeschichtsschreibung als auch im überwiegenden Teil der Erinnerungsliteratur ganz im tirpitzschen Geist angegriffen. Kritik an der Konzeption schlechthin blieb in Ansätzen stecken, sie richtete sich hauptsächlich gegen eine zu zögerliche Flottenführung und gipfelte im Vorwurf der falschen Personalauswahl bei Flotte und Admiralstab.

So wurden die seestrategische Frage keiner systematischen Untersuchung unterzogen[1] und auch der Zusammenhang zwischen Personalauswahl und der tatsächlichen Verantwortung der beteiligten führenden Seeoffiziere nur unzureichend analysiert.

Abgesehen von einer Vielzahl apologetischer Schriften geben die vorliegenden Veröffentlichungen leitender Flaggoffiziere der Kaiserlichen Marine wie Pohl, Ingenohl, Scheer, Müller, Michaelis, Tirpitz wichtige Aufschlüsse über die Problematik des Flotteneinsatzes[2]. Neue Ansätze der Kritik an der Kaiserlichen Marine eröffnet Volker Berghahn[3]. In seinen Veröffentlichungen unternimmt er den Versuch, die Hochseeflotte vorrangig unter dem Primat der Innenpolitik zu betrachten und greift damit die fragwürdige These Eckart Kehrs[4] erneut auf. Seine Forschungsergebnisse weisen zwar nach, daß auch innenpolitische Motive beim Flottenbau eine Rolle gespielt haben. Ihre Schwäche liegt jedoch darin, daß die gesellschaftspolitischen Ziele zu einseitig in den Vordergrund gestellt werden.

Besondere Aussagekraft haben Arbeiten von Wissenschaftlern, die sich mit dem tirpitzschen Flottenbau und der Seekriegführung 1914 bis 1918 kritisch auseinandersetzen wie Walter Hubatsch, Kurt Assmann, Bernd Stegemann, Carl-Axel Gemzell, Edward Wegener und Tobias R. Philbin[5].

Einen wichtigen Einblick – unter soziologischer Betrachtungsweise – in die gesellschaftlichen Leitbilder und die politische Vorstellungswelt der Seeoffiziere der Kaiserlichen Marine liefert Holger H. Herwig. In Teilbereichen erhellt er bisher unbekannte Hintergründe personalpolitischer Entscheidungen[6], wenngleich seine Kritik am Seeoffizierkorps häufig militärfachliche Ungenauigkeiten aufweist und das Bild des Seeoffiziers zu wenig differenziert beurteilt wird[7].

1. Grundlagen der Personalführung

Das Personalwesen der Kaiserlichen Marine lag seit der Umorganisation der Marine 1889 in der Verantwortung des Marinekabinetts mit dem Dienstsitz in Berlin. Neben Admiralstab und Reichsmarineamt nahm das Marinekabinett auch nach der weiteren Zerstückelung der Kommandostruktur der Marine 1899 wegen seines engen Kontaktes mit der politischen Spitze eine wichtige Stellung in der Spitzenorganisation ein. Die Arbeit der Personalführung hatte allgemein zu berücksichtigen, daß die dienstrechtliche Stellung des Seeoffiziers in der Monarchie durch keine gesetzlichen Bestimmungen abgesichert war.

Der Kaiser konnte aufgrund seiner Kommandogewalt alle Personalangelegenheiten, also auch die Spitzenstellenbesetzung, ohne Zustimmung des Parlaments oder des Reichskanzlers regeln. Grundsätzlich hingen Beförderung wie Verabschiedung vom Kaiser ab. Die Beförderung der Seeoffiziere richtete sich entsprechend dem Anciennitätsprinzip nach dem Dienstalter in der Rangliste, in die alle Offiziere eines Jahrgangs nach dem Ergebnis der Offizierprüfung eingereiht wurden. Sollten befähigte jüngere Offiziere bevorzugt in Spitzenstellen aufrücken, mußten die Dienstälteren rigoros verabschiedet oder versetzt werden. Eine vorzeitige Verabschiedung konnte jederzeit verfügt werden, sobald mangelnde Verwendungsmöglichkeit und Eignung vorlagen. Das Marinekabinett wurde nach dem Vorbild des Militärkabinetts durch Kabinettsorder vom 28. und 30. März 1889 gegründet. Ihm oblag die Bearbeitung der Personalien und Stellenbesetzungen der Seeoffiziere und Seekadetten, der Marineinfanterieoffiziere sowie der Marineingenieure und Feuerwerks- und Torpederoffiziere[8]. Während die Stellenbewirtschaftung zentral beim Reichsmarineamt verblieb, war die Verantwortung für Ausbildungsfragen – sofern sie das Offizierkorps berührten – dem Marinekabinett übertragen.

Nach dem ersten Kabinettschef, Admiral Gustav Freiherr von Senden-Bibran, wurde das Marinekabinett von 1906 bis 1918 durchgehend von Admiral Georg Alexander von Müller geleitet. Dieser war durch seine besonderen Dienststellungen (Kommandant des Kanonenboots »Iltis«, Personaldezernent im Oberkommando der Marine, Chef des Stabes des Kreuzergeschwaders in Ostasien unter Prinz Heinrich von Preußen, Abteilungsvorstand im Marinekabinett) bereits frühzeitig mit über den Flottenalltag hinausgehenden politischen und den Hofdienst betreffenden Problemen in Berührung gekommen. Als Chef des Marinekabinetts bekleidete er in der Kaiserlichen Marine eine Schlüsselposition, die zusätzlich dadurch aufgewertet wurde, daß er gleichzeitig Flügeladjutant des Kaisers war und gemäß Geschäftsverteilungsplan bei allen Immediatvorträgen der übrigen Spitzenbefehlshaber anwesend sein mußte. Seine ohnehin nicht leichte Aufgabe wurde durch die rasche Aufstockung der Marine zusätzlich erschwert. Verfügte die Kaiserliche Marine 1907 noch über 1499 Seeoffiziere, so gehörten dem Seeoffizierkorps bei Kriegsausbruch 1914 bereits fast 2500 Offiziere an. Demgegenüber blieb der personelle Umfang des Marinekabinetts mit drei Offizieren als Sachbearbeiter unzureichend ausgelegt[9].

Der Stellenwechsel in der Kaiserlichen Marine erfolgte in der Regel zum 1. Oktober jeden Jahres. Ein kleinerer Ergänzungsstellenwechsel folgte zum 1.4. des nächsten Jahres. Die Entscheidungen über die ›Spitzenringe‹[10] der Marine wurden auf Vortrag des Kabinettschefs vom Kaiser selbst gefällt, der dabei an Vorschläge aus dem nachgeordneten Bereich nicht gebunden war[11]. Dabei lobte Müller die Sachlichkeit des Kaisers, der zumeist nicht mit eigenen Kandidaten aufwartete, sondern sich fachlichen Argumenten beugte. Einzige Ausnahme scheint im August 1914 die Nominierung des Prinzen Heinrich zum Befehlshaber der Ostseestreitkräfte gewesen zu sein, die vorwiegend aus familiären Erwägungen erfolgte.

Als Grundlage für die Stellenwechsel dienten die Besetzungsvorschläge der Immediatbehörden. Bei den Lesungen der Stellenwechsel mit den jeweiligen Personalreferenten wurden die oft miteinander kollidierenden Besetzungsvorstellungen dieser Behörden abgestimmt.

Admiral Georg Alexander von Müller (1854–1940), von 1905 bis 1918 Chef des Marinekabinetts
   Quelle: MSM/WGAZ

Die Personalführung hatte im Grundsatz stets einen Ausgleich zu finden zwischen dem dienstlichen Erfordernis der Bedarfsdeckung und den persönlichen Interessen und Neigungen der einzelnen Offiziere. Befähigte Offiziere, die langfristig für führende Positionen vorgesehen waren, wurden besonders vielseitig ausgebildet und in stetigem Wechsel zwischen Stabs- und Bordverwendungen gesteuert, um die Qualifikation für die höchsten Dienstposten zu erwerben. Die Verwendungsplanung fast aller Flaggoffiziere spiegelt diesen Grundsatz wider. Besonders ideal verlief der wohlabgewogene Wechsel zwischen Bord- und Stabsdienst bei Admiral Reinhard Scheer, der bei seiner Ernennung zum Chef des Stabes der Hochseeflotte 1909 eine Seedienstzeit von 16 1/2 Jahren gegenüber einer Stabsdienstzeit von 13 1/2 Jahren aufzuweisen hatte. Verwendungen auf dem Gebiet des Torpedowesens und im Reichsmarineamt wurden immer wieder durch Bordkommandos unterbrochen, um den Kontakt mit der Flotte nicht abreißen zu lassen. Auf die besondere Qualifikation Scheers war das Marinekabinett bereits früh aufmerksam geworden. War er 1880 beim Seekadettenexamen bereits Zweitbester, stand er 1905 als Kapitän zur See mit 42 Jahren in der Rangliste der Crew 1879 an erster Stelle. Die Auszüge aus den Qualifikationsberichten stufen ihn als höchstqualifizierten Offizier seines Jahrgangs ein[12].

Am Werdegang des späteren Vizeadmirals William Michaelis, der zehn Jahre nach Scheer in die Marine eintrat, läßt sich nachweisen, daß der gleichmäßige Wechsel zwischen Front- und Stabsdienst auch bei den Spitzenreitern jüngerer Crews durchgehalten wurde. Als Michaelis im Februar 1915 unter Admiral Hugo von Pohl Chef des Stabes des Kommandos der Hochseestreitkräfte wurde, brachte er eine ideale Verwendungsbreite mit[13]. Eine Ausnahme ist die für Flaggoffiziere absolut untypische Laufbahn des Admirals Franz Ritter von Hipper, der stolz darauf war, weder eine Schreibstube noch eine höhere Landbehörde durchlaufen zu haben. Bei Kriegsausbruch hatte er von seinen 33 Dienstjahren 25 an Bord verbracht[14].

Admiral Reinhard Scheer (1863–1928), 1916 bis 1918 Chef der Hochseestreitkräfte, ab August 1918 Chef der Seekriegsleitung

Quelle: WZ-Bilddienst

Auszüge aus den Qualifikationsberichten
über Admiral Reinhard Scheer

[Jeweilige Dienstgrade und Typbezeichnungen wurden ergänzt.
Alle Abkürzungen wurden stillschweigend aufgelöst.]

Zum 1. Dezember 1906, Dienstgrad: Kapitän zur See, Dienststellung: Chef der Zentralabteilung des Reichsmarineamtes (RMA):
»Füllt seine Stellung hervorragend aus. In jeder Hinsicht tüchtig, für höhere Stellungen geeignet. Admiral v. Tirpitz«
Dazu Marginalie eines Personaldezernenten: » Herbst 07 Linienschiff«

Zum 1. Dezember 1907, Dienstgrad und Dienststellung wie im Dezember 1906 RMA:
»hat die schwierige und persönliche Opfer und Selbstlosigkeit heischende Stellung hervorragend ausgefüllt. Ausgezeichneter Frontoffizier. Für höhere Stellungen in der Marine geeignet. Besonders vorbereitet zum Inspekteur des Torpedowesens.«

Zum 1. Dezember 1908, Dienstgrad: Kapitän zur See, Dienststellung: Kommandant des Linienschiffes »Elsass«:
»Stellung voll ausgefüllt, anerkennenswerte Leistungen im Schießen erzielt. Zur Beförderung und zu besonderen Stellungen in höheren Stäben geeignet. Schröder / Heinrich Prinz v. Preußen«

Zum 1. Dezember 1909, Dienstgrad: Kapitän zur See, Dienststellung: Kommandant Linienschiff »Elsass«, jetzt Chef des Stabes der Hochseeflotte:
»Energisch, aufgeschlossen, klarer Kopf, sehr widerstandsfähig. Führung des Schiffes sicher und gewandt. Beim Fahren im Verband nicht über guten Durchschnitt. Gründlich in Bearbeitung militärischer Fragen. Füllt Stellung voll aus. Wird in jeder Stellung Gutes leisten. Ohne Einschränkung zum Geschwaderchef geeignet.«

Zum 1. Dezember 1915, Dienstgrad: Vizeadmiral, Dienststellung: Chef des III. Geschwaders:
»Energischer, dienstfreudiger, leistungsfähiger und im Flottendienst erfahrener Flaggoffizier. Besitzt das Vertrauen seiner Kommandanten und Offiziere. Wird Geschwader in der Schlacht gut führen. Zum Flottenchef geeignet und zur Verwendung als Staatssekretär im RMA befähigt. v. Pohl«

Im Marinekabinett wurden aus den von den Vorgesetzten eingesandten Qualifikationsberichten Auszüge gefertigt und in Listen zusammengestellt. Sie bildeten die Hauptgrundlage für Personalentscheidungen.

Quelle: Marinekabinett, Auszüge aus den Qualifikationsberichten der Kapitäne zur See bzw. der Flaggoffiziere, BA-MA, RM 2/v. 832, 833.

Für das Marinekabinett war es wichtig, auf weite Sicht hinaus über die Besetzungen der höheren Stellen Überlegungen anzustellen. Bedeutsamstes Hilfsmittel hierfür waren die Qualifikationsberichte. Sie wurden von den Disziplinarvorgesetzten jährlich erstellt und formell dem Kaiser vorgelegt. Im Marinekabinett erfolgte dann die Auswertung der planmäßig oder in Sonderfällen auf Anforderung vorgelegten Berichte. Von den Personalsachbearbeitern wurden Auszüge mit Stärken und Schwächen des Beurteilten gefertigt. Diese dienten als Grundlage für den Vortrag des Kabinettschefs beim Kaiser, dessen allerhöchste Entscheidung über die weitere Verwendung eingeholt wurde[15].

Die Auswertung der Qualifikationsberichte über einen längeren Zeitraum hinweg eröffnete dem Marinekabinett ein zutreffendes Bild über Leistung und Eignung der Seeoffiziere. Um die erzieherische Wirkung auf die Leistungssteigerung der Beurteilten zu verstärken, setzte Müller durch, daß die ursprünglich nicht eröffnungspflichtigen Qualifikationsberichte zumindest im Abschnitt der festgestellten Mängel und Schwächen den betroffenen Offizieren bekanntgegeben werden mußten. Müller erhob den Vorwurf, daß die Qualifikationsberichte besonders bei höheren Dienstgraden häufig Fehl- und Gefälligkeitsurteile enthielten, was sich noch anhand der Auszüge aus den Qualifikationsberichten über Korvettenkapitäne zum 1. Dezember 1917 belegen läßt[16]. Um bei Zweifelsfällen zutreffende Erkenntnisse über die dienstliche Eignung gerade der höheren Führer zu gewinnen, pflegte er einen intensiven privatdienstlichen Briefwechsel mit Offizieren seines Vertrauens, wie zum Beispiel Kapitän zur See Adolf von Trotha. So hoffte er »sein eigenes Urteil zu kontrollieren und gegebenenfalls zu korrigieren«[17].

2. Einflußfaktoren auf die Personalführung

Der Kaiserlichen Marine fehlte, im Gegensatz zum Heer, die Verknüpfung mit einer jahrhundertelangen historisch gewachsenen Tradition. Als Sinnbild der neuen Reichsgründung lebte sie in dem Bewußtsein, die eigene Existenzberechtigung erst unter Beweis stellen zu müssen. Es gab nur den Blick nach vorn. So entstand eine enge Bindung an Kaiser und Reich und ein ausgeprägtes Verantwortungsgefühl für deren Macht und Ansehen, zumal diese unter großen finanziellen Opfern das Flottenbauprogramm für eine starke Marine durchgesetzt hatten. Die hieraus erwachsende besondere Loyalität der Führer der Marine wurde durch die Praxis, verdiente Seeoffiziere nach langen Dienstjahren in den Adelsstand zu erheben, weiter gefördert. Herwigs These, daß hierdurch bewußt bürgerliche Seeoffiziere an die monarchische Oberschicht gekettet werden sollten, erscheint überspitzt, sie kann auch nur in Ansätzen bei Pohl und Ingenohl mit deren übertriebener Loyalität belegt werden. Ihr bedingungsloses Vertrauen gegenüber dem obersten Kriegsherrn hat sie an Kritiklosigkeit gewöhnt und ihre schöpferische Initiative gelähmt.

Dennoch ist festzustellen, daß das Seeoffizierkorps seine bevorzugte gesellschaftliche Stellung der besonderen Gunst des Kaisers verdankte und in Haltung und Gesinnung ein getreues Abbild der wilhelminischen Gesellschaft wurde. Mit

Stolz und Recht durfte Wilhelm II. von seinem Offizierkorps, seiner Marine und seinen Kameraden sprechen. Herwig ist daher zuzustimmen, daß sich der Seeoffizier als Träger der konservativen Monarchie und speziell auf der Kommandobrücke als »Richter, Botschafter und Verteidiger des Hohenzollernstaates« fühlte[18].

Die Problematik des unzureichenden Aufkommens an für Spitzenstellen geeigneten Flaggoffizieren führte wie ein roter Faden durch die interne Personaldiskussion des Marinekabinetts. Als Wilhelm II. Bachmann die Qualifikation für das Amt des Admiralstabschefs absprach, wies Müller unverblümt auf die Personalmisere hin: »Ich sagte, ich hätte keinen Besseren, die ganze Alterslage enthalte keinen irgendwie hervorragenden Mann, trotz heftigster Aussiebung in den letzten Jahren.« Für Müller war es eine unbestreitbare Tatsache, »daß in der Alterslage, aus der unsere hohen Stellen zu besetzen sind, keine hervorragenden Männer sich befinden«[19].

Die Ernennung des seit 1913 zur Disposition gestellten 62jährigen Vizeadmirals Henning von Holtzendorff zum Admiralstabschef und die Reaktivierung des wegen einer langwierigen Krankheit verabschiedeten Admirals Eduard von Capelle als Nachfolger von Tirpitz mag unter anderem in der personellen Ausdünnung begründet sein[20]. Noch 1917 hatte sich die ungünstige personelle Situation offenbar nicht verbessert. So bemerkte Capelle im Zusammenhang mit der Diskussion über die zukünftige Entwicklung des Admiralstabes, daß es das Offizierkorps nicht hergebe, neben dem Admiralstab auch die übrigen Dienststellen mit qualifizierten Kräften zu besetzen[21]. Der Hauptgrund für die von Hubatsch vorsichtig umschriebene Tatsache des »nicht gerade herrschenden Überflusses an hochqualifizierten Seeoffizieren«[22] lag in der historischen Entwicklung der Marine begründet. Die Flaggoffiziere des Krieges rekrutierten sich aus den schwachbesetzten Einstellungsjahrgängen zwischen 1869 bis 1882[23]. Zu dieser Zeit galt die Marine noch nicht als der Armee ebenbürtig, als nicht eigentlich hoffähig. Diese geringe Attraktivität schlug sich auf das potentielle Bewerberaufkommen nieder. Da der Seeoffizierberuf keine glänzende Karriere versprach, wählte die junge Intelligenz weitgehend nicht die Marine. Die Aufbauarbeit, die sich unter dem ersten Chef der Admiralität, General Albrecht von Stosch, vollzogen hatte, und auch seines Nachfolgers, des Generals Leo Graf von Caprivis intensives Bemühen, erzieherisch auf das Seeoffizierkorps einzuwirken, reichten insgesamt nicht aus, aus dem Offiziernachwuchs in ausreichendem Maße für leitende Stellen vorgebildete Führer heranzubilden. Gemäß den Bestimmungen zur Ergänzung des Seeoffizierkorps lag der Schwerpunkt der Erziehung und Ausbildung in der praktischen Seemannschaft. Forderungen an wissenschaftliche Qualifikation traten in den Hintergrund. Nur wenige dieser später avancierten Seeoffiziere konnten »das Mißtrauen des konservativen Seemans gegenüber dem Fortschritt der Technik«[24] innerlich überwinden. Sinnbild für diesen tonangebenden Typ des Seeoffiziers blieb der sogenannte »Exerziermeister der Flotte«, Großadmiral Hans von Koester, dem praktische Seemannschaft zeitlebens das höchste Berufsideal geblieben ist. Auch dem späteren Flottenchef Pohl macht Michaelis den Vorwurf: »Er hatte für die Ausnutzung der Technik, wie die Mehrzahl unserer älteren Führer, nichts übrig[25].«

Aber nicht nur das geringe Niveau des Offiziernachwuchses, auch der ungünstige Stellenkegel der Marine sollte sich negativ auswirken. Für die Subalternoffiziere bestanden lange Wartezeiten zur Beförderung zum Stabsoffizier, die sich in einer nicht erwünschten Überalterung der Kapitäne zur See und Flaggoffiziere niederschlugen.

Das Dilemma der Überalterung wurde kurz vor Kriegsausbruch und im Ersten Weltkrieg vom Marinekabinett zu lösen versucht. Die Forderung des Kaisers nach jungen, körperlich voll tauglichen Admiralen, die den Anforderungen auf der Kommandobrücke gewachsen sein sollten, führte zu einer Verjüngungsaktion, indem befähigte Kapitäne zur See bereits mit 48 Jahren zum Konteradmiral befördert wurden; Härten für ältere Offiziere, die dadurch nicht mehr in die Beförderungsvorlage kommen konnten und entlassen werden mußten, wurden bewußt in Kauf genommen. Zur Verjüngung des Offizierkorps durfte – rein mathematisch genommen – von jedem Jahrgang nur ein Flaggoffizier in eine der drei wichtigsten Immediatstellen (Reichsmarineamt, Admiralstab, Flottenkommando) vorrücken, in der er dann drei Jahre bleiben konnte, ohne daß sich das durchschnittliche Lebensalter dieser Immediatstelleninhaber erhöhte. Erschwerend wirkte dabei, daß ganze Jahrgänge total ausgefallen waren (Crew 68, 70) und bei anderen an die Spitze rückenden Jahrgängen eine hohe Zahl von Offizieren zu frühzeitiger und strenger Sichtung zwang[26].

Müller erkannte neben Tirpitz fast als einziger Admiral, daß an den Seeoffizier, der einen Verband moderner Großkampfschiffe im Gefecht führen sollte, gänzlich andere Forderungen zu stellen waren als zur Segelschiffszeit. Sein Ideal war der allgemein gebildete Offizier mit gleichzeitig hohen mathematisch-naturwissenschaftlichen Kenntnissen zur Beherrschung der waffentechnischen Entwicklung[27]. Somit setzte er trotz aller Kompromisse die vorrangige Einstellung von Abiturienten zuungunsten der bisher standesmäßig erwünschten Führungsschicht durch und veranlaßte die Allerhöchste Kabinetts-Order vom 2. Juli 1907, die die Vorpatentierung in der Bordpraxis zuvor bewährter Abiturienten um ein Jahr in der Anciennität auf die Beförderung zum Oberleutnant zur See vorsah. Gegen diese bevorzugte Auswahl der Offizieranwärter aus dem Besitz- und Bildungsbürgertum gab es allerdings innerhalb der Marine auch massiven Widerstand[28]. Im Kriege konnte sich diese Neuorientierung nicht mehr auswirken. Für die Jahrgänge der maßgeblichen Flaggoffiziere hatten noch die traditionellen Grundsätze gegolten, daß die Eigenschaften des Charakters im Kriege schwerer als die des Verstandes wiegen, und auch die Verwendungsplanung für das höhere Seeoffizierkorps stufte die gesellschaftliche Herkunft weiterhin höherwertig als die Schulbildung ein, wodurch der Marine echte Bildungs- und Führungsreserven verloren gingen.

3. Das Eignungsprofil des militärischen Führers

Müller hat sich zweifelsfrei um die Forderung eines höheren Bildungsniveaus des Offizierersatzes verdient gemacht. Um so negativer und nachhaltiger wirkte sich seine Geringschätzung der Admiralstabsausbildung und des Admiralstabes als Institution auf die seestrategische und admiralstabsmäßige Weiterbildung der Führer und Führergehilfen aus. In Übereinstimmung mit Tirpitz und den meisten Frontbefehlshabern galt für ihn offensichtlich der höchst oberflächliche Grundsatz, daß die eigentliche Schule des Seeoffiziers auf dem Wasser liege und eine umfassende seestrategische Schulung zweitrangig sei. Wer im praktischen Frontdienst Hervorragendes leistete, versprach ausreichende Führungsqualitäten. Daher wurde der taktischen und waffentechnischen Spezialausbildung im Artillerie-, Torpedo- und Mineneinsatz ausschlaggebendes Gewicht eingeräumt. Weil ihm die Heranbildung einer Elite unbehaglich war, verschloß er sich der Forderung des Admiralstabes, geeignete Admiralstabsoffiziere bevorzugt in leitende Stellen einzusteuern und unterband den Einfluß des Admiralstabes auf den eigenen Nachwuchs. Zusätzlich führte das Mißtrauen der Frontbefehlshaber gegen den angeblich seeungewohnten Admiralstab dazu, daß diesem nicht in ausreichendem Maß das benötigte Aufkommen an erfahrenen Seeoffizieren zugeführt wurde. Offiziere mit Führungsqualitäten zog Tirpitz vorrangig ins Reichsmarineamt und enthielt sie dem Admiralstab vor, »was den von ihm herangezogenen Offizieren durch das Gewicht der Persönlichkeit [des] Staatssekretärs viel bessere Aussichten auf Vorteile nach dem Rücktritt in die Front bot als es der Admiralstab tun konnte«[29]. Die durchweg unzureichende Qualifikation der Admiralstabsschüler, denen die wissensmäßigen Grundlagen häufig fehlten, wurde ab 1908 in den Akademie- und Erfahrungsberichten wiederholt herausgestellt[30].

Mit der Unterstellung der Marineakademie unter das Reichsmarineamt durch die Kabinettsorder vom 30. März 1907 konnte Tirpitz seine Zielsetzung für die Admiralstabsausbildung endgültig durchsetzen, den Admiralstabsoffizier einseitig für die Flottenrüstung und das technologische Management der Flotte auszubilden. Das Verständnis für operative und seestrategische Fragen spielte nur noch eine untergeordnete Rolle. Bezüglich der Ausbildungsziele für die künftigen Führer der Marine lagen die Auswirkungen vor allem darin, daß die Fächer, die das Element der breiten Bildung anboten, aus dem Unterrichtsprogramm weitestgehend verdrängt wurden. Statt dessen betonte man innerhalb des militärischen Angebots die taktischen und technischen Fächer. Das Bild der Fähigkeiten des militärischen Führers reduzierte und begrenzte sich auf den militärischen Fachmann, bei dem der Blick für die übergreifenden politischen, gesellschaftlichen und rechtlichen Folgen des militärischen Handelns in der Ausbildung nicht gefördert wurde. Diese geistige Verarmung der Admiralstabsoffiziere und die parallel einhergehende organisatorische Zurückdrängung des Admiralstabes der Marine durch Müller und Tirpitz konnten der Marine weder die für den Krieg benötigte ausreichende Zahl von qualifizierten Admiralstabsoffizieren bereitstellen, noch den Admiralstab für seine Aufgabe der geistigen Vorbereitung auf den Krieg optimal heranbilden[31]. Wie ein Omen, das seestrategische Fiasko der Kriegszeit vorausahnend, mutet daher der warnende Immediatbericht des Admirals Wilhelm Büchsel vom 7. Januar 1908 an: »Die außerordentlich geringen strategischen Leistungen im letzten Kaisermanöver sind erneut ein Beweis, wie weit wir [...] noch zurückstehen, und ich fürchte, daß bei weiterer Unterschätzung der Mitwirkung des Admiralstabes in der Ausbildung der Admiralstabsoffiziere, unsere Flotte, da, wo es sich nicht nur um taktische Leistungen handelt, den Anforderungen des Ernstfalls nicht genügen wird[32].«

Die Analyse der Auszüge aus den Qualifikationsberichten der höheren Seeoffiziere ergibt eindeutige Erkenntnisse, welche typischen Merkmale der militärischen Qualifikation vom Seeoffizier der Kaiserlichen Marine erwartet wurden und welches Verhalten und welche Fähigkeiten ihn für die Einsteuerung in Spitzenstellen prädestinierten. Dabei wurden schon die Beurteilungen der Korvettenkapitäne mit herangezogen, zumal bereits bei diesem Dienstgrad die entscheidenden Weichen für die künftige Karriere gestellt wurden. Das von der Personalführung erstellte Eignungsprofil war Ausdruck des das gesamte Seeoffizierkorps prägenden Tirpitzschen Erziehungsideals: der taktischen Ausbildung und systematischen Vorbereitung zur Vernichtungsschlacht gegen einen quantitativ überlegenen Gegner. Die Bewährung auf der Kommandobrücke eines Schiffes sollte demnach in erster Linie den militärischen Führer auszeichnen.

Bei den Qualifikationsberichten der Korvettenkapitäne aus dem Zeitraum vom 1. Dezember 1906 bis zum 1. Dezember 1917 wurden überragendes seemännisches und navigatorisches Können sowie taktische Fähigkeiten und die Beherrschung der Waffentechnik als entscheidendes Kriterium der Führerqualität eingestuft[33]. Die entsprechenden Aussagen der beurteilenden Vorgesetzten wurden von den Offizieren des Marinekabinetts durch blaue (gut) oder rote (schlecht) Markierungen gesondert herausgestellt. Wer auf diesem seemännisch-praktischen Gebiet Gutes oder gar Hervorragendes leistete, wurde auch für Verwendungen in höheren Stäben der Zentralbehörden für befähigt gehalten und als zur Beförderung geeignet vorgeschlagen. Wer hier versagte, wurde verabschiedet[34]. Offiziere, die ihre Eignung zum Kommandanten eines Schiffes nicht nachweisen konnten, kamen in der Regel in eine die weitere Laufbahn weniger fördernde Landverwendung, wo sie ausliefen[35].

In der Beurteilung der Kapitäne zur See und Flaggoffiziere galten Entschlußkraft, Energie, Wagemut gekoppelt mit sicherer Schiffs- und Verbandsführung und gutes taktisches Verständnis bereits im Frieden als unumgängliches Auswahlkriterium auf dem vorgezeichneten Weg über die zentralen Positionen: Linienschiffkommandant, II. Admiral eines Geschwaders, Geschwaderchef bis zu den obersten Spitzenstellungen. Zu lange Verwendungen auf Landkommandos erschienen den betroffenen ehrgeizigen Offizieren als Abstellgleis[36]. Die Qualifikationsberichte über Reinhard Scheer spiegeln die Kriterien der Führerauslese besonders deutlich wider. Die trotz zwischengeschalteter Landverwendungen ausschlaggebende Bedeutung der Bordverwendungen verdeutlichen ebenso klar die »Gesichtspunkte für Stellenbesetzungen in der Kaiserlichen Marine«[37].

Diese Führerauslese bedeutete, daß der leistungsfähigste Teil des Seeoffizierkorps auf technischem und taktischem Gebiet einseitig mit dem Ziel erzogen und ausgewählt wurde, die Flotte erfolgreich in der Schlacht zu führen. Demgegenüber wurde eine Heranbildung und Auswahl intellektueller Führer und Führergehilfen mit besonderer Befähigung zur admiralstabsmäßigen geistigen Auseinandersetzung mit den Grundlagen der Seekriegführung eher behindert. So läßt sich auch ein direkter Zusammenhang herstellen zwischen der langjährigen Auswahl auf der Grundlage des oben aufgeführten Eignungsprofils und den folgenden Erkenntnissen über das bedenkliche strategische Defizit im Vorstellungsvermögen der führenden Köpfe der Marine.

4. Tirpitz und seine Auswirkungen auf das Führungsdenken

Der geniale und zugleich ehrgeizige Tirpitz war unbestreitbar die stärkste Persönlichkeit der Kaiserlichen Marine. In allen Verwendungen war er weit überdurchschnittlich beurteilt. Daher wurden Marinekabinett und Kaiser schon früh auf seine Begabung aufmerksam. So ist es nur folgerichtig, daß der Chef des Marinekabinetts, Konteradmiral Gustav Frhr. von Senden-Bibran, den fähigsten Kopf an die Spitze der für den Flottenaufbau verantwortlichen Stelle des Reichsmarineamts holte. Dabei lag es durchaus im allerhöchsten Interesse, daß Tirpitz als die überragende Führerpersönlichkeit den durch die Zersplitterung der Organisation entstandenen Spielraum nutzte, sich in die Kompetenzen der anderen Immediatbehörden einzumischen.

So verdienstvoll die Leistung von Tirpitz beim Aufbau der Hochseeflotte war, um so irrealer und verhängnisvoller war das von ihm entworfene seestrategische Konzept und seine einseitige Beeinflussung der operativen Planung. Noch nach dem eindeutigen Scheitern seines Konzeptes im Kriege bestand für ihn und die überwiegende Anzahl der älteren Seeoffiziere nicht der geringste Zweifel an seiner prinzipiellen Richtigkeit und den ihm zugrunde liegenden militärpolitischen Überlegungen. In einer erstaunlichen, verschleiernden Einseitigkeit vertrat Tirpitz 1919 die These: »Das deutsche Volk hat die See nicht verstanden. In seiner Schicksalsstunde hat es die Flotte nicht ausgenutzt. Ihr kann ich heute nur das Totendenkmal setzen[38].« Nach seinem Urteil »hätte es nur des richtigen Befehls bedurft, um alle Kräfte auszulösen und die Flotte, so wie sie war, zum Siege zu führen«[39].

Auf seestrategischem Gebiet fehlte ihm jedoch die Fähigkeit zu einer systematischen und emotionsfreien Analyse der Lage. Bei der durchaus richtigen Erkenntnis, daß für den Fall eines Konfliktes mit England nur eine homogene Schlachtflotte anstelle einer zur reinen Küstenverteidigung geeigneten Ausfallflotte politisch als Risikofaktor abschrecken und militärisch bei Versagen der Abschreckung einer britischen Blockade mit Aussicht auf Erfolg begegnen könne, ging er dennoch von unzutreffenden seestrategischen und außenpolitischen Annahmen aus. Er glaubte an ein traditionell »brutales«, d.h. offensives Vorgehen der Engländer im Geiste Nelsons unmittelbar bei Kriegsausbruch, somit an eine enge britische Blockade der deutschen Küste unter für sie ungünstigen Bedingungen und eine sich daraus ergebende Entscheidungsschlacht noch vor Heranziehung der gegnerischen Überseegeschwader. Die Vernichtungsschlacht in der südlichen Nordsee beherrschte als Mittel- und zugleich Endpunkt seine strategischen Vorstellungen. Dieser kontinental ausgerichteten Strategie fehlte die übergeordnete seestrategische

Zielsetzung. Tirpitz begnügte sich mit der oberflächlichen Versicherung: »Im See-kampf ist nicht Geländegewinn, sondern Vernichtung des Gegners das einzige Ziel[40].« Er hoffte auf eine rasche, vornehmlich psychologisch bedingte englische Friedensbereitschaft nach einer Niederlage.

Die Kontrolle der Seewege als Ziel des Seekrieges sowie die Bedeutung des geographischen Faktors für die Seemacht waren ihm völlig aus dem Blick geraten. Wegen des Fehlens jeglicher übergeordneter seestrategischen Zielsetzung beinhal-tete der Tirpitzsche Flottenkampf lediglich die taktische Offensive im Gefecht; auf seestrategisch offensives Vorgehen wurde verzichtet. Ausbildung und Erziehung wurden daher einseitig auf die von der Grand Fleet anzubietende Freiwasser-schlacht ausgerichtet.

Tirpitz muß der Vorwurf gemacht werden, daß er, obwohl schon bereits ab 1906 gewichtige Gründe für eine weite britische Blockade sprachen, diese Alterna-tive nicht konsequent in Rechnung zog.

Als die mit der Triple Entente 1907 vollendete politische Isolierung des Deut-schen Reiches sowie die Konzentration der Britischen Flotte in der Nordsee mili-tärpolitisch den Bündniswert der Flotte unterminiert und die Risikoidee ad absur-dum geführt hatten, reagierte Tirpitz auf diese fatale Lageveränderung nicht mit dem Überdenken seiner Strategie. Wer sich seiner Konzeption in den Weg stellte, wurde rücksichtslos bekämpft und mußte seinen Abschied nehmen. So blieb man in der operativen Planung gegen England bei der Annahme, daß die englische Flotte eine enge Blockade der Deutschen Bucht durchführen werde, und ersetzte die rationale Analyse der Gegnermöglichkeiten durch das vage Prinzip der Hoff-nung auf das »Kommen« des Gegners[41]. Unter dem beherrschenden Einfluß von Tirpitz wurde die Strategie auch während des Krieges nicht auf eine neue Basis gestellt. In der Nordsee war eine militärische Potenz konzentriert, die für die Ope-rationsziele im Falle einer weiten Blockade als Ganzes nicht wirksam eingesetzt werden konnte. Besonders nachteilig mußte sich zusätzlich auswirken, daß die begrenzte Reichweite der Torpedoboottypen Vorstöße der gesamten Flotte mit Dauerwirkung in der nördlichen Nordsee nicht zuließ.

Warum Tirpitz die für Deutschland ungünstigere Alternative »weite Blockade« nicht bei seiner operativen Planung und Schiffbaukonzeption stärker berücksich-tigte, erklärte Vizeadmiral Hans Zenker 1924: »Die zum Dogma gewordene An-nahme, daß die Engländer im Kriegsfall gegen uns die Schlacht sogleich und an jedem Ort, wo wir uns ihnen stellen würden, suchen würden, ließ der Front viel-seitige operative Überlegungen und Vorarbeiten unnötig erscheinen. Gute Taktik schien das einzig Notwendige zu sein, um die vom Feind sicher bald gebotene Gelegenheit zum Schlagen siegreich anzunehmen[42].«

Nach dieser von Tirpitz zu verantwortenden Konzeption, die sich in dem grundlegenden Operationsbefehl vom 30. Juli 1914[43] niederschlug, trat die Hoch-seeflotte in den Kampf. Ihr Scheitern war bereits durch die seestrategische Unzu-länglichkeit des Großadmirals von Tirpitz vorprogrammiert. Die jeweiligen Flot-tenchefs und Chefs des Admiralstabes blieben Statisten, deren häufiger Wechsel der strategischen und operativen Planung keine grundsätzlich neuen Impulse geben konnte, solange an der Tirpitz-Doktrin festgehalten wurde.

Tirpitz hat sich durch geschicktes Taktieren während des Krieges in der Öffentlichkeit den Ruf eines energischen Verfechters der raschen Seeschlacht verschaffen können. Sein tatsächliches, oft wiedersprüchliches Handeln beweist jedoch das Gegenteil; auch er plädierte bei internen Beratungen mehr auf Zurückhaltung der Flotte. Unmittelbar vor Kriegsausbruch muß er schon Zweifel gehabt haben, ob die Flotte für die ihr zufallenden Aufgaben bei einer weiten Blockade geeignet sei. Seine Frage an Ingenohl im Mai 1914 »Was machen Sie, wenn sie nun nicht kommen?« ist Ausdruck seiner Ratlosigkeit[44]. Auf Pohls wiederholte Fragen, wie die Hochseeflotte unter günstigen Bedingungen zum Schlagen zu bringen sei, blieb Tirpitz stets die Antwort schuldig[45]. Er wollte auch 1915 nur die Schlacht unter Helgoland; die Vorstöße Pohls hielten sich in einer Reichweite von 100 sm und entsprachen damit genau diesem Konzept. Auch Tirpitz sah für die Flotte keinen strategischen Zwang zum Schlagen, vielmehr forderte er ihren Einsatz vornehmlich aus Prestigegründen, wie aus seiner Denkschrift vom 16. September 1914 hervorgeht: »In der nächsten Zeit aber muß indessen mit der Schlacht noch gewartet werden, bis [...] die Hauptentscheidung im Westen gefallen ist[46].«

Müller, ursprünglich ein Bewunderer des Großadmirals, mußte feststellen, daß »der hervorragende Staatssekretär der Flottengründung« anders gewesen sei als »der Großadmiral im Hauptquartier«[47]. Als Bachmann zum Chef des Admiralstabes ernannt worden war, erhielt Tirpitz einen getreuen Mitarbeiter, der sich seiner Forderung nach einem energischen Einsatz der Flotte sicherlich gebeugt hätte. In Übereinstimmung mit Tirpitz kam auch Bachmann in seiner Denkschrift vom 1. März 1915 zu dem Schluß, daß eine Modifizierung der bisher herausgegebenen Operationsanweisungen nicht empfehlenswert sei[48].

Da Tirpitz in seinen Vorschlägen über den Flotteneinsatz während des Krieges überwiegend unfruchtbare Kritik geübt hatte, lehnte Wilhelm II. die Schaffung eines Oberkommandos unter Tirpitz ab. Es muß zumindest stark bezweifelt werden, ob Tirpitz – mit dem einheitlichen Oberbefehl beauftragt – das strategische Talent besessen hätte, die Krise in der Flottenkonzeption zu lösen. Eine Wendung in der Seekriegführung hätte eine Umformulierung seines Konzeptes zur Voraussetzung haben müssen. Zugleich hätte er damit das Versagen seiner bisherigen Marinepolitik eingestanden. Einen derartigen fundamentalen Irrtum konnte der »Meister« Tirpitz vor der Öffentlichkeit nicht zugeben. Daher brauchte er einen Sündenbock für das Scheitern seiner Konzeption. Diesen fand er vor allem in Pohl und Ingenohl. Ob Tirpitz die Flotte in der Schlacht gut geführt hätte, bleibt fraglich, da er selbst bei Kriegsausbruch zwanzig Jahre keine militärische Führungsfunktion in der Flotte bekleidet hatte und der Front stark entfremdet war. Die einmalige Gelegenheit, sich 1914 durch die ihm von Müller angebotene Übernahme des Amtes des Flottenchefs in der Seekriegführung durchzusetzen, nahm er nicht an[49]. Sein bekannt gewordener abenteuerlicher Plan, die Hochseeflotte über die ganze Nordsee zu verteilen, um den Gegner aus der Defensive zur Schlacht unter Helgoland zu verlocken, zeugt zumindest nicht von besonderen operativen Führungsqualitäten[50].

5. Pohl als Admiralstabschef und Flottenchef

Dem Admiral Hugo von Pohl – vor seiner »Beförderung« zum Chef der Hochseeflotte von April 1913 bis Februar 1915 Chef des Admiralstabes der Marine – wird in der zeitgenössischen Literatur nicht die Qualifikation zuerkannt, unter den schwierigen Bedingungen der verfehlten Führungsorganisation der Marine durch das Gewicht seiner Persönlichkeit Konzeption und operative Planung der sich wandelnden Bedrohung durch Großbritannien angepaßt und im Kriege die Hochseeflotte bei seinen Vorstößen energisch eingesetzt zu haben. Hopmann kennzeichnet ihn als einen Befehlshaber, »der den göttlichen Funken zu der vielleicht größten und entscheidendsten Aufgabe des gesamten Krieges, der Erschütterung der britischen Seemacht, zweifellos nicht in seiner Brust trug«[51].

Ebenso wie Tirpitz hat auch Pohl bei der intellektuellen Vorbereitung auf den Krieg versagt. So kommt Hubatsch zu dem Schluß: »Es war verhängnisvoll, daß die Leistungen des Admiralstabes in der letzten Zeit vor dem Krieg am tiefsten abgesunken waren und die Operationsbefehle einer scharfen gedanklichen Durcharbeitung entbehrten[52].« In der geschichtlichen Darstellung bleibt dabei zu wenig berücksichtigt, daß Pohl das typische Eignungsprofil aufweist, das für die Führerauslese seiner Zeit maßgeblich war. Die eher vordergründige Vermutung von Tirpitz, daß die Mißgriffe in der Personalauswahl auf die Frontentfremdung des Chefs des Marinekabinetts zurückzuführen seien, ist somit kein stichhaltiges Argument. Als II. Admiral des I. Geschwaders, Befehlshaber der Aufklärungsstreitkräfte und Chef des I. Geschwaders erwies sich Pohl als hervorragender Taktiker, guter Seemann und glänzender Navigator[53]. Für seine Bewährung als Geschwaderchef wurde er nach Abschluß des Kaisermanövers von Wilhelm II. persönlich mit besonderem Lob bedacht. Pohl war nicht der Typ des intellektuellen Führers. Holtzendorff beurteilte ihm zum 1. Dezember 1911 »als Vorbild nur in militärischtaktischer Beziehung« und ergänzte 1913: »keine starke Persönlichkeit«[54]. Seine dennoch erfolgte Auswahl zum Chef des Admiralstabes zeigt unabhängig von der geringen Führerreserve die verhängnisvolle Geringschätzung des Admiralstabes und der Position seines Chefs durch Müller. Eine Notwendigkeit zur Ablösung des Admirals August von Heeringen lag nicht vor. Die Nachfolgebesetzung durch Pohl hatte ausschließlich personaltaktische Gründe.

Für Pohl, der wegen seiner kleinbürgerlichen Herkunft offenbar große Unsicherheiten in Fragen des Taktes und des gesellschaftlichen Auftretens zeigte, und daher vom Kabinettschef für Stellungen mit gesellschaftlichen Verpflichtungen als ungeeignet empfunden wurde, schien »die einzige Stelle in der Marine, in welcher die persönlichen Mängel des Vizeadmirals [...] weniger fühlbar werden dürften, die des Chefs des Admiralstabes«[55]. Müller war bereit, mit diesem Verwendungsvorschlag das Risiko einer Fehlbesetzung in Kauf zu nehmen. Das Ergebnis zeigte sich bald in der fachlichen Überforderung des fleißigen Praktikers in der Funktion als Admiralstabschef. Lag schon das Schwergewicht seiner Fähigkeiten in der Seetaktik, so verlagerte sich naturgemäß sein Wirkungsfeld von klaren Überlegungen zur Seestrategie auf das taktische Verhalten der Flotte. Das von ihm bearbeitete Exerzierreglement sollte eine überlegene taktische Führung, d.h. ein reibungsloses Evolutionieren einer großen Anzahl von Geschwadern im Gefecht sicherstellen[56]. Die Auswahl des seestrategisch enthaltsamen Pohl lag ganz im Kalkül des Großadmirals, der bestrebt war, den Admiralstab durch Flottengesetze langfristig zu binden. Bei Müller galt daher für die Spitzenbesetzung der Grundsatz, daß die vorgeschlagenen Flaggoffiziere bei Tirpitz in Gnaden stehen mußten. So konnte dieser die Richtigkeit seiner eigenen erstarrten Strategie ungestört mit eigenen Kriegsspielen untermauern. Obwohl die englischen Flottenmanöver 1912 und 1913 bereits Anhaltspunkte lieferten, daß die Admiralität von der für Deutschland unangenehmeren Form der weiten Blockade als Richtlinie für die künftige Kriegführung ausging, und im Admiralstab dieser Blockadeform seit längerem große Wahrscheinlichkeit eingeräumt wurde, hoffte Pohl getreu dem tirpitzschen Dogma starr auf den offensiven Geist der Briten.

Die Vernichtungsschlacht in der Helgoländer Bucht wurde in Manövern weiterhin stur exerziert, und die operative Planung für den Krieg basierte lediglich auf diesem Operationsziel. Pohl ging davon aus, daß man über die ersten Waffenentscheidungen hinaus nicht vorher disponieren könne, und sich dann die Wege für ein weiteres Vorgehen von selbst eröffnen würden, wenn erst die Zugänge zur offenen See frei seien. Die unter Heeringen begonnenen Überlegungen für das eigene strategische Vorgehen bei weiter Blockade, die jedoch wegen dessen plötzlicher Versetzung nach Wilhelmshaven nicht zum Abschluß gekommen waren[57], wurden vom neuen Admiralstabschef nicht fortgesetzt. Ihm gelang es nicht, sich von überkommenen Denkkategorien zu lösen; zu sehr war sein ganzes Denken durch die jahrelange Ausbildung auf sie fixiert. Obwohl ein unter Pohl im Winter 1913/14 durchgeführtes Kriegsspiel unter dem Szenario »weite Blockade« wichtige Erkenntnisse über das wahrscheinliche englische Verhalten lieferte, wurden von ihm keine entsprechenden Schlußfolgerungen gezogen[58]. Die realistischen Möglichkeiten der eigenen Seestreitkräfte in Abhängigkeit vom Fahrbereich der Einheiten, speziell in der Unterstützung von Heeresoperationen, wurden nicht überprüft. Unter Pohl riß der ohnehin schon spärliche Gedankenaustausch mit dem Großen Generalstab bei der Ausarbeitung der jeweiligen Operationspläne endgültig ab. Claußen ist zuzustimmen, der bereits 1926 zu dem Ergebnis kam, daß »die Seestrategie wohl mit einem klaren strategischen Glaubenssatz für den Krieg gerüstet« gewesen sei, jedoch »die Vorbereitung eines den Seekrieg als ganzes umfassenden Plans« versäumt worden sei[59].

Nach Ausbruch des Krieges rächte sich, daß der Admiralstab die Operationsplanung einseitig auf die Tirpitz-Doktrin ausgerichtet hatte. Die intensiven Manövererfahrungen der Vorkriegszeit wurden automatisch wertlos, sobald die im Krieg gegenüber der Freiwasserschlacht untergeordneten militärischen Aktionen wie Kleinkrieg und Kräfteausgleich den Charakter der Seekriegführung bestimmten.

Hilflos stand Pohl der veränderten Lage in der Weite der Nordsee gegenüber. Die zahlreichen Fehlanalysen und Versäumnisse Pohls als Admiralstabschef bei der Auswertung der Kriegserfahrungen sind weniger in der Unzulänglichkeit der Person des Admiralstabschefs begründet. Sie resultieren hauptsächlich aus der unzureichenden Organisation des Admiralstabes, insbesondere dem Fehlen einer eigentlichen Operationsabteilung. Als sich gerade in den ersten Kriegsmonaten die vorgelegten Erfahrungsberichte außerordentlich massierten, wurde der Admiralstab von einer Flut von Informationen überschüttet, die kaum zu verarbeiten war. Dies ist für Hans Zenker erklärlich, da die Verantwortlichen bereits im normalen Friedensbetrieb bis zur Grenze ihrer Arbeitskraft ausgelastet gewesen seien. »Für die eigentlichen operativen Arbeiten, die viel schöpferisches Durchdenken, daher Muße und Freiheit von drängender Tagesarbeit erfordern, blieb keine Zeit[60].« Für die Kriegszeit wäre daher eine Kapazitätserweiterung der Admiralstabsstellen, vor allem auch auf dem Gebiet der U-Boot-Kriegführung sowie eine Rationalisierung der Auswertung erforderlich gewesen, um aus der Nachrichtensammelstelle die operative Führungszelle des Seekrieges zu schaffen[61].

Müller und Tirpitz verhinderten jedoch diese personelle und materielle Aufstockung, da sie angeblich über die Möglichkeiten der Marine hinausging, eine Haltung, die angesichts der gegenüber der Personalstärke der Flotte vergleichsweise geringen Zahl zusätzlich benötigter Offiziere aus heutiger Sicht unverständlich ist. Der verhängnisvollste Fehler Pohls lag in der überstürzten Einleitung des uneingeschränkten U-Boot-Krieges im Februar 1915. Die Zustimmung der unerfahrenen politischen Reichsführung zu seiner Kriegsgebietserklärung konnte er sich nur sichern, indem er die Politiker über die wahren Methoden und Konsequenzen dieses Waffeneinsatzes in Unkenntnis hielt. Das ausschlaggebende Motiv für seine unüberlegte Vorgehensweise muß in dem einseitig militärfachlich orientierten Führungsdenken der Flaggoffiziere gesehen werden.

Tirpitz hat bereits während des Krieges die Legende verbreitet, Pohl hätte die Flotte überhaupt nicht einsetzen wollen. Diese These beherrscht auch das Urteil fast der gesamten zeitgenössischen Literatur. In Wirklichkeit hat Pohl als unbeirrbarer Verfechter der Entscheidungsschlacht diese trotz der hemmenden Befehle des Kaisers gewollt, ja geradezu ersehnt[62]. Um so entschiedener wandte er sich gegen die in der Immediatvorlage des Admiralstabes vom 7. Dezember 1915 angedeutete Überlegung, daß die Flotte ihre Existenzberechtigung erst in einem künftigen Krieg nachweisen könne[63].

Wegen des beschränkten Fahrbereichs der schweren und leichten Einheiten, der fehlenden Geschwindigkeitsüberlegenheit und der unterlegenen Armierung der Kleinen Kreuzer und Torpedoboote wollte er die Schlacht aber nur unter günstigen Bedingungen annehmen, d.h. Entfernung bis zu 100 sm von Helgoland, Präsenz der vollzähligen Flotte bei Wetterlagen, die eine Mitnahme der Torpedoboote zuließen, sowie artilleristisch vorteilhafte Windrichtungen. Bei einem Flottenkampf unter günstigen Bedingungen war er sich des Sieges absolut sicher[64]. Aus Gehorsam gegen seinen Obersten Kriegsherrn wollte er die Flotte aber erst nach Erlaubnis des Kaisers, der Gesamtlage entsprechend, einsetzen, die Schlacht daher nicht

von sich aus herbeiführen, sondern er hoffte sie aus Vorstößen des Gegners abzuleiten. Ein Verstoß gegen den persönlich erhaltenen Befehl seines Kaisers war
mit seiner Ehre nicht vereinbar.

Das strategische Talent Pohls hat nicht ausgereicht, geeignete Methoden zu
finden, den Gegner zur Schlacht zu zwingen. Seine als »Pohldreiecke« verspotteten
Vorstöße innerhalb von 100 sm unter Helgoland mußten erfolglos bleiben, da die
Grand Fleet bei fast jedem Vorstoß zwar ausgelaufen war, aber immer in der mittleren Nordsee kehrt machte, weil sie in der südlichen Nordsee nicht schlagen
wollte. Pohl war nicht die Persönlichkeit, die eine strategische Abkehr von dem
»System der Halbheiten« zur von Michaelis geforderten Konzeption der U-Boot-
und Luftkriegführung als strategische Notwendigkeit erkannte und durchsetzte[65].
Zu stark war er von Erziehung und Ausbildung her für die Freiwasserschlacht
gedrillt. Als waffentechnischer Fachmann und ausgezeichneter taktischer Führer,
der in der Schlacht seine Seekriegsmittel souverän eingesetzt hätte, konnte er den
wahren Grund des Versagens des strategischen Konzeptes nicht erfassen.

6. Ingenohl als Flottenchef

Ingenohl stellte bereits als Kommandant von großen Kreuzern sowie als Navigationsoffizier auf der kaiserlichen Yacht »Hohenzollern« seine großen seemännisch-
taktischen Fähigkeiten frühzeitig unter Beweis, so daß ihn das Marinekabinett
durch seine weitere Verwendungsplanung systematisch in führende Positionen der
Hochseeflotte einsteuerte. In den Qualifikationsberichten der Flaggoffiziere von
1911 bis 1913 werden seine hervorragenden praktischen Leistungen als Verbandsführer als ausreichender Nachweis seiner Befähigung zum Flottenchef eingestuft[66].
Bei dem für die Personalauswahl maßgeblichen seemännisch-taktischen Eignungsprofil blieben in den Beurteilungen aufgezeigte geistige und charakterliche Schwächen offensichtlich von nebensächlichem Gewicht[67]. So wird Ingenohl bereits in
der vom Kabinettschef formulierten allerhöchsten Willensäußerung anläßlich der
Vorlage der Qualifikationsberichte vom 1. Dezember 1910 als potentieller Flottenchef angesehen und in einer Vortragsnotiz Müllers vom 16. Dezember 1911 als
Persönlichkeit geschätzt, dem die Führung der Flotte unbedenklich anvertraut
werden könne. Nicht nur seine Friedenserfahrung in der Schiffs- und Verbandsführung, sondern auch sein starres, geradezu pedantisches Festhalten an alther-
gebrachten Vorstellungen scheinen bei seiner Berufung zum Flottenchef willkommen gewesen sein, wenn man Holtzendorffs Aussage heranzieht: »Für die Führung der Flotte ist es von höchster Bedeutung, daß innerhalb der nächsten Jahre
an den taktischen Grundsätzen und Übungen, die jetzt von Auffassung und Verständnis aller Kommandobehörden getragen werden, nicht gerüttelt wird[68].« Müller, der Holtzendorff persönlich stark verbunden war, trug dieser Grundsatzforde-
rung des scheidenden Flottenchefs durch die Nachfolgebesetzung mit Ingenohl
voll Rechnung.

In Ingenohl besaß die Hochseeflotte nach dem Urteil Scheers zwar einen energischen, taktisch offensiv eingestellten Führer, »dessen ganze Charakterlage die Gewähr bot, in voller Zuversicht auf die Leistungsfähigkeit der ihm anvertrauten Waffe diese rücksichtslos einzusetzen«[69]. Die Persönlichkeit eines idealen Flottenchefs war er nicht; er blieb vielmehr taktischer Exerziermeister, einseitig vorprogrammiert auf die Tirpitzsche Vernichtungsschlacht. Tirpitz bemängelt in Übereinstimmung mit dem Urteil des Seekriegswerks, daß Ingenohl die nötige Entschlußfreudigkeit fehle und er sich zu sehr von den Buchstaben des Operationsbefehls in seiner operativen Initiative beschränken ließe. Es steht inzwischen außer Zweifel, daß auch ein energischerer Führer aus dem Operationsbefehl der Hochseeflotte nicht die Berechtigung und Handlungsfreiheit zu weitreichenden Unternehmungen hätte ableiten können. Mit Recht hat Ingenohl den bindenden Operationsbefehl, nicht dessen subjektive Auslegung für die defensive Kriegführung im ersten Kriegshalbjahr verantwortlich gemacht[70]. Als Operationsziel war dem Flottenchef auferlegt, zunächst einen Kräfteausgleich durch Erfolge gegen gegnerische Teilstreitkräfte herzustellen und dann die Entscheidungsschlacht zu schlagen, vorher aber nicht die Schlacht mit der gesamten englischen Flotte zu suchen. Eine sich eventuell vor dem beabsichtigten Kräfteausgleich bietende günstige Gelegenheit zum Schlagen mußte ihm klar erkennbar sein.

Ingenohl konnte sich geistig nie aus dem Tirpitzschen Dogma vom englischen Offensivgeist lösen. So gab es für ihn auch weiterhin nur die einzige Pflicht, die Schlachtflotte »schneidig und scharf zu erhalten für die Entscheidungsschlacht, die wir zu schlagen haben werden«[71]. Folglich wurden Formaltaktik und Waffenschulung für die Schlacht weiterhin beibehalten. Wie seinen Nachfolgern ist es auch ihm nicht gelungen, das verfehlte Grundmuster der Strategievorstellungen des Großadmirals geistig zu durchdringen und die Autorität des Flottenchefs zu nutzen, das strategische Konzept auf eine neue Basis zu stellen. Als sich nach den ersten Monaten des Seekrieges die vor dem Krieg gehegten Erwartungen nicht erfüllten und es augenscheinlich geworden war, daß die Nordseekriegführung auf falschen Voraussetzungen aufbaute, erbat er in Privatbriefen und in seiner Denkschrift vom 25. September 1914 zwar die Genehmigung zu weitergehenden Vorstößen zur Herbeiführung der Vernichtungsschlacht. Nach der allerhöchsten Ablehnung hat er jedoch loyal den gegebenen Befehlen entsprechend gehandelt[72]. Die jahrzehntelange Erziehung der Offiziere nur auf die Schlacht hin sowie zu bedingungslosem Vertrauen in den obersten Kriegsherrn hatte ihre Wirkung nicht verfehlt.

Die Flottenführung des Admirals Ingenohl weist in der operativen Planung eine Kette von Fehlern auf, die u.a. seinem pedantischen Festklammern an den langjährigen Friedenserfahrungen zuzuschreiben sind. Diese basierten auf konzentrierten Anstrengungen, die Flotte möglichst vorteilhaft zum Einsatz in die Entscheidungsschlacht in der Deutschen Bucht zu bringen. So kam es bei Kriegsbeginn zu dem unzureichenden Sicherungssystem vorgeschobener Vorpostenlinien in der Helgoländer Bucht und dem Verzicht auf defensive Minensperren, die ja dem anerzogenen Grundsatz offensiver Kriegführung widersprachen. Die Detachierung leichter Seestreitkräfte ohne Deckung durch Großkampfschiffe lag für Ingenohl durchaus in Übereinstimmung mit seiner Friedenserfahrung und wurde als ein notwendiges Risiko bei der Durchführung des Kleinkrieges angesehen, andererseits war sie ein gangbarer Weg, der Flotte den Kampf unter ungünstigen Bedingungen nicht aufzwingen zu lassen.

Unter Ingenohl stand noch kein brauchbares taktisches Konzept für den Einsatz leichter Einheiten gegenüber einem überlegenen Gegner zur Verfügung. Hätte man solche Gefechtssituationen in den Friedensmanövern geübt, so wäre dieser Mangel sicher bald aufgedeckt und behoben worden. Ingenohl übertrug daher das erklärte Ziel für den Flottenkampf »Ran an den Feind« unreflektiert auf das Einsatzkonzept für leichte Einheiten[73]. Am Beispiel Ingenohls zeigt sich, daß eine Führerauslese nach Kriterien, die ausschließlich vom Tirpitzschen Dogma und Geist der Friedensausbildung geprägt wurden, im Kriege bei Versagen dieses Konzeptes nicht die richtigen Persönlichkeiten hervorgebracht hatte. Selbstkritisch urteilte Korvettenkapitän Firle 1921 in seiner Darstellung des Ostseekrieges, daß bei der Friedensausbildung vor dem Kriege »der weite Blick für die großen strategischen Linien des Seekrieges noch nicht genügend entwickelt worden [sei]. Eine solche Periode erzieht den Offizier mehr zum Gehorsam und fleißigen Soldaten als zum genialen Führer[74].« Der lebendige Geist der Flaggoffiziere, ihre Kreativität waren verkümmert.

7. Scheer als Flottenchef: Neues Operationskonzept?

Im Januar 1916 übernahm Scheer die Führung der Hochseeflotte. Die gleichzeitige Neubesetzung wichtiger Positionen im Flottenstab mit Anhängern einer offensiven Seekriegführung sollte seinem Willen zu schärferer Vorgehensweise Ausdruck verleihen[75]. Zuvor hatte er sich als ältester Geschwaderchef unter Pohl merkwürdigerweise nicht an den Diskussionen über den Einsatz der Flotte beteiligt. Im Gegenteil bestärkte er sogar Pohl in dessen Überzeugung von der Notwendigkeit einer vorläufigen Zurückhaltung der schweren Einheiten. Bei den vor jedem Auslaufen regelmäßig einberufenen Besprechungen des Flottenchefs mit seinen Befehlshabern wurden weder von Scheer noch seinen Kameraden Einwände gegen die bisherige Flottenführung vorgetragen[76].

Seine Zurückhaltung mag auch der Grund dafür gewesen sein, daß sowohl Bachmann als auch Müller 1915 von Scheers Eignung zum Flottenchef trotz hervorragender Qualifikationsberichte keineswegs überzeugt waren[77]. Scheers Operationsprogramm vom Februar 1916 enthüllt, daß er von der seestrategischen Zielsetzung her eine defensivere Konzeption als Pohl verfolgte. Statt des Sieges in der Entscheidungsschlacht, den er wegen des bestehenden Kräfteverhältnisses für aussichtslos hielt, beschränkte er sich auf die Schädigung der englischen Flotte. Den Kräfteausgleich wollte er dadurch herbeiführen, daß britische Teilkräfte durch offensivere Vorstöße der Schlachtkreuzer auf die offene See gelockt und hier von der Hochseeflotte vernichtet werden sollten. Scheers Operationsziel war es nie, überlegenen Gegnerkräften gegenüberzutreten, sondern unterlegene zu vernichten. Daher hat er übrigens ebenso bereitwillig wie Jellicoe im Verlauf der Skagerrakschlacht die Entscheidung vermieden, als er die Gewißheit hatte, der gesamten Grand Fleet gegenüberzustehen. Im Unterschied zu Pohl plante Scheer jedoch weitreichendere Vorstöße in engem operativem Zusammenwirken mit zur Fernaufklärung eingesetzten U-Booten und Luftschiffen.

Scheer hat somit keine grundsätzlich neue Konzeption entwickelt. Für ihn, den treuen Anhänger von Tirpitz, stand immer noch der Kampf schwerer Einheiten im Mittelpunkt des operativen Denkens, so daß das von Michaelis kritisierte »System der Halbheiten« aus U-Boot-Handelskrieg und Flottenaktivität fortgesetzt wurde, obwohl er spätestens nach der Skagerrakschlacht innerlich den strategischen Wert der Hochseeflotte bezweifelte[78].

Unbefriedigend an dieser Konzeption bleibt, daß Scheer Teilerfolge erstrebte, wenn er doch genau wußte, daß er auch nach Teilerfolgen die Grand Fleet aufgrund der geostrategischen Lage nicht zur Schlacht zwingen konnte. Ebenfalls wenig einleuchtend ist seine Überzeugung, daß der Gegner zur Kräftezersplitterung als Voraussetzung für Teilerfolge verlockt werden könne. Scheer hoffte wohl hierbei auf Fehler, wie sie Ingenohl unterlaufen waren, die jedoch bei den taktisch geschulten Engländern kaum in Rechnung gestellt werden konnten.

Seine Denkschrift vom 17. Juli 1916 bewies, daß die bisherige Strategie zum Selbstzweck geworden war[79]. Scheer wollte – wie auch das Seekriegswerk feststellte – mit den hier geäußerten Gedanken zum uneingeschränkten U-Boot-Krieg nur die Wiederaufnahme des politisch umstrittenen U-Boot-Krieges erzwingen, nicht aber Zweifel an der Rolle der Hochseeflotte und der ihr zugrundeliegenden Tirpitzschen Strategie erkennen lassen[80].

Sucht man eine Erklärung für diese Unzulänglichkeiten im Konzept Scheers, so trifft auch für ihn zu, daß er nicht die innere Kraft aufzubringen vermochte, der Hochseeflotte die kriegsentscheidende Funktion eindeutig abzusprechen. Zu lange war Scheer nach den strategischen Prinzipien des Großadmirals von Tirpitz ausgebildet worden. Zu lange hatte die Schlachtflotte die eigentliche Flotte dargestellt, als daß eine radikale Alternative denkbar schien[81].

Auch drängt sich der Verdacht auf, daß seine Haltung zusätzlich überlagert wurde von moralischen Gesichtspunkten der Ehrenrettung der Marine. Für das Ehr- und Selbstverständnis des kaiserlichen Seeoffiziers war es völlig unzumutbar, die Flotte untätig den Krieg überstehen zu lassen. Die Ehren- und Existenzfrage hat letztlich auch die Planung des militärisch sinnlosen Prestigeeinsatzes im Oktober 1918 bestimmt[82].

Scheers taktischer Erfolg in der Skagerrakschlacht kann zwar als Frucht der planmäßigen Auslese taktisch befähigter Führerpersönlichkeiten gewertet werden. Seine deutlich sichtbar gewordenen Grenzen auf dem Gebiet der Seestrategie und sein geringes Gespür für die politische Realität in der Lagebeurteilung als Chef der Seekriegsleitung sind aber zugleich negativer Ausdruck eben dieser Auslesegrundsätze. Wo nicht nur Gesichtspunkte militärischer Zweckmäßigkeit, sondern Fragen schwerwiegender politischer und rechtlicher Problematik zu lösen waren, versagte er.

8. Hipper – Frontbefehlshaber mit einer strategischen Alternative

Vizeadmiral Franz Ritter von Hipper, bei Kriegsausbruch Befehlshaber der Aufklärungsstreitkräfte und ab 11. August 1918 Nachfolger Scheers als Flottenchef, kennzeichnet eine für Flaggoffiziere ungewöhnlich schmalspurige, ausschließlich auf den Flottendienst konzentrierte Verwendungssteuerung. Während bei den übrigen Admiralen stets Verwendungen in den entscheidenden höheren Kommandostäben mit Dienstposten im Flottenbereich wechselten, durchlief er fast nur Bordkommandos und absolvierte auch nicht die Marineakademie. Die ausgewerteten Qualifikationsberichte charakterisieren ihn als äußerst wagemutigen, entschlußfreudigen, ja kaltblütigen Frontbefehlshaber mit hervorstechenden Fähigkeiten als Seemann, Navigator und Verbandsführer. Diesen im Kriege schließlich besonders wichtigen Eigenschaften hatte er seine Auswahl zum Flottenchef zu verdanken.

Wenn Hipper auch in erster Linie ein Mann der Praxis war, so können ihm die Fähigkeit zu gründlicher, nüchterner Planungsarbeit und die dazu erforderliche klare Gedankenführung sowie die Anerkennung kooperativer Stabsarbeit nicht abgesprochen werden. Schon daher scheint das Urteil von Hubatsch fragwürdig, der ihn »einen kaltblütigen Taktiker von persönlicher Einsatzbereitschaft ohne hervorstechende operative Begabung und besondere geistige Führungsqualitäten« nennt[83].

Nach den jüngsten Forschungsergebnissen Philbins muß die operative Begabung Hippers in einem neuen Licht gesehen werden[84]. Der mögliche Einwand, daß die von Hipper offiziell eingereichten alternativen Gedanken zur Hochseekriegführung, die im Seekriegswerk unberücksichtigt blieben, aus der Feder seines I. Admiralstabsoffiziers, Korvettenkapitän Raeder, stammen könnten, schmälert seinen historischen Beitrag keineswegs, da in diesem Fall Hipper die Ideen Raeders akzeptiert und verfochten hätte. In seinem Operationsprogramm »Kreuzerkrieg mit großen Kreuzern« vom 12. November 1914, das im Grunde eine ausführliche positive Stellungnahme zu einem entsprechenden Vorschlag des Kommandanten der »Von der Tann«, Kapitän zur See Hahn, war, schlug Hipper den Einsatz des Schlachtkreuzerverbandes zum Handelskrieg im Westatlantik vor. Nach dem Durchbruch nördlich von Island in den Atlantik sollte der Kampfverband entlang der kanadischen und U.S.-Küste in die Karibik marschieren und sich mit den Einheiten Spees vereinigen, um die unzureichend geschützten britischen Seeverbindungswege zu bedrohen. Hippers weitergehende Zielsetzung war die erhoffte Diversionswirkung auf die in der Nordsee konzentrierte Grand Fleet. Der zur Bekämpfung seiner Schlachtkreuzer notwendige Abzug gleichstarker, wenn nicht überlegener schwerer Einheiten des Gegners aus der Nordsee hätte Ende 1914 den ersehnten Kräfteausgleich, vielleicht sogar eine leichte zahlenmäßige Überlegenheit der Hochseeflotte bewirken können. Hippers unkonventionelle Vorschläge trafen jedoch auf die Ablehnung seiner Vorgesetzten. Nach Philbin vertrauten Pohl und Ingenohl der Wirkung des Kleinkrieges, Tirpitz dagegen hielt weiterhin an der Kräftekonzentration in der Nordsee als dem einzigen Weg zur Vernichtungsschlacht fest.

Vizeadmiral Franz Ritter von Hipper (1863–1932), 1913 bis 1918 Befehlshaber der Aufklärungsschiffe, ab August 1918 Admiral und Chef der Hochseestreitkräfte
Quelle: MSM/WGAZ

Auszüge aus den Qualifikationsberichten
über Admiral Franz Ritter von Hipper

[Jeweilige Dienstgrade und Typbezeichnungen der Einheiten wurden ergänzt.
Alle Abkürzungen im Original wurden stillschweigend aufgelöst.]

Zum 1. Dezember 1906, Dienstgrad: Fregattenkapitän, Dienststellung: Kommandant des Kleinen Kreuzers »Leipzig«:
»Hervorragend tüchtiger Offizier von hoher Befähigung, energisch, lebhaft, von schnellem Entschluß und klarem Blick. Auch in der letzten Dienststelle Gutes geleistet. Guter Reiter, passionierter Jäger. Zur Beförderung geeignet. Admiral v. Bendemann«

Zum 1. Dezember1907, Dienstgrad: Kapitän zur See, Dienststellung: Kommandant des Großen Kreuzers »Friedrich Karl«:
»Hat als Kommandant vorzügliches geleistet. Hat Schiff auf hohen Grad der Gefechtsbereitschaft gebracht. Schiff hat Kaiserpreis für gutes Schießen erhalten. Im Kreuzerdienst einer der besten Kommandanten. Gutes Vorbild für seine Offiziere. Zum Linienschiff-Kommandanten und zu höheren selbständigen Stellungen geeignet.«

Zum 1. Dezember 1908, Dienstgrad: Kapitän zur See, Dienststellung: Kommandant des Großen Kreuzers »Gneisenau«:
»Ausgezeichneter Kommandant, ein Mann der Praxis. Für schriftliche Arbeiten weniger geeignet, zur Beförderung und s. Zeit zum Befehlshaber der Aufklärungsschiffe geeignet. v. Heeringen / Heinrich Prinz v. Preußen«

Zum 1. Dezember 1909, Dienstgrad: Kapitän zur See, Dienststellung: Kommandeur I. Torpedodivision:
»Energischer, gut begabter, besonders praktischer Offizier mit klarem Blick.«

Zum 1. Dezember 1915, Dienstgrad: Vizeadmiral, Dienststellung: Befehlshaber der Aufklärungsschiffe:
»Diensteifrig, energisch, guter Kmdt. Stellung gut ausgefüllt und Vorstöße der Kreuzer gründlich vorbereitet und sachgemäß geleitet. Sehr tüchtiger Flaggoffizier und guter Führer. Vorsichtig in der Führung von Kreuzern, neigt zu Bedenken, fügt sich aber der Ansicht von Führern. v. Pohl/Heinrich Prinz v. Preußen«

Zum 1. Dezember 1917, Dienstgrad: Vizeadmiral, Dienststellung: Befehlshaber der Aufklärungsschiffe:
»Überläßt das Alltägliche zu sehr seinem Stabe. Im Kriege ein guter Führer, im Frieden besser nicht Flottenchef. Scheer«
Dazu Marginale v. Müller: »Wird nach dem Kriege freudig und dankbar abgehen.«

Quelle: Marinekabinett, Auszüge aus den Qualifikationsberichten,
BA-MA, RM 2/v. 832, 833, 834.

9. Bachmann und Holtzendorff

Entscheidend für die Ernennung Bachmanns zum Chef des Admiralstabes im Februar 1915 war lediglich seine gute persönliche Bindung zu Tirpitz, dem er seit seiner Verwendung als Chef der Zentralabteilung des Reichsmarineamts treu ergeben blieb. Von seiner fachlichen Eignung schienen weder Kaiser noch Kabinettschef überzeugt[85].

Ursprünglich Gegner der übereilten Kriegsgebietserklärung Pohls, setzte er sich nach deren Veröffentlichung jedoch bald unnachgiebig für die konsequente Durchführung ein. In der U-Bootwaffe sah Bachmann ein Mittel, das die nach dem Kriegsausbruch entstandene seestrategische Lage ändern könnte. Wenn er auch ansatzweise mögliche Auswirkungen der intensivierten U-Boot-Kriegführung für die Operationen der Hochseeflotte erkannte, konnte er als »Tirpitzschüler« die psychologischen Hemmungen nicht überwinden, sich zu einer konsequenten Schwerpunktverschiebung auf den U-Boot-Krieg durchzuringen[86]. So wurden während seiner Amtszeit die verfügbaren Kräfte nicht voll für den U-Boot-Krieg eingespannt und den U-Booten selbst bei der Entwicklung neuer Schiffstypen keine Priorität eingeräumt.

Wie wenig ernst Bachmann die Bedenken der politischen Reichsleitung hinsichtlich des möglichen Kriegseintritts der USA nahm, dokumentiert seine manipulativ erstellte und leichtfertig abgegebene Zusicherung vom 15. Februar 1915, daß England binnen sechs Wochen nach Eröffnung des U-Boot-Krieges zum Einlenken gezwungen werden könne. Seine Erwartungen beruhten lediglich auf Hypothesen. Er hoffte auf die abschreckende Wirkung gegenüber den Neutralen und ließ die Politiker bewußt im unklaren, ob er unter Einlenken Friedensbereitschaft oder Einstellung der totalen Blockade verstanden hatte. Für die Politiker hatte der nur in militärischen Kategorien denkende Flaggoffizier kein Verständnis: »Ich habe keine Spur von Hochachtung vor den Herren bekommen [...] Mit solchen Leuten zusammenarbeiten zu sollen, ist ja einfach furchtbar[87].«

Mit der Amtsenthebung Bachmanns und der Nachfolgebesetzung durch Holtzendorff hoffte Müller wenigstens formal den Primat der Politik wieder hergestellt zu haben. Holtzendorff galt nicht nur als persönlicher Feind des Großadmirals, er schien sich auch der erheblichen politischen Verantwortung des Admiralstabes bewußt zu sein. Holtzendorff ließ den außenpolitisch risikoreichen U-Boot-Krieg zwar unmittelbar nach Amtsantritt einstellen, sah in ihm unter dem Einfluß seiner Mitarbeiter im Admiralstab und unter dem Druck des nach dem Rücktritt von Tirpitz zur eigentlichen Triebkraft in der Auseinandersetzung um den uneingeschränkten U-Boot-Krieg emporgewachsenen Flottenkommando unter Scheer schließlich doch die ›ultima ratio‹ der deutschen Seekriegführung.

Neuere Untersuchungen haben unmißverständlich nachgewiesen, daß die militärische Zielsetzung des uneingeschränkten U-Boot-Krieges (Verringerung der eigenen U-Boot-Verluste sowie Steigerung der Versenkungsziffern durch den warnungslosen Unterwasser-Torpedoangriff) nicht der Wirklichkeit der U-Boot-Kriegführung entsprach und auch nicht die vorliegende Erfahrung der eigenen

U-Boot-Abwehr in der Ostsee berücksichtigte[88]. Darüber hinaus wurde auch bei der Berechnung der verfügbaren alliierten Handelsschiffstonnage von zu positiven Prognosen ausgegangen, so daß die Folgerungen der Denkschrift hinsichtlich der Wirkung des uneingeschränkten U-Boot-Kriegs insgesamt unzutreffend waren.

An der Person Holtzendorffs zeigt sich ebenfalls, daß bei der anerzogenen Überbewertung taktischer und operativer Maßnahmen Probleme, die über den militärisch-fachlichen Bereich hinausgingen und in die Politik einwirkten, von der militärischen Führung nicht bewältigt werden konnten.

10. Zusammenfassung

Die Hochseeflotte war nur so viel wert wie die Leistung ihrer führenden Persönlichkeiten. Wenn auch die rasche Aufstockung eines Offizierkorps immer ihre besonderen Probleme aufwirft, war das Fehlen wirklich überragender Führerpersönlichkeiten im Ersten Weltkrieg aber doch hauptsächlich auf die einseitigen Auswahl- und Aufstiegskriterien des Seeoffizierkorps jener Epoche zurückzuführen.

Bei der Auswahl der Flaggoffiziere der Immediatstellen wurde das unbestreitbar organisatorisch fähigste Talent in der Person des Großadmirals von Tirpitz in die administrative Schaltstelle der Marine eingesteuert. Der Technokrat Tirpitz bestimmte über den Flottenbau auch den einseitigen Charakter der seestrategischen Konzeption der Kaiserlichen Marine, die schließlich zum Dogma erstarrte und durch ihre Eigengesetzlichkeiten neben Erziehung und Ausbildung die Qualifikationsbedingungen der Führungsschicht der Marine verhängnisvoll prägte. Trotz sorgfältiger und breitangelegter Verwendungssteuerung blieben das waffentechnische Management der Flotte und die seemännisch-taktische Bewährung auf der Kommandobrücke ausschlaggebend für die militärische Karriere des Seeoffiziers. Zusätzlich verhinderte die vom gleichen Denken militärfachlich verengte Admiralstabsausbildung die Heranbildung geistig umfassend vorbereiteter Führergehilfen.

Das Bemühen des Admiralstabes, den allgemeinen Bildungsstand der Admiralstabsoffiziere anzuheben, die nach Persönlichkeit, Veranlagung und Können für spätere Spitzenstellen in Frage kommen sollten, mußte daher hinter der vorrangigen fachlichen Weiterbildung zurückstehen. So konnte das technisch-taktische Denken des militärischen Fachmannes und weniger ein überfachliches, gesamtstrategisches Denken den beherrschenden Einfluß auf die oberste Führung ausüben. Bei den führenden Admiralen der jungen Kaiserlichen Marine, die nicht über gewachsene weltweite Seekriegserfahrungen verfügten und um so leichter von den Grundsätzen der Tirpitz-Doktrin überzeugt waren, verkümmerte die Kreativität, strategische Alternativen zum Extrem der Vernichtungsschlacht unter Helgoland zu suchen und zu erkennen. Die Einsicht, daß die Wirksamkeit militärischer Operationen nicht ausschließlich durch den perfekten taktischen Einsatz der Seekriegsmittel, sondern vielmehr erst auf der Grundlage einer ausgewogenen, in eine umfassende Gesamtstrategie eingebauten Seestrategie gesichert werden kann, blieb ihnen verschlossen. Strategisches Denken war durch die Taktik weitgehend ausgeschaltet.

Der Verschleiß von vier Flotten- und Admiralstabschefs während des Krieges bot somit keine Alternative für die Seekriegführung. Diese Befehlshaber blieben Statisten, die der strategischen und operativen Planung keine grundsätzlich neuen Impulse vermittelten, solange sie sich nicht geistig vom beherrschenden Einfluß des Großadmirals von Tirpitz zu lösen vermochten.

Da eine gezielte Weiterbildung, die auch den politischen Bereich einschloß und die auch die Vertiefung der Urteils- und Kritikfähigkeit umfaßte, vernachlässigt worden war, erlagen die Spitzenmilitärs der Marine der Gefahr, die politischen und gesellschaftlichen Zusammenhänge ihrer Umwelt nicht mehr voll zu überblicken. Sie mißachteten den Grundsatz, daß der Politik Vorrang vor rein militärischen Überlegungen einzuräumen ist.

Anmerkungen

[1] Vgl. Edward Wegener, Die Tirpitzsche Seestrategie, in: Marine und Marinepolitik im kaiserlichen Deutschland 1871–1914, hrsg. vom MGFA durch Herbert Schottelius und Wilhelm Deist, 2. Aufl., Düsseldorf 1981, S. 236–262, hier S. 236.

[2] Alfred von Tirpitz, Erinnerungen, Leipzig 1919, und Alfred von Tirpitz, Politische Dokumente, Bd 2: Deutsche Ohnmachtspolitik im Weltkriege, Hamburg 1926; Reinhard Scheer, Deutschlands Hochseeflotte im Weltkrieg, Berlin 1920, und Reinhard Scheer, Vom Segelschiff zum U-Boot, Leipzig 1925; Hugo von Pohl, Aus Aufzeichnungen und Briefen während der Kriegszeit, Berlin 1920; Friedrich von Ingenohl, Die Flottenführung im ersten Kriegshalbjahr und das Seekriegswerk, in: Marine-Rundschau, 28 (1923), S. 1–19; William Michaelis, Meine Erinnerungen, Teil III: 1914–1920, Bundesarchiv-Militärarchiv (BA-MA), N 164/5; Georg Alexander von Müller, Regierte der Kaiser? Kriegstagebücher, Aufzeichnungen und Briefe des Chefs des Marinekabinetts Admiral Georg Alexander v. Müller 1914–1918, hrsg. von Walter Görlitz, Göttingen 1959 sowie Georg Alexander von Müller, Der Kaiser. Aufzeichnungen des Chefs des Marinekabinetts, Admiral Georg Alexander v. Müller über die Ära Wilhelm II., hrsg. von Walter Görlitz, Göttingen 1965.

[3] Volker R. Berghahn, Der Tirpitz-Plan. Genesis und Verfall einer innenpolitischen Krisenstrategie unter Wilhelm II., Düsseldorf 1971 und Volker R. Berghahn, Rüstung und Machtpolitik, Düsseldorf 1973.

[4] Eckart Kehr, Schlachtflottenbau und Parteipolitik 1894–1901. Versuch eines Querschnitts durch die innenpolitischen, sozialen und ideologischen Voraussetzungen des deutschen Imperialismus, Berlin 1930 (Reprint: Vaduz 1965).

[5] Walther Hubatsch, Die Ära Tirpitz, Göttingen 1955; Walther Hubatsch, Der Admiralstab und die obersten Marinebehörden in Deutschland 1848–1945, Frankfurt a.M. 1958; Walther Hubatsch, Kaiserliche Marine. Aufgaben und Leistungen, München 1975; Kurt Assmann, Deutsche Seestrategie in zwei Weltkriegen, Heidelberg 1957; Bernd Stegemann, Die Deutsche Marinepolitik 1916–1918, Berlin 1970; Axel Gemzell, Organization, Conflict, and Innovation. A Study of German Naval Strategic Planning, 1888–1940, Lund 1973; Edward Wegener, Die Tirpitzsche Seestrategie (wie Anm. 1), S. 236–262; Tobias R. Philbin, Reflections on the Strategy of a Continental Commander: Admiral Franz Hipper on Naval Warfare, in: Naval War College Review, 30 (Fall 1977), no. 2, S. 76–87 und Tobias R. Philbin, Admiral von Hipper: The Inconvenient Hero, Amsterdam 1982. – Inzwischen sind weitere grundlegende Arbeiten über die Kaiserliche Marine erschienen: Michael Epkenhans, Die wilhelminische Flottenrüstung 1908–1914. Weltmachtstreben, industrieller Fortschritt, soziale Integration, München 1991 (= Beiträge zur Militärgeschichte,

Bd 32) sowie Rolf Hobson, Maritimer Imperialismus. Seemachtideologie, seestrategisches Denken und der Tirpitzplan 1875 bis 1914, aus dem Englischen übersetzt von Eva Besteck, hrsg. vom MGFA, Potsdam, und dem Institut für Verteidigungsstudien, Oslo, München 2004 (= Beiträge zur Militärgeschichte, Bd 61).

6   Holger H. Herwig, Das Elitekorps des Kaisers. Die Marineoffiziere im Wilhelminischen Deutschland, Hamburg 1977 sowie Holger H. Herwig, Zur Soziologie des Kaiserlichen Seeoffizierskorps vor 1914, in: Marine und Marinepolitik (wie Anm. 1), S. 73–88; siehe auch die Dokumentation Holger H. Herwig, Soziale Herkunft und wissenschaftliche Vorbildung des Seeoffiziers der Kaiserlichen Marine vor 1914, in: Militärgeschichtliche Mitteilungen (MGM), 10 (1971), S. 81–111 und den Beitrag von Holger H. Herwig, Der Einfluß von Alfred Th. Mahan auf die deutsche Seemacht in diesem Band.

7   Zur Sozialgeschichte des Offizierkorps der Kaiserlichen Marine siehe jetzt Thomas Scheerer, Die Marineoffiziere der Kaiserlichen Marine. Sozialisation und Konflikte, Bochum 2002 (= Kleine Schriftenreihe zur Militär- und Marinegeschichte, Bd 2) und den Beitrag von Thomas Scheerer, Die Marineoffiziere der Kaiserlichen Marine im Ersten Weltkrieg in diesem Band.

8   Feuerwerks- und Torpederoffiziere waren Fachoffiziere, die nach einer längeren Spezialausbildung aus der Deckoffizierlaufbahn aufgestiegen waren.

9   Als Mitglieder gehörten bei Kriegsausbruch 1914 zum Marinekabinett: Kabinettschef, Abteilungsvorstand, 1 Seeoffizier, 1 Marineoberstabsingenieur.

10 »Ring« – im Sprachgebrauch der heutigen Personalführung eine zusammenhängende Kette von Versetzungen zu einem bestimmten Termin. Ausgangspunkt ist in der Regel eine Zurruhesetzung im oberen Dienstgradbereich.

11 Müller, Der Kaiser (wie Anm. 2), S. 42–45.

12 Friedrich Forstmeier, Zum Bild der Persönlichkeit des Admirals Reinhard Scheer (1863 bis 1928), in: Marine-Rundschau, 59 (1961), S. 73–93 und Marine-Kabinett, Auszüge aus Qualifikationsberichten über Flaggoffiziere, BA-MA, RM 2/v. 832 bzw. der Kapitäne zur See, BA-MA, RM 2/v. 833.

13 Zu Michaelis siehe die Einführung zu der Dokumentation: Wilhelm der II. und seine Marine: Kritische Beobachtungen während des Kaisermanövers in der Nordsee Herbst 1912. Aus den Erinnerungen von Vizeadmiral William Michaelis, bearbeitet von Werner Rahn, in: Marine Rundschau, 73 (1976), S. 285–291, sowie in diesem Band die Einführung zu dem Beitrag von William Michaelis, Tirpitz' strategisches Wirken vor und während des Weltkrieges.

14 Zu Hipper siehe Friedrich Ruge, Hipper, in: Europäische Wehrkunde, 28 (1979), S. 296–298 und Philbin, Admiral von Hipper (wie Anm. 5), passim.

15 Über die Gründlichkeit des Beurteilungsverfahrens siehe: Herwig, Das Elitekorps (wie Anm. 6), S. 63.

16 Marine-Kabinett, Schriftwechsel über Besetzung der Stellen der obersten Marinebehörden mit Flaggoffizieren, Bd 1, BA-MA, RM 2/v. 994, Brief Müller an Ingenohl vom 18.3.1913 mit scharfen Vorwürfen gegen die Urteile von Vorgesetzten. – Marine-Kabinett, Auszüge aus den Qualifikationsberichten der Korvettenkapitäne, BA-MA, RM 2/v. 835: »Von 265 beurteilten Korvettenkapitänen wurden 177 Offz mit ›sehr gut‹, 62 Offz mit ›gut‹, 19 Offz mit ›befriedigend‹ und nur 7 Offz mit ›nicht befriedigend‹ beurteilt.« Marginale von Müllers: »Im allgemeinen sind die Korvettenkapitäne zu günstig beurteilt. Dies gilt insbesondere für die I AO's, die fast alle sehr gelobt werden.« [I AO = Erster Artillerieoffizier].

17 Müller, Der Kaiser (wie Anm. 2), S. 43.

18 Herwig, Zur Soziologie (wie Anm. 6), S. 87 und Herwig, Das Elitekorps (wie Anm. 6), S. 37.

19 Müller, Regierte der Kaiser? (wie Anm. 2), Tagebuchaufzeichnungen vom 7.7.1915, S. 115 und ebd., S. 116: Brief Müllers an Trotha vom 19.7.1915.

20 Siehe auch das vernichtende Urteil Bachmanns in seinen unveröffentlichten Tagebuchaufzeichnungen vom 14.2.1915; zit. bei Hubatsch, Die Ära Tirpitz (wie Anm. 5), S. 122: »Wir haben eben keine ›Führer‹, es sind alles Friedensadmirale.«

21 Hubatsch, Der Admiralstab (wie Anm. 5), S. 176 f.

22 Ebd., S. 42. Siehe auch: Ruge, Hipper (wie Anm. 14), S. 296.

23 Die Einstellungsquoten jener Zeit waren gering. So gehörten zur Crew Hippers, Jahrgang 1881, lediglich 34 Offizieranwärter, von diesen waren im Ersten Weltkrieg noch fünf Offiziere im aktiven Dienst.

24 Friedrich Forstmeier, Probleme der Ausbildung und Erziehung in der Kaiserlichen Marine in Abhängigkeit von geistiger Situation und sozialer Struktur, in: Marine-Rundschau, 63 (1966), S. 189–198, hier S. 190.

25 Michaelis, Erinnerungen (wie Anm. 2), Teil III, S. 11.

26 So gab es 1913 sechs Vizeadmirale der Crew 1877, sieben Konteradmirale der Crew 1881; siehe auch: Marine-Kabinett, Schriftwechsel über Besetzung der Stellen der obersten Marinebehörden mit Flaggoffizieren, BA-MA, RM 2/v. 994, Brief Müller an Ingenohl vom 18.3.1913.

27 Zu den Grundsätzen der Auswahl und Ausbildung des Offiziernachwuchses siehe: Herbert Graubohm, Historische Wurzeln der Ausbildung in der Marine, in: Die deutsche Marine. Historisches Selbstverständnis und Standortbestimmung, hrsg. vom Deutschen Marine Institut, Herford 1983, S. 131–142 (sowie in diesem Band) und Werner Rahn, Die Ausbildung zum Marineoffizier an der Marineschule Mürwik 1910 bis 1980, in: Die deutsche Marine. Historisches Selbstverständnis und Standortbestimmung, hrsg. vom Deutschen Marine Institut, Herford, Bonn 1983, S. 143–170; siehe auch: Marineschule Mürwik (1910–1985), hrsg. vom Deutschen Marine Institut, Konzeption und Redaktion Dieter Matthei, Jörg Duppler und Karl Heinz Kruse, Herford 1985, insbesondere die Dokumentation auf S. 287–307. – Die grundlegende Kabinettsorder vom 21.11.1910 zur Einweihung der Marineschule wurde von Müller entworfen; siehe ebd., S. 289 f.

28 Herwig, Soziale Herkunft (wie Anm. 6), S. 88–91.

29 Zit. nach der Dienstschrift (Geheim!), Der Admiralstab der Kaiserlichen Marine, hrsg. von der Kriegswissenschaftlichen Abteilung der Marine, Berlin 1936, S. 13; vgl. ebd., S. 10: »So bekräftigte Tirpitz in seinem Immediatvortrag vom 13. Februar 1909, im Stadium der Schaffung der Flotte müßten die Qualitäten zunächst und vornehmlich an den Stellen vorhanden sein, wo die Flotte geschaffen und organisiert würde.« Vgl. Müller, Der Kaiser (wie Anm. 2), S. 48 sowie Tirpitz, Erinnerungen (wie Anm. 2), S. 20.

30 Forstmeier, Probleme (wie Anm. 24), S. 195. Siehe dazu auch die Dienstschrift: Der Admiralstab der Kaiserlichen Marine, S. 16: »Die richtige Auswahl solcher Personen mit Führerqualitäten wäre erleichtert worden, wenn die von der Akademie vorgebildeten Offiziere den Admiralstab zur Sichtung, Prüfung und theoretischer Ausbildung passiert sowie in einem einheitlichen Korps den für die Charakterbildung und das gegenseitige Verstehen so wichtigen Korpsgeist erhalten hätten und durch planmäßige Kommandierungen in der Technik des Führens geschult worden wären.«

31 Dienstschrift: Der Admiralstab (wie Anm. 29), S. 17.

32 Admiral Büchsel an Wilhelm II. vom 26.1.1908, zit. bei: Hubatsch, Der Admiralstab (wie Anm. 5), S. 138 f.; vgl. dazu Detlef Bald, Der deutsche Generalstab 1859–1939, Bonn 1977, S. 56–59.

33 Marinekabinett, Auszüge aus den Qualifikationsberichten der Korvettenkapitäne, Bd 1, BA-MA, RM 2/v. 835.

34 Siehe BA-MA, 2/v. 835: Der Korvettenkapitän Schultze, Navigationsoffizier »Mecklenburg«, hatte gem. Qualifikationsbericht zum 1.12.1908 bei der Gefechtsbesichtigung gänzlich versagt: »Zum I O auf Linienschiffen nicht geeignet.« Marginale eines Personaloffiziers des Marinekabinetts: »wird verabschiedet«. Ebenfalls verabschiedet wurde der Korvettenkapitän Berger, I O »Barbarossa«, Qualifikationsbericht zum 1.12.1908: »genügte als NO eben den Anforderungen, hat sich aber Stellung des IO nicht gewachsen gezeigt. Offiziermesse nicht gut geleitet.« (NO = Navigationsoffizier).

35 Siehe auch den Qualifikationsbericht zum 1.12.1906 über den Korvettenkapitän Marks, Kommandant Kleiner Kreuzer »Bussard«: »Zu doktrinärem Theoretisieren geneigt! Schiff im Ganzen einwandfrei geführt [...] Seine Geeignetheit zum Linienschiff-Kommandant wird er indes durch ein weiteres Bordkommando darzutun haben.« Dazu die Marginale eines Personaloffiziers: »Lehrer an der Marineakademie«, BA-MA, RM 2/v. 835.

36 Scheer, Vom Segelschiff (wie Anm. 2), S. 222.

37 Sie wurden 1901 vom Marinekabinett erstmalig erlassen und sind in der am 15.7.1907 abgeänderten Form nunmehr unter dem Titel »Gesichtspunkte für Stellenbesetzungsvorschläge des Stationskommandos« bis 1918 gültig geblieben, BA-MA, RM 2/v. 993.

38 Tirpitz, Erinnerungen (wie Anm. 2), S. 387.

39 Ebd., S. 129.

40 Ebd., S. 112.

41 Zur Entwicklung der deutschen Operationspläne gegen England siehe Karl Weniger, Die Entwicklung des Operationsplans für die deutsche Schlachtflotte, in: Marine-Rundschau, 53 (1930), S. 1–10 sowie 51–59.

42 Vizeadmiral [Hans] Zenker, Einführung in den Admiralstabsdienst [o.O., 1924], S. 3.

43 Operationsbefehl vom 30.7.1914, abgedruckt in: Der Krieg in der Nordsee, Bd 1: Von Kriegsbeginn bis Anfang September 1914, bearb. von Otto Groos, 2. Aufl., Berlin 1922 (= Der Krieg zur See 1914–1918, hrsg. vom Marine Archiv), S. 54; vgl. auch Karl Weniger, Der Operationsbefehl für den Nordseekrieg, in: Marine-Rundschau, 31 (1926), S. 514–517. – Zur deutschen Seekriegführung im Ersten Weltkrieg siehe jetzt die vierbändige Dokumentation: Die deutsche Seekriegsleitung im Ersten Weltkrieg, bearb. von Gerhard Granier, Bd 1, Koblenz 1999; Bd 2 und 3, Koblenz 2000; Bd 4, Koblenz 2003/2004 [sic!] (= Materialien aus dem Bundesarchiv, Heft 9).

44 Albert Hopmann, Das Logbuch eines deutschen Seeoffiziers, Berlin 1925, S. 393. Zu Hopmann siehe jetzt die umfassende Dokumentation: Albert Hopmann, Das ereignisreiche Leben eines ›Wilhelminers‹. Tagebücher, Briefe, Aufzeichnungen 1901 bis 1920, im Auftrag des MGFA hrsg. von Michael Epkenhans, München 2004 (= Beiträge zur Militärgeschichte, Bd 62).

45 Pohl, Aus Aufzeichnungen (wie Anm. 2), S. 35 und 38.

46 Zit. nach Assmann, Deutsche Seestrategie (wie Anm. 5), S. 42; vgl. dazu auch: Müller, Regierte der Kaiser? (wie Anm. 2), S. 45, 47, 85. Siehe auch: Brief von Bethmann Hollweg an Müller vom 15.10.1919, zit. bei: Müller, Der Kaiser (wie Anm. 2), S. 218: »Sollte Tirpitz das Einsetzen der Flotte für kriegsentscheidend gehalten haben, so hätte er einen Kriegsrat beim Kaiser erzwingen [...] müssen. Das hat er nicht getan.«

47 Müller, Regierte der Kaiser? (wie Anm. 2), S. 208.

48 Hubatsch, Die Ära Tirpitz (wie Anm. 5), S. 176 und Pohl, Aus Aufzeichnungen (wie Anm. 2), S. 11 f.

49 Müller, Regierte der Kaiser? (wie Anm. 2), S. 117.

50 Michaelis, Erinnerungen (wie Anm. 2), S. 14. Dort Auszug aus Unterredung Tirpitz/Pohl über Flottenführung, Mai 1915. Siehe dazu in diesem Band den Anhang zum Beitrag von William Michaelis, Tirpitz' strategisches Wirken vor und während des Weltkrieges.

51 Hopmann, Das Logbuch (wie Anm. 44), S. 14.

52 Hubatsch, Der Admiralstab (wie Anm. 2), S. 161.

53 Vgl. Tirpitz, Erinnerungen (wie Anm. 2), S. 327. Andererseits bezeichnete ihn Tirpitz abfällig als kleinen Geist, vgl. Müller, Regierte der Kaiser? (wie Anm. 2), S. 70; vgl. dazu auch: Müller, Der Kaiser (wie Anm. 2), S. 166 f. und S. 60. Siehe auch Kaiserliches Marinekabinett – Schriftwechsel über Besetzung der Stellen der obersten Marinebehörden mit Flaggoffizieren, Bd 1, BA-MA, RM 2/v. 994, darin: Qualifikationsbericht zum 1.12.1911 und Brief Müller an Holtzendorff vom 2.12.1911.

54 Ebd., Qualifikationsberichte zum 1.12.1911, 1.12.1913.

55 BA-MA, RM 2/v. 994, darin: Stellenwechselvorschlag Müllers an Wilhelm II. vom 30.12.1912; siehe auch: Brief Müllers an Holtzendorff vom 2.12.1911, ebd.

56 So konnte Michaelis über die überragende Rolle der Taktik bei Pohl urteilen:»Der Flottenchef vertraute [...] seiner überlegenen taktischen Führung. Und in der Tat hatte er in Gefechtsbildern gegen andere deutsche Admirale oft Proben von ihr geliefert.« Michaelis, Erinnerungen (wie Anm. 2), S. 10.

57 Ausgangspunkt für diese Überlegungen war seine prophetische Erkenntnis:»Wenn die Engländer sich wirklich konsequent auf die weite Blockade verlegen, kann die Rolle unserer schönen Hochseeflotte eine sehr traurige werden. Dann werden unsere U-Boote es schaffen müssen.« Zit. bei: Assmann, Deutsche Seestrategie (wie Anm. 5), S. 30. Siehe auch Paul M. Kennedy, Aufstieg und Verfall der britischen Seemacht, Bonn 1978, S. 273 und Dienstschrift: Der Admiralstab (wie Anm. 29), S. 19 und 42.

58 So erklärte der Leiter der englischen Partei, die Verriegelung des Kanals und der Shetland-Norwegen-Enge sei das günstigste Mittel für England, die Hochseeflotte durch Druck auf den deutschen Handelsverkehr zur Schlacht zu zwingen. Nach Dienstschrift: Der Admiralstab (wie Anm. 29), S. 43.

59 August Claußen, Über Seepolitik und Seestrategie, in: Marine-Rundschau, 31 (1926), S. 81–94, Zitat S. 82. Fregattenkapitän (ab 1.10.1926 KptzS) Claussen, Crew 1899, war im Ersten Weltkrieg auf Torpedobooten eingesetzt und schied 1930 mit dem Charakter eines Konteradmirals aus der

Reichsmarine aus. Ab 1935 war er als Ergänzungsoffizier, ab 1914 als Konteradmiral z.V. wieder im Dienst der Kriegsmarine.

[60]   Zenker, Einführung (wie Anm. 42), S. 3.

[61]   So hat es bis Ende 1917 keine Abteilung für die U-Boot-Kriegführung gegeben, weil Müller aus Gründen der vorrangigen Bedarfsdeckung für die Flotte keine U-Boot-Sachverständigen freigeben wollte. Pohl hat die organisatorischen Mängel bereits vor Kriegsausbruch erkannt. Siehe dazu sein Schreiben an Müller vom 25.3.1914, BA-MA, RM /v. 992.

[62]   Michaelis, Erinnerungen (wie Anm. 2), S. 8: »Für ihn [Pohl] blieb das Wesentliche der Schlachtenkrieg der Flotten. So war es von jeher in unserer Marine gelehrt, ja eingebläut worden.«

[63]   Mobilmachung 1914, Stellenbesetzungen, Bd 8, BA-MA, RM 2/v. 1144, Brief Pohls an Müller vom 1.1.1916, auch abgedruckt in: Der Krieg in der Nordsee, Bd 4: Von Anfang Februar bis Ende Dezember 1915, bearb. von Otto Groos, Berlin 1924, S. 389.

[64]   Pohl, Aus Aufzeichnungen (wie Anm. 2), S. 58–60, 150.

[65]   Brief Michaelis (Chef des Stabes der Hochseestreitkräfte) an Zenker (Chef des Stabes beim Admiralstab), 15.7.1915, in: Der Krieg in der Nordsee, Bd 4 (wie Anm. 63), S. 241.

[66]   BA-MA, RM 2/v. 994, darin: Allerhöchste Willensäußerung über Flaggoffiziere im Anschluß an Vortrag über Qualifikationsberichte zum 1.12.1911 sowie Qualifikationsberichte der Flaggoffiziere zum 1.12.1912, 1.12.1913.

[67]   Ebd., Qualifikationsbericht zum 1.12.1913:»Im mündlichen Ausdruck ungewandt, wirkt langweilig.« Qualifikationsbericht zum 1.12.1911:»Stellung in aller Hinsicht gewachsen. Volle Befähigung zum Führer, wenn auch das persönlich mitreißende Temperament fehlt. Gesundheitlich fraglich. Sonst kann ihm die Führung der Flotte unbedenklich anvertraut werden.« Zu seiner oft kritisierten pedantischen und starren Art siehe: ebd., Schriftwechsel Müller/Holtzendorff vom 2.12.1911 und 4.12.1911.

[68]   Ebd., Brief Holtzendorff an Müller vom 4.12.1911 anläßlich der Diskussion über die Nachfolge Holtzendorffs. Zum Entscheidungsprozeß in der Flottencheffrage im Herbst 1912 siehe detailliert Scheerer, Die Marineoffiziere (wie Anm. 7), S. 209–213.

[69]   Scheer, Deutschlands Hochseeflotte (wie Anm. 2), S. 104.

[70]   Hubatsch, Der Admiralstab (wie Anm. 5), S. 165–168. Zur Auslegung des Operationsbefehls durch Ingenohl siehe: Ingenohl, Die Flottenführung (wie Anm. 2), sowie: Weniger, Der Operationsbefehl (wie Anm. 43), S. 514 f.

[71]   Flotten-Tagesbefehl Ingenohls vom 14.8.1914, zit. bei: Scheer, Deutschlands Hochseeflotte (wie Anm. 2) S. 72–74. Zu Ingenohl siehe auch den Brief KptLt von Weizsäcker an seinen Vater vom 11.11.1914, in: Die Weizsäcker-Papiere 1900–1932, hrsg. von Leonidas E. Hill, Berlin, Frankfurt, Wien 1982, S. 154 f.

[72]   Wortlaut der Denkschrift vom 25.9.1914 siehe: Der Krieg in der Nordsee, Bd 2: Von Anfang September bis November 1914, bearb. von Otto Groos, Berlin 1922, S. 296–298.

[73]   Diese Einstellung – unter der veränderten Lage einer weiten Blockade unverständlich – fußte auf Gedankengängen, die sich bereits in einer Denkschrift des Admiralstabes vom 18.8.1910 nachweisen lassen: »Die zu gegenwärtigenden Kämpfe der leichten Streitkräfte um die Beherrschung der inneren Deutschen Bucht bilden die natürliche und unvermeidliche erste Phase des modernen Seekrieges. Sie bereiten die größeren Entscheidungskämpfe der Flotte vor. Die Verluste, die sie bringen, müssen hingenommen werden.« BA-MA, RM 2/v. 994.

[74]   Der Krieg in der Ostsee, Bd 1: Von Kriegsbeginn bis Mitte März 1915, bearb. von Rudolph Firle, Berlin 1921 (= Der Krieg zur See 1914–1918, hrsg. vom Marine-Archiv. Verantwortlicher Leiter der Bearbeitung Eberhard von Mantey), S. 163.

[75]   Scheer, Vom Segelschiff (wie Anm. 2), S. 220.

[76]   Die grundsätzliche Übereinstimmung mit Pohl über die Verwendung der Flotte zeigt sich auch in Scheers Bemerkung zur Eingabe des Konteradmirals Schaumann über ein energischeres Vorgehen an die britische Küste, zit. bei: Michaelis, Erinnerungen (wie Anm. 2), S. 12; siehe auch: Der Krieg in der Nordsee, Bd 4 (wie Anm. 63), S. 64, sowie Pohl, Aus Aufzeichnungen (wie Anm. 2), S. 118–120, 129, 137.

[77]   Müller, Regierte der Kaiser? (wie Anm. 2), S. 116, Brief Müllers an Trotha vom 19.7.1915 und Tagebuchaufzeichnungen Bachmanns vom 14.2.1915, zit. bei: Hubatsch, Die Ära Tirpitz (wie Anm. 5), S. 121 f.

[78] Aus der nüchternen Erkenntnis seines Immediatberichtes vom 4.7.1916, daß nur der rücksichtslose Einsatz der U-Boot-Waffe Aussicht auf Sieg hätte, zog Scheer nicht die richtige Schlußfolgerung. Er hoffte vielmehr weiterhin auf operative Teilerfolge der Hochseeflotte, da das Ergebnis der Skagerrakschlacht bewiesen hatte, auch unter ungünstigen Bedingungen die Entscheidungsschlacht vermeiden zu können.

[79] Der Krieg in der Nordsee, Bd 5: Von Januar bis Juni 1916, bearb. von Otto Groos, Berlin 1925 (Textband), S. 450 f., Auszug aus der Denkschrift vom 17.7.1916: »Der Kampf hat uns bewiesen, daß der Aufbau unserer Marine als Hochseeflotte richtig war. Der deutsche Gedanke kann nur durch eine Hochseeflotte gegen England in die Welt getragen werden. Daneben muß allerdings das U-Boot voll angewandt werden, den englischen Lebensnerv zu erfassen, wenn wir uns in unserer jetzigen Lage nicht doch schließlich materiell verbluten sollen.«

[80] Zu seiner Verankerung im Tirpitzschen Dogma siehe ebd., S. 449, darin: Gefechtsbericht Scheers nach der Skagerrakschlacht: »Die Schlacht hat bewiesen, daß wir uns in dem Ausbau unserer Flotte, in der Entwicklung der einzelnen Schiffstypen von richtigen strategischen und taktischen Anschauungen haben leiten lassen und daß wir deshalb die eingeschlagene Bahn weiter verfolgen müssen.«

[81] Für Scheer trifft zu, was Salewski den führenden Admiralen vorwirft, die zeitlebens Tirpitzianer blieben: Es war »nur noch die Frage erlaubt, ob die Flotte richtig eingesetzt worden sei, nicht aber Zweifel am gesamten tirpitzschen Konzept des Hochseeflottenbaus«. Michael Salewski, Skagerrak! Sechzig Jahre Rückblick. Warum erinnern wir uns immer wieder? In: Marineforum, 51 (1976), H. 5, S. 115–118, Zitat S. 118.

[82] Hubatsch, Der Admiralstab (wie Anm. 5), S. 180 sowie Wilhelm Deist, Die Politik der Seekriegsleitung und die Rebellion in der Flotte Ende Oktober 1918, in: VHfZ, 14 (1966), S. 341–368, hier S. 355.; vgl. auch Forstmeier, Zum Bild (wie Anm. 12), S. 89; siehe auch in diesem Band den Beitrag von Gerhard P. Groß, Eine Frage der Ehre? Die Marineführung und der letzte Flottenvorstoß 1918.

[83] Hubatsch, Kaiserliche Marine (wie Anm. 5), S. 293.

[84] Philbin, Reflections (wie Anm. 5), S. 76–85; siehe auch: Ruge, Hipper (wie Anm. 14), S. 296–299.

[85] Müller, Der Kaiser (wie Anm. 2), Tagebuchaufzeichnungen vom 31.1. und 22.8.1915.

[86] Siehe dazu Tagebuchaufzeichnung Bachmanns vom 14.4.1915, zit. bei: Hubatsch, Die Ära Tirpitz (wie Anm. 5), S. 116.

[87] Zit. bei: Hubatsch, Die Ära Tirpitz (wie Anm. 5), S. 132.

[88] Stegemann, Die deutsche Marinepolitik (wie Anm. 5), S. 64–67.

Thomas Scheerer

Die Marineoffiziere der Kaiserlichen Marine im Ersten Weltkrieg[*]

Am 3. August 1914 charakterisiert der junge Korvettenkapitän Ernst v. Weizsäcker recht unbekümmert den gerade begonnenen Krieg[1]: »Es ist eine schöne Zeit moralischer Regeneration Deutschlands, wie es auch ende. Über die allgemeine Lage hat man hier kein Urteil. Die Nachrichten sind zu spärlich. Man ist eben einfach Soldat und weiß, was man zu tun hat. Die Stimmung ist gut in Gedanken daran, daß man in den Engländern einen ebenbürtigen Gegner haben wird.«

Sechs Tage später klingen bereits resignierende Töne an[2]: »Wir schämen uns ja selbst am meisten, daß wir noch nicht vorgegangen sind und voraussichtlich noch lange abwartende Strategie treiben. Ich wünsche nur, daß man sich mit Ehren später als Seeoffizier sehen lassen kann.« Die wachsende Enttäuschung des Offizierkorps über die weitgehende Untätigkeit der Hochseeflotte und das Gefühl, einer falschen Strategie anzuhängen, führten 1916 dazu, nachdem sich die Aussichtslosigkeit des Krieges an der deutsch-französischen Landfront abzeichnete, wenigstens auf die Karte des uneingeschränkten U-Bootkrieges zu setzen. Zwischenzeitlich hatte sich der Geist des Offizierkorps durch den taktischen Sieg in der Skagerrakschlacht kurzfristig gebessert. Die Stimmung, die Weizsäcker am 27. September 1916 zeichnet, spricht jedoch eine andere Sprache[3]: »Nachdem die Flotte ihre günstige Periode, die ersten 1½ Kriegsjahre verpaßt hat, wird sie schwerlich noch das Verlorene einholen, weil sie jetzt viel vorsichtiger zu Werke gehen muß. Das Seeoffizierkorps sitzt herum, ißt, trinkt, politisiert, intrigiert, und kommt sich dabei noch patriotisch vor, indem es auf unlauterem Wege den U-Bootkrieg durchzusetzen versucht. Der U-Bootkrieg soll Dummheiten im Flottenausbau und in der Flottenverwendung im Kriege verdecken. Aus der unerlaubten Propaganda für ihn spricht das schlechte Gewissen.« Die Strategie des uneingeschränkten U-Bootkrieges wurde von der großen Mehrheit der Offiziere geradezu begeistert unterstützt. Die am 2. August 1917 beginnende Meuterei auf dem Linienschiff SMS »Prinzregent Luitpold« zerschlug diese Einmütigkeit.

Weizsäcker kommentiert die Vorfälle noch verhalten optimistisch[4]: »Das Unglück der Marine ist ihre Tatenlosigkeit; auf diesem Boden allein können derartige Verhältnisse entstehen, da der revolutionäre Dunst vorläufig sonst doch noch sehr milde über Deutschland gebreitet ist. Die Nähe der Werft ist hier noch von Übel.« Bei den sich ausbreitenden Unruhen von 1917 sowie der Revolution von 1918 standen neben einer Reihe anderer Ursachen und Umstände im wesentlichen Führungsprobleme des Offizierkorps im Vordergrund[5].

Die deutsche Marine, an ihrer Spitze das Offizierkorps, hatte am Ende des Ersten Weltkrieges vor dem Hintergrund des totalen Zusammenbruchs in mehrfacher Weise versagt:

1. Die strategische Zielsetzung und Konzeption für die Hochseeflotte und den uneingeschränkten U-Bootkrieg waren unvollkommen bzw. verfehlt.
2. Die Führungsprobleme des inneren Dienstes konnten durch das Offizierkorps nicht angemessen bewältigt werden.

Im Zusammenhang mit diesem zweifachen Versagen des Offizierkorps standen die großen fundamentalen Strukturprobleme der Kaiserlichen Marine in ursächlichem Zusammenhang, deren Konflikte latent vorhanden waren, und die erst am Ende oder nach dem Ersten Weltkrieg gelöst wurden. Die ungenügende Innovationsfähigkeit im Offizierkorps der Kaiserlichen Marine soll stellvertretend am Beispiel dreier Themenkomplexe untersucht werden, und zwar:

1. In der Frage, ob die beibehaltene Organisationsform/-struktur in der Spitzengliederung der Kaiserlichen Marine weniger auf die angemessene Bewältigung zeitgemäßer Probleme als auf die Bewahrung bestehender Machtverhältnisse zugeschnitten war[6].
2. In der Frage, wie die Kaiserliche Marine mit der durch die technische Industrialisierung und zunehmende Bedeutung der Technik entstandene funktionale Auffächerung neuer Militäreliten umging und wie sie diese Eliten in das bestehende Offizierkorps integrierte.
3. In der Frage, ob das Bildungsniveau im Zuge gesellschaftlicher Veränderungen und als Folge eines sich wandelnden Anforderungsprofils des Offiziers gesteigert werden sollte.

I.

Die Machtverhältnisse in der Kaiserlichen Marine waren im Immediatsystem, d.h. der unmittelbaren Unterstellung unter den Kaiser als höchste staatliche Instanz, verkörpert. Dabei handelte es sich um eine in ihrer Struktur zersplitterte Marineorganisation, in der die Immediatstelleninhaber gleichgeordnet nebeneinander und unmittelbar unter dem Kaiser standen und in welcher der Handlungsspielraum des Staatssekretärs des Reichsmarineamts (RMA) im Gegensatz zu anderen Immediaten vergrößert war[7]. Die Führungsspitze der Marine lag in Ermangelung eines Oberkommandos in der Person des Monarchen[8]. Auf ihn fiel mehr Verantwortung, als der Monarchie dienlich sein konnte. In der Person des Kaisers als oberstem Kriegsherrn lagen die Kommandogewalt und der Oberbefehl über die Marineteile. Ihm war auch die Rolle des Schiedsrichters zwischen Regierung und oberster Marineleitung aufgebürdet, ein Nachteil, der besonders im Kriege zum Tragen kam. Beide Funktionen konnte der Kaiser nicht erfüllen, weder von der fachlichen noch von der menschlichen Eignung her. Insofern fehlte der klare, einheitliche Wille zur Führung.

Das Seeoffizierkorps verdankte sicherlich seine bevorzugte gesellschaftliche Stellung der besonderen Gunst des Kaisers, und es zog auch große Vorteile aus dem regen Interesse des Monarchen für alles Maritime[9]. Andererseits führte übertriebene Loyalität und bedingungsloses Vertrauen bei manchen führenden Admiralen zu Kritiklosigkeit gegenüber dem Kaiser und lähmte ihre eigenen kreativen Fähigkeiten[10]. Der oberste Kriegsherr, Seine Majestät, führte sein »persönliches Regiment«. Für die Marine war der Kaiser stets Tabu gewesen. »Es war nicht anständig, etwa öffentlich Kritik zu üben, was immer auch im vertrauten Kreis erörtert werden mochte. Der Deutsche Kaiser und König von Preußen blieb für das Offizierkorps sakrosankt, bis er seine Armee und Marine 1918 im Stich ließ[11].« Entscheidungen bezüglich der Organisation konnten nicht gegen ihn gefällt werden. Tirpitz, der im Jahre 1914/15 als Anwärter auf den Oberbefehl am ehesten in Frage kam, scheiterte aus machtpolitischen Gründen und wegen zunehmend strategischer Meinungsdifferenzen zwischen ihm und dem Kaiser. Die Rolle der Koordination aller Kräfte in der Marine und auch mit der politischen Leitung des Reiches fiel vollständig dem Kaiser zu. Diese Funktion konnte er nicht ausüben. Die Folge dieser Erscheinung im Kriege beschreibt Adolf v. Trotha[12]:

»Das selbständige, tatbereite Verantwortungsgefühl wurde für die höheren Führer geschwächt; sie fühlten sich gezwungen, Verantwortung auf den Kaiser zurückfallen zu lassen, anstatt sie ihm bis zum Äußersten abzunehmen. Es mußte dahin kommen, daß sich ein Kampf der Ansichten unter den höheren Führerstellen entwickelte, und das System selbst führte zu mangelhafter Ausnutzung der Kräfte auf den getrennt operierenden Kriegsschauplätzen (z.B. Ostsee, Nordsee, Kreuzergeschwader und Heimat), diente also nur der Schwäche.«

Und weiter heißt es in Anlehnung an eine französische Veröffentlichung[13]:

»Der größte Fehler der deutschen Organisation war, dem Kaiser das Amt des Schiedsrichters zwischen Regierung und Oberster Heeresleitung aufzubürden. Diese Organisation verlangte ein Genie. Wenn man es aber reiflich überlegt, ist eine Organisation im Gegenteil dazu bestimmt, das Fehlen eines Genies auszugleichen. Ein Genie weiß sich immer durchzusetzen, wie auch die Organisation sein mag. Eine gute Organisation bildet dagegen eine feste Grundlage für das Handeln eines Durchschnittsmenschen.«

Der Aufgabenbereich des Marinekabinetts erweiterte sich stetig und wurde mehr und mehr eine »persönliche Kanzlei des Kaisers« oder »Büro-Organisation für Marineangelegenheiten« von Wilhelm II. Macht und Einfluß des Marinekabinetts nahmen stetig zu. So oblag dem Kabinettchef neben dem ureigensten Gebiet der Personalführung die Beratung des Kaisers in all jenen Marineangelegenheiten, die der Monarch mit Begeisterung, lebhaftem Interesse oder innerer Anteilnahme verfolgte[14]. Über den Schreibtisch des Marinekabinettchefs liefen alle Immediateingaben an den Kaiser. Beim Briefwechsel zwischen anderen Immediatbehörden wurde er in der Regel mit einer Ausfertigung des Schreibens informiert. Von besonderer Bedeutung für die Urteilsbildung des Kaisers war die Tatsache, daß bei den Immediatvorträgen stets der Kabinettchef anwesend war und auch nach Weggang des Vortragenden die Angelegenheit mit dem Kaiser unter vier Augen besprochen wurde. Darin wurzelte die Macht der Kabinette. Das Kabinett trat in Friedenszeiten als Puffer bei den immer wieder aufflammenden Feindseligkeiten zwischen den »über Kreuz miteinander verkrachten Spitzenbehörden« auf, in dieser Konstellation hatte der Kabinettchef eine Schlüsselposition inne[15]. Die aus der Teilung der Führung auf das RMA und die danebenstehenden Immediatstellen der Marine entstandenen Reibungen machten aus der Stellung des Kabinettchefs ein dornenreiches Amt. Er hatte im Dienst nach dem Grundsatz zu verfahren[16]: »Die Forderung des Dienstes unter Beachtung strenger Gerechtigkeit, unter möglichst sorgfältiger Respektierung der Ressortgebiete und unter Wahrung der Autorität und des menschlichen Ansehens des Monarchen.« Der Kabinettchef saß buchstäblich »zwischen den Stühlen«: »Dem Kaiser zu geben, was des Kaisers ist«, nämlich Loyalität, einem Kaiser, der für die Gesamtführung der Marine zu schwach, unstet und unfähig war. In einer Situation, wo die Spitzenstellen der Marine untereinander zerstritten waren und er immer wieder neue Kompromißvorschläge zu unterbreiten hatte und vermitteln mußte, wurde der Kabinettchef bisweilen zu einer tragischen Figur[17].

Der Staatssekretär des RMA Tirpitz besaß, solange er mit dem gewaltigen Aufbau der Schlachtflotte beschäftigt war, und sich mit Geschicklichkeit auf dem politischen Parkett bewegte, eine überragende politische und militärische Stellung. Das RMA beherrschte und beeinflußte von daher auch sämtliche Marinefragen entscheidend mit. Als amtierender Staatssekretär im Range eines Marineministers stand er dem RMA von 1897 bis 1916 vor. Dem Amt oblag u.a. die zentrale Stellenbewirtschaftung, über die Zeit wurde es mit zunehmenden Kompetenzen ausgestattet[18]. In der zersplitterten Marineorganisation, in der keine klaren Kompetenzabgrenzungen zwischen den Immediatstellen gezogen wurde, nahm Tirpitz lange Zeit eine dominierende und überragende Stellung ein. Er konnte sich beim Kaiser mit seinen Vorstellungen am besten durchsetzen, allerdings wuchsen die Schwierigkeiten von Jahr zu Jahr. Der Staatssekretär unterstand militärisch der Kommandogewalt des Monarchen; in finanziellen und budgetrechtlichen Angelegenheiten war er dem Reichskanzler und dem Parlament verantwortlich. Hier kreuzten sich zum Nachteil der Marine monarchische und konstitutionelle Grundsätze. Nur in der Person des Kaisers wurde der Dualismus zwischen militärischer und politischer Führung aufgehoben, ein charakteristisches Merkmal des preußisch-deutschen Nationalstaates.

Die dominierende Stellung des RMA ließ einem Erstarken einer eigenständigen Immediatbehörde »Admiralstab der Marine« keinen Entwicklungsspielraum[19]. Sie führte ein eher mit Geringschätzung bedachtes bescheidenes Dasein im Sinne einer »Studienbehörde« mit schwindendem Einfluß.

Die Machtstrukturen wiesen dem Flottenchef eine eher bescheidene Rolle zu. Er erhielt faktisch die Anweisungen von den fernen Berliner Immediaten. Ihm selbst wurde nicht genügend Selbständigkeit gelassen[20]. Der Marinekabinettchef hatte bei einer Spitzenstellenbesetzung wie der des Flottenchefs verschiedene Rücksichten zu nehmen:

– Die persönlichen Beziehungen des Anwärters zum Staatssekretär des RMA sollten unbelastet sein;

- in taktisch-strategischer Hinsicht sollte er mit dem Tirpitzschen Dogma der Vernichtungsschlacht weitgehend übereinstimmen;
- der Kaiser mußte seine Zustimmung geben i.S., »der Schwerpunkt unserer Kriegsaufgaben liegt in der Nordsee«;
- ein »bequemer« Anwärter konnte unter personaltaktischen Gesichtspunkten von vornherein vorteilhaft sein und in Zukunft weniger Anlaß zu Konflikten bieten, Fehlbesetzungen wurden bewußt in Kauf genommen;
- es herrschte ein großer Mangel an geeigneten Admiralen für den Posten des Flottenchefs und an Persönlichkeiten, die für die Führung auf dem Wasser in Frage kamen[21].

II.

Zu den Offizieren der Kaiserlichen Marine gehörten nach den »Organisatorischen Bestimmungen für das Personal des Soldatenstandes der Kaiserlichen Marine« von 1906 folgende Offizierkorps[22]:
- das Seeoffizierkorps,
- das Offizierkorps der Marineinfanterie,
- das Marineingenieurkorps,
- die Feuerwerks-, Zeug- und Torpedeoffiziere und
- das Sanitätsoffizierkorps.

Das führende Korps, die Seeoffiziere, trugen die Kaiserkrone auf den Ärmeln und die Schärpe, Symbol des Frontoffiziers, als vorerst alleiniges Kennzeichen ihres Korps. Alboldt bemerkt zur führenden Rolle der Seeoffiziere[23]:

>»In der Marine hatte sich ein Kastenregiment von ganz eigenartiger Züchtung eingenistet. Die Vielseitigkeit des Marinebetriebs erforderte verschiedenartig herangebildete Offizier- und Beamtenklassen, die in streng geschiedene und gesellschaftlich voneinander abgeschlossene Kasten eingeteilt waren. In allen Zweigen – auf den Schiffen, in den Inspektionen, in der Verwaltung – standen an der Spitze Mitglieder der ersten Kaste, die von den Seeoffizieren gebildet wurde.«

Die nachgeordneten Gruppen minderen Rechts in der sozialen Reihenfolge waren:
1. Die Marine- und Torpedoingenieure, hervorstechendes Kennzeichen der schwarze Sammetkragen und das Zahnrad auf den Achselstücken.
2. Die »studierten Herren«: Sanitätsoffiziere, Marinebauräte, höhere Gerichts- und Verwaltungsbeamte und Pfarrer.
3. Die Marinezahlmeister.
4. Die Fachoffiziere: Feuerwerks- und Torpedeoffiziere des Minen- und Torpedowesens.

Der intensive Ausbau der Schlachtflotte[24] – sie hatte sich von 1898 bis 1914 zur zweitmächtigsten der Welt entwickelt – implizierte eine immense Vermehrung des Personalbestandes[25]. Er fiel in eine Zeit schneller technischer Entwicklungen und Veränderungen[26]. Der Aufbau der deutschen Kriegsflotte stellte, so Trotha, eine ungeheure Kraftanstrengung dar[27]: »Neben dem Ausbau der Werften und Depots,

der Flußmündungen und Wasserstraßen, der Entwicklung von Schiffskonstruktion, von Artillerie- und Torpedomaterial jeder Art, mußte die Heranbildung des
Berufspersonals aller Art, wie es gerade die Marine so zahlreich verlangt, und nicht
zuletzt der Schiffbau und Waffenbau selbst und die verschiedenen Waffenfabriken
erst geschaffen und im Vorwärtsgang auf gleichem Tempo und damit auch die
Entwicklung der taktischen und strategischen Fragen im Einklang gehalten werden.« Trotha konzedierte im gleichen Atemzug, daß ein solcher, fast gewaltmäßiger
Aufbau nur getätigt werden konnte, indem bewußt Unvollkommenheiten und
Fehler in Kauf genommen wurden, deren Ausgleich für spätere Zeiten vorbehalten
werden mußte.

Das Offizierkorps wirkte am Aufbau der Kriegsflotte entscheidend mit. Die
Haltung im Offizierkorps offenbarte ein neues, entsprechend großmächtiges
Selbstbewußtsein. Wer zum Offizierkorps gehörte, zählte wahrhaftig zur Elite der
Nation. Das Offizierkorps der Kriegsmarine verstand sich subjektiv als unpoli-
tisch. Eine antidemokratische, königstreue und patriotische Haltung in einem spe-
zifisch konservativen Sinne galt aber als selbstverständlich[28].

Eine der Unvollkommenheiten in Trothas Sinne war die Bildung besonderer
Offizierkorps, die »de jure« neben den Offizierkorps standen, aber, wie Deist bemerkt[29], »Aushilfen [waren], mit denen man in sehr charakteristischer Weise versuchte, die Homogenität zu erhalten und sie doch auf Dauer zerstörte; im Übrigen
ist aber sehr bemerkenswert, daß gerade das ›bürgerliche‹ Seeoffizierkorps der
Kaiserlichen Marine [...] sich am schärfsten gegen die Gruppen der Marineoffiziere
minderen Rechts absetzte.« Das Seeoffizierkorps verfolgte im Zeitalter der imperialistischen Weltpolitik Deutschlands den Anspruch auf eine gesellschaftliche
Spitzenstellung. Tirpitz wollte den Seeoffizieren eine »Aristokratenstellung« sichern. Dabei bildeten die Rekrutierungskriterien Herkunft und Bildung sowie die
Kosten der Laufbahn für das Seeoffizierkorps den Hebel, sich von den übrigen
Offizierkorps abzuheben und zu unterscheiden: als erforderliche Bildungsqualifi-
kation wurde ein Jahr mehr Schulbildung gefordert, die finanziellen Aufwendungen der Eltern für die Ausbildung ihrer Söhne zum Seeoffizier waren höher[30]. Das
Hauptreservoir des Seeoffizierersatzes bildete der gehobene Mittelstand des Be-
sitz- und Bildungsbürgertums und des wohlhabenden Adels. Dabei wurden Bildungsqualifikationen zunehmend zum Mittel des Bürgertums zur militärischen
Karriere.

Der Entwicklungsgang des Marine-Ingenieurkorps wurde durch die »Neuorganisation des Maschinenpersonals« mit A.K.O. vom 25. Juni 1900 auf eine neue
Grundlage gestellt, die Idee einer Mischung von Seeoffizieren und Marineingenieuren nach englischem und amerikanischem Vorbild verworfen[31].

Die Integration der Technik und des technischen Maschinenpersonals ist allen
Marinen um die Jahrhundertwende schwergefallen. Der Kriegsschiffbetrieb wurde
zunehmend komplizierter, der Verantwortungsbereich der Marine-Ingenieure über
das Personal wuchs. Ihr Anforderungsprofil wandelte sich »vom Schlosser zum
Ingenieur«. Die praktisch-technische Tüchtigkeit der Marine-Ingenieure erfuhr
keine entsprechende Anerkennung. Sie fühlten sich in ihrer Position unterbewer-

tet, ihr Stand wurde teilweise geringschätzig behandelt, eine schmerzliche und bittere Erfahrung[32].

Das Marine-Ingenieurkorps versuchte über folgende Rekrutierungskriterien die militärische und gesellschaftliche Gleichberechtigung mit dem Seeoffizierkorps zu erreichen: über eine möglichst kostspielige Karriere, über die Erhöhung des Heiratsgutes und die Einheirat in bessere Kreise[33]. Die Forderungen nach einem erhöhten Bildungsstand der Bewerber für die Ingenieurlaufbahn erfüllten sich bis 1918 nicht. Die »Ingenieurbestrebungen«, unverwirklichte Reformwünsche[34], lehnte Tirpitz vehement ab. Er hielt die Verbreitung ihrer Ansichten mit den darin erhobenen Ansprüchen gar für gefährlich. Die Laufbahn der Marine-Ingenieure wollte er auf eine gehobene mittlere Laufbahn reduziert sehen. Der natürliche Abschluß der Laufbahn war für ihn der »Leitende« an Bord eines Schiffes. Er vertrat den Standpunkt, daß die handwerklich praktische Handhabung des Betriebes an Bord im Vordergrund stehen müsse und die höhere wissenschaftliche Bildung nur einigen hervorragend begabten Mitgliedern des Korps zwecks späterer Verwendung in besonderen Stellen zugute kommen sollte[35].

Tirpitz' Haltung gegenüber dem Ingenieurkorps wird treffend in der Aussage charakterisiert, sie dahin »zurück zu drängen, wohin sie ihrer Stellung nach gehören«. Noch 1917 sprach der Chef der Hochseeflotte, Admiral Reinhard Scheer, davon, daß den Aspirationen der Ingenieure ein Riegel vorgeschoben werden müsse[36].

Die Ablehnung von Konzessionen an die Marine-Ingenieure hing neben der »Bremserfunktion« von Tirpitz, der als Opinion Leader die Meinung vieler Seeoffiziere prägte, mit anderen Erscheinungen zusammen:
1. Minderbewertung der Technik:
    Die humanistische Bildung wurde im Kaiserreich gegenüber den Naturwissenschaften lange Zeit überbewertet.
2. Die Tradition in der Seefahrt:
    Die traditionelle Seefahrt verfuhr nach dem Motto »an Bord führt stets der älteste Seeoffizier«. Die zentrale Befehls- und Kommandogewalt der Schiffsführung erstreckte sich auf die Führung, Erziehung und Ausbildung der Besatzung, in engerem fachlichen Sinne auf die Gebiete der Nautik, Seemannschaft und des Waffeneinsatzes. Ihr hatte sich der Ingenieur, wenn er auch Herrscher über Kessel und Maschinen war, als Befehlsempfänger unterzuordnen.

Bei der Integration von neuen, mit dem Industrialisierungsprozeß entstandenen Sozialschichten entschied sich die Führung der Kaiserlichen Marine für den langsamen Entwicklungsgang der Marine-Ingenieure. Daß die Leistungen des Marine-Ingenieurkorps im Kriege trotz aller Zurücksetzung hervorragende waren, beschreibt Erich Raeder nach dem Weltkriege so[37]: »Auf eine angemessene Erfüllung ihrer Wünsche hatten die Marine-Ingenieure einen umso größeren moralischen Anspruch, als sie ein hervorragendes Können gezeigt hatten, ohne daß [sic!] die Leistungen der deutschen Flotte in Friedens- und Kriegszeiten undenkbar gewesen wären.«

Zusammenfassend läßt sich feststellen: Die Kaiserliche Marine stellte die am weitesten technologisch fortgeschrittene Teilstreitkraft dar, in der durch die wachsende Kompliziertheit des technischen Kriegsschiffbetriebs die erforderliche Spezialisierung und Differenzierung der Führungselite in einzelne Offizierkorps eine Gefahr für die Homogenität des Korps wurde. Die Kehrseite dieser Aufgliederung lag in ihrer desintegrativen Wirkung. Die Seeoffiziere, die sich noch am ehesten auf einen traditionell legitimierten Führungsanspruch berufen konnten, hatten sich ebenfalls den technischen Herausforderungen zu stellen (z.B. dem U-Bootwesen und der Fliegerei) und sich an Leistung und Effizienz zu orientieren. Das Streben der technischen Spezialkorps nach Teilhabe an einem Führungsanspruch, der bisher den Seeoffizieren vorbehalten war, stellte für letztere eine Herausforderung dar und führte zu erheblichen Spannungen. Das Seeoffizierkorps verstand sich nicht nur als professionelle, sondern auch als politisch-soziale Elite mit einer herausgehobenen Stellung im Staatswesen. Es reagierte auf die nach Partizipation strebenden Spezialoffizierkorps mit strengster Abgrenzung nach »unten« und beharrte auf dem traditionell legitimierten Status quo und seinem alleinigen Führungsanspruch.

III.

Kapitänleutnant Friedrich Ruge hat 1931 die Frage, was der Seeoffizier in erster Linie können muß, kurz und knapp beantwortet[38]:

»Er muß Menschen führen können.

Er muß Schiffe führen können.

Er muß Waffen führen können.«

Im späten Kaiserreich unterlag das Anforderungsprofil an den Beruf Seeoffizier einer steten Wandlung. Bildung gewann ganz allgemein an Bedeutung. Realgymnasien und Oberrealschulen hoben die Monopolstellung des humanistischen Gymnasiums auf. Die Ursachen lagen in folgenden Zeiterscheinungen:

1. In der rasanten Entwicklung auf den Gebieten der Technik, Wirtschaft, Arbeit und im Verkehr. Im Zusammenhang damit stand der intensive Ausbau einer modernen Schlachtflotte.
2. Innerhalb der Kaiserlichen Marine erfolgte eine stürmische Zeit der technischen und taktischen Entwicklung. Ergebnisse taktischer Gedankenarbeit waren planmäßige Herbstmanöver, die ständige Indienststellung und -haltung der Flotteneinheiten und eine systematische Zeiteinteilung des Geschwaderjahres. Die Technik beeinflußte nachhaltig die Gebiete des Artillerie-, Torpedo-, Minen- und Fernmeldewesens, der Antriebs- und Hilfsmaschinen. Der Anteil und die Bedeutung der Schiffstechnik an der Gefechtsbereitschaft eines Schiffes wuchs. Großkampfschiffe, U-Boote und Luftschiffe (später Flugzeuge) eröffneten neue Dimensionen des Seekriegs. Die Ausbildung trug dieser Entwicklung Rechnung und integrierte zunehmend technische Lehrinhalte.

Der Beruf des Seeoffiziers verlangte eine Fülle der verschiedenartigsten praktischen und theoretischen Kenntnisse. Ausgehend von der Erkenntnis des russisch-japanischen Krieges, daß nicht Schiffe, sondern Menschen kämpfen, war man sich darüber klar[39]: »Der Seekrieg verlangt zwar tüchtige Spezialisten für jedes Fach, er fordert daneben aber auch einen Offiziierstyp, der, durch seine Vorbildung mit gutem Überblick über die verschiedenen Einzeldienstzweige ausgestattet, fähig ist, ihre vielfach widerstreitenden Interessen in seiner Person zusammenzufassen, sie mit kräftiger Hand zusammenzuschweißen zu einem Endziel – der höchsten Kriegsbereitschaft des einzelnen Schiffes wie der Flotte als Ganzem.« Die Marineführung achtete stets darauf, eine ausgewogene Ausbildung zu vermitteln. Der Seeoffizier kam vor dem »Schlosser«, vor dem Techniker und Praktiker. Der Verfasser des Artikels Ausbildungsfragen bringt es auf den Punkt: »Es liegt in den Aufgaben des Seeoffiziers begründet, daß er vom Wenigen viel, vom Vielen einiges wenige, in Summa aber sehr viel lernen und können muß, so viel, daß der Beste dies nur nach und nach in einem langen arbeitsreichen Berufsleben, ganz unmöglich aber in der kurzen Zeit der Ausbildung zum Offizier bezwingen kann.« Ausbildungsfragen, wie z.B. wieviel Praxis möglich und wieviel Theorie für die Ausbildung nötig ist, wurden im späten Kaiserreich immer wieder diskutiert. Der Generationswechsel von Takelageschiffen auf moderne Schulkreuzer beispielsweise entfachte einen bis in neuere Zeit hineinreichenden Streit, ob in altbewährter Art die Erziehung der vornehmsten seemännischen Charaktereigenschaften im Vordergrund stehen, oder ob sich die Ausbildung auf die Vermittlung berufsmäßiger Kenntnisse, Fähigkeiten und Fertigkeiten beschränken sollte, welche die Bedienung eines modernen Kriegsschiffes und seiner Waffen im Gefecht ausmachen.

Dem Anforderungsprofil des Seeoffiziers am nächsten kam ein in Mathematik und in Naturwissenschaften besonders gut vorgebildeter Offizieranwärter. Er sollte technisches Verständnis haben, selbständig denken und handeln und in der Lage sein, sich schnell in Spezialverhältnisse einzuarbeiten.

In der Kaiserlichen Marine war die ungleiche Vorbildung ihrer Seeoffizieranwärter von Nachteil für eine homogene und zielgerichtete Aus- und Weiterbildung und damit für die Leistungsfähigkeit des Seeoffizierkorps. Bis 1918 stellte die Rekrutierung des Ersatzes ein Mischsystem dar, das aus Abiturienten, Portepeefähnrichen und Primanern bestand und die Möglichkeit offenließ, sozial erwünschte Aspiranten mit Obersekundareife zur Seeoffizierlaufbahn zuzulassen, die vom Kaiser den Dispens vom Primareifezeugnis erhalten hatten. Die mangelhafte Vorbildung der Schüler war für die wissenschaftlichen und berufstechnischen Fächer von besonderem Nachteil[40].

In der Marine führte der Versuch der Einführung eines nur aus Abiturienten bestehenden Offizierkorps in Analogie zur Armee, die das Abitur um die Jahrhundertwende verbindlich einführte, zu einem lang anhaltenden Konflikt um die »Abiturientenfrage«, der bis 1918 nicht gelöst wurde.

Bei Gegnern und Befürwortern der Vorpatentierung[41] für Abiturienten kristallisierten sich zwischen Beharren und Verändern unterschiedliche Standpunkte an dem Problem heraus, ob Stand, Wissen, Charakter oder Bildung für den Seeoffiziernachwuchs maßgeblich sein sollten[42].

Treibende Kraft und Verfechter eines modernen Bildungskonzeptes war der Kabinettchef Admiral Georg Alexander von Müller, der die Abiturientenfrage zum Prinzip hochstilisierte, um die Stellung des Offizierkorps in Staat und Gesellschaft zu bewahren. Den Wert der höheren Allgemeinbildung hielt er aus beruflichen wie

aus Standesrücksichten (Abgrenzung von den übrigen Offizierkorps) als entscheidendes Kriterium des Offizierstandes für notwendig. Autorität erwachse auf der
Basis einer höheren Bildung.

Das Gros der Seeoffiziere lehnte die Vorpatentierung der Abiturienten, d.h. ein
»Springen« über die Jahrgangsgrenzen hinweg, ab. Sie sahen in der Vorpatentierung Gefahren für die Homogenität eines kleinen Offizierkorps. Eine Elitebildung
innerhalb der überkommenen Elite war ihnen suspekt, eine Prämierung von Vorleistungen lehnten sie ab, vielmehr sollte ein traditionelles, funktionsspezifisches
Leistungsprinzip gelten. Das Anforderungsprofil des Seeoffizierberufes verlange
nicht unbedingt Abiturienten, sondern vom Offizier bestimmte Charaktereigenschaften und ein Wissen als Grundlage für praktisch-handwerkliche Fähigkeiten an
Bord eines Schiffes. Für viele war die Idee einer Marinevorschule nach englischem
Muster die beste Lösung für einen geeigneten Nachwuchs.

Die geplante Vorpatentierung von 1907, erstmals vorgesehen für die Crew
1909, erhöhte den Abiturientenanteil erheblich[43]. Mit den Abiturienten kamen
nicht immer die erwünschten Gesellschaftskreise in das Seeoffizierkorps[44]. Die
Vorpatentierung kam nicht mehr zur praktischen Anwendung, da der Krieg dies
verhinderte. In der Einstellungspraxis wurde außerdem vom Bildungsideal des
Kabinettchefs abgewichen, es stellte sich Notwendigkeit versus Ideal: Im Sach-
zwang von Bedarf, Angebot und tatsächlicher Einstellung, in Kompromissen von
Stand, Wissen, Charakter und Bildung.

Die Friedensausbildung nach 1899 offenbarte im späteren Vergleich mit den
Erfordernissen des Krieges im wesentlichen folgende Mängel:
1. Die Massenerziehung auf dem Schulschiff war unpersönlich und wenig effektiv[45].
2. Der ausgebildete Offizier trat zu spät in den Flottendienst ein.
3. Er lernte zu spät den Umgang mit Mannschaften und Unteroffizieren. Seine
   Ausbildung erfolgte behütet und abgeschirmt von der Außenwelt.
4. Das Auftreten als Vorgesetzter wurde so gut wie nicht gelernt.
5. Die Gesamtausbildungszeit von 3½ Jahren dauerte zu lange.
Die wissenschaftliche Ausbildung war breit und vielseitig angelegt. Die militärisch-
technische Ausbildung sollte Grundlage für spätere Ausbildungsabschnitte sein.

Kritiker, wie Alboldt, der in der Polemik gegen die Seeoffiziere übers Ziel hin-
ausschießt, bemängelten gerade die Vielseitigkeit der Ausbildung ohne klare
Schwerpunktbildung[46]:

> »Dabei war die Ausbildung der Seeoffiziere der letzten Epoche doch so, daß sie von gar
> zu vielem etwas, in keinem Fach aber Gründliches lernten, eben weil die Ausbildung
> auf absolute Hegemonie des Korps über alle anderen zugeschnitten war. [...] Die deut-
> schen Seeoffiziere hatten sich, wie man zu sagen pflegt, übernommen. Es ist ihr
> menschliches Unglück gewesen – und damit das Unglück der deutschen Flotte –, daß
> sie zur gegebenen Zeit nicht einen Mann an der Spitze hatten, der die Gefahr der Zer-
> splitterung erkannte und den Seeoffizier auf sein ureigenstes Gebiet zurückführte, da
> aber auch ganz gründlich ausbildete: auf die Führung des seemännischen Teils der Be-
> satzungen der Schiffe, auf gründlichste Waffenkunde und Waffenleistung und schließ-
> lich auf die Schiffs- und Verbandsführung.«

Betrachtet man die Ausbildungsschwerpunkte der Seeoffizierausbildung in der Kaiserlichen Marine, so fehlten folgende Fächer teilweise völlig: Politische Bildung und Menschenführung bzw. Führerschulung. Zu letzteren bemerkte Vizeadmiral a.D. Trotha anläßlich eines Vortrages am 28. November 1928 vor jungen Seeoffizieren[47]: »Wir waren in unserem Dienst auf das Schärfste angespannt, darüber brauche ich nichts zu sagen, aber sonst hat man sich um meine Erziehung zum Führer herzlich wenig gekümmert.« Auch die Marineakademie nahm Trotha nicht aus. Außer den seetaktischen Vorträgen des Admirals Curt v. Maltzahn habe er so gut wie nichts für den Seeoffizier als Führer gelernt. Und weiter: »Ich spreche hier nur von der Heranbildung des Charakters und der Entwicklung der menschlichen und seelischen Kräfte zum Führer, von der Schulung für den verantwortungsbewußten Entschluß.«

Die Vermittlung politischer Kenntnisse unterblieb fast völlig; im Fach Dienstkenntnis wurde die Verfassung des Deutschen Reiches, insbesondere die für die Kaiserliche Marine als Grundlage dienenden Artikel der Verfassung behandelt. Politik sollte aus den Streitkräften herausgehalten werden. Trotha betonte zehn Jahre nach Ende des Ersten Weltkrieges, daß es wichtig sei, daß der Offizier im modernen Staate das Volksleben möglichst weitgehend verfolge und übersehe. »Wir wußten, daß wir mit Politik nichts zu tun hatten[48].« Der Kaiser dekretierte am 5. Februar 1907, daß im militärischen Dienstunterricht Fragen sozialpolitischer Art nicht zu erörtern seien[49]. Auf dem Gebiet der Menschenführung, Betreuung und Fürsorge lernte der Fähnrich auf der Marineschule wenig: Im Fach Dienstkenntnis mit zwei Stunden Unterricht pro Woche wurden u.a. folgende Themen behandelt[50]:

– Die Vorschriften über die Behandlung Betrunkener unter der Überschrift »Standes- und Berufspflichten«.
– Das Militärrecht: u.a. strafbare Handlungen gegen die Pflichten der militärischen Unterordnung und der Mißbrauch der Disziplinargewalt.
– Erledigung der Beschwerden der Mannschaften und Beschwerdeweg der Offiziere.

Der deutsche Marineoffizier am Ende des Jahres 1918 war besonders durch die beschleunigte Kriegsausbildung nicht darauf vorbereitet worden, Fragen der politischen Propaganda, Unruhen oder gar die der Revolution zu behandeln. Trotha gesteht ein[51]: »So haben wir zweifellos den im Volke gärenden Kräften zu wenig und eine zu laienhafte Beachtung geschenkt, und als bei der Länge des Krieges und bei der Entwicklung, die die Verhältnisse nahmen, diese Fragen als brennendste ihren Fuß auch an Deck setzten, haben wir sie nicht zu behandeln verstanden. Wir hatten unsere Augen nur für den Dienst geschult und unsere Blicke nur auf den Krieg gerichtet.«

Der damalige Kapitänleutnant Ruge schrieb 1932, daß schon vor dem Kriege erkannt worden war, daß die Ausbildung auf dem Gebiet der Menschenführung nicht ausreichte; einzelne praktische Versuche zur Besserung im Rahmen des Marineschuljahres waren nicht besonders geeignet und hörten mit Kriegsbeginn auf zu existieren. Zusammenfassend bemerkte er: »Ich kann mich nicht erinnern, wäh-

rend meiner ganzen Ausbildungs- und Leutnantszeit etwas Zusammenhängendes
über »Führen«, Vorgesetzter sein und Mannschaftsbehandlung gehört zu haben[52].«

Im amtlichen Gutachten, das Alboldt 1928 vor dem Untersuchungsausschuß des
Deutschen Reichstages erstattete, wurden gar die Vorgänge in der Marine Ende 1918
zum überwiegenden Teil auf die unkluge und falsche Personalpolitik der Seeoffiziere
zurückgeführt: »Von dieser Seite im ganzen nur etwas wirkliche Kameradschaft, d.h.
wirkliches Mitempfinden und Miterleben mit dem Personal – und die traurigen Vorgänge in der Marine Ende 1918 wären nicht möglich gewesen[53].«

Die Kriegsausbildung war bis 1916 ein Provisorium, war wenig systematisch
und planvoll[54]. Die meist zivilen Lehrkräfte an der Marineschule beschränkten sich
auf ein Minimalprogramm und waren bei der Erziehung der Lehrgangsteilnehmer
– teilweise schon Leutnants zur See – überfordert. Steigende disziplinare Schwierigkeiten waren symptomatisch für die erzieherischen Probleme. Die Ausbildung
ab dem Jahre 1916 wurde laufend verbessert. Ein Kurssystem begrenzte und
straffte den Lehrstoff auf die unbedingt notwendigen Kenntnisse und praktischen
Fähigkeiten, zugeschnitten auf das Anforderungsprofil eines Wachoffiziers auf
kleinen Fahrzeugen.

Ruge urteilte 1931 rückblickend über die Schulbootausbildung im Rahmen der
Führerschulung[55]: »Dieser Fahrlehrgang war nach meinem Urteil bei weitem der
nützlichste Teil der ganzen Fähnrichsausbildung, er war von Anfang bis Ende
praktisch und gab Kenntnisse, die man auf jedem Fahrzeug und in jeder Dienststellung verwerten konnte.«

Ausbildung von Seeoffizieranwärtern an der Marineschule 1917

Quelle: MSM/WGAZ

IV.

Die teilweise erbittert geführten Konflikte im Rahmen der aufgezeigten großen Strukturprobleme der Kaiserlichen Marine beseitigten langfristig Barrieren gegen innovative Entwicklungen, waren also letztlich innovationsfördernd.

Auf den positiven Aspekt der Konflikte wies Trotha hin[56]: »an inneren Kämpfen hat es [...] wirklich nicht gefehlt. Ich halte solche Kämpfe sogar für gesund und für ein Zeichen wahren Lebens.« Konflikte liefen in der Kaiserlichen Marine im Verborgenen ab. Gleichwohl förderten sie die Erneuerung, wenn auch langsamer als in den übrigen Teilen der Gesellschaft. Der allgemeinen Entwicklung und Anerkennung des Ingenieurberufs in Industrie und Handwerk beispielsweise folgte phasenverschoben die der Marine-Ingenieure. Die Zeit bis 1918 trug die Zeichen einer Übergangsperiode, war insofern typisch in generellem Sinne.

Der Erste Weltkrieg bewirkte eine stärkere Integration der Gruppen, d.h. Konfliktpotentiale wurden mit Rücksicht auf die angespannte Kriegslage aufgeschoben, ihre Lösung auf die Zeit nach Friedensschluß vertagt:

1. Die Anpassung der Organisation an die Erfordernisse eines modernen Seekrieges fand nicht statt. Erst im August 1918 wurde der einheitliche Oberbefehl über die Marine durch den Admiral Scheer hergestellt[57].
2. Das Korps der Marine-Ingenieure erreichte erst nach 1918 nicht nur »de jure«, sondern auch »de facto« die volle militärische und gesellschaftliche Gleichberechtigung mit dem Seeoffizierkorps.
3. Auf dem Gebiete der Bildung wurde erst nach 1918 das Abitur Eingangsbedingung zur Aufnahme ins Seeoffizierkorps.

Anmerkungen

*   Der vorliegende Beitrag ist auszugsweise und überarbeitet entnommen aus: Thomas Scheerer, Die Marineoffiziere der Kaiserlichen Marine. Sozialisation und Konflikte, Bochum 2002 (= Kleine Schriftenreihe zur Militär- und Marinegeschichte, Bd 2).
1   Ernst v. Weizsäcker an seinen Vater am 3.8.1914, in: Die Weizsäcker Papiere, hrsg. von Leonidas E. Hill, Bd 1: 1900–1932, Berlin 1982, S. 148. Ernst von Weizsäcker stammte aus einer württembergischen Beamten- und Gelehrtenfamilie. Sein Vater Carl (von) Weizsäcker war von 1906–1918 württembergischer Ministerpräsident. Er erhielt 1916 das Adelsprädikat.
2   Die Weizsäcker-Papiere (wie Anm. 1), S. 149.
3   Ebd., S. 215.
4   Ebd., S. 250.
5   Vgl. Werner Rahn, Führungsprobleme und Zusammenbruch der Kaiserlichen Marine 1917/18, in: Die deutsche Marine. Historisches Selbstverständnis und Standortbestimmung, hrsg. vom Deutschen Marine Institut, Herford, Bonn 1983, S. 171–189.
6   Vgl. die Fragestellung bei Adolf von Trotha, Der Organismus der Kaiserlichen Marine und der Weltkrieg, Berlin 1930, S. 13: »War die Marineorganisation in eine unbrauchbare Form gegossen?«
7   Immediatstelleninhaber waren ab 1900 der Staatssekretär des RMA, der Chef des Admiralstabes der Marine, der Chef des Marinekabinetts, der Generalinspekteur der Marine, der Chef des I. Geschwaders (später Chef der Hochseeflotte), die Chefs der beiden Stationskommandos, der

Chef des Kreuzergeschwaders, bei Kriegsbeginn der Chef der Mittelmeerdivision und der Inspekteur des Bildungswesens (1907 aufgehoben).

[8] Auf Betreiben von Tirpitz wurde 1899 das Oberkommando aufgelöst und in Analogie zum Heer der Admiralstab der Marine geschaffen. Dessen Tätigkeit blieb jedoch durch die unangefochtene Stellung Tirpitz' stark beeinträchtigt und erreichte nie die Bedeutung des Generalstabes der Armee.

[9] Die enge, durch den Treueeid konstituierte Bindung des Offiziers an den obersten Kriegsherrn ist noch weiter dadurch gefördert worden, daß verdiente Seeoffiziere nach langer Dienstzeit in den Adelsstand erhoben wurden. Vgl. Holger H. Herwig, Das Elitekorps des Kaisers. Die Marineoffiziere im Kaiserlichen Deutschland, Hamburg 1977, S. 65.

[10] Vgl. die Konfliktregelung – Konfliktlosigkeit als Ideal – bei Hans-Ulrich Wehler, Das Deutsche Kaiserreich 1871–1918, 6. Aufl., Göttingen 1988, S. 131–135; Robert Zedlitz-Trützschler, Zwölf Jahre am deutschen Kaiserhof. Aufzeichnungen des Grafen Robert Zedlitz-Trützschler ehemaligen Hofmarschalls Wilhelm II., Berlin, Leipzig 1923, S. 121.

[11] Walter Görlitz, Einführung zu Georg Alexander v. Müller, Der Kaiser. Aufzeichnungen des Chefs des Marinekabinetts, Admiral Georg Alexander v. Müller über die Ära Wilhelm II., hrsg. von Walter Görlitz, Göttingen 1965, S. 9.

[12] Siehe Trotha, Der Organismus (wie Anm. 6), S. 14 f.

[13] Vgl. Journal des Débats vom 12.5.1928, zitiert nach Trotha, ebd., S. 15.

[14] Die Schiffsentwürfe und Konstruktionszeichnungen Wilhelms II. beispielsweise beschäftigten ganze Abteilungen des RMA; des Kaisers Initiative für ein schnelles Linienschiff führte dazu, daß das Marinekabinett mit der Durchführung eines Preisausschreibens beauftragt wurde.

[15] Vgl. Die Weizsäcker Papiere (wie Anm. 1), S. 120, Brief an die Mutter, 9.2.1910, »in der Marine, wo die Spitzen über Kreuz miteinander ›verkracht‹ sind – Aus Mangel an einem 1897 abgeschafften Oberkommando, das jetzt S.M. führt! – in diesem Zustand ist Müller eine wichtige Figur. Wäre er nicht doch ein anständiger Mann, so hätten wir eine Marinekabinettsregierung schlimmster Sorte.« Vgl. auch Müller, Der Kaiser (wie Anm. 11), S. 50 f.; Alfed v. Tirpitz, Erinnerungen, Leipzig 1919, S. 134–136; vgl. zur Organisationsstruktur das Organigramm von Eberhard Kaulbach und Albrecht Lampe, in: Carl Hans Hermann, Deutsche Militärgeschichte. Eine Einführung, Frankfurt a.M. 1966, 3. Aufl. 1979.

[16] Vgl. Görlitz, Einführung (wie Anm. 11), S. 42.

[17] Vgl. z.B. John C.G. Röhl, Kaiser, Hof und Staat. Wilhelm II. und die deutsche Politik, München 2002; Wolfgang J. Mommsen, War der Kaiser an allem schuld? Wilhelm II. und die preußisch-deutschen Machteliten, Berlin 2002. Zum Lebensbild des Kabinettchefs Müller vgl. Jörg-Uwe Fischer, Admiral des Kaisers. Georg Alexander von Müller als Chef des Marinekabinetts Wilhelms II., Frankfurt a.M. [et al.] 1992. Das lange Verweilen der Kabinettchefs in ihrer Stellung entfremdete sie der Front, sie wurden »immer mehr Hofpolitiker und immer weniger Soldat«; vgl. Tirpitz, Erinnerungen (wie Anm. 15), S. 132 f.

[18] Das RMA war mit Allgemeiner Kabinettordre (A.K.O.) vom 30.3.1889 mit Wirkung vom 1.4.1889 als oberste Reichsbehörde für alle Angelegenheiten der Organisation, Verwaltung, Technik, Bewaffnung und Befestigung geschaffen worden. Durch A.K.O. vom 30.3.1907 wurde die Immediatstellung der Inspektion des Bildungswesens aufgehoben und zusammen mit der Marineakademie, die dem Einfluß des Admiralstabes entzogen wurde, dem RMA unterstellt.

[19] Vgl. zum Machtkampf zwischen Admiralstab der Marine und dem RMA: Walter Hubatsch, Der Admiralstab und die obersten Marinebehörden in Deutschland 1848–1945, Frankfurt a.M. 1958. Mit Unterstellung der Marineakademie unter das RMA mit A.K.O. vom 30.3.1907 schwand der Einfluß des Admiralstabes der Marine erheblich. Vgl. Bundesarchiv-Militärarchiv (BA-MA), RM 5/v. 600, S. 209–213. Eine kurze Entwicklungsgeschichte des Admiralstabes der Marine von 1903–1908 »Die Pflege des Admiralstabsdienstes in der Marine« befindet sich in: BA-MA, RM 5/v. 601, S. 74–87.

[20] Vgl. Die Flottencheffrage von 1912 und der Abgang des unbequem gewordenen Flottenchefs Henning v. Holtzendorff (1909–1913), in: Scheerer, Die Marineoffiziere (wie Anm. *, S. 1), S. 202–213. Zur Personalführung in der Kaiserlichen Marine siehe auch Wulf Diercks, Der Einfluß der Personalsteuerung auf die deutsche Seekriegführung 1914–1918, in: Militärgeschichtliches Beiheft zur Europäischen Wehrkunde (1988), Nr. 1, S. 1–24, Wiederabdruck in diesem Band.

21 Vgl. Die Weizsäcker Papiere (wie Anm. 1), 15.2.1910, auch 11.11.1914 und 23.3.1915. »Wir sind mit brauchbaren älteren Admiralen so mangelhaft versehen, daß man ihn [Admiral v. Heeringen] kaum wird entbehren können. Dieser Mißstand stammt zum Teil daher, daß der alte Tirpitz sich als Departmentdirektoren Faktote herangezogen hat, die nur gerade diesen ihren Posten ausfüllen, aber sonst zu nichts zu gebrauchen sind. Wir haben sehr wenig Admirale, die zur Führung auf dem Wasser überhaupt in Betracht kommen. Zum Teil hängt es auch damit zusammen, daß wir nicht wie die Armee systematisch Führer heranziehen, sondern jeden verwenden, wo es gerade in dem vielseitigen Betrieb Platz gibt.«

22 Vgl. Organisatorische Bestimmungen (O.B.) für das Personal des Soldatenstandes der Kaiserlichen Marine, hrsg. vom RMA, Berlin 1906, von Wilhelm II. am 26.6.1899 genehmigt, berichtigt bis 12.7.1918, BA-MA, RMD 3/D.E.-Nr. 15, S. 1.

23 Vgl. Emil Alboldt, Die Tragödie der alten deutschen Marine. Amtliches Gutachten, erstattet vor dem Untersuchungsausschuß des Deutschen Reichstages, Berlin 1928, S. 21. Alboldt war Gründer und 1. Vorsitzender des Deckoffizierbundes und als ehemaliger Schiffsartillerist im Dienstgrad eines Deckoffiziers der Kaiserlichen Marine (Deckoffiziere waren die ranghöchsten Portepeeunteroffiziere). Er schießt in der Polemik gegen die Seeoffiziere bisweilen über das Ziel hinaus.

24 Der Ausbau der Schlachtflotte wurde initiiert in den Flottengesetzen von 1898 und 1900 und in den Flottennovellen von 1906, 1908 und 1912.

25 Der gesamte Personalbestand der Kaiserlichen Marine wuchs vom Jahre 1902 von 33 562 auf 79 386 Mann im Jahre 1914 an. Der Bestand an Seeoffizieren stieg in demselben Zeitraum von 1054 auf 2330, derjenige der Marineingenieure von 183 auf 587. Die Einstellungsziffern der Seeoffizieranwärter stieg von 150 im Jahre 1899 auf 302 im Jahre 1914 an. Vgl. die Ranglisten der Kaiserlich Deutschen Marine, redigiert vom Marinekabinett; und Nauticus, Jahrbuch für Deutschlands Seeinteressen, hrsg. vom RMA, Berlin jährlich ab 1899. Probleme bei der Besetzung der Schiffe mit Personal setzten phasenverschoben zu den Gesetzen und Novellen ein. Chronischer Mangel an Personal bestand vor Ausbruch des Ersten Weltkrieges insbesondere an Seeoffizieren, Marineingenieuren, Deckoffizieren und Maaten; im Weltkriege herrschte Mangel an jungen Oberleutnanten und Kapitänleutnanten im Zusammenhang mit dem Ausbau der U-Bootwaffe und der Seefliegerei.

26 Der Bau des brit. Großkampfschiffes »Dreadnought« (Fürchtenichts) im Jahre 1906 z.B. stellte im Kriegsschiffbau einen qualitativen Sprung dar. Vgl. N.N., Die Probefahrten der »Dreadnought«, in: Marine-Rundschau, 17 (1906), S. 1256–1259.

27 Vgl. Trotha, Der Organismus (wie Anm. 6), S. 6 f.

28 Vgl. Deutsche Sozialgeschichte. Dokumente und Skizzen, Bd 2: 1870–1914, hrsg. von Gerhard A. Ritter und Jürgen Kocka, München 1974, S. 224.

29 Vgl. Wilhelm Deist, Die Armee in Staat und Gesellschaft 1890–1914, in: Das Kaiserliche Deutschland. Politik und Gesellschaft 1870–1918, hrsg. von Michael Stürmer, Düsseldorf 1970, S. 312–339.

30 Im Jahre 1909 betrugen die Kosten der Ausbildung (8 Jahre) zum Seeoffizier vom Seekadetten bis zum Oberleutnant zur See 7235 Mark, die Kosten vom Anwärter bis zum Marineingenieur 6450. Vgl. BA-MA, RM 2/v. 514 und 515.

31 Vgl. BA-MA, RM 2/v. 502 und Werner Bräckow, Die Geschichte des deutschen Marine-Ingenieuroffizierkorps, Oldenburg, Hamburg 1974, Anl. 5.

32 Die Vorrangstellung der Seeoffiziere drückte sich in Etikettefragen im praktischen Dienst an Bord aus: beispielsweise bei der gemeinsamen Essenseinnahme in der Sitzordnung; bei der Aufstellung am Fallreep; beim Betreten/Verlassen der Beiboote etc.; oder man denke an die von den Seeoffizieren gebräuchliche Unterscheidung »Frauen der Marine-Ingenieure« und »Damen der Seeoffiziere«, zitiert nach Paul Simsa, Marine Intern. Entwicklung und Fehlentwicklung der deutschen Marine 1888–1939, Stuttgart 1972, S. 150.

33 Heiratsgut war entsprechend den Organisatorischen Bestimmungen (wie Anm. 22) entweder der Nachweis eines jährlichen Mindesteinkommens (Aspiranten 3000 Mk) oder Kapitals (43 000 Mk). Bildete anfangs der untere Mittelstand das Hauptreservoir des Ingenieurersatzes, so ergänzten sich die Marine-Ingenieure zunehmend aus denselben Familien wie die Seeoffiziere.

34 Im einzelnen ging es z.B. um folgende Reformwünsche: – Erteilung des Heiratkonsens durch S.M. den Kaiser (1903, bis 1918 nicht verwirklicht); – Verleihung der Schärpe und damit des Kombattantenstatus (1908 verliehen); – das Recht auf eigene Ehrengerichte (nicht verwirklicht); – Mitwirkung

bei ehrengerichtlichen Verfahren (1909 genehmigt); – Dienstgrad Kapitän zur See (Marine-Oberchefingenieur, 1916 eingeführt); – Disziplinarstrafgewalt für Marine-Ingenieure (nicht eingeführt); – Anordnungen über den gesellschaftlichen Verkehr (Erprobung 1909, Einführung der Reglementierung 1911); – Änderung der Unterstellungsverhältnisse der Marine-Ingenieure (1912).

[35] Vgl. die Denkschrift des Staatssekretärs des RMA v. Tirpitz, ganz geheim, vom 28.6.1906, in: BA-MA, RM 2/v. 503. Ab 1907 wurden jährlich vier Marine-Ingenieure zum 2½jährigen Studium an die Technische Hochschule nach Charlottenburg geschickt. Vgl. BA-MA, RM 2/v. 504.

[36] Zitiert nach Simsa, Marine Intern (wie Anm. 32), S. 146–151.

[37] Ebd., S. 149.

[38] Vgl. Friedrich Ruge, Ausbildung zum Seeoffizier, in: Marine-Rundschau, 37 (1932), S. 101. Vgl. auch Werner Rahn, Die Ausbildung zum Marineoffizier an der Marineschule Mürwik 1910–1980, in: Die deutsche Marine (wie Anm. 5), S. 143–170, hier S. 165, sowie Herbert Graubohm, Historische Wurzeln der Ausbildung in der Marine, in: ebd., S. 131–142 (Wiederabdr. in diesem Band).

[39] N.N., Ausbildungsfragen, in: Nauticus, 9 (1907), S. 138–179, hier S. 175.

[40] Eine immerwährende Klage seit Bestehen der Marineschule war der Umstand, daß die mathematische Vorbildung der Offizieranwärter den jeweiligen Anforderungen in den nautischen und technischen Fächern nur unvollkommen genügte. Vgl. die Jahresberichte des Direktors der Marineschule von 1901 bis 1922, in: BA-MA, RM 3/v. 5192. Siehe dazu auch Herbert Graubohm, Die Ausbildung zum Seeoffizier in Mürwik bis zum Ersten Weltkrieg, in: Marineschule Mürwik (1910–1985), hrsg. vom Deutschen Marine Institut, Konzeption und Redaktion: Dieter Matthei, Jörg Duppler und Karl Heinz Kuse, Herford 1985, S. 103–109.

[41] Die Vorpatentierung sollte als Ausgleich für die bessere wissenschaftliche Ausbildung und wegen des höheren Lebensalters gegenüber Nichtabiturienten gelten. Die beabsichtigte Vergünstigung für die Abiturienten sollte sich in einem beschleunigten Avancement niederschlagen. Vgl. hierzu: Holger H. Herwig, Soziale Herkunft und wissenschaftliche Vorbildung des Seeoffizierkorps der Kaiserlichen Marine vor 1914, in: Militärgeschichtliche Mitteilungen (MGM), 9 (1971), S. 81–111.

[42] Vgl. die Klassifizierung bei Friedrich Forstmeier, Probleme der Erziehung und Ausbildung in der Kaiserlichen Marine in Abhängigkeit von geistiger Situation und sozialer Struktur, in: Marine-Rundschau, 63 (1966), S. 157.

[43] Der Abiturientenanteil stieg von 21 % im Jahre 1898 auf 54 % im Jahre 1907 und 86 % im Jahre 1910, fiel dann aber wieder ab. Vgl. die Zahlen in: BA-MA, RM 3/v. 5195.

[44] Bildungsqualifikationen wurden der Anspruchsnachweis nicht traditionell legitimierter Eliten, z.B. bei der neuen Schicht der akademisch Gebildeten. Bildung konnte sich nun gegen das Geburtsvorrecht durchsetzen.

[45] Die Theorielastigkeit der Ausbildung an Bord, der Weg der theoretischen Belehrung hatte den Schulschiffen den Vorwurf der »schwimmenden Gymnasien« eingetragen.

[46] Vgl. Alboldt, Die Tragödie (wie Anm. 23), S. 37.

[47] Vgl. Trotha, Der Organismus (wie Anm. 6), Anl. 1.

[48] Ebd.

[49] So bei Herwig, Das Elitekorps (wie Anm. 9), S. 56.

[50] Vgl. Dienstvorschrift für die Marineschule (Mar. Sch. V.), D.E.-Nr. 135, hrsg. vom RMA, Berlin 1910 (letzte Berichtigung vom 13. und 24.3.1914), Anl. 1.

[51] Vgl. Trotha, Der Organismus (wie Anm. 6), Anl. 1.

[52] Vgl. Ruge, Ausbildung (wie Anm. 38), S. 102.

[53] Vgl. Alboldt, Die Tragödie (wie Anm. 23), S. 56. Alboldts These von der Schuld der Seeoffiziere an der Revolution muß relativiert werden: Starke Personalveränderungen von August bis Oktober 1918 waren angesichts der steigenden Anforderungen im U-Bootkrieg für die (Nicht-)Aufrechterhaltung der Disziplin von entscheidender Bedeutung. Die Führer an der Basis – Oberleutnante und Kapitänleutnante – wurden von den Schiffen zur U-Bootwaffe abkommandiert. Was blieb, war nur »mittlere und schlechte Ware«. Vgl. Wilhelm Deist, Die Politik der Seekriegsleitung und die Rebellion der Flotte Ende Oktober 1918, in: Vierteljahrshefte für Zeitgeschichte, 14 (1966), S. 341–368, hier S. 348; vgl. auch Gerhard P. Groß, Die Seekriegführung der Kaiserlichen Marine im Jahre 1918, Frankfurt a.M. 1989.

[54] Zur Ausbildung der Seeoffiziere im Kriege vgl. folgende Akten: BA-MA, RM 2/v. 516, 531; RM 3/v. 5195; Die Geschichte der Marineschule im Weltkriege von Korvettenkapitän v. Brauchitsch, in: Nachlaß Lohmann, Wehrgeschichtliches Ausbildungszentrum der Marineschule Mür-

wik, Inventar-Nr. 14710; red. Überarb. des Beitr. von Werner Rahn, in: Marineschule Mürwik (1910–1985), hrsg. vom Deutschen Marine Institut, Herford 1985, S. 111–113; Rahn, Die Ausbildung (wie Anm. 38), S. 143–170; Karl Hinrich Peter, Seeoffizieranwärter. Ihre Ausbildung von 1848 bis heute, o.O. 1969; Ruge, Ausbildung (wie Anm. 38), S. 101–110. Zur Ausbildung der Marine-Ingenieure im Kriege vgl. die Akten: BA-MA, RM 2/v. 507 und 508; Bräckow, Die Geschichte (wie Anm. 31), S. 124–130.

55 Vgl. Ruge, Ausbildung (wie Anm. 38), S. 109; siehe auch Siegfried Sorge, Zur Seeoffizierausbildung im Ersten Weltkrieg, in: Siegfried Sorge, Vom Kaiserreich zur Bundesrepublik. Aus den Schriften eines engagierten Offiziers und Staatsbürger, im Auftrag des MGFA hrsg. von Werner Rahn, Berlin, Bonn 1993, S. 29–33; Graubohm, Die Ausbildung zum Seeoffizier (wie Anm. 40), S. 103–109.

56 Vgl. Trotha, Der Organismus (wie Anm. 6), S. 14 f.

57 Vgl. den Machtkampf in der Marineführung im Jahre 1918, in: Groß, Die Seekriegführung (wie Anm. 53).

Gerhard P. Groß

Eine Frage der Ehre? Die Marineführung und der letzte Flottenvorstoß 1918[*]

I.

»Lieb Vaterland magst ruhig sein, die Flotte schläft im Hafen ein[1].« Mit diesen Versen verspottete die deutsche Bevölkerung die Untätigkeit der Flotte während des Ersten Weltkrieges. Angesichts dieser Stimmung verwundert es nicht, daß in der Weimarer Republik neben der Skagerrakschlacht des Jahres 1916 nur der kurz vor dem Kriegsende 1918 nicht zur Ausführung gelangte Plan eines Vorstoßes der Hochseeflotte auf nennenswertes Interesse stieß. Während die Skagerrakschlacht als Symbol deutscher Seegeltung glorifiziert wurde, stellte die durch diesen Plan kurz vor Kriegsende ausgelöste Meuterei der Flotte den Tiefpunkt deutscher Marinegeschichte dar. Zugespitzt auf die Schlagworte »Dolchstoß auf die Flotte« und »Admiralsrebellion« stritten in der Weimarer Republik zwei politisch unversöhnliche Lager über die Ursachen der Meuterei und damit auch über den geplanten Flottenvorstoß. Vor diesem Hintergrund haben sich schließlich 1925 die Justiz im Münchner Dolchstoßprozeß[2] und der Reichstag in einem parlamentarischen Untersuchungsausschuß[3] mit dem letzten Vorhaben der Flotte befaßt. Die zeitliche Nähe zum Kriegsende und die bewußte Verdrängung der Niederlage in der Weimarer Republik und im Dritten Reich verhinderten aber eine gründliche wissenschaftliche Aufarbeitung der Marineplanungen der letzten Kriegsmonate. Erst in den fünfziger Jahren setzte eine wissenschaftliche Diskussion über die Motivation und die Zielsetzung des Flottenvorstoßes ein, die mit wechselnder Intensität bis heute anhält.

II.

Bevor wir uns der Beurteilung der Motive und Ziele der Marineführung im Herbst 1918 zuwenden, ist es notwendig – auch wenn über den Hergang der Ereignisse im Oktober 1918 heute kein Dissens mehr besteht –, den Ablauf des Geschehens kurz zu rekapitulieren[4].

Am 29. September 1918 forderte die Oberste Heeresleitung (OHL) von der Reichsregierung unmißverständlich den Abschluß eines Waffenstillstandes mit der

Entente. Im Verlauf des nun einsetzenden politischen Entscheidungsprozesses kristallisierte sich heraus, daß das neue Kabinett unter Prinz Max von Baden mit Unterstützung des Kaisers bereit war, als Vorbedingung für einen Waffenstillstand den uneingeschränkten U-Boot-Krieg aufzugeben. Die Seekriegsleitung (SKL) unter Admiral Reinhard Scheer suchte nun den Schulterschluß mit der OHL, um die Einstellung des uneingeschränkten U-Boot-Krieges als einseitige Vorleistung zu verhindern bzw. die Option für eine Wiederaufnahme offenzuhalten. Die Versenkung des britischen Passagierdampfers »Leinster« durch ein deutsches U-Boot und die zweite Antwortnote des amerikanischen Präsidenten Wilson veränderten die Lage grundlegend. Die Reichsleitung entschloß sich, entgegen den Vorstellungen der Seekriegsleitung den uneingeschränkten U-Boot-Krieg einzustellen. In einem abschließenden Gespräch mit dem Reichskanzler sicherte Scheer diesem die Loyalität der Marine zu und erklärte, der uneingeschränkte U-Boot-Krieg werde eingestellt. Weiterhin führte er aus, »daß die endgültige Entscheidung über die Einschränkung des Ubootskrieges insofern wichtig sei, als operative Maßnahmen der S.K.L. davon abhingen. Die Hochseeflotte sei nunmehr der Bindung in ihrer operativen Freiheit durch Aufgabe des Ubootskrieges ledig[5].« In ähnlicher Form hatte er sich zuvor in einem Thronvortrag gegenüber dem Kaiser geäußert[6].

Es fällt auf, daß Scheer in der für die Marine so bedeutsamen Frage der Einstellung des Handelskrieges mit U-Booten sehr ruhig reagierte und seine Niederlage relativ gefaßt hinnahm. Dies läßt sich dadurch erklären, daß die Seekriegsleitung seit Anfang Oktober für den Fall, daß der Handelskrieg mit Unterseebooten eingestellt werden müßte, eine Schlacht gegen die britische Flotte plante.

Als ersten Schritt hatte Scheer die Hochseeflotte ohne Angaben von Gründen einen Tag nach der Waffenstillstandsforderung Ludendorffs in Wilhelmshaven zusammengezogen. Schon am 4. Oktober wurde das Flottenkommando durch Korvettenkapitän v. York über die Lage unterrichtet. Im Verlauf seiner pessimistischen Schilderung gab York zu verstehen: »Ludendorff ließ übrigens durchblicken, daß einer event. Forderung Englands um Auslieferung der deutschen Flotte wohl auch nachgekommen werden müßte, daß überhaupt die Marine wohl in der Hauptsache die Zeche bezahlen müßte[7].« Diese Aussage verfehlte ihren Eindruck auf das Flottenkommando nicht.

Sofort, nachdem das Flottenkommando am 4. Oktober durch die Seekriegsleitung über die Lageentwicklung informiert worden war, hatte der Chef des Stabes des Hochseekommandos, Konteradmiral Adolf v. Trotha, mit den Planungen für die Schlacht gegen die Grand Fleet begonnen[8]. Unter strengster Geheimhaltung entwarf er einen Operationsplan für einen Flottenvorstoß in den Kanal, den er Scheer und dem Chef des Stabes der Seekriegsleitung, Kapitän v. Levetzow, am 16. Oktober vorlegte[9]. Nachdem die Seekriegsleitung die Einstellung des uneingeschränkten U-Boot-Krieges nicht hatte verhindern können, reiste Levetzow nach Wilhelmshaven und übermittelte dem Flottenchef, Admiral Franz Ritter v. Hipper, am 22. Oktober mündlich folgenden Befehl Scheers: »Die Hochseeflotte erhält die Weisung baldigst zum Angriff auf die englische Flotte vorzugehen. Dazu können alle verfügbaren Streitkräfte der Kaiserlichen Marine herangezogen werden[10].«

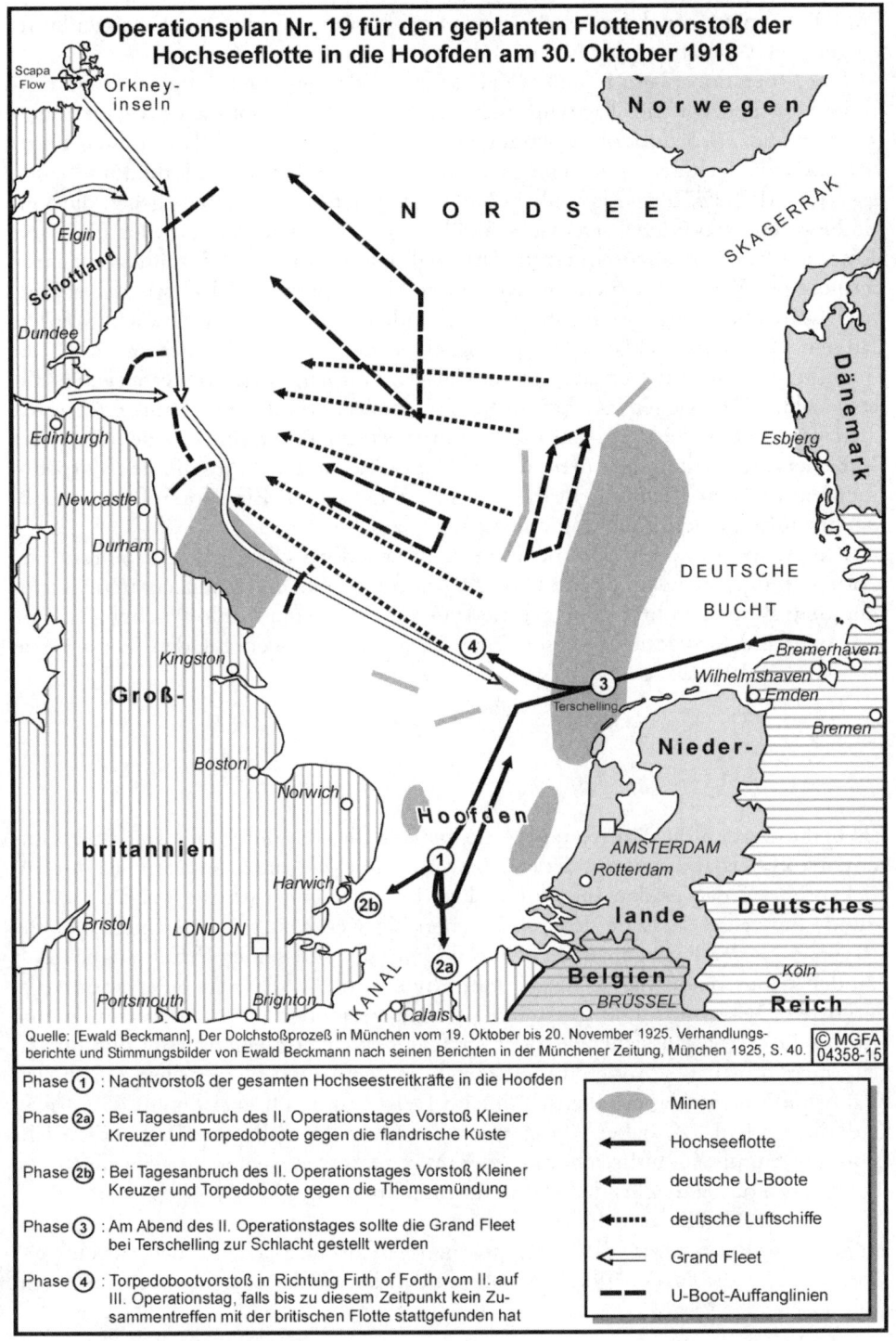

Operationsplan Nr. 19 für den geplanten Flottenvorstoß der Hochseeflotte in die Hoofden am 30. Oktober 1918

Quelle: [Ewald Beckmann], Der Dolchstoßprozeß in München vom 19. Oktober bis 20. November 1925. Verhandlungsberichte und Stimmungsbilder von Ewald Beckmann nach seinen Berichten in der Münchener Zeitung, München 1925, S. 40. © MGFA 04358-15

Phase ① : Nachtvorstoß der gesamten Hochseestreitkräfte in die Hoofden

Phase ②ₐ : Bei Tagesanbruch des II. Operationstages Vorstoß Kleiner Kreuzer und Torpedoboote gegen die flandrische Küste

Phase ②ᵦ : Bei Tagesanbruch des II. Operationstages Vorstoß Kleiner Kreuzer und Torpedoboote gegen die Themsemündung

Phase ③ : Am Abend des II. Operationstages sollte die Grand Fleet bei Terschelling zur Schlacht gestellt werden

Phase ④ : Torpedobootvorstoß in Richtung Firth of Forth vom II. auf III. Operationstag, falls bis zu diesem Zeitpunkt kein Zusammentreffen mit der britischen Flotte stattgefunden hat

Legende:
- Minen
- Hochseeflotte
- deutsche U-Boote
- deutsche Luftschiffe
- Grand Fleet
- U-Boot-Auffanglinien

Fünf Tage später genehmigte Scheer den vom Kommando der Hochseestreitkräfte vorgelegten Operationsplan Nr. 19.

Der Operationsplan sah einen Nachtvorstoß der gesamten Hochseestreitkräfte in die Hoofden vor. Bei Tagesanbruch des zweiten Operationstages sollten Kleine Kreuzer und Torpedoboote sowohl gegen den Verkehr an der flandrischen Küste vorgehen als auch gegen die Themsemündung vorstoßen. Das Flottenkommando erwartete, daß die Royal Navy als Folge dieser Angriffe Flottenteile gegen die Verbindungslinie Hoofden – Deutsche Bucht vorschieben würde, um der Hochseeflotte den Rückzug abzuschneiden. Die englische Flotte sollte durch die auf ihren vermuteten Anmarschwegen neu verlegten Minensperren und durch die entlang ihrer wahrscheinlichen Marschrouten stehenden U-Boote so geschwächt werden, daß ein deutscher Schlachterfolg möglich würde. Den Rückmarsch sollte die Hochseeflotte so antreten, daß sie das als Kampfplatz angestrebte Seegebiet bei Terschelling am zweiten Operationstag ein bis zwei Stunden vor Dunkelheit erreichen würde. Für den Fall, daß die Grand Fleet einem Kampf mit der Hochseeflotte bei Terschelling aus dem Weg gehen sollte, war ein Angriff der Torpedoboot-Flottillen in Richtung Firth of Forth vorgesehen. Ein Vorstoß der Großkampfschiffe in diese Richtung war nicht geplant[11].

Zur Ausführung des Unternehmens kam es jedoch nicht, da sich während der Vorbereitungen für den Vorstoß am 29. Oktober Teile der Mannschaften weigerten, den Befehlen ihrer Vorgesetzten Folge zu leisten[12]. Flottenchef Admiral v. Hipper brach angesichts dieser Lage die Vorbereitungen für den Vorstoß am 30. Oktober 1918 ab.

III.

Bis heute werden die Motive und Ziele, welche die Marineführung mit dem Flottenvorstoß verband, unterschiedlich bewertet. Dies ist unter anderem darauf zurückzuführen, daß es den Initiatoren des Planes gelungen ist, die wahren Beweggründe hinter der Fassade der militärischen Notwendigkeit zu verschleiern[13]. Die Fragen nach der Rationalität des Flottenvorstoßes und seiner Erfolgsaussichten[14] standen daher bis in die sechziger Jahre hinein im Mittelpunkt einer kontrovers geführten Diskussion. Die meisten Historiker gestanden dem Unternehmen eine realistische Erfolgsaussicht zu[15] oder sprachen sogar von einem wohl durchdachten Operationsplan[16]. Andere bezeichneten den geplanten Flotteneinsatz als hellen Wahnsinn[17]. Es ist das Verdienst Wilhelm Deists, diese Diskussion auf die Motive und Ziele gelenkt zu haben, die hinter den militärischen Planungen standen. Ehrenrettung und Zukunftssicherung der Marine waren seiner Ansicht nach die Triebfedern des Handelns der Marineführung im Herbst 1918[18].

Gegen diese These wurde von angelsächsischer Seite eingewandt, daß sie die militärische Rationalität des Unternehmens nicht ausreichend berücksichtige[19]. Zudem seien die in den Quellen vorzufindenden Einlassungen über »Ehre und

Zukunftsflotte« propagandistische Scheinargumente, welche die Umsturzplanungen der Seekriegsleitung verschleiern sollten[20].

Diese revisionistischen Argumente sollen im folgenden auf ihre Stichhaltigkeit untersucht werden. Beginnen wir mit den militärischen Erfolgsaussichten des Unternehmens.

Als erstes gilt es festzuhalten, daß Trotha im Oktober 1918 nicht innerhalb von wenigen Tagen einen neuerarbeiteten Operationsplan vorlegen mußte, sondern auf vorhandene Planungen zurückgreifen konnte, an denen er gemeinsam mit Scheer und Levetzow an verantwortlicher Stelle mitgewirkt hatte. Schon im Frühjahr 1917 hatte das Flottenkommando unter Scheer Vorstöße gegen den Handelsverkehr im Kanal geplant und Pläne für diese zur Genehmigung dem Admiralstab vorgelegt. Dieser hatte sie mit der Begründung abgelehnt, daß der Rückmarsch der Flotte von Norden her abgeschnitten und ihr so unter ungünstigen Bedingungen eine Schlacht aufgezwungen werden könne[21]. Das Flottenkommando teilte diese Lagebeurteilung des Admiralstabes nicht und ging davon aus, daß auch nach einer Schlacht gegen die Grand Fleet ausreichend Großkampfschiffe vorhanden seien, um den U-Boot-Krieg weiterzuführen. Scheer, Trotha und Levetzow führten damit de facto die offiziell weiterhin propagierte Einschränkung der Operationsfreiheit der Hochseeflotte durch den U-Boot-Krieg ad absurdum. Im April 1918 erwog das Hochseekommando zur Unterstützung der Frühjahrsoffensive des Heeres wiederum einen Vorstoß in die Hoofden. Admiralstabschef Henning v. Holtzendorff lehnte diesen Plan als Verzweiflungsschritt erneut ab[22] und der Kaiser befahl: »Die Flotte soll nicht in den Hoofden eingesetzt werden[23].« Weder Levetzow noch Trotha fanden sich mit der Ablehnung ihres Planes je ab, und als sich ihnen im Oktober die Möglichkeit zur Umsetzung bot, griffen sie ihn mit geringfügigen Änderungen wieder auf, da sie davon überzeugt waren, daß ein Vorstoß in die Hoofden eine gewisse Siegeschance bot und eine Niederlage in der Schlacht nicht die Vernichtung der Flotte zur Folge haben würde. Eine Todesfahrt planten die Admirale also nicht[24]. Eine schwere Niederlage nahmen sie jedoch billigend in Kauf. Dieses Risiko barg aber jede Schlacht gegen die überlegene britische Flotte. Und genau dieses Risiko hatte die Hochseeflotte zum Bedauern der Seeoffiziere in die Rolle des Zuschauers gedrängt.

Die von einigen Historikern vertretene These, daß der Vorstoß der Entlastung des Heeres dienen sollte, ist abwegig. Zum einen hatte das Heer Flandern schon Mitte Oktober geräumt, und zum anderen wäre der Versorgungsverkehr von England nach den flandrischen Häfen nur kurzfristig unterbrochen worden. Eine merkliche Entlastung der Landfront war unter diesen Umständen nicht zu erwarten. Sie war von der Seekriegsleitung bestenfalls als erfreulicher Nebeneffekt eingeplant worden. Levetzow nahm in einem Brief an Trotha dazu dezidiert Stellung: »Sie [die Kritiker] sprechen jetzt von einer Flügelunterstützung, die wir dem Heere mit der Flotte leisten mußten: Gewiß, jede Flottenunternehmung in die Nordsee bedeutete während des Krieges mehr oder weniger eine Entlastung des Flügels des im Westen kämpfenden Heeres, daß aber diese Überlegung uns gerade damals bestimmend geleitet hätte, kann nicht gesagt werden, die niedergelegten Erwägungen heben jedenfalls auch nicht diesen Punkt speziell hervor. Hätte das Heer nur im Osten gekämpft, so hätte die Flotte trotzdem gegen England in der Nordsee sowohl früher wie zum Schluß des Krieges eingesetzt werden müssen[25].«

Wenden wir uns nun der Frage zu, ob die Flotte zur Durchführung des Vorstoßes überhaupt materiell und personell in der Lage war. Während sich die materielle Situation der Hochseeflotte dank durchgeführter Reparaturen bis zum Herbst positiv entwickelt hatte, war die personelle Lage der Flotte denkbar schlecht. Sie diente schon seit Monaten als Personalreservoir für die U-Boot-Verbände und mußte 1918 verstärkt Personal für die Nebenkriegsschauplätze im Osten abgeben[26]. Korvettenkapitän Ernst v. Weizsäcker beschrieb die Personalsituation der Hochseeflotte wie folgt: »Mein ganzes Geschäft gleicht hier dem Auspressen einer bereits ausgepreßten Zitrone. Wir haben einen ungeheuren Bedarf an jungen Offizieren für die U-Boots-Neubauten[27].« Aufgrund dieses Zustandes waren die Kampfkraft und der Gefechtswert der Hochseeflotte im August so gesunken, daß Hipper die Abwehr eines englischen Angriffes gegen die Deutsche Bucht nicht mehr gewährleistet sah[28].

Obwohl Trotha die Probleme bekannt waren, meldete er auf Anfrage der Seekriegsleitung am 16. Oktober die volle Einsatzbereitschaft der Hochseeflotte. Die formale Voraussetzung für einen Einsatzbefehl durch den Admiralstab war somit gegeben[29].

Welchen militärischen Wert und welche Erfolgsaussichten hatte der geplante Flottenvorstoß unter den geschilderten Bedingungen?

Dem Operationsplan ist zu entnehmen, daß nach der Bekämpfung des Handelsverkehrs im Kanal bei Terschelling die Schlacht gegen eine durch U-Boote und Minen geschwächte Grand Fleet stattfinden sollte. Auch wenn man die Gefahr außer acht läßt, daß der Hochseeflotte trotz ihrer Vorbereitungen jederzeit durch die Grand Fleet der Rückzug hätte abgeschnitten werden können, spricht das Kräfteverhältnis der beiden Flotten eine deutliche Sprache. Der personell angeschlagenen Hochseeflotte stand die nach der Skagerrakschlacht technisch erheblich verbesserte[30] und dank amerikanischer Verstärkungen[31] mehr als doppelt so starke Grand Fleet gegenüber. Selbst wenn unter Berücksichtigung des Überraschungsmomentes, entgegen der bisherigen Kriegserfahrungen, einige der britischen Dreadnoughts durch U-Boote und Minen versenkt worden wären, ist aus heutiger Sicht nur der Schluß möglich, daß die Hochseeflotte günstigstenfalls einen kleinen Erfolg, wahrscheinlich aber eine Niederlage erlitten hätte, deren Größenordnung nicht abzuschätzen ist.

Auch die Marineführung war nicht von einem militärischen Erfolg überzeugt. Kapitän zur See William Michaelis, Abteilungsleiter im Reichsmarineamt, sah in dem Flottenvorstoß ein reines Hasardspiel[32], Trotha sprach davon, man könne der Royal Navy noch eine schwere Wunde zufügen[33], und Scheer erwartete von einer Schlacht keine entscheidende Wendung der Dinge[34]. Obwohl diese Offiziere allem Anschein nach nicht an einen entscheidenden militärischen Erfolg glaubten und Hipper sogar ausführte: »Ich habe mich für den Vorstoß in die Hoofden entschlossen, gegen die belgische Küste, weil dies militärisch noch am ehesten zu rechtfertigen ist«[35], traten sie alle uneingeschränkt für das Unternehmen ein.

IV.

Welches Motiv also, wenn nicht der Glaube an einen Sieg in der Schlacht, bewog die Seekriegsleitung, diesen letzten Vorstoß vorzubereiten? Plante die Seekriegsleitung einen Umsturz?

Die Verschleierungsversuche der Marineführung nährten schon in den zwanziger Jahren den Verdacht, daß sie etwas zu verbergen hatte. Im Verlauf der juristischen und parlamentarischen Untersuchungen stellte sich heraus, daß die Seekriegsleitung weder den Kaiser um seine Genehmigung für den Vorstoß ersucht noch ihn oder den Reichskanzler über das geplante Unternehmen unterrichtet hatte. Die vieldeutigen Formulierungen Scheers über die wiedergewonnene Operationsfreiheit der Flotte können nicht als Information gewertet werden[36]. Denn weder der Kaiser noch der Reichskanzler konnten aus diesen Andeutungen zu diesem politisch brisanten Zeitpunkt auf einen Flottenvorstoß schließen. Man muß erstaunt feststellen, mit welcher Selbstverständlichkeit Scheer den Kaiser als Oberbefehlshaber der Marine in dieser Frage überging, der ja noch im Frühjahr 1918 einen Vorstoß in die Hoofden ausdrücklich untersagt hatte. In der Seekriegsleitung hatte ein seit Jahren andauernder schleichender Verfall der Autorität des Reichskanzlers und des Kaisers seinen Höhepunkt erreicht. Scheer und Levetzow unterlagen dabei der irrigen Vorstellung, durch die Bildung der Seekriegsleitung im August 1918 habe der Kaiser nur noch den »nominellen Oberbefehl« über die Flotte. Daher genüge eine allgemeine Information des Monarchen. Seine Zustimmung für den Vorstoß sei nicht notwendig.

Daß die Seekriegsleitung mit dem geplanten Flottenvorstoß bewußt die Waffenstillstandsverhandlungen torpedieren und den Reichskanzler stürzen wollte, läßt sich aus den einschlägigen Akten nicht nachweisen[37]. Auch die Beteiligung Scheers an einer Fronde gegen die Regierung läßt sich aus den Quellen nicht erhärten. Die Ende September durch Oberst Max Bauer an Scheer herangetragenen Militärdiktaturpläne stießen bei ihm auf keinen Widerhall[38]. Mit Ausnahme weniger Tagebucheintragungen des Korvettenkapitäns Ernst v. Weizsäcker, der unter dem Eindruck der in der OHL offen diskutierten Staatsstreichpläne Scheer vor einer Beteiligung an einer Fronde warnte, finden sich weder im privaten noch im dienstlichen Aktengut der Marineführung Hinweise auf einen geplanten Staatsstreich.

Die These, die Umsturzpläne seien aus Angst vor der Enttarnung durch den Appell an die Ehre verborgen worden, erscheint nicht folgerichtig und überzeugt nicht. Warum sollte denn die Marineführung ihre Umsturzpläne konspirativ verschleiern, wenn diese in der OHL quasi Casinogespräch waren? Zudem sind die für einen Staatsstreich notwendigen Kontaktaufnahmen mit Vertretern der nationalen Rechten, der OHL und der Schwerindustrie in den Akten nicht nachzuweisen. Wie aber sollte die Marine ohne landgestützte Verbündete einen Umsturz durchführen?

Auch wenn die Seekriegsleitung mit ihrem Vorhaben gefährlich nah an den Rand einer Rebellion geriet und billigend eine Gefährdung der Waffenstillstandsverhandlungen und damit auch den Sturz der Regierung in Kauf nahm, so plante sie doch keinen Staatsstreich.

Vor dem Hintergrund, daß die Marineführung selber am Schlachterfolg zweifelte und keinen Umsturz plante, bietet die These, der Flottenvorstoß sei eine marineinterne Ehren- und Existenzfrage gewesen, die höchste Plausibilität. Im folgenden soll diese These auf ihre Stichhaltigkeit untersucht werden. Dabei ist es sinnvoll, die Einengung des Blickwinkels auf die Vorgänge im Herbst 1918 aufzubrechen, um die Planungen der Seekriegsleitung in die Genese der Marine einzubinden. Denn die Ereignisse des Oktobers 1918 waren der Gipfelpunkt einer Entwicklung, deren Anfänge bis in die Gründungszeit der Kaiserlichen Marine zurückgehen.

V.

Die Kaiserliche Marine war 1871 als Nachfolgerin der 1852 versteigerten Marine der Paulskirche gegründet worden. Als Sinnbild der neuen Reichsgründung galt sie bald als Trägerin nationalen Gedankengutes und verkörperte als gesamtdeutsche Teilstreitkraft auch die Einheit der Nation. Sie spielte jedoch im traditionell kontinental ausgerichtete Denken der borussischen Eliten bis zum Regierungsantritt Wilhelms II. die »zweite Geige« hinter der Armee, die durch ihre Siege die Reichsgründung und damit die Kaiserliche Marine erst ermöglicht hatte. Analog zu den deutschen Vorstellungen von der verspäteten Nation lebte die Marine – das Schicksal ihrer Vorgängerin vor Augen – von Anfang an in dem Bewußtsein, zu spät gekommen zu sein und ihre Existenzberechtigung noch unter Beweis stellen zu müssen[39]. Alfred v. Tirpitz gelang es, diese latenten Minderwertigkeitsgefühle mit den Worten »Weltpolitik als Aufgabe, Weltmacht als Ziel, Flotte als Instrument« zu verbinden und auf das gemeinsame Ziel Weltmacht auszurichten. Er baute, gestützt durch den Kaiser, seit 1898 eine Schlachtflotte auf, die als Risikoflotte eine klare Stoßrichtung gegen England besaß. Mit ihr sollte die englische Welthegemonie gebrochen und dem Kaiserreich der ihm zustehende »Platz an der Sonne« gesichert werden[40]. Zudem gab es eine innenpolitische Stoßrichtung, deren Ausmaß und Bedeutung an dieser Stelle nicht zu erörtern sind[41].

Während die Armee mit den alten Eliten für die Sicherung der kontinentalen Großmachtposition stand, war die Marine das vom Bürgertum getragene Symbol der nationalen Einheit und der Weltgeltung. Vor diesem Hintergrund trat die Marine in den neunziger Jahren in einen gesellschaftlichen Wettbewerb mit dem Heer, den sie dank der Gunst des Kaisers und eines ihr günstigen öffentlichen Klimas gewann. Die Flotte begründete damit den Stellenwert der Marine im Machtgefüge des Kaiserreichs. Sie war zudem das Mittel für den sozialen Aufstieg des zumeist bürgerlichen Seeoffizierkorps und dessen gesellschaftlichen Ansehens. Die Seeoffiziere sahen sich als die Elite – als neuer Militäradel – des nach Weltgeltung strebenden Kaiserreiches.

Strategisch war die Marine seit dem Ersten Flottengesetz auf die rangierte Massenschlacht mit der englischen Flotte in der südlichen Nordsee ausgerichtet. Diese Entscheidungsschlacht bildete zugleich Mittel- und Endpunkt aller strategischen Überlegungen. Tirpitz erhob die Entscheidungsschlacht zum Dogma, indem er erklärte: »Die strategische Überlegung über unser Verhalten im nächsten Seekriege hat bereits seit einiger Zeit zu der Erkenntnis geführt, daß die Entscheidung für unsere Marine in der offenen Seeschlacht gesucht werden muß. Es entsteht daher die dringende Veranlassung, diese zukünftige Seeschlacht als das unverrückbare Ziel unserer Taktik, bei unserer Personalausbildung und bei unserer Organisation im Auge zu behalten[42].« In diesem Sinne erfolgte die Ausbildung der Seeoffiziere. Erziehungsideal war die taktische Ausbildung, in deren Zentrum die systematische Vorbereitung auf die anzustrebende Vernichtungsschlacht gegen einen überlegenen Gegner stand. Eine weiterführende strategische oder politische Ausbildung der Seeoffiziere fand nicht statt. Aufgrund dieser Tatsache fehlte auch den meisten Marineoffizieren jegliches Verständnis für übergreifende gesellschaftliche, rechtliche und politische Vorgänge im Kaiserreich[43]. Um mit Herwig zu sprechen, die Seeoffiziere fühlten sich als Träger des Hohenzollernstaates, und sie hinterfragten diesen nicht[44]. Politik war daher den meisten Seeoffizieren wesensfremd. Die große Ausnahme war Tirpitz. Als Staatssekretär im Reichsmarineamt betrieb er aktive Interessenspolitik zugunsten der Marine.

Gemäß den Tirpitzschen Vorstellungen erzogen, entwickelten die Seeoffiziere einen Ehrbegriff, in dessen Mittelpunkt die Ehre der Flotte stand. In ihrem Ehrbewußtsein verbanden viele Marineoffiziere mit der angestrebten Entscheidungsschlacht ideelle und romantische Werte. Einem Duell vergleichbar sollten die beiden größten Flotten der Welt um Ehre und Weltgeltung kämpfen. Aufgrund dieser Werte und Anforderungen erstellte das Marinekabinett ein Eignungsprofil, mit dem die Besetzung von Spitzenstellungen gesteuert wurde. Karriere machte in der Marine nur der, der diesem Profil entsprach[45].

Schon vor Kriegsbeginn erkannten führende Seeoffiziere, daß das Marinekonzept sowohl in rüstungspolitischer als auch in strategischer Hinsicht gescheitert war. Die Existenz- und Zukunftssicherung der Flotte und damit der Marine rückte statt dessen in das Zentrum ihres Denkens und Handelns. Während Tirpitz noch im Mai 1914 den rüstungspolitischen Aspekt in den Vordergrund rückte: »Die Lage bricht über der Marine zusammen. Wir können die Schiffe nicht mehr bauen, die vorgesehen sind«[46], sprach der Kommandant der S.M.S. »Rheinland«, Kapitän zur See Albert Hopman – ein enger Vertrauter des Staatssekretärs des Reichsmarineamtes –, bereits 1911 deutlich den Zusammenhang zwischen der Entscheidungsschlacht und der Existenzberechtigung der Flotte an. Er verurteilte Versuche, das durch eine eventuelle britische Verweigerung der Schlacht verursachte strategische Dilemma durch eine Verschiebung des Schwerpunktes in die Ostsee zu lösen: »die Idee des Schlagens in der Ostsee [ist] grundfalsch und für die Entwicklung unserer

Flotte geradezu verderblich. Wir müssen, wenn wir unsere Existenzberechtigung beweisen und bewahren wollen, unter allen Umständen zu Anfang jedes Krieges, auch gegen England in der Nordsee stehen und dort in der schärfsten Offensive unser Heil suchen. Alles andere ist grundfalsch, mögen Zahlen und Friedenserwägungen auch scheinbar dagegen sprechen[47].«

VI.

Die anerzogene Erwartungshaltung der Seeoffiziere, sofort nach Kriegsbeginn werde die Entscheidungsschlacht mit den Engländern geschlagen, wurde zunächst bitter enttäuscht. Zum einen verweigerte die Royal Navy durch ihre Fernblockade die »ehrenvolle« Entscheidungsschlacht, zum anderen schränkten der Kaiser und der Admiralstab die Handlungsfreiheit der Hochseeflotte erheblich ein. Eine Entscheidungsschlacht sollte erst nach erheblicher Schädigung der britischen Flotte durch den Kleinkrieg gesucht werden[48]. Diese Entscheidung war die logische Folge der fundamentalen strategischen Fehleinschätzung der britischen Seestrategie, auf deren Grundlage die Flotte gebaut worden war[49]. Der Admiralstab hatte dieses Dilemma bereits 1912 erfaßt und prognostiziert: »Wenn der Engländer sich wirklich auf die Fernblockade mit konsequenter Zurückhaltung seiner Flotte verlegt, kann die Rolle unserer schönen Hochseeflotte im Kriege eine sehr traurige werden. Dann werden die U-Boote es schaffen müssen[50].«

Schon bei Kriegsbeginn hatte Tirpitz erkannt, daß die in den Vorkriegsjahren schon beschädigte Machtposition der Marineführung im Kaiserreich durch das Ausbleiben einer Seeschlacht auf das schwerste gefährdet war. Daher forderte er den Einsatz der Flotte. Während er öffentlich den Einsatz mit nationalem Pathos begründete, sprach er gegenüber Admiral Hugo v. Pohl am 16. September 1914 Klartext: »Wenn wir nach einem so furchtbaren Kriege, wie der von 1914, zum Friedensschluß kommen, ohne daß die Flotte geblutet und geleistet hat, so werden wir nichts mehr für die Flotte bekommen. Alles überhaupt vorhandene recht spärliche Geld wird in die Armee gehen, und der große Versuch Seiner Majestät des Kaisers, Deutschland zur Seemacht zu erheben, wird vergebens gemacht sein[51].« Als es nicht zur Schlacht kam, suchte er die Schuld beim Admiralstab, Marinekabinett und besonders dem Reichskanzler. Dabei lehnte er selbst einen Einsatz der Flotte ab und führte gegenüber dem Flottenchef Admiral Friedrich v. Ingenohl am 25. Oktober 1914 aus: »halte ich es persönlich nicht mehr für wahrscheinlich, daß wir überhaupt zu einem größeren Zusammenstoß unserer Flotte mit der englischen Flotte kommen werden – von der Frage der Zweckmäßigkeit dafür ganz abgesehen. [...] Es ist das wie gesagt m.E. weniger eine Schlachtfrage als eine Frage des Prestiges nach dem Kriege[52].«

Mit dem Scheitern seines Konzeptes, das Tirpitz mit dem Verzicht auf eine Entscheidungsschlacht indirekt eingestand, drohte nicht nur die Flotte, sondern auch die gesellschaftliche Stellung des Seeoffizierkorps und das Weltmachtkonzept zur Disposition gestellt zu werden. Zur Existenzsicherung brauchte die Marine aber Erfolge. Darum drängte Tirpitz in der Folgezeit nicht auf die unkalkulierbare Entscheidungsschlacht, sondern auf offensive Flottenvorstöße und später auf den uneingeschränkten U-Boot-Krieg[53].

Der Masse der Seeoffiziere und Mannschaften waren diese Überlegungen unbekannt. Der ihnen anerzogene Glaube an die Entscheidungsschlacht zerbrach an der Untätigkeit der Flotte und machte sehr schnell Kritik am Admiralstab und der Tirpitzschen Flottenpolitik Platz. Kapitänleutnant v. Weizsäcker faßte sie in den Worten zusammen: »Auf Deutsch, man hat Angst, die berühmte Risiko-Flotte jetzt zu riskieren. Liegt es so, so bricht die ganze Flottenpolitik an innerer Unwahrheit zusammen. Man kann doch unmöglich für Milliarden eine Flotte bauen, um den Gegner nur vor dem Kriege abzuschrecken ohne die Absicht, sie nachher, wenn es doch soweit ist, nicht zu riskieren. Ein solches Vabanque-Spiel traue ich auch dem Über-Schlauberger Tirpitz nicht zu[54].« Es ist erstaunlich, wie Weizsäcker mit diesen Worten einerseits das Scheitern der Tirpitzschen Flottenpolitk auf den Punkt bringt, andererseits das Ausmaß der Tirpitzschen Täuschung verdrängt und die Realität nicht wahrnehmen will.

Als der Admiralstab, aus Sicht vieler Seeoffiziere, der Flotte ihre Schlacht verbot und so ihre Ehre und Existenzberechtigung bedrohte, begann der bis zur Bildung der Seekriegsleitung 1918 andauernde Kampf des Seeoffizierkorps gegen den durch Tirpitz vor dem Krieg fast zur Bedeutungslosigkeit degradierten Admiralstab. Viele Seeoffiziere sahen die Ursache für die Passivität der Hochseeflotte nicht in der verfehlten Flottenpolitik Tirpitz', sondern im mangelnden Durchsetzungsvermögen des Admiralstabes und seiner Unwilligkeit, die Flotte einzusetzen[55].

Zur Kritik kamen die Scham angesichts der Erfolge und der Verluste der Armee und die Angst, an Ansehen in der Gesellschaft zu verlieren. Beispielhaft hierfür sind folgende Worte Weizsäckers an seine Mutter vom 9. August 1914: »Wir schämen uns ja selbst am meisten, daß wir noch nicht vorgegangen sind und voraussichtlich noch lange abwartende Strategie betreiben. Ich wünsche nur, daß man sich mit Ehren später im Inland als Seeoffizier sehen lassen kann. [...] Auf Wiedersehn im Februar, aber nur nach einer mit Anstand geschlagenen Schlacht[56].«

Das Seeoffizierkorps tröstete sich mit dem Gedanken, daß der Kaiser die Flotte gegebenenfalls zum Schluß des Krieges auf Befehl der Kriegsleitung einsetzen werde. Dieser Gedanke wurde für viele Seeoffiziere geradezu zu dem Strohhalm, an den sie sich klammerten, nachdem ihr Weltbild seit Kriegsbeginn ins Wanken geraten war.

In den folgenden Jahren richtete sich die Verärgerung und Enttäuschung der Flotte ausschließlich auf den Admiralstab und zunehmend – auf den Kaiser. Auch die Skagerrakschlacht erfüllte die Erwartungen der Marineoffiziere nicht. Sie zeigte im Gegenteil sogar deutlich, daß auch eine für Deutschland günstig ausgehende Seeschlacht England nicht zum Frieden zwingen würde. Scheer faßte dies in seinem Immediatbereich an den Kaiser in die Worte, »daß selbst der glücklichste Ausgang einer Hochseeschlacht England in diesem Krieg nicht zum Frieden zwingen wird«[57]. Die Marineführung sah nun die einzige Chance zum Sieg im uneingeschränkten U-Boot-Krieg. Dieser bot für die Marine außer der geringen Chance,

Großbritannien zu schlagen, zwei große Vorteile. Zum einen konnte der Hochseeflotte durch die Sicherung des U-Boot-Krieges eine nach außen und innen vertret-
bare Existenzgrundlage gegeben werden, und zum anderen ermöglichte es der
Marine eine bessere Selbstdarstellung im Machtgefüge des Kaiserreichs. Die außenpolitischen Risiken nahm die Marineführung dabei billigend in Kauf.

VII.

Mit der Errichtung der Seekriegsleitung im Sommer 1918 versuchten Scheer, Levetzow und Trotha, das ihrer Meinung sehr schlechte Ansehen der Marine in der
Öffentlichkeit zu verbessern, die Organisation zu optimieren und ihre Machtposition gegenüber der Armee zu stärken[58]. Als überzeugte Tirpitzianer betrieben sie in
seinem Sinne Marinepolitik unter der Zielvorgabe: »Es muß daraus bald eine Explosion innerhalb der Marine geben oder ihr Niedergang entstehen[59].«
    Die Waffenstillstandsforderung der OHL und deren Billigung durch die
Reichsleitung und den Kaiser erschütterte die Seekriegsleitung zutiefst. Der militärische Offenbarungseid der OHL bot ihr aber auch die einmalige Chance, die
Notwendigkeit und die Bedeutung der Marine im Angesicht der Niederlage der
Armee durch eine Seeschlacht zu demonstrieren.
    Der starke Ressortegoismus, gepaart mit dem unbedingten Willen, sich gegen-
über der Armee zu beweisen, gipfelte in der Tatsache, daß die Seekriegsleitung
glaubte, die Marine benötige keinen Waffenstillstand, als ob es Siege oder Niederlagen für einzelne Teilstreitkräfte gäbe[60]. Trotha erklärte im März 1918 gegenüber
Holtzendorff: »Der Ausgang des Krieges entscheidet mit der Anerkennung der
Seegeltung Deutschlands auch über die Zukunft der Marine[61].« Er hat in diesem
Satz zusammengefaßt, was die Seekriegsleitung im Oktober 1918 zum Handeln
trieb – Weltmachtglaube und blinder Ressortegoismus. Während letzterer bei
Trotha nur zwischen den Zeilen zu erkennen ist, indem er schrieb, daß die Flotte
ohne zu schlagen der inneren Vernichtung überliefert werde und verkomme[62],
wurde Kapitän zur See William Michaelis, Abteilungsleiter im Reichsmarineamt,
deutlicher: »Kommen wir ohne den Einsatz zu einem Unterwerfungsfrieden, so
wird das U-Boot als Waffe gegen den Handel abgeschafft, und unsere große Flotte
geht zum mindesten für Jahrzehnte dem Verfall entgegen – teils weil man sie als
nutzlos ansehen wird, teils weil wir finanziell gar nicht zum Weiterbau imstande
sein würden[63].«
    Der Gedanke, die Flotte jetzt noch einmal zum Endkampf einzusetzen, der ja
im Seeoffizierkorps latent vorhanden war, blieb unwidersprochen. Die Angst, die
Kaiserliche Marine werde wie ihre Vorgängerin verschachert werden, kam erschwerend hinzu; gleichzeitig aber auch das Gefühl, zu spät gehandelt zu haben.
Levetzow drückte dieses Gefühl gegenüber Alfred Niemann 1927 wie folgt aus:
»Hätte diese Ordnung [die im Sommer 1918 gegründete SKL] 1914 bestanden, so
wäre wahrscheinlich schon im August 14 geschlagen worden, und Deutschland

stünde dann heute vielleicht noch in Ehren und Macht. So war es zu spät, wir machten alles zu spät[64].«

So plante die Marineführung nun die seit langem geforderte Schlacht gegen die Grand Fleet. Damit wollte sie das Tirpitzsche Flottenkonzept rechtfertigen und das Fundament für die Zukunft der Flotte setzen[65]. Eine Todesfahrt war dabei nicht geplant – aber auch nicht ausgeschlossen. Die Seekriegsleitung war davon überzeugt, daß der Plan die Chance bot, den Briten schwere Verluste zuzufügen und selbst eine Kernflotte zu erhalten. Diese sollte vergleichbar dem »Phönix aus der Asche« den Aufstieg einer deutschen Flotte, geläutert von den Fehlern der Vergangenheit, gewährleisten[66]. Gleichzeitig eröffnete sich die Möglichkeit, die britische Flotte so schwer zu schlagen, daß sie hinter den Amerikanern zu einer Seemacht zweiten Ranges absteigen und so einen Neuaufbau einer deutschen Marine erleichtern würde. Der deutsche Marineattaché in Stockholm, Kapitän zur See Reinhold v. Fischer-Lossainen, sprach diesen Gedanken gegenüber der Seekriegsleitung am 21. Oktober offen aus: »Der Ausbau der amerikanischen Kriegsflotte macht große Fortschritte. Noch hat England zwar einen bedeutenden Vorsprung, doch nach einem Entscheidungskampf gegen die deutsche Flotte dürfte sich das Verhältnis wesentlich anders gestalten. Die Erfahrungen der Skagerrakschlacht bürgen dafür, daß England, wenn es auch als wahrscheinlicher Sieger aus diesem Schlußkampf hervorgehen würde, doch so starke Verluste davontragen würde, daß es zu einer Seemacht zweiten Ranges herabsteigen müßte[67].«

Ähnlich äußerte sich auch Levetzow nach dem Krieg: »Schlimmstenfalls unterlag die Flotte; dann stand auf Grund aller bisherigen Erfahrungen, nach menschlichem Ermessen zu erwarten, daß es nur geschehen konnte unter ungeheuer gleichzeitiger Einbuße auf Seiten der englischen Flotte, die auch die Zukunft ihrer Existenz in Frage stellte[68].«

Mit dem Verzicht auf die neben dem Weltmachtanspruch im Mittelpunkt der Tirpitzschen Konzeption stehende Entscheidungsschlacht gegen die britische Flotte wäre somit nicht nur deren Scheitern eingestanden, sondern darüber hinaus auch die Tirpitz-Flotte selbst und die Stellung des Seeoffizierkorps zur Disposition gestellt worden.

Im Herbst 1918 war sich Trotha dieser Zusammenhänge seit Monaten bewußt. So schrieb er im Frühjahr 1918 an seine Frau: »Mach also bitte keine Vorbereitungen auf die Excellenz oder so etwas. Irgendwann ist man doch fertig und reif. Vorwärtskommen werden wir im ganzen Leben nicht mehr. Wenn der Krieg glücklich vorüber ist werden wir alle Hände voll zu tun haben uns mit den Kindern leidlich über Wasser zu halten[69].«

Die Planungen der Seekriegsleitung sind somit nicht nur Ausdruck eines unverhüllten politisch und moralisch bedenklichen Ressortegoismus, wie Salewski zu Recht feststellt, sondern reflektieren auch die Sorge um die Zukunft der Marine und ihres Offizierkorps. Die Marineführung zielte nicht auf das Wohl der Nation, sondern auf die Selbsterhaltung einer Teilstreitkraft. Sie war derartig von ihrem Partikularinteresse okkupiert, daß sie die Systemveränderung im Kaiserreich, hin zur Politisierung des Krieges, nicht wahr- und den Reichskanzler nicht ernst nahm.

Levetzow schrieb noch Jahre später, der Reichskanzler habe die Mitteilung, die Flotte habe ihre Operationsfreiheit wiedererlangt, nicht verstanden, »das ist nicht weiter zu verwundern, er verstand ja nicht einmal sein eigenes Metier. Im übrigen ging es ihn auch garnichts an, wenn trotzdem aber Admiral Scheer es ihm in aller Form meldete, so war das mehr als genug, zumal jede militärische Mitteilung an diesen Mann, sofort urbi et orbi preisgegeben wurde[70].«

Die Gefahr, daß die Flotte und damit die gesellschaftliche Stellung der Seeoffiziere und der Machtanspruch der Marine zur Disposition standen, war das Motiv der Marineführung. Hinter dem nationalen Pathos und dem Ehrbegriff der Marine verbargen sich handfeste egoistische Interessen. Der Flottenvorstoß war daher viel mehr als eine Frage der Ehre. Er war der Versuch, den Machtanspruch der Marine und die Stellung des Seeoffizierskorps zu erhalten. Zudem ging es auch darum, die Kontinuität nach innen und nach außen zu wahren und sich für den nächsten Waffengang zu positionieren. Fischer-Lossainen faßte dies in die prophetischen Worte: »Es ist ja nun leider alles zu spät, und unser armes Vaterland wird so übel zugerichtet, daß wir uns nicht mehr darin zurechtfinden werden. Sie können sich denken, welche Höllenqualen ich jetzt im Ausland ausstehe. Exoriare aliquis nostris ex ossibus ultor! Das ist das Einzige, woran ich jetzt noch mich halte, denn trotz allem bleibt mir der Glaube an das deutsche Volk und seine Zukunft! Aber den Ehrenschild, der uns von der älteren Generation fleckenlos überkommen ist, haben wir nicht verstanden, blank zu halten; der Fleck muß eines Tages von unseren Söhnen abgewaschen werden. Arbeiten und hassen sollen sie[71]!« Dies konnte selbstverständlich weder dem Kaiser und dem Reichskanzler im Krieg noch der Öffentlichkeit nach dem Krieg eröffnet werden.

VIII.

Das Scheitern des Schlachtplanes kurz vor Kriegsende änderte daher nichts an der Vorgehensweise der Marineführung zur Zukunftssicherung der Marine. Die Selbstversenkung in Scapa Flow schuf den Langemarck-Mythos und die benötigten Märtyrer der Marine. Trotha und Michaelis waren sich einig, daß das Reich weiterhin eine Flotte brauche, um wieder Großmacht zu werden. Die dazu notwendige Personalauswahl betrieb Trotha noch 1919 mit dem Ziel: »Ich will den kleinsten Keim erhalten, damit seiner Zeit wieder ein brauchbarer Baum daraus erwachsen kann[72].«

Einer dieser Keime war der spätere Großadmiral Erich Raeder, der, in der Kontinuität seiner Vorbilder stehend, am 3. September 1939 in seinen Gedanken zum Kriegsausbruch schrieb: »Die Überwasserstreitkräfte aber sind noch so gering an Zahl und Stärke gegenüber der englischen Flotte, daß sie – vollen Einsatz vorausgesetzt – nur zeigen können, daß sie mit Anstand zu sterben verstehen und damit die Grundlage für einen späteren Wiederaufbau zu schaffen gewillt sind[73].«

Anmerkungen

* Zuerst erschienen in: Kriegsende 1918. Ereignis, Wirkung, Nachwirkung, im Auftrag des MGFA hrsg. von Jörg Duppler und Gerhard P. Groß, München 1999 (= Beiträge zur Militärgeschichte, 53), S. 349–365.

1 Richard Stumpf, Warum die Flotte zerbrach. Kriegstagebuch eines christlichen Arbeiters, Berlin 1927, S. 25.

2 Die Zeugenaussagen sind auszugsweise veröffentlicht in: Der Dolchstoßprozeß in München, Oktober–November 1925. Eine Ehrenrettung des deutschen Volkes, München 1925 und [Ewald Beckmann,] Der Dolchstoßprozeß in München vom 19. Oktober bis 20. November 1925. Verhandlungsberichte und Stimmungsbilder von Ewald Beckmann nach seinen Berichten in der Münchener Zeitung, München 1925.

3 Die Gutachten, Verhandlungen und Stellungnahmen des Ausschusses und der Sachverständigen sind veröffentlicht in: Das Werk des Untersuchungsausschusses der Verfassungsgebenden Deutschen Nationalversammlung und des Deutschen Reichstages 1919–1928. Verhandlungen, Gutachten, Urkunden. Unter Mitwirkung von Eugen Fischer, Walther Bloch, Berthold Widmann im Auftrage des Reichstages hrsg. von Walter Schücking, Peter Spahn, Johannes Bell, Rudolf Breitscheid, Albrecht Philipp, Reihe 4: Die Ursachen des Deutschen Zusammenbruchs im Jahre 1918. Erste Abteilung: Der militärische und außenpolitische Zusammenbruch, unter Mitwirkung von Eugen Fischer und Walther Bloch hrsg. von Albrecht Philipp (WUA), Bd 9–10, Berlin 1928.

4 Zum Ablauf der Ereignisse vgl. Wilhelm Deist, Die Politik der Seekriegsleitung und die Rebellion der Flotte Ende Oktober 1918, in: Vierteljahrshefte für Zeitgeschichte (VfZ), 14 (1966), S. 341–368; Gerhard P. Groß, Die Seekriegführung der Kaiserlichen Marine im Jahre 1918, Frankfurt a.M., Bern, New York, Paris 1989 (= Europäische Hochschulschriften, Bd III/387), S. 404–428; Holger H. Herwig, Das Elitekorps des Kaisers. Die Marineoffiziere im Wilhelminischen Deutschland, Hamburg 1977 (= Hamburger Beiträge zur Sozial- und Zeitgeschichte, Bd 13), S. 179–197.

5 Reise des Chefs des Admiralstabes nach Berlin vom 15.–21.10.1918, ohne Ort, 25.10.1918, Bundesarchiv-Militärarchiv (BA-MA), Nachlaß Levetzow, N 239/22, Anlage XII, Bl. 74.

6 Ebd., Bl. 63.

7 Deist, Die Politik der Seekriegsleitung (wie Anm. 4), S. 352.

8 Trotha legte dem Flottenchef am 10. Oktober 1918 einen ersten Entwurf vor. O-Sache, ohne Ort, 10.10.1918, BA-MA, RM 47/68, Anlage VIII, Bl. 16 f.

9 Zudem war im Flottenkommando ein Vorstoß an die englische Ostküste ausgearbeitet worden, um die direkte Konfrontation mit der Grand Fleet zu erzwingen. Dieser Plan wurde aber verworfen.

10 Chef des Stabes der SKL, ohne Ort und Datum, BA-MA, Nachlaß Levetzow, N 239/25, Bl. 12.

11 O.-Befehl, No. 19, Kommando der Hochseestreitkräfte 24.10.1918, BA-MA, Nachlaß Levetzow, N 239/25, Bl. 13–17. Abgedruckt in Gerhard Granier, Die deutsche Seekriegsleitung im Ersten Weltkrieg. Dokumentation, 4 Bde, Koblenz 1994–2004 (= Materialien aus dem Bundesarchiv, 9), Bd 2, Nr. 237.

12 Vgl. Wilhelm Deist, Die Unruhen in der Marine 1917/18, in: Marine-Rundschau, 68 (1971), S. 326–327; Herwig, Das Elitekorps (wie Anm. 4), S. 197–207.

13 Die Vorgehensweise beschreibt Deist, Die Politik der Seekriegsleitung (wie Anm. 4), S. 365–368.

14 Nach dem Kriegsende setzte in der Weimarer Republik die Diskussion über die Erfolgsaussichten des beabsichtigten Vorstoßes ein. Vgl. dazu Groß, Die Seekriegführung (wie Anm. 4), S. 545, Anm. 62.

15 Paul G. Halpern, A Naval History of World War I, Annapolis, MD 1994, S. 444–446; Tobias R. Philbin, Admiral von Hipper. The Inconvenient Hero, Amsterdam 1982, S. 162 f.

16 Vgl. Hans Kutscher, Admiralsrebellion oder Matrosenrevolte? Der Flotteneinsatz in den letzten Tagen des Weltkrieges, Stuttgart 1933, S. 94–104; Ulrich Czisnik, Die Unruhen in der Marine 1917/1918, in: Marine-Rundschau, 67 (1970), S. 652; Arthur Rosenberg, Entstehung und Geschichte der Weimarer Republik, Mannheim 1955, S. 238 f.; Friedrich Ruge, Scapa Flow 1919. Das Ende der deutschen Flotte, Oldenburg, Hamburg 1969, S. 44–47; Ernst Rudolf Huber,

Deutsche Verfassungsgeschichte seit 1789, Bd 5: Weltkrieg, Revolution und Reichserneuerung 1914–1918, Stuttgart [et al.] 1978, S. 638 f.

[17] Vgl. Wilhelm Dittmann, Die Marine-Justizmorde von 1917 und die Admirals-Rebellion von 1918, Berlin 1926, S. 91–104; Gerhard Schreiber, Zur Kontinuität des Groß- und Weltmachtstrebens der deutschen Marineführung, in: Militärgeschichtliche Mitteilungen (MGM), 26 (1979), S. 101–171; Gerhard Ritter, Staatskunst und Kriegshandwerk. Das Problem des »Militarismus« in Deutschland, Bd 4: Die Herrschaft des deutschen Militarismus und die Katastrophe von 1918, München 1968, S. 463; Gerhard Granier, Magnus von Levetzow. Seeoffizier, Monarchist, und Wegbereiter Hitlers, Boppard a.Rh. 1982 (= Schriften des Bundesarchivs, 51), S. 53; Herwig, Das Elitekorps (wie Anm. 4), S. 191–192; Peter Graf Kielmansegg, Deutschland und der Erste Weltkrieg, 2. Aufl., Frankfurt a.M. 1980, S. 686; Daniel Horn, The German Naval Mutinies of World War I, New Brunswick 1969.

[18] Vgl. Deist, Die Politik der Seekriegsleitung (wie Anm. 4), S. 356–368.

[19] Vgl. Leonidas E. Hill, Signal zur Konterrevolution? Der Plan zum letzten Vorstoß der deutschen Hochseeflotte am 30. Oktober 1918, in: VfZ, 36 (1988), S. 113–129.

[20] Vgl. Hill, Signal (wie Anm. 19), S. 116–118.

[21] Vgl. Bernd Stegemann, Die Deutsche Marinepolitik 1916–1918, Berlin 1970 (= Historische Forschungen, Bd 4), S. 108–113.

[22] Besprechung mit dem Chef des Admiralstabes auf S.M.S. »Kaiser Wilhelm II.« am 6.4.1918, BA-MA, RM 47/683, Bl. 54–57.

[23] Der Krieg in der Nordsee, Bd 7, bearb. von Walter Gladisch, Frankfurt a.M. 1965 (= Der Krieg zur See 1914–1918, hrsg. in Verbindung mit dem Bundesarchiv-Militärarchiv vom Arbeitskreis für Wehrforschung), S. 172.

[24] Horn vertritt die Ansicht, daß die SKL eine Todesfahrt geplant habe. Horn, The German Naval Mutinies (wie Anm. 17), S. 209–214. Er überbewertet dabei das Selbstmordmotiv.

[25] Levetzow an Trotha, Weimar, 18.8.1924, BA-MA, Nachlaß Levetzow, N 239/40, Bl. 103.

[26] Vgl. Groß, Die Seekriegführung (wie Anm. 4), S. 238–240; Deist, Die Politik der Seekriegsleitung (wie Anm. 4); S. 347–348.

[27] Ernst v. Weizsäcker an seinen Vater am 23.6.1918, in: Die Weizsäcker-Papiere 1900–1932, hrsg. von Leonidas E. Hill, Berlin 1982, S. 268.

[28] »Wenn der Feind also einen Einbruch in die deutsche Bucht forcieren will, dann sehe ich schwarz.« Tagebucheintrag Hippers vom 11.8.1918, BA-MA, Nachlaß Hipper, N 162/8, Bl. 24.

[29] Vgl. Deist, Die Politik der Seekriegsleitung (wie Anm. 4), S. 356.

[30] Die britische Admiralität hatte aus den schweren Verlusten der Skagerrak-Schlacht sehr schnell Konsequenzen gezogen und eine Vielzahl von technischen Verbesserungen an den Schiffen eingeführt. Neben einer bedeutenden Verstärkung der Deckpanzerung wurde durch den Einbau von Flutungseinrichtungen und Isolationsschotten die Gefahr von Munitionskammerexplosionen weitgehend gebannt. Zudem hatten die Briten verstärkt 38-cm-Geschütze eingeführt und die Geschosse verbessert. Vgl. Gustav von Schoultz, Mit der Grand Fleet im Weltkrieg, Leipzig 1925, S. 246 und 319 f. Auf Schoultz sich berufend Karl Galster, Ein Haken beim Flottensieg, in: WUA (wie Anm. 3), Bd 6, S. 80–83; Karl Galster, Das Einsetzen der Hochseeflotte im Oktober 1918, in: WUA (wie Anm. 3), Bd 10/1, S. 357–368.

[31] Die Vereinigten Staaten hatten im Oktober 1918 acht Großkampfschiffe, zahlreiche Kreuzer und nahezu 80 Zerstörer im Sperrgebiet um Großbritannien im Einsatz. Vgl. Herwig, Das Elitekorps (wie Anm. 4), S. 192; John Wilber Jenkins, Our Navy's Part in the Great War, New York 1919, S. 27; Wülfing von Ditten, Die amerikanischen Waffen- und Truppentransporte im Weltkrieg, in: Marine-Rundschau, 34 (1929), S. 497–509 und 548–558.

[32] »Ich bin mir gewiß darüber klar, daß es ein glatter Hasard ist. Aber wenn keine andere Möglichkeit vorhanden ist, ist auch der Hasard gerechtfertigt. Gelingt er, so ist m[einer] Überzeugung nach alles gewonnen, mißlingt er, so ist auch nicht mehr verloren als ohne den Einsatz«, Michaelis an Levetzow (Abschrift), Berlin, 5.10.1918, BA-MA, Nachlaß Levetzow, N 239/95, Bl. 11–16.

[33] Trotha an Levetzow am 8.10.1918, zit. nach Deist, Die Politik der Seekriegsleitung (wie Anm. 4), S. 353.

[34] Aufzeichnung Weizsäckers über eine Besprechung zwischen Scheer und Ludendorff, ohne Ort, 23.10.1918, BA-MA, Nachlaß Levetzow, N 239/22, Bl. 46–47.

[35] Tagebucheintrag Hippers vom 22.10.1918, BA-MA, Nachlaß Hipper, N 162/9, Bl. 8.

36 Vgl. Groß, Die Seekriegführung (wie Anm. 4), S. 421 und 546, Anm. 77.

37 Vgl. Granier, Magnus von Levetzow (wie Anm. 17), S. 53.

38 Zu den Staatsstreichplänen in der militärischen Führung siehe: Bruno Thoß, Nationale Rechte, militärische Führung und Diktaturfrage in Deutschland 1913–1923, in: MGM, 2 (1987), S. 27–76.

39 Vgl. Wulf Dierks, Der Einfluß der Personalsteuerung auf die deutsche Seekriegführung 1914–1918, in: Militärgeschichtliche Beiträge, 2 (1988), S. 29–52, hier S. 32. In etwas erweiterter Form erneut veröffentlicht in diesem Band.

40 Dazu ausführlich Volker R. Berghan, Der Tirpitz-Plan. Genesis und Verfall einer innenpolitischen Krisenstrategie unter Wilhelm II., Düsseldorf 1971; Michael Epkenhans, Die wilhelminische Flottenrüstung 1908–1914. Weltmachtstreben, industrieller Fortschritt, soziale Integration, München 1991 (= Beiträge zur Militärgeschichte, Bd 32); Michael Epkenhans, Die kaiserliche Marine im Ersten Weltkrieg: Weltmacht oder Untergang? in: Der Erste Weltkrieg. Wirkung, Wahrnehmung, Analyse, im Auftrag des MGFA hrsg. von Wolfgang Michalka, München 1994, S. 319–340; Schreiber, Zur Kontinuität (wie Anm. 17), S. 101–171.

41 Siehe dazu Anm. 40.

42 »Denkschrift über die Neuorganisation unserer Panzerflotte« von 1892. Zit. nach Hans Hallmann, Der Weg zum deutschen Schlachtflottenbau, Stuttgart 1933, S. 118.

43 Dierks, Der Einfluß (wie Anm. 39), S. 35–38.

44 Holger H. Herwig, Zur Soziologie des Kaiserlichen Seeoffizierkorps vor 1914, in: Marine und Marinepolitik im Kaiserlichen Deutschland 1871–1914, hrsg. von Walter Schottelius und Wilhelm Deist, Düsseldorf 1972, S. 73–88, hier S. 87.

45 Vgl. Dierks, Der Einfluß (wie Anm. 39), S. 35–38.

46 Zit. nach Epkenhans, Die kaiserliche Marine (wie Anm. 40), S. 321.

47 Tagebuch Hopman, 10.9.1911, BA-MA, Nachlaß Hopman, N 326/9.

48 Operationsbefehl für den Nordseekriegsschauplatz vom 30.7.1914, in: Der Krieg in der Nordsee, Bd 1, bearb. von Otto Groos, 2. Aufl., Berlin 1922 (= Der Krieg zur See 1914–1918, hrsg. vom Marine Archiv), S. 45.

49 Siehe dazu Werner Rahn, Strategische Probleme der deutschen Seekriegführung 1914–1918, in: Der Erste Weltkrieg (wie Anm. 40), S. 341–365; Michael Epkenhans, Seemacht = Weltmacht. Alfred T. Mahan und sein Einfluß auf die Seestrategie des 19. und 20. Jahrhunderts, in: Kiel, die Deutschen und die See, hrsg. von Jürgen Elvert, Jürgen Jensen und Michael Salewski, Stuttgart 1992 (= Historische Mitteilungen, Beiheft 3), S. 35–47.

50 Zit. nach Rahn, Strategische Probleme (wie Anm. 49), S. 345.

51 Zit. nach Michael Salewski, Tirpitz. Aufstieg – Macht – Scheitern, Göttingen, Zürich, Frankfurt a.M. 1979 (= Persönlichkeit und Geschichte, Bd 12/12 a), S. 97.

52 Tirpitz an Ingenohl, 25.10.1914, BA-MA, RM 8/1302, Bl. 23–34.

53 Vgl. Epkenhans, Die kaiserliche Marine (wie Anm. 40), S. 328.

54 Die Weizsäcker-Papiere (wie Anm. 27), S. 153: Brief Weizsäckers an seinen Vater vom 28.10.1914.

55 Vgl. Groß, Die Seekriegführung (wie Anm. 4), S. 347–390.

56 Die Weizsäcker-Papiere (wie Anm. 27), S. 149.

57 Zit. nach Stegemann, Die deutsche Marinepolitik (wie Anm. 21), S. 105.

58 Vgl. Groß, Die Seekriegführung (wie Anm. 4), S. 390–403.

59 Trotha an Bülow, Großes Hauptquartier, 21.6.1918, BA-MA, Nachlaß Levetzow, N 239/24, Bl. 49 f.

60 Vgl. Groß, Die Seekriegführung (wie Anm. 4), S. 406 f.

61 Trotha an Holtzendorff, ohne Ort, 9.3.1918, BA-MA, Nachlaß Levetzow, N 239/24, Bl. 42 f.

62 »Es liegt auf der Hand, daß uns ein Schrecken der Scham erfaßt bei dem Gedanken, die Flotte könne, ohne zum Schlagen gekommen zu sein, der inneren Vernichtung überliefert werden. Der Einsatz um in Ehren unterzugehen, lohnt doch auch noch, denn eine schwere Wunde würden wir England schon noch beibringen. [...] Sie empfinden es selbst wie wir; trotzdem beschwöre ich Sie; Lassen Sie die Kraft unserer Flotte nicht verschachern oder elend verkommen.« Trotha an Levetzow in einem Begleitbrief zu seinen »Überlegungen in ernster Stunde« vom 8.10.1918. Zit. nach Deist, Die Politik der Seekriegsleitung (wie Anm. 4), S. 353.

[63] Michaelis an Levetzow (Abschrift), Berlin, 5.10.1918, BA-MA, Nachlaß Levetzow, N 239/25, Bl. 5 f.

[64] Levetzow an Niemann, Weimar, 16.6.1927, BA-MA, Nachlaß Levetzow, N 239/40, Bl. 229.

[65] Trotha schreibt dazu in seinen »Überlegungen in ernster Stunde«: »Aus einem ehrenvollen Kampf der Flotte, auch wenn er ein Todeskampf wird in diesem Kriege, wird – wenn unser Volk nicht überhaupt national versagt – eine neue deutsche Zukunfts-Flotte hervorwachsen; einer durch schmachvollen Frieden gefesselten Flotte ist die Zukunft gebrochen.« Zit. nach Deist, Die Politik der Seekriegsleitung (wie Anm. 4), S. 363.

[66] Vgl. Schreiber, Zur Kontinuität (wie Anm. 17), S. 106–109; Groß, Die Seekriegführung (wie Anm. 4), S. 419 f.

[67] Kapitän zur See Fischer-Loissainen, Kaiserlicher Marineattaché für die skandinavischen Reiche, Stockholm, 21.10.1918, BA-MA, RM/5 3161, Bl. 72–74.

[68] Magnus v. Levetzow, Der letzte Akt, in: Der Dolchstoß, Süddeutsche Monatshefte, 21 (1924), S. 53–71, hier S. 66.

[69] Trotha an seine Frau, Wilhelmshaven, 21.4.1918, Niedersächsisches Staatsarchiv, Bückeburg, Nachlaß Trotha, D 18 N 20.

[70] Levetzow an Niemann, Weimar, 16.6.1927, BA-MA, Nachlaß Levetzow, N 239/40, Bl. 229.

[71] Fischer-Lossainen an Levetzow, Stockholm, 9.10.1918, BA-MA, Nachlaß Levetzow, N 239/21, Bl. 185.

[72] Zit. nach Herwig, Das Elitekorps (wie Anm. 4), S. 204.

[73] Gedanken des Oberbefehlshabers der Kriegsmarine zum Kriegsausbruch, 3.9.1939, in: Kriegstagebuch der Seekriegsleitung 1939–1945, im Auftrag des MGFA hrsg. von Werner Rahn und Gerhard Schreiber unter Mitwirkung von Hansjoseph Maierhöfer, Teil A, Bd 1 (August/September 1939), Herford, Bonn 1988, S. 16. Erstmalig veröffentlicht in: Lagevorträge des Oberbefehlshabers der Kriegsmarine vor Hitler 1939–1945, im Auftrag des Arbeitskreises für Wehrforschung hrsg. von Gerhard Wagner, München 1972.

Jörg Hillmann

Maritimes Denken in der Geopolitik Karl Haushofers[*]

I. Einleitung

Der deutsche Begriff der »Geopolitik«, jene semantische Neuschöpfung des ausgehenden 19. und des beginnenden 20. Jahrhunderts, versucht die wissenschaftliche Verbindung von Geographie, Geschichts- und Politikwissenschaften herzustellen, um sich interdisziplinär diesen drei Wissenschaftsrichtungen zu nähern. Der von dem schwedischen Staatswissenschaftler Rudolf Kjellén (1864–1922) in seinem Buch »Der Staat als Lebensform«[1] geprägte Begriff ist in Deutschland mit den Namen Friedrich Ratzel (1844–1904), mit einer politischen Geographie als Wissenschaftsausrichtung[2], und Karl Haushofer (1869–1946), dem Begründer der Geopolitik als eigenständigem Wissenschaftszweig, verbunden[3]. Diese, im Deutschland der zwanziger und dreißiger Jahre intensiv betriebene Wissenschaftsausrichtung, hat in der nachkriegsdeutschen Universitätslandschaft keine Neubelebung erfahren, da sie durch die Lehre Haushofers als nationalsozialistisch belastet galt[4]. Haushofer war Professor an der Universität München und Lehrer von Rudolf Heß; sowohl bei den Alliierten als auch den Zeitgenossen und Nachgeborenen galt er als »Ideengeber« für Hitlers Raumdenken. Gleichwohl schwanken die Einschätzungen über Haushofer und dessen Theorien. Wurde er einerseits als »Mahner und Künder deutscher Einheit« in den dreißiger Jahren gepriesen, oder als »unermüdlicher Volkserzieher« bezeichnet, als »Neugründer der geopolitischen Forschung« tituliert, dessen Theorien von der Politik mißverstanden und fehlinterpretiert wurden, so bezeichnete man ihn andererseits als »Ideengeber« und »Magier«, der mit großem Einfluß auf die nationalsozialistische Bewegung Hitlers Raumdenken und zudem das Hakenkreuz als Emblem der Nationalsozialisten ideologisch untermauert hatte; aber auch als »Phantast« und »Sektierer« wurde er abqualifiziert. Differenzierter hat Stefan Zweig 1952 geschrieben:

> »ich sehe in ihm keineswegs wie die fingerfertigen Journalisten von heute eine dämonische ›graue Eminenz‹, die, im Hintergrunde versteckt, die gefährlichsten Pläne ausheckt und sie dem Führer soufliert. Aber daß es seine Theorien waren, die mehr als Hitlers rabiatester Berater die aggressive Politik des Nat.[ional]-Soz.[ialismus] unbewußt oder bewußt aus dem eng Nationalen ins Universelle trieben, unterliegt keinem Zweifel; erst die Nachwelt wird mit besserer Dokumentierung, als sie uns Zeitgenossen zur Verfügung steht, seine Gestalt auf das richtige historische Maß bringen[5].«

Jenes historische Maß zu finden, dessen haben sich bis heute nur wenige Wissenschaftler angenommen, um das Wirken Haushofers analysierend nachzuzeichnen
und sich der historischen Rolle dieses ehemaligen bayerischen Generals, der sich
erst fünfzigjährig der Wissenschaft zuwandte, zu nähern[6]. Den wenigen vorliegenden Studien gemeinsam ist jedoch der Hinweis auf deren Unvollständigkeit mit
Blick auf das Leben und Werk Karl Haushofers.

Obwohl das geopolitische Interesse Haushofers zum einen raumtheoretisch
eurasiatisch-kontinental und zum anderen auf die Bedeutung Chinas und Japans
im pazifischen Raum ausgerichtet war, konzentrierte sich ein Teil der Forschung
vornehmlich – aufgrund der nationalsozialistischen Gewaltverbrechen – auf Haushofers raumtheoretisches, ostwärts gerichtetes Denken[7] und auf eine Einordnung
der Geopolitik in das damalige geographische Wissenschaftsumfeld[8].

Einige, vor allem ältere Schriften, lassen sich auch als Distanzierungsversuche
der sich im Nachkriegsdeutschland etablierenden Wissenschaftsrichtung »Geographie« erklären, um Abgrenzungen zur Geopolitik und auf diese Weise veränderte
methodische und inhaltliche Herausforderungen aufzuzeigen[9].

Neben der Aufarbeitung der historischen Dimension deutscher Geopolitik sind
es einige wenige Politikwissenschaftler, die sich diesem Wissenschaftsfeld in den
neunziger Jahren des letzten Jahrhunderts erneut analysierend zugewendet haben,
um politische Handlungsfelder und -möglichkeiten aufgrund einer sich durch die
Auflösung des Ost-West-Konflikts veränderten geographischen Lage aufzuzeigen[10]. Sowohl die räumliche Erweiterung der NATO und der EU sowie deren
inhaltlich umfassendere Aufgabenstellungen verdeutlichen die Beziehungen zwischen Geographie, Geschichte und Politik[11]. Sorgfältige Analysen haben außenpolitische Handlungsfelder erweitert und außenpolitische Aktivitäten notwendig werden lassen.

Die europäischen politischen Akteure verfolgen eine auf Zusammenhalt und
Zusammenarbeit basierende Raumordnung, die auf einer konsensualisierten und
entideologisierten Gesellschaftsordnung fußt und Entfaltungs- und Handlungsmöglichkeiten autarker benachbarter Räume einschließt und ermöglicht. Anders
als in benachbarten europäischen Staaten wird der Begriff der »Geopolitik« in
Deutschland vermieden, obwohl eine gewandelte neue Form der Geopolitik in der
deutschen Politiklandschaft längstens vorhanden ist; so wird ein weiteres deutsches Definitions- und Wahrnehmungsproblem offenbar[12]. Diese begriffliche
»Vermeidungsstrategie« kann allerdings langfristig dazu führen, Deutschland von
den in Europa und Amerika geführten Diskussionen abzukoppeln[13].

Gerade deshalb drängt sich die Beschäftigung mit der historischen Dimension
der deutschen Geopolitik auf[14]. Eingrenzend wird hier die maritime Ausrichtung
der Haushoferschen Lehre betrachtet, nicht um von der Verantwortlichkeit der
deutschen Geopolitik in den Jahren der nationalsozialistischen Gewaltherrschaft
abzulenken, sondern um den Diskurs und die Kenntnisse über deutsche Geopolitik zu erweitern[15]. Haushofers Lehre war mitbegründend für die gesamtstrategischen Überlegungen Hitlers in der Vorkriegszeit und spiegelt dessen räumliche
Interessen. Insofern ist auch das seestrategische Denken Haushofers für die Be-

Karl Haushofer (* 27. August 1869, † 10. März 1946)

»Für ein Volk aber, das wie das deutsche, in verhängnisvoller Zeit in jenen großen Wirbel geriet, den die Krise zwischen Seeherrschaft und freiem Meer über die ganze Erde führte [...], für ein solches Volk gibt es kaum ein dringenderes Bedürfnis, als sich klarzumachen über seine Zerrungslage eben zwischen den großen ozeanischen und kontinentalen Mächten der Zeit.« (Karl Haushofer, Weltmeere und Weltmächte, Berlin 1937, S. 284).
Quelle: DHM Berlin

urteilung des seegericheteten Verständnisses Hitlers einzubeziehen. Gerade deswegen ist es erforderlich zu fragen, inwieweit sich die Theorie Haushofers in den Denkweisen der Marineleitungen spiegelt, oder ob »Theorie« und »Praxis« einander unbeeinflußt gegenüberstehen. Die Gegenüberstellung der Haushoferschen, seewärtsgericheteten Theorien zu den seestrategischen Konzepten der Marineleitung, insbesondere der dreißiger Jahre, ermöglicht ein Freilegen von Gemeinsamkeiten oder Unterschieden beider Denkweisen.

Exkurs: Wer war Karl Haushofer?

Als Sohn von Max Haushofer, Professor an der Technischen Hochschule München, und seiner Frau Adelheid, Tochter des Direktors der tierärztlichen Hochschule, wurde Karl am 27. August 1869 in München geboren. Bereits 1872 starb seine Mutter und Max Haushofer zog zu den Eltern seines Vaters; die Erziehung des Jungen übernahm vornehmlich die Großmutter[16]. Prägende erzieherische und richtungsweisende Einflüsse hatte auch Karls gleichnamiger Onkel, der seit 1868 Professor an der Technischen Hochschule, seit 1889 deren Direktor und seit 1892 zudem Mitglied des obersten Schulrates war. In seinen in den letzten Monaten seines Lebens niedergelegten Erinnerungen hat Karl seinen Onkel als »die stärkste Figur in der Geschlechtsfolge« (über ihm) charakterisiert und seine wissenschaftliche, künstlerische und kenntnisreiche sowie sportliche Schaffenskraft gerühmt. Ebenso einflußreich waren jene Impulse, die ihm von seinen Lehrern am humanistischen Max-Gymnasium in München in den Fächern der Antiken Geschichte und Erdkunde vermittelt wurden, wohingegen seine Sprachkenntnisse – trotz Mühe – unbefriedigend blieben. Seine Jugendzeit wurde begleitet von den Erfahrungen, die er im Chiemseer Künstlermilieu machen konnte, dem sein Onkel Karl nahe stand: Persönlichkeiten wie Franz Ritter von Kobell[17], Karl Stieler[18], Fried-

rich Ratzel und Karl Alfred von Zittel[19] gehörten zum engeren Freundeskreis.
Malen, Dichten und Schreiben bildeten das intellektuelle Umfeld des Jungen, der
durch die Tätigkeit seines Vaters als liberaler Landtagsabgeordneter zudem erste
politische Einblicke erhielt und durch die Nobilitierung seines Onkels im Jahr
1891 erste Erfahrungen in der bayerischen Adelswelt sammeln konnte. Angezogen
von der unablässigen, geistigen und künstlerisch schöpferischen Arbeit seines Umfeldes, sah er jedoch auch die Kehrseite der freischaffenden Kunst und der akademischen Arbeit, die materiell entbehrungsreich und insgesamt unsicher erschienen. Neben diesen Überlegungen wurde sein Entschluß, zur Armee zu gehen im
besonderen von den Gedanken geleitet, einen Ehrendienst für seinen Landesher-
ren zu leisten, dem er sich aufgrund seiner »Stammeszugehörigkeit« in einem »le-
bendigen, patriarchalischen, fast persönlichen Verhältnis« verbunden sah[20]. 1887
trat er als Einjährig Freiwilliger in das 1. Feldartillerieregiment ein, wurde 1889
zum Seconde-Lieutenant befördert und Angehöriger des bayerischen Offiziers-
korps, welches (bayerisch) monarchisch verhaftet und elitär geprägt blieb. Haushofers militärische Karriere führte ihn über Verwendungen als Batteriechef und Dozent an der Kriegsakademie schließlich zu einem Aufenthalt in den Fernen Osten.
    Sein Aufenthalt in Japan hat sich langfristig als besonders prägend herausge-
stellt. 1913 wurde Haushofer in München in den Fächern Geographie, Geologie
und Geschichte promoviert und setzte seine bereits zuvor begonnene schriftstelle-
rische Tätigkeit über seine Erfahrungen in Japan fort. Mit Kriegsausbruch wurde
er als Kommandeur im 1. Bayerischen Armeekorps verwendet, erhielt früh die
Eisernen Kreuze II. und I. Klasse und wechselte fortan zwischen West- und Ostfront als Kommandeur. Gesundheitlich schwer angeschlagen, reichte er nach dem
Krieg im Januar 1919 sein Abschiedsgesuch ein und widmete sich ausschließlich
wissenschaftlichen Studien. Bereits im Juli 1919 habilitierte er sich an der Universität München und wurde anschließend Privatdozent für Geographie. Mit dem
Charakter eines Generalmajors beendete Haushofer im Oktober 1919 seine Mili-
tärzeit, die er rückblickend selbst als erfüllend bezeichnete, da alle seine Erwartungen mit Blick auf Kameradschaft und Zusammenhalt sowie Pflichterfüllung für
seinen Monarchen erfüllt worden seien.
    Die Folgejahre waren durch wissenschaftliche Arbeit und den Aufbau eines
politisch wissenschaftlich geprägten Netzwerkes gekennzeichnet. Neben seinen
Verbindungen nach Japan war es vor allem seine Freundschaft zu seinem ehemaligen Studenten Rudolf Heß, die breiten Raum einnahm und ihn in die Nähe der
Nationalsozialisten brachte. Treffen mit Erich Ludendorff, Adolf Hitler, Alfred v.
Tirpitz und dem Schriftsteller Bruno Wille, seine politische Betätigung in der DVP
(Deutsche Volkspartei) sowie schließlich seine Arbeit zur Gründung der Deutschen Akademie (D.A.) – 1925 fand der offizielle Gründungsakt statt – bestimm-
ten seine ersten Jahre in der Weimarer Republik. Zahlreiche Vortragsreisen in das
Ausland sowie eine rege Veröffentlichungstätigkeit belebten die von Karl Hausho-
fer seit 1921 betriebene Forschungsrichtung der Geopolitik. Sein ältester Sohn
Albrecht begab sich nach seiner Promotion im März 1924 in die väterlichen Fuß-
stapfen und widmete sich ebenfalls der Geographischen Politik, deren wichtigstes

Publikationsorgan, die Zeitschrift »Geopolitik«, Karl Haushofer seit 1931 herausgab. Im Juli 1933 wurde Haushofer ordentlicher Professor an der Universität München; zuvor war er lediglich Honorarprofessor gewesen.

Auf Initiative von Rudolf Heß wurde im Oktober 1933 der Volksdeutsche Rat gegründet, den Karl Haushofer leitete, um die Volkstumsarbeit zu zentralisieren; auch sein Sohn Albrecht arbeitete in diesem Gremium mit. Im März 1934 wurde Karl Haushofer zum Präsidenten der Deutschen Akademie gewählt. Er und seine Söhne widmeten sich seit 1934 einer intensiven Auslandsreisetätigkeit – Albrecht unternahm verschiedene Reisen nach England, während sein Vater Italien und die nordischen Länder bereiste. Heinz, Haushofers zweiter Sohn, wurde im April 1934 stellvertretender Leiter der Abteilung Marktförderung im Reichshauptamt des Reichsnährstandes. Zwar gelang es Rudolf Heß, die Familie Haushofer wegen der Nürnberger Rassegesetze zu beruhigen – die Eltern von Haushofers Frau Martha waren halbjüdischer Abstammung –, doch wurde Karl Haushofer depressiver und zunehmend körperlich schwächer; Albrecht Haushofer hingegen trat 1936 in die deutsche Geheimdiplomatie mit der Tschechoslowakei ohne Wissen des Auswärtigen Amtes ein[21]. In zahlreichen Gesprächen trafen Karl und Albrecht Haushofer mit der politischen Führung des Reiches zusammen – neben Hitler war es vor allem Joachim v. Ribbentrop, der ein verstärktes Interesse an den Ideen deutscher Volkstumspolitik zeigte. Die von den Haushofers getätigten Bemühungen zur Eindämmung einer Kriegsgefahr endeten jäh im September 1939 – war Karl Haushofer bereits Mitte 1938 als Präsident der Deutschen Akademie abgewählt worden, so versuchten er und sein Sohn Albrecht, seit September 1939 in der Informationsabteilung des Berliner Auswärtigen Amtes tätig, ihre Bemühungen für eine rasche Kriegsbeendigung fortzusetzen[22]. Im Zusammenhang mit der England-Reise von Rudolf Heß wurde Albrecht Haushofer im Mai 1941 zunächst in »Ehrenhaft« genommen, Karl Haushofer geriet ebenfalls in das Visier der Gestapo und schied im Jahr 1942 aus seinen noch verbliebenen öffentlichen Ämtern aus. Nach den Ereignissen des 20. Juli 1944 wurden Karl und Heinz Haushofer mehrfach verhaftet – ihr Haus durchsucht; Albrecht Haushofer floh zunächst und wurde schließlich von der Gestapo gestellt: am 23. April 1945 wurde er durch Genickschuß in Berlin von der SS ermordet[23].

Sahen die Amerikaner in der Geopolitik Haushofers einen der Dreh- und Angelpunkte der nationalsozialistischen Idee, schienen sie aufgrund der geringen Ausmaße des »Geopolitischen Instituts« in München enttäuscht. Zahlreiche Verhöre und kurze Inhaftierungen Karl Haushofers bestimmten das Jahr 1945. Im November 1945 wurde ihm die Lehrbefugnis entzogen und seine Honorarprofessur für erloschen erklärt. Am 10. März 1946 schieden Martha und Karl Haushofer durch Freitod aus dem Leben.

II. Karl Haushofers maritimes Verständnis

In seinem 1937 erschienenen Buch »Weltmeere und Weltmächte« weitete Haushofer sein kontinental orientiertes Raumdenken ozeanisch mit der Zielsetzung aus, die Weltmeere und Weltmächte in ihrem Zusammenspiel zu verstehen[24]. Nach seinem Verständnis sei dieses nur durch Kenntnisse der Beschaffenheit der Meere, der Küsten und der jeweiligen Küstenbewohner zu erreichen. Da sich Deutschland zum einen in einer »Zerrungslage« zwischen der panasiatischen Bewegung der Sowjets und der panpazifischen der Anglo-Amerikaner und zum anderen in einer geographisch ungünstigen ozeanischen Zugangsposition befinde, müsse – wie in anderen kleinen und neutralen Staaten – die Forderung nach der »Freiheit der Meere« im Sinne einer freien Zugangsberechtigung und sicheren Nutzung der Meere artikuliert werden. Begründet wird diese Forderung mit den für Deutschland wichtigen Seeverbindungswegen zur Gewährleistung der Ernährungssituation im übervölkerten europäischen Großraum.

Haushofer arbeitet mit Hilfe historischer Beispiele heraus, daß verschiedene Faktoren notwendig sind, um diese überseeischen Wege überhaupt nutzen zu können: eine funktionierende Küstenindustrie, eine Handels- und Wirtschaftsflotte, Stützpunkte in Übersee und ein wirksamer Küstenschutz sowie eine dem Meer zugewandte »Volksseele«. Insgesamt gelte es, das Meer als »raumerweitertes gemeinsames Gut der Menschheit« zu betrachten und nicht das »Raumrecht der freien Meere« zum wirtschaftlichen Eigennutz zu instrumentalisieren – gerade hieran artikuliert er seine Kritik an der angelsächsischen Position. In dem »Volkserziehungsgedanken«, das Meer nach seinem Wesen zu verstehen und zu begreifen, die Ozeane zu vermessen und daraus die Auswirkungen für die Entwicklungs- und Besiedelungsgeschichte der Erdteile zu erkennen, verortet er die künftigen Chancen seiner Geopolitik, die er nach dem hellenischen Grundsatz, der auf den auf der Insel Chios geborenen Theopompos[25] (4. Jahrhundert v. Chr.) zurückgehen soll: »*Koinon panton anthropon*«, das Meer sei »aller Menschen gemeinsames Gut«, verstanden haben möchte und nicht nach dem römischen, in seinen Augen expansionsorientierten Ausspruch des Appianus (2. Jahrhundert n. Chr.): »*Mare omnibus natura patere*«, »das Meer stehe nach seiner Natur allen offen«.

Haushofer zeichnet in einer weitreichenden historischen Analyse die Unfähigkeit aller Staaten nach, langfristig Seemacht zu behaupten. Er verdeutlicht die jeweiligen Übergangsstadien in denen sich Inselstaaten und Kontinentalstaaten mit einer ausgeprägten Küstenregion zur See und einem weitreichenden Blick zum Meer über eine gewisse Zeit behaupten konnten. Dieses gelang, wenn eine ozeanische wirtschaftliche Zielsetzung im Vordergrund stand, die jeweils dann zur vollen Wirksamkeit gelangte, sofern die Seeverbindungswege frei und sicher genutzt werden konnten. Das Schwinden des kolonialen Einflusses der Weltmächte nimmt Haushofer als Indiz für eine erstarkende Selbstbehauptung der Völker, die langfristig die Freiheit der Meere gewährleiste.

Mit seiner Kritik an der tirpitzschen Flottenbaupolitik im kaiserlichen Deutschland von 1898 bis 1914 und der Aussage, die Deutschen haben »achtlos mit dem Küstenzutritt ihres Lebensraumes über Jahrhunderte gewirtschaftet«, konnte er zweifelsohne innerhalb der Marine des Dritten Reiches unter der Führung des immer noch kaiserlich orientierten und sich der »alten Marine« verpflichtet sehenden Großadmirals Erich Raeder keine Sympathien erwarten; ebensowenig seine Analyse, die Seeschlacht im Skagerrak und die Selbstversenkung der deutschen Flotte sei langfristig ein »Riesenopfer für die Freiheit der Meere« gewesen.

Haushofers Gedanken spiegeln das eingeschränkte Wirken der deutschen Reichsmarine der zwanziger Jahre: ozeanographische Vermessungsfahrten, Auslandsbesuche deutscher Schiffe zur Stärkung des Auslandsdeutschtums und die Ausübung des Küstenschutzes, den Haushofer um die Fähigkeit zur strategischen Offensive erweiterte.

Haushofers Bestreben, aus den Erfahrungen des verlorenen Ersten Weltkrieges neue Strategien zu entwickeln, ist eng verbunden mit der Realisierung einer erweiterten geographisch-historischen Bildung der Deutschen, um das maritime Denken zu stärken und die Bedeutung der Seehandelswege zu betonen.

Karl Haushofer vertritt die These, über die Gewährleistung der Freiheit der Meere und deren Nutzung für Handel und Verkehr auch als Kontinentalmacht mit Zugangsmöglichkeiten zum Seeraum langfristig einen Weltmachtstatus erlangen zu können und widerspricht damit der von dem amerikanischen Seekriegstheoretiker Alfred Thayer Mahan aufgestellten These, daß die Weltmachtstellung eines Staates zunächst deren Seemachtposition erforderlich mache[26]. Die Mahansche (vereinfachte) Formel von »Seemacht = Weltmacht« ist bei Haushofer demnach nicht zwingend[27] – die von Mahan identifizierte »Entscheidungsschlacht« zum Erringen der Seemachtposition erscheint ihm unzweckmäßig, da das Meer langfristig eine eigene Dynamik entwickle. Haushofer definierte den Willen zum Erlangen von Seemacht eher als ein »Trägestauungsproblem«, das jeweils dann von Staaten artikuliert werde, wenn der unmittelbare Niedergang bevorstehe und der »Reiz der Gegenküste« Linderung dieses Zustandes verspreche. Seine Analyse ist aufgrund der Globalität der historischen Beispiele weiter angelegt als die Mahansche Seemachttheorie und stellt geographische Bedingungen in den Vordergrund, denen historische Gegebenheiten in Kausalität folgen – Mahan identifiziert Grundfaktoren, die Möglichkeiten eröffnen, Seemacht auszuüben. Haushofers globale Analyse zeichnet aufgrund der Raumzusammenhänge zunächst das Bild einer gemeinsam ausgeübten Seekontrolle zur Gewährleistung der »Freiheit der Meere« durch die die Räume dominierenden Völker – in einem dynamischen Prozeß entwickle sich hieraus langfristig die Vormachtstellung eines einzelnen Volkes, welches so zur Weltmachtstellung gelange.

Verfangen in seiner Zeit, wird der Appell Haushofers an die Deutschen in seinem Buch »Weltmeere und Weltmächte« verstehbar[28],

> »aus dem kargen, verbliebenen Rest für ein Volk, das aus dem eigenen Boden nicht leben kann, das Mögliche zu machen – damit es nicht zuletzt, vom freien Atem abgeschnitten, binnenländisch und kleinräumig verkümmere, statt immer wieder sein Anteilsrecht zu fordern am gemeinsamen Gut der Gesamtmenschheit, einem wirklich freien Meer[29]!«

Haushofers raumübergreifendes maritimes Denken[30] ergänzt sein kontinental aus-
gerichtetes eurasiatisches Raumdenken, dem die Achse Berlin-Moskau-Tokio eigen
war[31]. Er erweitert so die Lehre des Briten MacKinder um die pazifische Dimension der eurasiatischen Weltinsel[32] und verändert sie, indem er die militärische
Schlagkraft zugunsten der Wirtschaftskraft in den Hintergrund treten läßt[33]. Gerade hierin wird auch die Erweiterung der Lehre Ratzels offenkundig und ihr gegenüber abgegrenzt[34]. Haushofers Idee, der innere eurasiatisch-pazifische Bündnisring
– unter Hinzunahme Italiens zur Kontrolle des Mittelmeeres, woraus sich das
weltpolitische Viereck Berlin-Rom-Moskau-Tokio ergibt[35] – werde durch ein sich
vom französischen und britischen Kolonialreich befreienden äußeren Ring zusätzlich geschützt und gestärkt, um auf diese Weise die freie Nutzung der Meere weiträumig zu gewährleisten, bestätigt diese Interpretation. Weitere Teile des Britischen Empire, dessen Ende er – vergleichbar dem der Seemacht Venedig – pro-
gnostizierte, würden dem amerikanischen Einfluß unterworfen werden. In den
»expansionssüchtigen« Vereinigten Staaten meinte Haushofer den potentiellen
neuen Gegner des eurasiatisch-pazifischen Großraums zu erkennen[36].

Haushofers Weltkarte zeichnet ein verändertes Bündnissystem im eurasiatischen Großraum, das der im Deutschen Reich dominierenden Auffassung einer
drohenden bolschewistischen Gefahr widersprach. In dieser Hinsicht stand das
Haushofersche Raumdenken der Hitlerschen Gesamtstrategie entgegen[37].

Stellt Haushofer zwar naturbedingte und eigendynamische Prozesse in den
Vordergrund seiner Betrachtungen, so begriff er einen erneuten Waffengang als
diese Prozesse beschleunigend, um Deutschland aus der Enge des Raumes zu
führen. Sein Gegnerbild ist eindeutig: die Gegner Deutschlands stehen im Westen.
Wie das Königreich Großbritannien so werde auch Frankreich als selbstzerflei-
schender Nationalstaat mit seinem unbeschränkten atlantischen Zugang langfristig
vom eurasiatisch-pazifischen Bündnis absorbiert werden, so daß die neue Weltmacht USA, deren Wirtschaftskraft er unterschätzt[38], fast bündnislos, nur mit Ka-
nada und Australien »im Schlepp«, von dem starken eurasiatisch-pazifischen Block
eingegrenzt sein werde[39]. Haushofer erwägt jedoch aufgrund geopolitischer Vorgaben auch eine Einbeziehung Großbritanniens in das eurasiatisch-pazifische
Bündnis, sofern der koloniale Einfluß der Briten beseitigt sei[40]. Die hieraus ables-
bare Bündnisachse London-Berlin-Rom-Moskau-Tokio ermöglicht neue Inter-
pretations- und Denkansätze zum Erfassen der historischen Dimension deutscher
Geopolitik, die aber auch die Vielfältigkeit der komplexen Haushoferschen Lehre
offenbart. Haushofer blieb einer tief-nationalen Emotionalität verhaftet und versuchte aufgrund persönlicher Verstrickungen und Erfahrungen einen Weg aus
dem beengenden Nationalen in ein von Deutschland mitgeprägtes Universelles
aufzuzeigen – hierin ist eine erneute Erweiterung des Raumdenkens Ratzels zu
erkennen[41].

III. Deutsche Seestrategie zwischen den Kriegen

1. Räumliche Vorstellungen

Die im Versailler Vertrag festgelegten materiellen und personellen Beschränkungen[42] der im Jahr 1919 gegründeten Vorläufigen Reichsmarine hatten im Bewußtsein der kaiserlich geprägten Marineführung die einst seemächtige deutsche Flotte zu einer auf Küstenschutz begrenzten Marine degradiert. Diese erzwungene, aber letztlich einzig mögliche, ausschließlich auf Landesdefension festgelegte Aufgabenstellung[43] konnte mit dem noch zur Verfügung stehenden Schiffsmaterial zumindest bedingt erfüllt werden und war räumlich auf die Ostsee beschränkt. War die kaiserliche Marine konzeptionell auf die südliche Nordsee ausgerichtet und letzthin hierdurch während des Kriegsverlaufs zielorientiert unwirksam, so wurde nunmehr das Zurückdrängen in die Ostsee als unzumutbar empfunden. Aufgrund eigener strategischer Überlegungen und Lagebeurteilungen, die eine Gegnerkonstellation (Polen/Frankreich) als denkbar erscheinen ließ, richtete die Marineleitung seit 1922 selbständig ihr Augenmerk wieder auf die Nordsee. Zudem versuchte die Marineführung seit 1923 im Rahmen geheimer Rüstungsprojekte einerseits[44], wie durch die Planung von Schiffsneubauten andererseits die Ostsee-Enge zu durchbrechen, obwohl die politischen Rahmenbedingungen dieses nicht zuließen und die Marineführung unter Admiral Zenker (Chef der Marineleitung 1924 bis 1928) gegenüber der politischen Führung ein anderes Bild vermittelte[45]. Obwohl das Aufdecken der geheimen Rüstungsprojekte, als Lohmann-Affäre oder Phoebus-Skandal bezeichnet[46], der Reichsmarine einen empfindlichen Ansehensverlust zufügte, setzte der neue Reichswehrminister Groener das Neubauprogramm des Panzerschiffes »A«[47] gegen parlamentarische Widerstände durch, und versuchte die von der Marine betriebene geheime Rüstung zunächst zu ordnen und schließlich transparent zu gestalten. Indirekt war der Marine ihre Hochseefähigkeit mit diesem neuen Seekriegsinstrument wiedergegeben worden[48]. Der politischen Führung gegenüber war der Bestimmungs- und Einsatzzweck des neuen Panzerschiffes zur Aufrechterhaltung der Operationsfähigkeit in der Ostsee definiert worden[49], obgleich die maritime Fachliteratur bereits ein mögliches Einsatzspektrum für das Panzerschiff dargestellt hatte[50].

Damit wies die Marinerüstung spätestens mit dem Jahr 1928 den Weg in den Operationsraum Nordsee und letzthin in den Atlantik; beiden Seeräumen hatte man sich bereits durch eine verstärkte Auslandsreisetätigkeit und durch wissenschaftliche Vermessungsfahrten zugewandt. Die praktische Erweiterung des Operationsraumes erfüllte in den Augen der Marineleitung zweierlei: Wurde zum einen dem politischen Willen entsprochen, die deutschen Handelswege zu sichern und gegen eine mögliche polnisch-französische Allianz (wie von der Marineleitung bereits seit 1922 berücksichtigt[51]) zu sichern[52], so herrschte zum anderen die Vorstellung – trotz aller Vorbehalte und Bedenken –, langfristig den entscheidenden Gegenpol zur englischen Seemacht darzustellen, ohne sie bewußt herauszufordern zu wollen. Großbritannien blieb bis zum Ausbruch des Zweiten Weltkrieges Wunsch-

und Angstgegner der deutschen Marine zugleich, dem zunächst (ohne zeitliche Bindung) im Rahmen von Vermeidungsstrategien oder Bündnisverträgen (realisiert 1935 im deutsch-britischen Flottenabkommen) begegnet werden sollte[53]. Dennoch schien langfristig jene »Schmach« des Ersten Weltkrieges nur in einer Konfrontation mit Großbritannien getilgt werden zu können, der sich ganze Marineoffiziergenerationen verpflichtet sahen. Seit Mai 1938 wurde vom Oberkommando der Kriegsmarine diese mögliche Konfrontation offen artikuliert[54].

Mit der Veröffentlichung der »Aufgaben der Wehrmacht« im April 1930 reagierte Groener auf eine neue außen- und verteidigungspolitische Lagebeurteilung und ordnete die sofortige Einsatzbereitschaft aller Streitkräfte im Falle eines plötzlichen polnischen Überfalls auf deutsches Staatsgebiet an[55]. Der Marineleitung hatten sich damit Möglichkeiten eröffnet, im Einklang mit den politischen Vorgaben weitergehende planerische Studien voranzutreiben, zugleich aber einen strategischen Eigenkurs weiterzuverfolgen, der die Gegnerschaft Frankreichs – aufgrund der seegebundenen Handelsabhängigkeit Deutschlands – einschloß und auf die Sicherstellung der maritimen Seeverbindungslinien drängte[56].

Mit dem Schiffbauersatzplan 1930, dem Umbauplan 1932 und dem nach 1933 ermöglichten raschen materiellen und personellen Aufwuchs der Reichsmarine, seit 1935 der Kriegsmarine, wurden schließlich – nach einem zunächst 1933 auf Kontinuität setzenden strategischen Konzepts Hitlers, welches von der Marineführung scharf kritisiert wurde[57] – Rüstungsvoraussetzungen geschaffen, die aus der Enge der deutschen Küstenmeere wiesen. Sie deuteten auf die Herstellung der Operationsfähigkeit im Atlantik durch starke Kampfverbände unter dem (bis 1937 noch nicht klar artikulierten)[58] strategischen Dach der Kreuzerkriegführung[59], gewannen durch die maritime Aufrüstung Frankreichs (DUNKERQUE)[60] schließlich eine eigene Dynamik und schienen so der gegnerischen Lagebeurteilung der Marineführung Recht zu geben. Die Aufrechterhaltung eigener Seeverbindungswege und die Fähigkeit zur Bedrohung, letzthin zur Vernichtung gegnerischen Schiffsraumes, offenbarten das Szenario einer künftigen kriegerischen Auseinandersetzung zur See.

Die von der Marineleitung, seit 1935 vom Oberkommando der Kriegsmarine und der Seekriegsleitung, geplante seestrategische Ausrichtung schien für sie in das gesamtstrategische Konzept Hitlers zu passen – demgegenüber beurteilte Hitler die Rolle der Kriegsmarine als eine der Gesamtstrategie untergeordnete, die aufgrund der Kontinentalausrichtung im »Dritten Reich« zunächst eine nachgeordnete und eine auf die Nachkriegszeit orientierte Rolle zu übernehmen hatte[61]. Die Idee, die Marine erst nach dem Kontinentalkrieg seemächtig weltweit einzusetzen, um so die Weltmachtstellung des Reiches zu gewährleisten, machte zwar die Schaffung der materiellen Grundlagen in Friedenszeiten bereits erforderlich[62], bedingte jedoch keineswegs zwangsläufig einen geplanten großräumigen Einsatz mit schweren Einheiten während eines Krieges. Hitlers maritimes Denken wies bis 1938 ein hohes Maß an Kontinuität auf, welches er jedoch unfähig war klar zu artikulieren und damit gegenüber der Marineführung verständlich zu machen, die wiederum das gesamtstrategische Konzept Hitlers nicht zu erkennen und einzuordnen vermochte[63]. Dem klaren Konfrontationskurs Hitlers gegen Großbritannien seit April 1938 folgte die Marineführung bereitwillig zum einen in der Hoffnung, weitere Aufbaujahre bis zum Krieg zur Verfügung zu haben[64], zum anderen in der Gewißheit, einen künftigen Krieg berechtigterweise seewärts entscheidend zu prägen und in die Gesamtstrategie einbezogen zu werden. Daß letzthin der Kriegseintritt Großbritanniens dem Krieg zur See eine ungeahnte Dynamik verlieh, dokumentiert die Unfertigkeit des maritim-strategischen Konzepts und bestätigt die in den zwanziger Jahren von Erich Raeder selbst artikulierte Einschätzung, daß eine Konfrontation mit Großbritannien für Deutschland von vornherein aussichtslos sei[65]. Dieser Einschätzung vermochte sich Raeder später nicht mehr zu erinnern[66].

*

Die räumlichen Vorstellungen der Marineführungen der Zeitläufte vom Kaiserreich zum »Dritten Reich« haben sich von einer auf Ausschließlichkeit fußenden geplanten Nordseekriegführung, über eine durch den Versailler Vertrag erzwungene Ostseekriegführung, schließlich deutlich seit 1928 zu einer auf den Atlantik orientierten Kriegführung zur See entwickelt[67], was ihrem Wunschdenken seit Kriegsende 1918 entsprach[68]. Folgte die Marineleitung bis 1930 offiziell noch den einschränkenden außen- und innenpolitischen Rahmenbedingungen, so wurde seit 1930 im Zusammenhang mit den sich unter Reichswehrminister Groener neuen innen- und verteidigungspolitischen Richtlinien das für die Marineleitung sich öffnende und erwünschte atlantische Handlungsfeld als langfristiger Operationsraum angenommen und strategisch operationalisiert. Versäumt wurde, dieses operationelle Konzept den sich wandelnden politischen Zielsetzungen anzupassen; stattdessen wurde ein eigenständiger, maritim-strategischer Weg verfolgt, der sich weiterhin an den Raumvorstellungen orientierte, die für unabdingbar in einem kommenden Krieg gehalten wurden, die atlantischen Seeverbindungslinien des Gegners zu bekämpfen. Diese wesentliche Erkenntnis aus dem Ersten Weltkrieg, durch die Unterbrechung der atlantischen Seeverbindungswege des Gegners den kontinentalen Krieg zu entscheiden, wurde vom Oberkommando der Kriegsmarine spätestens seit 1935 konsequent verfolgt, ohne zu beachten, inwiefern diese seestrategische Konzeption in dem Gesamtkonzept einer möglichen Kriegführung Hitlers berücksichtigt wurde. Glaubte die Marineführung der Zusicherung Hitlers, die Marine in einem Kriegsfall nicht einzusetzen[69], so wiesen auch die geplanten Rüstungsmaßnahmen des 1939 genehmigten Z-Plans durch die zeitliche Ferne zu den Fertigstellungsdaten der Schiffseinheiten zunächst auf eine in der Zukunft liegende maritime Aufgabe. Damit konzentrierten sich die räumlichen Vorstellungen des maritimen Einsatzraumes innerhalb der Reichs- und der Kriegsmarine von 1919 bis 1939 kontinuierlich auf das künftige Erlangen und den anschließenden Beibehalt der Hochseefähigkeit der deutschen Flotte[70]. Mit dem Kriegseintritt Frankreichs und Großbritanniens am 3. September wurden jene Zukunftsplanungen zunichte gemacht, so daß die Marine, materiell und mental ungenügend gerüstet, in den Krieg eintrat, um – aus ihren Erfahrungen des Ersten Weltkrieges heraus – durch den unmittelbaren Einsatz deutscher Kriegsschiffe bereits bei Kriegs-

beginn eine Existenzberechtigung für die Zukunft zu gewährleisten[71]. Die am
3. September 1939 von dem Oberbefehlshaber der Kriegsmarine dokumentierte
tiefe Besorgnis über den Kriegseintritt Großbritanniens war berechtigt[72]: Dennoch
war die Gegnerschaft Großbritanniens, seit 1938 konzeptionell verankert, in Kauf
genommen worden[73].

Die Kriegsmarine übernahm, ihrem strategischen Konzept folgend, eine unde-
finierte Funktion in dem gesamtstrategischen Konzept Hitlers[74], welches durch die
Vielzahl der Kriegsschauplätze und -teilnehmer mehr und mehr verworren und
undurchschaubar wurde, so daß ein maritimer Eigenkurs handlungsleitend blieb,
der sich vornehmlich aus den Erfahrungen des Ersten Weltkrieges ableitete[75].

2. Normative Vorstellungen

Konnte sich das räumliche Betätigungsfeld der Marineleitung durch neue innenpolitische Möglichkeiten seit 1928 verändern, unabhängig von einem bis dahin
vorhandenen räumlichen Wunschdenken, so blieb ihr normativer Anspruch unverändert und wies Kontinuität seit dem Ende des Ersten Weltkrieges auf. Beseelt
von dem Gedanken, das in zahlreichen gesellschaftlichen Kreisen als »schmach-
voll« empfundene Kriegsende 1918 und den daraus resultierenden Versailler Vertrag von 1919 zu revidieren, forcierte die Marineleitung seit 1919 ihre Bemühungen, die wenigen Leistungen der kaiserlichen Marine während des Ersten Weltkrieges aufzubereiten und rückbezogene Identifikations- und Anknüpfungspunkte für
die Reichsmarine zu schaffen, indem eine von verdienstvollen höheren Marineoffizieren verfaßte offizielle Marinegeschichtsschreibung initiiert wurde, die vom
Marinearchiv unter dem Titel »Der Krieg zur See 1914–1918« veröffentlicht wurde[76]. Parallel entstand eine für das Laienpublikum, aber auch für Marinekreise
bestimmte populistische Geschichtsdeutung in Wort und Bild[77]. Die Verklärung
der Leistungen des Kreuzergeschwaders vor den Falkland-Inseln und die der deutschen Hochseeflotte in der Seeschlacht vor dem Skagerrak fanden so Eingang in
das kollektive Gedächtnis[78]. Die als notwendig und unumgänglich empfundene
Selbstversenkung der deutschen Flotte im Internierungshafen von Scapa Flow am
21. Juni 1919 wurde als »Ehrenrettung« und »letzte Heldentat« der deutschen
Flotte umgedeutet[79]; einer Flotte, die aufgrund politischer Vorgaben zu einer
Funktion als »fleet-in-being« verurteilt war und deswegen ihre Leistungen nicht zur
Geltung bringen konnte[80].

Aus diesen Erfahrungen heraus wurde das Prinzip vom »Sterben und Werden«,
ergänzt mit der Forderung »Nie wieder 1918«, unumstößlich in das Bewußtsein der
Reichsmarine und nahtlos in das der Kriegsmarine übertragen[81]. Als Leitprinzipien
bestimmten sie fortan das Denken und das Handeln der Marineoffiziere, die aufgrund der militärischen Struktur Handlungs- und Entscheidungsträger waren. Ihnen wurde jedoch jener Entfaltungsfreiraum zur eigenen Strategieentwicklung und
-diskussion aufgrund des autokraten Führungsprinzips innerhalb der Marine versagt, so daß eine strategisch orientierte regenerative Kraft aus dem Marineoffizier-

korps heraus unterblieb. Ansätze der Kritik und damit zur Fortentwicklung einer deutschen Seestrategie wurden unterbunden und verhindert[82].

In der Nachschau wurde in den zwanziger Jahren das Fehlen eines maritimen Denkens innerhalb der deutschen Bevölkerung als mitursächlich für das Scheitern im Ersten Weltkrieg identifiziert, so daß – analog zur Zeit vor 1914 – auf die Etablierung eines maritimen Bewußtseins innerhalb der Bevölkerung hingewirkt wurde[83]. Mit der Verbreitung maritimen Gedankenguts wurde versucht, weite gesellschaftliche Kreise von der Notwendigkeit einer Flotte wegen der Export- und Importabhängigkeit Deutschlands zu überzeugen, die nur durch »Kreuzer« zu sichern war, die auf den Seeverbindungslinien operierten. Diese Überzeugungsarbeit blieb handlungsleitende Maxime der Marineführung mindestens bis zum Ausbruch des Zweiten Weltkrieges. Der Verbreitung maritimen Gedankenguts widmeten sich einerseits Fachzeitschriften[84], andererseits war es die »alte« Admiralität des Ersten Weltkrieges, die sich diesen Aufgaben »nach außen« verpflichtet sah[85]. Die Betreuung ehemaliger Angehöriger der kaiserlichen Marine durch die Marine-Offizier-Hilfe und den Marinebund bot zudem Identifikation und materielle Unterstützung »nach innen«. Die in Weimar-Deutschland insgesamt zu beobachtende Denkmalkultur wurde durch die Marine mit dem Marine-Ehrenmal in Laboe realisiert, welches zur zentralen Gedenkstätte für diejenigen wurde, die im Ersten Weltkrieg nicht von See zurückgekehrt waren[86]. Die in der Marineschule Mürwik in Flensburg nach der Umgestaltung der Aula 1923 aufgestellten Erinnerungstafeln dokumentierten die Namen der auf See gebliebenen Marineoffiziere. Sie mahnten den Offiziernachwuchs, den Kampf »ohne zu klagen wieder zu wagen«. Mit dem Sinnspruch, daß »dereinst ein Rächer aus ihren Gebeinen hervorgehen möge« (*Exoriare aliquis nostris ex ossibus ultor*), wurde der Tod der Marineoffiziere des Ersten Weltkrieges ideell überhöht und zugleich dem Wunsch nach »Rache« öffentlich Ausdruck verliehen[87].

*

Der normative Anspruch, der mit der Seestrategie der Reichsmarine und der Kriegsmarine eng verbunden blieb, sah ein binnenländisches, gesamtgesellschaftliches Seedenken und ein binnenstrukturelles, auf die Teilstreitkraft bezogenes Denken als unabdingbar für die Realisierung einer funktionalen Seestrategie an. Dieses Denken wies für den Zeitraum von 1919 bis über den Kriegsausbruch 1939 hinaus Kontinuität auf[88] und kann darüber hinaus um die unter v. Tirpitz initiierte »maritime Propagandamaschinerie« zeitlich nach hinten erweitert werden.

3. Räumliche und normative Vorstellungen verbindende Konzepte

Edward Wegener, Admiral der Bundesmarine und maritimer Denker, hat in seinen Arbeiten die enge Verbindung zwischen Flotte, Stützpunkten und maritimem Denken der Bevölkerung als Voraussetzungen für Seemacht in ihren historischen und gegenwartsbezogenen Dimensionen identifiziert[89]. Er erweiterte so die Gedankengänge seines Vaters, Admiral Wolfgang Wegener, der zunächst in verschiedenen Entwürfen während der zwanziger Jahre, schließlich in einer Denkschrift die Bedeutung der strategisch-geographischen Position betont hatte[90], von der aus die Flotte Handelswege beherrschen und damit Seeherrschaft ausüben kann, um so den Status einer Seemacht zu erlangen. Wolfgang Wegeners Denken war mitgeprägt von den Gedankengängen Mahans und teilte dessen Grundauffassung, das Erreichen eines Weltmachtstatus sei von dem Erlangen der Seemachtposition abhängig. Anders als Mahan bewertete er hingegen den Weg zum Erlangen der Seemachtposition. Sah Mahan diesen, abgeleitet aus historischen Erfahrungen, nur durch eine »Entscheidungsschlacht« zwischen dem Inhaber der Seemacht und dem Herausforderer für diese Position, so war Wegeners Prinzip aus seinen unmittelbaren Erfahrungen des Ersten Weltkrieges begründet. Er bemängelte, daß es der Marine im Ersten Weltkrieg nicht gelungen sei, im Rahmen einer Gesamtstrategie eine Verbesserung der eigenen ungünstigen geographischen Position zu fordern, um strategisch-offensiv gegen die das Deutsche Reich bedrohenden Seeverbindungen vorzugehen[91]. Fand Wegeners Denkschrift im jüngeren Offizierkorps der Reichsmarine eine positive Resonanz, so war es hingegen das ältere Korps, welches aufgrund der in der Denkschrift offen artikulierten und als unausweichlich betonten erneuten Gegnerschaft zu Großbritannien Bedenken und Kritik äußerte. Wegener veröffentlichte 1929 seine Gedankengänge in einem Buch beim Mittler-Verlag[92]. Aggressive Passagen – wohl aus Rücksicht »auf die damalige innenpolitisch angeschlagene Stellung der Reichsmarine«[93] – ließ er allerdings aus. Dennoch veranlaßte sein Crewkamerad Erich Raeder, daß Wegeners Buch vom Verlag nicht beworben werden durfte.

1933 trat Wegener in Kontakt mit Karl Haushofer und übersandte ihm sein Buch. Haushofer lobte den ehemaligen Admiral ob der darin artikulierten »ozeanischen Auffassung« und hob hervor, »wenn [...] uns jetzt etwas not tut, so ist es der Kampf für die Erhaltung weltweiten Denkens und Schauens in der verstümmelten Nation, die in solcher Enge nicht weiterleben kann«[94]. Wegener hingegen kündigte an, er werde in einer erweiterten Auflage seines Buches die Bedeutung der ozeanischen Wirtschaftswege stärker betonen[95]. In seiner 1941 publizierten zweiten Auflage wird dieser Gesichtspunkt besonders hervorgehoben – die im Jahr 1929 ausgelassenen aggressiven Passagen sind hier ebenfalls eingefügt worden[96].

Innerhalb der Marineführung der dreißiger Jahre fanden die Veröffentlichungen Wegeners kaum weitergehende Beachtung, obwohl sie bekannt waren und gelesen wurden.

Im Februar 1937 erläuterte Erich Raeder in einem Grundsatzvortrag vor Adolf Hitler, Reichskriegsminister Werner v. Blomberg und höheren Parteiführern der NSDAP das Zusammenspiel von Seestrategie und Seekriegführung am Beispiel der Erfahrungen des Ersten Weltkrieges[97]. Raeders langjährige Beschäftigung mit dem Einsatz deutscher Kreuzer während des Ersten Weltkrieges ermöglichte ihm eine weitreichende Analyse. Er hob hervor, daß die Bindung gegnerischer Seestreitkräfte in entfernten Räumen Entlastungen an anderen Fronten bringe und damit die eigene geographisch ungünstige Position ausgeglichen werden könne. Diese Wechselbeziehung sei jedoch nur dann wirkungsvoll, wenn die Seeräume als

zusammenhängendes Ganzes begriffen würden[98]. Hieraus läßt sich Raeders wohl-
überlegte und begründete Kritik gegenüber der Kriegführung 1914 ableiten: Die
Präsenz des deutschen Kreuzergeschwaders im südlichen Atlantik erforderte eine
Kräftebindung des Gegners in diesem weitentfernten Seeraum, die zu einer Kräf-
teverminderung in der Nordsee, dem Operationsgebiet des Deutschen Reiches,
führte. Da diese Wechselwirkung jedoch nicht erkannt worden war, wurden entscheidende Chancen verpaßt[99].

Am Beispiel des alliierten Angriffs auf die Dardanellen im Jahr 1915 verdeut-
lichte Raeder den strategischen Wert dieser Unternehmung, dessen Scheitern er in
der Unfähigkeit der alliierten Frontbefehlshaber sah, die sich der strategischen
Tragweite ob eines eingeschränkten räumlichen Verständnisses nicht bewußt waren[100]. Raeders Ausführungen wiesen auf ein erforderliches Raumdenken in einer
die Teilstreitkräfte übergreifenden, und sich abzeichnenden »Wehrmachtkriegführung« hin.

Das aus diesen zwei Beispielen abzuleitende, zweifellos vorhandene Raumdenken Raeders war zunächst erfahrungsgeprägt und dokumentiert die Analysefähig-
keit des Oberbefehlshabers der Kriegsmarine, orientiert an den im Jahr 1937 anstehenden strategischen Aufgaben, und damit beschränkt durch ein begrenztes
Zeitfenster, welches vornehmlich an den Tagesnotwendigkeiten orientiert war.
Eine wissenschaftsorientierte, theoretische Grundlage ist nicht erkennbar, wohl
aber eine gedankliche Anlehnung an Wolfgang Wegener[101].

IV. Schlußbetrachtungen

Das maritime Denken Haushofers ist hinsichtlich des normativen Anspruchs mit
den Denkweisen der Marineführungen in der Weimarer Republik und im »Dritten
Reich« in Deckung zu bringen – die räumlichen Vorstellungen Haushofers und der
Marineleitung der dreißiger Jahre (Erich Raeder) näherten sich im Jahr 1937, aller-
dings mit unterschiedlichen strategischen und zeitlichen Zielsetzungen, in dem
Begreifen der Meere als Gesamtraum an.

Haushofers Denken spiegelte Ideen einer weitreichenden Küstenmarine wider,
die zur strategischen Offensive fähig war – demgegenüber stand die Konzeption
der Marineführung mit einer »blue-water-fleet« zu operieren, um die Seeverbindungslinien des Gegners frühzeitig abzuschneiden und eigene zu sichern; Küstenschutz nahm eine untergeordnete Funktion wahr. Beiden Ideen gemeinsam war,
daß die Erfahrungen des Ersten Weltkrieges die Grundlagen für diese Überlegungen bildeten – Einigkeit herrschte in der Beurteilung, daß die strategische Konzeption der kaiserlichen Marine, den Seemachtstatus durch eine an die Mahansche
Schule angelehnte »Schlachtentscheidung« zu erreichen, keine Gültigkeit mehr
hatte.

In der Haushoferschen Lehre bildete sich zunächst ein langfristiges, mit der
Hitlerschen Gesamtstrategie einhergehendes maritimes Konzept ab, welches auf
die maritime Zukunftsfähigkeit (nach einem kontinentalen Krieg) des Deutschen

Reiches, zunächst und vornehmlich durch ein funktionierendes Bündnissystem beteiligter Mächte, später auf die deutsche Dominanz in Europa und darüber hinausgehend, zielte; er leitete diese Entwicklung aus naturbedingten dynamischen Prozessen ab[102].

Eine vergleichbare Notwendigkeit von Prozessen läßt sich innerhalb des Denkens der Marineführung nicht nachweisen – Praxisorientierung, Erfahrungsdenken und Lagebeurteilungen waren hier handlungsleitende Maxime, die mit normativen Ansprüchen verbunden wurden, so daß eine konzeptionelle Verankerung für eine Küstenmarine unmöglich gemacht wurde. Das strategische Konzept der Marineführung war materiell langfristig geplant, aber räumlich bereits frühzeitig auf den Westen bezogen und auf eine als notwendig erachtete Konfrontation ausgerichtet. Die 1935 durch das deutsch-britische Flottenabkommen dokumentierte Bündnisorientierung der Marineführung, analog zu der in der Haushoferschen Lehre artikulierten Bündnisbildung, folgte demgegenüber vornehmlich Überlegungen zur Schaffung neuer Rüstungsmöglichkeiten und einer Konfrontationsvermeidung mit Großbritannien in der deutschen Aufrüstungsphase[103].

Haushofer leitete aus seinen Beurteilungen der maritimen Leistungen des Ersten Weltkrieges ab, die kaiserliche Marine habe ein großes »Opfer für Deutschland« durch die Selbstversenkung in Scapa Flow und die Erfolglosigkeit in der Seeschlacht vor dem Skagerrak erbracht. Dieses »Opfer« ermöglichte nach Haushofers Einschätzung eine kontinentale Ausweitung durch den Verzicht auf Seegeltung und erzwang die Beschränkung auf den Küstenschutz. Demgegenüber stand die Einschätzung innerhalb der Marine, die Selbstversenkung habe die »Ehre der deutschen Flotte« wiederhergestellt und einen Grundstein für einen Neubeginn zum Erlangen deutscher Seegeltung gelegt; die Seeschlacht vor dem Skagerrak wurde als deutscher Seesieg gegenüber Großbritannien umgedeutet.

Plakativ ausgedrückt: Haushofers Prinzip, zunächst durch den Verzicht auf Seegeltung dem kontinentalorientierten deutschen Staat insgesamt mehr Geltung zu verschaffen, stand dem der Marineführung entgegen, durch die Forcierung des Seegedankens auf der Grundlage eines durch Selbstaufopferung eingeleiteten Prozesses zu neuer Seegeltung zu erlangen, die als künftige Quelle staatlichen Denkens und Handelns als notwendig erachtet wurde. Inwieweit die von Admiral von Trotha im Jahr 1940 getätigte Feststellung, die Deutschen hätten die See nunmehr verstanden[104], als zutreffend beurteilt werden kann, muß offen bleiben.

Der aus der Haushoferschen Lehre abzuleitende maritime Stufenplan kann als Marineaufbauplan verstanden werden, der es ermöglichen sollte, aus einer Küstenmarine langfristig eine hochseefähige, die »Freiheit der Meere« gewährleistenden Marine zu entwickeln. Im Gegensatz dazu standen die Planungen der Marineleitung, spätestens seit 1930, einen »konzeptionellen Umbau« der Marine zu vollziehen, der das Prinzip »Schlachtentscheidung durch die Hochseeflotte in der Nordsee« aus dem Ersten Weltkrieg in das Prinzip »Handelskriegführung mit Kreuzern im Atlantik« wandelte.

Der Unterschied beider Denkweisen weist demnach neben der räumlichen auch eine zeitliche Dimension auf.

Es ist abschließend nicht zu beurteilen, ob das strategische Konzept Haushofers tragfähiger gewesen wäre, als jenes von der Marineführung favorisierte. Beurteilt werden kann hingegen, daß das Haushofersche Konzept auf die Gesamtstrategie Hitlers zumindest bis 1938, als dieser offen auf den Konfrontationskurs mit Großbritannien einschwenkte, abgestimmter erscheint, als jenes der Marineführung.

Eine breite Rezeption der Haushoferschen Lehre hat innerhalb der Reichs- und Kriegsmarine nicht stattgefunden, obwohl Haushofer sein Buch »Weltmeere und Weltmächte« den beiden Admiralen Paul Behncke und Carl Hollweg gewidmet hat. Behncke war nach seiner Pensionierung als Chef der Marineleitung außerordentlicher Senator der Deutschen Akademie[105], Hollweg war 1919 als Vizeadmiral aus der Marine ausgeschieden und arbeitete als politisch-militärischer Journalist bei der Deutschen Allgemeinen Zeitung und hat sich in langen Briefwechseln mit Haushofers »geopolitischer Philosophie« auseinandergesetzt[106].

Für die Marineführung galt wohl ebenso die nach dem Krieg von dem Panzergeneral und früheren Militärattaché in London, Leo Geyr von Schweppenburg, gemachte Aussage gegenüber Liddell Hart: »Ich habe niemals Clausewitz, Delbrück oder Haushofer gelesen. Clausewitz galt in unserem Generalstab als ein Theoretiker, den Professoren lesen sollten[107].« Damit wurde eine in den Streitkräften verbreitete, von Theoremen losgelöste und auf taktisch-operative Fragestellungen begrenzte Denkweise dokumentiert[108].

Die Gegenüberstellung der maritimen Theorie Haushofers zu den strategischen Überlegungen der Reichs- und Kriegsmarine hat das Bild einer Teilstreitkraft entstehen lassen, die im Hitlerschen Gesamtstaat einen »Eigenkurs« zu steuern suchte. Dieser war weder klar abgesteckt noch an der Gesamtstrategie orientiert. Theoretische Denkmodelle, die außerhalb der eigenen Teilstreitkraft entstanden waren wurden ebenso ignoriert, wie diejenigen nicht beachtet, die aus dem eigenen Offizierkorps heraus entwickelt wurden und so den von Erich Raeder favorisierten »Geist der Marine« störten.

Anmerkungen

* Ich danke meinem griechischen Kollegen Ioannis Loucas und meinem britischen Kollegen Geoffrey Sloan für die Anregungen zur Auseinandersetzung mit der Geopolitik Karl Haushofers. Erste Ergebnisse konnten im Herbst 2002 auf einer geopolitisch-maritimen Tagung der Aegean University auf der griechischen Insel Chios präsentiert werden mit dem Vortrag: »Geopolitics in Germany. Karl Haushofer and his Thoughts on the Sea«. Werner Rahn und Dieter Hartwig danke ich für die vielfältigen Hinweise und anregende Kritik während der Entstehungsphase des schriftlichen Beitrages, der unter gleichem Titel veröffentlicht wurde in: Terra et Mars. Aspekte der Landes- und Militärgeschichte. Festschrift für Eckardt Opitz zum 65. Geburtstag, hrsg. von Michael Busch, Neumünster 2003, S. 240–268. Der hier vorliegende Beitrag wurde überarbeitet und erweitert.
1 Rudolf Kjellén, Der Staat als Lebensform, 4. Aufl., Berlin 1924.
2 Friedrich Ratzel, Politische Geographie, Nachdruck der 3. Aufl. 1923, Osnabrück 1974; Günther Buttmann, Friedrich Ratzel. Leben und Werk eines deutschen Geographen, Stuttgart 1977.

3   Einen guten Überblick zur Entwicklung der politischen Geographie bietet Ulrich Ante, Politische Geographie, Braunschweig 1981, S. 10—24; siehe auch: Politische Geographie, hrsg. von Josef Matznetter, Darmstadt 1977 (= Wege der Forschung, Bd 431). Der Sammelband vereinigt entscheidende Schriften zur Politischen Geographie.

4   David Thomas Murphy, The Heroic Earth. Geopolitical Thought in Weimar Germany, 1918–1933, Kent (Ohio), London 1997, S. VII. Der Begriff »Geopolitik« wird auch als »verfemt« oder »tabuisiert« bezeichnet; siehe Yves Lacoste, Geographie und politisches Handeln. Perspektiven einer neuen Geopolitik, Berlin 1991, S. 14; Frank Ebeling, Geopolitik. Karl Haushofer und seine Raumwissenschaft 1919–1945, Berlin 1994, S. 17 f.

5   Zitiert nach Léon Poliakov und Josef Wulf, Das Dritte Reich und seine Denker. Dokumente, Berlin 1959, S. 54; dort veröffentlicht auf der Grundlage von Stefan Zweig, Die Welt von gestern. Erinnerungen eines Europäers, Frankfurt a.M. 1952, S. 174–176.

6   Hans-Adolf Jacobsen, Karl Haushofer. Leben und Werk, Bd 1: Lebensweg 1869–1946, Bd 2: Ausgewählter Schriftwechsel Boppard a.Rh. 1979 (= Schriften des Bundesarchivs 24/1 und 24/2); in Ergänzung dazu Rainer Matern, Karl Haushofer und seine Geopolitik in den Jahren der Weimarer Republik und des Dritten Reiches, Karlsruhe 1978; Michael Korinmann, Quand l'Allemagne pensait le monde. Grandeur et décadence d'une géopolitique, Paris 1990; Bruno Hipler, Hitlers Lehrmeister: Karl Haushofer als Vater der NS-Ideologie, St. Ottilien 1996; ebenso Ingo Arend, Geopolitik und Nationalsozialismus, in: Frankfurter Allgemeine Zeitung (FAZ) vom 22.2.1985; Geert Bakker, Duitse Geopolitiek 1919–1945. Een imperialistische Ideologie, Utrecht 1967.

7   Vgl. Peter Schöller, Die Rolle Karl Haushofers für Entwicklung und Ideologie nationalsozialistischer Geopolitik, in: Erdkunde, 36 (1982), 3, S. 160–167, hier S. 162.

8   Klaus Kost, Die Einflüsse der Geopolitik auf Forschung und Theorie der Politischen Geographie von ihren Anfängen bis 1945. Ein Beitrag zur Wissenschaftsgeschichte der Politischen Geographie und ihrer Terminologie unter besonderer Berücksichtigung von Militär- und Kolonialgeographie, Bonn 1988 (= Bonner Geographische Abhandlungen, H. 76); Horst-Alfred Heinrich, Der politische Gehalt des fachlichen Diskurses in der Geographie Deutschlands zwischen 1920 und 1945 und deren Affinität zum Faschismus, in: Geographische Zeitschrift, 78 (1990), 4, S. 209–226.

9   Adolf Grabowsky, Raum, Staat und Gesellschaft. Grundlegung der Geopolitik, Köln 1960; Carl Troll, Die geographische Wissenschaft in den Jahren 1933–1945. Eine Kritik und Rechtfertigung, in: Erdkunde, 1 (1947), 1, S. 3–48; Peter Schöller, Wege und Irrwege der Politischen Geographie und Geopolitik, in: Erdkunde, 11 (1957), 1, S. 1–20; ebenfalls abgedruckt in: Politische Geographie (wie Anm. 3), S. 249–302; siehe auch Gottfried Pfeiffer, Zur Fortsetzung der Geographischen Zeitschrift, in: Geographische Zeitschrift, 51 (1963), Einführende Bemerkungen; Dietrich Bartels, Die Zukunft der Geographie als Problem der Standortbestimmung, in: Geographische Zeitschrift, 56 (1968), S. 124–142; vgl. hierzu differenzierter Karl Heinz Harbeck, Die »Zeitschrift für Geopolitik« 1924–1944, Kiel 1963.

10   Carlo Masala, Germany's Geopolitical Position and Its Implication for Eurasia, in: National Defence Minister's Staff: The New Geopolitics of Eurasia and Mediterranean, Athens 2000, S. 75–83; Heinz Brill, Geopolitik heute: Deutschlands Chance, Frankfurt a.M., Berlin 1994; darauf weist auch hin Michael Salewski, Geopolitik und Ideologie, in: Geopolitik. Grenzgänge im Zeitgeist, Bd 1.2: 1945 bis zur Gegenwart, hrsg. von Irene Diekmann, Peter Krüger und Julius H. Schoeps, Potsdam 2000 (= Neue Beiträge zur Geistesgeschichte, Bd 1.2), S. 357–380, hier S. 374, S. 376 f.

11   Europa in der Neuorientierung. 1. Leutherheider Forum der Paul-Kleinewefers-Stiftung (Krefeld) in Zusammenarbeit mit der Bischöflichen Akademie des Bistums Aachen, Krefeld 1991; vgl. Karlheinz Weissmann, Vom Raum und seiner Bedeutung, in: FAZ vom 12.6.1991; Klaus-Achim Boesler, Neue Ansätze der politischen Geographie und Geopolitik, in: Erdkunde, 51 (1997), 4, S. 309–317.

12   Julia Lossau, Politische Geographie und Geopolitik. Bemerkungen zu einem (un-)bestimmbaren Verhältnis, in: Erdkunde, 56 (2002), 1, S. 73—81; Klaus Kost, Begriffe und Macht. Die Funktion der Geopolitik als Ideologie, in: Geographische Zeitschrift, 74 (1986), 1, S. 14–30; so auch Salewski, Geopolitik (wie Anm. 10), S. 379.

13 Siehe Salewski, Geopolitik (wie Anm. 10), S. 357; vgl. auch National Defence Minister´s Staff (wie Anm. 10). Erweiternde Aspekte in den Tagungsbänden der von der griechischen Marine durchgeführten Pelagic-Meetings der Jahre 1999, 2000 und 2001. Allerdings muß darauf hingewiesen werden, daß das vierte Heft der Geographischen Zeitschrift des 81. Jahrganges im Jahr 1993 als Themenschwerpunkt die »Herausforderungen für die Politische Geographie« gewählt hatte. Julia Lossau, Anders Denken. Postkolonialismus, Geopolitik und Politische Geographie, in: Erdkunde, 54 (2000), 1, S. 157–168; Paul Reuber, Die Politische Geographie als handlungsorientierte und konstruktivistische Teildisziplin. Angloamerikanische Theoriekonzepte und aktuelle Forschungsfelder, in: Geographische Zeitschrift, 88 (2000), 1, S. 36–52; Günter Wolkersdorfer, Politische Geographie und Geopolitik zwischen Moderne und Postmoderne, Heidelberg 2001 (= Heidelberger Geographische Arbeiten, Bd 111); Politische Geographie. Handlungsorientierte Ansätze und Critical Geopolitics, hrsg. von Paul Reuber und Georg Wolkersdorfer, Heidelberg 2001 (= Heidelberger Geographische Arbeiten, Bd 112).

14 Zu erwähnen ist der jüngst erschienene Doppelband: Geopolitik. Grenzgänge im Zeitgeist, hrsg. von Irene Dieckmann, Peter Krüger und Julius H. Schoeps, Bd 1.1: 1890 bis 1945; Bd 1.2: 1945 bis zur Gegenwart, Potsdam 2000 (= Neue Beiträge zur Geistesgeschichte, Bde 1.1 und 1.2).

15 In dieser Vorgehensweise zeigt sich auch keineswegs ein neuer »alter Ungeist«, der mit einer »modernen« Geopolitik verbunden sei, so wie Hans-Ulrich Wehler vermutete. Salewski hat darauf treffend hingewiesen: Salewski, Geopolitik (wie Anm. 10), S. 358, dort unter Bezugnahme auf Hans-Ulrich Wehler, Politik in der Geschichte, München 1998, S. 92–98. Zu meinem Ansatz siehe auch Dirk van Laak, Von Alfred T. Mahan zu Carl Schmitt. Das Verhältnis von Land- und Seemacht, in: Geopolitik (wie Anm. 14), Bd 1.1, S. 257–282.

16 Adelheid Fraas, geb. Voigt (1819–1889), Hoffräulein der jungen griechischen Königin Amalie.

17 Mineraloge und Schriftsteller (1803–1882). Erfinder der Galvanographie.

18 Bayerischer Mundartdichter (1842–1885).

19 Paläontologe und Geologe (1839–1904), Professor in Karlsruhe und München. Förderte die Paläontologie als selbständige Wissenschaft.

20 Zit. nach Jacobsen, Karl Haushofer, Bd 1 (wie Anm. 6), S. 18 (grammatikalisch angeglichen).

21 Charles Bloch, Das Dritte Reich und die Welt, Paderborn [et al.], S. 51, 133.

22 Ebd., S. 335.

23 Peter Hoffmann, Widerstand. Staatsstreich. Attentat. Der Kampf der Opposition gegen Hitler, 4., neu überarbeitete und ergänzte Auflage, München, Zürich 1985, S. 655 f.

24 Karl Haushofer, Weltmeere und Weltmächte, Berlin 1937, zugleich Grundlage dieser Darstellung. Haushofers Buch erschien 1937 sowohl im Andermann-Verlag, Berlin, als auch im Zeitgeschichte-Verlag, Berlin (hier allerdings mit zahlreichen Illustrationen und Karten), der 1941 das Buch erneut herausgab.

25 Haushofer spricht verkürzend nur von Theophos.

26 Originalausgabe: Alfred Thayer Mahan, The Influence of Seapower upon History, 1660–1812, 2 vols., Boston 1890–1892; hier verwendet: Alfred Thayer Mahan, Der Einfluß der Seemacht auf die Geschichte, Bd 1: 1660–1783, 2. Aufl., Berlin 1898, insbes. S. 28–83; Bd 2: 1783–1812, Berlin 1899; wenig geeignet, aber weit verbreitet: Alfred Thayer Mahan, Der Einfluß der Seemacht auf die Geschichte 1660–1812, überarbeitet und herausgegeben von Gustav-Adolf Wolter, Herford 1967.

27 Vgl. Ante, Politische Geographie (wie Anm. 3), S. 167.

28 Vgl. anders interpretierend Michael Salewski, Das maritime Dritte Reich, in: Michael Salewski, Die Deutschen und die See, hrsg. von Jürgen Elvert und Stefan Lippert, Stuttgart 1998 (= Historische Mitteilungen, Beiheft 25), S. 228–245, hier S. 232, sowie in diesem Band.

29 Haushofer, Weltmeere (wie Anm. 24), S. 285; siehe auch den Brief Karl Haushofers an Rudolf Heß vom 22.6.1940 (abgedruckt in: Jacobsen, Karl Haushofer, Bd 2 (wie Anm. 6), S. 432–434.

30 Vgl. Bloch, Das Dritte Reich (wie Anm. 21), S. 49 f.

31 Murphy, The Heroic Earth (wie Anm. 4), S. 244.

32 Siehe Aufzeichnungen Haushofers vom 23.8.1945; abgedruckt in: Jacobsen, Karl Haushofer (wie Anm. 6), S. 334–343, hier S. 342.

33 Vgl. Geoffrey Sloan, Geography, Geopolitics and Strategy. Sir Halford J. MacKinder: The Heartland Theory then and now, in: 3rd Pelagic Meeting 2000: Maritime Power and National Force in the 20th Century, Athens 2001, S. 57–78, hier S. 61.

[34] Vgl. Sönke Neitzel, Weltmacht oder Untergang. Die Weltreichslehre im Zeitalter des Imperialismus, Paderborn [et al.] 2000, S. 115, 128.

[35] Bloch, Das Drittes Reich (wie Anm. 21), S. 54.

[36] Vgl. Andreas Hillgruber, Hitlers Strategie, Politik und Kriegführung 1940–1941, 3. Aufl., Bonn 1993, S. 241; noch deutlicher: Albrecht Haushofer, Die Bedeutung der See für das Werden geschichtlicher Räume, in: Völker und Meere. Aufsätze und Vorträge, hrsg. von Egmont Zechlin, Leipzig 1944, S. 31–47.

[37] Murphy, The Heroic Earth (wie Anm. 4), S. 247.

[38] Schöller, Die Rolle Karl Haushofers (wie Anm. 7), S. 163.

[39] Jacobsen, Karl Haushofer (wie Anm. 6), S. 258–279. Ebenso hat Ratzel die USA aufgrund ihrer wirtschaftlichen Vormachtstellung als Gegner identifiziert; vgl. Neitzel, Weltmacht (wie Anm. 34), S. 94–96. Andreas Dorpalen hat darauf hingewiesen, daß die amerikanische Deutschlandpolitik seit Dezember 1941 als spiegelbildlich zur deutschen Geopolitik zu betrachten sei; siehe Andreas Dorpalen, The World of General Haushofer, New York, Toronto 1942.

[40] Haushofer, Weltmeere (wie Anm. 24), S. 282—283; Jacobsen, Karl Haushofer (wie Anm. 6), S. 268.

[41] Neitzel, Weltmacht (wie Anm. 34), S. 84–86.

[42] Siehe umfangreich Werner Rahn, Reichsmarine und Landesverteidigung 1919–1928. Konzeption und Führung der Marine in der Weimarer Republik, München 1976, S. 22–26 (materielle Begrenzungen), S. 26–33 (personelle Begrenzungen).

[43] Ebd., S. 35–50.

[44] Ebd., S. 208–228.

[45] Gerhard Schreiber, Zur Kontinuität des Groß- und Weltmachtstrebens der deutschen Marineführung, in: Militärgeschichtliche Mitteilungen (MGM), 26 (1979), S. 101–171, hier S. 136–138 (Richtlinien und Ziele der deutschen Marinepolitik vom 22.7.1926); Rahn, Reichsmarine (wie Anm. 42), S. 102–108; Werner Rahn, Vom Revisionskurs zur Konfrontation. Deutsche Marinepolitik und Seestrategie von 1928 bis 1939, in: Der Fall Weiß. Der Weg in das Jahr 1939, hrsg. von Jörg Hillmann, Bochum 2001 (= Kleine Schriftenreihe zur Militär- und Marinegeschichte, Bd 1), S. 67–107, hier S. 69; vgl. Kurt Assmann, Deutsche Seestrategie in zwei Weltkriegen, Heidelberg 1957 (= Die Wehrmacht im Kampf, Bd 12), S. 104: »Im Herbst 1924 trat Admiral Behncke in den Ruhestand. Der Name seines Nachfolgers, Admiral Zenker, ist eng verknüpft mit den Anfängen des Wiederaufbaus einer deutschen Seemacht.«

[46] Rahn, Reichsmarine (wie Anm. 42), S. 212–228; Bernd Remmele, Die maritime Geheimrüstung unter Kapitän z.S. Lohmann, in: MGM, 56 (1997), S. 313–376.

[47] Rahn, Reichsmarine (wie Anm. 42), S. 233–246.

[48] Siehe Rahn, Vom Revisionskurs (wie Anm. 45), S. 73; Assmann, Deutsche Seestrategie (wie Anm. 45), S. 108.

[49] Bundesarchiv-Militärarchiv (BA-MA), N/42-50, fol. 2–5 (Rede Admiral Raeders am 23.1.1928 anläßlich der »Geschichtlichen Woche« in Kiel); Assmann, Deutsche Seestrategie (wie Anm. 45), S. 111 f.

[50] Rahn, Reichsmarine (wie Anm. 42), S. 243–245.

[51] BA-MA, RM/6-62, Reichsmarine, Handakten Chef der Marineleitung, fol. 24: Flaggoffizierbesprechung Dezember 1922: »[...] Wille zum Einsatz der Marine zur Erfüllung der Hauptaufgabe, d.i. Freiheit der der Überseezufuhr dienenden Seehandelsstraßen«.

[52] Gerhard Schreiber, Die Rolle Frankreichs im strategischen und operativen Denken der deutschen Marineführung, in: Beihefte der Francia, Bd 10, Wien, Zürich 1981, S. 167–213, hier S. 173–176.

[53] Rahn, Vom Revisionskurs (wie Anm. 45), S. 88, S. 90; Assmann, Deutsche Seestrategie (wie Anm. 45), S. 119; siehe neuerlich auch Gerd Schultze-Rhonhof, Der Krieg, der viele Väter hatte. Der lange Anlauf zum Zweiten Weltkrieg, München 2003, S. 255; vgl. hierzu die aus der Denkschrift Wolfgang Wegeners in der ersten Auflage seines Buches nicht veröffentlichte Passage, daß Deutschland ganz von der Gunst Englands abhängig sei. »Wenn wir aber wieder einmal als Volk und Staat in Form sind, dann taucht auch wieder das Verlangen nach der See und Seegeltung und mit ihm die Angelsachsen als Gegner auf.« Zit. nach Werner Rahn, Strategische Optionen und Erfahrungen der deutschen Marineführung 1914–1944: Zu den Chancen und Grenzen einer mitteleuropäischen Kontinentalmacht gegen Seemächte, in: Erster Weltkrieg – Zweiter Weltkrieg. Ein Vergleich. Krieg, Kriegserlebnis, Kriegserfahrung in Deutschland, im Auftrag des MGFA

hrsg. von Bruno Thoß und Hans-Erich Volkmann, Paderborn [et al.] 2002, S. 211–240, hier S. 228.

54 Rolf Güth, Die Marine des Deutschen Reiches 1919 bis 1939, Frankfurt a.M. 1972, S. 226 f. – stichpunktartige Aufzeichnungen vom 27.6.1934, die nicht eindeutig zu interpretieren sind; hierzu Rahn, Vom Revisionskurs (wie Anm. 45), S. 87; siehe ergänzend Friedrich Hoßbach, Zwischen Wehrmacht und Hitler 1934–1938, Wolfenbüttel, Hannover 1949.

55 Rahn, Vom Revisionskurs (wie Anm. 45), S. 80.

56 Ebd., S. 80–83. Rahn weist zu Recht darauf hin, daß die Reaktionen Groeners auf die Vorstellungen der Marine nicht nachweisbar sind; daraus leitet sich der hier verwendete Begriff des »Eigenkurses« ab.

57 Ebd., S. 84.

58 Ebd., S. 90, 94.

59 Admiral Erich Raeder hatte sich als Bearbeiter des Themas im Marinearchiv verdient gemacht. 1928 erhielt er für sein zweibändiges Werk die Ehrendoktorwürde der Christian-Albrechts-Universität zu Kiel. Raeder orientierte sich ferner an den Lehren des französischen Seekriegstheoretikers Daveluy. Dessen strategisches Konzept beschrieb, daß ein zur See Schwächerer seine Schutz- und Sicherungsaufgaben neben dem Kampf gegen feindliche Seeverbindungen erfüllen könnte; vgl. ebd.; Michael Salewski, Die deutsche Seekriegsleitung 1935–1945, Bd 1: 1935–1941, Frankfurt a.M. 1970, S. 32–38.

60 Rahn, Vom Revisionskurs (wie Anm. 45), S. 74.

61 Hillgruber, Hitlers Strategie (wie Anm. 36), S. 35; Barbara Zehnpfennig, Hitlers Mein Kampf. Eine Interpretation, 2. Aufl., München 2002, S. 252; Michael Salewski, Marineleitung und politische Führung 1931–1935, in: Die Deutschen und die See. Studien zur deutschen Marinegeschichte des 19. und 20. Jahrhunderts, hrsg. von Michael Salewski, T. 2, Stuttgart 2002 (= Historische Mitteilungen, Beiheft 45), S. 128–174, hier S. 135; Martin van Creveld, Die deutsche Wehrmacht: eine militärische Beurteilung, in: Die Wehrmacht. Mythos und Realität, im Auftrag des MGFA hrsg. von Rolf-Dieter Müller und Hans-Erich Volkmann, München 1999, S. 331–345, hier S. 340; vgl. völlig anders beurteilend Gerhard Bidlingmaier, Einsatz der schweren Kriegsmarineeinheiten im ozeanischen Zufuhrkrieg. Strategische Konzeption und Führungsweise der Seekriegsleitung September 1939 bis Februar 1942, Neckargemünd 1963, S. 11.

62 Vgl. Rahn, Vom Revisionskurs (wie Anm. 45), S. 85, 95 (unter Bezugnahme auf den Befehl Hitlers vom 27.1.1939, daß der »Aufbau der Kriegsmarine allen anderen Aufgaben einschließlich der Aufrüstung der beiden anderen Wehrmachtteile« vorzugehen habe); Assmann, Deutsche Seestrategie (wie Anm. 45), S. 121.

63 Michael Salewski, Das maritime Dritte Reich, in: Die Deutschen und die See (1998) (wie Anm. 28), S. 228–245, hier S. 232; Michael Salewski, Die deutsche Seestrategie des Zweiten Weltkrieges, in: ebd., S. 246–260, hier S. 251 f., 260; vgl. Werner Rahn, Seestrategisches Denken in deutschen Marinen von 1848–1990, in: Seemacht und Seestrategie im 19. und 20. Jahrhundert, hrsg. im Auftrag des MGFA von Jörg Duppler, Herford, Bonn 1999 (= Vorträge zur Militärgeschichte, Bd 18), S. 53–79, hier S. 73; Assmann, Deutsche Seestrategie (wie Anm. 45), S. 206; vgl., zwar dem Denken der Zeit verhaftet, aber mit vergleichbarem Ergebnis Karl Jesko von Puttkamer, Die unheimliche See. Hitler und die Kriegsmarine, Wien, München 1952 (= Dokumente zur Zeitgeschichte, Bd 2); Rahn, Reichsmarine (wie Anm. 42), S. 233–246.

64 Rahn, Vom Revisionskurs (wie Anm. 45), S. 91; Guntram Schulze-Wegener, Deutsche Seestrategie und Marinerüstung, in: Die Wehrmacht (wie Anm. 61), S. 267–282, hier S. 268.

65 Rahn, Reichsmarine (wie Anm. 42), S. 281–286: Denkschrift vom Mai 1929: »Braucht Deutschland große Kriegsschiffe?«, hier S. 284.

66 Erich Raeder, Mein Leben. Von 1935 bis Spandau 1955, T. 2, Tübingen 1957, S. 152 f.

67 Siehe neuerlich das Überblickswerk von François-Emmanuel Brézet, Die deutsche Kriegsmarine. 1935–1945, aus dem Französischen von W.F. Strahno, München 2003, S. 20–43.

68 BA-MA, N/391-2: Rede des Oberbefehlshabers der Kriegsmarine, Generaladmiral Raeder, Anfang Oktober 1938 im OKM, fol. 32.

69 Assmann, Deutsche Seestrategie (wie Anm. 45), S. 123; Bidlingmaier, Einsatz (wie Anm. 61), S. 12.

70 Salewski, Die deutsche Seekriegsleitung (wie Anm. 59), S. 1–90.

71 Vgl. Rolf Güth, Kampfanweisungen Mai 1939, in: Schiff und Zeit, 29 (1989), S. 48–50.

[72] Vgl. die Gedanken zum Kriegseintritt Großbritanniens am 3.9.1939 von Großadmiral Erich Raeder, Lagevorträge des Oberbefehlshaber der Kriegsmarine vor Hitler 1939–1945, im Auftrag des Arbeitskreises für Wehrforschung hrsg. von Gerhard Wagner, München 1972, S. 20 f.

[73] Gerhard Schreiber, Thesen zur ideologischen Kontinuität in den machtpolitischen Zielsetzungen der deutschen Marineführung 1897 bis 1945, in: Militärgeschichte. Probleme – Thesen – Wege, im Auftrag des MGFA ausgewählt und zusammengestellt von Manfred Messerschmidt, Klaus A. Maier, Werner Rahn und Bruno Thoß, Stuttgart 1982 (= Beiträge zur Militär- und Kriegsgeschichte, Bd 25), S. 261–280, hier S. 270.

[74] Sönke Neitzel, Der Bedeutungswandel der Kriegsmarine im Zweiten Weltkrieg, in: Die Wehrmacht (wie Anm. 61), S. 245–266, hier S. 249.

[75] Vgl. Assmann, Deutsche Seestrategie (wie Anm. 45), S. 136 f.

[76] Siehe umfangreich Michael Epkenhans, »Clio«, Tirpitz und die Marine, in: Geschichtsbilder. Festschrift für Michael Salewski zum 65. Geburtstag, hrsg. von Thomas Stamm-Kuhlmann, Stuttgart 2003 (= Historische Mitteilungen, Bd 47), S. 466–485, insbesondere S. 472–475, S. 476 f.; Rahn, Reichsmarine (wie Anm. 42), S. 124; Rahn, Strategische Optionen (wie Anm. 53), S. 219–222; immer noch Gert Sandhofer, Von der preußisch-deutschen Militärgeschichtsschreibung zur heutigen Militärgeschichte, in: Geschichte und Militärgeschichte. Wege der Forschung, hrsg. von Ursula von Gersdorff, Frankfurt a.M. 1974, S. 55–66; siehe zur Abgrenzung zur amtlichen Geschichtsschreibung vornehmlich des Heeres Markus Pöhlmann, Kriegsgeschichte und Geschichtspolitik: Der Erste Weltkrieg. Die amtliche deutsche Militärgeschichtsschreibung 1914—1956, Paderborn [et al.] 2002 (= Krieg in der Geschichte, Bd 12).

[77] Siehe Epkenhans, Clio (wie Anm. 76), S. 478; besonders hervorzuheben das zweibändige Werk: Auf See unbesiegt. 30 Einzeldarstellungen aus dem Seekrieg, hrsg. von Eberhard v. Mantey, München 1921; Auf See unbesiegt. Erlebnisse im Seekrieg erzählt von Mitkämpfern, hrsg. von Eberhard v. Mantey, München 1922.

[78] Siehe Epkenhans, Clio (wie Anm. 76), S. 474 f. unter Bezugnahme auf die Lebenserinnerungen der Admirale Scheer und v. Trotha; S. 477 f. unter Bezugnahme auf das von Erich Raeder verfaßte zweibändige Werk über den Kreuzerkrieg, Der Krieg zur See 1914–1918. Der Kreuzerkrieg in den ausländischen Gewässern, bearb. von Erich Raeder, hrsg. vom Marine Archiv, 2 Bde, Berlin 1922–1923.

[79] Ludwig von Reuter, Scapa Flow. Das Grab der deutschen Flotte, 3. Aufl., Leipzig 1923; Hans Fuchs, Großdeutsche Seemacht, in: Jahrbuch der Kriegsmarine 1940, S. 42–50, hier S. 50: »Ein schönes, großes Wort von [Wolfgang] Wegener sagt: ›Es liegt eine tiefe Symbolik in dem Orte Scapa Flow, an dem unsere Flotte von der See verschwand. Es ist, als ob sie noch im Sterben an der Atlantiktür uns mahnend zeigen wollte, woran es uns gefehlt. Es ist, als ob sie noch im Tod uns die Lehre geben wollte, daß, solange es Seekriegsgeschichte gibt, keine Seemacht, keine Flotte zu irgendeiner Zeit jemals auf der Grundlage eines Verteidigungskrieges mit dem taktischen Willen zur Schlacht gestanden hat, sondern daß Kampf um diese Seeherrschaft Richtschnur war [...] Wenn wir nur bewußt und klar unser ganzes Volk unter den Geist des Atlantiks stellen, dann sind auch die, die Allmutter `See´ zum ewigen Schlaf in ihrem Schoße wiegt, nicht vergeblich gefallen«; Michael Salewski, Selbstverständnis und historisches Bewußtsein der deutschen Kriegsmarine, in: Die Deutschen und die See (1998) (wie Anm. 63), S. 170–190, hier S. 171; Andreas Krause, Scapa Flow. Die Selbstversenkung der wilhelminischen Flotte, Berlin 1999, S. 326, S. 347 f.; dazu erweiternd auch René Schilling, Kriegshelden. Deutungsmuster heroischer Männlichkeit in Deutschland 1813–1945, Paderborn [et al.] 2002 (= Krieg in der Geschichte, Bd 15), S. 552–556. Kapitänleutnant Günter Prien war es in der Nacht vom 13. zum 14.10.1939 gelungen, mit seinem Unterseeboot »U 47« in Scapa Flow einzudringen und den britischen Weltkrieg-I-Veteranen »Royal Oak« zu versenken. Unter dem Eindruck, so die Ehre der deutschen Marine wiederhergestellt zu haben, wurde Priens Erfolg marineintern verstanden und vom nationalsozialistischen Regime propagandistisch aufbereitet.

[80] Siehe Michael Salewski, Skagerrak! 60 Jahre Rückblick, in: Die Deutschen und die See (2002) (wie Anm. 61), S. 74–78.

[81] Gerhard P. Groß, Eine Frage der Ehre? Die Marineführung und der letzte Flottenvorstoß 1918, in: Kriegsende 1918. Ereignis, Wirkung, Nachwirkung, im Auftrag des MGFA hrsg. von Jörg Duppler und Gerhard P. Groß, München 1999 (= Beiträge zur Militärgeschichte, Bd 53), S. 349–365. Die »Todesfahrt der Admiralität« zum Kriegsende 1918 sollte die Flotte in einer

letzten großen Ausfahrt gegen Großbritannien führen. Dabei wurde in Kauf genommen, die Flotte zu verlieren und damit zu opfern, um so eine Grundlage zu schaffen, nach dem Krieg eine neue Flotte errichten zu können; aus dem »Sterben« sollte ein künftiges »Werden« ermöglicht werden. Vgl. v. Trothas Gedanken vom 6.10.1918: »Mit Anstand zu sterben verstehen und damit die Grundlage für einen späteren Wiederaufbau zu schaffen.« Zit. nach Rolf Güth, Die Ära Raeder: »In Schönheit sterben«. Erich Raeders Gedanken zum 3. September 1939, in: Schiff und Zeit, 30 (1989), S. 63−65; siehe Anm. 72. Während des Krieges wurde das Prinzip von »Sieg oder Untergang« mit der Forderung des »Kampfes bis zur letzten Granate« ebenso im Bewußtsein verankert. Siehe hierzu Holger Afflerbach, »Mit wehender Flagge untergehen«. Kapitulationsverweigerungen in der deutschen Marine, in: Vierteljahrshefte für Zeitgeschichte (VfZ), 4 (2001), S. 595−612; vgl. das Geleitwort Erich Raeders im Jahrbuch der Kriegsmarine 1942: »Das zweite Jahr des Großdeutschen Freiheitskampfes steigerte die Anforderungen an die Kriegsmarine und ihren Einsatz auf vielen Kriegsschauplätzen. Im Mittelmeer und Schwarzen Meer, in der Ostsee und im Nördlichen Eismeer, im Atlantik und in fernen Meeren standen ihre Männer und Schiffe gegen seestarke Gegner, stolz auf Erfolge, unerschüttert durch Verluste. Für sie alle gilt die Meldung des Flottenchefs vom Schlachtschiff »Bismarck«: ›Wir kämpfen bis zur letzten Granate. Es lebe der Führer!‹ In solchem Geiste liegt die Gewißheit des Sieges.«

82   Siehe die Auseinandersetzungen um die Denkschrift Admiral Wolfgang Wegeners vom September 1925: »Gedanken zu den Grundlagen unserer Kriegsspiele und Kriegsuntersuchungen« und die daraus resultierende Erweiterung aus dem Jahr 1926: »Die Seestrategie des Weltkrieges«, schließlich die gekürzte, veröffentlichte Ausgabe aus dem Jahr 1929: Wolfgang Wegener, Die Seestrategie des Weltkrieges, Berlin 1929; ausführlich siehe Rahn, Reichsmarine (wie Anm. 42), S. 129 und Rahn, Vom Revisionskurs (wie Anm. 45), S. 75 f., ebenso Gerhard Schreiber, Zur Kontinuität des Groß- und Weltmachtstrebens der deutschen Marineführung, in: MGM, 26 (1979), S. 101−171, hier S. 118−122.

83   Rahn, Reichsmarine (wie Anm. 42), S. 125 f. Der vielzitierte Satz: »Das deutsche Volk hat die See nicht verstanden«, stammt aus der Feder von Tirpitz. Alfred von Tirpitz, Erinnerungen, gekürzte Volksausgabe, Leipzig 1919, S. 203.

84   In Anlehnung an die erstmalig im Jahr 1899 erschienenen (insgesamt 16) »Jahrbücher für Deutschlands Seeinteressen« (»Nauticus«) wurde auf Veranlassung des Oberkommandos der Kriegsmarine der »Nauticus« von 1938 bis 1944 unter der Federführung von Admiral a.D. Hansen erneut herausgegeben. Die Jahrbücher wurden im Verlag Mittler & Sohn (Berlin) herausgegeben. Im Vorwort zum ersten Jahrbuch 1938 formulierte Admiral Hansen, »Über dem Nauticus 1938 steht die Hoffnung, daß er den Weg zum deutschen Volke finden, steht der Wunsch, daß er Herzen und Sinne für die See gewinnen und halten möge.« Der »Nauticus« war gegliedert in die Teile: militärisch-politischer Teil, militärisch-technischer Teil, Handelsschiffahrt und Handelsschiffbau, Luftfahrt und Luftfahrzeugbau, wirtschaftlicher Teil, statistischer Teil. Neben dieser »äußeren Darstellung der Marine« als Selbstbild standen der Öffentlichkeit auch die Jahrbücher der Kriegsmarine zur Verfügung. Hinzuzufügen sind Periodika wie die Marine-Rundschau.

85   Die umfänglichen Briefwechsel dieser Zeit bestätigen diese Einschätzung. Ein Beispiel: Der nach dem Kapp-Putsch entlassene Admiral von Levetzow, der jahrelang in engem Briefkontakt zu Admiral Raeder stand, sorgte als erster (nationalsozialistischer) Polizeipräsident von Berlin für eine Reihe von Straßenumbenennungen, um die Marine in das Bewußtsein der Bevölkerung zu bringen (siehe BA-MA, N/239-36). Im Nachlaß Levetzow finden sich zahllose Belege für die Aktivitäten der »alten« Admiralität, um den »Seegedanken« in die Bevölkerung zu transportieren.

86   1927 wurde der Grundstein für das Marineehrenmal in Kiel-Laboe durch den »Helden vom Skagerrak«, Admiral Reinhard Scheer (in kaiserlicher Uniform), gelegt. Am 30.5.1936, einen Tag vor dem 20. Jahrestag der Skagerrakschlacht, wurde das Ehrenmal in Anwesenheit Hitlers, Teilen der Wehrmachtsgeneralität, Spitzen von Staat und Partei, den Kriegervereinen, der Presse, dem Rundfunk und dem diplomatischen Korps eingeweiht. Erich Raeder formulierte: »Am 20. Jahrestag der Seeschlacht von Skagerrak empfängt das Deutsche Marine-Ehrenmal in Gegenwart des Führers seine Weihe. Das Vermächtnis des Admirals Scheer anläßlich der Grundsteinlegung 1927 hat seine Verwirklichung gefunden: Das Denkmal ist vollendet, die deutsche Seemannsehre wiederhergestellt. Deutschlands schwimmende Wehr erstarkt aufs Neue.« Zit. nach Das Deutsche Marine-Ehrenmal, hrsg. vom Nationalsozialistischen Deutschen Marine-Bund, Berlin [1936].

[87] Jörg Hillmann, Das rote Schloß am Meer, Hamburg 2002, S. 69.

[88] Während des Krieges erschien: Grundlagen Deutscher Seegeltung, im Auftrag des Seegeltungswerkes hrsg. von Walter Lohmann, Ferdinand Dannmeyer, Georg Lauritzen, Berlin 1942. Das Buch wurde unter das Motto Ratzels gestellt:»Auf dem Meere geschehen die großen Schritte, die den Boden der Geschichte erweitern, das Meer erzieht Weltmächte«; weiterhin exemplarisch Hans Alt, Stoffe und Anregungen für die Pflege des Seegeltungsgedankens im Deutsch-Kunde-Unterricht der Haupt- und Volksschule, hrsg. im Auftrag des Oberkommandos der Kriegsmarine von Fregattenkapitän (Ing.) Herbert Preuß, Berlin 1944 (= Wehrgeistige Erziehung zur Kriegsmarine, H. 12); exemplarisch für den akademischen Bereich Ernst Wolgast, Seemacht und Seegeltung. Entwickelt an Athen und England, Berlin 1944; vgl. Epkenhans, Clio (wie Anm. 76), S. 485.

[89] Edward Wegener war der erste deutsche Marineattaché in den USA nach 1955. Sein seestrategischer Ansatz wurde ebenfalls in der Zeitschrift Naval Review (jährliches Sonderheft der U.S. Naval Institute Proceedings) veröffentlicht. Edward Wegener, Die Rolle der Seemacht in unserer Zeit, in: Seemacht. Eine Seekriegsgeschichte von der Antike bis zur Gegenwart, hrsg. von Elmar B. Potter und Chester W. Nimitz, deutsche Fassung hrsg. von Jürgen Rohwer, München 1974, S. 1084–1097; Jörg Duppler, Seemacht, Seestrategie, Seeherrschaft, in: Seemacht und Seestrategie im 19. und 20. Jahrhundert, im Auftrag des MGFA hrsg. von Jörg Duppler, Hamburg, Berlin, Bonn 1999 (= Vorträge zur Militärgeschichte, Bd 18), S. 13–20, hier S. 19; Jörg Hillmann, The Seapower of Germany in the 20th Century. An Illusion or Reality?, in: 3rd Pelagic Meeting (wie Anm. 33), S. 167–170.

[90] Vgl. Edward Wegener, Selbstverständnis und historisches Bewußtsein der deutschen Kriegsmarine, in: Marine-Rundschau (1970), 6, S. 321–340. Als Bezugnahme auf Salewski, Selbstverständnis (wie Anm. 79), Erstveröffentlichung in Marine-Rundschau (1970), 6.

[91] Rahn, Vom Revisionskurs (wie Anm. 45), S. 75.

[92] Wolfgang Wegener, Die Seestrategie des Weltkrieges, Berlin 1929; siehe auch Anm. 82. Mittlerweile auch erschienen in amerikanischer Übersetzung: The Naval Strategy of the World War, translated and with an Introduction and Notes by Holger H. Herwig, Annapolis, MD 1989 (= Classics of Sea Power).

[93] Rahn, Strategische Optionen (wie Anm. 53), S. 228 f.

[94] BA-MA, N/607, Nachlaß Wegener, Schreiben vom 22.6.1933.

[95] BA-MA, N/607-1, Antwortbrief vom 27.6.1933.

[96] Wolfgang Wegener, Die Seestrategie des Weltkrieges, 2. erw. und durchges. Aufl., Berlin 1941, S. 83.

[97] Rahn, Strategische Optionen (wie Anm. 53), S. 226, insbes. zur Quellenherkunft dort Anm. 45.

[98] Vgl. hierzu Rahn, ebd., S. 227.

[99] Vgl. Werner Rahn, Die Kaiserliche Marine und der Erste Weltkrieg, in: Ringelnatz als Mariner im Krieg 1914–1918, hrsg. von Stephan Huck, Bochum 2003 (= Kleine Schriftenreihe zur Militär- und Marinegeschichte, Bd 4), S. 39–89, hier S. 49 f.

[100] Rahn, Strategische Optionen (wie Anm. 53), S. 226; zu den Operationen siehe Rahn, Die Kaiserliche Marine (wie Anm. 99), S. 46 f.

[101] Vgl. Carl-Axel Gemzell, Raeder, Hitler und Skandinavien. Der Kampf für einen maritimen Operationsplan, Lund 1965, S. 57; Holger H. Herwig, Introduction to: Wolfgang Wegener, The Naval Strategy of the World War, Annapolis, MD 1989, S. XV–XVII. Beide Autoren betonen, daß Raeder lediglich die Wegenerschen Thesen übernommen habe und somit »als ein treuer ›Schüler‹ Wegeners« gelte. Vgl. Rahn, Strategische Optionen (wie Anm. 53), S. 227, insbes. Anm. 48. Ich schließe mich der Bewertung Werner Rahns an. Raeders Gedankengänge waren durch seine langjährige Beschäftigung mit dem Kreuzerkrieg während des Ersten Weltkrieges begründet und nachvollziehbar; Die Studien Gemzells haben weitergehenden Niederschlag gefunden, siehe dazu den Beitrag von Sven Tägil, Wegener, Raeder und die deutsche Marinestrategie. Einige Gesichtspunkte hinsichtlich der Bedingungen für Ideenfluss, in: Probleme deutscher Zeitgeschichte, ins Deutsche übersetzt von Christiane Boehnke Sjöberg, Stockholm 1971 (= Lund Studies in International History, Bd 2), S. 77–96. Neuerlich hat der Norweger Rolf Hobson, meines Erachtens in Anlehnung an Gemzell, den Versuch unternommen, den Einfluß Wegeners auf die deutsche Marineführung erneut herauszustellen, mehr noch, Wegener als wissenschaftlichen spiritus rector (in Kontinuität zu Curt v. Maltzahn, Der Seekrieg. Seine geschichtliche Entwickelung [sic!] vom

Zeitalter der Entdeckungen bis zur Gegenwart, Leipzig 1906 (= Aus Natur und Geisteswelt, Bd 99) Karl Haushofers hinsichtlich dessen geopolitischen Seedenkens herauszustellen. Dieser Einschätzung schließe ich mich nicht an, da der Aktenbestand, auf den sich Hobson stützt, diesen weiten Interpretationsansatz nicht rechtfertigt. Vgl. Rolf Hobson, Imperialism at Sea. Naval Strategic Thought, the Ideology of Sea Power, and the Tirpitz Plan, 1875–1914, Boston, Leiden 2002 (= Studies in Central European Histories), S. 284–295.

[102] Vgl. Jacobsen, Karl Haushofer, Bd 2 (wie Anm. 6), S. 432–434.

[103] Salewski, Marineleitung (wie Anm. 61), S. 148; Rahn, Strategische Optionen (wie Anm. 53), S. 229; insgesamt anders beurteilend (und mit zweifelhaftem wissenschaftlichen Ansatz) Carl Dreeßen, Die deutsche Flottenrüstung in der Zeit nach dem Vertrag von Versailles bis zum Beginn des Zweiten Weltkrieges und ihre Darstellung und Behandlung im Nürnberger Prozeß von 1945/46, Diss. phil. Hannover 1999.

[104] »Die neue deutsche Seegrenze läuft nun von den Pyrenäen bis zum Nordkap. Der Zugang zum Weltmeer ist frei. Das einst so stolze britische Weltreich ist im Zusammenbrechen. Das deutsche Volk aber hat nun doch die See verstanden; auch das Meer ist unser Lebensraum geworden.« Zit. nach Salewski, Skagerrak (wie Anm. 80), S. 76.

[105] Jacobsen, Karl Haushofer, Bd 2 (wie Anm. 6), S. 588, 593.

[106] Ebd., S. 8–10.

[107] Williamson Murray, Betrachtungen zur deutschen Strategie im Zweiten Weltkrieg, in: Die Wehrmacht (wie Anm. 61), S. 307–330, hier S. 313.

[108] Siehe ebenso urteilend Creveld, Die Wehrmacht (wie Anm. 61), S. 334 f., 340.

Walter Schwengler

Marine und Öffentlichkeit 1919 bis 1939*

Der Flottenbau der Kaiserlichen Marine vom ersten Flottengesetz (1898) bis zum Beginn des Ersten Weltkriegs wurde von einer Propaganda begleitet, deren Ausmaß alles bis dahin Bekannte bei weitem übertraf. Das Besondere daran war die Tatsache, daß sie von dem 1897 gebildeten Nachrichtenbureau im Reichsmarineamt, mithin einem Organ der staatlichen Exekutive, gestaltet und gelenkt wurde. Mit großem Erfolg setzten einige wenige Marineoffiziere alle an der Jahrhundertwende zur Verfügung stehenden Informations- und Propagandamittel ein, um die Flottenpolitik von Staatssekretär Alfred v. Tirpitz gegenüber der Öffentlichkeit zu erläutern und für ihre Unterstützung zu werben. Die mittelbaren Wirkungen der Tätigkeit des Nachrichtenbureaus im Reichsmarineamt gingen über den Bereich der Marinepolitik, die ja für einige Jahre durchaus die Gesamtpolitik des Deutschen Reiches bestimmte, sogar noch weit hinaus: Durch das Einbeziehen der Öffentlichkeit in die Auseinandersetzungen über die Rüstung wurden sowohl nationalistisch-plebiszitäre Kräfte – vornehmlich im »Deutschen Flotten-Verein« zum Ausdruck kommend – geweckt als auch parlamentarisch-demokratische Kräfte gestärkt. Letztere durch den Umstand, daß der Reichstag aufgrund seines Budgetrechts an öffentlicher Beachtung gewann, obgleich die Tirpitzsche Politik der Flottengesetze und -novellen auf das Äternat und damit auf eine einschneidende Beschränkung der parlamentarischen Mitsprache zielte. Nicht zuletzt förderte das ständige Messen an England und seiner See- und Kolonialpolitik die im deutschen Volk latent vorhandene Anglophobie.

Die Zusammenhänge zwischen Flottenpolitik und Flottenpropaganda in der Ära Tirpitz erforscht zu haben, gehört zu den Verdiensten von Wilhelm Deist. In seiner beachtenswerten Monographie gleichen Titels[1] hat er die Rolle und Bedeutung des Nachrichtenbureaus des Reichsmarineamts beschrieben sowie die Ziele, Methoden und Wirkungen der marineamtlichen Informations- und Propagandapolitik umfassend dargelegt und eingehend analysiert.

Unter dem Eindruck von Deists Arbeit ist verschiedentlich, besonders von historisch interessierten Marineoffizieren, der Wunsch geäußert worden, eine ähnliche Untersuchung auch für die Zeit der Reichs- und Kriegsmarine zu besitzen. Ein solches Desiderat ist natürlich leichter ausgesprochen als befriedigt. Eine einfache Fortschreibung des Vorbildes ist jedenfalls nicht möglich. Denn die Marine verlor 1919 ihre Selbständigkeit als ein oberstes Staatsorgan und wurde zu einem Teil der Reichswehr. Darüber hinaus wurde die Öffentlichkeitsarbeit in einer dem Minister direkt unterstehenden Abteilung auf Reichswehrebene zentralisiert. Dabei blieb es auch zur Zeit der Wehrmacht.

Doch auch die Öffentlichkeitsarbeit der Reichswehr und der Wehrmacht, ihre Methoden, Inhalte und Ziele, haben in der Wissenschaft bisher nur geringe Beachtung gefunden. Das liegt zweifellos zuvorderst an dem Umstand, daß nur verschwindend wenige Sachakten erhalten geblieben sind. Dennoch lassen sich aus den Aktensplittern und verstreuten Aktenstücken in diversen Beständen die Organisation der Öffentlichkeitsarbeit, ihre Ziele und Inhalte in den wesentlichsten Umrissen rekonstruieren. In dieser Hinsicht Kärrnerarbeit geleistet zu haben, ist Manfred Messerschmidt zu danken. In seiner 1969 für das Bundesministerium der Verteidigung angefertigten, unveröffentlichten Studie »Organisation und Entwicklung der ›Öffentlichkeitsarbeit‹ in Reichswehr und Wehrmacht«[2] hat er vornehmlich die Evolution der Organisation aufgezeigt, aber auch eine erste überzeugende Einordnung der Öffentlichkeitsarbeit der bewaffneten Macht in die Militärgeschichte der Zwischenkriegszeit vorgenommen. Bei diesem Schwerpunkt ist nur zu verständlich, daß Messerschmidt »der Marine« bzw. der Öffentlichkeitsarbeit in Marinefragen kaum Aufmerksamkeit geschenkt hat. Doch finden sich hierzu wertvolle Aussagen in den einschlägigen Arbeiten von Jost Dülffer[3]. Beiden Autoren verdankt der Verfasser viel für die nachfolgende Skizze der Organisation der Öffentlichkeitsarbeit der Reichs- und Kriegsmarine, ihren Zielen und Inhalten sowie ihren hauptsächlichen Adressaten.

Ergänzend sei auf Arbeiten hingewiesen, welche das erschreckende Ziel der regierungsamtlichen – einschließlich der militärischen – Öffentlichkeitsarbeit nach der Machtergreifung der Nationalsozialisten offenlegen: die Vorbereitung des deutschen Volkes auf den Krieg – einen Krieg, der sich aufgrund der maßlosen Ziele Adolf Hitlers zwangsläufig zum Zweiten Weltkrieg entwickeln mußte. Jutta Sywottek hat diese Intention mit der Darstellung des Propagandaapparats und der Propagandaaktionen zur Unterstützung der deutschen Expansionspolitik in der unmittelbaren Vorkriegszeit nachgewiesen[4]. Eine noch umfassendere Schau bietet Wolfram Wette, der in seinem Beitrag zu »Ursachen und Voraussetzungen der deutschen Kriegspolitik« intensiver als Sywottek die politisch-geistigen Wurzeln der auf den Krieg vorbereitenden Propaganda, nämlich die deutschen militärischen Ideologien, herausgearbeitet und innenpolitische Aspekte der Kriegsvorbereitung einbezogen hat[5].

I. Öffentlichkeitsarbeit der Reichsmarine 1919 bis 1933

1. Organisation und Aufgaben

Für die Öffentlichkeitsarbeit der Marine nach 1919 war bestimmend, daß die Stellung der Reichs- und Kriegsmarine im Staatsgefüge eine andere war als die der Kaiserlichen Marine. Im Kaiserreich war das Reichsmarineamt de jure ein Staatssekretariat, de facto ein Marineministerium, und die obersten Kommandobehörden der Marine unterstanden dem Kaiser als Oberbefehlshaber unmittelbar. Dagegen war die »Vorläufige Reichsmarine«, gebildet durch Gesetz vom 16. April 1919, von Beginn an dem Reichswehrminister unterstellt. Als am 1. Oktober 1919 das Reichswehrministerium aufgrund der Reichsverfassung vom 11. August 1919 und der Verordnung des Reichspräsidenten betreffend die Übertragung des Oberbefehls über die Wehrmacht des Deutschen Reichs vom 20. August d.J. als nunmehr einzige für die Landesverteidigung zuständige Kommando- und Verwaltungsbehörde seine Arbeit aufnahm, verlor die Reichsmarine ihre Selbständigkeit; sie wurde Teil der Reichswehr. Das Wehrgesetz vom 23. März 1921 bestätigte den neuen Status mit den Worten: »Die Wehrmacht der Deutschen Republik ist die Reichswehr. Sie wird gebildet aus dem Reichsheer und der Reichsmarine.«

Der militärische Oberbefehl über die Reichswehr lag in der Hand des Reichspräsidenten. Unter ihm übte der Reichswehrminister Befehlsgewalt über die gesamte Wehrmacht aus. Darüber hinaus besagte § 8 des Wehrgesetzes zur Befehlsführung: »An der Spitze des Reichsheers steht ein General als Chef der Heeresleitung, an der Spitze der Reichsmarine ein Admiral als Chef der Marineleitung.« Dies wurde dahingehend verstanden, daß die beiden Chefs ihren jeweiligen Wehrmachtteil selbständig leiteten und den Reichswehrminister in der Ausübung der Kommandogewalt vertraten[6].

a) Nachrichtenstelle des Reichswehrministeriums (1919 bis 1926)

Die Presse- und Öffentlichkeitsarbeit von Reichsheer und Reichsmarine lag trotz der beiden klar voneinander getrennten Verantwortungsbereiche »Heeresleitung« und »Marineleitung« nicht bei diesen, sondern bei der dem Minister direkt unterstellten »Nachrichtenstelle des Reichswehrministeriums«[7]. Diese Besonderheit erklärt sich aus der Entstehungsgeschichte des Ministeriums. Gustav Noske, Reichswehrminister ab Februar 1919, und Oberst Walther Reinhardt, der demokratisch gesinnte letzte preußische Kriegsminister und erste Chef der Heeresleitung, gaben ihm eine Organisation, die der Stellung des Ministers als dem eigentlichen, weil parlamentarisch verantwortlichen Inhaber der Befehls- und Kommandogewalt über die Reichswehr Rechnung tragen sollte. Darüber hinaus waren sie der Auffassung, daß »der völlig neue Charakter der Wehrmacht und ihre veränderten Aufgaben« – dabei ist etwa an die Stichworte »Berufsarmee« und »Armee in der Demokratie« zu denken – »eine umfassende Fürsorgetätigkeit« für die Angehörigen der Reichswehr notwendig mache. Diese sollte nicht nur die allgemeine und berufliche Weiterbildung der Soldaten fördern, sondern zugleich auch eine »um Vertrauen und Verständnis für die neue Wehrmacht« bemühte Öffentlichkeitsarbeit beinhalten. Um die »Einheitlichkeit der für Heer und Flotte gemeinsamen Arbeit« und eine ständige Zusammenarbeit mit der Presse sicherzustellen, wurde im Reichswehrministerium eine dem Minister direkt unterstellte »Fürsorgeabteilung« gebildet. Diese gliederte sich in die Gruppen »Militärische Fürsorge«, »Pressegruppe« bzw. »Nachrichtengruppe« und »Wirtschaftliche Fürsorge«[8].

Mit der Fürsorgeabteilung unter der Leitung von Oberstleutnant Ernst van den Bergh stand Noske eine Einrichtung zur Verfügung, mit der er nicht nur zur allgemeinen Zufriedenheit der Soldaten beitragen, sondern unmittelbar auf den Geist der Truppe einwirken konnte[9]. Als Generalmajor Hans v. Seeckt nach dem Rücktritt Noskes vom Amt des Reichswehrministers infolge des Kapp-Lüttwitz-Putsches (März 1920) die Möglichkeit hatte, seine Vorstellungen von der Führung der Reichswehr durchzusetzen, wurde die Fürsorgeabteilung aufgelöst und der Aufgabenbereich der Fürsorge der Heeres- bzw. Marineleitung zugeordnet[10]. Nur die Presse- bzw. Nachrichtengruppe, jetzt wohl in »Nachrichtenstelle« umbenannt, blieb als eine die beiden Wehrmachtteile übergreifende und dem Minister direkt unterstehende Einrichtung erhalten. In ihr arbeiteten ständig Heeres- und Marineoffiziere zusammen. Diese »Integration« war angesichts der traditionellen Selbständigkeit von Heer und Marine etwas Neues.

Leiter der Nachrichtengruppe in der Fürsorgeabteilung war Korvettenkapitän Hans Humann, der aufgrund seiner Tätigkeit im Nachrichtenbureau des Reichsmarineamts vor dem Kriege Erfahrung in der Presse- und Öffentlichkeitsarbeit besaß[11]. Dem Vernehmen nach wurde er im Frühjahr 1920 von der Presse aus dem Amt gedrängt[12], jedenfalls erhielt er am 15. Juli 1920 den Abschied[13]. Alles deutet darauf hin, daß Humann in den Kapp-Putsch verstrickt war. Sein Nachfolger als Leiter der Nachrichtenstelle wurde Major Hermann Ritter v. Giehrl.

Zu den Mitarbeitern der Nachrichtenstelle des Reichswehrministeriums gehörten ständig zwei oder drei Seeoffiziere (ein Stabsoffizier, ein bis zwei Subalternoffiziere), die hauptsächlich, aber nicht ausschließlich die Marineinteressen vertraten. Sie wurden von bis zu drei aus dem Marinedienst hervorgegangenen Beamten der gehobenen Laufbahn unterstützt[14]. Zu den Aufgaben des Marinereferates (Referat II der Nachrichtenstelle) gehörten[15]:

1. Bearbeitung aller Marinefragen zur Vertretung in der Presse und Bereitstellung des einschlägigen Materials,
2. Unterrichtung des Chefs der Admiralität bzw. Chefs der Marineleitung (Umbenennung am 15. September 1920) und der Frontstellen von allen die Marine berührenden Angelegenheiten,
3. Auskunfterteilung in speziell maritimen Fragen,
4. Mitarbeit in Angelegenheiten der Admiralität/Marineleitung, soweit Fragen der Presse berührt wurden.

In Wahrnehmung dieser Aufgaben war dem Marinereferenten der direkte Kontakt zur Reichspressestelle, die Vertretung der Reichsmarine auf Pressekonferenzen, die Herausgabe von Pressenotizen und die Verbindung zu Vereinen, Berufs- und Fachverbänden gestattet.

Die Seeoffiziere in der Nachrichtenstelle sollten außerdem die überkommenen, zu Beginn des Krieges eingestellten Publikationen »Marine-Rundschau« und »Nauticus« herausgeben. Dies gelang nur für die »Marine-Rundschau«, die ab 1921 wieder regelmäßig als »Monatsschrift für Seewesen«, so ihr Untertitel, herauskam[16]. Dagegen konnte der »Nauticus. Jahrbuch für Deutschlands Seeinteressen« nur auf privater Basis fortgeführt werden. Das Jahrbuch erschien unregelmäßig und zwar 1923 (17. Jahrgang hrsg. von Vizeadmiral a.D. Hollweg) sowie 1926, 1928 und 1936 (18. bis 20. Jahrgang hrsg. von Fregattenkapitän a.D. Scheibe). Erst 1938 wurde der »Nauticus« wieder offiziell, nämlich »auf Veranlassung des Oberkommandos der Kriegsmarine«, herausgegeben[17].

b) Wehrmachts-Abteilung (1926 bis 1933)

Trotz ihrer Zuständigkeit für die Öffentlichkeitsarbeit der gesamten Reichswehr erwuchs der Nachrichtenstelle im eigenen Ministerium eine Konkurrenz: die Gruppe T.1.III, zuständig für die »Innere Lage«, im Truppenamt der Heeresleitung. Der Geschäftsverteilungsplan des Reichswehrministeriums vom Juni 1921 spezifizierte ihre Obliegenheiten wie folgt: »Nachrichtenverwertung. Bünde. – Beschwerde[n] über die Truppe. Ausnahmezustand, militärpolitisches Material für die gesetzgebenden Körperschaften. – Militärpolitische Angelegenheiten, Presse[18].« Diese Angaben, so dürftig sie auch sind, lassen die Aussage zu, daß T.1.III mit der Beobachtung und Bewertung der innenpolitischen Lage befaßt war und daß ihre militärpolitische Tätigkeit von der Abschirmung der Reichswehr bis hin zu deren Einsatz im Innern reichte. Die Presse- und Öffentlichkeitsarbeit stand mit größter Wahrscheinlichkeit hinter diesen Arbeitsfeldern zurück[19].

Leiter der T.1.III war Major Kurt v. Schleicher, der spätere Reichskanzler (Dezember 1932/Januar 1933). Schon im Ersten Weltkrieg dienstlich mit politischen Fragen in Berührung gekommen, gelangte er in die große Politik, als ihn Generalleutnant Wilhelm Groener unmittelbar nach seiner Ernennung zum Ersten Generalquartiermeister der Obersten Heeresleitung am 26. Oktober 1918 als Mitarbeiter zu sich rief[20]. Bei der Bildung des Reichswehrministeriums wurde Schleicher wie selbstverständlich Leiter der zur Bearbeitung innen- und militärpolitischer Fragen eingerichteten Gruppe T.1.III. Die Tätigkeit dieser Gruppe war von Anfang an von beachtlicher politischer Bedeutung[21]; diese wuchs noch, als Reichspräsident Friedrich Ebert am 8. November 1923 dem Chef der Heeresleitung, General der Inf. v. Seeckt, die vollziehende Gewalt im gesamten Reichsgebiet übertrug. Schleicher wurde zum engsten politischen Berater des Generals, stets bemüht, diesen von der Versuchung abzuhalten, selbst die Macht zu übernehmen[22]. Im Laufe des Jahres 1924 kühlte sich das gute Verhältnis zu Seeckt wegen mancher Meinungsverschiedenheiten langsam ab[23]. Eine Entfremdung trat jedoch erst ein, als Schleicher 1925 dem Wunsch des Generals, dessen Kandidatur für das Amt des Reichspräsidenten tätig zu unterstützen, nicht nachkam[24]. Dies bedeutete kein Hindernis für den weiteren Aufstieg des im Dezember 1923 zum Oberstleutnant beförderten Offiziers, weil er mit dem Reichswehrminister auf gutem Fuß stand. Denn Schleicher teilte die Abneigung Seeckts gegenüber Otto Geßler nicht und diente diesem ebenso loyal wie seinem militärischen Vorgesetzten[25]. Diese Haltung zahlte sich aus: Als Geßler zum 1. Februar 1926 die Gruppe T.1.III aus dem Truppenamt herauslöste und mit der Nachrichtenstelle zusammenlegte, betraute er Schleicher mit der Leitung der dadurch gebildeten, dem Minister direkt unterstellten Wehrmachts-Abteilung[26] und beförderte ihn schon einen Monat später zum Oberst.

Über den Hintergrund dieser wichtigen Änderung in der Organisation des Reichswehrministeriums ist nichts Sicheres bekannt. Man wird jedoch mit der Annahme nicht fehlgehen, daß Geßler mit der Umorganisation bezweckte, seine

Stellung als politisch verantwortlicher Minister zu stärken und den Einfluß des Chefs der Heeresleitung auf politische Fragen zurückzudrängen[27].

Der vom Minister persönlich gezeichnete Organisationserlaß vom 28. Januar 1926 war hinsichtlich der Marine eigenartig unscharf. Er besagte, daß »das [dem] Arbeitsgebiet der T.1.III für das Heer [...] entsprechende der Marine« in der Wehrmachts-Abteilung (W) aufgehe und daß neben »sämtlichen Angehörigen« der Nachrichtenstelle und der Gruppe T.1.III auch »die entsprechenden Bearbeiter der Marineleitung nach Anweisung des Chefs der Marineleitung« zu der neuen Abteilung überzutreten hätten[28]. Dieser gab jedoch nur den – erstmals in der Rangliste der Reichsmarine vom 1. November 1925 aufgeführten – Verbindungsoffizier der Marineleitung zum Truppenamt der Heeresleitung, Kapitänleutnant Hans Langsdorff, an W ab[29].

Die Wehrmachts-Abteilung behielt die Aufgaben der Nachrichtenstelle und der Gruppe T.1.III. Sie übernahm darüber hinaus die Bearbeitung aller politisch- parlamentarischen Angelegenheiten der Reichswehr und aller politischen Fragen, welche die Funktion des Reichswehrministers als Mitglied der Reichsregierung betrafen. Sie war gleichzeitig die bearbeitende und mitprüfende Stelle des Chefs der Heeresleitung und des Chefs der Marineleitung für alle das Heer bzw. die Marine betreffenden Angelegenheiten ihres Arbeitsgebiets und insoweit diesen unterstellt[30]. Der Chef der Marineleitung, Admiral Hans Zenker, verfügte präzisierend, daß die Wehrmachts-Abteilung »als meine bearbeitende Stelle für militärpolitische Angelegenheiten die Mitwirkung der entsprechenden Abteilungen in allen deren Arbeitsgebiet berührenden Fragen sicherzustellen« habe. Er ermächtigte den Chef des Marine-Kommandoamts, von sich aus eine Unterrichtung durch W anzufordern[31].

In der neu gebildeten Wehrmachts-Abteilung arbeiteten Heeres- und Marineoffiziere nicht mehr allein in Fragen der Öffentlichkeitsarbeit, sondern in allen politischen Angelegenheiten zusammen. Die Bedeutung ihrer Tätigkeit ist nicht zu unterschätzen, bestimmten sie doch maßgeblich die Rolle der Reichswehr im Staat. Der Einfluß ihres Leiters, Oberst v. Schleicher, war ungewöhnlich groß; er reichte bis in die Reichs- und in die Präsidialkanzlei[32]. Die Wehrmachts-Abteilung und ihr Leiter gewannen noch an Status und Bedeutung, als der Reichswehrminister mit Erlaß vom 30. November 1927 anordnete, daß alle für das Reichskabinett oder die gesetzgebenden Körperschaften bestimmten Vorlagen ihr vor Abgang zuzuleiten seien[33].

Diesen Zustand gibt der Geschäftsverteilungsplan vom August 1928 wieder. Der »Gruppe Marine« der Wehrmachts-Abteilung, die aus vier bis fünf Seeoffizieren (zwei Stabs- und zwei bis drei Subalternoffiziere) unterstützt von einem oder zwei Beamten der gehobenen Laufbahn bestand, oblag zur Bearbeitung:

»1) Innenpolitische Fragen der Reichsmarine.
2) Angelegenheiten betr. § 36, 37 des W.G. (Politische Betätigung, Teilnahme an Veranstaltungen von Bünden und Vereinen, Musikgestellung, Vereinswesen, öffentliches Auftreten der Wehrmacht).
3) Verfassungsfragen.
4) Angelegenheiten des öffentlichen Rechts politischer Art.

5) Beschwerden über die Reichswehr (Marine), welche von innenpolitischer Bedeutung sind. Zusammenstellung des hierauf bezüglichen Reichstagsmaterials.
6) Bestrebungen zur Zersetzung der Wehrmacht (Marine).
7) Ausnahmezustand.
8) Entsendung von Kommissaren des Reichswehrministers in die Parlamente und ihre Ausschüsse soweit es sich um geschäftsordnungsmäßige Angelegenheiten der Wehrmachtsabteilung handelt.
9) Gutachten in Angelegenheiten des Landesverrats und Verrats militärischer Geheimnisse, die durch die Presse oder im Parlament begangen sind.
10) Presseangelegenheiten (Auswertung der Presse), Versorgung der Presse mit Nachrichten. Veröffentlichungen über die Wehrmacht (Marine) in Wort und Bild (Film). Marine-Rundschau.
11) Zur Mitprüfung:
    a) alle für das Reichskabinett und die gesetzgebenden Körperschaften bestimmten Vorlagen mit Ausnahme der des Haushalts.
    b) Entscheidungen und Verfügungen der Marineleitung über alle Angelegenheiten, welche von innenpolitischer Bedeutung werden können.
    c) Alle Angelegenheiten, die an andere Reichs- bzw. Landesbehörden ausgehen und innenpolitische Bedeutung haben oder bekommen können.
    d) Gutachten der Abwehrabteilung in solchen Angelegenheiten, die von dieser als innenpolitisch bedeutungsvoll angesehen werden.
12) Zur Kenntnisgabe: Laufende Unterrichtung über alle Fragen, welche in der Öffentlichkeit besprochen werden (Übungen und Manöver, Haushaltsfragen, Organisationsfragen)[34].«

Der Erlaß vom 30. November 1927 ermöglichte es Schleicher, mehr und mehr selbst Politik zu treiben. Als Geßler im Januar 1928 vom Amt des Reichswehrministers zurücktrat, setzte sich Schleicher beim Reichspräsidenten für die Ernennung von Generalleutnant a.D. Groener, seinem alten Gönner, zum Nachfolger ein – letztlich mit Erfolg[35]. Der neue Minister wollte mehr Einfluß auf das Militärwesen nehmen als sein Vorgänger, der General v. Seeckt so großen Freiraum gelassen hatte. Groener sah es als seine Obliegenheit an, die Leitlinien für die Militärpolitik und die strategische Planung sowie die Grundsätze für die Führung der Reichswehr zu bestimmen. Er schuf sich das erforderliche Führungsinstrument, indem er am 21. Februar 1929 anordnete, daß alle dem Minister direkt unterstehenden Abteilungen – im einzelnen: die Adjutantur des Ministers einschließlich dem Hauptbüro, die Wehrmachts-Abteilung, die Abwehr-Abteilung und die Rechts-Abteilung – in dem »Minister-Amt« (MA) zusammenzufassen seien. Amtschef wurde Schleicher, seit dem 23. Januar Generalmajor. Er vertrat nunmehr den Minister im Kabinett und im Reichstag »in allen Fragen, die die Herren Chefs der Heeres- und Marineleitung nicht selbst zu vertreten wünschen«[36]. Ein ergänzender Erlaß bestimmte, daß »bei allen Fragen, die militärische Dinge überhaupt nicht berühren«, und »bei den militärischen Fragen, die rein politischer Natur sind«, ausschließlich der Chef des Minister-Amtes für die Vertretung zuständig sei[37]. In konsequenter Fortführung der 1926 begonnenen Entwicklung war das Minister-Amt zur zentralen Abteilung des Reichswehrministeriums geworden, zuständig nicht nur in allen politischen, sondern auch in den grundsätzlichen militärischen Fragen. Die Stellung seines Chefs kam der eines Staatssekretärs gleich[38]. Den Kern des Amtes bildete die Wehrmachts-Abteilung, die für die Bearbeitung wenn nicht aller, so doch der meisten politischen Angelegenheiten zuständig war. In ihr blieb auch die Öffentlichkeitsarbeit zentralisiert.

Die Leitung der Wehrmachts-Abteilung behielt Schleicher zunächst selbst bei, bis diese Funktion Ende 1929 Fregattenkapitän Friedrich Götting übernahm. Dessen Nachfolger wurde 1931 Oberstleutnant Eugen Ott. Als Schleicher Anfang Juni 1932 das Amt des Reichswehrministers zufiel, wurde Oberst Ferdinand v. Bredow zum Chef des Minister-Amtes ernannt. Da er ein Gegner des Nationalsozialismus war, mußte er am 31. Januar 1933 aus der Reichswehr ausscheiden. Bredow wurde ebenso wie Schleicher während des sogenannten Röhm-Putsches ermordet[39].

2. Ziele und Inhalte

Als Major Ritter v. Giehrl im Sommer 1920 die Leitung der Nachrichtenstelle des Reichswehrministeriums übernahm, konnte es für deren Tätigkeit nur eine Devise geben: die Reichswehr aus der Politik, aus dem »Hader des Parteienstaates« herauszuhalten. Denn die Erreichung dieses Zieles bildete die wichtigste Voraussetzung für deren militärischen Aufbau. Darin waren sich Reichswehrminister Geßler, General v. Seeckt und Admiral Paul Behncke, Chef der Marineleitung von 1920 bis 1924, völlig einig[40].

Das Ansehen der Marine war 1920 auf einen absoluten Tiefpunkt gesunken. Hatte die Marine schon im Weltkrieg trotz des Glanzes mancher Einzeltaten die in sie gesetzten hohen Erwartungen nicht erfüllen können, so war sie als Herd der Revolution und aufgrund ihrer Unterstützung des Kapp-Lüttwitz-Putsches völlig in Verruf geraten. Dies äußerte sich in dem Faktum, daß sie im Sommer 1920 sogar um ihre Fortexistenz als selbständiger Wehrmachtteil kämpfen mußte. Die Admiralität bzw. Marineleitung und die Seeoffiziere in der Nachrichtenstelle waren daher bemüht, die unbedingte Notwendigkeit der kleinen Flotte, die der Versailler Vertrag dem Deutschen Reich gelassen hatte, sowohl gegenüber der Reichsregierung und den gesetzgebenden Körperschaften als auch gegenüber der Öffentlichkeit zu begründen und zu verteidigen[41]. Auch nachdem der Fortbestand der Marine gesichert war, hielt dieser Zwang kaum vermindert an, als es darum ging, die finanziellen Mittel für den Ersatz der veralteten Boote und Schiffe zu erhalten.

Eine Chance, das lädierte Ansehen der Marine in der Öffentlichkeit zu heben, sah die Admiralität bzw. Marineleitung in der Erinnerung an die Leistungen der Marine im Kriege. Schon 1919 begann im Marinearchiv eine Gruppe jüngerer, gleichwohl erfahrener Seeoffiziere unter Leitung von Vizeadmiral a.D. Eberhard v. Mantey mit der Arbeit an dem Werk »Der Krieg zur See 1914 bis 1918«. Ziel ihrer Arbeit war, die Operationen und Gefechte der deutschen Seestreitkräfte detailgetreu zu beschreiben und dabei die Leistungen der Verbandsführer, Kommandanten und Besatzungen herauszustellen. Unzulänglichkeiten und Fehlern sollte mit Verständnis begegnet, den Schöpfern der Flotte, insbesondere also Großadmiral Tirpitz, gebührend gedankt werden. Bewußt wurden die fachlichen und wissenschaftlichen Nachteile einer solchen Konzeption dem Ziel untergeordnet, mit dem Werk die Berechtigung, ja Notwendigkeit einer deutschen Flotte nachzuweisen und die geistigen Grundlagen für deren zukünftigen Wiederaufbau zu legen[42]. In diesem Bemühen wurde die offizielle Geschichtsschreibung durch eine große Zahl von Publikationen inaktiver Marineoffiziere unterstützt.

Aber unter den verabschiedeten Offizieren gab es auch gewichtige Gegenstimmen. Sie wurden offiziell und inoffiziell durchaus ernst genommen, nicht nur weil sie die Bemühungen um eine an der »Tirpitz-Linie« ausgerichtete Traditionsbildung erschwerten, sondern auch weil sie als Gefahr für das Ansehen und die Entwicklung der Reichsmarine betrachtet wurden. In der Tat sah sich die Admiralität bzw. Marineleitung veranlaßt, auch bei den »alten Kameraden«, die sich in einer großen Zahl von Marinevereinen (vornehmlich Unteroffiziere und Mannschaften), in der »Marine-Offizier-Hilfe« bzw. dem »Marine-Offizier-Verband« und in den Skagerrak-Gesellschaften lose zusammenfanden, für die Beibehaltung und den Wiederaufbau einer deutschen Marine zu werben. Dies erwies sich als nicht gut möglich, ohne die Belastungen auszuräumen, die sich aus den tiefen Meinungsverschiedenheiten über die politischen Veränderungen in Deutschland seit dem Herbst 1918 ergeben hatten. Die Marineführung hatte ja ebenso wie die Mannschaften Politik gemacht, beide mit unterschiedlichen Motiven und Absichten. Während der Weimarer Republik gelang es nicht, diese Differenzen zu überbrücken, sondern nur sie zu neutralisieren, nicht zuletzt in der Hoffnung auf eine bessere, selbstredend auch maritime Zukunft[43]. Darüber hinaus erwies sich eine Zusammenarbeit zwischen Marine und Marinevereinigungen auch deshalb als schwierig, weil in den Vereinigungen nicht selten monarchisch-konservative oder nationalistisch-reaktionäre Anschauungen zum Ausdruck kamen, welche den republikanisch-demokratischen Staat diskreditierten und seinen Bestand gefährdeten.

Etwa Mitte der zwanziger Jahre hatten sich die Reichswehr und ihre Marine konsolidiert. Die Flotte fuhr, wenn auch überwiegend mit alten Booten und Schiffen, wieder zur See; neue Boote und Schiffe waren bei den Werften bestellt. Stimmungsmäßig wich Niedergeschlagenheit der Zuversicht[44]. Die für die erste Phase der Öffentlichkeitsarbeit charakteristische Einigelung wurde aufgegeben. Das Reichswehrministerium nahm eine für den Wehr- und Marinegedanken werbende Öffentlichkeitsarbeit auf[45]. Die Kontakte zu den Wehr- und Marineverbänden wurden vertieft, die Marine zeigte auch an Land wieder Flagge. Man erinnerte an die siegreichen Taten im »Großen Krieg«; insbesondere der Jahrestag der Skagerrakschlacht wurde festlich begangen. Ganz selbstverständlich setzten die Städte Emden, Königsberg, Karlsruhe, Köln, Leipzig und – schon im Dritten Reich – Nürnberg die erst zu Beginn des Jahrhunderts begründete Übung fort, die Patenschaft über Schiffe der Flotte zu übernehmen.

Die Marine machte natürlich auch von ihrem attraktivsten Werbemittel Gebrauch, der Einladung zu Mitfahrten auf den Schiffen und Booten der Flotte. Sie ergingen an Mitglieder des Reichstages und des Reichsrates sowie an andere »maßgebliche Persönlichkeiten«, um ihnen einen Eindruck von den Aufgaben und dem Leistungsvermögen der Flotte zu vermitteln. Zugleich hatten die Führer der Marine bei den naturgemäß etwas längeren Aufenthalten der Politiker an Bord eine gute Gelegenheit, ihre Ansichten, Anliegen und Wünsche vorzutragen[46].

Mit der anfänglich aus politischen Gründen gewählten, aber auch wegen knapper finanzieller Mittel auferlegten Zurückhaltung in der offiziellen Öffentlichkeitsarbeit war man in der Marineleitung wenig zufrieden. Hier versuchte Kapitän z.S. Walter Lohmann Abhilfe zu schaffen[47]. Als Leiter der Seetransportabteilung der Marineleitung (1920 bis September 1927) nahm sich dieser Offizier in ganz außergewöhnlicher Weise der Geheimrüstung der Marine, also der vom Versailler Vertrag untersagten Rüstung an – außergewöhnlich hinsichtlich des persönlichen Engagements als auch völlig unkonventioneller Methoden[48]. Schon 1923 hatte Lohmann Verbindungen zur Phoebus-Film A.G., der damals zweitgrößten deutschen Filmgesellschaft, geknüpft. In den folgenden Jahren unterstützte er diese mit Reichsgeldern und vom Reich verbürgten Darlehen in Millionenhöhe. Im März 1926 erreichte er sogar, daß der Reichsfinanz- und der Reichswehrminister sowie der Chef der Marineleitung persönlich eine Bürgschaft zeichneten. Dies zeigt, daß sie Lohmanns Einflußnahme auf die Filmindustrie guthießen. Durch geeignete Filme sollten das Nationalbewußtsein und die Verteidigungsbereitschaft des deutschen Volkes gestärkt, die Notwendigkeit der Landesverteidigung und deutscher Seegeltung aufgezeigt und das Ansehen Deutschlands im Ausland gehoben werden. In der Tat produzierte die Phoebus einige »gut deutsche« Spielfilme, unter denen »Schiff in Not« und »Friesenblut«, beide etwa 1925/26 uraufgeführt, für die Seefahrt warben. Kürzere Streifen, die vermutlich als Vorfilme gezeigt wurden, berichteten von der »Eisexpedition des Linienschiffes ›Braunschweig‹«, von »Stapellauf und Probefahrt der ›Barbara‹« und vom »Besuch des Linienschiffes ›Hessen‹ in Danzig«[49]. Diese von Lohmann geförderten Produktionen waren ganz im Sinne der Marineleitung. Der Verkauf der Phoebus-Film A.G. im Zuge der Liquidation des Lohmann-Imperiums beendete die Liaison. Dies war zu verschmerzen, denn ab 1929/30 wandte sich der deutsche Film von selbst nationalen Themen zu, an der Propagierung von Nationalgefühl, von Vaterlands- und Heimatliebe und auch von soldatischem Heroismus ließ er es nunmehr nicht fehlen[50].

Sehr wahrscheinlich wünschte sich die Marineleitung eine aktivere Öffentlichkeitsarbeit als die von der Nachrichtenstelle bzw. der Wehrmachtsabteilung geleistete. Die Zentralisierung im Ministerium erwies sich zudem dann als hinderlich, wenn spezifische Ressortinteressen eine öffentliche Vertretung wünschenswert erscheinen ließen. Dies zeigte sich sehr deutlich bei dem Rüstungsvorhaben »Panzerschiff«. Die SPD machte es mit dem Slogan »Kinderspeisung statt Panzerkreuzer« zum Hauptthema des Kampfes um die Reichstagswahlen am 20. Mai 1928. Dies war aus der Sicht der Marine mißlich, weil das Panzerschiff mit seinen besonderen militärischen Eigenschaften – schneller als stärkere Gegner, stärker als schnellere Gegner – bis dahin der Öffentlichkeit nicht ausreichend vorgestellt worden war. Daher überwog auch in der Presse lange die Auffassung, der vorgesehene Ersatz für die veralteten Linienschiffe sei militärisch wertlos. Als im Sommer 1928 der Chef der Marineleitung, Admiral Zenker, sich offensiv in die politische Diskussion einschalten wollte, weil er um das Ansehen der Marine fürchtete, wurde er von Schleicher und Groener daran gehindert. Erst wenige Wochen vor der entscheidenden Abstimmung im Reichstag am 16. November 1928 gab Groener seine Zustimmung, den militärischen Wert der Panzerschiffe dem interessierten Publikum zu verdeutlichen. Der Vorwurf einer unzulänglichen Informationsarbeit trifft die Wehrmachts-Abteilung jedoch nicht. Sehr lange ließen erst außenpolitische und dann innenpolitische Rücksichtnahmen eine offensive Propagierung des Projektes »Panzerschiff« nicht zu[51].

II. Öffentlichkeitsarbeit der Reichs- und Kriegsmarine 1933 bis 1938/39

1. Organisation und Aufgaben

Staatsrechtlich gesehen bedeutete der 30. Januar 1933 nicht mehr als die Berufung einer neuen, vom Vertrauen des Reichspräsidenten getragenen Reichsregierung unter der Führung von Adolf Hitler als Reichskanzler. Dieser Vorgang, ein Regierungswechsel wie viele zuvor, hatte noch keine Auswirkungen auf die Wehrverfassung. Die nationalsozialistische Machtergreifung war vielmehr ein Prozeß, in dem die Notverordnungen »Zum Schutze des deutschen Volkes« und »Zum Schutz von Volk und Staat« sowie das »Gesetz zur Behebung der Not von Volk und Reich« (das sogenannte Ermächtigungsgesetz) und das »Gesetz zur Gleichschaltung der Länder mit dem Reich« die wichtigsten Schritte darstellten. Sie zusammen hoben bereits im Frühjahr 1933 wesentliche Teile der Weimarer Reichsverfassung auf. Grundrechte, darunter die Presse-, Meinungs- und Versammlungsfreiheit, waren außer Kraft gesetzt und der staatliche Aufbau des Reiches verändert worden. Einen ersten Abschluß fand der Prozeß der Machtergreifung am 2. August 1934, als nach dem Tode Paul v. Hindenburgs das Amt des Reichspräsidenten mit dem des Reichskanzlers vereinigt wurde. Als Staatsoberhaupt wurde Hitler nun auch Oberster Befehlshaber der Reichswehr.

a) Wehrmachtsabteilung im Ministeramt (1933/34)

Am 30. Januar 1933 ernannte Hindenburg Generalleutnant Werner v. Blomberg zum Reichswehrminister und vereidigte ihn allein, noch vor der Ernennung und Eidesleistung der übrigen Kabinettsmitglieder. Mit diesem ungewöhnlichen, sogar verfassungswidrigen Schritt wollte er anderen Möglichkeiten vorbeugen. Die Betrauung des, wie Hindenburg meinte, »völlig unpolitischen« Generals v. Blomberg mit dem Ministeramt verband er mit dem Wunsch, die Reichswehr aus der Politik herauszuhalten. Von dem neuen Minister, der zusammen mit den konservativen Kabinettsmitgliedern Hitler mäßigen würde, wurde erwartet, daß er die Eigenständigkeit der Reichswehr gegenüber der Nationalsozialistischen Deutschen Arbeiterpartei (NSDAP) und ihren militanten Sturmabteilungen (SA) wahren werde. Chef des Ministeramtes wurde Oberst Walter v. Reichenau, ein als Anhänger des Nationalsozialismus geltender Offizier[52].

Damit ist schon angedeutet, daß die Organisation des Reichswehrministeriums,
auch soweit sie die Öffentlichkeitsarbeit betraf, zunächst unverändert blieb. Der
Umfang der Aufgaben des Ministeramtes nahm freilich aufgrund von Hitlers Politik der geistigen, personellen und materiellen »Wiederwehrhaftmachung«
Deutschlands schnell zu. Insbesondere wurden Absprachen mit der NSDAP und
ihren Organisationen notwendig. Um die »einheitliche Behandlung aller Fragen
von politischer Tragweite« sicherzustellen, ordnete Blomberg am 16. Juni 1933 an,
daß die Wehrmachtsabteilung des Ministeramtes bei allen grundsätzlichen Verhandlungen mit den obersten Reichsbehörden und Spitzenorganisationen zu »beteiligen« sei. Darüber hinaus habe sie auf den folgenden Arbeitsgebieten bei allen
schriftlichen und mündlichen Verhandlungen ausnahmslos »mitzuwirken«: Arbeitsdienst, Geländesport, Jugendertüchtigung, Schulwesen, studentische Wehrarbeit, Wehrwissenschaft und Siedlung[53]. Diese Fragen hatten schon immer zum
innenpolitischen Interessenkatalog der Reichswehr gehört und nun im Rahmen
der »Wehrhaftmachung« besondere Aktualität gewonnen. Mit seinem Erlaß wollte
Blomberg erreichen, daß die Interessen der Reichswehr einheitlich und schlagkräftig vertreten werden konnten.

b) Abteilung »Inland« im Wehrmachtamt

Am 12. Februar 1934 wurde das Ministeramt in »Wehrmachtamt« umbenannt.
Dieser Schritt bezweckte mehr als eine Umbenennung; er stellte vielmehr den
halbherzig und wohl schon zu spät unternommenen Versuch dar, den Grund für
eine Führungsorganisation der Wehrmacht zu legen. Die bisherige Wehrmachtsabteilung wurde in die Abteilungen »Landesverteidigung« (L) und »Inland« (J) geteilt. Die Abteilung Landesverteidigung sollte der gesamten Wehrmacht – Heer,
Marine und der als drittem Wehrmachtteil im Aufbau befindlichen Luftwaffe – auf
operativem und organisatorischem Gebiet Anweisungen geben können. Sie hätte
also die Keimzelle für einen Wehrmachtgeneralstab bilden können. Diese Vorstellungen stießen freilich auf den vehementen Widerspruch des Chefs des Truppenamtes bzw. Chefs des Generalstabes des Heeres[54]. Die Abteilung »Inland« im
Wehrmachtamt übernahm die Bearbeitung der spezifisch innenpolitischen Angelegenheiten. Sie war zuständig für die Kabinettssachen und für die Presse- und Propagandaarbeit. Die Abteilung gliederte sich zunächst in drei Gruppen. Die eigentliche Presse- und Propagandaarbeit oblag der Gruppe J III, in der die speziellen
Belange von Heer und Marine in besonderen Untergruppen vertreten wurden[55].

Die Erlasse Blombergs vom 16. Juni 1933 und 12. Februar 1934 waren durchaus konsequent, insbesondere wenn man letzteren dahin versteht, die Vorrangstellung des Reichswehrministers auf innen- und militärpolitischem Gebiet auch
gegenüber dem Reichsminister der Luftfahrt, Hermann Göring, in dessen Verantwortung die Luftwaffe aufgebaut wurde, zu behaupten. Wenn Blomberg bei aller
Anerkennung der neuen Gegebenheiten das institutionelle Interesse der Reichswehr als »alleinigen Waffenträgers der Nation« gegen die Interessen anderer Res

sorts, der NSDAP – durch das »Gesetz zur Sicherung der Einheit von Partei und Staat« vom 1. Dezember 1933 zur Staatspartei geworden – und ihrer Gliederungen durchsetzen wollte, brauchte er dazu ein zentrales Instrumentarium. Dies galt insbesondere für das Gebiet der Öffentlichkeitsarbeit, auf dem durch die Bildung des Reichsministeriums für Volksaufklärung und Propaganda und durch die Reichspropagandaabteilung der NSDAP, beide von Josef Goebbels geleitet, durch das Wehrpolitische Amt der NSDAP sowie durch SA, Nationalsozialistisches Kraftfahr-Korps (NSKK) und Hitler-Jugend viel Konkurrenz und eine nahezu unüberschaubare Gemengelage entstanden waren. Trotz der von Blomberg und Reichenau betriebenen Annäherung der Wehrmacht an den Nationalsozialismus wuchs deshalb der Apparat, die Abteilung »Inland«, unaufhörlich, um der Stimme der Wehrmacht Gehör zu verschaffen[56].

Gemäß dem Geschäftsverteilungsplan vom Oktober 1937 gliederte sich die Abteilung »Inland«, der damals Kapitän z.S. Gustav Kieseritzky vorstand, in fünf Gruppen mit jeweils mehreren Untergruppen[57].

Gruppe I: Innenpolitische und allgemeine Angelegenheiten (Leiter zugleich Verbindungsoffizier zum Stellvertreter des Führers)

In den vier Untergruppen wurden u.a. bearbeitet: Verhältnis zur NSDAP, ihren Gliederungen und Verbänden; politische Lage, Standortangelegenheiten; Vereine; Bünde; Religion, Kirchen, Seelsorge; Kommunismus, Bolschewismus, Hochverrat; Rassefragen; Erbgesundheitspflege; nationalpolitischer Unterricht; Kulturpolitik; Jugenderziehung; allgemeine Angelegenheiten der Wehrmachtteile.

Gruppe II: Organisations- und Rechtsfragen

In den drei Untergruppen wurden u.a. bearbeitet: Mob-Angelegenheiten im Innern; Wehrgesetz; Wehrstrafrecht; Teilnahme der Wehrmacht am Reichsparteitag; Kabinettvorlagen; allg. Wirtschaftsfragen; allg. Rechtsfragen mit politischem Einschlag; Teilnahme der Wehrmacht an öffentlichen Veranstaltungen; Denkmäler und Kriegergräber.

Gruppe III: Pressegruppe

In den sieben Untergruppen wurden u.a. bearbeitet: Grundsätzliche Fragen und Verfügungen über Presse; grundsätzliche Rundfunk-, Bild- und Filmfragen, Presse-Information, Pressenotizen; Pressevortrag, Auswertung in- und ausländischer Presse; Auswertung der militärischen und wehrpolitischen Fachzeitschriften; Herausgabe der Richtlinien für den Unterricht über politische Tagesfragen; Prüfung von Manuskripten und Überwachung des militärpolitischen und wehrgeistigen Schrifttums; [weiterhin mit Blick auf die Marine:] Film und Bild (Marine); Bildarchiv Marine; Marinezeitschriften; Propagandafragen der Auslandsschiffe.

Gruppe IV: Fragen der Propaganda [wechselte noch 1937 zur Abtlg. L]

Gruppe V: Wissenschaften

Bearbeitet wurden u.a. Forschung und Hochschulen; Wehrwissenschaften; wissenschaftliche, organisatorische Beziehungen zum Reichsministerium für Wissenschaft, Erziehung und Volksbildung.

Gliederung und Aufgaben der Abteilung »Inland« zeigen, daß die Wehrmachtführung organisatorische Lösungen anstrebte, die den Gegebenheiten des NS-Staates
entsprachen. Im Wehrmachtamt war die Ansprechstelle für zahlreiche »Partei-
dienststellen« eingerichtet worden.

c) Abteilung »Inland« und Abteilung für Wehrmacht-Propaganda im Oberkommando der Wehrmacht (OKW)

Am 4. Februar 1938 erfolgte die für die Führung der Wehrmacht einschneidendste
Veränderung. Nach der Verabschiedung des Reichskriegsministers und Oberbe-
fehlshabers der Wehrmacht Generalfeldmarschall v. Blomberg in der sogenannten
Blomberg-Fritsch-Krise übernahm Hitler selbst den Oberbefehl über die gesamte
Wehrmacht. Das Wehrmachtamt im Reichskriegsministerium wurde unter Beibe-
haltung seiner Aufgaben als »Oberkommando der Wehrmacht« (OKW) Hitlers
militärischer Stab; sein Chef wurde zum »Chef des OKW«. Er übte in Hitlers
Auftrag die zuvor dem Reichskriegsminister zustehenden Befugnisse aus.

Zum Chef des Wehrmachtamtes war im Oktober 1935 Generalmajor Wilhelm
Keitel ernannt worden. Er befürwortete eine weitere Annäherung der Streitkräfte
an Hitler. War von seinem Vorgänger die Hinwendung zum Nationalsozialismus
als Mittel verstanden worden, das Waffenmonopol der Wehrmacht unter Realisierung der positiv bewerteten »Wehr- und Volksgemeinschaft« zu wahren, so wurden solche – durch Vorbehalte gekennzeichnete – Positionen von Keitel nicht
mehr vertreten. Er sprach sich schon im Januar 1936 für »die bedingungslose, [...]
flammende Hingabe an die Person des Führers und die ebenso bedingungslos
positive Bejahung des Nationalsozialismus im Sinne einer wahren, auf Hingabe,
Beispiel und Opferbereitschaft gegründeten Volksgemeinschaft« aus[58]. Eine
Grundhaltung, die sich mehr und mehr auf die Grundsätze und Ziele der Öffentlichkeitsarbeit ausgewirkt hatte und weiter auswirkte.

Die Abteilung »Inland« gehörte zunächst zur Amtsgruppe Allgemeine Wehr-
machtangelegenheiten (AWA) im Oberkommando der Wehrmacht. Sie erfuhr im
Laufe des Jahres 1938 eine nochmalige Erweiterung ihres Aufgabenbereiches
zwecks Anpassung der Wehrmacht an den NS-Staat. Die Untergruppe Ia hatte
sich nun auch mit der Prüfung der »politischen Zuverlässigkeit von Wehrmachtangehörigen und Bewerbern« und die Untergruppe Ic mit »Bevölkerungspolitik« zu
befassen. Die Gruppe II wurde nach Neuorganisation für die »nationalsozialistische Schulung der Wehrmacht« zuständig. Ihr oblag u.a. die »Verbindung mit den
Schulungsämtern der Partei, ihrer Gliederungen und des Reichsarbeitsdienstes«,
der »nationalpolitische Unterricht auf den Akademien und Schulen«, die Erstellung
von »Richtlinien für den Unterricht über politische Tagesfragen«, die »Auswertung
des weltanschaulichen und nationalpolitischen Schrifttums für die Schulung«. In
der Gruppe III, nunmehr »Presse und Propaganda«, wurde IIId mit der neuen
Aufgabe der »Vorbereitung der Propaganda im Kriege« betraut[59], was eine Über-
schneidung mit Obliegenheiten der Gruppe Ia Prop der Abteilung Landesverteidigung der Amtsgruppe Führungsstab zur Folge hatte.

Bei den militärischen Aktionen anläßlich des »Anschlusses« von Österreich und des Sudetenlandes zeigte sich die Unzulänglichkeit der bisherigen Organisation und der personellen Ausstattung, wenn man die Belange der Streitkräfte im Konkurrenzkampf mit dem Reichsministerium für Volksaufklärung und Propaganda (RMVP) wahren wollte. Major d.G. Hasso v. Wedel, Leiter der Gruppe III von »Inland«, konnte die Aufwertung der Presse- und Propagandaarbeit der Wehrmacht bei Keitel durchsetzen. Am 1. April 1939 wurden die Gruppe »Presse- und Propaganda« und die Gruppe Ia Prop zusammengelegt und der Amtsgruppe Führungsstab (WFA) als selbständige »Abteilung für Wehrmacht-Propaganda« unterstellt[60].

Schon vor Kriegsbeginn hatte mithin die gesamte Presse- und Propagandaarbeit der Wehrmacht, freilich mit weitgehender Ausnahme der Luftwaffe, ihre Spitze im OKW. Sie stand unter der Devise ihres Leiters, des Abteilungschefs Oberstleutnant d.G. v. Wedel, daß der »totale Krieg« die Einheit von politischer, militärischer, wirtschaftlicher und geistiger Kriegführung verlange. Das bedeutete im Falle des Dritten Reiches die Anerkennung der Einheit von Staat, Partei und Wehrmacht. Damit war in den Grundüberzeugungen eine Übereinstimmung mit Goebbels gegeben. Ein zwischen dem OKW und dem Reichsministerium für Volksaufklärung und Propaganda geschlossenes »Abkommen über die Durchführung der Propaganda im Kriege« beruhte auf der Anerkennung der Gleichrangigkeit des Propagandakrieges, verantwortlich vom RMVP zu führen, und des Waffenkriegs[61].

2. Ziele und Inhalte

Parallel mit der Machtergreifung der Nationalsozialisten erhielt die Öffentlichkeitsarbeit der Reichswehr eine neue Ausrichtung. Am 21. November 1933 ordnete der Reichswehrminister an, die Forderung nach Sicherheit und militärischer Gleichberechtigung Deutschlands, also den lange Jahre geführten Kampf gegen den Versailler Vertrag, zurückzustellen und vorrangig folgende Themen in Presse, Bild und Rundfunk zu behandeln: Durchdringung der Wehrmacht mit nationalsozialistischem Gedankengut, Kampf der Reichswehr gegen den Kommunismus in Sachsen, Thüringen und Hamburg im Jahre 1923, Unterstützung der Bevölkerung durch die Truppe (Winterhilfe, Kinderspeisungen, Weihnachtsfeiern) sowie Fürsorgemaßnahmen und Wohlfahrtseinrichtungen innerhalb des Heeres und der Marine[62]. Deutete sich in diesem Programm für die Öffentlichkeitsarbeit schon die Hinwendung zum Nationalsozialismus an, so zeigt sie sich noch klarer in Blombergs Erlaß vom 21. April 1934. In ihm hieß es: »Die Wehrmacht muß im öffentlichen Leben mehr als bisher in Erscheinung treten als *alleiniger* Waffenträger der Nation, als im Sinne der Regierung Hitler *absolut zuverlässig*, als im nationalsozialistischen Denken *planmäßig* erzogen[63].«

Wie auch aus diesem Erlaß ersichtlich wird, befand sich die Reichswehr 1933/34 in einem Loyalitätswettlauf mit den Parteiorganisationen. Hauptziel der Führung war daher, die Glaubwürdigkeit der Reichswehr als Instrument des NS-

Staates und seines »Führers« zu stärken, um diese als Institution abzusichern. Es galt, das Waffenmonopol zu bewahren, das insbesondere dem Heer durch die SA streitig gemacht wurde. Nach der Entmachtung der SA – bekannt unter dem falschen Etikett »Röhm-Putsch« – entfiel diese Gefahr vorübergehend. Doch der Preis war hoch: Aus den kleinen, von der Reichswehr zur Ausschaltung der SA ausgerüsteten SS-Verbänden entwickelte sich wiederum ein mächtiger Konkurrent. Die Reichswehrführung verlor durch ihre Hilfestellung bei der Entmachtung der SA und durch die Hinnahme der Ermordung der Generale v. Schleicher und v. Bredow ihre moralische Integrität und damit ihre Unabhängigkeit. Doch erst mit der Übernahme des Oberbefehls durch Hitler am 4. Februar 1938 gelangte die Wehrmacht vollständig in die Hand des Diktators[64].

Schon unter Blomberg war die nationalpolitische Erziehung der Soldaten forciert worden. Elemente der nationalsozialistischen Weltanschauung hatten Eingang in den politischen Unterricht gefunden. Unter der Führung Keitels wurden Propagierung des Nationalsozialismus und – wie schon erwähnt – des Führerkultes immer stärker.

Der Reichs- und Kriegsmarine war der nationale Kurs sehr sympathisch. Dies kam in der Namengebung für die großen Kampfschiffe deutlich zum Ausdruck. »Bismarck« und »Tirpitz« erinnerten an die Größe des Reiches, die Namen »Scharnhorst«, »Gneisenau«, »Blücher«, »Prinz Eugen« u.a. riefen die soldatischen Traditionen wach. »Admiral Scheer«, »Admiral Hipper« und »Admiral Graf Spee« bezeugten auch den Anspruch auf Seemacht. Im Hinblick auf die Namengebung der Schiffe blieb es allerdings nicht bei der Rückbesinnung auf nationale und militärische Traditionen. Die Hinwendung zum Nationalsozialismus wurde in der Taufe zweier Segel*schul*schiffe auf die Namen »Horst Wessel« und »Albert Leo Schlageter« sichtbar.

Im Marineschrifttum[65] der Jahre nach 1933 dominieren Berichte aus dem Leben der Flotte. Die Seefahrt und ihr Alltag wurden idealistisch überhöht dargestellt. An zweiter Stelle folgen als traditionsbildend beabsichtigte Darstellungen zur deutschen Marinegeschichte von der Hanse bis zum Ersten Weltkrieg. Im Vordergrund standen der Seekrieg 1914 bis 1918, die Schlachten und Gefechte, die Schiffe und ihre Führer, die Tapferkeit der Besatzungen. Die Bejahung des Nationalsozialismus ist offensichtlich, beschränkte sich aber zumeist auf »Verbeugungen«. Indoktrinäre Artikel scheinen selten zu sein, was jedoch durch eine genauere Untersuchung überprüft werden müßte[66].

Dagegen gilt die Erkenntnis als gesichert, daß der 1933 einsetzende Aufbau der Flotte publizistisch verschleiert wurde. Die Pläne der Marineleitung bzw. (seit Januar 1936) des Oberkommandos der Kriegsmarine wurden nicht öffentlich dargelegt. Die Schiffsneubauten wurden gewöhnlich erst anläßlich des Stapellaufs bekannt und erst nach ihrer Indienststellung ausführlicher vorgestellt[67]. Bewußt wurde eine Flottenpropaganda wie vor dem Ersten Weltkrieg verhindert, um in Großbritannien kein Mißtrauen wegen der deutschen Seerüstung zu erregen. Gegenüber der Öffentlichkeit wurde vielmehr der Eindruck erweckt, Maxime der Marinepolitik sei es, eine Gegnerschaft zu Großbritannien zu vermeiden[68]. Dieser wurde durch das Flottenabkommen vom 18. Juni 1935 nachhaltig unterstrichen. Auch Hitler war an einem deutsch-britischen Ausgleich durchaus interessiert, freilich an einer Verständigung, die ihm freie Hand in Osteuropa gelassen hätte.

Der Verzicht auf eine Flottenpropaganda bedeutete aber nicht die Unterlassung maritimer Propaganda schlechthin. Sie sollte nur auf leiseren Sohlen daherkommen, unmerklich, aber wirksam. Zu diesem Zweck wurde Anfang 1934 der »Reichsbund deutscher Seegeltung« (RdS) gegründet. Seine mit staatlichen Geldern geförderte Arbeit galt, da von Hitler ausdrücklich untersagt, nicht der Propagierung der deutschen Aufrüstung zur See. Sie zielte vielmehr darauf ab, das deutsche Volk mit dem Gedanken vertraut zu machen, daß das Dritte Reich einmal eine Seemacht werden müsse.

III. Marinevereinigungen

Bei den Marinevereinigungen zur Zeit der Weimarer Republik lassen sich drei Typen unterscheiden: berufsständische Zusammenschlüsse, Vereine, die sich der Pflege der Kameradschaft und Tradition widmeten, und Vereine, die sich für eine Verbreitung maritimer Ziele in der Öffentlichkeit einsetzten[69]. Im Dritten Reich verlor das deutsche Vereinswesen seine wesentlichsten Merkmale: die Vielgestaltigkeit und den demokratischen Aufbau von unten nach oben. Die »Gleichschaltung« und die Militarisierung des öffentlichen Lebens machte auch vor den Marinevereinigungen nicht halt; die Begeisterung der Jugend für die Seefahrt und die Marine wurde zum Zweck der vormilitärischen Ausbildung mißbraucht.

1. Berufsständische und kameradschaftliche Zusammenschlüsse

a) »Bünde«

Zu Ende des Ersten Weltkrieges spielten berufsständische Vereinigungen der Unteroffiziere und Deckoffiziere der Marine auch politisch eine Rolle. Sie bzw. ihre Mitglieder beanspruchten – im Gegensatz zu den Offizieren –, demokratisch gesinnt und republiktreu zu sein. Beim Kapp-Putsch führte dieses Selbstverständnis zum Eingreifen des Deckoffizierbundes in die Führung der Marinestationen der Ostsee und Nordsee. Die politische Bedeutung der berufsständischen Organisationen schwand mit dem Inkrafttreten des Wehrgesetzes vom 21. März 1921, aufgrund dessen den aktiven Soldaten die Zugehörigkeit zu politischen und gewerkschaftsähnlichen Organisationen verboten wurde. Die Bünde bestanden zwar fort, konzentrierten sich aber wieder auf die Verfolgung der wirtschaftlichen und sozialen Interessen ihrer Mitglieder.

b) Marine-Offizier-Verband

Ende 1918/Anfang 1919 waren auch mehrere Vereinigungen von Marineoffizieren entstanden. Diese sollten die aus der Verkleinerung der Marine sich für den einzelnen Offizier ergebenden wirtschaftlichen und sozialen Folgen mittels Selbsthilfe lindern helfen. Die Vereinigungen gingen überwiegend in der im November 1918 gegründeten »Marine-Offizier-Hilfe« auf, die sich 1922 in »Marine-Offizier-Verband« (MOV) umbenannte. Der Verband wollte eine kameradschaftliche Organisation für alle Marineoffiziere – sowohl die inaktiven wie die aktiven – sein. Er mußte sich deshalb um eine unpolitische Haltung bemühen, auch als die Pflege der Tradition zu einem weiteren Vereinszweck wurde. Dies war angesichts des politischen Spektrums der Mitglieder (am 1. Dezember 1926: 4124, davon 401 aktive Offiziere), das von der Deutschen Demokratischen Partei bis zu den konservativen Rechtsparteien einschließlich der NSDAP reichte, nicht leicht. Da die Vorsitzenden des MOV, die Kapitäne z.S. a.D. Waldemar Krah (1919 bis 1930) und Gustav v. Stosch (1930 bis 1935) aus ihrer Verbundenheit mit der Monarchie und ihrer Sympathie für die politische Rechte keinen Hehl machten, gelang es dem Vorstand nur unter großen Mühen, z.T. mit wohlwollender Unterstützung der Wehrmachts-Abteilung, bis 1933 einen zumindest nach außen hin unpolitischen Kurs durchzuhalten[70]. Im Rahmen der nationalsozialistischen Gleichschaltung des Vereinswesens geriet der Verband dennoch in Gefahr, aufgelöst zu werden.

Neben dem MOV gab es zur Weimarer Zeit auch eine »Vereinigung der Ingenieuroffiziere der Marine« und eine »Vereinigung der Marinezahlmeister«. Beide waren Ausdruck der Tatsache, daß die Marineoffiziere der Kaiserlichen Marine und der Reichsmarine verschiedenen Laufbahnen angehörten und mithin verschiedene Korps mit zum Teil gegensätzlichen Interessen bildeten.

c) Bund Deutscher Marine-Vereine/Nationalsozialistischer
   Deutscher Marine-Bund

Die meisten der in Traditionsverbänden organisierten ehemaligen Angehörigen der Kaiserlichen Marine fanden sich in den Marinevereinen zusammen. Die Vereine waren überwiegend Ende des 19. Jahrhunderts (ältester war der Deutsche Marine-Verein von 1877 zu Hamburg), zum Teil auch erst nach dem Ersten Weltkrieg entstanden. Sie waren lose in einem Dachverband, dem 1891 gegründeten »Bund Deutscher Marine-Vereine« (BDM), zusammengeschlossen[71]. Am 1. Oktober 1924 zählte dieser Bund 271 Vereine zu seinen Mitgliedern, denen wiederum 19 697 ordentliche und 4199 außerordentliche Einzelmitglieder angehörten, vornehmlich ehemalige Mannschaften und Unteroffiziere, aber auch Offiziere. Die Zahl der Vereine und ihrer Mitglieder war ständig im Steigen begriffen. Vorsitzende des Bundes waren 1919 bis 1928 Kontreadmiral a.D. Heinrich Trendtel, von 1928 bis 1933 Vizeadmiral a.D. Bernhard Rösing und ab 1933 Fregattenkapitän a.D. Ernst Hintzmann. Letzterer war Mitglied des Reichstages, 1928 bis 1932 für die Deutsche Volkspartei, 1932 bis 1933 für die Deutschnationale Volkspartei.

Der BDM und die ihm angehörenden Vereine nahmen für sich in Anspruch, unpolitisch zu sein, pflegten jedoch eine nationalistisch-konservativ ausgerichtete Tradition, die ihre Distanz zur Weimarer Republik deutlich demonstrierte. Man bekannte sich zur alten Kriegsflagge und ihren Farben schwarz-weiß-rot, man sandte dem ehemaligen Kaiser Ergebenheitsadressen, in denen Treue bis in den Tod gelobt wurde, man negierte, daß der Anstoß zur Revolution von den Mannschaften der Hochseeflotte ausgegangen war. Der Anspruch Deutschlands auf Seegeltung und Kolonien wurde wach gehalten und ab Mitte der zwanziger Jahre immer offensiver vertreten[72].

Die Machtergreifung der Nationalsozialisten bewirkte für den BDM wie für alle ähnlichen Vereinigungen die sukzessive »Gleichschaltung«, seine Eingliederung in den Führerstaat und seine damit einhergehende Militarisierung. Der Bund trat 1934 dem »Deutschen Reichskriegerbund ›Kyffhäuser‹«, der sich schon Mitte 1933 dem »Neuschöpfer des Reiches, Adolf Hitler«, unterstellt hatte[73], als korporatives Mitglied bei. Am 1. März 1935 bildete sich der BDM auf Anordnung des Reichskriegsministers zum »Nationalsozialistischen Deutschen Marine-Bund« (NSDMB) um. Als solcher unterstand er dem Oberbefehlshaber der Kriegsmarine. Hintzmann, 1937 bis 1938 als Kapitän zur See (E) wieder aktiv, wurde »Bundesführer«, der den ihm unterstellten »Gauführern« und den 1936 etwa 820 Marine-Kameradschaften »Anordnungen« bzw. seit Januar 1938 »Bundesbefehle« erteilte.

Auf Anordnung Hitlers als Oberstem Befehlshaber der Wehrmacht wurde am 18. März 1938 der Reichskriegerbund zum »NS-Reichskriegerbund (Kyffhäuserbund)« umgebildet. Der NSDMB wurde am 30. September 1938 diesem angeschlossen, zugleich aus der Zuordnung zum Oberbefehlshaber der Marine gelöst und dem »Reichskriegerführer« Generalmajor a.D. Wilhelm Reinhard unterstellt. Die Militarisierung des Marinebundes setzte sich fort. Der Beitritt ehemaliger Angehöriger der Kriegsmarine zu den Marinekameradschaften blieb zwar freiwillig, als Mitglieder waren sie aber zum Erhalt ihrer soldatischen Leistungsfähigkeit verpflichtet, wozu »Musterungen«, »Schießdienst« mit Kleinkalibergewehren und »Sportdienst« stattfanden.

Der Marine-Offizier-Verband war 1935 dem NSDMB angegliedert worden. Um seiner Auflösung und damit dem Verlust seines nicht unbeträchtlichen Vermögens zuvorzukommen, ordnete der Oberbefehlshaber der Kriegsmarine an, daß der Name in »Marine-Offizier-Hilfe e.V. im Nationalsozialistischen Deutschen Marine-Bund« (MOH) zu ändern sei und die Aufgaben des Vereins auf die Unterstützung seiner Mitglieder mit Rat und Tat, die Pflege der Überlieferung und die Förderung des Wehrgedankens zu beschränken seien. Männliche Mitglieder der MOH mußten gleichzeitig einer Marinekameradschaft des NSDMB angehören[74].

2. Marine-Hitler-Jugend und Marine-SA

Die Marinevereine im BDM entschlossen sich im Jahre 1925 zum Aufbau von Jugendgruppen, weil sie nicht länger nur Veteranenvereinigungen sein wollten, sondern meinten, auch etwas für die Zukunft Deutschlands und seiner Marine tun zu sollen. 1928 hatten sie schon 4000 Jugendliche angeworben, 1932/33 war die Zahl auf 8000 angewachsen. Die Marinevereine bemühten sich, ihre Jugend zur Liebe zum Vaterland zu erziehen, sportlich zu schulen und in praktischer Seemannschaft auszubilden. Ähnliche Ziele verfolgte auch der Verein »Marinejugend Vaterland«, dem 1932/33 etwa 1000 Jugendliche angehörten[75].

Die Jugendgruppen der Marinevereine (vermutlich auch die »Marinejugend Vaterland«) gingen 1933 in der Staatsjugend des Dritten Reiches auf[76]. Sie bildeten – möglicherweise zusammen mit einigen wenigen Jugendgruppen der Marinestürme der SA[77] – den Grundstock für den Aufbau der Marine-Hitler-Jugend, einer Sonderformation der Hitler-Jugend.

Das Gesetz über die Hitler-Jugend vom 1. Dezember 1936 bestimmte, daß die gesamte deutsche Jugend »außer in Elternhaus und Schule in der Hitler-Jugend körperlich, geistig und sittlich im Geiste des Nationalsozialismus zum Dienst am Volk und zur Volksgemeinschaft zu erziehen« sei. Die weltanschauliche Schulung und die körperliche Ertüchtigung durch Sport standen im Mittelpunkt der Arbeit der gesamten Hitler-Jugend. Eigentliches Ziel der Erziehung der männlichen Jugendlichen vom 10. bis 18. Lebensjahr war es jedoch, die »Wehrfreudigkeit« zu wecken und die »Wehrfähigkeit« zu fördern. Diese sogenannte »Wehrertüchtigung« erfolgte in erster Linie durch »Geländedienst« (Märsche, Übungen zur Orientierung im Gelände, Geländespiele) und durch eine Ausbildung im Schießen mit Luft- und Kleinkalibergewehren. Die »Wehrertüchtigung« ist, auch wenn die Führung der Hitler-Jugend sich bemühte, jugendgemäß auszubilden und jeden Kommiß zu vermeiden, durchaus als vormilitärische Ausbildung zu bewerten, führte sie doch auf den soldatischen Dienst hin[78].

Dies trifft auch für die Marine-Hitler-Jugend zu, die sich als Nachwuchsreservoir für die deutsche Kriegs- und Handelsmarine verstand. Ziel ihrer Arbeit war es, heranwachsende Männer über die durch die Hitler-Jugend generell bezweckte Formung hinaus für den Dienst an Bord von Kriegs- und Handelsschiffen vorzubereiten[79]. Daher sollte jeder 14 bis 16jährige Marine-Hitlerjunge ein Seesportabzeichen erwerben, das Kenntnisse und Fertigkeiten in Seemannschaft, Schiffahrtskunde und Signaldienst abverlangte. Die Ausbildung der Führer der Marine-HJ erfolgte auf zwei »Reichsseesportschulen«. Das Lehrpersonal wurde – insbesondere im Kriege – durch Angehörige des NSDMB und durch Personal der Kriegsmarine unterstützt. Der Marine-HJ gehörten Ende 1938 ca. 50 000 Jungen an, ein verschwindend kleiner Teil der HJ (ca. 1 v.H. ihrer männlichen Mitglieder)[80].

Eine marinespezifische vor- und nachmilitärische Ausbildung – also Ausbildung vor und nach dem Wehrdienst – für 18 bis 45 Jahre alte Männer erfolgte weiterhin in der Marine-SA. Ihre ersten Einheiten sollen im Jahre 1931 in Hamburg und Chemnitz enstanden sein. Ihre Ausbreitung über das gesamte Reichsgebiet soll im Jahre 1933 erfolgt sein, als sich der Personalbestand durch den Übertritt von Männern der allgemeinen SA mit Dienstzeit in der Kaiserlichen Marine oder mit Interesse für die Seefahrt sowie durch die korporative Übernahme der über 18 Jahre alten Jungmänner der Jugendgruppen der Marinevereine wesentlich erhöhte[81]. Die Marine-SA befaßte sich nach der Machtergreifung der Nationalso-

zialisten vornehmlich mit der vormilitärischen Ausbildung. Als nach dem sogenannten Röhmputsch (30. Juni 1934) die SA entwaffnet und ihr die Entwicklung
zur Miliz an der Seite der Reichswehr verstellt wurde, mußte sie sich auf die weltanschauliche Schulung und die allgemeine Wehrertüchtigung ihrer Mitglieder (SA-
Sportabzeichen) beschränken. Ihre Ausbildungsstätten, darunter neun Seesport-
schulen, wurden aufgelöst[82]. Doch in kleinen Schritten gewann die SA ihr altes
Aktionsfeld zurück. Hinsichtlich der Marine-SA enthält ein 1939 erschienener,
vom Stabschef der SA, Viktor Lutze, verfaßter Artikel dazu folgende Informationen:

> »Zur gleichen Zeit [etwa 1936] wurde die Grundlage der SA.-Marineeinheiten wesent-
> lich verbreitert und ein SA.-eigener Verband zur See aufgestellt. Die SA.-Marineschule
> in Düsternbrook und das SA.-Segelschulschiff ›Duhnen‹ bilden hier die Grundlage für
> eine umfassende seemännische und körperliche wehrgeistige Erziehung des Führer-
> und Unterführerkorps der Marine-SA[83].«

Die offizielle Betrauung der SA mit der vor- und nachmilitärischen Ausbildung
der Wehrpflichtigen erfolgte durch Verfügung Hitlers vom 19. Januar 1939. Aus
dem SA-Sportabzeichen, das die drei Übungsgruppen Leibesübungen, Wehrsport,
Geländedienst bzw. für die Marine-SA Wasserdienst umfaßte, wurde das SA-
Wehrabzeichen, das als »Grundlage der vor- und nachmilitärischen Ausbildung«
galt und jährlich abzulegen war[84]. Ende 1938 gehörten von insgesamt 1,31 Mill.
SA-Männern 50 862, also knapp 3,9 v.H. der Marine-SA an[85].

Das Verhältnis der Kriegsmarine zur Marine-Hitler-Jugend darf als wohlwollend interessiert bezeichnet werden, die Marine-HJ wurde ideell und materiell unterstützt. Mit Beginn des Krieges schenkte die Marine ihr noch mehr Aufmerksamkeit. Umgehend wurde mit der Reichsjugendführung eine Vereinbarung getroffen, welche die Ausbildung der jungen Mannschaft nach Marinestandards sicherstellen sollte. Das Verhältnis der Reichs- und Kriegsmarine zur Marine-SA
wurde maßgeblich durch den Umstand bestimmt, daß letztere keine echte Konkurrenz darstellte[86], d.h. sie war nicht in der Lage, die Stellung der Marine im Staat
zu gefährden, wie es dem Heer zunächst durch die SA und später durch die SS
widerfuhr. Bei vielen offiziellen Feierlichkeiten der Marine und sonstigen Anlässen
(Stapelläufe, Kieler Woche u.ä.) waren die »Braunhemden« ebenfalls vertreten – ob
immer zur Freude der Marine ist fraglich. Ein gewisses Spannungsverhältnis hat –
zumindest zu Beginn des Dritten Reiches – bestanden, war doch die Marine ganz
überwiegend konservativ-traditionell, die SA dagegen nationalsozialistisch-
revolutionär eingestellt[87].

3. Vereinigungen zur Propagierung des See- und Flottengedankens

a) Deutscher Flotten-Verein

Die größte und bedeutendste Vereinigung, die vor dem Ersten Weltkrieg den
Flottengedanken und den Flottenbau im deutschen Volk populär gemacht hatte,
war der 1898 gegründete »Deutsche-Flotten-Verein«. Er hatte 1914 über 330 000

Einzelmitglieder. Dazu kamen über 770 000 korporative Mitglieder, also Personen, die aufgrund ihrer Zugehörigkeit zu anderen Vereinigungen oder deren Dachorganisationen, z.B. dem Gesamtverband evangelischer Arbeitervereine Deutschlands (1909 über 100 000 Mitglieder) oder dem Bund Deutscher Marine-Vereine, in Verbindung zum Flottenverein standen[88].

Während des Ersten Weltkriegs sank das Ansehen des Flottenvereins beträchtlich, nicht nur weil dessen Führung im Sinne der offiziellen Kriegspropaganda zum »Durchhalten und Siegen« aufrief[89], sondern weil die Marine die hochgespannten Erwartungen seiner Mitglieder nicht zu erfüllen vermochte. Nach der Niederlage änderte der Verein angesichts der deutschen Ohnmacht zur See seinen Namen in »Deutscher Seeverein«[90]. 1925 hatte dieser nur noch etwa 37 000 Mitglieder mit weiter sinkender Tendenz. In seiner Öffentlichkeitsarbeit konzentrierte sich der »Deutsche Seeverein« zunächst auf die Förderung des Wiederaufbaus der deutschen Handelsschiffahrt. Ab Ende der zwanziger Jahre trat er für die »Wiedergewinnung und Erhaltung der deutschen Freiheit zur See« ein, propagierte also die maritime Wiederaufrüstung. Dies kam auch in der 1931 erfolgten Rückkehr zum alten Vereinsnamen zum Ausdruck.

Im Sommer 1933 suchte die Führung des »Deutschen Flotten-Vereins« die Haltung des neuen Regimes zum Verein kennenzulernen. Denn man war sich bewußt, daß dessen Arbeit unter den veränderten staatlichen Verhältnissen »an sich wohl auch von dem Propaganda-Ministerium zusammen mit dem Reichswehrministerium geleistet werden könnte«[91]. Hitler erklärte jedoch, daß ihm der Flottenverein und seine Ziele seit seiner Jugend vertraut seien und daß dessen Mitarbeit bei seinem Plan, die deutsche Wehrhaftigkeit zur See wiederherzustellen, durchaus erwünscht sei. Er begrüßte die Vorleistungen der Vereinsführung, nämlich deren Absicht, das Führerprinzip einzuführen und zu intensivieren und führende Mitglieder der NSDAP zur Mitarbeit zu gewinnen[92]. Die Führung des Flottenvereins glaubte daher, der Zustimmung und des Wohlwollens Hitlers sicher zu sein. Anläßlich der 35. Hauptversammlung am 2. Juli 1933 in Königsberg sandte sie dem Reichskanzler eine überschwengliche Gruß- und Ergebenheitsadresse. In seinem Danktelegramm gab dieser der Hoffnung Ausdruck, »die Beratungen [mögen] neuen Antrieb geben zur Fortführung der verdienstvollen [!] Arbeit des Vereins um Deutschlands Geltung zur See«[93].

Dennoch konnte sich der Deutsche Flottenverein nicht lange des Wohlwollens des »Führers« erfreuen. Am 2. November 1934 gab Hitler dem Drängen des Reichsinnenministers und des Chefs der Marineleitung nach, den Verein aufzulösen. Der »Führer«, so berichtete Admiral Raeder, sei der Auffassung, daß sich die Verhältnisse seit seiner Stellungnahme Mitte 1933 geändert hätten. Die nationalsozialistischen Organisationen seien nunmehr so weit ausgebaut, daß sie erforderlichenfalls die Propaganda übernehmen und »viel wirksamer ausüben können, als es dem Flottenverein möglich wäre«[94].

Die Gründe, die den Chef der Marineleitung bewogen, dem Flottenverein seine Unterstützung zu entziehen, lassen sich aus den Akten – zumindest den eingesehenen – nicht eindeutig erkennen. Bis in das Jahr 1934 hinein war Admiral Raeder an ihm durchaus interessiert, um so mehr, als Vizeadmiral a.D. Adolf v. Trotha, zu dem er ein recht enges Verhältnis hatte, zu dessen Ersten Vizepräsidenten und am 31. Juli 1934 sogar zu dessen Präsidenten gewählt worden war. Parallel zum Aufstieg des ehemaligen Chefs der Admiralität im Flottenverein war aber auf Initiative desselben (v. Trothas) und des Vorsitzenden des Marine-Offizier-Verbandes, Kapitän z.S. a.D. v. Stosch, der »Reichsbund deutscher Seegeltung e.V.« ins Leben gerufen worden. Dieser war zunächst als eine Dachorganisation aller an Seefahrt und Marine interessierter Vereinigungen konzipiert[95]. Der Flottenverein sollte ihr selbstverständlich angehören. Der Gedanke einer solchen Zusammenfassung war sehr wahrscheinlich in der Marineleitung entstanden, um auf die Formen und den Umfang einer von der Öffentlichkeit getragenen Marinepropaganda Einfluß zu bekommen. Allerdings läßt sich dies aktenmäßig nicht nachweisen. Belegen läßt sich aber, daß Raeder den zögernden Hitler veranlaßte, Trotha zum »Führer« des »Reichsbundes deutscher Seegeltung« zu ernennen[96]. Gegen das mit Drohungen verbundene Verlangen von Reichsinnenminister Wilhelm Frick (NSDAP), den Flottenverein aufzulösen, hätten beide Admirale mit Aussicht auf Erfolg bei Hitler intervenieren können. Statt dessen machten sie die Auflösung des Vereins zu ihrer eigenen Sache. Für Raeder mag dabei bestimmend gewesen sein, daß sowohl Hitler als auch er einen geräuschlosen Aufbau der deutschen Flotte und – zumindest zunächst – gerade keine Flottenpropaganda wünschten, um die Beziehungen zu Großbritannien so wenig wie möglich zu belasten[97].

Gegen die Anweisung, der Flottenverein möge sich »in würdiger Form« selbst auflösen, regte sich erheblicher Widerstand seitens seiner Vorstandsmitglieder, seiner »Führer« auf regionaler Ebene und verschiedener Ortsgruppen[98]. Dennoch beugten sich der Vorstand und die Hauptversammlung und beschlossen am 16. Dezember 1934 die Auflösung des Vereins, da »nach der klaren Willensäußerung des Führers ein anderer Beschluß [...] praktisch nicht in Frage kommen könne«[99]. Für das Unverständnis über die von der Staatsführung erzwungene Liquidation spricht eine auf der letzten Vorstandssitzung gefallene und mit Beifall bedachte Äußerung: »Der Deutsche Flotten-Verein ist unzweifelhaft der nationalsozialistischste Verein, den wir überhaupt gehabt haben. [...] national bis in die Knochen [...] in sozialistischer Beziehung ein Musterverein [...] eine Volksgemeinschaft im wahrsten Sinne des Wortes[100].«

b) Reichsbund deutscher Seegeltung

Wie der Flottenverein stellte sich der »Reichsbund deutscher Seegeltung e.V.« (RdS) die Aufgabe, den Seegedanken im deutschen Volk zu wecken und zu vertiefen[101]. Zunächst als eine Dachvereinigung aller Marinevereinigungen konzipiert, griff er bald nach seiner Gründung[102] weit darüber hinaus in der Absicht, »alle Träger des Seegedankens in weitestem Sinne zusammenzufassen«. Tatsächlich gelang es, nahezu alle Verbände und Vereinigungen, die irgendwie an der See- und Binnenschiffahrt beteiligt oder an ihr interessiert waren, als Mitglieder zu gewinnen. Die Reichsverkehrsgruppen Seeschiffahrt und Binnenschiffahrt mit ihren Fachgruppen (Reeder, Schiffsmakler usw.) schlossen sich dem Reichsbund ebenso an wie die Städte mit See- und Binnenhäfen, die Industrie- und Handelskammern, die Wassersportverbände und auch die evangelische Seemannsmission. Im Jahre 1938 zählte der RdS über 150 Mitglieder, alles Korporationen, denn die Mitgliedschaft von Einzelpersonen war nicht vorgesehen. Übrigens scheint die Mitgliedschaft nicht besonders kostspielig gewesen zu sein, denn der Reichsbund und seine Arbeit wurden überwiegend vom Reichshaushalt getragen und nur zu einem geringen Teil über die Mitgliedsbeiträge finanziert.

Leiter des Reichsbundes war bis zu seinem Tode im Jahre 1940 Admiral a.D. v. Trotha, seit 1935 auch »Ehrenführer« der Marine-HJ. Er war zugleich Vorsitzender des »Führerrates«, also wohl des Vorstandes, des Vereins. In diesem hatte der Oberbefehlshaber der Kriegsmarine Sitz und Stimme, so daß er nicht nur kraft seines Amtes, sondern auch institutionell abgesichert Einfluß auf die Arbeit des RdS nehmen konnte. Damit der Reichsbund seinen Auftrag, den Seegedanken im deutschen Volk zu wecken und zu vertiefen, erfüllen konnte, bedurfte er nicht nur der Unterstützung seiner Mitglieder, sondern des Zuganges zu den Massenorganisationen des NS-Staates, also zur NSDAP, ihren Gliederungen und Organisationen. Nachdem der Stellvertreter des »Führers«, Rudolf Hess, sein Einverständnis zur Zusammenarbeit gegeben hatte, traf der Reichsbund mit verschiedenen Gliederungen und Organisationen der NSDAP »Arbeitsabkommen«, u.a. mit der NS-Kulturgemeinde, der Hitler-Jugend, dem SS-Rasse- und Siedlungshauptamt, der NS-Frauenschaft und der SA. Der RdS verpflichtete sich, seine personellen und materiellen Ressourcen, insbesondere sein »Erziehungs- und Aufklärungsmaterial«, den Gliederungen und Organisationen der NSDAP zur Verfügung zu stellen. Im Gegenzug versprachen diese, sich in allen die Seegeltung betreffenden Fragen auf den Vertragspartner zu stützen, dessen Erziehungs- und Aufklärungsmaterial zu übernehmen und an die Untergliederungen weiterzuleiten.

Die Zusammenarbeit mit den NS-Organisationen sollte jedoch nicht auf die jeweilige oberste Ebene beschränkt bleiben, vielmehr sollte der Seegedanke bis in die letzten Gliederungen aller Formationen und in alle Volkskreise getragen werden. Um sich diesem Ziel zu nähern, bestellte der Reichsbund im Einvernehmen mit dem zuständigen Gauleiter der NSDAP Gaureferenten und Kreisstützpunktleiter. Diesen oblag es, zu den örtlichen Stellen der dem RdS angeschlossenen Verbände und Organisationen und den »Dienststellen der Bewegung« Verbindung zu halten. Vor allem sollten sie dessen »Erziehungsmaterial« wirksam verbreiten. Die Zusammenarbeit mit den »gegebenen Trägern des Seegedankens«, nämlich der Marine-SA, der Marine-HJ, dem NS Deutschen Marine-Bund und den Offizieren der Wehrersatzinspektionen sollte besonders gepflegt werden.

Der RdS erstellte eine umfangreiche Palette von »Erziehungsmitteln«, die wohl zutreffender als Materialien für die politische Schulung zu bezeichnen sind. Vierseitige »Schulungsblätter« zu den Themen »Deutsche Seegeltung«, »Raum – Rohstoffe – Reedereien«, »Skagerrak«, »Seegeltung und Vierjahresplan« u.a.m. wurden in jedem Quartal herausgebracht, in hoher Auflage gedruckt (über 200 000 Stück) und verteilt. Die Reihe »Schriften deutscher Seegeltung« wandte sich an die »Erziehungsträger des Reiches«. Bis 1940 wurden acht Hefte publiziert, u.a. eine »Ge-

schichte deutscher Seegeltung« von Rudolf Krohne. Weiter wurden zu einer gro-
ßen Zahl von Vortragsthemen »Bildbandreihen«, also Dia-Reihen, erstellt, um die
Vorträge illustrieren zu können. Der Presse, insbesondere in der Provinz, wurden
Aufsätze und Matrizen angeboten.

Auch mit Ausstellungen trat der RdS an die Öffentlichkeit. 1935 veranstaltete
er in Berlin die Ausstellung »Seefahrt und Kunst«, 1935/36 zeigte er in Berlin und
verschiedenen schlesischen Städten die Ausstellung »Deutsche Seefahrt vom
3. Jahrhundert bis zum Dritten Reich«. Daneben beteiligte sich der RdS an diversen anderen Ausstellungen, z.B. den Reichskolonialausstellungen.

Die »Erziehungs«- und Schulungsarbeit, die zu behandelnden Themen und ihre
Aussagen, wurden, zumindest wenn es angezeigt erschien, zwischen dem Reichsbund, seinen Mitgliedern und den Organisationen, mit denen Arbeitsabkommen
abgeschlossen worden waren, abgestimmt. Zu diesem Zweck bestand ein dem
stellvertretenden Leiter des RdS, Rudolf Krohne, zugeordneter »Arbeitsausschuß«.
In ihm war neben dem RMVP auch das Oberkommando der Kriegsmarine
(OKM) vertreten. Dieses hatte für 1937 Korvettenkapitän Georg Waue, damals in
der Marinewehrabteilung im OKM tätig, als seinen Vertreter nominiert.

Erwähnenswert erscheint noch, daß der Reichsbund im März 1937 auch ein
wissenschaftliches Institut gründete, das »Seegeltungsinstitut Magdeburg«. Es
sollte sowohl alle Fragen deutscher Seegeltung erforschen bzw. vorliegende Forschungsergebnisse zusammentragen als auch die gewonnenen Erkenntnisse vermitteln, etwa in der Form von Ausstellungen oder in der Unterrichtung von Lehrern. Man glaubte, daß »durch die Gleichstellung und die Einordnung des deutschen Überseegeschehens in Vergangenheit und Gegenwart in das gesamtdeutsche
Geschehen – kultur- und raumpolitisch gesehen – [...] ein neues deutsches Geschichtsbild und ebenso eine deutsche Weltaufgabe aufgezeigt« würden[103].

Zweifellos bemühte sich der Reichsbund, dem deutschen Volk die Bedeutung
der Weltmeere in Vergangenheit und Gegenwart näherzubringen. Sein eigentliches
Ziel scheint gewesen zu sein, die Deutschen an den Gedanken zu gewöhnen, daß
das Dritte Reich eine Weltseemacht werden müsse; denn – so verkündeten
v. Trotha, Raeder u.a.[104] –: »Auf dem Weltmeer entscheiden sich die Geschicke der
Völker.«

Schlußbetrachtung

Worte und Wendungen wie die soeben zitierten finden sich häufig in der maritimen Literatur des Dritten Reiches. Sie belegen, daß die deutsche Marine das Tirpitzsche Erbe als Vermächtnis begriff. Das gilt auch für das Gebiet der Öffentlichkeitsarbeit, auf dem die Reichs- und Kriegsmarine wohl nur zu gerne eine eigenständige, zumindest jedoch aktivere Rolle gespielt hätte. Aber nach der 1919
erfolgten Einbindung der Admiralität bzw. Marineleitung in das Reichswehrministerium, die in Form der teilweisen Überordnung des Oberkommandos der Wehr-

macht über das Oberkommando der Kriegsmarine bis 1945 erhalten blieb, war ihr dies nicht möglich.

Zur Zeit der Weimarer Republik besaß die Marine kein großes Ansehen. In der veröffentlichten Meinung, also in Presse und Publizistik, wehte ihr der Wind stetig ins Gesicht. Gegenan schrieb eine Schar verabschiedeter kaiserlicher Marineoffiziere, während sich die Reichsmarine selbst weitgehend zurückhielt bzw. zurückhalten mußte. Zwar wirkten Marineoffiziere in der Nachrichtenstelle und in der Wehrmachts-Abteilung des Ministeriums an der Gestaltung und Ausformung der Öffentlichkeitsarbeit der Reichswehr verantwortlich mit, aber einen maßgeblichen Einfluß scheinen sie nicht gewonnen zu haben. Selbst in der politischen Auseinandersetzung um den Bau des Panzerschiffes »A« verwehrten Groener und Schleicher der Marineführung eine aktive Rolle. Diese durfte ihre Argumente bezüglich des politischen und militärischen Wertes der Panzerschiffe nicht in die öffentliche Debatte einbringen.

Die Öffentlichkeitsarbeit der Reichswehr war anfänglich von dem Bemühen geprägt, die Streitkräfte aus der Politik herauszuhalten. Mitte der zwanziger Jahre ging sie dazu über, für den Wehr- und Marinegedanken zu werben. Die Führung der Reichsmarine war bestrebt, die kleine Flotte, die der Versailler Vertrag Deutschland belassen hatte, gegen ihre Kritiker zu verteidigen. Als man öffentliche Unterstützung für die kostspielige Erneuerung ihrer größten Einheiten brauchte, wandte man sich den Marinevereinigungen, insbesondere dem Bund Deutscher Marine-Vereine und dem Deutschen Flotten-Verein, verstärkt zu.

Nach dem Machtantritt Hitlers und seiner Partei wurde allen Kritikern der Reichswehr die Möglichkeit genommen, sich vernehmbar zu machen. Die militärische Führung, insbesondere repräsentiert durch Blomberg, Reichenau und Keitel, betrieb eine zügige, zunächst noch mit Vorbehalten versehene, später aber bedingungslose Annäherung der Streitkräfte an den Nationalsozialismus. Auf dem Gebiet der Öffentlichkeitsarbeit war sie bemüht, ihre Organisation den Gegebenheiten des NS-Staates anzupassen. Hinsichtlich Presse- und Propaganda erfolgte letztendlich eine weitgehende Unterordnung unter den Reichsminister für Volksaufklärung und Propaganda.

Die nationalsozialistische Aufrüstungspolitik machte eine öffentliche Unterstützung des Baus der neuen deutschen Kriegsflotte unnötig. Auch wünschten Hitler und Raeder keinerlei Flottenpropaganda, um die Beziehungen zu Großbritannien nicht zu belasten. Der Flottenverein wurde deshalb Ende 1934 als entbehrlich aufgelöst. Da man aber auf eine Werbung für die Seefahrt nicht glaubte verzichten zu können, wurde Anfang 1934 der »Reichsbund deutscher Seegeltung« gegründet. Er trug seine Seegeltungsideologie mittels der nationalsozialistischen Organisationen und Verbände in alle Volkskreise. Ziel seiner Arbeit scheint gewesen zu sein, das deutsche Volk an den Gedanken zu gewöhnen, daß das Dritte Reich eine Weltseemacht werden müsse.

Die Marinevereinigungen auf kameradschaftlicher Basis, vornehmlich der Marine-Offizier-Verband und der Bund Deutscher Marine-Vereine, hatten zur Weimarer Republik kein inneres Verhältnis gefunden. Nach 1933 unterlag der Bund

Deutscher Marine-Vereine der nationalsozialistischen Gleichschaltung und Militarisierung des Vereinswesens. In den Marine-Kameradschaften sollte nicht nur die Tradition der Marine gepflegt, sondern auch »Dienst« zur Erhaltung der soldatischen Leistungsfähigkeit der männlichen Mitglieder betrieben werden. Eine marinespezifische Ausbildung fand in der Marine-Hitler-Jugend und in der Marine-SA statt. Bedeutender war wohl die Marine-HJ, in der männliche Jugendliche auf den Dienst in der Kriegsmarine vorbereitet wurden.

Anmerkungen

* Zuerst erschienen in Militärgeschichtliche Mitteilungen (MGM), 46 (1989), S. 35–59; für den vorliegenden Neudruck ergänzt und überarbeitet.
1 Wilhelm Deist, Flottenpolitik und Flottenpropaganda. Das Nachrichtenbureau des Reichsmarineamtes 1897 bis 1914, Stuttgart 1976 (= Beiträge zur Militär- und Kriegsgeschichte, Bd 17).
2 Manfred Messerschmidt, Organisation und Entwicklung der »Öffentlichkeitsarbeit« in Reichswehr und Wehrmacht. Pressearbeit, Wehrpropaganda, Zensur 1919—1945, masch. Typoskript 1969 (einsehbar in der Bibliothek des MGFA).
3 Jost Dülffer, Weimar, Hitler und die Marine. Reichspolitik und Flottenbau 1920—1939, Düsseldorf 1973, S. 38–58 und 354–369; Jost Dülffer, Die Reichs- und Kriegsmarine 1918—1939, in: Handbuch zur deutschen Militärgeschichte 1648—1939, hrsg. vom MGFA, Bd 4, Abschnitt VIII: Deutsche Marinegeschichte der Neuzeit, München 1979, S. 383–401.
4 Jutta Sywottek, Mobilmachung für den totalen Krieg. Die propagandistische Vorbereitung der deutschen Bevölkerung auf den Zweiten Weltkrieg, Opladen 1976 (= Studien zur modernen Geschichte, Bd 18).
5 Wolfram Wette, Ideologien, Propaganda und Innenpolitik als Voraussetzungen der Kriegspolitik des Dritten Reiches, in: Wilhelm Deist, Manfred Messerschmidt, Hans-Erich Volkmann und Wolfram Wette, Ursachen und Voraussetzungen der deutschen Kriegspolitik, Stuttgart 1979 (= Das Deutsche Reich und der Zweite Weltkrieg, Bd 1), S. 23–173.
6 Hierzu ausführlich Jürgen Schmädeke, Militärische Kommandogewalt und parlamentarische Demokratie. Zum Problem der Verantwortlichkeit des Reichswehrministers in der Weimarer Republik, Lübeck, Hamburg 1966 (= Historische Studien, H. 398), passim, insbes. S. 91–117.
7 Siehe u.a.: Rangliste der Deutschen Reichsmarine für das Jahr 1922, Berlin o.J., S. 1; Rangliste des Deutschen Reichsheeres. Nach dem Stande vom 1. April 1923, Berlin o.J., S. 1.
8 Denkschrift zum Haushaltsplan für 1919 über die Einrichtung des Reichswehrministeriums vom 19.9.1919, abgedruckt in: Schmädeke, Militärische Kommandogewalt (wie Anm. 6), S. 196–199; Geschäftsverteilungsplan der Fürsorgeabteilung im RWM vom 20.10.1919, abgedruckt in: Aus den Geburtsstunden der Weimarer Republik. Das Tagebuch des Obersten Ernst van den Bergh, hrsg. von Wolfram Wette, Düsseldorf 1991 (= Quellen zur Militärgeschichte, Serie A, Bd 1), Dok.Nr. 15; RWM Nr. 18/11.19. F1. vom 6.11.1919, Richtlinien für die Fürsorge in Heer und Marine, ebd., Dok.Nr. 17. Zur Entstehungsgeschichte des Reichswehrministeriums siehe: Schmädeke, Militärische Kommandogewalt (wie Anm. 6), S. 60–87; Wolfram Wette, Gustav Noske. Eine politische Biographie, Düsseldorf 1987, S. 528–543.
9 Siehe dazu Aus den Geburtsstunden (wie Anm. 8), Dok.Nr. 19 und 21.
10 Aufzeichnungen von Oberstlt. van den Bergh zwischen dem 23.3. und 23.5.1920, ebd., S. 141 ff. Verfügung des Reichswehrministers vom 21.5.1920, erwähnt ebd., S. 163, Anm. 168; vgl. Schmädeke, Militärische Kommandogewalt (wie Anm. 6), S. 91–101; Messerschmidt, Organisation (wie Anm. 2), S. 4 f.
11 Deist, Flottenpolitik (wie Anm. 1), S. 301 f. und 323.
12 Messerschmidt, Organisation (wie Anm. 2), S. 7 f.
13 Marineverordnungsblatt 1920, S. 415.
14 Angaben aufgrund der Ranglisten der Reichsmarine für die Jahre 1922 bis 1925.

15 Die folgenden Angaben beruhen auf: Nachrichtenstelle des Reichswehrministeriums Nr. 3460 vom 28.6.1920, Geschäftsverteilung der Nachrichtenstelle, Bundesarchiv-Militärarchiv Freiburg (BA-MA), RM 23/153, Bl. 223–224. Nur unwesentlich verändert in der Drucksache »Geschäfts-Verteilung der Marineleitung (gültig ab 5. Febr. 1921)«, ebd., Bl. 232–244 (243–244).

16 Die Schriftleitung ging 1930 von der Wehrmachts-Abteilung an die Marineleitung (A I) über. Schreiben Registratur W vom 4.6.1930, BA-MA, RM 23/154, Bl. 282. Eine Übersicht über die in der Zeitschrift behandelten Themen bei Max Gunzenhäuser, Die Marine-Rundschau 1921–1944. Bericht und Bibliographie, in: Jahresbibliographie Bibliothek für Zeitgeschichte, 50 (1978), S. 475–516.

17 Zusammenfassender Überblick von Wilhelm Treue, Acht Jahrzehnte NAUTICUS, in: Nauticus, 35 (1980), S. 7–23 (17–19).

18 2. Entwurf der Geschäftsverteilung des Reichswehrministeriums (H.L. und H.V.), undat. (Eingangsstempel Marineverwaltungsamt vom 11.7.1921), ebd., Bl. (11) 12–52 (hier S. 26 des Umdrucks).

19 Vgl. die – teilweise vagen – Ausführungen von Messerschmidt, Organisation (wie Anm. 2), S. 6 f. und 9 f.

20 Siehe zur Tätigkeit Schleichers in der Kriegs- und unmittelbaren Nachkriegszeit die – insgesamt wohl zu stark geglättete – Biographie von Friedrich-Karl von Plehwe, Reichskanzler Kurt von Schleicher. Weimars letzte Chance gegen Hitler, Esslingen 1983, S. 17–38.

21 Ebd., S. 39–42. Schon im Herbst 1921 versuchte Schleicher, im Auftrag des Chefs der Heeresleitung und des Reichswehrministers auf die Bildung bzw. Zusammensetzung der Reichsregierung Einfluß zu nehmen. Hans Meier-Welcker, Seeckt, Frankfurt a.M. 1967, S. 319 und 321.

22 Meier-Welcker, ebd., S. 405–436, insbes. S. 421 f.; Plehwe, Reichskanzler (wie Anm. 20), S. 70–86, insbes. S. 81.

23 Messerschmidt, Organisation (wie Anm. 2), S. 11; ausführlich zu den Divergenzen Plehwe, Reichskanzler (wie Anm. 20), S. 86–93.

24 Plehwe, Reichskanzler (wie Anm. 20), S. 93 f.; Francis L. Carsten, Reichswehr und Politik 1918 bis 1933, Köln, Berlin 1964, S. 225. Zu Seeckts Ambitionen ausführlich Meier-Welcker, Seeckt (wie Anm. 21), S. 462–466.

25 Plehwe, Reichskanzler (wie Anm. 20), S. 50 f. und 96; Heiner Möllers, Reichswehrminister Otto Geßler. Eine Studie zu »unpolitischer« Militärpolitik in der Weimarer Republik, Frankfurt a.M. 1998 (= Europäische Hochschulschriften, Reihe 3, Bd 794), S. 313 und 326.

26 Erlaß Der Reichswehrminister Heer Nr. 670.1.26 T.1.III/Marine Nr. M 350 vom 28.1.1926, BA-MA, RM 23/154, Bl. 129.

27 Meier-Welcker, Seeckt (wie Anm. 21), S. 486 f.; Messerschmidt, Organisation (wie Anm. 2), S. 11; Plehwe, Reichskanzler (wie Anm. 20), S. 98 f.; Möllers, Reichswehrminister (wie Anm. 25), S. 311 f.

28 Wie Anm. 26.

29 Verfügung Der Chef der Marineleitung M I B 350 II vom 11.2.1926, BA-MA, RM 23/154, Bl. 128. Die Unterhaltung eines Verbindungsoffiziers der Marineleitung zum Truppenamt der Heeresleitung ist wohl auch als Indiz für die besondere Relevanz der Tätigkeit von T.1.III auf militärpolitischem Gebiet zu werten.

30 Erlaß des Reichswehrministers vom 28.1.1926 (wie Anm. 26); vgl. Rainer Wohlfeil, Heer und Republik, in: Handbuch zur deutschen Militärgeschichte (wie Anm. 3), Bd 3, Abschnitt VI: Reichswehr und Republik, München 1970, S. 122 f.

31 Verfügung des Chefs der Marineleitung vom 11.2.1926 (wie Anm. 29). Die Kompetenzabgrenzung erwies sich freilich als unzulänglich. Es kam – zumindest zunächst – immer wieder zu Klagen der Wehrmachts-Abteilung, nicht oder nicht rechtzeitig eingeschaltet worden zu sein. Schreiben Reichswehrministerium, Wehrmachts-Abteilung Nr. 3749/28 W. vom 7.5.1928 an alle Ämter der Marineleitung, BA-MA, RM 23/154, Bl. 187–190.

32 Als Beispiel sei auf Schleichers Einflußnahme auf die Regierungsbildung nach Rücktritt des (3.) Kabinetts Marx am 17.12.1926 hingewiesen. Dazu Josef Becker, Zur Politik der Wehrmachtabteilung in der Regierungskrise 1926/27. Zwei Dokumente aus dem Nachlaß Schleicher, in: VfZG, 14 (1966), S. 69—78; siehe auch Plehwe, Reichskanzler (wie Anm. 20), S. 95 und 111.

33 Wiedergegeben in: Nachrichtenblatt des Reichswehrministeriums, 12 (1930), Nr. 8 vom 29.1.1930, lfd. Nr. 37.

34 Geschäftsverteilungsplan der Wehrmachtsabteilung Gruppe Marine, Anlage zu Bekanntmachung M I B 2533 vom 25.8.1928, BA-MA, RM 23/154, Bl. 202–204 (W.G. = Wehrgesetz).

35 Carsten, Reichswehr und Politik (wie Anm. 24), S. 313; Plehwe, Reichskanzler (wie Anm. 20), S. 111; zur Berufung Groeners ausführlich Johannes Hürter, Wilhelm Groener. Reichswehrminister am Ende der Weimarer Republik (1928 bis 1932), München 1993 (= Beiträge zur Militärgeschichte, Bd 39), S. 43–47.

36 Erlaß Der Reichswehrminister Nr. 1334/29 W. vom 21.2.1929, BA-MA, RM 23/154, Bl. 220; hierzu und zum Folgenden Hürter, Wilhelm Groener (wie Anm. 35), S. 82–87.

37 Erlaß Der Reichswehrminister Nr. 4377 M.A. vom 8.10.1929, BA-MA, N 42/45, Bl. 25.

38 Dies empfand auch der damalige Chef der Heeresleitung, Gen. der Inf. Wilhelm Heye; Schreiben vom 23.11.1929 an den Reichswehrminister, ebd., Bl. 40–50(45).

39 Rudolf Absolon, Die Wehrmacht im Dritten Reich, Bd 1, Boppard a.Rh. 1969 (= Schriften des Bundesarchivs 16/I), S. 42.

40 Otto Gessler, Reichswehrpolitik in der Weimarer Zeit, hrsg. von Kurt Sendtner, Stuttgart 1958, S. 132 f. und 136; vgl. Messerschmidt, Organisation (wie Anm. 2), S. 8.

41 Siehe hierzu insbesondere Werner Rahn, Reichsmarine und Landesverteidigung 1919 bis 1928. Konzeption und Führung der Marine in der Weimarer Republik, München 1976, S. 60–83.

42 Hierzu ausführlich Keith W. Bird, The Origins and Role of German Naval History in the Inter-War Period 1918—1939, in: Naval War College Review, 32 (March-April, 1979), S. 42–58, insbes. S. 47; siehe auch Dülffer, Die Reichs- und Kriegsmarine (wie Anm. 3), S. 385.

43 Siehe hierzu Dülffer, Weimar (wie Anm. 3), S. 38–58; Dülffer, Die Reichs- und Kriegsmarine (wie Anm. 3), S. 383–393.

44 Siehe hierzu insbesondere Rahn, Reichsmarine (wie Anm. 41), S. 85 ff.

45 Vgl. Messerschmidt, Organisation (wie Anm. 2), S. 9 f.

46 Erich Raeder, Mein Leben, Bd 1: Bis zum Flottenabkommen mit England 1935, Tübingen 1956, S. 245.

47 Dieser Aspekt wurde in der Erstfassung des Aufsatzes übersehen, obwohl schon von Rahn, Reichsmarine (wie Anm. 41), S. 223 f., und Dülffer, Die Reichs- und Kriegsmarine (wie Anm. 3), S. 426, erwähnt.

48 Rahn, Reichsmarine (wie Anm. 41), S. 212–228; ausführlich unter Verwendung neu zugänglich gewordener Quellen Bernd Remmele, Die maritime Geheimrüstung unter Kapitän z.S. Lohmann, in: MGM, 56 (1997), S. 313–376.

49 Remmele, ebd., S. 358 f. Die »Barbara« war ein mit den neu erfundenen Flettner-Rotoren als zusätzliches Antriebsmittel ausgerüstetes Handelsschiff, ihr Bauherr und Eigner war die Reichsmarine, ebd., S. 346 f. Siehe auch Claus D. Wagner, Die Segelmaschine: Der Flettner-Rotor, eine geniale Erfindung und ihre mögliche Renaissance, Hamburg 1991.

50 Wette, Ideologien (wie Anm. 5), S. 97 f.

51 Zur militärischen Bedeutung der Panzerschiffe und zur innenpolitischen Kontroverse um den Bau des Panzerschiffes »A« siehe: Wolfgang Wacker, Der Bau des Panzerschiffes »A« und der Reichstag, Tübingen 1959 (= Tübinger Studien zur Geschichte und Politik, Nr. 11), S. 33 ff.; Rahn, Reichsmarine (wie Anm. 41), S. 233–246; Hürter, Wilhelm Groener (wie Anm. 35), S. 65–77.

52 Zur Ernennung Blombergs siehe u.a.: Franz von Papen, Der Wahrheit eine Gasse, München 1952, S. 269 ff. (271, 273—275); Ernst Rudolf Huber, Deutsche Verfassungsgeschichte seit 1789, Bd 7: Ausbau, Schutz und Untergang der Weimarer Republik. Stuttgart 1984, S. 1255 ff. (1255 f., 1261 f.); Ian Kershaw, Hitler 1889—1936, Stuttgart 1998, S. 518 ff. (520, 522); siehe weiterhin, auch zur Person Blombergs und Reichenaus, Klaus-Jürgen Müller, Das Heer und Hitler. Armee und nationalsozialistisches Regime 1933—1940, Stuttgart 1969 und 1988 (= Beiträge zur Militär- und Kriegsgeschichte, Bd 10), S. 49 ff.; Michael Salewski, Die bewaffnete Macht im Dritten Reich 1933 bis 1939, in: Handbuch zur deutschen Militärgeschichte (wie Anm. 3), Bd 4, Abschnitt VII: Wehrmacht und Nationalsozialismus, München 1978, S. 13 ff.

53 Amtliche Nachrichten für die Stellen des Rw.Min. [Reichswehrministeriums], 15 (1933), Nr. 50 vom 20.6.1933, lfd. Nr. 284. Im wesentlichen bestätigt durch Erlaß Der Reichswehrminister Nr. 472/33g. W Ic vom 29.11.1933 betr. Änderung des Geschäftsverteilungsplans des Rw.Min., BA-MA, RH 1/v. 13b, Bl. 17.

[54] Vgl. Herbert Schottelius und Gustav-Adolf Caspar, Die Organisation des Heeres 1933 bis 1939, in: Handbuch zur deutschen Militärgeschichte (wie Anm. 52), S. 322–325.

[55] Erlaß vom 12.2.1934 nicht ermittelt. Siehe: Absolon, Die Wehrmacht (wie Anm. 39), Bd 3, Boppard a.Rh. 1975 (= Schriften des Bundesarchivs 16/III), S. 141; Messerschmidt, Organisation (wie Anm. 2), S. 16 f.

[56] Vgl. Messerschmidt, ebd., S. 16 f. und 18 f. Siehe zur langjährigen Auseinandersetzung der Reichswehr- und Wehrmachtführung mit dem Wehrpolitischen Amt (WPA) und seinen – vermeintlichen – Nachfolgeorganisationen: Walter Baum, Die Reichswehr und das Wehrpolitische Amt der Nationalsozialistischen Deutschen Arbeiterpartei, in: Allgemeine Schweizerische Militärzeitschrift, 131 (1965), S. 345–351, sowie Sywottek, Mobilmachung (wie Anm. 4), S. 41–43.

[57] Geschäftsverteilungsplan der Abteilung Inland des Reichskriegsministeriums (RKM) vom Oktober 1937 (Drucksache), BA-MA, RW 4/v.148, Bl. 174–175.

[58] Zit. nach Messerschmidt, Organisation (wie Anm. 2), S. 24.

[59] Geschäftsverteilungsplan der Abteilung Inland im OKW vom September 1938 (Umdruck), BA-MA, RW 4/v. 148, Bl. 24–31.

[60] Geschäftsverteilungsplan der Abteilung für Wehrmacht-Propaganda (WPr) im OKW vom April 1939 (Drucksache), ebd., Bl. 190–192. Siehe auch Geschäftsverteilungsplan der Abteilung Inland im OKW vom Juni 1939 (Umdruck), ebd., Bl. 257–261.

[61] Vgl. Messerschmidt, Organisation (wie Anm. 2), S. 28 f.; siehe auch Hasso von Wedel, Die Propagandatruppen der Deutschen Wehrmacht, Neckargemünd 1962 (= Die Wehrmacht im Kampf, Bd 34), S. 22 f.

[62] Erlaß Der Reichswehrminister Nr. 638/33 W III geh. vom 21.11.1933, abgedr. in: Müller, Das Heer und Hitler (wie Anm. 52), Dok.Nr. 2 (S. 591 f.); siehe auch ebd., S. 69—75.

[63] Erlaß Der Reichswehrminister Nr. 341/34 J IVa geh., ebd., Dok.Nr. 9 (S. 603, Hervorhebungen im Original); siehe auch ebd., S. 106 f.

[64] Vgl. Salewski, Die bewaffnete Macht (wie Anm. 52), S. 43 ff.

[65] Siehe insbesondere die offiziöse Zeitschrift »Die Reichsmarine. Zeitschrift für deutsche Seegeltung und Seefahrt«, 1.–3. Jg (1932 bis 1934), fortgesetzt unter dem Titel »Die Kriegsmarine. Deutschland zur See«. Die Zeitschrift erschien ab 1934 im Marine-Verlag Heinrich Beenken (Berlin), ihr Hauptschriftleiter war Korvettenkapitän a.D. Fritz Otto Busch. »Die Kriegsmarine« wurde gemäß ihrem Titelblatt mit Unterstützung des Oberkommandos der Kriegsmarine herausgegeben; die Zeitschrift(en) enthielt(en) auch Mitteilungen der Kommandos, u.a. Auszüge aus den Logbüchern, Beförderungen, Familiennachrichten.

[66] Nach 1933 wurde neben dem gedruckten Wort der Film vermehrt in den Dienst der »Wehrpropaganda« gestellt. Unter Mitarbeit der Abteilung Inland des RKM entstanden 1934 bis 1936 einige Kurzfilme mit dem Anspruch, »das Leben und den Dienst im Bereich der Kriegsmarine wirklichkeitsgetreu« zu zeigen; sie sollen vom Kinopublikum gut aufgenommen worden sein. Im Herbst 1936 war man bei Abteilung »Inland« der Auffassung, Filmpropaganda sei insbesondere zugunsten der Kriegsmarine erforderlich, um einer »gewissen Gleichgültigkeit« in der Öffentlichkeit in Marinefragen entgegenzuwirken, um die Existenzberechtigung der Marine zu demonstrieren und schließlich im Volk »das Verlangen nach einer ausreichenden Seerüstung« hervorzurufen. Beitrag der Pressegruppe zum Lagebericht über Innenpolitik vom 14.10.1936 (paraph. ms. Durchschrift) und Beitrag Film- und Fotopropaganda (ms. Original), BA-MA, beide RW 6/v. 160 (unfol.). Weiteres war nicht zu ermitteln.

[67] Die deutsche Presse durfte die Stapelläufe deutscher Kriegsschiffe »stets« melden, wurde aber auf den Reichspressekonferenzen »in der Regel um eine nicht zu auffällige Aufmachung gebeten« (Pressekonferenz am 2.10.1936). Der Presse war jedoch ausdrücklich verboten, »konstruktive, organisatorische und taktische Einzelheiten« zu behandeln und über »besondere Eigenschaften der Neubauten« zu berichten (Pressekonferenz am 19.7.1937). Fritz Sänger, Politik der Täuschungen. Mißbrauch der Presse im Dritten Reich. Weisungen, Informationen, Notizen 1933 bis 1939, Wien 1975, S. 270 f.; Einzelheiten in: NS-Presseanweisungen der Vorkriegszeit. Edition und Dokumentation, Bde 1 (1933) bis 4 (1936), bearb. von Gabriele Toepser-Ziegert, Bd 5 (1937), bearb. von Karen Peter, München 1984 bis 1998.

[68] Dülffer, Weimar (wie Anm. 3), S. 365–369; Dülffer, Die Reichs- und Kriegsmarine (wie Anm. 3), S. 393.

[69] Vgl. Dülffer, Die Reichs- und Kriegsmarine (wie Anm. 3), S. 387.

70 Vgl. ebd., S. 388 f., und Keith W. Bird, Weimar, the German Naval Officer Corps and the Rise of National Socialism, Amsterdam 1977, S. 161–167.

71 Gegründet als »Vereinigung Deutscher Marine-Vereine«. Verbandsorgan war die »Deutsche Marine-Zeitung« (die wohl 1939 bei Kriegsbeginn mit der offiziösen Zeitschrift »Die Kriegsmarine« zusammengelegt wurde); sie wurde für die folgende Darstellung herangezogen.

72 Vgl. Dülffer, Die Reichs- und Kriegsmarine (wie Anm. 3), S. 388 f.; Bird, Weimar (wie Anm. 70), S. 155–159.

73 Die Reichsmarine Nr. 6 vom Juni 1933 (S. 23).

74 Siehe Bundesbefehl Nr. 8 [des NSDMB] vom 20.10.1938, in: Deutsche Marine-Zeitung, 46 (1938), H. 11, S. 17 f.

75 Bird, Weimar (wie Anm. 70), S. 157–159. Zahlenangaben für 1932/33 aus der Zusammenstellung »Bündische Jugend und Jugendverbände«, undat., ca. Ende 1932/Anfang 1933, BA-MA, RM 6/265, Bl. 111–118.

76 Bekanntmachung im Verordnungsblatt der Reichsjugendführung vom 17.11.1933, abgedruckt in: Matthias von Hellfeld und Arno Klönne, Die betrogene Generation. Jugend in Deutschland unter dem Faschismus. Quellen und Dokumente, Köln 1985, Dok. Nr. 8.

77 Ein Anonymus nimmt für den Marinesturm 1 (Chemnitz) der SA-Standarte 104 in Anspruch, die erste Einheit der Marine-HJ vor 1933 in Chemnitz aufgebaut zu haben: Lauenhain, die Übungsstätte der sächsischen Marine-SA, in: Deutsche Seefahrt. Taschenbuch (des RdS), 5. Folge, Berlin 1937, S. 118–129 (119, 122).

78 Insbesondere Erlaß der Reichsjugendführung von 1934 betr. körperliche Ertüchtigung der HJ, abgedruckt in: Hellfeld/Klönne, Die betrogene Generation (wie Anm. 76), Dok. Nr. 36; vgl. Darstellung ebd., S. 95–98. Eine dezidiert andere Auffassung wird in der folgenden, von der ehemaligen Reichsreferentin für den Bund Deutscher Mädel beim Reichsjugendführer herausgegebenen Rechtfertigungsschrift (!) vertreten: Die Hitler-Jugend und ihr Selbstverständnis im Spiegel ihrer Aufgabengebiete, hrsg. von Jutta Rüdiger, Studienausgabe, Lindhorst 1983, S. 78–85.

79 Roedenbeck, Die Marine-Hitlerjugend – die Nachwuchsorganisation der deutschen Seefahrt, in: Deutsche Seefahrt. Taschenbuch (des RdS), 6. Folge (1938), Leipzig o.J., S. 159–169 (161, 166). R. war Reichsinspekteur der Marine-Hitler-Jugend.

80 Deutsche Seefahrt (Taschenbuch), 7. Folge (1939), hrsg. vom Reichsbund deutscher Seegeltung, Berlin o.J., S. 222 f.; siehe auch Hellfeld/Klönne, Die betrogene Generation (wie Anm. 76), S. 96–98.

81 Paul Rathke, Entstehung und Aufgabe der Marine-SA, in: Nauticus, 27 (1944), S. 330–348 (331–335); anonym, Lauenhain, die Übungsstätte (wie Anm. 77), S. 118 f. Gemäß der – nicht eingesehenen – »Geschichte der SA« von Volz (Institut für Zeitgeschichte, München, Archiv Fa 2) wurde der erste Marinesturm der SA 1929 durch den HJ-Führer (Horst?) Raecke im Gau Nordmark (Schleswig-Holstein und Lübeck), der Marinesturm Hamburg durch Kapitänleutnant a.D. Wilhelm Boltz 1930 gegründet. Andreas Werner, SA und NSDAP. SA: »Wehrverband«, »Parteitruppe« oder »Revolutionsarmee«? Studien zur Geschichte der SA und der NSDAP 1920 bis 1933, Diss. phil. Erlangen-Nürnberg 1964, S. 407.

82 Rathke, Entstehung (wie Anm. 81), S. 335 f., der freilich die Einführung der Wehrpflicht als Grund für die Entbindung der SA von der vormilitärischen Ausbildung angibt, jedoch die »Zähmung« der SA nach dem sog. Röhmputsch übergeht. Siehe Peter Longerich, Die braunen Bataillone. Geschichte der SA, München 1989, S. 220–224.

83 Viktor Lutze, Die SA.-Wehrmannschaften, in: Nationalsozialistische Partei-Korrespondenz (NSK), Folge 60 vom 11.3.1939, hier Bl. 2, Bundesarchiv Koblenz (BA), NS 31/117.

84 Organisationsbuch der NSDAP, 1943, hrsg. vom Reichsorganisationsleiter der NSDAP, München o.J.; Neudruck: The Military Press, Gaithersburg, MD [1972], S. 371b—372; siehe auch Absolon, Die Wehrmacht (wie Anm. 39), Bd 4, Boppard a.Rh. 1979 (= Schriften des Bundesarchivs 16/IV), S. 34 f.

85 Schreiben Die Oberste SA-Führung FO 2a Nr. 8/8-39 n.f.D. vom 11.3.1939 an Verteiler betr. Stärkenachweis für Dezember 1938, BA, NS 23/141.

86 Vgl. Erich Raeder, Mein Leben, Bd 2: Von 1935 bis Spandau 1955, Tübingen 1957, S. 116 f.

87 Zum Verhältnis zwischen Reichsmarine und SA siehe Charles S. Thomas, The German Navy in the Nazi Era, London 1990, S. 87–90.

[88] Amandus Wulf, Deutscher Flottenverein (DFV) 1898 bis 1934 (1919 bis 1931 Deutscher See-verein), in: Die bürgerlichen Parteien in Deutschland, Bd 1, Berlin (Ost) 1968, S. 432–449 (432, 438).

[89] Ebd., S. 444.

[90] Vgl. hierzu und zum Folgenden, ebd., S. 447 f.; Dülffer, Weimar (wie Anm. 3), S. 39–41 und 354 ff.; Dülffer, Die Reichs- und Kriegsmarine (wie Anm. 3), S. 390 f. Organ des »Deutschen Seevereins« bzw. »Deutschen Flotten-Vereins« war die Monatszeitschrift »Die See«, die ebenfalls für die folgende Darstellung herangezogen wurde.

[91] Schreiben Adm. a.D. Bauer, Geschäftsführender Vorsitzender des Flotten-Vereins, vom 23.6.1933 an den Staatssekretär in der Reichskanzlei, BA, R 43 II/826, Bl. 25–28.

[92] Schreiben Adm. a.D. Bauer vom 11.8.1933 an den Staatssekretär in der Reichskanzlei, ebd., Bl. 47; Bericht Bauers auf der 35. Hauptversammlung des Flottenvereins am 2.7.1933 in Königs-berg, in: Die See, 36 (1933), S. 127; siehe auch ebd., S. 143.

[93] Abgedruckt in: Die See, 36 (1933), S. 123.

[94] Schreiben vom 3.11.1934 an VAdm. a.D. v. Trotha (Abschrift), BA, R 43 II/826, Bl. 111.

[95] Aufzeichnung des MOV vom 31.10.1933, kurze Niederschrift über die Besprechung am 30.10.1933 (Abschrift), BA-MA, RM 6/265, Bl. 126.

[96] Schreiben des Chefs der Marineleitung vom 18.4.1934 an den Staatssekretär in der Reichskanzlei, BA, R 43 II/826, Bl. 78.

[97] Siehe auch die abweichende Interpretation von Dülffer, Weimar (wie Anm. 3), S. 364.

[98] Materialien im BA, R 43 II/826.

[99] Bericht »Die letzte Hauptversammlung«, in: Die See, 37 (1934), S. 171.

[100] Rückblick »Der Deutsche Flotten-Verein«, ebd., S. 170 f. (170).

[101] Die folgenden Ausführungen beruhen in erster Linie auf dem vom RdS herausgegebenen, 132 Druck- und Bildseiten umfassenden »Arbeitsbericht Oktober 1935–April 1937«, Berlin o.J.; siehe auch Aufbau und bisherige Entwicklung des Reichsbundes deutscher Seegeltung, in: Deutsche Marine-Zeitung, 46 (1938), H. 2, S. 31.

[102] In Presse und Rundfunk bekanntgegeben am 20.4.1934, Aufgaben und Aufbau des Reichsbundes deutscher Seegeltung, in: Deutsche Seefahrt. Taschenbuch (des RdS), 5. Folge, Berlin 1937, S. 130–132 (130).

[103] So Dr. Walther Kiefer, der wissenschaftliche Leiter des Seegeltungsinstituts, in seinem Beitrag »Gestaltung des Institutsgedankens«, in: Arbeitsbericht (wie Anm. 101), S. 97–99 (97).

[104] Maxime Trothas, handschriftl. auf seinem Portraitphoto, in: ebd., S. 7; Zitat aus der Ansprache Raeders anläßlich der Eröffnung des Seegeltungsinstituts am 15.1.1938, auszugsweise in: Deut-sche Marine-Zeitung, 46 (1938), H. 2, S. 3.

Michael Epkenhans

»Clio« und die Marine[*]

I.

Im Winter 1918/19, als Tirpitz zurückgezogen im entlegenen Jagdhaus Zabelsberg in Hinterpommern seine »Erinnerungen« verfaßte, ging er auch ausführlich auf die Rolle der deutschen Intellektuellen beim Aufbau der Flotte ein. Besonders lobend äußerte er sich dabei über die Nationalökonomen: »Schmoller, Wagner, Sering, Schumacher und viele andere wiesen nach, daß die Aufwendungen für die Flotte produktive Ausgaben wären, und stellten die Lage Deutschlands dar, die ungesicherte wirtschaftspolitische Grundlage unsrer ganzen Kultur und Macht, die Gefahr, daß unser Menschenüberfluß statt eines Reichtums eine unerträgliche Last werden könnte[1].« Die Historiker hingegen, fuhr er klagend fort, »die in einem früheren Menschenalter die öffentliche Meinung« geführt hätten, hätten diesen Zusammenhang aufgrund »der Neuheit und raschen Entwicklung dieses politischen Problems« leider nicht wirklich »begriffen«. »Hätte«, so resümierte der Großadmiral grollend, »die in Deutschland herkömmlich gelehrte Geschichte uns mehr daran gewöhnt, in Kontinenten zu denken, so würde auch der Schulpforter Bethmann Hollweg vielleicht den Angelpunkt des Weltkrieges weniger mißverstanden haben«.

Diese Deutung fügt sich nahtlos ein in Tirpitz' allgemeinen »Blick zurück im Zorn«, der selbst engste Weggefährten nicht schonte – doch an einem falschen Verständnis der historischen Bedeutung von Seemacht und einem »Versagen« der Historiker ist das von ihm entwickelte Konzept wohl kaum gescheitert. Immerhin machte der eigentliche »Vater der Flotte«, dessen Lebenswerk, wie er düster im August 1914 vorausgesehen hatte, mit der Revolution der Matrosen im November 1918 endgültig mit »einem Minus«[2] geendet hatte, mit diesen Äußerungen aber deutlich, daß die »Historie« und ihre Vertreter eine vergleichsweise bedeutende Rolle bei der Ausformulierung und Vermittlung einer überzeugenden Weltmachtideologie zu erfüllen hatten. Diese Funktion »Clios« für die Marine auszumessen und zu zeigen, wie sehr Tirpitz und die von ihm geprägten Generationen deutscher Marineoffiziere mehr als ein halbes Jahrhundert lang durch die Instrumentalisierung der Vergangenheit im allgemeinen wie auch ihrer persönlichen »Geschichte« im besonderen Gegenwart und Zukunft zu gestalten versuchten, ist Ziel der folgenden Ausführungen, die sich auf wenige Beispiele beschränken müssen.

II.

Bereits 1876 und soweit ihm später möglich hatte Tirpitz als junger Offizier mit großem Eifer die Vorlesungen Heinrich v. Treitschkes in Berlin besucht. Wie der spätere Reichskanzler Bernhard v. Bülow oder auch Wilhelm II. war er von Treitschkes Ausführungen über »Politik«, dessen Huldigung des »Machtstaatsgedankens« sowie der daraus abgeleiteten Forderung, auch das Deutsche Reich müsse »in stolzestem Sinne« wieder eine Kolonial- und Seemacht werden, tief beeindruckt[3].

Diese von Treitschke vermittelten Einsichten gingen mit den von Tirpitz in den 1870er, 1880er und 1890er Jahren systematisch entwickelten Überlegungen von der Bedeutung von Seemacht für das Deutsche Reich eine unverkennbare Symbiose ein und fanden in der Dienstschrift IX schließlich ihren programmatischen Niederschlag: »Nationaler Welthandel, Weltindustrie, bis zu einem gewissen Grade auch Hochseefischerei, Weltverkehr und Kolonien sind unmöglich ohne eine der Offensive fähige Flotte«[4], postulierte Tirpitz dort unmißverständlich. Zur Begründung verwies er auf die Geschichte: »Deutschland war als See- und Weltstaat untergegangen, als die Seemacht der Hansa brach. Der Welthandel Hollands sank von seinem ersten Platz in die siebente Stelle, nachdem De Ruyters Flotten definitiv geschlagen waren.«

Verantwortlich dafür, daß Tirpitz das von ihm entwickelte Konzept *auch* historisch zu begründen versuchte, war nicht zuletzt die Tatsache, daß der Flotte wie der deutschen Weltpolitik überhaupt eine überzeugende Legitimation fehlte. Im Gegensatz zur Royal Navy, deren allgemein anerkannte »Mission« die Sicherung der »Pax Britannica« war, spielte die Kaiserliche Marine im Bewußtsein der Politiker und der Öffentlichkeit wie auch bei der Verteidigung des Reiches nur eine untergeordnete Rolle[5]. Traditionell war Preußen-Deutschland eine Landmacht. Die Ereignisse der Revolution von 1848/49 und die von Bismarck zwischen 1864 und 1871 geführten Kriege hatten zwar deutlich gemacht, daß eine Großmacht zur Wahrung ihrer Handelsinteressen auch eine Flotte haben müsse, der Glanz der siegreichen Armee überschattete aber weiterhin die Marine. In Bismarcks Politik und in der Öffentlichkeit führte diese daher im großen und ganzen ein Randdasein: Chef der Admiralität waren zunächst nur Generale; ein Teil der Schiffe wurde bis in die Reichsgründungszeit hinein in England gebaut, und die programmatischen wie auch die operativen Planungen der Marine waren ein Zeugnis weitgehender Konzeptions- und Ratlosigkeit. Hinzu kam, daß Bismarck primär in kontinentalen Bahnen dachte und Seemacht daher keine Rolle in seiner Politik spielte. Soweit erforderlich sollte sich die Flotte als »Juniorpartner« (Jörg Duppler) auf die politische und maritime Solidarität mit Großbritannien stützen, keinesfalls aber gegen dieses rüsten[6].

Mit der Thronbesteigung Wilhelms II. änderten sich die Rahmenbedingungen für die Marine allmählich. Verantwortlich dafür war zunächst die Marinepassion des Kaisers. Bereits als junger Prinz hatte er den alternden Kanzler mit Marineeingaben und Schiffszeichnungen überhäuft[7], und die Uniform eines britischen Admiral of the Fleet trug er bis zum Ausbruch des Ersten Weltkrieges mit großem Stolz. Hinzu kam ein sich langsam vollziehender Wandel in der Außenpolitik des Reiches, die Bismarcks kontinentale Grundlinie in zunehmend schnellerem Tempo verließ und »Weltpolitik« zu treiben versuchte. Parallel dazu mehrten sich in der Öffentlichkeit die Stimmen, die in Anlehnung an die Ideen von Charles Darwin in der Gründung eines deutschen »Weltreiches« die Grundvoraussetzung für eine sichere Zukunft im 20. Jahrhundert erblickten[8]. Die wachsende Zahl globaler Konflikte, in die das Deutsche Reich hineingezogen wurde oder sich einmischte, wie auch das Eintreten einflußreicher opinion leader wie Max Weber für das Beschreiten neuer Wege in der Außenpolitik bedeutete aber nicht zwangsläufig, daß die vom Kaiser mehrfach geforderte Vergrößerung der Marine unumstritten war. Dessen Forderung nach mehr Schiffen »hakte« vielmehr an einem entscheidenden Punkt: Obwohl die technischen Entwicklungen und die Diskussionen der Marinetheoretiker in den 1880er Jahren viele offene Fragen der Baupolitik und der Seestrategie beantwortet hatten, war keineswegs klar, welchem Schiffstyp – Schlachtschiff oder Kreuzer – die Zukunft gehören und welche Ziele eine neue Welt- und Flottenpolitik verfolgen sollte. Das böse Wort der »uferlosen Flottenpläne« (Eugen Richter), die dementsprechend regelmäßig im Reichstag abgelehnt wurden, spiegelt diesen Zustand der Unsicherheit mit aller Deutlichkeit[9].

Sich »Clios« zu bedienen erschien Tirpitz und seinen Mitarbeitern aus der »Torpedobande« daher neben einem kaum widerlegbar erscheinenden statistischen Nachweis der deutschen Seeinteressen[10] als *ein* wichtiges Mittel, die Richtigkeit des eigenen Planens und Handelns nachzuweisen. Einen historischen Anknüpfungspunkt hätte dabei im Prinzip die Gründung der ersten deutschen Flotte darstellen können. Diese war – betrachtet man das Jahr der Verabschiedung des Ersten Flottengesetzes im Frühjahr 1898 als »Fluchtpunkt« – fast auf den Tag genau fünfzig Jahre zuvor von bürgerlichen Revolutionären aus der Taufe gehoben worden. Ein Historiker zumal, der Kieler Professor Gustav Droysen, hatte dafür in einer großen Denkschrift die Begründung geliefert[11]. Doch was abgesehen von seiner machtpolitischen Funktion auch und im besonderen als bürgerlich-demokratisches Symbol der Einheit gedacht war, taugte nicht zur Traditionsbildung einer Hochseeflotte, die der Royal Navy im Namen eines Monarchen, der darin ein wesentliches Ziel seines »persönlichen Regiments« erblickte, den »Dreizack« entreißen und zugleich ein überkommenes System stabilisieren sollte. Im Gegenteil: Diese Reichsflotte war ungeachtet ihrer tatsächlichen Leistungsfähigkeit schnell der Lächerlichkeit preisgegeben worden, und Hannibal Fischer, der unglückliche Auktionator, der sie 1852/53 in Brake und Bremerhaven versteigerte, wurde von Tirpitz schon bald zum personifizierten Schreckensszenario für den Fall hochstilisiert, daß der von ihm entwickelte Plan nicht durchgeführt werden sollte[12]. 1853, das Jahr der Gründung der preußischen Admiralität unter Prinz Adalbert, war daher der eigentliche Beginn der Marinegeschichte[13].

In dieser Hinsicht war es ein »Geschenk des Himmels«, daß der vergleichsweise unbekannte Lehrer am U.S. Naval War College (Newport, Rhode Island), Kapitän z.S. Alfred T. Mahan, ein mehrbändiges Werk verfaßt hatte, das am Beispiel

der Begründung der englischen Seemacht – eine Tatsache, die angesichts der anti-
englischen Spitze des deutschen Flottenbaus nicht einer gewissen Ironie entbehrt –,
eine regelrechte »Steilvorlage« zur historischen Begründung von Seemacht lieferte.
Im Zuge der von Tirpitz noch als Chef des Stabes des Oberkommandos forcierten
»Modernisierung« der Marinepropaganda war bereits 1895 der erste Band – »The
Influence of Sea Power upon History, 1660–1783« – übersetzt worden[14]; unmittelbar nach Amtsantritt gab der Staatssekretär auch die Übersetzung des zweiten
und dritten Bandes in Auftrag und ließ diese anschließend mit großem Propagan-
daaufwand verteilen. Entgegen landläufiger Meinung waren es weniger die seestrategischen Lehren, die diese Bücher den Flottenenthusiasten im Reichsmarineamt und in der Öffentlichkeit so wertvoll erscheinen ließen, als vielmehr die historischen Zusammenhänge, in die Mahan diese einbettete: »Capt. Mahans Werk ›Der
Einfluß der Seemacht auf die Geschichte‹«, hieß es daher auch im Vorwort des
zweiten Bandes, »hat berechtigtes Aufsehen erregt, weil es zum ersten Male und
auf Grund sorgsamer Forschung den Einfluß nachweist, den die Macht zur See
auf die Geschicke der Staaten jederzeit gehabt hat, derart, daß ohne sie Staaten und
Völker im Wettstreit der Nationen stets unterlegen sind«[15].

Diese Interpretation, die ein schlüssiges Erfolgsrezept für die Zukunft zu enthalten schien, deckte sich in weiten Teilen mit der Auffassung führender Historiker. Treitschke folgend trat dessen Nachfolger als Herausgeber der »Preußischen
Jahrbücher« und – später – Verwalter von dessen Berliner Ordinariats, Hans Delbrück, in seinen Leitartikeln mit großer Verve für die von diesem entwickelten
Ideen ein: »Haben wir«, fragte er zu Beginn des Jahres 1897, »das Deutsche Reich
gegründet, damit es unter unseren Enkeln wieder verschwindet«[16]? Andere folgten
Delbrück, argumentierten freilich nach außen hin weniger politisch und stärker
historisch als dieser. Vor allem Dietrich Schäfer ging nach dem Scheitern der
Hollmannschen Flottenvorlage im Frühjahr 1897 tief in die deutsche Geschichte
zurück, um schließlich zum gleichen Ergebnis zu kommen: »Nur wer sich Klarheit
darüber verschafft, welche Bedeutung für die Entwicklung unseres Volkes und
Reiches das Meer hatte, wird von fester Grundlage aus ein Urteil darüber abgeben
können, welche Stellung zur See Deutschland zu erstreben und zu behaupten
hat[17].« Um diese Forderung einzulösen, verwies Schäfer stolz auf »Franken, Sachsen, Friesen, Angeln«, die bereits in der Antike erfolgreich »die Küsten des Römer-
reichs« heimgesucht hätten, und auf die Angeln, »ein seebeherrschendes Volk«, das
sich Englands bemächtigt hatte; er zeigte Aufstieg und Niedergang der Hanse und
die Entwicklung der holländischen, englischen und französischen Seemacht auf,
um schließlich, schweren Herzens »seine wissenschaftliche Arbeit in den unmittelbaren Dienst von Tagesfragen« stellend, anknüpfend an Friedrich List zu resümie-
ren: »»Wer an der See keinen Teil hat, der ist ausgeschlossen von den guten Dingen
und Ehren der Welt, der ist unseres lieben Herrgotts Stiefkind.‹ [...] Wollte Gott,
daß diese Erkenntnis bald Gemeingut unseres ganzen Volkes werden möchte.
Dann wäre seine Zukunft auf festen Grund gebaut[18].«

Dies waren Äußerungen ganz nach Tirpitz' »Geschmack«: Einerseits legitimierten sie den von ihm konzipierten Flottenbau historisch; einem deterministi-

schen Geschichtsbild verhaftet, zeigten sie andererseits die großen Perspektiven auf, die der Übergang zur Welt- und Flottenpolitik zu eröffnen schien. Mit Ernennung zum Staatssekretär des Reichsmarineamtes versuchte er daher führende Historiker und andere intellektuelle Meinungsführer dafür zu gewinnen, das »Volk im ganzen durch eine große Reihe inhaltsvoller Artikel über die wirtschaftliche Notwendigkeit der Marine und ihre Bedeutung als politischer Machtfaktor« aufzuklären[19]. Mit wenigen Ausnahmen sind die Historiker, ob sie nun Althistoriker, Mediävisten oder »Zeitgeschichtler« waren, diesem Appell gefolgt. In einer Vielzahl von Publikationen und Vorträgen zogen sie als »Flottenprofessoren« historische Vergleiche zur Gegenwart, aus denen sie dann in mehr als fragwürdiger Weise allgemein gültige »Gesetze« ableiteten, um den Schlachtflottenbau zu legitimieren und zu popularisieren[20].

Parallel zu diesen teils unabhängig, teils vom Reichsmarineamt angeregten Aktivitäten nahm dieses aber auch das »Heft« selbst in die Hand, um die durchaus vorhandenen Widerstände gegen die »gräßliche Flotte« (Diederich Hahn) zu brechen. Seit 1899 veröffentlichte das Nachrichtenbureau unter dem Pseudonym »Nauticus« ein »Jahrbuch für Deutschlands Seeinteressen«, das nicht zuletzt aufgrund seines hohen wissenschaftlichen Niveaus langfristig ein großer Erfolg wurde[21]. »Anstatt einer Einleitung« stellte dessen erste Ausgabe den Beiträgen eine größere Zahl von Aussprüchen bedeutender deutscher historischer Persönlichkeiten – beginnend mit dem Großen Kurfürsten über Friedrich List und Heinrich v. Treitschke bis zu Wilhelm II. – voran[22]. Auch die weiteren Artikel beschäftigten sich in größerem Umfang mit der »Seemacht in der Geschichte«. Beginnend mit einer Abhandlung über »Die römische Seemacht nach Mommsen und Ratzel« versuchten sie den historischen Nachweis zu führen, daß »unsere Zukunft auf dem Wasser« liegt[23].

Während Mahan in seinen Werken einen aus der Geschichte abgeleiteten, freilich auch sehr abstrakten Handlungsleitfaden für den Tirpitzschen Schlachtflottenbau in seinen verschiedenen militärischen und politischen Facetten darstellte, sollten andere aufgrund ihrer »Einfachheit« in Sprache und Bildhaftigkeit wohl weitaus wirkungsmächtigere Publikationen wie der vom Reichsmarineamt 1894 angeregte »Prachtband« von Kapitänleutnant a.D. Georg Wislicenus »Unsere Kriegsflotte« nicht vergessen werden[24]. Kaum zu überschätzen ist in dieser Hinsicht auch Reinhold v. Werners »Buch von der Deutschen Flotte«[25]. In erzählerischer Form, und von Hans Bohrdt und anderen Marinemalern reich illustriert, schildert dieses Buch eines von Bismarck wegen Mißachtung des Primats der Politik[26] geschaßten Vizeadmirals das Seemannsleben. Der Erzählung vorangestellt ist jedoch ein mit einem »Einbaum eines Germanen« illustrierter »Geschichtlicher Überblick«, in dem der Bau einer Flotte in einem historischen Längsschnitt begründet wird[27].

Aber auch intern diente die Rückversicherung in der Geschichte in erstaunlicher Weise als wichtiger Orientierungspunkt bei der Formulierung der eigenen Planung. Da die Einzelheiten des preußischen Heeres- und Verfassungskonflikts nicht – mehr – bekannt waren, ließ Tirpitz 1897 einen Fragenkatalog erstellen, der

ausführlich die zentralen Punkte dieser Auseinandersetzung umriß, im besonderen
aber einen Kerngedanken des eigenen Konzepts – die gesetzliche Festlegung –
durch eine detaillierte Analyse der vergleichbaren Regelungen für die Armee historisch hinterfragte: »Waren«, so lautete die für das weitere Vorgehen zentrale Frage,
»für die liberalen Parteien also vornehmlich parlamentarische-politische [sic!] Erwägungen gerichtet auf eine größere Beschränkung der Heeresverwaltung in der
Organisationsbefugnis des Heeres zu Gunsten des Parlaments maßgebend«[28]?
Eine Antwort ist nicht überliefert; die Einbringung des Flottengesetzes im Herbst
1897 und Tirpitz' bis zuletzt starres Festhalten daran – trotz der Warnung des
preußischen Kriegsministers vor den negativen Folgen eines Gesetzes für ein
schnelles, flexibles Vorgehen[29] – zeigt jedoch, daß das Reichsmarineamt darin eher
einen Vor- als einen Nachteil sah.

Wie wichtig die Lehren der »Geschichte« aus Sicht der Marineführung waren,
ist auch daran ablesbar, daß Seekriegsgeschichte neben Seekriegslehre ein
Hauptfach im Rahmen der Admiralstabsausbildung an der Kieler Marineakademie
war. In ihren »Winterarbeiten« beschäftigten sich viele der zum Admiralstab kom-
mandierten jungen Offiziere ausführlich mit Themen der Seekriegsgeschichte. So
schrieb der spätere Befehlshaber der Aufklärungsstreitkräfte in der Ostsee, Vizeadmiral Albert Hopman, über das Thema »Peter der Große und die russische
Flotte«[30]; der spätere Vizeadmiral William Michaelis, im Ersten Weltkrieg zeitweilig
Stabschef der Hochseeflotte, arbeitete über »Das Zusammenwirken von See- und
Landstreitkräften im Krimkrieg«[31].

Im großen und ganzen hat »Clio« ihre Funktion vor 1914 daher auch erfüllt:
»Von Flotten-Vorlagen zu sprechen«, betonte Hans Delbrück 1906 in den »Preußischen Jahrbüchern«, »ist an dieser Stelle nicht mehr nötig, sie gehen von selber«[32], und 1912 umriß dieser eher gemäßigte Historiker und erbitterte Gegner der
Alldeutschen seine Position noch einmal mit aller Deutlichkeit: »Es ist die Wahrheit von Gestern, daß unsere Flotte geschaffen worden ist, um unseren Handel zu
schützen; heute sind wir soweit, uns ein höheres Ziel setzen zu dürfen: unsere
Flotte soll nicht bloß unseren überseeischen Handel schützen, sondern uns auch
den gebührenden Anteil an jener Weltherrschaft verschaffen, die das Wesen der
Menschheit und ihre höhere Bestimmung den Kulturvölkern zuweist[33].« Selbstzu-
frieden schaute daher auch das Reichsmarineamt im Jubiläumsjahr 1913 in die
deutsche Geschichte zurück, erinnerte an den kontinuierlichen Aufstieg Deutschlands seit 1813, das 25jährige Regierungsjubiläum des Kaisers, unter dem »der
allgemeine Wohlstand sich so gehoben hat, in denen Handel und Gewerbe aus
einem armen ein reiches Volk gemacht haben« wie auch an die Annäherungsversu-
che Englands um die Jahrhundertwende, die aber abgelehnt hätten werden müssen, da Deutschland dann »bei seiner Schwäche zur See in Abhängigkeit« geraten
wäre, um dann zu betonen: »An Großbritannien ist es, Deutschlands Recht auf
einen Platz an der Sonne anzuerkennen und eine Politik aufzugeben, die Deutschlands Entwicklung Steine in den Weg wirft[34].« Nur wenig später sollte sich heraus-
stellen, daß diese Forderung das Ergebnis einer von vornherein falschen, kurz-,

mittel- und langfristig freilich sehr wirkungsmächtigen Interpretation des »Einflusses von Seemacht auf die Geschichte« war.

III.

Wie aber gestaltete sich die Funktion »Clios« nach 1918, hatte doch die Marine nach weit verbreiteter Meinung »versagt«? Anstatt die Seeherrschaft zu erringen, um die vielbeschworenen »Seeinteressen« zu verteidigen, waren die einst stolzen Schlachtschiffe der Hochseeflotte weitgehend untätig in den Häfen vor sich hingerostet, und allein die zuvor gering geschätzten U-Boote konnten bis Sommer 1917 immerhin beachtliche Erfolge vorweisen. Darüber hinaus hatten die Mannschaften der Hochseeflotte, einst die verhätschelten symbolträchtigen »Lieblinge« der Nation, mit der roten Fahne in der Hand die Revolution im Lande verbreitet. Die Blütenträume derjenigen, die die Zukunft des Reiches auf dem Wasser gesehen hatten, waren damit endgültig wie Seifenblasen zerplatzt. Nach außen ging es nicht mehr darum, den Status einer führenden Weltmacht zu erkämpfen, sondern das Reich vor dem Abstieg zu einer Macht zweiten oder sogar dritten Ranges zu bewahren; im Innern waren die monarchische Ordnung und die sozialen Eliten von jenen »gebildete[n] und ungebildete[n] Sozialdemokraten«[35] hinweggefegt worden, die durch den Bau der Marine und eine erfolgreiche Weltpolitik *auch* hatten eingedämmt werden sollen. Last but not least drehten sich die Diskussionen auch nicht mehr darum, wie groß die Flotte sein sollte, sondern ob es überhaupt noch eine geben werde.

Vor diesem Hintergrund ist es erstaunlich zu sehen, wie schnell führende Marineoffiziere und die Marineleitung trotz oder auch gerade wegen der die Marine regelrecht existenzbedrohenden Wirren der Zeit die Bedeutung von »Geschichte« erkannten und zu instrumentalisieren versuchten. Die Rolle, die »Clio« zugedacht war, wurde dabei sehr schnell deutlich: zunächst ging es um persönliche Rechtfertigung vor der Geschichte. Indem – neben den ohnehin verachteten »zivilen« Politikern, allen voran dem ehemaligen Reichskanzler Bethmann Hollweg – eine kleine Zahl von »Sündenböcken« innerhalb der Marine für vermeintliche gravierende »Fehlentscheidungen« und mangelnde Entschlußkraft verantwortlich machte, wurden, ähnlich wie nach dem Zweiten Weltkrieg, dabei mögliche entscheidende »Siege« regelrecht »erschrieben«[36]. Zugleich versuchte die Marineführung mit allen Mitteln historisch den Nachweis ihrer »Unschuld« am Ausbruch der Revolution und damit an Niederlage, innerem Zusammenbruch und Unterwerfung unter das »Diktat der Sieger« zu führen: »*Die Übeltäter*«, schrieb Admiral Scheer im September 1919 in »Deutschlands Hochseeflotte im Weltkrieg«, »*welche sich zum Werkzeug ihrer Bestrebungen die Flotte aussuchten, haben sich schwer am deutschen Volke versündigt. Sie entwanden ihm die Waffe, die in entscheidender Stunde uns vor dem Schicksal hätte bewahren können, das jetzt unerträglich auf uns lastet*[37].« Angesichts dieser verzerrten Sicht der Vergangenheit war es nur konsequent zu behaupten, daß es zu dem vor 1914/18 unter Führung von Tirpitz beschrittenen Weg historisch keine Alternative gegeben habe. Entsprechend diesem Denken lagen die Forderungen für die Zukunft klar auf der Hand: Revision des außenpolitischen Status quo, Errichtung eines starken, autoritären Regimes und, soweit es die Marine selbst betraf, Festhalten an der seestrategischen Konzeption, wie sie von Tirpitz zwei Jahrzehnte zuvor entwickelt worden war[38]. Daß es zugleich alles zu tun galt, damit sich der »November 1918« nicht wiederholen würde, war gleichermaßen selbstverständlich und in der Folgezeit bis in die Katastrophe des Jahres 1945 hinein ein ungeschriebenes Gesetz[39].

Daß diese hier skizzierten »Eckdaten« die weitere Auseinandersetzung mit der Vergangenheit um der Zukunft willen prägen sollten, wurde bereits in den Tagen der »Novemberrevolution« unmißverständlich deutlich. In mehreren Zeitungsartikeln und Broschüren griff der ehemalige Kapitän z.S. Lothar Persius Tirpitz und die von ihm verfolgte Politik in ungewöhnlich scharfem Ton an. »Durch seine verhängnisvolle Sucht, dem Wunsche des Kaisers nach einer großen Flotte nachzukommen«, so Persius im November 1918, »bescherte uns Tirpitz eine Seerüstung, die [...] zum großen Teil am Ausbruch des Krieges schuld ist«[40]. Zugleich wies er auf die »Mißhandlung des Geistes« in der Flotte hin, die die Revolution unvermeidlich gemacht habe[41]. Diese Kritik traf die Marine bis ins Mark, und ungeachtet der revolutionären Wirren, die die Seeoffiziere zeitweilig zwangen, ihren Schreibtisch zu verlassen, um sich »in die Schar der Kämpfer zur Sicherung des Staates einzureihen«[42], versuchte sie vor allem letzteres mit großem Nachdruck zurückzuweisen[43].

Die ersten offiziösen Stellungnahmen waren jedoch nur der »Prolog« der Beschäftigung mit der Vergangenheit und ihrer Instrumentalisierung, die sich alsbald im Wesentlichen auf vier Ebenen – der Memoiren, der amtlichen Geschichtsschreibung, der populären Seekriegsliteratur sowie der Tages- und Fachpresse[44] – abspielen sollte und an deren Anfang – erneut und nicht wirklich erstaunlich – Tirpitz mit seinen »Erinnerungen« stand: Bereits vor dem Kriege, zu einem Zeitpunkt, als das politische und militärische Scheitern des eigenen Werkes schon unübersehbar war, hatte er mit der Ordnung seines Nachlasses begonnen. Wichtige Schriftstücke wurden mit großer Selbstverständlichkeit im Original oder als Abschrift zu den »Privatakten« gelegt[45]. Auf einem Spaziergang hatte er darüber hinaus im März 1914 einem Mitarbeiter ein längeres »Fragment« darüber diktiert, »wie der Flottengesetzgedanke sich aus taktisch-strategischen Erwägungen heraus entwickelt hat«[46]. Unter dem Druck der Ereignisse und des »Versagens« der Marine fügte er diesem im Herbst 1915 eine noch lose Zusammenstellung seines Handelns seit Kriegsbeginn bei[47]. 1916, nach der Entlassung aus dem Amt, gewährte Tirpitz dem Historiker Fritz Kern Einblick in diese »Privatakten«. Dahinter verbarg sich offenbar die dann allerdings nicht realisierte Absicht, darauf gestützt gegen die Reichsleitung unter Bethmann Hollweg zu polemisieren und zu intrigieren. Im August 1918, als sich die Rahmenbedingungen erheblich gewandelt hatten, wandte sich Kern erneut an Tirpitz, der zu dieser Zeit noch immer zögerte. »Um die Zukunft der Flotte, bzw. um den Respekt vor ihr, der, wie ich so oft empfinden muß, gerade in den meisten vaterländisch gesinnten Kreisen ins Wanken gekommen ist«, zu wahren, versuchte Kern ihn von der Notwendigkeit zu überzeugen, nunmehr seine Memoiren auch tatsächlich zu schreiben[48]. Mit Tirpitz' Einverständnis begann Kern daher noch vor der Niederlage auf der Grundlage »konzise[r] mündliche[r] Blasier Erzählung« ein erstes Manuskript zu verfassen. Denn »was dem ratlosen und verblendeten Volk jetzt die Augen öffnen kann, damit es seine eignen Fehler erkennt und beherzige, das kann jetzt nur noch die schlichte geschichtliche Wahrheit sein. Auf ihre wirkungsvolle Darstellung hinarbeiten, dürfte die unerläßliche Vorarbeit für das Wiedereingreifen des nationalen Gedankens in einem gebeugten Deutschland sein, an dessen Wiederauferstehung zu glauben kein Trug sein kann[49].« Mit größter Sorgfalt wurden diese »Erinnerungen« in den folgenden Monaten verfaßt. Geflissentlich wurde dabei darauf geachtet, bei allen zentralen Problemen der Vorgeschichte und des Verlaufs des Ersten Weltkrieges – Flottengesetze, »Kriegsschuldfrage«[50] und Einsatz der Flotte im Kriege – das »System, welches Bethmann Hollweg inauguriert hat und welches auch heute noch, ich möchte sagen in geradezu grotesker Form, an der Herrschaft ist«, zu attackieren, ohne aber der nationalen Sache zu schaden[51]. Dieser Tenor bestimmte dann auch den Inhalt und die Botschaft, die es zu vermitteln galt: Überzeugt von seiner historischen Mission, berief sich Tirpitz im »Vorwort« wie auch in seinem »Schlußwort« auf die Geschichte, nahm ganz unbefangen für sich in Anspruch, »nach bestem Wissen die Wahrheit« zu sagen, wies mit großem Nachdruck alle Kritik am Schlachtflottenbau sowohl im Hinblick auf dessen politische Folgen als auch dessen militärische Grundgedanken als abwegig zurück, schob ohne Skrupel alle Schuld an der Katastrophe der »unzureichenden persönlichen Vertretung« innerhalb des alten Staatssystems zu, kritisierte mit großer Schärfe »das Zerreißen unserer geschichtlichen Entwicklung« durch den Übergang von der Monarchie zur »republikanischen Staatsform«, um dann an das »kommende Geschlecht« unbeirrt einen programmatischen Appell zur richten: »Ein Sklavenvolk sind wir noch nie gewesen. Seit zweitausend Jahren hat unser Volk nach jähem Sturz stets wieder sich emporgehoben[52].« Angesichts dieser Betonung historischer Kontinuitäten und der gleichzeitigen Eröffnung neuer Perspektiven war es nicht weiter erstaunlich, daß Kern, nicht ohne Selbstlob, die Veröffentlichung der »Erinnerungen« im Oktober 1919 als den »Beginn des geschichtlichen Begreifens unserer Zeit überhaupt« interpretierte[53].

Durch seine Darstellung der Vergangenheit gab Tirpitz ein Interpretationsmuster vor, das – im großen und ganzen – die weitere Beschäftigung mit der Geschichte der Marine bestimmen sollte. Die überwiegende Mehrzahl hoher Marineoffiziere, die in der Folgezeit mit teilweise erstaunlichen Auflagezahlen ihre Memoiren vorlegten oder sich mit Einzelfragen des Seekrieges beschäftigten, folgten jedenfalls weiterhin ihrem »Meister«, wie Tirpitz von seinen Untergebenen voller Respekt genannt wurde, wie einige wenige Beispiele zeigen. Unter Berufung darauf, daß »der Sieger vom Skagerrak [...] das Vorrecht [habe], die Kriegsgeschichte zu schreiben«, legte Admiral Scheer noch im Herbst 1919 ebenfalls seine »persönlichen Erinnerungen« vor[54]. Darin vermied er zwar weitgehend alle persönlichen Angriffe, schloß sich im Prinzip aber Tirpitz' Deutung an[55]. Der letzte Stabschef der Hochseeflotte und – bis zum Kapp-Lüttwitz-Putsch – zeitweilige Chef der

Admiralität nach der Revolution, Vizeadmiral Adolf v. Trotha[56], und zahlreiche andere folgten, teilweise mit einiger Verzögerung, ohne aber die Bedeutung der Tirpitzschen »Erinnerungen«, denen 1924 bzw. 1926 noch zwei Aufsehen erregende Dokumentenbände folgten[57], zu erreichen. Vergleichsweise sachlich und zudem gut lesbar geschrieben waren zwar – um ein letztes Beispiel zu geben – die 1924/25 in zwei Bänden veröffentlichten Memoiren des langjährigen Leiters der Zentralabteilung im Reichsmarineamt und zeitweiligen Befehlshabers der Aufklärungsstreitkräfte in der Ostsee, Vizeadmiral Albert Hopman[58]. Auf der Grundlage von Tagebuchaufzeichnungen und einigen wenigen Auszügen aus amtlichen Akten zeichnete er – teilweise in enger Absprache mit Tirpitz – die Geschichte seines Lebens und damit die der Kaiserlichen Marine nach. Da Hopman trotz seines Ranges eher in der »zweiten Reihe« gestanden hatte, spielte persönliche Rechtfertigung bei ihm, anders als bei Tirpitz und anderen Spitzen der ehemaligen Kaiserlichen Marine, allenfalls eine untergeordnete Rolle. Umso wichtiger erschien es ihm aber, die Notwendigkeit historischer Kontinuität zu betonen. Obwohl er keineswegs ein »Alldeutscher«, »wilder Reaktionär und Revanchemann« oder »altpreußischer Monarchist« war, hatte er nach eigenem Empfinden doch ein »nicht minder deutsch-großdeutsch empfindendes Herz, das mit allen Fasern den Wiederaufstieg« ersehnte[59]. Daher scheute auch Hopman, wenngleich in weit geringerem Umfang als Tirpitz, nicht vor verfälschenden Kürzungen zurück[60]. Dies erschien ihm insofern gerechtfertigt, als die Beschäftigung mit der Vergangenheit gerade das Ziel hatte, die Hoffnung zu bestärken, »daß es mit Deutschland wieder bergauf gehen kann, wenn es keine Durchschnittsmenschen als Führer hat«[61].

Diese Phalanx von Memoiren, die sich offen oder stillschweigend an Tirpitz' Erinnerungen orientierten, war kaum zu durchdringen. Durch die Veröffentlichung einer Auswahl von Aufzeichnungen und Briefen versuchte die Witwe des Chefs des Admiralstabs 1914/15, dann der Hochseeflotte, Vizeadmiral Hugo v. Pohl, Anfang 1920 ein differenziertes Bild des Geschehens zu zeichnen und dafür zu sorgen, daß Tirpitz' Urteil nicht »dermaleinst in die Geschichte übergeht«[62]. Große Resonanz war ihrem Anliegen nicht beschieden.

In hohem Maße mitverantwortlich für die letztlich stromlinienförmige Deutung der Vergangenheit im Tirpitzschen Sinne war die Tätigkeit des Marinearchivs. Ohne auf die gewandelten politischen Verhältnisse besondere Rücksicht zu nehmen, begann dieses mit Unterstützung der Marineleitung bereits 1920, unter dem Titel »Der Krieg zur See 1914–1918« ein umfangreiches amtliches Werk herauszugeben. Diese Bände, die seit 1916 vorbereitet worden waren, erschienen in erstaunlich schneller Folge und fanden, trotz der schwierigen Situation in der Inflationszeit, sogar zahlreiche Abnehmer[63]. Im Gegensatz zum »Reichsarchivwerk« wurden sie ganz bewußt von Marineoffizieren und nicht, wie einer der wichtigsten Bearbeiter, der spätere Admiral Otto Groos, nicht ohne Spott später bemerkte, von »Klubsesselstrategen« wie de[m] Professor Delbrück«[64] verfaßt[65]. Bereits die Einleitung zu dem ersten programmatischen Band über den Krieg in der Nordsee machte deutlich, welches »Interesse« die Marineführung dabei verfolgte: »Jeder Band soll dem deutschen Volk ins Bewußtsein rufen, welche Taten es auf allen

Meeren in seiner Marine und diese wieder durch die Männer, die sie schufen und führten, vollbracht, und was es durch Einbuße seiner Seegeltung verloren hat. Die harten Lehren des Krieges, die Erkenntnis der Fehler werden den Wiederaufbau vorbereiten. Die Erinnerung an die Großtaten zur See mögen dazu beitragen, den Stolz der Nation wieder zu erwecken und den Glauben an die deutsche Zukunft wieder auferstehen zu lassen[66]!«

Dies war eine nahezu unverhüllte amtliche Weihe der im Jahre zuvor veröffentlichten Tirpitzschen Deutung der Vergangenheit. Verantwortlich für deren Wirkungsmächtigkeit war zweifellos die Tatsache, daß der »Meister« die Marine geschaffen und ihr über nahezu zwei Jahrzehnte hinweg auch einen tieferen Sinn gegeben hatte, der, so schien es, ungeachtet des Desasters der Niederlage seine Gültigkeit nicht verloren hatte. »Euer Excellenz ahnen nicht«, schrieb der Leiter des Marinearchivs, Konteradmiral a.D. Eberhard v. Mantey, der als einer der ersten die »Ehre« hatte, Tirpitz' Memoiren im Sommer 1919, noch vor deren Erscheinen, zur Besprechung zugeschickt zu bekommen, »wie tief mich die ›Erinnerungen‹ gepackt und erschüttert – aber auch erhoben haben«[67]. Persönliche Verehrung, länger wirkende ideologische Prädispositionen sowie mittel- und langfristige Zielperspektiven gingen hierin unverkennbar eine Symbiose ein. Es war daher auch eine Selbstverständlichkeit, daß Tirpitz über wichtige Details der Bände, vor allem ihren Grundtenor, informiert und zur aktiven Mitwirkung aufgefordert wur-

de. Nachdem der erste Band sich relativ weitschweifig mit der Vorgeschichte und
den ersten Wochen des Seekrieges beschäftigt hatte, sprach Tirpitz im November
1921, als das Ansehen der Marine in der Öffentlichkeit noch sehr gering war,
Mantey gegenüber die Erwartung aus, »daß Ihr zweiter Nordsee-Band eine wirkliche Entlastung für die Marine bringen wird, in der Richtung, daß bei allem drum
und dran Herr v. Bethmann es war, der den Einsatz der Flotte im richtigen Zeitpunkt verhindert hat«[68]. Der Bearbeiter, der damalige Korvettenkapitän Otto
Groos[69], kam diesem Wunsch zur großen Befriedigung von Tirpitz ohne Umschweife nach und orientierte seine Darstellung weitestgehend an dessen Sicht der
Ereignisse[70]. Dementsprechend tendenziös und einseitig waren die Bände, in denen vor allem diejenigen innerhalb der Marine in ein schlechtes Licht gestellt wurden, die in Tirpitz' Augen »versagt« hatten, wie der Chef der Hochseeflotte bei
Kriegsbeginn, Admiral v. Ingenohl, der Chef des Admiralstabs, Vizeadmiral v. Pohl
oder der Chef des Marinekabinetts, Admiral v. Müller. Mit unverhüllter Schärfe
wurde in den ersten drei Bänden über die Nordseekriegführung vor allem Ingenohls Führung der Flotte kritisiert. Alle Aspekte, die zu einer differenzierten Erklärung seines Verhaltens hätten beitragen können – der unklare Operationsbefehl,
der der strategisch schwierigen Lage nur unzureichend Rechnung trug, die inneren
Spannungen innerhalb der Marine und die schweren Depressionen des Stabschefs
der Hochseeflotte, Admiral Eckermann, die, wie auch Mantey intern zugab, Ingenohls Arbeit nicht erleichtert haben dürften[71] –, wurden ebenso bewußt verschwiegen wie Tirpitz' keineswegs entschiedene Haltung in den ersten Wochen des
Krieges, obwohl auch diese öffentlich bald kein Geheimnis mehr war[72].

Wie weit die Orientierung an Tirpitz' Gedankenwelt durch das Marinearchiv
ging, belegen auch die vom späteren Großadmiral Erich Raeder, einem der »ge-
treuesten Tirpitzianer«[73], bearbeiteten Bände über den »Kreuzerkrieg«, die neben
den (marine)politisch bedeutsamen ersten »Nordseebänden« aufgrund der erzielten
Erfolge im Kreuzerkrieg einen besonderen Stellenwert innehatten. Raeder schilderte diese Operationen ausführlich, verstand seinen Band aber auch als »Lehr-
buch«, das »dem Nachwuchs der Marine und der deutschen Jugend die wertvollen
Erfahrungen in der Kreuzerkriegführung übermitteln [sollte], die in langjähriger,
sorgsamer Friedenstätigkeit der Marine und während der Kriegsoperationen der
Auslandskreuzer in den ausländischen Gewässern gesammelt sind«[74]. Das Erscheinen der Bände wurde bis ins Kleinste im vorhinein inszeniert: Symbolisch bedeutsam wurde zunächst der Tag der Schlacht bei Coronel, einer der wenigen unbe-
streitbaren Siege der Marine, als Termin für die Veröffentlichung vorgesehen. Da
der erste Band über den Kreuzerkrieg nach Rücksprache mit Tirpitz zugleich dazu
diente, »das ganze Debacle Pohl, Ingenohl, Müller, Bethmann« aufzuzeigen[75], wurde dessen Drucklegung dann aber bis zum Erscheinen des zweiten Bandes der
»Betrachtungen« des ehemaligen Reichskanzlers hinausgezögert, »um dortigen
Auffassungen in unserm Werk entgegentreten zu können«. Gleichermaßen wurde
auch die historische »Bilanz« des Kreuzergeschwaders an sich soweit als möglich
geschönt. »Bei der Beurteilung des Falkland-Unternehmens, das«, so Raeder, »ja
eigentlich nicht zu verstehen ist, habe ich mir in der Form große Zurückhaltung

auferlegt, um gegenüber dem *Laien*publikum das Fehlerhafte nicht zu sehr in die Erscheinung treten zu lassen«[76].

Neben der Herausgabe amtlicher Werke bemühte sich die Marineführung, die Geschichte der Marine durch eine große Zahl von ihr initiierter oder unterstützter populärer Werke in einem positiven Licht erscheinen zu lassen. Einen aus Sicht des Leiters des Marinearchivs besonderen Stellenwert nahm diesbezüglich das als »Volksbuch im weitesten Sinne des Wortes«[77] 1921 herausgegebene Werk »Auf See unbesiegt« ein. Nachdem alle »Marinedichter« ihn im Stich gelassen hatten, schrieb Mantey sogar das schwülstige Einleitungsgedicht selbst. Dessen Strophen, die den historischen Verlauf des Seekrieges umrissen, enthielten zugleich eine unmißverständliche Botschaft an den Leser:

> »Auf See unbesiegt! – Doch Gift, Zwietracht und Not
> Verraten die Flagge! – Auf Wahnsinns Gebot
> Heißt man einen Fetzen – das Seeräuber-Rot,
> Das ist keine ehrliche Flagge! [...]
> So bleibt unsere Flagge in Ehren doch,
> Wir wahren der Alten die Treue noch!
> ›Der letzte Mann‹ hält sinkend sie hoch,
> als siegreich wehende Flagge[78]!«

Andere, von bekannten Marinemalern wie Willy Stöwer oder Adolf Bock prachtvoll ausgestattete Werke, wie das ebenfalls von Mantey herausgegebene Buch »Unsere Marine im Weltkrieg 1914–1918«[79] oder der unter »Mitwirkung deutscher Seehelden« von Scheer veröffentlichte Band »Die deutsche Flotte in großer Zeit«[80], sind insofern auch nur zwei Beispiele aus einer erstaunlich großen Reihe von Darstellungen zur Marinegeschichte, die, teils in populärer Form wie die zahlreich aufgelegten Bücher über die »Heldentaten« des Kreuzergeschwaders, der Hilfskreuzer und U-Boote oder die Skagerrakschlacht, teils mit eher stärker fachlichem Anstrich[81] versehen, alle das gleiche Ziel verfolgten[82]. Scheers einleitendem Motto folgend, »Der deutschen Flotte zur Ehre, kommenden Geschlechtern zur Nacheiferung!«, sollten diese Veröffentlichungen vergangenes Handeln rechtfertigen und zugleich die Zukunft gestalten helfen: »Unser Kampf galt der ›Freiheit der Meere‹«, hieß es dann im Vorwort weiter, und, so fuhr Scheer fort, »daß er nicht umsonst geführt wurde, wird die Zukunft erweisen. Möchte sie im Herzen Europas ein in nationaler Geschlossenheit einiges Volk finden, das wagemutig mit hoffnungsfreudig wehenden Wimpeln, über den weiten Ozean hinausstreben kann!«

Um dieses Ziel zu erreichen, bedurfte es aber nicht nur einer unter einem »Führer« geeinten Nation, wie es in Anlehnung an die von Tirpitz in seinen »Erinnerungen« beklagte »Führerlosigkeit«[83] während des Weltkrieges schon früh hieß, sondern auch einer einigen Marine. Beide Ziele waren nicht einfach zu erreichen: Weite Teile der Öffentlichkeit standen der Marine, zumal nach ihrer Rolle während des Kapp-Lüttwitz-Putsches, ablehnend gegenüber. Hinzu kam, daß Tirpitz' Gegner in der Reichsleitung, allen voran der ehemalige Reichskanzler Bethmann Hollweg, der allerdings bereits 1921 starb, gegen Tirpitz und dessen Deutung der Geschichte Front machten. Angesichts der Veröffentlichungen von »Professor Haller, Eckardtstein, Meineke [sic!], Timme [sic!], Veit Valentin und ähnlichen Leuten«

hatte Tirpitz daher im Sommer 1922 zunächst auch den Eindruck, daß »die Bethmänner und ihre Anhänger im Augenblick in der öffentlichen Meinung noch die Oberhand haben«[84].

Diese Klage über die Tages- und Fachpresse war aber nur bedingt gerechtfertigt. Seit 1919 tobte hier zwar eine über mehrere Jahre sich hinziehende »Schlacht der Admirale«, wie der sozialdemokratische »Vorwärts« nicht ohne Schadenfreude noch im Oktober 1926 nach den durch das Erscheinen von Tirpitz' zweitem Dokumentenband ausgelösten heftigen Kontroversen innerhalb der Marine konstatierte[85]. Den Anlaß dazu hatte Tirpitz allerdings durch seine »Erinnerungen« selbst geliefert. Gewiß, die Marine war Tirpitz nie uneingeschränkt gefolgt, und der Krieg hatte die Gräben eher vertieft als überwunden. Reichsmarineamt, Admiralstab und Marinekabinett hatten sich vor allem in Fragen der Seestrategie erbitterte, zutiefst persönliche Fehden geliefert, in die auch der Kaiser nolens volens mit hineingezogen worden war, ohne aber, so zumindest Tirpitz' Sicht, seiner Rolle als oberster Kriegsherr tatsächlich gerecht zu werden. Zur Wahrung der Einheitlichkeit des Seeoffizierkorps und, darüber hinaus, aus Loyalität gegenüber dem Kaiser war davon aber nur wenig nach außen gedrungen. Diesen Ehrenkodex hatte der ehemalige Staatssekretär des Reichsmarineamts durch seine Veröffentlichung in den Augen vieler in einer aus nationaler Sicht äußerst schwierigen Zeit fundamental verletzt[86]. Ohne Skrupel war er in seinen »Erinnerungen« und, vor allem, in den auf Anraten Kerns als Anhang beigefügten äußerst offenen »Kriegsbriefen« von der bisherigen Linie abgewichen, Konflikte nur intern, nicht aber öffentlich auszutragen und im Interesse des monarchischen Gedankens auch Wilhelm II. nicht zu kritisieren. Während der Bruder des Kaisers, Prinz Heinrich, Tirpitz in äußerst scharfer Form »nur« privat rügte[87], wehrten« sich ehemalige Weggefährten wie der Chef des Marinekabinetts, Admiral v. Müller, in der Tagespresse. Andere, wie Admiral v. Ingenohl, versuchten es zunächst privat, später dann auch öffentlich in Fachzeitschriften wie der Marinerundschau oder den M.O.V.-Nachrichten. Erfolge waren dabei aber nicht zu verzeichnen. Müller gestand sich bereits nach wenigen Wochen ein, daß »meine Verteidigung gegen Tirpitz' Lügenbuch [...] wohl nur geringe Wirkung«[88] hat; nicht zuletzt aus Loyalität gegenüber dem Kaiser verzichtete er aber darauf, seine Tagebücher zu veröffentlichen, die zahlreiche, auch Tirpitz keineswegs schmeichelnde Details enthielten[89]. Ingenohls Versuch, seine Flottenführung in der Marinerundschau 1923 zu rechtfertigen, wurde vom Leiter des Marinearchivs, Vizeadmiral v. Mantey, umgehend brüsk zurückgewiesen[90]. »Wir leben«, so hatte dieser Ingenohl bereits zuvor als Antwort auf dessen Beschwerden über eine unfaire Behandlung wissen lassen, »in einer Zeit des Niederbruches, in der genau wie nach 1806 die Wahrheit mit einer *gewissen Schärfe* ausgesprochen werden muß, auch in der Geschichtsschreibung«[91]. Es war insofern auch nur ein schwacher Trost, wenn manche hohe Offiziere Tirpitz' Widersacher zwar privat ihre Unterstützung zusicherten, sich öffentlich aber im Interesse des Zusammenhalts des Seeoffizierkorps zurückhielten[92], so daß die wenigen Kritiker am Ende unterlagen. Tirpitz, die »graue Eminenz der politischen Rechten«[93] in der Weimarer Republik, »schob« nicht nur mehrfach selber Artikel nach[94], sondern verfügte auch über ein weites Netzwerk an Kontakten, und mit dem ehemaligen langjährigen Leiter des Nachrichtenbureau, Vizeadmiral a.D. Carl Hollweg, vertrat auch ein in Presseangelegenheiten sehr erfahrener Offizier – trotz gelegentlicher »Bauchschmerzen«[95] – seine Interessen sowohl gegenüber Anfeindungen aus den eigenen Reihen als auch gegenüber kritischen Publikationen von Fachhistorikern wie Hans Delbrück oder Friedrich Thimme[96]. Dies galt auch für die publizistische Begleitung des Reichstagsuntersuchungsausschusses, der sich mit den Ursachen des Zusammenbruchs beschäftigen sollte. Soweit als möglich wurden Anfragen und Aussagen abgestimmt bzw. durch »Sonderveröffentlichungen« gegen marineunfreundliche Deutungen, vor allem hinsichtlich des für Ende Oktober 1918 geplanten Flottenvorstoßes und der Marinemeuterei, Front gemacht[97]. Konservative Historiker wie Fritz Kern, Hans Hallmann oder Dietrich Schäfer unterstützten Tirpitz und die Marine durch »flottenfreundliche« Dissertationen[98] oder Presseartikel; »unfreundliche« wie die Dissertation Eckart Kehrs versuchten diese ebenso wie das Buch eines anderen langjährigen Kritikers, Emil Alboldt, immerhin zu verhindern[99]. Je nach Anlaß, zu Tirpitz' Geburtstagen oder zur Erinnerung an besondere Ereignisse aus der Marinegeschichte wie das zehnjährige Jubiläum der Skagerrak-Schlacht, würdigten zahlreiche aktive und inaktive Marineoffiziere diesen öffentlich als die vielleicht »bedeutsamste und markanteste Persönlichkeit der wilhelminischen Ära«[100].

Die Öffentlichkeit teilte diese Einschätzung aber nicht uneingeschränkt, wie die heftigen Diskussionen über die Vergangenheit der Marine im Jahre 1926/27 zeigen. Anlaß dazu war die Veröffentlichung von Tirpitz' zweitem Dokumentenband, der die Zeit des Weltkrieges behandelte. Durch seine Indiskretionen über Wilhelm II., die aus der Sicht von Monarchisten vor allem dem monarchischen Gedanken schaden mußten, hatte dieser Band erhebliche Erregung unter führenden Angehörigen der alten Eliten hervorgerufen[101]. In einem Rundschreiben wies Prinz Heinrich daher darauf hin, daß trotz gegenteiliger Intentionen private Veröffentlichungen »einen Einfluß auf die sachliche Geschichtsschreibung [...] allein schon wegen der Subjektivität der Auffassung kaum auszuüben vermögen« und daß alle weiteren Veröffentlichungen nur geeignet seien, »die Erziehung unseres Nachwuchses, für den wir in der Auffassung von Ehre und Pflicht vorbildlich sein sollten, aufs äußerste zu erschweren und damit dem Vaterlande zum Schaden zu gereichen«[102]. Die öffentlichen Kontroversen waren damit beendet, in der Folgezeit ging es nunmehr daran, die Reichsmarine – allerdings im Geiste Tirpitz' – wieder aufzubauen. Den ersten Schritt dazu bildete die »Panzerkreuzervorlage«[103].

Auch wenn die öffentliche Debatte über die Vergangenheit der Marine damit versandete und durch die heftigen Diskussionen über den geplanten Neuaufbau abgelöst wurde, bedeutete dies nicht, daß die Marinegeschichte intern nicht weiter bearbeitet wurde. Der neue Chef der Marineleitung (ab Oktober 1928), Admiral Raeder, brachte dafür vielmehr großes Verständnis auf. Er wollte später sogar selbst die »losen« Enden des Seekriegswerkes zusammenfassen und eine geschlossene Darstellung der Geschichte der Kaiserlichen Marine verfassen. Die Forschungen gingen daher weiter, »unliebsame« Bearbeiter wie der Neffe Ingenohls,

Kapitän z.S. a.D. Karl Weniger, der den 6. und nach damaliger Planung letzten »Nordseeband« bearbeiten sollte, wurden aber von ihren Aufgaben entbunden. Auch »kritische« Werke durften nicht mehr erscheinen, sei es, daß Raeder sie von vornherein verbot, oder daß die mit der Marinegeschichte beschäftigten Seeoffiziere freiwillig Selbstzensur übten, »um nicht den Demokraten Material zu liefern, das sie zu Hetzereien ausnutzen könnten«[104]. So verfaßte Vizeadmiral a.D. William Michaelis Ende 1933 auf Bitten des neuen Leiters des Marinearchivs, Konteradmiral Kurt Assmann, zwar eine nicht unkritische Abhandlung über »Tirpitz strategisches Wirken vor und während des Weltkrieges«, und wies in seinem Vorwort auch in bezeichnender Weise auf den Zusammenhang von Vergangenheit und Gegenwart, öffentlichem und dienstlichem Interesse hin: »Daß ich Tirpitz' Bedeutung für unsere Marine durch meine Kritik nicht herabsetzen will, ist selbstverständlich. Aber die Erforschung der geschichtlichen Wahrheit darf vor der Person nicht Halt machen, wenn die Geschichte ihre Aufgabe erfüllen soll, Lehrmeisterin der Zukunft zu sein. Für die Menge kann Heldenverehrung wertvoller sein als geschichtliche Wahrheit. Denen, die einst zur Führung berufen sind, darf die Möglichkeit, auch aus Irrtümern und Schwächen der Großen zu lernen, nicht entzogen werden[105].« Veröffentlicht wurde dieses zweifellos bemerkenswerte Manuskript aber nicht. Das Manuskript des ehemaligen Admiralstabschef, Admiral a.D. Gustav Bachmann, über »Der Admiralstab der kaiserlichen Marine«[106], das eines der zentralen Probleme während des Ersten Weltkrieges – die Frage der einheitlichen Führung – behandelte, blieb ebenfalls unveröffentlicht und der »problematische« vierte Band über den »Handelskrieg mit Unterseebooten« erschien erst 1941, freilich nur als Dienstschrift[107]. Auch der »Nestor« der amtlichen Marinegeschichtsschreibung, Mantey, der Tirpitz zunächst nahezu uneingeschränkt gegen seine Gegner verteidigt hatte, äußerte sich auch nach Jahren intensiver Beschäftigung mit der Geschichte der Kaiserlichen Marine allenfalls intern kritisch. So verteidigte er im Frühjahr 1929 in einem ausführlichen Briefwechsel mit dem ehemaligen langjährigen Leiter des Nachrichtenbureaus, Hollweg, »gemausert« nach der Fertigstellung der »ersten drei Bände Nordseekrieg«, beispielsweise den zuvor von ihm selbst heftig gescholtenen ersten Chef der Hochseeflotte während des Krieges, Ingenohl, oder legte Schwächen in der Organisation und Leitung der Marine vergleichsweise schonungslos offen[108]. Um Ingenohl doch noch »gerecht zu werden«, betraute er 1929 dessen Neffen Kapitän z.S. a.D. Karl Weniger mit einer Arbeit »über die Entstehung des Operationsbefehls«. Eine detaillierte Analyse der Genesis dieses später so umstrittenen Befehls mußte Ingenohl entlasten, wie Mantey nach Durchsicht der einschlägigen Akten inzwischen selber erkannt hatte. Umso mehr fürchtete er angesichts der weitreichenden Folgen einer Tirpitzkritischen Darstellung für das Selbstverständnis der Marine, daß diese Ausführungen der »Zensur« der Marine-Rundschau zum Opfer fallen würden[109]. Wie schmal der Grat war, auf dem er wie auch andere nüchtern urteilende Offiziere der Marine Ende der 1920er/Anfang der 1930er Jahre zu wandeln begannen, darüber war Mantey sich voll im klaren: »Die Geschichtsschreibung der Marine«, bekannte er bemerkenswerterweise einem der vehementesten Tirpitz-Kritiker, dem ehemaligen

Eberhard von Mantey (1869–1940), Dr. h.c.,
Vizeadmiral a.D., von 1919 bis 1933 Vorstand
des Marine-Archivs

Quelle: Axel v. Mantey

»Es ist nicht nur eine Last, sondern auch ein Fluch,
nach einem verlorenen Kriege die Zeitgeschichte derjeni-
gen Waffe zu schreiben, der man zeitlebens angehört
hat. Die Waffe muß rein bleiben, aber niemals darf
die Wahrheit auch nur durch einen Schleier betrachtet
werden. Diesen etwas gefärbten Schleier bevorzugt
Groos.«
(Mantey an Raeder, 18. November 1932)

Chef des Marinekabinetts Müller gegenüber im Herbst 1932 ganz offen, »ist komplizierter als der Außenstehende ahnt. Wenn man bei der Wahrheit bleiben will
und doch die alte Waffe schonen muß«[110]. Manteys Nachfolger im Amt, Vizeadmiral Kurt Assmann, hat dies ähnlich gesehen. In einem Vortrag, den er bezeichnenderweise auch nur sehr vorsichtig »Gedanken über die Probleme der deutschen
Seekriegführung im Weltkriege« nannte, und den er im Februar 1938 in der Marineakademie hielt, machte er dies gleich zu Beginn deutlich: »Was sie [die Gedan-
ken] enthalten, bitte ich Sie nicht als amtliche, sondern als rein persönliche Auffassungen zu werten. Sie werden manches darin finden, was den bisherigen Anschauungen nicht entspricht. Ich spreche auch in diesem Kreise freimütiger, als ich es in
der Öffentlichkeit tun würde[111].«

Dieser Umgang mit der Vergangenheit, über der der unendliche Schatten Tirpitz' lag, und von dem sich die Marine weder befreien konnte noch wollte, war
nicht unproblematisch. Auch wenn die Marine wohl bis ins letzte Glied die ideologischen Prämissen des Tirpitzschen Flottenbaus teilte und als Richtschnur für eine
noch ungewisse Zukunft geeignet hielt, hätte es nach den Erfahrungen des Krieges
zumindest nahe gelegen, Grundfragen der Führung der Marine, der Schiffbaupolitik und der Seestrategie offen zu diskutieren. Bereits während des Ersten Weltkrieges hatte es darüber intensive Diskussionen vom Kapitänleutnant an aufwärts
gegeben[112]. Aber Raeder selbst stimmte sich bei den von ihm bearbeiteten Bänden
über die »Kreuzerkriegführung«, einem äußerst heiklen Thema, sehr sorgfältig mit
Tirpitz ab. Auf dessen »Rat« betonte er in seinen grundlegenden Ausführungen im
ersten Band insbesondere, »daß das Kreuzergeschwader u[nd] die in ihm steckenden Werte ganz anders hätten ausgenutzt werden können, wenn eine straffe, *ein-*

heitliche Leitung Hochseeflotte u[nd] Kreuzergeschwader nach einem einheitlichen Plan gelenkt hätten, in klarer Erkenntnis der Wechselwirkung beider«[113]. Damit setzte er sich bei aller im Einzelnen vielleicht vorhandenen größeren Flexibilität und Modernität nicht in Widerspruch zu Tirpitz' Strategie, die, erstaunlich genug, aber wenig bekannt, unmittelbar vor 1914 und auch zu Beginn des Krieges den Kreuzern angesichts der hoffnungslosen Lage in der Nordsee bereits ein größeres Gewicht innerhalb der Gesamtstrategie hatte geben wollen[114].

Wie wenig von Raeder eine grundlegende Abkehr von den von Tirpitz entwickkelten seestrategischen Prinzipien zu erwarten war, zeigte auch seine Reaktion auf die seit 1925/26 zirkulierenden Studien des Inspekteurs der Marineartillerie, Konteradmiral Wolfgang Wegener, die eine scharfe Kritik am Schlachtschiffbau und an der unzureichend koordinierten Gesamtkriegführung enthielten. Raeder bezeichnete dessen Thesen kurz und bündig als »Machwerk«. Wegeners Abhandlung erschien daher erst 1929, entscheidende Passagen waren zuvor allerdings bereits der Selbstzensur zum Opfer gefallen[115]. Immerhin sind diese Studien ein Beleg dafür, daß es intern zumindest Ansätze für eine tiefer gehende Diskussion der Vergangenheit gab. Dies ist insofern bedeutsam, als sich zunächst, wie vor 1914, die Ausbildung jüngerer Marineoffiziere für den Admiralstabsdienst ganz an der klassischen Seekriegsgeschichte orientierte und dadurch den Nachweis zu führen versuchte, daß »die Seemacht und Seekriegführung Einfluß auf den Gang der geschichtlichen Ereignisse gehabt hat«[116]. Erst relativ spät, ab 1928, verteilte die Marineleitung geheime Dienstschriften, die das Admiralstabswerk ergänzen sollten und in denen abweichende Meinungen auch frei geäußert werden durften.

Verantwortlich für diese Haltung war die von vielen älteren Offizieren geteilte Auffassung Raeders, daß öffentliche wie auch mögliche interne Kontroversen von vornherein vermieden, vor allem aber die nachdrängenden jüngeren und der Tradition keineswegs unkritisch gegenüberstehenden Seeoffiziere nicht verunsichert werden sollten[117]. Hierin wirkten ohne Zweifel auch die als traumatisch empfundenen Ereignisse aus der Zeit des Weltkriegs nach. Darüber hinaus fühlte sich Raeder, dessen »Spiritus rector« nach Tirpitz' Tod im Frühjahr 1930 dessen enger Vertrauter Vizeadmiral Adolf v. Trotha war, – trotz mancher Kritik im Einzelnen[118] – verpflichtet, das Erbe des »Meisters« wahren zu müssen. Trotha hatte diese Verpflichtung für das Seeoffizierkorps bereits in seiner Rede anläßlich von Tirpitz' Beerdigung im März 1930 öffentlich abgegeben, als er diesem »nachrief«: »Die Kraft Deines Wollens gehört auch aus der Ewigkeit Deinem deutschen Volke und wird Kraft zeugend und Weg weisend in alle Zukunft vor dem deutschen Volke stehen[119].« Die Übergabe einer Tirpitz-Büste an den Chef der Marineleitung, Admiral Raeder, am Jahrestage der Skagerrak-Schlacht 1931 unterstrich einmal mehr, wie sehr dessen Ideen Maßstab für das Handeln seines Nachfolgers sein sollten: »Kühn schaut das Auge des Verewigten«, hieß es in der von Kapitän z.S. a.D. Wilhelm Widenmann verfaßten Laudatio, »über die Kleinheit der Welt hinweg, sein Mund scheint sprechen zu wollen: *Deutschland werde wieder groß und frei*«[120]! Die Anwesenheit des Reichspräsidenten, Paul v. Hindenburg, unterstrich die Bedeutung dieses Akts und die Gültigkeit der damit verbundenen Ziele für die konservativen Eliten der ungeliebten Republik. In seiner 1933 publizierten Tirpitz-Biografie faßte Trotha Tirpitz' Vermächtnis schließlich programmatisch zusammen:

> »Geist kann nicht sterben. Losgelöst vom irdischen Leib bleibt ihm lebendige Kraft, die wieder Geisteskraft zeugend unsterblich weiterwirkt, wo ernstes Streben nach neuem Erkennen und neuen Taten drängt. Es ist eine Zeit, die Neues werden läßt. Es ist so schwer, diese Zeit sieghaft zu überwinden, weil über das Ende des Weltkrieges die Unwahrhaftigkeit gestellt wurde. Das Edle im deutschen Wesen muß sich im harten Ringen erst wieder sein Recht erkämpfen, um der Freiheit die Bahn zu schaffen. Dann aber muß eine neue Zukunft werden, die für all das Jahrhunderte während Suchen und Kämpfen und für all das Sichopfern und alles Heldentum die Lösung bringt in der von starkem Willen geführten Einheit des Deutschtums und in der Erfüllung seiner Aufgabe vor der Welt. Unter den wahrhaft deutschen Geistern, die für diesen deutschen Sieg Bahnbrecher sind, wird Tirpitzsches Wollen unerschöpflich lebendige Kraft zeugen[121].«

Die historische Chance, die von Tirpitz begründete Tradition des Strebens nach Weltgeltung mit neuem Leben zu erfüllen, bot sich mit der Machtergreifung vom Januar 1933 schneller als erwartet, und Raeder machte sehr früh deutlich, daß er gewillt und bereit war, hieran in vollem Umfang anzuknüpfen. Ganz im Geiste Tirpitz' betonte er Mitte Juni 1934 die politische Bedeutung von Seemacht: »Die Skala der Weltgeltung der Nationen ist identisch mit der Skala ihrer Seemacht[122].« Das Instrument dazu konnte seiner Meinung nach wie vor 1914 aber nur eine Schlachtflotte Mahan-Tirpitzscher Prägung sein. »Schwerste Schiffe« seien notwendig, stellte der von Raeder eingesetzte Planungsausschuß der Seekriegsleitung im Herbst 1938 fest, ohne freilich deren Verwendungszweck angeben zu können[123]. Raeder dachte diesbezüglich zwar moderner, hatte seit 1929 die von Wegener entwickelten Ansätze sogar teilweise aufgegriffen und auch im Sommer 1938 die daran anknüpfende, von jüngeren Marineoffizieren entwickelte Konzeption des ozeanischen Zufuhrkrieges unterstützt, sich damit aber nicht gegen Hitler durchsetzen können. Doch so sehr er hinsichtlich des Einsatzes von Kreuzern sich von seinem großen Vorbild, Tirpitz, gelöst und dazugelernt hatte, so groß waren weiterhin – trotz mancher »richtiger« Erkenntnisse – die »gefährliche[n] Defizite« im strategischen Denken[124]. Wenn Raeder im September 1939 den vorzeitigen Ausbruch des Zweiten Weltkrieges beklagte und in einer Denkschrift festhielt, wie er sich den Kampf der »Z-Plan-Flotte« gegen die Royal Navy vorgestellt hatte – Bindung der britischen Flotte durch die vier Schlachtschiffe der »Scharnhorst«- und der »Bismarck«-Klasse und, unter Mitwirkung Italiens und Japans, Abschneiden der englischen Zufuhren, und damit »Endlösung der englischen Frage«[125] –, dann beschrieb er damit nichts anderes als den erneuten Versuch, die ihn zutiefst prägenden Tirpitzschen Zielvorstellungen zu verwirklichen. Bereits Wilhelm Treue, Historiker im Dienst des Oberkommandos der Marine, hatte bei seiner Untersuchung der Frage, warum weiterhin Überwassereinheiten und nicht U-Boote im Zufuhrkrieg die Hauptrolle spielen sollten, 1943 zutreffend festgestellt: »Im Ziele des deutschen Flotten- und allgemeinen Macht- und Staatsaufbaues lag es, eine an Stärke Englands ähnliche Welt- und Seemacht zu werden, nicht *nur* eine

U-Bootsmacht ersten Ranges mit allen ihren engen Grenzen und trotzdem eindeutig offensiven Drohungen[126].«

Die unter Raeders Regie in Auftrag gegebenen Schlachtschiffe »Bismarck« und
Tirpitz« waren die letzten äußeren Symbole dieses Denkens[127]. Bis zu deren Untergang war es jedoch noch ein »weiter« Weg, und die amtlichen Marinegeschichtsschreiber waren daher bald mehr als stolz, Tirpitz' in den »Erinnerungen« enthaltenen Auftrag »ausgeführt« zu haben, wie das vermutlich 1940 verfaßte Vorwort
des Leiters des Marinearchivs, Vizeadmiral Kurt Assmann, zum völlig neu bearbeiteten ersten Band des »Nordseekrieges« zeigt:

> »In den 20 Jahren, die zwischen der ersten und zweiten Bearbeitung dieses Bandes lie-
> gen, hat sich dank der genialen Führung Adolf Hitlers die Wiedergeburt der deutschen
> Nation vollzogen. Was in den Schlußsätzen des Vorwortes zur ersten Auflage nur als
> Hoffnung ausgesprochen werden konnte, ist heute in einem damals unvorstellbaren
> Maße in Erfüllung gegangen. Die harten Lehren eines verlorenen Krieges, die Erkennt-
> nis der damals gemachten Fehler, haben den Wiederaufbau vorbereitet. Diese Lehren
> dürfen auch in Zeiten der Macht und Größe des Reiches niemals vergessen werden[128].«

Eine – merkwürdig genug – im Auftrage des Luftwaffenführungsstabs herausgegebene Tirpitz-Biografie strich zur gleichen Zeit noch einmal ganz bewußt Tirpitz'
Leistungen für »das größere Deutschland der Weltgeltung« heraus: »Als ein Rufer
aus der Enge in die Weite, in die Weite nämlich eines genial erweiterten deutschen
Staats- und Weltgefühls, ist und bleibt Großadmiral von Tirpitz ein Vorkämpfer
der heutigen Zeit und ihrer Größe[129].«

Was hier im »positiven« Sinne als Kontinuität von Tirpitz zu Hitler gedeutet
wurde, erwies sich bald als eine endgültig ins Verbrecherische gewendete »Kontinuität des Irrtums«. Assmanns mahnende Worte von den »harten Lehren eines
verlorenen Krieges« – und dies entbehrt nicht einer gewissen Ironie – sollten zudem schneller als erwartet und dann unter ganz anderen Vorzeichen bittere Realität werden. Geprägt von der Erinnerung an die erbitterten Auseinandersetzungen
über die Rolle der Marine vor und im Ersten Weltkrieg hatte Raeder – und für
seinen Nachfolger Dönitz galt dies gleichermaßen – sich jedoch in zweierlei Hinsicht bemüht, möglichen Vorwürfen über ein erneutes »Versagen« jede Grundlage
zu entziehen. Indem er Hitler am 3. September 1939 erklärte, die Marine sei bereit,
»in Schönheit [zu] sterben«, faßte er die Prinzipien der Seekriegführung und des
von ihm erwarteten Verhaltens der Angehörigen der Marine kurz und knapp zusammen[130]. Die Realität der Seekriegführung bewies bis zuletzt, wie ernst dieses
Versprechen gemeint war. Zugleich befahl Raeder, der sich selbst bereits als eine
»historische Persönlichkeit« betrachtete, die Geschichte der Marine in diesem
Kriege in allen Einzelheiten festzuhalten. Das Kriegstagebuch der Seekriegsleitung,
die Materialsammlungen und Ausarbeitungen über große und kleine Operationen
oder auch die von Wilhelm Treue und anderen Historikern verfaßten Denkschriften belegen den Willen, vor der Geschichte Rechenschaft abzulegen[131]. Im Sommer 1944, als die Fronten zusammenbrachen und eine Flotte kaum noch existierte,
begann die Marine zudem erneut, sich im fernen und sicheren Tambach unter
Leitung eines – bezeichnenderweise – engen Tirpitz-Vertrauten, des ehemaligen

Marineattachés in London, Kapitän z.S. Wilhelm Widenmann, intensiv mit der Geschichte der Kaiserlichen Marine zu beschäftigen. Nach Rücksprache mit dem Oberbefehlshaber der Kriegsmarine, Großadmiral Karl Dönitz, definierte der Leiter der Kriegswissenschaftlichen Abteilung der Marine, Admiral Karlgeorg Schuster, die Tendenz, die dieser zusammenfassenden Darstellung der Geschichte der Kaiserlichen Marine zugrunde gelegt werden sollte. In einem Brief an jenen vom Reichsinstitut für deutsche Geschichte empfohlenen Historiker, der nach der »deutschen Katastrophe« des Jahres 1945 maßgeblich die Marinegeschichtsschreibung prägen sollte, den Historiker und Oberleutnant im Wehrmachtsführungsstab Walther Hubatsch, faßte er noch einmal unbeirrt und unbelehrt das »Erbe« Tirpitz' zusammen:

> »Der mich bei der Inangriffnahme dieser Arbeit in erster Linie leitende Gedanke ist, daß leider immer noch bei der übergroßen Mehrzahl der politisch wie militärisch und wirtschaftlich führenden Köpfe das Verständnis für Seegeltung und Seekriegswesen erschütternd gering ist. Daß wir also jede Möglichkeit nutzen müssen, das Verständnis für diese Lebensfrage des deutschen Volkes zu fördern. Gerade dieser uns aufgezwungene Weltkrieg ist ja ein überzeugender Beweis, was Seemacht bedeutet und wie Mangel an Seemacht oder unzureichende Seerüstung die Kriegführung nicht nur erheblich erschwert, sondern tödlichen Gefahren für den Bestand der eigenen Nation aussetzt[132].«

Die Geschichte schien sich also tatsächlich bis ins Kleinste zu wiederholen, und wie vor 1914 und nach 1918 sollten erneut prominente Historiker wie der Münchener Ordinarius Karl-Alexander v. Müller oder der Kieler Neuzeitler Otto Bekker mitwirken, die historische »Mission der Marine« im Tirpitzschen Sinne zu vollenden. Bis in die letzten Kriegstage wurde daran intensiv gearbeitet, dann holte die Wirklichkeit die Geschichte der Marine endgültig ein.

IV.

Die Katastrophe, der die Angehörigen der Marine und die für das Schreiben ihrer Geschichte Verantwortlichen nach 1945 gegenüberstanden, war um ein vielfaches größer als 1918. Doch so schwer die totale militärische Niederlage und das Ende der staatlichen Einheit, Besatzung und Auflösung der Wehrmacht auch wogen, am schwersten lastete der Makel der Beteiligung an einem verbrecherischen Angriffskrieg auf den Angehörigen der Kriegsmarine. Weitaus stärker als die Angehörigen des Heeres oder auch der Luftwaffe waren sie der Meinung, einen »sauberen« Krieg geführt zu haben. Die Anklage und anschließende Verurteilung der Großadmirale Raeder und Dönitz vor dem Internationalen Militärtribunal in Nürnberg als Kriegsverbrecher wurde daher als tiefes Unrecht empfunden. Das Nürnberger Urteil sollte daher auch die Auseinandersetzung ehemaliger Marineoffiziere und selbst berufener Marinehistoriker mit der eigenen Geschichte über nahezu zwei Jahrzehnte prägen. Die erste Ausgabe der einst offiziösen »Marine-Rundschau« vom Januar 1953 machte unmißverständlich deutlich, daß die »Marine« – die es noch gar nicht gab und deren »Interessen« insofern die Veteranen des Ersten und des Zweiten Weltkrieges wahrzunehmen versuchten – und ihre Historiker ihren »Schild« weiterhin als unbefleckt ansahen. Die Ehrenerklärung von Bundeskanzler Konrad Adenauer vom Dezember 1952, »daß wir alle Waffenträger unseres Volkes, die im Rahmen der hohen soldatischen Überlieferungen ehrenhaft zu Lande, zu Wasser und in der Luft gekämpft haben, anerkennen« und daß »wir überzeugt sind, daß der gute Ruf und die große Leistung des deutschen Soldaten trotz aller Schmälerungen während der vergangenen Jahre in unserem Volke noch lebendig sind und auch bleiben werden«, diente als Rechtfertigung, die eigenen Leistungen in Vergangenheit nunmehr wieder offensiver zu verteidigen und – vermeintliches Unrecht anzuprangern. Die Liste der Chefs der Marineleitung, von denen zwei noch im Spandauer Kriegsverbrechergefängnis saßen, war unmittelbar darunter plaziert[133]. Der »Leitartikel« des ehemaligen Chefs der Kriegswissenschaftlichen Abteilung der Marine, Vizeadmiral a.D. Kurt Assmann, über »Der deutsche U-Bootkrieg und die Nürnberger Rechtsprechung«[134] strich noch einmal heraus, daß die Kriegsmarine die Regeln des Völkerrechts eingehalten habe und die beiden Großadmirale willkürlich verurteilt worden seien. Unzählige Artikel, die in den Folgejahren erschienen, zielten in die gleiche Richtung: indem sie sich auf die Schilderung einzelner Episoden des Seekriegs beschränkten, versuchten sie Seekriegführung und damit auch Seekriegsleitung von den übergeordneten politischen Zielen zu trennen. Der spätere erste Inspekteur der Bundesmarine, Vizeadmiral Friedrich Ruge, hatte dies in seinem 1954 zuerst erschienenen Buch »Der Seekrieg 1939–1945« beispielhaft vorgemacht[135]. Mit großer Liebe zum Detail schilderte er darin die Operationen auf den verschiedenen Kriegsschauplätzen, verlor aber über die Ursachen des Weltkriegs oder über Hitlers expansive Ziele kein Wort: »Der Krieg war da, es war psychologisch richtig, mit allen Mitteln nach einem Anfangserfolg zu streben«, hieß es lapidar über die Beschießung der Westerplatte durch das Linienschiff »Schleswig-Holstein«[136]. Ruges Resümee unterschied sich daher kaum von dem vieler »Seekriegsgeschichten« – einschließlich des »Admiralstabswerkes«:

> »Die letzte Entscheidung über Erfolg oder Niederlage wird immer beim Menschen liegen. Der Seekrieg 1939–1945 hat deutlich gezeigt, daß vorzügliche taktische und operative Leistungen, alle Tapferkeit und Aufopferung vergebens sind, wenn die Strategie unzulänglich ist. Nüchternes Durchdenken der Probleme, wirtschaftliches Handeln und gute Zusammenarbeit sind Vorbedingungen zum Erfolg. Bei diesem Durchdenken muß die See schon im Frieden berücksichtigt werden, um im Ernstfall zu ihrem Recht zu kommen. Sonst holt sie es sich[137].«

Diese Gedanken waren banal und entlarvend zugleich.

Dieser Ideologie folgend, wurde daher mit großer Zähigkeit die im Nürnberger Prozeß verletzte »Ehre« der Großadmirale – und damit der alten Marine insgesamt – verteidigt. Raeder hatte diesbezüglich in seiner Verteidigungsrede die Richtung vorgegeben. Die deutsche Marine, so hatte er am 5. Oktober 1946 in seinem Schlußwort betont, »steht vor diesem Gericht und vor der Welt mit reinem Schild und unbefleckter Flagge da«[138]. Raeders Entlassung nach »10jährigem Martyrium«[139], die Veröffentlichung seiner sorgsam bearbeiteten »Lebenserinnerungen«, sein 80. Geburtstag im April 1956 und sein Tod am 6. November 1960 boten immer wieder Gelegenheit, das eigene Handeln im Kriege als reine »Pflicht« zu rechtfertigen und zugleich die eigenen »Leistungen« für jeden sichtbar herauszustreichen[140]. Da wo möglich versuchten inaktive oder 1956 reaktivierte Marineoffiziere, Marineoffiziersvereinigungen, Marinekameradschaften und Marinestammtische ihr Verständnis von »Ehre« und »Tradition« in die neue Bundesmarine hinüberzuretten und die Bundesregierung in gewisser Hinsicht sogar unter Druck zu setzen. Die Rede des damals höchsten aktiven Marineoffiziers, Kapitän z.S. Karl-Adolf Zenker, vor der ersten Marinelehrkompanie in Wilhelmshaven am 16. Januar 1956, in der dieser offiziell an das Schicksal der Großadmirale erinnerte, ist dafür vielleicht das bekannteste Beispiel[141]. Die scharfe Kritik der Opposition im Bundestag an diesem Umgang mit der eigenen Vergangenheit prallte an den Marineangehörigen daher – von wenigen Ausnahmen abgesehen – weitgehend ab. Raeder erhielt 1960 zwar kein offizielles, aber doch ein offiziöses Begräbnis. Allein Flottenchef Konteradmiral Rolf Johannesson hielt die Tatsache, daß Raeders Nachfolger, Großadmiral Dönitz, die Trauerrede hielt, für »eine unglückselige Maßnahme«[142]. Angesichts der in der »Großadmiralsfrage« sich spiegelnden Auffassung von »Ehre« und »Tradition« ist es auch nicht weiter verwunderlich, daß sich die Marine auch mit den »Männern des 20. Juli 1944« außerordentlich schwer tat[143]. Bewußt oder unbewußt wirkte diesbezüglich wohl das Trauma von 1918 nach.

Diese Haltung, das Wirken der Marine und ihrer Führung zu verteidigen, bezog sich aber nicht nur – so verständlich dies vielleicht aus der Zeit heraus gewesen wäre – auf die Kriegsmarine, sondern auch auf die Politik der Kaiserlichen Marine. In dieser Hinsicht hielten sich – mit Ausnahme von Rudolf Stadelmann[144], der sich 1948 vergleichsweise kritisch mit Tirpitz auseinandergesetzt hatte – die Autoren, die deren Geschichte behandelten, an die bereits nach 1918 vorgegebene Linie. Allein um die Entwicklung vor 1914 nicht auf eine gleiche Stufe mit der nach 1933 stellen, wurden alle Deutungen, die auch nur ansatzweise von einem wilhelminischen »Weltmachtstreben« sprachen, mit teilweise erheblicher Schärfe zurückgewiesen. Einige Beiträge des von Wilhelm Schüssler 1956 herausgegebenen und aus heutiger Sicht völlig unzureichenden Bandes über »Weltmachtstreben und Flottenbau«[145] wurden daher von Kapitän z.S. a.D. Alfred Schulze-Hinrichs 1957 in der »Marine-Rundschau« heftig als tendenziös und wissenschaftlich unhaltbar kritisiert[146]. Die »Beweisführung« hielt er für »schwankend«, ihr Endziel für »unklar«[147]. »Wie in den Ausführungen des Herausgebers selbst [gemeint ist Wilhelm Schüssler, M.E.] wird auch hier wiederholt versucht, die Widersprüche dadurch zu lösen, daß dem – wie früher so auch in dieser Zeit – doppelzüngigen Standpunkt der Engländer ein großzügiges Verständnis entgegengebracht wird. Demgegenüber findet die aus der gesunden Natur des strebsamen deutschen Volkes von selbst gewachsene Leistung, die einen so gewaltigen Fortschritt im Völkerleben gebracht hat, keine Würdigung[148].« Die vom gleichen Autor verfaßte, lange Zeit das Tirpitz-Bild prägende »Tirpitz-Biographie« versuchte daher, diese »Fehlentwicklungen« zu korrigieren[149].

Der einzige Historiker, der in den Augen dieser Generation »bestehen« konnte, war Walther Hubatsch, stellte er doch, wie Schulze-Hinrichs meinte, »viele fehlerhafte Auffassungen« richtig[150]. Hubatsch, der als einer der wenigen Kontakt zu ehemaligen Marineoffizieren hatte und in deren Nachlässe Einsicht nehmen durfte, bemühte sich in der Tat seit Anfang der 1950er Jahre intensiv darum, die »Ära Tirpitz« wissenschaftlich aufzuarbeiten. Viele neue, auch durchaus kritische Quellen kamen dabei zutage; lösen konnte und wollte er sich von der Tradition der Kaiserlichen Marine aber nicht, wie dessen zahlreiche Darstellungen belegen. So »pflegte« er weiterhin viele Legenden teilweise verbissen weiter. Unter dem Eindruck der zugespitzten Weltlage im Zeichen des Kalten Krieges, die manche Parallelen zur Situation von 1914 aufzuweisen schien, hat er sogar mögliche »Lehren« zu erkennen geglaubt. Der »Klappentext« zu Hubatschs Aufsatzsammlung über »Die Ära Tirpitz«, die über annähernd zwei Jahrzehnte die wissenschaftliche und öffentliche Diskussion über die Vergangenheit der Marine prägen sollte, wirft daher auch ein Schlaglicht auf die Wirkungsmächtigkeit der von Tirpitz begründeten und seinen Epigonen – Trotha und Raeder – fortgeführten Tradition, den Flottenbau zu rechtfertigen und ihm dabei zugleich einen tieferen historischen Sinn zu verleihen:

> »Die Gestalt des deutschen Flottenbaumeisters ist dem deutschen Leben von heute in ihrer Problematik eher fern gerückt. Nach der totalen Niederlage von 1945 drängte sich die ungerechtfertigte Parallele zum ersten Weltkrieg auf, so daß in den letzten Jahren Tirpitz sogar zum Hauptschuldigen am Kriegsausbruch 1914 gestempelt wurde. Ein derartig schiefes Geschichtsbild bedarf der Korrektur. Es geht hier nicht darum, die politischen Fehler der wilhelminischen Zeit zu leugnen oder zu rechtfertigen. Es geht vielmehr darum, zu zeigen, daß die deutsche Weltpolitik im Zeitalter des Imperialismus keine Annexionen erstrebt hat, daß sie in einem heute beispiellos gewordenen Sinne defensiv gewesen ist und daß auch der Aufbau des maritimen Machtmittels von dem deutschen Sicherheitsbedürfnis bestimmt worden ist[151].«

Hubatschs – erst jetzt in Einzelheiten bekannte[152] – Bearbeitung des bis 1945 nicht mehr erschienenen Bandes 7 für die Nordseekriegführung (vom Sommer 1917 bis zum Kriegsende 1918) in der Reihe »Der Krieg zur See 1914–1918« zeigt zudem, daß dieser bei »sensiblen« Themen auch keine Skrupel hatte, das Manuskript von Admiral a.D. Walter Gladisch zu »korrigieren«. Diese »Korrekturen« betrafen vor allem zwei neuralgische Punkte in der Geschichte der Kaiserlichen Marine – die Meutereien vom Sommer 1917 und die Meuterei vom Herbst 1918. Während die Marinegeschichtsschreiber die Skagerrak-Schlacht und deren »Sieger« – Admiral Reinhard Scheer – bei Jahrestagen mit mehr oder weniger viel Pathos würdigten[153], vermieden sie das Thema Meuterei entweder ganz oder rechtfertigten die alte Marineführung ohne große Umschweife unter Hinweis auf bolschewistische »Verhetzung«, »totale Erschöpfung« und die »Schwäche der deutschen politischen Führung«[154]. Die Tatsache, daß die Revolution von 1918 für das Selbstverständnis der DDR konstitutiv war und die Volksmarine Max Reichpietsch und die revolutionären Matrosen als Vorbilder betrachtete, unterstützte diesen in erheblichem Maße von den nicht zu unterschätzenden Feindbildern des »Kalten Krieges« geprägten Umgang mit diesem Teil der eigenen Geschichte in der Bundesmarine. Ulrich Czisnik hat in seinem Aufsatz über »Die Unruhen in der Marine 1917/18«[155] dieser Deutung 1970 angesichts des allgemeinen Erkenntnisfortschritts noch einmal in schwer verständlicher Form Geltung zu schaffen versucht. Darin verteidigte er nicht nur den »vorzüglich geplante[n] und, wäre er zur Durchführung gekommen, auch erfolgversprechende[n] Flottenvorstoß«, sondern versuchte auch die Marine vom Makel der Revolution zu befreien, indem er auf die revolutionäre Stimmung in anderen Schichten hinwies. Dies traf sicherlich zu; die daraus abgeleitete These, »Die blaue Uniform wurde ungerechtfertigt zum Symbol dieser Bewegung gemacht«, ging allerdings am Kern des Problems vorbei[156].

Diese Arbeit war zu diesem Zeitpunkt freilich nicht mehr repräsentativ für die Marinegeschichtsschreibung. Inzwischen war eine jüngere, nicht mehr unmittelbar »belastete« Generation herangewachsenen. Diese sichtete akribisch die reichlich vorhandenen Marineakten, war – wie Volker Berghahn in seiner bahnbrechenden Arbeit über den »Tirpitz-Plan«[157] – bereit, interdisziplinär zu arbeiten und die eingetretenen Pfade der Geschichtswissenschaft ganz oder teilweise zu verlassen. Sie befragte, wie vor allem Michael Salewski, die »Alten«, betrachtete sie aber zunehmend kritischer und äußerte diese Kritik auch, da sie sich an die einst so mächtigen alten Marinetraditionen und den überlieferten Korpsgeist nicht mehr gebunden fühlte. Diese »Alten« haben sich damit äußerst schwer getan, sich wie z.B. die ehemaligen Flottenchefs, die Admirale Marschall und Boehm[158], an Kleinigkeiten gerieben, oder aber, wie Walther Hubatsch, alle neuen Ansätze als »Ausfluß marxistischer Ideologie« denunziert, ohne sich aber der wissenschaftlichen Diskussion wirklich zu stellen[159]. Allein Jürgen Rohwer – Herausgeber der »Marine-Rundschau« – und der zeitweilige Amtschef des Militärgeschichtlichen Forschungsamts, Kapitän z.S. Friedrich Forstmeier, waren bereit, sich den Fragen einer neuen Generation überhaupt zu stellen und auch schmerzliche Wahrheiten zu akzeptieren[160]. Doch dies waren Einzelfälle, und es bleibt daher das Verdienst von Volker Berghahn und Michael Salewski, Werner Rahn und Wilhelm Deist, Jost Dülffer und Gerhard Schreiber mit ihren Arbeiten seit Beginn der 1970er Jahre »Clio« die Binde von den Augen genommen zu haben: unbeirrt aller Querschüsse haben sie die von Tirpitz begründete Tradition einer Weltmachtideologie, die Staat und Gesellschaft in beispielloser Weise erfaßte und funktionalisierte und die – von seinen Epigonen Raeder und Dönitz weitergeführt – über ein halbes Jahrhundert darauf abzielte, das internationale Staatensystem zu revolutionieren, beschrieben und analysiert. Zugleich haben sie damit den Grundstein für eine moderne, wissenschaftlich weiterführende Marinegeschichtsschreibung gelegt und, last but not least, dabei die Traumata ihrer Vorgänger endgültig überwunden. Das von Kapitän z.S. a.D. Gerhard Bidlingmaier 1967 verfaßte »seekriegsgeschichtliche Handbuch« über »Seegeltung in der deutschen Geschichte«[161] war insofern inhaltlich wie auch hinsichtlich der dahinter sich teils versteckt, teils offen verbergenden ideologischen Prämissen der »Schwanengesang« einer Generation von Seekriegsgeschichtsschreibern, die sich schließlich selbst überlebt hatte.

Anmerkungen

* Bei diesem Beitrag handelt es sich um die erweiterte Fassung meines Aufsatzes »›Clio‹, Tirpitz und die Marine«, in: Geschichtsbilder. Festschrift für Michael Salewski zum 65. Geburtstag, hrsg. von Thomas Stamm-Kuhlmann, Jürgen Elvert, Birgit Aschmann und Jens Hohensee, Stuttgart 2003, S. 466–485.

1 Alfred v. Tirpitz, Erinnerungen, Leipzig 1919, S. 96 f.

2 Tirpitz an seine Ehefrau, 24.9.1914, ebd., S. 406.

3 Ebd., S. 96; Horst Dieter Reinhardt, Tirpitz und der deutsche Flottengedanke in den Jahren 1892–1898, Diss. Marburg 1964, S. 71; Peter Winzen, Bülows Weltmachtkonzept. Untersuchungen zur Frühphase seiner Außenpolitik 1897–1901, Boppard 1977, S. 27–36.

4 Taktische und strategische Dienstschriften des Oberkommandos der Marine Nr. IX vom 16.6.1894 über »Allgemeine Erfahrungen aus den Manövern der Herbstübungsflotte«, zitiert nach: Volker R. Berghahn und Wilhelm Deist, Rüstung im Zeichen wilhelminischer Weltpolitik. Grundlegende Dokumente 1890–1914, Düsseldorf 1988, S. 89 f. (auch für das folgende Zitat).

5 Dazu – in Anlehnung an Ludwig Dehio – Klaus Hildebrand, »System der Aushilfen«? Chancen und Grenzen deutscher Außenpolitik im Zeitalter Bismarcks, in: Flucht in den Krieg? Die Außenpolitik des kaiserlichen Deutschland, hrsg. von Gregor Schöllgen, Darmstadt 1991, S. 110.

6 Hierzu zusammenfassend: Jörg Duppler, Der Juniorpartner. England und die Entwicklung der Deutschen Marine 1848–1890, Herford 1985; Volker R. Berghahn, Der Tirpitz-Plan. Genesis und Verfall einer innenpolitischen Krisenstrategie unter Wilhelm II., Düsseldorf 1971; Michael Epkenhans, Die wilhelminische Flottenrüstung 1908–1914. Weltmachtstreben, industrieller Fortschritt, soziale Integration, München 1991; Ivo N. Lambi, The Navy and German Power Politics, 1862–1914, London 1984 sowie neuerdings Rolf Hobson, Maritimer Imperialismus. Seemachtideologie, seestrategisches Denken und der Tirpitzplan 1875 bis 1914, hrsg. vom MGFA, Potsdam, und dem Institut für Verteidigungsstudien, Oslo, München 2004 (= Beiträge zur Militärgeschichte, Bd 61).

7 Vgl. Paul Heinsius, Wilhelm II. und seine Flottenskizzen, in: Übersee. Seefahrt und Seemacht im Deutschen Kaiserreich, hrsg. von Volker Plagemann, München 1988, S. 207 f.

8 Vgl. dazu ausführlich Sönke Neitzel, Weltmacht oder Untergang. Die Weltreichslehre im Zeitalter des Imperialismus, Paderborn 2000, S. 81–210.

9 Vgl. dazu Eckart Kehr, Schlachtflottenbau und Parteipolitik 1894–1901. Versuch eines Querschnitts durch die innenpolitischen, sozialen und ideologischen Voraussetzungen des deutschen Imperialismus, Berlin 1930, S. 34–71.

10 Vgl. dazu die vom Reichsmarineamt unter Beteiligung führender Nationalökonomen in vergleichsweise schneller Folge – 1898, 1900 und 1906 – hrsg. Denkschriften über »Die See-Interessen des Deutschen Reiches«. Vgl. dazu Wilhelm Deist, Flottenpolitik und Flottenpropaganda. Das Nachrichtenbureau des Reichsmarineamtes 1897–1914, Stuttgart 1976, S. 113–116.

11 Vgl. dazu Michael Salewski, Die »Reichsflotte« von 1848. Ihr Ort in der Geschichte, in: Michael Salewski, Die Deutschen und die See. Studien zur deutschen Marinegeschichte des 19. und 20. Jahrhunderts, hrsg. von Jürgen Elvert und Stefan Lippert, Stuttgart 1998, S. 24–39.

12 Tirpitz an den Chef des Marinekabinetts, 6.5.1909, Bundesarchiv-Militärarchiv (BA-MA), RM 2/1762 (Auszüge auch in: Alfred v. Tirpitz, Politische Dokumente, 2 Bde, Stuttgart [et al.] 1924–1926, hier: Bd 1, S. 152); Otto Fischer veröffentlichte im Jahre 1900 bereits einen tendenziösen Aufsatz: Dr. Laurenz Hannibal Fischer und die Auflösung der deutschen Flotte 1852/53, in: Historische Zeitschrift (HZ), 85 (1900), S. 250 ff.; vgl. dazu Kehr, Schlachtflottenbau (wie Anm. 9), S. 391, Anm. 4.

13 Vgl. dazu z.B. die für Tirpitz bestimmte Aufzeichnung des späteren Siegers vom Skagerrak, Adm. Reinhard Scheer, »Zum 14. Nov. 1903«, dem 50. Jahrestag der Gründung der preußischen Admiralität, 13.11.1903, in: BA-MA, Nachlaß Tirpitz, N 253/408.

14 Dazu vor allem Deist, Flottenpolitik (wie Anm. 10), S. 31–69, S. 88 f., sowie in diesem Band Holger H. Herwig, Der Einfluß von Alfred Th. Mahan auf die deutsche Seemacht.

15 Vorwort zu Alfred T. Mahan, Der Einfluß der Seemacht auf die Geschichte, Bd 2: 1783–1812. Die Zeit der französischen Revolution und des Kaiserreichs, Berlin 1897.

16 Reinhardt, Tirpitz (wie Anm. 3), S. 73 f.; Deist, Flottenpolitik (wie Anm. 10), S. 59 und passim; Konrad Canis, Von Bismarck zur Weltpolitik. Deutsche Außenpolitik 1890 bis 1902, Berlin 1997, S. 225–233.

17 Dietrich Schäfer, Deutschland zur See. Eine historisch-politische Betrachtung, Jena 1897, S. 1.

18 Ebd., S. 64

19 Heeringen an Tirpitz, 6.7.1897, zitiert nach: Deist, Flottenpolitik (wie Anm. 10), S. 102.

20 Vgl. Wolfgang Marienfeld, Wissenschaft und Schlachtflottenbau in Deutschland 1897–1906, Frankfurt a.M. 1957, S. 63–68; vgl. auch Rüdiger vom Bruch, Wissenschaft, Politik und öffentliche Meinung. Gelehrtenpolitik im Wilhelminischen Deutschland (1890–1914), Husum 1980, S. 66–92.

21 Vgl. Deist, Flottenpolitik (wie Anm. 10), S. 105–108.

22 Nauticus. Jahrbuch für Deutschlands Seeinteressen, 1 (1899), S. 1 f.

23 Ebd., S. 323–429 (dort das Zitat).

24 Georg Wislicenus, Unsere Kriegsflotte, Berlin 1895. Die Auflage von 1000 Exemplaren war innerhalb weniger Wochen ausverkauft; 1896 folgte »Deutschlands Seemacht sonst und jetzt«, das in der Folgezeit mehrere Auflagen erlebte und – allein aufgrund der Ausstattung – ebenfalls ein großer Erfolg war. Ausführlich Deist, Flottenpolitik (wie Anm. 10), S. 48–50.

25 Reinhold von Werner, Das Buch von der Deutschen Flotte, 7. Aufl., Bielefeld 1898. Zu dessen Wirkung vgl. Albert Hopman, Das Logbuch eines deutschen Seeoffiziers, Berlin 1924, S. 11: »Zufällig kam mir das von Admiral Reinhold von Werner geschriebene ›Buch von der Deutschen Flotte‹ in die Hände; ich verschlang es mit Begeisterung und wachte eines Morgens mit dem fertigen Entschluß auf: ›Du gehst zur Marine!‹«

26 Tirpitz, Erinnerungen (wie Anm. 1), S. 14.

27 So heißt es gleich zu Beginn: »Soweit die Geschichte reicht, sehen wir den Menschen bestrebt, die Hindernisse, welche ihm das Wasser entgegenstellt, zu überwinden. Als Gott ihm die von Strömen und Meeren durchschnittene Erde zum Wohnsitz anwies, da pflanzte er auch den Trieb in ihn, nicht an der Scholle zu kleben, und verlieh ihm das Mittel, die Wasserschranke zu brechen und zu überbrücken, um Herr der ganzen Erde zu werden.« Zitiert nach: Werner, Das Buch (wie Anm. 25), S. 1. Inwieweit das Reichsmarineamt die Neuauflagen direkt unterstützte, ist unklar, aber nicht unwahrscheinlich, da Werner Tirpitz durch Vorträge unterstützte. Vgl. Deist, Flottenpolitik (wie Anm. 10), S. 93.

28 Undatierte Denkschrift (1897), BA-MA, RM 3/10413.

29 Vgl. das Protokoll der Sitzung des Preußischen Staatsministeriums vom 6.10.1897, in: Berghahn/Deist, Rüstung (wie Anm. 4), S. 141.

30 Vgl. dazu das »Dienstzeugnis« des Inspekteurs des Bildungswesens der Marine, Vizeadmiral Oldekop, vom 16.8.1899: »Eine auf tüchtiges Quellenstudium und reiches historisches Wissen sich stützende Arbeit, die den Gedanken durchführt, wie die Verfolgung eines festen politischen Zieles – in diesem Falle die Gewinnung der Meeresküste – die militärischen Ziele beherrscht und beeinflußt und so mit Notwendigkeit die russische Flotte entstehen ließ.« BA-MA, Pers 6/2133.

31 Vgl. Thomas Scheerer, Die Marineoffiziere der Kaiserlichen Marine. Sozialisation und Konflikte, Bochum 2002 (= Kleine Schriftenreihe zur Militär- und Marinegeschichte, Bd 2), S. 94–97.

32 Zitiert nach: Deist, Flottenpolitik (wie Anm. 10), S. 105.

33 Hans Delbrück, Deutsche Ängstlichkeit, in: Preußische Jahrbücher, 149 (1912), S. 365. Diese Einschätzung schloß Differenzen hinsichtlich der Haltung gegenüber England bzw. in der Frage eines »Primats« der Heeres- oder Marinerüstung nicht aus. Vgl. dazu Rüdiger vom Bruch, »Deutschland und England. Heeres- oder Flottenverstärkung?« Politische Publizistik deutscher Hochschullehrer 1911/12, in: Militärgeschichtliche Mitteilungen (MGM), 27 (1981), S. 7–35.

34 Nauticus, 16 (1914), S. 1, 8.

35 So Tirpitz in seinem häufig zitierten Brief an Stosch, 21.12.1895, zitiert nach: Berghahn/Deist, Rüstung (wie Anm. 4), S. 103.

36 Vgl. dazu Bernd Wegener, Erschriebene Siege. Franz Halder, die ›Historical Division‹ und die Rekonstruktion des Zweiten Weltkrieges im Geiste des deutschen Generalstabes, in: Politischer Wandel, organisierte Gewalt und nationale Sicherheit. Beiträge zur neueren Geschichte Deutschlands und Frankreichs, hrsg. von Ernst Willi Hansen, Gerhard Schreiber und Bernd Wegener, München 1995, S. 287–302.

37 Reinhard Scheer, Deutschlands Hochseeflotte im Weltkrieg, Berlin 1919, S. 369 (hier zitiert nach
    der 1937 erschienen Neuauflage von 1920). (Hervorhebung im Original gesperrt gedruckt).
38 Vgl. dazu übergreifend und wegweisend Gerhard Schreiber, Thesen zur ideologischen Kontinui-
    tät in den machtpolitischen Zielsetzungen der deutschen Marineführung 1897 bis 1945, in: Mili-
    tärgeschichte. Probleme, Thesen, Wege, hrsg. von Manfred Messerschmidt, Klaus A. Maier, Wer-
    ner Rahn und Bruno Thoß, Stuttgart 1982, S. 260–280 (sowie in diesem Band); Gerhard Schrei-
    ber, Zur Kontinuität des Groß- und Weltmachtstrebens der deutschen Marineführung, in: MGM,
    26 (1979), S. 101–171; Michael Salewski, Selbstverständnis und historisches Bewußtsein der deut-
    schen Kriegsmarine, in: Salewski, Die Deutschen (wie Anm. 11), S. 170–190; Jost Dülffer, Hitler,
    Weimar und die Marine. Reichspolitik und Flottenbau 1920 bis 1939, Düsseldorf 1973,
    S. 182–199.
39 Salewski, Selbstverständnis (wie Anm. 38), S. 170 f. mit weiteren Nachweisen.
40 Lothar Persius, Tirpitz, der Totengräber der deutschen Flotte, Berlin 1918, S. 16.
41 Ebd., S. 2.
42 So der Bearbeiter der »Nordseebände«, der spätere Admiral Otto Groos, in seinen unveröffent-
    lichten »Erinnerungen«, S. 145, BA-MA, Nachlaß Groos, N 165/20.
43 Vgl. die amtliche »Stellungnahme zu den Ausführungen des Kapitän z.S. a.D. Persius über den
    mißhandelten Geist in der Flotte« von Korvettenkapitän Albert Scheibe, Berlin 1918.
44 Eine detaillierte, die ganze Breite des Themas »Marine und Geschichte« umfassende Darstellung
    der Marinegeschichtsschreibung ist weiterhin ein Desiderat der Forschung. Die von Keith W.
    Bird angekündigte Studie ist leider nie erschienen. Vgl. aber dessen sehr instruktiven Beitrag: The
    Origins and Role of German Naval History in the Inter-War Period, 1918–1939, in: Naval War
    College Review, 32 (1979), S. 42–59, dem diese Ausführungen zahlreiche Anregungen verdanken.
    Vgl. auch Walter Schwengler, Marine und Öffentlichkeit 1919–1939, in: MGM, 46 (1989),
    S. 35–59, der sich insbesondere mit den organisatorischen Aspekten dieses Themas beschäftigt.
    (Siehe auch ergänzte Fassung in diesem Band).
45 Vgl. dazu die Tagebucheintragung Hopmans vom 3.7.1914, BA-MA, Nachlaß Hopman,
    N 326/10, sowie die zahlreichen Vermerke in den offiziellen Tagesmeldungen aus dem Großen
    Hauptquartier, ebd., RM 3/11486.
46 BA-MA, Nachlaß Tirpitz, N 253/100.
47 »Für Privatakten. Aus den Akten Krieg 1914/15« (Oktober 1915), ebd.
48 Kern an Tirpitz, 14.8.1918, ebd., Nachlaß Tirpitz, N 253/456.
49 Kern an Tirpitz, 12.10.1918, ebd.
50 »Bei der Frage, ob Deutschland die zum Krieg treibende Macht gewesen ist oder nicht, muß man
    unterscheiden den österreichisch-serbischen Konflikt und die Frage des Weltkrieges. Was den er-
    sten Punkt anbetrifft, so liegt unsere Unterstützung des österreichischen Vorgehens gegen Serbi-
    en so klar zutage, daß es m.E. ein Fehler wäre, diese Tatsache verschleiern zu wollen. Man würde
    gerade dadurch sich die Möglichkeit nehmen, den Nachweis erbringen zu können, daß die Schuld
    am Weltkrieg lediglich auf den [sic!] Entente fällt. Bethmann hatte eine sehr große Sorge vor dem
    Weltkrieg und hatte die Auffassung, daß er durch die Ausbrennung der Mordhöhle in Belgrad ei-
    ne der wesentlichen Ursachen für den Ausbruch eines Weltkrieges beseitigen würde. Bei dieser
    Auffassung hat er die Neigung der Großfürsten-Partei, auf alle Fälle zum Kriege zu kommen,
    unterschätzt, die Friedensliebe Englands aber und seine in den letzten zwei Jahren tatsächlich ge-
    steigerte Abneigung zum Kriege überschätzt. [...] Erwähnen möchte ich noch, daß in allen meinen
    Niederschriften beim Kriegsausbruch und in meinen Briefen, die ich im Anfang des Krieges nach
    Hause schrieb, unser unbeabsichtigter, indirekter Anteil an dem Kriegsausbruch stets sehr viel
    stärker als jetzt in dem betreffenden Kapitel zum Ausdruck kommt. Seitdem ich mich mit dem
    Gedanken einer Veröffentlichung dieser Erinnerungen beschäftigt habe, bemühte ich mich stets,
    jede Milderung einzufügen, die bei den nicht verschleiernden tatsächlichen Vorgängen möglich
    war.« Tirpitz an Kern, (o.D. [April ?] 1919), ebd.
51 Ebd.
52 Tirpitz, Erinnerungen (wie Anm. 1), S. 391.
53 Kern an Tirpitz, 1.10.1919, BA-MA, Nachlaß Tirpitz, N 253/456. Zur Entstehungsgeschichte
    und Rezeption der »Erinnerungen« vgl. auch Raffael Scheck, Alfred von Tirpitz and German
    Right-Wing Politics, 1914–1930, Atlantic Highlands 1998, S. 82–84.

54 Scheer, Deutschlands Hochseeflotte (wie Anm. 37), Vorwort. Scheers Erinnerungen erschienen
   in zahlreichen Auflagen und – gekürzten – Volksausgaben: 1920 erreichte die Auflage bereits
   32 000, die Auflage der gekürzten Volksausgabe betrug im Inflationsjahr 1923 bereits 51 000; angesichts dieses Erfolges erschien 1925 ein zweites Buch unter dem Titel: Vom Segelschiff zum
   U-Boot, Leipzig 1925.

55 Vgl. dazu die Besprechung Hans Delbrücks: »Das Buch gibt manche interessante und auch schöne und erhebende Einzelheiten, ist aber für den großen Zusammenhang unergiebig. Die bekannten Tatsachen und landläufigen Argumente der alldeutsch-militaristischen Richtung werden breit,
   aber ohne Vertiefung vorgetragen.« In: Preußische Jahrbücher, 181 (1920), S. 249.

56 Adolf von Trotha, Großdeutsches Wollen. Aus den Lebenserinnerungen eines Seeoffiziers, Berlin
   1924; Adolf von Trotha, Volkstum und Staatsführung. Briefe und Aufzeichnungen aus den Jahren 1915–1920, Berlin 1928.

57 Tirpitz, Politische Dokumente (wie Anm. 12); zur Entstehungsgeschichte des ersten Bandes vgl.
   Scheck, Alfred von Tirpitz (wie Anm. 53), S. 182–187.

58 Hopman, Das Logbuch (wie Anm. 25); Albert Hopman, Das Kriegstagebuch eines deutschen
   Seeoffiziers, Berlin 1925.

59 Hopman an seinen Sohn Immo, 2.9.1920, Privatnachlaß Hopman.

60 Vgl. dazu meine Edition: Albert Hopman, Das ereignisreiche Leben eines ›Wilhelminers‹. Tagebücher, Briefe, Aufzeichnungen 1901 bis 1920, im Auftrag des MGFA hrsg. von Michael Epkenhans, München 2004 (= Beiträge zur Militärgeschichte, Bd 62).

61 Hopman, Das Kriegstagebuch (wie Anm. 58), Vorwort.

62 Aus den Aufzeichnungen und Briefen während der Kriegszeit von Admiral Hugo v. Pohl, hrsg.
   von Ella v. Pohl, Berlin 1920, Vorwort. Allein der Führer der U-Boote im Weltkrieg ab Juni 1917,
   Vizeadmiral a.D. Andreas Michelsen, bildete später ebenfalls eine Ausnahme, der sich in seinen
   Kriegserinnerungen: Der U-Bootskrieg 1914–1918, Leipzig 1925, kritisch über den U-Bootbau
   äußerte. Vgl. dazu den Brief von Kapitän z.S. Arno Spindler an Korvettenkapitän a.D. Barten-
   bach vom 31.10.1925, in: Tirpitz, Politische Dokumente (wie Anm. 12), hier: Bd 2, S. 653–658.

63 Die 1. Auflage (5200 Exemplare) des ersten Nordseebandes war innerhalb von zwei Jahren ausverkauft und wurde mit 2500 relativ schnell verkauften Exemplaren nachgedruckt; auch der von
   Raeder verfaßte erste Band über den Kreuzerkrieg – ebenfalls 5200 Exemplare – verkaufte sich
   gut. Auch die übrigen Bände – abgesehen von den Mittelmeerbänden – waren bald vergriffen.
   Vgl. die »Übersicht über die Auflagen und den Absatz der bisher erschienenen Bände des Admi-
   ralstabswerks ›Der Krieg zur See 1914–1918‹« des Mittler-Verlags vom 26.4.1938, BA-MA,
   RM 8/148.

64 So der Verfasser der Bände 1–5 des »Krieges in der Nordsee«, Otto Groos, in seinen Lebenserinnerungen, S. 145, BA-MA, Nachlaß Groos, N 165/20.

65 Vgl. Erich Murawski, Die amtliche deutsche Kriegsgeschichtsschreibung über den Ersten Weltkrieg, in: WWR, 9 (1959), S. 584–587; Werner Rahn, Reichsmarine und Landesverteidigung
   1919–1928, München 1976, S. 123–132, sowie jetzt zusammenfassend, allerdings ohne Berücksichtigung der Seekriegführung: Markus Pöhlmann, Kriegsgeschichte und Geschichtspolitik: Der
   Erste Weltkrieg. Die amtliche deutsche Militärgeschichtsschreibung 1914–1956, Paderborn [et al.]
   2002; vgl. auch: Holger H. Herwig, Clio Deceived. Patriotic Self-Censorship in Germany after the
   Great War, in: Forging the Collective Memory. Government and International Historians through
   Two World Wars, ed. by Keith Wilson, Providence, R.I. 1996, S. 87–127; Ulrich Heinemann, Die
   verdrängte Niederlage. Politische Öffentlichkeit und Kriegsschuldfrage in der Weimarer Republik, Göttingen 1983.

66 Der Krieg zur See 1914–1918, hrsg. vom Marine-Archiv, Bd 1: Der Krieg in der Nordsee, bearb.
   von Otto Groos, Berlin 1920, S. VIII.

67 Mantey an Tirpitz, 18.7.1919, BA-MA, Nachlaß Tirpitz, N 253/257. Aus rechtlichen Gründen,
   die vor allem mit der Übersetzung ins Englische zusammenhingen, verzögerte sich das Erscheinen aber bis Anfang Oktober.

68 Tirpitz an Mantey, 14.11.1921, ebd.

69 Erst nach Erscheinen des ersten Bandes hat Groos über den Historiker Fritz Kern unmittelbaren
   Kontakt mit Tirpitz aufgenommen. Kern an Tirpitz, 21.7.1920, ebd., Nachlaß Tirpitz, N 253/456;
   vgl. dazu auch die diesen Umstand positiv wertende Darstellung von Otto Groos in dessen »Le-

benserinnerungen«, S. 154 f. Groos »beriet« Tirpitz auch bei der Abfassung der »Politischen Dokumente«. Ebd., Nachlaß Groos, N 165/20.

[70] Tirpitz an Mantey, 16.6.1922, ebd., Nachlaß Tirpitz, N 253/257.

[71] »Es ist eine ungeheure Tragik, daß Admiral Eckermann nach Ansicht sämtlicher befragten Ärzte
[...] mit ziemlicher Sicherheit schon bei Antritt seines Kommandos als Chefs des Stabes die beginnende Geisteskrankheit in sich trug. War Admiral v. Ingenohl an sich schon unentschlossen,
so mußte diese Unentschlossenheit durch einen Chef des Stabes, dessen Denken nicht normal
war, nur erhöht werden. In seiner ersten Niederschrift«, klagte Mantey, »warnt Eckermann vor jeder Offensive, er will nicht nur nicht die Schlacht, sondern er sieht sogar in einer *siegreichen*
Schlacht ein [sic!] Nachteil für Deutschland.[...] Der 16. Dezember hätte den Krieg entscheiden
können und man kann das graue Elend kriegen, wenn man sieht, was durch Schwachheit einerseits, durch einen kranken Chef des Stabes andererseits versiebt worden ist«. Mantey an Tirpitz,
10.10.1922, ebd., Nachlaß Tirpitz, N 253/257. Ingenohl verwahrte sich freilich gegen diese Interpretation, vgl. Friedrich v. Ingenohl, Die Flottenführung im ersten Kriegshalbjahr und das Seekriegswerk, in: Marine-Rundschau, 28 (1923), S. 5.

[72] Nachdem der ehemalige Oberhofmarschall Hugo v. Reischach in seinen Erinnerungen berichtet
hatte, daß Tirpitz im August 1914 im Großen Hauptquartier zur Zurückhaltung der Flotte geraten habe, kam es darüber zu einer öffentlichen Diskussion, die aber ohne Ergebnis blieb, da ein
eindeutiger Nachweis nicht zu führen war und alle beteiligten Marineoffiziere Tirpitz verteidigten.
Vgl. zusammenfassend Jörg-Uwe Fischer, Admiral des Kaisers. Georg Alexander von Müller als
Chef des Marinekabinetts Wilhelms II., Frankfurt a.M. [et al.] 1992, S. 211–215, sowie die Kontroverse zwischen Hans Delbrück und Vizeadmiral Hopman in: Die Kriegsschuldfrage, 3 (1926),
S. 539–547.

[73] So zu Recht Schreiber, Thesen (wie Anm. 38), S. 133.

[74] Der Krieg zur See 1914–1918, hrsg. vom Marine-Archiv, Der Kreuzerkrieg in den ausländischen
Gewässern, bearb. von Erich Raeder, 2 Bde, Berlin 1922–1923, hier: Bd 1, S. VII.

[75] Mantey an Tirpitz, 10.10.1921, BA-MA, Nachlaß Tirpitz, N 253/257 (auch für das folgende
Zitat).

[76] Raeder an Tirpitz, 13.11.1921, ebd., Nachlaß Tirpitz, N 253/261. Vgl. dagegen den im Ansatz
etwas kritischeren Aufsatz von Erich Raeder, Die deutsche und die britisch-japanische Strategie
vor der Coronel- und der Falkland-Schlacht, in: Marine-Rundschau, 26 (1921).

[77] Mantey an Tirpitz, 10.10.1921, ebd., Nachlaß Tirpitz, N 253/257.

[78] »Auf See unbesiegt«, hrsg. von Eberhard v. Mantey, 2 Bde, München 1921–1922, hier: Bd 1,
S. VII f.

[79] Unsere Marine im Weltkrieg 1914–1918, hrsg. von Eberhard v. Mantey, Berlin 1928.

[80] Die deutsche Flotte in großer Zeit, hrsg. von Reinhard Scheer und Willy Stöwer, Braunschweig
[et al.] 1926.

[81] Vgl. dazu beispielsweise Otto Groos, Seekriegslehren im Lichte der Geschichte, Berlin 1929;
Eberhard v. Mantey, Deutsche Marinegeschichte, Charlottenburg 1926.

[82] Allein die Höhe der Auflage des Buches des 1. Offiziers der »Emden«, Kapitänleutnant Hellmuth
v. Mücke, »Emden«, betrug 1922 223 000 Exemplare. Gleiches gilt für Hans Pochhammer, Graf
Spees letzte Fahrt. Erinnerungen an das Kreuzergeschwader, Leipzig 1920 (zuerst unter anderem
Titel Berlin 1918), das 1926 in der 3. Aufl. erschien; Georg v. Hase, Skagerrak. Die größte Seeschlacht der Weltgeschichte. Erinnerungen eines deutschen Seeoffiziers, Leipzig 1920, das 1926
bereits eine Auflage in Höhe von 214 000 Exemplaren erreichte und 1932 zum 12. mal wiederauf-
gelegt wurde, sowie Nikolaus Graf zu Dohna-Schlodien, Der »Möwe« Fahrten und Abenteuer,
Stuttgart 1927.

[83] Vgl. dazu insbesondere das Kapitel über den »Mangel einer obersten Leitung« (Tirpitz, Erinnerungen [wie Anm. 1], S. 326–332), sowie ebd., S. 390: »Der Feind stellte Diktatoren an die Spitze,
die, wo erforderlich, mit eisernen Mitteln den Sieges- und Vernichtungswillen ihrer Völker hoch-
hielten. Bei uns ließ die derzeitige Staatsleitung mit offenen Augen den inneren Zermürbungspro-
zeß zu in der gefährlichen Stunde Deutschlands, wo alle Gedanken und alle Herzen gegen den
äußeren Feind hätten gerichtet sein müssen. Verschärft wurden die schlechten Triebe unseres
Volkes durch jenen zersetzenden undeutschen Geist, der allmählich in unserem Volke die Herrschaft erlangt hat und jetzt alles durchdringt und dem sich entgegenzusetzen das Deutschtum

noch zu träge scheint. Unsere Demokratie hatte den Sinn für das Ganze, für den Gesamtstaat bisher ungenügend in sich entwickelt.«

84 Tirpitz an Mantey, 16.6.1922, BA-MA, Nachlaß Tirpitz, N 253/257.

85 »Vorwärts« vom 21.10.1926. Vgl. dazu Fischer, Admiral des Kaisers (wie Anm. 72), S. 291–308.

86 Vgl. dazu die Schriftwechsel im Nachlaß Levetzow, BA-MA, N 239/44.

87 Prinz Heinrich an Tirpitz, 29.10.1919, ebd., Nachlaß Tirpitz, N 253/183.

88 Müller an den ehemaligen Chef des kaiserlichen Zivilkabinetts, Rudolf v. Valentini, 19.12.1919, zitiert nach: Fischer, Admiral des Kaisers (wie Anm. 72), S. 295.

89 Ebd., S. 291 f.

90 Ingenohl, Die Flottenführung (wie Anm. 71); vgl. dazu Manteys offiziöse Stellungnahme: Zum Aufsatz: ›Die Flottenführung im ersten Kriegshalbjahr und das Seekriegswerk‹ im Januarheft der Marinerundschau, in: Marine-Rundschau, 28 (1923), S. 62–64.

91 Mantey an Ingenohl (undatiert, ca. 1920 ?), in: BA-MA, Nachlaß Tirpitz, N 253/257.

92 Bezeichnend ist in dieser Hinsicht der Schriftwechsel des langjährigen Leiters des Nachrichtenbureaus, Kapitän z.S. a.D. Boy-Ed, mit der Schriftleitung der M.O.V.-Nachrichten. Bei einer positiven Besprechung des zweiten Bandes der Tirpitzschen »Politischen Dokumente« drohte er allein deshalb, auf dessen »unbestimmte Haltung betr. Ansetzen« der Flotte öffentlich hinzuweisen, weil er in diesen kritisch beurteilt worden war. Boy-Ed an Krah, 31.10.1926, ebd., Nachlaß Levetzow, N 239/44. Eine Rezension unterblieb, da das Verbandsorgan der Meinung war, »daß dieses Buch besser nicht gedruckt worden wäre. Denn es ist nur zu sehr geeignet, erneut Uneinigkeit in unsere Reihen zu tragen«. Krah an Boy-Ed, undatierter Auszug, ebd.

93 Vgl. dazu ausführlich die Arbeit von Scheck, Alfred von Tirpitz (wie Anm. 53).

94 Vgl. Alfred v. Tirpitz, Über den strategisch-taktischen Ursprung des Flottengesetzes, in: Nauticus (1926), S. 185–202; Alfred v. Tirpitz, Warum kam eine Flottenverständigung mit England nicht zustande?, in: Süddeutsche Monatshefte, 23 (1925), S. 95–126. Eine allerdings unvollständige Liste von Tirpitz' Veröffentlichungen in: Franz Uhle-Wettler, Alfred von Tirpitz in seiner Zeit, Hamburg [et al.] 1998, S. 475 f.

95 Vgl. das Schreiben Hollwegs an Scheer, 28.10.1926 (Abschrift), BA-MA, Nachlaß Levetzow, N 239/44.

96 Vgl. dazu die Kontroverse zwischen Delbrück, Hopman und Hollweg in: Die Kriegsschuldfrage, 3 (1926), S. 177–180, 228–230, 539–547; Hans Delbrück, Ludendorff, Tirpitz, Falkenhayn, Berlin 1920, S. 25–43; Anneliese Thimme, Der »Fall Tirpitz« als Fall der Weimarer Republik, in: Deutschland in der Weltpolitik des 19. und 20. Jahrhunderts, hrsg. von Immanuel Geiss und Bernd-Jürgen Wendt, Düsseldorf 1973, S. 463–482; vgl. dazu auch die leider sehr verstreuten Unterlagen in den Handakten Hollweg, BA-MA.

97 Vgl. dazu die Korrespondenz zwischen Tirpitz und dem konservativen Reichstagsabgeordneten Albrecht Philipp in: BA-MA, Nachlaß Tirpitz, N 253/260, die von Konteradmiral a.D. Brüninghaus, ebenfalls ein Mitglied des Ausschusses, verfaßte Schrift: Die politische Zersetzung und die Tragödie der deutschen Flotte, Berlin 1926, und die Auseinandersetzung zwischen Vizeadmiral Adolf v. Trotha und Johann Victor Bredt in den Preußischen Jahrbüchern, 208 (1927), S. 1–17, 107–112, 189–206.

98 Dazu gehören u.a.: Willy Becker, Fürst Bülow und England, 1897–1909, Greifswald 1929; Bernhard Michalik, Probleme des deutschen Flottenbaus, Breslau 1931; Siegfried Thalheimer, Das deutsche Flottengesetz von 1898, Düsseldorf 1926; Hans Hallmann, Der Weg zum deutschen Schlachtflottenbau, Stuttgart 1933.

99 Vgl. dazu Bird, The Origins (wie Anm. 44), S. 51.

100 So z.B. Vizeadmiral a.D. Albert Hopman in seinem Artikel aus Anlaß von Tirpitz' 75. Geburtstag in der »Kölnischen Zeitung« vom 19.3.1924. Ausschnitt in: BA-MA, Nachlaß Tirpitz, N 253/87. Vgl. auch die große Zeitungsausschnittsammlung im Nachlaß.

101 Vgl. Fischer, Admiral des Kaisers (wie Anm. 72), S. 301–308.

102 Rundschreiben Prinz Heinrichs, Mai 1927, BA-MA, Nachlaß Tirpitz, N 253/183.

103 Vgl. Rahn, Reichsmarine (wie Anm. 65), S. 195–246; Dülffer, Hitler (wie Anm. 38), S. 98–130.

104 Michaelis an Assmann, 12.12.1933, BA-MA, RM 8/1233.

105 William Michaelis, Tirpitz strategisches Wirken vor und während des Weltkrieges (12.1.1934), BA-MA, RM 8/1233; siehe auch die Edition des Ms. in diesem Band. In dieser Abhandlung geht Michaelis, der als Chef des Stabes der Hochseeflotte vieles aus eigenem Erleben berichten konnte,

teilweise sehr scharf mit Tirpitz ins Gericht. Insbesondere versucht er dessen Kritik an der Flottenführung zurückzuweisen.

[106] Gustav Bachmann, Der Admiralstab der Kaiserlichen Marine (1936), ebd., RM 8/1272. Vor allem Trotha, der »Gralshüter« des Tirpitzschen Erbes, drängte Raeder, Bachmanns Arbeit nicht zu veröffentlichen, fürchtete er doch, »daß sie dem Marinegedanken insofern abträglich ist, als die kleinlichen Gesichtspunkte und die Schwächen der betreffenden Persönlichkeiten in den Vordergrund gerückt sind«. Zugleich kritisierte Trotha Bachmanns Ausführungen über die »Novemberrevolution«, die ein »wunder« Punkt der Marine war. Trotha an Raeder, 15.9.1936, ebd. Bachmanns Ausführungen bildeten später, ohne daß dies ausreichend kenntlich gemacht wurde, die Grundlage von Walther Hubatsch, Der Admiralstab und die obersten Marinebehörden in Deutschland 1848–1945, Frankfurt a.M. 1958.

[107] Vgl. Rahn, Reichsmarine (wie Anm. 65), S. 128; Bird, The Origins (wie Anm. 44), S. 48. Dönitz soll diese Bände wegen ihrer negativen Beurteilung des U-Bootkrieges beispielsweise erst gar nicht gelesen haben. Ob dieser Band tatsächlich, wie gelegentlich angenommen wurde, 1943 auf Befehl des Oberkommandos der Marine wieder eingezogen wurde, ist aufgrund der Aktenlage nicht eindeutig zu klären. Vgl. Werner Rahn, Strategische Optionen und Erfahrungen der deutschen Marineführung 1914 bis 1944: Zu den Chancen und Grenzen einer mitteleuropäischen Kontinentalmacht gegen Seemächte, in: Erster Weltkrieg – Zweiter Weltkrieg. Ein Vergleich. Krieg, Kriegserlebnis, Kriegserfahrung in Deutschland, hrsg. von Bruno Thoß und Hans-Erich Volkmann, Paderborn [et al.] 2002, S. 223 f. (siehe auch in diesem Band).

[108] Mantey an Hollweg, 9.4., 16.4., 7.10.1929, BA-MA, RM 3/11675.

[109] Mantey an Hollweg, 7.10.1929, ebd. Ein Vergleich des Manuskripts mit der später veröffentlichten Fassung von Karl Weniger, »Die Entwicklung des Operationsplans für die deutsche Schlachtflotte«, in: Marine-Rundschau, 35 (1930), S. 1–11, 51–59, war aufgrund der Quellenlage nicht möglich.

[110] Mantey an Müller, 19.10.1932, zitiert nach: Rahn, Strategische Optionen (wie Anm. 107), S. 219. Ebd., weitere Belege für Manteys sich wandelnde Haltung Tirpitz' gegenüber.

[111] Kurt Assmann, »Gedanken über die Probleme der deutschen Seekriegführung im Weltkriege«, Vortrag, gehalten vor der Marineakademie am 21.2.1938 (1. Entwurf; der 2. Entwurf des Vorworts enthält nur Teile dieser einleitenden Passage), in: BA-MA, RM 8/1121. Die »entschärfte« Version dieses Vortrages erschien 1939 in der Militärwissenschaftlichen Rundschau, S. 187–203, 315–339, 500–528.

[112] Vgl. dazu den Schriftwechsel zwischen Trotha und Firle über die Bedeutung von Schlachtschiffen bzw. U-Booten in zukünftigen Kriegen aus dem Jahre 1917, in: BA-MA, Nachlaß Firle, N 155/4, sowie die im Auftrag von Tirpitz' Nachfolger, Admiral Capelle, verfaßten Denkschriften in: ebd., RM 3/10. Grundlegend zum Problem der Auswertung der Kriegserfahrungen: Rahn, Strategische Optionen (wie Anm. 107).

[113] Raeder an Tirpitz, 13.11.1921, ebd., Nachlaß Tirpitz, N 253/261 (Hervorhebung im Original).

[114] Vgl. die Notizen Capelles vom 17.5.1914, ebd., Nachlaß Tirpitz, N 253/29. Um den Krieg gegen England zu verschärfen, hatte Tirpitz darüber hinaus bereits am 20.8.1914 die Anregung gegeben, »daß es in einem späteren Stadium des Krieges doch in Betracht kommen könne, einen oder 2 große Kreuzer zum Handelskrieg gegen England im Atlantik anzusetzen« und empfahl, »dies planmäßig vorzubereiten und mit Ballin betreffend der Kohlenversorgung usw. in Verhandlungen zu treten«. Tagesmeldung Hopmans vom 20.8.1914, ebd., RM 3/11684.

[115] Wolfgang Wegener, Die Seestrategie des Weltkrieges, Berlin 1929; vgl. Rahn, Reichsmarine (wie Anm. 65), S. 129–132; ausführlich zu Wegener auch Schreiber, Thesen (wie Anm. 38), S. 118–120.

[116] Rahn, Reichsmarine (wie Anm. 65), S. 128 (auch für das Folgende).

[117] Ebd., S. 126.

[118] Vgl. Bird, The Origins (wie Anm. 44), S. 50.

[119] Rede Trothas am 10.3.1930, in: M.O.V.-Nachrichten vom 1.4.1930, 12 (1930), S. 145.

[120] Aufzeichnung Widenmanns – »Tirpitz« – vom 31.5.1931, in: BA-MA, Nachlaß Widenmann, N 158/2 (Hervorhebung im Original).

[121] Adolf v. Trotha, Großadmiral von Tirpitz. Flottenbau und Reichsgedanke, Breslau 1933, S. 172 f. Anfang 1934 folgte eine von einem weiteren engen Mitarbeiter, Fregattenkapitän a.D. Albert Scheibe, verfaßte Biographie, Tirpitz, Lübeck 1934, die diese Gedanken fortführte.

122 Zitiert nach: Das Deutsche Reich und der Zweite Weltkrieg, hrsg. vom MGFA, Bd 1: Ursachen und Voraussetzungen der deutschen Kriegspolitik, bearb. von Wilhelm Deist, Manfred Messerschmidt, Hans Erich Volkmann und Wolfram Wette, Stuttgart 1979, S. 454 (Beitrag Deist).

123 Rahn, Strategische Optionen (wie Anm. 107), S. 230 f. (auch für das Folgende).

124 Ebd., S. 240.

125 Ebd., S. 232.

126 Ebd., S. 233.

127 Vgl. dazu Michael Salewski, Das Ende der deutschen Schlachtschiffe im Zweiten Weltkrieg, in: Salewski, Die Deutschen (wie Anm. 11), S. 270–289; zur Bedeutung der Geschichte für Raeder und die praktischen Konsequenzen für die Marineplanung nach 1933 vgl. vor allem Salewski, Selbstverständnis (wie Anm. 38), passim, sowie Schreiber, Thesen (wie Anm. 38), passim.

128 Vorwort Assmanns zu »Der Krieg in der Nordsee«, bearb. von Vizeadmiral z.V. Dr. h.c. Otto Groos, maschschr. Fassung (undatiert, ca. 1940), in: BA-MA, RM 8/208-209.

129 Im Auftrage des Luftwaffenführungsstabes Ic/VIII verfaßt von Hans Resch, Großadmiral Alfred von Tirpitz, Stuttgart o.J. [1941?], S. 86.

130 So Raeder gegenüber Hitler nach einer Aufzeichnung des Flottenchefs, Admiral Boehm, zitiert nach: Salewski, Selbstverständnis (wie Anm. 38), S. 182, Anm. 62.

131 Vgl. dazu ausführlich ebd., S. 182–190.

132 Schuster an Hubatsch, 24.6.1944, BA-MA, RM 8/1427; vgl. auch den Brief des kommissarischen Leiters, Prof. Erich Botzenhart, an Admiral Schuster, 12.5.1944, ebd. Da Hubatsch damals jedoch noch Sachbearbeiter »Nord« im Wehrmachtsführungsstab war, konnte er diese Aufgabe nicht übernehmen. Hubatsch an Admiral Schuster, 1.7.1944, ebd. Vgl. auch die Denkschrift Widenmanns über »Die Marinepolitik der Kaiserlichen Marine 1871–1918« vom 18.3.1944, ebd.

133 Marine-Rundschau, 50 (1953), S. 1.

134 Ebd., S. 2–8.

135 Friedrich Ruge, Der Seekrieg 1939–1945, Stuttgart 1954.

136 Ebd., S. 35.

137 Ebd., S. 308.

138 Schlußwort Raeders vom 5.10.1946, zitiert nach: Jörg Duppler, Germania auf dem Meere. Bilder und Dokumente zur Deutschen Marinegeschichte 1848–1998, Hamburg [et al.] 1998, S. 25.

139 So der letzte Leiter der Kriegswissenschaftlichen Abteilung der Marine, Admiral Karlgeorg Schuster, in seiner Besprechung des ersten Bandes der Raederschen »Lebenserinnerungen«, in: Marine-Rundschau, 53 (1956), S. 186.

140 Vgl. hierzu die teils von Admiral a.D. Karlgeorg Schuster, teils von Admiral a.D. Erich Förste verfaßten Artikel in: Marine-Rundschau, 53 (1956), S. 42 f.; 54 (1957), S. 225–234; 57 (1960), S. 1–3.

141 Vgl. Duppler, Germania (wie Anm. 138), S. 25–29. Siehe dazu in diesem Band den Beitrag von Dieter Krüger.

142 Ebd., S. 28.

143 Zusammenfassend ebd., S. 20 f.

144 Rudolf Stadelmann, Die Epoche der deutsch-englischen Flottenrivalität, in: Rudolf Stadelmann, Deutschland und Westeuropa, Laupheim 1948, S. 85–146.

145 Weltmachtstreben und Flottenbau, hrsg. von Wilhelm Schüssler, Witten 1956. Dieser Band enthält neben einem Beitrag des Herausgebers Aufsätze von Günter Howe, Kapitän z.S. a.D. Fritz Boie, Walther Hubatsch und Oswald Hauser.

146 Alfred Schulze-Hinrichs, Weltmachtstreben und Flottenbau. Gab es ein Weltmachtstreben?, in: Marine-Rundschau, 54 (1957), S. 66–70.

147 Dies betraf den Beitrag von Günter Howe, ebd., S. 68.

148 Ebd.

149 Alfred Schulze-Hinrichs, Großadmiral Alfred von Tirpitz. Ziel erkannt – Kraft gespannt, Göttingen 1958.

150 Schulze-Hinrichs, Weltmachtstreben (wie Anm. 146), S. 70.

151 Walther Hubatsch, Die Ära Tirpitz. Studien zur deutschen Marinepolitik 1890–1914, Göttingen 1955. An dieser Interpretation, daß die Marine kein »Angriffsinstrument, sondern der ›Ausdruck‹ des Reiches, eine Selbstdarstellung der geeinten deutschen Stämme im Waffenspiel auf den Wellen« war, hat Hubatsch bis zu seinem Tode unbeirrt festgehalten. Vgl. Walther Hubatsch, Ziele

und Wirkungen der deutschen Flottenpolitik um 1900, in: Marine-Rundschau, 57 (1969), S. 253–263 (das Zitat ebd., S. 263) sowie Walther Hubatsch, Kaiserliche Marine. Aufgaben und Leistungen, München 1975. Zu Hubatschs Rolle nach 1945 vgl. jetzt Pöhlmann, Kriegsgeschichte (wie Anm. 65), S. 363–375. Die Tirpitz-Biografie von Uhle-Wettler, Alfred von Tirpitz (wie Anm. 94), ist ein Rückfall in diese längst überwunden geglaubte Tradition.

[152] Vgl. dazu die Vorbemerkung von Gerhard P. Groß zur demnächst erscheinenden Neuedition innerhalb der Reihe »Der Krieg zur See 1914–1918«: Der Krieg in der Nordsee, Bd 7, hrsg. und bearb. von Gerhard P. Groß und Werner Rahn.

[153] Vgl. den ungezeichneten Leitartikel »40 Jahre nach Skagerrak«, in: Marine-Rundschau, 53 (1956), S. 61 f. Darin heißt es zum Schluß: »Die einstigen Gegner werden auch in Zukunft zu ihrem Teil helfen, das wegzuräumen, was noch zwischen ihnen stehen mag. Sie werden dazu beitragen können, daß unsere Generation endgültig erreicht, was einst ein Tirpitz, ein Jellicoe, ein Raeder und viele der Besten erstrebt haben: ein ehrliches Neben- und Miteinander.«

[154] Erich Förste, Zur Persönlichkeit von Admiral Scheer, in: Marine-Rundschau, 59 (1962), S. 10–18.

[155] Ulrich Czisnik, Die Unruhen in der Marine 1917/18, in: Marine-Rundschau, 67 (1970), S. 641–664.

[156] Ebd., S. 663. Vgl. dazu auch die ausführliche Entgegnung von Wilhelm Deist, Die Unruhen in der Marine 1917/18, in: Marine-Rundschau, 68 (1971), S. 325–343.

[157] Volker R. Berghahn, Der Tirpitz-Plan. Genesis und Verfall einer innenpolitischen Krisenstrategie unter Wilhelm II., Düsseldorf 1971.

[158] Zur Auseinandersetzung mit Michael Salewski – beginnend mit dessen im Jahre 1970 in der Marine-Rundschau veröffentlichten Aufsatz »Selbstverständnis und historisches Bewußtsein der deutschen Kriegsmarine« – vgl. z.B. Marine-Rundschau, 67 (1970), S. 289–294; 69 (1972), S. 40–79. Ebd., auch weitere Kommentare.

[159] Walther Hubatsch, Kaiserliche Marine (wie Anm. 151), S. 78.

[160] Ein Beispiel für diese Bereitschaft sind die Beiträge Rohwers und Forstmeiers in dem von Herbert Schottelius und Wilhelm Deist hrsg. Sammelband »Marine und Marinepolitik im kaiserlichen Deutschland 1871 bis 1914«, Düsseldorf 1972 (2. Aufl. 1981).

[161] Gerhard Bidlingmaier, Seegeltung in der deutschen Geschichte. Ein seekriegsgeschichtliches Handbuch, Darmstadt 1967.

William Michaelis

Tirpitz' strategisches Wirken vor und während des Weltkrieges

Einführung

Zur Person des Autors[1]

William Michaelis[2] wurde am 19. Juli 1871 als Sohn eines Bauingenieurs geboren und trat nach seinem Abitur im April 1889 als Seeoffizieranwärter in die Kaiserliche Marine ein. Er durchlief die planmäßige Ausbildung zum Seeoffizier und stand bei der Beförderung zum Leutnant zur See an der Spitze seiner Crew. Aufgrund seiner hervorragenden Leistungen wurde er durch eine vorbildliche Personalführung so vielseitig eingesetzt, daß er sich die Qualifikation für höchste Kommandostellen erwarb[3]. Nach dem Besuch der Marine-Akademie 1900/1902 folgte ein regelmäßiger Wechsel zwischen Front- und Stabsdienst: u.a. Dezernent im Reichsmarineamt (RMA), Erster Offizier eines Linienschiffs, Admiralstabsoffizier eines Geschwaders, Abteilungschef im Admiralstab und ab Oktober 1913 – wenige Monate vorher erst zum Kapitän zur See befördert – jüngster Kommandant eines Großkampfschiffes.

Im Februar 1915 überraschend zum Chef des Stabes im Kommando der Hochseestreitkräfte ernannt, erlebte er hier als engster Mitarbeiter des Admirals Pohl[4] an zentraler Stelle die Auseinandersetzungen um den Einsatz der Hochseeflotte. Mit der Ernennung von Vizeadmiral Reinhard Scheer zum Flottenchef verließ er jedoch Anfang 1916 auf eigenem Wunsch die Hochseeflotte und wurde Abteilungschef im RMA, da er in seiner nüchternen Analyse der Kriegslage für die Flotte keine Erfolgschancen sah[5]. Im Oktober 1918 – inzwischen zum Direktor des Allgemeinen Marinedepartements im RMA avanciert – forderte auch Michaelis einen letzten Einsatz der Flotte, allerdings nicht als moralische »Ehren- und Existenzfrage der Marine«, wie es der Chef der neuen Seekriegsleitung, Admiral Scheer, am 16. Oktober 1918 formulierte, sondern um durch einen spektakulären Seesieg einen Stimmungsumschwung im Lande zu erzielen, denn er sah das Reich vor einer »Generalkatastrophe«[6].

Nach dem Zusammenbruch 1918 wirkte Michaelis beim Aufbau der Reichsmarine entscheidend mit. Im Dezember 1919 zum Konteradmiral befördert, übernahm er Ende März 1920 die schwierigste Aufgabe seiner Laufbahn, als er von Reichspräsident Ebert mit der Vertretung des Chefs der Admiralität beauftragt wurde, da Vizeadmiral Adolf v. Trotha wegen seines Verhaltens während des Kapp-Lüttwitz-Putsches des Amtes enthoben worden war. Michaelis gelang es im Laufe des Sommers 1920, die verworrenen Verhältnisse in der Marine allmählich zu ordnen und bei der Reichsregierung die weitere Existenz und Eigenständigkeit der Teilstreitkraft Marine durchzusetzen. Er hat offensichtlich lange mit sich gerungen, ob er in der Marine bleiben sollte oder nicht. Eine Gruppe von Offizieren in der Admiralität hielt ihn jedoch nicht für den geeigneten Chef, eine Auffassung, der sich auch Reichswehrminister Gessler anschloß. Hinter dem Rücken von Michaelis wurde dem Reichspräsidenten Ebert Vizeadmiral a.D. Paul Behncke als künftiger Chef der Admiralität (ab 1. September 1920: Marineleitung) vorgeschlagen[7].

Nach der Übergabe der Amtsgeschäfte an den inzwischen reaktivierten Vizeadmiral Behncke am 1. September 1920 bat Michaelis bald darauf um seinen Abschied, der am 20. Dezember 1920 mit der Charakterisierung zum Vizeadmiral erfolgte. Bis zu seinem Tode am 5. Januar 1948 lebte er völlig zurückgezogen in Putbus auf Rügen. In den 1930/40er Jahren entstanden seine Erinnerungen, in denen er detailliert seinen beruflichen Werdegang bis 1920 beschreibt und dabei von der Entwicklung der Kaiserlichen Marine und ihrer stärksten Persönlichkeit, Tirpitz, ein nüchternes und kritisches Bild zeichnet[8].

Zur Entstehung und Überlieferung des Textes

Ab 1933 war der neue Leiter des Marine-Archivs, Konteradmiral a.D. Kurt Assmann[9], bestrebt, die Entwicklung und Bedeutung des Admiralstabes der Kaiserlichen Marine untersuchen zu lassen. Im Rahmen der Vorarbeiten für diese Untersuchung, die als geheime Dienstschrift verteilt werden sollte[10], stand Assmann auch in Kontakt mit Michaelis, der ihm im November 1933 eine Aufzeichnung über eine Besprechung zwischen Tirpitz und dem damaligen Flottenchef, Admiral Pohl, vom Mai 1915 zur Verfügung stellte. In seinem Begleitbrief[11] vertrat Michaelis auch dezidiert den Standpunkt, daß »der Gedanke einer möglichen Vorherrschaft Deutschlands auf dem europäischen Festlande, in Verbindung mit dem sichtbaren Überholen der englischen Wirtschaft durch die deutsche, der wahre Grund für England« gewesen sei, »an seinen Bündnissen mit den Anderen eisern festzuhalten, und mit ihnen in den Krieg zu ziehen, als die Gefahr bestand, daß diese durch unsere Armee überwältigt werden könnten«. Darüber hinaus setzte sich Michaelis auch recht kritisch mit dem Risikogedanken und der Rüstungspolitik von Tirpitz auseinander: Für Tirpitz sei »die Verteidigung seines Flottengesetzes so sehr überwertige Idee« geworden, »daß er darüber alle militärische Konsequenz« verloren habe, wie zum Beispiel die Fähigkeit zur Offensive auch mit einer zahlenmäßig kleineren Schlachtflotte, die ihre »Überlegenheit nur in der Qualität in jeder Hinsicht, nicht in Kompromissen, erreichen« könne.

Assmann war von der Argumentation Michaelis' sehr angetan und sah sich in seiner Auffassung bestärkt[12], daß »der Gedanke einer möglichen Vorherrschaft Deutschlands nicht nur England in den Krieg getrieben, sondern überhaupt die ganze englische Vorkriegspolitik beherrscht« habe. »Mehr noch: dieser Gedanke, gesteigert bis zur Furcht vor deutscher *Welt*herrschaft, ist auch für Amerika der eigentliche Kriegsgrund gewesen.« Assmann bat Michaelis abschließend um eine schriftliche Ausarbeitung (»für den Handgebrauch des Marinearchivs«) mit einem persönlichen Urteil »über Tirpitz bis zum Kriege und während des Krieges«.

Michaelis gab kurz darauf seine Zusage mit dem bemerkenswerten Hinweis, daß er sich bislang immer gescheut habe, seine Auffassung über Tirpitz öffentlich darzulegen, »um nicht den Demokraten Material zu liefern, das sie zu Hetzereien ausnutzen könnten«[13].

Am 12. Januar 1934 übersandte Michaelis seine umfangreiche Ausarbeitung (28 Seiten Maschinenschrift) an Assmann, der sich tief beeindruckt zeigte, da sie manches geklärt habe, »was mir nicht verständlich war«. Er wollte aber sein eigenes Urteil über Tirpitz vervollständigen und die Ausarbeitung auch dem Chef der Marineleitung, Admiral Dr. h.c. Erich Raeder, »vertraulich« vorlegen, »der ja ein starker Anhänger von Tirpitz, aber andererseits zu klug« sei, »um offenbare Schwächen und Fehler zu übersehen«[14]. Dies geschah – mit Einverständnis von Michaelis – noch im Frühjahr 1934. Aus einer kurzen Stellungnahme Raeders geht hervor, welchen Stellenwert für ihn eine sorgfältig gelenkte historische Aufarbeitung des Flottenbaus unter Tirpitz hatte, auch wenn er sich dabei der Schwächen des Großadmirals bewußt war: Admiral Michaelis sei »ein so *sachlich* denkender Mann, daß ich seinen Auffassungen durchaus geschichtlichen Wert beimesse. Man darf darüber natürlich nicht die Größe des Gesamtwerkes von T. [Tirpitz] herabsetzen lassen. *Charakterlich* war T. mir nie ganz geheuer gewesen[15].«

Die Ausarbeitung von Michaelis stand 1935/36 zusammen mit anderen Beiträgen ehemaliger Seeoffiziere dem Bearbeiter der geheimen Dienstschrift »Der Admiralstab der Kaiserlichen Marine«, Admiral a.D. Gustav Bachmann zur Verfügung, der in enger Anlehnung an diese Beiträge das Endmanuskript erstellte[16]. Wenige Jahre später hat Michaelis noch einmal ein längeres Manuskript über die Befehlsverhältnisse der Marine im Kriege erarbeitet, das wahrscheinlich zunächst für das Jahrbuch »Nauticus« vorgesehen war und im April 1938 vom Herausgeber des »Nauticus«, Admiral a.D. Gottfried Hansen, der Kriegswissenschaftlichen Abteilung der Marine zur Verfügung gestellt wurde[17].

Das Originalmanuskript »Tirpitz strategisches Wirken« ist im Bundesarchiv-Militärarchiv im Bestand der Kriegswissenschaftlichen Abteilung der Marine (RM 8/1233, Blatt 10 bis 41) in Maschinenschrift mit zahlreichen handschriftlichen Korrekturen und einzelnen Ergänzungen des Autors überliefert. Für die folgende Veröffentlichung wurden alle offensichtlichen Schreibfehler und kleinere Korrekturen des Autors stillschweigend korrigiert. Dies gilt auch für die Schreibweise geographischer Namen, wie z.B. Deutsche Bucht. Demgegenüber wurden Satzbau und Interpunktion bewußt beibehalten. Auf größere handschriftliche Korrekturen und Ergänzungen des Autors wird in Anmerkungen hingewiesen. Die zahlreichen Anstreichungen am Rand, meist mit rotem Stift (Assmann), sowie die Unterstreichungen mit blauem Stift von fremder Hand wurden nicht besonders kenntlich gemacht. Raeder hat keine Stelle im Manuskript gekennzeichnet bzw. hervorgehoben. Einzelne Namen und Zusammenhänge, die heutigen Lesern wahrscheinlich weitgehend unbekannt sind, werden in Anmerkungen erläutert; von Fall zu Fall erfolgen auch weitere Literaturhinweise.

Abkürzungen bei Daten und einzelnen Jahreszahlen wurden vervollständigt. Die Abkürzung »T.« für »Tirpitz« wurde aufgelöst. Die Abkürzung »S.M.« für »Seine Majestät« wurde dagegen ebenso beibehalten wie »R.M.A.« für »Reichs-Marine-Amt«. Allgemeine Abkürzungen wie »m.A.n.« für »meiner Auffassung nach« wurden in der Regel stillschweigend aufgelöst. Ergänzungen im Text sind in eckige Klammern gesetzt.

Werner Rahn

William Michaelis, als Konteradmiral, 1919 Quelle: G. v. Maltitz

Vorbemerkung
[des Autors vom 12. Januar 1934][18]

Als junger Offizier habe ich für Tirpitz, den Führer des »neuen Kurses« in unserer Marine geschwärmt. Schwärmerische Äußerungen über ihn brachten mir 1895, auf »Kaiser«[19] in Ostasien, eine scharfe Zurechtweisung meines Kommandanten, Kapt.z.S. Jaeschke[20], ein, der Tirpitz das Genie abstritt und ihn nur als »Künstler der Meinungsbeeinflussung, oft mit teuflischen Mitteln« gelten lassen wollte. Ich hielt diesen Wutausbruch für Neid über Tirpitz größere Erfolge. Bald danach wurde Tirpitz unser Divisionschef. Seine militärische Führung stach gegen die seines Vorgängers, des »Seni« Hoffmann[21], fühlbar durch Unruhe in den Dispositionen und Unklarheit der Befehlserteilung ab. Ich nahm an, das Kommando wäre für sein Genie zu klein. Tirpitz selbst hat sich später mir gegenüber einmal heftig über seinen damaligen Flaggleutnant beklagt[22], der nicht fähig gewesen sei, die Intentionen seines Admirals verständlich zu machen. Von 1903–1906 unter Tirpitz im R.M.A. arbeitend, lernte ich einen lebhaften Betrieb und gewaltige Arbeitsleistung einer Behörde kennen, konnte aber häufig mit persönlichen Entscheidungen des Staatssekretärs innerlich nicht mit. Seine Ressortpolitik und Ressortempfindlichkeit schienen mir die sachliche Arbeit unnötig zu stören, und die militärischen Belange wurden mir zu häufig parlamentarischen Gesichtspunkten untergeordnet. Immerhin verließ ich, nach der Novelle 1906, das R.M.A. mit der Überzeugung, Tirpitz sei doch der Größte unter unseren Führern, brauche nur genügend einflußreiche militärische Berater, um sein militärisches Gewissen in der Flut des Parlamentarismus, in der er zu arbeiten hatte, wach zu erhalten. Im Kriege hat er mich enttäuscht.

Ich habe nie zu den nächsten Vertrauten des Großadmirals gehört, wenn er auch gelegentlich, zu meiner eigenen Verwunderung, sehr trauliche [sic] Dinge mit mir besprach. Gewöhnlich kamen wir dabei aber hart aneinander, indem er mir »Übergründlichkeit« und »rage de perfection« vorwarf, während ich mich mit, von ihm verlangten, Kompromissen – m.E. militärischen Halbheiten – nicht abfinden konnte. Besser konnte ich mit Heeringen, Capelle, Harms[23] zusammenarbeiten, die Tirpitz vertraute Ratgeber, aber m.E. wesentlich sachlicher eingestellt waren. Von diesen bin ich, sowohl während meiner Zugehörigkeit zum R.M.A. als auch später, häufig zu vertraulichen Aussprachen über Absichten und Gedanken von Tirpitz herangezogen worden. 1911–1913 verwandte v. Heeringen mich, neben meinem Dienst als Abteilungschef, im Admiralstab zu seinen persönlichen Chefarbeiten. Dazu teilte er mir seine Besprechungen mit anderen Chefs regelmäßig gleich hinterher mit.

So glaube ich über manche Zusammenhänge besser unterrichtet zu sein als die Akten, andererseits kritischer sehen zu können, als diejenigen, die in Folge engerer persönlicher Beziehungen noch heute unter dem Banne der Persönlichkeit des Großadmirals stehen. Daß ich Tirpitz Bedeutung für unsere Marine durch meine Kritik nicht herabsetzen will, ist selbstverständlich. Aber die Erforschung der geschichtlichen Wahrheit darf vor der Person nicht Halt machen, wenn die Geschichte ihre Aufgabe erfüllen soll, Lehrmeisterin der Zukunft zu sein. Für die Menge kann Heldenverehrung wertvoller sein als geschichtliche Wahrheit. Denen, die einst zur Führung berufen sind, darf die Möglichkeit, auch aus Irrtümern und Schwächen der Großen zu lernen, nicht entzogen werden.

Lediglich in diesem Sinne übergebe ich die folgenden Aufzeichnungen dem Marinearchiv zum »Handgebrauch«.

W. Michaelis
Vizeadmiral a.D.[24]

*Großadmiral
Alfred v. Tirpitz
(1849–1930)
Quelle: MSM/WGAZ*

Tirpitz' strategisches Wirken
vor und während des Weltkrieges

I. Bei Entwicklung der Torpedowaffe

Tirpitz begann als Assistent beim Dezernat für Torpedowesen in der Admiralität. General v. Stosch[25] schätzte seine Arbeit nicht. Nach dem Tode des, auch von Stosch hochgeschätzten, Dezernenten dessen Nachfolger geworden, gewann Tirpitz auf Caprivi[26] rasch großen Einfluß, (Erzählungen älterer Geheimräte des R.M.A.). Tirpitz war Hauptbearbeiter der Caprivi-Denkschrift vom Frühjahr 1884, die den Bau einer großen Torpedobootsflotte forderte (für die Küstenverteidigung)[27]. Die Schrift billigt dem Kreuzerkrieg nur sekundäre, den Schlachtschiffen hauptsächlich politische Bedeutung zu.

Als Flottillenchef, später Inspekteur des Torpedowesens, betonte Tirpitz den Offensivgeist, und war, im Winter in der Admiralität arbeitend, auf die Entwicklung des Torpedoboots zur Offensivwaffe bedacht. Den hierfür geeigneten Typ fand er im Schichauboot, das Beweglichkeit mit ausreichender Seefähigkeit und Aktionsradius zu vereinen schien[28]. Alsbald wurden unsere Torpedoboote für die besten der Welt erklärt.

Bei Caprivi setzte Tirpitz folgenden Kriegsplan gegen Frankreich durch: Nächtlicher Überfall auf das französische Nordgeschwader in Cherbourg durch eine Torpedobootsdivision (1-D-Boot, 6 kleine Boote[29]). Danach, bis zum Herankommen der französischen Mittelmeerstreitkräfte: Seeherrschaft unseres Panzergeschwaders im Norden. Ausnutzung zum Heimbringen unserer, Schädigung der französischen Schiffahrt, und zur Zerstörung des französischen Stützpunkts Cherbourg durch Bombardement. Mit Erscheinen der französischen Mittelmeerkräfte, Zurückgehen auf die eigene Küste, Schädigen des Gegners durch Torpedobootsangriffe von der Küste aus, schließlich Vorstoß unserer Panzerschiffe zur Schlacht, unter Einsatz aller Torpedoboote in der Melee. Der Offensivgedanke und die Bedeutung, die den Torpedobooten im Kriegsplan zugemessen war, gaben der Waffe einen hohen Schwung vor allen übrigen Teilen unserer Marine, die damals unter Unsicherheit ihrer Kriegsaussichten litten, – überdies von den Torpedoleuten, unter Tirpitz Führung, verächtlich gemacht wurden.

In Wirklichkeit waren unsere damaligen Torpedoboote der ihnen zugedachten Aufgabe sicher *nicht* gewachsen. Die kleinen Boote überstanden zwar gelegentlich eine stürmische Einzelfahrt, waren aber schon bei mittlerem Nordseewetter nicht mehr aktionsfähig. Die Torpedobootskommandanten waren zwar die schneidigsten Fahrer in unserer Marine, aber ihre Navigation stand vielfach auf niedriger Stufe (»Über den Daumen navigieren«) und die Waffenausbildung war noch sehr mangelhaft. Technische Versager waren an der Tagesordnung, das Treffen, abgesehen von vorher genau abgezirkelten Vorführungsschüssen, trotz minimaler Schußentfernungen, Glückssache. Trotz Betonung des Kriegsmäßigen, fehlte der Waffe unter Tirpitz die gründliche Durchbildung, die allein den Kriegserfolg gewährleisten kann. (Eigene Beobachtung als W.O. auf einem D-Boot noch 1894[30]).

Diese Zustände, nicht wie vielfach behauptet wurde, Abneigung gegen das Neue oder gegen die überlaute Propaganda der Waffe, veranlaßten offenbar den ersten seemännischen Chef der Admiralität, Admiral Graf Monts, bei Tirpitz Schlußbesichtigung 1889 das Urteil auszusprechen, das Torpedoboot sei nur Paradestück, für den Ernstfall nicht zu gebrauchen[31].

Tirpitz hat die Torpedowaffe auch später immer als eine Art persönliche Domäne angesehen, bei ihrer Weiterentwicklung aber – in Folge Festhaltens an alten Vorstellungen und Empfindlichkeit gegen Sichtbarwerden von Mängeln an seinen Schöpfungen – häufig hemmend gewirkt: Die notwendige Vergrößerung der Boote mußte ihm als Staatssekretär abgerungen werden. Dem U-Boot stand er lange grundsätzlich ablehnend gegenüber, hemmte den U-Bootsbau stärker als die Vorsicht bei Neuerfindungen gebot. Der Eingliederung der Flottillen in die Flotte hat er sich mit allen, ihm zu Gebote stehenden, Mitteln widersetzt, ihre Unterstellungszeiten unter den Flottenchef aufs Äußerste beschränkt. Die erste Teilnahme von U-Booten an Flottenmanöver verzögerte er fortwährend, bis Capelle sie hinter seinem Rücken verfügte. Als der Admiralstab dem R.M.A., auf Geheimwegen erworbene, Dokumente über englische Torpedos von vergrößerter Schußweite übergab, nahm Tirpitz das persönlich übel, und war nur durch scharfe Kritik des Kaisers zu bewegen, den Vorsprung nachzuholen. Den Wunsch des Admiralstabes nach größerem Aktionsradius der Torpedoboote zu offensiver Verwendung bis in die nordenglischen Gewässer, beantwortete er 1911 mit Verkleinerung des Bootstyps[32], unter der Behauptung, »der Aktionsradius reiche für den Krieg in der Deutschen Bucht aus«. Die Folge war, daß wir bei Kriegsausbruch, außer ein paar beschlagnahmten Ausländerbooten[33], keine Torpedoboote besaßen, die bis zum Aufenthalt [sic] der englischen Schlachtflotte mitgenommen werden konnten, geschweige denn zu selbständigen Angriffen auf diese angesetzt werden konnten. (Wenn Tirpitz später die Schuld an den sog. »Lanskrüppeln« dem Torpedoinspekteur zugeschrieben hat[34], so ist das, angesichts der Abhängigkeit der Inspektion vom R.M.A., keine Entlastung für ihn).

II. Als Chef des Stabes des Oberkommandos

Im Frühjahr 1891 hielt S.M. der Kaiser im Anschluß an einen Abendvortrag im Kieler Kasino den Offizieren eine Rede, in der er ausführte[35]:

> »Nicht untätig zu Anker liegend, wie 70/71, soll die Flotte künftig unsere Küsten schützen, sondern *den Feind auf hoher See suchen*, bevor er die Schlagadern des Handels unterbinden kann. Angriff ist die beste Verteidigung. Die Flotte muß *mit allen zur Seeschlacht irgend verwendbaren* Streitkräften, in *gesammelter Kraft*, ihr Alles einsetzen, um in wuchtigem *den Nahkampf suchenden*, Stoß den Fein zu vernichten. *Taktische Gefechtsübungen* erschöpfen nicht die Vorbereitungen zum Seekrieg. Ein einheitlicher, alle Kriegslagen umfassender *strategischer Plan* muß alle Flottenteile, Geschwader, Flottillen leiten.«

Diese Gedanken besprach S.M. weiter mit den Admiralen im Kieler Schloß, im Anschluß an ein Abendessen. Hierbei hielt Tirpitz, der als Chef des Stabes der Station mit eingeladen war, dem Kaiser einen Vortrag, in dem dieser seine Absichten so klar zum Ausdruck gebracht fand, daß er sich Tirpitz zum Werkzeug für die Ausführung ersah. In Folge dessen wurde Tirpitz Anfang 1892 Chef des Stabes des Oberkommandos. Gestützt auf persönliche Aufträge des Kaisers, beherrschte er von 1892–1895 die Behörde und mit ihr die gesamte militärische Arbeit unserer Marine in, bis zum jüngsten Offizier, sichtbarer Weise.

Er legte den Grund zur kriegsmäßigen Schiffsausbildung, zur Linientaktik und zur Seestrategie in unserer Marine.

Den von S.M. verlangten strategischen Plan stellte er wie folgt auf:

Die voraussichtlichen Gegner, Frankreich und Rußland (England galt noch nicht als solcher) wollen ihre im Norden befindlichen Seestreitkräfte in den dänischen Gewässern vereinigen, um mit erdrückender Übermacht gegen unsere Küsten vorzugehen. Das ist nur zu verhindern durch Offensive gegen den Stärkeren vor der Vereinigung. Wir müssen daher die französische Flotte auf ihrem Wege durch die Nordsee aufsuchen und schlagen. Gelingt das, wird auch die schlechtere russische Flotte nichts mehr zu unternehmen wagen. Da aber die französische Nordflotte schon allein stärker als die unsrige, muß uns eine überlegene Taktik der großen Schiffe, in Verbindung mit Verwendung der Torpedoboote in der Tagschlacht, den Sieg sichern.

Dieser Plan, wie alle Arbeiten des damaligen Oberkommandos im ganzen Offizierkorps verbreitet, löste wegen seines rücksichtslosen Offensivgedankens allgemeine Begeisterung in der Flotte aus. Die Überraschung, daß der bisherige Torpedobootsenthusiast Tirpitz nun die großen Schiffe in den Vordergrund stellte, war für den größeren Teil der Marine eine freudige. Der »Sieg durch unsere überlegene Taktik« wurde zum Glaubenssatz.

In Wirklichkeit befanden wir uns erst im allerersten Anfangsstadium einer neuen Taktik. Zwar führten die Versuche – mit dem vom Kaiser gesetzten Ziel geordneter Schlachtenführung – frühzeitig zur Annahme der Linientaktik und Festlegung ihrer theoretischen Grundlagen. Ihre Anwendung durch das O.K. [Oberkommando] war aber wenig überzeugend. Die Artillerie war zur Hauptwaffe erklärt, aber die Führung arbeitete mit Bewegungen, denen die Artillerie gar nicht gewachsen war. Schon Ende [des] Sommers 1893 war in der Flotte das Gefühl, die Linientaktik verspräche artilleristische Vorteile, aber die Führung ließe sie nicht ausnutzen.

[Tirpitz ist in Wirklichkeit über ein, für Artilleriewirkung zu kurzes, linientaktisches Einleitungsgefecht mit hartem Übergang zum Passieren nicht hinausgekommen, weil er das laufende Gefecht für ungeeignet zur Erlangung »taktischer Vorteile« ansah, die Mêlée mit allen Waffen für nötig zur Entscheidung hielt, beim Gegner grades Drauflosgehn voraussetzte, Gefechtsbilder mit freier Führung nicht versuchte. Tirpitz' Verdienst ist, der alten Linientaktik der Segelschiffszeit wieder Bahn gebrochen zu haben durch das Chaos taktischer Ideen, die die Einführung des Dampfes in Verbindung mit Ramme und Torpedo erzeugt hatte. Die Entwicklung einer artilleristisch brauchbaren Linientaktik für das moderne Schiff hat in unserer Marine erst begonnen, nachdem Tirpitz die taktischen Versuche nicht mehr leitete. Durch seine von ihm selbst in Anspruch genommene Autorität auf taktischem Gebiet und starres Festhalten an seinen ursprünglichen Vorstellungen hat er der Weiterentwicklung sogar manche Schwierigkeiten bereitet][36].

Eine neue Taktik kann den Sieg über Übermacht nur solange sichern, als der Feind sie nicht auch annimmt. Folgerichtig forderte Tirpitz für seinen Kriegsplan sehr bald den Ausbau unserer Flotte zu größerer Stärke als die französische Nordflotte damals war.

Die Forderung kleidete er in eine Dienstschrift des O.K. [Oberkommandos] vom 16. Juni 1894 mit dem Titel: »Allgemeine Erfahrungen aus den Manövern der Herbstübungsflotte«, die wie üblich allen Offizieren bekannt gegeben wurde[37]. [Sie führte zu einer Beschwerde des Staatssekretärs Hollmann[38] wegen Übergriffs in sein Ressort und Bloßstellung des für die Entwicklung der Marine Verantwortlichen.]

Als Begründung der Forderung gab die Schrift eine ebenso treffende wie vollständige Darstellung der Grundlagen der Seestrategie.

Der wesentliche Inhalt war: Die natürliche Aufgabe jeder Flotte ist die Offensive bis an die Küste des Feindes, zwecks Erringung der Seeherrschaft; das wirksamste Mittel hierfür die Schlacht. Die Offensive erfordert nicht unerhebliche Überlegenheit, und Konzentration der Kräfte. Eine Flotte, die den Gegner nur in der Nähe der eigenen Küste erwarten will, hat nur schwache Daseinsberechtigung.

Dementsprechend war, unter Berücksichtigung unserer Geschwadereinteilung, eine Schlachtflotte von 17 Linienschiffen (Flottenflaggschiff und zwei Geschwader) nebst dem erforderlichem Beiwerk und Materialreserve als notwendig berechnet[39].

Die Schrift begründete Tirpitz' seestrategische Autorität beim Kaiser, in der Marine, und beim Reichstage, dem sie gelegentlich des ersten Flottengesetzes vertraulich mitgeteilt wurde.

Ihre allgemeinen – in Wahrheit nicht auf unseren Manövererfahrungen, sondern auf dem Studium der Kriegsgeschichte beruhenden Sätze – sind Gemeingut unserer Marine geworden.

Im Oberkommando zog Tirpitz aus ihnen auch die einzig mögliche Konsequenz.

1895 wurde er wegen fortgesetzter Differenzen mit dem Staatssekretär als Chef des Oberkommandos [sic] abgelöst.

1897 selbst Staatssekretär geworden, hat er den Offensivgedanken zwar akademisch aufrechterhalten, die praktischen Folgerungen aber nicht mehr gezogen, weder bei Entwicklung der Flotte gegen England, noch bei seiner persönlichen Beteiligung an den Operationsvorarbeiten für den Krieg gegen England.

III. Als Staatssekretär bei Ausbau der Flotte

[1. Flottengesetz][40] Das erste Flottengesetz forderte, ohne Bezugnahme auf einen voraussichtlichen Gegner, im Wesentlichen die in Tirpitz strategischer Dienstschrift gegen Frankreich als notwendig bezeichnete Flottenstärke. Da aber inzwischen auch die Möglichkeit zukünftiger kriegerischer Verwicklungen mit England nicht mehr geleugnet werden konnte, sprach Tirpitz in seiner Einführungsrede vom 6.XI.1897 [sic] zum ersten Male den Risikogedanken aus, und zwar in der rein militärischen Fassung: »Wenn wir eine Flotte haben werden, die dieser Stärke entspricht, dann schaffen Sie Deutschland eine Seemacht, gegen die offensiv an unsere Küsten vorzugehen, selbst eine Seemacht I. Ranges sich dreimal überlegen wird[41].«

[2. Flottengesetz] Das endgültige Flottengesetz von 1900, das England ausdrücklich als Gegner annahm, wurde vollständig auf den Risikogedanken aufgebaut, offenbar weil dieser auch bei Flottengegnern Anklang gefunden hatte. Da er aber in der militärischen Formulierung nicht befriedigen konnte, erhielt er nun die politische Form: »Deutschland muß eine so starke Schlachtflotte besitzen, daß ein Krieg auch für den seemächtigsten Gegner mit derartigen Gefahren verbunden ist, daß seine eigene Machtstellung in Frage gestellt wird[42].« Die Flotte sollte also den Krieg möglichst verhindern.

[Novelle 1912] Nachdem diese Wirkung zweifelhaft geworden, begründete Tirpitz die Novelle von 1912 mit der »Notwendigkeit einer brauchbaren *Defensiv*chance«, übrigens ohne die Sollstärke wesentlich zu erhöhen[43].

[Beurteilung des Flottengedankens] Das Versagen des Risikogedankens in politischer Hinsicht hat die Geschichte erwiesen.

Den militärischen Risikogedanken hatte Prinz Adalbert schon einmal ausgesprochen, aber lediglich als Durchgangsstadium bis zur Entwicklung einer mächtigen Flotte. In seiner Denkschrift über die Bildung einer Deutschen Flotte vom 18. Mai 1848 spricht er die Warnungen aus[44]:

> »Wehe dem Vaterland, wenn es sich bei diesem entscheidenden Schritte (Bau einer Schlachtflotte) einer halben Maßregel schuldig macht« und »Das Deutsche Reich darf nicht eine Flotte haben, die zu klein ist zum Leben und zu groß zum Sterben[45].«

Ohne Zweifel war auch beim Ausbau unserer Flotte gegen England der Risikogedanke ursprünglich lediglich als Schild gegen das parlamentarische Schlagwort der grundsätzlichen Flottengegner von den »uferlosen Flottenplänen« gedacht. (So mir von Capelle erklärt mit dem Zusatz: »der Reichstag will von uns nicht die Wahrheit, sondern eine geeignete Formel, mit der die Einsichtigen die Dummen leiten können.«).

Militärisch ernst genommen hat den Risikogedanken meines Wissens keine maßgebliche Stelle.

Schon 1905 war in weiten Kreisen, einschließlich nicht unerheblicher Teile des Reichstages, Stimmung für eine der englischen gleichstarke Flotte. Der Kaiser verlangte sie zu benutzen[46]. Der Reichskanzler und der Schatzsekretär gaben Tirpitz freie Hand. Dieser aber lehnte ab, mit der Behauptung, die Marine könne eine Baubeschleunigung nicht verdauen.

Bei den Vorarbeiten zur Novelle 1906 erklärte Tirpitz in einer Sitzung im R.M.A., mit dem Großkampfschiff habe England uns einen neuen Start gegeben. Er beabsichtige, sobald als möglich zum Viererbautempo überzugehen (geschehen mit der Novelle 1908). Damit holten wir England ein, da dieses nach seinen Feststellungen auch nicht schneller bauen könne. Diese Absicht wurde auch den Flottenfreunden im Reichstag vertraulich bekanntgegeben[47].

Im Frühjahr 1912 erklärte S.M. auf der »Hohenzollern« vor Cuxhaven nach längeren Besprechungen mit Tirpitz, v. Heeringen, und Ballin: »Ich werden mich ducken, jede Ohrfeige einstecken, bis meine Flotte ebenso groß wie die englische. Dann werde ich die Engländer fragen: Wollt Ihr wie Ich den Frieden, so benehmt Euch danach. Wollt Ihr aber den Krieg, so könnt Ihr ihn haben« (Mitteilung von Heeringen unmittelbar nach der Besprechung[48].)

Bethmann Hollweg versuchte, v. Heeringen und Holtzendorff[49] für den folgenden Gedanken zu gewinnen: Versöhnung Englands durch zeitweilige Einstellung des Flottenbaus, Niederwerfen der Landgegner, danach Ausbau der Seemacht mit aller Kraft bis zur Gleichwertigkeit mit England. Selbstverständlich war dieser Plan, so wie die Dinge einmal lagen, nicht mehr zu verwirklichen. Er zeigt aber, daß auch Bethmann an den Risikogedanken weder politisch noch militärisch glaubte. Ob Tirpitz' Mißtrauen, der Plan Bethmanns sei nur eine Falle, um die Flotte endgültig verkommen zu lassen, gerechtfertigt war, kann dabei dahingestellt bleiben.

Den militärischen Fehler des Risikogedankens legte meiner Auffassung nach am treffendsten v. Heeringen als Chef des Admiralstabes in einem Schreiben an den Reichskanzler vom 7. Oktober 1911 fest mit den Worten: »Es ist auf die Dauer völlig unmöglich, daß unsere Flotte in dem Gedanken lebt, für England nur ein Risiko zu sein [...] Unsere Flotte bedarf zur Erhaltung des inneren moralischen Elements wie zum äußeren Erfolge unbedingt einer militärisch brauchbaren Chance gegen England. Wird das letzte Ziel unserer Flottenpolitik nicht so hoch gesteckt, so war der ganze Aufwand, der dem Deutschen Volke bisher zugemutet ist, letzten Endes unrichtig und vergeblich[50].«

v. Heeringen hat auch versucht, durch persönliche Einwirkung Tirpitz zu bewegen, wenigstens das Vierertempo beizubehalten. Tirpitz setzte dem entgegen, daß bei einem baldigen Kriege davon kein Vorteil mehr zu erwarten, bei längerer Erhaltung des Friedens Deutschland nicht einmal die im Flottengesetz vorgesehene Rüstung würde tragen können, geschweige denn eine in dauerndem Vierertempo sich entwickelnde Flotte. Er taufte daher nur den Risikogedanken in Defensivchance um und legte gegenüber England das »Defensivverhältnis« 10:16 in aller Form fest, hoffend, bei entsprechender Verminderung des englischen Bautempos auf das Zweiertempo zurückgehen zu können.

Das »natürliche Ziel jeder Flottenentwicklung«, die Offensive (vergl. die strategische Dienstschrift[51]), war damit endgültig aufgegeben.

Wie der Chef des Admiralstabes zur gleichen Zeit die Dinge ansah, geht aus folgendem Satz des erwähnten Schreibens an den Reichskanzler hervor[52]: »Wir werden nicht jedem kriegerischen Konflikt aus dem Wege gehen können, wohl aber stets England unter unseren Gegnern finden. Sind wir dann aber England gegenüber nicht bereit, so würden die uns an Handel, Schiffahrt und Kolonien erwachsenden Verluste und Schäden enorm hohe sein werden. Der für unser gesamtes wirtschaftliches Leben entstehende Schaden würde jedenfalls ganz außer

Vergleich stehen zu den Aufwendungen, die wir zur Erreichung des richtigen Ziels noch möglichst bald machen müßten.«

Im Kriege hat uns der Risikogedanke den weiteren Nachteil gebracht, daß die englische Seekriegsleitung, um das von uns verkündete Risiko zu vermeiden, ihre Schlachtflotte in einer Weise schonte, die uns die Offensive noch über das Kräfteverhältnis hinaus erschwerte.

Tirpitz' Festhalten am Risikogedanken läßt sich kaum anders erklären, als daß er, geblendet durch dessen parlamentarischen Erfolg und seine scheinbare Nützlichkeit bei außenpolitischen Verhandlungen, mit der Zeit tatsächlich geglaubt hat, den Krieg vermeiden zu können. Seine Verteidigung in den »Politischen Dokumenten« spricht für diese Annahme[53]. Im Sommer 1911 wurde er in diesem Glauben schwankend wegen der Folgeerscheinungen der Marokkokrise. Während er bis dahin, in dauerndem Gegensatz zum Admiralstabe, die Entwicklung stets über die Bereitschaft gestellt, nahm er nun selbst eine Reihe von Bereitschaftserhöhungen vor, als bedeutendste die Bildung eines dritten aktiven Geschwaders, deren eigentlicher Zweck war, keine Großkampfschiffe in den Reservezustand kommen zu lassen. Obwohl er in dieser Zeit gelegentlich aussprach: »der Krieg ist unvermeidlich«, hat er anscheinend doch nach 1912 wieder geglaubt, daß es nicht zum Kriege kommen würde, und die Lage, die Churchill in seiner Weltkrisis[54] als »Stille vor dem Sturm« bezeichnet als Entspannung in Folge annähernden Fertigwerdens unserer Risikoflotte aufgefaßt.

[Die Erhaltung der Flottengesetze] Neben dem Risikogedanken ist bei Tirpitz, mit der Zeit immer mehr, die Erhaltung seines Flottengesetzes zu einer Art überwertigen Idee geworden. Aus Sorge für das Flottengesetz ließ er einen Inspekteur des Bildungswesens telegraphisch verabschieden, weil dieser einer kriegswissenschaftlichen Studie über den Kreuzerkrieg die Genehmigung zur Veröffentlichung erteilt hatte[55]. Aus Sorge für das Flottengesetz knebelte er die Arbeit des Admiralstabes bis zur Herbeiführung der sog. »Maulkorbordre«, lehnte er häufig sachlich berechtigte Vorschläge ab, beseitigte er den stärksten Vertreter der Offensive als Chef des Admiralstabes, weil dieser eine Bereitschaftserhöhung der Reservedivisionen forderte[56] usw. Seinen Mitarbeitern erklärte er, jede Abweichung vom Flottengesetz würde den Flottengegnern die Handhabe geben, die Marine in Zustände wie 1890 zurückzuwerfen, wo um einen kleinen Kreuzer jahrelang gehandelt werden mußte – eine Befürchtung die sicherlich übertrieben war, nachdem das Flottengesetz seine Schuldigkeit bereits getan.

Niemand wird die grundlegende Bedeutung der gesetzlichen Regelung unserer Flottenentwicklung bestreiten. Die Form dieser Regelung hat sich auch wunderbar anpassungsfähig erwiesen für neue Bedürfnisse der Entwicklung. Eines aber konnte das Flottengesetz nicht leisten: Rüstungsbeschleunigung vor einem drohenden Krieg. Spätestens mit dem Augenblick, wo der Krieg als unvermeidlich angesehen wurde, mußten daher alle Rücksichten auf das Flottengesetz fallen gelassen werden, und unsere hochentwickelte Schiffsbauindustrie bis zur letzten Helling zum Bauen ausgenutzt werden.

Statt dessen ging Tirpitz in den letzten Jahren vor dem Weltkrieg mit dem Bautempo herunter. Gleichzeitig erhöhten die Engländer das ihre, und sicherten sich damit die Möglichkeit, ihre Überlegenheit im Kriege selbst bei größeren Verlusten aufrecht zu erhalten[57]. Selbst in Tirpitz Äußerungen während des Krieges sind Rücksichten auf das Flottengesetz noch unverkennbar.

[Die Qualität] War es für Deutschland tatsächlich nicht möglich, die für die Offensive erforderliche Überlegenheit oder wenigstens Gleichheit an Streitkräften zahlenmäßig zu erreichen, so mußte diese wenigstens durch überlegene Qualität in jeder Hinsicht erstrebt werden. Nach dieser Richtung war ein dauernd sichtbares Zögern von Tirpitz aus Furcht vor Überschreitung der Kostenberechnungen zum Flottengesetz, zum Mindesten psychologisch nicht günstig. In der Schiffsgröße, wie im Kaliber der Artillerie, hinkten wir dauernd hinter den Engländern her. Zum Großkampfschiff entschloß Tirpitz sich erst, nachdem Graf Reventlow unsere älteren Typen in einem öffentlichen Artikel als »schwimmende Särge« bezeichnet[58], und der Abgeordnete Bebel die Äußerung getan, er sei grundsätzlich Gegner des Flottenbaus, da er ihn aber nicht hindern könne, verlange er, daß wir Schiffe bauen, die jedem Gegner überlegen sind[59]. Für den Kriegsgebrauch wesentliche Verbesserungen auf dem Gebiet der Artillerie, des Munitionskammerschutzes der älteren Schiffe, des Maschinenwesens und der Funkentelegrafie, deren Nutzen bereits erkannt war, wurden aus Kostengründen zurückgestellt. Sie mußten dann während des Krieges eingebaut werden, wodurch während der ersten Kriegsjahre dauernd Schiffe für die Verwendung ausfielen. (Richtungsweiser, Ölzusatzfeuerung, Kühlrosten pp.[60]).

Wohl haben unsere neueren Schiffe sich den englischen in mancher Hinsicht als überlegen erwiesen (Geschoßwirkung, Sinksicherheit, Sicherheit der Munition). Aber gerade in Eigenschaften, die Vorbedingungen für die Durchführung der Offensive waren (Dauergeschwindigkeiten, Aktionsradius der Torpedoboote, Aufklärungsapparat) standen wir hinter dem Gegner zurück. Tirpitz hat die militärischerseits wiederholt gestellten Forderungen nach größerer Geschwindigkeit der kleinen Kreuzer und weiterem Aktionsradius der Torpedoboote, stets mit dem Hinweis auf die Deutsche Bucht als Kriegsschauplatz für den Krieg mit England zurückgewiesen, d.h. mit Gesichtspunkten der strategischen Defensive.

Sicherlich sind Entwicklungsgesichtspunkte nicht bindend für den Kriegsgebrauch einer Flotte. Aber es liegt auf der Hand, daß das Bewußtsein, nur über eine Risiko- oder Defensivflotte zu verfügen, bei allem Offensivgeist, den Entschluß der verantwortlichen Führung[61] zur Offensive ohne vorherigen Kräfteausgleich nicht fördern konnte. Daß auch Tirpitz, vor dem Kriege, die Offensive gegen England nicht für möglich gehalten [hat], geht aus seinen Stellungnahmen zu den Operationsplänen hervor.

IV. Als Staatssekretär bei Mitwirkung an den Operationsplänen

Die vom Admiralstab bearbeiteten Operationspläne wurden Tirpitz regelmäßig vor Vorlage bei S.M. vorgelegt, und zwar nicht nur zur Information für sein Ressort, sondern, wegen seiner strategischen Autorität, auch zur Begutachtung in strategischer Hinsicht. Bei wesentlichen Änderungen hörte der Kaiser Tirpitz in der Regel auch noch persönlich.

Wie weit Tirpitz den Plänen einer reinen Defensive in der Ostsee bzw. Elbmündung (O-Direktiven 1902–1908) zugestimmt hat, ist mir nicht bekannt.

1909 brach Graf Baudissin mit dem Krieg auf der Elbe, wegen der Gefahr der Zermürbung unserer Flotte ohne Chancen, den Feind zu schädigen, und stellte einen rücksichtslosen Offensivplan auf. Die Flotte sollte in der Nacht vor Kriegsausbruch vor der englischen Küste stehen, die englische Flotte vor deren Versammlung überfallen und schlagen, bei Nichtantreffen des Feindes in See seine Stützpunkte mit Minen verseuchen, und die feindliche Schiffahrt nach Möglichkeit schädigen. Die Ausführung wurde mit dem Flottenchef in allen Einzelheiten besprochen und volle Übereinstimmung erzielt.

Um dem ersten Vorstoß genügende Kampfkraft mitgeben zu können, beantragte Baudissin Erhöhung der Bereitschaft der Linienschiffsreservedivisionen durch Verstärkung der Besatzungstämme nach Muster der englischen Reserveformationen. In dieser Forderung sah Tirpitz eine Gefährdung des Flottengesetzes, stellte die Möglichkeit, in englischen Gewässern unterlegene englische Kräfte zu schlagen als unwahrscheinlich hin, und erreichte die Ablösung Baudissins als Chef des Admiralstabes[62].

Im Admiralstab entstand damals der Eindruck, daß die rücksichtslose Offensive aufgegeben.

Der Nachfolger als Chef des Admiralstabes, Admiral Fischel[63], hielt an der Offensive fest, wurde aber von Tirpitz in keiner Weise unterstützt. Maßnahmen, die in Spannungszeiten die Lage verschärfen konnten, wurden mit Zustimmung von Tirpitz politischerseits untersagt, nur unauffällige Sicherungsmaßnahmen gestattet. Damit schwand die Möglichkeit des Überfalls.

Auch v. Heeringen verlangte Offensive. Als er seinen Entwurf zum O-Befehl Tirpitz vorlegte, erklärte dieser, er sei durch ein von ihm selbst geleitetes Kriegsspiel zu der Überzeugung gelangt, daß der Krieg mit England nur in einem langen, zähen Ringen in der Deutschen Bucht geführt werden könne. Er glaube nicht an die Möglichkeit baldiger Offensive, wolle aber gegen die O-Direktive keinen Einspruch erheben, da es sich ja nur um eine »Friedensdirektive« handele, im Kriege doch neue Befehle gegeben werden müßten. Im Frieden habe die Betonung der Offensive immerhin »erzieherischen Wert«. Er veranlaßte dann nur den Zusatz: »Soll der Krieg nicht offensiv geführt werden, wird S.M. besondere Direktiven erteilen[64].«

Inzwischen betrieb der Flottenchef, Admiral v. Holtzendorff anfangs einen Defensiv-, später einen Offensivplan vom Skagerrak aus. Er ging von der Annahme aus, die englische Flotte werde sich uns weder als Zermürbungsobjekt, noch zur Schlacht in der Deutschen Bucht stellen. Auch sei diese für uns zum Herauskommen ungeeignet. Der Gegner müsse daher durch Aufmarsch unserer Flotte im Skagerrak, eventuell unter künstlicher Teilung und rechtzeitiger Vereinigung, angelockt, und, im Nachziehen in für uns vorteilhafte Gewässer, geschlagen werden

(Späterer Plan: durch Vorstoß gegen seine nördliche Blockade zur Schlacht gezwungen werden.)

Tirpitz bekämpfte die Holtzendorffschen Pläne mit allen Mitteln der Meinungsbeeinflussung.

Nach dem Kaisermanöver 1912, bei dem die Holtzendorffsche Vereinigung seiner getrennten Geschwader mißlang, entschied S.M. auf Grund der die [sic] Gutachten von Heeringen und Tirpitz, daß der Krieg von der Deutschen Bucht aus zu führen sei. An der Aufgabe, dem Gegner möglichst bald durch offensives Vorgehen Abbruch zu tun, gegebenenfalls unter Einsatz aller zur Verfügung stehenden Streitkräfte, hielt der Chef des Admiralstabes fest[65].

Kurz darauf wurde bekannt, daß die englische Admiralität ihren Kriegsplan geändert und tatsächlich nicht mehr gegen die Deutsche Bucht vorgehen wollte. v. Heeringen ließ die neue Situation durch ein, von ihm geleitetes Kriegsspiel des Admiralstabes untersuchen. Dabei kam die nach der O-Direktive bis zum Firth of Forth vorstoßende deutsche Hochseeflotte in eine wenig erfreuliche Situation. v. Heeringen kam zu dem Schluß: »Wenn der Engländer sich wirklich auf Fernblockade mit konsequenter Zurückhaltung seiner Schlachtflotte verlegt, kann die Rolle unserer schönen Hochseeflotte im Kriege eine sehr traurige werden. Dann werden die U-Boote es schaffen müssen[66].«

Im Frühjahr 1913 wurde Heeringen als Chef des Admiralstabes abgelöst, um den Admiral v. Pohl »unterzubringen«[67]. Das geschah mit Wissen und Zustimmung von Tirpitz, wie vielfach angenommen wurde, weil Tirpitz in Pohl einen, im Ernstfall leicht zu entthronenden, Admiralstabschef sah[68].

v. Pohl wiederholte das vorerwähnte Kriegsspiel mit annähernd dem gleichen unbefriedigenden Ergebnis. Er beruhigte sich aber mit dem Gedanken, die Engländer würden die Deutsche Bucht doch nicht unbewacht lassen können, durch Angriffe auf die Bewachungsstreitkräfte sehr bald zu deren Verstärkung bis zur engen Blockade gezwungen werden. Durch Vorstöße gegen diese sollte der erforderliche Kräfteausgleich für die Entscheidungsschlacht erreicht werden. Damit war etwa das Bild erreicht, das Tirpitz sich aus seinem Kriegsspiel über den Krieg mit England gemacht hatte. Ein ähnliches Bild hatte unter Tirpitz Einfluß auch v. Heeringen in einer Schrift »Grundsätze für den Kampf in der Deutschen Bucht« entworfen, aber nur für den Fall, daß wir uns bei Kriegsausbruch tatsächlich in der deutschen Bucht blockiert fänden.

Für die Frage: strategische Offensive oder Defensive (d.h. Offensive erst nach Kräfteausgleich) ist natürlich die Beurteilung der Chancen entscheidend.

Während der Marokkokrise (etwa August 1911) stellte S.M. an den Chef des Admiralstabes und Tirpitz die Frage, ob die Marine zum Kriege mit England bereit sei. v. Heeringen antwortete: Die Chancen für unsere Flotte seien so gering, daß er pflichtmäßig raten müsse, den Konflikt, wenn möglich, zu vermeiden. Sei das nicht möglich, so werde die Marine ihr Bestes tun. Tirpitz antwortete ähnlich, aber mit einem Zusatz, 1914 nach Fertigstellung des Kanals[69] und der Befestigungen von Helgoland lägen die Dinge anders. Die Äußerung von Tirpitz ist durch irgend eine Indiskretion zur Kenntnis des englischen Königs gelangt und im englischen Weißbuch als Beweis benutzt worden, daß Deutschland den Krieg 1914 gewollt [habe]. Diese Deutung ist durchaus falsch. Tirpitz wollte verhindern, daß Krieg entstand. Der Zusatz war lediglich gemacht aus Furcht, Bethmann könnte die Nichtbereiter-klärung zu der Behauptung ausnutzen, die Flotte würde nie bereit gegen England, der Flottenbau sei also unnütz. (So mir von Heeringen unmittelbar nach Bespre-chung mit Tirpitz erklärt.) Die Gründe, die Anfang Juli 1914 zur Bejahung der gleichen Frage des Kaisers durch Admiralstab wie R.M.A. geführt haben, sind mir nicht bekannt. Sie können aber nicht in günstigerer Beurteilung unserer Offen-sivchancen gelegen haben, denn das Kräfteverhältnis für die Offensive war bei dem Zuwachs auf beiden Seiten das gleiche geblieben wie 1911, der Kanal und Helgoland verstärkten nur die Defensive[70].

In seinen Nachkriegskritiken sucht Tirpitz nachzuweisen, die zahlenmäßige Überlegenheit der englischen Schlachtflotte sei in den ersten Kriegsjahren zeitwei-se sehr gering gewesen. Zum Beweise werden meist Zahlenvergleiche genommen von Tagen, denen zufällig mehr englische als deutsche Einheiten in Reparatur waren. Solche Tage konnten aber bei der Unzulänglichkeit unserer Aufklärung gar nicht wahrgenommen werden. Eine Fehlerquelle bei solchen Berechnungen ist ferner, daß die Engländer, denen daran liegt, ihre Überlegenheit gering darzustel-len, immer nur die voll ausgebildeten und seebereiten Schiffe zählen, bei uns die zu Grunde liegenden Bereitschaftsmeldungen von den Werften gemacht wurden, denen an früher Bereitmeldung schon zum Beweis ihrer Leistungsfähigkeit lag. In der Tat war ein von der Werft bereit gemeldetes Schiff bei uns noch Tage lang nur sehr bedingt seebereit, hatte meist noch zahlreiche Werftarbeiter[71] an Bord sowie die Erprobungen von Ein- oder Umbauten, die Ausbildung an Neueinrichtungen noch vorzunehmen.

Aber auch abgesehen von den in den Berechnungen steckenden Fehlern, ist doch zu keiner Zeit auch nur zahlenmäßige Gleichheit der Kampfkräfte auf dem Nordseekriegsschauplatz vorhanden gewesen. Eine ausgleichende qualitative Überlegenheit ist aber bei uns vor dem Kriege von Niemand [sic] angenommen worden, auch von Tirpitz nicht, sonst hätte er ja nicht die strategische Defensive aus der Deutschen Bucht, sondern die strategische Offensive nach der englischen Küste befürworten müssen.

Leider haben die bedauerlichen Schlappen in der ersten Zeit des Krieges (VII. Halbflottille, Helgoland, Doggerbank)[72] das Bewußtsein qualitativer Überle-genheit bei uns auch zunächst nicht hochkommen lassen.

V. Während des Krieges

Tirpitz hatte damit gerechnet, bei der Mobilmachung mit der Leitung des Seekrie-ges beauftragt zu werden. Solche Regelung war aber weder organisatorisch, noch sachlich vorbereitet worden. Der Kaiser hatte mehrfach seinen Willen kundgetan, die oberste Leitung von Marine wie Heer in der Hand zu behalten. Der Chef des Admiralstabes hatte nicht einmal Befehlsbefugnis »im Auftrage«, ohne jedesmali-

gen Vortrag. (Ein Versuch Heeringens nach dieser Richtung war abschläglich beschieden.)

Einen Versuch, die Seekriegsleitung zu erhalten, machte Tirpitz nur beim Kabinettschef[73], nicht beim Kaiser[74]. Andererseits erhielt der Chef des Admiralstabes
Befehl, zu strategischen Fragen die Ansichten des Großadmirals einzuholen, und
bei Meinungsverschiedenheit mit zum Vortrag zu bringen[75].

Dem auf strategische Defensive aufgebauten O-Befehl für den Krieg, hat Tirpitz, nach redaktionellen Änderungen, zugestimmt. Nach seiner »Ohnmachtspolitik« (Bd 2 der Dokumente) will er ihn »nicht eigentlich gebilligt«, sondern nur »laufen gelassen« haben[76]. Bei der grundlegenden Bedeutung des Befehls ist ein solches
Laufenlassen nicht anders zu erklären, als daß er damals selbst nichts Besseres
wußte.

Bei Beginn des Krieges hat Tirpitz ebenso wie der Chef des Admiralstabes auf
den Überfall verzichtet. Er hat ferner Hinhalten des Kriegsausbruchs mit England
bis zur Durchführung unserer Mobilmachung, und die Zurückhaltung unserer
Flotte bis zur Gefechtsbereitschaft der Reservegeschwader empfohlen (Wenn er
nachträglich behauptet dabei nur mit einem Aufschub von einigen Tagen gerechnet zu haben, so ist das Erinnerungstäuschung oder erstaunliche Unkenntnis über
die Besatzungsverhältnisse unserer damaligen Reserveformationen). Nach Fertigstellen der Reservegeschwader erklärt er »offensives Vorgehen unter allen Umständen für erforderlich«, gleichzeitig aber, »Feind aufsuchen und zur Schlacht
zwingen, wo wir ihn finden, empfiehlt sich zunächst nicht« (Brief an Admiral
v. Müller vom 15. August 1914.[77])

Am 16. September 1914 richtet er an den Chef des Admiralstabes ein Schreiben, in dem er den Versuch, Kräfteausgleich durch Kleinkrieg zu erlangen, als
aussichtslos bezeichnet, die *relativ* besten Chancen in der Schlacht sieht. Diese
dürfe aber höchstens 100 Sm. von Helgoland geschlagen werden. Die Chancen
beurteilt er dahin, daß die englische Flotte mehr oder wenigstens ebenso viele
Einbuße [sic] erleidet, als wir (also Schädigungsschlacht, nicht Sieg.)

Im gleichen Schreiben heißt es »In der nächsten Zeit muß indessen mit der
Schlacht noch gewartet werden, bis die Türkei definitiv losschlägt und bis die
Hauptentscheidung im Westen gefallen ist. (also: strategische Defensive!)[78].

Ehe auch nur eine von beiden Bedingungen sich erfüllt, fordert er in einem
neuen Schreiben vom 11. Oktober 1914: Ergreifen der Initiative durch unsere
Flotte. Feindliche Flotte oder wesentliche Teile von ihr müßten durch Erscheinen
unserer Flotte außerhalb der Helgoländer Bucht in die Nähe unserer Küste gebracht werden, damit wir dann unter günstigen Bedingungen zur Schlacht kommen[79].

Durch die fortwährenden Widersprüche mußten Tirpitz' Ratschläge ihr Gewicht verlieren. Der Kaiser konnte mit ihnen nichts anfangen. Pohl kam, in Folge
häufiger mündlicher wie schriftlicher Betonung von Prestigegesichtspunkten durch
Tirpitz, zu der Annahme, dieser befürworte die Schlacht coute qui cout, wolle aber
andererseits nicht die Verantwortung auf sich nehmen, wenn sie ungünstig aus lie-
fe. Tirpitz seinerseits lies unverkennbar durchblicken, Pohl wolle, beeinflußt durch

den Reichskanzler, die Flotte überhaupt nicht einsetzen[80]. So wurde jedes Zusammenarbeiten unmöglich.

Die Legende, Pohl habe die Flotte überhaupt nicht einsetzen wollen, ist durch Tirpitz heftige Nachkriegskritik in die Geschichtsschreibung übergegangen. Ich halte sie nach allem, was ich von Pohl in seiner Flottenchefzeit gehört und gesehen, für völlig abwegig. Sie ist entstanden durch Meldung eines Adjutanten von Tirpitz bei Kriegsbeginn, es wären Strömungen nach dieser Richtung vorhanden. In der Tat hat Ballin den Gedanken einer Schonung Englands bei veschiedenen Gelegenheiten Ausdruck gegeben, Bethmann Hollweg auf die Flotte als Friedensinstrument hingewiesen, Pohl aber diesem gegenüber die Idee durchaus zurückgewiesen. Als Flottenchef hat Pohl den Wunsch zur Schlacht zu kommen, öffentlich, wie im vertrauten Gespräch, dauernd mit Ungeduld Ausdruck gegeben. Aber er wollte den entscheidenden Sieg. Sein Fehler ist höchstens gewesen, daß er zum Herbeiführen der für diesen [Sieg] erforderlichen günstigen Umstände zu vorsichtig vorgegangen ist. Im Übrigen war er durch die bei Beginn seines Kommandos als notwendig erkannten Umbauten auf den Schiffen (Richtungsweiser, Ölzusatzfeuerung, Umarmierung der kleinen Kreuzer, Verbesserung der Seefähigkeit der Torpedoboote[81]) stark gehemmt. Welche Bedeutung die Front dem R.W.[82] beimaß, geht aus einer Bemerkung Scheers vom Sommer 1915 mir gegenüber hervor: »Wenn mein Geschwader die R.W. [Richtungsweiser] hat, bin ich bereit zum Schlagen. Vorher lassen Sie das Spielen mit der Schlacht, da kommt nichts Gutes heraus«, oder aus einem Brief Zenkers nach dem Gefecht bei Lowestoft: »Ohne den R.W. hätten wir nichts getroffen[83].«

Nachdem Tirpitz das, meiner Ansicht nach selbst verschuldete, Schwinden seines Einflusses auf S.M. und den Chef des Admiralstabes erkannt [hatte], wurde seine strategische Mitarbeit immer mehr zur bloßen Kritik, die er nicht nur im Hauptquartier betrieb, sondern durch seine Freunde auch in die Flotte, ja bis in die Damenkaffees in Berlin hineintrug.

Nach dem Kriege erzählte mir der Generaloberst v. Plessen[84] gelegentlich eines Besuchs auf Rügen, mit noch sichtbarer soldatischer Entrüstung folgendes: In den ersten Kriegsmonaten habe Tirpitz ihn förmlich um eine Unterredung gebeten. Bei dieser habe Tirpitz ihm etwa eine Stunde lang vorgeklagt, daß in der Marine alles falsch gemacht würde. Darauf habe Plessen geantwortet, wenn das so ist, wolle er seinen ganzen Einfluß bei S.M. einsetzen, damit Tirpitz das Kommando über die Flotte erhielte. Zu seinem größten Erstaunen habe Tirpitz aber sein Anerbieten heftigst abgelehnt, weil er nicht mehr seedienstfähig und schon zu lange aus der Flottenpraxis heraus sei.

Diese Geschichte besprach ich mit Vollerthun[85], der ein persönlicher Freund von Tirpitz, aber nicht kritiklos ihm gegenüber war. Vollerthun erbat sich Zeit zur Überlegung und antwortete am folgenden Tage: er halte den Vorgang für durchaus möglich. Tirpitz habe nicht Flottenchef werden wollen, sondern Seekriegsleitung[86]. Seine eigenartige Neigung, sich nie vollständig auszusprechen, sondern erraten werden zu wollen, habe ihn gehindert, seine eigentliche Absicht auszusprechen. Plessen lehnte diese Erklärung ab, mit der Bemerkung, ihm sei der Unterschied zwar nicht gegenwärtig gewesen. Tirpitz hätte aber nach der Art der Unterredung ohne Weiteres auch seine Unterstützung für die Seekriegsleitung fordern können, wenn er das nur gewollt hätte.

Als Ingenohl nach dem Gefecht auf der Doggerbank als Flottenchef abgelöst werden sollte, hat Tirpitz die Ernennung Pohls zum Flottenchef betrieben, obwohl er wußte, daß dieser Vertreter der strategischen Defensive war, ihm sogar in sein Verdacht gehabt [sic] haben will, die Flotte intakt erhalten zu wollen.

Im Mai 1915 fand zwischen Tirpitz und Pohl eine Aussprache auf dem Flotten-flaggschiff statt, über die ich im Einzelnen besonders berichtet habe[87]. Dabei bil-ligte Tirpitz ausdrücklich Pohls Kriegführung der begrenzten Vorstöße aus der Deutschen Bucht, sprach sich gegen Vorstöße mit der ganzen Flotte bis zur engli-schen Küste aus, vertrat Schlacht innerhalb 50 Sm von Helgoland und machte zu ihrer Herbeiführung den Vorschlag, die einzelnen Verbände mit je 50 Sm. Abstand in die Nordsee vorzuschieben. Diesen Vorschlag lehnte Pohl als Zersplitterung der Kräfte ab, wurde aber durch die sonstigen Ausführungen von Tirpitz im Glauben an die Richtigkeit seiner Kriegführung bestärkt.

Tirpitz hat schon im Kriegsanfang die, vom Admiralstab beabsichtigte, offensi-ve U-Bootsverwendung gegen die feindliche Schlachtflotte dauernd kritisiert, unter Forderung von offensiver Verwendung der Torpedoboote, deren Aktionsradius zu solcher gar nicht ausreichte. Das Anzweifeln von U-Bootserfolgen gegen die feindliche Flotte hat dazu beigetragen die planmäßigen Versuche meiner Auffas-sung nach zu früh aufzugeben.

Auch den U-Bootshandelskrieg hat Tirpitz sofort nach den ersten Ansetzen [sic] kritisiert. War die Kritik der ersten Anlage auch sachlich wohl zutreffend, so mußte sie, nachdem der U-Bootskrieg einmal befohlen war, doch die folgerichtige Weiterentwicklung schwächen. Das Mittel, das er als Staatssekretär in der Hand hatte, den zu frühen Anfang doch noch wirksam zu machen, nämlich die sofortige Ausnutzung aller U-Bootsbaumöglichkeiten, hat Tirpitz nicht angewandt, sondern sich mit dem Tempo der Ms. Verträge[88] begnügt.

Anfang 1916 vertrat Tirpitz den uneingeschränkten U-Bootshandelskrieg, wäh-rend der damalige Chef des Admiralstabes, Holtzendorff zur Belebung des Flot-tenkrieges neigte.

Die fortwährenden Gegensätze, die die durch Tirpitz bis in die Flotte hinein-getragenen Kritiken sichtbar machten, mußten in der Front bedenkliche Zweifel an der sicheren Folgerichtigkeit der Gesamtführung erzeugen[89].

Mein persönliches Urteil

1) Tirpitz hat unsere Flotte weder für die Offensive gegen England entwickelt, noch, als der Krieg bevorstand, durch Rüstungsbeschleunigung, zur Offensive fähig zu machen versucht.
2) Er hat damit gerechnet, daß – sofern sein Risikogedanke den Krieg nicht über-haupt verhindern würde – der Engländer die Offensive ergreifen, und es da-

durch zu einem Zermürbungskrieg mit Torpedobootswirkung und sog. Defensivschlacht in der Deutschen Bucht kommen würde, worin er unsere »relativ« besten Chancen sah[90].

3) Als die englische Flotte diesen Krieg in der Deutschen Bucht vermied, wußte Tirpitz ebensowenig, wie unsere übrigen Führer, einen erfolgversprechenden Weg, unsere Flotte zur Wirkung zu bringen.

4) Während des Krieges hat Tirpitz, – offenbar aus Prestigegründen und in Voraussicht späterer Kritik, – von der Notwendigkeit, rasch zum Schlagen zu kommen, geredet, in seinen verantwortlichen Äußerungen aber die Forderung stets stark durch Bedingungen, oder unannehmbare Vorschläge, eingeschränkt, einen überzeugenden Weg nicht angegeben, einen entschiedenen Schritt, die Führung selbst in die Hand zu bekommen, nicht getan.

5) In seinen Nachkriegskritiken hat Tirpitz sich, zwecks Verteidigung seines Werkes und seiner Person, auf das hohe Pferd der absoluten Theorie gesetzt, von ihm herab die militärische Führung verurteilt, aber übersehen, daß er selbst nicht im Stande gewesen, seine Theorien in Wirklichkeit umzusetzen.

6) Es ist nicht schwer, nach einem verlorenen Kriege festzustellen, daß Fehler begangen sind. Wichtiger für die Zukunft ist zu erkennen, welche Umstände zu den Fehlern geführt haben. Und dazu reicht die Feststellung, daß die verantwortlichen Führer unwissend gewesen, das Volk »die See nicht verstanden«, nicht aus.

Ich glaube, der schwerwiegendste Umstand war: Unsere Flotte war schon zu groß, um in unbekümmerten Hazard eingesetzt zu werden, zu klein, um den Sieg planmäßig zu erringen. Es war das Bild, vor dem Prinz Adalbert seiner Zeit gewarnt: »zu groß zum Sterben, und zu klein zum Leben«.

7) In Tirpitz Natur lagen Größe und Schwächen nebeneinander. Seine Stärke war sein großes Wollen, angetrieben von starkem Ehrgeiz, dazu eine ungewöhnliche Gabe, andere zu überzeugen. Seine Fehler waren: seine Scheu, die letzten Konsequenzen seiner eigenen Ideen zu ziehen, und die Eigenschaft, das Handeln anderer ebenso wie sein eigenes so zu sehen, wie er es wünschte, nicht wie es war.

Seine Schwächen haben ihn jedesmal um den Erfolg gebracht – bei der Torpedowaffe, im Oberkommando, bei der großen Flotte. – Sein Genie hat nicht bis zum Erfolg gereicht, sondern nur bis zur Tragik.

Anhang

Notiz in meinem Kriegsheft von 1915.

»14.V.: Tirpitz auf Reede. Ganz einverstanden mit Pohls Kriegführung.«

Hierzu bemerke ich[91]:

Die Besprechung zwischen Tirpitz und Pohl ist mir deshalb unauslöschlich in Erinnerung, weil ich von Tirpitz damals eine ganz andere Einstellung erwartet hatte. Soviel ich weiß, habe ich auch den wesentlichen Inhalt dem Marinearchiv schon vor Jahren gelegentlich von Korrekturbogenbemerkungen zum Werk »Krieg in der Nordsee« mitgeteilt[92]. Der Besprechung habe ich von Anfang bis zum Ende beigewohnt.

Tirpitz begann mit den Worten: »Man sagt, ich wollte den Einsatz der Flotte coute qui coute. Ich denke gar nicht daran. So dumm bin ich auch nicht. Ich halte nicht einmal für richtig, mit unserer Flotte bis an die englische Küste vorzustoßen. Wir müssen innerhalb 50 Meilen von Helgoland schlagen, um alle Schiffe, einschließlich der Siegfrieds[93], und die Kanonen von Helgoland auszunutzen. Sie wollen 100 Meilen von Helgoland schlagen. Das ist mir persönlich zu weit. Aber ich will nicht mit Ihnen über die Zahl streiten. Ich bin mit Ihren bisherigen Flottenvorstößen durchaus einverstanden, finde sie zweckmäßig angelegt und aussichtsreich. Ich habe an der Flottenführung, wie Sie sie seit diesem Frühjahr betreiben, überhaupt nichts auszusetzen. Natürlich macht man sich selber auch Gedanken, wie wir den Engländer in die Helgoländer Bucht hineinziehen könnten. Und da habe ich mir einen Plan ausgedacht, den ich Ihnen zur Verfügung stellen möchte für den Fall, daß er auf Bewegungen der ganzen Flotte, wider Erwarten, doch nicht anbeißen sollte.«

Hierauf entwickelte Tirpitz einen Plan, bei dem die einzelnen Verbände von der Helgoländer Bucht aus in Reihenfolge ihrer Geschwindigkeiten auf je 50 Sm. Abstand voneinander in nordwestlicher Richtung über die Nordsee verteilt werden sollten, vorn die Schlachtkreuzer, 50 Sm. dahinter das III. Geschwader[94] und so fort, zuletzt das Siegfriedsgeschwader in der Helgoländer Bucht. Der Engländer würde mit der Grandfleet [sic] auf die Schlachtkreuzer losgehen, diese sich auf das III. Geschwader zurückziehen und sofort bis unter die Kanonen von Helgoland. »Dann haben Sie die Schlacht bei Helgoland.«

Diesen Plan lehnte Pohl in ziemlich gereizten Tone als »praktische Unmöglichkeit« und »unverantwortliche Zersplitterung unserer Kräfte« ab, während er sich im Ziel: Einsatz unter günstigen Umständen und Entscheidungsschlacht näher der eigenen als der feindlichen Küste von nun an mit dem Großadmiral einig glaubte. Tirpitz empfahl seinen Plan, ohne besondere Nachdrücklichkeit, weiter: In praktischer Hinsicht könnte das Flottenkommando ja vielleicht noch diese oder jene Verbesserung finden. Er versteife sich natürlich nicht auf die Einzelheiten der Ausführung. Wie gesagt, halte er auch Pohls bisheriges Verfahren in keiner Weise für falsch. Pohl solle auch ja damit fortfahren. Nur wenn der Gegner sich gar nicht rühren sollte, müsse man eben später mal etwas Anderes versuchen.

Pohl erwiderte, darüber sei er sich auch klar. Er würde aber niemals die Hochseestreitkräfte über die Nordsee verkleckern. Lieber würde er einen »Husarenstreich« mit geschlossener Flotte gegen einen wichtigen englischen Küstenplatz z.B. den Tyne unternehmen, um den Gegner herauszulocken und nach den Deutschen [sic] Gewässern herüberzuziehen.

Tirpitz schloß mit: »Ich weiß nicht, ob Sie nicht besser täten, meinen Plan in Ruhe durchzudenken.« Eine Einladung des Flottenchefs, bei ihm zu frühstücken, lehnte Tirpitz kurz ab, bat nur noch »seinen alten Freunden im Flottenstabe« Guten Tag sagen zu dürfen, und verließ bald danach das Schiff.

Kurz nach dem Vonbordgehen des Großadmirals kam der Flottenflaggleutnant, Kapitänleutnant Saalwächter[95], in meine Kammer und teilte mir mit, der Großadmiral habe ihn in seiner Kammer besucht und in sichtlicher Erregung[96] zu ihm gesagt, er habe »mit Engelszungen« auf den Flottenchef eingeredet, der sei aber nicht »herauszuprügeln«. Ich habe damals Saalwächter sofort erklärt, daß die Besprechung, der ich beigewohnt, eine solche Darstellung weder aus ihrem Inhalt noch Ton rechtfertige, der Großadmiral vielmehr, zu meinem Erstaunen, reichlich vorsichtig gesprochen, und sich sogar, wider mein Erwarten, mit Pohls Kriegführung ausdrücklich einverstanden erklärt hätte. Eine Differenz sei lediglich über einen von Tirpitz vorgebrachten Vorstoßplan entstanden, dessen Anlage auch ich für unpraktisch halte. Auch hierbei hätte Tirpitz keineswegs mit Engelszungen geredet. Angetrieben hätte er überhaupt nicht.

Ich habe die, gegenüber einem Untergebenen des Flottenchefs unerhörte, und den Tatsachen widersprechende, Bemerkung des Großadmirals nicht für ernst nehmen können, sondern als Entgleisung, entsprungen entweder aus Ärger, daß sein Plan vom Flottenchef nicht anerkannt, oder aus der Neigung des Großadmirals, sich vor jüngeren Offizieren ein Ansehen nach bestimmter Richtung zu geben. Als ernsthafte Meinung des Großadmirals konnte ich nur das ansehen, was er dem Flottenchef in seiner Aussprache mit diesem gesagt hatte.

Ich habe deshalb die Mitteilung Saalwächter auch nicht an den Flottenchef weitergegeben, schon um einen militärischen Skandal zu vermeiden, der bei Pohls Charakter bestimmt vorherzusehen war, und in dem der Großadmiral den Kürzeren ziehen mußte. Hätte ich geahnt, daß die Bemerkung zu Saalwächter nach dem Kriege als Beweis ausgenutzt werden könnte[97], daß Tirpitz, im Gegensatz zu Pohl, immer zum baldigen Einsatz der Flotte gedrängt hätte, so hätte ich die Sache schon damals zum Austrag gebracht.

In der Tat hat Tirpitz in seiner Besprechung mit dem Flottenchef mit keiner Silbe gedrängt. Ich hatte im Gegenteil den Eindruck, daß er nicht drängen wollte, um für beschleunigten Einsatz nicht die Verantwortung zu übernehmen. Aus der Wechselrede trat viel eher der Wunsch Pohls hervor, möglichst bald zu einem Erfolg zu kommen.

Hätte Tirpitz in seiner Eigenschaft als Staatssekretär des R.M.A. damals darauf hingewiesen, wie das Kräfteverhältnis sich durch Beschleunigung der Neubauten bei den Engländern, Verlangsamung bei uns mit der Zeit für uns verschlechterte, so hätte er m.E. auf Pohl mehr Eindruck gemacht, als mit seinen Vorstoßplan. Diese Verhältnisse waren nämlich beim Flottenkommando damals nicht genügend bekannt. So wie Tirpitz tatsächlich gesprochen, konnte Pohl sich nur in seiner Idee bestärkt fühlen, sein Verfahren wäre das Richtige.

W. Michaelis
Vizeadmiral a.D.
derzeitiger [sic] Chef des Stabes beim Kommando der Hochseestreitkräfte[98].

Anmerkungen

1   In Anlehnung an die Dokumentation: Wilhelm II. und seine Marine: Kritische Beobachtungen während des Kaisermanövers in der Nordsee Herbst 1912. Aus den Erinnerungen von Vizeadmiral William Michaelis, bearbeitet von Werner Rahn, in: Marine Rundschau, 73 (1976), S. 285–291. Siehe auch die kurze biographische Skizze von Karl Adolf Zenker: Vizeadmiral William Michaelis zu seinem 100. Geburtstag. In: MOV-Nachrichten, 46 (1971), S. 144 f.

2   Michaelis erhielt die Vornamen William, Otto, Ernst. Den englischen Rufnamen »William« wählte sein Vater, weil er William Pitt und William Shakespeare für den größten Staatsmann bzw. größten Dichter der Welt ansah. Nach Michaelis' Erinnerungen (»Kindheit«).

3   Siehe dazu den Beitrag von Wulf Diercks, Der Einfluß der Personalsteuerung auf die deutsche Seekriegführung 1914–1918 in diesem Band.

4   Admiral Hugo von Pohl (1855–1916), Crew 1872, 1913–1915 Chef des Admiralstabes, Februar 1915 bis Januar 1916 Chef der Hochseestreitkräfte, seine Ablösung erfolgte wegen schwerer Erkrankung, die bald darauf zum Tode führte.

5   Siehe: Der Krieg in der Nordsee, Bd 4, bearb. von Otto Groos, Berlin 1924 (Reihe: Der Krieg zur See 1914–1918), S. 241 f. u. 393.

6   Siehe Wilhelm Deist, Die Politik der Seekriegsleitung und die Rebellion der Flotte Ende Oktober 1918, in: Vierteljahrshefte für Zeitgeschichte, 14 (1966), S. 353, und in diesem Band den Beitrag Gerhard P. Groß, Eine Frage der Ehre? Die Marineführung und der letzte Flottenvorstoß 1918.

7   Siehe dazu im Detail Werner Rahn, Reichsmarine und Landesverteidigung 1919–1928, Konzeption und Führung der Marine in der Weimarer Republik, München 1976, S. 51–83.

8   Bundesarchiv-Militärarchiv (BA-MA), N 164/1-5; ein weiteres Exemplar befindet sich im Besitz der Marine-Offizier-Vereinigung e.V., Bonn. Eine Edition der Erinnerungen ist geplant.

9   Kurt Assmann (1883–1962), Crew 1901, wurde am 1.10.1932 zum Konteradmiral befördert und übernahm im Frühjahr 1933 (inzwischen in den Ruhestand versetzt) von Vizeadmiral a.D. Dr. h.c. Eberhard von Mantey die Leitung des Marine-Archivs (ab 1936 Kriegswissenschaftliche Abteilung der Marine). Ab 1935 als Ergänzungsoffizier wieder in den aktiven Dienst berufen, führte er die Kriegswissenschaftliche Abteilung (ab Januar 1937 mit dem Charakter eines Vizeadmirals) bis Juni 1943. Assmann hat sich in zahlreichen Veröffentlichungen fundiert mit seestrategischen, marinepolitischen und operativen Fragen auseinandergesetzt, nicht zuletzt auch nach 1945. Siehe beispielhaft Kurt Assmann, Deutsche Seestrategie in zwei Weltkriegen, Heidelberg 1957.

10   Zu weiteren Details siehe in diesem Band meinen Beitrag »Strategische Optionen und Erfahrungen der deutschen Marineführung 1914 bis 1944«.

11   Michaelis an Assmann, 8.11.1933, in: BA-MA, RM 8/1233, Bl. 2–4.

12   Assmann an Michaelis, 21.11.1933, ebd. Bl. 5 f. – Hervorhebung im Original.

13   Hdschr. Brief Michaelis an Assmann, 12.12.1933, ebd., Bl. 7 f.

14   Assmann an Michaelis, 29.3.1934, ebd., Bl. 42 f.

15   Ebd. Bl. 10 oben: hdschr. durch Raeder am 18.4.1934 mit grünem Stift. Hervorhebung im Original.

16   Siehe dazu das Vorwort zu der nur in Druckfahnen überlieferten Dienstschrift von 1936 (Bibliothek Marineschule Mürwik, Sign.Nr. 16296).

17   »Die Organisation der Befehlsverhältnisse der Marine im Kriege« von Vizeadmiral Michaelis, Umfang: 16 Seiten Maschinenschrift, BA-MA, RM 8/1233, Bl. 62–77. Die Datierung und Herkunft ergeben sich aus einem hdschr. Vermerk von Assmann auf Bl. 62.

18   Ganz oben auf der Seite hdschr. Vermerk von Admiral Dr. h.c. Erich Raeder: »Adm. Michaelis ist ein so *sachlich* denkender Mann, daß ich seinen Auffassungen durchaus geschichtlichen Wert beimesse. Man darf darüber natürlich nicht die Größe des Gesamtwerkes von T. herabsetzen lassen. *Charakterlich* war T. mir nie ganz geheuer gewesen.« [Paraphe Raeder mit Datum 18.4.1934] (Hervorhebungen durch Raeder).

19   Panzerfregatte (später: Großer Kreuzer), auf einer Londoner Werft gebaut, Stapellauf 1874, 8940 t, 14,5 kn, 7 schwere Geschütze, 700 Mann Besatzung. Nach Erich Gröner, Die deutschen Kriegsschiffe 1815–1945, Bd 1, München 1966, S. 60.

20   Paul Jaeschke, Crew 1868, 11.6.1894 KptzS.

21 Paul Hoffmann (1846–1917), Crew 1863, 1886 KptzS, 1892 KAdm, November 1894 bis Juni 1896 Chef der Kreuzerdivision in Ostasien, 1899 VAdm, 31.12.1900 zur Disposition gestellt, 3.6.1902 verabschiedet. – Hoffmann erhielt in der Marine den Spitznamen »der Seni«, weil seine Lieblingsbeschäftigung Himmelskunde war. – Wenn sein Schiff allein fuhr, saß er als Flaggoffizier »oft tagelang, ohne sich sehen zu lassen, in seiner Kammer und studierte dicke Bücher«. (zit. nach Michaelis, Erinnerungen [wie Anm. 1]).

22 Flaggleutnant der Kreuzerdivision war damals Oberleutnant zur See Georg v. Ammon (1869–1937), Crew 1884, 1909 KptzS, 1913 Kommandant des Linienschiffes »Württemberg«. Im Ersten Weltkrieg war Ammon als KAdm u.a. Festungskommandant Kiel und ab Dezember 1916 in Flandern Kommandeur der 1. und 2. Marinebrigade, 18.9.1918 VAdm, 28.10.1918 a.D.

23 Admiral August von Heeringen (1855–1927), Crew 1872, im RMA lange Zeit einer der engsten Mitarbeiter von Tirpitz, 1911–1913 Chef des Admiralstabes, 1913/14 als Admiral Chef der Marinestation der Nordsee. Admiral Eduard von Capelle (1855–1931), Crew 1872, engster Mitarbeiter von Tirpitz im RMA, 1916–1918 als Nachfolger von Tirpitz Staatssekretär, 5.10.1918 zur Disposition gestellt. Theodor Harms (1853–1931), Crew 1870, 1898 Kapitän zur See, 10.10.1901 verabschiedet, Übertritt in das Beamtenverhältnis als geheimer Admiralitätsrat, 1906–1919 RMA, Vorstand der Abt. für Werftverwaltungsangelegenheiten im Werftdepartement, 16.10.1916 Wirklicher Geheimer Admiralitätsrat mit dem Prädikat Exzellenz, 23.08.1919 Ruhestand.

24 Unterschrift und Dienstgradbezeichnung hdschr.

25 Albrecht von Stosch (1818–1896), General der Infanterie, 1872–1883 Chef der Admiralität.

26 Leo Graf von Caprivi (1831–1899), als Generalleutnant 1883–1888 Chef der Admiralität, 1890–1894 Reichskanzler.

27 Zur taktischen Entwicklung der Kaiserlichen Marine grundlegend: Geschichte unserer taktischen Entwicklung. [Nur für den Dienstgebrauch!] Im Auftrage des Admiralstabes der Marine unter Benutzung dienstlicher Quellen bearb. von Vizeadmiral a.D. Freiherr von Maltzahn, Erster Teil, Berlin 1910; Zweiter Teil [Ganz Geheim!], Berlin 1911. Zur Caprivi-Denkschrift siehe ebd., Erster Teil, S. 113–123.

28 Die ersten 1884 auf der Schichau-Werft in Elbing gebauten 6 T-Boote hatten eine Wasserverdrängung von 90 t und erreichten 19,3 Knoten. Die folgenden Boote dieser Werft wurden etwas größer und erreichten 1890 eine Wasserverdrängung von 152 t. Nach Gröner, Die deutschen Kriegsschiffe, Bd 1 (wie Anm. 19), S. 215–217.

29 D-Boot (= Divisionsboot), ab 1886 auf der Schichau-Werft gebaut, 300—400 t, 20—22 kn, etwa 45–50 Mann Besatzung. Nach Gröner, Die deutschen Kriegsschiffe, Bd 1 (wie Anm. 19), S. 227.

30 Michaelis war 1893/94 als Unterleutnant zur See bei der I. Torpedobootsabteilung in Kiel als Wachoffizier und Kommandant eingesetzt.

31 Vizeadmiral Alexander Graf von Monts (1832–1889) wurde im Juli 1888 als Nachfolger Caprivis Chef der Admiralität. Er verstarb bereits am 18.1.1889. Es kann sich also nur um eine Schlußbesichtigung im Herbst 1888 gehandelt haben.

32 Die Wasserverdrängung ging von 810 t (T-Boote der Baureihe G 192–197) auf 697 t (Baureihe V 1-6) zurück. Nach Gröner, Die deutschen Kriegsschiffe, Bd 1 (wie Anm. 19), S. 233 u. 239; vgl. auch Paul Köppen, Die Überwasserstreitkräfte und ihre Technik, Berlin 1930, S. 48. – Am Rand durch Assmann: »1913? Datum!«

33 Es handelte sich um die späteren Torpedoboote »V 105« bis »V 108« sowie um »G 101« bis »G 104«; siehe Gröner, Die deutschen Kriegsschiffe, Bd 1 (wie Anm. 19), S. 247 f.

34 Siehe Alfred v. Tirpitz, Erinnerungen. Neue durchges. Aufl., Leipzig 1920, S. 512. – Es handelt sich um die Torpedobootsserie ab »V 1« bis »S 24«, die 1911–1913 gebaut wurde, siehe oben, Anm. 31. Konteradmiral Wilhelm von Lans (1861–1947), Crew 1878, war von 1909 bis 1912 Inspekteur des Torpedowesen, im Ersten Weltkrieg als Vizeadmiral bis Februar 1915 Chef des I. Geschwaders der Hochseeflotte, anschließend bis September 1915 Chef der Marine-Station der Nordsee, 18.9.1915 zur Disposition gestellt.

35 Alle Hervorhebungen im Original nachträglich eingetragen.

36 Kennzeichnung des ganzen Absatzes durch eckige Klammern im Original.

37 Taktische und Strategische Dienstschriften des Oberkommandos der Marine Nr. IX: Allgemeine Erfahrungen aus den Manövern der Herbstübungsflotte, Berlin, 16.6.1894, BA-MA, RM 4/176. – In Auszügen veröffentlicht in: Volker R. Berghahn und Wilhelm Deist, Rüstung im Zeichen der wilhelminischen Weltpolitik. Grundlegende Dokumente 1890–1914, Düsseldorf 1988. S. 87–99.

[38] Admiral Friedrich von Hollmann (1842–1913), 1857 Eintritt in die Preußische Marine, von 1890 bis 1897 Staatssekretär des RMA, 15.6.1897 zur Disposition gestellt.

[39] Ursprüngliche Fassung (von Michaelis durch einen Zettel überklebt): » … Darstellung der Grundlagen der Seestrategie und den schlagenden Beweis, dass eine Flotte [,] die ihren Daseinszweck erfüllen soll, in Entwicklung, wie Verwendung Offensivflotte sein müsse. Zugleich stellte sie fest, dass zur Offensive eine Überlegenheit um etwa 1/3 über den Gegner erforderlich [sic]. Dementsprechend war für die französische Nordflotte als Gegner, unter Berücksichtigung unserer Geschwadereinteilung, eine Schlachtflotte von 17 Linienschiffen nebst Beiwerk und Materialreserve als notwendig berechnet.«

[40] Als Marginalie hdschr. am linken Rand herausgesetzt. Dies gilt auch bei den folgenden Abschnitten, worauf nicht mehr gesondert hingewiesen wird.

[41] Rede Staatssekretär Tirpitz im Reichstag am 6.12.1897, Stenographische Berichte des Reichstages, 9. Legislatur-Periode, V. Session, 4. Sitzung, S. 41 f.

[42] Aus der Begründung zu dem Entwurf einer Novelle zum 1. Flottengesetz.

[43] Vgl. den Brief Tirpitz an Reichskanzler v. Bethmann Hollweg vom 7.10.1911: »Meiner Ansicht nach ist die Novelle zu begründen politisch: daß Deutschland nicht in einem dauernden politischen Abhängigkeitsverhältnis von England bleiben kann, militärisch: daß wir im Kriegsfall wenigstens eine aussichtsreiche Defensivchance haben müssen.« Zit. nach Alfred von Tirpitz, Politische Dokumente, Bd 1: Der Aufbau der deutschen Weltmacht, Stuttgart und Berlin 1924, S. 222. Vgl. dazu Schreiben des Chefs des Admiralstabes, Vizeadmiral v. Heeringen, an den Reichskanzler vom 7.10.1911: »Unsere Flotte bedarf zur Erhaltung des inneren Elements wie zum äußeren Erfolg unbedingt einer militärisch brauchbaren Chance gegen England.« Ebd., S. 221. Zum Gesamtzusammenhang siehe Michael Epkenhans, Die wilhelminische Flottenrüstung 1908–1914. Weltmachtstreben, industrieller Fortschritt, soziale Integration, München 1991 (= Beiträge zur Militärgeschichte, Bd 32).

[44] Adalbert Prinz von Preußen, Denkschrift über die Bildung einer deutschen Kriegsflotte, Potsdam 1848, Zitat S. 24: »Sobald es [d.h. Deutschland] aber durch den Bau von Linienschiffen, von Schlachtschiffen, aus diesem anspruchslosen Kreise heraustritt, werden alle Augen sich darauf richten, eine scharfe Kritik wird anheben, und wehe dem Vaterlande, wenn es sich bei diesem entscheidenden Schritte einer halben Maßregel schuldig machen sollte.« – Siehe auch Reprint der Denkschrift als Anhang 1 in: Jörg Duppler, Prinz Adalbert von Preußen. Gründer der deutschen Marine, Herford, Bonn 1986, S. 79–115. Zitat S. 102.

[45] Der letzte Satz läßt sich in der Denkschrift des Prinzen Adalbert nicht nachweisen. Vgl. dagegen die Äußerung des Chefs des Admiralstabes, Vizeadmiral v. Heeringen, gegenüber Michaelis: »Bei seinem Abschied sagte er mir unter vier Augen: ›Ich fürchte unsere Flotte ist noch zu klein zum Siegen, aber schon zu groß, um ruhmvoll zu sterben.‹« (Erinnerungen Michaelis). Siehe auch Assmann, Deutsche Seestrategie (wie Anm. 9), S. 55 f.

[46] Satz nachträglich von Michaelis eingefügt.

[47] Satz nachträglich von Michaelis eingefügt.

[48] Vgl. dazu die Dokumentation: Wilhelm II. und seine Marine (wie Anm. 1).

[49] Henning von Holtzendorff (1853–1919), Crew 1869, 1907–1913 Flottenchef, 1910 Admiral, 1913 zur Disposition gestellt, 1915 bis Juli 1918 Chef des Admiralstabes, 1918 Großadmiral.

[50] Auslassungszeichen im Original. Der vollständige Satz lautet gem. Tirpitz, Politische Dokumente, Bd 1 (wie Anm. 43), S. 221: »Es ist auf die Dauer völlig unmöglich, daß unsere Flotte in dem Gedanken lebt, für England nur in dem Sinne ein Risiko zu sein, daß sie, wenn auch selbst geschlagen, doch vielleicht die maritime Machtstellung Englands den Neutralen gegenüber verschieben könnte."

[51] Hinweis auf Dienstschrift IX vom 16. Juni 1894; siehe Anm. 37.

[52] Siehe oben Anm. 43.

[53] Tirpitz, Politische Dokumente, Bd 1 (wie Anm. 43).

[54] Winston S. Churchill, The World Crisis 1911–1918, 6 Bde, London 1923–1931; deutsche Übersetzung: Winston S. Churchill, Weltkrisis, Bd 1: 1911–1914, Leipzig 1924; Bd 2: 1915, Berlin 1926; Bd 3: 1916–1918, 1928.

[55] Es handelte sich um Konteradmiral Iwan F.J. Oldekop (1844–1936), Crew 1865, 1892 KAdm, 26.11.1895 bis 13.11.1899 Inspekteur des Bildungswesens der Marine, zugleich Direktor der Marine-Akademie. Oldekop wollte die gesammelten Vorlesungen des Kapitän zur See Curt Frhr.

v. Maltzahn, Lehrer an der Marine-Akademie, veröffentlichen, was Tirpitz im November 1899 unterband. Oldekop wurde am 13.11.1899 zur Disposition gestellt. Siehe dazu Wolfgang Petter, Deutsche Flottenrüstung von Wallenstein bis Tirpitz, in: Handbuch zur deutschen Militärgeschichte 1648–1939, hrsg. vom MGFA, Bd 4, Abschnitt VIII, München 1978, S. 13–262, hier S. 208–210, und Rolf Hobson, Imperialism at Sea. Naval Strategic Thought, the Ideology of Sea Power, and the Tirpitz Plan, 1875–1914, Boston 2002, S. 184–190; deutsche Ausgabe von 2004: Maritimer Imperialismus. Seemachtideologie, seestrategisches Denken und der Tirpitzplan 1875 bis 1914, aus dem Englischen übersetzt von Eva Besteck, hrsg. vom MGFA, Potsdam, und dem Institut für Verteidigungsstudien, Oslo, München 2004 (= Beiträge zur Militärgeschichte, Bd 61).

56 Vizeadmiral Friedrich Graf von Baudissin (1852–1921), Crew 1867, wurde im September 1909 als Chef des Admiralstabes abgelöst und zum Chef der Marinestation der Nordsee ernannt.

57 In den deutschen Marine-Haushalten für die Jahre 1913 und 1914 waren bei Großkampfschiffen jeweils nur zwei Neubauten bewilligt worden. Es handelte sich um die Linienschiffe »Sachsen« (HH 1913) und »Württemberg« (HH 1914) sowie um die Schlachtkreuzer »Hindenburg« (HH 1913) und »Mackensen« (HH 1914). Von diesen Einheiten wurde nur »Hindenburg« erst 1917 fertiggestellt. Im gleichen Zeitraum, d.h. in den Marine-Haushalten 1913/14 und 1914/15, ließ sich die britische Admiralität den Bau von neun Großkampfschiffen bewilligen (im HH 1913/14 fünf und im HH 1914/15 vier). Siehe dazu die Berichterstattung über die englischen Marineetats in der vom Nachrichtenbüro des RMA hrsg. Marine-Rundschau, 24 (1913), H. 5, S. 603–616 sowie 25 (1914), H. 5, S. 663–675; siehe auch »Nauticus« (Jahrbuch für Deutschlands Seeinteressen), 15 (1913), S. 71 und 16 (1914), S. 80. Es ist davon auszugehen, daß Michaelis sowohl die Marine-Rundschau als auch die Nauticus-Ausgaben kannte und evtl. sogar verfügbar hatte. Vgl. auch die Angaben bei Siegfried Breyer, Schlachtschiffe und Schlachtkreuzer 1905–1970. Die geschichtliche Entwicklung des Großkampfschiffes, München 1970, S. 168–174 und 300–304.

58 Ernst Graf von Reventlow (1869–1943), diente von 1888 bis 1899 in der Kaiserlichen Marine (Kapitänleutnant) und wurde dann Journalist. Er kritisierte die Flottenpolitik des Kaiserreiches. Ab 1927 Mitglied der NSDAP und ab 1924 bis zu seinem Tode Mitglied des Reichstages. Siehe in diesem Band auch den Beitrag von Rüdiger Bergien, Flotte und Medien im Kaiserreich.

59 August Bebel (1840–1913), 1871 bis 1913 Mitglied des Reichstages, 1869–1913 Vorsitzender der SPD. Zu seinen Stellungnahmen zur Militärvorlage siehe Berghahn/Deist, Rüstung (wie Anm. 37), S. 48–51 und 61–63.

60 Der Richtungsweiser war ein Instrument, um die zentrale Feuerleitung der schweren Artillerie eines Großkampfschiffes sicherzustellen. Das Gerät wurde erst im Laufe des Krieges eingeführt. Die meisten deutschen Großkampfschiffe erhielten ab 1915 für ihre Kohlekessel eine Ölzusatzfeuerung, die für einen längeren Zeitraum eine höhere Marschgeschwindigkeit ermöglichte.

61 Die letzten Worte hdschr. ergänzt.

62 Der folgende Satz wurde von Michaelis gestrichen: »Der Gedanke des Überfalls wurde aufgegeben.« – Zur Ablösung Baudissins siehe Ivo N. Lambi, The Navy and German Power Politics, 1862–1914, Boston 1984, S. 351 und Walther Hubatsch, Der Admiralstab und die obersten Marinebehörden in Deutschland 1848–1945, Frankfurt a.M. 1958, S. 141.

63 Max von Fischel (1850–1929), Crew 1867, als Vizeadmiral 1908–1909 Chef der Marinestation der Nordsee, 1910–1911 als Admiral Chef des Admiralstabes, 1911 zur Disposition gestellt, im Ersten Weltkrieg keine Verwendung.

64 Vgl. dazu [Karl] Weniger, Die Entwicklung des Operationsplans für die deutsche Schlachtflotte. Unter Benutzung der Akten des Marinearchivs, in: Marine-Rundschau, 35 (1930), S. 1–10 und 51–59.

65 Vgl. die Dokumentation: Wilhelm II. und seine Marine (wie Anm. 1).

66 Vgl. auch Assmann, Deutsche Seestrategie (wie Anm. 9), S. 65.

67 Siehe dazu in diesem Band den Beitrag von Wulf Diercks, Der Einfluß der Personalsteuerung auf die deutsche Seekriegführung 1914–1918.

68 Ursprüngliche Fassung des Satzes: »[...] in Pohl einen leicht lenkbaren Admiralstabschef vermutete«.

69 Es handelt sich um die Erweiterung des Nord-Ostsee-Kanals (damals Kaiser-Wilhelm-Kanal), um die Passage von Großkampfschiffen zu ermöglichen.

70 Im Original unterstrichen, dazu am Rand ein Fragezeichen.

71 Ursprüngliche Fassung: »noch hunderte von Werftarbeitern«.

[72] Die Stichworte beziehen sich auf folgende Rückschläge in der Nordseekriegführung: Vernichtung
der VII. T-Bootshalbflottille (4 T-Boote unter Führung von KKpt Georg Thiele) am 17.10.1914
durch brit. Zerstörer vor Texel, Verlust von drei Kleinen Kreuzern und einem T-Boot am
28.8.1914 vor Helgoland sowie das verlustreiche Gefecht bei der Doggerbank am 24.1.1915, das
zur Ablösung des Flottenchefs, Admiral von Ingenohl führte. Zu weiteren Details siehe Werner
Rahn, Die Kaiserliche Marine und der Erste Weltkrieg, in: Ringelnatz als Mariner im Krieg, hrsg.
von Stephan Huck, Bochum 2003, S. 39–89 (= Kleine Schriftenreihe zur Militär- und Marinegeschichte, Bd 4).

[73] Chef des Marine-Kabinetts von 1906 bis 1918: Admiral Georg Alexander von Müller
(1854–1940), Crew 1871. Müller gehörte zu den einflußreichsten Seeoffizieren der Kaiserlichen
Marine, dessen Wirken im Ersten Weltkrieg vielfach kritisiert wurde, ohne dabei den tatsächlichen
Verhältnissen gerecht zu werden. Die Führungsstruktur der Marine mit ihren zahlreichen Immediatstellen brachte es bis Sommer 1918 zwangsläufig mit sich, daß Müller, der sich stets im Gefolge des Kaisers befand, von diesem als Ratgeber in Fragen herangezogen wurde, die nicht in die
Zuständigkeit des Marinekabinetts fielen. Sein Einfluß auf die konkrete Seekriegführung wird
überschätzt. Zu den Aufgaben und zur Arbeitsweise des Marine-Kabinetts siehe in diesem Band
den Beitrag von Wulf Diercks, Der Einfluß der Personalsteuerung auf die deutsche Seekriegführung
1914–1918.

[74] Zusatz von fremder Hand mit rotem Stift (Assmann ?): »(v. Müller)«, vermutlich als Hinweis.

[75] Assmann wies in seinem Dankschreiben an Michaelis darauf hin, Admiral v. Müller bestreite
nachdrücklich, daß »von seiten des Großadmirals v. Tirpitz bei Kriegsausbruch ein Schritt in
Richtung des Oberkommandos« erfolgt sei. »Die bekannte Kabinettsordre, die Tirpitz zur operativen Beratung heranzog, sei spontan von ihm selbst veranlaßt worden, um die Mitarbeit von Tirpitz für den Kaiser zu sichern.« (Assmann an Michaelis, BA-MA, RM 8/1233, Bl. 42 f.). Michaelis
ging auf dieses Argument ein und berichtete von einem Gespräch, das er mit Tirpitz, wahrscheinlich im Sommer 1916 geführt habe: Ohne nähere Zeitangabe habe ihm Tirpitz erzählt, daß er wegen des Oberkommandos beim Kabinettschef vorstellig geworden sei, worauf er, Michaelis, sogleich die Gegenfrage gestellt habe: »Haben E.E. denn den Antrag nicht bei Seiner Majestät selbst
vorgebracht?« Antwort: »Das hätte ja gar keinen Zweck gehabt, wo der Admiral v. Müller dagegen war.« Michaelis schlug daraufhin vor, in seiner Ausarbeitung die entsprechenden beiden Sätze
in der Reihenfolge umzustellen und etwas umzuformulieren: »Auf Anregung des Kabinettschefs
erhielt der Chef des Admiralstabes Befehl, zu strategischen Fragen die Ansichten des Großadmirals einzuholen und bei Meinungsverschiedenheit mit zum Vortrag zu bringen. Einen Versuch,
die Seekriegsleitung zu erhalten machte Tirpitz nur beim Kabinettschef, nicht beim Kaiser.« Michaelis an Assmann, 5.4.1934, ebd., Bl. 44.

[76] Tirpitz, Politische Dokumente, Bd 2 (wie Anm. 43), S. 36.

[77] Vgl. die bei Tirpitz, ebd., S. 53–55 veröffentlichte Fassung.

[78] Abgedruckt in: Der Krieg in der Nordsee, Bd 2: Von Anfang September bis November 1914,
bearb. von Otto Groos, Berlin 1922 (Reihe: Der Krieg zur See 1914–1918), S. 89 f. Der letzte
Satz weicht bei Michaelis geringfügig vom Original ab.

[79] Abgedruckt ebd., S. 98 f.

[80] Folgende Ergänzung des Satzes durch Michaelis gestrichen: »sei es, damit sie als Friedensinstrument intakt bliebe oder um England zu schonen.«

[81] Die Kleinen Kreuzer der Kaiserlichen Marine waren bis 1914 nur mit 10,5 cm-Geschützen ausgestattet. Erst 1915 erfolgte nach und nach eine Umrüstung auf 15 cm-Geschütze, die mit 176 hm
(gegenüber 122 hm) eine erheblich größere Reichweite hatten (hm = Hektometer).

[82] Richtungsweiser, siehe oben Anm. 60.

[83] Kapitän zur See Hans Zenker (1870–1932), ein Crewkamerad von Michaelis, nahm als Kommandant des Schlachtkreuzers »von der Tann« am 25.4.1916 an der Küstenbeschießung von Lowestoft und Great Yarmouth teil, bei der es auch zu Gefechten mit leichten brit. Seestreitkräften
kam. Zenker war ab April 1917 im Admiralstab Chef der Operationsabteilung, in der Reichsmarine ab Januar 1920 KAdm, Chef der Marinestation der Nordsee, Januar 1921 VAdm, 1924–1928
Chef der Marineleitung.

[84] Generaloberst Hans Georg Hermann von Plessen (1841–1929), von 1892 bis 1918 Diensttuen-
der Generaladjutant des Kaisers und Kommandant des Hauptquartiers.

85 Waldemar Vollerthun (1869–1929), Crew 1888, bis 1914 im RMA enger Mitarbeiter von Tirpitz, geriet im November 1914 nach dem Fall von Tsingtau in japanische Kriegsgefangenschaft. 29.11.1919 Charakterisierung zum Konteradmiral.

86 Der Begriff »Seekriegsleitung« bedeutet in diesem Zusammenhang die zentrale Führung des gesamten Seekrieges durch einen Flaggoffizier nach den Befehlen des Kaisers. Eine »Seekriegsleitung« in diesem Sinne entstand formal erst im August 1918, als Admiral Scheer zum Chef des Admiralstabes ernannt wurde und im Hauptquartier eine »Seekriegsleitung« bildete. Siehe dazu Gerhard P. Groß, Die Seekriegführung der Kaiserlichen Marine im Jahre 1918, Frankfurt a.M., Bern 1989, S. 357–403, sowie die umfassende Dokumentation: Die deutsche Seekriegsleitung im Ersten Weltkrieg, bearb. von Gerhard Granier, Bd 1, Koblenz 1999; Bd 2 und 3, Koblenz 2000; Bd 4, Koblenz 2003/2004.

87 Siehe den Anhang zu diesem Beitrag.

88 D.h. Bauaufträge im Rahmen des Mobilmachungsplanes.

89 Satz durch Michaelis hdschr. ergänzt.

90 Letzter Halbsatz durch Michaelis hdschr. ergänzt.

91 Vgl. Assmann, Deutsche Seestrategie (wie Anm. 9), S. 63.

92 Es kann sich nur um das Manuskript oder die Druckfahnen des folgenden Bandes gehandelt haben: Der Krieg in der Nordsee, Bd 4: Von Anfang Februar bis Ende Dezember 1915, bearbeitet von Otto Groos, Berlin 1924. Es ist bezeichnend für die Ausrichtung der ersten Bände des Werkes »Der Krieg zur See 1914–1918«, daß in diesem Band das Gespräch Tirpitz-Pohl vom 14.5.1915 nicht erwähnt wird. Zur Arbeitsweise von Groos und zu seiner engen Bindung an Tirpitz siehe in diesem Band meinen Beitrag »Strategische Optionen und Erfahrungen der deutschen Marineführung 1914–1944«.

93 Küstenpanzerschiffe der »Siegfried«-Klasse, 1888–1894 gebaut, später umgebaut, 4225 t, 15 kn, Fahrbereich (nach Umbau) 3980 sm bei 10 kn, 3–24 cm-Geschütze, etwa 300 Mann Besatzung. Sechs Schiffe dieses Typs gehörten bei der Mobilmachung 1914 zum VI. Geschwader der Hochseeflotte, sie wurden ab 1916 aus dem Frontdienst gezogen. Nach Gröner, Die deutschen Kriegsschiffe, Bd 1 (wie Anm. 19), S. 65.

94 Das III. Geschwader der Hochseeflotte bestand 1915/16 aus 8 Einheiten der damals kampfkräftigsten deutschen Großkampfschiffen »Kaiser«-Klasse, gebaut 1909–1913, 27 000 t, 21–23 kn, Hauptbewaffnung: 10–30,5 cm- und 14–15 cm-Geschütze, 5 Torpedorohre, etwa 1100 Mann Besatzung; »König«-Klasse gebaut 1911–1914, 28 600 t, 21 kn, Hauptbewaffnung wie »Kaiser«-Klasse.

95 Alfred Saalwächter (1883–1945), Crew 1901, nach seiner Zeit als Flaggleutnant des Flottenchefs (März 1915–Februar 1916) Kommandant von U-Booten, 1919 Übernahme in die Reichsmarine, bis zur Beförderung zum Konteradmiral (1932) verschiedene Bord- und Landkommandos, u.a. Kommandant des Linienschiffes »Schlesien«. 1938/39 Chef der Marinestation der Nordsee, 1939 bis 1942 Oberbefehlshaber des Marine-Gruppenkommandos West.

96 Ursprüngliche Fassung: »in ziemlicher Erregung«.

97 Von Konteradmiral a.D. Kurt Assmann unterstrichen und am Rand hdschr. Bemerkung: »Wo denn?« [Paraphe Assmann].

98 Unterschrift mit Ergänzung hdschr. Michaelis.

Gerhard Schreiber

Thesen zur ideologischen Kontinuität in den machtpolitischen Zielsetzungen der deutschen Marineführung 1897 bis 1945 – Rückblick und Bilanz

Im Mittelpunkt dieser Neufassung eines Aufsatzes, der vor zweiundzwanzig Jahren erstmals erschien[1], steht noch einmal die These, daß die deutsche Marinepolitik sich seit dem Beginn des Großflottenbaus unter Kaiser Wilhelm II. durchgehend an der Zielsetzung orientierte, das »Reich« von der Großmacht zur kontinentalen Hegemonialmacht und schließlich zur dominanten Weltmacht zu erheben[2].

Erklärtermaßen geht es in solchem Kontext um langfristig angelegtes machtpolitisches Wollen und die ihm zugrunde liegenden Denkstrukturen, nicht aber um die Erörterung dessen, was zu einem bestimmten Zeitpunkt zu verwirklichen war oder eventuell gewesen wäre[3].

Als sich die Marineführung – eine ursprünglich ausgeprägt konservative und ab 1933 besonders eng regimeverbundene Führungselite, unter der hier jene Marineoffiziere verstanden werden, welche die marineinternen politischen und militärstrategischen Vorstellungen, Planungen sowie Absichten ausformulierten oder beeinflußten – in den Jahren 1940/41 an der Konzeption für die Errichtung der deutschen Weltherrschaft beteiligte, kam das für sie nicht überraschend. Vielmehr schien damals die aus ihrer Sicht zentrale Zielsetzung auf dem Weg zur Weltmacht erreicht zu sein, das heißt die seit dem ausgehenden 19. Jahrhundert angestrebte »Endlösung der englischen Frage«[4].

Man hat es diesbezüglich nicht mit *Weltpolitik* zu tun, sondern mit *Weltmachtstreben*, das im Kontext der marineinternen Kolonial- und Hegemonialplanungen die gewaltsame Beseitigung der britischen Barriere zwischen der Deutschen Bucht und dem Atlantik, die Zerschlagung der französischen Großmachtstellung, die Umwandlung des östlichen Mittelmeeres in eine *deutsche See* und die – einen militärischen Konflikt einkalkulierende – Frontstellung gegen die Vereinigten Staaten von Amerika sowie Japan einschloß[5]. Die Tatsache, daß Tokio und Rom noch Verbündete des »Dritten Reiches« waren, störte die Marineführung nicht im geringsten. Angesichts dieser völlig eindeutigen, quellenmäßigen Bestimmung der Ziele des maritimen *Weltmachtstrebens* erscheint es unzulässig, weil die Geschichte verfälschend, den Begriff Weltmacht losgelöst von diesen auf der Grundlage abstrakter theoretischer Überlegungen zu definieren[6].

Den Dreh- und Angelpunkt des marinespezifischen Weltmachtstrebens bildete das britische Problem. Und wer sich an die Quellen hält, wird selbst in Zeiten, in denen die faktischen Gegebenheiten Zurückhaltung und Zugeständnisse erzwangen, in der Marineführung die feste Überzeugung erkennen, daß der als schicksalhaft angesehene Antagonismus zu London nur militärisch beseitigt werden könnte.

Derartiges Denken besaß Tradition. Ließ doch Großadmiral Tirpitz bereits in einer Anfang Juli 1897 verfaßten Denkschrift über »Allgemeine Gesichtspunkte bei der Feststellung unserer Flotte nach Schiffsklassen und Schiffstypen«[7] keinerlei Zweifel daran aufkommen, daß die deutsche Seemacht gegen England konzipiert wurde. Für ihn stellte Großbritannien den zur See gefährlichsten »Gegner« dar. Weshalb er »Linienschiffe in so hoher Zahl wie möglich« bauen wollte[8]. Drei Jahre später vertrat Wilhelm II. den Standpunkt, daß die Größe des Deutschen Reiches ein Mitspracherecht in allen ozeanischen Belangen unverzichtbar machte. Große Entscheidungen durften demnach – im weltweiten Rahmen – nicht mehr am Deutschen Kaiser vorbei gefällt werden[9]. Immediatvorträge behandelten im März und Dezember 1903 sowohl die »Grundlagen für die Kriegführung Deutschlands gegen die Vereinigten Staaten«[10] als auch den Krieg mit Großbritannien[11].

Die Ausführungen über die deutschen Möglichkeiten, Amerikas Flotte zu vernichten und die Ostküste der USA zu bedrohen, ließen erkennen, in welchen Dimensionen die Marineführung gegebenenfalls zu planen bereit sein würde. In den Überlegungen zu einem deutsch-britischen Konflikt zeigten sich dagegen Elemente ihres Denkens, die grundsätzlicher Art und aktuell zugleich waren: Die Überzeugung von einer angeblich unauflöslichen wirtschaftlichen und machtpolitischen Rivalität zwischen Berlin und London sowie die Bereitschaft, unter bestimmten Voraussetzungen offensiv gegen Großbritannien vorzugehen. Für die Beurteilung dessen, was die Marine wollte, ist es dabei völlig unerheblich, daß deren eigene Planungsfehler und die Gegenmaßnahmen der britischen Admirale die »antienglische Stoßrichtung des Flottenplans« in jeder Hinsicht ins Leere gehen ließen[12].

Verfehlt wäre es freilich, aufgrund des Scheiterns der hybriden deutschen Flottenkonzeption deren Ernsthaftigkeit mit einem Fragezeichen zu versehen. Theobald von Bethmann Hollweg stellte dazu 1903 als preußischer Innenminister fest, daß den Kaiser nichts stärker beherrsche als die Vorstellung, mit der Flotte die »Weltstellung Englands zugunsten Deutschlands zu brechen«[13]. Und Kurt Riezler konstatierte am 1. August 1916, daß der Sinn des Ersten Weltkrieges unter anderem im Kampf mit »England um die Weltherrschaft« bestand[14]. Nach der Niederlage meinte dann Wilhelm Groener, Erich Ludendorffs Nachfolger als Erster General-Quartiermeister, man habe diese »Weltherrschaft« unter falschen Voraussetzungen angestrebt, nämlich bevor Deutschlands »Kontinentalstellung festgemacht« war[15]. Aus alldem, doch nicht allein daraus, ergibt sich, daß das Deutsche Reich – wie Fritz Fischer überzeugend nachwies – mit dem Krieg von 1914 einen Vormachtanspruch anmeldete[16], der, aus der Perspektive überseeisch orientierter Imperialisten, die Entschlossenheit implizierte, Großbritanniens Suprematie zur See zu beseitigen[17].

Was die Bedeutung anbetrifft, die der maritimen Komponente hinsichtlich der Entwicklung zum Ersten Weltkrieg beizumessen ist, so betonte Stadelmann nach 1945 wohl als einer der ersten, daß die deutsche Flottenplanung einen wichtigen Indikator für die oben beschriebenen Intentionen der Reichsführung darstellt[18]. Dehio hob einige Jahre später hervor, daß dem Großflottenbau schon deshalb ein offensiver Charakter zuerkannt werden müsse, weil die politische Führung mit ihm den heißen Krieg zumindest bewußt riskierte[19]. Und seit Mitte der sechziger Jahre machten neue Forschungen die von Apologeten der kaiserlichen Marinepolitik gepflegte Argumentation, die auf vermeintlich defensive Merkmale des Tirpitz-Plans abhob, immer weniger glaubwürdig. Denn die deutsche Rüstungspolitik, das ließ sich ernsthaft nicht mehr bestreiten, zielte darauf ab, aus der »stärksten Landmacht auch die stärkste Seemacht des Kontinents« zu machen[20]. Nachdem Steinberg in einer ausführlichen Untersuchung über die Entstehung der deutschen Schlachtflotte diese Interpretation schon 1965 überzeugend vorgetragen hatte[21], formulierten vor allem Berghahn[22], Deist[23] und Herwig[24] Forschungsergebnisse, an denen sich Studien zur Flottenpolitik unter Wilhelm II. messen lassen müssen[25]. Alles in allem darf man heute auf der Basis eines gesicherten Forschungsstandes feststellen[26], daß der Tirpitzsche Flottenbau, dessen innen- und sozialpolitische Implikationen hier unberücksichtigt bleiben sollen[27], den Konflikt mit Großbritannien geradezu provozierte[28].

Vor diesem historisch-politischen Hintergrund ist zu fragen, wie die Marineführung auf den Ausgang des Ersten Weltkrieges reagierte. Kam es zur Abkehr von dem eo ipso antibritischen Weltmachtstreben, veränderte sich die Flottenideologie, oder wurde lediglich eine von den machtpolitischen Fakten der Nachkriegszeit erzwungene Neuorientierung auf Zeit vorgenommen, die keinen Verzicht auf die alten Ziele der Marinepolitik bedeutete? Bei der Suche nach Antworten scheint es wenig sinnvoll zu sein, sich auf den maritimen Alltag zu konzentrieren, den zunächst ganz die Auseinandersetzung mit den durch den Vertrag von Versailles geschaffenen Gegebenheiten beherrschte. Das langfristige und tatsächliche Wollen der Marineführung in der Zwischenkriegszeit artikulierte sich hingegen fast ausschließlich in Studien, in denen man – losgelöst von der Realität, aber ernsthaft – die Zukunftsabsichten ausformulierte[29].

Noch vor Abschluß des Friedensvertrages vom 28. Juni 1919 entstand zum Beispiel eine Denkschrift der Friedenskommission im Reichsmarineamt, in der es vordergründig um »Entstehung und Ausbau der deutschen Wehrmacht zur See« ging[30]. Historisch bedeutsam ist jene Ausarbeitung jedoch in erster Linie deshalb, weil sie dokumentiert, daß sich die Marine anschickte, ihre Ideologie aus dem Kaiserreich in den neuen Staat zu tradieren. In solchem Zusammenhang gilt es – im Hinblick auf die Beurteilung der Marinepolitik in der Weimarer Republik und während der ersten Jahre des Hitler-Staates – festzuhalten, daß die Marineführung, obwohl sie sich damals um das politische Wohlwollen Londons bemühte, ihrem langfristigen strategischen Kalkül die Annahme zugrunde legte, daß die Briten jeden ihnen gefährlich erscheinenden Handelsrivalen gewaltsam ausschalten würden. Da man sich gleichzeitig davon überzeugt zeigte, daß Deutschlands Wiederaufstieg zur wirtschaftlichen Großmacht axiomatisch feststand, war aus der Sicht der Verfasser eine erneute deutsch-britische Auseinandersetzung unvermeidbar. In der zweiten Hälfte der zwanziger Jahre drückten Chauvinisten wie der – bei Publikation seiner Studie bereits verabschiedete – Vizeadmiral Wolfgang Wegener diese Sicht der deutsch-britischen Beziehungen mit rigoroser Klarheit aus[31]. Wenn die Deutschen, so Wegener, »wieder einmal als Volk und Staat in Form sind, dann taucht auch wieder das Verlangen nach der See und der Seegeltung und mit ihm die Angelsachsen als Gegner auf«. Und im Dezember 1940 konstatierte Vizeadmiral Hopman, Deutschland und seine Verbündeten wollten »die anglosächsisch-jüdisch kapitalistische Vormacht brechen[,] zum mindesten aus Europa, Asien und Afrika herausjagen«.

Es handelte sich dabei keineswegs um Äußerungen, die situativ zu erklären sind. Vielmehr trat bei Wegener und Hopman eine dogmatisch antibritische Grundhaltung zutage, die für die Entwicklung des maritimen Denkens nach 1918 größte Relevanz gewann. Eine wichtige Rolle spielte bei alledem die personelle Kontinuität.

Der Chef der neuen Admiralität, Vizeadmiral Adolf von Trotha, verkörperte die vorstehend umrissenen ideologischen Vorstellungen, aus denen der Revisionismus der Nachkriegsjahre seine Dynamik gewann. Wie die meisten seiner Kameraden wähnte sich Trotha »unbesiegt von den Waffen der ganzen Welt«. Zusammengebrochen sei Deutschland »gegen englischen vergifteten Haß, gegen rücksichtslose englische Unmenschlichkeit, Hetze und Hunger«[32]. Dennoch, unbeschadet des Verlustes der Flotte, des Sinnbildes deutscher Weltgeltung, verloren deren Protagonisten nicht die Hoffnung. Mit ungebrochener Zuversicht ermunterte etwa Großadmiral von Tirpitz den Chef der Marine, unverdrossen den Wiederaufbau deutscher »See- und Weltgeltung« anzugehen[33]. Worauf Trotha antwortete, daß er, obwohl er ein Mann sei, der »mitten in der Wende einer neuen Zeit« weiterhin am »Traditionellen« klebe, bereit bleibe, der Marine – gemeinsam mit denen, die das »umgestoßen haben«, was ihm das »Höchste war und ist«, zusammen mit Männern also, mit welchen er »innerlich nie warm werden« könne – »durch diese furchtbare Zeit hindurchzuhelfen«[34].

Trotha repräsentierte zentrale Bestandteile der Marineideologie nach dem Ersten Weltkrieg: Anglophobie, Dolchstoßlegende, Systemfeindlichkeit und Entschlossenheit zur Revision der Kriegsergebnisse. Die angeblich unpolitische Entscheidung, im Dienst zu bleiben, war im Grunde zutiefst politisch, erfolgte sie doch in der Absicht, das Alte möglichst zu restaurieren, das neue republikanische Regierungssystem jedoch auf keinen Fall zu erhalten. Diesbezüglich stellte der Admiral ein Paradigma, nicht etwa ein Unikum dar.

Hingegen prägten die aktuelle Marinepolitik, die sich an die gegebenen Verhältnisse anpassen mußte, ein taktisch geschickt eingesetzter Antikommunismus, die Frontstellung gegenüber dem außerordentlich abfällig beurteilten Polen, eine tiefgehende Frankreichfeindlichkeit, die pragmatisch kalkulierte Orientierung an der britischen Politik, aber auch die Neigung, mit diktatorischen Regierungen – zunächst in Italien und später in Spanien – zusammenzuarbeiten[35].

Die Erschütterungen, die das innere Gefüge des Wehrmachtteils durch Meuterei[36] und Revolution[37] erlebt hatte, zwangen die Marine jedoch, sich nach Kriegsende auch um die innere Konsolidierung zu bemühen[38]. Das dauerte, wobei der Kapp-Lüttwitz-Putsch, der unter anderem zum Sturz Trothas führte, neue Irritationen und Verwirrungen provozierte, bis Mitte der zwanziger Jahre an. Nichtsdestoweniger entstanden schon 1919/20 verschiedene Denkschriften, deren politischer Tenor erkennen ließ, daß der Wille zur Wiederherstellung der deutschen Machtposition dominierte. Und er sollte – unbeschadet der politischen Fakten – bis zur nationalsozialistischen Machtübernahme fortbestehen[39].

Wenige Jahre nach diesen frühen Ausarbeitungen, die den machtpolitischen Erwartungshorizont andeuteten, den die mit dem Aufbau der Reichsmarine beauftragten Offiziere besaßen, signalisierten die militärischen Planungen, daß sich die operative Konzeption der Marineführung wieder dem atlantischen Raum zuwandte[40]. Das Führerkriegsspiel im Winter 1925/26 stand bereits vollkommen im Zeichen eines – vorläufig noch defensiven – ozeanischen Zufuhrkrieges. Aus leicht verständlichen Gründen wurde dabei zwar die eigentliche Gefährdung der für Deutschland bestimmten Transporte in der Nordsee angenommen, aber die Marine wünschte damals schon wieder, den »Schlüssel zur Nordsee« zu besitzen. Das heißt sie verlangte, das Seegebiet zwischen den Shetland-Inseln und Norwegen zu beherrschen. Im übrigen galten inzwischen die Gewässer vor der afrikanischen Westküste und das Mittelmeer als außerheimische Operationsgebiete deutscher Kriegsschiffe[41].

Die wesentlichen Resultate des Kriegsspiels gingen als »Aufstellung operativer Ziele« an die Heeresleitung[42]. Für die Akteure waren sie also keinesfalls »phantastisch«[43]. Es handelte sich auch nicht um harmloses marineinternes Spielmaterial, besaßen doch solche Übungen erklärtermaßen eine konkrete Funktion im Rahmen von Kriegsvorbereitungen. Fast immer müssen in den erarbeiteten Ergebnissen zudem Forderungen der Militärs an die politische Führung erkannt werden. Dies gilt vorrangig für die Marineführung, die wiederholt – insbesondere in der Weimarer Republik – die Auffassung vertrat, daß die offizielle Außenpolitik langfristigen Zielsetzungen der Marinepolitik zu dienen hätte[44].

Letztere stand vor 1933 immer wieder im direkten Gegensatz zur Regierungspolitik. Ein Sachverhalt, den Erörterungen, die man am 22. Juli 1926 innerhalb der Marineleitung anstellte, beispielhaft veranschaulichen[45]. Die versammelten Offiziere hegten offensichtlich eine tiefe Sympathie für das faschistische Regime in Italien. Denn Mussolini propagierte genau jene Militarisierung der Gesellschaft, die sie sich wünschten. Außerdem bildete das autoritäre Regierungssystem die favorisierte Alternative zur ungeliebten parlamentarischen Demokratie. In den Aufzeichnungen über die Besprechung ist ein ausgeprägt antidemokratisches Denken zu erkennen. Bezeichnenderweise wurde Mussolini nicht nur als machtpolitischer Antipode des Erbfeindes Frankreich geschätzt, sondern auch als »Zerstörer der italienischen Sozialdemokratie«, als Totengräber der »jüdischen Freimaurerei« und als »Feind der deutschen Demokraten«. Ansonsten manifestierten sich eine rassistische Überheblichkeit gegenüber den slawischen Völkern, die Idee, sich die Geneigtheit der britischen Politik mit der Frontstellung gegen die Sowjetunion zu erkaufen (um Druck auszuüben, konnte eine – ernsthaft nicht beabsichtigte – Annäherung an Moskau vorgetäuscht werden) und die Intention, Frankreich politisch zu isolieren, was der Revision von Versailles – politisch oder militärisch – den Weg bereiten sollte.

Mit derartigen reaktionären innen- und außenpolitischen Anschauungen und Positionen wurde primär der für Führungsaufgaben ausgewählte Nachwuchs des Offizierkorps indoktriniert. Als zum Beispiel der Leiter der Flottenabteilung im Januar 1929 vor den Führergehilfen der Marine vortrug[46], bezeichnete er die Siegermächte als »Vergewaltiger« Deutschlands, forderte das Zusammengehen mit Italien, weil Versailles nur in einem Koalitionskrieg revidiert werden könne, und meinte, es sei die »innere Einstellung der Linksparteien«, die das Deutsche Reich daran hindere, sich mit seinen »natürlichen Freunden« zu verbünden. Der Vortragende sprach von der Außenpolitik der deutschen Regierung, als er behauptete, daß die »mit allen Mitteln bis zur Selbsterniedrigung getriebene Politik der Annäherung an Frankreich und England« definitiv gescheitert sei. Es ist angesichts solcher Ausführungen völlig unbegreiflich, warum immer wieder die Mär von der unpolitischen Reichswehr aufgewärmt wird. Und war nur Gedankenlosigkeit ursächlich dafür, daß ein mit großem zeitlichen Abstand geschriebenes Buch über die »Admiralstabsausbildung in der deutschen Marine« die Frage der politischen Ausrichtung des Offizierkorps ausklammerte[47]?

Im Mai 1933, nun gab es auch in Deutschland ein Regime, das sich die Militarisierung der Gesellschaft zum Ziel gesetzt hatte, hieß es voller Befriedigung[48], daß die nationalsozialistische Machtergreifung endlich »jene Kräfte in der Marine« freigesetzt habe, die in den »letzten 14 Jahren zersplittert durch Kämpfe im Parlament, durch überwinden oder umgehen all der infamen Sabotage-Versuche sozialdemokratischer Doktrinäre und Pazifisten« gebunden gewesen seien. Als die Sozialdemokratische Partei Deutschlands am 22. Juni 1933 verboten wurde, dürfte man dies in der Marine kaum bedauert haben.

Die Marineführung, das geht aus den Quellen unzweideutig hervor, gewann lange vor 1933 die Überzeugung, daß sich ihre Ziele erst nach einem Wechsel des politischen Systems erreichen lassen würden. Sie setzte hierbei eindeutig auf die Nationalsozialisten. Kein anderer als der Admiral Dr. phil. Erich Raeder, der seit dem 1. Oktober 1928 als Chef der Marineleitung an der Spitze der Marine stand, bestätigte das 1943, als er als Oberbefehlshaber zurücktrat. Es besteht nicht der geringste Anlaß für die Annahme, es habe sich um Opportunismus gehandelt, als der Großadmiral ausführte[49]: »Ich glaube, Sie werden mir zustimmen, daß es mir gelungen ist, im Jahr 1933 die Marine geschlossen und reibungslos dem Führer in das Dritte Reich zuzuführen. Das war dadurch zwanglos gegeben, daß die gesamte Erziehung der Marine in der Systemzeit [...] auf eine Haltung hinzielte, die von selbst eine wahrhaft nationalsozialistische Einstellung ergab. Aus diesem Grunde hatten wir uns nicht zu verändern, sondern konnten von vornherein aufrichtigen Herzens wahre Anhänger des Führers werden.« So sahen das auch Hitler und sein Propagandaminister. Am 6. Januar 1945 hielt Joseph Goebbels in seinem

Tagebuch fest[50]: »Ich habe den Besuch von Großadmiral Raeder, der seine Reden von 1924 bis heute in einem Buch herausgeben will und mich bittet, dieses Buch zu zensieren und ihm mit Rat und Tat zur Seite zu stehen. Ich tue das sehr gern; denn Raeder ist, wenn auch kein überragender militärischer Führer, so doch eine durchaus integre, loyale Persönlichkeit. Er äußert sich mit Worten tiefster Empörung über die Vorgänge vom 20. Juli, in die ja in der Tat kein Mann von der Marine verwickelt gewesen ist[51]. Das muß zum Teil auf die gute politische Erziehungsarbeit Raeders zurückgeführt werden. Für meine eigene Arbeit hat Raeder Worte höchsten Lobes. Er erklärt mir, daß auch die alten Admirale jetzt für meine Person einen Respekt bezeigten, wie er früher gar nicht möglich gewesen wäre.« Und Hitler meinte[52] am 28. Februar 1945, daß Raeder »von großem Format gewesen« sei. Der Großadmiral habe »ihm gegenüber eine blinde Treue an den Tag gelegt und seine Waffe in einem Geist erzogen, der sie heute dazu befähige, die Scharte der deutschen Kriegsmarine aus dem Weltkrieg auszuwetzen«. Wobei der »Führer« besonders betonte, daß er »mit der Marine immer nur erfreulichste Erfahrungen gemacht habe«.

Jedenfalls erreichte die Beeinflussung des Marineoffizierkorps mit revisionistischer, revanchistischer und antidemokratischer Ideologie – von der Ära des Bilderbuchnazis Karl Dönitz[53], den Hitler eine »vornehme und imponierende Erscheinung« nannte[54], abgesehen – unter Raeder einen Höhepunkt und eine bemerkenswerte Intensität[55]. Beispielshalber kann dafür der Vortrag des Leiters der Flottenabteilung im Mai 1930 zitiert werden, in dem es – übereinstimmend mit den operativen Planspielen der Marine[56] – hieß[57]: »Die großen Entscheidungen im Ringen von Weltvölkern werden im wesentlichen auf den Weiten der Ozeane vorbereitet. Wir Deutschen haben das als junge Nation vor 1914 noch nicht erkannt – wo es erkannt war, wurden die Folgerungen nicht daraus gezogen: zu Lande so stark zu sein, daß wie über See den Lebensraum erringen konnten –. Wir beiden, Heer und Marine, bereiten uns – nach den bitteren Lehren des verlorenen Krieges – jetzt gemeinsam darauf vor, das Tor zur Welt mit beiden Armen aufzustoßen und offen zu halten, weil wir beide davon überzeugt sind, daß Deutschland in der muffigen Enge Europas nur vegetieren – nicht leben kann.«

Aufgrund einiger Presseverlautbarungen Hitlers gab es zwar vorübergehend eine gewisse Skepsis hinsichtlich der Einstellung des nationalsozialistischen Reichskanzlers zu marinepolitischen Angelegenheiten[58], aber nachdem Raeder seinem »Führer« die marineinternen Vorstellungen vorgetragen hatte, waren – angesichts der von diesem bekundeten Zustimmung – spätestens im April 1933 alle ressortspezifischen Bedenken ausgeräumt[59].

Eine Selbstverständlichkeit unter den Forderungen der Marineführung nach 1933 beschrieb der Anspruch auf die deutsch-französische Flottenparität. Da seine Verwirklichung – ganz abgesehen von der qualitativen Verbesserung der Flotte (U-Boote, Flugzeuge) – mehr als die Verdoppelung der im Friedensvertrag zugestandenen Stärke bedeutete, rechnete man mit Londons Widerspruch. Raeder versuchte deshalb, den britisch-amerikanischen Gegensatz zu nutzen, wobei er sich bemühte, den Engländern die deutsche maritime Aufrüstung mit dem Hinweis auf ein beiderseitiges Zusammengehen schmackhaft zu machen. Andererseits galt das britische Einverständnis 1934 nicht mehr als *Conditio sine qua non* für die Verwirklichung der eigenen Absichten, weil die deutsche Seite den Ausbau der Flotte davon nicht mehr ernsthaft abhängig machte. Gebaut werden sollte auf jeden Fall, egal ob Großbritannien dies billigte oder nicht[60]. Auf dem Papier standen im April 1934 drei Flugzeugträger, acht Panzerschiffe, 18 Kreuzer und 72 U-Boote. Eine Z-Plan-Flotte war das gewiß noch nicht, aber zwischen den Planungen von 1934 und dem »Mammutkonzept« von 1938/39 gibt es zweifellos eine zielgerichtete Kontinuität[61].

Untersucht man die rüstungspolitischen und operativen Planungen der Marineführung in der Zeit von 1933 bis 1935, so zeigt sich, daß in diesen die Einbeziehung der verdeckten Aggression ins militärische Kalkül, die intensivierte großzügige Aufrüstung – im Hinblick auf ein »ferneres Ziel« – und das dogmatische Festhalten an der Gegnerschaft Frankreichs im Mittelpunkt standen[62].

Eines der marineinternen Fernziele, das unter anderem die Kontinuität antibritischen Planens seit der Tirpitz-Zeit deutlich macht, erhellt aus der Unterredung zwischen Hitler und Raeder am 27. Juni 1934[63]. Zwar schloß die Äußerung des Admirals, daß die »Flotte später doch gegen England entwickelt« und daher mit 35-cm-Geschützen ausgestattet werden müßte, um den Einheiten der »King-George«-Klasse gewachsen zu sein, noch keine konkrete Planung ein, aber eine Option drückte sie allemal aus. Jedenfalls war damit geklärt, daß die von Raeder bei seinem ersten Vortrag vor Hitler 1933 aufgestellte Behauptung[64], England würde für die Marine »nie wieder als Gegner« in Frage kommen, keine historische Bedeutung besaß. Wegen der allgemeinen Unsicherheit über Hitlers Einstellung zur Marinerüstung hielt er es damals wohl noch für angebracht, die langfristigen marinepolitischen Zielsetzungen zu camouflieren.

Vor diesem Hintergrund muß der deutsch-britische Flottenvertrag vom 18. Juni 1935 gelesen werden, der lediglich dazu dienen sollte, Londons Mißtrauen in der besonders prekären Aufbauphase der deutschen Flotte zu zerstreuen. Das Abkommen lag voll und ganz auf der Linie der von der Marineführung gegenüber Großbritannien vertretenen *Politik des Baldrians*. Auf deutscher Seite dachte niemand daran, die Vereinbarungen als definitive Regelung der Flottenfrage anzuerkennen; daß die Vorstellungen Raeders und Hitlers in bezug auf die Entwicklung des deutsch-britischen Verhältnisses nicht vollkommen identisch waren, ist eine andere Frage[65]. Was den Oberbefehlshaber der Marine anbelangt, so ist es für seine Sicht der Dinge signifikant, daß er, als Hitler am 28. April 1939 den Flottenvertrag kündigte, an der in London weiterhin zu verzeichnenden Verhandlungsbereitschaft keinerlei Interesse bekundete[66].

Der 1939 vollzogene Schritt, das heißt der Verzicht auf das – taktisch begründete – Tabuisieren des deutsch-britischen Gegensatzes, hatte sich schon zwei Jahre vorher angekündigt. Im Oberkommando der Kriegsmarine war nämlich im Mai 1937 eine Untersuchung über die »Aufgaben der Seekriegführung 1937/38« fertiggestellt worden, die sowohl die Konfliktkonstellation Deutschland gegen Frankreich und die Sowjetunion als auch einen Krieg Deutschlands gegen Frankreich,

Großbritannien und die UdSSR thematisierte. Zwar wollten die Vertreter des Oberkommandos letztlich doch nur den Zweifrontenkrieg – ohne die Briten – bei einer Auseinandersetzung in Europa als realistisch akzeptieren, aber genau das bezeichneten andere Stimmen innerhalb der Marineführung bereits als wirklichkeitsfremd[67]. Solche Einwände wogen um so schwerer, da die Weisung des Reichskriegsministers vom 24. Juni 1937 für die »einheitliche Kriegsvorbereitung der Wehrmacht« ebenfalls nicht mehr ausschloß, daß es zur militärischen Konfrontation mit Großbritannien kommen könnte[68]. Das heißt, die Gegnerschaft Londons wurde ab Mitte 1937 offiziell, wenn auch noch widerstrebend, in das deutsche militärische und politische Kalkül für die weitere Entwicklung einbezogen.

Eine Zäsur in der außenpolitischen Argumentation Hitlers, der sich die Marine alles in allem anschloß, bedeutete schließlich seine berühmt-berüchtigte Ansprache vom 5. November 1937[69]. Raeder behauptete zwar nach 1945, den Ausführungen sei eine Abkehr der deutschen Politik von Großbritannien nicht zu entnehmen gewesen[70], aber das trifft nicht zu. Schließlich sprach Hitler nicht nur von seiner Absicht, auf gewaltsame Weise ein rassisch geprägtes Großreich zu schaffen, sondern erklärte auch ganz offen, daß die »Haßgegner« London und Paris im Verlaufe der »deutschen Koloß[bildung] inmitten Europas« – was keinen Verzicht auf überseeische Ausdehnung bedeutete – nicht zu übergehen wären. Zumindest eines stand nach jenem 5. November fest: Hitler machte die Verwirklichung der programmatisch angestrebten Hegemonialherrschaft auf dem Kontinent nicht mehr von einem Bündnis mit England abhängig. Ihm genügte es, wenn die Briten – durch militärische Machtdemonstrationen eingeschüchtert – »neutral den kontinentalen Abenteuern des Reiches« zuschauten[71]. Doch schon im Dezember 1937, als man mit dem Aufmarschplan »Grün« von einer bis dahin »defensiv gehaltenen militärischen Konzeption zu konkreten Aggressionsvorbereitungen« gegen die Tschechoslowakei überging[72], zeigte sich Hitler bereit, »den Marsch nach Osten [auch] gegen Englands Widerstand anzutreten«[73].

Die Führung der Kriegsmarine stellte sich auf die veränderte Lage ein. Ab Mitte April 1938 wurde die Gegnerschaft Großbritanniens einkalkuliert[74], und Ende des Monats erfuhr das Oberkommando der Wehrmacht, daß die Marine einen militärischen Konflikt, der die »Neutralität Englands« voraussetzte, als »unwahrscheinlich« ansehe[75]. Die weitere politische Entwicklung verlief so, daß sich die Marineführung bestätigt fühlen durfte. Hitler drängte bereits im Mai auf die beschleunigte Fertigstellung der Schlachtschiffbauten. Der Grund? Deutschland hatte im nächsten Krieg nicht nur mit den Franzosen, sondern auch mit den Briten als Gegnern zu rechnen[76]. Im Juli 1938 bestätigte er an Bord des Avisos »Grille« diese Lagebeurteilung[77]; und vier Wochen danach hieß es im Auswärtigen Amt[78]: »Auf dem Wege weiterer Ausdehnung und Festigung des III. Reiches ist Frankreich unser sicherster Widersacher, England unser gefährlichster Feind.«

Hier erscheint eine Anmerkung zur – was paradox klingt – Realität des Irrealen in der marineintern vertretenen Politik notwendig. Angesichts der fehlenden Mittel waren die machtpolitischen Planungen der Marineführung effektiv weder vor noch nach der nationalsozialistischen Machtergreifung durchsetzbar. Doch ein derartiger – objektiver – Befund entsprach nicht der subjektiven Sicht der Handelnden. Im Oberkommando der Kriegsmarine sah man sich 1937/38 hinsichtlich der marineseitig seit dem Ersten Weltkrieg erwarteten und prognostizierten außenpolitischen Entwicklung voll bestätigt[79].

Was jedoch die konkreten Vorbereitungen für die globale Neugestaltung der politischen Geographie anbetrifft, so lag am 25. Oktober 1938 die Endfassung der von Raeder in Auftrag gegebenen Denkschrift des Fregattenkapitäns Hellmuth Heye über die »Seekriegführung gegen England und die sich daraus ergebenden Forderungen für die strategische Zielsetzung und den Aufbau der Kriegsmarine« vor[80]. Der Anspruch auf überseeische Stützpunkte und die Erweiterung der deutschen »Küstenbasis« – auf Kosten Hollands, Dänemarks, Norwegens, Belgiens und Frankreichs – zählten zu den zentralen machtpolitischen Zielen.

Unter rüstungspolitischen Gesichtspunkten trug Heyes Ausarbeitung zu der Flottenkonzeption bei, die im Z-Plan, den Raeder Ende Januar 1939 Hitler vortrug, ihren ersten Höhepunkt erreichte[81]. Diese Flotte war nicht geplant, um Großbritannien zugleich zu locken und zu bedrohen[82]. Und die Briten zogen ihrerseits aus dem gescheiterten Flottenabkommen bestimmte Lehren. Churchill – ein Mann mit politischem Scharfblick – hatte zu jenen Vereinbarungen schon lange vorher sarkastisch angemerkt, sie würden letztlich dazu führen, daß die Royal Navy »zum größten Teil in der Nordsee vor Anker gehen« müsse[83]. Tatsächlich – so Raeder am 3. September 1939 – hätte die neue Seemacht dazu dienen sollen, die »englische Flotte zu schlagen und die englischen Zufuhren abzuschneiden«[84]. Bereits ein Jahr vorher bestätigte der vom Oberbefehlshaber der Kriegsmarine besonders geschätzte Admiral Rolf Carls in einem Memorandum[85], das er als Kommentar zu dem im August 1938 vorliegenden Entwurf der Heye-Denkschrift verfaßte, die obige Interpretation des marineinternen Kalküls. Mit radikaler Konsequenz formulierte der Admiral[86]:

»1.) Wenn Deutschland nach dem Willen des Führers eine in sich gesicherte *Weltmacht*stellung erwerben soll, bedarf es neben genügendem Kolonialbesitz *gesicherter Seeverbindungen und gesicherten Zugang zum freien Ozean.*

2.) Beide Forderungen sind nur gegen englisch/französische Interessen erfüllbar und schränken deren Weltmachtstellung ein. Sie mit friedlichen Mitteln durchsetzen zu können, ist unwahrscheinlich. – Der Wille zur Ausgestaltung Deutschlands als Weltmacht führt daher zwangsmäßig zur Notwendigkeit entspr[echender] Kriegsvorbereitung.

3.) Der Krieg gegen England bedeutet gleichzeitig Krieg gegen das Empire, gegen Frankreich, wahrscheinlich auch gegen Russland und eine grosse Reihe überseeischer Staaten, also gegen 1/2 bis 2/3 der Gesamtwelt.

Er hat innere Berechtigung und Aussicht auf Erfolg nur, wenn er sowohl *wirtschaftlich* wie *politisch* und *militärisch* vorbereitet und der Zielsetzung entsprechend geführt wird: Deutschland den Weg zum Ozean zu erobern.«

Was Carls im September 1938 niederschrieb, entsprach ganz der Sicht Raeders. Bei den deutsch-italienischen Marinebesprechungen in Friedrichshafen am 20./21. Juni

1939 stellte der Großadmiral in direkter verbaler und gedanklicher Anlehnung an Hitler fest, daß die nächste Auseinandersetzung mit Großbritannien und Frankreich ein »Krieg auf Leben oder Tod« sein werde[87], in dem auch mit den USA und der UdSSR als Gegnern zu rechnen wäre[88].

Nicht zufällig war es im Herbst 1938 zu ersten Ansätzen für eine globale Koalitionskriegführung Deutschlands, Italiens und Japans gegen die westlichen Demokratien gekommen[89]. Und in verschiedenen Kriegsspielen trug man 1938/39 den neuen Prioritäten in der Kriegsvorbereitung ebenfalls Rechnung[90]. In der Schlußbesprechung des letzten großen Spiels dieser Art vor Kriegsbeginn hieß es im März 1939[91], daß im Jahre 1938 »Großdeutschland« entstanden sei. Das Reich stehe damit am »Beginn einer neuen Periode« des deutschen »politischen Lebens und Strebens«. Es gehe um die »Geltendmachung weltumspannender Interessen und überseeischer Ansprüche«. Im Klartext: die Wehrmacht hatte sich auf die Auseinandersetzung mit den damaligen Weltmächten vorzubereiten.

Zur Frage der ideologischen Kontinuität in den machtpolitischen Zielsetzungen hieß es in jener Schlußbesprechung: »Wer rückblickend die Entwicklung der Vor- und Nachkriegszeit betrachtet, wird die geschichtliche Bedeutung [des neuen überseeischen Expansionsanspruchs] für die Kriegsmarine ermessen können. Der Schritt von der Küstenmarine aus den Anfängen deutscher Seemacht zur Tirpitzschen Hochseeflotte, das Herauswachsen der operativen Gedankengänge aus dem engräumigen Seegebiet der Ostsee in den Nordseeraum und das Vorstoßen in die ozeanischen Räume der Vorkriegszeit, die Wiederholung dieser Entwicklung in der *Nachkriegszeit* – aber mit der Steigerung einer aus der Kriegserfahrung erwachsenden Erkenntnis von der Notwendigkeit einer umfassenden ozeanischen Kriegführung – sind die Grundlagen des sich aufdrängenden Vergleichs.«

Im Hinblick auf die Entfesselung des Krieges im September 1939 überraschte die Marineführung nur der Zeitpunkt. Aber daß der Kampf mit Großbritannien, den – wie es Vizeadmiral Eberhard Weichold ein Jahr später mit dem Anspruch auf umfassende Repräsentativität ausdrückte[92] – »Deutschland und die deutsche Marine über 30 Jahre lang seit der Tirpitz-Zeit in stetig zunehmender Schärfe geführt« hatten, wieder in eine heiße Phase eintreten würde, stand nie in Zweifel.

Ende Juni 1940, nach dem Sieg im Westen, der die bis dahin errungenen Erfolge krönte, schien die beim Überfall auf Polen noch längst nicht kriegsbereite Marine der größten Sorgen ledig zu sein. Optimistisch begann ihre Führung, die Zerschlagung der politisch-historischen Strukturen der europäischen Staatenwelt vorzubereiten. Demnach sollte in Europa, das im wesentlichen aus von Deutschland abhängigen Helotenvölkern bestand, dem Reich die unumschränkte Hegemonie zukommen[93].

In bezug auf das deutsch-britische Verhältnis fragte sich die Marineführung, ob der von Hitler anvisierte und taktisch motivierte Kompromißfrieden oder die Fortsetzung des Krieges bis zur totalen Niederlage Großbritanniens die bessere Lösung darstellte. Wie auch immer, nach der französischen Niederlage ging man jedenfalls davon aus, daß die weitere Entwicklung des europäischen Konflikts von Deutschland bestimmt werden würde[94].

Ungefähr ein Jahr später, im August 1941, meinte die Seekriegsleitung, daß das Reich der »Vorbedingung für die Verwirklichung aller Pläne und Hoffnungen« entscheidend nähergekommen sei. Nach dem Sieg im Osten werde England dem deutschen Machtblock nur noch in einem »vegetierenden Zustand« vorgelagert und die britische Barriere, die den Zugang zum Ozean blockierte, beseitigt sein. Als Folge der »Niederschlagung des englischen Weltreiches« habe sich die Wehrmacht auf die Konfrontation mit den USA oder einer geschwächten Koalition der Anglo-Amerikaner einzustellen. Nicht ausgeschlossen wurde, daß dann auch Japan zu den Gegnern zählte[95].

Bereits im Juli 1940 hatte die Gedankenbildung über »Flottenstärke und Schiffstypen« für eine »Wehrmacht zur See« begonnen, die einer derartigen Aufgabenstellung gerecht zu werden vermochte. Die Marine entwickelte diesbezüglich einen *Stufenplan* für die Seerüstung, der, was nicht überraschte, eine »starke Schlachtschiff-Flotte als Kern und Rückgrat der Seemacht« vorsah. Auf lange Sicht strebten Hitlers Admirale eine Flotte an, mit der sich der Krieg gegen den Rest der Welt erfolgversprechend führen ließ. Das definitive »Fernziel« bildeten bis zu 80 Großkampfschiffe, 20 Flugzeugträger, 225 Kreuzer, 500 U-Boote und rund 1250 Kriegsschiffe anderer Typen. Die Verwirklichung eines solchen Vorhabens brauchte natürlich viel Zeit. Deshalb wollte sich das Oberkommando der Kriegsmarine zunächst auf ein »vorläufiges Endziel« beschränken, das den Bau von 50 Großkampfschiffen, 12 Flugzeugträgern, 105 Kreuzern, 500 U-Booten und circa 1100 Kriegsschiffen verschiedenen Typs umfaßte. Doch selbst ein so drastisch reduziertes Programm überforderte die auf absehbare Zeit zur Verfügung stehenden Schiffbaukapazitäten erheblich. Die Seekriegsleitung mußte sich daher mit einer »Erstforderung« bescheiden. Innerhalb von 12 bis 15 Jahren sollten jetzt »nur« 25 Großkampfschiffe, 8 Flugzeugträger, 50 Kreuzer, 400 U-Boote und mindestens 765 weitere Kriegsschiffe gebaut werden[96]. Das war noch immer erheblich mehr als die im Z-Plan des Jahres 1939 vorgesehenen 10 Großkampfschiffe, 15 Panzerschiffe, 4 Flugzeugträger, 5 Schweren Kreuzer, 22 Leichten Kreuzer, 22 Spähkreuzer, 249 U-Boote und mindestens 470 anderen Kriegsfahrzeuge[97]. Als dann im Winter 1941 die deutsche Aggression im Osten vor Moskau scheiterte, setzte sich in Marinekreisen die Erkenntnis durch, daß Flottenbauplanungen für die Zeit nach dem »Endsieg« nicht mehr im »Mittelpunkt der gegenwärtigen Aufgaben« standen[98].

Mit dem »Flottenbauplan 1943«, der im Sommer desselben Jahres im Oberkommando der Kriegsmarine ausgearbeitet wurde, reagierte dieses auf die aktuelle militärische Situation. Vorausgesetzt, daß keine Verluste eingetreten wären, hätte sich die damals konzipierte Flotte 1948 wie folgt zusammengesetzt: 2400 U-Boote, 40 Zerstörer, 60 Torpedoboote, 424 Schnellboote, 500 Minensuchboote, 480 Räumboote und 5230 andere Kriegsschiffe. Bedeutete diese Bauplanung den »Abschluß einer säkularen Diskussion zwischen den Vertretern einer ›Hochsee-‹ bzw. ›Schlachtflotte‹ und den Befürwortern einer ›Kreuzer-‹ bzw. ›U-Bootflotte‹«[99]? Mitnichten! Denn das Thema Hochseeflotte war zwar 1943 nicht aktuell, aber es wurde am Leben erhalten[100].

Auch im Kontext der Kriegszielplanungen zeigte sich, daß die Marineführung ihren traditionellen machtpolitischen Ambitionen treu blieb. Beispielsweise hielt sie an Forderungen, die der Admiralstab 1916 mit einer überseeischen Expansion verbunden hatte, bis in den Zweiten Weltkrieg hinein fest. Dies galt unter anderem für den freien Zugang zum Atlantik oder ein Stützpunktsystem, das die Unterbrechung der britischen und französischen Verbindungen nach Übersee ermöglichte. Eigene Marinebasen sollten es erlauben, den Seeverkehr auch im Indischen und Pazifischen Ozean zu stören. Hinzu kam – sozusagen als Herzstück der deutschen Weltmacht – ein großes Kolonialreich in Mittelafrika, das von der West- bis zur Ostküste des Kontinents reichte[101].

Fragt man nach der Ernsthaftigkeit, die derartigen Planungen eigen gewesen ist, so läßt sich am Beispiel des mittelmeerischen Raumes nachweisen, daß die Marineführung ihre Ansprüche bei sich bietender Gelegenheit rigoros durchzusetzen versuchte. Auf den ersten Blick überrascht das, weil Deutschland und Italien verbündet waren. Außerdem hatte die Marine das Land seit 1925 als eine dem Deutschen Reich wohlwollend gegenüberstehende Macht in ihr diversionsstrategisches Kalkül einbezogen. Als sodann ein deutsch-britischer Konflikt immer wahrscheinlicher wurde, sollte Italien dem »Dritten Reich« sogar direkte militärische Hilfestellung bei seiner hegemonialen Aggression gewähren. Doch sobald sich ein Sieg abzuzeichnen schien, wurde deutlich, daß die Weltmachtkonzeption der Marineführung das Mittelmeer – als Brücke nach Afrika – einschloß. Im vermeintlichen Zenit des Krieges machte sich das Oberkommando der Kriegsmarine deswegen rücksichtslos an die machtpolitische Demontage Italiens[102].

Jener Umschwung im Verhältnis zu Italien hatte sich bereits im Herbst 1940 abgezeichnet. Die militärischen Mißerfolge Mussolinis wirkten dabei – im Hinblick auf die Anmeldung des deutschen Führungsanspruches – gewiß beschleunigend. Aber die Ursachen des Wandels lagen nicht in den italienischen Niederlagen, sondern im Weltmachtstreben der Marineführung begründet. Letztere verlangte nämlich im Kontext ihrer militärischen, wirtschaftlichen und politischen Langzeitplanungen, daß Deutschland auch im mittelmeerisch-afrikanischen Raum die Vorherrschaft zukommen müsse[103].

Daß die für Italien ungünstige militärische Entwicklung nicht ursächlich für das Verhalten der Marineführung gewesen ist, dokumentiert unter anderem eine offizielle Ausarbeitung aus dem Juni 1940, als Italien in den Krieg eintrat! Ihr Autor empfahl, daß sich nach Kriegsende der Umfang der italienischen Flotte ebenso wie derjenige der britischen und französischen an dem der deutschen auszurichten hätte. Den europäischen Großmächten – egal ob verbündet oder nicht – wurde somit lediglich ein bestimmter Prozentsatz der eigenen militärischen Stärke zugestanden. Aufschlußreich war außerdem die Aussage, daß Italien gerade soviel Kolonialbesitz zugebilligt werden sollte, wie es benötigte, um seine »Existenz und Machtstärke« in dem von deutscher Seite »gewünschten Umfange« aufrechtzuerhalten. Wie man sich die beiderseitigen Beziehungen im neu geordneten Europa vorstellte, erhellte nicht zuletzt aus dem Verlangen, daß alle »Rechte am persischen Golf und die persisch-englischen Ölanlagen« an das »Dritte Reich« abgetreten werden müßten. Die Marineführung wußte selbstverständlich, daß sie sich damit auf Konfliktkurs zu Italien und – partiell – zur politischen Reichsführung begab. Deshalb rekurrierten die Autoren solcher Ausarbeitungen bevorzugt auf vermeintliche Sachzwänge, die sie als geeignet ansahen, ihren Forderungen Vorrang gegenüber den früher getroffenen bündnispolitischen Absprachen zu verschaffen[104].

Im November 1940, die militärische Schwäche des Achsenpartners bot einen wohlfeilen Anlaß, hatte die Seekriegsleitung die »Erkämpfung des afrikanischen Raumes als oberstes Ziel« der eigenen Kriegführung empfohlen. Es galt, einen Europa und Afrika einschließenden wirtschaftlichen Großraum – »unter deutscher Führung« – zu schaffen. Die Schwächung der italienischen Großmachtstellung in der Nachkriegszeit gewann in solchen – scheinbar nur situativ begründeten – Überlegungen deutliche Konturen[105].

Ende Juli 1941, die Wehrmacht verzeichnete soeben ihre beeindruckenden Anfangserfolge gegen die Rote Armee, stellte die Seekriegsleitung fest[106]: »Nach der siegreichen Beendigung des augenblicklichen Krieges wird Deutschland innerhalb Europas wohl Feinde, aber keine ernsthaften Gegner mehr haben. Unter seiner Führung wird Europa einschließlich der Mittelmeer-Anlieger und des europäischen Ostens ein nahezu autarker Machtblock sein.« Im Hinblick auf die maritimen Auswirkungen der neuen Mächtekonstellation hieß es[107]: »Die Ostsee kann als befriedetes Binnengewässer ohne ernstliche Feindeinwirkungsmöglichkeit gelten. Das gleiche gilt für das Mittelmeer und das Schwarze Meer.« Man sah sich schon als Hegemonialmacht, und die im August 1941 erstellten Flottenbauplanungen umfaßten auch Einheiten, die ständig im Mittelmeer und im Schwarzen Meer stationiert werden sollten[108]. Alles in allem geht aus den Überlegungen der Marineführung im Jahr 1941 die Entschlossenheit hervor, sich im Mittelmeerraum auf Dauer festzusetzen[109].

1942 mußte sogar die politische Reichsführung intervenieren, um eine Konfrontation zwischen den beiden Marinen zu vermeiden, die sich anläßlich der vorsorglichen Regelung der Besitzverhältnisse im erst noch zu erobernden Ägypten ankündigte. Berlin entschied damals – entsprechend den geltenden Vereinbarungen – im Sinne der Italiener. Großadmiral Raeder gab sich damit jedoch keineswegs geschlagen. Er hoffte, daß der jeweilige Anteil am Waffenerfolg für die endgültige Machtposition entscheidend sein würde. Gleichzeitig bemühte sich die Seekriegsleitung, den Anspruch auf die Vorherrschaft des Deutschen Reiches im Mittelmeerraum langfristig zu begründen.

Dabei ging es insbesonders um die Integrierung des östlichen Mittelmeeres in die globalstrategische Konzeption der Kriegsmarine. Das Schwarze Meer, die Balkanhalbinsel, Kreta und der Suezkanal sollten in die künftige Einflußzone Deutschlands einbezogen werden, zu der ganz Mittelafrika und die Ölfelder des Persischen Golfes zählten. Zum Schutz der Seewege mußte die deutsche Flagge im »Mittelmeer als dem Mittelpunkt des künftigen Großraumes nicht nur auf Handels-, sondern auf Kriegsschiffen wehen«.

Es überrascht angesichts derartiger Zielsetzungen nicht, daß das Oberkommando der Kriegsmarine, als die Wehrmachtführung erwog, Kreta an Italien abzutreten[110], prompt und heftig reagierte. Dies nicht zuletzt deshalb, weil Hitler aus seinem Desinteresse an der Insel kein Hehl machte. Eigene Kriegsschiffe im Mittelmeer hielt er für eine politische Belastung, und ohne deutsche Mittelmeerflotte taugte Kreta seiner Meinung nach höchstens als »Kraft durch Freude Station«[111].

Aus der Sicht der Marineführung sprachen zahlreiche militärische Gründe ebenso wie politische und wirtschaftliche Momente gegen die Lagebeurteilung des »Führers«. Das Tirpitzufer (der damalige Dienstsitz des OKM in Berlin) dachte vor allem an die Zeit nach dem zuversichtlich erwarteten Sieg über Großbritannien, die Vereinigten Staaten und die Sowjetunion[112]. Bei einem Verzicht auf Kreta, so die Argumentation der Kriegsmarine, würden sich die deutschen Stützpunkte in Saloniki und Piräus kaum noch überzeugend rechtfertigen lassen. Beide Häfen seien jedoch nicht nur »kontinentale Endpunkte der militärischen Kraftlinien« Deutschlands, sondern garantierten diesem eine Küste im Mittelmeer und den Einfluß in Griechenland. Sie könnten daher, was auch immer mit Kreta passieren sollte, auf keinen Fall aufgegeben werden. Letzten Endes sollte die Thematisierung der Inselfrage eine Grundsatzentscheidung über die dauerhafte Etablierung deutscher militärischer Macht im mittelmeerischen Raum erzwingen.

Um der eigenen Beweisführung möglichst viel Gewicht zu verleihen, betrachtete die Seekriegsleitung den Fall aus der »Gesamtperspektive der Sicherheit des kontinental-europäischen Raumes«. Denn für diese »Sicherheit« werde das »Dritte Reich« als europäische Vormacht nach dem Krieg verantwortlich sein, und um sie zu gewährleisten, genügte es nicht, »stark befestigte Küsten und Landgrenzen« zu besitzen. Selbst bei der Annahme, daß das von Deutschland dominierte Europa autark sein würde, hielt die Seekriegsleitung das Beherrschen eines möglichst tiefen Vorfeldes für unabdingbar, um den neuen Aufgaben gerecht zu werden. Kreta besaß hierbei, soweit der Südostraum betroffen war, für die Marine eine »Schlüsselstellung«.

Bedeutung und historische Relevanz der Denkschrift vom 28. Juli 1942 sind über jeden Zweifel erhaben. Raeder trug ihren Inhalt am 26. August persönlich bei Hitler vor[113]. Und dieser – so der Großadmiral – sprach daraufhin offen von seiner »immer ungünstiger werdenden Beurteilung Italiens«. Noch einmal schienen sich die Dinge im Sinne des Tirpitzufers zu entwickeln.

Aber nur wenige Monate später scheiterte die mit so großen Hoffnungen eingeleitete deutsch-italienische Offensive gegen Ägypten bei El Alamein. Sehr bald wurde deutlich, daß für die Achsenmächte der Anfang vom Ende in Nordafrika begonnen hatte. Fast auf den Tag genau ein Jahr nach dem Vortrag des Oberbefehlshabers der Kriegsmarine im August 1942 resümierte die Seekriegsleitung resigniert[114]: »In der großen Strategie ist seit dem vorigen Jahr aus Deutschland statt dem Hammer der Amboß geworden.«

Das traf den Nagel auf den Kopf. Doch unbeschadet davon entstand mitten im Inferno des deutschen Zusammenbruchs 1944/45 – sozusagen als letzte trotzige Bekundung des jahrzehntelangen Wollens der Marineführung – eine umfangreiche Ausarbeitung des Generaladmirals z.V. Alfred Saalwächter zu der bizarren Frage[115]: »Welche Stützpunkte braucht Großdeutschland für seine Seekriegführung?«

Da der Admiral direkt mit der Kriegswissenschaftlichen Abteilung zusammenar-
beitete, handelte es sich bei seiner Denkschrift nicht nur um Überlegungen eines
unterbeschäftigten Flaggoffiziers, selbst wenn der historische Stellenwert des Dokuments nicht eindeutig zu bestimmen ist. In ihrer Summe geriet die Studie zu
einer Bestandsaufnahme all dessen, was die Marine seit Tirpitz anstrebte. Vor allem aber manifestierte sich einmal mehr jenes zentrale Element marinespezifischer
Ideologie, wonach eine überlegene Idee und die Macht des Willens einem Volk
letztendlich Unbesiegbarkeit garantierten.

Diese Grundhaltung beherrschte das Denken führender Marineoffiziere und
sie zeigte sich exemplarisch bei Tirpitz, der 1919 meinte, die Deutschen seien noch
nie ein »Sklavenvolk«, also willenlos gewesen, sondern hätten seit »zweitausend
Jahren« nach »jähem Sturz stets wieder sich emporgehoben«[116], sie lag bei Boehm
vor, der 1929 die »Macht des Gedankens und des Willens« über alle technisch-
materiellen Entwicklungen stellte[117], und sie trat zuletzt bei Saalwächter zutage, der
1944 schrieb[118]: »Trotz der augenblicklichen Kriegslage, bei der wir aller Vorteile
verlustig gegangen zu sein scheinen, [...] glaube ich an den deutschen Endsieg.«

Als Ergebnis der Überprüfung der vor zwei Jahrzehnten formulierten These,
gemäß der sich die deutsche Marinepolitik seit dem Beginn des Großflottenbaus
im 19. Jahrhundert durchgehend an der Zielsetzung orientierte, das »Reich«
schrittweise zur dominanten Weltmacht zu erheben, stellt der Verfasser fest, daß
die kritischen neueren Untersuchungen seiner Meinung nach weder Quellen noch
Argumente präsentieren, die diese widerlegen.

Anmerkungen

1   Abgedruckt in: Militärgeschichte. Probleme – Thesen – Wege, im Auftrag des MGFA aus Anlaß
    seines 25jährigen Bestehens ausgewählt und zusammengestellt von Manfred Messerschmidt,
    Klaus A. Maier, Werner Rahn und Bruno Thoß, Stuttgart 1982 (= Beiträge zur Militär- und
    Kriegsgeschichte, Bd 25), S. 260–280.
2   Unter den hierzu nach 1982 erschienenen Untersuchungen sind zu nennen: Volker R. Berghahn
    und Wilhelm Deist, Rüstung im Zeichen der wilhelminischen Weltpolitik. Grundlegende Doku-
    mente 1890 bis 1914, Düsseldorf 1988; Jost Düffler, Raeder between Hitler und Dönitz, in: Les
    marines de guerre du dreadnought au nucléaire, Paris 1991, S. 167–191; Jörg Duppler, Revisio-
    nismus oder Weltmachtstreben? Maritimes Denken in der nationalsozialistischen Zeit, in: Kiel,
    die Deutschen und die See, hrsg. von Jürgen Elvert, Jürgen Jensen und Michael Salewski, Stutt-
    gart 1992 (= Historische Mitteilungen der Ranke Gesellschaft, Beiheft 3), S. 71–87; Rolf Hobson,
    Maritimer Imperialismus. Seemachtideologie, seestrategisches Denken und der Tirpitzplan 1875
    bis 1914. Aus dem Englischen übersetzt von Eva Besteck, hrsg. vom MGFA und dem Institut
    für Verteidigungsstudien, Oslo, München 2004 (= Beiträge zur Militärgeschichte, Bd 61); Albert
    Hopman, Tagebücher, Briefe, Aufzeichnungen 1901 bis 1920, im Auftrag des MGFA hrsg. von
    Michael Epkenhans, München 2004 (= Beiträge zur Militärgeschichte, Bd 62); Rolf Johannesson,
    Offizier in kritischer Zeit, Herford, Bonn 1989; Werner Rahn, Vom Revisionismus zur Konfron-
    tation. Deutsche Marinepolitik und Seestrategie von 1928 bis 1939, in: »Der Fall Weiß«. Der Weg
    in das Jahr 1939, hrsg. von Jörg Hillmann, Bochum 2001 (= Kleine Schriftenreihe zur Militär-
    und Marinegeschichte, Bd 1), S. 67–107; Knut Stang, Das zerbrechende Schiff. Seekriegsstrateg-
    ien- und Rüstungsplanung der deutschen Reichs- und Kriegsmarine 1918–1939, Frankfurt a.M.
    [et al.] 1995 (= Europäische Hochschulschriften, Reihe 3: Geschichte und ihre Hilfswissenschaf-
    ten, Bd 630); Ulrich Wichmann, Der zweite Tirpitz. Eine kritische Studie über die Lebenserinne-

rungen des Großadmirals des Dritten Reiches, Erich Raeder, mit dem Titel »Mein Leben«, Velbert (Selbstverlag) 1996; und Ulrich Wichmann, Gedanken zum Untergang des Schlachtschiffes »Bismarck«, Velbert (Selbstverlag) 1992; siehe ferner in diesem Band die Beiträge von: Michael Epkenhans (Clio), Werner Rahn (Strategische Optionen) und Michael Salewski (Das maritime »Dritte Reich«).

3 Duppler, Revisionismus (wie Anm. 2), S. 87, vertritt die Auffassung, daß erst ab 1938 von »Weltmachtstreben und sogar Weltherrschaftsabsichten in der Marine gesprochen« werden könne. Aufgrund der Quellenlage vermag der Verfasser dieser Sicht der Dinge nicht zuzustimmen.

4 Lagevorträge des Oberbefehlshabers der Kriegsmarine vor Hitler 1939–1945, im Auftrag des Arbeitskreises für Wehrforschung hrsg. von Gerhard Wagner, München 1972, S. 20. Etwa ein Jahr danach, am 16.9.1940, stellte der Vizeadmiral Albert Hopman, einer der maßgeblichen Flaggoffiziere der Kaiserlichen Marine, fest, daß das »Britische Empire« zusammenbrechen werde: »Dann ist der aus Deutschland, Italien, Japan und Rußland bestehende autokratische Machtkonzern wohl stark genug, daß ihm auch die U.S.A. nichts Wesentliches antuen können«. Ich danke Herrn Dr. Michael Epkenhans für die freundliche Überlassung des Dokuments.

5 Gerhard Schreiber, Revisionismus und Weltmachtstreben. Marineführung und deutsch-italienische Beziehungen 1919 bis 1944, Stuttgart 1978 (= Beiträge zur Militär- und Kriegsgeschichte, Bd 20), insgesamt.

6 Vgl. diesbezüglich den untauglichen Versuch von Edward Wegener, Der Begriff Weltmachtstreben, in: Marineforum, 57 (1982), S. 67–69. Der Konteradmiral a.D. Wegener zitiert häufig die Arbeit eines anderen Marineoffiziers, der sich als Lehrgangsteilnehmer an der Führungsakademie der Bundeswehr insbesondere mit Arbeiten von Jost Dülffer und Gerhard Schreiber auseinandersetzte: Gunnar Christiansen, Landesverteidigung, Revisionismus oder Weltmachtstreben? Eine Analyse neuer Forschungsergebnisse zur deutschen Marineführung 1919 bis 1944, in: Marineforum, 56 (1981), S. 47–50. Die Aufgabe scheint Christiansen überfordert zu haben.

7 Dazu Volker R. Berghahn, Der Tirpitz-Plan. Genesis und Verfall einer innenpolitischen Krisenstrategie unter Wilhelm II., Düsseldorf 1971 (= Geschichtliche Studien zu Politik und Gesellschaft, Bd 1), S. 109 f.; Berghahn/Deist, Rüstung (wie Anm. 2), S. 122–127; Hobson, Maritimer Imperialismus (wie Anm. 2), S. 256–267; Jonathan Steinberg, Yesterday's Deterrent. Tirpitz and the Birth of the German Battle Fleet, London 1965, S. 208–221.

8 Zitate nach Steinberg, Yesterday's Deterrent (wie Anm. 7), S. 208–211.

9 Siehe dazu die Rede Wilhelms II. am 3.7.1900 in Wilhelmshaven. Publiziert als Dokument Nr. 35 in: Reden des Kaisers. Ansprachen, Predigten und Trinksprüche Wilhelms II., hrsg. von Ernst Johann, München 1977 (= dtv dokumente, 2906), S. 88 f.

10 Bundesarchiv-Militärarchiv, Freiburg i.Br. (BA-MA), N 168/8, Nachlaß (N) Admiral Wilhelm Büchsel, Immediatvortrag vom 21.3.1903, Bl. 12–16, Zitat Bl. 12. – Vgl. Holger H. Herwig and David F. Trask, Naval Operations Plans between Germany and the United States of America, 1898–1913. A Study of Strategic Planning in the Age of Imperialism, in: MGM, 8 (1970), S. 5–32, hier S. 24 f.; vgl. auch Rainer Pommerin, Der Kaiser und Amerika. Die USA in der Politik der Reichsleitung 1890–1917, Köln, Wien 1986; Henning Sietz, In New York wird die größte Panik ausbrechen. Wie Kaiser Wilhelm II. die USA mit einem Militärschlag niederzwingen wollte, in: Die Zeit, 8.5.2002, S. 94; und direkt dazu Wilhelm Deist, »Mehr als reine Gedankenspiele«. Der Militärhistoriker Wilhelm Deist über wilhelminische Planspiele, die USA mit der Flotte anzugreifen, in: Die Welt, 11.5.2002.

11 BA-MA, N 168/8 (wie Anm. 10), Bl. 17–27: »Krieg England u. Deutschland«, Immediatvortrag 1903, gehalten vermutlich am 22. Dezember.

12 Dazu Berghahn, Der Tirpitz-Plan (wie Anm. 7), S. 338; Edward Wegener, Die Tirpitzsche Seestrategie, in: Marine und Marinepolitik im kaiserlichen Deutschland 1871–1914, hrsg. vom MGFA durch Hans Schottelius und Wilhelm Deist, 2. Aufl., Düsseldorf 1981, S. 236–262, hier S. 237.

13 Zitiert nach Fritz Fischer, Bündnis der Eliten. Zur Kontinuität der Machtstrukturen in Deutschland 1871–1945, Düsseldorf 1979, S. 17.

14 Kurt Riezler, Tagebücher, Aufsätze, Dokumente, eingel. und hrsg. von Karl Dietrich Erdmann, Göttingen 1972, S. 368.

15 Zitiert nach Fritz Fischer, Krieg der Illusionen. Die deutsche Politik von 1911 bis 1914, Düsseldorf 1969, S. 1, Vortrag vom 19.5.1919.

[16] Dazu insbesondere Fritz Fischer, Griff nach der Weltmacht. Die Kriegszielpolitik des kaiserlichen Deutschland 1914/18, Sonderausg., Düsseldorf 1967. Unter den Arbeiten, die nach 1982 zur Entstehung des Ersten Weltkrieges erschienen, seien hier erwähnt: Adolf Gasser, Preußischer Militärgeist und Kriegsentfesselung 1914, Basel 1985; Walter Fabian, Die Kriegsschuldfrage, Bremen 1985; und Johannes Burckhardt, Josef Becker, Stig Förster und Günter Kronenbitter, Lange und kurze Wege in den Ersten Weltkrieg. Vier Augsburger Beiträge zur Kriegsursachenforschung, Stamsried 1996. Einen informativen Überblick bietet Hartmut Pogge von Strandmann, Warum die Deutschen den Krieg wollten. Die Version vom »Verteidigungskrieg« hat sich als unhaltbar erwiesen, in: Die Zeit, 4.3.1988, S. 40.

[17] Fischer, Bündnis (wie Anm. 13), S. 31 u. 43.

[18] Rudolf Stadelmann, Die Epoche der deutsch-englischen Flottenrivalität, in: Rudolf Stadelmann, Deutschland und Westeuropa, Schloß Laupheim 1948, S. 85–146, hier S. 140–145.

[19] Ludwig Dehio, Deutschland und die Weltpolitik im 20. Jahrhundert, München 1955, S. 77–81; unmittelbar dazu auch Berghahn, Der Tirpitz-Plan (wie Anm. 7), S. 601–604.

[20] Gustav Schmidt, Rationalismus und Irrationalismus in der englischen Flottenpolitik, in: Marine und Marinepolitik (wie Anm. 12), S. 283–295, hier S. 289.

[21] Steinberg, Yesterday's Deterrent (wie Anm. 7), insgesamt.

[22] Berghahn, Der Tirpitz–Plan (wie Anm. 7), insgesamt.

[23] Wilhelm Deist, Flottenpolitik und Flottenpropaganda. Das Nachrichtenbureau des Reichsmarineamtes 1897–1914, Stuttgart 1976 (= Beiträge zur Militär- und Kriegsgeschichte, Bd 17).

[24] Holger H. Herwig, »Luxury Fleet«. The Imperial German Navy, 1888–1919, London 1980.

[25] Dies gilt u.a. für Michael Salewski, Tirpitz. Aufstieg – Macht – Scheitern, Göttingen, Zürich, Frankfurt a.M. 1979 (= Persönlichkeiten und Geschichte, Bd 12/12a).

[26] Dazu Friedrich Forstmeier, Der Tirpitzsche Flottenbau im Urteil der Historiker, in: Marine und Marinepolitik (wie Anm. 12), S. 34–53; und, mit bedenkenswerten Anmerkungen, Hobson, Maritimer Imperialismus (wie Anm. 2), S. 338–350.

[27] Berghahn, Der Tirpitz-Plan (wie Anm. 7); Volker R. Berghahn, Zu den Zielen des deutschen Flottenbaus unter Wilhelm II., in: Historische Zeitschrift (HZ), 210 (1970), S. 34–100; Volker R. Berghahn, Der Tirpitz-Plan und die Krisis des preußisch-deutschen Herrschaftssystems, in: Marine und Marinepolitik (wie Anm. 12), S. 89–115; Volker R. Berghahn, Flottenrüstung und Machtgefüge, in: Das kaiserliche Deutschland. Politik und Gesellschaft 1870–1918, hrsg. von Michael Stürmer, Düsseldorf 1970, S. 378–396; Eckart Kehr, Der Primat der Innenpolitik. Gesammelte Aufsätze zur preußisch-deutschen Sozialgeschichte im 19. und 20. Jahrhundert, hrsg. und eingel. von Hans-Ulrich Wehler mit einem Vorw. von Hans Herzfeld, Berlin 1970 (= Veröffentlichungen der Historischen Kommission zu Berlin beim Friedrich-Meinecke-Institut der Freien Universität Berlin, Bd 19), S. 111–148; Hans-Ulrich Wehler, Deutsche Gesellschaftsgeschichte, Bd 3: Von der »Deutschen Doppelrevolution« bis zum Beginn des Ersten Weltkrieges 1849–1914, München 1995, S. 1129–1137.

[28] Zur Auseinandersetzung mit Interpretationen, die dieser Feststellung entgegenstehen, vgl. Gerhard Schreiber, Zur Kontinuität des Groß- und Weltmachtstrebens der deutschen Marineführung, in: MGM, 26 (1979), S. 104 f.; und Wehler, Deutsche Gesellschaftsgeschichte (wie Anm. 27), S. 1137.

[29] Daß die theoretischen Überlegungen der Marineführung zum frühestmöglichen Zeitpunkt praktische Konsequenzen im Flottenbau zeitigten, ist gesicherter Forschungsstand. Zwischen den deutschen schiffbaulichen Planungen am Ausgang der Weimarer Republik und dem zweiten Großflottenaufbau unter Hitler, den der Kriegsbeginn 1939 freilich unterbrach, bestehen deutliche konzeptionelle Entwicklungslinien. Dazu Jost Dülffer, Weimar, Hitler und die Marine. Reichspolitik und Flottenbau 1920–1939, Düsseldorf 1973.

[30] BA-MA, RM 6/233, Denkschrift der Friedenskommission des Reichs-Marine-Amtes: »Entstehung und Ausbau der Deutschen Wehrmacht zur See«, S. 61. Auszugsweise publiziert bei Schreiber, Zur Kontinuität (wie Anm. 28), S. 132–134, dort auch zur Datierung und Interpretation.

[31] Wolfgang Wegener, Die Seestrategie des Weltkrieges, 2., durchges. und erw. Aufl., Berlin 1941, S. 80 ff., zu diesem Problem. Die Studie erschien 1926 als Privatdruck und 1929 (Berlin) in erster Auflage im Buchhandel. Zur Genesis und Bedeutung des Werkes vgl. Carl-Axel Gemzell, Raeder, Hitler und Skandinavien. Der Kampf für einen maritimen Operationsplan, Lund 1965 (= Bibliotheca Historica Lundensis, Bd 16), S. 15–25. Ich danke Herrn Dr. Michael Epkenhans, daß er mir

das vom 4.12.1940 datierende Dokument aus dem Familienarchiv Fischer-Hopman zur Verfügung stellte.

32 Adolf von Trotha, Volkstum und Staatsführung. Briefe und Aufzeichnungen aus den Jahren 1915–1920, hrsg. und eingel. von Theodor Dorn, Berlin 1928, S. 151–163: »Gedanken über den Zusammenbruch der Marine 9.1.1919«, Zitat S. 163. Die Ausarbeitung ist in doppelter Hinsicht bemerkenswert: Zum einen zirkulierte sie nach ihrer Fertigstellung innerhalb der Marine (vgl. BA-MA, Fasz. 7584, Nachlaß Behncke, Bd 1, von A. v. Trotha am 10.1.1919 unterzeichnetes Original), was sie zu einem wichtigen Dokument für die ideologische Neuformierung des Offizierkorps macht; zum anderen wurde sie 1928 publiziert, also just zu jenem Zeitpunkt, als der marineinterne Revisionismus eskalierte.

33 Adolf von Trotha, Großadmiral von Tirpitz. Flottenbau und Reichsgedanke, Breslau 1933, S. 159, Tirpitz an Trotha am 20.9.1919.

34 Ebd., Trotha an Tirpitz am 5.10.1919, S. 159–162, Zitat S. 159 f.

35 Schreiber, Zur Kontinuität (wie Anm. 28), S. 112; unmittelbar dazu auch Gerhard Schreiber, Italien im machtpolitischen Kalkül der deutschen Marineführung 1919 bis 1945, in: Forschungen aus italienischen Archiven und Bibliotheken, 62 (1982), S. 222–269.

36 Wilhelm Deist, Die Unruhen in der Marine 1917/18, in: Marine Rundschau (MR), 68 (1971), S. 325–343.

37 Wilhelm Deist, Die Politik der Seekriegsleitung und die Rebellion in der Flotte Ende Oktober 1918, in: Vierteljahrshefte für Zeitgeschichte (VfZG), 14 (1966), S. 341–368.

38 Werner Rahn, Reichsmarine und Landesverteidigung 1919–1928. Konzeption und Führung der Marine in der Weimarer Republik, München 1976, S. 87–101.

39 Dazu Schreiber, Zur Kontinuität (wie Anm. 28), S. 113 f.

40 Vgl. Gerhard Schreiber, Die Rolle Frankreichs im strategischen und operativen Denken der deutschen Marineführung, in: Deutschland und Frankreich, März 1936 bis September 1939, hrsg. von Klaus Hildebrand und Karl Ferdinand Werner, Zürich, München 1981 (= Beihefte der Francia, Bd 10), S. 167–213, hier S. 173–175.

41 BA-MA, M 1 1660, PG 3 1039, Kriegswissenschaftliche Abteilung der Marine: »Die marinepolitische Entwicklung, die operativen und taktischen Grundüberlegungen der Kriegsmarine und ihr daraus folgender Aufbau in der Zeit von 1919 bis Kriegsbeginn 1939«, S. 41–44, und BA-MA, M 1 813, PG 83628, Führerkriegsspiel 1925/26, Prüfnummer 29.

42 Dazu Dülffer, Weimar (wie Anm. 29), S. 190 f.

43 So Walther Hubatsch, Der Admiralstab und die obersten Marinebehörden in Deutschland 1848–1945. Unter Benutzung der amtlichen Quellen dargestellt, Frankfurt a.M. 1958, S. 188.

44 Gaines Post jr., The Civil-Military Fabric of Weimar Foreign Policy, Princeton, N.J. 1973, S. 256.

45 Publiziert bei Schreiber, Zur Kontinuität (wie Anm. 28), S. 136–138.

46 BA-MA, II M 57/58, Reichswehrministerium, Vortragssammlung Flottenabteilung, Vortrag Nr. 58 (Boehm), gehalten im Januar 1929. Auszugsweise publiziert bei Schreiber, Zur Kontinuität (wie Anm. 28), S. 138–142.

47 Rolf Güth, Admiralstabsausbildung in der deutschen Marine, Herford, Bonn 1979 (= Beihefte zur Wehrwissenschaftlichen Rundschau, 22).

48 BA-MA, II M 58/3, Marineakademie, Kapitän zur See Karlgeorg Schuster 1932–1937, verschiedene Schriftstücke und Vorträge, hier: »Vortrag vor Führern S.A., S.S. und des Stahlhelms sowie Vertretern der Reichs-, Staats- pp. Behörden in Kiel« am 5.5.1933 über »Unsere seestrategische Lage«.

49 Die Rede ist veröffentlicht bei Michael Salewski, Von Raeder zu Dönitz. Der Wechsel im Oberbefehl der Kriegsmarine 1943, in: MGM, 14 (1973), S. 101–146, hier S. 139–145.

50 Joseph Goebbels, Die Tagebücher von Joseph Goebbels, im Auftrag des Instituts für Zeitgeschichte und mit Unterstützung des Staatlichen Archivdienstes Rußlands hrsg. von Elke Fröhlich, Teil 2: Diktate 1941–1945, Bd 15, Januar bis April 1945, bearb. von Maximilian Gschaid, München, New Providence, London, Paris 1995, S. 76 f.

51 Johannesson, Offizier (wie Anm. 2), S. 105, Konteradmiral in der Kriegsmarine und Flottenchef in der Bundesmarine, schreibt diesbezüglich: »Bekanntlich fehlte in der Marine jede Voraussetzung für einen Widerstand. Die fünfzehn Jahre überzogene Autorität Erich Raeders als Folge seines Traumas, nie wieder einen November 1918, hatte Früchte getragen: blinder Gehorsam gegenüber einer legalen, wie auch immer gearteten Regierung.« Für einen Admiral ist das bereits au-

ßergewöhnlich, historisch betrachtet reicht die Erklärung von Johannesson allerdings nicht aus. Ansonsten zeichnet der Autor ein wenig schmeichelhaftes Bild von Raeder. Besser nicht gehalten worden wäre die Ansprache, die der Inspekteur der Bundesmarine, Vizeadmiral Friedrich Ruge, anläßlich der Beisetzung von Raeder am 11.11.1960 in Kiel hielt. Denn bei allem Verständnis dafür, daß Trauerreden bestimmte Regeln zu beachten haben, sie dürfen – gerade wenn der Redner an herausgehobener Stelle im demokratischen Staat steht und der Verstorbene ein ranghoher sowie besonders regimetreuer Offizier im NS-Staat war – nicht zur partiell skandalösen Geschichtsklitterung werden. Genau das ist bei Ruges Ansprache der Fall. Der Text ist abgedruckt in: Friedrich Ruge, In vier Marinen. Lebenserinnerungen als Beitrag zur Zeitgeschichte, München 1979, S. 425–428. Was jedoch Raeder, die Marine unter Dönitz und den 20. Juli 1944 anbelangt, so empfiehlt sich die Lektüre folgender Arbeiten: Michael Salewski, Die deutsche Seekriegsleitung 1935–1945, Bd 2: 1942–1945, München 1975, S. 432–448. Nach wie vor wichtig erscheint in solchem Kontext der Aufsatz von Walter Baum, Marine, Nationalsozialismus und Widerstand, in: VfZG, 11 (1963), S. 16–48, wo auf S. 136 in Anm. 152 Raeders Aussage zitiert wird, daß die Männer des 20. Juli 1944 »Verbrecher« darstellten. Diese Überzeugung bewahrte sich der Großadmiral auch in der Nachriegszeit. Am 30.5.1957 schrieb er in einer Briefkarte an den Admiral a.D. Erich Förste, auf der er mitteilte, daß er gerade das »Heft von Hans-Ulrich Rudel ›Dolchstoß oder Legende?‹« gelesen habe, wozu er anmerkte: »Ich las es tieferschüttert u. würde in Zukunft verschiedenen Generalen (vor allem Halder, Speidel etc.) nicht mehr die Hand geben. Unsere Haltung zu diesen Verrätern müssen wir noch besprechen.« Zitiert nach BA-MA, N 328/47, Nachlaß Admiral Förste.

52 Goebbels, Die Tagebücher (wie Anm. 50), S. 383.
53 Vgl. zu Dönitz: Dieter Hartwig, Karl Dönitz – Versuch einer kritischen Würdigung, in: Deutsches Schiffahrtsarchiv, 12 (1989), S. 133–152, der keinen »Grund« sieht, »Karl Dönitz in irgendeiner Weise zu bewundern« (S. 149); erneut abgedruckt in: Dieter Hartwig – Marinegeschichte und Sicherheitspolitik. Vorträge und Texte aus drei Jahrzehnten, Festschrift zum 60. Geburtstag, hrsg. von Jens Graul und Michael Kämpf, Bochum 2003 (= Kleine Schriftenreihe zur Militär- und Marinegeschichte, Bd 6), S. 77–92; und ebd., S. 93–110: Großadmiral Dönitz – die Auseinandersetzung mit einem Repräsentanten des Dritten Reiches. Vgl. ferner Bodo Herzog, Der Kriegsverbrecher Karl Dönitz. Legende und Wirklichkeit, in: Jahrbuch des Instituts für Deutsche Geschichte, 15 (1986), S. 477–489; und Peter Padfield, Dönitz. Des Teufels Admiral, Berlin, Frankfurt a.M., Wien 1984.
54 Goebbels, Die Tagebücher (wie Anm. 50), S. 383.
55 Vgl. Wichmann, Gedanken (wie Anm. 2), S. 120–127: »Raeder, ein Nationalsozialist sui generis«; und Wichmann, Die zweite Tirpitz (wie Anm. 2), S. 27–67.
56 Schreiber, Die Rolle Frankreichs (wie Anm. 40), S. 173–187.
57 BA-MA, II M 59/3, Vortrag Nr. 3 der Vortragssammlung der Marineakademie, Kapitän zur See Schuster, Hamburg, 23.5.1930: »Die Kriegsaufgaben der Marine«, Blatt 13.
58 Vgl. Michael Salewski, Marineleitung und politische Führung 1931–1935, in: MGM, 10 (1971), S. 113–158, hier S. 121–132 und 153; dazu auch Dülffer, Weimar (wie Anm. 29), S. 221–225 und 233–253.
59 Dülffer, ebd., S. 243–249.
60 Schreiber, Zur Kontinuität (wie Anm. 28), S. 121.
61 Michael Salewski, Die deutsche Seekriegsleitung 1935–1945, Bd 1: 1935–1941, Frankfurt a.M. 1970, S. 10. Zur Rüstungsplanung der Marine vgl. auch Stang, Das zerbrechende Schiff (wie Anm. 2), S. 221–277; Wilhelm Treue, Eberhard Möller und Werner Rahn, Deutsche Marinerüstung 1919–1942. Die Gefahren der Tirpitz-Tradition, Herford, Bonn 1992; sowie Guntram Schulze-Wegener, Die Kriegsmarine-Rüstung, Hamburg, Berlin, Bonn 1997.
62 Schreiber, Die Rolle Frankreichs (wie Anm. 40), S. 190–194.
63 BA-MA, RM 6/30, Ob.d.M., Akte Persönliches, April 1932–September 1939, Bl. 37 (Transkription Bl. 38); vgl. Dülffer, Weimar (wie Anm. 29), S. 289–293 und 344; Salewski, Marineleitung (wie Anm. 58), S. 140–144 und 157.
64 Das entsprechende Dokument publiziert Salewski, Marineleitung (wie Anm. 58), S. 153–155.
65 Zu dieser Problematik und den Belegen vgl. Schreiber, Zur Kontinuität (wie Anm. 28), S. 122 f.
66 Dülffer, Weimar (wie Anm. 29), S. 518.

67 BA-MA, III M 151/2, Reichswehrministerium A I op: Operative Weisung Op 8-I, November 1936–September 1938: Studie über Aufgaben der Seekriegsführung 1937/38, Bl. 60–118. Anhang: Richtlinien für die Organisation und Befehlsgliederung, die sich aus dem Einsatz ergeben, Bl. 120–131. Anschreiben des Oberkommandos der Kriegsmarine B.Nr.A 1 a 28/37 gKdos Chefsache, 4.5.1937, Bl. 132 f. Die Studie ging mit Schreiben OKM A I 33/37 gKdos vom 18.6.1937 an das Flottenkommando sowie die Marinestationen der Ost- und Nordsee, nachdem sie Raeder zur Stellungnahme vorgelegen hatte. Zur Interpretation: Dülffer, Weimar (wie Anm. 29), S. 440–443; Schreiber, Zur Kontinuität (wie Anm. 28), S. 123 f.; vgl. zur folgenden Strategiediskussion in der Kriegsmarine auch Rahn, Vom Revisionismus (wie Anm. 2), S. 90–97.

68 »Weisung für die einheitliche Kriegsvorbereitung der Wehrmacht (gültig vom 1.7.1937 bis voraussichtlich 30.9.1938)«, in: Der Prozeß gegen die Hauptkriegsverbrecher vor dem Internationalen Militärgerichtshof (International Military Tribunal) Nürnberg, 14. Nov. 1945–1. Okt. 1946, (IMT), hier: Bd 34, Nürnberg 1949, Doc. C-175, S. 733–747, Weisung vom 24.6.1937.

69 Akten zur deutschen auswärtigen Politik 1918–1945. Aus dem Archiv des deutschen Auswärtigen Amtes (ADAP), Serie D: 1937–1945, Bd 1, Baden-Baden 1950, Dok. Nr. 19, 10.11.1937: Niederschrift über die Besprechung in der Reichskanzlei am 5.11.1937.

70 Erich Raeder, Mein Leben, Bd 2: Von 1935 bis Spandau 1955, Tübingen 1957, S. 149 f.

71 Klaus Hildebrand, Deutsche Außenpolitik 1933–1945. Kalkül oder Dogma? 4., erg. Aufl. mit einem Nachwort: Die Geschichte der deutschen Außenpolitik (1933–1945) im Urteil der neueren Forschung, Stuttgart [et al.] 1980, S. 58; zum 5.11.1937 insgesamt S. 55–60.

72 Klaus-Jürgen Müller, Das Heer und Hitler. Armee und nationalsozialistisches Regime 1933–1940, 2. Aufl., Stuttgart 1988 (= Beiträge zur Militär- und Kriegsgeschichte, Bd 10), S. 247.

73 Josef Henke, England in Hitlers politischem Kalkül 1935–1939, Boppard 1973 (= Schriften des Bundesarchivs, Bd 20), S. 106.

74 BA-MA, MBox 25 PG 34 126, Oberkommando der Kriegsmarine, Kriegsspiel A 1938, hier Material über Vorbereitung und Schlußbesprechung; auch BA-MA, MBox 26 PG 34 131. Vgl. Schreiber, Zur Kontinuität (wie Anm. 28), S. 124 f.

75 BA-MA, CASE GE 1 203 PG 33 316, Unterlagen 1. Seekriegsleitung I E und I Op, hier: Der Oberbefehlshaber der Kriegsmarine, 1. Abt. Skl. A I a 17/38 gKdos Chefsache, Berlin, 26.4.1938, An das Oberkommando der Wehrmacht, betr.: »Unterlagen für die Wünsche der Kriegsmarine für die Zusammenarbeit mit der italienischen Wehrmacht im Frieden und im Falle eines Krieges, bei dem Italien zumindest wohlwollend neutral ist.« Im Entwurf gez. Guse, Bl. 11–13.

76 Dazu aus der Fülle der Literatur: Richard Lakowski und Werner Wunderlich, Zwischen Flottenschlacht und Zufuhrkrieg. Die Entwicklung des seestrategischen Denkens im imperialistischen Deutschland in Vorbereitung des zweiten Weltkrieges, Berlin (Ost) 1978 (= Militärhistorische Studien, N.F., 19), S. 143.

77 Schreiber, Revisionismus (wie Anm. 5), S. 136 f.

78 IMT (wie Anm. 68), Bd 39, S. 99.

79 Dazu Schreiber, Die Rolle Frankreichs (wie Anm. 40), S. 209–212.

80 Die Denkschrift ist veröffentlicht bei Michael Salewski, Die deutsche Seekriegsleitung 1935–1945, Bd 3: Denkschriften und Lagebetrachtungen 1938–1944, Frankfurt a.M. 1973, S. 27–73; vgl. Dülffer, Weimar (wie Anm. 29), S. 476–478; Lakowski/Wunderlich, Zwischen Flottenschlacht (wie Anm. 76), S. 143–145; Schreiber, Revisionismus (wie Anm. 5), S. 145 f.

81 Zum Z-Plan vor allem Dülffer, Weimar (wie Anm. 29), S. 471–512.

82 So Salewski, Die deutsche Seekriegsleitung (wie Anm. 61), S. 63.

83 Zit. nach Paul M. Kennedy, Aufstieg und Verfall der britischen Seemacht, Herford, Bonn 1978, S. 139.

84 Zit. nach Lagevorträge (wie Anm. 4).

85 Vgl. dazu Dülffer, Weimar (wie Anm. 29), S. 486–488; Salewski, Von Raeder (wie Anm. 49), S. 122–124.

86 Zit. nach IMT (wie Anm. 68), Bd 34, Dok. 023-C, S. 188–190, Zitat S. 190, Hervorhebungen im Original.

87 Dazu Schreiber, Revisionismus (wie Anm. 5), S. 172 f.

88 Ebd., S. 169.

[89] Ebd., S. 139–143. Vgl. hinsichtlich der japanischen Komponente: Berthold H. Sander-Nagashima, Die deutsch-japanischen Marinebeziehungen 1919 bis 1942, Diss. phil. Hamburg 1998, S. 399–453.

[90] Schreiber, Die Rolle Frankreichs (wie Anm. 40), S. 205–209.

[91] BA-MA, RM 6/57, Kriegsspiel 1938/39 in Oberhof, Schlußbesprechung des Kriegsspiels des Oberkommandos der Kriegsmarine im Februar/März 1939, danach zitiert.

[92] Siehe Schreiber, Revisionismus (wie Anm. 5), S. 283.

[93] Ebd., S. 288–291 und S. 294–298.

[94] Schreiber, Zur Kontinuität (wie Anm. 28), S. 127.

[95] BA-MA, RM 7/263, KTB 1. Skl, Teil Cc, Flottenaufbau nach dem Kriege, Juli 1940–November 1943, Bl. 3–38: Denkschrift »Betrachtungen über die Grundlagen des Flottenaufbaus«, Endfassung vom August 1941. Vgl. unmittelbar dazu Schreiber, Zur Kontinuität (wie Anm. 28), S. 127 f. und S. 147 f., dort auszugsweiser Abdruck und weiterführende Literatur.

[96] Nach BA-MA, RM 7/263 (wie Anm. 95).

[97] Zahlen nach Rolf Bensel, Die deutsche Flottenpolitik von 1933 bis 1939. Eine Studie über den Flottenbau in Hitlers Außenpolitik, Frankfurt a.M. 1958 (= Beiheft 3 der Marine-Rundschau), S. 57 f.; die grundlegende Untersuchung über die wirtschaftlichen, politischen, technischen und militärischen Implikationen des Z-Plans bildet die Arbeit von Dülffer, Weimar (wie Anm. 29), hier S. 471–512.

[98] BA-MA, RM 7/263 (wie Anm. 95), zit. nach dem Kommentar von Generaladmiral Otto Schniewind zur »Hochseeflotte nach dem Krieg« vom Juli 1943. Hier: Marinegruppenkommando Nord und Flottenkommando, B.-Nr. GKdos 3913, 30.7.1943, An die Seekriegsleitung. Dort ist die Studie mit Anschreiben am 5.8.1943 eingegangen, Bl. 141–163.

[99] Salewski, Die deutsche Seekriegsleitung (wie Anm. 51), S. 268–293, Zitat S. 286.

[100] Dazu Schreiber, Zur Kontinuität (wie Anm. 28), S. 128 f.

[101] Vgl. Fischer, Griff nach der Weltmacht (wie Anm. 16), S. 262 f.; zur Marine Schreiber, Revisionismus (wie Anm. 5), S. 286–300; als Standardwerk zur Kolonialfrage: Klaus Hildebrand, Vom Reich zum Weltreich. Hitler, NSDAP und koloniale Frage 1919–1945, München 1969 (= Veröffentlichungen des Historischen Instituts der Universität Mannheim, Bd 1).

[102] Dazu insgesamt Schreiber, Italien (wie Anm. 35).

[103] Schreiber, Revisionismus (wie Anm. 5), S. 278–286.

[104] Memorandum von Admiral Rolf Carls, abgedruckt bei Salewski, Die deutsche Seekriegsleitung (wie Anm. 80), S. 108–114.

[105] Kriegstagebuch der Seekriegsleitung 1939–1945, Teil A, im Auftr. des MGFA in Verbindung mit dem Bundesarchiv-Militärarchiv und der Marine-Offizier-Vereinigung hrsg. von Werner Rahn und Gerhard Schreiber unter Mitw. von Hansjoseph Maierhöfer, Bd 15, November 1940, Herford, Bonn 1990, S. 103 f.

[106] Denkschrift »Gedanken der Seekriegsleitung zum Aufbau der Flotte nach dem Krieg«, hier Anhang A, abgedr. bei Salewski, Die deutsche Seekriegsleitung (wie Anm. 80), S. 121–136, Zitat S. 131.

[107] Ebd., S. 132.

[108] Schreiber, Zur Kontinuität (wie Anm. 28), S. 147 f.

[109] Zum Folgenden vgl. Schreiber, Revisionismus (wie Anm. 5), S. 277–345; und Schreiber, Italien (wie Anm. 35), S. 21–28.

[110] BA-MA, MBox 57, PG 32 087 d, Marineverbindungsoffizier zum OKH, Akte Chefsachen, hier: Anschreiben Kapitän zur See Konrad Weygold zu B.Nr. 1 381/42 g. Kdos: »Lagebetrachtung der Seekriegsleitung zur Frage der Abgabe Kretas an Italien«, 28.7.1942.

[111] Henry Picker, Hitlers Tischgespräche im Führerhauptquartier, vollst. überarb. u. erw. Neuausg. mit bisher unbekannten Selbstzeugnissen Adolf Hitlers, Abb., Augenzeugenberichten und Erläuterungen des Autors: Hitler, wie er wirklich war, Stuttgart 1976, S. 272 (8.5.1942).

[112] Zum Folgenden vgl. die Lagebetrachtung vom 28.7.1942, BA-MA (wie Anm. 110).

[113] Lagevorträge (wie Anm. 4), S. 409, 26.8.1942.

[114] »Lagebetrachtung vom 28.8.1943«, veröffentlicht bei Salewski, Die deutsche Seekriegsleitung (wie Anm. 80), S. 364–371, Zitat S. 371.

[115] Die Denkschrift ist publiziert bei Schreiber, Zur Kontinuität (wie Anm. 28), S. 149–157, zur historischen Einordnung vgl. ebd., S. 129 f.

[116] Alfred von Tirpitz, Erinnerungen, neue durchges. Aufl., Leipzig 1920, S. 391.

[117] Vgl. Gerhard Schreiber, Reichsmarine, Revisionismus und Weltmachtstreben, in: Militär und Militarismus in der Weimarer Republik. Beiträge eines internationalen Symposiums an der Hochschule der Bundeswehr Hamburg am 5. und 6. Mai 1977, hrsg. von Klaus-Jürgen Müller und Ekkardt Opitz, Düsseldorf 1978, S. 149–176, hier S. 170.

[118] Zit. nach Schreiber, Zur Kontinuität (wie Anm. 28), S. 149.

Michael Salewski

Das maritime »Dritte Reich« –
Ideologie und Wirklichkeit 1933 bis 1945[*]

So stellten sich in den Sommermonaten 1941 und 1942 einige führende Offiziere und Beamte, Funktionäre und Politiker die Zukunft vor:

Die vorläufige Schlachtflotte des Reiches besteht aus 25 Großkampfschiffen, 8 Flugzeugträgern, 50 Kreuzern, 400 U-Booten. Die Handelsschutzflotte umfaßt 50 Kreuzer, in der Heimatflotte tun 150 Zerstörer, 50 T-Boote, 250 M- und R-Boote, 100 S-Boote, 20 Minenschiffe, 20 Flakkreuzer und 100 U-Jäger Dienst[1]. Haupthafen ist Drontheim, das über eine Autobahn vom Zentrum des Imperiums bequem und rasch erreicht werden kann. Gewaltige Brückenkonstruktionen überspannen Sund und Belte. Das Reich dehnt sich von Brest und Cherbourg im Westen bis an den Ural im Osten[2]. Überall an der Militärgrenze nach Sibirien entstehen genormte Wehrbauerndörfer, siedeln blonde blauäugige Germanen. Vollmotorisierte und leicht gepanzerte schnelle SS-Einheiten stoßen immer wieder in kühnen Raids bis tief hinein in die asiatischen Steppen[3].

Ein riesiges Kolonialreich erstreckt sich in Mittelafrika vom Atlantischen bis zum Indischen Ozean[4]. Die großgermanischen Flottenverbände beherrschen Nordsee und Nordatlantik, gestützt auf Norwegen, Island und die Atlantischen Inseln. Das Mittelmeer ist zur bloßen Binnensee geworden; in Gibraltar, Malta, Suez weht die Hakenkreuzflagge. Zehn Jahre lang hatte das Reich gerüstet, nachdem die Sowjetunion 1941 binnen weniger Wochen zerschlagen und der Schwerpunkt der Rüstung, wie schon einmal im Sommer 1940, erneut auf Marine und Luftwaffe zurückverlagert worden war. Noch vor dem Ende der vierziger Jahre des 20. Jahrhunderts, spätestens aber 1956[5] wird es zum finalen Show-down zwischen den Flotten Großgermaniens und denen der Amerikaner und Japaner kommen. Vielleicht wird es ein Super-Skagerrak sein, am Ausgang ist noch weniger zu zweifeln als 1916.

Dies sind Szenarien nicht aus einem Alternativwelt-Roman der Science Fiction – obwohl Otto Basil[6] seine Freude daran gehabt hätte –, sondern aus amtlichen Dokumenten der Seekriegsleitung und anderer politischer und militärischer Dienststellen. Diese Zukunft des Dritten Reiches wurde in den Hochsommern 1940, 1941 und 1942 produziert[7]. Die entsprechenden Denkschriften, Karten und Graphiken sind erhalten geblieben, einige wurden veröffentlicht[8]. Das »Dritte Reich« hat sich in solchen Vorstellungen und Visionen zu einem Seereich entwickelt, dem der 1941 zusammengeraubte eurasische Kontinent längst zu eng gewor-

den ist. »Die Leute träumen in Kontinenten« – Generaloberst Franz Halders Stoß-
seufzer vom 12. Juni 1942[9] war das knappste Resumé einer maritimen Hybris, die
ihresgleichen in der deutschen Geschichte sucht.

Das »Dritte Reich« – das »maritime Dritte Reich«? Haben die deutschen Admirale von Prinz Adalbert von Preußen und Tirpitz bis hin zu Raeder und Dönitz
nicht immer die beschränkte kontinentale Sehweise der Politiker, Herrscher, ja der
gesamten Nation lauthals beklagt? Hatte Tirpitz seine Erinnerungen nicht unter
das Motto gestellt, die Deutschen hätten die See nicht verstanden, und war es nicht
Raeder, der 1934 Hitler eindringlich mahnte, immer daran zu denken, »daß die
Skala der Weltgeltung der Nationen identisch« sei »mit der Skala ihrer Seemacht«[10]?
Und war es nicht Hitler persönlich, der 1943 die deutschen Schlachtschiffe und
Kreuzer außer Dienst stellen wollte, woraufhin Raeder seinen Hut nahm[11]?

Nationalsozialismus und »Drittes Reich«: Damit werden Raum und Rasse, Blut
und Boden, der Drang nach Osten und die Vernichtung der Juden verknüpft. Und
jedermann hat das Bild von der verzweifelt gegen die kontinentale Denkweise sich
stemmenden Marineführung vor Augen, von Tragik gar umwittert erscheint
Raeders vergeblicher Kampf, den Diktator von seinem fatalen Napoleonszug nach
Moskau abzubringen[12]. Ohnmächtig muß die Marine mitansehen, wie der Landkrieg im Osten nach und nach alle Ressourcen des Reiches beansprucht, Material
und Menschen verschlingt, so daß für sie fast nichts mehr übrigbleibt: Der Kriegsschiffbau bricht zusammen[13], die Flotte kann sich des Ölmangels wegen kaum
noch bewegen[14], das wenige, das man hat, wird von den immer mächtiger werdenden angelsächsischen Seemächten vernichtet, versenkt. Und dann die Schlachten:
Ob an der Bzura oder bei Dünkirchen, ob bei Smolensk oder Bialystok, Stalingrad
oder Kursk: Es waren Schlachten zwischen Heeren. Gewiß, die Marine schlug die
längste Schlacht dieses Krieges, die im Atlantik – aber wie weit drang das ins Bewußtsein von Volk und Führung?

Noch Jahrzehnte nach dem verlorenen Krieg hat man es in den Erinnerungen
hoher Marineoffiziere[15] ebenso lesen können wie in populären Darstellungen zum
Zweiten Weltkrieg überhaupt: Hitler habe in seiner manischen Besessenheit niemals begriffen, daß der Zweite Weltkrieg ein Seekrieg gewesen sei, und ihn eben
deshalb notwendig verlieren müssen. Noch heute spukt in so manchem Kopf die
Vorstellung, daß die Geschichte wohl ganz anders verlaufen wäre, wenn das Reich
nach dem Sieg über Frankreich sich einzig und allein der Seekriegführung gegen
England zugewendet hätte.

Es ist fraglich, ob solches Spekulieren legitim ist. Aber wie dem auch sei:
Schlußfolgerungen wie jene, es wäre alles ganz anders gekommen, hätte das Dritte
Reich sich tatsächlich als »maritimes« Reich verstanden, sind ebenso verfehlt wie
die Behauptung, das kontinentale Denken und Handeln Hitlers und seiner Kom-
plizen habe den erfolgreichen Griff nach der Weltmacht vereitelt. Sowohl die eine
wie die andere Deutung werden dem Phänomen Nationalsozialismus in Frieden
und Krieg nicht gerecht, denn dieser hat, wie auf anderen Feldern auch, die bisher
üblichen traditionellen Maßstäbe historischen Urteilens gesprengt.

Vielleicht ist dies ein erkenntnistheoretisches Problem. Es gewinnt aber sofort historische Bedeutung, wenn man nach den Konsequenzen dieser Maßstabslosigkeit fragt. Dann nämlich schiebt sich die Frage in den Vordergrund, ob diejenigen, die mit dieser bösartigen Mutation der Geschichte zu tun hatten, überhaupt begriffen haben, daß alle Überlieferungen, alle alten Verhaltensmuster, alle alten Schemata nur noch eingeschränkt oder gar nicht mehr galten. Und zu diesen, ins Bewußtsein der Öffentlichkeit, vor allem aber der Marineelite eingeschliffenen Denkweisen gehörte jene, die dem historisch-politischen Denken »kontinentale« oder »maritime« Alternativen vorsetzte[16].

Die Sache war in der Tat ehrwürdig alt. Schon in der adalbertinischen Denkschrift von 1848, der »Magna Charta« deutschen maritimen Denkens, war von dieser Alternative die Rede[17]; später haben Tirpitz und mit ihm Kaiser und Kanzler das »maritime Denken« als Grundgesetz des »Aufbaus der Weltmacht«[18] gepredigt – und sie befanden sich hier in bester Gesellschaft. Mahans Ideen hatten nahezu alle großen Staaten fasziniert, und Seemächte wollten sie fortan alle sein, gleichgültig wie die übrigen Voraussetzungen zur Seemachtbildung beschaffen waren[19].

Es war ein fataler Irrtum, und er war im Grunde unverzeihlich, denn Halford Mackinder, der große englische Geograph, hatte nur wenige Jahre nach dem Erscheinen der Mahanschen »Bibel« mit überzeugenden Argumenten dargelegt, daß die Weltmächte des 20. Jahrhunderts jene sein würden, die nicht nur über eine gewaltige Seemacht, sondern auch über eine gewaltige kontinentale Basis verfügen würden, ein »Herzland«, wie er es nannte[20]. Damit war die Alternative »maritim« – »kontinental« als bloße Chimäre entlarvt – aber man findet in der maritimen Raison dieser Jahrzehnte in Deutschland kaum eine Spur solchen Denkens. Für die Deutschen lag die Zukunft immer noch auf dem Wasser. Als einige von ihnen 1913 zu ahnen begannen, »that there was something wrong with our bloody ships«[21] – um mit Admiral Beatty, dem Befehlshaber des englischen Schlachtkreuzergeschwaders in der Skagerrakschlacht zu sprechen –, war es zu spät, das Verhängnis nahm seinen Lauf.

An der Idee des »maritimen Denkens« hielt die deutsche Marineführung grundsätzlich auch nach 1918 fest, wenngleich sie in der politischen und militärischen Praxis damit nichts mehr anzufangen verstand[22]. Die kontinentalen Bedürfnisse sogen auch die Marine nahezu vollkommen auf, nur gelegentlich erlaubte sich der eine oder andere Seeoffizier tiefwasserblaue Spekulationen[23]. Kritik an Prinz Adalbert und Tirpitz war verpönt, unter Raeder geradezu verboten, noch immer galt die idealtypische Alternative: kontinental oder maritim. Als Raeder 1933 zum ersten Mal dem neuen Kanzler Vortrag hielt[24], bemühte er sich, diesem klar zu machen, daß es in Zukunft durchaus darauf ankomme, wieder »maritim« zu denken.

Hitler muß das vermutlich furchtbar gelangweilt haben. Denn obwohl er Mackinder kaum gelesen haben dürfte – er war von selbst auf dessen Grundidee verfallen, und später hat ein berühmter deutscher Gelehrter ihn in dieser Denkrichtung bestärkt: Karl Haushofers »Geopolitik«[25] war die zeitgemäße Fortschreibung der Mackinderschen Gedanken. Hitler setzte das um, zunächst in seiner Programmschrift »Mein Kampf«, später auch in dem sog. »Zweiten Buch«[26]. Bei aller

Bewunderung, so schrieb er, die man dem englischen Empire zollen müsse – dieser Reichsform sei keine Zukunft beschieden: Die Basis sei zu schmal, die Zahl der englischen weißen Herrenmenschen zu gering, als daß es dem Empire gelingen könne, der Mission einer Weltmacht im 20. Jahrhundert gerecht zu werden. Was nottue – und eben dies lehre das englische Beispiel – sei eine »Bodenpolitik« der Zukunft[27]. »Lebensraum« wurde das politische Schlagwort, »Lebensraumgewinnung« die aggressive politische Parole, und der Zweite Weltkrieg, so liest man allenthalben, sei der Versuch gewesen, das Lebensraumkonzept zu verwirklichen. Wer so argumentiert, argumentiert immer noch in den Bahnen traditionellen Denkens. Unwillkürlich zumeist legt er an das Gebilde »Drittes Reich« die Elle herkömmlicher Staatsräson, dieses wunderbare Instrument klassischer historischer Interpretation. Für die Marineführung unter Tirpitz und Raeder hatte diese Staatsräson sich aber nirgendwo besser und einsichtiger ausgeformt als in den Leitideen Mahans und seiner Jünger – und eben dies bemühte sich Raeder seit 1933 Hitler nahezubringen. Der aber war längst darüber hinaus.

Nun, auch die Historiker sind längst über die Interpretation des »Dritten Reiches« und des Zweiten Weltkrieges als eines versuchten und gescheiterten kontinentalen Ausgriffs der europäischen Zentralmacht hinaus. Die lange Zeit beliebten Vergleiche zwischen den Kriegszielprogrammen des Ersten Weltkrieges und jenen Hitlers sind erschöpft, sie bringen die Einsicht in die Natur des Nationalsozialismus nicht weiter. Trevor-Roper, Moltmann und Jäckel[28], um nur einige wichtige Namen zu nennen, waren es, die Ende der fünfziger, Anfang der sechziger Jahre die Frage nach den Endzielen – und eben nicht bloß den »Kriegs«zielen – Hitlers aufgeworfen haben. Vor allem Andreas Hillgruber hat dann in jahrzehntelanger Arbeit die einzelnen Bruchstücke und Indizien für die Existenz solcher Endziele zusammengetragen, geordnet und schließlich behutsam zueinandergefügt – methodisch einem Archäologen ähnlich, der verstreute Scherben sammelt, ordnet und am Ende zu einem Ganzen fügt[29]. Dabei enthüllte sich ihm das eigentlich politisch-weltanschauliche Grundmuster der Hitlerschen Strategie, und es besaß nichts von jenem schillernden Opportunismus Taylorscher[30] Provenienz, der lange Zeit als Kennzeichen der Hitlerschen Politik gegolten hatte. Zielgerichtet und in seiner Art konsequent sei Hitler vorgegangen, in einzelnen Etappen habe er das Endziel angestrebt: die Weltherrschaft. Hitler verfolgte einen Plan, den er in aufeinanderfolgenden Stufen[31] politischen und militärischen Handelns verwirklichen wollte.

Diese Interpretation der Hitlerschen Räson – und eben nicht der Staatsräson – hat sich in der Wissenschaft weitgehend durchgesetzt. Bei genauerem Zusehen wird deutlich, daß die Strategie und Weltanschauung Hitlers sich nicht wie Basis und Überbau verhalten, sondern untrennbar dialektisch miteinander verknüpft sind. Genesis und Verlauf des Barbarossa-Unternehmens haben Hillgruber zu Recht als eindringliches Beispiel gedient. Wenn es nun aber zutrifft, daß die Politik des »Dritten Reiches« etwas qualitativ grundsätzlich anderes war als jene fernerer Epochen der Geschichte, so stellt sich die Frage, ob die im Denken der Marineführung tief verwurzelten Kategorien von »kontinental« und »maritim« überhaupt adäquate Maßstäbe für die Beurteilung der vom nationalsozialistischen Regime verantworteten Marinepolitik in Frieden und Krieg sind. Wenn sich herausstellt, daß die führenden Eliten der deutschen Marine in Kategorien dachten – und dementsprechend zu handeln suchten –, die für die NS-Räson nur als anachronistisch und überholt gelten konnten, werden die nahezu permanenten Friktionen zwischen Marineführung und Staatsleitung in der Ära Raeder anders zu interpretieren sein, als dies bis heute auch in der Geschichtswissenschaft der Fall ist.

Kennzeichen der außenpolitischen Programmatik Hitlers war die Einbindung seiner Ziele in ein starres zeitliches Schema. Völlig fremd war ihm jene ältere Vorstellung Bismarcks, daß der Staatsmann den Gang Gottes durch die Weltgeschichte beobachten, im richtigen Augenblick vorspringen und einen Zipfel des Mantels Gottes ergreifen müsse. Schon Hitlers erste Entscheidung spannte einen exakt festgelegten zeitlichen Rahmen: »Gebt mir vier Jahre Zeit« – das war die große Wahlparole von 1933. Daß damit nicht eine Verbeugung vor einer vierjährigen Wahlperiode gemeint war, versteht sich von selbst. 1936 legte Hitler erneut ein zeitliches Limit fest: Innerhalb von vier Jahren, so liest man in seiner Denkschrift zum Vierjahresplan[32], müsse das Heer kriegsfertig sein. 1937, in der berüchtigten Besprechung, die den Namen des Obersten Friedrich Hoßbach trägt[33], werden die Zielzeiträume schon überraschend kurz; so kurz, daß der Oberbefehlshaber des Heeres meint, er müsse seinen geplanten Ägyptenurlaub aufgeben[34]. In den kommenden Monaten wird Hitlers Drängen hin zum Krieg immer hektischer, mit Bedauern nimmt er eine Entwicklung zur Kenntnis, die weder im Mai noch im September/Oktober 1938[35] zum Krieg führt. Als die Zündschnur Tschechoslowakei im Herbst 1938 nicht zur Explosion führt, sondern auf der Münchner Konferenz sozusagen ausgetreten wird, zieht Hitler mit seinen Forderungen an Polen eine neue Zündschnur ins außenpolitische Gewebe und erhält damit eine Redundanz, die den Krieg garantieren soll. Diesmal funktioniert es bekanntlich. Aber auch nach Kriegsbeginn ist es immer wieder Hitler, der die Ausweitung des Krieges betreibt. Er kann es nicht abwarten, seine Herrschaft über Europa zu errichten. Immer ist er es, der früher als seine Generäle angreifen will: sei es in Frankreich[36], auf dem Balkan[37] oder in Rußland[38]. Viel psychologische Energie wird von ihm darauf verwandt, die immer zaudernden und ängstlichen Generalstäbler auf den Weg der Eroberung mitzureißen[39].

Diese Überstürzung, bewußt von Hitler gefördert und gewollt, führte zu den bedenklichsten infrastrukturellen, organisatorischen, logistischen und wirtschaftlichen Folgen. Insbesondere auf dem Rüstungssektor ist die Entwicklung durch eine geradezu unglaubliche Hektik geprägt[40], die um so verwunderlicher ist, als sie keineswegs durch eine von außen auf das Reich einwirkende Politik anderer Staaten induziert wird. Hitler selbst liefert die Erklärung – sie hat einen objektiven und einen subjektiven Teil: Wenn nicht wir es sind, die den Rüstungsvorsprung wahren und so bald als möglich zuschlagen, so werden die anderen nach und nach das Übergewicht gewinnen und uns die Hände binden – dies das Argument am 5. November 1937 und 23. Mai 1939[41]; das subjektive: Nur selten in der Weltgeschichte erstehen Genies, wie er, Hitler es ist. Und jederzeit kann irgendein Idiot dieses geniale Leben auslöschen. Die ihm verbleibende Zeit, vielleicht ist sie sehr kurz, muß genutzt werden.

Die Folgen: Breiten- statt Tiefenrüstung, Rüstung auf Pump, rücksichtslose Ausbeutung knapper Ressourcen, Ausnutzung jeder Chance, das Kriegspotential der kleinen Nachbarn miteinzubeziehen – zuerst das Österreichs, dann das der Tschechoslowakei[42]. Betrachtet man das Ergebnis, so fällt zweierlei auf: Die deutsche Armee von 1939 blieb weit davon entfernt, »fertig« zu sein; weder von ihrer Größe noch ihrer Ausstattung und Ausbildung her konnte sie sich mit dem Heer von 1914 messen[43]. Aber Hitler reagierte wütend, wenn ihn Halder davor warnte, von diesem Instrument die Leistungen des Heeres von 1914 zu erwarten[44]. Doch ebenso auffallend ist die ungeheure militärische Aufbauleistung, wenn man nicht von dem Vergleich mit 1914, sondern mit 1933 ausgeht. Man nehme die Rüstungs- und Präsenzdaten vom 30. Januar 1933, vergleiche sie mit denen vom 1. September 1939 und setze die Daten in ein Diagramm um: Die Linien gehen atemberaubend steil nach oben. Die geradezu explosionsartige Vermehrung der militärischen Kraft im Deutschen Reich findet in der Geschichte nicht ihresgleichen – wenn man sie in Relation zu der zur Verfügung stehenden Zeit setzt. Als der Krieg endlich programmgemäß ausgelöst wird, steht Hitler diese Macht zu Gebote, und er setzt sie außerordentlich erfolgreich ein. Damit desavouiert er alle Kassandrarufe der Beck, Halder, Wagner und Thomas[45]. Die Generäle schlucken und schweigen – was sie geschaffen haben, ist den Heeren der Gegnerstaaten offensichtlich überlegen.

Raeder gratuliert Hitler zum 51. Geburtstag (Bibliothek für Zeitgeschichte)

Nur einer wird durch den Kriegsausbruch im Kern seines politischen und militärischen Selbstverständnisses zutiefst erschüttert: der Oberbefehlshaber der Kriegsmarine. In seiner berühmten Aufzeichnung vom 3. September 1939[46] bringt es Raeder auf die entwaffnende Formel, der Krieg sei »fünf Jahre zu früh ausgebrochen«. Keine Rede von Sieg; in Ehren untergehen, dies sei das einzige, was die Marine tun könne, um die Grundlagen eines neuen Wiederaufbaues zu schaffen[47].

Dies muß man sich klar machen: Raeders Zielzeiträume haben mit jenen Hitlers nichts zu tun. Raeder interpretiert den kommenden Krieg als die Neuauflage eines verfrüht ausgebrochenen Ersten Weltkrieges. Ja, er geht einen entscheidenden Schritt weiter: Die Marine zumindest wird diesen Krieg verlieren, untergehen (also ganz im Gegensatz zu Scheers famosem Wort vom Oktober 1918, die Marine habe keinen Waffenstillstand nötig). Das aber heißt ja nichts anderes, als daß dieser Krieg, wenn er denn glimpflich ausgehen sollte, auf dem Kontinent, zu Lande entschieden wird. Oder, um noch deutlicher zu sein: Der Oberbefehlshaber der Kriegsmarine wirft den Dreizack Deutschlands in jenem Moment resigniert in die Nordsee, in dem der Staatschef sich anschickt, Deutschland den Durchbruch zur Weltmacht zu ermöglichen.

Später hat Hitler keine Hemmungen mehr gehabt, der Marine und insbesondere ihrer Führung Schlappheit, Defätismus, versteckt sogar Feigheit vorzuwerfen, und Raeder ist an dieser Verachtung des Staatschefs seelisch zugrunde gegangen[48]. In der Situation vom September 1939 war es daher verständlich, daß die Seekriegsleitung auf der einen Seite von tiefem Pessimismus befallen wurde, auf der anderen mit aller Gewalt den latenten und so einfach historisch zu begründenden Vorwurf der »Laurigkeit«, wie der Marineausdruck lautete, zu entkräften. Der im Nachhinein grotesk anmutende Verschleiß dreier Flottenchefs[49] innerhalb von neun Monaten ging letztlich auf das Unverständnis zurück, mit dem die »Front« auf das Raedersche Dilemma reagierte — reagieren mußte. Denn während es Raeder im Verlaufe des Jahres 1939 und im Frühjahr 1940 dämmerte, daß sein traditionelles Bild von Seekrieg und maritimem Denken mit den Hitlerschen Vorstellungen nicht harmonierte, es also darauf ankomme, sich der Vorstellungswelt Hitlers auf dem maritimen Sektor wenigstens so weit anzupassen, daß von der Marine Schaden abgewendet werden konnte, verharrten die Seebefehlshaber in genau den Denkbahnen, die kein anderer als Raeder selbst ihnen seit 1928 gewiesen hatte[50]. Danach bedurfte es des langfristigen Aufbaues einer »ausgewogenen«, »hochseefähigen« Flotte, die ebenso militärisch wie politisch als Bündnisfaktor einzusetzen wäre, und alles mußte vermieden werden, um nicht in unkalkulierbare Risiken zu geraten. Die Prinzipien des maritimen Denkens erforderten langfristige Zielzeiträume, vorsichtiges Handeln, sorgfältiges Abwägen aller machtpolitischen und ökonomischen Faktoren, niemals aber solche hektischen Entscheidungen, wie sie für Hitlers Politik sowohl in der Rüstungs- als auch in der Kriegsphase charakteristisch waren. Dessen politische, ökonomische und militärische Blitzkriegskonzeption widersprach allen Regeln des traditionellen admiralstabsmäßigen Denkens. Die ungeheure politische Dynamik, die scheinbare Sprunghaftigkeit in der politischen und militärischen Aktion blieben den Admiralen — wie auch vielen Generälen – zutiefst suspekt, ja erschienen als unsolide. Die Konzentration der Kräfte der Nation auf jeweils nur ein Ziel deutete Einseitigkeit und Risikobereitschaft an, das Denken in den Kategorien der longue durée, kennzeichnend für das maritime Bewußtsein, schien Hitler vollkommen abzugehen[51]. Mißfällig beobachtete die Marineführung, daß das Vorbild Hitlers aber im Denken auch innerhalb der militärischen Stäbe fortlaufend an Boden gewann – in dem Maße nämlich, in dem es sich als erfolgreich erwies. Es ist auffallend, wie sehr die Seekriegsleitung sich demgegenüber bemüht, immer wieder auf die langfristigen Faktoren in der Politik und Strategie hinzuweisen – die Denkschriften und Lagebetrachtungen liefern hierfür manches Beispiel[52].

Aber auch innerhalb der Marine selbst begannen sich Spannungen zwischen den alten Vertretern des maritimen Gedankens und jungen Anhängern der Hitlerschen Konzeption zu entwickeln. Zunächst war es nur im Atmosphärischen spürbar, und nach außen war überhaupt nichts sichtbar, bald aber verschärften sich die Gegensätze zwischen den Vertretern des Hochseeflottengedankens, der ausgewogenen Flotte und den Befürwortern einer einseitigen Ausrichtung des Seekriegs allein auf den Tonnagekrieg[53].

Es ist bekannt, daß Raeder noch bis tief in den Krieg hinein im Handelskrieg mit U-Booten die schlechtere Alternative zum klassischen Hochseekrieg, dem Kampf um die Seeherrschaft à la Mahan gesehen hat. Dönitz' Denkschrift vom 1. September 1939[54] war deswegen weit mehr als die Eingabe eines untergeordneten Frontführers. Sie war das Alternativkonzept zu Raeders Strategie; wer wollte, konnte in ihr den Fehdehandschuh der Kreuzerkriegsschule sehen – Raeder hat das sehr wohl gespürt und Dönitz deswegen kaltzustellen versucht[55]. Dies gelang ihm anfangs durchaus, denn die engsten Mitarbeiter des Oberbefehlshabers der Marine (ObdM) teilten dessen »maritime« Ansichten und sahen in einer einseitigen Forcierung des U-Bootbaus und U-Bootkrieges eine latente Bedrohung der maritimen Positionen, die man sich aus dem Krieg erhoffte. Der Verlauf der ersten Kriegsmonate leitete bei Raeder einen Umdenkungsprozeß ein. Er stellte sich nun zwar keineswegs an die Spitze einer neuen maritimen politischen Sicht der Dinge, aber innerhalb der Seekriegsleitung gelangten jene jungen Admiralstabsoffiziere an die »Macht«, die sich schon weitgehend von den Tirpitzschen Traditionen gelöst hatten – und Raeder ließ sie im wesentlichen gewähren[56]. Es blieb ihm aber auch nichts anderes übrig, wollte er seine maritimen Vorstellungen bei Hitler mit Aussicht auf Erfolg zur Geltung bringen. Es war notwendig, sich in gewisser Weise und bis zu einem gewissen Grad der Hitlerschen Vorstellungswelt anzupassen, wenn man selbst Erfolg haben wollte. Sieht man die Protokolle der Raederschen Lagevorträge bei Hitler durch, wird dieses dauernde Lavieren zwischen den eigenen Überzeugungen Raeders und den Anpassungsversuchen im Interesse der Sache eindrucksvoll deutlich[57]. Raeder stand an der Schnittstelle zwischen politischer und militärischer Führung, er mußte einerseits die NS-Konzeption vertreten, andererseits sie mit der Marine-Konzeption zu synchronisieren suchen.

Die Geschichte der deutschen Seekriegsleitung bietet zahlreiche Beispiele für diese politisch-militärischen Balanceakte der Marineführung. Besonders eindringlich erscheint das Beispiel des Unternehmens Barbarossa[58]. Innerhalb der maritimen Tradition galt es ja als ausgemacht, daß man den Ersten Weltkrieg unter anderem deswegen verloren hatte, weil sich Tirpitz mit seinem Konzept eines frühzeitigen Friedensschlusses mit Rußland nicht hatte durchsetzen können[59]. Deswegen – und das hatte Tirpitz in der Weimarer Zeit immer wiederholt – sei eine Konzentration der deutschen militärischen und wirtschaftlichen Kräfte auf den Hauptgegner England nicht möglich gewesen, deswegen hätten die Angelsachsen letztlich gesiegt.

Raeder war zeit seines Lebens in geradezu traumatischer Weise von der Angst vor einer Wiederholung der Geschichte geprägt. »England nie als Gegner der Marine«: Diese Notiz des Chefs der Marineleitung vom März 1933 als Quintessenz seines ersten Vortrages beim »Führer«[60] wurde ihm Richtschnur, deswegen auch die bereits erwähnte Resignation vom 3. September 1939, als man nun doch wieder gegen England antreten mußte. 1940, in der gedanklichen Formationsphase des Rußlandfeldzuges, schien nun aber der zweite Grundsatz des maritimen Denkens von Hitler aufgegeben zu werden: daß der Zweite Weltkrieg ein Seekrieg, kein Landkrieg sei, der Sieg über England und die USA – die Raeder immer wie selbstverständlich als Gegnermacht mit in seine Berechnungen einschloß – entscheidend sei, keineswegs aber der Sieg über Rußland.

Es ist, wäre es nicht so makaber, fast amüsant, aus den Akten Hitlers Verhalten seinem Marinechef gegenüber zu rekonstruieren: Hitler wußte nämlich genau, wo Raeder »der Schuh drückte«, und er verstand genügend von maritimer Tradition, um Raeder mit seinen eigenen Argumenten zu schlagen: In den entscheidenden Aussprachen, als es um das Pro und Contra von Barbarossa ging, entwickelte Hitler ad usum Delphini der Raederschule die sattsam bekannte Festlandsdegentheorie[61], die in ihrer historischen Ehrwürdigkeit in der Marine durchaus Wertschätzung genoß. In Wirklichkeit, und das hat der dritte Band des offiziösen Werkes zur Geschichte des Zweiten Weltkrieges, das vom Militärgeschichtlichen Forschungsamt herausgegeben wird, überaus deutlich gemacht[62], hat Hitler nicht im Traum daran gedacht, Rußland deswegen anzugreifen, um England den letzten potentiellen »Festlandsdegen« aus der Hand zu schlagen. »Barbarossa« war einzig und allein Auftakt des rasseideologischen Vernichtungskampfes zum Zwecke der Etablierung der ersten Weltherrschaftsstufe – genau wie es Hillgruber schon 1965 dargestellt hat[63]. Innerhalb der Seekriegsleitung wurde dieses Wissen aber eher verdrängt, und Fricke entwickelte in seinen Gedanken über Rußland[64] jene Sprachregelungen, die es Raeder dann tatsächlich möglich machten, dem Unternehmen Barbarossa zuzustimmen, ja, es als positiv zu bewerten[65]. Wie die Masse der Generalstäbler, an ihrer Spitze Halder[66], waren auch die Admirale und Admiralstäbler im Juli 1941 davon überzeugt, daß Rußland rasch zusammenbrechen würde: Hatte man Vergleichbares nicht selbst noch im vierten Kriegsjahr, 1918 geschafft, als das deutsche Heer in einem erbitterten Abwehrringen an der Westfront stand, nahezu alle Ressourcen zur Behauptung im Westen verbraucht wurden? Wie viel aussichtsreicher, ja, unvergleichbar günstiger schien die Lage 1941!

Raeder und mit ihm die Marineführung warfen ihre traditionsbedingten Bedenken also über Bord und paßten sich dem Hitlerschen Programm an. Als im Dezember 1941 deutlich wurde, daß alle Berechnungen falsch gewesen waren, weigerte sich Raeder, diesen Tatsachen in die Augen zu sehen, sondern hielt immer noch verbissen an den Ideen der »Weisung 32«[67] fest, die den weiteren Kriegsverlauf nach Abschluß von »Barbarossa« festgelegt hatte. Selbst den Kriegseintritt der USA nahm die Seekriegsleitung nicht mit Bedenken, sondern eher mit Befriedigung zur Kenntnis, schien dadurch, wie Carls und Schuster[68] in ihren KTB's, Heinz Assmann im KTB der Seekriegsleitung[69] vermerkten, der »maritime« Charakter des Krieges sich doch erneut zu bestätigen.

Der Fall Barbarossa zeigt, daß die Marine die Prinzipien des »maritimen Denkens« alter Art überwunden hatte, freilich ohne sich der daraus folgenden Konsequenzen bewußt zu sein. Hitler hatte den Widerstand Raeders gebrochen, indem er diesen mit seinen eigenen, anachronistischen Waffen schlug. Als Raeder sehr viel später erfuhr, was es mit dem Ostkrieg in Wirklichkeit auf sich hatte, als ihm klar wurde, daß Hitler nicht im entferntesten daran dachte, Rußland lediglich als »Festlanddegen« Englands auszuschalten, war er ehrlich entsetzt und versuchte sich zu rechtfertigen. Raeder war letztlich nämlich nicht bereit, sich der Hitlerschen Weltanschauung bedingungslos zu unterwerfen, wenngleich er im Interesse »der Sache, der Marine«, wie er sich immer auszudrücken pflegte, Hitlers loyaler Gefolgsmann geworden war[70].

Schon vor dem 22. Juni 1941 hatte die Seekriegsleitung auf die Zeit jenseits des Barbarossafeldzuges geblickt, die berühmte Juli-Denkschrift von 1941[71] legt dafür ein beredtes Zeugnis ab. Warlimont und Halder waren bekanntlich von den hier formulierten Gedankengängen beeindruckt, der Chef der Operationsabteilung im Wehrmachtführungsstab hat sie sogar zur Grundlage einer OKW-Denkschrift gemacht[72]. Aber die in der Juli-Denkschrift entwickelten Gedanken waren spätestens seit dem Dezember 1941 Makulatur. Nun aber verstand es Raeder nicht mehr, eine erneute gedankliche Wendung vorzunehmen. Dies aber wäre erforderlich gewesen, um den neuen Verhältnissen, die sich aus dem gescheiterten Blitzkrieg gegen Rußland ergaben, einigermaßen gerecht zu werden. Raeder verharrte vielmehr auf den einmal als richtig erkannten Prinzipien und weigerte sich, die Konsequenzen aus der Schlacht um Moskau zu ziehen. Deswegen geriet die Seekriegsleitung fast unmittelbar in eine schwere Krise, die sich in dem Streit zwischen Raeder und Hitler um die Rückführung der schweren Schiffe von Brest aus symbolisierte[73]. Spätestens im Januar 1942 hätte Raeder erkennen müssen, daß die »Weisung 32« überholt war, und damit sämtliche Pläne aus den Sommermonaten 1940 und 1941. Aber in Wirklichkeit ging die Planerei erst richtig los. Die Marine verlor sich im Sommer 1942 in uferlosen strategischen Spekulationen, die ich als »Großen Plan« bezeichnet habe[74]. In sich war dieser Plan durchaus konsistent, ja faszinierend, intellektuell anspruchsvoll – aber er hatte nichts mehr mit der Wirklichkeit des Krieges zu tun. Raeder jedoch weigerte sich, dies einzusehen, und deswegen geriet er nun immer schärfer in Konflikt mit all jenen, die früher als er spürten, was die Stunde geschlagen hatte: mit Göring, der von einer neuen Seeluftwaffe nichts wissen wollte, weil er nicht wußte, wie er dem Heer im Osten helfen konnte; mit Speer, den die hybriden Sonderwünsche der maritimen Dickschiffsenthusiasten verbitterten, weil er Panzer, Panzer und nochmals Panzer produzieren mußte; mit Dönitz schließlich, der Raeders Alternativstrategie als bloße Verzettelung begriff und die gesamte Flotte einseitig auf den U-Bootkrieg und nur den U-Bootkrieg in Form des reinen Tonnagekrieges konzentriert wissen wollte[75].

Alle drei: Göring, Speer, Dönitz konnten und wollten mit Raeder und der von ihm repräsentierten Marine nicht mehr zusammenarbeiten. Aber es dauerte dann doch fast noch ein Jahr, bis Raeder entmachtet war und Marinerüstung, -strategie und -politik umgesteuert werden konnten: von Speer und Dönitz, jenen beiden Männern, die sehr eindrucksvoll die zweite Generation des technokratisierten Nationalsozialismus repräsentierten.

Das klassische »maritime« Denken der Marine war mit Raeders Sturz Vergangenheit. Es hatte sich im Rahmen der Hitlerschen Weltanschauung und Politik nicht bewährt, nicht bewähren können, weil es, um dies zu wiederholen, auf Grundlagen aufbaute, die mit jenen des Dritten Reiches nichts mehr zu tun hatten. Darin liegt aber auch die Tragik der Raederschen Marine: Sie konnte nicht das leisten, was von Hitler und seinem Machtgebilde erwartet wurde, weil sie dessen Räson nicht begriff; als Dönitz an die Macht kam und sie durchaus begriff, wurde die Marine im Sinne des Nationalsozialismus in der Tat »leistungsfähiger« – aber diese Steigerung der Leistung wurde mit der Aufgabe nicht nur des »maritimen« Denkens alter Art, sondern vieler ethischer Prinzipien erkauft, die bisher in der Marine Geltung beansprucht hatten[76].

Damit wird eine letzte Kette von Überlegungen zum Phänomen des »maritimen Dritten Reiches« angesprochen.

In ihrem historischen Selbstverständnis bildete die Kriegsmarine vom ersten bis zum letzten Tag ihrer Existenz eine bewundernswert geschlossene innere Einheit. Auflösungserscheinungen gab es bis zum Ende nahezu nicht. Nach dem Krieg bewährte sich diese Geschlossenheit erneut, als es um Hilfe für Kameraden, um die Entwicklung neuer maritimer Verteidigungsideen, schließlich um den Wiederaufbau der Marine ging[77]. Während es innerhalb des Heeres zu erbitterten Auseinandersetzungen kam, ganz zu schweigen von der Luftwaffe und der SS, erstrahlte das Bild der Kriegsmarine in ungebrochenem Glanz, und die Auseinandersetzungen zwischen Raeder und Dönitz wurden als harmlos abgetan, wozu beide, Raeder und Dönitz, mit Entschiedenheit nach 1945 beigetragen haben[78].

Von diesem harmonischen Bild ist seit Ende der sechziger Jahre wenig übriggeblieben. Sehr viel schärfer als früher erkennen die Historiker Licht- und Schattenseiten der Marinegeschichte, und immer deutlicher wird der historische Ort der Marine innerhalb des NS-Systems[79]. Die Auseinandersetzungen um »kontinental« oder »maritim« sind nicht mehr entscheidend, und immer deutlicher wird der Bruch innerhalb der Marinegeschichte, der vom Amtsantritt Dönitz' als Oberbefehlshaber der Kriegsmarine gekennzeichnet ist.

Denn beim Wechsel von Raeder zu Dönitz handelt es sich eben nicht um einen ganz »natürlichen Wachwechsel«, wie man lange Zeit glauben machen wollte. Die

»Ära Dönitz« war Auftakt zu einem ganz neuen maritimen Verständnis, nämlich zu einem nationalsozialistischen. Erst Dönitz nämlich begriff wirklich, was Hitler eigentlich wollte, erst Dönitz überwand die alten Traditionen und schuf, mitten im Kriege, die Marine zu einer neuen Organisation um[80].

Um die Tragweite dieses Transformationsprozesses ermessen zu können, bedarf es eines Hinweises auf analoge Entwicklungen innerhalb des NS-Regimes: Die klassischen Ressorts (Auswärtiges Amt, Finanzen, Wirtschaft, Innenpolitik) waren seit 1933 systematisch ausgehöhlt, entmachtet, umgewandelt worden – durch das Amt Ribbentrop, durch die Vierjahresplanbehörden, durch das System der Gauleitungen, um nur einiges anzudeuten[81]. Ähnliches galt für die überlieferten territorialen Gliederungen: Der Nationalsozialismus entmachtete die Länder, schuf Gaue, Generalgouvernements, änderte willkürlich historisch gewachsene Grenzen. Im Bildungsbereich, auf dem kirchlichen Sektor, in der Wissenschaft war Vergleichbares zu beobachten: Überall wurden die hergebrachten Institutionen entweder bis zur Unkenntlichkeit »gleichgeschaltet« und umgewandelt oder durch Ersatz- und Parallelorganisationen abgelöst.

Und dies galt auch für den militärischen Bereich. Die Luftwaffe war in ihrer Kombination mit dem Reichsluftfahrtministerium (RLM) etwas vollkommen Neues[82], ebenso neu war die SS, vor allem die Waffen-SS[83], die einmal Ersatz für das Heer werden sollte. Nur die Marine schien von alledem unberührt zu bleiben, ein rocher de bronce überholter Geschichte – und man war, in der Marine, nach 1945 stolz darauf, daß der Nationalsozialismus scheinbar nicht so stark Eingang in diese Organisation gefunden hatte, wie dies bei anderen Institutionen der Fall war.

Aber ist dies die richtige Sicht? Eine sorgfältige Untersuchung der Marine als Organisation und gesellschaftlichen Teilstücks des Dritten Reiches würde deutlich machen, daß mit dem Amtsantritt von Dönitz und Speer genau das einsetzte, was man schon viel früher bei anderen Organisationen beobachten kann: die langsame Umwandlung in typisch nationalsozialistische Organisationen und Gebilde. Natürlich ging dies nicht rasch, und natürlich wurde die Masse der Marinesoldaten und -offiziere von diesem Wandlungsprozeß in der Praxis überhaupt nicht berührt[84]. Aber die Wandlungen vollzogen sich von der Spitze her, sie waren besonders effektiv, weil anders als etwa in den Fällen Auswärtiges Amt, Heer und SS nicht »Konkurrenten« von außen her in das Gefüge der jeweiligen Organisation einzubrechen suchten – Namen wie Rosenberg, Keitel, Himmler mögen genügen, um klar zu machen, was gemeint ist –, sondern der fähigste Umorganisator stammte aus der Organisation selbst: nämlich Dönitz. Dönitz war ja kein Steinzeitfaschist, kein Röhm-Typ, kein Himmler-Charakter[85]. Er war vielmehr ein hochgebildeter, ehrgeiziger, charismatischer Führer der zweiten Generation des Nationalsozialismus – das Produkt einer politischen Entwicklung, wie es Hitler offensichtlich immer vorgeschwebt hatte. Denn anders wäre kaum zu erklären, warum Hitler Dönitz in raschem Prozeß an die Schalthebel der Macht ließ, ihm einen wachsenden Einfluß auf alle Belange der Staats- und Kriegführung einräumte und ihn dabei noch respektierte, ihm oft eine erstaunliche Eigenmächtigkeit zugestand[86]. In

Admiral Karl Dönitz bei einer Ansprache 1942
Quelle: Archiv des Herausgebers

»[Unser junger Offizierersatz] muß militärisch erzogen werden, vor allem aber auch dahin erzogen werden, daß er als Offizier bedingungslos Wächter unseres nationalsozialistischen Staates sein muß. [...] Der Offizier ist der Exponent des Staates; das Geschwätz, der Offizier ist unpolitisch, ist barer Unsinn.«
(Dönitz vor Flaggoffizieren am 15. Februar 1944)

Dönitz fand Hitler jene Persönlichkeit, die er wohl schon lange gesucht hatte: seinen eigenen Nachfolger.

Dönitz ist nämlich keineswegs nur »aus Versehen« oder »zufällig« zum zweiten Führer des Reiches geworden[87]. Er entsprach in nahezu jeder Hinsicht den nationalsozialistischen Idealen jenseits der revolutionären Formationsphase der »Bewegung«. Dönitz hätte keine derartigen »Schmutzarbeiten« mehr verrichten müssen wie Hitler am 30. Juni 1934 oder Himmler in den Vernichtungslagern. Ihm wäre es beschieden gewesen, das neue Weltreich im Innern einzurichten, unter voller Nutzung aller wissenschaftlichen, technologischen, wirtschaftlichen Fähigkeiten des germanischen Reichsvolks. Wie Speer, so war auch Dönitz davon überzeugt, daß allein die Fachleute über die entscheidenden Kompetenzen verfügen müßten[88]. Es war daher konsequent, wenn Dönitz beispielsweise den Flottenbau der Zukunft Speer und dessen Sachkompetenz überließ[89], und es war ebenso konsequent, wenn er sich auch in Heeres- und Luftwaffenbelange einmischte, weil er bessere Kenntnisse des Ganzen zu besitzen glaubte[90]. Die alten Ressorttrennungen, das sorgsame Hüten von ehrwürdigen »Erbhöfen« – das paßte nicht in das »gleichgeschaltete« Dritte Reich. Es kam nicht mehr auf die Eigenständigkeit der Wehrmachtteile und deren Selbstverständnis an, sondern auf die zu erbringende Gesamtleistung, und deswegen hatte Dönitz auch keine Hemmungen, die Marine in den Landkrieg zu verstricken, sich nach dem 20. Juli 1944 in die hohe Politik einzumischen[91], schließlich selbst die Regierung zu übernehmen.

All das war konsequent und effektiv. Dönitz' Leistungen sind, sieht man sie von allen anderen Erwägungen abgelöst, durchaus imponierend. Diese Leistungsfähigkeit färbte auf die »alte«, die vor-Dönitzsche Marine ab; am 6. Mai 1945, so

berichtet Rolf Güth in seinen Jugenderinnerungen, habe Himmler in der Sportschule Mürwik gemurmelt, »wenn man mehr [solche] Leute gehabt hätte, wie [sie]
die Marine [hatte], da wär's anders kommen«[92]. Am Sinn dieser Worte ist nicht zu
zweifeln: Tatsächlich stellte sich selbst Himmler – wie übrigens auch Goebbels[93] –
die Marine am Ende als die NS-Organisation schlechthin dar; als jene Institution,
die wie keine andere die wahrhaften, weiterweisenden Ideen des Nationalsozialismus vertrat – und Dönitz war deren oberster Repräsentant.

Insofern gelang ihm tatsächlich die Überwindung des Gegensatzes von »kontinental« und »maritim«, denn dieser war im Zeichen des Nationalsozialismus obsolet geworden. Die deutsche Marine unter Dönitz entwickelte sich zu einem hoch-
modernen Instrument staatlicher Machtausübung und Organisation; die Bereitstellung neuer Waffensysteme, wie der U-Boote vom Typ XXI und XXIII, war
dafür äußerlich kennzeichnend[94]. Sicherlich sind alle diese Neuerungen nicht mehr
voll zur Geltung gelangt, der verlorengehende Krieg brach immer wieder in die
neuen Strukturen ein, veränderte sie oft bis zur Unkenntlichkeit[95], aber es kommt
nicht von ungefähr, daß die Marine formal und – vor allem – mentalitätsmäßig bis
zum Schluß vollkommen »intakt« blieb. Hitler konnte sich auf die Männer um
Dönitz hundertprozentig verlassen, und dies auch noch zu einem Zeitpunkt, als
Persönlichkeiten wie Göring und Himmler bereits eigene Wege gingen[96].

All dem haftete ein Zug von Fanatisierung an, aber dieser Fanatismus war zugleich sublimiert und rationalisiert, am besten in der Person von Dönitz selbst.
Dieser wußte, daß Hitlers Götterdämmerungspathetik, die sich in den berüchtigten
»Nerobefehlen« niederschlug, keineswegs der Räson des Nationalsozialismus entsprach, wie die »jungen« Leute in der »Bewegung« ihn verstanden. Zwar dachten
auch Speer und Dönitz in rassistischen Vorstellungen, sie gingen aber nicht so weit
wie die Vertreter der »alten Garde« in der Partei. Dönitz wußte, daß das deutsche
Volk auch nach der Niederlage weiterexistieren würde[97], und wenn Speer schon im
Spätherbst 1944 unauffällig, aber wirksam auf dem wirtschaftlichen Sektor die
Weichen für die Nachkriegszeit zu stellen begann[98], so sorgte Dönitz dafür, daß es
nicht zu der von Hitler gewünschten demographischen Katastrophe, eben nicht zu
einem Genozid an den Deutschen kam[99]. Dönitz rettete Ostflüchtlinge nicht etwa,
weil er gegen den Nationalsozialismus gewesen wäre, sondern eher umgekehrt
wohl aus der Überzeugung heraus, daß nur ein gläubiger Nationalsozialist solche
Leistungen vollbringen könne[100].

Aus diesen Bemerkungen ergibt es sich schon: War der Modernisierungsschub
in der Marine, war ihr »Durchhalten«, war ihr »Intaktbleiben« wirklich etwas Rüh-
menswertes? Oder doch nur Ausdruck einer besonders gelungenen Spielart eines
»modernen« Nationalsozialismus? Und die Überwindung des maritimen Denkens
Raederscher Provenienz: War das Ausdruck eines zeitgemäßen Denkens oder
doch nicht auch das Überbordgehen einer hundertjährigen Tradition, die die Marine und auch das deutsche Volk geprägt hatte?

Natürlich war die Dönitzsche Marine effektiver, tüchtiger als die Dinosaurier-
flotte eines Tirpitz oder eines Raeder. Natürlich funktionierte die Kriegsmarine
1945 weit besser als die Kaiserliche Marine im November 1918. Aber darf man

darauf wirklich so stolz sein? Dies sei zugegeben: Es handelt sich bei der Bewertung der Kriegsmarine im »maritimen Dritten Reich« um ein kompliziertes dialektisches Syndrom, einfache Antworten gibt es nicht. Aber muß nicht gerade dies Anlaß zu neuem Nachdenken werden – über den Zusammenhang zwischen militärischen Erfordernissen und politischer Moral, dem Wert des Vergangenen und der Verheißung der Zukunft, der Nützlichkeit und der Verantwortlichkeit, ja und eben doch über das Wesen des maritimen Denkens, eines Denkens jenseits von Mahan und Mackinder, Tirpitz und Raeder, Hitler und Dönitz?

Auszüge aus den Diskussionsbeiträgen vom 9. Januar 1985[101]

Flottillenadmiral Klaus-Jürgen Steindorff:

Wenn ich an die Ausführungen der Historiker in den letzten Jahren, besonders über die Zeit 1943 bis 1945, zurückdenke, komme ich heute zu der Auffassung, daß wohl hier der erste Einstieg versucht wird, diese Jahre, im Grunde genommen sind es ja nur die zwei ab 1943 bis zum Ende, die Sie besonders meinen, historisch aufzubereiten. Was mich an Ihrem Vortrag interessiert, ist einerseits Ihre Aussage »Die Wandlung hat man damals gar nicht gemerkt« – und viele sitzen hier sicher unter uns, die dazugehören –, und andererseits, wie Sie in wirklich kühnen Strichen Dinge aufzeigen, die in diesen zwei Jahren offensichtlich noch gemacht worden sind. Wo und in welchem Bereich ist dies eigentlich geschehen?

Professor Dr. Michael Salewski:

Zum Problem: »Das hat man gar nicht gemerkt.« Das ist in der Tat richtig. Wir müssen von einigen statistischen Grundgegebenheiten ausgehen. Die Marine umfaßte auf dem Höhepunkt des Krieges mehr als 800 000 Angehörige. Die große Masse dieser Marineangehörigen, einschließlich der Offiziere, ist im Alltag des Krieges voll eingesetzt und verbraucht worden und hatte keine Gelegenheit, sich mit Problemen zu beschäftigen, wie sie an der Spitze der Marine- und Staatsführung tatsächlich ab 1943 in den Mittelpunkt des Interesses geraten sind. Man muß sich also vor dem Trugschluß hüten, das habe man selbst ganz anders erlebt.

Die Generation, die damals die Frontdienststellen besetzt hat, konnte die Dinge gar nicht anders sehen. Gelegentlich – und wir haben zumindest einen unter uns, der das noch weiß, nämlich Admiral Johannesson – drang das eine oder andere durch, und es kamen Zweifel:

Ist das alles so richtig, was der Raeder macht, was der Dönitz macht? Aber das hat niemals zu einer substantiellen Kritik oder auch nur zu einer substantiellen Diskussion geführt; selbst die Historiker haben wegen der ab 1943 schlechter werdenden Aktenlage die größten Schwierigkeiten, diesen Aspekt faßbar zu machen. Sehr viele Gespräche zwischen Dönitz und Speer sind überliefert. Viele aber auch nicht. Und es ist nicht einfach, aus diesen Bruchstücken jenen Transformationsprozeß zu rekonstruieren der in der Tat ab 1943 eingesetzt hat. Was ist geschehen?

Ich will nur einige Stichworte nennen. Eine beachtliche, ja imponierende Leistung war es, die »Idee Flotte« im Jahre 1943 so zu entwickeln, daß sie bis heute noch Bestand hat. Das Flottenbauprogramm von 1943, das unter der tatkräftigen Führung von Dönitz und Speer verabschiedet wurde, hatte mit den Flottenprogrammen, wie sie bis dahin in der deutschen Marinegeschichte üblich waren, nicht mehr das Geringste zu tun. Hier entsteht in der Konzeption eine ganz moderne Kleinbootflotte, und auch Organisation sowie Logistik dieser Flotte verweisen bereits auf Strukturen, wie sie uns heute ganz bekannt, die damals aber neu entwickelt worden sind.

Die Vorstellungen des Sektionsbaues, die bis hinauf in die obersten Vier-Jahres-Plan-Behörden damals entwickelt worden sind – Admiral Ruge könnte viel dazu sagen – gehorchten ganz modernen Planungsprinzipien, wie es vorher eben nicht gegeben hat. Und das ließe sich auf den verschiedensten anderen Feldern sicherlich auch nachweisen, beispielsweise in der Ausbildung von Marineoffizieren. Auch diese wird neu strukturiert, neu organisiert, effektiver gestaltet, obwohl sie kürzer wird. Und all dies, wenn man es zusammennimmt, verwandelt die Marine mitten im Kriege zu einer neuen. Deswegen ist diese Marine am Ende 1945 von ihrer Funktion her auch leistungsfähig geblieben, und das ist das große Verdienst von Dönitz. In diesem Punkt ähnelt er sehr stark Tirpitz.

Wenn heute vormittag die spekulative Frage auftauchte, was wäre denn gewesen, wenn Tirpitz Reichskanzler geworden wäre, könnte man vielleicht damit antworten: Einer seiner Nachfolger ist es geworden – Dönitz.

Dönitz hat in der Tat ein ähnliches Charisma entwickelt, wie das für bestimmte Epochen und auf bestimmten Feldern bei Tirpitz zu beobachten ist.

Kapitän zur See a.D. Rolf Güth:

Ich bin zitiert worden, ohne vorher gefragt worden zu sein, daher muß ich etwas erklären. Den Ausspruch, den der »Reichsführer SS« Himmler tat, richtete er auf dem Flur der Marinesportschule, dem Sitz der Reichsregierung, an mich. Ich war damals Oberleutnant zur See und als Ordonnanzoffizier dem Korvettenkapitän Lüdde-Neurath zugeordnet. Wir standen dort mit mehreren Offizieren mit durchgeladener Pistole während des Besuches von Himmler beim Großadmiral. Als Himmler wieder aus der Tür kam, sagte er den von Professor Salewski zitierten Satz. Wenn ich dem Vortrag von Herrn Professor Salewski folge, dann war das »eine fürchterliche Katastrophe«. So haben meine Kameraden und ich das gar nicht empfunden.

Ich war in einer guten »Schule« gewesen: als Wachoffizier in der 4. Z-Flottille bei Kapitän zur See Johannesson und im letzten Kriegshalbjahr an der Marineschule Mürwik als Gruppenoffizier bei Korvettenkapitän Schuhart als Abteilungskommandeur.

Ich darf heute sagen, daß diese beiden Offiziere nicht nur mein Denken über die sich abzeichnende Entwicklung dieses Krieges bestimmt haben, sondern das Denken vieler Kameraden. Ich glaube jetzt, mich besinnen zu können: Als ich am Abend dieses 6. Mai den zitierten Satz in mein kleines Tagebuch schrieb, geschah es deswegen, weil ich eigentlich bestätigt wurde in der »Schule«, die uns geprägt hatte: eine klassisch-humanistische Bildung. Goethe sagt in »Hermann und Doro-thea«: »Denn der Mensch, der zur schwankenden Zeit auch schwankend gesinnt ist, der vermehrt das Übel.« Ich glaube, daß dieses Denken uns damals bestimmt hat. Es war eine schwankende Zeit. Das wußte ich mit 25 Jahren und nach über 5½ Jahren Krieg. Aber »schwankender Sinn« konnte das Übel nur vermehren. – Und merkwürdigerweise kam nun aus dem Munde eines mir bis dahin nur dem Namen nach bekannten, sehr hoch gestellten Repräsentanten des Dritten Reiches, der übrigens sehr gedrückt aus dem Zimmer des Großadmirals trat, dieser Aus-spruch. Dies muß der Grund gewesen sein der mich veranlaßte, ihn aufzuzeich-nen. Ich sehe Himmlers Gesicht noch vor mir, das er auf mich richtete, obwohl er mich gar nicht bewußt ansprach.

In schwankender Zeit nicht schwankend gesinnt zu sein, darüber sollten wir, wenn wir die zwei letzten Jahre des Krieges unter dem Großadmiral Dönitz be-trachten, einmal nachdenken. Wir dürfen mit heutigen Denkkategorien wohl nicht daran gehen, und es ist außerordentlich schwer, in der Beurteilung jener Zeit nun zu Antworten oder gar zu einer Patentlösung zu kommen.

Vizeadmiral a.D. Paul Hartwig:

Ich bin Ende 1942 in Gefangenschaft gekommen, war U-Bootkommandant im Kriege und habe heute eine völlig neue Version erfahren über das Marineoffizier-korps ab 1943. Ob Sie recht haben, kann ich natürlich nicht beurteilen, weil ich ja nicht hier war. Ich kann es nur hinnehmen, daß es wohl so ist, weil Sie ja die Un-terlagen sorgfältig geprüft und auch gewogen haben. Nur bin ich überrascht, daß dieses Offizierkorps, so wie ich es bis 1942 kennengelernt habe, so hoffnungslos unkritisch gewesen sein soll. Warum bin ich selbst – und das zu sagen bin ich auch unserer Generation schuldig – 1942 als U-Bootkommandant aus der Sorge, daß wir den Krieg nicht gewinnen können, nicht nach Hause gefahren, um meinen Urlaub zu genießen, sondern in Berlin im Oberkommando der Kriegsmarine ge-wesen? Mich hat die Sorge bedrückt, wie geht das mit einem Krieg zu Ende, den wir – nach meiner Sicht – nicht gewinnen konnten. Ich hatte ein ganz ernsthaftes stundenlanges Gespräch mit dem damaligen Kapitän zur See Assmann, um ihn auf diese unsere Sorge der Frontoffiziere, wie ich das damals formulierte, aufmerksam zu machen.

Und nun erfahre ich von Ihnen heute, wie das Offizierkorps sich nachher ent-wickelt haben soll. Das hat mich tief betroffen.

Professor Dr. Michael Salewski:

Kapitän Güth hatte eben einleitend in seinem Beitrag bemerkt: Wir haben das nicht als Katastrophe empfunden, ganz im Gegenteil; wir haben das Durchstehen dieser Zeit als positiv empfunden. Ich glaube, daß diese Auffassung von den mei-sten damaligen Offizieren geteilt worden ist, und das ist eine Tatsache, die auch keiner besonderen Erklärung bedarf.

Ich hatte in einem anderen Beitrag bereits darauf hingewiesen, und auch mein Vortrag versuchte das deutlich zu machen, daß diese Wandlung in der kurzen zur Verfügung stehenden Zeit, es sind ja im Grunde nur wenige Monate gewesen, weder rasch noch in der Breite nach unten durchdringen konnte. Die Entwicklungen, die sich anbahnten und die ich in der Tat zu erkennen vermeine, vollziehen sich im Führerhauptquartier, im »Haus der Marine«, in den Lagebesprechungen zwischen Dönitz und Hitler und ansatzweise auch in der Seekriegsleitung.

Das läßt sich aktenmäßig belegen. Ich habe versucht, dies im zweiten Band der »Seekriegsleitung« zu tun. Das Problem, um das es hier geht und das Sie betroffen macht, Herr Admiral, ist ein anderes. Es besteht darin, daß in einer Phase des Krieges, in der der Verlust des Krieges für viele als drohendes Gespenst aufsteht, es eine Marineführung gibt, die es durchaus versteht, alles aus den ihr unterstellten Soldaten und Offizieren herauszuholen. Die ungeheuren blutigen Verluste der U-Bootwaffe nach 1943 verweisen ja darauf, daß dieses Offizierkorps – man muß sagen bedingungslos todesverachtend – gehorchte, nämlich dem Befehl seiner Führung gehorchte. Das war eine Leistung, die von niemandem bezweifelt oder in Abrede gestellt wird, weder von den eigenen Landsleuten, geschweige denn von den Gegnern; ihr hinzuzufügen ist die Leistung auf den Feldern der Organisation und der Rüstung.

Was aber war der Zweck? Was war die Raison dieser Leistung? Die Raison war nicht etwa das Ziel einer Kriegsbeendigung zu einem Zeitpunkt, wo es vielleicht noch eine Chance gegeben hätte, glimpflicher davonzukommen, sondern das Ziel war das Durchhalten um jeden Preis. Und wenn es sein mußte, bis 5 nach 12. Dieser Umstand machte es so schwierig, das Verhalten der Marineführung einerseits und das Verhalten der Geführten in der Marine andererseits sozusagen »unter einen Hut« zu bringen. Ja, es ist schier aussichtslos. Man muß als Historiker immer wieder darauf hinweisen, daß man zwischen den tatsächlich erbrachten Leistungen auf den verschiedensten Feldern und den politischen Grundüberzeugungen, die hinter diesen Leistungen auf seiten der politischen Führung gestanden haben, differenzieren muß. Ich stehe aber nicht an, Dönitz zum Kreis der politischen Führung – zumindest in der Schlußphase – hinzuzurechnen.

Daß diese politische Führung verbrecherisch war, macht das Problem so brisant. Das hatte es in der deutschen Geschichte bislang nämlich nicht gegeben, daß die Staatsführung selbst, die Repräsentanz des Staates, verbrecherisch war. Dies sich vorzustellen, fiel vielen schwer. Raeder selbst hat das gar nicht nachvollziehen können, und ich glaube, daß er recht hat mit seinen Beteuerungen nach 1945, er habe gar nicht geahnt, gar nicht gewußt! Warum? Eben weil es unvorstellbar war! Hier war eine jener Kategorien im Spiel, die es bisher in der deutschen Geschichte nicht gegeben hatte. Ich habe in meinem Vortrag anzudeuten versucht, daß man an diesem Punkt weiterdenken muß:

Es gibt im Nationalsozialismus Entwicklungen, die mit den herkömmlichen Kategorien, seien es solche staatspolitischen Denkens oder sittlichen Handelns, eben nicht mehr zu begreifen sind. Deswegen waren Sie die Verführten, die Betrogenen.

Fregattenkapitän Volker Klein:

Sie haben davon gesprochen, daß nach dem Wechsel Raeder/Dönitz im Januar 1943 innerhalb der Marine ein Wandel der ethischen Begriffe eingetreten sei. Ich würde es begrüßen, wenn Sie diesen Punkt noch etwas konkreter und nicht nur mit dem Beispiel einer Person erläutern könnten. Oder steht die Person Dönitz generell für die Mehrheit der damaligen Marineoffiziere?

Professor Dr. Michael Salewski:

Ja. Dönitz hat – und hier kann man sehr konkret werden – nach dem 20. Juli 1944 in einer Ansprache innerhalb des OKM, am 24. August 1944 (ich habe das Dokument im 2. Band der »Seekriegsleitung« abgedruckt) Formulierungen gefunden, die darauf hinweisen, daß er andere ethische und sittliche Prinzipien fortan verpflichtend wissen wollte als jene, die bisher Gültigkeit besessen hatten.

Dieses Schriftstück ist hinunter bis zu den einzelnen Flottillen gegangen. Alle Exemplare, bis auf eines, auf das mich dankenswerterweise ein englischer Archivar aufmerksam gemacht hat, sind in den Akten nicht mehr auffindbar. Dieses einzige erhaltene Exemplar trägt aber den Verteiler. Das ist ein Beispiel. Ein zweites ergibt sich aus den ab 1944 in mehr oder weniger regelmäßiger Folge von Dönitz herausgebrachten – wie ich sie nennen möchte – Durchhalteparolen. Auch in diesen finden Sie Formulierungen und Einschätzungen, die mit den bisher gültigen soldatischen Vorstellungen kaum noch etwas zu tun haben. Ich kann sie Ihnen nicht im einzelnen zitieren. Sie finden sie teilweise in der »Seekriegsleitung« zitiert, teilweise sind sie in den Akten zugänglich die sich im Bundesarchiv-Militärarchiv (Freiburg) befinden.

Das Problem, das natürlich in Ihrer Frage impliziert ist, lautet: wie hat denn nun die Front auf all dies reagiert? Ich habe bei meinen Untersuchungen festgestellt, daß man in der Regel diese Durchhaltesprüche von Dönitz in den Papierkorb geworfen hat. Das war die gleichsam »normale« Reaktion, und von daher meine ich, daß diese Indoktrinierungsversuche von der Spitze her nicht besonders tief nach unten gedrungen sind. Dennoch läßt sich nicht verhehlen, daß es auch innerhalb der Seekriegsleitung ab 1944 immer wieder zu – wie ich es nennen möchte – atmosphärischen Erschütterungen des sittlichen Weltbildes kommt. Beispielsweise gibt es Erörterungen im Zusammenhang mit dem 20. Juli 1944, die sehr fragwürdig sind. Jürgen Rohwer hat in seinen Untersuchungen über die jüdischen Flüchtlingstransporter im Schwarzen Meer ja auch einige Aktenstücke eingebracht, die sehr bedenklich stimmen. Also es kriselt ansatzweise.

Aber ich möchte nicht so weit gehen zu behaupten, daß diese Umwandlung aller Werte und aller Begriffe, wie sie in der zweiten Phase des Nationalsozialismus versucht wurde, nun die Marine in ihrer Gänze ergriffen und durchseucht hätte. Das ist nicht der Fall! Allerdings, daß die Marine eben bis zum Schluß so funktionierte, deutet natürlich darauf hin, daß es hier doch eine gewisse Harmonisierung gegeben hat zwischen dem, was die Führung wollte, und dem, was die Front getan hat. Die Front hatte zu gehorchen, das hat sie getan. Sie hat aber eben auch einem Mann gehorcht, der schon jenseits der Tradition war, die bis dahin Geltung in der deutschen Marine gehabt hatten.

Flottillenadmiral Willi Krauß:

Sie haben die Marine im Jahre 1945 – ich versuche nicht zu wiederholen – als eine nationalsozialistische Marine dargestellt, es ist ja auch wiederholt worden, wie Sie es gemeint haben. Dies sei dahingestellt. Ich knüpfe daran folgende Frage: Führt die vorgetragene Sichtweise nicht dazu, daß der Begriff des Nationalsozialismus nunmehr einen neuen Inhalt bekommt und – auch wenn wir uns angewöhnt haben zu denken, daß der Nationalsozialismus eine – im Grunde genommen – ekelerregende Phase der deutschen Geschichte gewesen ist –, daß der nun Züge annimmt, die wir heute wertschätzen? Ich möchte dazu sagen: Ich bin nach 1935 geboren und habe deshalb vom Krieg nur die Bombenangriffe miterlebt – und ich habe eine lebendige Vorstellung.

Ich kenne die Kriegsmarine nur aus den Berührungen mit den Offizieren, die in jener Marine gedient haben. Ich glaube daß ich deren Wertvorstellungen kenne, und ich glaube auch einschätzen zu können, wie die Jahre nach 1945 auf diese gewirkt haben. Für uns – die Nachkriegsgeneration – stellt sich die Kriegsmarine am Ende dar als eine an Effizienz orientierte, vielleicht sogar ein bißchen technokratisch gewordene, von Träumen globaler Art freie Gruppierung, die sich – ich glaube kaum, daß man es nüchterner sagen könnte – für die Erhaltung des staatlichen Gebildes Deutschland einsetzt, und dann dafür – bis zum letzten Kriegstag – das Beste aus der Sache zu machen versucht.

Wenn Sie diese Haltung in die Nähe des Nationalsozialismus bringen und es also einen typischen Zug des Nationalsozialismus nennen, sich so zu verhalten, dann fangen wir an, Nationalsozialismus umzuwerten. Das halte ich für sehr gefährlich, denn ich möchte im Grunde genommen diese Diskussion nicht eröffnen, in welcher Art man nationalsozialistisch sein darf, legitimerweise oder nicht, um es ganz pointiert zu bringen.

Professor Dr. Michael Salewski:

Ich bin Ihnen außerordentlich dankbar für diese Frage, die genau den Punkt des Problems, den nervus rerum, trifft. Das ist in der Tat die Frage: wir haben ein Bild, ein landläufiges Bild vom Nationalsozialismus, das diesen als eine ekelerregende, verachtenswerte, bösartige Mutation der Geschichte ausweist. Und dieses Bild ist sicherlich nicht verkehrt. Es läßt sich nun aber nicht leugnen, daß es gerade in der letzten Phase des Nationalsozialismus durchaus auch Persönlichkeiten gegeben hat, die überzeugte Nationalsozialisten, gleichzeitig aber – so habe ich es ausgedrückt – keine Steinzeitfaschisten, keine Röhmtypen, sondern bloß Technokraten waren. Ein Prototyp ist beispielsweise Speer gewesen; und Dönitz stellte ich in die gleiche Richtung. Hier ergibt sich folgendes Problem:

Wir als Historiker sind verpflichtet, auch den Nationalsozialismus so darzustellen, wie er gewesen ist, und wir haben uns redlich Mühe gegeben, den Nationalsozialismus in seiner Entsetzlichkeit zu entlarven. Wir können aber nicht sozusagen die Augen davor verschließen, daß es auch innerhalb des Nationalsozialismus bestimmte Dinge gegeben hat, die bedenkenswert waren, und daß es vor allem Persönlichkeiten gegeben hat, die bis in die höchsten Staatsstellungen aufstie-

gen, ohne zur Kategorie jener verbrecherischen Typen zu gehören, die in der
Frühphase des Nationalsozialismus tonangebend waren. Daraus ergibt sich das in
der Historie bekannte Phänomen, daß revolutionäre Bewegungen sich abschwä-
chen, sozusagen die verbrecherische Phase durchlaufen, um dann in ein etwas
ruhigeres Fahrwasser zu geraten. Ich habe in meinem Vortrag zum Schluß angedeutet, wie das möglicherweise ausgesehen hätte unter einem Führer Dönitz.

Oder handelt es sich bei den Leuten um Speer und Dönitz sogar um eine »Widerstandsbewegung« innerhalb des Nationalsozialismus? – Sozusagen um den
Versuch, die Partei von innen aufzubrechen, um sie dann zu etwas ganz anderem
zu machen? Diese Fragen sind in der Forschung – soweit ich es beurteilen kann –
überhaupt noch nicht behandelt worden. Man ist bisher noch viel zu sehr darauf
fixiert, den Nationalsozialismus als eine mehr oder weniger in sich geschlossene
Weltanschauung mit einem Handlungsmuster zu begreifen und zu beschreiben,
ohne diese Wandlungen, die gerade in der zweiten Phase an den verschiedensten
Punkten sichtbar werden, zu berücksichtigen.

Sie haben mit Recht gesagt, daß solche Gedanken sehr gefährlich sind. Das sehe ich genauso. Wir geraten in Verdacht und riskieren den Beifall von der falschen
Seite, wenn wir andeuten, daß dies und jenes zur Zeit des Nationalsozialismus
möglicherweise anders, und zwar positiver bewertet werden muß als bisher. Aber,
so wie wir nach 1945 als der Wahrheit verpflichtete Historiker nicht darauf geachtet haben, von welcher Seite der Beifall kam, müßte es auch jetzt sein.

Kapitän zur See Walter Günther:
Mir geht es jedesmal so, wenn ich einen Vortrag von Ihnen höre oder etwas
von Ihnen lese: Ich bin fasziniert. Aber kurz danach kommt bei mir auch immer
ein »Aber«. Und mein »Aber«, meine Zweifel und Fragen, möchte ich wie folgt
begründen: Sie haben von der historischen Wahrheit gesprochen. Wir sind uns alle
darüber klar, daß es immer nur eine möglichst große Annäherung an die Objektivität gibt, absolute Objektivität werden wir alle niemals erreichen, denn wir sind
Menschen. Jeder ist also – sei es bei der Frage der Wahrheit der Historie wie bei
Beurteilungen von Offizieren – maximal oder optimal objektiv, aber eine Nuance
Subjektivität steckt in jedem. Sie haben eine Menge Dinge gesagt, zu denen ich so
viel Stoff hätte, daß ich mit Ihnen sicherlich viele Abende darüber diskutieren
könnte. Ich möchte nur eine Nuance andeuten, das ist z.B. der gesamte Komplex
»Technologie«. Zu diesem Zeitpunkt waren es nicht die Nazis – also weder Dönitz
noch Speer –, die irgend etwas ganz Neues erfunden hatten, sondern die technologische Entwicklung zu diesem Zeitpunkt war reif für eine Serienfertigung dieser
Art, z.B. im U-Bootbau. Anders hätten wir die Boote auch in diesen Riesenstück-
zahlen gar nicht bewältigen können. Das hat mit einer eventuell tendenziös partei-
politisch geprägten Marineführung herzlich wenig zu tun. – Noch eine abschließende Frage: Halten Sie es für möglich, daß es andere genau so um die historische
Wahrheit bemühte Historiker wie Sie gibt, die möglicherweise zu anderen Interpretationen der vorliegenden Dokumente gelangen?

Kapitänleutnant Heinrich Franzen:

Dieser Vortrag hat mich als jüngeren Offizier, der erst nach dem Krieg aufge-
wachsen ist, fasziniert. Er rückte die Marine in ein neues Licht, und ich meine,
damit kann man auch als Marinesoldat ganz gut leben. An keiner Stelle wurde der
Respekt vor Tapferkeit oder Pflichtbewußtsein in Frage gestellt. Aber wir müssen
uns – gerade wir als jetzige Soldaten – die Frage stellen: Reichen Pflichtbewußtsein
und Tapferkeit allein aus? Man muß auch fragen wofür. Und diese Frage nach dem
»Wofür« kann ich – nach dem, was ich heute gehört habe und was ich auch aus
anderer Literatur weiß – nur so beantworten: Die deutschen Soldaten sind mißbraucht worden. Das tut mir für die Betroffenen leid. Ich habe wesentliche Erkenntnisse über diese Zeit unlängst gewonnen durch das Buch von Peter Padfield
»The last Führer«, oder wie das im Deutschen etwas reißerisch heißt, »Des Teufels
Admiral«, und da kann ich nur sagen, was dort an Dönitz-Reden usw. abgedruckt
ist, ist schockierend; für mich bleibt nur die Forderung an alle, auch heute und in
Zukunft sich nicht so verführen zu lassen. Das ist wichtig!

Vizeadmiral a.D. Paul Hartwig:

Sind Sie der Überzeugung, wirklich der Überzeugung, daß der Großadmiral
Dönitz sich schon relativ früh als der Nachfolger Hitlers gefühlt hat? Und sind Sie
der Überzeugung, daß Dönitz nicht erkannt hat, vielleicht vor 1943, daß dieser
Krieg nicht mehr zu gewinnen ist? Ich habe eine Denkschrift von ihm aus dem
Jahre 1942 gelesen, in der er jedenfalls sehr eindeutig dargelegt hat, daß er mit
seinem U-Bootkrieg keine Entscheidung herbeiführen könne, da die Alliierten
mehr Schiffe bauen konnten, als wir versenken, und die deutsche Marine nicht so
viele U-Boote zu bauen vermochte, wie die Alliierten versenkten.

Noch einmal zu der nationalsozialistischen Haltung der Marine gegen Ende des
Krieges: die Marineoffiziere, die ich in der Gefangenschaft kennengelernt habe,
machten nicht den Eindruck, daß sie vom Nationalsozialismus geritten wären. Ich
meine, daß die Marine durchdrungen war von dem Gedanken, eine nochmalige
Revolution wie November 1918 zu verhindern. Von diesem Gedanken war Großadmiral Raeder zutiefst durchdrungen. War dieses Durchhalten auch der Marine
eine nationalsozialistische Geisteshaltung, oder war es nicht einfach Pflichterfüllung des deutschen Soldaten in Marineuniform?

Professor Dr. Michael Salewski:

Ich möchte auf die Probleme, die hier angesprochen worden sind, so knapp
wie möglich eingehen. Zum Problem der Objektivität, wie es Kapitän Günther
angesprochen hat: Es ist dem Historiker sattsam bekannt, daß es die absolute Objektivität nicht gibt, erkenntnistheoretisch und philosophisch überhaupt nicht geben kann. Das kennzeichnet die Geschichtswissenschaft als eine Geisteswissen-
schaft.

Was die Serienfertigung der U-Boote angeht, so ist es hochinteressant zu beobachten, daß diese eben zu einem Zeitpunkt vorgenommen wurde, als sie im wesentlichen nicht mehr klappen konnte. Lesen Sie bitte das KTB von Admiral Ruge,

der damals praktisch Tag für Tag sein Klagelied anstimmte, daß das alles nicht gehe, alles überstürzt sei. Vor allem infolge der Luftangriffe konnte es ja passieren, daß ein Bauteil vernichtet wurde, womit eine ganze Serie auf unabsehbare Zeit ausfiel. Das heißt, diese Serienfertigung war aus der Not der Zeit geboren. Hätte man mehr Zeit und mehr Möglichkeiten gehabt, wäre man gewiß nicht gerade 1943/44 auf diese Idee verfallen, als der Himmel über Deutschland den Alliierten offenstand. Dennoch war die Idee der Serienfertigung zukunftsträchtig! Das gilt auch für viele andere Dinge aus dem Bereich der Flotte, die hier aufzuführen im einzelnen zu weit gehen würde. Ich meine also schon und will das wiederholen, daß dieser Modernisierungsschub in der Marine ganz deutlich mit Dönitz einsetzt. Wer immer die Akten zwischen dem Januar 1943 und dem Mai/Juni 1943 liest, dem fällt auf, wie durch die ganze Marineführung sozusagen ein Ruck geht: Dönitz kommt nach Berlin, und nun werden die Ärmel hochgekrempelt. Das Alte fällt, das Neue kommt. Das geht bis in die Personalpolitik. Ohne Rücksicht auf irgendwelche Anciennitäten und Empfindlichkeiten wird der Mann an die Stelle gesetzt, wo er am effektivsten sein kann. Das hat in der Marine teilweise sehr böses Blut gemacht. Fehlgriffe gab es natürlich auch, aber das war in der Hektik der Situation eigentlich überhaupt nicht zu verhindern.

Was nun die Bemerkungen des Kapitänleutnants Franzen angeht, so kann ich dem eigentlich nur zustimmen. Tapferkeit und Pflichtbewußtsein, das sind militärische, aber eben nicht nur militärische Tugenden. Sie müssen einem Inhalt zugeordnet sein, sonst erscheinen sie mir leer. Dies ist eine Lehre, die wir nun in der Tat aus der deutschen Marinegeschichte, insbesondere der letzten beiden Jahre der Kriegsmarine, ziehen können.

Zur Frage von Admiral Hartwig: ab wann hat Dönitz geahnt oder gewußt, daß er Nachfolger von Hitler wird? Ich habe Dönitz selbst mehrfach darauf angesprochen, ihn gefragt, noch zu Zeiten, als er mit mir sprach. Er hat mir keine Antwort darauf gegeben, und ich glaube, daß er auch keine Antwort darauf geben konnte. Die Vorstellung, Nachfolger Hitlers zu werden, gehörte ebenfalls in den Bereich der schier Unvorstellbaren, insbesondere für einen Marineoffizier mit dem Werdegang von Dönitz. Was man aus den Akten feststellen kann, ist eben, daß in der Umgebung Hitlers offensichtlich Speer eine wichtige Rolle gespielt hat. Alles wies immer mehr auf Dönitz hin, und es ist erkennbar, daß Dönitz in der Schlußphase, also ab Januar/Februar 1945, immer enger an das Zentrum der Macht heranrückt. Wieweit er und wann er nun selbst davon überzeugt gewesen ist, Nachfolger Hitlers zu werden, weiß ich nicht. Die Akten lassen keine eindeutige Antwort zu.

Zur Frage, ab wann Dönitz mit dem Kriegsverlust gerechnet hat, läßt sich bemerken, daß Dönitz bekanntlich bereits zu Kriegsbeginn seine Offiziere zusammenrief und prophezeite, daß dieser Krieg sieben Jahre dauern werde. Er hat dies sich nicht gesagt, weil er glaubte, daß in sieben Jahren der Krieg gewonnen sei, sondern – wenn dieser Satz überhaupt einen Sinn geben soll – weil ihm ein Ausgang ähnlich wie im Siebenjährigen Krieg vorgeschwebt haben mag. Diese Auffassung von 1939 tritt aber, nachdem er OBM geworden war, hinter seine immer fanatischer werdenden Durchhalteparolen und hinter seine Überzeugung zurück, daß es irgendwie doch schon gehen werde. Auf diese Art und Weise kamen dann solche bedenklichen Entscheidungen zustande, wie sie mit den Begriffen Tunis, Kurland, »Scharnhorst« u.ä. verbunden sind. (Tunis: Räumung 1943; Kurland: Kessel 1944; »Scharnhorst«: Untergang 1943.) Sein Verhalten in diesen Fällen ist nicht gut erklärlich, wenn man davon ausgeht, daß Dönitz zu diesem Zeitpunkt eigentlich doch davon überzeugt war, daß der Krieg verloren war, wissen wir nicht. Er hat jedenfalls jeden Defaitismus – hier war er ein überzeugter Nationalsozialist – zurückgewiesen. Es gibt sogar einen Erlaß, der es verbietet, in dieser Richtung zu denken. Er selbst erweckte zumindest bis nahe zum Ende den Anschein, daß der Krieg nicht verloren sei. Was er selbst persönlich gedacht hat, das steht auf einem ganz anderen Blatt.

Sie haben das Problem Revolutionsfurcht angesprochen. Ich glaube, das ist ein sehr wichtiges Problem. Ich stimme Ihnen vollkommen zu. Raeder ist von dem Trauma von 1918 – wie mehrere Historiker es genannt haben – tief geprägt worden. »Nie wieder ein 1918. Das war der stille Schwur in der Marine«, so schreibt er in seinen Memoiren. Deswegen dieses eiserne Festhalten bis »5 nach 12« vor dem Hintergrund der Situation von 1918. Nur, dieses Durchhalten bis 5 nach 12 ist auch genuin nationalsozialistische Weltanschauung. Hitler hat bereits in den zwanziger Jahren und dann immer wieder darauf hingewiesen, daß es ja die »Novemberverbrecher« gewesen seien, die das deutsche Unglück provoziert hätten. Der Nationalsozialismus werde es dazu nie wieder kommen lassen. Hier ist die Kongruenz im Faktischen zwischen Revolutionsfurcht und Nationalsozialismus gegeben.

Diskussionsbeitrag von
Vizeadmiral a.D. Karl-Adolf Zenker
am 10. Januar 1985[102]

Ich bin einer der Ältesten hier im Raum, und ich habe die Reichsmarine, die Kriegsmarine und schließlich die Bundesmarine persönlich erlebt. Ich fühle mich also in vielen Fragen persönlich angesprochen. Ich möchte vorausschicken, daß wir in der Reichsmarine als junge Offiziere unpolitisch erzogen worden sind, daß wir ja auch der Verfassung nach weder das aktive noch das passive Wahlrecht gehabt haben. Wir wurden in diesen politischen Dingen außen vor gehalten. Aber wir haben in der Zeit, als der Nationalsozialismus heraufkam, nicht etwa alle schon begeistert geglaubt, hier kommt die große neue Bewegung, die Deutschland aus der schwierigen Situation, in die es durch den Versailler Vertrag und die Weltwirtschaftskrise hineingekommen war, herausführen würde. Wir haben durchaus damals darüber diskutiert, ob wir, wenn es zu bürgerkriegsähnlichen Situationen kommen sollte, auf die Nationalsozialisten schießen würden oder nicht. Das sind sehr ernsthafte Gespräche gewesen, die wir im Offizierkorps geführt haben. Und als dann der Nationalsozialismus an die Macht kam, haben wir ihn zunächst einmal, da er legal heraufkam, hingenommen und unsere Bedenken, die wir zum Teil gehabt haben, zurückgestellt, weil wir Anfangserfolge sahen, die wir miterlebten, aber auch solche, die auch vom Ausland anerkannt wurden.

Wir haben selbst erlebt, daß die Arbeitslosigkeit zurückging, daß der Klassenkampf praktisch aufhörte, daß wir, die wir auf den Werften von den Arbeitern früher beschimpft und zum Teil sogar angespuckt worden waren, nun von ihnen freundlich begrüßt wurden, daß man mit ihnen reden konnte wie mit vernünftigen Menschen, daß die sogenannte Volksgemeinschaft tatsächlich eine Art Wirklichkeit wurde. Und das hat unsere Skepsis, die wir nach dem Studium des Buches »Mein Kampf« zum Teil gehabt haben – ich selbst habe es jedenfalls damals gelesen –, dann etwas in den Hintergrund gerückt. Dies um so mehr, als wir nachher merkten, daß die außenpolitischen Erfolge vom Ausland gebilligt wurden. Die ganze Entwicklung war ja bis zur Eingliederung Österreichs noch so, daß sie zunächst noch nicht zu großen gewaltsamen Auseinandersetzungen zu führen schien. Wir haben, ich persönlich jedenfalls damals, nur die Angst gehabt, man würde politisch das Maß verlieren und würde den Bogen überspannen und dadurch in eine vielleicht gar nicht gewollte Kriegssituation hineinkommen, auf die wir noch nicht genügend vorbereitet gewesen wären.

Als dann aber Hitler mit Stalin den »Hitler-Stalin-Pakt« abschloß, sind wir an unserer eigenen Skepsis wieder zweifelhaft geworden und haben uns gefragt: Ist vielleicht alles das, was er in seinem Buche »Mein Kampf« niedergelegt hat – große Ausdehnung nach Osten usw. –, nichts als ein großer Bluff gewesen? Und so haben wir uns nicht veranlaßt gesehen, irgendwie aktiv zu werden. Die Frage des Widerstandes gegen die Führung hat sich uns dann im Kriege nicht mehr gestellt. Wir waren Soldaten, die in eine Aufgabe hineingestellt worden waren, und hatten unser Vaterland zu verteidigen. Das war ganz klar. Und die Frage, wie man sich zum Widerstand gegen Hitler verhalten sollte, ist eine Gewissensfrage gewesen, die an den einzelnen gestellt worden ist. Ich muß gestehen, daß ich persönlich mich ablehnend gegen die Idee eines Staatsstreiches verhalten habe. Ich bin im letzten Jahr des Krieges in der Seekriegsleitung gewesen und bin dort durch den Korvettenkapitän Kranzfelder, der nachher im Zusammenhang mit dem Attentat des 20. Juli schließlich auch hingerichtet worden ist, befragt worden, ob ich mich nicht zu einem Widerstand gegen das Regime entschließen könnte. Ich muß bekennen, daß ich damals allerdings so sehr in der Marinetradition gestanden habe, daß ich gesagt habe: »Es hat schon einmal eine Dolchstoßlegende gegeben, die dadurch entstanden ist, daß man gesagt hat, hätte die Marine die Revolution nicht gemacht, hätten wir den Krieg nicht verloren.« Ich habe gesagt: »Das nimmt die Marine zum zweiten Male nicht auf sich.«

Insgesamt möchte ich sagen, daß das gestrige Bild, das wir von der Marineentwicklung durch die Jahrzehnte bekommen haben, ja in vielen Punkten negativ gewesen ist. Nicht gewollt negativ, aber eben durch den Ablauf der Ereignisse. Ich möchte aber doch hinzufügen, daß die handelnden Personen der jeweiligen Perioden glaubten, nach ihrer Kenntnis der politischen Lage das Richtige und den Umständen Gemäße zu tun; daß zuweilen andere Auswirkungen dabei herausgekommen sind, als sie beabsichtigten, konnten die meisten nicht vorhersehen, und das ist ihnen auch kaum vorzuwerfen. Die Mehrzahl von ihnen hat nicht leichtfertig oder aus übersteigertem Ehrgeiz heraus gehandelt, sondern glaubte einer vaterländischen Pflicht zu genügen. Man sollte sich daher davor hüten, sie aus der nachträglichen besseren Kenntnis des Ablaufs der Geschichte heraus zu verurteilen. Sie waren schließlich auch nur Menschen ihrer Zeit mit menschlichen Unzulänglichkeiten, wie wir es auch sind. Wirklich geniale Führerpersönlichkeiten, die den großen Überblick und das Gespür für das im Völkerleben Mögliche und Durchsetzbare haben, sind selten gewesen, und ich muß zugeben, die Marine ist mit ihnen nicht übertrieben gesegnet gewesen.

Anmerkungen

* Dieser Beitrag erschien erstmalig in dem Band: Die deutsche Flotte im Spannungsfeld der Politik 1848 bis 1985. Vorträge und Diskussionen der 25. Historisch-Taktischen Tagung der Flotte 1985, hrsg. vom Deutschen Marine Institut und vom MGFA, Herford 1985 (= Schriftenreihe des Deutschen Marine Instituts, Bd 9), S. 113–139, Diskussionsbeiträge, ebd., S. 139–152. Ein unveränderter Nachdruck (ohne Diskussionsbeiträge) erschien in: Michael Salewski, Die Deutschen und die See, hrsg. von Jürgen Elvert und Stefan Lippert, Stuttgart 1968 (= HMRG, Beiheft 25), S. 228–245. – Der Beitrag war 1985 der Versuch, eine zwanzigjährige wissenschaftliche Beschäftigung mit dem Thema zusammenzufassen, aber auch mit neuen Fragen weiterzuführen. Es war daher unvermeidlich, häufig auf eigene Arbeiten zurückzugreifen. Bei dieser erneuten Veröffentlichung wurden Veränderungen und Ergänzungen im Text bewußt vermieden. Es sei jedoch verwiesen auf eine Auswahl der Diskussionsbeiträge von 1985 am Ende des vorliegenden Beitrags.

1 Forderungen der Seekriegsleitung (Skl.) vom 31.7.1941, in: Michael Salewski, Die deutsche Seekriegsleitung 1935–1945, 3 Bde, Frankfurt a.M., München 1970—1975, Bd 3: Denkschriften und Lagebetrachtungen 1938–1944, S. 135.

2 Carl-Axel Gemzell, Raeder, Hitler und Skandinavien. Der Kampf für einen maritimen Operationsplan, Lund 1965, S. 217 ff.; Jochen Thies, Architekt der Weltherrschaft. Die »Endziele« Hitlers, 2. Aufl., Düsseldorf 1976, S. 131; siehe auch die faksimilierte Beilagenkarte in Salewski, Die deutsche Seekriegsleitung (wie Anm. 1), Bd 3.

3 Vgl. Helmut Heiber, Der Generalplan Ost, in: Vierteljahrshefte für Zeitgeschichte (VfZG), 6 (1958), S. 281–325; Heinz Höhne, Der Orden unter dem Totenkopf. Die Geschichte der SS, München o.J., S. 291, zitiert Himmler: »Es ist die größte Siedlungstat, die die Welt je gesehen haben wird, zugleich verbunden mit der höchsten und notwendigen Aufgabe, dem Schutz der abendländischen Welt vor dem asiatischen Einbruch.«

4 Klaus Hildebrand, Vom Reich zum Weltreich. Hitler, NSDAP und koloniale Frage 1919–1945, München 1969, S. 624 ff.; Konzept für die »Neuordnung« der Welt. Die Kriegsziele des faschistischen deutschen Imperialismus im Zweiten Weltkrieg, von einem Autorenkollektiv unter Leitung von Wolfgang Schumann, Berlin-(Ost) 1977, S. 45: hier eine Afrikakarte nach dem Skl.- und dem Etzdorf-Plan.

5 Für das Stichdatum 1950 sprechen verschiedene Äußerungen Hitlers, ebenso die Raedersche Abzeichnung der Weltkarte von 1941 in: Salewski, Die deutsche Seekriegsleitung (wie Anm. 1), Bd 3, mit »19...«. Für 1956 als letztmöglichen Termin spricht die Flottenbauplanung von 1940: Vom Entwurf bis zur Fertigstellung der Mammutflotte (60–80 Großkampfschiffe) müssen mindestens 15 Jahre gerechnet werden.

6 Otto Basil, Wenn das der Führer wüßte, Wien, München 1966 – hier der satirische Entwurf eines »siegreichen« Nationalsozialismus. Ähnliches findet man bei Philip K. Dick, The Man in the High Castle, deutsch: Das Orakel vom Berge, Bergisch Gladbach 1980. Hier haben die Nationalsozialisten auch die USA erobert. Daß sich die Science Fiction mit derartigen Sujets befaßt, weist auf den teilweise phantastischen und illusionären Charakter derartiger Planungen hin. Daß man sie ernster nehmen muß, als dies lange Zeit der Fall war, fordert Gerhard Schreiber, Revisionismus

und Weltmachtstreben. Marineführung und deutsch-italienische Beziehungen 1919 bis 1944, Stuttgart 1978 (= Beiträge zur Militär- und Kriegsgeschichte, Bd 20).

7   Vgl. dazu die Belege im einzelnen bei Salewski, Die deutsche Seekriegsleitung (wie Anm. 1), Bd 1, S. 234; Bd 2, S. 72–106; Bd 3, S. 105–136.

8   Die meisten stammen aus den Marineakten und sind in Salewski, Die deutsche Seekriegsleitung, Bd 3, abgedruckt. Dies darf nicht dahin mißverstanden werden, als habe nur die Marineführung sich mit Derartigem befaßt. Es ist vermutlich nur dem Verlust großer Teile der Überlieferung aus den Bereichen Heer, OKW und Luftwaffe zuzuschreiben, daß das »Weltmachtstreben« vor allem in der Marinegeschichte nachgewiesen werden kann. Zur Luftwaffe vgl. Horst Boog, Die deutsche Luftwaffenführung 1935 bis 1945. Führungsprobleme – Spitzengliederung – Generalstabsausbildung, Stuttgart 1981 (= Beiträge zur Militär- und Kriegsgeschichte, Bd 21).

9   Franz Halder, Kriegstagebuch. Tägliche Aufzeichnungen des Chefs des Generalstabes des Heeres 1939–1942, hrsg. vom Arbeitskreis für Wehrforschung Stuttgart, bearb. von Hans-Adolf Jacobsen, 3 Bde, Stuttgart 1964, Bd 3, S. 455. Der »Große Plan« war für sich genommen allerdings nicht hybrid, man muß ihn aber im Zusammenhang mit allen anderen Entwürfen sehen.

10 Salewski, Die deutsche Seekriegsleitung (wie Anm. 1), Bd 1, S. 8.

11 Zu den Einzelheiten und Hintergründen vgl. Michael Salewski, Von Raeder zu Dönitz. Der Wechsel im Oberbefehl der Kriegsmarine 1943, in: MGM, 14 (1973), S. 101–146.

12 Erich Raeder, Mein Leben, Bd 2, Tübingen 1957, S. 248: »Dringend riet ich ab, die Sowjetunion anzugreifen. Unmöglich könne man den Rußlandpakt brechen, weil es unmoralisch wäre.« – In den Akten findet sich dieses moralische Argument nicht. S. 249: »Alle meine Mahnungen und Warnungen bei Hitler führten jedoch zu keinem Erfolg.« S. 251: »Ich wußte, daß die vielleicht wichtigste Entscheidung des Krieges gefallen war und daß sie gegen meinen Rat und meine Auffassung erfolgt war, über die ich Hitler durch meine eingehenden Vorträge nicht im Unklaren gelassen hatte.«

13 Das hatte ich schon früh abgezeichnet, vgl. die »Denkschrift der Seekriegsleitung über die Forderungen für den künftigen Kriegsschiffbau auf Grund der Erfahrungen des I. Kriegsjahres bezüglich der Kriegsbrauchbarkeit unserer Schiffsneubauten« vom 4.2.1941, in: Salewski, Die deutsche Seekriegsleitung (wie Anm. 1), Bd 3, S. 168–188. Im Verlauf der kommenden beiden Jahre gelang es der Marine niemals, die benötigten Rohstoffmengen und Arbeiter zu erhalten. Der U-Bootbau wurde katastrophal vernachlässigt.

14 Wilhelm Meier-Dörnberg, Die Ölversorgung der Kriegsmarine 1935 bis 1945, Freiburg i.Br. 1973 (= Einzelschriften zur militärischen Geschichte des Zweiten Weltkrieges, Bd 11).

15 Außer bei Raeder und Dönitz selbst findet man analoge Argumente auch bei Kurt Assmann, Deutsche Schicksalsjahre, 2. Aufl., Wiesbaden 1951; Friedrich Ruge, Der Seekrieg 1939–1945, 3. Aufl., Stuttgart 1962.

16 Als ich vor vielen Jahren in einem Festvortrag anläßlich einer Mitgliederversammlung der Marine-Offizier-Vereinigung (MOV) zum Thema »Die Seestrategie des Zweiten Weltkrieges im Spannungsfeld ›kontinentalen‹ und ›maritimen‹ Denkens« sprach (veröffentlicht in MOV-Nachrichten 1970), war ich davon ausgegangen, daß die Begriffe »kontinental« und »maritim« eindeutig zu definieren seien. Dönitz hat seinerzeit in einem Brief an den Verfasser vom 30.5.1970 sein volles Einverständnis mit meinen Thesen zum Ausdruck gebracht (»Gesamteindruck: Meine Hochachtung!«). Ich selbst vermag sie aufgrund der seitdem vorgelegten Forschungsergebnisse nicht mehr uneingeschränkt aufrechtzuerhalten.

17 Da heißt es einleitend: »Man verlangt entweder: 1) eine Kriegsmarine zur rein defensiven Küstenvertheidigung; 2) eine solche zur offensiven Vertheidigung und zum nothwendigen Schutze des Handels, oder 3) eine selbständige Seemacht.« Nicht oft genug kann man seine prophetischen Worte lesen: »So lange Deutschland [...] fern von allem Ehrgeiz, fast ohne die Aufmerksamkeit, geschweige die Eifersucht seiner weit mächtigeren Nachbarn zu erregen, nur Fregatten und Dampfschiffe baut, und es sich begnügt, eine bescheidene Stelle unter den kleineren Marinen einzunehmen; so lange Jedermann einsieht, daß es weder nach großer Geltung zur See strebt, noch daran denkt, Schlachten zu liefern, wird Niemand es einer Halbheit in seinem Maaßregeln zeihen. Sobald es aber durch den Bau von Linienschiffen, von Schlachtschiffen, aus diesem anspruchslosen Kreise heraustritt, werden alle Augen sich darauf richten, eine scharfe Kritik wird anheben, und wehe dem Vaterland, wenn es sich bei diesem entscheidenden Schritte einer halben Maaßre-

gel schuldig machen sollte.« Adalbert Prinz von Preußen, Denkschrift über die Bildung einer deutschen Kriegsflotte, Potsdam 1848, S. 5, 24.

[18] Alfred von Tirpitz, Der Aufbau der deutschen Weltmacht. Politische Dokumente, Stuttgart, Berlin 1924. Das fatale Scheitern seiner Politik interpretiert er mit den Worten: »Das deutsche Volk hat sich zur Erhebung als Weltvolk nicht geeignet oder nicht gereift gezeigt [...]. Der Weg zur Höhe war ihm gewiesen, während es sich von seinen schlechten Instinkten in die Tiefe reißen ließ. Den Übergang zwischen den beiden Zeitaltern des Europäismus und des Universalismus hat es nicht gefunden.« (Vorwort, S. VIII).

[19] Vgl. Seemacht. Eine Seekriegsgeschichte von der Antike bis zur Gegenwart, hrsg. von Elmar B. Potter und Chester W. Nimitz, deutsche Fassung hrsg. im Auftrag des Arbeitskreises für Wehrforschung von Jürgen Rohwer, München 1974, Kap. 19, Kap. 20. Besonders eindrucksvoll sind die von Rohwer gefertigten graphischen Darstellungen: Sie weisen aus, wie nahezu alle großen und mittleren Mächte um die Jahrhundertwende mit dem planmäßigen Flottenbau beginnen.

[20] Eine gute Analyse des Zusammenhangs bei Paul M. Kennedy, Aufstieg und Verfall der britischen Seemacht, Herford, Bonn 1978, S. 195–226, »Mahan gegen Mackinder«.

[21] Der Ausspruch wird Beatty zugeschrieben. Er soll in dem Augenblick gefallen sein, in dem der zweite englische Schlachtkreuzer während der Skagerrakschlacht in die Luft flog. Neuere Untersuchungen machen übrigens deutlich, daß die angebliche deutsche technologische Überlegenheit eine Mär ist, vgl. Richard Alexander Hough, The Great War at Sea 1914–1918, Oxford, New York 1983, S. 276. Die Skagerrak-Verluste seien »gambling losses« gewesen, weil die englischen Artillerie-Offiziere die Sicherheitsschotten nicht hatten schließen lassen, um bei Artilleriewettbewerben rascher feuern zu können. Man sieht, wie sie die Schlacht bewerteten!

[22] Das weist überzeugend nach Werner Rahn, Reichsmarine und Landesverteidigung 1919–1928. Konzeption und Führung der Marine in der Weimarer Republik, München 1976, sowie Werner Rahn, Korreferat II: Reichsmarine und Weltmachtstreben, in: Militär und Militarismus in der Weimarer Republik. Beiträge eines internationalen Symposiums an der Hochschule der Bundeswehr Hamburg am 5. und 6. Mai 1977, hrsg. von Klaus-Jürgen Müller und Eckardt Opitz, Düsseldorf 1978, S. 183–188 (in Erwiderung auf den Beitrag von Gerhard Schreiber, Reichsmarine, Revisionismus und Weltmachtstreben, ebd., S. 149–176).

[23] Diese im einzelnen zusammengestellt bei Schreiber, Revisionismus (wie Anm. 6); vgl. dazu auch die Bemerkungen von Michael Salewski, Korreferat I: Reichsmarine und Weltmachtstreben, in: Militär und Militarismus (wie Anm. 22), S. 177–181.

[24] Michael Salewski, Marineleitung und politische Führung 1931–1935, in: MGM, 10 (1971), S. 113–158.

[25] Vgl. Hans-Adolf Jacobsen, Karl Haushofer. Leben und Werk, 2 Bde, Boppard 1979; Ursula Laack-Michel, Albrecht Haushofer und der Nationalsozialismus. Ein Beitrag zur Zeitgeschichte, Stuttgart 1974. Am deutlichsten wird der Zusammenhang zwischen dem »geopolitischen« und dem »maritimen« Denken Karl Haushofers in dessen Buch: Weltmeere und Weltmächte, Berlin 1937 (Auflage: 50 000!). Hier spricht er von der »Zerrungslage« des deutschen Volkes zwischen der »panasiatischen Bewegung der Sowjets« und der »panpazifische[n] der Anglo-Amerikaner« (S. 284) und schließt mit einem Appell an die Deutschen, sich mit »dem kargen, verbliebenen Rest« nicht abzufinden.

[26] Unter den Stichworten »Bodenpolitik«, »Ostland«, »Siedlungspolitik«, »Kolonien« usw.

[27] Adolf Hitler, Mein Kampf, 73. Aufl., München 1933, S. 742: »Wir schließen endlich ab die Kolonial- und Handelspolitik der Vorkriegszeit und gehen über zur Bodenpolitik der Zukunft.«

[28] Hugh R. Trevor-Roper, Hitlers Kriegsziele, in: VfZG, 8 (1960), S. 121–133; Günter Moltmann, Weltherrschaftsideen Hitlers, in: Europa und Übersee. Festschrift für Egmont Zechlin, Hamburg 1961, S. 197–240; Eberhard Jäckel, Hitlers Weltanschauung. Entwurf einer Herrschaft, erw. und überarb. Neuausg., Stuttgart 1981.

[29] Ausgangspunkt seiner Untersuchungen: Andreas Hillgruber, Hitlers Strategie, Politik und Kriegführung 1940–1941, Frankfurt a.M 1965, 2. Aufl., München 1982. Zahlreiche weitere Aufsätze, teilweise in Auseinandersetzung mit Autoren, die den Zusammenhang bezweifeln, z.B.: Noch einmal: Hitlers Wendung gegen die Sowjetunion 1940. Nicht (Militär-)»Strategie oder Ideologie«, sondern »Programm« und »Weltkriegsstrategie«, in: Geschichte in Wissenschaft und Unterricht, 33 (1982), S. 214–226.

30 Alan John Percivale Taylor, Die Ursprünge des Zweiten Weltkriegs. Die Jahre 1933–1939, München 1980 (= Heyne Geschichte, 40). – Taylor, einer der »grand old men« der englischen Zeitgeschichtsschreibung, vertrat die Auffassung, daß Hitler ein genialer Opportunist gewesen sei und lediglich sich bietende Chancen genutzt habe. Von daher leugnete Taylor eine Mitverantwortung der Westmächte am Zweiten Weltkrieg nicht, ohne allerdings so weit zu gehen wie beispielsweise David L. Hoggan, »Der erzwungene Krieg«, Tübingen 1963.

31 Der »Stufenplan« ist die Fortentwicklung der Hillgruberschen »Programm«-These. Vgl. Andreas Hillgruber, England in Hitlers außenpolitischer Konzeption, in: Historische Zeitschrift (HZ), 218 (1974), S. 65–84. Hillgrubers Ansatz weiterführend: Klaus Hildebrand, Deutsche Außenpolitik 1933–1945. Kalkül oder Dogma? Mit einem Nachwort: Die Geschichte der deutschen Außenpolitik (1933–1945) im Urteil der neueren Forschung, 4., erg. Aufl., Stuttgart [et al.] 1980. Noch einen Schritt weiter geht Thies, Architekt (wie Anm. 2).

32 Wilhelm Treue, Hitlers Denkschrift zum Vierjahresplan 1936, in: VfZG, 3 (1955), S. 184–203.

33 Am 5.11.1937 (abgedruckt in: Akten zur deutschen auswärtigen Politik 1918–1945. Aus dem Archiv des Deutschen Auswärtigen Amtes (ADAP), Serie D: 1937–1941, Bd 1, S. 25–32). Zum »Stellenwert« des Hoßbach-Protokolls vgl. Michael Salewski, Die bewaffnete Macht im Dritten Reich 1933–1939, in: Handbuch zur deutschen Militärgeschichte 1648 bis 1939, hrsg. vom MGFA, Bd 4, Abschn. VII: Wehrmacht und Nationalsozialismus 1933 bis 1939, München 1978, S. 183–188. – Übrigens hat niemand Hitler auf den »chronologischen« Widerspruch zwischen der Vierjahresplan-Denkschrift und den Ausführungen am 5.11.1937 aufmerksam gemacht.

34 So im »Hoßbach-Protokoll«. Hitler wiegelte daraufhin ab und erklärte, »daß die Möglichkeit des Konfliktes noch nicht als so nahe bevorstehend anzusehen sei«. ADAP (wie Anm. 33), D, Bd 1, Nr. 19, S. 32.

35 »Weisung für Plan ›Grün‹« vom 30.5.1938 (abgedruckt ebd., Bd 2, S. 281 ff.); die Vorgänge im September/Oktober 1938 werden in der gesamten einschlägigen Literatur inzwischen als fehlgeschlagener Versuch Hitlers gedeutet, den Krieg gegen die ČSR herbeizuführen. Demnach war »München« in Hitlers Augen eine diplomatische Schlappe. Vgl. Salewski, Die Bewaffnete Macht (wie Anm. 33), S. 248–254.

36 Klaus A. Maier, Horst Rohde, Bernd Stegemann und Hans Umbreit, Die Errichtung der Hegemonie auf dem europäischen Kontinent, Stuttgart 1979 (= Das Deutsche Reich und der Zweite Weltkrieg, Bd 2), S. 241–251.

37 Klaus Olshausen, Zwischenspiel auf dem Balkan. Die deutsche Politik gegenüber Jugoslawien und Griechenland vom März bis Juli 1941, Stuttgart 1973 (= Beiträge zur Militär- und Kriegsgeschichte, Bd 14), S. 50 ff.; Gerhard Schreiber, Bernd Stegemann und Detlef Vogel, Der Mittelmeerraum und Südosteuropa. Von der »non belligeranza« Italiens bis zum Kriegseintritt der Vereinigten Staaten, Stuttgart 1984 (= Das Deutsche Reich und der Zweite Weltkrieg, Bd 3), S. 442–447.

38 Während in der älteren Literatur als Zeitpunkt, nach dem der Entschluß Hitlers zum Überfall auf die Sowjetunion feststand, der Molotow-Besuch galt, ist inzwischen allgemein anerkannt, daß dieser Entschluß spätestens auf den 31.7.1940 zu datieren ist. Es gibt jedoch gute Gründe anzunehmen, daß Hitler sich schon in den ersten Julitagen für den Krieg gegen die Sowjetunion entschieden hat. Vgl. Horst Boog, Jürgen Förster, Joachim Hoffmann, Ernst Klink, Rolf-Dieter Müller und Gerd R. Ueberschär, Der Angriff auf die Sowjetunion, Stuttgart 1983 (= Das Deutsche Reich und der Zweite Weltkrieg, Bd 4), S. 3–17.

39 Dies ist der größte gemeinsame Nenner der Ansprachen Hitlers vom 5.11.1937, 23.5.1939, 22.8.1939, 27.9.1939, 23.11.1939, 31.7.1940. In allen Fällen drängte Hitler, und suchten die Generäle mehr oder weniger zu bremsen.

40 Diese hat vor allem General Thomas immer beklagt. Alle seine Vorstellungen wurden von Göring und Hitler aber vom Tisch gewischt. Vgl. Georg Thomas, Geschichte der deutschen Wehr- und Rüstungswirtschaft (1918–1943/45), hrsg. von Wolfgang Birkenfeld, Boppard 1966. Daß die Rüstungspolitik dennoch relativ erfolgreich war, ging auf die schon aus der Weimarer Zeit stammende »Rüstungsprogrammatik« zurück, die insbesondere Michael Geyer in zahlreichen Arbeiten untersucht hat, vgl. z.B. Aufrüstung oder Sicherheit. Die Reichswehr in der Krise der Machtpolitik 1924–1936, Wiesbaden 1980.

41 Vgl. Salewski, Die bewaffnete Macht (wie Anm. 33), S. 270 f.

[42] Aus dieser Beobachtung heraus entwickelte Alan S. Milward, Die deutsche Kriegswirtschaft 1939–1945, Stuttgart 1966, seine These vom ökonomisch bedingten und gesteuerten »Blitzkriegskonzept«. Sie hat sich in der Forschung im wesentlichen durchgesetzt.

[43] »Zum Zeitpunkt der Mobilmachung gegen Polen war das Heer nicht kriegsfertig. Das Kriegsheer stellte mangels gedienter Reservisten im wesentlichen eine Mischung von Friedensheer und kurzausgebildeter Miliz dar.« So urteilten Herbert Schottelius und Gustav-Adolf Caspar, Die Organisation des Heeres 1933–1939, in: Handbuch zur deutschen Militärgeschichte (wie Anm. 33), S. 395. Auch in der Memoirenliteratur wird – freilich oft im Sinne einer Apologie – häufig darauf hingewiesen, daß das Heer von 1939 keineswegs kriegstauglich gewesen sei.

[44] Halder, Kriegstagebuch (wie Anm. 9), Bd 1, S. 102 (5.11.1939).

[45] Beck hatte bekanntlich schon in seinen Juli-Denkschriften von 1939 nachdrücklich darauf hingewiesen, daß ein kommender Krieg das »finis Germaniae« bedeuten würde; Wagner und Thomas hatten vergeblich versucht, Halder zu einer Intervention bei Hitler zugunsten der Friedensbewahrung zu ermuntern; Halder hatte die »Septemberverschwörung« von 1938 zwar unterstützt, resignierte dann jedoch und ließ die Dinge in den Krieg treiben. Ausführlich dazu: Klaus-Jürgen Müller, General Ludwig Beck. Studien und Dokumente zur politisch-militärischen Vorstellungswelt und Tätigkeit des Generalstabschefs des deutschen Heeres 1933–1939, Boppard 1980.

[46] Auszugsweise abgedruckt bei Salewski, Die deutsche Seekriegsleitung (wie Anm. 1), Bd 1, S. 91.

[47] Das Motiv: Untergang und Wiederauferstehung hatte in der deutschen Marine Tradition; schon die Selbstversenkung der Flotte in Scapa Flow war so gedeutet worden. Die Selbstversenkung von Teilen der dänischen bzw. französischen Flotte während des Zweiten Weltkrieges wurde von der Seekriegsleitung daher auch nicht als »feiger Akt« gebrandmarkt, sondern mit Verständnis akzeptiert. Das Ganze ließe sich mit dem Begriff »Phönix-Syndrom« kennzeichnen.

[48] Details und Indizien bei Salewski, Die deutsche Seekriegsleitung (wie Anm. 1), Bd 2, S. 202–224; Salewski, Von Raeder zu Dönitz (wie Anm. 11).

[49] Generaladmiral Marschall, Generaladmiral Boehm, Admiral Lütjens.

[50] In einem Brief an den Verfasser vom 16.7.1969 schreibt Marschall: »Ich gab Raeder recht in seiner Feststellung, der Flotte bliebe nichts anderes übrig, als in ›Schönheit‹ zu sterben, setzte aber von mir aus hinzu: falls die Luftwaffe den Seekrieg nicht aufs Tatkräftigste unterstützen würde. Ich rechnete mit einem sehr langen Krieg von etwa 7 Jahren (Unterhaltung, an der auch Dönitz teilgenommen hatte). Es war mir klar, daß Kühnheit und Übernahme von erheblichem Risiko notwendig waren, um zu Erfolgen zu kommen. Meiner ganzen Veranlagung nach war ich entschlossen, einem sinnlosen Einsatz von Schiffen und Besatzungen aus Maßlosigkeit oder Prestigegründen ohne zu Buch schlagenden Erfolg entgegenzutreten.« Er habe die doppelpolige Strategie der Seekriegsleitung zwar anerkannt, sich aber gegen ihr »reines Wunsch- oder Prestigedenken« gewehrt. An anderer Stelle geißelt Marschall die »utopischen Maßlosigkeiten« der Seekriegsleitung, insbesondere Generaladmiral Schniewinds.

[51] Freilich hat Hitler in der Ansprache vom 23.5.1939 ein »maritimes« Operationskonzept entwickelt und davor gewarnt, alle Ressourcen in das »Danaidenfaß der Schlachten des Heeres« zu werfen. Die mit diesem Konzept verbundenen Zielzeiträume waren jedoch aberwitzig kurz. Raeder hat Hitler auf diesen Widerspruch jedoch nicht aufmerksam gemacht – oder nicht aufmerksam zu machen gewagt. Das Dokument: Der Prozeß gegen die Hauptkriegsverbrecher vor dem Internationalen Militärgerichtshof. International Military Tribunal, Nürnberg, 14. November 1945–1. Oktober 1946 (IMT), 42 Bde, Nürnberg 1947—1949, Bd 37 (079-L).

[52] Vgl. Die Dokumente Nr. 5, 9, 10, 13, 14 in: Salewski, Die deutsche Seekriegsleitung (wie Anm. 1), Bd 3.

[53] In den Akten wird dies nur schwer greifbar, da Raeder alle Anstrengungen unternahm, Gegensätze innerhalb der Marineführung, also insbesondere Skl. – BdU (Befehlshaber der U-Boote), nicht nach außen in Erscheinung treten zu lassen. In einem Schreiben an den Verfasser teilte Dönitz am 24.4.1971 mit: »Die Gründe für Raeders Haltung mir gegenüber, je größer die U-Bootwaffe wurde, waren menschlicher Natur. Diese Gründe meines Spannungsverhältnisses zu Raeder habe ich bisher nicht veröffentlicht und möchte auch jetzt noch nicht meine Zustimmung zu einer Veröffentlichung geben. Ich habe die Absicht, diese Tatsachen schriftlich niederzulegen und auch durch diejenigen Offiziere, die seinerzeit davon Kenntnis hatten, wie z.B. Goldt, Rösing, Schulte-Mönting und von Puttkamer aufzeichnen zu lassen. Ich möchte dann diese Niederschriften für eine spätere Veröffentlichung an das Freiburger Militärarchiv geben.«

54 Abgedruckt bei Salewski, Die deutsche Seekriegsleitung (wie Anm. 1), Bd 3, S. 64–69.
55 Zum Grundsätzlichen vgl. Anm. 53. Aufschlußreich die Bemerkungen Speers im »Spandauer Tagebuch«: »Raeder und Dönitz haben ihre Schwierigkeiten miteinander. Der immer noch energische Raeder, der im Frühjahr 1943 als Oberkommandierender Marine von Dönitz abgelöst wurde, ist nun zweiundsiebzig Jahre alt. Er hält noch heute den fünfzehn Jahre jüngeren Dönitz, der ursprünglich als Chef der U-Boote sein Untergebener gewesen war, für einen allzu ehrgeizigen Offizier. Dönitz wiederum wirft seinem Vorgänger die Politik der Dickschiffe vor; Raeders wegen sei die deutsche Marine nur mit etwa fünfzig U-Booten in den Krieg eingetreten [...] Durch die Schuld Raeders hätten bis Mitte 1940 monatlich nur zwei U-Boote die Werften verlassen.« Albert Speer, Spandauer Tagebücher, Berlin 1975, S. 176, 193; ein weiteres Zeugnis: S. 331.
56 »An die Macht« bedeutet natürlich keineswegs, daß es sich hierbei um eine Art »Kamarilla« gehandelt hat; an der unbedingten Loyalität gegenüber C/Skl., Chef Skl. war niemals zu zweifeln. Dennoch prägten Persönlichkeiten wie Heinz Assmann, Werner Pfeiffer, Hansjürgen Reinicke zunehmend das Gesicht der strategischen und operativen Planung. Vgl. das von Pfeiffer gebilligte Protokoll eines Gespräches mit dem Verfasser vom 9.8.1966. Hansjürgen Reinicke schrieb mir unter dem 15.2.1972: »Ich hatte bei meinen täglichen Vorträgen bei Raeder (Lage) immer den Eindruck, daß er von unserem Schwung und unserem Drängen zur Aktion irgendwie begeistert und angesprochen war! Erinnerte er sich an die Zeit im Weltkrieg 1, als er selbst in unserem Alter und in vergleichbarer Position war?«
57 Lagevorträge des Oberbefehlshabers der Kriegsmarine vor Hitler 1939–1945, im Auftrag des Arbeitskreises für Wehrforschung hrsg. von Gerhard Wagner, München 1972.
58 Admiral Frickes »Betrachtungen über Rußland«, abgedruckt bei: Salewski, Die deutsche Seekriegsleitung (wie Anm. 1), Bd 3, S. 138–144, beginnen mit den programmatischen Sätzen: »I. Politisches. 1. Gegner jetzt und in Zukunft ist England. Die kriegerischen Möglichkeiten Englands gegenüber Deutschland sind a) Bundesgenossen auf dem Festland, wobei wohl nur noch an Rußland gedacht zu werden braucht.«
59 Alfred von Tirpitz, Erinnerungen, Leipzig 1919, S. 270–273. Tirpitz geißelte die Rußlandpolitik Bethmann Hollwegs als »selbstmörderisch« und sprach von der verpaßten »besten Chance für Deutschlands Rettung« durch einen Sonderfrieden mit Rußland. Selbst die russische Revolution lastete Tirpitz dem Kanzler zumindest indirekt an: »Als die selbstmörderische Politik Bethmanns und der deutschen Demokratie den Polenstaat errichtete, die Russen in neue Feindschaft trieb und in die Revolution abgleiten ließ« (S. 273).
60 Vgl. Salewski, Marineleitung (wie Anm. 24), S. 153.
61 Darauf war ja auch Fricke schon gekommen, vgl. Anm. 58. Vgl. Salewski, Die deutsche Seekriegsleitung (wie Anm. 1), Bd 1, S. 364 f. Im Lagevortrag vom 27.12.1940 heißt es: »Allgemein aber müsse bei der jetzigen politischen Entwicklung [Rußlands Neigung, sich in Balkanangelegenheiten zu mischen] unter allen Umständen der letzte kontinentale Gegner beseitigt werden, ehe er sich mit England zusammentun könne.« – Das war offensichtlich ganz auf Raeder gemünzt, dem zwei Optionen angeboten wurden – eine schöner als die andere: 1. Nach der Niederringung Englands könnten alle Kräfte auf Luftwaffe und Marine gerichtet werden – Hitler bestätigte dies Raeder mehrfach, d.h. der Seekrieg gegen England würde unter viel günstigeren Bedingungen fortgeführt werden können. 2. Das ursprüngliche politische Ziel sowohl Raeders als auch Hitlers: »Nie wieder Krieg mit England«, könnte nun doch noch erzielt werden. Lagevorträge (wie Anm. 57), S. 174.
62 Das Deutsche Reich und der Zweite Weltkrieg, Bd 3 (wie Anm. 37), S. 211 (Beitrag Schreiber) u.ö. Unzutreffend die Behauptung in Anm. 263, ich hätte Raeders Äußerungen in dem Sinne interpretiert, daß dieser überhaupt auf »Barbarossa« zu verzichten vorgeschlagen habe. Tatsächlich heißt es in Die deutsche Seekriegsleitung (wie Anm. 1), Bd 1, S. 316 f.: »Der Chef der Seekriegsleitung hatte bei seinem Vortrag nachdrücklich darauf hingewiesen, daß jedes Vorgehen gegen Rußland erst nach dem vollendeten Sieg über England sinnvoll sei.« Die Notiz im Lagevortrag: »Ob.d.M. empfiehlt Verschiebung« bezieht sich exakt auf dieses Ansinnen.
63 Hillgruber, Hitlers Strategie (wie Anm. 29).
64 Vgl. Anm. 58.
65 In der »Juli-Denkschrift« heißt es: »Der Schwerpunkt des Einsatzes der deutschen Wehrmacht liegt z.Zt. im Osten bei der Schaffung einer gesicherten Ostflanke des Reiches und der Sicherstellung der für eine längere Kriegsdauer erforderlichen Nahrungsmittel- und Ölversorgungsba-

sis.« Salewski, Die deutsche Seekriegsleitung (wie Anm. 1), Bd 3, S. 193. Da aber die Skl. schon seit dem Scheitern des Unternehmens »Seelöwe« davon ausgegangen war, daß England nur in einem langen Krieg niederzuringen sei, konnte der Ostfeldzug als »Voraussetzung« dafür (Öl!) nun als positiv gedeutet werden.

[66] Seine KTB-Notiz vom 3.7.1941 kann gar nicht oft genug zitiert werden, da sie die Situation schlagartig verdeutlicht.

[67] Hitlers Weisungen für die Kriegführung 1939–1945. Dokumente des Oberkommandos der Wehrmacht, hrsg. von Walther Hubatsch, München 1965, S. 151–162.

[68] Vgl. Salewski, Die deutsche Seekriegsleitung (wie Anm. 1), Bd 1, S. 511.

[69] Ebd. Assmann: »Die Ausweitung des Ringens auf weite Ozeane und die Einbeziehung einer dritten seestarken Großmacht wird die Erkenntnis von der entscheidenden Bedeutung der Begriffe Seeverkehr und Seemacht zum Allgemeingut des letzten Europäers machen.«

[70] Raeder, Mein Leben (wie Anm. 12), Bd 2, S. 294, 302.

[71] Abgedruckt bei Salewski, Die deutsche Seekriegsleitung (wie Anm. 1), Bd 3, S. 189–214.

[72] Über den genauen Zusammenhang ebd., S. 191 mit Anm. 9.

[73] Hitlers Hauptargument ging nämlich von der Befürchtung aus, es könne nun – Winter/Frühjahr 1942 – zu einer »norw.-russ. Großaktion im norw. Raum« kommen. Deswegen sei die Verlegung der Schiffe nach Norwegen notwendig. Lagevorträge (wie Anm. 57), S. 344.

[74] Salewski, Die deutsche Seekriegsleitung (wie Anm. 1), Bd 2, Kap. I. 4: »Der ›Große Plan‹«.

[75] Das war das ceterum censeo von Dönitz praktisch vom ersten Tag des Krieges an. Es zieht sich durch seine sämtlichen Veröffentlichungen aus der Zeit nach dem Zweiten Weltkrieg; ein beliebig herausgesuchtes Beispiel: »Von dieser gewaltigen Einfuhr über See hingen daher das Leben der englischen Bevölkerung, seiner Wirtschaft und Industrie und die Kriegführung gegen den kontinentalen Gegner ab. Der Schutz des Handelsschiffsraums, der für diese Einfuhr gebraucht wurde, mußte daher für England die wichtigste Seekriegsaufgabe sein. Entsprechend mußte für uns der Angriff auf diesen Handelsschiffsraum den strategischen Vorrang vor allem anderen Kriegsgeschehen [sic!] haben, da von der Vernichtung dieser Transport-Tonnage letzten Endes auch unsere Erfolge auf dem Kontinent [sic!] abhingen.« Karl Dönitz, Deutsche Strategie zur See im Zweiten Weltkrieg. Die Antworten des Großadmirals auf 40 Fragen, Frankfurt a.M. 1970, S. 52.

[76] Raeder sprach in seinen »Moskauer Aufzeichnungen« vom »Hitlerjungen Dönitz«, Bundesarchiv-Militärarchiv, Freiburg i.Brsg. (BA-MA), Sammlung Raeder, 38. Zum Gesamtproblem vgl. Salewski, Die deutsche Seekriegsleitung (wie Anm. 1), Bd 2, besonders S. 432–447, 577–592. Sehr viel schärfer noch, aber tendenziell zutreffend: Peter Padfield, Dönitz. Des Teufels Admiral, Berlin, Frankfurt a.M., Wien 1984, S. 494 ff. u.ö.

[77] Viele interessante Informationen und Details hierzu bei Roland G. Foerster, Christian Greiner, Georg Meyer, Hans-Jürgen Rautenberg und Norbert Wiggershaus, Von der Kapitulation bis zum Pleven-Plan, München, Wien 1982 (= Anfänge westdeutscher Sicherheitspolitik 1945–1956, Bd 1), hier insbesondere im Beitrag von Georg Meyer. Schließlich ist daran zu erinnern, daß auch Raeders Memoiren ein »Gemeinschaftswerk« unter der Redaktion von Admiral Erich Förste waren; Details und die entsprechenden Korrespondenzen finden sich im Nachlaß Förste im BA-MA.

[78] Die Nürnberger Anklage hatte vergeblich versucht, einen Keil zwischen die beiden Marineoberbefehlshaber zu treiben, womit sie eigentlich auf Grund der »Moskauer Aufzeichnungen« Raeders rechnen konnte. Vor allem Flottenrichter Kranzbühlers Verdienst war es, daß Dönitz stillhielt, vgl. Kranzbühler an den Verfasser vom 5.11.1974. In Dönitz' (ungedruckter, im Besitz des Verfassers befindlicher) Aufzeichnung: »Meine Stellungnahme zu dem Schriftstück ›Der Wechsel im Oberbefehl der Kriegsmarine 1943‹« heißt es: »Raeder hat sich wegen dieser Moskau-Niederschrift bei mir während des Nürnberger Prozesses entschuldigt.« (S. 6).

[79] Hier ist in erster Linie an folgende große Werke zu denken: Jost Dülffer, Weimar, Hitler und die Marine. Reichspolitik und Flottenbau 1920–1939, Düsseldorf 1973; Schreiber, Revisionismus (wie Anm. 6); Keith Bird, Weimar, the German Naval Officer Corps and the Rise of National Socialism, Amsterdam 1977.

[80] Salewski, Die deutsche Seekriegsleitung (wie Anm. 1), Bd 2, S. 225–244; Die Umorganisation der Kriegsmarine; ebd., S. 268–292: Das Flottenbauprogramm 43; ebd., S. 496–528: Der neue U-Bootkrieg. Vgl. auch Michael Salewski, Erfahrung und Fortschritt. Tradition und Innovation in der deutschen Marinegeschichte, in: Marineforum, 52 (1977), S. 149–153.

81 Auswärtiges Amt: Hans-Adolf Jacobsen, Nationalsozialistische Außenpolitik 1933–1938, Frankfurt a.M., Berlin 1968; Vierjahresplan: Dietmar Petzina, Autarkiepolitik im Dritten Reich. Der nationalsozialistische Vierjahresplan (1936–1942), Stuttgart 1968; Gauleitungen: Peter Hüttenberger, Die Gauleiter. Studie zum Wandel des Machtgefüges in der NSDAP, Stuttgart 1969; Peter Hüttenberger, Nationalsozialistische Polykratie, in: Geschichte und Gesellschaft (1976), 2, S. 417–442.

82 Das RLM war »an sich« eine »zivile« Behörde: Diese aber entwickelte sich auch zur obersten Instanz für die »militärische« Luftfahrt. Göring trug also immer gleichzeitig »zwei Hüte«: einen zivilen, einen militärischen. Von daher gewährt die Geschichte der Organisation der Luftwaffe besonders gute Einblicke in die Natur des NS-Systems; vgl. Karl Köhler und Karl-Heinz Hummel, Die Organisation der Luftwaffe 1933–1939, in: Handbuch zur deutschen Militärgeschichte (wie Anm. 33), S. 501–579.

83 Bei SS und Waffen-SS erscheint der bei der Luftwaffe zu beobachtende Prozeß noch eine Stufe weitergeführt: Die SS ist etwas genuin »Neues« und entwickelt sich zum »Ersatz« für den klassischen »Staat« (die Bezeichnung »SS-Staat« ist also im Grunde paradox!). Die SS gebiert ihrerseits nun Organisationen, die früher vom »Staat« abhingen, darunter eben die SS-Armee, genannt »Waffen-SS«. Das ist ganz in Analogie etwa zu »Reichs-Wehr« zu sehen: Reich = SS; Wehr = Waffen.

84 Dies ist gegenüber jenen (verfehlten) Vorwürfen festzuhalten, die den Begriff »Nazifizierung« personal und nicht institutionell begreifen. Das Problem der Nazifizierung des Offizierkorps hat damit nichts zu tun. Für das Heer ist es mustergültig bearbeitet von Manfred Messerschmidt, Die Wehrmacht im NS-Staat. Zeit der Indoktrination, Hamburg 1969; Klaus-Jürgen Müller, Das Heer und Hitler. Armee und nationalsozialistisches Regime 1933–1940, Stuttgart 1969 (= Beiträge zur Militär- und Kriegsgeschichte, Bd 10). Für die Marine vgl. Dülffer, Weimar (wie Anm. 79); Bird, Weimar (wie Anm. 79); Michael Salewski, Das Offizierkorps der Reichs- und Kriegsmarine, in: Das deutsche Offizierkorps 1860–1960. Büdinger Vorträge 1977, in Verbindung mit dem MGFA hrsg. von Hanns Hubert Hofmann, Boppard 1980 (= Deutsche Führungsschichten der Neuzeit, Bd 11), S. 211–229.

85 Deswegen auch die hohe Wertschätzung, deren er sich in den Jahren nach dem Krieg auch seitens der ehemaligen Gegner erfreuen durfte; vgl. den Panegyrikus: Doenitz at Nuremberg: A Reappraisal. War Crimes and the Military Professional, ed. by Harold Keith Thompson and Henry Strutz, New York 1976. Erwähnenswert die einleitende Widmung: »To Karl Doenitz, a naval officer of unexcelled ability and unequalled courage who, in his nation's darkest hour, offered his person and sacrificed his future to save the lives of many thousands of people.« Die genau entgegengesetzte Einschätzung bei Padfield, Dönitz (wie Anm. 76).

86 Das begann bereits unmittelbar nach seinem Dienstantritt als ObdM, denn Dönitz setzte bei Hitler die Nicht-Abwrackung der schweren Schiffe durch. Einen Höhepunkt stellt der 20. Juli 1944 dar – hier handelte Dönitz völlig selbständig. Vgl. das immer bestimmter werdende Auftreten von Dönitz auch in den Protokollen der Lagevorträge bei Konteradmiral Wagner, ehemals Chef 1. Skl. Im Gegensatz dazu sagte Werner Pfeiffer in dem Protokoll vom 9.8.1966: »Dönitz scheute sich im Laufe der Zeit immer mehr, diese Dinge [Japan solle Druck auf Rußland ausüben – M.S.] Hitler vorzutragen. Dabei kam es zwischen Dönitz und SKL öfter zu Kontroversen, z.B. als P[feiffer] Dönitz gegenüber bemerkte, er, Dönitz, habe nicht nur die speziellen Belange der Marine zu vertreten, sondern einen Wehrmachtteil, der im Zusammenhang mit den anderen Wehrmachtteilen entscheidendes Gewicht bei der Gesamtbeschlußfassung habe. Doch Dönitz wollte sich auf die reinen Marine-, besonders U-Bootkrieg-Fragen beschränken. Er war von Hitler leicht zu beeinflussen, und es waren seine Mitarbeiter in der Skl, die ihn manchmal vor unsachlichen Entscheidungen bewahrten.« Protokoll im Besitz des Verf.

87 Meine Überlegungen hierzu in Die deutsche Seekriegsleitung (wie Anm. 1), Bd 2, S. 547–552.

88 Mit dieser Begründung hatte Dönitz bereits bei Kriegsbeginn Raeder vorgeschlagen, ihn zum Bevollmächtigten für den U-Bootbau zu machen – was Raeder ablehnte.

89 Das Verhältnis Speer – Dönitz ist m.E. noch nicht abschließend historisch geklärt: In einem Brief an den Verf. schrieb Speer am 22.4.1971, er habe 1943 »nicht das kameradschaftliche Verhältnis zu Dönitz« gehabt; in der »Chronik« vom 29./30.6.1943, die Speer in seinem Brief zitiert (Original im Bundesarchiv Koblenz), heißt es demgegenüber: »Durch die enge Kameradschaft zwischen dem Minister und dem Großadmiral Dönitz hatte sich auch im Sektor Marine endlich die seit ei-

nem Jahr angebahnte Übernahme der Fertigung durch verantwortliche Männer des Ministeriums Speer vollzogen.« Unter dem 23.7.1943 findet man: »Die Meinungen trafen heftig aufeinander, so daß der Minister und Großadmiral Dönitz ihre helle Freude an diesem Schmiedefeuer für beste Ideen hatten.« Dönitz schrieb mir am 24.4.1971: »Jedenfalls gab es in meinem Verhältnis zu Speer entscheidend nur die Tatsache, daß Speer als Rüstungsminister 83,3 % der gesamten deutschen Industriekapazität unterstanden.«

90 Charakteristisch das Schreiben 1. Skl 2486/44 gKdos Chefs. vom 23.8.1944 (Salewski, Die deutsche Seekriegsleitung [wie Anm. 1], Bd 2, S. 470): »ObdM steht jetzt nicht mehr auf dem Standpunkt, sich auf keinen Fall mit marinefremden Aufgaben zu belasten, sondern er drängt danach, wo irgend möglich und notwendig, die Wehrmachtsführung vor dem Heer in die Hand zu bekommen.«

91 Padfield, Dönitz (wie Anm. 76), S. 364 f.

92 Zitiert mit freundlicher Genehmigung von Rolf Güth. Die Jugenderinnerungen (»Meine Jugend in der Marine«) – unveröffentlicht – können als typische Quelle zum Marine-Zeitgeist gewertet werden.

93 Goebbels erregt sich über den »Sybariten« Göring und fährt fort: »Welch eine vornehme und imponierende Erscheinung gibt demgegenüber Dönitz ab. Er ist, wie der Führer mir erklärte, der beste Mann seiner Waffe. Wie er überhaupt mit der Marine immer nur erfreulichste Erfahrungen gemacht habe. Auch Raeder sei von großem Format gewesen; jedenfalls habe er ihm gegenüber eine blinde Treue an den Tag gelegt und seine Waffe in einem Geist erzogen, der sie heute dazu befähige, die Scharte der deutschen Kriegsmarine aus dem Weltkrieg wieder auszuwetzen. Es ist schade, daß so ein Mann nicht die Partei repräsentiert, sondern daß diese repräsentiert wird durch Göring, der mit der Partei soviel zu tun hat wie die Kuh mit der Strahlenforschung.« Joseph Goebbels, Tagebücher 1945. Die letzten Aufzeichnungen, Hamburg 1977, S. 55 f.

94 Die neuen Typen erforderten eine völlige Neustruktuierung der industriellen Fertigung – damit eine qualitative Wandlung der Industriestruktur selbst –, den Neuaufbau einer leistungsfähigen Luftfahrtindustrie – ohne Luftaufklärung waren die neuen Typen noch weniger einsetzbar als das VII C-Boot – und völlig neue Führungs- und Einsatzgrundsätze.

95 Hieraus entstehen häufig Irrtümer der Art, als habe sich gar nichts Wesentliches geändert. Das wird besonders beim »neuen U-Bootkrieg« deutlich: Obwohl das XXI-Boot nichts mehr versenkt hat, bedeuten seine Planung und sein Bau einen tiefen Eingriff in die bisherigen Rüstungsstrukturen.

96 Göring und Himmler wurden bekanntlich von Hitler noch aus der Partei ausgeschlossen; Himmler fuhr schon seit 1943 »zweispännig« und versuchte sich rechtzeitig von Hitler abzukoppeln. Es ist typisch, daß Dönitz von Himmler deswegen nichts mehr wissen wollte.

97 Das ergibt sich aus seinen öffentlichen Verlautbarungen nach Übernahme der Regierungsgeschäfte.

98 Albert Speer, Erinnerungen, 5. Aufl., Berlin 1969, S. 440: »Ich dagegen verband mich möglichst eng mit den Mitarbeitern der Industrie, um mit ihnen dringende Versorgungsprobleme und den Übergang zur Nachkriegswirtschaft zu besprechen.« – Dieser ganze Fragenkomplex ist noch nicht hinreichend erforscht.

99 Hitler vertrat bekanntlich die Auffassung, daß das deutsche Volk sich als zu schwach erwiesen habe und deswegen zu Recht untergehe.

100 Dönitz hatte mit Nachdruck Hitlers Auffassung zugestimmt, daß die Kurlandarmee nicht zurückgehen dürfe, und deswegen den Rücktransport der Armee über die Ostsee als ultima ratio schon lange geplant.

101 Die gesamte Diskussion ist veröffentlicht in: Die deutsche Flotte im Spannungsfeld der Politik 1848–1985, hrsg. vom DMI und MGFA, Herford 1985, S. 139–152.

102 Ebd., S. 217 f.

Heinrich Walle

Marineoffiziere im Widerstand
gegen Hitler und das NS-Regime*

Wer denkt schon beim Einlaufen in den am Nordufer der Eckernförder Bucht
gelegenen »Kranzfelder-Hafen« an Korvettenkapitän Alfred Kranzfelder, nach
dem dieser Marinehafen benannt ist? Auch das Lexikon der deutschen Marinegeschichte von Witthöft erwähnt ihn nicht[1]. Kranzfelder war neben Admiral Wilhelm Canaris der einzige aktive Marineoffizier, der wegen seiner Teilnahme am
Staatsstreichversuch vom 20. Juli 1944 hingerichtet wurde.

Durch die Benennung von Kasernen und Einrichtungen der Bundeswehr nach
Männern des Widerstandes, wie Ludwig Beck, Erwin v. Witzleben, Claus Schenk
Graf v. Stauffenberg, pflegt die Bundeswehr das Andenken von Soldaten, welche
sich nicht zum willenlosen Werkzeug eines verbrecherischen Diktators machen
ließen.

Die Ereignisse des 20. Juli 1944 waren der tragische Höhepunkt des militärischen Widerstandes gegen Hitler. Die Wurzeln dieses »Aufstandes des Gewissens«
reichen bis in die ersten Jahre nach der Machtergreifung am 30. Januar 1933 zurück. Hatten nahezu alle Männer des militärischen Widerstandes in Hitler und
seiner Bewegung die Möglichkeit einer Rückgewinnung der durch den Ersten
Weltkrieg verlorengegangenen Großmachtstellung Deutschlands zu sehen geglaubt, so mußten sie bald erkennen, daß die Aufrüstungspolitik Hitlers durch ihre
Maßlosigkeit zu einem neuen Weltkrieg führen würde.

Der Versuch, Deutschland vor einem Vernichtungskrieg zu bewahren, brachte
Militärs und Zivilpersonen zu einem gemeinsamen Vorgehen gegen Hitler zusammen. Was zunächst nur ein militärfachlicher Konflikt zu sein schien, zwang mit
zunehmender Konsequenz zur Gewissensentscheidung. Hier sind vor allem die
Denkschriften des Chefs des Generalstabes des Heeres, General der Artillerie
Ludwig Beck, zu nennen. Aber auch in den Denkschriften von Vizeadmiral Guse,
Chef des Stabes der Seekriegsleitung, und Kapitän zur See Heye werden der Sache
nach ähnliche Warnungen ausgesprochen[2]. In den Beckschen Denkschriften wird
jedoch eindeutig die Schwelle zum aktiven Widerstand überschritten.

Dies geschah in der Marineführung in keiner Weise. So ist es in der Kriegsma-
rine auch nicht zu der Form des militärischen Widerstandes gekommen, die Peter
Hoffmann als »Widerstand einer Organisation [...] gegen Gleichschaltung und
Wegnahme der eigenständigen Verantwortung« oder auch als »Widerstand einer
Institution wie des Generalstabes des Heeres gegen eine Politik, die den wohlver-

standenen Aufgaben der Institution widersprach und Nation und Staat mit Existenzvernichtung bedrohte«, gekennzeichnet hat[3].

Die für die Führung der Kriegsmarine verantwortlichen Offiziere, voran der Oberbefehlshaber der Marine, Großadmiral Erich Raeder, folgten, wenngleich mit einer Art von Resignation, dem Diktator sehenden Auges in einen Krieg, für den die Marine in keiner Weise gerüstet war. Eher sollte die Marine in Schönheit sterben, als noch einmal das Odium eines 2. November 1918 auf sich zu nehmen, als mit den Meutereien auf der Hochseeflotte das Ende des Kaiserreiches eingeleitet wurde. Artikulationen gegen Hitler und das NS-Regime erfolgten dann von Marineoffizieren stets aus persönlicher Betroffenheit und nicht aus einem spezifisch berufsbezogenen Konflikt.

In die Zeitspanne kurz vor Kriegsausbruch fallen die Aktivitäten von Admiral Canaris, seit 1938 Chef des Amtes Ausland/Abwehr im OKW. Admiral Canaris wurde am 23. Juli 1944 verhaftet und am 9. April 1945 im Konzentrationslager Flossenbürg ermordet. Hier sei auch an Canaris' Mitarbeiter Fregattenkapitän Dr. Franz Maria Liedig erinnert, der ebenfalls wegen seiner aktiven Beteiligung am Widerstand verhaftet wurde und 1945 im KZ Dachau von den Amerikanern befreit wurde.

Alfred Kranzfelder und die Teilnahme von Marineoffizieren an der Verschwörung gegen Hitler

Korvettenkapitän Alfred Kranzfelder war nach dem Urteil von Admiral Gerhard Wagner »ein hochbegabter und besonders fähiger Offizier, [...] ein sympathischer und ansprechender Untergebener, der auch offen und furchtlos für seine Meinung eintrat«[4].

Kranzfelder wurde am 10. Februar 1908 in Kempten im Allgäu als viertes und jüngstes Kind des Direktors am Landgericht Kempten, Alfred Kranzfelder geboren. Wie Engelbert M. Buxbaum in seiner Kurzbiographie im »Deutschen Martyrologium des 20. Jahrhunderts« besonders hervorhebt waren Kranzfelders eine Familie, die tief im katholischen Glauben verwurzelt war und in diesem Sinne auch ihre Kinder erzogen haben. So gehörte Alfred Kranzfelder von 1919 bis zu seinem Eintritt in die Reichsmarine 1927 der »Marianischen Kongregation« an. Wie sein Biograph Buxbaum betonte, muß letztlich Alfred Kranzfelders tiefe Bindung an seinen Glauben später das entscheidende Motiv gewesen sein, sich dem Unrechtsregime des Nationalsozialismus zu widersetzen und dabei sein Leben zu opfern.

Nach einer mit hervorragenden Ergebnissen abgelegten Abiturprüfung am Humanistischen Gymnasium in Kempten[5] trat er am 5. April 1927 als Offizieranwärter in die Reichsmarine ein. Er wurde am 11. Oktober 1927 zum Seekadetten und am 1. April 1929 zum Fähnrich zur See befördert. Bei der Ausbildung an der Marineschule Mürwik qualifizierte er sich als Lehrgangsbester seines Jahrgangs und wurde damit Crew-Ältester.

Am 1. Oktober 1931 wurde er Leutnant zur See, am 1. Juli 1933 Oberleutnant zur See, am 1. Oktober 1936 folgte die Beförderung zum Kapitänleutnant und am

1. September 1941 erreichte er seinen letzten Dienstgrad Korvettenkapitän. Kranzfelder war Artillerist und als Lehrer an der Schiffsartillerieschule in Kiel tätig. Als
Kapitänleutnant nahm er auf dem Panzerschiff »Admiral Scheer« an den Einsätzen
dieses Schiffes während des spanischen Bürgerkrieges von 1936 bis 1938 teil[6].

Ab dem 29. Februar 1940 war er als Ic in der Operationsabteilung der Seekriegsleitung (1. Skl) tätig[7]. Die Referate Ic und Ii der 1. Skl bearbeiteten Fragen
des Völkerrechtes und der Politik. Die Mehrzahl der Mitarbeiter waren Juristen
und Völkerrechtler. Hinzu kam, daß man hier von der Propaganda ungefilterte
Nachrichten über die politisch-militärische Lage des Krieges erhielt. So vollzogen
etliche Angehörige dieser beiden Referate einen Bruch mit dem NS-Regime und
stellten sich einer konspirativen Tätigkeit zur Verfügung: Kapitän zur See Max
Kupfer, Fregattenkapitän z.V. Dr. Sydney Jessen, Fregattenkapitän Dr. Arnold
Mardersteig, der Chef des Deutschen Nachrichtenbüros (DNB) und KTB-Offizier
der Operationsabteilung, Korvettenkapitän d.R. Otto Mejer, der Korvettenkapitän d.R. Dr. Kurt Bauch, im Zivilberuf Professor für Kunstgeschichte, Admiral-
richter Dr. Kurt Eckhardt und Marineoberstabsrichter Berthold Schenk Graf
v. Stauffenberg, der Bruder des Attentäters[8]. Wie Alexander Meyer feststellen
konnte, ging die Initiative zur Teilnahme am Staatsstreichversuch der Verschwörer
vom 20. Juli 1944 in erster Linie von Berthold Schenk Graf von Stauffenberg aus.
Dieser als Marineoberstabsrichter eingesetzte Völkerrechtler verstand es, Gleich-
gesinnte unter seinen Marinekameraden zur Teilnahme an Verschwörung und
Umsturzversuch zu gewinnen[9].

Korvettenkapitän Alfred Kranzfelder (1908–1944)
Quelle: Archiv des Herausgebers

Im Herbst 1943 fanden sich Stauffenberg, Kranzfelder und Jessen zur gemeinsamen Teilnahme am Umsturz zusammen. Sie traten auch an Kupfer, damals Chef der Abteilung Nachrichtenübermittlungsdienst in der Skl, heran, der ihnen für den Zeitpunkt des Umsturzes die ungehinderte Durchgabe von Fernschreiben der Verschwörung zusagte. Nach der Dezentralisierung der Skl im November 1943 mußte Kupfer aus technischen Gründen seine Zusage zurücknehmen[10]. Beim Staatsstreichversuch am 20. Juli 1944 sollte Kranzfelder als Beobachter im Lager »Koralle«, dem Sitz der Skl in Bernau bei Berlin, feststellen, wie Großadmiral Dönitz und Admiral Meisel auf die Befehle der Verschwörer in der Bendlerstraße reagierten. Über verabredete Stichwörter sollte er Rückmeldung erstatten[11].

In seinem Band »Geist der Freiheit« zeichnete Eberhard Zeller ein Charakterbild dieses Seeoffiziers:

> »In das Oberkommando der Marine reichte Stauffenberg durch einen tatbereiten Verbündeten, den Freund seines Bruders, Korvettenkapitän Alfred Kranzfelder, der als Verbindungsoffizier der Seekriegsleitung zum Auswärtigen Amt in Berlin Dienst tat. Er war – gleichaltrig mit Claus Stauffenberg – 1907 aus einer bayrischen Juristenfamilie geboren. Erst ganz ein Kind seiner Berge und Wälder, das früh schon die Sterne kannte und gern ihren Bahnen nachsann, wählte er den Beruf des Seeoffiziers, um sich etwas von der Weite der Welt zu erobern, und sah auf großer Fahrt besonders beeindruckt die östliche Welt: des Brahmanen ›große Ruhe in sich selbst‹, die Kraft, von innen her das Leben zu bändigen und sich über Glück und Unglück zu erheben, schwebte dem feinnervig Veranlagten und später durch den Kampf mit der Krankheit Gestählten immer wieder vor als etwas, das es zu erringen lohne. Auf der Kriegsschule war er 1927 Jahrgangsbester gewesen. Als einen ›denkenden durchgebildeten Offizier, der noch weiter als sein Metier reichte, innerlich sicher und unabhängig‹, so schildert ihn ein Mitoffizier, ›voll klarer kühner Absichten und Pläne, mit natürlichem Sinn für das Politische‹. Ein anderer der Mitoffiziere, der von Berthold Stauffenberg und Kranzfelder ins Vertrauen gezogen wurde und später unerkannt blieb, meint von ihnen, daß sie ›zu den sehr wenigen Mitgliedern des OKM gehörten, die in dem Teufelssabbat ihre Seele und ihre menschliche Würde behalten hätten‹. Sobald Claus Stauffenberg in Berlin erschien, gehörte Kranzfelder ihm und seinen Dingen. Wie er sich täglich gefährdet wissen mußte, sagt die Schilderung des gleichen Offiziers. Er erzählt von einem langen nächtlichen Weg zu dreien, den sie im November 1943 durch die Forste von Eberswalde machten: Kranzfelder hört dauernd Schritte und glaubt, daß sie begleitet und belauscht würden, bis man feststellt, daß es das Klappern seines eigenen ledernen Mantels ist, das ihn beunruhigt. In der gleichen Zeit findet man ihn während eines schweren Bombenangriffs im Keller bei einer befreundeten Familie in Berlin, wie er den Versammelten, aus dem Augenblick entrückend, von einem Orgelkonzert Bachscher und Mozartscher Musik erzählt, dem er vor ein paar Tagen in einem kleinen Kreis von Menschen in Paris beigewohnt hat. Kranzfelder hat mit einer verzehrenden Heftigkeit des Denkens und Fühlens nur dem einen gelebt: wie die erhoffte Erhebung gelingen könnte. Er hat sich auch durch ein Verlöbnis, dem bald die Heirat folgen sollte, vom gefährlichen Weg nicht abbringen lassen. Als seine künftige Frau die Absicht äußerte, bei einem Nichtgelingen des Attentats und den dann unabsehbaren Folgen selbst Hand an sich zu legen, um mit den Geopferten zu sterben, wies er sie zurück: auch wenn er sterbe, müsse sie leben, sich einen andern wählen und Kinder haben, damit sie ihnen die guten Eigenschaften unseres Volkes in die Seele legen könne[12].«

Nachdem der Staatsstreichversuch in den Abendstunden des 20. Juli 1944 zusammenzubrechen begann, erteilte Dönitz um 21.40 Uhr den Befehl zur Verhaftung von Marineoberstabsrichter Stauffenberg, als er den Namen des Attentäters erfahren hatte. Von Berthold Graf v. Stauffenberg führte die Spur zu Kranzfelder, der am 24. Juli 1944 verhaftet wurde[13].

Anscheinend wurde Kranzfelders Mitwisserschaft durch ein belangloses Telefonat verraten, das vom »Forschungsamt« Görings mitgeschrieben und in seinem wahren Zusammenhang erst nach den Ereignissen vom 20. Juli 1944 erkannt worden ist[14].

In seiner Vernehmung durch die Gestapo erklärte Kranzfelder, warum er die hochverräterischen Umtriebe nicht gemeldet habe: »Er habe sich nicht entschließen können, die beiden Stauffenbergs zur Anzeige zu bringen, da er sie als Menschen und Kameraden geschätzt habe und im Verlauf der Kriegsentwicklung selbst in eine so deprimierende Stimmung geraten sei, daß er innerlich schwankend den Stauffenbergschen Anschauungen von der Gesamtkriegslage und seinen Plänen beigepflichtet habe[15].

Auch Fregattenkapitän Jessen verhaftete man. Berthold Graf Stauffenberg und Kranzfelder wurden am 10. August 1944 vom Volksgerichtshof zum Tode verurteilt und noch am gleichen Tage hingerichtet.

»Als man im Oberkommando der Marine nur noch von den Schuften redete, die sich gegen den ›Führer‹ vergangen hätten, wagte einer der Kameraden zu einem jungen Admiral das Wort, vielleicht werde er es noch begrüßen, wenn sein Sohn einmal auf dem Schulschiff ›Alfred Kranzfelder‹ Dienst tun könne[16].«

Jessen wurde nach langer qualvoller Haft am 25. April 1945 von den Russen befreit und war damit nur knapp dem Tode entgangen[17]. Korvettenkapitän Mejer, der Beziehungen zum Goerdeler-Kreis hatte, wurde durch mutigen Einsatz seines Vorgesetzten Kapitän zur See Werner Pfeiffer, Ib der 1. Skl, aus der Haft befreit[18].

Zur Ehrung des Andenkens an Korvettenkapitän Alfred Kranzfelder hatte der Inspekteur der Marine, Vizeadmiral Karl-Adolf Zenker, am 30. Juni 1964 vorgeschlagen, den am Nordufer der Eckernförder Bucht entstandenen Marinehafen »Kranzfelder-Hafen« zu benennen. Am 18. März 1980 ließ der damalige Kommandeur der Marinewaffenschule Eckernförde, Kapitän zur See Fritz Sievert, für Alfred Kranzfelder einen Gedenkstein errichten[19], der deutlich macht, daß es sich hier nicht um einen überkommenen Flurnamen, sondern um die Ehrung eines Mannes handelt, der sein Leben im Widerstand gegen Hitler und das NS-Regime opfern mußte. Sievert hatte auch erstmalig eine Dokumentation über Kranzfelder erarbeiten lassen, die der damalige Korvettenkapitän Kurt Wachsmuth 1980 zusammengestellt hat.

Wehrkraftzersetzung als Tatbestand von Widerstandshandlungen

Mit dem § 5 der Kriegssonderstrafrechtsverordnung (KSSVO) vom 17. August 1938 hatten die nationalsozialistischen Machthaber eine gesetzliche Regelung ge-

schaffen, mit der jegliche Abweichung von der durch die Propaganda vorgeschriebenen Denkweise mit schwersten Sanktionen belegt werden sollte.

»§ 5 (1) Wegen Zersetzung der Wehrkraft wird mit dem Tode bestraft:

1. Wer öffentlich dazu auffordert oder anreizt, die Erfüllung der Dienstpflicht in
   der deutschen oder einer verbündeten Wehrmacht, oder sonst öffentlich den
   Willen des deutschen oder verbündeten Volkes zur wehrhaften Selbstbehauptung zu lähmen oder zu zersetzen sucht;

2. wer es unternimmt, einen Soldaten oder Wehrpflichtigen des Beurlaubtenstan-
   des zum Ungehorsam, zur Widersetzung oder zur Tätlichkeit gegen einen Vorgesetzten oder zur Fahnenflucht oder unerlaubten Entfernung zu verleiten
   oder sonst die Manneszucht in der deutschen oder einer verbündeten Wehrmacht zu untergraben[20].«

Zwar sollten mit der KSSVO Straftaten geahndet werden, die auch nach rechtsstaatlichen Grundsätzen strafwürdig waren. Dennoch war der § 5 KSSVO in seiner Stoßrichtung eindeutig als Instrument auf die Vernichtung nicht nur des politischen Gegners, sondern bereits schon des politisch Andersdenkenden gerichtet.
Sein Unrechtscharakter manifestierte sich bereits darin, daß hier grundlegende
Menschenrechte, wie Gewissensfreiheit oder das Recht der freien Meinungsäußerung nicht einer kriegsbedingten Notlage entsprechend eingeschränkt, sondern
total negiert wurden.

Dazu war der Inhalt dieses Paragraphen so schwammig formuliert, daß einer
willkürlichen Auslegung Tür und Tor geöffnet war. Hinzu kam, daß man in der
damaligen Rechtsprechung niemals danach fragte, ob sich die Äußerungen oder
Handlungen eines Beschuldigten tatsächlich als Zersetzungshandlungen ausgewirkt
hatten. Der Begriff »Öffentlichkeit« wurde in einer Weise ausgelegt, daß selbst
Äußerungen im privaten Familienkreis als »öffentlich« geahndet wurden.

Wie aus vielen Gerichtsakten von Männern und Frauen, die während der NS-
Zeit aufgrund ihrer gegen den Nationalsozialismus gerichteten Aktivitäten zum
Tode verurteilt worden waren, deutlich wird, beruhten die Todesurteile häufig auf
§ 5 KSSVO, wenn es darum ging, Taten abzuurteilen, die weder Landes- noch
Hochverrat waren oder sonstwie auf einen Sturz des Regimes abzielten. Am Beispiel des 1943 vom Volksgerichtshof zum Tode verurteilten Kapitäns zur See a.D.
Günther Paschen und des 1944 erschossenen Oberleutnants zur See Oskar Kusch
sollen hier zwei Fälle skizziert werden, in denen Marineoffiziere ausschließlich
aufgrund ihrer gegen das NS-Regime gerichteten Äußerungen unter dem Vorwand, die Wehrkraft zersetzt zu haben, umgebracht wurden.

Günter Paschen

Mit der Schlagzeile: »Von seinen Kameraden verlassen. Kapitän z.S. starb unter
dem Beil des Henkers. [...] Paschen, eine Person, die eine Ehrung verdient hätte«[21], erinnerte die »Flensburger Heimatzeitung« am 20. Februar 1958 an den
wegen Zersetzung der Wehrkraft nach § 5 KSSVO am 18. Oktober 1943 vom

Volksgerichtshof zum Tode verurteilten Kapitän zur See a.D. Günther Paschen[22]. Das Todesurteil wurde in der vom Reichsminister der Justiz herausgegebenen »Führerinformation 1943, Nr. 172«, am 26. November 1943 bekanntgegeben[23] und vermutlich am 8. November 1943 in Berlin-Plötzensee durch das
Fallbeil vollstreckt[24]. Der Artikel in der »Flensburger Heimatzeitung«, einem
Organ der dänischen Minderheit, erinnerte damit an einen Gegner des NS-
Regimes unter den Offizieren der Marine, dessen Andenken innerhalb der Mari-
ne bis heute so gut wie nicht gepflegt worden ist. »Zu der Zeit als die Flensbur-
ger Marinekameradschaft den Großadmiral a.D. Raeder zu ihrem Ehrenmitglied
machte, starb in Flensburg eine Frau Paschen. Sie war Witwe des Kapitäns zur
See Günther Paschen. Er war am 18. November 1943 in Brandenburg an der
Havel durch das Beil hingerichtet worden. Wegen defaitistischer Äußerungen.
Er starb von allen Kameraden verlassen. Großadmiral Raeder, ein Schulfreund
Paschens, mit ihm durch lange Jahre verbunden, weigerte sich, etwas für seinen
Freund und Kameraden zu unternehmen[25].« Der kurze Artikel berichtete dann
noch, daß der 1880 in Berlin geborene Paschen keinen Hehl daraus gemacht
habe, daß ihm der 1939 von Hitler entfachte Krieg nicht behagt habe. Paschen
habe aus den Erfahrungen des Ersten Weltkrieges gelernt. So sei er in einem
gespannten Verhältnis zu Dönitz gestanden, dessen Vorstellungen über die
Möglichkeiten des U-Bootkrieges er für unrealistisch gehalten habe. Das Blatt
zitierte Paschens Tochter: »Mein Vater sah viel, wußte viel. Aber er trug sein
Herz auf der Zunge.« Er habe nicht gelernt zu katzbuckeln und zu schweigen,
wenn etwas geschah, was gegen seine Überzeugung verstieß[26].

Kapitän zur See Günter Paschen (1880–1943)
Quelle: MSM/WGAZ

Wer war Günther Paschen? Flottillenadmiral Dr. Walter Flachsenberg (1908 bis 1994), der 1928 als Seeoffizieranwärter in die Reichsmarine eingetreten war, hat ihn 1930 während seiner Ausbildungszeit als Fähnrich zur See an der Marineschule Mürwik als Lehrer für Artillerie und Englisch erlebt. Flachsenberg hat 1983 ein Lebensbild dieses Seeoffiziers verfaßt, das im folgenden wiedergegeben wird:

»Als Fähnriche betrachteten wir das halb militärische, halb zivile Lehrerkollegium der Marineschule Mürwik mit den kritischen Augen älterer Schüler. Ihr Erscheinungsbild, ihre Lehrweise, ihre ausgeprägten Eigenarten waren nahezu täglich willkommener Anlaß zu karikierender Imitation oder witziger Persiflage.

Der bemerkenswerteste unter den Lehrern war Korvettenkapitän a.D. Günther Paschen, der Englisch und Artilleriekunde unterrichtete, obwohl dieses Fach an die zuständige Waffenschule gehörte, zumal die physikalischen und chemischen Grundlagen durch die naturwissenschaftlichen Dozenten gelehrt wurden. Aber irgendwie hatte Kapitän Paschen die Geschützmechanik – ›Der Werdegang eines Geschützrohres‹ – und die angewandte Ballistik zu seiner Domäne gemacht.

Von seinem militärischen Werdegang her war er dazu wohl berechtigt und prädestiniert. Er galt als ausgezeichneter Artillerist, beherrschte sein Handwerk theoretisch und praktisch und besaß den Instinkt eines Jägers. Zur Tragik seiner Laufbahn wurde ein falsches Kommando in der Stunde der Bewährung, in der Skagerrakschlacht. Als Erster Artillerieoffizier des Schlachtkreuzers Lützow – so wurde die Fama von Crew zu Crew weitergetragen – erzielte er sehr bald Treffer über Treffer im gegnerischen Schiff, aber keine erkennbare Wirkung im Ziel. Als Munitionsart hatte er ›Sprenggranaten‹ statt ›Panzersprenggranaten‹ befohlen.

Seine kritiklose Anglophilie wurde bei ihm teilweise zur Manie. Er war mit einer Engländerin verheiratet, sprach ein gepflegtes Oxford-Englisch, trug ausschließlich englische Stoffe im Londoner Modestil und glich in seinem ganzen Wesen dem Gentleman-Ideal, verkörpert durch den soignierten Offizier im Ruhestand. Mit Vorliebe las er den PUNCH und im Englisch-Unterricht seinen Fähnrichen daraus vor. Abgesehen davon, daß seine Schüler kein Gespür für diese Art englischen Humors besaßen, falls sie den Witz überhaupt verstanden, sie quittierten, wie verabredet, seine Lektüre mit unbeweglich ernsten Gesichtern, während ihr Lehrer jeden, aber auch jeden Witz mit herzhaft lautem Lachen bedachte. Jäh bemerkte er das fehlende Echo seiner Hörer und faltete gekränkt sein Lieblingsblatt mit der bissigen Bemerkung zusammen: ›Wenn Sie über meine – er sagte: meine – Witze nicht lachen, brauche ich sie Ihnen nicht vorzulesen!‹ Sprach's und kratzte beleidigt seinen fast kahlen Schädel.

In seiner Artillerie experimentierte er gern und viel, um die Theorie durch die Praxis zu beweisen. So hatte er in seinem Labor eine Modellkanone herstellen lassen, um die Wirkung des Dralls, der Geschoßform und -gewichtung oder unterschiedlicher Treibladungen zu demonstrieren. Am ›Tag der Artillerie‹ führte er auf freier Wildbahn – auf der Rasenfläche vor der Marineschule – seine Experimente – mit entsprechenden Erklärungen einem andächtig lauschenden und erwartungsvoll blickenden Publikum, an der Spitze der Kommandeur mit seinem ganzen Gefolge, vor. Nur verhielt sich das Geschoß nicht so, wie er kund getan hatte, weil ›böse Fähnriche‹ die Granatspitze heimlich abgeschraubt und das Innere mit Kreide gefüllt hatten. Erbost rief er nach seinem Adlatus Bunge, um dem rätselhaften ballistischen Fehlverhalten auf die Spur zu kommen. Bunge, ein früherer Oberdeckoffizier und Feuerwerker, der auch während des Unterrichts nach energischer Aufforderung hinter einem Verschlag auftauchte, klein, dick, behäbig und immer schmuddelig, wurde der mangelnden Sorgfalt bezichtigt, bis die Ursache geklärt werden konnte. Dabei präsentierte sich zur stillen Erheiterung der Zuschauer das ungleiche Paar in seiner ganzen Gegensätzlichkeit: Kapitän Paschen groß, hager und schlaksig, in seiner Mimik und Gestik ein moderner Don Quichote, den der phlegmatische, bauernschlaue Bunge wie des Cervantes' Vorbild Sancho Pansa haargenau ergänzte.

Eine Erscheinung wie Kapitän Paschen gehörte – das spürten wir instinktiv – zu den Außenseitern im Lehrerkollegium, wohl auch in der Crew. Ein ausgeprägter Individualist und betonter Einzelgänger, verdeckte sein extravagantes Äußere eine noble Gesinnung. Empfindsam, leicht verletzbar und schnell beleidigt, war er im Grunde wohlwollend und gutmütig. Aufrichtig bis zur Selbstverleugnung, trug er das Herz auf der Zunge und vertrat seine Überzeugung mit dem ganzen mutigen Starrsinns seines Naturells. Ein ›Ritter ohne Furcht und Tadel‹ im bürgerlichen Gewande des 20. Jahrhunderts.

Mit dem Aufbau der Kriegsmarine wurde er in seiner Dienststellung als Fregattenkapitän (E) reaktiviert, aber noch vor dem Kriege als charakterisierter Kapitän z.S. aus mir nicht bekannten Gründen in den Ruhestand versetzt. Aus seiner Ablehnung des Nationalsozialismus machte er keinen Hehl; den Krieg gegen England hielt er für ein nationales Unglück.

Im Sommer 1943 äußerte er sich zwei Dänen gegenüber in seiner bekannt freimütigen Weise Zweifel über die ›angeblichen Wunderwaffen des Führers‹, die er als Bluff bezeichnete, wurde durch eine mit diesen Dänen befreundete Marinehelferin denunziert und verhaftet.

›Im Namen des deutschen Volkes‹ verurteilte ihn der Volksgerichtshof unter dem Vorsitz seines Präsidenten Dr. Freisler am 18. Oktober 1943 zum Tode. Die Urteilsbegründung war ebenso erschütternd wie armselig, die Wortwahl so primitiv wie verlogen. Günther Paschen hat im vierten Kriegsjahr in Flensburg zwei Dänen gesagt, er glaube nicht an den deutschen Sieg (er hatte nur berechtigte Zweifel geäußert), das Reden von neuen Waffen des Führers halte er für Propagandabluff, Schleswig sollte Dänemark ›zurückgegeben‹ werden. (Diese Äußerung hat P. vor dem VGH bestritten). Damit hat er – ein hoher früherer deutscher Seeoffizier – den Willen des dänischen Volkes zur Loyalität angenagt und mittelbar auch unseren Willen zur mannhaften Wehr (!) angegriffen. Als Zersetzungspropagandist unserer Kriegsfeinde ist er für alle Zeit ehrlos. Er wird mit dem Tode bestraft[27]. Die beiden Schlußsätze der Urteilsbegründung lauten: ›Wir alle, und vor allem auch unsere Marine, vom jüngsten Rekruten bis zum höchsten Admiral, wollen mit Recht mit einem solchen ehrlosen Verräter nichts mehr zu tun haben‹[28] und: ›Weil Paschen verurteilt ist, muß er auch die Kosten tragen‹[29].

Kapitän zur See a.D. Günther Paschen wurde am 8. November 1943 in Brandenburg durch das Beil hingerichtet. Ein Widerstandskämpfer sui generis, eine eigenwüchsige Persönlichkeit, ein unzeitgemäßer Gentleman, ein später Don Quichote, aber von tieferer Tragik als sein literarisches Vorbild, ein Mann, dem niemand in der Marine seinen Respekt verweigern wird[30].«

Der Fall des Oberleutnants zur See Oskar Kusch[31]

In einer dunklen Gefängniszelle sitzen zwei Schachspieler an einem Tisch. Das Kerzenlicht läßt die hageren Züge des einen Spielers in bedrohlicher Weise hervortreten, der offensichtlich seinen Gegner, der dem Betrachter den Rücken zuwendet, matt gesetzt hat. Der Verlierer dieser Partie kauert, seinen Kopf auf den rechten Arm abstützend, in sich zusammengesunken vor dem Tisch.

Dieses düstere Bild ist eine Kohlezeichnung, die der Oberleutnant zur See Oskar Heinz Kusch kurz vor seiner Erschießung am 12. Mai 1944 in einer Zelle des Marine-Untersuchungsgefängnisses in Kiel-Wik angefertigt hatte. Es drückt in erschütternder Weise die ganze Verzweiflung und Hoffnungslosigkeit des 26jährigen Offiziers aus, der sich in der Figur des Verlierers selbst dargestellt hat und mit dieser Zeichnung zum Ausdruck bringen wollte, daß er einer diabolischen Macht, verkörpert in der Gestalt des todähnlichen Gegenspielers, unerbittlich ausgeliefert war.

Oskar Heinz Kusch wurde am 6. April 1918 als Sohn des Versicherungsdirektors Heinz Kusch und seiner Ehefrau Erna, geb. Kohls in Berlin geboren. Als Zehnjähriger kam er 1928 zur Bündischen Jugend und gehörte dort der Freischar und später dem deutschen Pfadfinderbund an. 1933 wurde sein Bund in das Jungvolk der Hitlerjugend (HJ) überführt. 1935, als die von Kusch geführte Spielschar mit der HJ endgültig gleichgeschaltet wurde, schied er aus der HJ aus. Wie aus den Akten der Geheimen Staatspolizei hervorgeht, gehörte er noch bis 1937 dieser illegal weiterbestehenden Gruppierung der Bündischen Jugend an. Kusch mußte erleben, wie sein Jugendführer, der Arzt Rudi Pallas, wegen illegaler Betätigung in der Jugendbewegung in ein Konzentrationslager eingewiesen wurde. Er selbst vermochte sich einer drohenden Verhaftung durch seine freiwillige Meldung als Offizieranwärter zur Kriegsmarine zu entziehen.

Nach dem 1936 abgelegten Abitur leistete er zunächst seine Dienstpflicht im Reichsarbeitsdienst ab, wo er auch von der Gestapo überwacht wurde und auffiel, weil er sich in »krasser Form« über die Zustände im RAD in Briefen an seine Freunde geäußert hatte.

Am 3. April 1937 trat er als Seeoffizieranwärter in die Kriegsmarine ein. Sein Entschluß, den Beruf des Marineoffiziers zu ergreifen, beruhte durchaus auf patriotischen Motiven, auch war er von der Faszination der Seefahrt ergriffen. Er wollte aber auch den Nachstellungen von Funktionären der NSDAP entgehen, da die Soldaten der Wehrmacht keine Mitglieder der NSDAP sein durften und vor allem die Marineführung jeden Einfluß von Parteifunktionären auf den Dienstbetrieb fernzuhalten bestrebt war.

Nach erfolgreicher Absolvierung der Seeoffizierausbildung wurde er im August 1939 zum Leutnant zur See befördert. Wie viele seiner Offizierkameraden hatte sich auch Oskar Kusch freiwillig zur neu entstandenen U-Bootwaffe gemeldet und erhielt im Juni 1941 nach Beendigung seiner U-Bootausbildung sein erstes Einsatzkommando als Wachoffizier auf »U-103« (Typ IX B, 1051 t). Das Boot operierte im Nord-, Mittel- und Südatlantik und war unter seinem Kommandanten Kapitänleutnant Werner Winter sehr erfolgreich. Kusch wurde am 1. September 1941 zum Oberleutnant zur See befördert und erhielt für seine herausragenden Leistungen 1941 das Eiserne Kreuz II. Klasse und 1942 das Eiserne Kreuz I. Klasse. Vom Juli 1942 bis Februar 1943 fuhr Kusch auf »U 103« unter dem

Kommando von Oberleutnant zur See (ab 1. April 1943 Kapitänleutnant) Gustav Adolf Janssen.

Beide Kommandanten schätzten den jungen Offizier als besonders tüchtigen Soldaten und Vorgesetzten, der seine Untergebenen mit Herz und Schwung, aber doch mit fester Hand zu führen imstande war. Sie teilten auch seine antinationalsozialistische Einstellung, aus der er in zahlreichen Gesprächen mit seinen Offizierkameraden keinen Hehl machte, wie sich einer der überlebenden Offiziere dieses Bootes später erinnerte.

*Oberleutnant zur See Oskar Heinz Kusch
(1918–1944)*

Quelle: MSM/WGAZ

Am 8. Februar 1943 übernahm Kusch »U 154« (Typ IX C, 1120 t) als Kommandant. Der Beginn von Kuschs Kommandantentätigkeit erfolgte zu einem Zeitpunkt, als die deutschen U-Boote aufgrund ihrer technischen Unterlegenheit und der enorm gestiegenen gegnerischen Abwehr nicht mehr in der Lage waren, große Erfolge zu erreichen und es für einen U-Bootkommandanten schon ein Erfolg war, sein Boot von einer Feindfahrt überhaupt wieder in den Heimathafen zurückbringen zu können. Kusch absolvierte als Kommandant von »U 154« vom März bis Dezember 1943 zwei lange Fernunternehmungen, die in ein Operationsgebiet südlich des Äquators vor der brasilianischen Küste führten. Auf seiner ersten Feindfahrt kam das Boot bei Cap Roque an einen Geleitzug heran und erreichte einige Erfolge. Auf der zweiten Unternehmung in das gleiche Seegebiet entging »U 154« bei einem vergeblichen Angriffsversuch nur durch das geschickte

Verhalten des Kommandanten und der Besatzung mit knapper Not der Versenkung. Diese Unternehmungen in tropischen Gewässern unter fortwährender Bedrohung durch die feindliche Abwehr, vor allem aus der Luft, müssen die physischen und seelischen Kräfte der Besatzung bis zur Grenze der Belastbarkeit strapaziert haben. Dennoch verstand es der junge Kommandant, seine Männer zu motivieren und ihnen das Gefühl zu geben, daß er ihr Leben nicht leichtsinnig aufs Spiel setzte.

»U 154« war nach 80 Tagen Feindfahrt am 20. Dezember 1943 wieder nach Lorient, dem jetzt als U-Bootsstützpunkt genutzten Französischen Kriegshafen an der Atlantikküste der Bretagne, zurückgekehrt. Offiziere und Besatzung waren in Urlaub geschickt worden, um sich von den Strapazen der letzten Unternehmungen zu erholen. Am 16. Januar 1944 wurde Kusch unerwartet telephonisch aus dem Urlaub nach Lorient zurückbeordert und bei seiner Ankunft auf dem Bahnhof verhaftet. 24 Tage nach dem Einlaufen, als alle Unterlagen der letzten Feindfahrt überprüft worden waren und das Verhalten des Kommandanten für einwandfrei erklärt worden war, hatte der I. Wachoffizier von »U 154«, Oberleutnant zur See d.R. Dr. Ulrich Abel, eine Meldung abgegeben, worin er zum Ausdruck brachte, daß er auf den 189 Tagen Feindfahrt im vergangenen Jahr bei Kusch fortdauernd untrügliche Beweise einer stark gegen die deutsche politische und militärische Führung eingestellte Gesinnung erlebt habe: »Ich halte ihn deshalb für unfähig, U-Bootkommandant zu sein[32].« Auf drei Schreibmaschinenseiten erhob Abel eine Reihe von Schuldvorwürfen, die z.T. auf Ereignissen der ersten Feindfahrt Kuschs beruhten und korrekterweise im Juli 1943 hätten zur Meldung gebracht werden müssen. Abel stellte u.a. fest, daß Kusch im März 1943 angeordnet habe, das Führerbild zu entfernen mit der Bemerkung »hier wird kein Götzendienst betrieben«[33]. Er habe erklärt, nur der Sturz Hitlers und seiner Partei könne dem deutschen Volk den Frieden bringen. Gegenüber den zur Ausbildung eingeschifften Fähnrichen habe er geäußert, über das augenblickliche Regime müßten sie als gebildete Menschen und angehende Offiziere erhaben sein; der Führer leide oft an Anfällen und sei ein wahnsinniger Utopist und größenwahnsinnig. An der bevorstehenden Niederlage des Reiches habe er, Kusch, keine Zweifel mehr und der Begriff des Weltjudentums sei eine Propagandalüge. Ferner berichtete Abel, daß Kusch seine politischen Informationen durch verbotenerweise abgehörte Feindsender bezogen habe. Zuletzt bezichtigte er Kusch eines Mangels an Angriffsgeist in drei Fällen, worüber er in einer weiteren Meldung Stellung nehmen werde.

Aufgrund dieser Meldung wurde ein Haftbefehl erlassen und Oskar Kusch am 26. Januar 1944 in Kiel vor ein Kriegsgericht gestellt. Kuschs Wahlverteidiger hatte nur am Vorabend der Verhandlung kurz Gelegenheit zur Einsichtnahme in die Akten und war damit in seiner Verteidigung nachhaltig beeinträchtigt.

Abel hatte als Zeugen die Offiziere von »U 154« und die beiden Fähnriche angegeben, die damit gezwungen waren, Kuschs gegen das NS-Regime gerichtete Äußerungen zu bestätigen, wollten sie nicht selbst als Mitwisser zur Verantwortung gezogen werden. Von der Besatzung wurde keiner vernommen, im Gegenteil, den Männern von »U 154« wurde vorgetäuscht, ihr Kommandant sei krankheitshalber abgelöst worden. Diese Täuschung wurde aber vom Bordfunker erkannt und die Besatzung war tief empört, wie man ihrem Kommandanten, dem sie voll vertrauten, mitspielte. Der Vorwurf der Feigheit vor dem Feinde wurde durch einen als Gutachter bestellten älteren U-Bootkommandanten als nicht nachweisbar vom Kriegsgericht fallengelassen.

Nach einer nur wenige Stunden dauernden Verhandlung wurde Kusch zum Tode verurteilt, obwohl der Vertreter der Anklage lediglich eine Zuchthausstrafe beantragt hatte. Die Aussagen von Kuschs früheren Kommandanten Winter und Janssen, die sich als Leumundszeugen nachhaltig für ihn eingesetzt hatten, wurden nicht berücksichtigt.

Das Todesurteil beruhte in der Hauptsache auf § 5 der Kriegssonderstrafrechtsverordnung, nämlich Wehrkraftzersetzung. Wie die Urteilsbegründung deutlich werden ließ, waren die eigentlichen Gründe für das Todesurteil, daß Kusch »den Glauben an den Endsieg verloren« hatte, außerdem »seine liberalen Tendenzen, die ihn 1935 aus der HJ herausführten« und die ihn zu einer »Ablehnung des Nationalsozialismus« bewegten, ferner »die Häufung der von dem Angeklagten gebrauchen zersetzenden Äußerungen, die selbst vor der Person des Führers nicht haltmachten und zum Teil hochverräterischen Charakter trugen«[34].

Keiner von Kuschs Vorgesetzten hielt eine Begnadigung oder eine Umwandlung der Todesstrafe in eine Freiheitsstrafe für angebracht, auch nicht der Oberbefehlshaber der Marine, Großadmiral Dönitz, den Janssen noch zu einer Begnadigung umzustimmen versucht hatte. Am 12. Mai 1944 wurde Kusch in Kiel erschossen.

1946 brachte Kuschs Vater den Marinerichter und die beiden militärischen Beisitzer, den Vertreter der Anklage und alle Zeugen, die vor dem Kriegsgericht seinen Sohn belastet hatten, wegen Mordes zur Anzeige. Nach langem Hin und Her wurde dann im Frühjahr 1949 auf Anweisung des schleswig-holsteinischen Justizministers Rudolf Katz, der als engagierter Sozialdemokrat und Jude Deutschland 1933 hatte verlassen müssen, gegen Kuschs Richter, den ehemaligen Marineoberstabsrichter Karl-Heinrich Hagemann Anklage wegen Verbrechens gegen die Menschlichkeit erhoben. Das Kieler Landgericht sprach ihn in zwei Verfahren in seinen Urteilen vom 23. Mai 1949 und schließlich am 25. September 1959 aus Mangel an Beweisen frei.

Die Kieler Richter, die alle ehemalige Mitglieder der NSDAP gewesen waren, folgten der damaligen Auffassung deutscher Gerichte, daß die berüchtigte KSSVO mit ihrem § 5, Wehrkraftzersetzung, kein ausgesprochenes Unrechtsgesetz der nationalsozialistischen Machthaber gewesen sei, dessen einziger Zweck darin bestand, eine Handhabe zur Vernichtung politisch Andersdenkender oder Gegner des NS-Regimes zu sein. Die Kieler Richter ließen sich auch durch zahlreiche Zeugen aus den Kreisen früherer hochrangiger Marinerichter hinter das Licht führen, die behaupteten, daß die Marinejustiz während des Zweiten Weltkrieges unabhängig und nicht von den Machthabern des NS-Regimes gelenkt worden sei. Nach den Erkenntnissen der Forschung war die Wehrmachtjustiz – und das gilt auch für die Rechtspflege der Kriegsmarine – alles andere als unabhängig. Damit entfiel der Vorwurf der Anklage, Hagemann habe vorsätzlich und bewußt mit Hilfe eines Unrechtsgesetzes einen politischen Gegner des NS-Regimes töten wollen. Nach der damaligen Rechtsauffassung deutscher Gerichte der frühen Nachkriegszeit war mit dem Fortfall der Rechtsbeugung auch eine Anschuldigung wegen Mordes nicht mehr möglich. Das Kieler Landgericht stellte zwar fest, daß das Todesurteil ungewöhnlich hart und auch juristisch unzureichend begründet war, jedoch im Ermessensspielraum eines »unabhängigen« Richters lag, der ja nach gültigem Gesetz geurteilt habe.

Dem Einwand, daß das Todesurteil vom 26. Januar 1944 nur auf politische Argumente abgestützt war, begegnete das Gericht, indem es den Aussagen der als Zeugen vernommenen militärischen Beisitzer, den Einlassungen des Angeklagten und vor allem Zeugenaussagen des auf der zweiten Unternehmung von Kusch auf »U 154« eingeschifften Bordarztes, einem Sanitätsoffizier des Heeres, Glauben schenkte. Dieser Sanitätsoffizier des Heeres hatte sich sogar über das Verhalten seines Kommandanten in Gefechtssituationen geäußert. Nach diesen Aussagen wären die politischen Gründe für das Todesurteil lediglich zeitbedingte Ausdrücke für tatsächlich stattgefundenes schwerstes militärisches Fehlverhalten gewesen. Kusch hätte durch seine antinationalsozialistischen Aussagen den Kampfgeist seiner Besatzung aufs Spiel gesetzt. Aussagen von Unteroffizieren der Besatzung, die ein völlig anderes, und wie aus allen Akten nachweisbar, ein in jeder Hinsicht zutreffendes Bild von Kuschs einwandfreiem militärischen Verhalten ergaben, hat das Gericht nicht berücksichtigt. Oskar Kusch wurde damit posthum inkriminiert und als Verbrecher hingestellt; man kann durchaus sagen, er wurde zum zweiten Male zum Tode verurteilt.

Sein Richter und die beiden militärischen Beisitzer hatten sogar die Dreistigkeit, nachhaltig zu behaupten, auch heute noch würden sie zu ihrem Todesspruch stehen. Mit dem rechtskräftig gewordenen Urteil des Kieler Landgerichtes vom 25. September 1950 wurde erstmalig ein Wehrmachtrichter, der ein Todesurteil nach § 5 KSSVO gefällt und damit einen Soldaten ursächlich wegen seiner Äußerungen gegen das NS-Regime zum Tode verurteilt hatte, freigesprochen. Der Fall Hagemann war damit zum Präzedenzfall für ähnlich gelagerte Verfahren der 50er Jahre geworden.

Eine Auswertung von Kuschs militärischen Beurteilungen, dem Kriegstagebuch von »U 154« und den Äußerungen von überlebenden Besatzungsmitgliedern sowie der früheren Kommandanten zeigt, daß er ein tüchtiger Soldat, ein umsichtiger U-Bootkommandant und seinen Männern ein vorbildlicher Vorgesetzter gewesen ist. Einzig der frühere Schiffsarzt hat ihn in seinen Aussagen nach dem Kriege negativ gesehen. Wie aus den Akten hervorgeht, wollte sich der 1946 von Kuschs Vater wegen seiner vor dem Kriegsgericht erzwungenen Zeugenaussagen wegen Mordes angezeigte Sanitätsoffizier offenkundig vom Vorwurf der Denunziation eines Regimegegners freimachen, indem er auf das angebliche militärische Fehlverhalten Kuschs hinwies.

Kusch gehörte zu den vielen Soldaten der Wehrmacht, die einen deutlichen Unterschied zwischen dem Vaterland und dem NS-Regime machten und damit mit dem Propagandaklischee, das Deutschland mit dem Nationalsozialismus gleichzusetzen versuchte, brach.

Selbst das Kriegsgericht kam nicht umhin, aktenkundig festzustellen, daß dieser Regimegegner aus einem »gewissen Pflichtgefühl« seinen Dienst versah. Wie Tausende andere Soldaten auch sah er keinen Ausweg aus der tragischen Verstrickung, mit der Verteidigung des Vaterlandes auch das NS-System zu schützen. Dem Vater gegenüber hat er kurz vor der letzten Feindfahrt geäußert, daß eine Desertion für ihn nicht in Frage komme, da er dies vor seiner Besatzung und dem Vaterlande nicht verantworten könne. So waren für ihn auch Sabotageakte als U-Bootkommandant ausgeschlossen, da er damit nur das Leben seiner Männer gefährdet hätte. Die einzige Möglichkeit, sich gegen das Unrecht des NS-Regimes zur Wehr zu setzen, sah er darin, seiner Umgebung die Verlogenheit und das Unrecht des Nationalsozialismus deutlich zu machen. Das hat Oskar Kusch, wie aus den Aussagen der überlebenden Unteroffiziere und der beiden Fähnriche deutlich wurde, immer wieder getan. Darauf beruhte auch das Vertrauen seiner Besatzung, die treu zu ihm gehalten und ihn nicht gemeldet hatte. Am deutlichsten hatte er sich an Bord gegenüber seinen Offizieren gegen das NS-Regime geäußert, von denen er aufgrund der ausgeprägten Kameradschaft gerade unter den U-Bootfahrern nie geglaubt hatte, verraten zu werden, obwohl ihn seine Freunde mehrfach gewarnt hatten. Ein nationalsozialistischer Fanatiker, der noch vor Kuschs Erschießung mit einem U-Boot untergegangen ist, hat aus persönlicher Gehässigkeit dieses Vertrauen mißbraucht.

Kuschs historische Bedeutung liegt vor allem darin, daß er kein isolierter Einzelfall war. Wie schon seine Jahrgangskameraden bezeugten und wie aus zahlreichen Schilderungen von Wehrmachtsoldaten deutlich wird, haben nicht wenige im Kameradenkreis ihre Ablehnung des Nationalsozialismus mehr oder weniger deutlich zum Ausdruck gebracht. Einige mußten dafür ihr Leben lassen, viele hatten das Glück, von Kameraden, auch solchen, die damals noch an den Nationalsozialismus glaubten, nicht verraten worden zu sein. Von Männern, die persönliche Kameradschaft und damit Mitmenschlichkeit höher eingeschätzt haben als fanatische Loyalität zu einer totalitären Ideologie.

Wie zahllose andere Wehrmachtsoldaten hat auch er zwischen einer militärischen Pflicht für das Vaterland und dem Mißbrauch durch ein verbrecherisches Regime unterschieden. Von diesen Männern wurde Deutschland nicht mit dem Nationalsozialismus gleichgesetzt, wenngleich sie die von der NS-Propaganda betriebene Verquickung von Vaterland und Nationalsozialismus als tragischen Konflikt empfanden, aus dem sie keinen Ausweg sahen.

Oskar Kuschs Rehabilitation[35]

Nach einer Veröffentlichung des »Falles Kusch« in der Zeitschrift »Marineforum« stellte der damalige Inspekteur der Marine, Vizeadmiral Hein-Peter Weyher, am 27. Oktober 1992 fest: das Vorbild Oskar Kusch »das auch an dem Erziehungsziel des ›Staatsbürgers in Uniform‹ gemessen werden kann, bildet so eine Brücke zum Verständnis der Kriegsgeneration und eignet sich als Beispiel für unsere heutigen Soldaten«[36]. Und so erhielt das Militärgeschichtliche Forschungsamt wenige Wochen später den Auftrag zur Erarbeitung einer umfassenden Dokumentation, die der Verfasser 1995 vorlegen konnte[37]. Am 18. Dezember 1995 wurde der Band im Kieler Landtag in Anwesenheit des damaligen Inspekteurs der Marine, Vizeadmiral Hans-Rudolf Boehmer, der Öffentlichkeit vorgestellt. Das Erscheinen des Bandes nahm die Abgeordnete der FDP im Kieler Landtag, Frau Christel Aschmoneit-Lücke, zum Anlaß, bei der Staatsanwaltschaft beim Landgericht Kiel die Aufhebung des Todesurteils von 1944 in die Wege zu leiten. Am 16. September 1996 wurde das Todesurteil gegen den Oberleutnant zur See Oskar Kusch von der Staatsanwaltschaft Kiel auf der Grundlage der Rechtsverordnung des Zentral-Justizamtes für die Britische Zone über die Gewährung von Straffreiheit vom 3. Juni 1947 (Straffreiheitsverordnung) aufgehoben. In seiner Presseerklärung vom 19. September 1996 übernahm der Generalstaatsanwalt von Schleswig-Holstein, Professor Dr. Heribert Ostendorf, eine Formulierung aus dem von der Staatsanwaltschaft Kiel erteilten Bescheinigungsvermerk vom 16. September 1996[38]: »Ferner sind die ›Straftaten‹, die der Verurteilte verübt haben soll, geradezu ein Schulbeispiel für solche Handlungen, die überwiegend aus Gegnerschaft zum Nationalsozialismus begangen worden sind, so daß gemäß § 1 Abs. 1 Straffreiheitsverordnung auch deshalb die Straffreiheit angeordnet ist. Daß die Motivation des Oberleutnant Kusch weder eigennützig noch verwerflich war, und daß – im Gegenteil – in seiner ›Delinquenz‹ Weltoffenheit, Weitblick und Mut zum Ausdruck kamen, sei in aller Deutlichkeit erwähnt.« Abschließend stellte der Generalstaatsanwalt fest: »Mit der Bescheinigung der Staatsanwaltschaft Kiel kann heute nur noch eine symbolische Wiedergutmachung geleistet werden: Oskar Kusch ist rehabilitiert. Der Fall ›Kusch‹ bleibt aber ein abschreckendes Beispiel für eine Unrechtsjustiz und eine fortwährende Mahnung für die heutigen Strafjuristen.«

Kuschs Freund und Crewkamerad, Horst Freiherr von Luttitz, hat das mutige Verhalten dieses jungen Seeoffiziers wie folgt charakterisiert: »Er war nicht bereit, Wahrheit gegen Lüge einzutauschen!«

Ein Nachwort

Nach der offiziellen Rehabilitierung durch den Generalstaatsanwalt von Schleswig-Holstein ehrte der Rat der Gemeinde Altenholz bei Kiel Oskar Kusch mit einem Festakt im Rathaus. Anschließend wurde vom Altenholzer Bürgermeister Horst

Strieblich und dem damaligen Kieler Oberbürgermeister Norbert Gansel ein Gedenkstein für Oskar Kusch enthüllt. Ebenso wurde die Straße »Am Schießstand«, die direkt zur Hinrichtungsstätte Kuschs führte, in »Oskar-Kusch-Straße« umbenannt. Norbert Gansel betonte in seiner Ansprache beim Festakt, daß Kusch ein Mann gewesen ist, »der sich nicht demütigen lassen wollte«. Er sei für seine Überzeugung gestorben und damit Opfer eines Regimes geworden, »das schon längst Krieg gegen das eigene Volk geführt hat«. Kusch könne durch sein Verhalten Orientierung geben[39].

Zur gleichen Zeit hatte die Witwe von Oberleutnant zur See Dr. Ulrich Abel Kenntnis von der Dokumentation des Falles Kusch erhalten und machte dem Autor schwerste Vorwürfe, er habe ihren im Kriege gefallenen Mann zum Mörder abgestempelt.

Am 24. Dezember 2003 erhielt der Autor ein anonymes Schreiben ohne Absenderangabe folgenden Inhalts:

»Sind Sie immer noch stolz darauf, die Erinnerungen einer alten Frau an die kurzen Jahre des Zusammenlebens mit ihrem im Krieg gefallenen Mann beschmutzt zu haben?

Sie wissen doch nur zu gut, daß Ihre ›Tragödie des Oberleutnants z.S. Oskar Kusch‹ eine Lüge ist. Kusch war ebenso wenig ein Widerstandskämpfer, wie Abel ein glühender Nationalsozialist war.«

Anmerkungen

[*] Durchgesehene und ergänzte Fassung eines Aufsatzes aus dem Begleitband zur Ausstellung Aufstand des Gewissens. Militärischer Widerstand gegen Hitler und das NS-Regime 1933–1945, hrsg. im Auftr. des MGFA von Heinrich Walle, 4., erw. Aufl., Berlin, Bonn 1994, S. 631–655.

[1] Hans Jürgen Witthöft, Lexikon zur deutschen Marinegeschichte, 2 Bde, Herford 1977–1978.

[2] Helmut Krausnick, Zum militärischen Widerstand gegen Hitler 1933–1938. Möglichkeiten, Ansätze, Grenzen und Kontroversen, in: Der militärische Widerstand gegen Hitler und das NS-Regime 1933–1945, hrsg. vom MGFA, Herford, Bonn 1984 (= Vorträge zur Militärgeschichte, Bd 5), S. 76, Anm. 128.

[3] Peter Hoffmann, Der militärische Widerstand in der zweiten Kriegshälfte 1942–1944/45, in: Aufstand des Gewissens (wie Anm. *), S. 395–419, Zitat S. 397.

[4] Michael Salewski, Die deutsche Seekriegsleitung 1935–1945, Bd 2: 1942–1945, München 1975, S. 434 f.

[5] Engelbert M. Buxbaum und Alfred Kranzfelder, Zeugen für Christus. Das deutsche Martyrologium des 20. Jahrhunderts, hrsg. von Helmut Moll, Bd 1, 2., durchgesehene Auflage, Paderborn, München, Zürich 2000, S. 61–64.

[6] Korvettenkapitän Alfred Kranzfelder. Ein Marineoffizier im Kampf gegen die nationalsozialistische Diktatur, zsgst. von Kurt Wachsmuth, masch. Ms. vom 18.3.1980. Der Verfasser dankt Herrn Kapitän zur See a.D. Fritz Sievert für die freundliche Überlassung dieser Ausarbeitung. Vgl. auch Heinrich Walle, Aufstand des Gewissens. Militärischer Widerstand gegen Hitler und das NS-Regime – Wanderausstellung des Militärgeschichtlichen Forschungsamtes, in: Marineforum, 59 (1984), S. 233–235. Dort wurde ebenfalls an Alfred Kranzfelder erinnert. Der vorliegende Beitrag orientiert sich an diesem Aufsatz.

[7] Salewski, Die deutsche Seekriegsleitung (wie Anm. 4), S. 434.

[8] Ebd.

[9] Alexander Meyer, Berthold Schenk Graf von Stauffenberg (1905 bis 1944), in: Völkerrecht im Widerstand (= Tübinger Schriften zum internationalen und europäischen Recht, Bd 57), Berlin 2001.

[10]   Peter Hoffmann, Widerstand – Staatsstreich – Attentat. Der Kampf der Opposition gegen Hitler, 3. Aufl., München 1979, S. 425.

[11]   Bundesarchiv Koblenz (BA), NS 6/6, »Kaltenbrunnerberichte«, Bericht vom 1.8.1944.

[12]   Eberhard Zeller, Geist der Freiheit, München 1965, S. 289 ff.

[13]   Salewski, Die deutsche Seekriegsleitung (wie Anm. 4), S. 435.

[14]   Korvettenkapitän Alfred Kranzfelder (wie Anm. 6).

[15]   BA, NS 6/6, »Kaltenbrunnerberichte«, Bericht vom 1.8.1944, S. 3.

[16]   Korvettenkapitän Alfred Kranzfelder (wie Anm. 6).

[17]   Hoffmann, Widerstand (wie Anm. 10), S. 657.

[18]   Salewski, Die deutsche Seekriegsleitung (wie Anm. 4), S. 436.

[19]   Ebd.

[20]   Zit. nach Manfred Messerschmidt und Fritz Wüllner, Die Wehrmachtjustiz im Dienste des Nationalsozialismus. Zerstörung einer Legende, Baden-Baden 1987, S. 133.

[21]   Flensburger Heimatzeitung vom 20.2.1958.

[22]   BA, R 60 I, Volksgerichtshof/305: 2 J 557/43/1 L 132/43, Urteil in der Strafsache gegen den Kapitän zur See a.D. Günther Paschen aus Flensburg vom 18.10.1943.

[23]   BA, R 22, Reichsjustizministerium/4089.

[24]   Walter Wagner, Der Volksgerichtshof im nationalsozialistischen Staat, Stuttgart 1974, S. 317.

[25]   Flensburger Heimatzeitung vom 20.2.1958. Nach Wagner, Der Volksgerichtshof (wie Anm. 24), starb er am 8.11.1943 in Plötzensee.

[26]   Flensburger Heimatzeitung vom 20.2.1958.

[27]   BA, R 60 I (wie Anm. 22), Blatt 1.

[28]   Ebd.

[29]   Ebd.

[30]   Walter Flachsenberg, In Memoriam Kapitän zur See a.D. Günther Paschen, masch. Ms., im Besitz des Verf. Der Verfasser dankt an dieser Stelle Herrn Flottillenadmiral a.D. Dr. Walter Flachsenberg für die freundliche Überlassung seines Manuskriptes, das hier bewußt als eigener Beitrag eines Zeitzeugen eingefügt wurde.

[31]   Der »Fall Kusch« ist quellenmäßig sehr gut belegbar. Vgl. hierzu jetzt Heinrich Walle, Der Fall Kusch. Eine bleibende Mahnung an die Offiziere der Marine, in: Marineforum, 67 (1992), S. 234–238; und Heinrich Walle, Die Tragödie des Oberleutnants zur See Oskar Kusch, Stuttgart 1995 (= Historische Mitteilungen der Rankegesellschaft, Bd 13). Die folgende Darstellung stützt sich auf die Ergebnisse dieser Untersuchung. Vgl. auch Walter Klenck [d.i. Horst Freiherr v. Luttitz], Wer das Schwert nimmt ... Erlebnisse im Luft- und Seekrieg 1940–1945. Bericht und Mahnung, München 1987 (Roman mit literarisch begründeten Änderungen der Fakten. Die Figur des Oskar Burk hat jedoch erkennbar die Identität Kuschs, dessen Charakter überzeugend nachgezeichnet ist).

[32]   BA, ZNS, RM 87-G-K 3140, Ersatzakte, Bl. 1 und 2, Abschrift der Meldung des Olt z.S. Dr. Ulrich Abel an die 3. Unterseebootslehrdivision vom 12.1.1944, S. 1–3.

[33]   Ebd., S. 2.

[34]   BA, ZNS, RM 87-G-K 3149, Untersuchungsakten, Öffentliche Sitzung des Kriegsgerichtes des F.d.U.-West, St.L.J.I. 9/44 vom 26.1.1944, Bl. 40–49, S. 1–9.

[35]   Heinrich Walle, Ein deutsches Schicksal. Zweimal zum Tode verurteilt. Die Tragödie des Oberleutnant zur See Oskar Kusch, in: Truppenpraxis/Wehrausbildung, 41 (1997), S. 349 f.

[36]   BMVg, InspM an StvGenInspBw vom 27.10.1992, in: Walle, Die Tragödie (wie Anm. 31), S. 458 f.

[37]   Siehe oben Anm. 31.

[38]   Der Generalstaatsanwalt des Landes Schleswig-Holstein (Az. 127 R 272) vom 19.9.1996: »Todesurteil gegen U-Boot-Kommandanten Kusch aufgehoben«.

[39]   Kieler Nachrichten vom 13.3.1998.

Werner Rahn

Winkelriede, Opferkämpfer oder Sturmwikinger?
Zu besonderen Einsatzformen der deutschen Kriegsmarine
1944/45

Aus der europäischen Militärgeschichte sind nur wenige Kampfhandlungen bekannt, deren Ausgang durch die Aufopferung einzelner Kämpfer entscheidend beeinflußt wurde. So soll sich in der Schlacht bei Sempach am 9. Juli 1386 der Schweizer Arnold Winkelried in die Spieße der Österreicher geworfen haben, um dadurch eine Lücke in deren Schlachtordnung zu reißen, was dann entscheidend zum Sieg der Schweizer beigetragen habe. Aus dem Schleswig-Holsteinischen Krieg ist überliefert, daß bei der Erstürmung der Düppeler Schanzen am 18. April 1864 der Pionier Klinke eine Palisadenwand gesprengt und dabei bewußt den Opfertod gesucht haben soll, um einen Durchbruch zu schaffen[1]. Bei diesen und anderen Beispielen, die auch aus dem Ersten und Zweiten Weltkrieg überliefert sind, handelt es sich um freiwillige Entscheidungen einzelner Soldaten. In der Schlußphase des Zweiten Weltkrieges kam es jedoch in Deutschland auch zu Opfereinsätzen, die auf Befehl erfolgten, was bislang nur von einzelnen Zeitzeugen überliefert ist. Es gab allerdings in allen Bereichen der Kriegführung gerade bei überraschender Anwendung neuer, wenig erprobter Waffen immer wieder Einsätze, die den Grenzbereich zum Opfereinsatz berührten, da sie vom einzelnen Soldaten viel Mut und eine hohe persönliche Bereitschaft zum Risiko erforderten. Dies galt auch oder gerade in der Seekriegführung.

Seekriegführung mit ungewöhnlichen Mitteln
bei italienischen und britischen Streitkräften

Im Dezember 1941 war es der italienischen Marine im Mittelmeer gelungen, mit unkonventionellen Seekriegsmitteln einen beachtlichen Erfolg zu erzielen. So genannte »Torpedo-Reiter«, die von einem U-Boot abgesetzt worden waren, hatten mit ihren Sprengladungen in Alexandria zwei britische Schlachtschiffe für Monate außer Gefecht gesetzt[2]. Alle sechs Mann des italienischen Kommandos gerieten in Gefangenschaft. Dieser Erfolg des Bündnispartners wurde zwar in der deutschen Marineführung aufmerksam registriert, führte jedoch noch nicht zur Entwicklung ähnlicher Kampfmittel. Erst als sich die eigene Seekriegführung nach der Krise des

U-Bootkrieges ab Juni 1943 in der Defensive befand, hielt es die Seekriegsleitung (Skl) für erforderlich, den Gegner mit gezielten Einzelaktionen durch Spezialkampfmittel zu schädigen und in dauernde Unruhe zu versetzen. Die noch nicht vorhandenen Kampfmittel sollten »mit verhältnismäßig geringem Einsatz an Material und Personal große Wirkung« erzielen. Dies werde nur dadurch möglich sein, »daß der Sprengstoff schnell und unbemerkt an das Ziel herangetragen wird«. Die Skl forderte daher den »Entwurf eines Kleinst-U-Bootes bzw. Einmanntorpedos« mit einem Unterwasserfahrbereich von 200 Seemeilen [sic!], der beim Einsatz eines ›Mutter-U-Bootes‹ verringert werden könne. Die Besatzung von ein bis drei Mann sollte, nachdem sie den Sprengstoff ins Ziel gebracht hatten, die Möglichkeit des Entkommens erhalten. Zur Abkürzung der Konstruktionsarbeiten schlug die Skl die Auswertung vergleichbarer japanischer und italienischer Kampfmittel vor[3]. Mit diesen unkonventionellen Überlegungen näherte sich die Kriegsmarine einem Bereich der Seekriegführung, in dem die Royal Navy bereits einen deutlichen Vorsprung hatte, wie wenige Wochen später der Erfolg ihrer Kleinst-U-Boote gegen das Schlachtschiff »Tirpitz« beweisen sollte.

Ab Sommer 1942 hatte die Royal Navy im Nordmeer in den beiden einsatzbereiten deutschen Schlachtschiffen »Tirpitz« und »Scharnhorst« eine gefährliche Bedrohung für die nach Murmansk laufenden eigenen Konvois gesehen und war daher bestrebt, diese beiden Einheiten auszuschalten oder zumindest zu neutralisieren. Im Hinblick auf die stark gesicherten Liegeplätze in den Fjorden Nordnorwegens schien ein direkter Angriff mit See- und Luftstreitkräften wenig erfolgversprechend zu sein. Die Royal Navy griff daher auf ein Seekriegsmittel zurück, das sie bereits 1942 entwickelt hatte und das jetzt ungesehen bis zu den Ankerplätzen vordringen sollte, um dort Sprengladungen direkt unter den deutschen Schiffen abzulegen. Es handelte sich um sechs Kleinst-U-Boote (»X-Craft« von etwa 35 Tonnen mit vier Mann Besatzung), die am 12. September 1943 im Schlepp von konventionellen U-Booten aus einem schottischen Stützpunkt ausgelaufen waren. Vier Einheiten gelang es, am 22. September in die Fjorde einzudringen, doch nur drei stießen bis zum Liegeplatz der »Tirpitz« vor und zwei konnten ihre Sprengladungen in unmittelbarer Nähe des Schiffes ablegen. Bei der durch Zeitzünder ausgelösten Detonation blieb zwar der Schiffsrumpf weitgehend unbeschädigt, doch die großen Erschütterungen hatten schwerwiegende Folgen für die Maschinenanlage und Feuerleitgeräte des Schlachtschiffes, das damit für mehrere Monate außer Gefecht gesetzt worden war. Alle vier Kleinst-U-Boote, die in die norwegischen Fjorde eingedrungen waren, gingen durch deutsche Abwehrmaßnahmen und Selbstversenkung verloren. Die Personalverluste betrugen sechs von insgesamt 16 Mann, sechs Mann gerieten in Gefangenschaft[4].

Entstehung und erste Einsätze der deutschen Kleinkampfverbände

Im Hinblick auf die wachsende Gefahr einer alliierten Invasion im Westraum, die mit den verfügbaren eigenen Seestreitkräften kaum abzuwehren war, sah die deut-

sche Marineführung in der schnellen Bereitstellung von verschiedenen Kleinkampfmitteln wie Kleinst-U-Booten, bemannten Torpedos und Sprengbooten eine
Chance für einen Abwehrerfolg im Küstenvorfeld. Bei den Sprengbooten konnte
die Marine auf Erfahrungen im Ersten Weltkrieg zurückgreifen. Damals war es
bereits ab Frühjahr 1917 gelungen, unbemannte Sprengboote an der Küste von
Flandern per Funksteuerung erfolgreich gegen britische Blockadestreitkräfte ein-
zusetzen[5]. Am 18. Januar 1944 legte der Oberbefehlshaber der Kriegsmarine
(Ob.d.M.), Großadmiral Karl Dönitz, Hitler den Plan für den Bau von Kleinst-
U-Booten und Einmanntorpedos vor, die hauptsächlich als Defensivwaffe bei
Feindlandungen eingesetzt werden sollten. Hitler billigte diese Pläne ausdrücklich[6].
Die Herstellung der ersten Einmanntorpedos gelang relativ schnell, da vorhandene
Torpedos als Trägersystem dienten. Nach einer ersten Kurzausbildung der nur aus
Freiwilligen bestehenden Fahrer wollte die Marineführung bereits zum 20. April
1944 quasi als »Geburtstagsgeschenk« für Hitler im Mittelmeer mit einem Einsatz
vor dem alliierten Landekopf bei Anzio offensichtlich einen Prestigeerfolg erzielen. Die übereilt vorbereitete Operation endete jedoch mit einem Fiasko. Von den
23 eingesetzten Einmanntorpedos kehrten nur 13 zurück, diese meldeten zwar
einige Erfolge, die sich später jedoch als Fehlbeobachtungen herausstellten. Darüber hinaus fiel den Alliierten ein intaktes Gerät in die Hände, was ihre künftigen
Abwehrmaßnahmen erleichterte[7]. Demgegenüber ging der von Dönitz mit Aufbau
und Einsatz der Kleinkampfmittel beauftragte Konteradmiral Hellmuth G. Heye[8]
noch von einem ersten Erfolg dieser neuartigen Waffe aus und hielt nur geringfü-
gige Verbesserungen für notwendig. Darüber hinaus forcierte er nach italienischem
Vorbild die Ausbildung von Kampfschwimmern (später »Meereskämpfer« genannt), die von U-Booten oder S-Booten an Ziele herangeführt werden sollten,
um dann – unter Wasser schwimmend – Sprengladungen an Schiffen anzubrin-
gen[9]. Hier zeichneten sich erste Ansätze ab, die desolate Lage der materiellen Rüstung durch den Faktor »Mensch« zu relativieren, indem einsatzbereite Soldaten
bei bestimmten Waffen als »zielsuchendes Lenksystem« mit der Chance der Rückkehr fungierten.

    Welchen Stellenwert diese neuen unkonventionellen Seekriegsmittel für die Ma-
rineführung hatten, wird sowohl aus dem zügigen organisatorischen Aufbau als
auch aus dem Unterstellungsverhältnis der entsprechenden Verbände deutlich.
Innerhalb weniger Wochen entstand das Kommando der Kleinkampfverbände
(K.d.K.), an dessen Spitze der Admiral der Kleinkampfverbände (A.d.K.), Konteradmiral Heye, stand, der in Personalunion auch in der Skl das Generalreferat
Sonderkampfmittel (Skl/S) leitete und dem Ob.d.M. direkt unterstellt war. Das
K.d.K. setzte sich aus einem Führungs- und Quartiermeisterstab, einem Kriegsgericht, Personalbüro sowie einer wissenschaftlichen und technischen Abteilung mit
insgesamt mehr als 30 Offizieren, drei höheren Beamten sowie Unterpersonal
zusammen. Dem Kommando unterstanden Aufstellungs- und Ausbildungsabtei-
lungen, Lehr- und Versuchskommandos sowie weitere Unterstützungseinheiten.
Für die einzelnen Einsatzgebiete (West, Süd, Holland, Norwegen) wurden K-Stäbe
als taktische Führungsstäbe gebildet[10]. Am 22. Mai 1944 hielt Heye beim Ob.d.M.

Vortrag über den Stand der Einsatzbereitschaft der verschiedenen Sonderkampfmittel und zeichnete dabei ein optimistisches Bild vom monatlichen Zulauf der
verschiedenen Kampfmittel. So sollten zum Beispiel bis Juli 1944 150 verbesserte
Einmanntorpedos Typ »Marder« und 50 Kleinst-U-Boote Typ »Biber« einsatzbereit sein (zu den einzelnen Kleinkampfmitteln siehe Erläuterungen zu Tabelle 1).
Für Kampfschwimmereinsätze waren bis zu 500 Soldaten vorgesehen, von denen
die ersten 20–30 Mann in sechs Wochen gefechtsmäßig ausgebildet sein sollten. In
diesem Zusammenhang wies Heye allerdings darauf hin, daß die Ausbildung später
schwieriger werde, »wenn keine Leute von [der] ›Wettkampfgruppe Schwimm‹
mehr zur Verfügung« stünden, »sondern auf Durchschnittssoldaten zurückgegriffen werden« müsse[11].

Die alliierte Invasion und ihre Folgen für deutsche Einsatzgrundsätze

Nach dem Erfolg der alliierten Landung am 6. Juni 1944 erhielt der Einsatz der
Kleinkampfverbände eine neue Dimension, bei der die personellen Ressourcen der
Marine, nämlich die Einsatzbereitschaft und hohe Motivation einer großen Anzahl
von gut ausgebildeten Soldaten aller Dienstgrade (meist aus der Personalreserve
der U-Bootwaffe), eine besondere Rolle spielen sollten. In einer Besprechung mit
Dönitz am 8. Juni 1944 wies Heye auf die erkennbare Zwangslage hin, zur Abwehr
der Invasion alle verfügbaren Streitkräfte einzusetzen. Da die eigenen See- und
Luftstreitkräfte »wegen der absoluten Luftherrschaft des Feindes« in absehbarer
Zeit nicht mehr in der Lage seien, den Nachschub wirksam zu behindern, hielt er
»die Kleinkampfmittel für die einzige Waffe, die in diesen Gebieten derartige Aufgaben übernehmen« könne. Nur diese Mittel seien in kurzer Zeit herzustellen und
in der Lage, »mit Hilfe eines einzigen Mannes je Angriffsmittel eine todbringende
Waffe (Torpedo) an den Gegner heranzubringen«. Heye war offensichtlich auch
bereit, von vornherein große Verluste einzukalkulieren, wie aus seiner Gegenüberstellung hervorgeht: »Wenn von z.B. 30 Soldaten 30 Torpedos gegen ein feindliches Schiff angesetzt werden und nur einer bringt die Waffe ans Ziel, so daß der
Gegner Schiff und das Vielfache der eigenen Verluste verliert, so ist dieser Einsatz
berechtigt und immer noch geringer als der aller Kampfmittel.« Bei den Überlegungen hinsichtlich der schnellen Bereitstellung dieser neuartigen Kampfmittel
ging Heye sogar noch einen Schritt weiter: Er unterschied zwei Arten:

» a)   Kampfmittel, bei denen ein verhältnismäßiger Aufwand betrieben wird, um dem
       Schützen die Gelegenheit zu bieten, ggf. noch nach Haus zu kommen bzw. sich zu
       retten. Hierzu gehören alle bisherigen Kampfmittel der K-Verbände. Die geringste
       Möglichkeit des Zurückkommens besteht bei den ital[ienischen] Einmann-Sturmbooten.
  b)   Kampfmittel, bei denen der Soldat sich bewußt für ein lohnendes Ziel opfert.
       Diese Kampfmittel könnten von sehr viel besseren taktischen Eigenschaften sein
       und viel einfacher hergestellt werden als die übrigen Kampfmittel unter a), setzen
       aber den entsprechenden, zum Totaleinsatz bereiten Kämpfer voraus.«

Und gerade bei dieser personellen Komponente gab sich Heye optimistisch: Er verfüge »über Soldaten aus der Marine und Waffen-SS, die sich hierzu bereit erklärt haben«. Darüber hinaus hatte er keine Zweifel, bei einer entsprechenden Siebung und Umfrage weitere Soldaten aller Dienstgrade für diese Art eines Opfereinsatzes zu gewinnen. Er sah in dieser Einsatzform auch eine Möglichkeit, Soldaten mit Bewährungsstrafen »eine besondere Gelegenheit zur Wiederherstellung ihrer Ehre zu geben«. Heye ging bei seinen Überlegungen sogar noch weiter, indem er anregte, ein mit Sprengstoff gefülltes älteres U-Boot, das für einen Fronteinsatz nicht mehr in Frage komme, mit einer geringen Besatzung zu einem lohnenden Ziel zu führen und auf diese Weise »einen Hafen oder alle Schiffe im Umkreis« zu zerstören[12]. Es ist zwar nicht bekannt, ob und wie Dönitz auf diese abenteuerlichen Vorschläge reagierte, doch seine Befehle und Maßnahmen sind starke Indizien dafür, daß er diese radikale und rücksichtslose Einsatzform in der Endphase des Krieges mit allen Mitteln förderte, um überhaupt noch Versenkungserfolge erzielen zu können. Als Heye wenige Tage später für den weiteren Aufbau der Kleinkampfmittel, die nicht zuletzt wegen ihrer Bodenorganisation einen beträchtlichen Umfang angenommen hatten, eine Personalforderung von 794 Offizieren und Offizieranwärtern sowie 16 608 Unteroffizieren und Mannschaften vortrug, billigte Dönitz diese Forderung in vollem Umfang und sagte Heye seine weitere Unterstützung zu[13].

Bei der Umsetzung des Rüstungsprogramms für die verschiedenen Kleinkampfmittel gelang es der Marineführung unter Ausnutzung aller technischen Kapazitäten und Personalreserven noch einmal für wenige Monate, neue Seekriegsmittel an die Front zu bringen[14], die im Küstenvorfeld einige Erfolge erzielten. Doch mußten diese mit hohen Verlusten bezahlt werden.

Nachdem die im Westraum bei Beginn der Invasion verfügbaren 38 Schnellboote bei Luftangriffen und in Gefechten erhebliche Verluste erlitten hatten und die Luftverminung auf den Nachschubwegen und Ankerplätzen des Invasionsverbandes kaum Wirkung zeigte, setzte die Marineführung ihre letzte Hoffnung auf die neuen Waffen im Kleinkampfverband. Doch die Bereitstellung und Verlegung der ersten Flottillen im Landtransport erforderte bei den ständigen alliierten Luftangriffen auf die Verkehrswege in Frankreich mehr als drei Wochen. So waren die ersten Kleinkampfmittel erst Anfang Juli im Ostteil der Seine-Bucht einsatzbereit. Ihre Erfolge blieben bei sehr hohen eigenen Verlusten gering. Die bemannten Torpedos (Typ »Neger« und »Marder«) waren eine leichte Beute der alliierten Jagdflugzeuge und Motorkanonenboote (MGB). Beim ersten Angriff am 5./6. Juli mit 26 »Neger« bzw. »Marder« gingen neun verloren. Die Rückkehrer meldeten große Erfolge, doch tatsächlich wurden nur zwei Minensuchboote versenkt. Der nächste Angriff mit 21 »Marder« blieb ebenfalls erfolglos, und es gab keine Überlebenden.

Kleinkampfmittel der Kriegsmarine 1944–1945

Typ	Planung und Lieferungen in 1944 und 1945												Summe
	44/V	VI	VII	VIII	IX	X	XI	XII	45/I	II	III	IV	
Neger													
Planung	50	100	150	100	100								
Lieferung	50	50	100			?	?						ca. 200
Marder													
Planung				50	50	50	50						
Lieferung			50	?	?	?	?	?	?				ca. 300
Molch													
Planung			40	200	200	60	–	–					500
Lieferung		3	8	125	110	57		28	32				363
Hecht													
Planung	2	1	15	30	5	–	–	–	–	–			53
Lieferung	2	1	7	43	–								53
Biber													
Planung		20	100	200	–	–	–	–	–				320
Lieferung	1 + 3	6	19	49	117	73	56	–	–	–	–	–	324
Seehund													
Planun					3	35	65	65	80	90	90	100	490
Lieferung					3	35	61	70	35	27	46	8	285
Hydra													
Planung								2	12	24	35	44	127
Lieferung								1	3	10	14	4	32
Linsen													
Planung			24	200	200	300	340	144					1208
Lieferung			72	144	233	385	222	61	37	11			1165
MTM													
Planung		10	21	24	33	50	57	60					255
Lieferung		10	10	25	5	55	?	?					ca. 110
SMA													
Planung	6	11	6	8	11	19	17	20					98
Lieferung	1	16	3	4	3	6	6	?	?	?	?	?	ca. 50

Die Produktionsplanung lief im Einzelfall bis Dezember 1945 (z.B. bis 1160 Kleinst-U-Boote vom Typ »Seehund«!).

Erläuterungen zu den einzelnen Typen:

Neger: Bemannter Torpedo, d.h. Trägertorpedo mit einem weiteren Torpedo unter dem Rumpf, nicht tauchfähig, Fahrer verfügte lediglich über eine Sichtkuppel aus Plexiglas, daher waren Treffer nur auf geringe Entfernung zum Ziel möglich. Eindringtiefe etwa 28 sm bei 4 kn Marschfahrt. Voraussetzung für den Einsatz: Spezialtransporter bis zum offenen Strand, gute Sicht und ruhige See ohne Strömung. Die Namensgebung »Neger« ist eine Ableitung aus dem Namen des Konstrukteurs, Marinebaurat Richard Mohr von der Torpedoversuchsanstalt Eckernförde.

Marder: Verbesserter Typ Neger, kurzzeitig tauchfähig.

Molch: Kleinst-U-Boot, 11 t, Bewaffnung: 2 Torpedos, 1 Mann Besatzung, Fahrbereich etwa 50 sm bei 4 kn.

Hecht: Kleinst-U-Boot Typ XXVII, 11,8 t, Bewaffnung: 1 Torpedo oder Minen, 2 Mann Besatzung, Fahrbereich etwa 70 sm bei 4 kn. Das Boot kam nicht zum Einsatz, sondern wurde nur für die Ausbildung genutzt.

Biber: Kleinst-U-Boot, 6,3 t, Bewaffnung: 2 Torpedos, 1 Mann Besatzung, Fahrbereich etwa 130 sm bei 6 kn, Einsatzgrenze lag bei Seegang 3–4.

Seehund: Kleinst-U-Boot Typ XXVIIB, 15,6 t, Bewaffnung: 2 Torpedos oder Minen, 2 Mann Besatzung, Fahrbereich etwa 300 sm bei 7 kn. Das Boot konnte auch für Transportzwecke eingesetzt werden. Einsatzgrenze lag bei Seegang 4–5. Das Boot war wegen seiner geringen Größe relativ immun gegen Wasserbombenangriffe.

Hydra: Kleinst-S-Boot, 7,45 t, 36 Knoten, Bewaffnung: 2 Torpedos, 4 Mann Besatzung.

Linsen: Ferngelenkte unbemannte Sprengboote mit 300 kg Sprengladung. 2 Boote wurden von einem Leitboot durch Fernsteuerung an das Ziel herangeführt. Fahrbereich bei 15 kn etwa 80 sm. Einsatz nur bei ruhiger See möglich.

MTM: Ein-Mann-Sturmboot, flaches Holzgleitboot italienischer Konstruktion mit einer Sprengladung von etwa 350 kg. Der Bootsteurer lenkte das Boot bis kurz vor das Ziel und ließ sich dann mit einem kleinen Rettungsfloß herausschleudern. Fahrbereich etwa 150 sm, Geschwindigkeit etwa 32–36 kn; die Boote konnten nur bei ruhiger See eingesetzt werden.

SMA: Zwei-Mann-Sturmboot, verbesserter Typ MTM mit 2 Mann Besatzung.

Quellen: Harald Fock, Marine-Kleinkampfmittel (wie Anm. 7); Eberhard Rössler, Geschichte des deutschen U-Bootbaus, Bd 2: Entwicklung, Bau und Eigenschaften der deutschen U-Boote von 1943 bis heute, 2., überarb. u. erw. Aufl., Koblenz 1986 und BA-MA, RM 22/6

Beim Einsatz der Kleinkampfverbände kam es in diesen Tagen erstmalig zu einer radikalen Einsatzform, als die Einzelkämpfer vom Chef des Stabes des A.d.K. am 3. August in einem »Anfeuerungs-FT« (FT = Spruch oder Funkspruch) aufgefordert wurden, »Winkelriede für die hart kämpfende Landfront zu sein«[15]. Daraufhin meldeten vor dem Einsatz von 58 »Marder« und zwölf Sprengbooten (»Linsen«) drei Offiziere und weitere sieben Mann einer »Marder«-Flottille, »daß sie ihren Marder bis zur Vernichtung eines lohnenden Zieles ohne Rücksicht auf Aktionsradius und eigene Rückkehr an den Feind führen würden«[16]. Nachdem diese zehn Soldaten (zusammen mit weiteren 31 Soldaten der »Marder«-Flottillen) nicht von dem Einsatz zurückgekehrt waren, nahm der K-Verband große Versenkungserfolge in der Größenordnung von »40–50 000 BRT« an. Der Chef des K-Stabes West, Kapitän zur See Friedrich Böhme, war davon überzeugt, daß gerade die zehn Soldaten am Erfolg beteiligt gewesen sein müssen, die sich verpflichtet hatten, auf eine Rückkehr zu verzichten, und so meldete er am 4. August die Namen folgender Soldaten mit dem Hinweis, daß sie »den Namen Winkelriede« verdienen: Oberleutnant zur See Winzer, Oberleutnant Schiebel, Leutnant zur See Hasen, Oberfähnrich zur See Pettke, Obersteuermann Preuschoff, Steuermannsmaat Schroeger, Maschinenmaat Guski, Matrose Glaubrecht und Matrose Roth. Böhme sah in der Opferbereitschaft dieser Soldaten nicht nur »Ansporn und Beispiel«, sondern auch »ein Zeichen der unbesiegbaren inneren Haltung der Kriegsmarine«. Daher schlug er vor, die Namen »im Marine-Verordnungsblatt als die besonders tapferer Männer zu erwähnen«[17]. Dönitz griff den Vorschlag auf und unterzeichnete einen entsprechenden Nachruf, der diese Einsatzform zwar als »freiwillige Verpflichtung« der Soldaten bezeichnete, jedoch auch als Vorbild für die Kriegsmarine hervorhob: »Der Geist, der aus diesen Männern spricht, soll für jeden Soldaten der Kriegsmarine Beispiel und Ansporn zu höchster Pflichterfüllung sein[18].« Es ist bislang nicht bekannt, ob und in welcher Form die Soldaten des K-Verbandes bei den weiteren Einsätzen in der Seine-Bucht zu ähnlichen »Verpflichtungen« zur Selbstopferung aufgefordert wurden, doch im Hinblick auf die anhaltende Verlustrate ist davon auszugehen, daß der Verband über entsprechend motivierte junge Soldaten verfügte. Nur wenige Monate später forderte der Ob.d.M. von Teilen des K-Verbandes ausdrücklich derartige Einsätze, worauf noch einzugehen sein wird. – Von den 158 im August 1944 eingesetzten Einmanntorpedos Typ »Neger« bzw. »Marder« gingen 105 verloren. Ihre Erfolge blieben im Vergleich zu den hohen Verlusten gering.

Einsätze, Verluste und Erfolge deutscher Kleinkampfmittel im Invasionsraum
Juni bis August 1944*

Einsätze	Eingesetzte Kleinkampfmittel	Eigene Verluste	Versenkungserfolge
25./26.6.44	8 Linsen	8 Linsen 1 R-Boot	keine
30.6.44	4 Linsen	2 Linsen	keine
5./6.7.44	26 Neger	13 Neger	2 Minensuchboote versenkt, 1 Geleitzerstörer beschädigt
8./9.7.44	21 Neger	21 Neger	1 Minensuchboot versenkt, 1 Leichter Kreuzer beschädigt
2./3.8.44	16 Linsen 58 Marder	6 Linsen 41 Marder	1 Zerstörer, 1 Trawler und 1 Landungsboot versenkt, 2 Transportschiffe beschädigt
8./9.8.44	12 Linsen	4 Linsen	Versenkung von 9 Schiffen gemeldet, Zuordnung zu Einsätzen der Kleinkampfmittel ist nicht möglich.
15./16.8.44	11 Marder	5 Marder	keine
16./17.8.44	42 Marder	26 Marder	1 kl. Dampfer u. 1 Landungsboot versenkt, Treffer auf Blockschiff
30./31.8.44	14 Biber	keine	keine

*   Bei den eingesetzten »Linsen« wurden nur die Leitboote gezählt. - Die Personalverluste ließen
     sich nicht genau ermitteln, dürften jedoch bei den bemannten Torpedos vom Typ »Neger« bzw.
     »Marder« bei über 90 Prozent der nicht zurückgekehrten Trägertorpedos liegen. Zu den einzelnen
     Kleinkampfmitteln siehe auch Tabelle 1.

Quelle: KTB Skl (wie Anm. 3), Bde 58, 59 und 60; V.E. Tarrant, Das letzte Jahr der deutschen
Kriegsmarine, Mai 1944 bis Mai 1945, Wölfersheim-Berstadt 1996; Roskill, War at Sea (wie Anm. 4),
vol. 3, 2 und Rohwer/Hümmelchen, Chronology (wie Anm. 30).

*Einmanntorpedo Typ
»Neger« bei der Vorbe-
reitung zum Einsatz
Quelle: MSM/WGAZ*

Der K-Verband als letztes Aufgebot im Küstenvorfeld 1944/45

Nachdem die Alliierten Ende Juli 1944 aus dem Landekopf in der Normandie ausgebrochen waren und zu einer großräumigen Operation angesetzt hatten, zeichnete sich bald die Gefahr ab, daß die Marine von der Atlantikküste abgeschnitten würde. Dönitz setzte zwar alle verfügbaren Marinekräfte ein, »um kampfkräftige Heerestruppen aus der Bretagne zur Abwehr des Einbruchs [...] frei zu machen und Zeit zu gewinnen«[19], doch diese eher hilflosen militärischen Aktionen sollten wirkungslos bleiben.

Angesichts der dramatischen Verschärfung der Kriegslage, die sich auch nicht durch die Wehrmachtberichte verschleiern ließ, sorgte Dönitz im September 1944 dafür, daß alle Kommandanten und Kommandeure der Marine im Abstand von zwei Wochen regelmäßig durch »Kurzlagen« über seine Sicht zum Stand der Kriegführung unterrichtet wurden. Diese als geheim eingestuften »Kurzlagen« sollten auf schnellstem Wege allen Kompaniechefs zugeleitet und zur Grundlage des nationalpolitischen Unterrichts genommen werden, um durch die persönliche Einwirkung auf »Soldaten und Marinehelferinnen [...] eines der wichtigsten Erziehungsmittel voll zur Geltung zu bringen«[20]. Die ersten beiden Kurzlagen kamen am 21. September heraus und zeichneten ein rosiges Bild von der eigenen Führungsstärke und den vermeintlich noch vorhandenen Möglichkeiten der Kriegführung. Wo der Bestand an Soldaten, Waffen und allen sonstigen Ressourcen der Kriegführung zusammenschrumpfte, mußte die Geschichte herhalten, um daraus Mut und Zuversicht zu schöpfen:

> »Die Geschichte zeigt zahlreiche Bespiele, dass starke Führung schwierigste, sogar scheinbar hoffnungslose Lagen gemeistert hat. Solche Führung haben wir heute! Unsere Lage dagegen ist voller Möglichkeiten. Gerade die Kriegsmarine darf sich mit Stolz bewusst sein, dass es ihr vorbehalten ist, während Deutschland sich des ringsum anrennenden Gegners erwehrt, aus dem eng gewordenen Raum heraus wieder eines Tages in die Weite vorzustoßen und den Feind offensiv anzupacken[21].«

In diesen Wochen glaubte Dönitz noch, ab Februar 1945 mit etwa 40 großen U-Booten vom neuen, modernen Typ XXI den Tonnagekrieg wieder aufnehmen und damit die Offensivkraft der atlantischen Seemächte entscheidend schwächen zu können[22]. Doch bereits Ende 1944 mußte der Ob.d.M. aus allen ihm vorgetragenen Meldungen wissen, daß die Kriegsmarine dem Gegner materiell hoffnungslos unterlegen war. Offenbar hegte er aber immer noch die Illusion, diese Unterlegenheit mit Fanatismus, Einsatzwillen und letztlich auch Opferbereitschaft von großen Teilen seines Wehrmachtteils zu überwinden. Er wußte, nicht zuletzt aus den Einsätzen der Kleinkampfmittel zur Bekämpfung der Invasionsstreitkräfte, daß die Kriegsmarine über genügend Soldaten verfügte, die bereit waren, als »zielsuchendes Lenksystem« ohne Rücksicht auf ihr eigenes Leben eine Waffe einzusetzen. Die japanische Einsatzform »Kamikaze« war der Skl spätestens seit dem 15. November bekannt, als aus Tokio die Meldung eingegangen war, daß die japanische Marine planmäßig »Kamikaze-Verbände (freiwillige Todesstaffeln)« einsetze, um die amerikanische Flotte mit allen Mitteln zu schädigen[23]. Noch am gleichen Tag ließ Dönitz alle Kommandanten und Kommandeure in einer »Kurzlage Ob.d.M. Nr. 10« über diese Einsatzform der Selbstaufopferung informieren mit dem Akzent, daß »solches Opfer [...] durch sein heldenhaftes Beispiel im Entscheidungskampf tausendfache Früchte tragen« werde[24]. So war es nur konsequent, wenn die Skl diese brutale Einsatzdoktrin für die Kleinkampfmittel übernahm.

Dönitz war von dem Einsatzwillen der Kleinkampfverbände so beeindruckt, daß er in einem Fernschreiben an Heye die Absicht äußerte, »für die unter vollem Einsatz ähnlich den japanischen Kamikaze-Verbänden kämpfenden Biber-Leute eine besondere Bezeichnung einzuführen«. In diesem Zusammenhang kam offensichtlich auch der Ausdruck »Opferkämpfer« zur Sprache, den Heye aber »nicht für günstig« hielt[25]. Im Januar 1945 benutzte Dönitz dann gegenüber Hitler erstmalig den Ausdruck »Sturmwikinger« als Einsatzform für Kleinkampfmittel bei großen Entfernungen, »da sie sonst das Operationsgebiet überhaupt nicht erreichen können«. Dies galt offensichtlich für alle Kleinkampfmittel mit Ausnahme der Kleinst-Boote vom Typ »Seehund«[26].

Bei Beginn der Ardennen-Offensive am 16. Dezember war die Skl von einem deutschen Erfolg so überzeugt, daß sie das Marine-Oberkommando Nord (MOK-Nord) sogar schon anwies, »mit höchstmöglicher Beschleunigung besondere Maßnahmen [...] zur Verhinderung [des] Abtransportes [sic!] feindlicher Kräfte von Antwerpen scheldeabwärts« vorzubereiten. Die Kleinkampfmittel sollten in Westholland konzentriert, Langstreckentorpedos vom Typ »Dackel« bereitgestellt und weitere S-Boote zugeführt werden[27]. Einen Tag später meldete die Skl an Hitler, daß zur Schwerpunktbildung im Schelderaum folgende Kräftekonzentration beabsichtigt sei: 123 Sprengboote (»Linsen«), 120 Kleinst-U-Boote (Typ »Biber« bzw. »Molch«) sowie sechs S-Bootflottillen mit insgesamt 26 Booten, denen in Den Helder 50 Langstreckentorpedos (»Dackel«) zur Verfügung standen. Darüber hinaus sollte eine Flottille mit 60 Ein-Mann-Torpedos (»Marder«) mit dem Vorrücken der Heeresverbände über Land herangeführt werden, um bei Erreichen des südlichen Scheldeufers durch Mineneinsätze alliierte Verbände in Antwerpen abzuriegeln. In welchen Dimensionen der Seekriegführung die Skl inzwischen dachte, läßt sich aus ihrem Hinweis zum geplanten Einsatz der Kleinkampfmittel im Schelderaum erschließen: Dieser Einsatz sei »wetterabhängig und wegen geringer Eindringtiefe nur als Kamikaze-Einsatz möglich und beabsichtigt«[28]. Ob und in welcher Form das Personal des K-Verbandes auf diese Einsatzform mental vorbereitet wurde, ist bislang nicht bekannt[29], doch die Verluste sprechen für sich: Von den zwischen dem 22. und 25. Dezember zum Einsatz gekommenen 37 Kleinst-U-Booten (Typ »Biber«) kehrte nur ein Boot zurück[30]. Aus Detonationsmeldungen und Beobachtungen der Funkaufklärung glaubte die Skl schließen zu können, daß »die ›Biber‹ wirklich in den Einsatzraum gekommen sind«. Man erwartete daher, daß »der bedingungslose Einsatz auch Erfolge erzielt« habe, auch wenn diese noch nicht konkret erfaßbar seien[31]. Wenige Tage später kam die Skl zu der Schlußfolgerung, daß 27 »Biber« das Operationsgebiet erreicht haben müßten, und daher nach den bisherigen Erfahrungen mit den 54 eingesetzten Torpedos und Torpedo-

Minen ein Gesamterfolg von 30–40 000 BRT möglich sei[32]. Tatsächlich wurde jedoch nur ein Frachtschiff mit 4700 BRT versenkt.

Die hohen Verluste blieben nicht ohne Wirkung im K-Verband. Daher wollte Heye zunächst keine weiteren »Biber« einsetzen und statt dessen zunächst die ersten Erfahrungen mit dem größeren und leistungsfähigeren Kleinst-U-Boot Typ »Seehund« abwarten, von dem die ersten 24 Boote Ende Dezember in Ijmuiden einsatzbereit zur Verfügung standen. Doch Dönitz lehnte diesen Vorschlag als »unzweckmäßig« ab, da die Lage an der Westfront »weiterhin schärfsten Einsatz gegen Schelde-Nachschub« erfordere[33]. Die Skl vertrat in einem Befehl an das MOK Nord und den Führer der Schnellboote die Auffassung, daß das »Ausmaß der durch Kleinkampfmittel im Schelderaum erzielten Erfolge wegen vorwiegenden Totaleinsatzes der Besatzungen nicht in vollem Maße zu erkennen« sei, doch das Ergebnis »als durchaus befriedigend beurteilt« werde. Daher sollte der Einsatz mit allen Mitteln fortgesetzt werden. In diesem Zusammenhang befahl Dönitz, daß »zur mittelbaren oder unmittelbaren Sicherung [der] Kleinkampfmittel mangels anderer geeigneterer Streitkräfte eigene S-Boote in allen Fällen einzusetzen sind, in denen Verhältnisse vorliegen, die ihnen Erfüllung dieser Aufgabe irgend ermöglichen«. Der Ob.d.M. verband mit der baldigen Einsatzbereitschaft der Kleinst-U-Boote vom Typ »Seehund« große Erwartungen und war »sehr ungehalten«, daß die S-Boote mit ihren Mineneinsätzen die für »Seehunde« erreichbaren und erfolgversprechenden Einsatzgebiete (vor allem Themse- und Schelde-Mündung) einengen könnten. Das MOK-Nord erhielt daher bereits am 26. Dezember die Weisung, »daß bis auf weiteres keine Minen mehr geworfen werden dürfen in Gebieten, die für Seehundeinsätze jetzt oder später in Frage kommen können«. Von den S-Booten verlangte Dönitz sogar, daß sie »unter Zurückstellung ihrer Offensivaufgaben [...] notfalls den Seehunden den Weg in das Op.-Gebiet freikämpfen«[34].

Kleinst-U-Boot Typ »Biber«
Quelle:
MSM/WGAZ

Der erste Einsatz von 17 »Seehunden« endete Anfang Januar 1945 unter hohen Verlusten. Nur zwei Boote kehrten zu ihrem Stützpunkt zurück, die übrigen strandeten, wurden durch britische Zerstörer bzw. Motorkanonenboote (MGB) vernichtet oder blieben verschollen. Nur ein bewaffneter Trawler wurde von ihnen versenkt[35]. In den folgenden Wochen kam es zu weiteren Einsätzen, bei denen die Verluste zwar deutlich zurückgingen, doch die Erfolge bescheiden blieben. So lassen sich weitere Versenkungen durch »Seehunde« erst für Februar 1945 nachweisen[36].

Als Heye am 26. Januar meldete, daß er im Scheldegebiet sechs »Biber« mit Rückkehrmöglichkeit nach Dünkirchen, das noch in deutscher Hand war, einsetzen wolle, bemängelte Dönitz die geringe Zahl der Boote und vertrat die Auffassung, daß die »Biber« mit jeweils zwei Torpedos »so eingesetzt werden sollen, daß sie mit auflaufendem Wasser in die Schelde gelangen, wo sie sicher Ziele finden«. Abschließend forderte er ihren »Einsatz als Sturmwikinge [sic!]«[37]. Ob seine Forderung auch in dieser Form an die entsprechenden K-Flottillen weitergegeben wurde, ist bislang nicht bekannt. Fest steht nur, daß am 29. Januar abends 15 »Biber« Hoek van Holland, zum Teil im Schlepp, unter äußerst schwierigen nautischen Bedingungen (Eisgang) verlassen haben; fünf Boote brachen nach Eisschäden den Einsatz ab, drei sanken nach Kollision mit Eisschollen und ein weiteres strandete, während die restlichen sechs verschwanden, »ohne ein Spur zu hinterlassen«[38].

Bereits im Januar 1945 gab es im K-Verband »große personelle Schwierigkeiten«, wie Heye dem Ob.d.M. meldete, »weil vor allem die aus der Ubootsausbildung gekommenen Fähnriche den Anforderungen nicht genügen«. Er wollte daher versuchen, »in einem Trainingslager [...] durch Erziehung und harte Ausbildung Abhilfe zu schaffen«[39]. Es muß hier offen bleiben, welche »Anforderungen« gemeint waren. Der Hinweis auf »Erziehung und harte Ausbildung« läßt allerdings den Schluß zu, daß es weniger die körperlichen, sondern wohl eher die mentalen Herausforderungen eines erwarteten Totaleinsatzes waren.

Als im April 1945 die Gegner im Westen und Osten tief in das Reich eingebrochen waren, mußte Dönitz am 7. April zugeben, daß die Gefahr »riesengroß« sei. Doch er appellierte erneut mit flammenden Worten an die Pflichterfüllung seiner Soldaten, um ihren Leistungs- und Einsatzwillen noch weiter zu steigern: »Fanatischer Wille muß unsere Herzen entflammen! Felsenfeste Überzeugung in die Gerechtigkeit unseres Kampfes muß unsere Widerstandskraft bis zum Äußersten steigern! Unbedingtes Vertrauen zu dem einmaligen Genie unseres Führers muß uns stark machen. Deutschland darf nicht untergehen[40]!« Der Ob.d.M. forderte dann noch unter Mißachtung der primitivsten Rechtsgrundsätze die Soldaten auf, jeden Kameraden auszuschalten, der nicht »wie ein Fels des Widerstandes kühn, hart und treu stehen« würde: »Ein Hundsfott wer nicht so handelt. Man muß ihn aufhängen und ihm ein Schild umbinden: ›Hier hängt ein Verräter, der aus niedriger Feigheit dazu beigetragen hat, daß deutsche Frauen und Kinder sterben, statt als Mann sie zu schützen[41]!‹«

Einsätze, Verluste und Erfolge deutscher S-Boote
und Kleinkampfverbände im Küstenvorfeld, Januar bis Mai 1945

Seekriegs-mittel	Zahl der Einsätze	Verluste	Gesunkene alliierte Schiffe (Zahl/Tonnage in BRT)		Beschädigte alliierte Schiffe (Zahl/Tonnage in BRT)	
			durch Torpedo	durch Minen	durch Torpedo	durch Minen
S-Boote	351	10	6/12 972	25/75 999	1/1 345	7/26 408
Seehund	142	35	9/18 451	–	3/18 384	–
Biber und Molch	102	70	–	7/491	–	2/15 516
Linse	171	54	–	–	–	–
Summe	766	169	15/31 423	32/76 490	4/19 729	9/41 924

Quelle: V.E. Tarrant, Das letzte Jahr der deutschen Kriegsmarine, Mai 1944 bis Mai 1945, Wölfersheim-Berstadt 1996 und Roskill, The War at Sea (wie Anm 4), vol. 3,2 London 1961, S. 279.

Marinetruppen bei den letzten Kämpfen im Reichsgebiet

In den letzten Kriegswochen war für die Marine eine Seekriegführung kaum noch möglich. Daher sah der Ob.d.M. in dem verfügbaren Marinepersonal, das nicht mehr bei den wenigen noch vorhandenen Seestreitkräften benötigt wurde, ein militärisches Potential, das für einen Einsatz in der Landkriegführung bedenkenlos geeignet zu sein schien. Dönitz war bereit, dieses Personal ähnlich rücksichtslos einzusetzen wie im Sommer 1944 die Einheiten des K-Verbandes an der Invasionsfront. Nur so ist es zu verstehen, daß er bei einem seiner letzten Gespräche mit Hitler am 14. April 1945 anbot, »3000 junge Soldaten der Kriegsmarine, die mit leichtem Gepäck und Panzerfaust auszurüsten wären, für den Kampf im Hintergelände der Westfront gegen die feindlichen Nachschublinien zur Verfügung zu stellen«. Hitler begrüßte dieses Angebot[42]. Wenige Tage später hielt die Skl in ihrem KTB fest, daß nicht nur »1500 Offiziersanwärter [sic!] der Kriegsmarine [...] für Panzer-Jagd-Zwecke der Heeresgruppe Weichsel zur Verfügung gestellt« werden sollten, sondern darüber hinaus »gemäß Führerbefehl [...] ein Marine-Panzer-Jagd-Regiment auf schnellstem Wege aufgestellt« werden sollte, dessen Einsatz »in Gruppen von etwa 10 Mann im rückwärtigen, feindbesetzten Gebiet vorgesehen« sei[43]. Doch zu derartigen Einsätzen ist es – soweit bislang bekannt – offensichtlich nicht mehr gekommen.

Ein aufschlußreiches Beispiel dafür, wie entschlossen Dönitz und seine Kommandeure den fanatischen Durchhaltebefehlen Hitlers bis zuletzt gehorchten, auch wenn sie militärisch keinen erkennbaren Sinn mehr hatten, ereignete sich wenige Tage nach seiner Übernahme des Oberbefehls für den Nordraum. Als am 24. April 1945 abends in Plön aus dem inzwischen eingeschlossenen Berlin der Befehl Hitlers eintraf, die Kriegsmarine solle »sobald wie möglich mit Waffen ausgerüstete Bataillone zur Verstärkung der Verteidigung von Berlin« mit Transportflugzeugen einfliegen, erteilte Dönitz sofort die entsprechenden Befehle. Aus

Stralsund sollten ein Alarmbataillon, bestehend aus jungen Rekruten und älteren Offizieranwärtern aus der Unteroffizierlaufbahn (etwa 460 Mann), und aus Rostock ein Bataillon (etwa 470 Mann) bereitgestellt und in der Nacht vom 25. auf den 26. April nach Berlin geflogen werden[44]. Gleichzeitig ließ das Oberkommando der Kriegsmarine (OKM) die planmäßige Ausbildung des Offiziernachwuchses einstellen und die Offizieranwärter in Bataillone zusammenfassen, die nach einer 14tägigen infanteristischen Kurzausbildung zum Einsatz kommen sollten[45]. Offensichtlich war auch ihre Entsendung nach Berlin vorgesehen, denn es gab in Flensburg heftige Diskussionen zwischen Teilen des Stabes des Befehlshabers der U-Boote und etlichen U-Boot-Kommandanten, die zwar weiterhin bereit waren, ihre »Pflicht bis zum Letzten« zu erfüllen, aber kein Verständnis mehr für diesen Irrsinn hatten[46].

Die Vorbereitung der für den Flug nach Berlin am 25. April bestimmten Einheit erfolgte in großer Hektik. So wurden bestehende militärische Strukturen aufgelöst und hastig neue Kompanien mit neuem Rahmenpersonal gebildet mit der Folge, daß sich Vorgesetzte und Untergebene kaum kannten. Obwohl in Stralsund beim I. Schiffsstammregiment mit drei Schiffsstammabteilungen genügend Stabsoffiziere und Kompaniechefs vorhanden waren, die diese Einheit hätten übernehmen können, wurde ein junger, gerade am 25. April zum Kapitänleutnant (M.A.) beförderter Offizier als Kommandeur des neu gebildeten Marine-Schützen-Bataillons eingesetzt. Die Kompanien übernahmen bisherige Zugführer. Bei dem neuen Kommandeur, Franz Kuhlmann[47], entstand der Eindruck, daß seine Vorgesetzten zwar mit allem Nachdruck die Befehle des Ob.d.M. äußerst schnell umgesetzt wissen wollten, jedoch selbst keine Bereitschaft zu erkennen gaben, sich am Einsatz zu beteiligen. Unter diesem Zeitdruck blieb die Fürsorge für die meist noch sehr jungen Soldaten auf der Strecke. Als Kuhlmann die für den Einsatz in Berlin vorgesehenen Offizieranwärter wenigstens listenmäßig erfassen wollte, wurde ihm dies von seinem Regimentskommandeur, Kapitän zur See Herbert Zollenkopf, »mit einer starken Rüge« untersagt, »da dies eine unnötige Verzögerung bedeute«. Bewaffnung und Ausrüstung dieser zusammengewürfelten Truppe waren dürftig, ihr Ausbildungsstand für den in Berlin bevorstehenden Häuserkampf völlig unzureichend.

Soweit bislang bekannt, gelang es bis zum 26. April mindestens drei großen Transportflugzeugen vom Typ Ju 352 in Berlin zu landen, unter anderem auf dem Flugplatz Gatow. Sie brachten Kuhlmann mit etwa 200 bis 250 seiner Soldaten nach Berlin, die unter abenteuerlichen Umständen das Stadtzentrum erreichten. Kuhlmann hatte vor dem Abflug den Befehl erhalten, sich persönlich bei Hitler zu melden. Dieser, offensichtlich von Dönitz ausgehende Befehl kann als ein Indiz für das Bestreben des Ob.d.M. angesehen werden, mit dem tatsächlichen Eintreffen der Marinetruppe in Berlin erneut seine Treue zu Hitler vorzeigbar unter Beweis zu stellen. Es war nicht militärische Rationalität, sondern seine bedingungslose innere Bindung an einen Diktator, die letztlich auf eine bewußte sinnlose Opferung junger Soldaten hinauslief.

Die befohlene Meldung Kuhlmanns verzögerte sich allerdings, da inzwischen in Berlin ein Befehlschaos herrschte und verschiedene Kommandeure, auch der Waffen-SS, die Marinetruppe als vermeintliche Verstärkungen für ihren Bereich beanspruchten und in Teilen einsetzten, ohne daß Kuhlmann dies verhindern konnte, da ihm sofort mit einem Standgericht gedroht wurde.

Als Kuhlmann sich bei Hitler meldete, begrüßte ihn der körperlich schon völlig verfallene Diktator mit den Worten: »Sie sind hier in die Hölle gekommen!«, und stellte dann nur wenige Fragen. Alles, was Hitler sagte, war für Kuhlmann, wie er viele Jahre später schriftlich festhielt, »so fremd und zusammenhanglos, daß ich völlig ratlos war. [...] Sein Körper war völlig zusammengesunken, Hände und Beine zitterten sehr stark, und vieles von dem, was er sagte, klang so, als ob er im Fieberwahn spräche«[48]. Kuhlmann verließ erschüttert den Führerbunker. Als er zu seinen Soldaten zurückkam, empfingen ihn diese mit der erwartungsvollen Frage: »Herr Kapitänleutnant, was hat der Führer gesagt?« Im Rückblick nach knapp 40 Jahren machte er deutlich, wie schwierig es damals für ihn gewesen war, auf diese Frage zu reagieren:

> »Es schwang in dieser Frage noch so viel von der Gläubigkeit und dem unverbrüchlichen Vertrauen auf jedes Wort, das aus dem Munde Hitlers kam und mit dem er jahrelang ein ganzes Volk betört hatte. Ich hatte soeben die bittere Wirklichkeit erlebt, hatte erfahren müssen, was von der Faszination, die einmal von Adolf Hitler ausging, noch übrig geblieben war, aber ich brachte es doch nicht fertig, so viel Vertrauen junger Menschen zu zerstören und meinen Soldaten zu sagen, was ich soeben erlebt hatte[49].«

Ähnlich wie seine Soldaten reagierten Hitlerjungen, die sich in Potsdam auf einem Lehrgang befunden hatten und dort von der raschen Einschließung Berlins durch sowjetische Truppen überrascht worden waren. Sie wollten nun zusammen mit den Offizieranwärtern der Marine kämpfen, was Kuhlmann im Hinblick auf das Alter der Jungen (»ich war erschüttert, als ich 12- bis 15jährige Kinder vor mir sah«) jedoch ablehnte, obwohl sie ihn immer wieder mit den Worten baten »nehmen Sie uns doch bitte! Wir können und wir wollen für den Führer kämpfen[50].«

Die von Kuhlmann befehligte Marinetruppe wurde nie als geschlossener Verband eingesetzt, sondern nur in einzelnen Gruppen quasi als taktische Feuerwehr im Häuserkampf, wobei sie schwere Verluste erlitt. Nachdem ein Ausbruchversuch der wenigen Überlebenden, zu denen auch Kuhlmann gehörte, am 2. Mai 1945 gescheitert war, geriet der Rest der Truppe in russischer Gefangenschaft[51].

Hitler war offensichtlich von den »schlagartig einsetzenden Maßnahmen« seines Ob.d.M. so beeindruckt, daß Dönitz' ständiger Vertreter im Führerhauptquartier, Vizeadmiral Hans-Erich Voss, am 26. April weitere Verstärkungen anforderte und dabei auch anregte, Einzelkämpfer aus den Kleinkampfverbänden zum persönlichen Schutz Hitlers nach Berlin zu entsenden[52]. Doch zu diesem Einsatz ist es angesichts der rapiden Verschlechterung der Lage nicht mehr gekommen.

Selbst als den wenigen noch aus dem Inferno von Berlin eintreffenden Funksprüchen das baldige Ende der letzten Reste des deutschen Kriegsreiches zu entnehmen war, blieb Dönitz innerlich noch so stark Hitler und dessen fanatischem Durchhaltekomplex verbunden, daß er die tatsächliche Lage nicht wahrhaben wollte. Jede andere ihm vorgetragene Überlegung, die aus übergeordneter Gesamtverantwortung eine baldige Beendigung des Krieges befürwortete, wies er strikt zurück[53]. So wie Hitler dem deutschen Volk keine Existenzberechtigung mehr zubilligte, bedeutete eine Kapitulation auch für Dönitz nur »die Vernichtung der Substanz des deutschen Volkes«. Er gab sich daher noch fest entschlossen, »ausschließlich das zur Durchführung zu bringen, was vom Führer befohlen wird«[54]. Dönitz wollte offensichtlich mit den letzten personellen und materiellen Reserven aus dem Nordraum und den besetzten Gebieten den quasi auf die Selbstvernichtung hinauslaufenden Kampf fortsetzen. So meldete er Hitler noch am 25. April die mögliche Bereitstellung von 9200 Mann der Kriegsmarine für die Fronten nördlich von Berlin, von denen 7000 Mann sofort in Marsch gesetzt werden sollten[55].

Erst als am 30. April abends die Nachricht vom Tode Hitlers eintraf und Dönitz damit die politische Verantwortung für die Reichsleitung übernahm, scheint die suggestive, ja dämonische Wirkung, mit der Hitler über Jahre hinweg das Denken und Handeln des Ob.d.M. beeinflußt hatte, plötzlich abgefallen zu sein, so daß sich für Dönitz doch noch der Weg zur Beendigung des Krieges öffnete.

Damit endete auch der Einsatz der Kleinkampfmittel, die noch im Sommer 1944 aus der Sicht der Marineführung als »besonders ökonomisch« galten, »weil sie bei geringem Gesamteinsatz von Material und Personal wirkungsvolle Waffen an den Gegner heranzutragen vermögen, ohne daß sie aus der Luft oder durch die Ortung vor Erreichen ihres Ziels niedergekämpft werden können«[56]. Die Realität sah allerdings ganz anders aus. Aufwand, Nutzen und besonders die Verluste standen in keinem vertretbaren Verhältnis zu den Erfolgen. Allein aus den hohen Verlusten wird deutlich, daß die Marineführung inzwischen unter rücksichtsloser Ausnutzung der mehrfach bewiesenen hohen Einsatzbereitschaft ihrer Soldaten zu brutalen Einsatzformen übergegangen war, um in einem längst verlorenen Kampf noch einzelne Erfolge zu erzwingen und damit einen Diktator zu beeindrucken, der den Kampf bis zur eigenen Vernichtung zum Endzweck seiner letzten Tage gemacht hatte. Es sollte nicht lange dauern, daß die aus den Akten nachweisbaren Formen der Opfereinsätze nach Kriegsende mehr verschleiert als erklärt wurden. Es waren die alliierten Siegermächte, die bei Auswertung der erbeuteten Marineakten erkannten, welch radikale Einsatzform die deutsche Marineführung Teilen der Kleinkampfverbände abverlangte.

Überlieferung und Verschleierung
der radikalen Einsatzform nach 1945

Die Begriffe »Winkelried«, »Kamikaze«, »Opferkämpfer«, »Sturmwikinger« und »Totaleinsatz« werden im Kriegstagebuch der Seekriegsleitung ab August 1944 für eine Einsatzform benutzt, bei der Soldaten bewußt in den Tod gingen oder geschickt wurden, um einen militärischen Erfolg zu erzielen. Lediglich beim Ausdruck »Sturmwikinger« läßt sich diese Konsequenz noch nicht eindeutig nachweisen, da in den Quellen bzw. von Zeitzeugen keine eindeutigen Aussagen überliefert sind. Wann und mit welcher Begründung Dönitz die Bezeichnung »Sturmwikinger« für eine Einsatzform einführte, die von den Soldaten die Selbstopferung verlangte oder zumindest erwartete, läßt sich bislang aus den Akten nicht belegen. Da der Ausdruck »Opfer« offensichtlich vermieden werden sollte, wurde ein Begriff gewählt, der einerseits einen historischen Bezug zu »germanischen« Seehelden herstellen und andererseits die damit verbundene Opferrolle verschleiern sollte. Es steht jedoch außer Zweifel, und die Diktion der verschiedenen Reden, Erlasse und Befehle des Ob.d.M. ist eindeutig, daß Dönitz in seinem irrationalen kämpferischen Fanatismus auch von den übrigen Kommandeuren und Kommandanten der Kriegsmarine Einsätze verlangte, die Erfolge um jeden Preis bringen und keine Rücksicht mehr auf Überleben und mögliche Rückkehr der Soldaten nehmen sollten. Beispielhaft für den fanatischen, auf Hitler fixierten Durchhaltekomplex des Ob.d.M. stehen seine Befehle und der willige Gehorsam seines Stabes und seiner Kommandeure, die ohne Rücksicht auf militärische Erfahrung und Ausbildungsstand noch am 25. April 1945 eine Truppe sehr junger Soldaten nach Berlin entsandten, von der sie wissen mußten, daß es ein Einsatz ohne Wiederkehr sein würde.

Die tatsächliche Bedeutung der radikalen Einsatzform der Kleinkampfverbände erfaßten zuerst die alliierten Siegermächte. Sie stießen bei der Auswertung der erbeuteten Marineakten auf den Lagevortrag des Ob.d.M. vor Hitler vom 18. Januar 1945, der den oben erwähnten Hinweis enthält, daß sich die Kleinkampfmittel »wegen der weiten Entfernung nur als ›Sturmwikinge‹ [sic!] einsetzen« ließen[57]. Die seit 1948 vorliegende englische Übersetzung dieser Passage traf eindeutig den Kern: »Because of the long distances involved, the other small battle weapons can be used only as suicide weapons, and then only if the weather is suitable, as they should otherwise not even reach the area of operations[58].« Der Herausgeber der 1972 veröffentlichten deutschen Originalfassung der Lagevorträge, Konteradmiral a.D. Gerhard Wagner, war während des gesamten Krieges in der Seekriegsleitung eingesetzt, zunächst als 1. Admiralstabsoffizier der Operationsabteilung und ab 12. Juni 1941 als deren Chef. Ab Juni 1944 fungierte Wagner als »Admiral z.b.V. beim Ob.d.M.« und gehörte damit bis Kriegsende zu den engsten Mitarbeitern von Dönitz. Er war daher allein von seiner Erfahrung und Aktenkenntnis her prädestiniert, die Lagevorträge herauszugeben und zu erläutern. Bei dem Lagevortrag vom 18. Januar 1945 stand Wagner offensichtlich vor einem Dilemma. Zweifellos kannte er die englische Fassung von 1948, denn er weist in seiner Einführung darauf hin, daß die Übersetzung von 1948 »einige Umstellungen und Kürzungen« enthalte, »die sich vor allem auf marinefremde Vorgänge bezogen«. Seine Kommentierung der Lagevorträge, »die den Inhalt auch dem Nichtfachmann verständlich machen soll«, beschränkte sich ausdrücklich auf die Erläuterung der Texte[59]. Zu dem Ausdruck »Sturmwikinger« gab er zunächst den erläuternden Hinweis, daß damit »augenscheinlich ein besonders hoher Einsatz mit sehr geringen Überlebenschancen gemeint sein dürfte«. Dann schwächte er diese Bewertung sogleich ab, indem er hinzufügte, daß »ein Opfereinsatz nach Art der japanischen Kamikaze-Flieger in der deutschen Kriegsmarine grundsätzlich nicht in Erwägung gezogen« worden sei[60]. Diese Einschätzung läßt sich nach Auswertung der im Kriegstagebuch der Skl (Teil A) benutzten und oben zitierten Formulierungen für diese Einsatzform nicht länger aufrechterhalten. In diesem Zusammenhang ist darauf hinzuweisen, daß Wagner die täglichen Aufzeichnungen im Teil A des KTB der Skl bis zum 21. Januar 1945 zunächst als Chef der Operationsabteilung und ab Juni 1944 in seiner Funktion als »Admiral z.b.V. Ob.d.M.« mit wenigen Ausnahmen regelmäßig abgezeichnet hatte. Er muß also die Begriffe »Winkelried«, »Opferkämpfer« und »Sturmwikinger« gekannt haben. Es soll hier offen bleiben, ob die oben zitierte Erläuterung bewußt erfolgte, um die tatsächliche Dimension bestimmter Einsätze der Kleinkampfverbände zu verschleiern.

Die Zeitzeugen, die es eigentlich wissen mußten, welche Dimensionen die Einsätze der Kleinkampfverbände erreicht hatten, schwiegen dazu nach 1945. Dönitz hob in seinen Erinnerungen wohl den »Geist und die Einsatzbereitschaft« der Besatzungen der Kleinkampfmittel lobend hervor, erwähnte jedoch mit keinem Wort, was er im Kriege von diesen Soldaten erwartet hatte[61]. Auch Heye ging in seinen Nachkriegsveröffentlichungen über die Kleinkampfmittel nicht auf die besonderen Einsatzformen ein, sondern beschränkte sich darauf, Entstehung und Erfahrungen dieser neuartigen Seekriegsmittel zu erläutern, um daraus gegebenenfalls Lehren für den Aufbau neuer deutscher Seestreitkräfte und ihre Einsätze im Küstenvorfeld zu ziehen[62].

Im Januar 1980 wandte sich ein schwedischer Historiker an Dönitz mit der Frage, ob der Einsatz der Marinetruppe bei Kriegsende in Berlin, der möglicherweise einem sinnlosen Opfereinsatz gleichkomme, auf seinen Befehl zurückzuführen sei und welche Motive für den Einsatz vorgelegen hätten. Die Antwort des fast neunzigjährigen früheren Großadmirals kam prompt und war bezeichnend für sein starrsinniges Beharren auf einmal eingenommene Positionen zu seinem Wirken im Kriege[63]:

> »Ein wesentlicher Faktor des Einsatzes der genannten Soldaten war die Notwendigkeit, unsere Frauen und Kinder vor der Berührung mit dem Feind aus dem Osten zu schützen. Es war die Zeit, in der die militärischen Führer mit höchster Verantwortung auf politischem und militärischem Gebiet für das gesamte Volk handeln mußten.«

Diese Antwort macht deutlich, daß Dönitz entweder die Bedeutung der Frage nicht mehr voll erfaßt hatte oder ganz bewußt eine Antwort formulierte (oder formulieren ließ?), die an der eigentlichen Problematik vorbeiging, denn der Schutz der Frauen und Kinder in Berlin wäre im April 1945 nur durch eine sofortige Einstellung der Kampfhandlungen gewährleistet gewesen und nicht durch einen sinnlosen Häuserkampf bis zum letzten Mann.

Es waren vor allem junge Soldaten, sowohl des K-Verbandes als auch der in Berlin eingesetzten Truppe, die Dönitz mit seinen rücksichtslosen Befehlen bis kurz vor Kriegsende in den sicheren Tod geschickt hatte. Bis zu seinem Lebensende fand der frühere Oberbefehlshaber der Kriegsmarine, der ebenfalls zwei Söhne im Krieg verloren hatte, keine Geste des Bedauerns für das, was er mit seiner Befehlsgewalt bewirkt hatte. In seinem Starrsinn blieb er uneinsichtig und wich bis zum Schluß »der eigenen Vergangenheitsbewältigung aus«[64].

Anmerkungen

1 Zu Winkelried siehe Arnold von Winkelried – Mythos und Wirklichkeit, Nidwaldner Beiträge zum Winkelriedjahr 1986. Mit Beitr. von Guy P. Marchal, Walter Schaufelberger, Alois Steiner, Heinrich Thommen, Stans 1986, passim; zu Klinke siehe die differenzierte Bewertung bei Theodor Fontane, Der Schleswig-Holsteinische Krieg im Jahre 1864, Berlin 1866 (Reprint Düsseldorf, Köln 1978), S. 203 f.

2 Siehe Jack Greene and Alessandro Massignani, The Naval War in the Mediterranean, 1940–1943, London 1998, S. 202–204; vgl. auch Das Deutsche Reich und der Zweite Weltkrieg, hrsg. vom MGFA, Bd 3: Gerhard Schreiber, Bernd Stegemann und Detlef Vogel, Der Mittelmeerraum und Südosteuropa. Von der »non belligeranza« Italiens bis zum Kriegseintritt der Vereinigten Staaten, Stuttgart 1984, S. 656 (Beitrag Stegemann).

3 Nach Kriegstagebuch der Seekriegsleitung 1939–1945, Teil A, im Auftrag des MGFA in Verbindung mit dem Bundesarchiv-Militärarchiv und der Marine-Offizier-Vereinigung hrsg. von Werner Rahn und Gerhard Schreiber unter Mitwirkung von Hansjoseph Maierhöfer (KTB Skl), Bd 47 (Juli 1943), Herford, Bonn 1994, S. 422 f. (21.7.1943).

4 Zu Einzelheiten der Vorbereitung und Durchführung des Angriffs siehe Stephen W. Roskill, The War at Sea, 1939–1945, vol. 3,1: The Offensive, part I, London 1960, S. 63–69. Zur deutschen Sicht des Angriffs und seinen Auswirkungen siehe: KTB Skl (wie Anm. 3), Bd 49 (September 1943), S. 452 f. (22.9.1943) und 472 f. (23.9.1943).

5 Zur technischen Entwicklung und zu den Einsätzen siehe: Die Überwasserstreitkräfte und ihre Technik, bearb. von Paul Köppen, Berlin 1930 (= Der Krieg zur See 1914–1918, hrsg. vom Marine-Archiv), S. 191–200.

6 Siehe Lagevorträge des Oberbefehlshabers der Kriegsmarine vor Hitler 1939–1945, hrsg. von Gerhard Wagner, München 1972, S. 570 (18./19.1.1944).

7 Siehe Roskill, The War at See (wie Anm. 4), S. 321 f. und Harald Fock, Marine-Kleinkampfmittel. Bemannte Torpedos, Klein-U-Boote, Klein-Schnellboote, Sprengboote. Gestern – heute – morgen, Herford 1982, S. 36. Vgl. auch KTB Skl (wie Anm. 3), Bd 56, S. 472 f. (21.4.1944) sowie Helmut Blocksdorf, Das Kommando der Kleinkampfverbände der Kriegsmarine. Die »Sturmwikinger«, Stuttgart 2003.

8 Hellmuth Guido Heye (1895–1970), Sohn des früheren Chefs der Heeresleitung (1926–1930), Generaloberst Wilhelm Heye, war ein außergewöhnlicher Seeoffizier der Reichs- und Kriegsmarine. Bereits als junger Offizier ging er in der Menschenführung unkonventionelle Wege. In dem deutschen »Naval Historical Team«, das ab April 1949 für die U.S. Navy arbeitete, griff Heye auf seine Kriegserfahrungen zurück und bearbeitete den Bereich »Small Assault Weapons«. Ab 1953 gehörte er dem Deutschen Bundestag an und war von 1961 bis 1964 dessen Wehrbeauftragter. Zu seinem Wirken als Admiralstabsoffizier in der Operationsabteilung der Skl siehe: Michael Salewski, Die deutsche Seekriegsleitung 1935–1945, Bd 1: 1935–1941, Frankfurt a.M. 1970, S. 45–56; zu seinen Methoden in der Menschenführung siehe Werner Rahn, Menschenführung in der Reichsmarine, in: Menschenführung in der Marine, Herford, Bonn 1981, S. 76–79 (= Vorträge zur Militärgeschichte, Bd 2); zu seinem Wirken nach 1945 siehe Michael Salewski, Die deutsche Seekriegsleitung, Bd 2: 1942–1945, München 1975, S. 576 und 592; vgl. auch den Nachruf von Edward Wegener in: Marine-Rundschau, 67 (1970), S. 763–765.

9 Siehe 1. Skl Ib 1367/44 Gkdos Chefs.: Niederschrift über den Vortrag des Konteradmiral Heye über »Sonderkampfmittel Neger« am 28.4.1944 vor Ob.d.M., Bundesarchiv-Militärarchiv (BA-MA), RM 7/262, Bl. 36–39. Vgl. Karl Dönitz, Zehn Jahre und zwanzig Tage. Erinnerungen 1935–1945, 11. Aufl., Bonn 1997, S. 361 f.

10 Nach Walter Lohmann und Hans H. Hildebrand, Die deutsche Kriegsmarine 1939–1945. Gliederung, Einsatz, Stellenbesetzung, 3 Bde, Bad Nauheim 1956–1964, hier: Bd 2, Abschnitt 153, S. 1–14; vgl. jetzt auch Hans H. Hildebrand, Die organisatorische Entwicklung der Marine nebst Stellenbesetzung 1849–1945, Bd 1, Osnabrück 2000, S. 457–466 und Blocksdorf, Das Kommando (wie Anm. 7), S. 24–35.

11 Zit. nach Skl/S, Vortrag beim Ob.d.M., 22.5.1944 (Abschrift), in: BA-MA, RM 7/1258, Bl. 53–55.

12 Siehe Skl/S vom 8.6.1944: Besprechung mit Ob.d.M. am 8.6.44, BA-MA, RM 7/1258, Bl. 56–59.

[13] Lagebesprechung beim Obd.M., in: KTB Skl (wie Anm. 3), Bd 58/I, S. 333 f. (13.6.1944).

[14] Siehe Guntram Schulze-Wegener, Die deutsche Kriegsmarine-Rüstung 1942–1945, Hamburg, Berlin, Bonn 1997, S. 186–192.

[15] KTB Skl (wie Anm. 3), Bd 60/I, S. 72 f. (4.8.1944). Vgl. in diesem Zusammenhang Salewski, Die deutsche Seekriegsleitung, Bd 2 (wie Anm. 8), S. 475, der Heye als Verfasser der Meldung des Chefs A.d.K. sieht. Nach der damaligen Terminologie dürfte es sich aber um den Chef des Stabes des A.d.K., Fregattenkapitän Fritz Frauenheim, gehandelt haben, der zweifellos die Auffassung von Heye vertrat, denn dieser hatte bereits am 8.6.1944 gegenüber Dönitz die vermeintlichen Vorteile eines Opfereinsatzes erwähnt; siehe in diesem Beitrag bei Anm. 11.

[16] KTB Skl (wie Anm. 3), Bd 60/I, S. 60 (3.8.1944). Die zeitliche Reihenfolge vom sog. »Anfeuerungs-FT« zur Meldung der Soldaten ergibt sich aus den verschiedenen Eintragungen in diesem Bd des KTB Skl (wie Anm. 3).

[17] Zit. aus Meldung KptzS Böhme (Chef des K-Stabes West) vom 4.8.1944, ebd., S. 72 f.

[18] Ebd., S. 70 f. (4.8.1944); Nachruf mit neun Namen im Marine-Verordnungsblatt, 75 (1944), vor S. 552. – Es ist bemerkenswert, daß dieser Einsatz bei Blocksdorf, Das Kommando (wie Anm. 7), S. 52–65, mit keinem Wort erwähnt wird.

[19] KTB Skl (wie Anm. 3), Bd 60/II, S. 390 f. (16.8.1944).

[20] Stab des Ob.d.M. (M)/MIM B.Nr. 6462/44 geh. vom 22.9.1944 an die Kommandanten der Stabsquartiere »Bismarck«, »Koralle« und »Graf Spee« sowie an Kommandeur Marine-Stabsabteilung, Berlin. Unterschrift: »gez. von Davidson«. (KptzS Hans von Davidson war von Januar 1944 bis April 1945 Chef des Stabes Ob.d.M.). Fundort: Sammlung Abschriften »Kurzlagen des Ob.d.M.« aus der Marine-Stabsabteilung Berlin. – Kopie der Originale aus Privatbesitz dem Autor zur Verfügung gestellt.

[21] Zit. nach Kurzlage des Ob.d.M. Nr. 2 vom 21.9.1944, Unterschrift: »gez. von Davidson«. Davidson war ein überzeugter Nationalsozialist und hat die meisten der Kurzlagen unterzeichnet. Es ist daher wahrscheinlich davon auszugehen, daß er sie auch entworfen und vor Abgang Dönitz zur Kenntnisnahme vorgelegt hat. Zu Davidson siehe Walter Baum, Marine, Nationalsozialismus und Widerstand, in: Vierteljahrshefte für Zeitgeschichte, 11 (1963), S. 16–48.

[22] Zum U-Boottyp XXI und zur U-Bootkriegführung im letzten Kriegsjahr siehe meinen Aufsatz: Die Entstehung neuer deutscher U-Boot-Typen im Zweiten Weltkrieg. Bau, Erprobung und erste operative Erfahrungen, in: Militärgeschichte. Neue Folge, 3 (1993), S. 13–20. Siehe auch in diesem Band meinen Beitrag: Strategische Optionen und Erfahrungen der deutschen Marineführung 1914–1944.

[23] KTB Skl (wie Anm. 3), Bd 63/I, S. 342 (15.11.1944).

[24] Unterschrift: »gez. von Davidson«. Fundort: Sammlung Abschriften »Kurzlagen des Ob.d.M«.

[25] KTB Skl (wie Anm. 3), Bd 64/II, S. 573 (23.12.1944).

[26] Lagevorträge (wie Anm. 6), S. 632 f. (18.1.1945). Zur Entstehung und zu den Einsätzen der Kleinst-U-Boote vom Typ »Seehund« siehe detailliert Klaus Mattes, Die Seehunde. Klein-U-Boote. Letzte deutsche Initiative im Seekrieg 1939–1945, Hamburg, Berlin, Bonn 1995.

[27] KTB Skl (wie Anm. 3), Bd 64/II, S. 395 (16.12.1944). – Der Langstreckentorpedo »Dackel« lief bei 9 Knoten etwa 16 sm geraden Kurs und dann in vorprogrammierten Schleifen weitere 18 sm. Nach Francis Harry Hinsley, British Intelligence in the Second World War. Its Influence on Strategy and Operations, vol. 3,2, London 1988 (= History of the Second World War. United Kingdom Military Series), S. 455 und Roskill, The War at Sea (wie Anm. 4), vol. 3,2, S. 455.

[28] Zit. nach FS an Admiral F.H.Qu. (»Dem Führer vorzutragen«), KTB Skl (wie Anm. 3), Bd 64/II, S. 413–415 (17.12.1944); vgl. auch Mike Whitley, Deutsche Seestreitkräfte 1939–1945. Einsatz im Küstenvorfeld, Stuttgart 1992, S. 126 und 205 f.

[29] Der hochdekorierte U-Bootkommandant Erich Topp berichtet in seinen Erinnerungen, daß die »Männer der Kleinkampfmittel [...] mit ihrer Unterschrift unter ein Formular praktisch die Verpflichtung [übernahmen], aus militärischer Notwendigkeit in den Tod zu gehen. Verklausuliert wurde gefordert: Erfolg oder Tod«. Zit. nach Erich Topp, Fackeln über dem Atlantik. Lebensbericht eines U-Boot-Kommandanten, Herford, Bonn 1990, S. 100 f.

[30] Siehe Whitley, Deutsche Seestreitkräfte (wie Anm. 28), S. 127 und Jürgen Rohwer und Gerhard Hümmelchen, Chronology of the War at Sea, 1939–1945. The Naval History of World War Two, Annapolis, MD 1992, S. 321.

[31] KTB Skl (wie Anm. 3), Bd 64/II, S. 573 (23.12.1944).

32 Ebd., S. 660 f. (28.12.1944).
33 Ebd., S. 709 (31.12.1944).
34 Ebd., S. 618 f. (26.12.1944) und S. 695 f. (30.12.1944).
35 Whitley, Deutsche Seestreitkräfte (wie Anm. 28), S. 127 f. und Blocksdorf, Das Kommando (wie Anm. 7), S. 109 f.
36 Zum Beispiel versenkte ein »Seehund« (KU 5330) am 23.2.1945 einen französischen Zerstörer; siehe Jürgen Rohwer, Axis Submarine Successes of World War Two. German, Italian and Japanese Submarine Successes, 1939–1945, Annapolis, MD 1999, S. 190. Siehe auch Mattes, Die Seehunde (wie Anm. 26), S. 117 f.
37 KTB Skl (wie Anm. 3), Bd 65, S. 470 f. (26.1.1945).
38 Versenkungen durch alliierte Streitkräfte sind nicht bekannt, siehe Whitley, Deutsche Seestreitkräfte (wie Anm. 28), S. 129 und Blocksdorf, Das Kommando (wie Anm. 7), S. 82 f.
39 KTB Skl (wie Anm. 3), Bd 65, S. 470 (26.1.1945).
40 Kurzlage des Ob.d.M. Nr. 30 vom 7.4.1945.
41 Zit. nach Kurzlage des Ob.d.M. Nr. 30 vom 7.4.1945.
42 Lagevorträge (wie Anm. 6), S. 699 (14.4.1945).
43 KTB Skl (wie Anm. 3), Bd 68, S. 248 (16.4.1945).
44 KTB des Ob.d.M., 24.4.1945, in: ebd., S. 329-A. – In seinen Erinnerungen erwähnt Dönitz diese Entscheidungen nicht; vgl. Dönitz, Zehn Jahre (wie Anm. 9), S. 432–435; siehe auch Heinrich Schwendemann, »Deutsche Menschen vor der Vernichtung durch den Bolschewismus retten«. Das Programm der Regierung Dönitz und der Beginn einer Legendenbildung, in: Kriegsende 1945 in Deutschland, im Auftrag des MGFA hrsg. von Jörg Hillmann und John Zimmermann, München 2002 (= Beiträge zur Militärgeschichte, Bd 55), S. 15, der allerdings offen läßt, ob Marinetruppen überhaupt Berlin erreichten.
45 Fernschreiben des OKM/MarWehr II vom 25.4.1945, BA-MA, RM 7/851, Bl. 128.
46 Topp, Fackeln (wie Anm. 29), S. 114.
47 Kuhlmann (1905–1989) war im Herbst 1934 als Freiwilliger (für eine etwa achtmonatige Dienstzeit) in die I. Marine-Artillerieabteilung (Kiel) eingetreten und hatte in den folgenden Jahren mehrere Wehrübungen absolviert. Nach Besuch einer Kriegsschule wurde er im Frühjahr 1940 zum Leutnant (M.A.) d.R. befördert (M.A. = Hinweis auf Laufbahn der Offiziere der Marine-Artillerie). Vom April 1941 bis zum Januar 1944 war er an der Ostfront in der Marine-Flakabteilung 23 (Kommandeur: Korvettenkapitän d.R. Karl Fürst zu Leiningen) als Adjutant eingesetzt. Im Januar 1944 erfolgte seine Abkommandierung zum I. Schiffstammregiment; als Kompaniechef übernahm er die Ausbildung von Seekadetten und Kriegsoffizieranwärtern. Von Mai 1945 bis Anfang 1950 befand er sich in russischer Kriegsgefangenschaft. Danach trat er wieder in den Schuldienst ein und war zuletzt Direktor einer Realschule. Von 1958 bis 1979 war Kuhlmann Beisitzer in einem Prüfungsausschuß für Kriegsdienstverweigerer (alle Angaben nach Brief Kuhlmann an den Verfasser, 15.11.1981). – Kuhlmann hat lange mit sich gerungen, ob er seine Erlebnisse aus den letzten Kriegstagen schriftlich festhalten und evtl. veröffentlichen sollte. Erst im hohen Alter entschloß er sich 1985, mit einem eindrucksvollen Bericht an die Öffentlichkeit zu treten, der leider bislang von der Forschung über das Kriegsende 1945 kaum zur Kenntnis genommen wurde: Franz Kuhlmann, Endkampf um den »Führerbunker«, in: Ruhr-Nachrichten, Ausgaben vom 20.4.1985 bis 26.4.1985; eine leicht gekürzte Fassung erschien zehn Jahre später: Franz Kuhlmann, Der Endkampf um den »Führerbunker« in Berlin, in: Marineforum, 70 (1995), H. 5, S. 29–32; H. 6, S. 24–26.
48 Kuhlmann, Endkampf (Teil 2) (wie Anm. 47), Ausgabe vom 22.4.1985.
49 Zit. aus dem unveröffentlichten Manuskript »Der Einsatz meiner Marineschützen-Abteilung in der Reichskanzlei vom 25.4.–1.5.1945«, von Franz Kuhlmann 1982 dem Verfasser zur Verfügung gestellt.
50 Kuhlmann, Endkampf (Teil 2) (wie Anm. 47), Ausgabe vom 22.4.1985.
51 Zu den Details der Ereignisse siehe ebd., Teil 4 und 5, Ausgaben vom 24.4. und 25.4.1985.
52 Funkspruch aus F.H.Qu. an Ob.d.M., 26.4.1945, in: KTB Skl (wie Anm. 3), Bd 68, S. 393-A.
53 Aufzeichnung Konteradmiral Eberhard Godt, 1.8.1945, Kopie im Nachlaß Kapitän zur See a.D. Meckel (MGFA).

[54] Zit. nach KTB des Ob.d.M., 25.4.1945, in: KTB Skl (wie Anm. 3), Bd 68, S. 330-A–334-A. Siehe auch Schwendemann, »Deutsche Menschen« (wie Anm. 44), S. 9–33, hier S. 14 f. sowie in diesem Band den Beitrag von Herbert Kraus, Karl Dönitz und das Ende des »Dritten Reiches«.

[55] Kriegstagebuch des Ob.d.M., 25.4.1945, KTB Skl (wie Anm. 3), Bd 68, S. 333-A f. – Abschrift des Funkspruches mit der Schlußformel »Heil mein Führer! Großadmiral Dönitz«, in: BA-MA, RM 7/851, Bl. 125.

[56] Vortrag des Chefs der Skl bei der Besprechung der Oberbefehlshaber in »Koralle« am 24./25.8.1944, in: 1. Skl KTB, Teil B V, Anlagen allgemeinen Inhalts (zu Teil A), Bd 10 (August bis Oktober 1944), BA-MA, RM 7/100, Bl. 156–173, hier Bl. 167.

[57] Lagevorträge (wie Anm. 6), S. 632. Siehe auch in diesem Beitrag bei Anm. 26.

[58] Zit. nach: »Fuehrer Conferences on Naval Affairs 1939–1945«, in: Brassey's Naval Annual 1948, S. 29–496, Zitat S. 426 (Reprint mit identischer Paginierung: Fuehrer Conferences on Naval Affairs, 1939–1945, Annapolis, MD 1990, dessen Vorwort von Jak P. Mallmann Showell allerdings gegenüber der Überlieferung und Edition der deutschen Fassung der Lagevorträge gravierende Fehler enthält).

[59] Lagevorträge (wie Anm. 6), S. 10.

[60] Ebd., S. 632, unten Erläuterung zu Ziffer 4 des Lagevortrages. – Es ist in diesem Zusammenhang bemerkenswert, dass noch 2003 ein Sachbuchautor den Begriff »Sturmwikinger« sogar im Untertitel seines Buches benutzt, ohne später in seiner Einführung bzw. im Haupttext Entstehung und Bedeutung dieser Einsatzform zu erläutern. Siehe Blocksdorf, Das Kommando (wie Anm. 7), passim.

[61] Dönitz, Zehn Jahre (wie Anm. 9), S. 362.

[62] Siehe zum Beispiel den Aufsatz: Hellmuth Heye, Marine-Kleinkampfmittel, in: Wehrkunde, 8 (1959), S. 413–421.

[63] Auszüge aus dem Briefwechsel L. Westberg/Karl Dönitz vom Januar 1980 im Kuhlmann-Manuskript, Der Einsatz meiner Marineschützen-Abteilung (wie Anm. 49), S. 27 f.

[64] Nachruf »Karl Dönitz †« in: Der Spiegel (1981), Nr. 1–2, S. 73 f. Siehe in diesem Zusammenhang weitere Nachrufe und insbesondere die Predigt von Pastor Hans-Joachim Arp anläßlich der Beisetzung von Dönitz am 6.1.1981, in: Dokumentation zur Zeitgeschichte: Großadmiral Karl Dönitz, hrsg. vom Deutschen Marinebund e.V., Wilhelmshaven 1981 (Predigt ebd., S. 16–20).

Herbert Kraus

Karl Dönitz und das Ende des »Dritten Reiches«[*]

I. Einleitung

Mit dem schnellen Abschluß der Gesamtkapitulation der deutschen Wehrmacht hat Karl Dönitz, wiewohl er durch die militärische Lage zu diesem Schritt genötigt war, positiven Anteil an der Beendigung des Zweiten Weltkrieges. Gleiches kann man von ihm, was das Ende des »Dritten Reiches« anbelangt, nicht behaupten. Zwar war de facto mit der Kapitulation auch dessen Ende besiegelt, jedoch gegen das ausdrückliche Bestreben von Hitlers Nachfolger. Er hat im Gegenteil bis zu seiner Verhaftung am 23. Mai 1945 bei den westlichen Alliierten versucht wesentliche Bestandteile des nationalsozialistischen Deutschland für die Zukunft zu bewahren. Nach seiner Entlassung aus Spandau war er dann beständig bestrebt, das Leitbild des »unpolitischen Soldaten« zu propagieren, der für die Untaten in NS-Deutschland keinerlei Verantwortung zu tragen hatte. Damit, so dachte Dönitz, könne es zu einer Versöhnung der Generationen und Standpunkte in der Bundesrepublik kommen. Tatsächlich stand er mit seiner Argumentation vielen Deutschen bei der Aufarbeitung und Abrechnung mit dem »Dritten Reich« im Wege. In diesem Aufsatz wird die Rolle von Karl Dönitz während der letzten Kriegsphase beschrieben und ein kurzer Ausblick auf seine Wirksamkeit in der westdeutschen Nachkriegsgesellschaft gewagt[1].

II. Karl Dönitz, Marineoffizier im nationalsozialistischen Deutschland

1. Vorgeschichte: Werdegang bis 1943

Karl Dönitz wurde am 16. September 1891 als zweiter Sohn des Ingenieurs Emil Dönitz und seiner Frau Anna in Grünau bei Berlin geboren[2]. Nach dem frühen Tod der Mutter 1895 wurden Karl und sein Bruder Friedrich von ihrem Vater allein aufgezogen. Geprägt im protestantisch-bürgerlichen Milieu und erzogen im nationalen und obrigkeitsstaatlichen Sinn, trat Dönitz 1910 als Offizieranwärter in die Kaiserliche Marine ein. Seine Heirat 1916 mit der Generalstochter Ingeborg

Weber bestätigte seinen sozialen Aufstieg, dessen Basis eigene Leistung und die Anpassungsfähigkeit an die gesellschaftlichen Normen des Kaiserreiches war.

Den Ersten Weltkrieg erlebte Karl Dönitz vornehmlich im Mittelmeer als Wachoffizier auf dem Kleinen Kreuzer »Breslau« sowie als Wachoffizier und Kommandant auf mehreren Unterseebooten. Nach der Rückkehr aus britischer Kriegsgefangenschaft 1919 entschied er sich trotz des politischen Wechsels bei der Marine zu bleiben. Die Überzeugung, das Deutsche Reich sei weniger der Überlegenheit seiner Gegner als vielmehr dem Mangel an innerer Geschlossenheit der Deutschen erlegen, brachte er aus der Gefangenschaft mit. Als Referent in der Personalabteilung des Stationskommandos der Ostsee eingesetzt und kurzfristig am 13. Februar 1920 mit dem Kommando über das Torpedoboot V 5 betraut, erlebte Dönitz das Scheitern des Kapp-Lüttwitz-Putsches auch persönlich als Niederlage.

Wechselnde Verwendungen in Stäben und an Bord brachten Dönitz immer wieder auch dienstlich in Verbindung mit innenpolitischen Fragen. Als Referent in der Marineleitung in Berlin und als Erster Admiralstabsoffizier beim Kommando der Marinestation der Nordsee arbeitete er an Schnittstellen zwischen Politik und Streitkräften, erlebte die gegenseitigen Vorbehalte und war ab 1930 auch mit den Planungen für den Einsatz der Reichswehr im Inneren befasst. Die beobachtete Schwäche der demokratischen Ordnung von Weimar bestärkten Dönitz in seiner vorgefassten tiefen Distanz zur freiheitlichen Demokratie und ließen ihn die Machtergreifung Hitlers 1933 begrüßen. Die außen- und innenpolitischen Erfolge des NS-Regimes und wichtige ideologische Übereinstimmungen banden den auch dienstlich avancierenden Offizier zunehmend fester an das »Dritte Reich«. Autoritärer Staat, Führerprinzip, geschlossene Volksgemeinschaft und nationale Stärke gegründet auf militärische Macht sind hier die entscheidenden Stichworte.

Nach dem Kommando über den Kreuzer »Emden« wurde Kapitän zur See Dönitz 1935 mit dem Aufbau der Unterseebootwaffe betraut. Die Erfahrungen des Ersten Weltkrieges nutzend, gestaltete er mit großer Tatkraft ein militärisches Instrument, daß dem Konzept nach auf die seestrategische Gegnerlage des Jahres 1918 hin zielte: dem Kampf gegen die Seeverbindungslinien der westlichen Seemächte. Nach dem Kriegsbeginn 1939 sollte aus Dönitz' Sicht und Verantwortungsbereich heraus die Niederlage von 1918 vorrangig mit den selben alten Kriegsmitteln, jedoch mit klarem Konzept, rücksichtsloser Konsequenz[3] und unbedingter Geschlossenheit in den eigenen Reihen diesmal zum Erfolg gewendet werden.

2. Die drohende Niederlage vor Augen:
Oberbefehlshaber der Kriegsmarine ab 1943

Als Adolf Hitler im Januar 1943 das Rücktrittsangebot des Oberbefehlshabers der Kriegsmarine (ObdM), Großadmiral Erich Raeder, annahm, war Admiral Dönitz der für die Nachfolge profilierteste Flaggoffizier. Der erfolgreiche Befehlshaber der Unterseebootwaffe bildete die echte Alternative zu dem von Hitler kritisierten Kurs der Seekriegführung Raeders. Politische Erwägungen haben bei seiner Ernennung keine Rolle gespielt, da sich Dönitz bis zu diesem Zeitpunkt nicht über ein weitverbreitetes Maß hinaus als treuer Anhänger des nationalsozialistischen deutschen Staates erwiesen hatte. Erst die Nähe zu Hitler bewirkte, daß er in dieser Hinsicht aus dem »Mainstream« seines sozialen Umfeldes herausragte[4].

Die Berufung von Dönitz erfolgte zu einem Zeitpunkt, da der Krieg einen weiteren Schub der Radikalisierung und Ideologisierung erfuhr und in der NS-Propaganda zum »Verteidigungskrieg« für Europa umgedeutet wurde. Die alliierte Forderung nach bedingungsloser Kapitulation auf der Konferenz von Casablanca, die Kapitulation der 6. Armee in Stalingrad und der durch Goebbels im Berliner Sportpalast verkündete totale Krieg markieren den Beginn des letzten Kriegsabschnittes in Europa, in dem auf deutscher Seite mangels eines erfolgversprechenden und durchführbaren Konzeptes die Zielvorstellungen nicht nur Hitlers in immer realitätsfernere Hoffnungen abglitten. Da die Niederlage mit ihren Konsequenzen nicht gedacht werden durfte, wurden die Kampfmethoden auf dem verbissen und verzweifelt geführten Rückzug zunehmend »rücksichtslos« und »fanatisch«, um zwei Standardvokabeln von Dönitz zu gebrauchen.

Die bedeutsamste Änderung der Führungsgrundsätze nach dem Wechsel des Oberbefehlshabers war der von Dönitz bewußt von Beginn an praktizierte Entschluß, persönlich die Nähe Hitlers zu suchen und die Marine vollständig in den nationalsozialistischen Staat zu integrieren[5]. Dadurch schaffte er es, trotz der nach dem Scheitern der »Schlacht im Atlantik« im Frühjahr 1943 objektiv untergeordneten Rolle der Marine in der Gesamtkriegführung, eine erhebliche Verlagerung der immer knapperen personellen und materiellen Ressourcen des Reiches zugunsten seiner Teilstreitkraft durchzusetzen. Das Bestreben, durch Massenfertigung neuartiger, der alliierten Abwehr erneut gewachsener U-Boottypen eine strategische Offensivoption zurückzuerlangen, bestimmte Dönitz' Arbeit bis 1945.

3. Dönitz' Politikbegriff und sein Verhältnis zur NS-Ideologie

»Es ist ja auch ein Unsinn, etwa zu sagen, der Soldat oder der Offizier müsse unpolitisch sein. Der Soldat verkörpert den Staat, in dem er lebt, er ist der Vertreter, der ausgesprochene Exponent dieses Staates[6].«

»Es ist auch falsch, wenn der Offizier, dem der Staat seinen ganzen Schutz und seine ganzen Ehren für diesen Stand gibt, das in guten Zeiten gern einsteckt und wenn er nun in schlechten Zeiten, statt hart und ohne nach links und rechts zu sehen, zu kämpfen, dann zweifelhaft wird und gar nach der Politik schreit, die gar nicht seine Angelegenheit ist. Die Politik soll er nur Leuten überlassen, die sie besser verstehen als er[7].«

Diese beiden Aussagen von Dönitz, in einem Abstand von neun Monaten vorgetragen, erscheinen auf den ersten Eindruck unvereinbar; sie verlieren ihre Gegensätzlichkeit jedoch, wenn man genauer betrachtet, was Dönitz unter »politisch« bzw. »unpolitisch« verstand.

Das Glück der deutschen Nation sah Dönitz in einer geschlossenen Gesellschaft. Die Deutschen mußten sich als verschworene Kampfgemeinschaft begreifen und der persönlichen Autorität eines Führers aus ihrer Mitte folgen, um die Herausforderung der Zeit bestehen zu können. Burgfriede und Schützengraben-

bzw. U-Bootkameradschaft, sowie das militärische Führerprinzip lieferten hierzu
die Leitvorstellungen. In all seinen Reden, in denen Dönitz den »Führer« und den
Nationalsozialismus preist, fehlt dergleichen in Bezug auf die NSDAP. Er verschweigt geradezu ihre »Partei«-Existenz. Dies deutet darauf hin, daß für Dönitz
die Partei eine Verwaltungsorganisation war, der Nationalsozialismus hingegen
eine von ihr unabhängige Staatsgesinnung. Dönitz' Politikbegriff war wenig reflek-
tiert. Seinen Ort fand er in der Nation, im Staat, im Reich. Er dachte weniger politisch, als daß er politisch glaubte. Deshalb konnte er in seinen Ansprachen auch
politischen Glauben fordern, politisches Denken jedoch an eine höhere Stelle verweisen. Es ist für das Verständnis der Person Dönitz wichtig festzuhalten, daß
Politik in seinem Bewußtsein keine zentrale Rolle spielte, da er seine wenigen
Glaubenssätze nicht hinterfragte, sondern als Marineoffizier für selbstverständlich
hielt. Jedoch ist die Negation des Politischen weiterhin etwas Politisches, wenn
auch auf unreflektiert gefährliche Art und Weise.

4. Verhältnis zu Hitler

Die starke persönliche Bindung, die das Verhältnis von Karl Dönitz zu Adolf Hitler bestimmt hat, ist im wesentlichen auf vier Ursachen zurückzuführen[8]. Erstens
verkörperte Hitler genau die Rolle, die Dönitz auf Grund seiner monarchischen
und militärischen Erziehung von seinem Staatsoberhaupt erwartete, die des autoritären »Führers«. Zweitens fühlte sich Dönitz bis zu Hitlers Tod an den persönlichen Eid gebunden, den er dem Diktator geleistet hatte. Drittens begrüßte er die
nationalsozialistische Umgestaltung Deutschlands, die ihm zukunftweisende Rettung des Vaterlandes aus tiefer Not bedeutete. Und viertens sah er in Hitler »die
gewaltige Persönlichkeit [...] mit einer außerordentlichen Intelligenz und Tatkraft,
mit einer geradezu universalen Bildung und einem kraftausströmenden Wesen und
mit einer ungeheuren suggestiven Kraft«[9].
    Als ObdM war Dönitz angetreten, das Vertrauen Hitlers zu erwerben. Er erar-
beitete es sich als ergebener Anhänger, der ohne den in Hitlers Umgebung üblichen Opportunismus aufrichtig die Grundpositionen seines »Führers« vertrat. Wie
dieser war er der festen Überzeugung, daß nach Casablanca und im von Goebbels
propagierten »totalen Krieg« Versuche der Friedenssondierung zwecklos und daß
Kapitulationsangebote vor Ausschöpfung auch der allerletzten und unwahrschein-
lichsten Möglichkeit geradezu verbrecherisch wären. Infolgedessen vertraute ihm
Hitler nicht nur, sondern respektierte Dönitz auch als loyalen Mitstreiter mit eigener Meinung zu speziellen Sachfragen. Umgekehrt kannte das Vertrauen des
ObdM in »seinen Führer« keine erkennbare Grenze. Dönitz konnte auch gar nicht
anders denken, ohne sein gesamtes Weltbild einer grundlegenden Revision zu
unterwerfen. Dazu besaß er, zumal in einer Situation, die sein ganzes anerzogenes
Pflichtbewußtsein und Durchhaltevermögen herausforderte, nicht die geistige
Souveränität. Er entsprach dem Idealtypus des treuen nationalsozialistischen Ge-
folgsmannes, der aufkeimende Zweifel, auch sittlicher Art, nicht zur Geltung
kommen lassen durfte, solange sein oberster Kriegsherr noch die Befehle gab.

Nach dem Krieg hat Dönitz NS-Verbrechen auch als solche bezeichnet[10]. Es fällt jedoch auf, daß er es bei diesen Gelegenheiten vermied, Hitler selbst einen Verbrecher zu nennen. Er konnte sich nur zu einem indirekten Urteil entschließen, indem er das Führerprinzip politisch als verfehlt bezeichnete, da »die menschliche Natur offenbar nicht in der Lage ist, die Macht dieses Prinzips zum Guten zu nutzen, ohne den Versuchungen dieser Macht zu erliegen«[11]. So hatte sich das Fehlen der Machtkontrolle »bei Hitler verhängnisvoll erwiesen«[12]. Dönitz sah sich nicht in der Lage, den Mann, dem er so lange und so unbedingt gedient hatte, deutlicher zu verurteilen.

III. Die Marine unter Dönitz und Hitler

1. Erziehung zum Nationalsozialismus

Für Dönitz garantierte das weltanschaulich begründete Bewußtsein der Zusammengehörigkeit, das nach seiner Überzeugung den Deutschen zu Ende des Ersten Weltkrieges gefehlt hatte, seit Hitlers »brauner Revolution« die Stärke und Durchhaltefähigkeit des Volkes auch unter extremen Belastung. Um so wichtiger war die unbedingte ideologische Ausrichtung in den Streitkräften. Der kämpfende Soldat, als fester Bestandteil und Exponent des kämpfenden Volkes, mußte von seinen militärischen Führern beständig in diesem Geist weltanschaulich geschult und erzogen werden[13]. Je länger der Krieg dauerte, je höher die Zahl der Opfer stieg und je näher das Gespenst der Niederlage rückte, desto härter wurde dabei die Rhetorik des ObdM.

Eine besondere Qualität erreichte bei Dönitz die Indoktrination in seiner Ansprache vom 24. August 1944[14], in der er mit den Verschwörern des 20. Juli abrechnete. »Sie haben nicht gewußt, daß 10 Millionen frühere Kommunisten der Arbeiterschaft der Führer für den nationalsozialistischen Staat gewonnen hat und daß diese aktiven Elemente sich keinesfalls einem bürgerlichen Staat unterstellen würden.« Die Rückkehr zum bürgerlichen Staat war demzufolge aus seiner Sicht in Zukunft ohne Bürgerkrieg und Klassenkampf undenkbar. Das im totalen Krieg unterlegene deutsche Volk würde, nach Beseitigung seiner Führungsschicht, in die Sklaverei überführt, denn »man würde das alles schön selbstverständlich finden, da der Osten ja von uns zerstört wurde«. Dem ideologischen Hauptgegner, der Sowjetunion, wurden genau die verbrecherischen Absichten unterstellt, die das Deutsche Reich seit Juni 1941 im Osten vollzog. Das Kriegsbild von Dönitz entsprach in wesentlichen Teilen dem NS-Kriegsbild, und er setzte alles daran, diese Überzeugung auch seinen Untergebenen zu vermitteln. Als Konsequenz erwuchs daraus seine Forderung, fanatisch weiterzukämpfen, ohne sich um die Zweckmäßigkeit des Kampfes zu scheren. Er bezeichnete es als Aufgabe jedes Offiziers, »fanatisch hinter dem nationalsozialistischen Staat zu stehen und bedingungslos die Truppe entsprechend zu erziehen und einzustellen«. Um seinen schweren Pflichten gerecht werden zu können, sei es für den Offizier unverzichtbar, sich in quasi

religiöser Verehrung dem Glauben an Hitler als dem Retter von den Übeln des
Marxismus und des jüdischen Schmutzes mit ganzer Seele hinzugeben. Damit
forderte Dönitz von seinen Zuhörern nicht nur die Verinnerlichung des NS-
Kriegsbildes, sondern auch des NS-Menschenbildes. Einem nicht nationalsozialistischen deutschen Patriotismus läßt diese Rhetorik keinerlei Raum und Existenzberechtigung.

Mussolini, Dönitz und Hitler im Führerhauptquartier »Wolfsschanze« am 20. Juli 1944
Quelle: akg-images

Dennoch, ja gerade deshalb erreichte Dönitz, daß die Nationalsozialistischen
Führungsoffiziere (NSFO) in der Marine keinen Einfluß auf die Kommandoführung erhielten[15]. Sein Widerstand erklärt sich aus drei Gründen. Erstens erwartete
Dönitz durch »Kommissare« keine Qualitätsverbesserung der Kommandoführung;
eine diesbezügliche Schwäche – die U-Boote leisteten in dieser Phase des Krieges
einen enormen Blutzoll – konnte ihm Hitler auch nicht vorwerfen. Zweitens betrachtete er den Nationalsozialismus als eine primär soldatisch bestimmte Weltanschauung. Infolgedessen bestimmte nicht die »zivile Verwaltung« der Partei den
Kurs, sondern die nationalsozialistische Wehrmacht mit dem »Soldaten« Hitler als
Führer und Feldherren. Und drittens gab es in der Marine unter Führung von
Dönitz kein Defizit an weltanschaulicher Erziehung, da er selbst als Oberbefehlshaber auch in dieser Hinsicht führte. Deshalb ging er zwecks Einbindung der Marine in den NS-Staat einen eigenen, seinen Vorstellungen nach besseren Weg.

2. Die Marine und Dönitz im »Überlebenskonzept« Hitlers

Noch im Laufe es Sommers 1943, nach der verlorenen Panzerschlacht bei Kursk, mußte Hitler jede Hoffnung, die sowjetische Armee ohne neue Verbündete militärisch zu besiegen, aufgeben. Er brauchte jetzt ein Überlebenskonzept. Dönitz trug dazu bei, es zu kreieren. In seiner bedrängten Situation war Hitler bereit, aus Hinweisen auf politische Differenzen im Lager der Alliierten neue Hoffnung zu schöpfen. Man müsse auf deutscher Seite nur lange genug ausharren, dann würde die Härte des Krieges, auf die das durch den Nationalsozialismus geschlossene deutsche Volk besser vorbereitet sei, die gegnerische Koalition sprengen. Die gewachsene Macht der Sowjetunion bedrohe auch die britischen Interessen. Dönitz' Hauptbeitrag zu dieser »Strategie« bestand darin, den »modernen« U-Bootkrieg mit den neuen Bootstypen schnellstmöglich in Gang zu bringen und bis dahin alliierte Kräfte so gut es ging zu binden. Durch die effektive Wiederaufnahme des offensiven Tonnagekrieges sollte dem Plan Hitlers entscheidende Durchschlagskraft verliehen werden[16]. In dieser Phase des Krieges wurden Hitler und Dönitz zu einem »Team«, indem sie sich gegenseitig ihre Hoffnungen und Durchhalteforderungen bestätigten und diese gegenüber skeptischer Kritik mit dem Vorwurf des unverantwortlichen Defätismus durchsetzten. Es besteht allerdings kein Zweifel daran, daß Dönitz in diesem Team die Rolle des »Juniorpartners« spielte.

Um die obengenannten Absichten Wirklichkeit werden zu lassen, bedurfte es des Zeitgewinns für die U-Bootrüstung und der Verteidigung der eroberten Wirtschaftsbasis[17]. Deshalb unterstützte Dönitz Hitlers Position, keinen Fußbreit Boden kampflos zu räumen, »sondern den Gegner kämpfend zu schädigen und nichts aufzugeben, was nicht unbedingt notwendig ist«[18]. Von der aufeinander aufbauenden Abfolge von Durchhaltemoral über Zeitgewinn, neuen U-Bootkrieg, Rückschlag für die Angelsachsen, Allianzbruch bis zu den daraus erwachsenen neuen eigenen Möglichkeiten versprach sich Dönitz auch noch zum Jahreswechsel 1944/45 reale Chancen.

IV. Der Beauftragte für den Endkampf

1. Die Sonderrolle des ObdM

Wegen seiner militärischen Fähigkeiten und der erwiesenen unbedingten Treue übertrug der Diktator seinem ObdM seit Beginn 1945 zusätzliche Kompetenzen. Im Januar wurde Dönitz die gesamte Kohle- und Treibstoffzuteilung für den militärischen Bereich in Norddeutschland unterstellt; seit Anfang April unterstanden ihm auch die Handelsschiffe des Reichskommissars für die Seeschiffahrt. Die herausragende Stellung, die Dönitz unter den militärischen Befehlshabern aller Wehrmachtteile einnahm, wird durch den Führerbefehl vom 15. April deutlich[19]. Im Fall der Spaltung des noch unter deutscher Kontrolle befindlichen Reichsgebietes durch alliierte Vorstöße wurde für den Nord- und Südraum jeweils ein

Oberbefehlshaber benannt, der über alle drei Wehrmachtteile, die Waffen-SS und die Polizei samt angegliederten Organisationen Befehlsgewalt erhalten sollte, sofern sich Hitler nicht selbst in dem betreffenden Teilraum befand. Für den Südraum wurde Generalfeldmarschall Kesselring, für den Nordraum Großadmiral Dönitz benannt. Am 20. April beabsichtigte Hitler in den Südraum zu gehen und betraute Dönitz mit dem Oberbefehl im Norden. Gleichzeitig bevollmächtigte er ihn, zu Verteidigungszwecken auch zivilen Stellen Weisungen zu erteilen.

Nach der persönlichen Verabschiedung von Hitler am Nachmittag des 21. April 1945 machte sich Dönitz mit der gewohnten Entschlossenheit daran, seinen neuen Auftrag unter Mobilisierung aller ihm verfügbaren Mittel zu erfüllen. Es blieb ihm neben der Kriegsmarine aber nur die »Zivilverteidigung«, da sich Hitler am 25. April entschied, doch in Berlin zu bleiben und die operative Führung von dort über das OKW in Rheinsberg selbst in der Hand zu behalten[20]. Durch koordinierte Maßnahmen der ihm zu Verteidigungszwecken unterstellten Gauleiter sorgte Dönitz für eine Bestandsaufnahme und die Bereitstellung aller kriegswichtigen Güter, veranlaßte die direkte Zusammenarbeit der Gauleiter mit den in ihrem Bereich zuständigen Armee- und Heeresgruppenbefehlshabern und ließ einen 13-Punkte-Katalog erstellen, der »u.a. Organisationsvereinfachungen, Zusammenfassung von Soldaten, für die keine Waffen vorhanden waren, in Arbeitsbataillone, Einrichtung eines ›Fliegenden Standgerichts‹, ›Zusammenfassung der in den Nordraum ausgewichenen Reichsregierung im Raum Eutin‹‹[21] umfaßte.

2. Die Undurchführbarkeit der Verteidigung des Nordraumes

Die Lagebesprechungen im Führungsstab Nord und die Unterrichtung durch die für Waffen- und Munitionsproduktion, Ernährung und Transportwesen zuständigen zivilen Stellen hatten Dönitz mehr und mehr klar gemacht, daß jeder militärische Widerstand in kurzer Zeit undurchführbar werden mußte. Trotzdem fühlte er sich an seinen »Führerauftrag« gebunden und äußerte am 25. April: »Da die Kapitulation ohnehin die Vernichtung der Substanz des deutschen Volkes bedeuten muß, ist es auch aus diesem Gesichtspunkt richtig, weiterzukämpfen[22].« Die Informationen, die er am 27. April beim OKW in Rheinsberg über die Lage der Heeresgruppe Weichsel erhielt, bestätigen den unaufhaltsamen Zusammenbruch der Ostfront. Dönitz war immer weniger in der Lage, aus Gründen, die er nicht ändern konnte, die zunehmend chaotische Situation in seinem Verantwortungsbereich handelnd zu meistern.

Hitlers Aufforderung vom 28. April, Himmlers Kapitulationsangebot an die Westmächte zu überprüfen und gegebenenfalls »blitzschnell und stahlhart« gegen alle Verräter durchzugreifen, sowie einen Tag später, entsprechend auch mit Keitel zu verfahren[23], überforderte Dönitz und lähmte vorübergehend seine bislang immer zielgerichtete Entschlußkraft. Nach Aussagen seines Schwiegersohnes, Fregattenkapitän Günter Hessler, trug er sich sogar mit dem Gedanken, nach Hitlers Ableben, da er keine geordnete Nachfolge erwartete, mit der Marine zu kapitulieren und selbst den Tod im Kampf zu suchen[24]. Als ihm die Absichten des Ham-

burger Gauleiters Karl Kaufmann bekannt wurden, die Stadt kampflos zu übergeben, reagierte er jedoch entschieden und forderte Kaufmann auf, im Interesse der
»Rettung deutschen Landes und deutschen Volkstums vor dem Bolschewismus«
die Elbe-Stellung zu halten, »um den Abfluß deutscher Menschen zu ermöglichen«[25]. Die Maßnahmen als Oberbefehlshaber des Nordraumes dienten zu diesem Zeitpunkt sowohl der Fortführung des Kampfes in Hitlers Sinn als auch der
Rettung der Deutschen im Osten.

Die Eintragung in seinem Kriegstagebuch vom 25. April zeigt nicht nur, daß er
eine Kapitulation ablehnte, sondern auch, daß das NS-Kriegsbild ihm zu diesem
Zeitpunkt weiterhin verpflichtend vor Augen stand. Nur sechs Tage später, am
1. Mai, nahm er jedoch ein politisches Konzept praktisch in Angriff, das mit einer
sicheren Vernichtungserwartung nicht zu vereinbaren ist. Dazwischen liegen Hitlers Selbstmord und damit die grundsätzliche Änderung der Zukunftsperspektive
von Dönitz. Über die genauen Gründe für diesen Bruch kann man nur spekulieren, da Dönitz sie selbst nicht glaubhaft erläutert hat. Einleuchtend erscheint, daß
ein willensbestimmter Tatmensch wie Dönitz sich dann von einem sicheren Un-
tergangskonzept löst, wenn er selbstverantwortlich entscheiden, somit die ihn
bindenden Pflichten selbst definieren kann und Möglichkeiten erkennt, aktiv handelnd das Schicksal zu beeinflussen. Die Gefahr der »Vernichtung der Substanz
des deutschen Volkes« hat er immer noch so gesehen, nur war sie nach Hitler
keine verordnete und zu befolgende Gewißheit mehr.

V. Dönitz als Nachfolger Hitlers

1. Erkenntnis der Niederlage und Reaktion

a) Die Nachfolgeregelung

Ein letztes Mal stellte der ObdM seine unverbrüchliche Treue und Zuverlässigkeit
unter Beweis, als er, nach der Forderung Hitlers vom 25. April, zugunsten der
Verteidigung Berlins alle anderen Aufgaben zurückzustellen, alles, was an Marinetruppen greifbar war und mit Handwaffen ausgerüstet werden konnte, zum Ab-
transport in die Hauptstadt bereitstellen ließ[26]. Über die militärische Sinnlosigkeit
dieses »Entsatzes« hat sich Dönitz keine Illusionen gemacht. Allerdings trug auch
dieser letzte Treuebeweis in einer langen Reihe dazu bei, Dönitz in den Augen
seines »Führers« zu qualifizieren, als sein Nachfolger den Kampf fortzusetzen.

Karl Dönitz wurde nicht zu Hitlers Nachfolger aufgebaut. Die Rolle des desig-
nierten »Kronprinzen« spielte er nur 16 1/2 Stunden lang zwischen der Aushändigung des ersten und zweiten, die Nachfolge betreffenden Funkspruches. Hitler hat
weder mit seinem Ende in Berlin gerechnet, noch konnte und wollte er sich vorstellen, daß irgend ein Mensch seine Stelle adäquat auszufüllen in der Lage wäre.
Seine Entscheidung war improvisiert, aus der Not geboren, da sich die möglichen
anderen Kandidaten, Göring und Himmler, in seinen Augen selbst desavouiert

hatten. Er mußte keinen Nachfolger benennen, schon gar keinen, der ihm nicht genehm war. Da er für die von ihm geforderte Fortführung des Kampfes nach dem bisherigen »Konzept« eine Persönlichkeit wählen mußte, deren Autorität in der Wehrmacht anerkannt war, Keitel, Schörner[27] und Greim[28] sich nicht oder noch nicht genügend profiliert hatten, deutete alles mit einer gewissen Zwangsläufigkeit auf Dönitz hin. Entscheidend war, daß der ObdM bis zu Hitlers Tod durch sein gesamtes Bekunden und Verhalten die sichere Gewähr zu bieten schien, den Kampf in Hitlers Sinn, d.h. mit nationalsozialistischer Erbitterung, fortzusetzen, wenn es sein mußte, bis zum völligen Untergang, der völligen Vernichtung alles Deutschen. Darin sollte sich Hitler jedoch geirrt haben.

b) Selbstverantwortliche Politik mit Hitlers Autorität

Am 30. April gegen 19.30 Uhr wurde dem ObdM ein Funkspruch folgenden Inhalts vorgelegt: »Anstelle des bisherigen Reichsmarschalls Göring setzt der Führer Sie, Herr Großadmiral, als seinen Nachfolger ein. Schriftliche Vollmacht unterwegs. Ab sofort sollen Sie sämtliche Maßnahmen verfügen, die sich aus der gegenwärtigen Lage ergeben. Bormann[29].« Dönitz fiel eine Last von der Seele[30], da er nun die Perspektive hatte, das befürchtete Chaos nach Hitlers Tod zu vermeiden. Entschlossen, seine Handlungskompetenz wahrzunehmen, bestellte er Keitel, Jodl und Himmler zu sich. Da aus dem Text nicht hervorging, daß Hitler bereits tot war, sandte Dönitz am nächsten Morgen eine Ergebenheitsadresse, in der er weitere Entsatzversuche versprach, und in einer unklar gehaltenen Formulierung bekundete, den Krieg »so zu Ende zu führen, wie es der einmalige Heldenkampf des deutschen Volkes verlangt«[31]. Dönitz verschweigt in seinen Memoiren diesen Antwortfunkspruch und behauptet, geglaubt zu haben, Hitler hätte »den Weg zur Beendigung des Krieges durch einen Soldaten frei machen«[32] wollen. Deshalb hätte er seine Politik vom Erhalt des ersten Funkspruches an auf die zentral gelenkte Kapitulation ausgerichtet. Dönitz will so der doppelten Pflicht genügt haben, seinem Eid getreu Hitlers Auftrag zu erfüllen und das deutsche Volk vor weiterem Leid und Tod durch den Krieg zu bewahren. Diese Behauptung läßt sich nicht halten[33]. Dönitz mußte auch ohne Kenntnis des politischen Testamentes Hitlers[34] davon ausgehen, daß dieser die Fortführung des Kampfes von ihm erwartete. Wenn Hitler den Weg für die Kapitulation hätte freimachen wollen, wäre jeder Entsatzversuch widersinnig gewesen. Daß Dönitz um die Sinnlosigkeit seines Entsatzversprechens wußte, geht aus seiner Ansprache vom 9. Mai hervor[35]. Er hat es dennoch gegeben, da er annahm, Hitler erwarte genau dies von ihm. Solange Dönitz davon ausgehen mußte, daß Hitler noch am Leben war, waren alle seine Äußerungen und Handlungen vom Gehorsam gegenüber dem Diktator bestimmt. Erst nachdem die Nachricht vom Tode Hitlers eingegangen und damit die politische Verantwortung auf ihn übergegangen war[36], sah er sich mental und materiell in der Lage, den Realitäten zu folgen und gegen die Fortführung des Krieges und für die Einleitung von Kapitulationsverhandlungen mit den Alliierten zu entscheiden.

Dönitz beim Verlassen der Sportschule in der Marineschule Mürwik (Flensburg) im Mai 1945
(links: Korvettenkapitän Walter Lüdde-Neurath)

Quelle: akg-images/IWM London

Karl Dönitz entschloß sich am 1. Mai 1945 dazu[37], möglichst viele Flüchtlinge und Soldaten dem Zugriff der Roten Armee zu entziehen[38] und gegenüber den Westalliierten zentral geführt zu kapitulieren. Inwieweit der von Dönitz befohlene militärische Widerstand im Westen dazu diente, die Demarkationslinie für Flücht-linge offen zu halten[39] oder den Verhandlungsspielraum gegenüber den Westalli-ierten zu erweitern[40], lässt sich nicht abschließend klären. Als das Aufhalten der angelsächsischen Armeen nicht mehr möglich war, sie hatten am 2. Mai zwischen Lübeck und Wismar die Ostsee erreicht, beauftragte er noch am selben Tag den neuen Oberbefehlshaber der Marine, Generaladmiral Hans-Georg von Friedeburg, eine Teilkapitulation der im Nordraum kämpfenden deutschen Truppen gegenüber Feldmarschall Bernard L. Montgomery, dem Oberbefehlshaber der in Nordwest-deutschland eingesetzten 21. alliierten Heeresgruppe, zu erreichen. Am 4. Mai unterzeichnete Friedeburg die ab nächsten Tag 8.00 Uhr Ortszeit in Kraft treten-den Kapitulationsbestimmungen. Es war ihm gelungen, die Zusicherung Montgo-merys zu erhalten, daß auch die Soldaten der gegen die Rote Armee kämpfenden

Heeresgruppe Weichsel sich einzeln den Briten ergeben durften, und die Rettungsaktion über See weiterlaufen konnte[41]. Dönitz wollte das Konzept der Teilkapitu-
lationen nach Westen auch gegenüber General Dwight D. Eisenhower, dem Obersten Befehlshaber der Alliierten Expeditionsstreitkräfte, umsetzen, mußte jedoch
aufgrund einer Meldung seines Unterhändlers Friedeburg am 6. Mai erkennen, daß
Eisenhower nicht gewillt war, auf die Gesamtkapitulation auch gegenüber dem
sowjetischen Oberkommando zu verzichten. Er entsandte daraufhin Generaloberst Alfred Jodl, den Chef des Wehrmachtführungsstabes, nach Reims, um noch
möglichst viel Zeit für die nach dem Westraum Flüchtenden auszuhandeln. Dies
gelang nur zum Teil. Am 7. Mai um 02.41 Uhr unterzeichnete Alfred Jodl die bedingungslose Kapitulation. Sie trat für alle Fronten am 9. Mai um 00.01 Uhr mit-
teleuropäischer Sommerzeit in Kraft.

Um dieses Programm unter seiner zentralen Leitung durchführen zu können,
benötigte Dönitz die Gefolgschaft all derjenigen Funktionsträger, die bislang nur
der persönlichen Autorität Hitlers unterworfen waren und sich keiner Zwischenin-
stanz verpflichtet fühlten. Die immediate Unterordnung der nächsttieferen »Unter-
führer« unter den »Führer« war ein konstitutives Merkmal des NS-Staates[42]. Deshalb mußte sich Dönitz auf Hitlers Nachfolgeentscheidung stützen und als Voll-
strecker seines Willens auftreten. Das entscheidende Gewicht der Ernennung
durch Hitler ist auch daran zu erkennen, daß selbst Himmler, der sich aufgrund
seiner Nähe zu Hitler und wegen seiner realen Macht eigene Hoffnungen auf die
Nachfolge gemacht hatte, die Entscheidung des »Führers« für Dönitz respektierte.
Da es unter den Wehrmachtbefehlshabern nach der Einschätzung von Dönitz
einige geben mußte, die mit seinem Programm inhaltlich nicht übereinstimmten[43],
war es notwendig, daß er seine Kapitulationspläne wider besseres Wissen zum
Auftrag Hitlers erklärte. Die Widersprüchlichkeit in seiner Argumentation wird in
seiner Ansprache vom 9. Mai deutlich[44]. Die Unvereinbarkeit von Entsatzversuch
und Kapitulationsauftrag wurde oben schon behandelt. Hier kommt die Diskrepanz zwischen Entscheidungsfreiheit und »Führerauftrag« hinzu. Ein Beweis dafür, daß sich Dönitz ab dem 1. Mai nicht mehr an Hitlers Weisungen gebunden
fühlte, ist die komplette Mißachtung der im dritten und letzten Funkspruch[45] enthaltenen Ämterverteilung. Er war entschlossen, seine Kompetenzen wahrzunehmen und »den Weg zu gehen, der ihm nach gewissenhafter Prüfung und eingehen-
der Beratung mit den Männern seines Vertrauens als der in dieser Lage richtige
erschien«[46]. Dem entgegenstehende testamentarische Bestimmungen Hitlers waren
für ihn nicht mehr bindend.

c) Die Kapitulation als Akt nationalsozialistischer Räson

Bei Dönitz lagen Sorgen vor der physischen Vernichtung der Deutschen im sowjetischen Machtbereich sowohl in der Furcht vor der Nahahmung deutscher
Besatzungspraktiken als auch in der Einschätzung der Rücksichtslosigkeit Stalins
begründet. Deshalb wollte er einen möglichst großen Volksteil in den Einflußbereich der Westmächte bringen[47]. Nach seiner Überzeugung würde, selbst wenn die
Mehrzahl der Deutschen im Osten überleben sollte, ihre »völkische Existenz«

durch »planvolle Zersetzung und Überwucherung« vernichtet werden. Die Aussichten schienen in dieser Hinsicht im Westen besser, da hier nicht zu erwarten war, daß »ganze Schichten vernichtet oder verpflanzt«[48] würden. Die Dönitz bekannten Praktiken Himmlers, z.B. Kinder mit »rassisch wertvollem Blut« zu rauben oder zu vernichten[49], waren auf den Osten beschränkt gewesen. Außerdem konnte man sich im Westen auf die rechtsstaatlichen Prinzipien berufen, die man in Deutschland zwar nicht eingehalten hatte, denen Geltung zu verschaffen von den Westmächten aber als Kriegsziel angegeben worden war[50]. Neben der Rettung von Menschenleben kam es Dönitz, in seinen NS-Überzeugungen fest gebunden, darauf an, ein »internationales proletarisches Gemisch« zu verhindern, »das die Bezeichnung ›deutsch‹ nicht mehr verdient«[51]. Das humanitäre Ziel der Rettung Deutscher aus dem Osten kollidierte nicht mit der weltanschaulichen Überzeugung, »deutsche Menschen in möglichst großer Zahl dem Deutschtum zu erhalten und sie vor dem Bolschewismus zu retten«[52].

2. Hoffnungen und Möglichkeiten nach dem 8. Mai 1945

a) Reform des Nationalsozialismus?

Karl Dönitz konnte im Mai 1945 auf die Erfahrung der Niederlage von 1918 zurückblicken. Die Republik, die er als direkte Folge von Meuterei, Revolution, innerem Chaos und bürgerkriegsähnlichen Zuständen auffaßte, lehnte er ab. Vor allem die Zerrissenheit des Volkes in Schichten, Klassen und Interessengruppen hat er dem »Parteienstaat« vorgeworfen. »Die wahre Volksgemeinschaft, die der Nationalsozialismus geschaffen hat, muß erhalten werden, der Wahnsinn der Parteien wie vor 1933 darf nicht wieder Platz greifen[53].« Die sich zu diesem Zeitpunkt anbietende Alternative der westlichen Gesellschaftsform mit ihren Wesensmerkmalen des Pluralismus und des demokratischen Machtausgleichs, erachtete Dönitz als für Deutschland nicht akzeptabel, da sie ihm der deutschen Lebensart nicht angemessen schien. Damit tradierte Dönitz seine Leitvorstellung von der geschlossenen Gesellschaft auch über die Kapitulation hinaus. Von seiner Warte aus war das durchaus folgerichtig: hatte sich die »Volksgemeinschaft« doch unter den extremen Belastungen des Krieges bestens bewährt. Weder hatte ein erneuter »Dolchstoß« stattgefunden, noch war es zu nennenswerten Auflösungserscheinungen in der Wehrmacht gekommen[54]. Die Marine hatte sich im Gegensatz zu 1917/18 sogar ganz besonders durch Geschlossenheit ausgezeichnet.

Nachdem die grauenhaften Zustände in den Konzentrationslagern allgemein bekannt geworden waren[55], entschloß sich der Großadmiral, über Eisenhower eine Verordnung in Kraft zu setzen, nach welcher das Reichsgericht für die juristische Behandlung zuständig sein sollte[56]. In den Verlautbarungen von Dönitz – in seinem Tagesbefehl an die Wehrmacht vom 18. Mai[57] erweckte er den Eindruck, daß es sich bei den zur Rechenschaft zu Ziehenden um Einzeltäter handelte – kommt mit keinem Wort die Verantwortung der NS-Führung zum Ausdruck. Das steht im Gegensatz zu seinen Erinnerungen, in denen er bedauert, Himmler deswegen am 6. Mai nur entlassen und nicht verhaftet zu haben[58]. Es ist mit Recht darauf hingewiesen worden, daß bei Dönitz jedes »Eingeständnis der Scham und der Erschütterung, die jeden erfassen muß, wenn er von diesen bestialischen Vorgängen Kenntnis erhält«[59], fehlte. Er lehnte die über den Einzelfall hinausgehende deutsche Verantwortung ab und versuchte, das Staatsverbrechen zu einem normalen juristischen Fall zu erklären. Mehr der politischen Not gehorchend, denn aus Einsicht, erklärt sich seine Absicht, die Schuldigen vor dem Reichsgericht zur Verantwortung zu ziehen, wenn man seine Anordnung vom 10. Mai betrachtet, in der er der Übernahme von SS-Angehörigen in die Kriegsmarine zustimmte[60].

Bei der Reform des zu bewahrenden Nationalsozialismus scheint Dönitz vor allem die Einschränkung der absoluten Führergewalt im Sinn gehabt zu haben[61]. Sein Denken blieb jedoch fest in autoritären oder semiautoritären Vorstellungen verhaftet. Auch die ausschließliche Auswahl seiner Mitarbeiter aus dem Kreis derjenigen, die sich wie er schon unter Hitler profiliert hatten, ohne einen Versuch zu machen, regimefremde Personen auch nur zur Mitarbeit aufzufordern, deutet darauf hin, daß Dönitz keinen Neubeginn über den nationalsozialistischen Horizont hinaus versuchen wollte.

b) Hoffnungen auf den Ost-West Konflikt

Die vollkommene militärische Niederlage war Deutschland durch eine überlegene Gegnerkoalition beigebracht worden. Solange diese Koalition hielt, war das Reich als außenpolitischer Faktor für die Besatzungsmächte ohne Nutzen und mußte sich wegen seiner Machtlosigkeit ihrem Willen in allen innenpolitischen Ordnungsfragen beugen. Der Wunsch von Dönitz, die Reichseinheit zu bewahren[62] und seine Vorstellungen zum Erhalt eines modifizierten Nationalsozialismus hatten nur dann reale Aussicht auf Erfolg, wenn es gelang, ernste Differenzen zwischen den Alliierten bezüglich der UdSSR auszunutzen, um sich als Partner anbieten zu können. Nach dem 8. Mai schienen sich die Hinweise zu häufen, daß einerseits vor allem von britischer Seite eine zentrale deutsche Instanz unter der Führung von Dönitz akzeptiert würde und andererseits die Unstimmigkeiten zwischen den Verbündeten wuchsen.

Karl Dönitz hat sich bei seinem Bemühen, den Westmächten Deutschland als notwendigerweise nationalsozialistisches Bollwerk gegen den vordrängenden Bolschewismus anzubieten[63], allerdings keinen allzu großen Hoffnungen hingegeben[64]. Er versuchte es dennoch, da er, in der festen Tradition seiner Weltanschauung stehend, keine echte Alternative sah. Den späteren Bruch der »Anti-Hitler-Koalition« hat er jedoch richtig vorhergesehen; ebenso die daraus erwachsenen Gestaltungsmöglichkeiten derjenigen Deutschen, die westlich des von Goebbels vorhergesagten »eisernen Vorhanges«[65] lebten. Nur hat er nicht begriffen, daß er selbst die Siegermächte durch seine Vorschläge zum Zusammenhalt nötigte, um noch den Erben Hitlers gemeinsam zu überwinden. So kennzeichnet sein Wirken als Staatsoberhaupt »nicht der Neubeginn, sondern das Ende einer Epoche der deutschen Geschichte«[66].

Am 17. Mai war auf Bitten des amerikanischen Generalmajors Lowell W. Rooks, Leiter der SHAEF Control Party of OKW in Flensburg, der politische Berater Eisenhowers, Robert Murphy, zu einer Besprechung mit Dönitz nach Flensburg gekommen. Nachdem Dönitz den beiden Amerikanern seine Gedanken über die Gefahr der Bolschewisierung Deutschlands ausgebreitet und die Forderung erhoben hatte, die Alliierten sollten ihr Vorgehen gegen den Nationalsozialismus einschränken, um die Deutschen für sich und gegen den Kommunismus zu gewinnen, und er zudem seine eigene Bedeutung wegen seines Einflusses auf die Wehrmacht hervorhob, rieten Murphy und Rooks, die Aktivitäten der Regierung Dönitz zu beenden[67]. Zwei Tage später wies Eisenhower die 21. Heeresgruppe an, die Verhaftung der Mitglieder der Regierung und des OKW vorzubereiten. Er wollte aber mit der Ausführung noch warten, um sich des OKWs zur reibungslosen Abwicklung der Demobilisierung zu bedienen und um sich mit den Sowjets abzusprechen. Am 23. Mai wurden Dönitz, Jodl und Friedeburg zur Überwachungskommission bestellt und als Kriegsgefangene verhaftet. Die wohl inszenierte Gefangennahme nicht nur der drei Offiziere, sondern aller Angehörigen der aufgelösten Regierung und des OKW unter demütigenden Umständen sollte aller Welt und insbesondere den Deutschen demonstrativ vor Augen führen, daß jede Kontinuität zum »Dritten Reich« abgebrochen war und die Siegermächte uneingeschränkt die Regierungsgewalt übernommen hatten.

VI. Die Bedeutung von Dönitz für die westdeutsche Nachkriegsgesellschaft

Am 1. Oktober 1946 wurde Karl Dönitz in Nürnberg vom Internationalen Militärgerichtshof zu zehn Jahren Gefängnis wegen Verbrechen gegen den Frieden und wegen Kriegsverbrechen verurteilt. Die Urteilsbegründung war ein Kompromiß zwischen den gegensätzlichen Auffassungen der Richter und ist in ihren Schlußfolgerungen nicht zwingend[68]. Von seiner Entlassung aus dem Spandauer Kriegsverbrechergefängnis bis zu seinem Tod am 24. Dezember 1980 befaßte sich Dönitz damit, vor allem die Ereignisse zwischen 1935 und 1945, an denen er aktiv mitgewirkt hatte, von seiner Warte aus der Öffentlichkeit zu vermitteln. Seine Bücher und die Interviews, die er gab, haben, auch wegen des anfänglichen Mangels anderer Quellen, viele Jahre lang in hohem Maße die Geschichtsschreibung über den U-Bootkrieg und die »Regierung Dönitz« mitbestimmt.

Wieder in Freiheit, präsentierte Dönitz sein eigenes Handeln als das eines »unpolitischen Soldaten«. Damit setzte er seine Argumentation vor dem Nürnberger Gerichtshof fort, deren Zweck es gewesen war, sich gegen den Vorwurf verteidigen zu können, an den politisch motivierten Verbrechen des NS-Regimes einen von ihm zu verantwortenden Anteil gehabt zu haben. Da er vom Umfang und von den Umständen der Massenvernichtung wahrscheinlich keine umfängliche Kenntnis gehabt hatte, die Tatsache rassisch motivierter Vernichtung von Menschen selbst war ihm bekannt gewesen, war auch er von der unglaublichen Grausamkeit des von ihm mitgetragenen Regimes erschüttert und suchte nach einem gangbaren Weg, das eigene Verhalten zu rechtfertigen[69]. Dabei wollte er zu den »guten Seiten« der NS-Zeit stehen und sich von denjenigen abgrenzen, die »schon immer dagegen gewesen« waren[70]. Für die »schlechten Seiten« machte er »die Politiker« verantwortlich. Die eigene Überzeugung durfte in der Argumentation nun nicht mehr politisch genannt werden. Dies fiel Dönitz um so leichter, als er ohnehin unreflektiert opportunistisch mit dem Politikbegriff umging. Er war immer darum bemüht, Loyalität, von der er glaubte, daß man sie von ihm erwarten dürfe, nicht zu verletzen. Weder gegenüber der Marine, die er tatsächlich, soweit es ihm in zwei Kriegsjahren möglich gewesen war, dem »Hitlerismus« zugeführt hatte, noch gegenüber dem deutschen Volk, das seiner Überzeugung nach im Mai 1943 den Krieg noch nicht verloren geben durfte, noch gegenüber Hitler, dem er unverbrüchliche Treue geschworen hatte, da er von dessen genialer Autorität überzeugt gewesen war, wollte er die Verbundenheit kündigen, obwohl der Widerspruch, allen gerecht werden zu können, offensichtlich geworden war. Deshalb deklarierte er seine politisch-weltanschaulich motivierten Entscheidungen im Nachhinein zur unpolitischen Treue und Pflichterfüllung. Tatsächlich hat er aber dort, wo sich ihm durch seine Stellung Möglichkeiten boten, vielfach überzeugt und entschlossen politischen Einfluss ausgeübt. In Fällen, in denen ihm verbrecherische Pläne und Handlungen des Regimes bekanntgeworden waren oder wenn er auf solche schließen mußte, hat er zudem durch Verzicht auf politische Intervention bewußt politisch gehandelt. Die Behauptung, ein Offizier, der an der Spitze eines Wehrmachtteiles gestanden habe, könne unpolitisch geblieben sein, ist unhaltbar.

Dönitz hat durch seinen Wissensvorsprung und die Manipulation der Auseinandersetzung über seine Rolle viel erreicht: daß seine wenig selbstkritische Sicht der Dinge weithin akzeptiert wurde und das Bild des unpolitischen Berufsoffiziers Dönitz, der für die Verbrechen des nationalsozialistischen deutschen Staates, dem er mit vollem Engagement diente, keinerlei Verantwortung trug; des Weiteren, er habe die einzige realistische Chance zum deutschen Sieg im Zweiten Weltkrieg erkannt und angestrebt. Beides dominierte lange Zeit die öffentliche Meinung. Für viele, nicht nur Soldaten, übte Dönitz mit dieser Einstellung eine Vorbildfunktion aus. Er war sich dessen bewußt und wollte so wirken, da er zum einen an seinem Selbstbildnis festen Halt gefunden hatte und daran glaubte, und zum anderen, weil er hoffte, auf diese Art und Weise der Versöhnung der Generationen in Deutschland zu dienen. Dies entsprach seinem Harmoniebedürfnis und der alten politischen Vorstellung, nur ein im Inneren geschlossenes, in diesem Falle Westdeutschland sei in der Lage, den neuen/alten Herausforderungen mit Aussicht auf Erfolg zu begegnen.

VII. Zusammenfassung

Die völlige, auch weltanschauliche Zuverlässigkeit von Dönitz bewegte den Diktator dazu, den ObdM zu seinem Nachfolger zu ernennen. Erst nach Hitlers Tod, in klarer Erkenntnis der hoffnungslosen militärischen Lage, löste sich Dönitz faktisch von dessen apokalyptischen Vorstellungen. Er akzeptierte für das deutsche Volk die Rolle des militärisch Unterlegenen, zumal es wegen seiner der nationalsozialistischen »Volksgemeinschaft« zu verdankenden »inneren Geschlossenheit« über ein bleibendes Potential verfügte. Auch deshalb galt es, die deutsche »Volkssubstanz« geschlossen zu erhalten. Er fügte sich in die militärisch aussichtslose Lage und befahl die Kapitulation in eigener Verantwortung. Er billigte und befahl die koordinierte Rettungsaktion der Ostflüchtlinge sowohl aus nationalsozialistischer Räson als auch aus humanitären Gründen. Für die geretteten und vor weiterem Kriegstod bewahrten Menschenleben gebührt ihm Anerkennung. Jedoch muß Karl Dönitz, der als Offizier in höchster Verantwortung stand, das NS-Regime aus Überzeugung mitgetragen und der die sittlichen Grenzen des Gehorsams nie begriffen hat, an der Wahrnehmung seiner politischen Verantwortung gemessen werden. Hier sind seine größten Defizite zu verzeichnen.

Anmerkungen

*   Es handelt sich um die überarbeitete und ergänzte Fassung eines Aufsatzes, der erstmalig in folgendem Band erschienen ist: Ende des Drittes Reiches – Ende des Zweiten Weltkrieges. Eine perspektivische Rückschau, im Auftrag des MGFA hrsg. von Hans-Erich Volkmann, München, Zürich 1995 (= Serie Piper Nr. 2056), S. 1–23.

1   Zum Thema siehe auch: Karl Dietrich Erdmann, Die Regierung Dönitz. Über den Umgang mit Ereignissen der jüngsten deutschen Geschichte, in: Geschichte in Wissenschaft und Unterricht (1963), 6, S. 359–375; Reimer Hansen, Das Ende des Dritten Reiches. Die deutsche Kapitulation 1945, Stuttgart 1966 (= Kieler Historische Studien, Bd 2); Marlis G. Steinert, Die 23 Tage der Regierung Dönitz, Düsseldorf, Wien 1967; Walter Baum, Regierung Dönitz und deutsche Kapitulation, in: Probleme des Zweiten Weltkrieges, hrsg. von Andreas Hillgruber, Köln, Berlin 1967, S. 347–378; Der totale Zusammenbruch 1945. Probleme und Ergebnisse der historisch-politischen Forschung, in: Das Parlament. Beilage zu Politik und Zeitgeschichte (1970), B 19/70, S. 1–31; Lennart Sjöstedt; Das Programm des Großadmirals Dönitz bei seinem Regierungsantritt 1945, in: Probleme deutscher Zeitgeschichte, Stockholm 1971, S. 195–233; Walter Lüdde-Neurath, Regierung Dönitz. Die letzten Tage des Dritten Reiches, 5. Aufl., Leoni 1981; Marlis G. Steinert, Die alliierte Entscheidung zur Verhaftung der Regierung Dönitz, in: Militärgeschichtliche Mitteilungen (MGM), 40 (1986), 2, S. 85–99; Herbert Kraus, Karl Dönitz und das Ende des »Dritten Reiches« in Flensburg 1945, in: Lange Schatten. Ende der NS-Diktatur und frühe Nachkriegsjahre in Flensburg, Flensburg 2000 (= Flensburger Beiträge zur Zeitgeschichte, Bd 5), S. 83–106; Heinrich Schwendemann, »Deutsche Menschen vor der Vernichtung durch den Bolschewismus retten«. Das Programm der Regierung Dönitz und der Beginn einer Legendenbildung, in: Kriegsende 1945 in Deutschland, hrsg. im Auftrag des MGFA von Jörg Hillmann und John Zimmermann, München 2002 (= Beiträge zur Militärgeschichte, Bd 55), S. 9–33; Jörg Hillmann, Die »Reichsregierung« in Flensburg, in: Kriegsende 1945 in Deutschland, S. 35–65; Dieter Hartwig, Rettung über See durch die deutsche Kriegsmarine, in: Dieter Hartwig – Marinegeschichte und Sicherheitspolitik. Vorträge und Texte aus drei Jahrzehnten. Festschrift zum 60. Geburtstag, hrsg. von Jens Graul und Michael Kämpf, Bochum 2003 (= Kleine Schriftenreihe zur Militär- und Marinegeschichte, Bd 6), S. 111–122; Jörg Hillmann, Der »Mythos« Dönitz. Annäherung an ein Geschichtsbild, in: Nordlichter. Geschichtsbewußtsein und Geschichtsmythen nördlich der Elbe, hrsg. von Bea Lundt, Köln, Weimar, Wien 2004, S. 243–267.

2   Zur Biographie von Karl Dönitz siehe auch: Karl Dönitz, Erinnerungen 1935–1945. Zehn Jahre und zwanzig Tage, 10. Aufl., Bonn 1991; Karl Dönitz, Mein wechselvolles Leben, Göttingen 1968; Karl Dönitz, 40 Fragen an Karl Dönitz, 4. Aufl., München 1980; Walter Görlitz, Karl Dö-

nitz. Der Großadmiral, Göttingen 1972; Gert Sandhofer; Dokumente zum Werdegang des Großadmirals Dönitz, in: MGM, 1 (1967), S. 59–81; Karl Alman, Großadmiral Karl Dönitz. Vom U-Bootkommandanten zum Staatsoberhaupt, Berg am See 1983; Peter Padfield, Dönitz. Des Teufels Admiral, Berlin 1984; Keith W. Bird, Der »unbesiegte« Admiral, in: Ronald Smelser und Enrico Syring, Die militärische Elite des Dritten Reiches. 27 biografische Skizzen, Berlin, Frankfurt a.M. 1995, S. 129–152; Herbert Kraus, Großadmiral Karl Dönitz, in: Hitlers militärische Elite, hrsg. von Gerd R. Ueberschär, Bd 2: Vom Kriegsbeginn bis zum Weltkriegsende, Darmstadt 1998, S. 45–54; Dieter Hartwig, Karl Dönitz – Versuch einer kritischen Würdigung, in: Dieter Hartwig – Marinegeschichte (wie Anm. 1), S. 77–92.

3 Dönitz 1939: »Keine Leute retten und mitnehmen. Keine Sorge um Boot des Dampfers. Wetterverhältnisse und Landnähe sind gleichgültig. Nur Sorge um das eigene Boot und das Streben, sobald wie möglich den nächsten Erfolg zu erzielen! Wir müssen hart in diesem Krieg sein. Der Gegner hat den Krieg angefangen, um uns zu vernichten, es geht also um nichts anderes.« Der Prozeß gegen die Hauptkriegsverbrecher vom dem Internationalen Militärgerichtshof in Nürnberg (IMT), Bd 35, S. 270.

4 Vgl. Michael Salewski, Von Raeder zu Dönitz. Der Wechsel im Oberbefehl der Kriegsmarine, in: MGM (1973), 2, S. 101–146.

5 Vgl. Michael Salewski, Die deutsche Seekriegsleitung 1935–1945, Bd 2: 1942–1945, München 1975, S. 228 f.; vgl. auch Dönitz, Erinnerungen (wie Anm. 2), S. 302 f.

6 Ansprache von Dönitz vor Befehlshabern der Kriegsmarine, 17.12.1943, in: IMT, Bd 35 (wie Anm. 3), Dok. 443-D, S. 106.

7 Ansprache von Dönitz, 24.8.1944, in: Salewski, Die deutsche Seekriegsleitung (wie Anm. 5), S. 640–649, hier S. 645.

8 Vgl. Hansen, Das Ende (wie Anm. 1), S. 56 ff. Er nennt nur die letzten drei Gründe, die Dönitz vor dem Internationalen Militärgerichtshof selbst angeführt hat.

9 IMT, Bd 13 (wie Anm. 3), S. 334; vgl. Dönitz, Erinnerungen (wie Anm. 2), S. 469.

10 Dönitz, Erinnerungen (wie Anm. 2), S. 300.

11 Ebd., S. 461.

12 Ebd., S. 469.

13 Vgl. die Schlußansprache von Dönitz auf der Befehlshabertagung der Marine, 17.12.1943, in: IMT (wie Anm. 3), Bd 35, Dok. 443-D, S. 106.

14 Salewski, Die deutsche Seekriegsleitung (wie Anm. 5), S. 640–648. Die Ansprache wurde allen Befehlshabern, Führern, Schiffskommandanten und Bootsflottillenchefs der Marine zugestellt. »Die Ausführungen sind auszugsweise in geeigneter Form zum Gegenstand einer Unterrichtung des Offizierkorps zu machen.« Ebd., S. 642.

15 Vgl. Dönitz, Erinnerungen (wie Anm. 2), S. 306; Manfred Messerschmidt, Die Wehrmacht im NS-Staat. Zeit der Indoktrination, Hamburg 1969, S. 475.

16 Vgl. IMT (wie Anm. 3), Bd 35, Dok. 640-D, S. 242.

17 Vgl. ebd., Dok. 443-D, S. 107.

18 Ebd., Dok. 640, S. 240.

19 Kriegstagebuch des Oberkommandos der Wehrmacht (Wehrmachtführungsstab) 1940–1945, hrsg. von Percy E. Schramm (KTB OKW), Bd 4.2, S. 1587 f.

20 Auf Befehl Hitlers vom 25.4.1945 wurden die Kompetenzen nach Aufspaltung des deutschen Kriegsschauplatzes neu geregelt: »Die Führungsaufgabe des Führungsstabes A unter Großadmiral Dönitz tritt vorläufig nicht in Kraft«, in: KTB OKW (wie Anm. 19), Bd 4.3, S. 1590; vgl. Lüdde-Neurath, Regierung Dönitz (wie Anm. 1), S. 35.

21 Salewski, Die deutsche Seekriegsleitung (wie Anm. 5), S. 544 f., Anm. 79.

22 Kriegstagebuch des Ob.d.M. 21.4.-1.5.1945, veröffentlicht in: Kriegstagebuch der Seekriegsleitung 1939–1945, Teil A, im Auftrag des MGFA in Verbindung mit dem Bundesarchiv-Militärarchiv und der Marine-Offizier-Vereinigung hrsg. von Werner Rahn und Gerhard Schreiber unter Mitwirkung von Hansjoseph Maierhöfer, Bd 68 (April 1945), Herford, Bonn 1997, Anhang I (S. 323-A bis 346-A), hier S. 330-A bis 334-A (25.4.1945).

23 KTB OKW (wie Anm. 19), Bd 4.2, S. 1463.

24 Vgl. Marlis Steinert, Die 23 Tage (wie Anm. 1) S. 75 f.

25 Fernschreiben Dönitz an Kaufmann, 30.4.1945, in: Lüdde-Neurath, Regierung Dönitz (wie Anm. 1), S. 129.

26 Steinert, Die 23 Tage (wie Anm. 1), S. 40 f. und Anm. 132; Salewski, Die deutsche Seekriegslei-tung (wie Anm. 5), S. 545; siehe dazu den eindrucksvollen Bericht des damaligen Kommandeurs eines hastig aufgestellten Marineschützenbataillons, Kapitänleutnant M.A. d.R. Franz Kuhlmann, der mit Teilen seines Bataillons Berlin auf dem Luftwege erreichte. Der Bericht erschien zuerst als Serie in der Tageszeitung »Ruhr-Nachrichten« vom 20.4. bis 26.4.1985; eine leicht gekürzte Fas-sung erschien 1995: Franz Kuhlmann, Der Endkampf um den »Führerbunker« in Berlin, in: Ma-rineforum, 70 (1995), H. 5, S. 29–32 und H. 6, S. 24–26.

27 Generalfeldmarschall Ferdinand Schörner, Oberbefehlshaber der Heeresgruppe Mitte, war von Hitler in seinem politischen Testament als sein Nachfolger im Amt des Oberbefehlshabers des Heeres vorgesehen.

28 Generalfeldmarschall Robert Ritter von Greim wurde am 28.4.1945 als Nachfolger des abgesetz-ten Reichsmarschalls Göring von Hitler zum Oberbefehlshaber der Luftwaffe ernannt.

29 KTB OKW (wie Anm. 19), Bd 4.2, S. 1468.

30 Vgl. Dönitz, 40 Fragen (wie Anm. 2), S. 164.

31 »Mein Führer, meine Treue zu Ihnen wird unabdingbar sein. Ich werde daher weiter alle Versu-che unternehmen, um Sie in Berlin zu entsetzen. Wenn das Schicksal mich dennoch zwingt, als der von Ihnen bestimmte Nachfolger das Deutsche Reich zu führen, werde ich diesen Krieg so zu Ende führen, wie es der einmalige Heldenkampf des deutschen Volkes verlangt. Großadmiral Dönitz«, in: KTB OKW (wie Anm. 19), Bd 4.2, S. 1468.

32 Dönitz, Erinnerungen (wie Anm. 2), S. 434 und Ansprache von Dönitz, 9.5.1945, in: Salewski, Die deutsche Seekriegsleitung (wie Anm. 5), S. 649–653.

33 Vgl. Sjöstedt, Das Programm (wie Anm. 1).

34 Der entscheidende Satz lautet: »Um dem deutschen Volk eine aus ehrenhaften Männern zusam-mengesetzte Regierung zu geben, die die Verpflichtung erfüllt, den Krieg mit allen Mitteln weiter fortzusetzen, ernenne ich als Führer der Nation folgende Mitglieder des neuen Kabinetts: Reichs-präsident Dönitz«, in: KTB OKW (wie Anm. 19), Bd 4.2, S. 1666–1669, hier S. 1668.

35 Dönitz, 9.5.1945, über die militärische Lage am 30.4.: »Der Kampf zum Entsatz der Reichshaupt-stadt und des Führers war aussichtslos«, in: Salewski, Die deutsche Seekriegsleitung (wie Anm. 5), S. 650.

36 Am 1.5. gegen 12 Uhr – zum Zeitpunkt vgl. Sjöstedt, Das Programm (wie Anm. 1), S. 196 – wurde Dönitz folgender Spruch vorgelegt: »FRR Großadm. Dönitz. Testament in Kraft. Ich wer-de so rasch als möglich zu Ihnen kommen. Bis dahin meines Erachtens Veröffentlichung zurück-stellen. Bormann«, in: KTB OKW (wie Anm. 19), Bd 4.2, S. 1469.

37 Dies geht aus seiner Ansprache an das deutsche Volk und aus seinem Tagesbefehl an die Wehr-macht vom 1.5.45 hervor, in: IMT (wie Anm. 3), Bd 35, Dok. 444-D, S. 116 ff., und Lüdde-Neurath, Regierung Dönitz (wie Anm. 1), S. 132 f. Die entscheidenden Sätze lauten: »Meine erste Aufgabe ist es, deutsche Menschen vor der Vernichtung durch den vordrängenden bolschewisti-schen Feind zu retten. Nur für diesen Zweck geht der militärische Kampf weiter. Soweit und so-lange die Erreichung dieses Ziels durch die Briten und Amerikaner behindert wird, werden wir uns auch gegen sie weiter verteidigen und weiter kämpfen müssen.«

38 Vgl. Sjöstedt, Das Programm (wie Anm. 1), S. 210.

39 Vgl. die Aussage von Konteradmiral a.D. Eberhard Godt in: Erdmann, Die Regierung Dönitz (wie Anm. 1), S. 370, Anm. 9: »... Schluß machen, Heldenkampf ist genug gekämpft, Volkssub-stanz erhalten, keine unnötigen Blutopfer mehr. Um Menschen – Soldaten und Zivilpersonen – vor dem Bolschewismus zu retten, Fortsetzung des Kampfes gegen Osten, besonders mit Rück-sicht auf die Flüchtlinge in Mecklenburg, die Armee Wenck in Brandenburg und die Armeegrup-pe Tschörner [Schörner!] im Protektorat; weiterkämpfen an der Elbe bei Lauenburg, um das Loch zwischen Lübeck und Lauenburg offen zu halten ...«

40 »Da Westgegner Unterstützung Sowjets fortsetzen, geht Kampf auch gegen Angloamerikaner gemäß Befehl Großadmiral weiter. Zweck des Kampfes, der Staatsführung Raum und Zeit für Maßnahmen auf politischem Gebiet zu erhalten.« Bundesarchiv-Militärarchiv (BA-MA), RM 7/854, Chef SKL an alle Oberbefehlshaber der Marine vom 4.5.1945, S. 48.

41 Steinert, Die 23 Tage (wie Anm. 1), S. 185 f.; Lüdde-Neurath, Regierung Dönitz (wie Anm. 1), S. 65.

42 Vgl. Dieter Rebentisch, Führerstaat und Verwaltung im Zweiten Weltkrieg. Verfassungsentwick-lung und Verwaltungspolitik 1939 bis 1945, Stuttgart 1989, S. 535 f.

[43] Vgl. Steinert, Die 23 Tage (wie Anm. 1), S. 167 f. Vor allem Schörner war dafür bekannt, rücksichtslos weiterkämpfen zu wollen; vgl. Hansen, Das Ende (wie Anm. 1), S. 143. Aber auch der Oberbefehlshaber Nordwest, GFM Busch, ebd., S. 80 f., und der neue ObdL, GFM von Greim, ebd., S. 143 und Steinert, Die 23 Tage (wie Anm. 1), S. 76, vertraten die alte hitlersche Linie.

[44] Zit. nach Salewski, Die deutsche Seekriegsleitung (wie Anm. 5), S. 650: »Der Führer hat mich am 30.4. als seinen Nachfolger bestimmt. Er hat mit diesem Befehl gleichzeitig angeordnet, daß ich die Freiheit habe, sofort alle Maßnahmen zu treffen, die die augenblickliche Lage erfordern [...] Es war daher die Pflicht der Staatsführung, den Krieg so schnell wie möglich zu beenden. Es war dies auch zweifelsohne der Sinn des Führerauftrages. Er selbst konnte die Beendigung des Krieges nicht durchführen. Er gab daher durch seinen Heldentod in Berlin den Weg zu einem solchen Schritt frei.«

[45] »15.18 Uhr Funkspruch von Goebbels und Bormann an den Großadmiral: [...] Führer gestern 15.30 verschieden. Testament vom 29.4. überträgt Ihnen das Amt des Reichspräsidenten, Reichsminister Dr. Goebbels das Amt des Reichskanzlers, Reichsleiter Bormann das Amt des Parteiministers, Reichsminister Seyß-Inquart das Amt des Reichsaußenministers. Das Testament wurde auf Anordnung des Führers an Sie, an Feldmarschall Schörner und zur Sicherstellung für die Öffentlichkeit aus Berlin herausgebracht. Reichsleiter Bormann versucht, noch heute zu ihnen zu kommen, um Sie über Lage aufzuklären. Form und Zeitpunkt der Bekanntgabe an Öffentlichkeit und Truppe bleibt Ihnen überlassen. Eingang bestätigen. gez.: Goebbels – Bormann«, in: KTB OKW (wie Anm. 19), S. 48; vgl. Dönitz, Erinnerungen (wie Anm. 2), S. 445.

[46] Lüdde-Neurath, Regierung Dönitz (wie Anm. 1), S. 48; vgl. Dönitz, Erinnerungen (wie Anm. 2), S. 445.

[47] Vgl. die Niederschrift im »Dönitz-Tagebuch« vom 2.5.1945: »Alle militärischen die politischen Maßnahmen haben der Erhaltung des Volkstums zu dienen«, zit. nach Lüdde-Neurath, Regierung Dönitz (wie Anm. 1), S. 171 und die Ansprache von Dönitz vom 9.5.1945: »Es war daher mein Ziel, in den Räumen im Westen, wo durch eine Befriedung die Volkssubstanz nicht vernichtet werden würde, so schnell wie möglich zu einer partiellen Einstellung des Kampfes zu kommen«, zit. nach Salewski, Die deutsche Seekriegsleitung (wie Anm. 5), S. 650.

[48] Lüdde-Neurath, Regierung Dönitz (wie Anm. 1), S. 104.

[49] Vgl. Rolf Johannesson, Offizier in kritischer Zeit, Herford, Bonn 1989, S. 108.

[50] Vgl. die Ausführungen des Generalobersten Jodl bei der Lagebesprechung vom 15.5.45, KTB OKW (wie Anm. 19), Bd 4.2, S. 1502.

[51] Lüdde-Neurath, Regierung Dönitz (wie Anm. 1), S. 104; vgl. auch Michael Salewski, Das maritime Dritte Reich. Ideologie und Wirklichkeit 1933 bis 1945, in: Die deutsche Flotte (wie Anm. 26), S. 128: »Dönitz rettete Ostflüchtlinge nicht etwa, weil er gegen den Nationalsozialismus gewesen wäre, sondern eher umgekehrt wohl aus der Überzeugung heraus, daß nur ein gläubiger Nationalsozialist solche Leistungen vollbringen könne.«

[52] So umreißt Jodl am 6.5. in Reims gegenüber seinem Verhandlungspartner, Generalmajor Walter Bedell Smith, die Absicht des Großadmirals, in: KTB OKW (wie Anm. 19), Bd 4.2, S. 1479. Dönitz selbst spricht von der Rettung »deutschen Volkstums« und von »sieben Millionen wertvollen deutschen Menschen«. Fernschreiben Dönitz an Kaufmann vom 30.4.1945, in: Lüdde-Neurath, Regierung Dönitz (wie Anm. 1), S. 129.

[53] Niederschrift vom 15.5.1945, in: Lüdde-Neurath, Regierung Dönitz (wie Anm. 1), S. 197; vgl. auch Niederschrift vom 9.5.1945: »Grundlage für die weitere Existenz des deutschen Volkes ist die Volksgemeinschaft, der den Nationalsozialismus geschaffen hat«, ebd., S. 186.

[54] Vgl. die Ansprache von Dönitz, 9.5.1945: »Das Wichtigste: Wir haben die eifrigsten Wächter zu sein über das Schönste und Beste, was uns der Nationalsozialismus gegeben hat, die Geschlossenheit unserer Volksgemeinschaft. Trotz unseres heutigen totalen militärischen Zusammenbruchs sieht unser Volk heute anders aus als 1918. Es ist noch nicht zerrissen. Mögen wir auch manche Form des Nationalsozialismus selbst abschaffen oder mögen andere Formen vom Gegner abgeschafft werden, so ist doch der beste Inhalt des Nationalsozialismus, die Gemeinschaft unseres Volkes, unter allen Umständen zu wahren«, in: Salewski, Die deutsche Seekriegsleitung (wie Anm. 5), S. 653.

[55] Dönitz hat nach dem Krieg den 9.5.1945 als Datum seiner persönlichen Kenntnisnahme genannt. Es gibt Indizien, aber keine Beweise dafür, daß er schon vorher von der Tatsache und den Umständen des organisierten Mordens in den Konzentrationslagern wußte.

56 Verordnung in: Lüdde-Neurath, Regierung Dönitz (wie Anm. 1), S. 168: »§ 1. Alle Verstöße bei der Festnahme und Vernehmung von Personen und bei der Einweisung von Häftlingen in Konzentrationslager sowie bei der Unterbringung und Behandlung in diesen Lagern, die den allgemein gültigen Grundsätzen von Recht und Moral sowie den ergangenen gesetzlichen Bestimmungen zuwiderlaufen, werden einer sofortigen Untersuchung unterworfen. Verstöße sind nach den geltenden Strafgesetzen zu ahnden und beschleunigt abzuurteilen und zu vollstrecken«. Vgl. Dönitz, Erinnerungen (wie Anm. 2), S. 461.

57 In: Lüdde-Neurath, Regierung Dönitz (wie Anm. 1), S. 169.

58 Dönitz, Erinnerungen (wie Anm. 2), S. 461.

59 Steinert, Die 23 Tage (wie Anm. 1), S. 289.

60 Niederschrift vom 10.5.1945, in: Lüdde-Neurath, Regierung Dönitz (wie Anm. 1), S. 187: »2. In letzter Zeit mehren sich die Anträge von SS-Angehörigen um Aufnahme in die Kriegsmarine. Oberbefehlshaber der Kriegsmarine [Generaladmiral von Friedeburg] hat dies bisher abgelehnt. Großadmiral stimmt zu, OKW soll gleiche Bestimmungen einheitlich für alle drei Wehrmachtsteile befehlen.« Einer von denjenigen, die in der Marine unterzutauchen versuchten, war Rudolf Höß, Kommandant des KZ Auschwitz. Vgl. Padfield, Dönitz. Des Teufels Admiral (wie Anm. 2), S. 493.

61 Vgl. Lüdde-Neurath, Regierung Dönitz (wie Anm. 1), S. 81.

62 Vgl. Niederschrift vom 8.5.1945, ebd., S. 185.

63 Vgl. Protokoll der Unterredung mit den Generalen Lowell W. Rooks und E.J. Foord am 20.5.1945, 10 h., BA-MA, RW I/36.

64 Lüdde-Neurath, Regierung Dönitz (wie Anm. 1), S. 193: »Vermutlich haben die Angelsachsen am Großadmiral nur ein Interesse als Oberstem Befehlshaber der Wehrmacht, da allein seine Autorität ihnen die Durchführung der Kapitulation sichert. Als Staatsoberhaupt scheinen sie ihm und seiner Regierung keinerlei Wirkungsmöglichkeit einräumen zu wollen.«

65 Das Reich, 22.2.1945.

66 Hansen, Das Ende (wie Anm. 1), S. 184.

67 Vgl. Steinert, Die alliierte Entscheidung (wie Anm. 1), S. 92.

68 Vgl. Bradley F. Smith, Der Jahrhundertprozeß. Die Motive der Richter von Nürnberg. Anatomie einer Urteilsfindung, Frankfurt a.M. 1977, S. 288.

69 Vgl. Gustave Gilbert, Nürnberger Tagebuch. Gespräche der Angeklagten mit dem Gerichtspsychologen, Frankfurt a.M. 1962, S. 190, 297, 347, 357.

70 Der Verteidiger von Dönitz in Nürnberg, Flottenrichter Kranzbühler, wollte ihn der internationalen Öffentlichkeit als ein Beispiel des »anständigen Nationalsozialisten« präsentieren. Vgl. Salewski, Die deutsche Seekriegsleitung (wie Anm. 5), S. 588.

IV.

Die Zeit des Kalten Krieges, 1946–1990

Dieter Krüger

Das schwierige Erbe.
Die Traditionsansprache des Kapitäns zur See
Karl-Adolf Zenker 1956 und ihre parlamentarischen Folgen*

Am Morgen des 16. Januar 1956 trat mit den Soldaten der Marinelehrkompanie in Wilhelmshaven der erste Verband der Bundesmarine an. Für den Nachmittag hatte sich Theodor Blank angesagt. Der erste Bundesverteidigungsminister händigte den Soldaten ihre Ernennungsurkunden aus. Zunächst wurde die Bundesdienstflagge gehißt. Bei dieser Gelegenheit hielt der kommissarische Leiter der Abteilung Marine des Bundesverteidigungsministeriums, Karl-Adolf Zenker, eine »mutige Rede«[1]. Das immerhin fünfeinhalbseitige Manuskript hatte der Offizier am Vorabend im Hotelzimmer vorbereitet[2]. Die an diesem Morgen anwesenden Pressevertreter sorgten dafür, daß die Seestreitkräfte der Bundesrepublik rasch mit dem schwierigen Erbe der Vergangenheit konfrontiert wurden. Bereits nach drei Tagen stellte der Verteidigungsausschuß des Deutschen Bundestages dem Verteidigungsminister unangenehme Fragen zu der Ansprache.

Bundesminister für Verteidigung Theodor Blank bei seiner Ansprache in Wilhelmshaven am 16. Januar 1956

Quelle: WZ-Bilddienst

»Die Bundesregierung mißbilligt jedoch entschieden die Formulierungen seiner [Zenkers] Ansprache, die Anlaß gegeben haben, aus seinen Worten eine Wertung zu entnehmen, die durchaus im Gegensatz zu der Auffassung der Bundesregierung stehen würde. Es bedarf kaum der Erwähnung, daß die Bundesregierung [...] in kompromißloser Haltung und mit allen ihr zu Gebote stehenden Mitteln jeder irgendwie gearteten Erscheinungsform des überwundenen Nationalsozialismus entgegengetreten ist.«
(Blank im Deutschen Bundestag am 18. April 1956)

Karl-Adolf Zenker (geb. 1907) besaß den einem Ministerialrat etwa vergleichbaren Dienstgrad eines Kapitäns zur See. Dennoch war er zu diesem Zeitpunkt der höchste Marineoffizier[3]. Er war im Juli 1951 in das Amt Blank eingetreten, den im Jahr zuvor eingerichteten Vorläufer des Bundesministeriums für Verteidigung. Zunächst als Referent, später als Gruppenleiter plante Zenker die neuen Seestreitkräfte; erst unter den Auspizien der Europäischen Verteidigungsgemeinschaft, dann, ab Herbst 1954, unter denen des Beitritts der Bundesrepublik zur NATO. Er war ausdrücklich als Vertrauensmann des im Frühjahr 1949 von den Amerikanern eingerichteten »Naval Historical Teams« auf seinen Posten berufen worden. Unter Leitung des ehemaligen Flottenchefs Generaladmiral a.D. Otto Schniewind konzipierten Konteradmiral a.D. Gerhard Wagner, ehemals Chef der Operationsabteilung der Seekriegsleitung, Konteradmiral a.D. Eberhard Godt, früher Chef der Operationsabteilung des Befehlshabers der Unterseeboote, die Vizeadmirale a.D. Friedrich Ruge, Hellmuth Heye und andere die Leitlinien der Marineplanung. Alle waren sie mehr oder minder enge Mitarbeiter der früheren Oberbefehlshaber Erich Raeder und Karl Dönitz gewesen. Gemeinsam verkörperten sie die Kontinuität des früheren Oberkommandos der Marine[4].

Daß Zenker den ersten Marinesoldaten die künftigen Aufgaben im Rahmen der NATO erläuterte, war selbstverständlich. Daß er die eben aus der Taufe gehobene Bundesmarine in die 100jährige Tradition deutscher Seestreitkräfte stellen wollte, war schon problematischer. Denn ihm galt diese Tradition ziemlich pauschal als ehrenvoll. Daß er freilich insbesondere den letzten Oberbefehlshaber der Marine unter Hitler in die ehrenvolle Tradition einschloß, machte seine Ansprache politisch brisant. Dönitz war der charismatische Führer und begnadete Organisator der U-Boot-Waffe des Zweiten Weltkrieges. Die militärhistorische Forschung der letzten Jahrzehnte machte allerdings auch den ganzen Umfang seiner taktischen, operativen und vor allem technischen Mißerfolge offenkundig[5]. Durch seine byzantinischen und antisemitischen Äußerungen wie durch sein Verhalten als Gerichtsherr hatte sich der 1943 zum Oberbefehlshaber der Marine ernannte Dönitz als fanatischer Gefolgsmann Hitlers profiliert. In der Götterdämmerung des Regimes führte auch er den rücksichtslosen, menschenverachtenden Endkampf[6]. Hitler erkannte in ihm denn auch einen der letzten verbliebenen Vertrauensleute und machte ihn zu seinem Nachfolger als Staatsoberhaupt. In dieser Funktion betrieb Dönitz allerdings Schadensbegrenzung. Er beendete den Krieg zügig, nachdem wenigstens ein Teil der ostdeutschen Bevölkerung über die Ostsee gerettet worden war[7].

Im Vergleich zu Dönitz war Raeder weniger von ideologischen Impulsen des Nationalsozialismus als von nationalkonservativer Mentalität wilhelminischen Zuschnitts geprägt. Die Ablehnung jeglicher Verantwortung für politische und strategische Entscheidungen ging mit der willigen Umsetzung solcher Entscheidungen der politischen Leitung einher. Folglich erkannte Hitler in Raeder bis 1943 den »nützlichen Idioten«[8]. Bereits anläßlich der Entlassung Raeders am 26. September 1955 aus dem Spandauer Kriegsverbrechergefängnis hatte Zenker in einem Schreiben an den Admiral die Grundgedanken seiner Ansprache formuliert[9]. Gegenüber den ersten Soldaten und der anwesenden Öffentlichkeit bezweifelte er die

Legitimität des Nürnberger Alliierten Gerichtshofes; habe der doch auf nachträglich geschaffener Rechtsgrundlage aus dem Geist der Zeit heraus geurteilt. Freilich habe das Gericht die beiden Großadmirale nur aufgrund ihrer politischen Rolle zu Freiheitsstrafen verurteilt, sie aber hinsichtlich ihrer Seekriegführung freigesprochen. Als Oberbefehlshaber seien die Admirale, so Zenkers Schlußfolgerung, ebenso »makellos« geblieben wie die Marine als Ganzes. Damit zitierte Zenker sinngemäß das Schlußwort Raeders aus dem Nürnberger Prozeß, daß die deutsche Marine »mit reinem Schild und unbefleckter Flagge« dastehe. Politisch, so Zenker weiter, habe man den Admiralen dagegen die Verantwortung stellvertretend für die meisten ehemaligen Soldaten aufgebürdet, die in gutem Glauben einer verbrecherischen politischen Führung gedient hätten. In den Augen Zenkers hatten die Spitzensoldaten also nur ihre Pflicht erfüllt, wie jeder beliebige Wehrmachtangehörige auch. Damit setzte er lückenlos die Argumentation fort, mit dem das Offizierkorps der ehemaligen Kriegsmarine in relativer Geschlossenheit – und immerhin teilweise erfolgreich – der Anklage in Nürnberg begegnet war. Danach war die Seekriegsführung legal, der Vorwurf bestimmter Kriegsverbrechen kaum begründet und eine Verantwortung für die Aggressionspolitik der Reichsleitung nicht gegeben[10]. Dabei wußte sich Zenker auch ein Jahrzehnt nach Nürnberg mit Teilen der Öffentlichkeit durchaus einig, wie die bürgerliche Parlamentsmehrheit der Stadt Kiel demonstrierte. Zum Ärger der sozialdemokratischen Opposition hatte sie Raeder nach dessen Entlassung die im Dritten Reich verliehene Ehrenbürgerwürde erneut angeboten[11]. Daß die Sozialdemokraten eine weitere Aufwertung Raeders nicht hinnehmen würden, lag auf der Hand. Gleichwohl vermutete Zenker – der zwischenzeitlich über Jahre hinweg mit Kameraden westlicher Marinen zusammengearbeitet hatte – zu Recht, daß angesichts von Kaltem Krieg und der Einsicht in die Notwendigkeit deutscher Soldaten für die Verteidigung Westeuropas die hohen Wehrmachtoffiziere im Jahre 1956 mildere alliierte Richter gefunden hätten als zehn Jahre zuvor.

Der bizarre Versuch, die Admirale als militärische Führer von ihrer politischen Funktion und ihrer Gesamtpersönlichkeit abzuspalten, wurde vor allem bei Dönitz durch dessen »extreme Widersprüchlichkeit« als Person begünstigt. Bis heute wird er ebenso eindimensional wie konträr beurteilt. Insbesondere Zeitgenossen treten in der Regel entweder nur als Kritiker oder nur als Bewunderer auf. Sie neigen dazu, »immer den *einen* Mann« zu sehen, »d.h. sie vernachlässigen bewußt oder unbewußt den jeweils anderen Dönitz«[12]. Die Bewertung Zenkers ließ jedenfalls den Schluß zu, er empfehle die vermeintlich unpolitischen »Nur-Militärs« den künftigen Soldaten ebenso zur Identifikation wie die von ihnen kommandierte Marine des Dritten Reiches. Ferner präsentierte Zenker Dönitz gleichsam als Märtyrer, der zu Unrecht in alliierter Haft saß. Folgerichtig hatte sich die Frage aufgeworfen: Durfte man sich in den Dienst der westlichen Verteidigungsgemeinschaft stellen, solange das vermeintliche alliierte Unrecht an dem ehemaligen Oberbefehlshaber anhielt? Zenker unterstellte wohl zu Recht, daß diese Frage die angetretenen Freiwilligen ebenso bewegte wie die Mehrheit der früheren Marineangehörigen. Er hielt den Dienst in der Bundesmarine nicht nur für gerechtfertigt, weil die sowjetische Bedrohung augenfällig und zahlreiche Kriegsverurteilte zwischenzeitlich entlassen worden waren. Vielmehr habe Großadmiral Raeder die Mitarbeit in den neuen Seestreitkräften ausdrücklich gebilligt. Wenn Zenker den Dienst gleichsam von der Absolution Raeders abhängig machte, setzte er sich dem Verdacht aus, dem Admiral die Rolle einer zumindest moralischen Autorität auch für die Bundesmarine zuzuweisen.

Am 19. Januar 1956 vormittags trat Verteidigungsminister Blank vor den Verteidigungsausschuß, während unterdessen Zenker im Ministerbüro auf den Ausgang der Verhandlungen wartete. Der 1905 geborene Blank hatte seine politische Laufbahn vor 1933 bei den christlichen Gewerkschaften begonnen. Am Zweiten Weltkrieg nahm er als Technischer Oberinspektor des Heeres teil. 1948 stieg er zum Stellvertretenden Vorsitzenden der Bergbaugewerkschaft auf. 1945 hatte er die CDU in Dortmund mitgegründet, für die er seit 1949 im Bundestag saß. Adenauer hoffte, der Abgeordnete werde zwei sozialen Gruppen einen Verteidigungsbeitrag der Bundesrepublik schmackhaft machen, bei denen dieser besonders unpopulär war: bei der Jugend und in der organisierten Arbeiterschaft. Nachdem Blank über vier Jahre die – verfassungsrechtlich eher dubiose – Rolle als »Beauftragter des Bundeskanzlers für die mit der Vermehrung der alliierten Truppen zusammenhängenden Fragen« wahrgenommen hatte, berief ihn Adenauer 1955 zum ersten Bundesverteidigungsminister[13].

Blank mußte mit einem ebenso kritischen wie homogenen parlamentarischen Gremium zusammenarbeiten. Denn die Abgeordneten der sozialdemokratischen Opposition und der Regierungsfraktion arbeiteten jenseits der außen- und sicherheitspolitischen Gegensätze im großen und ganzen bei der Gestaltung der künftigen Streitkräfte im Detail sachlich und eng zusammen. Das Verhältnis der Abgeordneten zum Bundeskanzler und seinem Verteidigungsminister war gespannt, da sie sich in der zweiten Jahreshälfte 1955 nicht hatten drängen lassen, den umfangreichen Komplex der Wehrgesetze in der gewünschten Eile durchzupeitschen. Getragen von der engen Zusammenarbeit zwischen dem Ausschußvorsitzenden, dem CSU-Abgeordneten Richard Jaeger, und dem SPD-Abgeordneten Fritz Erler, kümmerte der Verteidigungsausschuß sich besonders intensiv um die Integration der künftigen Streitkräfte in die Gesellschaft im allgemeinen und um den Einfluß des Parlaments auf die Streitkräfte im besonderen. Denn nicht nur bei vielen Abgeordneten, sondern auch beim Bundeskanzler war der Eindruck entstanden, Blank segle bereits »stark im Fahrwasser der Offiziere«[14]. Schließlich klang den Abgeordneten auch noch der Vorwurf »eisigen Mißtrauens« in den Ohren, mit dem ein militärischer Angestellter des Verteidigungsministeriums kaum ein halbes Jahr zuvor ihr Streben nach politischer und ziviler Kontrolle der künftigen Soldaten charakterisiert hatte[15]. Zenker bestätigte unfreiwillig den Eindruck, im Verteidigungsministerium gäben die Bannerträger eines autoritären, politikfernen und rein militärischen Traditionsverständnisses den Ton an. Dieser Eindruck war selbst dann unzutreffend, wenn die militärischen Spitzenangestellten des Amtes – im Einklang mit der Erwartung der meisten ihrer ehemaligen Kameraden – um ein positives Bild der ehemaligen Wehrmacht bemüht waren[16].

Zenkers Kritik an den Nürnberger Urteilen wurde sowohl von Erler wie vom FDP-Abgeordneten Erich Mende, einst Major und Ritterkreuzträger, getadelt[17]. Blanks Einwand, auch die Bundesregierung setze sich für die Kriegsverurteilten ein, wollte Erler nicht gelten lassen; Freilassung und Solidarisierung seien zweierlei. Tatsächlich hatten die Richter in Nürnberg auf die pauschale Verurteilung der Wehrmacht bzw. der Oberkommandos der Wehrmacht, des Heeres, der Luftwaffe und Marine verzichtet. Statt dessen klagten sie – allerdings auf der Grundlage nachträglich geschaffenen Rechts – einzelne Militärs in herausgehobener Führungsposition an. Die Berichterstattung über die Kriegsverbrecherprozesse offenbarte dem, der lesen wollte, das Ausmaß der Verstrickung selbst der Admirale in die Verbrechen des Regimes. Freilich leisteten die Alliierten mit ihrer Entscheidung der Wahrnehmung Vorschub, als hätten sie die Oberkommandos und den Generalstab freisprechen müssen, und dafür Einzelpersonen als »Sündenböcke« verurteilt. In Wirklichkeit handelte es sich um einen »Freispruch zweiter Klasse«[18]. Denn die Nürnberger Richter brandmarkten die Offiziere der Wehrmacht als »rücksichtslose militärische Kaste« und »Schandfleck für das ehrbare Waffenhandwerk«[19]. Die Veteranen ergriffen gleichwohl die Chance, sich als Opfer zu stilisieren – mißbraucht von Hitler, und von den Alliierten bestraft für dessen Verbrechen. Obendrein förderten die Unstimmigkeiten des gegen Dönitz ergangenen Spruchs die Vorstellung, die Admirale seien gleichsam stellvertretend für die gesamte Marine verurteilt worden und dürften folglich die Solidarität aller ehemaligen Marineangehörigen erwarten[20].

Erler nahm Anstoß daran, daß Zenker den Eintritt in die Marine von der Freilassung der von alliierten Gerichten verurteilten Soldaten abhängig machte. Dabei handelte es sich allerdings um eine ebenso alte wie emotionsgeladene Kardinalforderung der ehemaligen Soldaten. Sie hatte immer breitere öffentliche Unterstützung gefunden. 1952 hielten 63 % der befragten Deutschen die verurteilten Generale und Admirale der Wehrmacht für unschuldig[21]. Folgerichtig hatte der Generaladmiral a.D. Conrad Albrecht unter den Vorzeichen des Koreakrieges im Dezember 1950 den Präsidenten der Vereinigten Staaten aufgefordert, die beiden Admirale freizulassen, um sich der Zustimmung der Deutschen zur Bewaffnung der Bundesrepublik zu versichern[22]. Die Ehrenerklärungen des NATO-Oberbefehlshabers in Europa, General Dwight D. Eisenhower, und des Bundeskanzlers Konrad Adenauer in den Jahren 1951 bzw. 1952 stellten eine Art offizielle Absage an die von den ehemaligen Wehrmachtangehörigen beklagte pauschale Verurteilung durch die veröffentlichte Meinung dar. Nicht selten waren solche Äußerungen jedoch Reaktionen auf die von den Veteranen und ihren Verbänden in gleicher Weise pauschal verallgemeinernd beschworene Opferrolle der ehemaligen Soldaten. In der Konsequenz seines Entschlusses, westdeutsche Streitkräfte aufzustellen, machte Adenauer vielmehr auch den Soldaten das Angebot der »Reintegration«[23], das die übrigen Funktionseliten (Industrielle, Beamte, Juristen, Ärzte u.a.) längst erhalten und angenommen hatten. Das schloß das Engagement der Bundesregierung für die Freilassung der von alliierten Mächten verurteilten Soldaten ein. Die militärischen Angestellten des Amtes Blank warben ihrerseits im Rahmen der Pariser Verhandlungen namentlich bei angelsächsischen Offizieren für ein positives Bild der Wehrmacht im allgemeinen und für die Freilassung der Kriegsverurteilten im besonderen. Die Besatzungsmächte reagierten mit Ausschüssen, welche die Strafen überprüften und herabsetzten[24]. Das Problem der Kriegsverurteilten blieb gleichwohl bis 1958 auf der Tagesordnung, als der letzte ehemalige Soldat entlassen wurde.

Die militärischen Angestellten des Amtes Blank standen unter erheblichem Rechtfertigungsdruck. Denn für viele ehemalige Offiziere war es ein Gebot der Kameradschaft, nicht eher in neue Dienste zu treten, als bis der letzte Kriegsverurteilte entlassen worden war. In dieser Situation war mancher Offizier froh, daß sein Entschluß zur Mitarbeit von den verurteilten Großadmiralen und anderen hohen Militärs in alliiertem Gewahrsam ausdrücklich gebilligt wurde[25]. Der unter hohen Marineoffizieren einflußreiche Kreis um den ehemaligen Chef des Stabes der Seekriegsleitung, Konteradmiral a.D. Wilhelm Meisel, mit seinen vielfältigen Verknüpfungen mit dem Naval Historical Team, erhob natürlich ebenfalls seit 1950 die Forderung nach Freilassung der Kriegsverurteilten. Gleichwohl ließ sich die »Pflanzschule der späteren Bundesmarine«[26] nicht von der Mitwirkung an der Marineplanung abhalten. Man stieß auf die Kritik besonders der jüngeren Marineoffiziere, deren Vorbehalte gegen die Wiederbewaffnung enorm waren[27].

Den »seelischen Druck« der Kriegsgedienten in der Frage der Kriegsverurteilten empfanden auch Blank und Mende. Ähnlich wie Erler und Mende glaubte der FDP-Abgeordnete und frühere General der Panzertruppen Hasso v. Manteuffel, daß die Auseinandersetzung mit diesen Skrupeln alter Soldaten eine politische Angelegenheit des Ministers und nicht des Offiziers Zenker sei. Tatsächlich war der Minister in seiner Ansprache auf die Großadmiralsfrage nicht eingegangen. Der neue Leiter der Marineabteilung, Vizeadmiral Friedrich Ruge, sah seinen Amtsvorgänger denn auch in einer »Zwangslage«. In Marinekreisen, aus denen die derzeitigen und künftigen Freiwilligen überwiegend stammten, so Ruge, wäre »Schweigen« zur andauernden Haft von Dönitz »als Drücken aufgefaßt worden«[28].

Auch Blank unterstrich im Verteidigungsausschuß die Notwendigkeit der Ansprache, deren politischen Gehalt er im übrigen bestritt. Gegen Erler billigte er den Versuch Zenkers, die Großadmirale ausschließlich in ihrer militärischen Funktion zu sehen. Der CDU-Abgeordnete Vizeadmiral a.D. Hellmuth Heye hatte in der Schlußphase des Krieges unter Dönitz den kamikazeähnlichen Einsatz der maritimen Kleinkampfmittel kommandiert[29]. Er stieß, kaum verwunderlich, in dasselbe Horn. Zenker habe zur Rolle der Großadmirale Stellung nehmen müssen. Dabei habe er sie nicht als »politische Persönlichkeiten« betrachtet. Dagegen wollte Heyes Fraktionskollege Paul Bausch gerade nicht »die militärische Funktion dieser beiden Männer absorbieren und die politische Funktion auf der Seite lassen«. Von einem Mann in der Funktion Zenkers erwartete er »etwas mehr politischen Horizont«, schließlich seien die Großadmirale als Vertrauensleute Hitlers zur Rechenschaft gezogen worden. Mit gleicher Zielrichtung warf Erler Zenker die unfreiwillige Aufwertung des Nationalsozialismus vor. In der Konsequenz wollte er vor allem einen »Freibrief« für ähnliche Äußerungen in der Zukunft vermeiden. Dienstrechtliche Konsequenzen forderte Erler aber nicht; zumal bereits vorher feststand, daß Zenker Ruge Platz machen werde. Freilich war seine und die Forderung Mendes und Manteuffels nach politischer Zurückhaltung des Soldaten mehr als heikel. Herbert Schneider, dekorierter Schlachtflieger und Abgeordneter der konservativen Deutschen Partei, wehrte sich denn auch gegen eine »Vorzensur«. Der CDU-Abgeordnete Friedrich Berendsen formulierte das Dilemma, wenn er von Soldaten einerseits keine politischen Ansprachen hören, aber andererseits auch vermeiden wollte, daß die Bundeswehr sich in sich selbst zurückzog. Tatsächlich konnte das Gebot politischer Zurückhaltung schnell mit dem Prinzip des »Staatsbürgers in Uniform« kollidieren. Unter diesem Schlagwort rubrizierte man das Konzept der Inneren Führung, das bis heute mit dessen Nestor im Amt Blank und im Verteidigungsministerium, Wolf Graf Baudissin, verknüpft wird. Für die Durchsetzung der Inneren Führung hatte sich seit 1953 nicht zuletzt der Verteidigungsausschuß stark gemacht.

Die Erziehung der Soldaten zu einem demokratischen Verfassungspatriotismus und zur modernen Menschenführung hatte drei Ziele. Zum ersten wollte man die traditionelle Entfremdung von Militär und Gesellschaft überwinden; erkannte man doch in der vermeintlich unpolitischen Rolle der Streitkräfte eine Ursache für deren Verstrickung in die nationalsozialistische Gewaltpolitik. Dieses Anliegen deckte sich im übrigen mit den Auffassungen Erlers und Carlo Schmids. Bei aller grundsätzlichen Kritik an der Außen- und Sicherheitspolitik der Bundesregierung wollten beide die rechtlichen Voraussetzungen dafür schaffen, daß die Integration der künftigen Streitkräfte in die Gesellschaft im Kasernenalltag Wirklichkeit wurde. Dabei plädierte Schmid, Offizier des Ersten und Wehrmachtbeamter des Zweiten Weltkrieges, durchaus für militärisches Zeremoniell. Aber die alten »Kommißmethoden« – denen Hans Hellmuth Kirst mit seinem Roman »08/15« 1954 ein triviales, aber damit umso stärker beachtetes literarisches Denkmal gesetzt hatte – sollten keinesfalls wiederkehren. Gleichwohl wollte man die traditionellen Soldatentugenden von kriegsnaher Ausbildung, Tapferkeit und Gehorsam nicht aufgeben. Zum zweiten sollte der Soldat als überzeugter Demokrat in die ideologische Auseinandersetzung des Kalten Krieges gehen. Zum dritten konnte eine überwiegend skeptische bis ablehnende öffentliche Meinung nur unter der Voraussetzung einer Militärreform für neue Streitkräfte gewonnen werden. Der Erfolg des Werbens von Baudissin und seinen Mitarbeitern für so reformierte Streitkräfte in der Öffentlichkeit entschied daher auch über den Erfolg der Bundeswehrplanung nach außen. Fast zwangsläufig wuchs der Einfluß des Grafen in der Öffentlichkeit und im Parlament, während die Kritiker der Inneren Führung innerhalb des Ministeriums nie ganz verstummten; zumal Blank Baudissin eher verhalten unterstützte, wie die Abgeordneten des Verteidigungsausschusses 1955 besorgt festgestellt hatten[30].

Das Leitbild des in seinen staatsbürgerlichen Rechten so wenig wie möglich geminderten und politisch denkenden Soldaten ließ sich im konkreten Fall Zenkers nur schlecht mit dessen Maßregelung dafür vereinbaren, daß er offenkundig »genau das Empfinden der Zeitgenossen und ihr Selbstverständnis« angesprochen hatte[31]. Allerdings wurde die Innere Führung gerade aus den Erfahrungen mit einer unheilvollen Tradition formuliert, die Zenker nahezu bruchlos fortsetzen zu

wollen schien. Dabei war die seit 1953 immer deutlicher aufgeworfene Frage keineswegs geklärt, an welchen Traditionen denn nun die künftigen Streitkräfte an-
knüpfen sollten. Einig waren sich Baudissin und der Leiter der militärischen Abteilung des Amtes Blank und erste Generalinspekteur der Bundeswehr Adolf Heusinger darin, daß 1945 eine Tradition zum Ende gekommen war und ein Neuanfang gemacht werden sollte. Im übrigen erkannte Baudissin eigentlich nur in den
preußischen Militärreformern des beginnenden 19. Jahrhunderts und in den Soldaten des 20. Juli 1944 positiv besetzte Traditionsfiguren[32]. Wäre Zenker dieser
Vorstellung gefolgt, hätte er die frühere Marine gar nicht erwähnen dürfen. Freilich haftete gerade am letzten Oberbefehlshaber Dönitz – jenseits möglicher persönlicher Schuld – bereits durch seine Rolle als Nachfolger Hitlers der Ruch von
Totalitarismus und Menschenverachtung, der ihn als Traditionsträger für demokratische Streitkräfte ausschloß. Insgesamt war das Geschichtsbild der eben im
Entstehen begriffenen Streitkräfte jedoch ebenso unklar wie der Spielraum von
Soldaten für politische Aussagen[33]. Es lag daher nahe, daß sich der Verteidigungsausschuß und der Minister darauf einigten, Zenker über die Pflicht der Militärs zu
belehren, in dienstlicher Eigenschaft Zurückhaltung zu üben. Dies war freilich
noch nicht der Schlußstrich, sondern erst der Auftakt.

Zweifellos boten die Äußerungen Zenkers eine gute Gelegenheit, der Bundesregierung Schwierigkeiten zu machen – nicht nur das gute Recht, sondern fast die
Pflicht der parlamentarischen Opposition. Darüber hinaus erkannten die Sozialdemokraten, daß die Wahrnehmung der Spitzenvertreter der ehemaligen Wehrmacht nicht nur die geistige und politische Orientierung der neuen Streitkräfte des
demokratischen Staates beeinflußte. Sie war vielmehr auch Teil der öffentlichen
Auseinandersetzung mit dem Nationalsozialismus. Daher wählte die sozialdemokratische Bundestagsfraktion am 10. Februar 1956 den Weg einer Großen Anfrage, um die Debatte in das Forum des Parlamentes und der Öffentlichkeit zu tragen. Man fragte die Bundesregierung, ob sie in Dönitz und Raeder ebenfalls Beispiele soldatischer Pflichterfüllung »ohne Makel« erkenne, ob es unziemlich sei, in
den Dienst der Bundesregierung zu treten, und nicht zuletzt, ob Zenker geeignet
sei, die neuen Seestreitkräfte aufzustellen[34]. Nun waren die außen- und sicherheitspolitischen Vorstellungen der Sozialdemokraten keineswegs frei von Widersprü-
chen. Nach wie vor lehnten sie die einseitige Einbindung der Bundesrepublik in
das westliche Bündnis ab und hofften, über Vier-Mächte-Verhandlungen ein kol-
lektives Sichheitssystem zu erreichen und so die Einheit Deutschlands zu retten.
Unbeschadet ihres grundsätzlichen Neins hatten sich Erler, Carlo Schmid, Herbert
Wehner, Willy Brandt und andere Sozialdemokraten jedoch entschlossen – anders
als in der Weimarer Republik –, den Aufbau der Streitkräfte nicht den Fachleuten
zu überlassen. Von Anfang an wollten sie demokratische Elemente in den Streitkräften verankern. Dem entsprach die Mitarbeit in den Parlamentsausschüssen bei
anhaltender Fundamentalopposition im Plenum des Bundestages[35]. Wer gegen die
Kritiker der »Wiederbewaffnung« in der eigenen Partei, in der Gewerkschaftsju-
gend und der evangelischen Kirche für die konstruktive Mitarbeit an der Wehrge-

setzgebung warb, der fühlte sich zwangsläufig von führenden Offizieren konterkariert, die für politisch fragwürdige Protagonisten der alten Streitkräfte plädierten.

Dem Bundeskanzler war nur zu bewußt, daß die Bevölkerung den ehemaligen Soldaten, selbst den tatsächlich oder vermeintlich Belasteten, erheblich positiver gegenüberstand als die veröffentlichte Meinung vermuten ließ. So ergaben Meinungsumfragen, daß 1953 über die Hälfte der erwachsenen Bevölkerung glaubte, die ehemaligen Soldaten müßten sich keinerlei Vorwürfe über das Auftreten in den von Deutschland besetzten Gebieten machen. Bei den ehemaligen Berufssoldaten waren gar über 70 Prozent dieser Auffassung. In der festen Absicht, seine Staatsgründung zum Erfolg zu führen, hatte der Bundeskanzler diesem »herrschenden Klima des ›Schlußstrichs‹«[36] erhebliche Zugeständnisse gemacht. Wohl gerade deshalb trieb ihn die Sorge um, die Äußerungen Zenkers könnten als Renaissance eines nationalsozialistischen Militarismus gedeutet werden, gegen den er einen »kompromißlosen Standpunkt« geltend machen wollte[37]. Denn fast die Hälfte der Bevölkerung und 76 Prozent der ehemaligen Berufssoldaten sprachen sich 1951 dafür aus, die im Dritten Reich erworbenen Orden und Ehrenzeichen in der verliehenen Form – also mit dem Hakenkreuz – zu tragen. Dahinter verbarg sich der von Memoiren der Generalität genährte Stolz auf die militärischen Erfolge deutscher Soldaten, der die Ziele, Bedingungen und Folgen solcher Leistungen weitgehend ausblendete. Folgerichtig hätte sich eine Traditionspflege großer Popularität erfreut, die noch bruchloser als von Zenker beabsichtigt, an der Wehrmacht anknüpfte. Möglichst ungebrochene Traditionspflege wäre im übrigen auch ganz im Sinne der Soldatenverbände gewesen, die im Schicksal und den Leistungen der Wehrmacht den Bezugspunkt neuer Streitkräfte schlechthin erkannten. Dagegen wären die militärischen Widerständler als Traditionsfiguren eher auf Skepsis gestoßen. Denn für 30 Prozent der Erwachsenen und 40 Prozent der ehemaligen Berufssoldaten war der 20. Juli 1944 negativ besetzt[38]. Da Marinekreise dem Widerstand bestenfalls indifferent gegenüberstanden[39], hatte Zenker ihn auch nicht erwähnt. Hätte er es getan, wäre seine Ansprache weniger angreifbar gewesen.

Angesichts der Haltung Adenauers schloß der zuständige Referent des Verteidigungsministeriums aus, daß der Minister die Anfrage nicht oder nur pauschal beantworten könne. In ihrer Vorlage vom 19. März 1956 empfahl die Abteilung Streitkräfte eine differenzierende Bewertung der führenden Militärs im Dritten Reich. Jeder Soldat habe sich dazu eine eigene Auffassung zu erarbeiten, die er auch äußern solle, unbeschadet der Pflicht zur Zurückhaltung in dienstlicher Funktion. Gebilligt wurde Zenkers Grundintention, von der politischen Rolle der Marine und ihrer Oberbefehlshaber zu abstrahieren, damit »die soldatische Tradition der Marine ungebrochen fortwirken kann«. Im übrigen führte man die Deutung der Ansprache durch die SPD-Bundestagsfraktion auf die »unklare Ausdrucksweise« Zenkers zurück, von dessen gutem Willen man sich ja im Verteidigungsausschuß bereits überzeugt habe[40].

Am 18. April 1956 schickte die sozialdemokratische Bundestagsfraktion zur Begründung ihrer Anfrage den wortmächtigen Protagonisten der wehrpolitischen Mitarbeit, Carlo Schmid, vor das Plenum des Bundestages[41]. Einig wußte sich

Schmid mit Zenker in der Skepsis gegenüber der Entnazifizierung im allgemeinen und den Nürnberger Urteilen im besonderen. Ferner bekannte er sich zum Offizierberuf und zur Notwendigkeit militärischer Tradition. Für ihn stand auch nicht der »brave Soldat« Zenker zur Debatte, trotz des Zurufs seines Fraktionskollegen Otto Heinrich Greve: »Herr Zenker muß weg!«. Der Geist der Ansprache, so Schmid, dürfe »nicht der Geist der Bundeswehr werden«. Schließlich sei die Bundeswehr kein »wertfreies Instrument«, sondern solle »Ausdruck [...] des Geistes der Menschlichkeit, der Menschenrechte und der Menschenwürde« sein, ohne die es auch keine »soldatische Tugend« gebe. In dieser betont ethischen Bindung der Streitkräfte stand Schmid nicht zuletzt dem Bundespräsidenten Theodor Heuss nahe. Dagegen legte Adenauer den Schwerpunkt eher auf die Unterordnung der Streitkräfte unter die demokratische politische Führung und die Verhinderung jeder Tendenz zu ihrer Verselbständigung[42]. Vor allem Dönitz hatte sich durch die antisemitische und menschenverachtende Sprache seiner von Schmid reichlich zitierten Befehle und Verlautbarungen von Menschlichkeit, Menschenwürde und Menschenrechten weit entfernt. So weit, daß Schmid der Versuch, Dönitz in seiner Rolle als Soldat für die Marinetradition zu retten, geradezu als »politische Schizophrenie« galt. Etwas süffisant pointierte er das Argument am Schluß der Debatte: Man werde den hervorragenden Gefreiten Hitler wohl kaum den künftigen Gefreiten als Vorbild anbieten.

Die, so Schmid, »außerordentlich lakonische« Antwort Blanks lag auf der Linie seiner Vorlage. Die Diskrepanz zum Beitrag Schmids kommentierten die Abgeordneten dann auch mit zahlreichen Zwischenrufen. Zenker habe, so Blank, die guten Traditionen hervorheben wollen. Die Bundesregierung mißbillige seine Formulierungen. Und im übrigen sei er in seiner Funktion als Leiter der Marineabteilung abgelöst worden. Als Verteidiger Zenkers trat neben Mende vor allem Heye auf. Er fürchtete, daß die dem Dienstgrad Zenkers unangemessene Große Anfrage einen unerwünschten Konformismus fördere. Der »Staatsbürger in Uniform« galt Heye als Kern der völlig neuen Verteidigungsorganisation. Man dürfe sich von diesem Gedanken nicht beim ersten Anlaß verabschieden und von einem Soldaten mit »Zivilcourage« verlangen, »daß er den Mund hält«, selbst wenn er »einmal eine Dummheit« sage. Schließlich wolle man den »leider schon sehr verbreiteten Typ« derer vermeiden, die »farblos sind, die nur wägen, aber nicht einmal in Gedanken wagen und die in kritischen Situationen ganz bestimmt nicht die Erwartung erfüllen werden, die wir gerade in sie als Soldaten setzen«. Tatsächlich machte Mende, mit starker Zustimmung auch der Sozialdemokraten, gerade Opportunismus, mangelnde Zivilcourage und fehlende Kenntnis der politischen Zusammenhänge für die Korrumpierbarkeit der hohen Militärs und ihren Mißbrauch durch den Nationalsozialismus verantwortlich. Wie wir heute wissen, verließ sich Hitler nicht nur auf diese eher mentalen Schwächen. Er förderte die Loyalität seiner Spitzenmilitärs überdies durch beträchtliche Sonderzuwendungen und Dotationen[43]. Daß der SPD-Abgeordnete und ehemalige Hauptmann Helmut Schmidt die wohlwollende Beurteilung Zenkers durch Heye mit dem Zuruf »Typischer

Mitläufer!« kommentierte, zeigt freilich, wie eng Zivilcourage und Unbelehrbarkeit in der Wertung durch Zeitgenossen beieinander liegen können.

Während Zenker die Großadmirale in den Augen von Carlo Schmid als unzulässige Vorbilder präsentierte, hatte er für Heye ausschließlich kameradschaftliche Anteilnahme an ihrem Schicksal gezeigt. Ganz in der Kontinuität der Argumentation seit 1946 wollte Heye keine politische Rolle oder gar politische Verantwortung der Oberbefehlshaber im Dritten Reich erkennen. Sie hätten lediglich die politische Führung fachlich beraten, seien aber für deren Entscheidungen nicht verantwortlich gewesen. Trotz ihrer »Verstrickung mit dem System« würden »die beiden Admiräle in der militärischen Geschichte als militärisch saubere Führer in einer vom Nationalsozialismus beherrschten Epoche fortleben«. Beim Aufbau der Bundesmarine sollten und wollten im übrigen beide keine Rolle spielen.

Dies war mehr als eine »leise Mahnung«, daß gegen den alten Korpsgeist die Bundesmarine nicht aufgebaut werden könne[44]. Selbst bei den Kollegen der eigenen Fraktion weckte Heyes Apologie Widerspruch. Ferdinand Friedensburg, von 1927 bis 1933 Regierungspräsident in Kassel, Michael Horlacher, ehedem KZ-Häftling, und Paul Bausch – der bei Adenauer die stärkere Unterstützung Baudissins eingefordert hatte – lehnten bei großer Zustimmung des Plenums Heyes Wertung der historischen Rolle der Großadmirale ab. Der renommierte Rechts- und Wirtschaftswissenschaftler Franz Böhm warf Zenker gar vor, er habe die »schweren Vorwürfe« des Volkes gegen die Admirale »als für die Marinestreitkräfte nicht verbindlich beiseite geschoben«. Böhm warnte vor der möglichen Hypothek der nicht zuletzt durch die Marineführung des Dritten Reiches bewirkten »tief empfundene[n] Kameradschaft durch alle Dienstgradgruppen«[45]. Gerade das besondere Zusammengehörigkeitsgefühl der ehemaligen Marineangehörigen barg für Böhm die Gefahr, daß die Ergebnisse der »forschen Legendenbildung« im Stile Zenkers »mit Hilfe standespolitischen Milieuzwangs« für die künftigen Marineangehörigen verbindlich und abweichende Meinungen als unehrenhaft verdächtigt würden. Wer den Dienst in der neuen von der Billigung durch die Protagonisten der alten Marine abhängig machte, setzte sich zwangsläufig dem von Böhm gehegten Verdacht aus. Die Versicherung, daß beide Admirale künftig keine Rolle spielen sollten, mag da kaum beruhigt haben. Um der befürchteten Gesinnung vorzubeugen, dürfe das Parlament, so Böhm, über Jahre solche »Entgleisungen« nicht hinnehmen. Dem von Böhm beschworenen Volk hatte jedoch eher Zenker aus dem Herzen gesprochen, wie der DP-Abgeordnete Schneider meinte. Die Äußerungen von Böhm, Horlacher, Friedensburg und Bausch stehen freilich vor allem für den zwischen Kanzler und CDU/CSU-Fraktion identischen Willen, die offenkundig für einen souveränen Staat unvermeidlichen Streitkräfte nicht mit deren früheren geistigen Grundlagen wiederentstehen zu lassen. Jegliche Existenz außerhalb oder neben der Gesellschaft sollte verhindert werden. Das galt auch für die »altbackene Exklusivität«[46], welche die Marineoffiziere einst, selbst unter ihrem letzten Oberbefehlshaber, vor den schlimmsten Auswüchsen nationalsozialistischer Indoktrination bewahrt haben mag[47]. Der gerade in der Wehrpolitik offenkundige »Emanzipationsprozeß«[48] der CDU-Fraktion von ihrem Kanzler änderte nichts an dieser Zielidentität.

Allerdings wollten immer weniger Abgeordnete des Regierungslagers in Blank –
einem ebenso fähigen wie glücklosen Staatsmann der frühen Jahre der Bundesrepublik – den Garanten für die Durchsetzung dieses Willens sehen. Gehetzt von
seinem Rivalen Franz-Josef Strauß, politisch belastet vom Scheitern der Europäischen Verteidigungsgemeinschaft, unter dem Druck einer von Anfang an unreali-
stischen Aufstellungsplanung und vom Kanzler unzureichend unterstützt, sah sich
Blank zusehends zwischen den Mahlsteinen der zahlreichen gegensätzlichen wehrpolitischen Interessen zerrieben[49]. Angesichts wachsender Führungsschwäche
bezweifelte Mende die Beteuerungen des Verteidigungsministers, kein Angehöriger
seines Hauses habe die Ansprache gekannt. Er unterstellte vielmehr, daß man
Blank gleichsam habe ins Messer laufen lassen. Unterstützt vom Sprecher des im
allgemeinen kanzlertreuen Gesamtdeutschen Blocks/Bund der Heimatvertriebe-
nen und Entrechteten, Johannes H. Strosche, sah Mende in der Angelegenheit
einen »weiteren Beweis für gewisse Fehlorganisationen bezüglich der politischen
Verantwortung und Dienstaufsicht«.

Die Bemerkung ist einerseits vor dem Hintergrund eines vom Verteidigungsausschuß geforderten Organisationsgesetzes zu sehen. Gegen den Widerstand der
Bundesregierung setzte sich eine breite Front von Abgeordneten aus dem Regie-
rungslager und der sozialdemokratischen Opposition – letztendlich vergeblich –
dafür ein, die Spitzengliederung unter Gesetzesvorbehalt zu stellen[50]. Jede tatsächliche oder vermeintliche organisatorische Fehlleistung des Ministers kam fast
zwangsläufig diesem Vorhaben entgegen. Andererseits sah die FDP mit ihrem
besonderen Engagement für die Wehrpolitik im allgemeinen und die Belange der
Soldaten im besonderen offenkundig eher in Blank als in Zenker das Problem.
Zudem hatte die FDP eben, im Februar 1956, die Regierungskoalition verlassen.
Mit einem »Mende-Plan« opponierte man gegen die westlich ausgerichtete Sicherheitspolitik des Kanzlers. Und schließlich wäre Mende bei der Einrichtung des
Verteidigungsministeriums, konkurrierend mit seinem Fraktionskollegen Manteuf-
fel, gern selbst Staatssekretär geworden[51].

Tatsächlich bestärkte das Auftreten des ersten Verteidigungsministers der Bundesrepublik den Eindruck, daß er seinen Zenit längst überschritten hatte. Er referierte die blasse Vorlage seines Hauses und überließ den Abgeordneten, in der auf
hohem Niveau geführten ersten Plenardebatte über das Verhältnis der Bundeswehr zur Wehrmacht die Akzente zu setzen. Folgerichtig resümierte Schmid, daß
vor allem der Minister den Tadel des Parlaments verdiene. Ein halbes Jahr später
gab Blank dann auch sein Amt an den Rivalen Franz-Josef Strauß ab. Den Marineoffizier Zenker zieh Schmid immerhin noch der »Gedankenlosigkeit«, der das
»Verbrechen« folgen könne. Allerdings blieb dieser Tadel folgenlos; Zenker erlitt
keinen Karriereknick. Vielmehr wurde seine langjährige Planungsarbeit 1961, nur
fünf Jahre nach seiner umstrittenen Ansprache, durch die Berufung zum Inspekteur der Bundesmarine gekrönt.

Vizeadmiral Ruge zog 1957 die Konsequenz aus dem Fall Zenker. In einem
Kommandeurbrief unterstrich er die Notwendigkeit militärischer Traditionen, die
ja auch im Bundestag niemand bestritten hatte, im Gegenteil! Ruge warnte aber

seine Teilstreitkraft vor Personen und Symbolen der jüngsten Marinegeschichte[52]. Das offenbar bewußt sehr metaphorisch gehaltene Rundschreiben verhinderte freilich nicht, daß militärische Tradition im allgemeinen und das Verhältnis zur Wehrmacht im besonderen stets ein Problem der Bundeswehr blieben. Namensgebungen sowie das Auftreten von Persönlichkeiten bei Feiern und Veranstaltungen lösten immer wieder Kontroversen über das Verhältnis zum schwierigen Erbe der jüngeren deutschen Militärgeschichte aus. Folgerichtig regelten die Verteidigungsminister Kai-Uwe v. Hassell 1965 und Hans Apel 1982 die Traditionspflege der Streitkräfte. Dabei betonten beide die Bindung der Streitkräfte an ethische Normen und die Werte der Verfassung. Erst der Traditionserlaß des Sozialdemokraten Apel brach jedoch eindeutig mit dem Mythos der Makellosigkeit der Wehrmacht im Sinne Zenkers und der Mehrheit der ehemaligen Berufssoldaten nach 1945[53]. Unbeeinflußt vom Regierungswechsel von 1982 präzisierte der christdemokratische Verteidigungsminister Volker Rühe 1995: »Die Wehrmacht war als Organisation des Dritten Reiches in ihrer Spitze, mit Truppenteilen und mit Soldaten in Verbrechen des Nationalsozialismus verstrickt. Als Institution kann sie deshalb keine Tradition begründen.« Gleichwohl können »einzelne Soldaten [...] traditionsbildend sein – wie die Offiziere des 20. Juli, aber auch viele Soldaten im Einsatz an der Front«. Freilich dürfe man sich »nicht nur auf rein militärische Handlungen und Leistungen beschränken. Entscheidend sind Gesamtpersönlichkeit und Gesamtverhalten«[54]. Diese Auffassung entspricht dem Willen der parlamentarischen Gründungsväter der Bundeswehr und der Forderung der sozialdemokratischen Bundestagsfraktion von 1956. Zumindest Dönitz kommt bei Anwendung dieser Kriterien ebensowenig als Traditionsfigur der Bundeswehr in Frage wie der erst 1995 – und gegen zahlreiche kritische Stimmen aus der Region – als Namensgeber einer bayerischen Kaserne entthronte Generaloberst Eduard Dietl, als alter Anhänger der Nationalsozialisten einst Träger des goldenen Parteiabzeichens der NSDAP[55].

Persönlichkeit und Schicksale der Großadmirale Raeder und Dönitz waren freilich vor allem Anlaß der parlamentarischen Kontroverse über die Tradition der Streitkräfte. In letzter Instanz wurde über deren geistigen Standort in der Gegenwart des Jahres 1956 gestritten. Darin verwoben waren die aktuellen wehrpolitischen Konflikte dieses Gründungsjahres. Denn die Reflexion über die Vergangenheit bei der Bestimmung des gegenwärtigen Standortes beinhaltet das Ringen um die künftigen Ziele.

Anmerkungen

*   Es handelt sich um die überarbeitete und ergänzte Fassung eines im Marineforum, 72 (1997), H. 1/2, S. 28–33 erschienenen Beitrages.

1   Michael Salewski, Die deutsche Seekriegsleitung 1935–1945, Bd 2: 1942–1945, München 1975, S. 590. Der Text ist abgedruckt in: Jörg Duppler, Germania auf dem Meere. Bilder und Dokumente zur Deutschen Marinegeschichte 1848–1998, Hamburg 1998, S. 203 f.

2   Vgl. Neue Rhein Zeitung, 11.2.1961, Nr. 37; zit. nach Bundesarchiv-Militärarchiv (BA-MA),
     N 379/v.88.
3   Zenker war 1926 als Seeoffizieranwärter in die Reichsmarine eingetreten. Nach verschiedenen
     Land- und Bordkommandos (u.a. als Erster Offizier des Segelschulschiffes »Gorch Fock«) quali-
     fizierte er sich 1939/40 an der Marineakademie zum Admiralstabsoffizier. Im Zweiten Weltkrieg
     war er zunächst in Stäben eingesetzt, bevor er ab 1941 Erster Offizier bzw. Kommandant ver-
     schiedener Zerstörer wurde. Im Februar 1944 wechselte er als Referent für Minenkriegführung in
     die Operationsabteilung der Seekriegsleitung (I E der 1./SKL). Nach seiner Weiterverwendung in
     der von der britischen Besatzungsmacht 1945/46 aufrechterhaltenen Deutschen Marineleitung
     hatte er im September 1946 eine Stelle als Angestellter der Wasserstraßenverwaltung des Landes
     Rheinland-Pfalz erhalten. Dort war er unter anderem mit der Hebung von versenkten Binnen-
     schiffen befaßt.
4   Vgl. Dieter Krüger, Die Anfänge der Bundesmarine 1950–1955, in: Marineforum (1995), H. 1/2,
     S. 2–6; H. 3, S. 29 f.; Jörg Duppler, Kontinuität und Diskontinuität im Selbstverständnis der Ma-
     rine. Vortrag auf der 36. Historisch-Taktischen Tagung der Flotte, 11.1.1996, als Ms. gedruckt
     vom MGFA, Potsdam 1996, S. 9–14.
5   Vgl. Werner Rahn, Der Seekrieg im Atlantik und im Nordmeer, in: Das Deutsche Reich und der
     Zweite Weltkrieg, hrsg. vom MGFA, Bd 6: Der globale Krieg. Die Ausweitung zum Weltkrieg
     und der Wechsel der Initiative 1941–1943, Stuttgart 1990, S. 273–425, hier S. 363–369. Diffe-
     renziert urteilte der erste Inspekteur der Bundesmarine, Ruge, schon 1956: »Dönitz ein vorzügli-
     cher B[efehlshaber]d[er]U[boote] für alles Operative und Taktische, der es aber zuließ, daß seine
     Waffe technisch überrundet wurde. Seine Art als O[berbefehlshaber]d[er]M[arine] habe ich abge-
     lehnt.« BA-MA, N 379/v.88, Ruge an Brennecke, 5.2.1956.
6   Vgl. Peter Padfield, Dönitz. Des Teufels Admiral, Berlin 1984, bes. S. 361–368, 387–391,
     404–417, 435–441, 454–463.
7   Vgl. Dieter Hartwig, Karl Dönitz. Versuch einer kritischen Würdigung, in: Deutsches Schiffahrts-
     archiv, 12 (1989), S. 133–152; Keith W. Bird, Karl Dönitz. Der »unbesiegte« Admiral, in: Die Mi-
     litärelite des Dritten Reiches, hrsg. von Ronald Smelser und Enrico Syring, Berlin, Frankfurt a.M.
     1995, S. 129–152 mit jeweils zahlreichen weiteren Verweisen.
8   Michael Salewski, Erich Raeder. Oberbefehlshaber »seiner« Marine, in: Die Militärelite (wie
     Anm. 7), S. 406–422, bes. S. 414.
9   Vgl. BA-MA, N 379/v.88, Zenker an Raeder, 27.9.1955.
10   Salewski, Die deutsche Seekriegsleitung (wie Anm. 1), S. 577–581, 587 (Zitat).
11   Vgl. Der Spiegel, 26.4.1956, S. 24.
12   Hartwig, Karl Dönitz (wie Anm. 7), S. 148.
13   Vgl. Hans-Otto Kleinmann, Theodor Blank, in: Zeitgeschichte in Lebensbildern, hrsg. von Rudolf
     Morsey [et al.], Bd 6, Mainz 1984, S. 171–188.
14   Hans Ehlert, Innenpolitische Auseinandersetzungen um die Pariser Verträge und die Wehrverfas-
     sung 1954 bis 1956, in: Anfänge westdeutscher Sicherheitspolitik 1945–1956, hrsg. vom MGFA,
     Bd 3: Die NATO-Option, München 1993, S. 235–560, hier S. 438; vgl. auch ebd., S. 436–454,
     471 f., 488, 492–495.
15   Vgl. Georg Meyer, Soldat im Ghetto? Eine Denkschrift der Gruppe Innere Führung im Bundesmi-
     nisterium für Verteidigung, in: Militärgeschichte, 1 (1991), S. 63–68; Dieter Krüger, Das Amt Blank.
     Die schwierige Gründung des Bundesministeriums für Verteidigung, Freiburg 1993, S. 166 f.
16   Vgl. Alaric Searle, Wehrmacht Generals, West German Society, and the Debate on Rearmament,
     1949–1959, Westport, CT 2003, S. 83–85.
17   Vgl. zu den Verhandlungen: Protokoll des Verteidigungsausschusses des Deutschen Bundestages,
     19.1.1956, BA-MA, BW 2/2375.
18   Vgl. Bernd Boll, Wehrmacht vor Gericht. Kriegsverbrecherprozesse der Vier Mächte nach 1945,
     in: Geschichte und Gesellschaft, 24 (1998), S. 570–594, hier S. 574.
19   Zit. ebd.
20   Vgl. Georg Meyer, Zur Situation der deutschen militärischen Führungsschicht im Vorfeld des
     westdeutschen Verteidigungsbeitrages 1945–1950/51, in: Anfänge westdeutscher Sicherheitspo-
     litik 1945–1956, Bd 1: Von der Kapitulation bis zum Pleven-Plan, München, Wien 1982,
     S. 577–735, hier S. 613–619; Norbert Frei, Karrieren im Zwielicht. Hitlers Eliten nach 1945,
     Frankfurt a.M. [et al.] 2001, S. 316–318; Jörg Echternkamp, Wut auf die Wehrmacht? Vom Bild

der deutschen Soldaten in der unmittelbaren Nachkriegszeit, in: Die Wehrmacht. Mythos und Realität, hrsg. von Rolf-Dieter Müller und Hans-Erich Volkmann, München 1999, S. 1058–1080, hier S. 1060–1067; Jörg Echternkamp, Arbeit am Mythos. Soldatengenerationen der Wehrmacht im Urteil der west- und ostdeutschen Nachkriegsgesellschaft, in: Nachkrieg in Deutschland, hrsg. von Klaus Naumann, Hamburg 2001, S. 421–443, hier S. 430–435; Salewski, Die deutsche Seekriegsleitung (wie Anm. 1), S. 584–589.

21 Vgl. Norbert Frei, Vergangenheitspolitik. Die Anfänge der Bundesrepublik und die NS-Vergangenheit, München 1996, S. 288, Anm. 89.

22 Vgl. Jay Lockenour, Soldiers as Citizens. Former Wehrmacht Officers in the Federal Republic of Germany, 1945–1955, Lincoln, London 2001, S. 114.

23 Frei, Karrieren (wie Anm. 20), S. 310.

24 Vgl. Meyer, Zur Situation (wie Anm. 20), S. 652–655, 698–701; Frei, Vergangenheitspolitik (wie Anm. 21), S. 76–79, 169 f., 190–306, passim; Boll, Wehrmacht (wie Anm. 18), S, 592 f.; Lockenour, Soldiers (wie Anm. 22), S. 24–27, 100–104, 107–118; Searle, Wehrmacht Generals (wie Anm. 16), S. 100, 282.

25 Vgl. Meyer, Zur Situation (wie Anm. 20), S. 622, 635, 681–683, 695–698, 702–707; Donald Abenheim, Bundeswehr und Tradition. Die Suche nach dem gültigen Erbe des deutschen Soldaten, München 1989, S. 43 f.

26 Meyer, Zur Situation (wie Anm. 20), S. 727.

27 Vgl. BA-MA, N 379/v. 88, Ruge an Brennecke, 5.2.1956.

28 Ebd., Ruge an Rust, 22.3.1956. Josef Rust war Staatssekretär im Verteidigungsministerium.

29 Vgl. Padfield, Dönitz (wie Anm. 6), S. 454 f.

30 Vgl. Georg Meyer, Zur inneren Entwicklung der Bundeswehr bis 1960/61, in: Anfänge, Bd 3 (wie Anm. 14), S. 851–1162, hier S. 859–862, 867–874, 885–890; Norbert Wiggershaus, Zur Debatte um die Tradition künftiger Streitkräfte 1950–1955/56, in: Hans-Joachim Harder und Norbert Wiggershaus, Tradition und Reform in den Aufbaujahren der Bundeswehr, Herford, Bonn 1985, S. 7–96, hier S. 29 f.; Abenheim, Bundeswehr (wie Anm. 25), S. 51 f., 58–69, 73–86; Ehlert, Innenpolitische Auseinandersetzungen (wie Anm. 14), S. 314–316.

31 Duppler, Kontinuität (wie Anm. 4), S. 15.

32 Vgl. Abenheim, Bundeswehr (wie Anm. 25), S. 73–78, 98–103.

33 Vgl. Wiggershaus, Zur Debatte (wie Anm. 30), S. 67–71.

34 Zit. nach BA-MA, BW 9/728, fol. 38.

35 Vgl. Hans-Erich Volkmann, Die innenpolitische Dimension Adenauerscher Sicherheitspolitik in der EVG-Phase, in: Anfänge westdeutscher Sicherheitspolitik, hrsg. vom MGFA, Bd 2: Die EVG-Phase, München 1990, S. 235–604, hier S. 598 f.; Ehlert, Innenpolitische Auseinandersetzungen (wie Anm. 14), S. 248–251, 255 f., 275–278, 300 f., 318 f., 424–426, 451, 499 f., 513.

36 Frei, Vergangenheitspolitik (wie Anm. 21), S. 398.

37 BA-MA, BW 9/728, fol. 18 f., Adenauer an Blank, 10.3.1956 (nebst Abschrift Adenauer an Frege, März 1956).

38 Vgl. Volkmann, Die innenpolitische Dimension (wie Anm. 35), S. 486–492; Wiggershaus, Zur Debatte (wie Anm. 30), S. 46; Lockenour, Soldiers (wie Anm. 22), S. 164–180; Holger Afflerbach, Das Militär in der deutschen Gesellschaft nach 1945, in: Sieger und Besiegte. Materielle und ideelle Neuorientierungen nach 1945, hrsg. von Holger Afflerbach und Christoph Cornelißen, Tübingen 1997, S. 249–272, hier S. 264 f.

39 Vgl. Duppler, Kontinuität (wie Anm. 4), S. 5–7.

40 BA-MA, BW 9/728, fol. 22–26, Vorlage, 8.3.1956; Vorlage, 19.3.1956. Otto Kranzbühler, Dönitz-Verteidiger in Nürnberg, vermochte in der politischen Rolle der Großadmirale ebenfalls keine Belastung zu erkennen. Für ihn wollte die SPD schlicht »Offizieren, die sie für politische Gegner hält, etwas am Zeug flicken«. BA-MA, BW 9/728, fol. 40–42, Bemerkungen des Rechtsanwaltes Dr. Kranzbühler, 1.3.1956.

41 Zum Folgenden vgl. Verhandlungen des Deutschen Bundestages, 2. Wahlperiode, 140. Sitzung, 18.4.1956, S. 7207–7235.

42 Vgl. Wiggershaus, Zur Debatte (wie Anm. 30), S. 11 f., 15 f., 24.

43 Raeder erhielt großzügige Geschenke und monatliche Sonderzahlungen; bei Dönitz sind immerhin Sonderzahlungen nachgewiesen. Vgl. Gerd R. Ueberschär und Winfried Vogel, Dienen und

Verdienen. Hitlers Geschenke an seine Eliten, 3. Aufl., Frankfurt a.M. 2001, bes. S. 72 f., 110, 150 f., 182, 188 f., 218 f., 245.

[44] So Der Spiegel (wie Anm. 11), S. 24.

[45] Duppler, Kontinuität (wie Anm. 4), S. 4.

[46] Der Spiegel (wie Anm. 11).

[47] Vgl. Karl-Volker Neugebauer, Die Wehrmacht im nationalsozialistischen Regime, in: Grundzüge der deutschen Militärgeschichte, im Auftrag des MGFA hrsg. von Karl-Volker Neugebauer, Bd 1, Freiburg 1993, S. 317–419, hier S. 330 f.

[48] Ehlert, Innenpolitische Auseinandersetzungen (wie Anm. 14), S. 469.

[49] Vgl. Krüger, Das Amt Blank (wie Anm. 15), S. 125–130, 136–148, 171–173.

[50] Vgl. Ehlert, Innenpolitische Auseinandersetzungen (wie Anm. 14), S. 460–465.

[51] Vgl. Volkmann, Die innenpolitische Dimension (wie Anm. 35), S. 597 f.; Ehlert, Innenpolitische Auseinandersetzungen (wie Anm. 14), S. 424, 439 f.

[52] »Symbole sind Leuchtfeuer zur Standortbestimmung und Richtfeuer zum Abstecken des Kurses: Stehen sie fern, werden wir sie getrost ansteuern können; stehen sie nahe, werden wir sorgsam ein Auflaufen vermeiden müssen. Personen können zu Lebzeiten niemals Tradition symbolisieren.« BA-MA, BM 15/70, Zur Pflege der Tradition, 27.2.1957. Vgl. auch Abenheim, Bundeswehr (wie Anm. 25), S. 132.

[53] »In den Nationalsozialismus waren Streitkräfte teils schuldhaft verstrickt, teils wurden sie schuldlos mißbraucht.« Vgl. Abenheim, Bundeswehr (wie Anm. 25), S. 225–234, bes. S. 230.

[54] Ansprache auf der 35. Kommandeurtagung der Bundeswehr in München, 17.11.1995, in: Bulletin des Presse- und Informationsamtes der Bundesregierung, Nr. 97, 21.11.1995. Vgl. auch Ralph Giordano, Die Traditionslüge. Vom Kriegerkult in der Bundeswehr, Köln 2000, S. 69 f., 74–77, 418.

[55] Vgl. Giordano, ebd., S. 267–290. – Nicht zuletzt mit umstrittenen Kasernennamen begründet der Publizist Giordano seine Auffassung (ebd., S. 26–29), die Bundeswehr habe bis heute in ihrem Traditionsverständnis allenfalls vordergründig auf die Wehrmacht verzichtet.

Peter Monte

Die Rolle der Marine der Bundesrepublik Deutschland in der Verteidigungsplanung für Mittel- und Nordeuropa von den 50er Jahren bis zur Wende 1989/90[*]

1. Vorbemerkungen

Die Themenstellung führt direkt in ein vielschichtiges Spannungsfeld, das im wesentlichen gekennzeichnet ist von Fakten der Geostrategie und der militärischen Kräfteverhältnisse einerseits sowie höchst unterschiedlichen sicherheitspolitischen und militärstrategischen Lagebeurteilungen andererseits – und dennoch ermöglichen soll, die Verteidigungsplanung nachzuvollziehen. Vor diesem von Gegensätzen geprägten Hintergrund gilt es, die Rolle der Marine der Bundesrepublik Deutschland, später verkürzend »Deutsche Marine« genannt, zu untersuchen[1].

Ziel dieser Untersuchungen ist es, die Einordnung der Marine des westlichen Teiles Nachkriegsdeutschlands in die Verteidigungsplanung für Mittel- und Nordeuropa darzustellen und zu bewerten. Dabei kommt es besonders darauf an, einen Weg zu verfolgen, der in den frühen 50er Jahren mit Überlegungen und Planungen für eine auch mit offensiven Elementen ausgestattete deutschen Küstenmarine als Teil der »atlantischen Marinen« in Nord- und Ostsee begann, weiter über den Aufbau einer mit Schwerpunkt auf Ostseeaufgaben ausgerichteten Marine im Nordatlantischen Bündnis (NATO) hin zum Ausbau zu einer NATO-Nordflankenmarine mit flexiblen Einsatzoptionen in Ostsee, Nordsee und angrenzenden Seegebieten ging, und seit Anfang der 90er Jahre nun zum Umbau zu einer Deutschen Marine führte, die erklärtermaßen in multinationaler Einbindung völlig entregionalisiert eingesetzt werden kann. Oder, als These formuliert: von der früheren »Risikoflotte« der Kaiserlichen Marine des Deutschen Reiches über einen Neustart der Marine des westlichen Teiles Deutschlands als »Bündnismarine« zu einem vorläufigen Umbau der Marine des vereinten Deutschlands zur »bündnisgemeinsamen Risikoflotte«. Die Untersuchung beschränkt sich auf den Zeitraum von 1950 bis Mitte der 90er Jahre und schließt mit einem Ausblick auf die 1994 erkennbare konzeptionelle Weiterentwicklung der Deutschen Marine. Tatsächliche spätere Entwicklungen werden also nicht mehr berücksichtigt[2].

2. Entwicklungsphasen

Relativ deutlich sind mehrere Phasen in der Entwicklung der Marine und ihrer Einordnung feststellbar.

a. Eine Vorphase von 1950 bis Mitte 1954, beginnend mit ersten eigenen deutschen Überlegungen und endend mit den Planungen im Rahmen der Verhandlungen zur Europäischen Verteidigungsgemeinschaft (EVG).

b. Eine erste Phase von Ende 1954 bis Ende 1967 mit Planung und Aufbau einer *Bündnismarine* in der NATO mit Schwerpunkt Ostseeaufgaben.

c. Eine zweite Phase von 1968 bis Mitte 1980 mit dem Ausbau der Fähigkeiten der neuen Marine in Nordsee und Ostsee und ihre Anpassung an die veränderte Militärstrategie der NATO.

d. Eine dritte Phase von 1980 bis Anfang 1990 mit dem Ausbau der operativen Einbindung der deutschen Marine im gesamten Nordflankenraum der NATO und teilweise sogar darüber hinaus.

e. Eine seitdem vierte, noch nicht abgeschlossene Phase, gekennzeichnet von dem Bemühen, die Veränderungen sowohl in den sicherheitspolitischen und militärstrategischen Rahmenbedingungen als auch der Situation des Verteidigungshaushaltes aufzunehmen und im erweiterten Aufgabenspektrum der deutschen Streitkräfte konsequent den Prinzipien von multinationaler Friedenserhaltung und Krisenreaktion sowie von Entregionalisierung im Einsatz zu folgen.

a) Die Vorphase:
Himmerod, Admiral Wagner und die EVG-Marine

Im Eifelkloster Himmerod fand vom 6. bis 9. Oktober 1950 eine Tagung von 15 ehemaligen höheren Offizieren der früheren Wehrmacht, darunter drei Marineoffiziere, statt, um sich mit Fragen eines möglichen westdeutschen Verteidigungsbeitrages für Westeuropa zu beschäftigen. Das Ergebnis ist in der sogenannten »Himmeroder Denkschrift« nachzulesen[3]. Es wurden u.a. Vorstellungen zu den Aufgaben der »atlantischen Marinen« in Ostsee und Nordsee entwickelt und hierfür notwendige deutsche Kräftebeiträge abgeleitet. Die so ausgelegte Deutsche Marine war danach eindeutig als Bündnismarine konzipiert, der Schwerpunkt ihrer Aufgaben sollte in der Ostsee liegen und dabei defensive und offensive Einsätze umfassen, einschließlich Landungsunternehmen »weit im Rücken« einer russischen Front an der südlichen Ostseeküste. Das Operationsgebiet Nordsee wurde vornehmlich im Zusammenhang mit Minenabwehr und dem Schutz von dortigen Seeverbindungen – auch vor Luftangriffen – erwähnt. Die hierzu für erforderlich gehaltenen schwimmenden und fliegenden Seekriegsmittel waren zwar zahlenmäßig umfangreich, umfaßten jedoch nur kleinste und kleinere Überwasser- und Unterwasserfahrzeuge, andererseits aber eine beachtliche Anzahl von Marinefliegerkräften, darunter erstaunlicherweise 84 Jagdflugzeuge. Die größten schwimmenden Einheiten sollten Torpedoboote, zugleich Minenleger von je 1200 t Verdrängung werden. Für den Personalumfang der künftigen Seestreitkräfte sind als Eckwerte eine Bandbreite von 15 100 bis 19 600 Mann überliefert. Diese Himmeroder Überlegungen fanden in bemerkenswertem Maße Eingang in die spätere, tatsächliche Entwicklung der Marine der Bundesrepublik Deutschland. Dies betrifft sowohl Teile der damals angedachten Aufgaben als auch die geplanten Umfänge an Seekriegsmitteln (siehe Kastentext: Die Deutsche Marine nach Himmerod).

Himmerod stand zwar am Anfang einer Entwicklung, läßt aber dennoch bereits Gedanken an eine mögliche Kontinuität deutscher Marinekonzeptionen der Bundesrepublik Deutschland zu.

Der nächste zu erwähnende Meilenstein in den konzeptionellen deutschen Überlegungen zu einer zukünftigen Marine waren die Gedanken des Konteradmirals a.D. Gerhard Wagner. Unter seinem Namen wurde am 14. März 1951 eine Denkschrift zum »Aufbau eines deutschen Marinekontingents im Rahmen deutscher Mitwirkung an der Verteidigung Westeuropas« vorgelegt. Sie war das Ergebnis einer Arbeit des von der U.S. Navy bereits im Frühjahr 1949 in Bremerhaven eingerichteten »Naval Historical Team« zur Auswertung der deutschen Kriegserfahrungen[4]. Diese Denkschrift nahm die Himmeroder Überlegungen, teilweise wortwörtlich, auf – möglicherweise begünstigt durch die Anwesenheit des Vizeadmirals a.D. Friedrich Ruge in beiden Arbeitsgruppen – und entwickelte sie weiter (siehe Kastentext: Die Deutsche Marine nach Konteradmiral a.D. Wagner).

In Wagners Gedanken wird im Vergleich zu Himmerod deutlich:
– Die Deutsche Marine soll, wie in Himmerod, Teil der »atlantischen Marinen« sein, also eine Bündnismarine;
– ebenfalls wie in Himmerod soll der Schwerpunkt der Aufgaben in der Ostsee liegen, auch mit den gleichen, eindeutig offensiven Elementen in Form von Kommandounternehmen und Landungen »weit im Rücken« der russischen Front;
– die Nordsee wird, wie auch in Himmerod angedacht, nur als Gebiet für Minenabwehr und zur Sicherung der dortigen Seeverbindungen gegen Luftangriffe und U-Boote genannt.

Die von Wagner vorgesehenen Umfänge an Seekriegsmitteln überschritten in Teilen die von Himmerod, u.a. empfahl er eine Verdoppelung der Marineluftfahrzeuge und eine Küstenartillerie, und sein gedachter Personalumfang der deutschen Marine lag bei ca. 20 000 Mann, also am oberen Ende der Himmeroder Vorstellungen.

Der dritte Meilenstein der konzeptionellen Entwicklung der Deutschen Marine kann in den ab 15. Februar 1951 stattfindenden Verhandlungen zu einer Europäischen Verteidigungsgemeinschaft (EVG) gesehen werden. Am Ende wurde im EVG-Vertragswerk vom 27. Mai 1952 als Teil der gedachten europäischen Seestreitkräfte eine Deutsche Marine entworfen, die neben der Sicherung von Flußmündungen und Hafenzufahrten im wesentlichen Aufgaben der Küstenverteidigung in der Ostsee sowie der Minenabwehr und Sicherung von Seewegen in der Deutschen Bucht der Nordsee haben sollte. Als Personalumfang waren rd. 25 000 Mann vorgesehen, davon allerdings nur rd. 11 500 aktiv. Die Anzahl der Seekriegs-

Die Deutsche Marine nach Himmerod, Oktober 1950*

a) Allgemeines

Um die Verteidigung des Schleswig-Holsteinischen Brückenkopfes zu unterstützen und der russischen Seemacht in der Ostsee entgegenzutreten, haben die atlantischen Marinen in Ost- und Nordsee folgende Aufgaben:

Sicherung der westlichen Ostsee gegen Angriffsunternehmen von Überwasserstreitkräften und U-Booten und Abwehr von Landungen.

Verhindern des Ausbruchs von russischen U-Booten aus den Ostsee-Eingängen.

Unterbrechung des russischen Nachschubverkehrs in der Ostsee, die voraussichtlich der leistungsfähigste der russischen Nachschubwege sein wird. Minenfreihalten von eigenen Nachschubwegen und Verkehrswegen in der westlichen Ostsee und in der Nordsee.

Sichern der Geleitzüge in diesen Gewässern gegen Luftangriffe, Minen und U-Boote.

Sicherung und Unterstützung des eigenen an das Meer angelehnten Heeresflügels gegen Beschießungen und überflügelnde Landungen.

Bedrohung des an das Meer angelehnten Flügels des russischen Heeres durch Beschießungen und Landungen, wobei die russische Flankenempfindlichkeit besonders auszunutzen ist.

Kommandounternehmen und Landungen weit im Rücken der russischen Front, um Kräfte zu binden und Unsicherheit zu erzeugen. [...]

Die dänische Marine ist schwach und hat keinerlei Kriegserfahrung. Sie kann vielleicht den Durchbruch von U-Booten verhindern, sie ist aber keinesfalls in der Lage, offensiv zu werden oder auch nur eine energische Landungsoperation abzuwehren.

Die Russen dagegen bauen eine starke Flotte in der Ostsee auf und stellen daneben umfangreiche Verbände von kleinen Fahrzeugen auf, anscheinend für Nachschubzwecke und Landungsoperationen, wie sie sie im letzten Kriege wiederholt unternommen haben.

Bei dieser Lage ist eine wesentliche Vermehrung der leichten Seestreitkräfte des Westens in der westlichen Ostsee erforderlich. Ein deutsches Kontingent erscheint in diesem Rahmen notwendig, denn es bringt genaue Ortskenntnis und eingehende Kenntnis des Gegners mit.

b) Stärke der Marinestreitkräfte

Die Stärken dieses Kontingents ergeben sich aus den bezeichneten Aufgaben, wobei weitere atlantische See- und Luftstreitkräfte dafür zu sorgen

haben, daß die Seeherrschaft bis in die mittlere Ostsee hinein in westlicher Hand bleibt.

Es werden als erforderlich angesehen:

Zur Sicherung der Seeflanke des Heeres gegen Landungen:
2 Flottillen von Kleinkampfmitteln (Zwei-Mann-U-Boote, Sprengboote usw.)
12 Landungsfahrzeuge mit Raketenbatterie. [...]

Zur Wirkung hinter den Flanken des russischen Heeres:
(Kleinkampfmittel wie oben).
12 Infanterie-Landungsfahrzeuge für je 200 Mann,
12 Panzer-Landungsfahrzeuge für je 4 Panzer und Amphibien oder andere große Motorfahrzeuge, Kommandotrupps.

Zur Wirkung gegen den russischen Nachschubverkehr:
12 Torpedoboote, gleichzeitig als schnelle Minenleger (1200 t), 36 Schnellboote, 24 Klein-U-Boote (250 t), 30 Aufklärungsflugzeuge (Marine-Fliegerverbände)
30 Kampfflugzeuge (zgl. U-Jagd) [Marine-Fliegerverbände]

Zum Verhindern des Durchbruchs von U-Booten:
12 U-Jäger
(30 Kampfflugzeuge wie oben)

Zum Schutz der ausgedehnten Wege in der Ost- und Nordsee gegen Minen, U-Boote und Luftangriffe:
24 Minensuchboote (600 t), 36 Räumboote (100 t), 12 Geleitboote (800 t), 36 Kriegsfischkutter**, 84 Jagdflugzeuge

* Auszug aus: Denkschrift des militärischen Expertenausschusses über die Aufstellung eines Deutschen Kontingents im Rahmen einer übernationalen Streitmacht zur Verteidigung Westeuropas vom 9. Oktober 1950 (»Himmeroder-Denkschrift«), zit. nach Jürgen Rautenberg und Norbert Wiggershaus, Die »Himmeroder Denkschrift« vom Oktober 1950. Politische und militärische Überlegungen für einen Beitrag der Bundesrepublik Deutschland zur westeuropäischen Verteidigung, 2. Aufl., Karlsruhe 1985, S. 48 f.

** Einfaches Vorposten- und Sicherungsfahrzeug für das Küstenvorfeld, im Zweiten Weltkrieg entstanden aus dem Typ des Fischkutters, es war daher leicht und schnell auf kleinen Bootswerften zu bauen. Die Kutter hatten eine starke Flakbewaffnung und eine Geschwindigkeit von etwa 9 Knoten.

Die Deutsche Marine nach Konteradmiral a.D. Gerhard Wagner vom März 1951 (Auszug)*

II. Aufgaben der atlantischen Marinen

10. Zusammenfassend ergeben sich in den an Deutschland angrenzenden Seegebieten folgende Seekriegsaufgaben:

defensiv

1) Sicherung der westlichen Ostsee gegen Angriffsunternehmen von Überwasserstreitkräften und U-Booten.
2) Abwehr von Landungen hinter der eigenen Front und auf den dänischen Inseln. Da ein Teil der örtlichen Küstenverteidigung wie Torpedobatterien, Küstenminen und Kleinkampfmittel zwangsläufig zur Marine gehören, wird es im Gegensatz zur Himmeroder Denkschrift für zweckmäßig gehalten, auch die Küstenartillerie, die mit diesen Kampfmitteln gemeinsam gegen Seeziele wirken soll, der Marine zu unterstellen [...]
3) Verhindern des Ausbruchs von russischen U-Booten aus den Ostsee-Eingängen.
4) Minenfreihalten von eigenen Nachschubwegen und Verkehrswegen in der westlichen Ostsee, in der Nordsee und im Skagerrak/Kattegat.
5) Sichern der Schiffahrt in diesen Gewässern gegen Luftangriffe, U-Boote und Minen.
6) Sicherung und Unterstützung des eigenen an das Meer angelehnten Heeresflügels gegen Beschießungen und überflügelnde Landungen.

offensiv

7) Bedrohung des an das Meer angelehnten Flügels des russischen Heeres durch Beschießung und Landungen, wobei die russische Flankenempfindlichkeit besonders auszunutzen ist.
8) Angriff auf den russischen Nachschubverkehr in der Ostsee, der voraussichtlich der leistungsfähigste der russischen Nachschubwege sein wird.
9) Kommandounternehmungen und Landungen weit im Rücken der russischen Front, um Kräfte zu binden und Unsicherheit zu erzeugen.
10) Unterstützen der Widerstandsbewegungen in der Sowjetzone Deutschlands, in Polen, den Baltischen Staaten und Finnland durch Absetzen von Agenten, Waffen und Propagandamaterial.
11) Fernziel: Durchführung einer Großlandung in der mittleren oder östlichen Ostsee bei Übergang des Westens zur allgemeinen Offensive.

* Auszug aus der Denkschrift »Aufbau eines deutschen Marinekontingentes im Rahmen deutscher Mitwirkung an der Verteidigung Westeuropas« vom März 1951 (»Wagner-Denkschrift«). Die Denkschrift ist vollständig publiziert bei Jörg Duppler, Germania auf dem Meere. Bilder und Dokumente zur Deutschen Marinegeschichte 1848–1998, Hamburg 1998, S. 190–197 (Dok.-Nr. 3), Auszug S. 191.

mittel hatte deutlich geringere Größenordnungen, als sie noch Himmerod und Wagner vorgesehen hatten. Die Deutsche Marine des EVG-Vertrages wäre zwar in die militärischen EVG-Strukturen eingebunden gewesen, aufgrund der anteiligen und gebietsbezogenen Aufgabenzuordnung wäre sie aber, zudem noch eingeschränkt im Personalumfang, bestenfalls eine Marine mit Fähigkeiten zur Küstenverteidigung in Nord- und Ostsee geworden. U-Boote und Fahrzeuge in Zerstörergröße fehlten völlig, selbst die wenigen offensiven Elemente Himmerods und Wagners in der Ostsee waren nicht aufgenommen worden, und Aufgaben der deutschen Marine außerhalb der Deutschen Bucht, bei Himmerod und Wagner noch angelegt, sah die EVG-Konzeption nicht vor[5].

Waren Himmerod und Wagner noch rein deutsche konzeptionelle Vorstellungen, so ist die deutsche EVG-Marine in ihrem Ergebnis der erste Versuch einer international abgestützten Konzeption. Zugleich war damit aber auch die klare Erkenntnis verbunden, daß Himmerod und Wagner noch zu ehrgeizige Ziele gesetzt hatten. Die Deutsche Marine mußte konsequenter als gedacht der nach dem Zweiten Weltkrieg gebotenen Selbstbescheidung entsprechen und auf die Befindlichkeiten der ehemaligen Gegner – nun aber neuen Verbündeten – stärker als angenommen Rücksicht nehmen.

Konteradmiral Gerhard Wagner (1898–1983)
Quelle: MSM/WGAZ

»Die großen Entscheidungen in einem Konflikt Ost–West werden auf dem Festland Europa–Asien mit Mitteln des Landkrieges ausgetragen werden. Da aber die Kraftzentren des Westens – USA und Großbritannien – außerhalb des Kontinents Eurasien liegen, ist die Aufrechterhaltung der westlichen Seeherrschaft von kriegsentscheidender Bedeutung.«
(G. Wagner, 1951)

Der Weg Himmerod – Wagner – EVG führte sowohl im Aufgabenspektrum als auch dem Umfang nach zu einer Marine mit deutlich begrenzter Rolle in der Verteidigungsplanung für Mittel- und Nordeuropa, nämlich am Ende mit Aufgaben nur noch in der Deutschen Bucht sowie vor und an den Küsten von Nord-

und Ostsee. Alle deutschen Überlegungen über diesen Rahmen hinaus waren zu diesem Zeitpunkt ganz offenbar noch nicht durchsetzbar[6].

Nach dem politischen Scheitern der EVG im August 1954 erfolgte Ende 1954 der tatsächliche Einstieg in ein bereits existierendes Bündnis. Als Ergebnis der Londoner (28. September bis 3. Oktober 1954) und Pariser (19. bis 23. Oktober 1954) Konferenzen mit ihren Verhandlungen auch über Aufgaben, Umfang und Einbindung der deutschen Marine sowie im Rahmen der angestrebten Mitgliedschaft in der Westeuropäischen Union (WEU) mit ihren besonders für Deutschland so maßgebenden Regelungen zur Rüstungskontrolle (u.a. Höchstgrenze für deutsche Überwasserschiffe 3000 t, für U-Boote 350 t, keine Minen außer Kontaktminen, keine Herstellung von ABC-Waffen) wurde der Beitritt der Bundesrepublik Deutschland zur WEU als 7. Mitglied zum 6. Mai und zur NATO als deren 15. Mitglied zum 9. Mai 1955 wirksam. Dieser Einstieg bedeutete gegenüber der EVG-Marine beachtliche Veränderungen für die konkrete Entwicklung der Deutschen Marine und bereitete den Grund für eine in den nächsten Jahrzehnten feststellbare Ausweitung der Rolle der Marine in der alliierten Verteidigungsplanung.

b) Die erste Phase (Ende 1954 bis Ende 1967):
Aufbau in der NATO

Das Scheitern der EVG noch vor ihrem Wirksamwerden und der dann alternativ eingeschlagene Weg über die WEU in die NATO eröffnete gleichzeitig Möglichkeiten für neue Verhandlungen zu Aufgaben, Kräften und Struktur der zukünftigen Marine der Bundesrepublik Deutschland. Die NATO hatte zu diesem Zeitpunkt noch kein Konzept für eine Deutsche Marine, ein eigenes deutsches Konzept konnte deshalb trotz EVG neu zur Sprache gebracht werden. Unter klarer Abstützung auf Wagners Gedanken wurden u.a. folgende Vorstellungen eingebracht[7]:

– Bündnismarine mit Schwerpunktaufgaben
– Sichern der Ostseezugänge
– Unterbrechen bzw. Stören feindlichen Schiffsverkehrs in westlicher, mittlerer und östlicher Ostsee
– Unterstützen des Heeres durch amphibische Kapazitäten und seegestützte Artillerie in der Ostsee
– Sichern eigener Seeverbindungen in Ostsee, Kattegat, Skagerrak, nördlicher und südlicher Nordsee
– Beteiligung an Sicherungsaufgaben im Atlantik
– Kräfte dafür: Zerstörer, U-Boote, S-Boote, Minenabwehr- und Landungsfahrzeuge (Transportkapazitäten für 1 Heeresbataillon unter Kampfbedingungen), Marineflieger
– Personalumfang bis 1960 ca. 25 000 Mann, bis 1970 auf 45 000 Mann (!) anwachsend.

In der Tat gelang es, diese Vorstellungen so nachhaltig bei der NATO zu vermitteln, daß im ersten quasi offiziellen Dokument seitens des Obersten Hauptquartiers der Alliierten Streitkräfte in Europa (SHAPE) die Aufgaben und Kräfte der neuen deutschen Marine festgelegt wurden[8].

Die Deutsche Marine nach den Vorstellungen von SHAPE vom 6. Juli 1955*

The main missions of the German naval forces are envisaged as follows:
a) to assist in preventing enemy naval forces from penetrating into the North Sea through the Baltic Exits and the Kiel Canal
b) to interdict to the maximum extent Soviet sea lines of communication in the Baltic
c) to participate in the Allied defenses of the North German Baltic coast and the Danish islands
d) to assist in maintaining Allied sea lines of communication in the German coastal waters and adjacent waters

* Auszug aus dem Brief des Chefs des Stabes SHAPE, GenLt (US) Cortlandt von Rennselaer Schuyler, an den deutschen Chefdelegierten bei den Verhandlungen mit der NATO, General a.D. Dr. Hans Speidel, vom 6. Juli 1955. Deutsche Übersetzung des vollständigen Textes publiziert in: Jörg Duppler, Germania auf dem Meere. Bilder und Dokumente zur Deutschen Marinegeschichte 1848-1998, Hamburg 1998, S. 200 f. (Dok.-Nr. 5).

Für diese Aufgaben sollten u.a. »18 small fast destroyers, 10 escorts, 40 fast patrol boats, 54 minesweepers, 36 landing craft, 12 coastal submarines und 58 maritime aircraft and helicopters« aufgestellt werden.

Hinsichtlich der Aufgaben gab es gegenüber dem EVG-Vertragswerk demnach eine klare Verlagerung weg von reinen Küstenverteidigungsaufgaben in Nord- und Ostsee hin zu Aufgaben in der gesamten Ostsee und in der dänischen Inselwelt sowie in der Nordsee, auch in den an deutsche Küstengewässer angrenzenden Seegebieten, d.h. die früheren räumlichen (EVG-)Einschränkungen waren in diesem Aufgabenspektrum durch allgemeinere Formulierungen weitgehend entfallen. Diese Formulierungen schufen zugleich auch genügend Flexibilität für die bald notwendige Einordnung der Marine in die Befehlsbereiche und Kommandostrukturen der NATO und für die Konkretisierung der Rüstungsvorhaben der Marine.

Hinsichtlich der Kräfte gab es gegenüber der EVG-Marine die deutlichsten Verlagerungen: in der Gesamtzahl mit 184 (NATO-) gegenüber 186 (EVG-) Kampfeinheiten zwar annähernd gleich, bedeutete die Einführung von 18 Zerstörern und zunächst 12 U-Booten in der NATO-Kräftedisposition einen qualitativen Sprung weg von der reinen Küstenverteidigungsmarine. Nun ging der Aufbau der Marine zügig voran. Auf der Grundlage der SHAPE-Vorstellungen wurden im Bundeshaushalt 1955 der erste (als Kern: acht Zerstörer, sechs Geleitboote, 54 Minenabwehrfahrzeuge und 30 Schnellboote) und 1957 ein zweiter Schiffbauplan (als Kern: vier Zerstörer, zwölf U-Boote, zwölf Landungsfahrzeuge und neun Schnellboote) eingebracht. Nach dem eher formalen Beginn der neuen deutschen Streitkräfte am 12. November 1955 mit der Ernennung der ersten freiwilligen Soldaten, darunter auch die Gruppe der Marinesoldaten, rückten die ersten Rekruten der neuen Marine am 2. Januar 1956 in Wilhelmshaven ein. Seit Juni 1956 begann die Übernahme der rd. 30 Minensuch- und Minenräumfahrzeuge der ehemaligen deutschen Kriegsmarine mit ihren Besatzungen aus der »Labor Service Unit« der U.S. Navy in Bremerhaven, die seit 1951 Such- und Räumdienst gegen Weltkrieg II-Minen in der Nordsee durchführten. Am 1. Juli 1956 wurde der Bundesgrenzschutz See (BGS See) mit fast 700 Mann und mehreren Fahrzeugen übernommen.

Kiel, Tirpitzmole Anfang der 1960er Jahre: Hochseeminensuchboote Typ 35 und Typ 43, U-Boot Typ XXIII (»Hai« oder »Hecht«)

Quelle: MSM/WGAZ

Die französische Marine gab Minensucher aus Beständen der ehemaligen Kriegsmarine zurück, die britische Marine übergab einige nach dem Krieg in Deutschland gebaute Schnellboote. Bis 1960 wurden sieben Fregatten der »Black Swan«- und »Hunt«-Klasse als Schulfahrzeuge von Großbritannien gekauft. Von den USA wurden sechs Landungsfahrzeuge erworben, und diese überließen der deutschen Marine auch sechs Zerstörer der »Fletcher«-Klasse auf Leihbasis. Damit konnte der dringendste Bedarf an Fahrzeugen für die umfangreiche Ausbildung und den Aufbau der neuen Flotte erfüllt werden. Auch die neuen Marineflieger als organischer Bestandteil der Flotte, häufig auch als »fliegende« Flotte in Ergänzung zur »schwimmenden« Flotte bezeichnet, begannen ab April 1956 mit umfangreicher Ausbildung im In- und Ausland und erhielten 1958 ihre ersten Luftfahrzeuge. Am 16. Februar 1957 lief mit dem Küstenminensuchboot »Lindau« der erste deutsche Neubau vom Stapel, am 12. Juni 1957 folgte das erste Schnellboot, und noch vor 1960 wurden bei der Stülcken-Werft im Hamburg sechs große Geleitboote (später: Fregatten) der »Köln«-Klasse und vier Zerstörer der »Hamburg«-Klasse in

Bauauftrag gegeben. Bis Ende 1960 verfügte die Marine über 195 Kampf- und Hilfsfahrzeuge und 69 Luftfahrzeuge, bis 1961 konnten insgesamt 87 Neubauten in Dienst gestellt werden.

Der Personalumfang der Marine wuchs rasch. Ausgehend von 7700 Mann Ende 1956 wurden bis Ende 1957 bereits 14 000 Mann und 1959 20 000 Mann erreicht. Über eine Stärke von 28 000 Mann Ende 1962 kam die Marine in gut zehn Jahren Ende 1967 mit 37 000 Mann auf einen Umfang, der im wesentlichen bis Ende der 80er Jahre den bekannten Friedensumfang an Trägern der Marineuniform ausmachte.

Die junge Marine lief mit den ehemaligen BGS-See-Fahrzeugen »Eider« und »Trave« am 12. November 1956 zu ihrer ersten Auslandsausbildungsreise nach Großbritannien und den Niederlanden aus, die Schulfregatten »Hipper« und »Graf Spee« begannen am 9. Mai 1959 die erste Auslandsreise der neuen Marine nach Übersee.

Schulfregatte »Graf Spee« beim Einlaufen in Ponta Delgada (Azoren) am 5. Juni 1961

Quelle: F. Lendrich

Schon im Sommer 1957 erfolgte eine erste Teilnahme an NATO-Seemanövern, die ab 1958 sowohl in der Frühjahrs- als auch Herbstserie regelmäßig mit deutschen Einheiten beschickt wurden. Im Sommer 1958 wurde mit der Übung »WALLENSTEIN« eine jährlich wiederkehrende große nationale Flottenübung eingeführt. Bereits am 1. April 1957 erfolgte die Bereitstellung des 1. und 2. Minensuchgeschwaders unter NATO-Befehl. Am 1. März 1961 standen der NATO von deutscher Seite ein Zerstörer-, drei Schnellboot-, vier Minensuch-, ein Landungs- und ein Marinefliegergeschwader zur Verfügung[9].

Dem scheinbar problemlos zügigen Aufbau der Marine stand aus einer Vielzahl von Gründen eine deutlich andere Entwicklung bei der Integration in das Bündnis gegenüber. Die Bundesrepublik Deutschland nördlich der Elbe gehörte, ebenso wie Dänemark, die Ostsee und die Nordsee vor der deutschen und dänischen Küste, schon damals und bis zum Sommer 1994 in den Bereich des NATO-Oberbefehlshaber Nordeuropa (CINCNORTH), der größere Teil der Bundesrepublik aber zum Oberbefehlshaber Mitteleuropa (CINCENT). In den ersten Jahren war die Zersplitterung noch unglücklicher, denn im Bereich der Nordsee gab es zusätzlich noch anteilige Zuständigkeiten für den CINCENT. Erst mit der Aufstellung des dem CINCNORTH zugeordneten neuen NATO-Befehlshaber Ostseezugänge (COMBALTAP) am 8. Januar 1962 kam es zu Verbesserungen dieser ungünstigen Situation. Die Folgen der Anfangssituation zeigten sich in der Gliederung und den Unterstellungsverhältnissen für die deutschen See- und Seeluftstreitkräfte: die Deutsche Flotte als politisch gewollter deutscher Bündnisbeitrag war de facto aufgeteilt in zwei NATO-Befehlsbereiche. Der Befehlshaber der Deutschen Flotte blieb zunächst ein nationaler Befehlshaber mit Aufgaben in der Einsatzausbildung und truppendienstlichen Führung. Ihm unterstanden ein Befehlshaber der Seestreitkräfte Nordsee (BSN) und ein solcher für die Ostsee (BSO), die beide gleichzeitig operative NATO-Befehlshaber waren, der BSN dabei als COMNORSEACENT zum Befehlsbereich des CINCENT, und der BSO als COMNAVGERBALT zum Bereich des CINCNORTH gehörend (siehe das Organigramm zu den Unterstellungsverhältnissen deutscher Marinekräfte).

Erst mit der Einrichtung des COMBALTAP in Karup (Dänemark) und seines ab 1. April 1962 nachgeordneten Marinekommandos COMNAVBALTAP in Kiel-Holtenau (dieses verlegte 1976 in ein gemeinsames BALTAP-Hauptquartier nach Karup) kam es zu Verbesserungen. Der Befehlshaber der Flotte wurde als Flag Officer Germany (FOG) gleichzeitig NATO-Befehlshaber und in dieser Funktion mit seinen für eine NATO-Unterstellung vorgesehenen deutschen See- und Seeluftstreitkräften in Nord- und Ostsee dem COMNAVBALTAP zugeordnet. Der BSO wurde abgeschafft, der BSN führte bis zu seiner endgültigen Auflösung 1994 nur noch Aufgaben nach Zuweisung des Befehlshabers der Flotte durch. Die Deutsche Flotte hatte damit ein schwerwiegendes operatives Problem zumindest deutlich verringert, wenn auch der Einsatz in der Nordsee erst 1981 durch eine Neuregelung der dort zuständigen Obersten NATO-Befehlshaber SACLANT, SACEUR und CINCHAN weitgehend befriedigend gelöst werden konnte[10].

Militärstrategisch war seit März 1957 das Grundsatzdokument des NATO-Militärausschusses MC 14/2 »Overall Strategic Concept« for the NATO-Area« als Ersatz für die seit 1952 gültige MC 14/1 mit ihrer Strategie der »Massive Retaliation« maßgebend[11]. Zwar sollte auch weiterhin jeder Angriff des sich bildenden Warschauer Paktes einschließlich der Sowjetunion massiv mit strategischen und erstmalig auch taktischen Nuklearwaffen beantwortet werden, dennoch kam den konventionellen Kräften eine veränderte Rolle zu: sie sollten einen Konflikt beenden. Die große, alles vernichtende nukleare Auseinandersetzung war damit relativiert, und es mußte der Einsatz sowohl nuklearer als auch konventioneller Kräfte

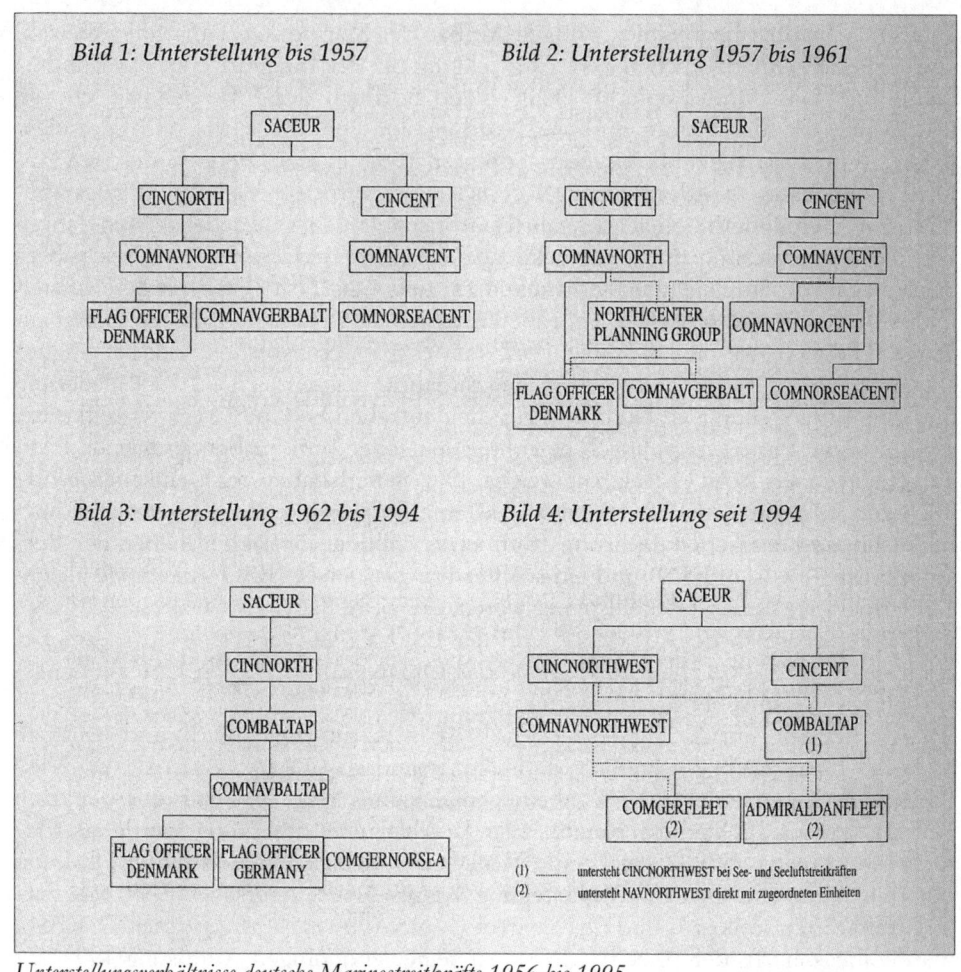

Unterstellungsverhältnisse deutsche Marinestreitkräfte 1956 bis 1995

berücksichtigt werden. Das bedeutet andererseits neue Forderungen an die Überlebens- und Durchhaltefähigkeit konventioneller Kräfte beim Einsatz nuklearer Waffen. Neben diesen strategischen Veränderungen galt es eine neue, dramatische Entwicklung aufzunehmen: nach frühen Erprobungen stellte die sowjetische Marine bis 1960 die ersten Überwasser- und Unterwasserfahrzeuge sowie Flugzeuge in Dienst, die mit Seeziel-Flugkörpern ausgerüstet waren. Das ergab auch für den Ostseeraum gravierende Auswirkungen auf das Kräfteverhältnis. Dem hatte sich die Marine in der Rüstung und operativ anzupassen, denn sie mußte trotz dieser Entwicklungen auch weiterhin mit realistischen Erfolgsaussichten ihre Aufgaben in Nord- und vor allem Ostsee erfüllen können.

Der von Himmerod/Wagner konzipierte und durch SHAPE formulierte Aufgabenkatalog für die Deutsche Marine wurde gerade erstmals konkret umgesetzt, eine umfangreiche Ausbildung und ein ehrgeiziges Rüstungsprogramm waren eingeleitet, als die Marine aufgrund der neuen Fähigkeiten der Sowjetunion im Seekrieg schon nach den ersten, wenigen Jahren gezwungen war, ihre konzeptionelle Grundlinie und ihre Rüstungsplanung zu überdenken.

Unter diesen Rahmenbedingungen wurde 1962 die erste Konzeption der Marine – »Konzeption und Aufbau der Marine« – verfaßt. Sie definierte als Hauptgewicht der Aufgaben den Schutz der Ostseezugänge, als zweites wurde das Einwirken auf gegnerische Seeverbindungen und als drittes die Sicherung des eigenen Seeverkehrs benannt. Vereinfacht bedeutete dies: zwei Drittel der maritimen Verteidigungsanstrengungen der Bundesrepublik Deutschland im Ostseeraum, ein Drittel in der Nordsee – eine für lange Zeit gültige Festlegung[12].

In der Verteidigungsplanung des Bündnisses hatte die Deutsche Marine demnach in der Ostsee zweifellos eine Schlüsselfunktion an der Nahtstelle zwischen Mittel- und Nordeuropa, d.h. sie spielte eine wesentliche Rolle bei der Verteidigung Nord- und Mitteleuropas. Im Sinne der MC 14/2 war es eben die Kernaufgabe, mit konventionellen Kräften die Ostseezugänge für eigene Zwecke offenzuhalten, um in der gedachten zweiten Phase einer Auseinandersetzung den Ostseeraum für die damals immer noch für überlegen gehaltenen NATO-Streitkräfte – hier die atlantischen Seestreitkräfte einschließlich amphibischer Kräfte – zu nutzen und, wenn erforderlich, Gegenoperationen weit in die »nasse« Ostseeflanke eines in Mitteleuropa angreifenden Warschauer Paktes vortragen zu können. Die Operationsplanung lief demnach auf eine Verteidigung in der Ostsee so weit ostwärts wie möglich hinaus, das operative Prinzip »Forward Defence« der NATO wurde zu dieser Zeit auch noch mit »Vorwärtsverteidigung« übersetzt. Es sollte dabei aber nicht die große Seeschlacht in der Ostsee gesucht werden, sondern es galt, mit steigender Intensität von Ost nach West gegnerische Ansätze gegen das deutsche und dänische NATO-Territorium – vornehmlich amphibische Großunternehmungen – zu stören und zu verhindern. Das bedeutete für die Operationsplanung der Deutschen Marine in der Ostsee und ihr Rüstungsprogramm, Fähigkeiten zu tief gestaffelter, flexibler und schneller Kampfführung zu schaffen und zu erhalten.

In der damals geographisch noch relativ allgemein beschriebenen Nordsee ging man in diesen ersten Jahren von weitgehend gesicherter Überlegenheit aus, zumal der Oberste Alliierte Befehlshaber Atlantik (SACLANT) mit seiner erheblichen Kampfkraft, u.a. den unterstellten Trägerkampfgruppen der U.S. Navy, bis tief in die Nordsee hinein in Seegebieten eigener Zuständigkeiten operieren konnte: der Befehlsbereich des NORLANT in der Nordsee, die sogenannte »NORLANT-Tasche«, gehörte zum SACLANT-Bereich (siehe Schaubild: NATO-Kommandobereiche bis 1994 [Command areas and boundaries]).

Die deutschen Bündnisbeiträge in der Nordsee erschienen deshalb zumindest ausreichend, Verbesserungen in den operativen Fähigkeiten der dort eingesetzten Seekriegsmittel waren damit nicht ausgeschlossen und wurden auch zielstrebig angegangen, wie etwa die Beteiligung am NATO-Projekt eines neuen Maritime

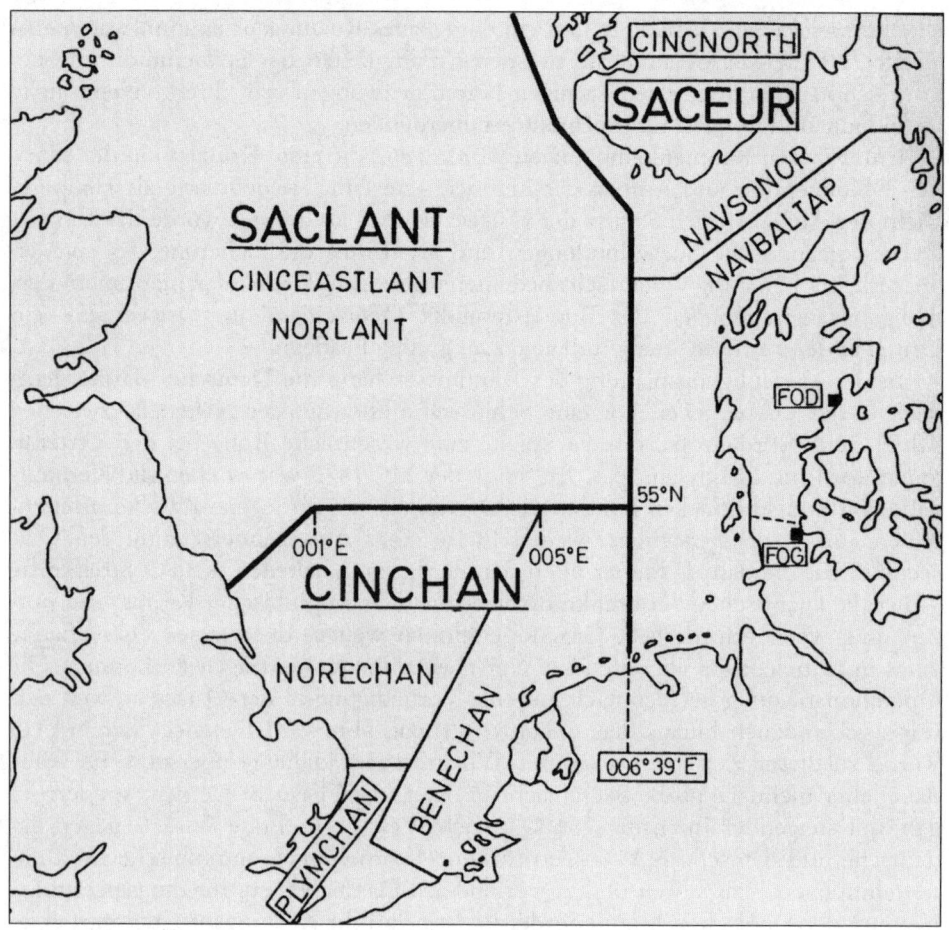

NATO-Kommandobereich bis 1994

Patrol Aircraft (MPA) Anfang der 60er Jahre als Nachfolge für das U-Jagd-Flug-
zeug »Fairey Gannet« der Marineflieger.

Bei ihrer Ausbildung und Rüstung in den frühen 60er Jahren war die Marine
nach Kräften bemüht, die neuen Herausforderungen, vor allem durch die sowjetische Marinerüstung, zu berücksichtigen. So wurde konsequent in den ersten und
zweiten Schiffbauplan eingegriffen: aufgrund der bestehenden WEU-Tonnage-
beschränkungen wurde der Bau der geplanten zwölf Zerstörer mit nur vier Einheiten der »Hamburg«-Klasse zunächst beendet, da sowohl Führungseinrichtungen
als auch die gebotene Ausrüstung mit Seeziel- und Flugabwehr-Flugkörpern
Schiffseinheiten jenseits der erlaubten Tonnage verlangten. Entsprechende Anträge bei der WEU führten zum Erfolg, am 24. Mai 1961 genehmigte die WEU den
Bau von Zerstörern bis zu 6000 t Verdrängung, Hilfsschiffe durften ebenfalls bis
zu 6000 t Verdrängung umfassen, außerdem wurde die Entwicklung von Fernzün-

dungsminen gestattet. 1962 wurde dann auch die Tonnagebeschränkung für U-Boote von 350 t auf 450 t angehoben. Als Antwort auf die »Raketenlücke« in der Ostsee erfolgte bereits 1964 die parlamentarische Zustimmung zum Kauf und Bau von drei größeren, modernen Flugkörperzerstörern der »Charles F. Adams«-Klasse in den USA; der Stapellauf des ersten Zerstörers, der »Lütjens«, fand am

Zerstörer »Mölders«

Quelle: Flottenkommando, Glücksburg

11. August 1967 statt, am 2. Mai 1970 waren alle drei Zerstörer in Dienst gestellt und wurden in Kiel stationiert.

Aufbau, Erhalt und Verbesserung der erforderlichen Fähigkeiten zur schnellen, flexiblen und tief gestaffelten Seekriegführung in der Ostsee führten ab November 1963 zur Ablösung der 68 Marinejagdbomber und -aufklärer vom Typ Armstrong-Whitworth »Sea Hawk« durch Beschaffung von insgesamt 135 Flugzeugen des mit der Luftwaffe gemeinsam neu eingeführten Typs Lockheed F-104G »Starfighter«. Diese Umrüstung bedeutete mindestens eine Verdoppelung der Kampfkraft der Marinejagdbomber-Komponente.

Der Marineführung gelang es, Überlegungen erfolgreich zu begegnen, denen zufolge auch die Marine-»Starfighter« in der Strike-Rolle deutscher fliegender Waffenträger im Rahmen der seit 1958 beschlossenen Teilhabe der Bundesrepublik Deutschland an den nuklearen Streitkräften der NATO eingesetzt werden sollten[13]. Sie nahm damit zwar hin, daß sie als einzige Teilstreitkraft der Bundeswehr keine nuklearen Trägermittel stellte, andererseits behielt sie damit ihre Marinejagdbomber als äußerst wirksames Seekriegsmittel gegenüber der ständig wachsenden

Überflug von Marine-Jagdbombern Typ Seahawk, F 104-G und Tornado am 7. Juli 1985 über Marinefliegerhorst Schleswig   *Quelle: Bildstelle Marinefliegergeschwader 1*

Überlegenheit der Marinen des Warschauer Paktes in der Ostsee in eigener operativer Verfügung. In diesem Zusammenhang muß auch die seit Sommer 1962 geführte Diskussion um die Schaffung einer »Multilateral Force (MLF)« der NATO in Form von bis zu 25 größeren Schiffen mehrerer Nationen mit je 16 ballistischen Polaris-Nuklearraketen an Bord erwähnt werden. Sie führte im Juni 1964 nach ersten amerikanischen Vorschlägen an die NATO im Februar 1963 sogar zu einer Verabredung auf Regierungsebene für einen zunächst deutsch-amerikanischen Verband, wurde bald darauf aber aus vornehmlichen politischen Erwägungen in beiden Ländern wieder verworfen. Gleichwohl begann am 1. Dezember 1964 unter großer Aufmerksamkeit von Politik und Öffentlichkeit ein mehrmonatiger Versuch mit gemischter Besatzung aus sieben NATO-Nationen (336 Mann an Bord, davon 49 deutsche Soldaten) auf dem U.S. Zerstörer »Claude V. Ricketts«[14]. Gedanken und Planungen zu einer Nuklearrolle für die Deutsche Marine waren damit aber spätestens Mitte der 60er Jahre beendet und sind seitdem auch nie wieder aufgenommen worden.

Neben dem kräftigen Ausbau der »fliegenden Flotte« in der Ostsee glaubte man Anfang der 60er Jahre, dem wachsenden Potential des Warschauer Paktes dort sozusagen als schnelle und wirksame Hilfslösung auch durch Rückgriff auf die Mine als offensive, protektive und defensive Waffe begegnen zu können und begann viele Schiffe und Boote mit zusätzlicher Minenlegefähigkeit auszustatten. In diese Rolle wurde insbesondere die im Aufbau befindliche Landungsboot-Komponente eingebunden, da ab 1963 die Pläne zur Schaffung amphibischer Kapazitäten der Marine in der Ostsee nicht mehr fortgeführt wurden. Rund 6000 Minen wurden zu diesem Zweck in der ersten Hälfte der 60er Jahre in deutschen und dänischen Depots gelagert und umfangreiche Pläne zum gegebenenfalls erforderlichen schnellen Legen von Minenfeldern in der Ostsee entwickelt. In der weiteren Nordsee gelang es, der sich nun auch dort abzeichnenden Bedrohung durch von Norden her eindringende U-Boote der Sowjetunion mit der Beschaffung von 20 U-Jagd- und Seefernaufklärern (MPA) des Typ Breguet 1150 »Atlantic« ab 1965 wesentlich wirksamer entgegenzutreten, als dies mit den bisherigen 16 U-Jagd-Flugzeugen »Fairey Gannet« möglich war. Freilich hatte die »Atlantic« Fähigkeiten, die operative Begehrlichkeiten der alliierten Seebefehlshaber weckten und ihren Einsatz auch weit außerhalb der Deutschen Bucht und südlichen Nordsee herausforderten. Gleiches galt im übrigen auch für die in Beschaffung befindlichen Zerstörer der »Lütjens«-Klasse, deren Fähigkeiten in der Unterwasser- und Überwasserseekriegführung natürlich außerhalb der Ostsee von weit größerem Nutzen waren, als es mit der vordergründig politisch-parlamentarisch bedingten Stationierung in Kiel zu erkennen war.

Zusammenfassend läßt sich feststellen, daß die ersten zehn Jahre konkreter Marineentwicklung von einem zügigen Aufbau gekennzeichnet waren, der beim Personal mit rd. 37 000 Soldaten und bei den Stückzahlen mit rd. 200 Kampf- und Hilfsschiffen sowie 200 Flugzeugen fast schon die später lange gehaltenen Umfänge an Personal und Waffensystemen erreichte. In klarer Kontinuität von Himmerod und Wagner wurde in Abstimmung mit dem Bündnis ein Aufgabenkatalog für die Marine definiert und in der Mitte dieser ersten Phase (1954 bis 1967) in die Niederschrift einer ersten »Konzeption der Marine« eingebracht. Die Deutsche Marine wuchs schnell in die Schlüsselrolle zur Verteidigung der Ostseezugänge als eine der Kernaufgaben zur Verteidigung Mittel- und Nordeuropas. In der Nordsee hatte sie noch die Rolle eines Juniorpartners mit Schwerpunkt bei der Minenabwehr in der Deutschen Bucht. Sie beschränkte ihr potentielles Einsatzgebiet dort zudem auf die Seegebiete vom Ärmelkanal bis zur Höhe Shetland-Inseln/Südnorwegen.

Das ehrgeizige Rüstungsprogramm mußte angesichts der Entwicklung der maritimen Fähigkeiten des Warschauer Paktes teilweise erheblich revidiert werden. Es führte bei den Stückzahlen im wesentlichen zwar zu den geplanten Umfängen, aufgrund ihrer qualitativen Beschaffenheit konnten die schwimmenden und fliegenden Seekriegsmittel aber trotz des hervorragenden Ausbildungsstandes ihrer Besatzungen auf Dauer dem rasch wachsenden Bedrohungspotential des Warschauer Paktes nicht mehr vertretbar entgegengesetzt werden. Umfangreiche Nachrüstungen und Neubeschaffungen, etwa bei der Bewaffnung mit Flugkörpern und modernen Führungs- und Waffeneinsatzmitteln, waren gegen Ende dieser Phase dringend geboten und wurden auch konsequent verfolgt.

Die Integration der Marine in das Bündnis hatte zwar einen schwierigen Start –
zumindest die organisatorische Einbindung in integrierte Strukturen –, konnte in
der zweiten Hälfte dieser Phase dann aber zunächst zufriedenstellend gelöst werden. Die Ausbildung erfolgte intensiv und unter voller Verinnerlichung der Rolle
als *Bündnismarine*, beides mit sehr bestimmendem Charakter für die Marine der
ersten Jahre. So gelang es auch relativ zügig, sie schon Mitte der 60er Jahre zu
einem respektierten Partner in der Nordatlantischen Allianz vis-à-vis dem Warschauer Pakt an der Nahtstelle zwischen Mittel- und Nordeuropa werden zu las-

Zerstörer »Z 5« beim Seezielschießen vor Portland

Quelle: Archiv des Herausgebers

sen: in der Ostsee, sozusagen vor und in der Tür zum eigenen Territorium, nicht
mehr wegzudenken, und in der Nordsee, nämlich hinter der Tür, erhebliche maritime Fähigkeiten aufbauend.

c) Die zweite Phase (1968 bis Mitte 1980): Ausbau der Fähigkeiten

Im wesentlichen waren es drei Entwicklungen, die Ende der 60er Jahre zu einer
grundlegenden Überarbeitung der »Konzeption der Marine« von 1962 führten:
– Die Entwicklung der Sowjetunion zu einer Militärmacht, die in der Nuklearrü-
  stung auf ein Patt mit den USA zusteuerte und zudem Fähigkeiten einer weltweit operierenden Seemacht entwickelte;
– die Entwicklung der Sicherheitspolitik und Militärstrategie der NATO, welche
  sich 1967 zum einen im Harmel-Bericht über die »zukünftigen Aufgaben der
  Allianz« in der Formel »Sicherheit = Verteidigung + Entspannung« dokumentierte, zum anderen mit der neuen MC 14/3, der »Flexible Response«, als strategische Konzeption ihren Ausdruck fand;

– die Entwicklung der Weltwirtschaft und der Zwang zu restriktiver Haushalts-
politik bei gleichzeitigem Gebot, Politik und Öffentlichkeit nachvollziehbarer
als bisher die Notwendigkeiten und Einzelheiten militärischer Konzeptionen
und Rüstungsplanungen zu vermitteln.

Mit dem in der »Flexible Response« enthaltenen Prinzip der Abschreckung durch
Androhung eines jederzeitigen abgestuften Einsatzes nuklearer Waffen im Falle
einer Aggression erwuchs auch den konventionellen Kräften eine neue Bedeutung:
sie sollten durch verbesserte Fähigkeiten bei der »Forward Defense« – nun vermehrt mit »Vorneverteidigung« übersetzt – und im Überleben und Durchhalten
trotz massiver Kampfhandlungen die nukleare Schwelle insgesamt heben, sicherlich ein besonderes deutsches Interesse.

»Vorneverteidigung« in der Ostsee mit konventionellen Kräften hoher Qualität
einerseits und Sichern der Seeverbindungen in der Nordsee zum Heranbringen
von überseeischem Nachschub und Verstärkungen andererseits, waren beides
Voraussetzungen zum Standhalten Westeuropas im Falle eines großangelegten
Angriffs durch den Warschauer Pakt. Dieses läßt auch die Rolle der Marine in
einem veränderten Licht erscheinen – ihre Nordseeaufgabe gewann an Bedeutung.
Das Aufwachsen der sowjetischen Marine und ihre zunehmenden Fähigkeiten für
weiträumige, ja globale Operationen – wie im Mittelmeer mit der seit Mitte der
60er Jahre ausgebauten ständigen Präsenz von rund 30 Schiffen der »Eskadra«
sowie in den großen Flottenübungen »OKEAN 70« und »OKEAN 75« mit der offensichtlichen operativen Verbindung ihrer Nord- und Ostseeflotte bewiesen –
bedeuteten für die NATO auf den Meeren zudem neue Herausforderungen für
ihre angenommene maritime Überlegenheit, bislang immer als Ausgleich für die
ungleichen Kräfteverhältnisse zu Lande betrachtet[15].

In dieser Lage wurde 1972 die zweite »Konzeption der Marine« entwickelt. Mit
ihr nahm man die veränderte Strategie der NATO auf und bemühte sich um eine
schlüssige Darlegung des Warum und Wieviel Marine. In neuer Systematik zeigt sie
die der Marine erteilten Aufträge als »Weisungen der politischen Führung an die
Marine« auf und leitet daraus ausführlich die Aufgaben der Marine in Frieden,
Krise/Spannungsfall und Verteidigungsfall ab[16].

Bemerkenswert an dieser Konzeption sind die langfristig angelegte Darstellung
der Bedrohung durch den Warschauer Pakt und die Folgerungen für die eigene
Auftragserfüllung. So wird als oberstes Ziel formuliert, im Verteidigungsfall die
Integrität des eigenen Territoriums zu erhalten bzw. wiederherzustellen, um politischen Handlungsspielraum zu bewahren. Möglichkeiten des militärischen Handelns des Warschauer Paktes, besonders durch dessen Luftstreitkräfte und amphibisches Potential, sollte mit solchen eigenen Fähigkeiten begegnet werden, die vor
allem zu Beginn möglicher Auseinandersetzungen dieses oberste Ziel auch glaubwürdig erreichen ließen.

Die Konzeption von 1972 wurde am 27. Januar 1975 als dritte »Konzeption
der Marine« in überarbeiteter, aber in ihren wesentlichen Begründungslinien unveränderter Form neu erlassen. Die Überarbeitung paßte sich dem damaligen Gesamtkonzept deutscher Sicherheitspolitik an und gliederte sich in die neue Hierar-

chie der Grundsatzdokumente für Einordnung, Planung, Betrieb und Weiterentwicklung der Bundeswehr ein, die 1975 als Paket aus »Verteidigungspolitischen
Richtlinien (VPR)«, »Militärstrategischem Konzept der Bundeswehr (MSK)« und
den Konzeptionen von Heer, Luftwaffe und Marine vom Verteidigungsausschuß
des Bundestages gebilligt wurden.

Schwerpunktaufgabe für die Marine blieb weiterhin die Behauptung der Ostseezugänge, jetzt aber eindeutig darauf ausgerichtet, das maritime Ostsee-Potential
der Sowjetunion nicht in Nordsee und Atlantik gelangen und hier in Verbindung
mit der Nordflotte treten zu lassen. Indirektes Ziel war es damit auch, die Verbindung zwischen NATO Mittel- und Nordeuropa aufrechtzuerhalten. Die Nordsee-
rolle der Marine mußte von nun an ebenfalls verändert gesehen werden: Mit sechs
Fregatten und zwölf Zerstörern sowie leistungsfähigen neuen MPA war für die
Nordsee ein Potential verfügbar, das weit über Aufgaben im engeren Umfeld der
Deutschen Bucht hinaus genutzt werden konnte. Die Beteiligung an Sicherungsaufgaben für Seeverbindungen in der Nordsee konnte nun wesentlich wirkungsvoller und weiträumiger wahrgenommen werden. Aufgrund der Zuständigkeiten
aller drei Obersten Alliierten Befehlshaber (Major NATO Commanders, MNC)
Atlantik (SACLANT), Europa (SACEUR) und Ärmelkanal (CINCHAN) in der Nordsee (vgl. Übersichtskarte Command Areas and Boundaries) waren damit aber neue
Probleme in der Einbindung der deutschen Nordseekräfte vorprogrammiert.

Die Deutsche Marine insgesamt war zunächst als *SACEUR-Marine* zu betrachten. Erweiterte Operationen in der Nordsee weckten aber zwangsläufig Teilan-
sprüche der beiden anderen Befehlshaber auf deren mittlerweile beachtlichen
Nordseefähigkeiten. So wurden deutsche Einheiten in der Nordsee zunehmend
bereitwillig zu Übungen aller drei MNC in der Nordsee eingeladen und auch erste
entsprechende Eventualfallplanungen der drei MNC für die Nordsee unter Ein-
schluß deutscher Kräfte eingeleitet.

Spätestens mit der »Konzeption der Marine« von 1975 wurde nun auch die
frühere Trennung in Ostsee- und Nordseeraum aufgegeben. Die Optionen der
Sowjetunion zur operativen Verbindung zwischen ihrer Nordflotte und Ostseeflotte fanden eine Entsprechung in der Einführung des Begriffs »Nordflankenraum«, d.h. die strategische Einheit der Seegebiete Ostsee-Nordsee-Norwegen-
see[17].

Die Deutsche Marine nahm in dieser zweiten Phase ihrer Entwicklung in be-
trächtlichem Umfang mit schwimmenden und fliegenden Einheiten an nationalen
und NATO-Übungen teil. Nach ersten Vorläufen wurde im März 1972 der dann
zweimal jährlich für jeweils zwei Wochen zusammengestellte »Ständige Einsatzverband der Flotte« (SEF) aktiviert. Die Deutsche Marine beteiligte sich intensiv
an den im Wechsel alle zwei Jahre veranstalteten großen NATO-Seemanövern mit
ihren meist mehr als 150 Schiffen und über 100 Flugzeugen wie »NORTHERN
WEDDING«, »TEAMWORK« oder »OCEAN SAFARI« sowie an den mittelgroßen und
spezifischen Übungen wie »BOLD GAME«, »BRIGHT HORIZON«, »BOTANY BAY«
oder »BLUE HARRIER«. Und erstmalig wurden nun auch deutsche Einheiten in die
»Ständigen Marineeinsatzverbände« (Standing Naval Forces) der NATO integriert:

Nach ersten, zeitweisen Abstellungen deutscher Schiffe im Übergang von der Übungsserie »MATCHMAKER« (1965 bis 1967) des SACLANT zu der ab 13. Januar nun fest aufgestellten »Standing Naval Force Atlantic« (STANAVFORLANT), u.a. im März 1968 mit der Fregatte »Köln«, erfolgte ab 4. Januar 1972 mit der Fregatte »Braunschweig« dann ein ständiger deutscher Beitrag zu dieser multinationalen Formation der NATO unter Befehlsgewalt des SACLANT. Am 10. Juni 1972 erfolgte die Ablösung durch den Zerstörer »Schleswig-Holstein«. Der zweite multinationale NATO-Verband, der Minenabwehrverband »Standing Naval Force Channel« (STANAVFORCHAN) wurde am 11. Mai 1973 von vornherein mit ständiger deutscher Beteiligung aufgestellt. Das Küstenminensuchboot »Wetzlar« war das erste Boot, die »Konstanz« ab Januar 1974 dessen Ablösung. Damit war die Marine als einzige Teilstreitkraft der Bundeswehr spätestens ab 1973 auch formal mit operativen Kräften in allen drei NATO-Befehlsbereichen vertreten[18].

In der Rüstung gelang es bis zum Ende dieser Phase bei ungefährer Aufrechterhaltung des schon 1970 erreichten Personalumfangs, die Modernisierung der Flotte nachhaltig voranzutreiben, vor allem bei der FK-Bewaffnung und bei EDV-gestützten Führungs- und Waffeneinsatzmitteln. Insgesamt konnte so ein erheblicher Qualitätsschub realisiert werden, der in vielen Bereichen trotz angespannter Haushaltslage quantitativ sogar noch einen 1:1-Ersatz ermöglichte.

Zu Beginn der 80er Jahre war der Anteil der Deutschen Marine an den See-

S-Boot »Luchs« (Typ 148)

Quelle: Flottenkommando, Glücksburg

streitkräften der NATO im Nordflankenraum auf rund ⅓ gewachsen, bezogen auf den Ostseeraum stellte sie sogar ¾ aller Kräfte.

Die Bedeutung und Rolle der Deutschen Marine in der Verteidigungsplanung für Mittel- und Nordeuropa wurde durch diese Kräfteverhältnisse augenscheinlich.

Auch in der Nordsee war die Marine nun nicht mehr nur der »Junior-Partner«, sondern vor dem Hintergrund des ständig wachsenden Seekriegspotentials der Sowjetunion und des Warschauer Paktes gesuchter Verbündeter in den gemeinsamen Verteidigungsanstrengungen im Nordflankenraum. Die Einführung des »Nordflankenraumes« als strategische Einheit ließ gleichzeitig auch die frühere 2/3 Ostsee- und 1/3 Nordsee-Aufgabenzuordnung zugunsten einer flexibleren Gestaltung zu Ende gehen. Die Verteidigungsplanung für die Kernaufgabe Ostseezugänge erfuhr ebenfalls einen Wandel: es galt nun nicht mehr, diese Zugänge offenzuhalten, um alliierte Folgeoperationen offensiv in die Ostsee hinein zu ermöglichen, sondern diese mußten bei Aufrechterhaltung eigener Operationsfreiheit im wesentlichen gesperrt werden, um Durchbrüche der sowjetischen Marine in die Nordsee und den Atlantik zu verhindern.

Die Beiträge der Deutschen Marine zur Umsetzung der Militärstrategie der NATO, wie die Vorneverteidigung in der Ostsee sowie die Sicherungsaufgaben in der Nordsee und den angrenzenden Gebieten zur Heranführung von Nachschub und Verstärkungen nach Westeuropa, wiesen ihr nun eine Schlüsselrolle in Ost- und Nordsee zu, die auch erhebliche Auswirkungen auf die Verteidigungsanstrengungen in Nord- und Mitteleuropa zu Lande haben. Die Marine hatte damit eine Rolle gefunden, die sie einerseits in der Tat unverzichtbar erscheinen ließ, andererseits nun aber auch sehr hohe Anforderungen an Rüstung, Ausrüstung und Ausbildung begründete. Folge: die relativ kleine Teilstreitkraft Marine benötigte einen unverhältnismäßig großen Anteil der Beschaffungs- und Betriebsmittel des Verteidigungshaushaltes. Eine Logik, die natürlich nicht von allen geteilt wurde, und die für die Marine deshalb zunehmend ein Problem für die Durchsetzbarkeit ihrer Konzeption innerhalb und außerhalb der Streitkräfte darstellte.

d) Die dritte Phase (Mitte 1980 bis Anfang 1990):
Die Marine des Nordflankenraumes und darüber hinaus

Die dritte Phase in der Entwicklung der Deutschen Marine kann mit ihrem Beginn Mitte 1980 angesetzt werden. Dafür gab es drei wesentliche Gründe:

- In der NATO gelang es, mit dem »Concept of Maritime Operations« (CONMAROPS) 1980 erstmalig ein konzeptionelles Grundlagenwerk zum Einsatz alliierter Seestreitkräfte zu vereinbaren[19].
- Im Juni 1980 beschloß der Bundessicherheitsrat der Bundesregierung (BSR), die bisher bestehende Beschränkung des Einsatzes deutscher See- und Seeluftstreitkräfte auf die Linie Dover-Calais und 61 Grad nördlicher Breite (Linie Shetland-Bergen) aufzuheben.
- 1981 einigten sich die drei Obersten Alliierten Befehlshaber der NATO, SACLANT, SACEUR und CINCHAN im »TRI MNC Agreement on Operations in the North Sea and adjacent Sea Areas« auf eine Flexibilisierung der Einsatzführung für alliierte See- und Seeluftstreitkräfte in der Nordsee, unabhängig von bestehenden Zuständigkeitsbereichen.

Waren die Verhältnisse in der Ostsee bisher immer überschaubarer – hier gab es auf Seite der Alliierten schließlich nur die zahlenmäßig geringen dänischen, dafür aber umfangreichen deutschen Kräfte –, so konnten die verwirrenden Zuständigkeiten in der Nordsee nun endlich sinnvoll geregelt werden. Die drei Dokumente CONMAROPS, BSR-Beschluß und TRI-MNC-Agreement wurden zu den wesentlichen politischen, operativen und organisatorischen Grundlagen für den Einsatz der Nordseekräfte der Marine.

Das Konzept CONMAROPS wurde 1985 und 1988 unter maßgeblicher deutscher Beteiligung der Lageentwicklung angepaßt. Es zeigte die strategischen Notwendigkeiten für See- und Seeluftstreitkräfte auf und definierte ihre Rolle in Frieden, Krise und Konflikt. Für den Konfliktfall beschrieb es fünf mögliche Szenarien von Seekriegshandlungen, darunter die »Norwegian Sea Campaign«, die »Atlantic Campaign« und die »Shallow Seas Campaign«, Seegebiete also, in denen auch die Deutsche Marine Aufgaben hatte. Die drei strategischen Prinzipien des CONMAROPS, »Containment«, »Keeping the Initiative« und »Defence in Depth«, waren auch für die Deutsche Marine eine wichtige übergeordnete Forderung und zugleich Handlungsmaxime für die eigene Konzeption.

Der BSR-Beschluß unterstrich eine sich lange anbahnende Entwicklung im Rollenverständnis der Deutschen Marine. Er nahm den Nordflankenraum-Gedanken auf und formulierte die politische Billigung zum uneingeschränkten Einsatz der Marine im Rahmen der alliierten Verteidigungsplanung für Mittel- und Nordeuropa.

Das TRI-MNC-Agreement war der Rahmen für eine zweckmäßige, Bereichsgrenzen überschreitende Operationsführung für alliierte Verbände in der Nordsee und schaffte mehr Klarheit in den dortigen, bislang komplexen Befehls- und Kommandoverhältnissen. Mit seinem ergänzenden Eventualfallplan »Fence Breaker« wurde Mitte der 80er Jahre im Detail festgelegt, wie und in welchem Umfang alliierte Kräfte aus Bereichen aller drei Obersten Alliierten Befehlshaber in der Nordsee für maritime Operationen zur Demonstration von Solidarität und Entschlossenheit genutzt werden und der Bedrohung durch den Warschauer Pakt begegnen können. Als Hauptoptionen für alliiertes Vorgehen wurden »Maritime Presence«, »Area Defence Operations« und »Mining Operations« genannt. Die Deutsche Marine stellte in diesem Operationsplan u.a. rund 1/4 der vorgesehenen Zerstörer und Fregatten, 1/3 der Minenabwehrkräfte und auch 1/3 der MPA. Am Beispiel »Fence Breaker« wurde letztlich auch der mittlerweile erreichte hohe Integrationsgrad und Kräfteanteil der Marine in der alliierten Verteidigungsplanung deutlich.

Eine übergeordnete, allgemeinere Definition der maritimen Schlüsselaufgaben in der Verteidigung Mittel- und Nordeuropas erfolgte Anfang 1986 mit dem aus dem »Conceptual Military Framework« der NATO fortentwickelten »Maritime Conceptual Military Framework«. Damit waren in den 80er Jahren wichtige Rahmenbedingungen und Eckwerte für die Rolle der Deutschen Marine im Bündnis erlassen. Angesichts der bestehenden Bedrohung durch den Warschauer Pakt – die sowjetische Marine führte im Juli 1985 mit über 120 Einheiten ein weiteres großes Seemanöver, »SUMMEREX 85«, durch – intensivierte die NATO ihr Manövergeschehen. Sie übte besonders in der jährlichen Herbstserie »AUTUMN FORGE« in zahlreichen, aufeinander abgestimmten Großmanövern mit weit über 100 000 Soldaten aller Teilstreitkräfte der teilnehmenden Nationen unter anderem den sicheren Transport und die Anlandung von überseeischem Nachschub und Verstärkungen nach Europa. Schwerpunkt für die Zuführungen war dabei Mittel- und Nordeuropa[20].

Hinsichtlich Rüstung und Ausrüstung konnten die maritimen Kräfte der Bundesrepublik Deutschland ihre Qualität weiter steigern, und das Mitte der 70er Jahre eingeleitete Modernisierungsprogramm wurde weitgehend planmäßig in den 80er Jahren abgeschlossen. Damit hatte die Marine Mitte der 80er Jahre in der Qualität der Rüstung einen Stand erreicht, den sie in diesem Ausmaß nie wieder erlangen sollte:

24 U-Boote, 40 FK-Schnellboote als Komplettersatz für die früheren Torpedo-Schnellboote und 112 neue Marinejagdbomber MRCA »Tornado« mit Anti-Schiff-FK als Ersatz für die »Starfighter« waren in der Ostsee und ihren Zugängen zumindest qualitativ ein äußerst glaubwürdiger Beitrag zur Abschreckung und Vorneverteidigung[21]. Das behutsam ausgebaute Engagement im Bündnis in der Nordsee machte sie mit ihren modernisierten Kräften, u.a. den sechs und später acht neuen U-Jagd-Fregatten der »Bremen«-Klasse (Typ F 122) mit Bordhubschraubern, nun auch dort – und darüber hinaus – zu einem wichtigen Faktor alliierter Verteidigungsplanung. Es gab praktisch kein NATO-Manöver mehr im Nordflankenraum, in welchem die Deutsche Marine nicht vertreten war[22]. Sie stellte 1984/85 erstmalig und 1989/90 zum zweitenmal die Befehlshaber der STANAVFORLANT, eine der höchsten operativen Verwendungen in den NATO-Seestreitkräften, gleichzeitig auch ein Zeichen erfreulicher Normalität in der Bündnisintegration der Marine[23]. Die Marine ging noch konsequenter als bisher die Verbandsausbildung zur Formierung von operativ wirksamen Zusammenstellungen von Schiffen, Booten und Flugzeugen an. So führte z.B. die Zerstörerflottille ab Januar 1985 ihr »Kampfgruppenkonzept« mit Übungsverbänden aus drei bis vier Schiffen und ein bis zwei Versorgern ein, die im Bündnis als »German Task Group« eingebracht wurden.

Fregatte »Köln« (Typ F 122)

Quelle: Marineamt

Am 1. September 1986 wurde die vierte und vorläufig letzte »Konzeption der Marine« erlassen, die die bisherige Entwicklung aufgenommen hatte und deshalb auch die Aussagen zur Integration und Zusammenarbeit im Bündnis zum Schwerpunkt machte. Die Grundprinzipien der Abschreckung und Vorneverteidigung wurden bestätigt und, daraus abgeleitet, die Forderung nach Aufrechterhaltung und Verbesserung von Reaktionsfähigkeit, hoher Präsenz und Durchhaltefähigkeit erhoben. Allgemein unterstrich diese Konzeption den Bedarf für eine Stärkung der konventionellen Verteidigungsfähigkeit, deutete aber bereits an, daß diese Forderung vor dem Hintergrund der Entwicklung bei den Ressourcen nur noch schwer zu erfüllen sein würde und eine ständig größer werdende Öffnung der Schere zwischen Auftrag und Mitteln zu befürchten wäre. Deshalb sollten aufwendige Nachfolgeprogramme zugunsten der Verbesserung vorhandener Ausrüstung und Konzentration auf bisher zu kurz gekommene Teilfähigkeiten zurückgestellt werden, eine klare Abwendung vom Prinzip des 1:1-Ersatzes. Zudem wurde der Auftrag der Marine sehr deutlich in den Zusammenhang mit dem von Heer und Luftwaffe, aber auch mit den Leistungen der Bündnispartner gestellt.

Eine weitere Entwicklung schien bemerkenswert: War die Rolle der Marine als »Botschafter in Blau« im Rahmen ihrer Ausbildung in außerheimischen Gewässern seit Anbeginn 1956 eigentlich immer selbstverständlich – jährlich besuchten deutsche Schiffe, Boote und Flugzeuge über 200mal Orte im Ausland –, so kam dem Einsatz von See- und Seeluftstreitkräften Ende der 80er Jahre nicht nur diplomatische, sondern auch erhebliche politische Bedeutung zu. Am Ende des ersten Golfkrieges wurden im Herbst 1987 aus vornehmlich außenpolitischen Erwägungen heraus mehrere deutsche Einheiten in das Mittelmeer verlegt, um dort alliierte Verpflichtungen im Golf zu kompensieren und deutlich Solidarität mit den Verbündeten zu demonstrieren. Drei Einheiten davon wurden erstmalig vom 16. Oktober bis 19. November 1987 in den dritten Marine-Einsatzverband der NATO, die »Naval On Call Force Mediterranean« (NAVOCFORMED), integriert, der seit 30. April 1972 in der Regel zweimal im Jahr für einige Wochen im Mittelmeer aktiviert wurde. Die politische Rolle der Marine würde im Zusammenhang mit der Entwicklung in Kuwait 1990/91 erneut und mit weiteren Verlegungen dann noch deutlicher zu erfüllen sein. Unabhängig davon schien am Beispiel Mittelmeer – und später am Persischen Golf – bewiesen, daß die Deutsche Marine kurzfristig und flexibel auch außerhalb ihres eigentlichen Operationsgebietes im Nordflankenraum eingesetzt werden konnte. Andererseits waren dies erste Vorboten einer neuen Entwicklung nach 1990.

Zur Kontinuität deutscher Marinekonzeptionen: die Himmeroder und Wagnersche *Bündnismarine* mit offensiven Fähigkeiten in der Ostsee und Fähigkeiten zur Minenabwehr und Sicherung in der Nordsee waren zweifellos im Grundsatz verwirklicht. Es ging damals wie jetzt um die Seeherrschaft in der westlichen Ostsee, um den Besitz der Ostseezugänge für die NATO sowie um die Sicherung von Seeverbindungen in der Nordsee und über diese hinaus. In der zweiten Hälfte der 80er Jahre war die Bedeutung der Ostseeaufgaben nicht etwa gesunken, zusätzlich wuchs nun aber die Bedeutung der Nordseeaufgaben. Damit rückten für die Deut-

sche Marine erstmalig die atlantischen Seeverbindungen auch außerhalb der engeren Nordsee in den Blickpunkt, vielleicht auch, weil die atlantischen Bündnispartner angesichts der globalen Herausforderungen durch die sowjetische Marine mehr
deutsches Engagement begrüßten. Letztlich war damit aber auch die Gefahr einer
Überforderung der Marine gewachsen. Dies hatte zur Folge, daß strenge Kontin-
gentierungen von Seetagen und Flugstunden für die Teilnahme an NATO-
Übungen nun immer mehr ein zwingendes Gebot wurden.

Aber große Veränderungen zeichneten sich am Ende dieser Phase ab. Die sich
teilweise überschlagenden Ereignisse im östlichen Europa trafen auch die Marine
in einer Lage, in der sie ganz offensichtlich eine herausragende operative Rolle in
der Übergangszone von Mittel- nach Nordeuropa spielte und nun sogar – zumindest in ausgewählten Schwerpunkten – in bündnisgemeinsamen Operationen weit
außerhalb des eigentlichen Nordflankenraumes eingebunden werden konnte.

e) Die vierte Phase (nach 1990):
Erweiterte Aufgaben und Entregionalisierung

Spätestens mit Auflösung des Warschauer Paktes am 1. Juli und der Sowjetunion
am 26. Dezember 1991 existierte die alte Weltordnung mehr mehr. Die einstige
Bedrohung durch einen Machtblock war verschwunden, aber eine Fülle von Fol-
geproblemen entstanden auch außerhalb der Welt der Nachfolgestaaten in Mittel-
ost- und Südosteuropa sowie der Sowjetunion, durchaus mit kritischen sicherheitspolitischen Konsequenzen. So sehr die NATO scheinbar verzuglos und teilweise initiativ auf diese Entwicklung reagierte, so sehr schien der Prozeß nationaler
Formulierungen außen- und sicherheitspolitischer Eckwerte ein quälender,
schwankender und von einiger Unsicherheit gekennzeichneter Prozeß zu sein[24].

Erst mit den »Verteidigungspolitischen Richtlinien« (VPR) vom 26. November
1992 erfolgte in Deutschland ein erster umfassender Versuch, und es dauerte fast
weitere zwei Jahre, bis im Sommer 1994 Folgedokumente veröffentlicht wurden.
Das erste Weißbuch nach 1985 erschien am 5. April 1994 und hatte in Ermangelung weiterer Dokumente fast konzeptionellen Charakter. Am 12. Juli 1994 wurde
die »Konzeptionelle Leitlinie zur Weiterentwicklung der Bundeswehr« (KLL) herausgegeben und wenige Tage später, am 22. Juli 1994, erließ der Generalinspekteur
der Bundeswehr seine »Planungsweisung 1994« (PLW) für den neuen Bundes-
wehrplan.

Die Marine war sehr frühzeitig bemüht, ihren Standort und zukünftigen Weg
zu bestimmen. Erste Überlegungen zu einer grundsätzlichen Überprüfung begannen bereits 1989, sie reiften schließlich zu »Zielvorstellungen der Marine (ZVM)«
heran und wurden in einer endgültigen Version am 26. März 1991 veröffentlicht,
also viel früher als die noch unvollendete Überarbeitung übergeordneter Pla-
nungsdokumente wie VPR, »Militärstrategische Zielsetzung« (MSZ) und »Konzeption der Bundeswehr« (KdB). Mit diesem, auch innerhalb der Marine heftig
diskutierten Schritt berücksichtigte die Marineführung zum einen die sich abzeichnende sicherheitspolitische Entwicklung, zum anderen aber auch unzweideutig die

Lage hinsichtlich der Ressourcen. Denn es war klar, daß ein Erhalt der gegenwärtigen Flotte weder vom Betrieb noch von den notwendigen Nachbeschaffungen für Außerdienststellungen her mit der voraussichtlichen Etatentwicklung in Einklang zu bringen sein würde. Die ZVM formulierten einen Aufgabenkatalog, der das bisherige Spektrum den neuen Gegebenheiten anpaßte, und leiteten daraus eine Bandbreite von Booten, Schiffen und Luftfahrzeugen ab, die für erforderlich gehalten wurden, was insgesamt auf etwa eine Halbierung der bisherigen Flotte und eine Reduzierung des Personals um ein gutes Drittel hinauslief.

Die ZVM unterstrichen, daß die Marine als eine *Bündnismarine* konzipiert sei und ihren Auftrag im engen Zusammenwirken mit den Marinen der Verbündeten zu erfüllen habe. Sie wiesen ausdrücklich darauf hin, daß die See- und Seeluftstreitkräfte im Rahmen der erhöhten Verteidigungsvorsorge in Eventualfallplänen der NATO eingebunden seien. Es wurden Aufgaben in Frieden, Krise und Konflikt genannt, wobei der Teilnahme am internationalen Krisenmanagement mit flexiblen, weiträumig einsetzbaren und kontrollierbaren maritimen Kräften besondere Bedeutung zugesprochen wurde. Bei der Nennung der Aufgaben fehlte auffälligerweise ein direkter geographischer Bezug, nur bei den Aussagen zur Streitkräftebedarfsermittlung wurden als Bezugsgröße noch die nordeuropäischen Seegebiete erwähnt. Dennoch deuteten die ZVM bereits ein wichtiges Prinzip für die zukünftige Deutsche Marine an: entregionalisierter Einsatz und allgemeingültige Aufgaben ohne spezifischen Bezug auf bestimmte Seegebiete.

Die mit den ZVM eingeleitete Entwicklung wurde konsequent fortgesetzt. Leider beschränkte sich die mit ihr verbundene Diskussion weitgehend auf die anvisierten Bandbreiten an Seekriegsmitteln und leitete daraus gelegentlich fast »Glaubensfragen« zur Zukunft einzelner Komponenten der Marine ab[25]. Tatsächlich kam es in der Folge zu erheblichen Reduzierungen im Verteidigungshaushalt mit massiven Eingriffen in Betriebs- und Beschaffungsmittel. Der Marine gelang es vorläufig aber, auf der Grundlage der ZVM eine schlüssige konzeptionelle Grundlinie aufzuzeigen und argumentativ ihren Bedarf auf einigermaßen gesicherten Boden zu stellen. Sie konnte deshalb überzeugende »Operative Minima« und »Schwellenwerte« definieren, weshalb sie bei den weiteren Planungen für die Gesamtstreitkräfte in dieser Zeitphase mit diesen Größenordnungen praktisch gesetzt wurde[26]. Die Rolle der Marine als wichtiger Beitrag zur außen- und sicherheitspolitischen Handlungsfähigkeit der Bundesrepublik Deutschland war damals offenbar bei den wichtigsten Entscheidungsträgern verstanden worden, insbesondere die Funktion von See- und Seeluftstreitkräften in der aktiven Friedensgestaltung und im präventiven internationalen Krisenmanagement.

Weißbuch, KLL und PLW des Jahres 1994 bestätigten diesen Ansatz. Die Umformung der alliierten und deutschen Streitkräfte zu wirksamen Mitteln für Friedensmissionen unter dem Mandat der UN und im Rahmen multinationaler Maßnahmen zur Krisenvorbeugung und -bewältigung wies der Marine eine herausragende Funktion zu. Die »Standing Naval Forces« der NATO gehören zu den wenigen Verbänden, die aufgrund ihrer teilweise jahrzehntelangen Existenz und sofortigen Verfügbarkeit für wichtige Aufgaben des Bündnisses extensiv genutzt wurden: Die STANAVFORLANT und die neue »Standing Naval Force Mediterranean« (STANAVFORMED), am 30. April 1992 als ständiger Sofortreaktionsverband aus der zeitweiligen NAVOCFORMED hervorgegangen, führten beide mit deutscher Beteiligung seit Sommer 1992 für mehrere Jahre ununterbrochen UN-Embargomaßnahmen in der Adria durch[27]. Die NATO verabschiedete 1993 ihr Grundlagenwerk »Concept of Maritime Operations« (CONMAROPS) in überarbeiteter Form und einigte sich 1994 auf einen neuen allgemeinen maritimen Operationsplan »Kindred Spirit«. Die seit 1987 revitalisierte WEU, mit dem Maastricht-Vertrag von 1992 der erklärte militärische Arm der Europäischen Union, formulierte 1994 ebenfalls eine allgemeine maritime Operationplanung »Combined Endeavour«. Teilnahme an Friedensmissionen und multinationalem Krisenmanagement durch See- und Seeluftstreitkräfte sind in beiden Werken herausragende Elemente im Aufgabenkatalog der Marinen.

Auch nach der Umorganisation der Kommandostruktur der NATO als Folge der 1991 eingeleiteten Überprüfung der NATO-Streitkräftestrukturen blieb die operative Einbindung der Deutschen Marine sinnvoll gestaltet: Sie wurde formal zwar dem Bereich CINCENT zugeordnet, blieb aber für die Operationsführung im tatsächlichen Einsatz in Ostsee, Nordsee und angrenzenden Gewässern, ganz im Sinne des Prinzips »Einheitlichkeit der Führung«, zusammen mit anderen Marinen im Nordflankenraum unter dem Befehl des neuen nordwesteuropäischen Marinebefehlshabers »Commander Naval Forces Northwest Europe« (COMNAVNORTHWEST) (siehe dazu Schaubild Unterstellungsverhältnisse deutscher Marinekräfte).

Im Sommer 1994 waren die angepaßten Aufgaben der Deutschen Marine und ihre Rolle in der Verteidigungsplanung demnach umfassend bestätigt, die Planungsweisung des Generalinspekteurs beschrieb in einer Anlage diese Aufgaben im Detail (siehe Kastentext: Aufgaben der Deutschen Marine nach der »Planungsweisung 94« des Generalinspekteurs der Bundeswehr vom 22. Juli 1994).

Die Klarstellung des Bundesverfassungsgerichtes am 12. Juli 1994 zur Frage der Verfassungsmäßigkeit bestimmter Einsätze der Bundeswehr, u.a. der Marine in der Adria, schaffte hier zudem eine grundgesetzliche Absicherung[28]. Die aufgeführten Aufgaben umfaßten ein breites Spektrum, enthielten aber die vertrauten operativen Elemente wie Küstenschutz, Sicherung von Seeverbindungen sowie Unterstützung eigener und alliierter Kräfte. Die Umsetzung der Prinzipien »Entregionalisierung« und »Multinationalität« beim Einsatz der See- und Seeluftstreitkräfte führten schließlich dazu, daß bei der Aufgabennennung nun keine spezifischen Ostsee- oder Nordseeaufgaben mehr aufgeführt werden, sondern diese allgemeinverbindlich für alle Seegebiete gelten, die von Interesse für Deutschland und das Bündnis sein können. Stärker betont wurden jetzt die subsidiär mit vorhandenen Fähigkeiten zu leistenden Aufgaben, von der Vertrauensbildung und Kooperation bis zu humanitärer Hilfe. Ebenso erfuhren Aufgaben im Rahmen von UN-Friedensmissionen und Krisenmanagement als die großen präventiven Kriegsverhinderungsmaßnahmen zukünftiger Streitkräfte eine hervorgehobene Darstellung. Die eigentlichen Kampfaufgaben im Konfliktfall scheinen fast nachrangig, so sehr bestimmen die mit den VPR herausgestellten Streitkräftefunk-

Aufgaben der deutschen Marine nach der »Planungsweisung 94« des Generalinspekteurs der Bundeswehr vom 22. Juli 1994, Anlage 2

3. Die MARINE hat:
- in Seeräumen präsent zu sein, die für nationale Interessen und für die Sicherheit des Bündnisses wichtig sind,
- gegnerische Seestreitkräfte im Rahmen des operativen Konzepts der NATO abzuwehren; Schwerpunkte sind dabei der Schutz von Küsten und vorgelagerten Seegebieten sowie die Sicherung von Seeräumen und Seeverbindungslinien,
- Beiträge zum Krisenmanagement/zur Krisenbewältigung im Rahmen der NATO–Krisenreaktion, im Rahmen der WEU oder anderer künftiger europäischer Sicherheitsstrukturen zu leisten,
- Beiträge zur Indikationsgewinnung und Krisenfrüherkennung zu leisten,
- die militärische Unterstützung für andere TSK und verbündete Streitkräfte zu leisten,
- an Friedensmissionen der VN, KSZE oder von VN–beauftragten internationalen Organisationen teilzunehmen bzw. Unterstützungsleistungen zu erbringen (Krisenvorbeugung, Krisen-/Konfliktbewältigung, Konsolidierung im Sinne von Peace Building = Krisennachsorge),
- sich an der Erarbeitung und Durchführung von Kooperationsprojekten in den sicherheitsrelevanten Bündnissen für Europa und im Rahmen gesonderter Vereinbarungen sowie bilateral zu beteiligen,
- an multinationalen Einsatzverbänden der NATO/WEU beteiligt zu sein,
- Such– und Rettungsdienst der Bw im zugewiesenen Bereich wahrzunehmen,
- im Rahmen von Hilfs– und Sonderaufgaben
  + maritime Kräfte zur Unterstützung von humanitären Hilfsmaßnahmen der VN und anderer Organisationen im Sinne subsidärer Beiträge bereitzustellen,
  + zur Überwachung der Einhaltung von Umweltschutzbestimmungen und Hilfeleistung bei Zwischenfällen mit Umweltgefährdung subsidär beizutragen,
  + sich am zivilen Luftrettungsdienst zu beteiligen,
  + Amtshilfe gemäß verfassungsrechtlicher Grundlagen zu leisten;
- in übergreifender Aufgabenstellung im Pilotdienst wahrzunehmen:
  + SAR (See),
  + Seetransport,
  + Seeraumüberwachung.

tionen »Unterstützung und Hilfe« und »Gestaltung« neben der Funktion »Schutz« den Sinn und das Wirken von Streitkräften.

Die Perspektiven für die Deutsche Marine der Gegenwart erschienen Mitte der 90er Jahre nicht ungünstig. Ihre Existenz, ihr Warum also, schien unbestritten, und ihr Umfang, ihr Wieviel, ließ sich nachvollziehbar und verständlich ableiten. Ihr anerkannter Stellenwert im Bündnis – immerhin stellte die deutsche Flotte rund 40 Prozent ihrer Kräfte als jederzeit verfügbares Krisenreaktionspotential bereit[29] – war ein gewichtiges Argument, sie von existenz- und funktionsgefährdenden weiteren Eingriffen unterhalb operativer Minima aufgrund budgetärer Zwänge zu verschonen.

3. Zusammenfassung und Ausblick

Eine Kontinuität deutscher Marinekonzeptionen ist in bezug auf die klassischen operativen Aufgaben von See- und Seeluftstreitkräften sicherlich gegeben. Die dazu erforderlichen Kräfte sind – zumindest bis Ende der 80er Jahre – in Himmerod und von Admiral Wagner erstaunlich zutreffend vorausgedacht worden. Gleiches gilt für das operative Aufgabenpaket in Nord- und Ostsee. Es wäre jedoch verfehlt, Himmerod und Wagner nun uneingeschränkt auf die heutige Zeit zu übertragen, denn die damaligen Gedanken wurden unter völlig anderen Rahmenbedingugen und mit anderen Annahmen getroffen.

Die Wende 1989/90 war auch eine Zäsur in der Entwicklung der Deutschen Marine. Diese Zäsur betraf die Gewichtung ihrer verschiedenen Aufgaben untereinander, ihre Erweiterung bei gleichzeitiger Verringerung der Kräfte trotz deutscher Einheit und Integration der Volksmarine der DDR und natürlich das Schlankerwerden der Marine insgesamt. Dennoch bleibt festzustellen, daß die Deutsche Marine Mitte der 90er Jahre mehr denn je eine *Bündnismarine* bleiben wird, und daß in Zukunft eine Reihe von Aufgabenstellungen nur noch durch Aufgaben- und Rollenteilung im Bündnis zu erfüllen sein wid. Die Deutsche Marine war nach 1955 in den ersten 35 Jahren ihrer Existenz zwangsläufig fixiert auf die Fähigkeit zu rascher Aufnahme wirkungsvoller Verteidigung gegen eine jederzeit mögliche übermächtige Aggression. Das bedeutete, daß sie – am Ende mit weitgehender Gleichrangigkeit – in der alliierten Verteidigungsplanung für Mittel- und Nordeuropa Schlüsselaufgaben in der Ostsee und weiterer Nordsee zu erfüllen und hierfür ihre Kräfte optimiert hatte, vor allem U-Boote, FK-Schnellboote, Minenabwehrfahrzeuge und Marinejagdbomber. Ihre starke Überwasserkomponente aus Zerstörern und Fregatten mit der Optimierung der U-Jagd war zusammen mit den MPA zugleich das vielleicht entscheidende Element zur Übernahme von Rollen auch weit außerhalb der Nordsee. Die Entwicklung nach 1989 und die Konzentration der Streitkräfte auf Aufgaben der Friedenserhaltung und des Krisenmanagements ließen aber genau diese Kräfte als die besonders geeigneten Beiträge erscheinen, um in der zukünftigen alliierten Verteidigungsplanung Mitsprache zu erhalten, ja sogar auszubauen. In diesem Zusammenhang gab es auch Kritik am vermeintlichen Verlassen der Ostsee. Doch die Marineführung hatte mit der Stationierung aller ihrer Minenabwehreinheiten und FK-Schnellboote in der Ostsee gerade darauf eine deutliche Antwort gegeben. Dennoch war die Neuorientierung der Marine Mitte der 90er Jahre nicht abgeschlossen: sie war zweifellos keine *Küstenmarine*, und sie war wohl auch mehr als eine *Randmeermarine*, obwohl gerade hier ihre besonderen Fähigkeiten und Erfahrungen lagen, die gut als besondere Stärke in das Bündnis eingebracht werden konnten. Aber sie war auch keine »Blue Water Navy«, also Hochseemarine, mit größeren, eigenständigen operativen Fähigkeiten in der ozeanischen Kriegführung. Vor dem Hintergrund der anzunehmenden weiteren Reduzierung der Ressourcen galt es demnach für die Deutsche Marine einen Mittelweg zu bestimmen, der ihr nach der notwendigen politischen Definition, was denn der Auftrag dieser Marine im Rahmen der Bundeswehr sein solle, die zwingend gebotene Konzentration auf ein überschaubares Spektrum einzelner Aufgaben ermöglichen würde. Der konsequente Aufbau einer *Bündnismarine* in den ersten 40 Jahren war dabei eine gute Grundlage, um zu der politisch nutzbringenden »Risikoflotte« im Bündnis zur Abschreckung von Krisen und Konflikten zu werden, die sie als nationale »Risikoflotte« früherer Epochen, allerdings mit anderer Zielsetzung, nie sein konnte. Eine bündnisgemeinsame »Risikoflotte« mit deutschen Anteilen und mit klarer politischer Vorgabe: Frieden aktiv zu gestalten, ihn zu erhalten und Krisen bereits in der Region ihres Entstehens zu begegnen, um Konflikte schon im Keim zu ersticken. Dies ist eine erfüllende Zweckbestimmung für die Deutsche Marine in der alliierten Verteidigungsplanung Mitte der 90er Jahre und gilt nicht nur für Mittel- und Nordeuropa.

Ausgewählte Quellen

The Alliance's New Strategic Concept, NATO Press Service, Press Communique S-1 (9185), Brussels 7.11.1991.

Gerlach, Heinrich, Aus den Anfängen der Bundesmarine, Manuskript eines Vortrags vor dem 9. und 10. Admiralstabsoffizierlehrgang am 6.3.1969 an der Führungsakademie der Bundeswehr.

Konzeptionelle Leitlinie zur Weiterentwicklung der Bundeswehr, hrsg. vom Bundesminister der Verteidigung, Bonn, 12.7.1994.

Planungsweisung 1994 des Generalinspekteurs der Bundeswehr, hrsg. vom Bundesminister der Verteidigung, Bonn, 22.7.1994.

Weißbücher der Bundesregierung zur Sicherheit der Bundesrepublik Deutschland und zur Entwicklung der Bundeswehr, hrsg. vom Bundesminister der Verteidigung, mit folgenden Berichtsjahren: 1969–1975/76, 1979, 1983, 1985 und 1994.

Zielvorstellungen der Marine, hrsg. vom Führungsstab der Marine, Bonn, 26.3.1991.

Weitere ausgewählte Literatur
(nicht in den Anmerkungen erwähnt)

Die deutsche Marine. Historisches Selbstverständnis und Standortbestimmung, hrsg. vom Deutschen Marine Institut und der Deutschen Marine Akademie, Herford, Bonn 1983 (= Schriftenreihe des DMI, Bd 4).

Die Deutsche Marine, mit folgenden Jahrgängen: 1964/65–1971/72 (ab 1973 vereint mit »Jahrbuch der deutschen Marine«).

Frank, Hans, Die maritime Strategie der NATO, in: Marine-Rundschau, 3 (1986), S. 130–140.

Jahrbuch der deutschen Marine, mit folgenden Jahrgängen: 1966–1978, 1980–1982/83 und 1991.

Jeschonnek, Gert, Bundesmarine 1955 bis heute, Koblenz 1975.

Potter, Elmar B. und Chester W. Nimitz, Seemacht. Eine Seekriegsgeschichte von der Antike bis zur Gegenwart, deutsche Fassung hrsg. von Jürgen Rohwer, Herrsching 1982.

Anmerkungen

* Es handelt sich um die überarbeitete und ergänzte Fassung eines Aufsatzes, der erstmalig 1995 in folgendem Sammelband erschienen ist: Vom Kalten Krieg zur deutschen Einheit. Analysen und Zeitzeugenberichte zur deutschen Militärgeschichte 1945 bis 1995, im Auftrag des MGFA hrsg. von Bruno Thoß unter Mitarb. von Wolfgang Schmidt, München 1995, S. 591–617.

1 Der Verfasser wird im Folgenden konsequent den Begriff »Deutsche Marine« verwenden, um den Gedanken der Kontinuität der Entwicklung deutscher Marinen zu betonen und die Marine der Bundesrepublik Deutschland, bekanntlich in der Rechtsnachfolge des Deutschen Reiches stehend, in die Reihe früherer deutscher Marinen zu stellen. Die in Anlehnung an die »Paulskirchen-Marine« von 1848 nach 1955 gebräuchliche Bezeichnung »Bundesmarine« für die Marine des westlichen Teils von Nachkriegsdeutschland wurde nach der Herstellung der staatlichen Einheit 1990 ohnehin offiziell aus dem Sprachgebrauch genommen und die Bezeichnung »Deutsche Marine« seitdem als allgemeingültig festgelegt.

2 Für die folgende Darstellung wurde u.a. als grundlegende Literatur herangezogen: Anfänge westdeutscher Sicherheitspolitik 1945—1956, hrsg. vom MGFA, Bd 1: Roland G. Foerster [et al.], Von der Kapitulation bis zum Pleven-Plan, München 1982; Bd 2: Lutz Köllner [et al.], Die EVG-Phase, München 1990; Bd 3: Hans Ehlert [et al.], Die NATO-Option, München 1993; Bd 4: Werner Abelshauser und Walter Schwengler, Wirtschaft und Rüstung, Souveränität und Sicherheit, München 1997, sowie Hans-Jürgen Rautenberg und Norbert Wiggershaus, Die »Himmeroder Denkschrift« vom Oktober 1950. Politische und militärische Überlegungen für einen Beitrag der Bundesrepublik Deutschland zur westeuropäischen Verteidigung, 2. Aufl., Karlsruhe 1985 (abgedr. zuerst in: Militärgeschichtliche Mitteilungen, 21 (1977), S. 135–206) und Verteidigung im Bündnis. Planung, Aufbau und Bewährung der Bundeswehr 1950 bis 1972, hrsg. vom MGFA, 2. Aufl., München 1975.

3 Siehe Rautenberg/Wiggershaus, Die »Himmeroder Denkschrift« (wie Anm. 2).

4 Die Wagner-Denkschrift ist vollständig publiziert bei Jörg Duppler, Germania auf dem Meere. Bilder und Dokumente zur Deutschen Marinegeschichte 1848 bis 1998, Hamburg 1998, S. 190–197 (Dok.-Nr. 3).

5 Siehe die Auszüge aus dem militärischen Sonderabkommen vom 5.5.1952 bei Duppler, Germania (wie Anm. 4), S. 198 f. (Dok.-Nr. 4).

6 Siehe dazu Karl-Adolf Zenker, Aus der Vorgeschichte der Bundesmarine, in: Seemacht und Geschichte. Festschrift zum 80. Geburtstag von Friedrich Ruge, hrsg. vom Deutschen Marine Institut, Bonn-Bad Godesberg 1975, S. 249–254 sowie Heinrich Gerlach, Aus den Anfängen der Bundesmarine, Manuskript eines Vortrags vor dem 9. und 10. Admiralstabsoffizierlehrgang am 6.3.1969 an der Führungsakademie der Bundeswehr.

7 Siehe Zenker, Aus der Vorgeschichte (wie Anm. 6), S. 262 f. Vgl. auch die grundlegende Untersuchung von Christian Greiner, Die militärische Eingliederung der Bundesrepublik Deutschland in die WEU und die NATO 1954 bis 1957, in: Anfänge westdeutscher Sicherheitspolitik, Bd 3 (wie Anm. 2), S. 561–850.

8 Brief CdS SHAPE, GenLt (US) Cortlandt von Rennselaer Schuyler, an den deutschen Chefdelegierten bei den Verhandlungen mit der NATO, General a.D. Dr. Hans Speidel, vom 6.7.1955,

deutsche Übersetzung vollständig publiziert bei Duppler, Germania (wie Anm. 4), S. 200 f. (Dok.-Nr. 5).

[9]   Zu den Erfahrungen der ersten Aufbaujahre siehe den Bericht des früheren Stellvertretenden Inspekteurs der Marine, Konteradmiral a.D. Gerhard Wagner: Die ersten Jahre der Bundesmarine – Probleme und Streiflichter, in: Seemacht und Geschichte (wie Anm. 6), S. 229–238.

[10]   Zu dem TRI-MNC-Agreement siehe die Erläuterungen weiter unten.

[11]   Zu den Grundsatzdokumenten des NATO-Militärausschusses (= Military Committee, MC) MC 14/1 bis MC 14/3 siehe auch Klaus-Dieter Schwarz, Die sicherheitspolitische und militärstrategische Zukunft der NATO, in: Sicherheitspolitik. Analysen zur politischen und militärischen Sicherheit, hrsg. von Klaus-Dieter Schwarz, Bad Honnef-Erpel 1976, S. 263–291.

[12]   Siehe Bundesmisterium der Verteidigung/Fü M II – Az. 31-0202 vom 16.10.1963: Konzeption und Aufbau der Marine, vollständig publiziert bei Duppler, Germania (wie Anm. 4), S. 207–214 (Dok.-Nr. 9). Zur Entwicklungsgeschichte und zum Inhalt dieser Konzeption siehe auch Heinz-Ludger Borgert, Die Konzeption der Bundesmarine 1962, in: Marineforum, 72 (1997), H. 12, S. 27–31 (Teil I) und 73 (1998), H. 1–2, S. 6–8 (Teil II).

[13]   Zur Frage der möglichen Beteiligung der Marine an der sog. Nuklearen Teilhabe der Bundesrepublik Deutschland im Rahmen der NATO, insbesondere die Diskussion um die »Multilateral Force (MLF)« 1963–1966 siehe auch Christoph Hoppe, Zwischen Teilhabe und Mitsprache: Die Nuklearfrage in der Allianzpolitik Deutschlands 1959–1966, Baden-Baden 1993 (= Internationale Politik und Sicherheit, Bd 30/2).

[14]   Siehe dazu im Detail Marco von Kölln, U.S.S. Claude V. Ricketts und das Experiment einer multinationalen Besatzung, in: Militärgeschichte, 7 (1997), H. 2, S. 12–19.

[15]   Vgl. dazu: Nordeuropa – Ausfalltor der Sowjetunion zu den Weltmeeren, hrsg. vom Deutschen Marine Institut, Herford, Bonn 1985, sowie NATO's Maritime Flanks, Problems and Prospects, ed. by Herman Zeiner-Gundersen, Washington, London 1987.

[16]   Vgl. dazu den Aufsatz des damaligen Inspekteurs der Marine, Vizeadmiral Heinz Kühnle, Die Konzeption der Marine – Entwicklung und Perspektive, in: Seemacht und Geschichte (wie Anm. 6), S. 179–186.

[17]   Siehe in diesem Zusammenhang Hanshermann Vohs, Konzeptionelle Aspekte der Marine nach 1945 – gestern, heute und morgen, in: Die deutsche Flotte im Spannungsfeld der Politik 1848–1985. Vorträge und Diskussionen der 25. Historisch-Taktischen Tagung der Flotte 1985, hrsg. vom Deutschen Marine Institut und vom MGFA, Herford 1985 (= Schriftenreihe des Deutschen Marine Instituts, Bd 9), S. 185–202. Konteradmiral a.D. Vohs war 1980–1984 Stellvertretender Inspekteur der Marine.

[18]   Zur Geschichte der Übung MATCHMAKER und der Gründung der Standing Naval Force Atlantic (SNFL) des SACLANT siehe Joel J. Sokolskys Biographie des U.S. Admirals und ehemaligen Chefs des Stabes HQ SACLANT, Richard G. Colbert, wo er im Kapitel »The SACLANT Years« einen interessanten Überblick zur maritimen Kooperation innerhalb der NATO in der Zeit 1967 bis August 1971 gibt, und dabei u.a. die Übungsserie MATCHMAKER (1965–1967) und die Umstände der Gründung der SNFL 1967/68 beschreibt. Joel J. Sokolsky, The Fraternity of the Blue Uniform, Newport, RI 1991, S. 23–41.

[19]   Einen guten, kurzen Überblick zur damaligen Militärstrategie der NATO und ihrer maritimen Folgedokumente CONMAROPS gibt, zwar aus einem anderen Blickwinkel, das Kapitel »Grundzüge der Militärdoktrin der NATO und ihrer Mitgliedsstaaten« des Autorenkollektivs Wolfgang Weber, Emil Handke, Günter Werner und Hansdieter Mattes, in: Die Streitkräfte der NATO auf dem Territorium der BRD, hrsg. von Wolfgang Weber, Berlin (Ost) 1984, S. 17–26.

[20]   Auch zum Manövergeschehen der NATO gibt der o.g. Sammelband des Militärverlages der DDR Die Streitkräfte der NATO (wie Anm. 19) einen guten Überblick: siehe ebd., S. 298–304.

[21]   Zur Geschichte der Seeluftstreitkräfte der Deutschen Marine nach 1955 siehe Jörg Duppler, Aufbau und Entwicklung der deutschen Marineflieger, und Klaus Rehder, Die Seeluftstreitkräfte in der heutigen Flotte, in: Marineflieger – Von der Marineluftschiffahrtabteilung zur Marinefliegerdivison, hrsg. vom Deutschen Marine Institut, Konzeption und Redaktion Jörg Duppler, Herford 1988, S. 49–59 und S. 62–68.

[22]   Zur seestrategischen Bedeutung des Nordflankenraums und der Einbindung der Deutschen Marine siehe den Aufsatz von Klaus Jürgen Steindorff, Die NATO-Nordflanke – das Tor zum Atlantik, in: Marine-Rundschau, 86 (1989), H. 1, S. 2–8. Lesenswerte Beiträge über die NATO-

Nordflanke und die Entwicklung der maritimen Strategie der NATO liefert Goeffrey Till, Britain and NATO's Northern Flank, London 1988, und Goeffrey Till, Alliance Strategy and Navies – The Evolution and Scope of NATO's Maritime Dimension, London 1990.

23 1984/85 wurde Kapitän zur See Schwabe der erste deutsche Commander Standing Naval Force Atlantic (COMSNFL), und 1989/90 folgte mit Flottillenadmiral Laudien der zweite deutsche Marineoffizier in dieser Verwendung.

24 Am 19.2.1992 unternahm die Bundesregierung einen ersten Versuch der Neubestimmung, als das Kabinett in seiner traditionellen Sitzung auf der Hardthöhe die Aufgaben der Bundeswehr neu formulierte. Dieser Aufgabenkatalog spiegelt sich in den konzeptionellen Folgedokumenten 1992 und später wieder; er hat in seinen wesentlichen Elementen bis heute Bestand.

25 Es kam damals zu einer intensiven marineinternen Diskussion über die künftige Flotte und ihre Fähigkeiten. Diese Diskussion beschäftigte sich vor allem damit, wie die neue Rolle der bisherigen Komponenten der Flotte zu definieren war, deren Waffensysteme auf den Einsatz in der Ostsee optimiert waren und deren Fähigkeiten und operativer Nutzen im neuen sicherheitspolitischen Umfeld in Zweifel gezogen werden konnten bzw. nunmehr neu abgeleitet und bestätigt werden mußten. Siehe beispielhaft dazu die Diskussionen in den Fachzeitschriften »Marineforum«, »Truppenpraxis« oder »Europäische Sicherheit« von etwa 1991 bis 1994 mit Aufsätzen zur Bedeutung einzelner Komponenten, die wiederum heftige Reaktionen in den Leserbriefspalten auslösten.

26 Unter »Operative Minima« versteht der Autor die nach einschlägigen taktisch-operativen Grundsätzen erfolgende zahlenmäßige Mindest-Zusammensetzung von Booten, Schiffen und Flugzeugen in aufgabenbezogenen Einsatzverbänden für maritime Operationen. Unter »Schwellenwerte« versteht der Autor die zahlenmäßige Grenze an See- und Seeluftfahrzeugen einer Komponente der Flotte, wie z.B. Fregatten, U-Boote oder Minenabwehrfahrzeuge, die nicht unterschritten werden darf, um einen Weiterbetrieb aus operativer, struktureller, ausbildungsmäßiger und betriebswirtschaftlicher Sicht noch rechtfertigen zu können.

27 Die Überwachungsmaßnahmen der NATO und WEU gegen das im Bürgerkrieg befindliche Jugoslawien begannen auf der Donau und in der Adria am 16.7.1992 und wurden seitens der NATO ab 22.11.1992 mit den beiden zusammengelegten Standing Naval Forces Atlantic und MEDITERRANEAN unter dem Namen SHARP GUARD zusammen mit Marineeinheiten der WEU zu einer Embargo-Operation gegen Rest-Jugoslawien in der Adria auf der Grundlage einer Resolution des UN-Sicherheitsrates erweitert. Diese dauerte bis zur offiziellen Aufhebung der UN-Sanktionen fast drei Jahre und endete schließlich am 18.6.1995.

28 Siehe dazu in diesem Band den Beitrag von Hans Frank, Von der Landesverteidigung zum Kampf gegen den Terror.

29 Mit dem Weißbuch, der KLL und der PLW wurden in der Bundeswehr damals drei Streitkräftekategorien eingeführt: präsente Krisenreaktionskräfte (KRK), weitgehend mobilmachungsabhängige Hauptverteidigungskräfte (HVK) und die Militärische Grundorganisation (MGO). Während Heer und Luftwaffe für die KRK und HVK jeweils feste benannte Kräfte aus ihrem Bestand abteilten, wählte die Marine ein System, das den Zyklus eines Seefahrzeuges aus Ausbildung-Einsatz-Instandsetzung aufnahm, den es in einem festgelegten zeitlichen Rahmen regelmäßig durchläuft. Somit war die Marine in der Lage, aus ihrem Gesamtbestand an Booten, Schiffen und auch Luftfahrzeugen ständig einen im Vergleich zu Heer und Luftwaffe hohen Anteil von 40 % als KRK und 40 % als HVK festzulegen, während sich 20 % jeweils in der Instandsetzung befinden.

Frank Nägler

Baudissin, die Innere Führung und das Beharrungsvermögen der Marine in der Aufbauphase der Bundeswehr[*]

1. Ruges Begegnung mit Baudissin

Von dem Zusammentreffen der beiden gibt es den Bericht zumindest eines der Beteiligten. Fast ein Vierteljahrhundert nach seiner wohl ersten Begegnung mit dem neuen Unterabteilungsleiter[1] erzählt Friedrich Ruge darüber in seiner an szenische Rekonstruktionen erinnernden autobiographischen Rückblende. Das Datum wird nicht genau angegeben, aber es muß in den ersten Monaten des Jahres 1956 gewesen sein. Der Kapitän z.S. Karl-Adolf Zenker hatte als kommissarischer Leiter der Abteilung ›Marine‹ die ersten Freiwilligen in Wilhelmshaven mit einer Rede am 16. Januar bereits begrüßt, der Vizeadmiral a.D. Ruge selbst den Personalgutachterausschuß mit Erfolg passiert, indessen noch nicht seinen Dienst angetreten. Dies sollte erst am 5. März erfolgen. Der künftige Inspekteur nahm an einer Einweisungstagung in Königswinter teil, die ihn dann auch mit dem Grafen zusammenführte[2].

Wolf Graf v. Baudissin referierte über die neue Konzeption der westdeutschen Streitkräfte. Ruge erschienen nach eigenem Bericht die Ausführungen des Vortragenden als für seinen »Geschmack [...] zu theoretisch«. Genau dies will er dem Grafen in der sich anschließenden Diskussion sehr eingehend auseinandergesetzt haben. Dessen Reaktion wiederum soll recht gereizt ausgefallen sein, was dann offensichtlich aber einer abschließenden Verständigung doch nicht im Wege stand. Jedenfalls hat nach Ruges Erinnerung der Graf dem künftig für die Marine verantwortlichen Offizier wörtlich erklärt: »Ich will ja nur, was vernünftige Leute schon immer gemacht haben!« Darauf Ruge: »Graf Baudissin, auf dieser Grundlage sind wir uns völlig einig.« Nach einer eingeschobenen knappen Reflexion über diese ›Verständigung‹ folgt in Ruges Erzählung dann die Mitteilung: »Anschließend besuchte ich Admiral Raeder.«

Bemerkenswert an diesem erinnerten Dialog ist zumindest zweierlei: Das reklamierte Einverständnis überhaupt und sodann die ›Verständigung‹ darüber, es gehe doch nur um die Fortführung einer von ›vernünftigen Leuten‹ schon längst geübten Praxis. Was der Admiral noch nach zwei Jahrzehnten unter der Substanz des gemeinsamen Verständnisses begriff, hat er in seiner Rückblende mit der so-

eben erwähnten kurzen Reflexion umrissen: Da ist die Rede von »gute[n]«, dann
auch »gesunde[n] menschliche[n] Beziehungen«, von »überlegte[r] Menschenführung« oder vom »richtige[n] Geist und [den] besten Beziehungen zwischen allen
Dienstgraden«. Nun wird kaum jemand etwas gegen derart wohlmeinende und
gleichzeitig so unspezifische Maximen einzuwenden haben. Allerdings drängt sich
dann doch die Frage auf, was angesichts solchen Inhalts für den Streit um die Innere Führung gesorgt haben soll – der Alarmruf des Wehrbeauftragten Hellmuth
Heye 1964, die 1969 gehaltene Rede des Stellvertretenden Inspekteurs des Heeres,
Generalmajor Grashey, die Innere Führung sei nichts als eine »Maske« gewesen,
oder die im gleichen Jahr mit der sogenannten ›Schnezstudie‹ geforderte Bundes-
wehr- und Gesellschaftsreform: dies alles nicht mehr als ein Sturm im Wasserglas[3]?
Der Verdacht, die ›Verständigung‹ basiere vielleicht auf einem Mißverständnis,
wird zusätzlich noch genährt durch das behauptete Aufgehen der Inneren Führung
in einer bereits in früheren deutschen Streitkräften anzutreffenden Praxis. Der in
der kompositorischen Anordnung der Lebenserinnerungen Ruges 1979 vorgenommene Brückenschlag von Graf Baudissin zum ehemaligen Oberbefehlshaber
der Kriegsmarine ist sehr wahrscheinlich dem bloßen Zufall geschuldet, daß er
indes so umstandslos vollzogen wird, mag jedoch mehr den reibungsfreien Übergang vom Neuen zum Alten denn den bewußten Bruch und Neuanfang signalisieren. Einen Neubeginn wollte das Reformkonzept aber auf jeden Fall darstellen.
Dies wirft die Frage auf, in welchem Maße die hier relevanten Auffassungen der
frühen Bundesmarine sich haben vereinbaren lassen mit dem Programm der Inneren Führung. Was also machte die Reformkonzeption in den ersten Jahren der
Bundeswehr aus, worum kreiste gleichzeitig das diesbezügliche Verständnis der
Marine, wie es sich den einschlägigen Verlautbarungen ihrer Repräsentanten entnehmen läßt, und welche Schnittmenge läßt sich hier schließlich feststellen?

2. Das Reformkonzept Baudissins
in den Anfangsjahren der Bundeswehr

In das Reformkonzept des Grafen läßt sich gewiß auf mehr als nur einem Weg
einführen. Häufig wird mit der freiheitlichen Demokratie begonnen, was durchaus
naheliegend ist: war doch der Staat diesmal ausnahmsweise schon deutlich vor
seiner Armee vorhanden. Für den vorliegenden Zusammenhang wird jedoch der
Zugang über das Kriegsbild gewählt, weil er so charakteristisch wie kein zweiter
Einstieg das am Beginn der Bundeswehr für die Innere Führung Konstitutive
sichtbar werden läßt.

Baudissin entwarf seine Vorstellungen im Horizont des ›permanenten Bürgerkrieges‹[4] oder auch – wie es dann mit regierungsamtlichem Imprimatur hieß – des
›Weltbürgerkrieges‹[5]. Welche Gestalt dieser ›Weltbürgerkrieg‹ für die am Anfang
der Bundeswehr Verantwortlichen hatte und welche Entwicklung er nehmen
konnte, zeigte eine 1956/57 angesetzte Stabsrahmenübung. Die Übung LION
NOIR offenbarte der Bundeswehrführung gleichzeitig die möglichen Dimensionen

dieses Krieges, die bis hinein in die 60er Jahre das Bild prägen sollten. Als der für die Innere Führung zuständige Unterabteilungsleiter hatte Baudissin an dieser Übung teilgenommen und einen umfangreichen Erfahrungsbericht vorgelegt.

Das in diesem Bericht gezogene Resümee des Grafen stellt die in hohem Maße, ja nachgerade ausschließlich ideologische Prägung des modernen Krieges an den Anfang: Nicht mehr gehe es »um territoriale Ziele. Der blutige Konflikt entspring[e] ideologischen Spannungen«, die zur gänzlichen Entgrenzung der Gewaltanwendung führten. Die Unterschiede zwischen Zivilbevölkerung und Militär würden ebenso eingeebnet wie die eindeutige Zuordnung ganzer Staaten zu den Parteien. Bei dem modernen Krieg handele es »sich vielmehr um eine totale Auseinandersetzung zweier Lebensanschauungen, die mit allen Mitteln, auf allen Lebensgebieten und jenseits aller gewohnten Unterscheidungen und Grenzen ausgetragen« werde[6]. Die Konsequenzen dieser Gestalt des Krieges hinsichtlich der Inneren Führung werden dann auch in allen drei Phasen des Spielverlaufs erkennbar. Diese Phasen umgreifen eine etwa sechsmonatige Spannungszeit, dann eine drei- bis vierwöchige Offensive, in welcher der Vorstoß der Roten Armee bis zum Rhein die gesamte Bundesrepublik zum Gefechtsfeld werden läßt, schließlich die binnen Wochenfrist zum Kriegs- bzw. Spielende führende Gegenoffensive des Westens. Während der Kampfhandlungen sind gemäß Spielverlauf beiderseits des Eisernen Vorhanges allein auf deutschem Boden je etwa 130 Atomwaffen zum Einsatz gelangt[7].

Auf einem derartigen Gefechtsfeld ist der Soldat – so der Erfahrungsbericht – stärkeren Belastungen als je zuvor ausgesetzt. Nicht nur ist er dort – in kleiner Gruppe oder im Team kämpfend –, wie Baudissin andernorts in einem grundlegenden Beitrag festgestellt hat, der Aufsicht, also auch helfender Führung, entzogen[8]; nicht nur drücken ihn die ebenso unheimlichen wie gewaltigen Gefährdungen, die von der Nuklearwaffe ausgehen; er weiß auch, daß das, was früher für die Verteidigung geradezu sinnstiftend war, weil es durch sie geschützt erscheinen konnte – Angehörige, Familie, Heimat –, gleichermaßen zum Objekt der Kampfhandlungen geworden ist wie er selbst. Schlimmer noch: jetzt kann alles dies sogar der eigenen Waffenwirkung ausgesetzt sein. Gleichzeitig ist der einzelne Soldat als Funktionsträger innerhalb eines Militärapparates, der angesichts aufgelöster Fronten Verantwortung immer weiter nach unten delegiert hat, immer unersetzbarer geworden. In einer derartigen Lage, in der weder die traditionelle Berufung auf die nun ebenso gefährdeten vertrauten Kollektive – Familie, Heimat, Volk, Vaterland – noch ein überwachender Vorgesetzter das auftragsgerechte Handeln des einzelnen gewährleisten können, gehe es – so Baudissin – um die Sicherung dessen, »was seit je das Truppengefüge verlässlich machte: gegenseitiges Vertrauen«, das »aus sachlichem Können und menschlicher Achtung« erwachse[9]. Mag sein, daß Baudissin eine ähnliche Wendung in Königswinter gebraucht hat und daß Ruge hier die Verbindung zog zu den von ihm betonten »besten Beziehungen zwischen allen Dienstgraden«[10]. Allerdings gelangt in Ruges erinnertem Dialog nicht zum Vorschein, was Baudissin in seiner Auswertung von LION NOIR als die allein tragende Basis des wachsenden ›Vertrauens‹ ausgibt: *Halt* kann nur die feste Überzeugung vom Wert und von der Kraft dessen geben, was es zu verteidigen gilt, und das Wissen um die Bedrohung der menschlichen Existenz durch das Totalitäre[11].« Zu verteidigen ist demnach, ganz gemäß der Bedingung des ›Weltbürgerkrieges‹, die ›freiheitliche Existenz‹ schlechthin – nicht einfach das (bei konsequenter Berücksichtigung des Kriegsbildes ohnedies nicht mehr zu schützende) deutsche Volk. Um es an dieser Stelle einmal zuzuspitzen: Der im Lichte der normativen Vorgaben des Grundgesetzes zuweilen so freundlich wirkende verfassungspatriotische Zug der Inneren Führung erweist sich hier als Ableitung aus der erschreckenden Logik des nuklearen ›Weltbürgerkrieges‹. Nur der durch und durch politische Soldat[12] ist dementsprechend den Anforderungen dieses modernen Krieges gewachsen.

Die geforderte Überzeugung kann freilich nicht erst in »einem heißen Kriege« entstehen. Für die eigentlichen Kampfhandlungen hat das Spielgeschehen wenig mehr als einen Monat vorgesehen. Die Parteinahme für die ›Freie Welt‹ muß bereits im »derzeitigen ›Frieden‹ – d.h. im Kalten Krieg« vorbereitet werden[13]. Nicht von ungefähr lag daher die eigentliche Bewährungsprobe der »Menschenführung« in der Spannungszeit. Als während eines halben Jahres der ›Kalte Krieg‹ fortgesetzt verschärft wird, hat sie »ihre härteste Prüfung zu bestehen«. In dieser lang anhaltenden Spannungsphase, in der die Ängste vor der drohenden Gefahr wie in der Bevölkerung überhaupt, so auch bei deren Angehörigen in der Truppe zunehmen, ist im Sinne jenes Überzeugtseins von der Sache der ›Freien Welt‹ Glaubwürdigkeit geboten. Dabei muß die Frage nach »dem Sinn einer Verteidigung und damit des Soldatseins schlechthin« ihre Antwort im »gesamte[n] Dienst« finden. Baudissin nennt hier »die Handhabung der Disziplinargewalt, die Beschwerdeentscheide, die Truppen-Information«, zuletzt auch die Betreuung. Der alltägliche Dienst ist nur das militärische Segment jener »staatlichen Wirklichkeit«, die angesichts des Fortfalls herkömmlicher Letztbegründungen dem »Verteidigungswille[n]« Bestand verleiht[14]. Kann der Soldat in seinem Dienst ›Freiheit‹ und ›Rechtsstaatlichkeit‹ nicht erfahren, wird er schon in der Krise den Belastungen nicht standhalten können.

Die propagierte ›Einbürgerung‹ des Soldaten, die Verrechtlichung seines Status, sein Anspruch auf eine politische Bildung, die ihn zu kritischem Urteil befähigt, die ihm zugestandenen Freiräume, so auch die sehr zurückhaltende Vorgesetztenverordnung (nicht nur wurde das allgemeine Vorgesetztenverhältnis abgeschafft, sondern es wurde auch bei den unmittelbaren Vorgesetzten die Befehlsbefugnis nach Dienst auf den Kreis der Disziplinarvorgesetzten begrenzt) –, alle diese zahllosen Neuerungen hinsichtlich der Stellung des Soldaten waren darauf angelegt, daß der Soldat auch seiner eigenen Freiheit wegen dienen konnte und so weder im ›kalten‹ noch im ›heißen Bürgerkrieg‹ der ›totalitären‹ Versuchung erlag. Dies zu sichern war Aufgabe der Inneren Führung Baudissinscher Provenienz. So gesehen war die geforderte Demokratiekompatibilität der Streitkräfte nur eine Konsequenz des Kriegsbildes. Was davon spiegelte sich in dem von der Marine gezeichneten Bild des Soldaten?

3. Der Dienst in der Marine
nach den Äußerungen ihrer führenden Repräsentanten

Der nach der Konzeption Baudissins gewollte Soldat ist ein politischer Soldat, der in der Systemauseinandersetzung die Position der ›Freien Welt‹ gegen die totalitäre Bedrohung verteidigen kann, weil er im Dienst selbst Freiheit erfahren hat. Gesetze – allen voran das Soldatengesetz –, Erlasse und Vorschriften haben den westdeutschen Streitkräften eine Binnenverfassung gegeben, mit der dieser Soldat immerhin möglich wurde. Diese Rahmenbedingungen waren selbstverständlich auch der Marine vorgegeben. Schon eher in ihrer Verfügungsmacht war dagegen die Reflexion auf die für eine solche Binnenverfassung konstitutive Position im ›Weltbürgerkrieg‹. An dieser Stelle kommen Selbstbilder in den Blick. Inwieweit spiegeln diese die Auseinandersetzung mit dem ›Totalitären‹? Die von Baudissin in eindringlicher Wiederholung gewählte abstraktere Bezeichnung signalisiert dabei, daß nicht nur die Auseinandersetzung mit dem Kommunismus gemeint ist, sondern auch die mit dessen nationalsozialistischem Seitenstück. Wie war vor diesem Hintergrund also das Bezugssystem ausgelegt, in dessen Rahmen der Dienst in der Marine von deren führenden Repräsentanten vorgestellt wurde, und welche Beziehung wurde dabei zum ›Staatsbürger in Uniform‹, zur Inneren Führung hergestellt?

Eine erste Quelle hierfür sind Ansprachen, die aus Anlaß bedeutsamer Einschnitte oder Wendepunkte gehalten wurden. Des weiteren bieten sich einschlägige Grußworte an, vor allem aber auch grundlegende Weisungen, die das Selbstbild betreffen. Auch wenn sie noch nicht in die Verantwortung Friedrich Ruges fällt, darf für die frühe Marine die von Karl-Adolf Zenker in Wilhelmshaven gehaltene Begrüßungsrede nicht mit der bloßen Erwähnung übergangen werden. Dafür hatte sie gleich zu Beginn ein zu großes Aufsehen hervorgerufen. Zenkers Ansprache an die ersten Freiwilligen der Marine ist wegen der sogenannten ›Großadmiralsfrage‹ in die Schlagzeilen und dann auch in den Bundestag geraten. Im Umkreis von Ruge hatten sich ehemalige Marineoffiziere darauf verständigt, daß derjenige, der bei Gründung der neuen Marine »zuerst öffentlich« spreche, »die Großadmirale Raeder und Dönitz erwähnen« müsse[15]. Zenker war dem nachgekommen und hatte im Rahmen einer an das Nürnberger Tribunal gerichteten Urteilsschelte den beiden Flaggoffizieren attestiert, »daß die Marine sauber, anständig und ehrenhaft geführt worden [...] und daß kein Makel an der Person unserer ehemaligen Oberbefehlshaber« sei. Sie, die nur »ihre Pflicht gegenüber ihrem Volk erfüllt« hätten, trügen nun »ihr Schicksal [...] stellvertretend für uns alle, die wir damals in gutem Glauben einer verantwortungslosen politischen Führung gedient [hätten], die uns fast die ganze Welt zu Feinden gemacht« habe[16]. Im Verteidigungsausschuß wie im Plenum ist die Fiktion der ›unpolitischen‹ Oberbefehlshaber, die Reverenz gegenüber den ›Nur-Soldaten‹ Raeder und vor allem Dönitz gerügt worden[17]. Die in der kritisierten Haltung aufscheinende tiefgreifende Differenz zu dem von Baudissin konzipierten ›politischen‹ Soldaten zieht sich nachgerade wie ein roter Faden durch die Begrüßung Zenkers[18]. Eine Auseinandersetzung mit dem ›Totalitären‹ fand in der Rede weder im Blick auf die Vergangenheit noch hinsichtlich von Gegenwart und Zukunft statt. Viel Raum, ziemlich die Hälfte der Rede, war der Würdigung der deutschen Marine in ihrer bisherigen Geschichte gewidmet, ihrer durch keinerlei Selbstkritik getrübten Rechtfertigung. Nicht nur im Ersten, sondern auch im Zweiten Weltkrieg habe die Marine »das ihr Mögliche zur Verteidigung der Heimat beigetragen. Der Enderfolg [habe] ihr« angesichts der erdrückenden Überlegenheit der Gegner »in den beiden großen Kriegen versagt bleiben« müssen. Läßt sich einige Jahre vor der ›Fischer-Kontroverse‹ die Rede von einer bloßen ›Verteidigung‹ hinsichtlich des Ersten Weltkrieges noch gut verstehen, so befremdet solche Herauslösung aus dem Zusammenhang des 1939 begonnenen Angriffskrieges dann doch. Das Verbrecherische des NS-Regimes wurde von Zenker dabei in bezeichnender Weise auf die außenpolitische ›Verantwortungslosigkeit‹ reduziert. Soweit es die Gegenwart betraf, spielte Zenker zwar auf den Systemkonflikt an – »gegen die aus dem Osten drohende Gefahr [könne] nur entschlossenes Zusammenstehen der freien Welt helfen«, das von Zenker vertiefte, eigentliche Neue war aber das Marinespezifische, daß man sich nunmehr »an die Seite der großen Seemächte gestellt« sah. In diesem Kontext ging er dann auch auf die kommende Ausbildung ein, auf die Notwendigkeit, ein zehnjähriges Entwicklungsdefizit im technisch-taktischen Bereich auszugleichen und dabei die Hilfe der Verbündeten anzunehmen. Kein Wort verlor er indessen über den ›Staatsbürger in Uniform‹, geschweige denn über die Innere Führung. In dieser merkwürdig – man könnte freilich auch sagen: wieder einmal[19] – auf sich selbst zurückbezogenen Marineperspektive war es in der Tat die eine »deutsche Marine, die heute nach über zehn Jahren Unterbrechung einen neuen Anfang macht[e]« – wie Zenker gleich eingangs erklärte –, nicht aber die Teilstreitkraft einer Bundeswehr, für die das Konzept der Inneren Führung galt.

Ruge hat bei einem vergleichbaren Anlaß doch wenigstens den Staatsbürger in Uniform nennen wollen. Als er am 2. Juli 1956 in Neustadt den Seegrenzschutz für die Bundesmarine übernahm, sprach er die ehemaligen Beamten als »die ersten Staatsbürger in Uniform [an], die die Bundesrepublik gehabt« habe[20]. (Angesichts seiner Vorbehalte gegen das im Bundesgrenzschutz gepflegte Soldatenbild hätte Baudissin sich gegen ein solches Etikett vermutlich heftig gesträubt[21].) Die Staatsbürgerqualität unterstrich Ruge mit dem Hinweis auf das unverkürzte Recht der freien Meinungsäußerung, löste dies aber sogleich aus dem politischen Kontext mit der Erklärung, in »der Marine [habe] man sich immer frei und offen ausgesprochen, mit einigen Ausnahmen in den letzten Jahren des Krieges [...] Also kommen Sie mit Ihren Sorgen und Anliegen und Ansichten!« Er könne zwar nicht »immer sofort Abhilfe«, wohl »aber versprechen, daß wir unser Bestes versuchen« würden. Damit wurde das, was von seiten der Inneren Führung als Übung in politischer Praxis angelegt war, in die Sphäre schon immer, besser wohl: schon lange geübten fürsorglichen ›Kümmerns‹ gerückt – ein eher ›patriachalischer‹ Ansatz, der wenig mit dem von Baudissin propagierten Verständnis einer soweit wie nur möglich hierarchiefreien ›Partnerschaft‹[22] gemein hatte und der sich als durchaus bruchlose Fortführung der auf den Zusammenbruch von 1918 gefundenen Antwort verstehen ließ. Vor diesem Hintergrund fielen dann auch die Mahnung, »die

Achtung vor dem Menschen [...] nicht [zu] vergessen«, und die Aufforderung, »unsere Geschichte als Gesamtheit kritisch zu betrachten, um das Gute zu verwenden und aus dem anderen zu lernen«, etwas blaß aus[23].

Wie sehr die frühe Bundesmarine sich mehr als Fortsetzung vorangegangener Marinen denn als Teil der gegenwärtigen Bundeswehr begriff, zeigte sich sodann im Februar 1957, als sich Ruge mit einem Kommandeurbrief der Frage der ›Tradition‹ zuwandte[24]. Nicht nur der Umstand, daß er wohl als erster unter den Inspekteuren ausführlich dazu Stellung bezog, sondern auch der Inhalt seines Briefes läßt ein Bezugssystem erkennen, dessen zentrale Koordinaten in der Marine, nicht in der Bundeswehr oder der Bundesrepublik gelegen waren. In seinem Schreiben, das in vielleicht bezeichnender Weise mit Bildern aus der Seefahrt die Frage der Anlehnung an Vorbilder aus der Zeit der Kriegsmarine umgeht – fern stehende »Leuchtfeuer« könne man »getrost ansteuern«, bei nahe stehenden müsse man »sorgsam ein Auflaufen vermeiden«[25] –, wurde die »Bewährung des Menschen im Ringen mit der See« als prägend für die »Tradition der Marine« ausgewiesen. Es war dieser Zusammenhang der Seefahrt, der gewünschte Eigenschaften wie Verantwortungsbewußtsein, Selbständigkeit, Entschlossenheit, Bescheidenheit usw. herausbilden half. Gerade hinsichtlich der augenscheinlich zentralen »Kameradschaft« schloß Ruge an »Generationen deutscher Seeleute« an. Vollkommen losgelöst vom jeweiligen staatlich-politischen Bezug erklärte er: »Es ist beste Marinetradition, dass sich solche [von der See geformte] Kameradschaft auch unter verschiedenen Flaggen [!] bewährt hat im Frieden und im Krieg[26].« Mit keinem Wort fand die Position des Soldaten in der Auseinandersetzung mit der totalitären Bedrohung Erwähnung. Nirgendwo fand sich auch nur ein Hinweis auf die von der Bundesrepublik zur Grundlage genommene Werteordnung, obschon Ruge unter ›Tradition‹ »Tugenden und Werte« begriffen wissen wollte[27]. Wie anders fiel dagegen das etwa gleichzeitig von Baudissin umrissene Traditionsverständnis aus, das in der Auseinandersetzung mit dem »Totalitären« die Werteordnung des Grundgesetzes als Bezugsgrundlage nahm und als Vorbild den Angehörigen des Widerstandes Ludwig Beck benannte[28]; wie anders auch die Empfehlungen des ›Beirates für Innere Führung‹ vom 5. März 1959, der die Bundeswehr mit ihrer Position im freiheitlich-demokratischen Rechtsstaat und angesichts der Herausforderung »moderner Vernichtungswaffen« für »eine so neuartige Schöpfung« hielt, daß sich der Anschluß an frühere deutsche Streitkräfte in aller Regel erübrigte. Unter freiheitlichem Aspekt boten sich dem ›Beirat‹ lediglich zwei Anknüpfungsmöglichkeiten an: Während eine Würdigung von Soldaten des Zweiten Weltkrieges immer die kritische Distanz zum Gesamtgeschehen erforderte, lagen unbelastetere Bezüge in dem damals eineinhalb Jahrhunderte zurückliegenden Zeitalter der ›Freiheitskriege‹. Und wie Baudissin empfahl der ›Beirat‹ den Widerstand gegen das NS-Regime nachgerade als »Prüfstein«[29].

Nun hatte Ruge keineswegs der Auseinandersetzung mit dem ›Dritten Reich‹ oder mit dem Widerstand ausweichen können. Unter sogar sehr schwierigen Umständen war er dazu gezwungen gewesen, »als ältester aktiver Offizier der Marine« zum Dienst unter der nationalsozialistischen Herrschaft Stellung zu nehmen. Ihm war es nämlich zugefallen, bei der Beisetzung von Erich Raeder am 11. November 1960 zu sprechen[30]. Mit vorsichtigem Takt distanzierte er sich von den Urteilen des Internationalen Militärgerichtshofes, und es gelang ihm immerhin, die für den Dienst in der Bundeswehr zentrale Bindung an die »Menschenwürde« auch für den verstorbenen Großadmiral zu reklamieren. Freilich blieb dies aber auf die ›Welt‹ der Marine beschränkt: Er gedachte des fürsorglichen Vorgesetzten, der mit Erfolg um den Erhalt der Militärseelsorge und den Schutz der von den »Nürnberger Rassegesetzen« im Bereich der Marine Betroffenen bemüht gewesen sei. Daß Ruge die fatalistische Untergangszumutung, die der Oberbefehlshaber 1939 bei Kriegsbeginn der Kriegsmarine zugedacht hatte[31], unberücksichtigt ließ, versteht sich bei solchem Anlaß von selbst. Allerdings verband sich mit der Würdigung des Verstorbenen wieder einmal das Bild einer Kriegsmarine, die »geschlossen und sauber« und von den »amoralischen Einflüsse[n] der Gewaltherrschaft [...] weitgehend« verschont geblieben sei. Aber auch diese bemerkenswerte Isolierung des Wehrmachtteiles von dem übrigen Regime und die damit verbundene Ausklammerung des ›Totalitären‹ aus dem eigenen Bereich mögen noch dem besonderen Anlaß geschuldet gewesen sein.

Dies konnte dann allerdings nicht mehr gelten für die Verabschiedungsrede, die der scheidende Inspekteur im Juli 1961 in der Marineschule Mürwik gehalten hat. Umfang wie Inhalt geben ihr den Rang eines ›Testamentes‹. Bei dieser Gelegenheit rückte Ruge den Dienst in der Marine wiederholt und eingehend in den Zusammenhang der Ost-West-Konfrontation. Die von der Sowjetunion drohende ›Sklaverei‹ war ihm Rechtfertigung aller Rüstung, der ›materiellen‹ wie der ›geistigen‹[32]. Seine Beschäftigung mit diesem Thema blieb jedoch entweder dem einfachen ›Schwarz-Weiß-Gemälde‹ verhaftet oder thematisierte den Nutzen einer ›intimen‹ Kenntnis gegnerischer Denkungsart im ›kalten‹ sowohl als ›heißen‹ Krieg. Vor allem unterließ es Ruge, die aus dem besonderen ideologischen Konfrontationsmuster sich ergebenden Folgerungen für die Innere Führung zu ziehen. Zwar galt ihm die »gute Menschenführung« als »eine unserer besten Waffen in der politischen Auseinandersetzung mit dem Osten«. Was folgte, war aber kaum mehr als eine Fortschreibung jener schon bekannten wohlmeinend-›patriarchalischen‹ Konsequenzen, die Ruge in Reichs- und Kriegsmarine aus seinen Erfahrungen als junger Offizier an Bord eines Torpedobootes in der Endphase des Ersten Weltkrieges gezogen hatte: Auf den Untergebenen müsse man eingehen, sich um ihn ›kümmern‹, ihn müsse man ›gerecht‹ behandeln[33]. Ruge kam zwar in diesem Zusammenhang auf den neuen ›Staatsbürger in Uniform‹ zu sprechen, erklärte auch, daß der »junge Mann als Staatsbürger« komme, obschon er vielfach »noch nicht soweit« sei. Auch Baudissin war davon ausgegangen, daß keineswegs alle, die zur Bundeswehr kämen, ›Staatsbürger‹ seien, nebenbei auch längst noch nicht alle älteren. Die Konsequenzen, die Ruge zog, waren aber in charakteristischer Weise verschoben zu denen, die Baudissin abgeleitet hatte. Nach der Konzeption des Grafen mußte der Soldat – wieder im Blick auf die besondere Ausprägung des Ost-West-Konfliktes – auch in der Truppe als ›Staatsbürger‹ behandelt und in die Verantwortung eigener Freiheit gestellt werden, um diese auch für andere verteidigen zu können[34]. Für Ruge hingegen war die Frage der Staatsbürgerqualität ein Problem von Wissensdefiziten und darauf antwortender Wissensvermittlung. Die bis 1961 eingetretene Verengung ursprünglich weiter gefaßter Freiräume des Soldaten (vgl. namentlich die Änderungen der Vorgesetztenverordnung, mit der 1960 der Kreis der Befehlsbefugten erheblich erweitert wurde[35]) begrüßte er und forderte Vorgesetzte und künftige Vorgesetzte auf, Verantwortung für die Untergebenen zu übernehmen, nicht sprach er davon, sie – wie bei Baudissin geradezu zwingend – zu delegieren.

Ruge würdigte bei seiner Verabschiedungsrede, er hielt sie an einem 21. Juli, auch den Widerstand, was indessen nicht auf eine Auseinandersetzung mit der nationalsozialistischen Variante des ›Totalitären‹ hinauslief. Das NS-Regime verfiel (wieder einmal) wegen seiner außenpolitisch-militärischen Inkompetenz dem Verdikt, und ebenso wie die Attentäter Anerkennung fanden, weil sie »für [...] unser Volk, und unsere westliche Freiheit handelten«, galt nach den Worten Ruges mit gleichermaßen aktuellem Bezug die Dankbarkeit des »ganzen Volk[es]« denen, deren Einsatz an der Front nicht nur damals viele vor dem Zugriff der Sowjets gerettet habe, sondern auch heute noch durch die »den Russen [›eingeflößte‹] Achtung« stabilisierend wirke[36]. Diese Aufnahme der Formel des ehemaligen Präsidenten des ›Bundes versorgungsberechtigter Wehrmachtangehöriger‹, Admiral a.D. Gottfried Hansen, nach der Angehörige des Widerstandes und loyal gebliebene Soldaten in gleichem Maße Anerkennung verdienten, war freilich nicht die Priorisierung, die u.a. der ›Beirat für Innere Führung‹ beachtet wissen wollte. Der nämlich hatte sich noch im Juni 1959 in einem Schreiben an Minister Strauß dagegen verwahrt, daß unter dem Aspekt der Traditionsbildung »die Männer des Widerstandes in ihrer Vorbildlichkeit allen den Soldaten gleichgeordnet [würden], die in gewissenhafter Überzeugung und soldatischer Pflichterfüllung gehorcht[...]« hätten[37]. (Die vom ›Beirat‹ gewünschte Prioritätensetzung sollte dann auch Eingang in den Traditionserlaß von 1965 finden – jedenfalls wurde dort der Widerstand in besonderer Weise hervorgehoben[38].) Ungeachtet der Aufnahme einschlägiger Stichworte und Zusammenhänge spiegelten demnach Ruges Ausführungen – weder in ihren aktuellen Bezügen noch in der historischen Reflexion – auch 1961 noch nicht die Konturen des von Baudissin im Blick auf ›Weltbürgerkrieg‹ gezeichneten westlichen Soldaten.

4. Eigenheiten der Marine?

Allerdings entsprach das Festhalten Ruges an der von Hansen geprägten Formel auch dem über lange Jahre ausweichenden Verhalten des damaligen Generalinspekteurs, General Adolf Heusinger, der eindeutige Urteile im Blick auf die jüngste Vergangenheit möglichst umging[39]. Überhaupt war – soweit der scheidende Inspekteur für die Marine sprach – diese gleichsam schon ein gutes Stück auf dem Wege in die Bundeswehr vorangekommen, wenngleich die von Ruge hervorgehobene besondere Prägung durch die See dem Dienst des »Seeoffiziers« [!] im Kontext von Republik und Gesamtstreitkräften nach wie vor eine sehr eigene Note geben sollte[40]. Die Annäherung lag jedoch weniger an einem Einlassen auf das Konzept der Inneren Führung, als vielmehr daran, daß die Streitkräfte insgesamt sich von dem von Baudissin gesetzten konzeptionellen Ausgangspunkt entfernt hatten – etwa im Sinne des Heusingerschen Eingeständnisses, er habe »den Baudissin bewußt mit übertriebenen Forderungen herausgeschickt; nur wenn wir 150 Prozent verlang[t]en, [könne ...] sich die Wirklichkeit bei einem vernünftigen Maße einpendeln«[41]. Dies betraf Äußerlichkeiten: Wenn etwa Heer und Luftwaffe partout sich nicht auf die streng funktionale Grußordnung einlassen wollten, so fiel die Marine durch das Pflegen der alten ›Handhaltung‹ auf[42]. Und wie in der Marine, so wurde auch andernorts der Ruf nach ›preußischen‹ Verhaltensmustern mit rigider Disziplin erhoben[43]. Dies betraf freilich auch substantielle Seiten des gewollten Soldaten, wenn etwa die ursprünglich auf die Vermittlung einer pluralistischen Wirklichkeit und auf die Schulung des eigenen politischen Urteils angelegte ›geistige Rüstung‹ ab 1958 dem kruden Anti-Bolschewismus der ›pychologischen Kampfführung‹ wich[44]. Damit nämlich wurde bundeswehrweit die im Horizont des ›Weltbürgerkrieges‹ für den westlichen Soldaten notwendige Erfahrung einer ›freiheitlichen‹ Ordnung zu dem bloßen ›Wogegen‹ deformiert.

Daß Ruge, zu dem Baudissin während seiner ministeriellen Verwendung nach anfänglicher Zurückhaltung eine durchaus vertrauensvolle Arbeitsbeziehung unterhielt[45], ähnlich wie Heusinger sich einer eindeutigen Festlegung auf die Konzeption des Grafen entzog, hatte freilich auch viel mit der Rücksicht auf das Personal zu tun, das ab Anfang 1956 in die Marine eintrat. Um es am Beispiel zweier Flaggoffiziere zu illustrieren: Von Baudissin lebhaft begrüßt wurde die Wiederverwendung von Rolf Johannesson, der, am 1. Januar 1957 eingestellt, ab dem 16. März 1957 zunächst als Flottillenadmiral, dann als Konteradmiral Kommandeur der Seestreitkräfte bzw. Befehlshaber der Flotte war[46]. In den Augen des Grafen »geistig und charakterlich ganz aus dem Rahmen des marinierten Mittelmaßes« fallend, hatte Johannesson auch auf die Unterstützung Baudissins bei der Vorbereitung auf den Personalgutachterausschuß zählen können[47]. Dieses Vertrauen wurde nicht enttäuscht. Denn nicht erst in seiner autobiographischen Rückblende[48], sondern auch schon zu einer Zeit, als ältere Offiziere die eindeutige Stellungnahme mieden, hatte er sich zum Widerstand bekannt. Baudissin erschien er sogar als »der einzige Befürworter des 20. Juli in der Marine«[49]. Dem stand ein anderer Flaggoffizier wie Heinrich Gerlach gegenüber. Er gehörte bereits der ›Dienststelle Blank‹ an, wurde schon im Dezember 1955 Flottillenadmiral und war ab Juli 1957 Befehlshaber der Seestreitkräfte Ostsee[50]. Zum Kreis um den Admiral a. D. Wilhelm Meisel gehörend, hatte Gerlach vor seinem Eintritt in die ›Dienststelle‹ im Mai 1951 Gedanken vorgetragen, die später als eine ›Denkschrift‹ vorgestellt wurden[51]. Der Gerlach zugeschriebene Text fand Eingang in die Spalten des ›Spiegel‹. Darin wurde der repräsentativen Demokratie ein vernichtendes Zeugnis ausgestellt – »[n]ur wenige Persönlichkeiten rag[t]en noch vereinzelt aus dem Brei der halbgebildeten Arbeitsbürger hervor, [...] während skrupellose Kräfte unter skrupelloser Ausnutzung aller Mittel der Propaganda ihre privaten Interessen verfolg[t]en«. Der Verfasser trauerte dem ›Führerstaat‹ nach, den er – hier durchaus treffend – »in der europäischen und speziell der deutschen Geschichte der vorhergehenden dreißig bis fünfzig Jahre« verwurzelt sah. Bereits als Offizier in der Abteilung Marine mit dem Papier konfrontiert, soll Gerlach zum Entsetzen Baudissins bekannt haben, »[s]elbstverständlich habe [er] vor 1951, als die Denkschrift entstand, gegen diesen Staat und die Demokratie gestanden: damals seien sie ja auch unversorgt und ohne Schutz gewesen. Nunmehr habe sich aber seine Stellungnahme grundlegend geändert«[52].

Mit einer derartigen Bandbreite möglicher Haltungen zu der normativen Grundlage der Bundesrepublik befand sich die Marine in wenn schon nicht durchgängig ›guter‹, so doch immerhin in zahlreicher Gesellschaft – nicht nur innerhalb der Streitkräfte. So äußerten sich noch Anfang der 60er Jahre bei einer Erhebung nur ein Viertel der Befragten zustimmend zu der Frage, ob ›eine Schule nach einem Widerstandskämpfer benannt werden solle‹ – 40 % waren dagegen[53]! Bei aller Verankerung in zeitgenössischen Trends und bei aller Annäherung an eine in der Bundeswehr vorherrschende Hauptströmung bleibt freilich der Befund einer weitgehenden Ausblendung der aus dem ›Weltbürgerkrieg‹ abgeleiteten Inneren Führung. Und hier verfuhr die Marine konsequenter zumindest als das Heer. Nicht von ungefähr hatte auch der ›Beirat für Innere Führung‹ 1958 bei ihr die »Tendenz« beobachtet, »ein Sonderbewußtsein zu bilden«[54]. Worauf das Gremium sein Urteil stützte, blieb zwar unklar. Aber schon ein Blick in den ersten Jahrgang der als Forum aller Offiziere gedachten ›Truppenpraxis‹ hätte dem ›Beirat‹ zu einer Quelle verhelfen können. Während etwa das Heer sich in der neugegründeten ›Truppenpraxis‹ mit einem Beitrag des Inspekteurs, Generalleutnant Hans Röttiger, einführte, der – ganz entlang der Linien der Inneren Führung – ausführlich den ideologischen Kontext der Rüstung thematisierte[55], beschränkten sich Ruge und sein Stellvertreter, Konteradmiral Gerhard Wagner, bei gleicher Gelegenheit sehr praxisorientiert im wesentlichen auf das Thema der Zusammenarbeit mit den anderen Teilstreitkräften im Rahmen ›amphibischer‹ oder gar ›triphibischer‹ Operationen[56]. Darauf folgte zwar auch – wie von dem für die Innere Führung zuständigen Referenten in der Abteilung VII ›Marine‹ nicht anders zu erwarten – ein Beitrag zur ›Menschenführung‹, der die Gedankenbildung in Baudissins Unterabteilung spiegelte[57]. Solche Einbettung in den weiteren Zusammenhang wurde dann aber mit der nachfolgenden Betrachtung über das Marine-Ehrenmal gleichsam dementiert. In Laboe – hieß es dort – ruhe »in ungestörter Weihe das unvergängliche Gut altbewährter Treue und Kameradschaft als köstliches deutsches Erbe«. Unter Berufung auf das 1927 von Admiral Reinhard Scheer ausgegebene Wort: »Für deutsche Seemanns-Ehr' – Für Deutschlands schwimmende Wehr – Für beider Wiederkehr!« begrüßte der Verfasser den gerade einsetzenden Neuaufbau einer »deutsche[n] Flotte« und mahnte sein Publikum, daß für die »Seegeltung [...] das deutsche Volk immer Opfer [habe] bringen [müssen], und sie w[ü]rden auch weiter von ihm gefordert werden«[58]. Augenscheinlich war dies auch der Redaktion der ›Truppenpraxis‹ zuviel. In einer geharnischten Replik erinnerte Hauptmann Reinhard Hauschild, Mitarbeiter von Strauß' Pressesprecher Oberstleutnant Gerd

Schmückle, Verfasser und Leser an eine von »Atombomben und Sputniks« geprägte Gegenwart, in der »keineswegs eine ›schwimmende Wehr‹, sondern im Rahmen des deutschen Beitrages zur Verteidigung der freien Welt derjenige Teil [entstehe], der zusammen mit den großen Flotten unserer Verbündeten die Verteidigung zur See zu übernehmen« habe[59]. Baudissin selbst roch solche Rückwärtsgewandtheit, die kaum etwas mit dem geforderten politischen Soldaten zu tun hatte, bei ähnlicher Gelegenheit (Flaggenfrage) »weniger nach Seeluft als nach staubigem Barock«[60].

Vizeadmiral Friedrich Ruge, Inspekteur der Marine von 1956 bis 1961

Quelle: MSM/WGAZ

»Die See verbindet, der Nordatlantik ist das Mittelmeer unserer Zeit. Nur wenn die freien Völker auf seinen beiden Ufern sich verstehen und gut zusammenarbeiten, werden sie Frieden und Freiheit erhalten.« (F. Ruge, Dezember 1984)

Anmerkungen

* Für den Druck überarbeitete Fassung eines Anfang November 2003 in Wilhelmshaven vorgetragenen Tagungsbeitrages. Der Stil des Vortrages wurde beibehalten.

1 Wolf Graf v. Baudissin – Mitarbeiter der ›Dienststelle Blank‹ ab 1951, ab November 1955 im Bundesministerium für Verteidigung Leiter der Unterabteilung ›Innere Führung‹ und in dieser Funktion am 30.1.1956 zum Oberst befördert – war Ruge vor der Übernahme des Sachgebietes ›Innere Führung‹ schon einmal 1950 begegnet, als im Rahmen der im Eifelkloster Himmerod veranstalteten Expertentagung das militärische Fachwissen in einem ersten Grundlagenpapier zu einem möglichen westdeutschen Verteidigungsbeitrag zusammengefaßt werden sollte. Zum Teilnehmerkreis vgl. Die ›Himmeroder Denkschrift‹ vom Oktober 1950, hrsg. von Hans-Jürgen Rautenberg und Norbert Wiggershaus, Karlsruhe 1985, S. 18–20. Den freundlichen Hinweis danke ich Dieter Hartwig.

2 Der Bericht mit den nachfolgenden Zitaten findet sich in: Friedrich Ruge, In vier Marinen. Lebenserinnerungen als Beitrag zur Zeitgeschichte, München 1979, S. 300 f.

3 Nachdem er mit seiner Kritik im parlamentarischen Raum nicht die gewünschte Resonanz gefunden hatte, war der in der Folge zweite Wehrbeauftragte des Bundestages, der Vizeadmiral a.D. Hellmuth Heye, 1964 ›in Sorge um die Bundeswehr‹ mit einer Artikelserie in der Illustrierten ›Quick‹ an die Öffentlichkeit getreten, in der er den Willen zur Umsetzung der Prinzipien der Inneren Führung in den Streitkräften in Frage stellte. Sein Vorgehen löste sowohl eine Krise um das Amt des Wehrbeauftragten als auch eine ausgedehnte Diskussion um die innere Verfassung der Streitkräfte aus. 1969 hatte der Stellvertretende Inspekteur des Heeres sich an der Führungsakademie der Bundeswehr in Hamburg von dem mit der Inneren Führung verbundenen Reformanliegen mit der Unterstellung distanziert, man habe es sich lediglich der sozialdemokratischen Opposition wegen als »Maske« aufgesetzt, und am Ende desselben Jahres gelangte eine im Führungsstab des Heeres entstandene Ausarbeitung an die Öffentlichkeit, die u.a. im Sinne der Schlagkraft der Bundeswehr nichts geringeres als eine Reform der Gesellschaft oder anders: deren Ausrichtung auf die Bedürfnisse der Armee forderte. Vgl. hierzu Donald Abenheim, Bundeswehr und Tradition. Die Suche nach dem gültigen Erbe des deutschen Soldaten, München 1989, S. 144 f., 176–181; Verteidigung im Bündnis. Planung, Aufbau und Bewährung der Bundeswehr 1950–1972, hrsg. vom MGFA, München 1975, S. 188 f., S. 267.

4 Vgl. Beitrag Baudissins auf einer Gutachter-Tagung in Siegburg, 28.4.1953, abgedruckt in: Wolf Graf v. Baudissin, Soldat für den Frieden. Entwürfe für eine zeitgemäße Bundeswehr, hrsg. und eingeleitet von Peter v. Schubert, München 1969, S. 140–151, hier 143 (Zitat); Wolf Graf v. Baudissin, Probleme praktischer Menschenführung in zukünftigen Streitkräften, in: Aus Politik und Zeitgeschichte, Beilage zur Wochenzeitung Das Parlament (1954), B, S. 635–639, hier S. 635, 639; Wolf Graf v. Baudissin, Das Leitbild des zukünftigen Soldaten, in: Die Neue Gesellschaft, 2 (1955), 1, S. 26–37, hier S. 27.

5 Vom künftigen deutschen Soldaten. Gedanken und Planungen der Dienststelle Blank, Bonn 1955, S. 62.

6 Bundesarchiv-Militärarchiv (BA-MA), N Graf Baudissin, 717/467, Handakte Lion Noir, Auswertung des LION NOIR unter dem Gesichtspunkt der Inneren Führung, S. 14.

7 Ebd., S. 2, 9, 11; ebd., hdschr. Aufzeichnung Major Dr. Will [ungez.], S. 8. Bei Christian Greiner, Die militärische Eingliederung der Bundesrepublik Deutschland in die WEU und die NATO, in: Anfänge westdeutscher Sicherheitspolitik 1945–1956, hrsg. vom MGFA, Bd 3, München 1993, S. 561–850, hier S. 744, findet sich die Angabe eines angenommenen Einsatzes von etwa 100 sowjetischen und 108 westlichen Atomwaffen.

8 Baudissin, Probleme (wie Anm. 4), S. 637 f.

9 BA-MA, N Graf Baudissin, 717/467, Handakte Lion Noir, Auswertung des LION NOIR unter dem Gesichtspunkt der Inneren Führung, S. 14 f.

10 Ruge, In vier Marinen (wie Anm. 2), S. 300.

11 BA-MA, N Graf Baudissin, 717/467, Handakte Lion Noir, Auswertung des LION NOIR unter dem Gesichtspunkt der Inneren Führung, S. 15 (Hervorhebung im Original).

12 Schon die vom Bundespresseamt verteilte Schrift Vom künftigen deutschen Soldaten. Gedanken und Planungen der Dienststelle Blank, Bonn 1955 formulierte auf S. 26 die Einsicht, daß ange-

sichts der »mitten durch die Völker und Herzen der Menschen« gezogenen »Fronten [...] jedes Handeln auch innerhalb der Truppe von mehr oder weniger politischer Bedeutung« sei. Diesem ›politischen‹ Soldaten war zuvor schon Rechnung getragen worden. So hieß es etwa in einem Erlaß des Oberbefehlshabers des Heeres Ende 1938 über den Offizier: Sein »Dasein [und] ganzes Tun und Handeln [sei] Politik« – und: »Der Krieg ist nur die Fortsetzung der Politik mit anderen Mitteln, – oder – der Friede die Fortsetzung des Krieges mit anderen Mitteln« (abgedruckt in: Klaus-Jürgen Müller, Armee und Drittes Reich 1933–1939. Darstellung und Dokumentation unter Mitarbeit von Ernst Willi Hansen, Paderborn 1987, dort S. 180–182). Der fundamentale Unterschied des ›politischen‹ Soldaten von 1955 zu seinem Vorgänger lag freilich in der Einreihung in das Lager der ›Freiheit‹ und ›Demokratie‹, welches sich der umfassenden Offensive der ›bolschewistischen‹, ›totalitären‹ Gegenwelt erwehren müsse; vgl. im Zusammenhang Vom künftigen deutschen Soldaten (wie Anm. 5), S. 9–12, 23 f., 27 f., 55, 65. Desungeachtet zeichnen sich hier konzeptionelle Verbindungslinien zwischen namentlich der späteren Wehrmacht und der frühen Bundeswehr ab, die sich auch im Blick auf die gewünschte Integration des Soldaten in die Gesellschaft nachweisen lassen; vgl. Bernhard R. Kroener, Auf dem Weg zu einer ›nationalsozialistischen Volksarmee‹. Die soziale Öffnung des Heeresoffizierkorps im Zweiten Weltkrieg, in: Von Stalingrad zur Währungsreform. Zur Sozialgeschichte des Umbruchs in Deutschland, hrsg. von Martin Broszat, Klaus-Dietmar Henke und Hans Woller, München 1988, S. 651–682, dort besonders S. 677 f.

[13] BA-MA, N Graf Baudissin, 717/467, Handakte Lion Noir, Auswertung des LION NOIR unter dem Gesichtspunkt der Inneren Führung, S. 16 f. (Hervorhebung im Original).

[14] Ebd., S. 7 f.

[15] Diskussionsbeitrag Friedrich Ruge (Mai 1974), in: Aspekte der deutschen Wiederbewaffnung bis 1955, hrsg. vom MGFA, Boppard 1975, S. 192.

[16] Ansprache Karl-Adolf Zenker, 16.1.1956, abgedruckt in: Marinezeitung »Leinen los!« (Feb. 1956), S. 227 f.; auch abgedruckt in: Jörg Duppler, Germania auf dem Meere. Bilder und Dokumente zur Deutschen Marinegeschichte 1848–1998, Hamburg u.a. 1998, S. 203 f.

[17] Vgl. BA-MA, BW 2/2382, Deutscher Bundestag, 2. Wahlperiode, 6. Ausschuß, Kurzprotokoll Nr. 68, 19.1.1956, S. 5. Zur politischen Debatte um die Rede Zenkers vgl. Dieter Krüger, Das schwierige Erbe. Die Traditionsansprache des Kapitäns zur See Karl-Adolf Zenker und ihre parlamentarischen Folgen, in: Marineforum, 72 (1997), 1/2, S. 28–33 (dort auch ein Auszug der Rede), sodann die überarbeitete Fassung in diesem Band.

[18] Zu dem Folgenden Ansprache Zenker (wie Anm. 16).

[19] Vgl. zu den Vorgängen in der Kaiserlichen Marine 1914–1918 Werner Rahn, Reichsmarine und Landesverteidigung 1919–1928. Konzeption und Führung der Marine in der Weimarer Republik, München 1978, S. 18 f. und zuletzt Werner Rahn, Die Kaiserliche Marine und der Erste Weltkrieg, in: Ringelnatz als Mariner im Krieg 1914–1918, hrsg. von Stephan Huck, Bochum 2003, S. 39–89, hier S. 76 f.

[20] BA-MA, N Ruge, 379/v. 109 a, Handakte Ruge, Gedankengänge für die Ansprache Neustadt, 2.7.1956, 2 Bl.

[21] So hatte der früh schon in der Dienststelle Blank verwendete und gut unterrichtete spätere Generalinspekteur der Bundeswehr Ulrich de Maizière schon im April 1955 in seinem Tagebuch notiert, daß man bei einer Überleitung des BGS diesen zur Rettung der ›Inneren Führung‹ werde »zerschlagen« müssen; vgl. hierzu Hans Ehlert, Innenpolitische Auseinandersetzungen um die Pariser Verträge und die Wehrverfassung 1954–1956, in: Anfänge westdeutscher Sicherheitspolitik 1945–1956, hrsg. vom MGFA, Bd 3, München 1993, S. 235–560, hier S. 477.

[22] Vgl. Beitrag Baudissins auf einer Gutachter-Tagung in Siegburg, 28.4.1953, abgedruckt in: Baudissin, Soldat (wie Anm. 4), S. 140–151, hier S. 148; Vortrag Baudissins vor dem Sicherheitsausschuß des Bundestages über ›Das Bild des zukünftigen deutschen Soldaten‹, 22.6.1954, auszugsweise abgedruckt in: ebd., S. 205–209, hier S. 207; Wolf Graf v. Baudissin, Staatsbürgerliche Bildung und Erziehung zur politischen Verantwortung in der Truppe, in: Arbeitsgemeinschaft Demokratischer Kreise, ADK-Schriftenreihe, Bad Godesberg (1954), 10, S. 2 f.; Baudissin, Probleme (wie Anm. 4), S. 637 f.; Baudissin, Das Leitbild (wie Anm. 4), S. 27 f., 30 f.

[23] BA-MA, N Ruge, 379/v. 109 a, Handakte Ruge, Gedankengänge für die Ansprache Neustadt, 2.7.1956, 2 Bl.

[24] Vgl. Abenheim, Bundeswehr und Tradition (wie Anm. 3), S. 131 f.

25 BA-MA, N v. Wangenheim, 493/v. 27, BMVtdg VII A3 vom 27.2.1957: Zur Pflege der Traditi-
    on, 4 S., gez. Ruge, dort S. 3; auch abgedruckt in: Duppler, Germania (wie Anm. 16), S. 205 f.

26 BA-MA, N v. Wangenheim, 493/v. 27, BMVtdg VII A3 vom 27.2.1957: Zur Pflege der Traditi-
    on, 4 S., gez. Ruge, dort S. 2.

27 Ebd., dort S. 1.

28 Wolf Graf von Baudissin, Soldatische Tradition und ihre Bedeutung in der Gegenwart, in: Wehr-
    kunde, 5 (1956), S. 430–437, dort S. 436 f.

29 BA-MA, BW 2/16290, Beirat für Fragen der inneren Führung der Bundeswehr, Gutachten zur
    Neubegründung von Traditionsverhältnissen, 5.3.1959, 5 S., Zitate S. 1–3.

30 Ansprache abgedruckt in: Ruge, In vier Marinen (wie Anm. 2), S. 425–428; dort auch die ver-
    wendeten Zitate.

31 Vgl. ›Gedanken des Oberbefehlshabers der Kriegsmarine zum Kriegsausbruch 3.9.1939‹, in:
    Kriegstagebuch der Seekriegsleitung 1939–1945, Teil A, Bd 1, August/September 1939, im Auf-
    trag des MGFA hrsg. von Werner Rahn und Gerhard Schreiber, Herford, Bonn 1988, S. 15E–17E.

32 Ansprache vom 21.7.1961, abgedruckt in: Ruge, In vier Marinen (wie Anm. 2), S. 428–448; dort
    S. 431, 436 f., 446–448.

33 Dazu und zu dem Folgenden – soweit nicht anders belegt – Ruge, In vier Marinen (wie Anm. 2),
    S. 437–439.

34 Vgl. sehr bündig zusammengefaßt in einem Referat Baudissins vom 21.6.1954 vor Mitgliedern
    des Sicherheitsausschusses des Bundestages, abgedruckt in; Baudissin, Soldat (wie Anm. 4),
    S. 232–236, dort S. 232–234, und sodann im Vortrag Baudissins vor dem Sicherheitsausschuß
    des Bundestages über ›Das Bild des zukünftigen deutschen Soldaten‹, 22.6.1954, in einander er-
    gänzenden Auszügen abgedruckt in: ebd., S. 205–209 und S. 236–241, hier S. 206–208 und
    S. 236–239.

35 Vgl. Verteidigung im Bündnis (wie Anm. 3), S. 109; das Vorgesetztenverhältnis auf Grund des
    Dienstgrades galt fortan innerhalb umschlossener militärischer Anlagen, und nach Dienst sollten
    über den Disziplinarvorgesetzten hinaus auch die übrigen unmittelbaren Vorgesetzten Befehlsbe-
    fugnis haben.

36 Ruge, In vier Marinen (wie Anm. 2), S. 429–431.

37 BA-MA, BW 2/16290, Beirat für Fragen der inneren Führung der Bundeswehr, Schreiben des
    ›Beirates für Fragen der inneren Führung‹ an Bundesminister für Verteidigung, 22.6.1959, 2 S.,
    gez. Bohnenkamp, Zit. S. 2.

38 Erlaß BMVtdg, Fü B I 4, 1.7.1965, gez. v. Hassel, abgedruckt in: Abenheim, Bundeswehr (wie
    Anm. 3), S. 225–229, dort besonders Nr. 14.

39 Vgl. dazu den einschlägigen Abschnitt bei Georg Meyer, Adolf Heusinger. Dienst eines deut-
    schen Soldaten 1915 bis 1964, Hamburg, Berlin, Bonn 2001, S. 628–636.

40 Ruge, In vier Marinen (wie Anm. 2), S. 431.

41 Vgl. BA-MA, N Graf Baudissin, 717/8, fol. 96, Tagebuch Baudissin, Vermerk zum 21.2.1957.

42 Vgl. BA-MA, N Graf Baudissin, 717/7, fol. 81, Tagebuch Baudissin, Vermerk zum 3.9.1956;
    ebd., 717/9, fol. 17, Tagebuch Baudissin, Vermerk zum 8.7.1957.

43 Vgl. Major Heinz Karst, IV B 2, 1.10.1956, Bericht über Lehrgänge an der Heeresoffizierschule I,
    Hannover, und der Truppenschule für Pioniere, München, in der Zeit vom 17.9.–27.9.1956,
    12 S., besonders S. 1–6, in: BA-MA, N Karst, 690/v. 38 und ›Überlegungen der Crew 4/57‹,
    Bremerhaven, 12.9.1957, 5 S., besonders S. 3; die Überlassung dieser Betrachtungen danke ich
    dem freundlichen Entgegenkommen von Flottillenadmiral a.D. Klaus-Peter Niemann.

44 Vgl. dazu Siegfried Grimm, ... der Bundesrepublik Deutschland treu zu dienen. Die geistige
    Rüstung der Bundeswehr, Düsseldorf 1970, S 223–235.

45 Vgl. BA-MA, N Graf Baudissin, 717/7, fol. 50 f., 54, 60 f., 113, 117, Tagebuch Baudissin, Ver-
    merke zum 9.,13., 17.8., 25., 27.9.1956; vgl. auch ebd., 717/9, fol. 69, 78, 83–85, 95, Tagebuch
    Baudissin, Vermerke zum 14., 15., 21., 27.8.1957.

46 Angaben nach Taschenbuch für Wehrfragen 1957/58, hrsg. von Hans Edgar Jahn und Kurt
    Neher, Bonn 1957, S. 463; Taschenbuch für Wehrfragen 1960, hrsg. von Hans Edgar Jahn, Kurt
    Neher und Herbert Pfeill, Bonn 1960, S. 557.

47 BA-MA, N Graf Baudissin, 717/7, fol. 100, Tagebuch Baudissin, Vermerk zum 17.9.1956.

48 Rolf Johannesson, Offizier in kritischer Zeit, Herford, Bonn 1989.

49 BA-MA, N Graf Baudissin, 717/7, fol. 130 f., Tagebuch Baudissin, Vermerk zum 4.10.1956.

50 Angaben nach Taschenbuch für Wehrfragen 1960 (wie Anm. 46), S. 553.

51 Der Deutsche fühlt soldatisch, in: Der Spiegel, 11 (1957), 14, 3.4.1957. Abschrift bei BA-MA, N
    Karst, 690/v. 130; dazu Georg Meyer, Zur Situation der deutschen militärischen Führungsschicht
    im Vorfeld des westdeutschen Verteidigungsbeitrages 1945–1950/51, in: Anfänge westdeutscher
    Sicherheitspolitik 1945–1956, Bd 1, hrsg. vom MGFA, München, Wien 1982, S. 577–735, dort
    S. 727–729.

52 BA-MA, N Graf Baudissin, 717/7, fol. 164, Tagebuch Baudissin, Vermerk zum 8.11.1956.

53 Nach einer in der Bundesrepublik durchgeführten Umfrage wollten im Jahre 1953 immerhin
    noch 12 % einen ›Hitler‹ wählen, 1960 waren es dann allerdings nur noch sieben Prozent (Jahr-
    buch der öffentlichen Meinung 1947–1955, hrsg. von Elisabeth Noelle und Erich Peter Neu-
    mann, 2. Aufl., Allensbach 1956, S. 159). Die Haltung zum 20. Juli 1944, der Prüfstein für ein
    ›freiheitliches‹ Staatsverständnis, spiegelte indes nicht diesen Trend: Im Juni 1951 stellten sich
    40 % der Befragten auf die Seite der Widerstandskämpfer, keine Erinnerung hatten 11 %, 3 %
    waren sich unsicher, 16 % äußerten kein Urteil, und 30 % verstanden sich als Gegner des Wider-
    standes (ebd., S. 138). Ein halbes Jahrzehnt später, im April 1956, wollten nur mehr 18 % »eine
    Schule nach einem Widerstandskämpfer« benannt wissen, knapp die Hälfte der Befragten (49 %)
    war dagegen, 33 % waren unentschieden (Jahrbuch der öffentlichen Meinung 1957, hrsg. von Eli-
    sabeth Noelle und Erich Peter Neumann, Allensbach 1957, S. 145). Nicht ganz vier Jahre danach,
    im Februar 1960, schien zwar wieder eher das Meinungsbild der frühen 50er Jahre auf, der Anteil
    derer, die eine Schule mit der Tradition des Widerstandes verbinden wollten, lag mit 25 % aber
    immer noch signifikant unter dem 40 %-Anteil derer, die sich gegen ein solches Traditionsbe-
    kenntnis sträubten (Jahrbuch der öffentlichen Meinung 1958–1964, hrsg. von Elisabeth Noelle
    und Erich Peter Neumann, Allensbach 1965, S. 235).

54 BA-MA, BW 2/16293, Niederschrift über die Sitzung des Beirats für Fragen der Inneren Füh-
    rung im Bundesministerium für Verteidigung, 10.10.1958, 14 S., gez. Bohnenkamp, Zit. S. 3.

55 Hans Röttiger, Rede an Offizieranwärter, in: Truppenpraxis, 1 (1957), S. H 1 f.

56 Geleitworte des Inspekteurs der Bundesmarine und seines Stellvertreters, in: Truppenpraxis, 1
    (1957), S. M 1 f.

57 Theodor v. Mutius, Gedanken zur Menschenführung, in: Truppenpraxis, 1 (1957), S. M 3–5,
    17–20.

58 Paul Reibisch, Das Marine-Ehrenmal Laboe, in: Truppenpraxis, 1 (1957), S. M 20 f.

59 Reinhard Hauschild, »Wider das falsche Pathos«, worauf noch die schwächere Gegenrede von
    Korvettenkapitän Karl Peter (»Noch einmal wider das Pathos – Eine offene Entgegnung«) und
    ein Schlußwort von Fregattenkapitän Theodor von Mutius (»Vom Wert der Diskussion«) folgte;
    alle Beiträge in: Truppenpraxis, 2 (1958), S. 126–130.

60 BA-MA, N Graf Baudissin, 717/6, fol. 20, Tagebuch Baudissin, Vermerk zum 28.2.1956.

Knut Eckstein

Die Volksmarine im Kalten Krieg[*]

Mit dem »Kalten Krieg« wird schlagwortartig der seit Frühjahr 1947 einsetzende und allmählich eskalierende Ost-West-Konflikt bezeichnet. Der einflußreiche amerikanische Politiker Bernhard M. Baruch[1] benutzte den Begriff erstmals am 16. April 1947 in einer Rede, als der amerikanische Kongreß die sogenannte »Truman-Doktrin« erörterte. Präsident Harry S. Truman hatte am 12. März 1947 ein Programm für Militär- und Wirtschaftshilfe vorgestellt, mit dem alle freien Völker unterstützt werden sollten, die sich Unterdrückungsversuchen bewaffneter Minderheiten oder dem Druck fremder Mächte widersetzten. Mit dieser Doktrin leiteten die Vereinigten Staaten ihre weltweite Eindämmungspolitik gegenüber der kommunistischen Macht- und Expansionspolitik ein. Der über Jahrzehnte hinweg anhaltende »Kalte Krieg« ist eine Kurzbezeichnung »für eine nicht kriegerische Konfrontation zweier Staaten oder Staatenblöcke, wobei ideologische und propagandistische Unterwanderung, wirtschaftliche Kampfmaßnahmen (Embargo), Wettrüsten, Begründung und Ausbau von Bündnissen mit politischen Offensiven und Kriegsdrohungen bis zum Rande eines Kriegsausbruchs führen« konnten[2].

Seit 1947 war der »Kalte Krieg« die geläufige Bezeichnung für den Ost-West-Konflikt, der aus Interessengegensätzen der Siegermächte des Zweiten Weltkrieges hervorgegangen war. Bald wurden auch deren Verbündete sowie die von den Siegermächten besetzten Teile Deutschlands mit einbezogen. Es wurden in diesem »Krieg« Gewalt jeglicher Art eingesetzt, einschließlich der militärischen, allein die totale Konfrontation der beiden Großmächte wurde vermieden. Höhepunkte des »Kalten Krieges« waren u.a. die Berlin-Blockade (1948 bis 1949), der Korea-Krieg (1950 bis 1954), der Mauerbau (1961) und die Kuba-Krise (1962).

Während dieser Zeit, so urteilt Marion Gräfin Dönhoff, beherrschten Feindbilder das Denken in Ost und West: »Der Feind ist immer der Böse, man selbst will nur das Gute.« Beide, der Westen und der Osten, bedienten sich jahrelang derselben Argumentation: »Die Waffen des Gegners sind immer zur Aggression bestimmt, die eigenen natürlich nur zur Verteidigung[3].«

Der Ost-West-Konflikt bildete die ausschlaggebende gesellschaftspolitische Rahmenbedingung für die Militärpolitik der DDR. Ihre politische und militärische Führung war wie die der UdSSR nicht fähig oder willens zu erkennen, daß das Streben nach militärischer Überlegenheit von der anderen Seite als ernsthafte Bedrohung aufgefaßt wurde.

Vor diesem Hintergrund verabschiedete die Volkskammer am 18. Januar 1956 das Gesetz über die Schaffung einer Nationalen Volksarmee (NVA). Mit diesem Gesetz wurde jedoch nicht mit dem Aufbau von Streitkräften begonnen, sondern die erste große Aufbauphase der Streitkräfte abgeschlossen[4].

I. Die Entwicklung der Volksmarine

Die Aufbaujahre 1956 bis 1960

Am 10. Februar 1956 erließ der als Minister für Nationale Verteidigung eingesetzte Generaloberst Stoph den Befehl Nr. 1/1956 über die Bildung der NVA, des Ministeriums für Nationale Verteidigung und über die Einführung der Uniformen der Nationalen Volksarmee[5].

Die Nationale Volksarmee war in Land-, Luft- und Seestreitkräfte sowie Truppen der Luftverteidigung in einer Gesamtstärke von etwa 120 000 Mann zu gliedern. Am 1. März 1956 nahm die »Verwaltung Seestreitkräfte« im neu geschaffenen DDR-Verteidigungsministerium in Strausberg ihre Arbeit auf. Als Chef der Seestreitkräfte wurde zunächst Konteradmiral Felix Scheffler eingesetzt. Ab 1. Januar 1957 übernahm diese Position Vizeadmiral Waldemar Verner[6].

Hatte die Volkspolizei (VP)-See in der Vergangenheit in erster Linie küstennahe Sicherungsaufgaben, so erweiterten sich jetzt diese Aufgaben. Unter Anleitung der Baltischen Rotbannerflotte sollte die DDR-Marine ein Teil der »Vereinten Ostseeflotte« des »Warschauer Paktes« werden und Gefechtsaufgaben innerhalb der gesamten Ostsee erhalten. Es begann der Aufbau einer Küstenvorfeld-Marine, die sich im Laufe der Jahre zu einer Randmeer-Marine entwickelte.

Bei der Auswahl des Führungspersonals wurde zunächst der Linientreue zur SED gegenüber der fachlichen Qualifikation der Vorzug gegeben. In Führungsfunktionen wurden vorrangig Funktionäre der SED, die bereits in leitenden Funktionen im zivilen Bereich tätig gewesen waren, Widerstandskämpfer und ehemalige Spanienkämpfer eingesetzt, die ihrer sozialen Herkunft nach dem Arbeitermilieu entstammten.

So war unter anderem der erste Flottenchef, Konteradmiral Scheffler, 1947 Direktionssekretär an der Parteihochschule in Kleinmachnow und ab 1948 im Auftrag der SED Organisationsleiter der Deutschen Bauernpartei gewesen. Ihm folgte als Befehlshaber Vizeadmiral Verner, nach Kriegsende SED-Vorsitzender von Hagenow und seit 1947 SED-Kreissekretär Stralsund. Auch der langjährige Befehlshaber der DDR-Seestreitkräfte, Admiral Wilhelm Ehm, kam aus der Funktionärsriege der SED und war u.a. 1948/1949 2. Sekretär der SED-Kreisleitung Bergen gewesen.

Der größte Teil der Offiziere der Kriegsmarine war in Gefangenschaft der Westalliierten, insbesondere der Briten und Amerikaner, gegangen und somit für die neu geschaffenen Seestreitkräfte nicht verfügbar. Als maritimes Fachpersonal standen zahlreiche Unteroffizier- und Matrosendienstgrade der ehemaligen Kriegsmarine zur Verfügung. Dazu kam Funktions- und Ausbildungspersonal aus dem Personalbestand der Küstenschiffahrt. An der altersmäßigen Struktur der Seestreitkräfte war erkennbar, welche Anstrengungen in Sachen Offizierausbildung noch unternommen werden mußten. So waren 56 Prozent der Offiziere der Seestreitkräfte jünger als 25 Jahre, 20 Prozent waren zwischen 25 und 30 Jahre alt, d.h. ca. 3/4 des Offizierkorps der neuen Seestreitkräfte waren 1956 unter 30 Jahre alt.

Den personellen Grundstock bildeten dabei die rund 1500 übernommenen Offiziere der VP-See. Dies führte dazu, daß neben der rein nautischen und technischen Ausbildung des Personals Führungskräfte für höherwertige Tätigkeiten ohne die Rückgriffsmöglichkeit auf ein gewachsenes, erfahrenes Offizierkorps innerhalb kürzester Zeit ausgebildet werden mußten. Mit den Befehlen 110/56 und 111/56 des Chefs der Seestreitkräfte wurde am 1. Juli 1956 die Seeoffizier-Lehranstalt in Stralsund (vormals Offizierschule der VP-See) und die Ingenieurtechnische Offizier-Lehranstalt in Kühlungsborn (vormals Ingenieurtechnische Lehranstalt der VP-See) gegründet. Dabei handelte es sich aber im eigentlichen Sinn nicht um eine Neugründung, sondern um eine Umwidmung, denn die Lehroffiziere der alten Anstalten wurden übernommen, und auch die alten Gebäude der Vorgängereinrichtungen weiter genutzt. Zunächst wurden hier in zehnmonatigen Qualifizierungslehrgängen diejenigen Offiziere ausgebildet, deren bisherige Ausbildung zu kurz war. Beide Lehranstalten nebeneinander bewährten sich jedoch nicht. Deshalb kam es schon in der zweiten Hälfte des Jahres 1956 zum Zusammenschluß beider Einrichtungen zu einer zentralen Offizierschule der Seestreitkräfte in Stralsund, die am 1. Dezember 1956 ihre Ausbildung aufnahm.

Mit dem Zeitpunkt ihrer Gründung übernahm die Volksmarine nationales und international gültiges Brauchtum. Dazu gehörten die verschiedenen Marinebräuche wie Flaggenparaden, Front- und Seitepfeifen, Flaggendippen, Salutschießen, Glasen und Führen von Standern und Kommando-Wimpeln. Die spezifische maritime Fachsprache entstammte der Terminologie der Kriegsmarine. Es flossen jedoch dabei später nach und nach übersetzte sowjetische Fachbegriffe mit ein.

Die Uniform übernahm man fast ohne Änderungen von der Kriegsmarine. Als russische Attribute wurden – im Gegensatz zu den westlichen Marinen – dabei die Ärmelhalbstreifen eingeführt, und als NVA-Neuschöpfung galt die zusätzliche Kennzeichnung des Dienstgrades durch Schulterstücke.

Beim Aufbau der Seestreitkräfte mußte auch die DDR zunächst mit veraltetem Material vorliebnehmen. So wurden u. a. von der VP-See Minenleg- und Räumschiffe (MLR) vom Typ »Habicht I« und II, Räumboote und Räumpinassen übernommen. Hierbei handelte es sich um Eigenkonstruktionen des DDR-Schiffbaus. Zur Erfüllung einer deutlich erweiterten Aufgabenstellung für die neu geschaffenen Seestreitkräfte lieferte die UdSSR künftig Schiffe und Boote aus der eigenen Produktion. Schon im Dezember 1956 erhielten die Seestreitkräfte ihre ersten größeren Einheiten, zwei Fregatten der RIGA-Klasse, die in der DDR die Bezeichnung Küstenschutzschiff erhielten. Die Ausbildung der ersten Besatzungen erfolgte auf der sowjetischen RIGA-Fregatte »Barsuk« von September bis November 1956 in Saßnitz.

Ebenfalls aus der Sowjetunion bekam die DDR-Marine ihre Torpedo-Schnellboote (TS). Das erste Torpedo-Schnellboot wurde am 8. Oktober 1957 übergeben.
Weitere Boote folgten in den Jahren 1958/59. Insgesamt besaßen die Seestreitkräfte der DDR 27 Einheiten dieses Typs.

In den Jahren 1957/1958 wurden in der Peenewerft in Wolgast zehn neue
MLR-Schiffe der KRAKE-Klasse gebaut, die den Seestreitkräften bis 1959 zuliefen.
Im selben Jahr (zehn Boote) bzw. 1960 (zwei Boote) erfolgte die Übergabe von 12
U-Jägern durch die Sowjetunion. Zu Beginn der 60er Jahre bildeten die Küsten-
schutzschiffe und die TS-Boote den Kern der Stoßkräfte der DDR. Die Ausstattung mit modernster sowjetischer Marine-Technik ermöglichte nun der Führung
der Seestreitkräfte das Zusammenwirken mit typgleichen Kräften der Baltischen
Rotbannerflotte und der Polnischen Seekriegsflotte. Bereits im Juni 1957 kam es
zur ersten gemeinsamen taktischen Übung der drei Flotten unter Führung des
Chefs der Baltischen Rotbannerflotte. Derartige Übungen wurden von nun an zu
einer ständigen Einrichtung.

Schnellboot der SHERSHEN-Klasse

Quelle: Archiv des Verfassers

In den ersten Jahren des Aufbaus leisteten die Seestreitkräfte der DDR in erster
Linie wichtige Sicherungsaufgaben, die für eine zeitweilige Basierung bzw. Entfaltung der Seestreitkräfte der UdSSR im westlichen Teil der Ostsee notwendig waren. Bis zum Jahre 1960 konnte die Zusammenarbeit zwischen den drei verbündeten Flotten weiter ausgebaut werden. Neue Gefechtsvorschriften wurden erlassen, die eigene aber vor allem sowjetische Erfahrungen und Praktiken berücksich-
tigten. Die Verkehrssprache war von Anfang an russisch. Es begannen gemeinsa-

me U-Jagdübungen, Luftzielschießen mit Unterstützung von Kampfflugzeugen und Übungen mit Torpedo-Schnellbooten unter Beteiligung von Fliegerkräften.

Rückblickend bemerkte der damalige Flottenchef Vizeadmiral Ehm: »Der Prüfstein für den Stand der Entwicklung unserer Flottenkräfte waren von jeher die gemeinsamen Übungen. Durch diese Übungen wurden wertvolle militärwissenschaftliche Erkenntnisse und praktische Erfahrungen für die Planung und Organisation gemeinsamer Kampfhandlungen gewonnen, wobei wir, wie stets in unserer Arbeit, von dem Leitmotiv ausgingen: – Von der Sowjetunion lernen, heißt siegen lernen! –[7].« Dieses Leitmotiv, aufgestellt von der SED, hatte Gültigkeit bis in die Mitte der 80er Jahre. Mit der Einführung von »Glasnost« und »Perestroika« durch Gorbatschow mußte man in der DDR wahrscheinlich nicht mehr siegen, sondern die Parteiführung ging nun gegenüber der Sowjetunion vom früheren sklavischen Nachbeten aller möglichen und unmöglichen Ideen zur totalen Nichtbeachtung des neuen politischen Denkens über.

Abschließend sei zu diesem Zeitabschnitt bemerkt, daß die DDR-Seestreitmacht bis zu Beginn der 60er Jahre ohne U-Boote und Marineflieger eine reine Küstenvorfeldmarine mit begrenzten Aufgaben war. Erst zu Anfang der 60er Jahre begann die Umwandlung von einer Küstenvorfeldmarine zu einer modernen Randmeermarine.

Die Volksmarine in den 60er Jahren

War die Aufbauphase der Seestreitkräfte eher durch die Suche nach Identität und Anerkennung, nach dem Platz in der Gesellschaft und im »Warschauer Pakt« bestimmt, so setzte jetzt die Phase ihrer Konsolidierung zu einer kampfstarken und politisch zuverlässigen Marine ein. Dieser, in der ersten Hälfte der 60er Jahre beginnende Konsolidierungsprozeß war Teil jener gesellschaftlichen Entwicklung, die sich vor allem nach dem Mauerbau in der DDR vollzog.

Am 10. Oktober 1960 beschloß der Nationale Verteidigungsrat den Seestreitkräften der DDR den Namen »Volksmarine« zu verleihen. Seit dem 3. November 1960 führte die DDR-Marine diesen Namen. Die Namensverleihung erfolgte bei einer Flottenparade im Greifswalder Bodden durch den Minister für Nationale Verteidigung Generaloberst Heinz Hoffmann. Zu diesem Zeitpunkt zählte die Volksmarine rund 13 000 Mann.

An dieser Stelle sind einige Bemerkungen zur Traditionspflege in der Volksmarine angebracht. Während der Zeit ihres Bestehens wechselten die Seestreitkräfte der DDR aus politischen Erwägungen viermal Namen und Mützenbänder. So führten sie von 1950 bis 1952 die Bezeichnung Seepolizei, von 1952 bis 1956 Volkspolizei-See, von 1956 bis 1960 Seestreitkräfte und ab 1960 Volksmarine. Das Traditionsbild der Marine wurde durch eine autoritäre Partei- und Staatsführung verordnet und sollte symbolisieren, daß die Volksmarine die Kampftraditionen der deutschen Arbeiterklasse, gegen Militarismus und Krieg, im Geiste der Roten Matrosen der Volksmarine-Division von 1918/19 fortsetzten. Diese letzte Umbenennung war Ausdruck einer eindeutigen politischen Standortbestimmung.

Maritime Traditionen begannen mit einer Matrosenrebellion von 1917/1918 und wurden weiter aufgebaut über die Novemberrevolution 1918/1919, mit der dabei unter kommunistischer Führung agierenden »Volksmarine-Division«, bis zu der in den zwanziger Jahren entstandenen »Roten Marine« im kommunistischen »Rotfrontkämpferbund«. Das Traditionsbild war kaum dazu angetan, nationale und patriotische Gefühle zu wecken, oder die Verteidigungs- bzw. Kampfbereitschaft zu motivieren, zumal die jüngere Generation zu diesen Ereignissen kaum eine Beziehung aufbauen konnte. Anders als bei den Landstreitkräften, wo man ebenfalls von den revolutionären Traditionen der Arbeiterklasse ausging, aber auch die Freiheitskriege gegen Napoleon und die preußischen Militärreformer mit in die Traditionspflege einbezog, verengte sich das Traditionsverständnis der Volksmarine auf die einseitige Ausrichtung auf die Vorgänge um die Meuterer in der Kaiserlichen Flotte.

Zweifel an der erzieherischen Wirksamkeit eines so eng gefaßten Traditionsverständnisses wurden im Keim erstickt. Vorschläge über die Einbeziehung maritimer Traditionen um die Vorgänge der 1848er Flotte unter der Schwarz-Rot-Goldenen Flagge, der Flotte Kurbrandenburg-Preußens oder des persönlichen Heldentums von Marineangehörigen wurden nach gründlicher ideologischer Prüfung und Aufarbeitung zurückgewiesen. Die oberste politische und militärische Führung war nicht bereit, auf solche Ansichten einzugehen. Bei vielen Marineangehörigen blieb immer ein inneres Gefühl der Ablehnung dieser Einseitigkeit, nur auf Revolution und Meuterei fixiert zu sein.

Nach diesem Exkurs in die Tradition der Volksmarine nun wieder zurück zum weiteren Aufbau und der Umgliederung von Verbänden und Einheiten. Am 13. August 1961 wurden nach Ansicht der SED auch Teile der Volksmarine vor eine Bewährungsprobe gestellt. Die von der Regierung der DDR getroffenen Maßnahmen zur Sicherung der Staatsgrenze sahen nicht nur vor, die offene Grenze zu Westberlin unter Kontrolle zu bringen und die Sicherung zur Westgrenze der Bundesrepublik Deutschland zu verstärken, sondern hatten auch die Absicherung der 250 Seemeilen langen Seegrenze zum Inhalt. Durch den Chef der Volksmarine wurde am 13. August 1961 (Mauerbau) für alle Einheiten die Stufe der erhöhten Gefechtsbereitschaft befohlen. Die Schiffseinheiten wurden in den festgelegten Dezentralisierungsräumen disloziert, Vorpostendienst und Aufklärung wurden verstärkt. Die Kampfparolen lauteten damals: »Gefechtsklar an der Seeflanke« und »Blaublusen – dem Feind keine Lücke!«. »Das Vaterland ruft – schützt die sozialistische Republik!« Auf Initiative des Zentralrates der FDJ entstand die Bewegung »Das Vaterland rief – wir kamen! Das Vaterland ruft – wir bleiben, schützen und verteidigen die Grenzen der Deutschen Demokratischen Republik!«

Da zu diesem Zeitpunkt die planmäßige Entlassung großer Teile des Personalbestandes in die Reserve bevorstand, beschlossen die Besatzungen so lange weiter zu dienen, wie es die Regierung für erforderlich hielt. Obwohl die personelle Auffüllung der Marine nie ein besonderes Problem war, erkannten die Angehörigen der Flotte die dringende Notwendigkeit der Einführung der allgemeinen Wehrpflicht an und gaben ihr in entsprechenden Resolutionen ihre Zustimmung. Bis zur Einführung der Wehrpflicht 1962 dienten nur Freiwillige mit mindestens drei-jähriger Verpflichtungszeit in der Marine. Auch danach blieben die Bordlaufbah-nen nur mit Soldaten auf Zeit (Verpflichtungszeit drei Jahre) besetzt. Die Ver-pflichtungszeiten der Unteroffiziere begannen im Minimum bei vier Jahren. Wehrpflichtige wurden bei der Marine nur in Landverwendungen eingesetzt.

Nachdem im August 1961 die krisenhafte Situation überwunden war, gab es umfangreiche strukturelle Veränderungen. Schon Ende August 1961 wurde die Grenzbrigade Küste der damaligen Deutschen Grenzpolizei zeitweilig dem Chef der Volksmarine unterstellt. Mit Wirkung vom 15. September 1961 begann die Übernahme der Grenzbrigade Küste, einschließlich des Küstenbeobachtungsdien-stes, in die Volksmarine. Die Grenzbrigade Küste übernahm fortan Strukturele-mente und Aufgaben der Volksmarine. Damit wurde der Volksmarine die volle Verantwortung für den unmittelbaren Schutz der Seegrenze übertragen.

Die Sicherung der Seegrenze der DDR war für die politische Führung ein ent-scheidendes maritimes Interesse im Frieden. Mit großem personellem und techni-schem Aufwand wurde versucht, die Undurchlässigkeit der Landgrenze zur BRD auch auf die Seegrenze zu übertragen. Sicherung der Seegrenze hieß in erster Linie, »Republikflucht« der eigenen Staatsbürger zu verhindern. Konteradmiral Heinrich Jordt als Chef der Grenzbrigade Küste stellte dazu im März 1966 fest: »Die Grenzbrigade Küste muß unter den Bedingungen der Saison und des sich von Jahr zu Jahr immer stärker entwickelnden Tourismusverkehrs [...] eine lückenlose Si-cherung der Seegrenze garantieren [...]. Die Angehörigen der Grenzbrigade Küste sind vor die Tatsache gestellt, die Seegrenze der DDR, auch unter der konsequen-ten Anwendung der Schußwaffe, gegen die Feinde unseres Staates zu sichern[8].«

Die Personalstärke der Grenzbrigade Küste betrug ca. 2500–3000 Mann, von denen rund 2000 Mann im »Grenzküstendienst« an Land verwendet wurden. Der Rest verteilte sich auf bis zu 50 Wasserfahrzeuge und deren Logistik. Die Seegren-ze verfügte über ein dicht gestaffeltes System von Sperrzonen im Küstenstreifen. Der eigene Sportboot- und berufsmäßige Seeverkehr wurden scharf kontrolliert. Davon blieb auch die Volksmarine nicht unberührt. Freizeitsegeln war nur noch in einem eng begrenzten Seegebiet auf den Innengewässern möglich. Um einen Se-gelkutter für das Segeln einzuplanen, war ein umfangreicher Organisationsplan, ähnlich wie für das Auslaufen eines Kriegsschiffes, notwendig. Damit verküm-merten beste seemännische Traditionen. Grenzverletzungen durch Fischereifahr-zeuge und Sportboote aus navigatorischen Unzulänglichkeiten wurden als Provo-kation behandelt und unnachsichtig geahndet. Aus DDR-Sicht verstand sich der Grenzdienst als Frontdienst im Frieden, die Aufnahme von DDR-Flüchtlingen in internationalen Gewässern galt als Entführung durch »Piraten« des Bundesgrenz-schutzes See.

In den Jahren nach dem Mauerbau haben nicht wenige Bürger aus sehr unter-schiedlichen Motiven versucht, ihren Staat zu verlassen. Einige von ihnen setzten dabei auch darauf, durch den Dienst bei den Grenztruppen oder der Volksmarine eine Gelegenheit dafür zu finden. Für die Volksmarine sind bislang zwei konkrete Fälle bekannt.

Im Frühjahr 1967 planten zehn Besatzungsangehörige die Flucht mit einem Raketen-Schnellboot der OSA-Klasse in den Westen. Die Militärabwehr erfuhr von dieser Absicht und befahl dem Brigadechef, besagtes Boot von Dranske nach Warnemünde zu überführen. Zur Sicherung der Überführung im Falle einer befürchteten Meuterei wurden zwei Torpedo-Schnellboote eingesetzt. Die mutmaßlichen Entführer waren dem militärischen Vorgesetzten namentlich nicht bekannt. Die Überführung nach Warnemünde erfolgte unter dem Vorwand der Vorbereitung für die Flottenparade zum 50. Jahrestag der Oktoberrevolution. In Warnemünde nahm dann die Militärabwehr, die zur Staatssicherheit gehörte, die verdächtigen Matrosen fest. Gegen zehn Besatzungsangehörige wurde ermittelt, und es fand auch ein Prozeß vor dem Militärgericht statt. Bei den Matrosen handelte es sich fast ausschließlich um solche, die als gute Soldaten bekannt waren. Bezeichnend für diesen Vorfall war, daß weder der Kommandant noch der Abteilungschef als die unmittelbar Betroffenen vorab durch die Militärabwehr über diesen Vorfall informiert wurden. Auch im Nachhinein wurde das Ereignis totgeschwiegen.

Einen weiteren Versuch dieser Art, der DDR den Rücken zu kehren, unternahm ein Obermaat eines sich auf Grenzvorposten befindlichen Grenzschiffes. Während der größte Teil der Besatzung ruhte und das Schiff nur nach der Beobachtungsrolle[9] besetzt war, gelang es ihm, Schiff und Besatzung in seine Gewalt zu bringen. Die Offiziere hatte er in ihrem Deck eingeschlossen. Etwa eine Seemeile vor den Territorialgewässern der Bundesrepublik gelang es dem Leitenden Ingenieur des Schiffes, das Schott zum Offizierdeck aufzusprengen und die Offiziere zu befreien. Der Obermaat wurde überwältigt und das Schiff wieder in die Gewalt der Besatzung gebracht. Auch dieser Zwischenfall wurde nur im kleinsten Kreis der Volksmarine bekannt und ausgewertet[10].

Es ist erwiesen, daß nicht wenige Menschen bei dem Versuch, die DDR über die Ostsee zu verlassen, aufgrund von Sturm, Seegang und niedrigen Wassertemperaturen ums Leben gekommen sind. Diese traurige Bilanz wird sich zahlenmäßig sicherlich niemals genau ermitteln lassen. Fest steht jedoch, daß keines dieser Opfer durch gewalttätige Handlungen von Angehörigen der Grenzbrigade Küste bzw. der Volksmarine ums Leben kam.

Die Führung der Volksmarine betrieb Anfang der sechziger Jahre die Zuführung neuer Fahrzeuge mit besonderem Nachdruck. Von DDR-eigenen Werften liefen kleine Landungsboote zu. Es begannen der Bau und die Auslieferung der ersten durch die heimische Werftindustrie entwickelten Kampfboote der ILTIS-Klasse (30 Einheiten) und HYDRA-Klasse (26 Einheiten). Diese leichten Torpedo-Schnellboote konnten bei sehr hohen Geschwindigkeiten (max. 52 kn) allerdings ihre Aufgaben nur im Küstenvorfeld, bei einem begrenzten Einsatzspektrum, unter günstigen Wetterbedingungen erfüllen. Neben ihrer Rolle als Torpedo-Angriffs-Boote konnten sie auch zum Minenlegen und zum Transport von Kampfschwimmern verwendet werden. Antrieb und Torpedo-Ausrüstung stammten aus sowjetischer Produktion. Um über eine ausgewogene Flotte zu verfügen, beschloß die Volksmarine, eine amphibische Komponente aufzubauen.

U-Jäger Typ 201-M (HAI-Klasse)
  Quelle: Archiv des Verfassers

Das Einsatzkonzept beschrieb Admiral Ehm wie folgt: »Die durch die Landungseinheiten erweiterten Gefechtsmöglichkeiten der Volksmarine verbessern die Voraussetzungen für das Zusammenwirken mit den Landstreitkräften und die wirksame Unterstützung ihrer in Küstenrichtung handelnden Verbände[11].« Daß es sich hierbei um eine größere Offensiv-Komponente der Volksmarine handelte, wurde so nie in der Öffentlichkeit propagiert. Bei den in den Jahren 1963 bis 1965 zulaufenden mittleren Landungsschiffen vom Typ ROBBE handelte es sich ebenfalls um Eigenproduktionen der DDR.

In den Jahren 1965/1966 wurden die U-Jagdschiffe »201 M« durch Neubauten der Peenewerft Wolgast ersetzt. Diese neue Generation von U-Jagdschiffen Typ HAI zeichnete sich durch eine erhöhte Kampfkraft bei der Bewaffnung und einer Geschwindigkeit bis zu 32 kn aus. Einen Technologiesprung bedeutete für die Volksmarine der Aufbau von Raketenkräften. Eine neue Qualität wurde mit der Einführung der Raketen-Schnellboote vom Typ OSA erreicht. Bereits im November 1962 übernahm due Volksmarine das erste Boot. In den Jahren 1963/1964 folgten weitere 14 Boote dieses Typs. Die Volksmarine verfügte damit, wie sie stolz vermerkte, über eine Bootseinheit, »der die imperialistischen Flotten bisher keine gleichwertige Waffe entgegenzusetzen haben«[12]. Parallel dazu erhielten Landverbände von der Sowjetunion Küstenraketen. Dabei handelte es sich um Marschflugkörper der 1. Generation vom Typ KENNEL.

Eine weitere Kampfwertsteigerung erfuhr die Volksmarine 1963/1964 durch den Ausbau ihrer bisherigen Hubschrauberkette zu einer »U-Jagd-Staffel«. Diese U-Jagd-Staffel wurde zugleich mit modernen sowjetischen Hubschraubern des Typs »Mi4-M« (HOUND) ausgerüstet. Damit war der Aufbau einer ausgewogenen Flotte mit Fregatten, U-Jägern, Landungsschiffen, MLR-Schiffen, Raketen- und Torpedo-Schnellbooten und U-Jagd-Hubschraubern abgeschlossen. Im weiteren kam es darauf an, die Ausbildung zu verbessern, um die doch recht hohe Anzahl an Havarien zurückzudrängen. Es galt, die neu eingeführte Technik beherrschen zu lernen.

Im Sommer 1964 begann die Volksmarine, den gemeinsamen Einsatz gemischter Schiffsschlaggruppen, bestehend aus jeweils vier Raketen- und fünf Torpedoschnellbooten, durchzuarbeiten. Die Torpedo-Schnellboote hatten dabei die taktische Aufklärung im Interesse des Raketenangriffs durchzuführen und wurden dann im weiteren zur Ausweitung des Erfolges eingesetzt. Auch erfolgte zur Erprobung die Einbindung der leichten Torpedo-Schnellboote in die gemischten Schiffsschlaggruppen. Da die leichten Torpedo-Schnellboote nicht in gleicher Weise seetüchtig wie die RS-Boote waren und keine Ziele auf größere Entfernungen aufklären konnten, wurde diese Idee jedoch wieder aufgegeben. Ab 1966 fanden bei der Gefechtseinteilung nur noch gemischte Schiffsschlaggruppen Berücksichtigung; als Folge schuf die Volksmarine dann auch zu Beginn der siebziger Jahre gemischte Raketen-Torpedoschnellboot-Brigaden.

Im Sommer 1968 spitzte sich die politische Krise im Bereich des »Warschauer Vertrags« zu. Die Versuche in der ČSSR, den Sozialismus zu reformieren, galten in der DDR als Konterrevolution im Auftrag des Imperialismus. Im Vorfeld des Einmarsches der Warschauer-Pakt-Truppen in die ČSSR fanden im Juli/August gemeinsame Kommando-Stabsübungen der Vereinten Ostseeflotten statt, so u.a. auch die Übung »SEWER«. Mit dem Einmarsch am 21. August 1968 wurde für die Volksmarine »erhöhte Gefechtsbereitschaft« ausgelöst, und Teile der Flotte verlegten in ihre Dezentralisierungsräume.

Unter der massiven Propaganda der Politorgane gab es zusätzliche Verpflichtungen durch die Soldaten im »sozialistischen Wettbewerb« (d.h. freiwillige Übernahme zusätzlicher Aufgaben), Aufnahmen in die SED und Längerverpflichtungen in der Dienstzeit. Die dumpfe Ahnung, daß es sich bei dem Einmarsch um eine völkerrechtswidrige Verletzung der Souveränität eines unabhängigen Staates handelte, wurde mit dem Argument der Verschärfung des internationalen Klassenkampfes und der erforderlichen Sicherung von Frieden und Sozialismus vor den Anschlägen des Klassenfeindes verdrängt. »Die Erziehung der Angehörigen der Volksmarine zum unbändigen Haß auf den imperialistischen Klassenfeind und seine Handlanger«[13] hatte ihre Wirkung nicht verfehlt. Ende der sechziger Jahre verfügte die Volksmarine über ca 19 000 Mann, ca 300 Schiffs- und Bootseinheiten, eine Hubschrauberstaffel und zwei Küsten-Raketen-Abteilungen. Sie hatte sich damit zu einer modernen Randmeermarine entwickelt.

II. Die Volksmarine als Bündnismarine des Warschauer Paktes

Obwohl die Küstenverhältnisse und der Charakter der Ostsee die Aufgaben der DDR-Marine begrenzten, erhielt sie durch die unmittelbare Seegrenze zur Bundesrepublik und Dänemark eine besondere Bedeutung. Sie galt als westlicher Vorposten des sozialistischen Lagers. Es bleibt jedoch festzuhalten, daß sie niemals in der Lage gewesen wäre, selbständig eine Operation durchzuführen.

Die Planungsmöglichkeiten der Volksmarine bewegten sich nur im taktischen und operativ-taktischen Rahmen. Auch aus diesem Grund muß sie vor allem als Koalitionsmarine bezeichnet werden, die von Anfang an in die Überlegungen sowjetischer Seekriegführung einbezogen wurde. Im Kommando der Volksmarine in Rostock-Gehlsdorf sorgten sowjetische Seeoffiziere dafür, daß die enge Anbindung der Volksmarine an die Baltische Rotbannerflotte auch in der Praxis eingehalten wurde. So hatte immer ein sowjetischer Admiral als Vertreter des Stabes der »Vereinten Streitkräfte« seinen Dienstort in Rostock. Sein Partner war in der Regel der Chef der Volksmarine oder der Chef des Stabes. Als Gehilfe war ein sowjetischer Kapitän zur See eingesetzt, der sich vorrangig um die Arbeit im »Operativ-Organ« kümmerte. Sowjetische Vorschriften und Normen, sowjetische Technik und Erziehungsgrundsätze bestimmten den Dienst in den DDR-Seestreitkräften. Ohne Billigung der sowjetischen Seeoffiziere wurde keine grundsätzliche Maßnahme beschlossen. Die Volksmarine war gehalten, sich ständig am sowjetischen Verbündeten auszurichten. Nur in den Anfangsjahren gab es auch sowjetische Berater in den Flottillen, die dort aber sehr bald wieder verschwanden, während sie bei den Landstreitkräften noch bis zuletzt in den Divisionen tätig waren.

Die Seestreitkräfte waren aber auch, besonders in der Aufbauphase, bei der Ausbildung des Führungspersonals auf die sowjetische Marine angewiesen. Während bei den Landstreitkräften auf eine große Anzahl von Heeresoffizieren der Wehrmacht bis zum Generaldienstgrad zurückgegriffen werden konnte, waren Marineoffiziere der Kriegsmarine dagegen Mangelware. Die in Führungsfunktionen eingesetzten Funktionäre der SED besaßen keine Kenntnisse von der Führung und dem taktischen Einsatz von Seestreitkräften. Dieses Führungspersonal erhielt seine Fachausbildung an sowjetischen Lehreinrichtungen. Künftige Flaggoffiziere besuchten ohne Ausnahme sowjetische Marine-Hochschulen oder die Seekriegsakademie in Leningrad. Auffallend dabei war, daß es in der Ausbildung an sowjetischen Lehreinrichtungen zu einer strengen Trennung von ausländischen und sowjetischen Offizieren bzw. Offiziersschülern während des Unterrichts kam. Auch war man in räumlich voneinander getrennten Gebäuden untergebracht. Hier hörte die »Waffenbrüderschaft« auf, denn gänzlich wollte die sowjetische Seite ihre Karten nie auf den Tisch legen.

Die Volksmarine entwickelte sich recht schnell zu einer geachteten Koalitionsflotte. Bereits 1956 begannen gemeinsame Flotten- und Kommandostabsübungen, die sich nach Umfang, Anzahl und Intensität ständig steigerten. Dabei wurde klar, daß die Volksmarine in der vordersten Front der Koalition zu kämpfen hatte. Im Gegensatz zu den Land- und Luftstreitkräften der DDR gab es an der Küste keine vorn stationierten, kampffähigen sowjetischen Einheiten, wenn man die sowjetischen Raketen-Schnellboote in Swinemünde und die polnischen Marineeinheiten nicht als solche betrachtet.

Die Führung der Volksmarine ging davon aus, daß die Seestreitkräfte der DDR in einer möglichen bewaffneten Auseinandersetzung die ersten Schläge abzufangen hätten, und das ohne Verstärkung aus den anderen beiden Flotten, was zweifelsfrei zu hohen personellen und materiellen Verlusten geführt hätte. Eigene Berechnungen ergaben, daß die Volksmarine in den ersten drei bis vier Tagen mindestens 40 Prozent ihres Schiffsbestandes verloren hätte, einschließlich der schnellen Vernichtung ihrer wenigen Stützpunkte. Die sowjetische Seite war jedoch der Meinung, daß die ersten Schläge der NATO sowjetische Stützpunkte getroffen hätten, das heißt, in der Tiefe der Ostsee. Diese unterschiedlichen Anschauungen zwischen der Volksmarine und der Baltischen Flotte wurden nie zufriedenstellend angeglichen. Es blieb der Eindruck, daß die Volksmarine in den ersten »Schlägen« »verheizt« werden sollte, um dadurch günstige Einsatzbedingungen für die Baltische Flotte zu schaffen.

Verwendete man im offiziellen Sprachgebrauch für das Zusammenwirken der Baltischen Rotbannerflotte, der Polnischen Seekriegsflotte und der Volksmarine die Bezeichnung »Verbündete Ostseeflotte« mit dem Kürzel VOF, so wurde aus

U-Jäger Typ 201-M beim Abschuß von Ujagdraketen

Quelle: Archiv des Verfassers

dieser Abkürzung der Begriff »Vereinte Ostseeflotte« nach Unterstellung der drei Flotten unter einen sowjetischen Befehlshaber vor oder mit Kriegsausbruch. Der Befehlshaber der »Vereinten Ostseeflotte« war auch zugleich Befehlshaber der Baltischen Flotte. Die Chefs der Volksmarine und der polnischen Seekriegsflotte waren zwar formell Stellvertreter dieses sowjetischen Befehlshabers, doch die Einsatzbefehle kamen ohne Einschränkung von der sowjetischen Seite. Ein gemeinsames integriertes Führungsorgan für die »Vereinte Ostseeflotte« gab es nicht. Obwohl von der Volksmarine mehrmals Vorschläge für ein derartiges Organ un-

terbreitet wurden, kam es nie zustande. Vollständig wollte man seitens der Sowjet-
führung die anderen beiden Flotten nicht an der Einsatzplanung beteiligen. Das
Vertrauen der sowjetischen Partner hatte wohl doch seine Grenzen. Während
Übungen und Manövern arbeiteten im »Stab der Vereinten Ostseeflotte« in Königsberg lediglich Verbindungsgruppen aus den Stäben der Volksmarine und der
polnischen Flotte. Sie hatten jedoch keinen Einfluß auf die Einsatzplanung und
jede Beteiligung am Planungsprozeß unterblieb. Ihre Rolle ging über die einer
Konsultativgruppe nicht hinaus[14]. Es gab also zwischen den drei Flotten keine
eigentliche Partnerschaft und gleichberechtigte Zusammenarbeit. Die Dominanz
der Interessen und Ansichten der Baltischen Flotte war von Anfang an festge-
schrieben. Daran konnte auch das allgemein gute Verhältnis zwischen den Befehlshabern, Stäben und Einheiten der einzelnen Flotten nichts ändern.

»Waffenbrüderschaftsbeziehungen« beschränkten sich in der Regel auf gemeinsame Manöver, gemeinsame Gefechtsausbildung auf See, Flottenbesuche, Kommandostabsübungen sowie Austausch von Delegationen. Im Mittelpunkt des gemeinsamen Handelns standen Erfahrungsaustausch und Leistungsvergleiche auf
militärischem, sportlichem und kulturellem Gebiet. Bei Manövern wurden zeitwei-
se gemischte Verbände gebildet, die zumeist unter der Führung sowjetischer Seeoffiziere standen. Sie waren aber zu keiner Zeit vergleichbar mit ständigen Einsatz-
flotten und -verbänden der NATO. In ihrer Argumentation hat die Marineführung, vor allem die politische Verwaltung, immer wieder die Vorbildrolle der sowjetischen Marinesoldaten hervorgehoben und quasi als gesetzmäßig herausgestellt, obwohl Leistungsvergleiche belegten, daß die Besatzungen der Schiffe und
Boote der DDR-Seestreitkräfte sich nicht verstecken mußten und oftmals besser
ausgebildet waren als diese Vorbilder.

Mit Blick auf die materielle Ausstattung der DDR-Seestreitkräfte unter dem
Aspekt einer Bündnismarine ist darauf hinzuweisen, daß die DDR neben Polen der
einzige im Warschauer Pakt integrierte Staat war, dem seitens der Sowjetunion ein
eigenständiger Kriegsschiffbau zugestanden wurde. Sehr schnell erkannte man in der
DDR aber auch die Grenzen des zugestandenen eigenen Marine-Schiffbaus.
Haupthindernis hierbei war, daß es keinerlei eigene Waffenproduktion gab. Daher
mußte sich jede Schiffskonstruktion an Ausmaß und Gewicht der verfügbaren sowjetischen Waffensysteme ausrichten, die in der Regel deutlich schwerer waren als
vergleichbare Systeme westlicher Marinen. Auch schnellaufende Dieselmotoren für
schnelle Einheiten konnte die Volkswirtschaft der DDR nicht bereitstellen, so daß
hier ebenfalls ausschließlich auf die sowjetische Produktion zurückgegriffen werden
mußte. Daraus ist ersichtlich, daß auch auf diesem Gebiet die führende dominante
Hand der Sowjetunion beim Aufbau der DDR-Seestreitkräfte deutlich spürbar war.

Zusammenfassend sollte noch einmal betont werden, daß sich die Seestreitkräfte der DDR von Anfang an in enger Zusammenarbeit vor allem an die Baltische Rotbannerflotte anlehnten. Von allen im Warschauer Pakt integrierten Marinen genoß die Volksmarine höchstes Ansehen bei der sowjetischen Militär- und
Marineführung, was vor allem auf ihren hohen Ausbildungsstand, ihre ideologi-

sche Festigkeit und ihre bedingungslose Anlehnung an den »Großen Bruder« zurückzuführen war.

III. Die ideologische Erziehung in der Volksmarine

Vom ersten Tag ihres Bestehens an war die NVA und somit auch die Teilstreitkraft Marine eingebettet in das politisch-gesellschaftliche Gefüge des sozialistischen Macht- und Ideologieapparates der DDR und der SED. Die Forderung
nach militärischer Meisterschaft ging ständig einher mit dem Bestreben, den »Klas-
senstandpunkt« zu festigen und die Militärkader »ideologisch zu stählen«. Der
Politarbeit in der NVA und der Volksmarine wurde seitens der SED entscheidende Bedeutung beigemessen. Hauptaugenmerk der Partei- und NVA-Führung war
auf die kommunistische Erziehung aller Armeeangehörigen gerichtet. Dabei bediente sich die Einheitspartei dreier Stützen:
– der Politorgane
– der Parteiorganisationen der SED
– der FDJ-Organisation.
Motor der Politarbeit waren die Politorgane. Der gesamte Politapparat der Armee
war bis auf Kompanieebene organisiert. 5000 speziell ausgebildete Politoffiziere erfüllten tagtäglich ihre Aufgabe zur Kontrolle und Indoktrination der Soldaten. Sie
waren darüber hinaus für die kulturelle Arbeit und die Anleitung der in den Streitkräften wirkenden gesellschaftlichen Organisationen zuständig. Auf jedem Schiff
oder Boot größeren Typs gab es einen Stellvertreter des Kommandanten für politische Arbeit[15]. In den Brigaden und Flottillen existierten Politabteilungen und im
Kommando der Volksmarine eine Politische Verwaltung, d.h. jedem Kommandeur
war ein Politoffizier zur Seite gestellt. In den Anfängen der Volksmarine wurden
diese Offiziere aus zivilen Partei- und FDJ-Funktionären rekrutiert, später erfolgte
eine tiefgründige und spezielle Ausbildung junger Offiziere für diese Aufgabe. Im
allgemeinen war ihr Ansehen bei den Besatzungsangehörigen nicht sehr hoch, fuhren
sie doch oftmals nur als »Badegast« mit zur See. Ihre Aufgabe war es, die Stim-
mungslage zu kennen und durch Anleitung und Kontrolle der politischen Schulung
sowie der SED- und FDJ-Organisation die verlangte politische Ausbildung und Geisteshaltung zu garantieren. An der Art und der Planung der politischen Schulung
wurden keinerlei Abstriche geduldet. Sie erfolgte nach zentral vorgegebener Thema-
tik an zwei zusammenhängenden Tagen im Monat. Jeder Vorgesetzte, der eine zu
geringe Teilnahme an der politischen Schulung duldete, oder gar die vorgesehene
Zeit verkürzte, mußte mit scharfer Kritik rechnen. In der politischen Schulung (im
Soldatenjargon auch »Rotlichtbestrahlung« genannt) rangierte die Stundenzahl bzw.
die Form vor den tatsächlichen, bewußtseinsbestimmenden Inhalten.

Aber nicht nur die Soldaten der NVA mußten sich der politischen Schulung
unterziehen, auch parteilose Zivilbeschäftigte waren zur Teilnahme am Parteilehr-
jahr verpflichtet. Für die jungen FDJler wurden monatliche »Zirkel der Jungen

Sozialisten« zur Pflicht. Hauptinhalte der politischen Schulung und anderer »Rotlichtveranstaltungen« waren:
- Aufarbeitung der jüngsten Beschlüsse der SED
- aktuelle Fragen der Politik und Wirtschaft
- die »Feindbildvermittlung«
- die politische und militärische Lage.

Da sich diese Themen in immer wiederkehrenden Intervallen wiederholten bzw. mit identischem Inhalt als Politschulung, Partei- und FDJ-Veranstaltung abgearbeitet wurden, waren sehr oft Lustlosigkeit und Langeweile zu erkennen.

Politische Bildung im Interesse der SED wurde aber nicht nur während der Politschulung vermittelt, sondern der Vorgesetzte und der Politoffizier waren dazu verpflichtet, ständig das »politische Gespräch« zu suchen, bei Übungen, auch während der Pausen, »Kampfmeetings« und »Kampfberatungen« abzuhalten. Vorrang hatte dabei die Ausprägung des Feindbildes. Hierzu ein Zitat aus dem Handbuch für den Politoffizier: »Die Gefechtsausbildung in See führt häufig zur unmittelbaren Konfrontation mit Schiffen und Flugzeugen der NATO-Staaten. Deshalb ist es eine vordringliche Aufgabe der politischen Arbeit, diese Begegnungen zur weiteren klassenmäßigen Ausprägung eines sozialistischen Feindbildes und von Gefühlen des Hasses auf den Klassenfeind zu nutzen[16].«

Im Mittelpunkt der Vermittlung eines Feindbildes stand die Bundesmarine. Sie war immer der Klassenfeind zur See mit der vermeintlich notwendigen Aggressionsbereitschaft gegenüber der DDR. Dazu der Minister für Nationale Verteidigung, Armeegeneral Heinz Hoffmann, während seiner Ansprache im November 1960 bei der Verleihung des Namens »Volksmarine«:

> »Ohne Zweifel haben die Einheiten der Seestreitkräfte der NVA einen großen Anteil daran, daß die Bundesmarine, deren Schiffe getreu den räuberischen Traditionen des deutschen Imperialismus wie Haie den Frieden im Ostseeraum bedrohen, bisher keine unmittelbaren Provokationen gegen unsere Schiffe und Boote [...] und die Küsten der DDR wagten. Gemeinsam mit der Baltischen Rotbannerflotte und der Polnischen Seekriegsflotte steht sie [die Volksmarine] auf Friedenswacht immer bereit, jedem imperialistischen Aggressor eine vernichtende Niederlage beizubringen, wenn er es wagen sollte, seine Schweineschnauze in unseren blühenden sozialistischen Garten zu stecken[17].«

Viele Soldaten schenkten aufgrund der Abschottung und damit fehlender Vergleichsmöglichkeiten derartigen Haßausbrüchen ihren Glauben, ließen sich in einer einheitlichen geistig-politischen Ausrichtung auf die Linie der SED manipulieren. Heißt es doch im Handbuch für militärisches Grundwissen:

> »Die Kraft und die Stärke der NVA beruhen auf der Führung durch die SED. Die Partei trägt mit ihrer Politik stets einer, der internationalen Lage und den Erfordernissen des Klassenkampfes entsprechenden Landesverteidigung Rechnung. Die Tätigkeit der Partei zur Führung der Nationalen Volksarmee umfaßt die verschiedenen Bereiche der theoretischen, politischen, wissenschaftlichen, technischen, organisatorischen und ideologisch-erzieherischen Arbeit[18].«

Also war die NVA doch eine Parteiarmee, und keine Volksarmee, was ja oftmals nach der Wende versucht wurde anders darzustellen.

IV. Schlußbetrachtung

Mit diesem Beitrag wurde der Versuch unternommen, den Aufbau, die Handlungszwänge und die Wandlungen, die sich in den Seestreitkräften der DDR in den Jahren des Kalten Krieges vollzogen, sachlich und nüchtern zu beurteilen. In der Bewertung läßt sich kein eindeutiges Urteil treffen, zu viele Ereignisse sind bis zum heutigen Tag nicht vollständig durch die Historiker aufgearbeitet oder die Erkenntnisse standen dem Autor nicht zur Verfügung.

Klar ist, daß die Volksmarine, wie auch die gesamte NVA, fest als Instrument in die Politik der Partei- und Staatsführung eingebettet war, daß die Marinesoldaten ständig einer einseitigen ideologischen Beeinflussung der SED ausgesetzt waren. Die Volksmarine war in keiner Weise mit dem Status der Bundesmarine und deren demokratischer Kontrolle vergleichbar. Allerdings besaß auch die Volksmarine ihre eigene, besondere Identität, weil sie sich einerseits in vieler Hinsicht nicht von anderen, auch nicht von westlichen Flotten unterschied, und sich andererseits deutlich von den übrigen Teilstreitkräften der NVA abgrenzte. Zwar war sie mit diesen durch einen gemeinsamen Auftrag verbunden, aber durch verbindliche Regelungen, Gesetze und Gebräuche der internationalen Seefahrt außerhalb der Landesgrenzen handelnd, auch in die internationale Gesellschaft der Ostseeanrainerstaaten, und später teilweise darüber hinaus, eingebunden. Prägend für ihr innerliches Verständnis waren die Eigenheiten des Bordlebens, die besonderen Verhältnisse eines Zusammenlebens auf engstem Raum, die gegenseitige Abhängigkeit, wo jeder einzelne in seiner Funktion Verantwortung für das Wohl und Wehe aller trug. Die See kennt keine Unterschiede, sie respektiert weder Rang noch Würde und läßt sich auch nicht politisch mißbrauchen. Das brachte auch Besatzungen menschlich einander so nahe, wie es in den anderen Teilstreitkräften einfach nicht möglich war. Die Volksmarine, ohne eigentliche Tradition, war aber auch Produkt eines Systems, das als ein Ergebnis des Zweiten Weltkrieges entstanden war und sich in den Jahren des Kalten Krieges zu profilieren versuchte.

Mit dem Untergang dieses Systems verschwand die Volksmarine wieder von der Bildfläche. In der geschichtlichen Aufarbeitung wird man aber auch zukünftig nicht an der Betrachtung eines Irrweges deutscher Marinetradition vorbeikommen. Es hat sie gegeben – die Volksmarine, mit Menschen, die durch eine Partei mißbraucht wurden, um eigenes Hegemoniestreben zu verwirklichen.

Anmerkungen

*   Bei diesem Beitrag handelt es sich um die überarbeitete Fassung eines Vortrages, der im Januar 1997 auf der 37. Historisch-taktischen Tagung der Flotte gehalten wurde.

1   Bernhard M. Baruch (1870-1965) hat fast alle amerikanischen Präsidenten von Woodrow Wilson bis Dwight D. Eisenhower in Wirtschaftsfragen beraten, nahm bereits 1919 in Versailles an der Friedenskonferenz teil und war auch mit Winston S. Churchill befreundet.

2   Meyers Enzyklopädisches Lexikon, Bd 13 (J-Kn), Mannheim, Wien, Zürich, korrigierter Nachdruck 1980, S. 345.

3   Nach Detlef Bald, Die Nationale Volksarmee, Baden-Baden 1992, S. 34.

4   Siehe Torsten Diedrich und Rüdiger Wenzke, Die getarnte Armee. Geschichte der Kasernierten Volkspolizei der DDR 1952 bis 1956, Berlin 2001.

5   Zur Entstehung und Entwicklung der Volksmarine siehe jetzt Friedrich Elchlepp u.a., Volksmarine der DDR. Deutsche Seestreitkräfte im Kalten Krieg, Hamburg, Berlin 1999 sowie Douglas Pfeifer, The Three German Navies. Dissolution, Transition, and New Beginnings, Gainesville, FL 2002.

6   Zum Führungspersonal der NVA siehe Klaus Froh und Rüdiger Wenzke, Die Generale und Admirale der NVA. Ein biographisches Handbuch, 3. Aufl., Berlin 2000 sowie Genosse General! Die Militärelite der DDR in biographischen Skizzen, hrsg. von Hans Ehlert und Armin Wagner, Berlin 2003; sowie Douglas Pfeifer, Staffing and Training the East German Navy during Its Founding Years: Party Loyalists, Kriegsmarine Veterans, Soviet Advisors, and Communist Youth, in: New Interpretations in Naval History. Selected Papers from the Thirteenth Naval History Symposium, ed. by William M. McBride und Eric P. Reed, Annapolis, MD 1998, S. 231–248.

7   Wilhelm Ehm, Die Volksmarine – eine moderne sozialistische Flotte, in: Marinewesen, 10 (1971), S. 262.

8   Heinrich Jordt, Auf Wacht an der Seegrenze der Deutschen Demokratischen Republik, in: Marinewesen, 5 (1966), S. 352 ff.

9   »Beobachtungsrolle« war an Bord ein Bereitschaftszustand, bei dem nur die Hälfte der Gefechtsposten besetzt war.

10   Ein weiterer Fluchtversuch mit dem U-Jagdschiff 421 »Sperber« (Typ 201-M, 215 t, 40 Mann Besatzung) wurde im Sommer 1973 nach der Meldung eines Informellen Mitarbeiters der Staatssicherheit vereitelt. Zur Vorbereitung des Fluchtversuches und zu den strafrechtlichen Folgen für die Beteiligten siehe die detaillierte Untersuchung von Ingo Pfeiffer, Fahnenfluchtversuch mit U-Jagdschiff der NVA-Volksmarine, in: Marineforum, 77 (2002), 6, S. 41–45 und 7/8, S. 43–45.

11   Wilhelm Ehm, Die Entwicklung der Volksmarine der NVA, in: Militärgeschichte, 4 (1979), S. 411.

12   Peter Barth, Über den Beitrag der Volksmarine der NVA als Teil der verbündeten sozialistischen Ostseeflotten zum Schutz des Sozialismus und des Friedens, Berlin (Ost) 1969, S. 203.

13   Wilhelm Ehm, Die Aufgaben der Volksmarine im zwanzigsten Jahr der Deutschen Demokratischen Republik, in: Marinewesen, 8 (1969), S. 9 ff.

14   Bei gemeinsamen Manövern der Baltischen Rotbannerflotte, der polnischen Seekriegsflotte und der Volksmarine wurden zwischen den jeweiligen Stäben Konsultativgruppen von etwa vier bis sechs Stabsoffizieren ausgetauscht, die über gute Sprachkenntnisse verfügten. Sie nahmen an den jeweiligen Lagebesprechungen teil und hatten eigene sichere Fernmeldeverbindungen zu ihren jeweiligen nationalen Führungsstäben.

15   Der Stellvertreter des Kommandanten für politische Arbeit war formal dem Kommandanten militärisch unterstellt, unterlag aber in seinem fachlichen Dienst nicht dessen Weisungen und wirkte durch einen eigenen Befehls- und Meldeweg zugleich als parteipolitischer Überwacher der Besatzung einschließlich des Kommandanten. Er hatte zwar in der Regel auch die Ausbildung zum Seeoffizier durchlaufen, verfügte aber nicht über die Zulassung für die Schiffsführung. Für diesen Bereich war stets der 1. Wachoffizier der Stellvertreter des Kommandanten. Bei Landeinheiten lag die Stellvertretung der Kommandoführung in der Regel beim Chef des Stabes.

16   Heinz Hoffmann, »Volksmarine« – ein verpflichtender Name, in: Volksarmee (1960), Nr. 130, S. 5.

17   Ebd.

18   Vgl. Handbuch Militärisches Grundwissen. NVA-Ausg., 11. Aufl., Berlin (Ost) 1982, S. 19.

Hans Ehlert

Vom Matrosen zum Admiral –
Theodor Hoffmann und die Volksmarine der DDR[*]

Am 18. November 1989, nur wenige Tage nach dem Fall der Berliner Mauer wur-
de Admiral Theodor Hoffmann (befördert am 16. November), Chef der Volksma-
rine der NVA und – sowohl vom Lebens- als auch vom Dienstalter her – jüngster
Chef einer Teilstreitkraft der NVA, als erster Seeoffizier in der Geschichte der
DDR zum Minister für Nationale Verteidigung berufen[1]. Eigentlich sollte der
Admiral die dunkelblaue Uniform ausziehen, zunächst Generaloberst werden, um
dann wie alle seine Vorgänger als Armeegeneral Minister zu werden. Der über 35
Jahre mit dem maritimen Umfeld eng verbundene 55jährige Admiral wollte diese
Lösung nicht akzeptieren und bestand auf seinem Marinestatus. Offenbar sah die
DDR-Führung keine Alternative zur Besetzung des militärischen Spitzenamtes der
NVA mit dem politisch bisher nicht in erster Reihe stehenden Marinechef und gab
nach. In der Tat konnten nach der friedlichen Revolution die auf weitreichende
Reformen am bestehenden sozialistischen System der DDR interessierten Kräfte
keine bessere Wahl treffen, als den – trotz langjähriger Parteimitgliedschaft und
verschiedener Parteiämter – eher unpolitischen langjährigen Seeoffizier Theodor
Hoffmann an die Spitze der NVA zu rufen. Hoffmann war bei seinen Soldaten
beliebt und nicht durch die Inanspruchnahme besonderer Privilegien wie Jagdre-
viere oder dienstlich verbrämte Privatreisen aufgefallen, außerdem hatte er sich an
der Küste weit »vom Schuß«, aus den teilweise stark politisierten Zirkeln im
Strausberger Ministerium herausgehalten. Mit diesen Voraussetzungen schien er
der geeignete Mann zu sein, die im Herbst 1989 stark gebeutelten und verunsi-
cherten Streitkräfte den geänderten Verhältnissen entsprechend neu zu formieren.

Kindheit in Mecklenburg

Dieser Lebensweg, der Hoffmann beruflich an die Spitze einer der kampfstärksten
Armeen des Warschauer Paktes führte, war keineswegs vorgezeichnet. Theodor
Hoffmann wurde am 27. Februar 1935 als zweites Kind des Landarbeiters Heinrich Hoffmann (Jg. 1908) und seiner Frau Betti, geb. Krause (Jg. 1913) in Gustävel
geboren, einem kleinen Flecken mit etwa 100 Einwohnern, ostwärts von Wismar
an der Warnow gelegen. Der Vater arbeitete als Pferdeknecht und Gespannführer

auf einem Gutshof, dort war auch die Mutter als Magd beschäftigt. Die Familie lebte in, auch für den kleinen, landwirtschaftlich geprägten Ort, sehr bescheidenen Verhältnissen[2].

Theodor mußte eine Fülle von Aufgaben in Haushalt und Garten sowie in der Landwirtschaft übernehmen, selbst das Stopfen und Flicken der eigenen Kleidung war eingeschlossen. Die häusliche Beanspruchung hatte häufige Fehlzeiten in der Schule zur Folge. Hoffmann selbst äußerte dazu später, daß ihm diese Form der Erziehung und Auslastung mit Aufgaben zwar nicht geschadet, ihn aber gegenüber Gleichaltrigen im Dorf isoliert und damit zum Einzelgänger gemacht habe[3].

Im letzten Jahr seines bis 1949 dauernden Schulbesuches wurde Theodor bald nach der Gründung dieser Organisation in der sowjetischen Besatzungszone Mitglied der »Jungen Pioniere« und übernahm an der Schule die Aufgabe des sogenannten Freundschaftsratsvorsitzenden. Obwohl der Vater 1949, die Mutter einige Jahre später, Mitglied der SED wurden, gab es offenbar noch einen Anteil von christlicher Resttradition, vielleicht auch Überzeugung in der Familie, die dazu führte, daß der Sohn 1949 parallel mit dem Abschluß der Schule konfirmiert wurde. Danach suchte man vergeblich einen Ausbildungsplatz als Schneider, bis Theodor Hoffmann eine Lehrstelle als Landwirtschaftsgehilfe auf dem inzwischen volkseigenen Gut in Gustävel antrat. Obwohl somit nach Neigung und Leistung eine weitere Entwicklung in der Landwirtschaft nahegelegen hätte, sollte er sich bald in eine ganz andere berufliche Richtung orientieren.

Funktionär der FDJ und Eintritt in die »bewaffneten Organe«

Die Ursache dafür ist nicht zuletzt in der Intensivierung seines politischen Engagements zu suchen. Die Mitgliedschaft seit 1950 in der FDJ, der sozialistischen Jugendorganisation der DDR, führte ihn nämlich über ehrenamtliche Funktionen als Zirkelleiter 1951 zu einem Lehrgang an die Landespionierleiterschule. Zu den dort vermittelten Themen gehörte auch die Frage der in der DDR so bezeichneten »Remilitarisierung Westdeutschlands«. Die hinter der Vermittlung des Stoffes stehende ideologische und agitatorische Zielsetzung fiel bei Hoffmann auf fruchtbaren Boden und gab mit den Ausschlag für seine wenig später getroffene Entscheidung, eine militärische Laufbahn einzuschlagen[4]. Mit der vermeintlichen »Remilitarisierung« der Bundesrepublik versuchte die SED die Werbekampagne für den bereits 1948 mit kasernierten Polizeibereitschaften begonnenen Aufbau getarnter militärischer Formationen, die 1951/52 bereits einen Umfang von 50 000 Mann erreicht hatten, zu legitimieren[5]. Nach der Fortbildung innerhalb der politischen Jugendorganisation wurde Hoffmann 1951 als hauptamtlicher Pionierleiter an der Zentralschule Wendorf/Weberin eingesetzt. In dieser Funktion dürfte er unmittelbar mit den Bemühungen der FDJ konfrontiert worden sein, die für den geplanten weiteren Aufbau der militärischen Strukturen, die sich seit dem Juli 1952 unter dem Namen Kasernierte Volkspolizei formierten, durch eigene Aufgebote und Werbemaßnahmen zu unterstützen. Jedenfalls meldete er sich, gerade 17 Jahre alt, am 12. Mai 1952 bei der in Stern-Buchholz (südlich Schwerin) stationierten Bereitschaft der Hauptverwaltung Ausbildung, wie zu diesem Zeitpunkt verschleiernd noch die im Aufbau befindliche militärische Organisation genannt wurde.

Wenige Tage nach seinem Dienstantritt wurde Hoffmann mit einigen anderen Rekruten nach Kühlungsborn zur Seepolizei versetzt. Diese wurde als Keimzelle für die spätere Volksmarine der DDR als Hauptverwaltung Seepolizei seit Sommer 1950 aufgebaut[6]. Im Rahmen einer rasanten Personalaufstockung im Jahre 1952[7] kam es dort auch zu einer »Kaderzuführung« aus den Bereitschaften der Hauptverwaltung für Ausbildung (HVA). Hoffmann identifizierte sich sofort mit der neuen Aufgabe. Anfangs als Polit-Kultur-Verantwortlicher seines Zuges (Zug-PK) eingesetzt und als solcher auch verantwortlich für den Politunterricht, verstand er es jedoch offenbar, seine vorgesehene Ausbildung und Verwendung als Politoffizier abzuwenden, hatte er doch inzwischen Geschmack am Seemannsberuf gewonnen und den Wunsch, lieber Seeoffizier zu werden[8].

Persönliche Weichenstellungen:
Parteieintritt und Gründung einer Familie

Während der Anfang 1953 beginnenden Ausbildung in einer Offizierschüler-Kompanie in Stralsund (Schwedenschanze), wurde Hoffmann hier zunächst wiederum als Zug-PK und FDJ-Sekretär eingesetzt, erlebte er auch die Unruhen in der DDR um den 17. Juni 1953. Die Offizierschüler wurden – mit scharfer Munition ausgerüstet – in Stralsund zum Streifendienst eingesetzt[9]. Die Unruhen gingen auch an der Seeoffizierlehranstalt nicht spurlos vorüber. Im Schlafsaal fand man eine gehißte schwarze Flagge, nicht aber die hinter dem Protest stehenden Offizieranwärter. Hoffmann, dem als Zug-PK auch die Verantwortung für die politisch-ideologische Zuverlässigkeit seiner Kameraden oblag, wurde aufgrund des Vorfalls von der PK-Funktion abgelöst. Diese Maßnahme sollte indes nicht die weitere Ausbildung zum Seeoffizier behindern, die er am 15. Oktober 1955 mit der Beförderung zum Unterleutnant abschloß.

Trotz eines durchaus erkennbaren politischen Engagements und seines aktiven Eintretens für die Politik der SED hatte er im Gegensatz zu den meisten seiner Kameraden noch nicht den Antrag auf Aufnahme in die Partei gestellt. Er selbst erklärt das mit der mecklenburgischen Sturheit und dem für den kritischen Beobachter eher nachgeschoben klingendem Argument, er habe eine idealistische Vorstellung von der Parteimitgliedschaft gehabt und sich noch nicht die notwendige Reife zugetraut[10]. Die Quittung für das noch fehlende Bekenntnis zur Partei erhielt er in seiner ersten Offizierbeurteilung, wo ihm allgemein »gesellschaftliches Desinteresse« bescheinigt wurde. Darüber hinaus habe ihm sein Verhalten zwei förderliche Anfangsverwendungen gekostet, darunter einen Studienplatz an der Seekriegsakademie in Leningrad. Vermutlich war es diese Erfahrung, die ihn zu der Einsicht führte, daß eine Karriere als Seeoffizier ohne die Weihen der Partei kaum möglich sein werde. Jedenfalls stellte er trotz der bisherigen Zurückhaltung bereits im März 1956 den Antrag auf Aufnahme in die SED.

Die Zugehörigkeit zur evangelischen Kirche, die 1949 noch durch Theodor Hoffmanns Konfirmation dokumentiert worden war, galt jedoch für Offiziere der bewaffneten Kräfte allgemein als unvereinbar mit der politisch-ideologischen Orientierung. Gemeinsam mit anderen Kameraden trat er deshalb 1954 aus der Kirche aus[11]. Die Eltern verließen in der Folgezeit ebenfalls die Kirche. Auch Hoffmanns zukünftige Frau Helga Qualo, die er im Oktober 1957 heiratete, vollzog noch in der Verlobungszeit diesen aus Sicht der SED einzig konsequenten und erwarteten Schritt. Die Mitgliedschaft in der Partei beantragte sie hingegen erst im Jahre 1970. Frau Hoffmann blieb berufstätig und arbeitete als Fernschreiberin.

Torpedoschnellboot Typ 183

Quelle: Th. Hoffmann

Kommandant auf Schnellbooten und Ausbildung in Leningrad

Die militärische Karriere Theodor Hoffmanns verlief geradlinig. Seit den 70er Jahren wurde er von der Kaderabteilung der Volksmarine zielstrebig für Spitzenverwendungen aufgebaut. Auf ein kurzes Intermezzo nach der Offizierschule als II. Wachoffizier auf einem Räumboot der ehemaligen Kriegsmarine (Bauserie R-218 bis 233)[12] und als Ausbildungsoffizier in der Schnellbootflottille in Parow, folgten in der seit dem 1. März 1956 offiziell aufgestellten NVA Verwendungen als Kommandant eines Schulbootes vom Typ DELPHIN[13] (Dezember 1956) in der 7. Flottille (Parow) und eines von der Sowjetunion übernommenen Torpedoschnellbootes vom Typ 183 bei der 6. Flottille (Saßnitz) ab Oktober 1957[14]. Bei diesem Typ handelte es um ein aus Holz nach amerikanischem Vorbild gefertigtes 50t-Boot mit acht wasserdichten Abteilungen. Die Bewaffnung bestand aus zwei halbautomatischen 25 mm Doppellafetten zur Luft- und Seezielbekämpfung sowie zwei Torpedorohren. Darüber hinaus verfügte das Boot über die Fähigkeit, Wasserbomben zu werfen und Minen mitzuführen, auch eine Nebelanlage war vorhanden. Dem 22jährigen, am 1. Januar 1957 zum Leutnant zur See beförderten Hoffmann wurde damit eine moderne Schnellboot-Einheit (TS-Boot) mit 15 Mann Besatzung anvertraut, die zu den ersten Torpedoträgern der Volksmarine, wie die Seestreitkräfte der DDR allerdings erst seit November 1960 genannt wurden, gehörte[15]. Der junge Offizier zeigte in dieser Funktion Geschick im Umgang mit seiner Mannschaft und bewältigte auch nach Ansicht seiner Vorgesetzten seine Aufgaben in Ausbildung und Übungseinsatz mit gutem Erfolg. Sein Boot wurde wiederholt ausgezeichnet. Er selbst avancierte zum Chef einer TS-Bootsgruppe. Hoffmann selbst hat später diese Zeit als Schnellbootkommandant immer als für ihn prägend bis in bestimmte Lebensprinzipien und Verhaltensweisen bezeichnet.

Nicht zuletzt die guten Leistungen auf dem TS-Boot dürften der Grund für die Entsendung Hoffmanns an die Seekriegsakademie nach Leningrad gewesen sein, die er einschließlich eines Vorbereitungslehrgangs vom Sommer 1960 bis Ende Dezember 1963 besuchte und in allen Examen mit der Note »Ausgezeichnet« sowie mit dem Grad eines Diplom-Militärwissenschaftlers der Fachrichtung Kommandeur-Stabsdienstausbildung abschloß. Vor dem Besuch der Akademie war in einem Vorbereitungslehrgang von sechs Monaten an der Offizierschule die Hochschulreife zu erwerben – Hoffmann hatte bisher lediglich die achtklassige Grundschule absolviert – und die russische Sprache zu erlernen[16]. Auf den Ausbildungsabschnitt an der sowjetischen Seekriegsakademie, an der damals ständig etwa 50 Offiziere der Volksmarine ausgebildet wurden, folgte von Januar 1964 bis zum März 1968 Verwendungen in der Raketenschnellbootbrigade (Peenemünde), zunächst als Stabschef[17]. Die mit dem Eintreffen Hoffmanns aus vier Raketenschnellbooten sowjetischer Bauart vom Typ 205 bestehende Brigade war aus der Küstenschutzbootabteilung hervorgegangen und gehörte zu der im Mai 1963 erneut aufgestellten 6. Flottille. Aufgrund der speziellen Bewaffnung und Aufgaben unterlag der Verband anfangs besonderen Geheimhaltungsbestimmungen.

Die ersten Raketenschnellboote des Typs 205 waren unter strengster Geheimhaltung 1962 von der Sowjetunion übernommen worden. Die aus Stahl gefertigten, in zehn wasserdichte Abteilungen unterteilten Boote waren für hohe Geschwindigkeiten und Einsätze bei mittlerem Seegang ausgelegt. Die Bewaffnung bestand aus zwei 30 mm Doppellafetten mit Funkmeßwaffenleitanlage sowie aus dem Hangar zu startenden Seezielraketen des Typs STYX mit Funkmeß-Zielsucheinrichtung. Von den bis 1971 insgesamt übernommenen 15 Booten dieses Typs blieben zwölf bis zum Ende der NVA im Oktober 1990 in Dienst gestellt. Damit wurde in erster Linie aufgrund der Ressourcenknappheit im Rüstungsetat der DDR die ursprünglich geplante Einsatzzeit des Waffensystems um das Doppelte überschritten[18]. Vor diesem Hintergrund vermag es kaum zu überra-

Raketenschnellboot Typ 205

Quelle: Th. Hoffmann

schen, daß die angesichts der eigenen Materialausstattung auch nicht verwöhnten
Offiziere des Marinekommandos Ost, die ab Oktober 1990 die Volksmarine materiell abzuwickeln hatten, mit einigem Erstaunen auf die vorgefundenen »Oldtimer«
der Volksmarine blickten[19].

In den Zeitabschnitt der frühen Verwendungen als junger Offizier der Volksmarine fällt auch Hoffmanns Anwerbung durch die Geheimpolizei. Im Juli 1956
verpflichtete er sich, in Stralsund als Geheimer Hauptinformator (GHI) mit dem
Decknamen »Lehmann« dem Ministerium für Staatssicherheit (MfS) zuzuarbeiten,
wurde aber wenig später als Geheimer Informator (GI), so die damalige Bezeichnung für einen Inoffiziellen Mitarbeiter (IM), umregistriert[20]. In der über seine
Arbeit geführten Akte finden sich für den Zeitraum bis Ende der fünfziger Jahre
auch einige eher belanglose Berichte über Beobachtungen in seinem Dienstbe-
reich, etwa zum Klarstand einzelner Boote oder zu Problemen, die im Rahmen
von Übungen aufgetreten waren. Während seines Aufenthaltes in Leningrad ruhte
die Tätigkeit als IM. Auch in den Folgeverwendungen in der Schnellboot-Brigade
fand die Zusammenarbeit mit dem MfS im wesentlichen nur noch in offizieller
Form statt. Offensichtlich war es nicht nur die inzwischen erreichte verantwortliche Position, sondern auch die Persönlichkeit Hoffmanns, die das MfS davon
abhielt, ihn für besondere Überwachungsaufgaben einzusetzen. Nachdem es über
Jahre wegen der leitenden Dienststellungen Hoffmanns und der konkreten Situation nicht mehr zu einer inoffiziellen Zusammenarbeit gekommen war, und man

dafür auch keine Perspektive mehr sah, wurde seitens des MfS die informelle Tätigkeit mit Hoffmann endgültig eingestellt.

Führungsverwendungen in der Schnellbootflottille

Bereits Ende des Jahres 1964 machte Hoffmann einen weiteren Karrieresprung, es erfolgte der Einsatz des erst 29jährigen Hoffmann als Brigadechef bei den Raketenschnellbooten, vorzeitig wurde er am 7. Oktober des Jahres zum Korvettenkapitän befördert. Seine Aufgaben waren fortan insbesondere durch die vielfältigen Herausforderungen des modernsten Waffensystems der Volksmarine, aber auch durch miserable Lebens- und Arbeitsbedingungen im Hafen Peenemünde-Nord bestimmt. Die Aufgabe war in jeder Hinsicht fordernd, galt es doch, die Formierung der Eliteeinheit der Volksmarine abzuschließen und die Raketenschnellbootbrigade in das System der Gefechtsbereitschaft einzubeziehen. Dies geschah auch im Rahmen gemeinsamer Übungen mit den verbündeten Flotten aus dem Warschauer Pakt. Der junge Brigadechef hatte z.B. auch seine Auffassung von der Pflege maritimen Brauchtums gegen Kritik von oben und unten zu verteidigen. Im Frühjahr 1965 erhielt Hoffmann den Auftrag, die schließlich auf zwölf Raketenschnellboote aufgewachsene Brigade als ersten geschlossenen Truppenteil in die neugeschaffene Basis Bug-Dranske zu verlegen, wo er mit seinen über 400 Soldaten auf drei schwimmenden Stützpunkten wohnte und arbeitete. Hoffmann hält sich zugute, daß er in dieser Zeit alle seine Soldaten mit Namen kannte und häufig auch über deren dienstliche Leistungen ebenso Bescheid wußte, wie über Familienverhältnisse und Hobbys. Dranske war im Nordosten Rügens schlecht zu erreichen, ebenso wie Peenemünde ein – allerdings nicht für Hoffmann – unbeliebter Standort in der Volksmarine, mit anfangs prekärer Wohnungssituation. Insbesondere die in der Regel berufstätigen Ehefrauen der Berufssoldaten konnten dort oft keinen Arbeitsplatz finden[21].

Nach anfänglichen Schwierigkeiten führte Hoffmann die Raketenschnellbootbrigade sehr erfolgreich und mit guten Manöverergebnissen. In diesen Zeitabschnitt fiel im Sommer 1967 auch der erste Nahostkrieg, der mit der Niederlage Ägyptens und Syriens endete und für die Führungsorganisation sowie Einsatz- und Ausbildungsplanung des Warschauer Paktes, insbesondere auch für die NVA, gravierende Folgen hatte[22]. Ein anderes schwerwiegendes Vorkommnis war die vom MfS aufgedeckte angebliche Entführung eines Raketenschnellbootes in die Hoheitsgewässer der Bundesrepublik, die zur Verhaftung von zehn Soldaten der Brigade führte. Merkwürdigerweise kann Hoffmann, der in seinen Erinnerungen über das Ereignis berichtet, als damaliger Chef keine Auskunft über Verurteilungen bzw. den Ausgang des Verfahrens geben[23].

Der junge Korvettenkapitän identifizierte sich mit seinen Aufgaben. Als Kommandant und in verschiedenen Führungsfunktionen der Raktenschnellbootbrigade hatte er seit 1956 die Entwicklung zu einer in Teilen modernen Randmeerflotte erlebt und in bescheidener Weise auch mitgestaltet. Mit Stoß-, Landungs- und

U-Boot-Abwehrkräften waren neue Schiffsgattungen entstanden. Ende 1966 zählten 116 Kampfschiffe/-boote, 55 Hilfsschiffe/-boote sowie weitere Einheiten zum Bestand der Volksmarine[24].

Auf die Zeit als Brigadechef, eine Aufgabe, die Hoffmann nur sehr ungern abgab, folgte die Verwendung in dem der Brigade vorgesetzten Verband, der zwischenzeitlich ebenfalls nach Dranske verlegten 6. Flottille – zunächst als Stabschef (September 1968 bis April 1971) und anschließend als Chef der Flottille (bis November 1974)[25]. Am 2. Juli 1968 wurde Hoffmann zum Fregattenkapitän befördert. In der 1963 neu formierten 6. Flottille waren drei Schnellbootbrigaden zusammengefaßt. In diese Zeit fiel auch der Einmarsch der Truppen des Warschauer Paktes in die ČSSR im August 1968, den Hoffmann, damals voll auf der Linie der östlichen Propaganda liegend, für unabweisbar hielt. Auch für die Volksmarine waren damit eine Erhöhung der Gefechtsbereitschaft und einschneidende Bereitschaftsregeln verbunden. Die militärische Aktion gegen ein »Bruderland« habe aber schon damals vorsichtiges Nachdenken ausgelöst, mit dem Abstand der Jahre ist sie auch bei Hoffmann einer vorsichtig kritischen Haltung gewichen[26].

Hoffmann bewältigte auch die Aufgaben als Stabschef und Chef der 6. Flottille mit Bravour, der Verband wurde mehrfach ausgezeichnet. Der Seeoffizier war stolz, ein Angehöriger der DDR-Marine zu sein, die nach seinem eigenen Urteil sich Anfang der siebziger Jahre schon sehen lassen konnte und auch international »als eine kleine, aber kampfkräftige und gut ausgebildete Flotte« galt[27]. Nach seinem Urteil schienen auch die Dienst- und Lebensverhältnisse in dem von ihm verantworteten Bereich durchaus zufriedenstellend zu sein. Hier mag indes das persönliche Urteil vom Vergleich mit der NVA der 50er und 60er Jahre geprägt sein. Wer die im Verhältnis zu den Bedingungen für die Soldaten der Bundeswehr miserablen Unterkunftsbereiche der NVA im Herbst 1990 gesehen hat und gleichzeitig die – im Westen nicht verfügbaren – geheizten Hallen für Panzer und Militärfahrzeuge, für den drängt sich trotz aller anderslautenden Beteuerungen der Eindruck auf, daß in der Volksmarine wie in den DDR-Streitkräften insgesamt der Mensch sich eher nicht im Mittelpunkt der militärischen Führung befand.

Hoffmann war auch von der Sache, der die Volksmarine diente, der Politik der SED und dem gesellschaftlichen System der DDR überzeugt. Seit seiner frühen Tätigkeit als FDJ-Funktionär und dem Eintritt in die SED 1956 hat er über sein militärisches Engagement hinaus in verschiedenen, teilweise untergeordneten Funktionen stets überzeugt der Partei gedient. Fast permanent war er auf verschiedenen Ebenen der SED in Wahlfunktionen tätig. Zwischen 1960 und 1988 gehörte er den jeweiligen Parteileitungen an. Insgesamt 19 Jahre war er Mitglied der Parteikontrollkommission bei der Politischen Verwaltung der Volksmarine, am VIII. Parteitag nahm er 1971 ebenso wie am außerordentlichen Parteitag 1989 als Delegierter teil. Mit einem gewissen Stolz berichtet er, daß er 1971, als er bereits kommissarisch die 6. Flottille führte, in über 20 Veranstaltungen den Marineeinheiten auf Rügen die Ergebnisse des Parteitags vermittelt habe[28]. In seinen Erinnerungen steht Hoffmann zu seinem Parteiengagement und unternimmt keine Versuche, diesen Teil seines Lebens auszublenden. Er betrachtet verschiedene Einflüsse und Abläufe der Parteiarbeit in der NVA mit dem Abstand der Jahre indes mit einer gewissen Distanz, wenn er etwa über schablonenhafte Diskussionen in Parteiversammlungen berichtet oder feststellt, oft sei in »Parteiversammlungen nicht das gesagt worden, was eigentlich hätte gesagt werden müssen«[29]. Vor dem Hintergrund, daß ein Abweichen von den festgelegten Regeln und Ritualen unweigerlich die ideologische Disziplinierung und gleichzeitig gravierende Folgen für seine Karriere nach sich gezogen hätte, hat er sich aus Gründen der Opportunität oder, weil er damals überzeugt von der Sache war und noch nicht über die spätere Einsicht verfügte, stets in den von der Partei abgesteckten Bahnen bewegt.

Im Kommando der Volksmarine

Nach 17 Jahren Dienst bei den Schnellbooten wechselte Hoffmann im November 1974 auf den Dienstposten des Stellvertreters des Chefs des Stabes der Volksmarine für operative Arbeit in Rostock. Dabei handelte es sich nicht um eine Wunschverwendung. Hoffmann hätte lieber die ebenfalls vorgesehene Aufgabe des Kommandeurs der Offizierhochschule übernommen, aber er fügte sich und übernahm nach seinen eigenen Worten die Aufgabe des »Prügelknaben« im Kommando der Volksmarine. Er sah im übrigen keine andere Möglichkeit, die ihm befohlene Verwendung zu verhindern. In der NVA sei es nicht üblich gewesen, die Offiziere nach ihren räumlichen oder Verwendungswünschen zu fragen. Es war »für uns Gesetz, daß man dort hinging, wo man hinbefohlen war«[30]. Als Operativchef, Hoffmann sollte diese Dienststellung länger als elf Jahre bekleiden und dort auch 1977 zum Konteradmiral befördert werden, oblagen ihm der Gesamtbereich der organisatorischen Grundlagen der Gefechtsbereitschaft, die Einsatzplanung, die Organisation der im Gefechtsdienst oder Grenzdienst stehenden Teile der VM sowie die Jahres- und Quartalsplanung. Gleichzeitig war er der erste Stellvertreter des Chefs des Stabes[31]. Damit hatte er in der Summe einen der zentralen Dienstposten für die Ausbildung und Gefechtsbereitschaft der Volksmarine inne. In dieser Funktion war er auch für die teilweise Vorbereitung und Durchführung von Übungen einschließlich im Bündnisrahmen u.a. des Manövers »Waffenbrüderschaft 80« im September 1980, aber auch für Fragen der Sicherung der Seegrenze verantwortlich. Diese wurde durch die seit 1961 der VM unterstellte Grenzbrigade Küste wahrgenommen, die, strukturmäßig zu den Grenztruppen gehörend, operativ dem Kommando VM unterstellt war[32]. Neben dem Schutz der Seegrenze gegen Verletzungen von außen war es vorrangige Aufgabe der Brigade – wie im übrigen des gesamten Grenz- und Sperrsystems –, Flüchtlinge am Verlassen der DDR, in diesem Falle über See, zu hindern. Auch wenn, anders als an den Landgrenzen, kaum Menschen durch Schußwaffen oder Minen getötet wurden, verloren etliche Flüchtlinge aufgrund von Seegang, Witterung oder niedrigen Wassertemperaturen ihr Leben. Andere wurden unter Anwendung von Gewalt am »Grenzdurchbruch« gehindert, von Angehörigen des MfS mißhandelt und zu hohen Freiheitsstrafen verurteilt. Insofern haben auch Angehörige der Volksmarine, insbesondere die Offiziere in Führungspositionen, einen individuellen Anteil an der Verantwortung am menschenverachtenden Grenzregime der DDR zu tragen. Hoffmann selbst bekennt sich zu seiner Verantwortung, legitimiert aber im Nachhinein den Auftrag der Grenzbrigade Küste. Deren Aufgabenstellung sei vornehmlich auf den Schutz der DDR nach außen gerichtet gewesen. In der Bundesrepublik werde die Geschichte der DDR und ihrer Grenzsicherung heute »aus der Position der Sieger« aufgearbeitet. Auch der Einsatz gegen die Menschen, die die DDR illegal verlassen wollten, weil es legal kaum eine Möglichkeit dazu gab, habe sich im Rahmen der Gesetze der DDR abgespielt. Zynisch klingt in diesem Zusammenhang seine Bewertung, die Soldaten der Grenzbrigade hätten »mit dazu beigetragen, dass die Einheit Deutschlands in Frieden hergestellt wurde«. In diesem Sinne habe ihr Dienst einen »knapp umrissenen Sinn« gehabt[33].

Nach einem kurzen Zwischenspiel im Amt des Stellvertreters des Chefs der VM und Chef Ausbildung, das er im Winter 1985 übertragen bekam, aber praktisch nicht ausübte, weil er bereits kommissarisch als Chef des Stabes VM fungierte, erfolgte im Februar 1986 seine offizielle Ernennung zum Stabschef und gleichzeitig zu einem der Stellvertreter des Chefs der DDR-Marine[34]. Ein Jahr später, im März 1987, wurde er zum Vizeadmiral befördert. Damit rückte Hoffmann zu einem Zeitpunkt in die absolute Führungsspitze der Seestreitkräfte auf, der aufgrund der Neuorientierung der sowjetischen Politik unter Generalsekretär Michail Gorbatschow auch sicherheitspolitisch eine Wendemarke markierte. Seinen raschen unmittelbaren Ausdruck fand dieser Prozeß in der Neuformulierung der Militärdoktrin des Warschauer Paktes im Mai 1987, die auf der Feststellung basierte, daß internationale Probleme nicht mit militärischen Mitteln gelöst werden können und deshalb die Kriegsverhinderung im Zentrum auch aller militärischer Überlegungen zu stehen habe. In der Volksmarine erfolgte – wie im übrigen in der NVA insgesamt – als Reaktion auf die Entwicklungen in Moskau gleichwohl keine grundsätzliche Neubewertung der Lage mit wesentlichen praktischen Konsequenzen hinsichtlich Auftrag, Ausbildung und politisch-ideologischer Ausrichtung der Armee. Eher zögerlich paßte man sich den von Moskau ausgehenden, über das Bündnis geleiteten militärstrategischen Impulsen an.

So war Hoffmanns Dienst als Chef des Stabes der Volksmarine weiterhin vor allem vom Ziel der Gewährleistung einer ständig hohen, das personelle Potential überfordernden Gefechtsbereitschaft, sowie durch die Organisation der Zusammenarbeit mit den anderen Teilstreitkräften und den verbündeten Flotten geprägt. Dabei kam ihm sein gutes Verhältnis zum Chef der DDR-Marine, Admiral Wilhelm Ehm, ebenso zustatten wie ein gedeihliches Klima in der Zusammenarbeit mit dem Hauptstab der NVA unter Generaloberst Fritz Streletz. In seine Zeit als Chef Stab VM fiel auch die Intensivierung der Arbeit mit rechnergestützten Systemen sowie die Einführung eines automatisierten Führungssystems für die Stoßkräfte (Torpedo- und Raketenschnellboote/-schiffe) der Flotte.

Im Jahre 1987 erfolgte in der Volksmarine eine personelle Zäsur. Nach 29 Jahren Dienst als Chef der Seestreitkräfte der DDR schied Admiral Ehm aus dem aktiven Dienst aus. Obwohl Theodor Hoffmann aufgrund seiner Vorverwendungen sich durchaus für eine Nachfolge anbot, erwarteten viele eher die Berufung von Vizeadmiral Dr. Hans Hofmann, bisher ebenfalls einer der Stellvertreter Ehms und Chef Rückwärtige Dienste der Volkmarine[35]. Dementsprechend überrascht reagierte Theodor Hoffmann als man ihm statt des lebens- und dienstgradälteren Hofmann den Spitzenposten antrug. Als er am 1. Dezember 1987 im Alter von 52 Jahren das Amt des Chefs der VM übernahm[36], schien er den Zenit seines beruflichen Werdegangs erreicht zu haben. Seine Berufung markierte einen tiefgreifenden Generationswechsel, wurde doch der noch kriegsgediente Ehm von einem Vertreter der zweiten Generals-/Admiralsgeneration abgelöst, der ungedient als FDJ-Funktionär 1952 in die bewaffneten Kräfte der DDR eingetreten und politisch durch die SED sozialisiert war[37]. Hoffmann kannte die VM, in der er sich als Kommandeur und Stabsarbeiter viele Jahre bewährt hatte, in allen Details und mit allen Problemen.

Der bodenständige Mecklenburger war nicht durch Allüren oder die beim militärischen Spitzenpersonal der DDR sonst durchaus nicht verpönte Inanspruchnahme besonderer Privilegien aufgefallen. Auch war er bei den Soldaten beliebt und als Vorgesetzter akzeptiert. Nicht zuletzt vor diesem Hintergrund wurde die Personalentscheidung in den Seestreitkräften als gute Wahl betrachtet.

Als Hoffmann sein Amt übernahm, mit dem, wie bei allen Chefs der Teilstreitkräfte automatisch die Ernennung zum Stellvertreter des Ministers für Nationale Verteidigung und die Mitgliedschaft im Kollegium des Ministeriums für Nationale Verteidigung, dem höchsten Beratungsgremium des DDR-Verteidigungsministeriums, verbunden war, dürfte er wohl kaum damit gerechnet haben, diese Position bereits zwei Jahre später wieder abzugeben, um an die Spitze der militärischen Hierarchie der DDR zu treten. Der Zeitraum war zu kurz, um wirklich gestaltend in die Geschicke der Volksmarine einzugreifen. Ebenso reichte die Zeit nicht, um die mit der Funktion verbundenen hohen politischen Weihen zu erhalten. In der DDR war es üblich, daß die Chefs der Teilstreitkräfte früher oder später in das Zentralkomitee der SED aufgenommen wurden, Ehm etwa im Jahr 1981[38]. Hoffmann berichtet, man habe ihn im Umgang mit regionalen Partei- und staatlichen Dienststellen den gegenüber seinem Amtsvorgänger fehlenden politischen Glanz spüren lassen[39]. Protokollarisch und hinsichtlich der Interessendurchsetzung für die Marine habe ihm der mit einem hohen Parteiamt verbundene Rückenwind gefehlt.

Mit der Berufung an die Spitze der Volkmarine unterstanden Hoffmann die drei Flottillen der Seestreitkräfte mit den Standorten Peenemünde (1. Fl.), Warnemünde (4. Fl.) und Bug-Dranske (6. Fl.), das Marinefliegergeschwader 28 in Laage sowie operativ die 6. Grenzbrigade Küste, darüber hinaus eine große Anzahl weiterer Truppenteile, Dienststellen und Einrichtungen mit insgesamt 120 Kampf- und 50 Hilfsschiffen, 26 Hubschraubern und 20 Jagdbomberflugzeugen vom Typ SU-22 M 4; die Personalstärke der VM betrug 14 200 Soldaten und 4500 Zivilbeschäftigte[40].

Hoffmann trat sein Amt mit dem persönlichen Anspruch an, die Seestreitkräfte der DDR zu verändern. Dabei ging es ihm vor allem um Verbesserungen im Sy-

stem der Gefechtsbereitschaft und bei den Dienst- und Lebensbedingungen der
Soldaten sowie um eine Öffnung gegenüber der Bevölkerung[41]. Trotz einiger Mo-
dernisierungsbemühungen war der Schiffsbestand überaltert, hier war nur langfristig und mit erheblichem Mitteleinsatz Abhilfe zu schaffen. Für die 90er Jahre
hochgesteckte Planungsziele mußten angesichts der Ressourcenknappheit frühzeitig zurückgenommen oder gestreckt werden. Ähnlich schwierig sah die Lage auf
dem Sektor Infrastruktur und Unterbringung aus. Es fehlte an Liegeplätzen sowie
ausreichenden und ansprechenden Unterkünften. Die Einrichtungen in den Stützpunkten waren meist überaltert, große Sorge bereitete die Wohnungsfrage[42].

Auch die in Hoffmanns Ägide fallende Zuarbeit bei der Umsetzung einer neu-
en, stärker an Vertrauensbildung und Abrüstung orientierten Militärdoktrin des
Warschauer Paktes für den Bereich der NVA konnte während seiner Zeit als Chef
Volksmarine nicht wirklich vorangetrieben, geschweige denn abgeschlossen werden[43]. Die Volksmarine hatte sich aber im Rahmen der Übungstätigkeit auf die
neue Lage einzustellen und in diesem Zusammenhang auch einen Beitrag zur personellen und materiellen Abrüstung zu leisten[44].

Hoffmann hatte sich bei Übernahme des Kommandos über die Volksmarine
das persönliche Ziel gesteckt, für die Menschen Verbesserungen zu erreichen[45]. In
dieser Richtung zielten auch die Erwartungen aus der Truppe an den neuen Chef.
Dieser mußte jedoch bald feststellen, daß seine Möglichkeiten begrenzt waren.

Bei dem die Truppe bis in das Offizierkorps belastenden Problem des Bereit-
schaftsstandes von 85 v.H. auf Schiffen und Booten gelang es Hoffmann, zumindest Teilerfolge und gewisse Entlastungen zu erzielen. Diese sollten angesichts der
Beobachtung und Überwachung aller Angelegenheiten der Gefechtsbereitschaft
durch das Vereinte Oberkommando des Paktes in Moskau nicht unterschätzt werden. Seine Bemühungen um Verbesserungen in den Dienst- und Lebensbedingungen der Angehörigen der VM erstreckten sich auch auf andere Bereiche des militärischen Dienstes. Für diese Erleichterungen sprachen indes nicht allein Fürsorge-
gründe, ging es doch angesichts der Personallage nicht zuletzt auch darum, die
Attraktivität des Dienstes in der Volksmarine zu erhöhen.

Wenn auch nicht auf den ersten Blick nach außen wahrnehmbar, zeigten die offenkundigen gesellschaftlichen Erosionserscheinungen des Jahres 1989 zeitverzö-
gert auch in der Volksmarine ihre Wirkungen. Unter der Oberfläche begann es
vorsichtig auch in den Streitkräften zu rumoren. Selbst im politisch vermeintlich
gefestigten Offizierkorps wurden einzelne von dem grassierenden Bazillus befallen. Dabei spielten insbesondere pessimistische Beurteilungen der wirtschaftlichen
Gesamtlage eine Rolle, die im Zusammenhang mit der Versorgungslage und der
Preisentwicklung auch jeden Soldaten persönlich betraf[46].

Die Führung der NVA war aufgrund in Auftrag gegebener soziologischer Untersuchungen über den Stimmungswandel in der Truppe informiert, hat aber – wie
die politische Führung der DDR insgesamt – die Problematik verdrängt[47]. Dienst-
zeitbelastung, Wohnungssituation, Einsatz von Soldaten in der Volkswirtschaft
und weitere Mißhelligkeiten des täglichen Dienstbetriebes bewirkten ein übriges
und steigerten den persönlichen Frust, der angesichts des Repressionsinstrumenta-

riums und der Sorge um das persönliche Fortkommen in der Regel allenfalls durch die geballte Faust in der Tasche Ausdruck fand. Auch die vor dem aktuellen militärpolitischen und ökonomischen Hintergrund im Januar 1989 vom Nationalen Verteidigungsrat (NVR) beschlossene Reduzierung der NVA um 10 000 Soldaten wurde von den Berufssoldaten mit Blick auf das eigene Fortkommen mitunter skeptisch beurteilt. Die Volksmarine hatte ein Streichungsvolumen von 1000 Planstellen zu erfüllen.

Auch wenn die durch Inspektionen und Manöver überprüften Leistungen der Volksmarine 1988/89 noch zufriedenstellend bewertet wurden, war Hoffmanns Ende 1989 auslaufende Verwendung als Chef der DDR-Seestreitkräfte insbesondere durch Probleme der ausbleibenden technischen und infrastrukturellen Modernisierung, des Personalabbaues sowie von Unzulänglichkeiten der dienstlichen und privaten Lebensbedingungen der Soldaten und der aus all dem resultierenden nachlassenden Motivation der Soldaten geprägt.

Von der im Sommer 1989 zunächst über Ungarn einsetzenden Fluchtbewegung, die den Anfang vom Ende der DDR einläutete, waren unmittelbar auch die Streitkräfte betroffen. Zu den Ausreisewilligen gehörten auch Soldaten der Volksmarine, aus deren Reihen sich selbst Stabsoffiziere entschlossen, die DDR zu verlassen. Hoffmann, der trotz aller gegenteiligen Anzeichen bis zuletzt auf ökonomische Verbesserungen und eine Stabilisierung der Lage gehofft hatte, mußte sich zunehmend Illusionen eingestehen[48]. Die letzten Monate seiner Dienstzeit an der Spitze der VM waren neben dem normalen Dienstbetrieb, dabei auch einige Flottenbesuche, einerseits durch interne Diskussionen über die Zukunft, Unsicherheit und Durchhalteparolen der politischen Gremien gekennzeichnet, während man auch in den Streitkräften anderseits – etwa durch die große Militärparade anläßlich des 40. Jahrestages der DDR am 7. Oktober 1989 – nach außen den Eindruck einer heilen Welt zu suggerieren versuchte.

Welche krisenhafte Zuspitzung der Lage inzwischen wirklich eingetreten war, wurde unmittelbar nach dem Jahrestag deutlich. Mit dem erzwungenen Rücktritt Erich Honeckers und den folgenden personellen Veränderungen im Politbüro der SED trat die alte Garde ab, ohne daß es bereits klare Vorstellungen über den künftigen Kurs der sozialistischen Partei gab. Selbst die auch in den Streitkräften inzwischen unübersehbaren Erosionserscheinungen veranlaßten die Politische Hauptverwaltung der NVA noch nicht, wirkliche Reformen in der NVA einzuleiten. Die Volksmarine hielt sich in den Wochen der friedlichen Revolution zurück, es kam auch in ihren Standorten nicht zum gewaltsamen Einsatz gegen Protestaktionen der Bevölkerung.

Immerhin hat Hoffmann in diesen Tagen den Anfang November 1989 von Verteidigungsminister Keßler erteilten Befehl, für die Grenzbrigade Küste die volle Gefechtsbereitschaft auszulösen, nicht ausführen lassen. Die damalige Verweigerung begründet er nicht mit politischen Motiven – Hoffmann hatte die Schlacht für das politische System, zu dessen Trägern er gehörte, noch nicht verloren gegeben –, vielmehr habe er angesichts der absoluten Ruhe, die zu diesem Zeitpunkt in der Küstenregion herrschte, die Maßnahme für kontraproduktiv und

Admiral Theodor Hoffmann
Quelle: Th. Hoffmann

»Natürlich berührt es uns, daß die Festlegungen
des Einigungsvertrages zur NVA nicht jede
Hoffnung erfüllen, und daß wir hier und dort auch
Abstriche machen müssen. Aber wir haben erklärt,
wir sind ein Teil des Volkes und wollen keine
Sonderstellung. Also müssen wir mit den Entschei-
dungen, die getroffen sind, erst einmal leben.«

(Aus der Rede Th. Hoffmanns auf der letzten
Kommandeurtagung der NVA am 12. September
1990; Quelle: Theodor Hoffmann, Das letzte
Kommando, Berlin 1993, S. 333)

militärisch für unsinnig beurteilt[49]. Diese Haltung läßt Professionalität und ein gerüttelt Maß von Pragmatismus erkennen.

Als wenige Tage später auch Keßler, der in der Volksarmee noch zur Gründergeneration zählte, nach einem Mißtrauensvotum im Kollegium des eigenen Ministeriums sein Amt verlor, und man im Sicherheitsapparat der SED nach einem geeigneten Nachfolger suchte, der den aufgrund des Drucks der Ereignisse eilig eingeschlagenen Reformkurs im militärischen Bereich glaubwürdig repräsentieren könnte, war Hoffmanns große Stunde gekommen. Die unter dem Druck der Massen immer schneller erfolgenden politischen Veränderungen erforderten auch für die Spitze des Verteidigungsministeriums eine Personalentscheidung, die einen Kurswechsel zu mehr Öffnung und dem – bisher versäumten – Beginn von Reformen signalisieren sollte.

Verteidigungsminister des Übergangs

Hoffmann, der aufgrund von Lebens- und Dienstalter, seines politischen Einflußbereiches und seiner Verbindungen im Apparat mit einer derartigen Entwicklung nicht gerechnet hatte, wurde von der Berufung zum Minister für Nationale Verteidigung völlig überrascht. Nachdem er am 16. November 1989 zum Admiral befördert worden war[50], erfolgte nach der Bestätigung durch die Volkskammer zwei Tage später seine Vereidigung zum Minister für Nationale Verteidigung der DDR im Kabinett des Ministerpräsidenten Modrow[51].

Der neue Minister ließ in der Tat keine Zeit verstreichen und verkündete bereits am 20. November auf einer Kommandeurtagung programmatisch seine Ziele[52]. Er begrüßte die begonnenen Schritte zur Reform »der sozialistischen Gesellschaft« und stellte die Streitkräfte voll in diesen Prozeß: »Wir müssen unverzüglich beginnen, eine tiefgreifende Erneuerung der Nationalen Volksarmee [...] einzuleiten und das gesamte schöpferische Potential unserer Armeeangehörigen und Zivilbeschäftigten zu nutzen[53].« Die Funktion der NVA als wirkliche Armee des ganzen Volkes mit den alleinigen Aufgaben Friedenssicherung und Landesverteidigung werde im Kontext des laufenden Abrüstungsprozesses neu zu definieren sein. Hoffmann gab die zwei Tage vorher vom Sekretariat der Politischen Hauptverwaltung der NVA (PHV) beschlossene Auflösung der Politischen Verwaltungen in der Armee sowie seine Absicht bekannt[54], die gesamte staatspolitische Aus- und Weiterbildung und die Öffentlichkeitsarbeit neu zu gestalten. Gleichzeitig bekannte sich der neue Minister ohne Wenn und Aber zur Einleitung einer breitangelegten Militärreform. Noch am selben Tag ordnete er die Schaffung eines Konsultationspunktes Militärreform an, der alle Fragen, Probleme und Vorschläge von Soldaten und Zivilbeschäftigten sammeln, bündeln, weiterleiten und nach Möglichkeit auch den Petenten antworten sollte[55]. Wie richtig Hoffmann die Situation beurteilt hatte, machte eine Fülle von Anfragen, Hinweisen und Eingaben deutlich, die in den folgenden Wochen aus Truppe und Stäben eingingen[56]. Um dem eingeschlagenen Kurs eine breite Basis zu geben, berief der neue Minister wenig später analog zu dem in Berlin tagenden zentralen Gremium einen Runden Tisch des Ministeriums für Nationale Verteidigung ein, an dem bis zum März 1990 die Vertreter von fast 30 Parteien, Organisationen und Bewegungen in der Militärpolitischen Hochschule Berlin-Grünau tagten[57].

Diese in schneller Folge ablaufenden Schritte zu Weichenstellungen in der NVA kamen nicht von ungefähr. Vieles in den Streitkräften war liegengeblieben, von der Führung nicht beizeiten erkannt oder bewußt ignoriert worden, grundlegende Reformen waren längst überfällig und bereits vor Keßlers Ablösung in Spitzengremien der Armee angemahnt worden[58]. In den Wochen der friedlichen Revolution hatte sich die Lage zugespitzt und im Dezember einen höchst prekären Zustand erreicht. Die Truppe war bis in das Offizierkorps demoralisiert, Unsicherheit, Perspektivlosigkeit und in deren Folge Entlassungsgesuche prägten das Bild. Forderungen nach Verbesserung der Dienst- und Lebensbedingungen, verbesserten Urlaubs- und Ausgangsbedingungen, erhöhtem Wehrsold und Kürzung des Wehrdienstes waren die Folge, in verschiedenen Verbänden bildeten sich bereits flächendeckend Soldatenräte. Zwar waren rasch Reformen eingeleitet und entsprechende Schritte institutionalisiert worden, angesichts der Erwartungshaltung und verbreiteten Ungeduld in der Truppe reichten die Maßnahmen indes nicht aus. Der Druck nahm zu, zumal fühlbare Ergebnisse zunächst ausblieben.

In dieser krisenhaften Situation kam die eigentliche Bewährungsprobe für Hoffmann, der wie einst als Schnellbootkommandant auch »ein Minister zum Anfassen«[59] sein wollte[60], am Neujahrstag des Jahres 1990. In der Nacht hatten unter Führung des dortigen Soldatenrates Soldaten im Standort Beelitz eine Pro-

testresolution verfaßt, die auch über die Medien verbreitet wurde. Die Aktion erhielt besondere Brisanz, weil die Soldaten ultimativ erklärten, den Dienst erst wieder anzutreten, wenn ihre Forderungen erfüllt würden[61]. Weil die vor der Kaserne
streikenden Soldaten nur mit dem Minister sprechen wollten, fuhr Hoffmann am
2. Januar persönlich nach Beelitz und bereinigte in Verhandlungen die Krise. Dabei bedurfte es allerdings wichtiger Zugeständnisse, die bereits einen Tag später
per Fernschreiben in der NVA verkündet wurden[62]. Dazu gehörten die unverzüg-
liche Erarbeitung eines neuen Wehrdienstgesetzes mit einer Wehrdienstdauer von
zwölf Monaten und heimatnaher Einberufung, die entsprechend vorzeitige Entlassung der im Dienst befindlichen Soldaten, die Auflösung aller für den Einsatz in
der Volkswirtschaft geschaffenen Strukturelemente, Einführung der 5-Tage-
Woche und Neuregelung der wöchentlichen Dienstzeit sowie freizügigere Aus-
gangs-, Urlaubs- und Innendienstregelungen. Mit der etappenweisen Beendigung
des Einsatzes in der Volkswirtschaft hatte Hoffmann Entlastung bei einem der aus
Sicht der Kommandeure gravierendsten Probleme angekündigt. Immerhin befanden sich im Januar 1990 etwa 21 000 Mann – darunter auch die Soldaten aus Beelitz – in zeitweiliger Abstellung in Kombinate oder die Landwirtschaft, um dort
auszuhelfen.

Die Hoffnung, damit die Situation in der NVA wieder in den Griff zu bekommen, trog. Weder konnte eine wirklich nachhaltige Beruhigung in der Truppe erreicht werden – nach Beelitz kam es im Januar zu Streiks und Demonstrationen in
mehr als vierzig weiteren Standorten der NVA –, noch gelang es dem Minister, das
militärische Führerkorps geschlossen auf seinen Kurs einzuschwören. Dort hatte
das desolate Bild der vom Fernsehen übertragenen Beelitzer Ereignisse die Motivation vielfach weiter gemindert, das Nachgeben wurde als »Perestroika im Über-
schalltempo« und unwürdig für die Armeeführung empfunden[63]. Hoffmann hatte
eine schwierige Phase durchzustehen, spielte sogar mit dem Gedanken zurückzu-
treten, ließ sich aber allen Wirrnissen und Vorhaltungen zum Trotz nicht beirren.

Mit einer gewissen Verzögerung zeigten die Maßnahmen der Militärreform erste Erfolge. Ins Auge fielen die Veränderungen auf dem Felde der politischen
Strukturen und Einflußnahme in der bisherigen »Parteiarmee«. Nachdem die
SED/PDS–Parteiorganisationen bis Ende 1989 ihre Tätigkeit in den Streitkräften
eingestellt hatten, wurde bis zum 15. Februar 1990 auch der gesamte Politapparat
aufgelöst. Der Minister bemühte sich nach Kräften, und nicht ohne hinhaltenden
Widerstand in Teilen der Führung der NVA, in der nur wenige Köpfe ausgetauscht worden waren, das Tempo der Reformen und den demokratischen Er-
neuerungsprozeß in den Streitkräften zu beschleunigen, um diese für eine erneu-
erte, aber immer noch sozialistische DDR umzugestalten. In dieser Richtung sind
auch alle weiteren Maßnahmen zur Modernisierung zu sehen, die Schlag auf Schlag
erfolgten:

Der bereits im Dezember geschaffene Ausschuß zur Untersuchung von
Amtsmißbrauch und Korruption setzte seine Untersuchungen fort, die sich in
einem Schwerpunkt auch auf die Rolle der NVA im Herbst 1989 erstreckten. Beginnend im Januar wurde zusätzlich zur Wochenzeitung »Volksarmee«, die sich

zunehmend vom Propagandablatt zum Forum für Informationen und Meinungs-
austausch entwickelt hatte, ein neues Blatt mit dem programmatischen Namen
»Militärreform« herausgegeben[64], das detailliert über den Öffnungsprozeß infor-
mierte und breiten Raum zur Diskussion bot. Gleichzeitig wurden die Gründung
eines Verbandes der Berufssoldaten nachhaltig unterstützt sowie die Arbeiten an
den Militärpolitischen Leitsätzen der DDR – ein neuer Begriff für die Überlegungen zur Militärdoktrin – und Überlegungen zu den künftigen Aufgaben der NVA
fortgesetzt. Ein neues Wehrgesetz einschließlich einer neuen Formel für den Fah-
neneid[65] wurde vorbereitet und in diesem Zusammenhang bereits im Februar eine
Verordnung über den Zivildienst in der DDR erlassen. Strukturüberlegungen erstreckten sich darüber hinaus auf eine Ausgliederung der Grenztruppen, die nach
der Maueröffnung ohnehin ihre wichtigste Aufgabe verloren hatten. Über den
Runden Tisch des MfNV suchte man den Kontakt und die Akzeptanz der neuen
politischen Gruppierungen, man gab sich gegenüber den Medien offen und versuchte so, unter Hoffmanns Führung das durch Böen aus wechselnden Windrichtungen geschüttelte Schiff NVA auf Kurs zu halten.

Standhaft verfolgte der Minister das Ziel, die Streitkräfte an die seit dem Herbst
1989 eingetretenen grundlegenden politischen Veränderungen anzupassen und sie
unbeschadet von Demoralisierung, Motivationslosigkeit und Auflösungserscheinungen – seit November 1989 waren 1200 Soldaten, darunter 60 Offiziere, deser-
tiert, ohne daß strafrechtliche Konsequenzen erfolgten[66] – wieder zu stabilisieren
und aus der Identitätskrise zu führen. Am 2. März 1990 stellte er sich das letzte
Mal vor den Wahlen den Kommandeuren der NVA. Auch wenn das Wahlergebnis
mit dem deutlichen Sieg der von der CDU geführten Allianz für Deutschland,
deren Programm auf eine rasche Vereinigung zielte, auch von ihm so nicht vorhergesehen wurde[67], war dabei klar, daß seine Tage als Verteidigungsminister gezählt waren. Insofern trug sein Auftritt vor der militärischen Führung in gewisser
Weise bilanzierenden Charakter. Eindeutig machte er der militärischen Führung
der DDR klar, welche Rolle die NVA im staatlichen Gefüge nach den Volkskammerwahlen zu spielen hatte: »Demokratisch geleitet und demokratisch kontrolliert
– nur so ist die NVA lebens- und handlungsfähig[68].«

Das letzte Kommando

Für Hoffmann bestand kein Zweifel, daß er sein Amt als Minister nach den
Volkskammerwahlen an einen zivilen Politiker übergeben werde. Dies stand nach
den bereits unter seiner Ägide erfolgten Überlegungen zur künftigen Struktur des
Ministeriums fest und war im Februar nachdrücklich durch den Beschluß des zentralen Runden Tisches bestätigt worden[69]. Vor diesem Hintergrund stellte er sich
selbst auf die Übergabe der Dienstgeschäfte und sein Ausscheiden aus den Streitkräften ein[70].

Im Zusammenhang mit der Auswahl des neuen Ministers im Kabinett des de-
signierten Ministerpräsidenten Lothar de Maizière, die auch für Insider unerwartet

auf den Spitzenpolitiker des Demokratischen Aufbruchs (DA) Pfarrer Rainer Eppelmann fiel, ergab sich für seine militärische Laufbahn indes noch eine überraschende Wende. Auf Drängen von de Maizière, der angesichts des Einzugs einer neuen zivilen Führung, die in militärischen Dingen und der Leitung einer Behörde unerfahren war, Kontinuität an der Spitze der Streitkräfte für unerläßlich hielt, entschloß sich Hoffmann das neugeschaffene Amt des Chefs der Nationalen Volksarmee zu übernehmen[71]. Auch Eppelmann und dessen Staatssekretär Werner E. Ablaß hatten dringend um seinen Verbleib gebeten. Hoffmann nahm das Angebot nicht ohne Bedenken an, sondern zögerte zunächst, beriet sich mit Vertrauten im Ministerium und bei den Verbündeten, wies Eppelmann auf seine PDS-Mitgliedschaft und weitere Imponderabilien im Zusammenhang mit seiner Berufung hin. Als Eppelmann trotz aller Einwände bei seiner Personalentscheidung blieb, sagte Hoffmann schließlich zu und versprach, den ehemaligen Waffendienstverweigerer Eppelmann, der nun als erster Zivilist das auf Vorschlag de Maizières umbenannte Ministerium für Abrüstung und Verteidigung der DDR führte und die Zusage »hocherfreut« zur Kenntnis nahm, als oberster Soldat loyal zu unterstützen[72]. Mit der Übernahme des Ministeramtes durch Eppelmann am 18. April 1990 wechselte Hoffmann als Chef der NVA an die Spitze der Streitkräfte. Unmittelbar nach seinem Dienstantritt kam es zu einem ersten Konflikt um seinen künftigen Aufgabenbereich und die Kompetenzen des obersten Soldaten. Orientiert an der Spitzengliederung des Bonner Verteidigungsministeriums hatte Eppelmann vorgesehen, Staatssekretär Ablaß auch alle militärischen Abteilungen und Stäbe des MfAV zu unterstellen. Hoffmann protestierte erfolgreich gegen diese Entscheidung und wurde dem Minister unmittelbar unterstellt[73].

Die programmatisch in Ministerium für Abrüstung und Verteidigung umbenannte Behörde war durch eine vielfach heterogene Leitung gekennzeichnet: Auf der einen Seite die neue zivile politische Spitze um Eppelmann, ehemalige Oppositionelle oder Vertreter der neuen demokratischen Bewegung vornehmlich aus den Reihen des DA zusammengestellt, ohne Verwaltungserfahrung, und bis auf Staatssekretär Frank Marczinek, der in der NVA immerhin bis zum Dienstgrad Hauptmann gedient hatte, ohne Kenntnisse über die Streitkräfte. Auf der anderen Seite standen die langgedienten, noch kurz zuvor dem sozialistischen System der DDR verpflichteten und im Warschauer Pakt aufgewachsenen Militärs um Hoffmann und den erst Anfang des Jahres zum Chef des Hauptstabes aufgerückten Generalleutnant Manfred Grätz. Trotz der wechselseitigen Vorbehalte in beiden Lagern war Hoffmann entschlossen, sich in den Dienst der neuen Führung zu stellen, nicht zuletzt weil er – wie übrigens auch der neue Minister – an eine mittelfristig eigenständige Perspektive der NVA glaubte und er sich deren Soldaten verpflichtet fühlte.

Eppelmann konnte durchaus Anfangserfolge verzeichnen und sich bei den führenden sowjetischen Militärs im Warschauer Pakt einen gewissen Respekt verschaffen. Bei den Soldaten der NVA wurde er mit Vorschußlorbeeren und Beifall bedacht, als er auf einer Kommandeurtagung Anfang Mai 1990 die Perspektive für eine eigenständige NVA über den Tag der deutschen Vereinigung hinaus aufzeigte[74]. Die in Bonn durchgängig als gänzlich unrealistisch betrachtete Vorstellung von zwei deutschen Armeen prägte in den nächsten Monaten die Arbeit der militärischen Führung der NVA.

Dieses Szenario, das allerdings bereits wenige Wochen nach Eppelmanns Amtsübernahme seine Konturen verlor und durch die Vereinbarung zwischen Generalsekretär Gorbatschow und Bundeskanzler Kohl Mitte Juli 1990 im Kaukasus endgültig obsolet werden sollte, erhielt bis dahin in den Köpfen vieler Berufssoldaten die Hoffnung für den Fortbestand einer Rumpf-NVA über den Tag der Einheit hinaus.

Hoffmann, der sich nach Anfangserfolgen wie der Regelung der Spitzengliederung und dem Konzept für ein Überleben der NVA in seiner Entscheidung bestätigt sehen konnte, auch für die neue politische Führung zu arbeiten, mußte sich angesichts der Kaukasus-Entscheidung umorientieren. Mit ihr war der letzte Hemmschuh für den Einigungszug entfallen, der jetzt immer schneller Fahrt aufnahm und bereits gut einen Monat später zur Entscheidung der Volkskammer für den Beitritt der DDR zum Geltungsbereich des Grundgesetzes mit Wirkung vom 3. Oktober 1990 führte.

Standen zu Beginn seiner Zeit als Chef der NVA u.a. Fragenkomplexe wie Fortsetzung der Militärreform, personelle und materielle Abrüstung, Lösung aus den Bündnisstrukturen, die Neuvereidigung der NVA am 20. Juli 1990, die Hoffmann im übrigen grundsätzlich begrüßte[75], Anbahnung der Zusammenarbeit mit der Bundeswehr, Herauslösung der Grenztruppe aus der NVA und nicht zuletzt die Sicherung einer kaum überschaubaren Menge von Waffen und Munition im Vordergrund, reduzierten sich jetzt die zentralen Probleme in seinem Verantwortungsbereich auf die konkreten Folgen der nunmehr kurzfristig absehbaren militärischen Einigung[76].

Zwar bestimmten auch Fragen der Abrüstung, insbesondere der Verkauf von Waffen und der Rückabwicklung von Verträgen, ebenso weiter die Agenda wie das immer schwieriger werdende Problem der Bewachung des vorhandenen Materials das Geschehen, doch es dominierten jetzt klar die konkrete Abwicklung der NVA und die Aufnahme des am 3. Oktober verbliebenen Personals und der Waffensysteme.

Keine drei Wochen vor dem Tag der Vereinigung wurde Admiral Theodor Hoffmann am 15. September 1990 als Chef der NVA entlassen. Er schied damit nach 38 Jahren aus dem militärischen Dienst der DDR aus. Seine Dienstgeschäfte übergab er an Generalmajor Lothar Engelhardt, den bisherigen Chef des Stabes der Landstreitkräfte[77].

Am selben Tag, an dem in Berlin das Protokoll über die Herauslösung der NVA aus dem Warschauer Pakt unterzeichnet wurde, dem Militärbündnis, dem sich Theodor Hoffmann dreieinhalb Jahrzehnte aus Überzeugung verpflichtet gefühlt hatte, erhielt der Admiral am 24. September 1990 in Strausberg seine Entlassungsurkunde[78].

Mit dem bereits im Alter von 55 Jahren aufgrund der Umstände erfolgten Wechsel in den Vorruhestand wollte sich der ehemalige Admiral nicht zufrieden geben. Deshalb übernahm er bald nach seinem Ausscheiden aus dem militärischen Dienst eine neue berufliche Aufgabe als Berater von deutschen Firmen im Ostgeschäft. Diese Funktion, die er bis zum Jahre 2003 ausübte, führte ihn in der Regel mehrmals im Jahr zu dienstlichen Reisen in die Sowjetunion bzw. nach Rußland. Über das Schreiben von zwei Büchern, in denen er über seine militärische Dienstzeit Auskunft gibt[79], ist Hoffmann bis heute als Zeitzeuge gefragter Ansprechpartner für Wissenschaft und Medien, und hat in zahlreichen Vorträgen Auskunft über seine dienstliche Tätigkeit und die NVA gegeben.

Fazit

Theodor Hoffmann gehört nach der Kategorisierung von Rüdiger Wenzke zur zweiten Generals- bzw. Admiralsgeneration der NVA[80]. Diese rekrutierte sich aus ehemaligen Soldaten oder Unteroffizieren der Wehrmacht sowie ungedienten jungen Arbeitern, FDJ-Mitgliedern und Funktionären des Parteiapparates. Er ist der einzige Angehörige der militärischen Spitze der NVA, der über alle Stufen der Karriere- und Verwendungsleiter aufgestiegen ist, nicht nur vom einfachen Matrosen bis zum Admiral, sondern auch vom Schulbootkommandanten bis zum Minister.

Hoffmann ist sich auf seinem Weg vom mecklenburgischen Landarbeiterkind bis in die militärische Spitzenposition treu geblieben. Professionell und geradlinig hat er als Seeoffizier, Minister und Chef der NVA die ihm übertragenen militärischen Aufgaben ebenso wahrgenommen, wie er – überzeugt von der Sache – die verschiedenen Funktionen in der Partei ausgeübt hat. Offen bekennt er sich heute zu seiner Verantwortung, er habe dem durch die Staatspartei geprägten politischen System der DDR »mit Hingabe« gedient.

Hoffmanns Leistungen im letzten Jahr seiner Dienstzeit als Minister und Chef der NVA verdienen Respekt. Er hat sich nicht nur um die rasche Umsetzung längst fälliger Reformen in den Streitkräften bemüht, sondern auch deren Anpassung an die veränderten politischen Strukturen betrieben. Nicht zuletzt hat er – von vielen seiner Kameraden für diese Zuarbeit kritisiert – zusammen mit anderen die NVA auf das Ende und die Übernahme ihrer Soldaten in die Bundeswehr vorbereitet. Bei dieser positiven Bewertung des letzten Abschnitts des militärischen Wirkens von Theodor Hoffmann darf aber nicht ausgeblendet werden, daß der Admiral zuvor als Angehöriger einer besonderen Machtelite sein Berufsleben dem Dienst einer Partei und dem von ihr dominierten Staat gewidmet hat. Damit hat er durch seinen persönlichen Einsatz für »Frieden und Sozialismus« auch einen Beitrag zum Funktionieren der Diktatur in der DDR geleistet[81].

Anmerkungen

*   Überarbeitete Fassung des Beitrags von Hans Ehlert, Theodor Hoffmann – Mecklenburger, Marineoffizier, Minister, in: Genosse General! Die Militärelite der DDR in biographischen Skizzen, im Auftrag des MGFA hrsg. von Hans Ehlert und Armin Wagner, Berlin 2003, S. 387–418.

1   Theodor Hoffmann, Kommando Ostsee. Vom Matrosen zum Admiral, Berlin, Bonn, Hamburg 1995, S. 240; Theodor Hoffmann, Das letzte Kommando. Ein Minister erinnert sich, Berlin 1993, S. 33–50.

2   Vgl. dazu Hoffmann, Kommando Ostsee (wie Anm. 1), S. 9–13.

3   Ebd., S. 11.

4   Ebd.

5   Torsten Diedrich und Rüdiger Wenzke, Die getarnte Armee. Geschichte der Kasernierten Volkspolizei der DDR 1952–1956, Berlin 2001 (= Militärgeschichte der DDR, Bd 1); Hans Ehlert, Die Hauptverwaltung für Ausbildung (1949–1952), in: Im Dienste der Partei. Handbuch der bewaffneten Organe der DDR, im Auftrag des MGFA hrsg. von Torsten Diedrich, Hans Ehlert und Rüdiger Wenzke, 2. Aufl., Berlin 1998, S. 253–280.

6   Diedrich/Wenzke, Die getarnte Armee (wie Anm. 5), S. 64–73; Ehlert, Die Hauptverwaltung (wie Anm. 5), S. 273–275; Friedrich Elchlepp, Die Vorgängerinnen der Seestreitkräfte der NVA: Seepolizei und Volkspolizei See, in: Friedrich Elchlepp [et al.], Volksmarine der DDR. Deutsche Seestreitkräfte im Kalten Krieg, Hamburg, Berlin, Bonn 1999, S. 37–55.

7   Von 2558 auf 5904 Mann; vgl. Elchlepp, Die Vorgängerinnen (wie Anm. 6), S. 56.

8   Hoffmann, Kommando Ostsee (wie Anm. 1), S. 19.

9   Ebd., S. 26; vgl. zum Einsatz bewaffneter Kräfte am und nach dem 17.6.1953 auch Robert Rosentreter, Im Seegang der Zeit. Vier Jahrzehnte Volksmarine. Geschichten und Anekdoten, Rostock 2000, S. 24–26, sowie allgemein Diedrich/Wenzke, Die getarnte Armee (wie Anm. 5), S. 315–352 und neuerdings den Gesamtüberblick von Torsten Diedrich, Waffen gegen das Volk. Der 17. Juni 1953 in der DDR, München 2003.

10   Hoffmann, Kommando Ostsee (wie Anm. 1), S. 27.

11   Gespräch von Hans Ehlert und Rüdiger Wenzke (MGFA) mit Theodor Hoffmann am 3.5. und 19.6.1999 in Berlin und Potsdam.

12   Diese Bauserie ist 1944/45 auf der Burmester Werft in Bremen-Lesum gebaut worden. Etliche intakte Boote dieser Serie gingen 1945 als Kriegsbeute an die Sowjetunion, die im Mai 1950 sechs Boote an die DDR übergab. In der Seepolizei und den DDR-Seestreitkräften kamen sie als Räumboote und für Schulungszwecke zum Einsatz. Das letzte dieser Boote wurde 1959 außer Dienst gestellt. Vgl. dazu Hans Mehl und Kurt Schäfer, Die andere deutsche Marine, 2. Aufl., Stuttgart 1995, S. 36 f.

13   Die bei der Yachtwerft Berlin projektierten und konstruierten Boote vom Typ DELPHIN waren zum Einsatz als Reedeschutz- bzw. Schulboot vorgesehen (Bewaffnung sowj. 12,7 mm FlaMG in Einzellafette). Die ersten drei von insgesamt 12 Booten wurden Ende 1953 in Dienst gestellt, 1956 wurde aus einigen Booten des Typs eine Schulbootabteilung formiert, 1957 wurden »DELPHINE« von der Grenzbrigade Küste übernommen (Außerdienststellung bis 1969). Vgl. ebd., S. 32 f., 163.

14   Hoffmann, Kommando Ostsee (wie Anm. 1), passim; Angaben zur technischen Entwicklung, zu den Booten/Schiffen sowie Standorten der VM siehe ebd., S. 244–248; Manfred Röseberg, Die technische Entwicklung der maritimen Kräfte der NVA, in: Elchlepp, Volksmarine (wie Anm. 6), S. 177–235, sowie Mehl/Schäfer, Die andere deutsche Marine (wie Anm. 12), passim (Angaben zu Typ 183, S. 52–55).

15   Hoffmann, Kommando Ostsee (wie Anm. 1), S. 38–50; zur Flottenparade anläßlich der Verleihung des Namens »Volksmarine« am 4.11.1960 vgl. Rosentreter, Im Seegang (wie Anm. 9), S. 44–46.

16   Vgl. Hoffmann, Kommando Ostsee (wie Anm. 1), S. 51–68.

17   Vgl. ebd., S. 69–106.

18   Mehl/Schäfer, Die andere deutsche Marine (wie Anm. 12), S. 63–65.

19   Interview mit Vizeadmiral a.D. Dirk Horten (1990/91 Kdr Marinekommando Rostock) am 9.4.2003 im MGFA.

[20] Bundesbeauftragte für die Unterlagen des Staatssicherheitsdienstes der ehemaligen DDR (BStU), MfS AIM 3181/74, IM »Lehmann«, fol. 14 und 23; zu den Funktionstypen der inoffiziellen Mitarbeiter und deren Aufgabenbereich vgl. Inoffizielle Mitarbeiter des Ministeriums für Staatssicherheit, T. 1: Richtlinien und Durchführungsbestimmungen, hrsg. von Helmut Müller-Enbergs, 2. Aufl., Berlin 1996, S. 62–90.

[21] Rosentreter, Im Seegang (wie Anm. 9), S. 121–126.

[22] Vgl. Armin Wagner, Walter Ulbricht und die geheime Sicherheitspolitik der SED. Der nationale Verteidigungsrat der DDR und seine Vorgeschichte (1953 bis 1971), hrsg. vom MGFA, Berlin 2002 (= Militärgeschichte der DDR, Bd 4), S. 473–508.

[23] Hoffmann, Kommando Ostsee (wie Anm. 1), S. 102 f.

[24] Röseberg, Die technische Entwicklung (wie Anm. 14), S. 193 f.

[25] Ebd., S. 107–149.

[26] Ebd., S. 109 f.; vgl. zur Frage der Beteiligung am Einmarsch in die ČSSR 1968 den Überblick bei Rüdiger Wenzke, Die NVA und der Prager Frühling 1968. Die Rolle Ulbrichts und der DDR-Streitkräfte bei der Niederschlagung der tschechoslowakischen Reformbewegung, Berlin 1995.

[27] Hoffmann, Kommando Ostsee (wie Anm. 1), S. 140.

[28] Ebd., S. 29, 140.

[29] Ebd., S. 139.

[30] Gespräch Ehlert/Wenzke (wie Anm. 11).

[31] Zur Tätigkeit als Operativchef siehe ausführlich Hoffmann, Kommando Ostsee (wie Anm. 1), S. 150–185.

[32] Walter Jablonsky, Die quantitative und strukturelle Entwicklung der maritimen Kräfte der NVA, in: Elchlepp, Volksmarine (wie Anm. 6), S. 170; zu Einzelheiten der Aufgabenstellung der Grenzbrigade siehe auch Hoffmann, Kommando Ostsee (wie Anm. 1), S. 173–177; Rosentreter, Im Seegang (wie Anm. 9), S. 112–121; vgl. zu diesem Fragenkomplex ausführlich: Zur Sicherung der Seegrenze der DDR. Protokoll der öffentlichen Anhörung der Alternativen Enquêtekommission »Deutsche Zeitgeschichte« am 22. Januar 1994 in Rostock, hrsg. von Günther Glaser und Werner Knoll, Berlin 1997 (= Gesellschaft – Geschichte – Gegenwart, Bd 10).

[33] Theodor Hoffmann, Bedingungen und Einsatz der Kräfte zur Sicherung der Seegrenze der DDR, in: Arbeitsgruppe Geschichte der NVA und Integration ehemaliger NVA-Angehöriger in Gesellschaft und Bundeswehr beim Landesverband Ost des Deutschen Bundeswehrverbandes (DBwV), Information Nr. 10, Berlin 2002, S. 20–27, Zitate S. 16.

[34] Hoffmann, Kommando Ostsee (wie Anm. 1), S. 184 f.; vgl. zum »Stühlerücken« an der Spitze der VM Mitte der achtziger Jahre Rosentreter, Im Seegang (wie Anm. 9), S. 237 f. Dort wird berichtet, Theodor Hoffmann sei nach Gerüchten damals auch als Chef der Politischen Verwaltung der VM vorgesehen gewesen.

[35] Zur Aufgabenstellung des Chefs Rückwärtige Dienste der VM vgl. Elchlepp, Volksmarine (wie Anm. 6), S. 221–225.

[36] Übergabe-/Übernahmeprotokoll Ehm/Hoffmann vom 30.11.1987, BA-MA, DVM 10/50197; vgl. zur Amtsübernahme am 30.11.1987 auch den Bericht bei Rosentreter, Im Seegang (wie Anm. 9), S. 233–235.

[37] Vgl. Klaus Froh und Rüdiger Wenzke, Die Generale und Admirale der NVA. Ein biographisches Handbuch, hrsg. vom MGFA, 5. Aufl., Berlin 2003, S. 21–23, sowie zur Personalauswahl in Führungspositionen der VM allgemein Walter Jablonsky, Die Admirale, in: Elchlepp, Volksmarine (wie Anm. 6), S. 278–309.

[38] Vgl. Froh/Wenzke, Die Generale (wie Anm. 37), S. 224.

[39] Hoffmann, Kommando Ostsee (wie Anm. 1), S. 204.

[40] Ebd., S. 200 f.; zu Hoffmanns Tätigkeit als Chef VM vgl. ebd., S. 200–241. Zum Schiffsbestand der VM siehe ausführlich Röseberg, Die technische Entwicklung (wie Anm. 14), S. 203–214.

[41] Theodor Hoffmann, Zur nicht-vollendeten Militärreform der DDR, in: Die Nationale Volksarmee. Beiträge zu Selbstverständnis und Geschichte des deutschen Militärs von 1945–1990, hrsg. von Detlef Bald, Baden-Baden 1992, S. 107 f.

[42] Hoffmann, Kommando Ostsee (wie Anm. 1), S. 209–212.

[43] Ebd., S. 205–207.

[44] Vgl. etwa den Vortrag Hoffmanns im Rahmen eines gemeinsamen Stabstrainings der Vereinten Streitkräfte vom 23.–27.1.1989: »Schlußfolgerungen und Aufgaben, die sich aus dem erreichten

Stand der Durchsetzung der Anforderungen und der Aufgabenstellung des Ministers für Nationale Verteidigung im Befehl Nr. 100/88 für die weitere Umsetzung der gemeinsamen Militärdoktrin in der Ausbildungstätigkeit der Volksmarine ergeben«, Privatarchiv Dirk Horten, Heikendorf.

45 Gespräch Ehlert/Wenzke (wie Anm. 11).

46 Hoffmann zitiert in diesem Kontext einen Bericht der Militärabwehr der VM vom September 1988, nach dem die »bisher charakteristische Bereitschaft der Berufssoldaten, Verständnis für Mängel und Unzulänglichkeiten aufzubringen«, allmählich nachläßt. Hoffmann, Kommando Ostsee (wie Anm. 1), S. 226.

47 Vgl. ebd., S. 232 f.; Gespräch Ehlert/Wenzke (wie Anm. 11).

48 Hoffmann, Kommando Ostsee (wie Anm. 1), S. 235 f.

49 Gespräch Ehlert/Wenzke (wie Anm. 11).

50 Befehl des Vorsitzenden des NVR Nr. 14/89 vom 16.11.1989, BA-MA, DVW 1/40336. Hoffmann hätte bei der Bedingung des Uniformwechsels auf die Übernahme des Amtes verzichtet; Gespräch Ehlert/Wenzke (wie Anm. 11).

51 Befehl des Vorsitzenden des NVR Nr. 14a vom 17.11.1989, BA-MA, DVW 1/40336; Hoffmann hat über seine Zeit als Minister und die anschließende Tätigkeit als Chef der NVA einen ausführlich Bericht verfaßt: Hoffmann, Das letzte Kommando (wie Anm. 1); vgl. zum Folgenden ebd., S. 37 f.

52 Leicht gekürzter Abdruck in der Wochenzeitung »Volksarmee« (1989), Nr. 47.

53 Ebd.

54 Protokoll 12/89 der Beratung der Sitzung des Sekretariats der Politischen Hauptverwaltung der NVA vom 18.11.1989, BA-MA, AZN P 2683.

55 Anordnung Nr. 4/89 des MfNV vom 20.11.1989, BA-MA, DVW 1/37599.

56 Diverse Eingaben und Meldungen in BA-MA, DVW 1/37610 bis 37665.

57 Diverse Sitzungsmaterialien in BA-MA, DVW 1/37605; Materialien und Berichte abgedruckt in diversen Ausgaben der Zeitschrift »Militärreform«.

58 Wilfried Hanisch und Paul Heider, Die Rolle der NVA von der Wende bis zur Vereinigung. Studie angefertigt im Auftrag des MGFA, Teil 1, Potsdam 1993 (ungedruckt), S. 30 f.

59 Gespräch Ehlert/Wenzke (wie Anm. 11).

60 Vgl. dazu und zum Folgenden Hoffmann, Das letzte Kommando (wie Anm. 1), S. 90–97; Hanisch/Heider, Die Rolle der NVA (wie Anm. 58), S. 43–48.

61 Vgl. zu Abläufen und Forderungen in Beelitz auch »Befragung des Unterleutnants Schupp« und Bericht des Soldaten Robert Hirsch, Soldatenrevolte in Beelitz, beide in: Militärgeschichtliches Institut der DDR, Arbeitsgruppe Befragungen/Erinnerungen, MGFA, Archiv FB IV.

62 BA-MA, DVW 1/37599, fol. 153–155, Abdruck in: Armee ohne Zukunft. Das Ende der NVA und die deutsche Einheit, Zeitzeugenberichte und Dokumente, im Auftrag des MGFA hrsg. von Hans Ehlert, 2. Aufl., Berlin 2002 (= Militärgeschichte der DDR, Bd 3), S. 340 f.; der Forderungskatalog des Soldatenrates war inzwischen auf 24 Punkte angewachsen; vgl. »An alle Soldaten, Unteroffiziere, Offiziere! Schließt Euch an«, in: Martin Kutz, Militärreform in der DDR. Dokumentation, Führungsakademie der Bundeswehr, Fachgruppe Sozialwissenschaften, Beiträge zu Lehre und Forschung (1990), Nr. 12.

63 Hoffmann, Das letzte Kommando (wie Anm. 1), S. 100 f.

64 Militärreform in der DDR. Mitteilungen, Positionen, Dokumente, Meinungen. Vom 4.1. bis zum 16.7.1990 erschienen insgesamt 24 Nummern, in denen die wichtigsten Entwürfe und Entscheidungen zur Militärreform nachgelesen werden können, u.a. auch zu den Untersuchungen des Ausschusses für Amtsmißbrauch und Korruption sowie zu den Beratungen des Runden Tisches beim MfNV.

65 Entwurf abgedruckt in: Militärreform (1990), Nr. 6 und 8.

66 Hoffmann, Das letzte Kommando (wie Anm. 1), S. 190 f.

67 Gespräch Ehlert/Wenzke (wie Anm. 11).

68 Rede Hoffmanns, in: BA-MA, DVW 1/37607; siehe dazu auch die Bewertung bei Dale R. Herspring, Requiem für eine Armee. Das Ende der Nationalen Volksarmee der DDR. Für die deutsche Ausgabe gekürzt und bearb. von Hans-Werner Weber, hrsg. von Andreas Prüfert im Auftrag der Karl-Theodor-Molinari-Stiftung und in Zusammenarbeit mit dem MGFA, Baden-Baden 2000 (= Forum Innere Führung, Bd 8), S. 108 f.

69 Beschlußfassung des Runden Tisches am 26.2.1990, in: Militärreform (1990), Nr. 10.

70 Gespräch Ehlert/Wenzke (wie Anm. 11).

[71] Gespräch Hans Ehlert mit Lothar de Maizière am 8.11.2001 in Otzenhausen; vgl. auch Hans Ehlert, Von der Wende zur Einheit, in: Armee ohne Zukunft (wie Anm. 62), S. 21 f.

[72] Ehlert, Von der Wende (wie Anm. 71), S. 19 und 22; ein Gespräch mit Minister a.D. Rainer Eppelmann, ebd., S. 300; Hoffmann, Das letzte Kommando (wie Anm. 1), S. 204–206.

[73] Gespräch von Hans Ehlert mit Theodor Hoffmann am 17.11.2001 in Strausberg.

[74] Rede Eppelmann auf der Kommandeurtagung der NVA am 2.5.1990, BA-MA, DVW 1/44499, auszugsweise abgedruckt in: Armee ohne Zukunft (wie Anm. 62), S. 386–395; vgl. auch Herspring, Requiem (wie Anm. 68), S. 114 f.

[75] Hoffmann, Das letzte Kommando (wie Anm. 1), S. 281; vgl. zur Neuvereidigung auch Werner E. Ablaß, Zapfenstreich. Von der NVA zur Bundeswehr, Düsseldorf 1992, S. 101–104.

[76] Vgl. dazu und zum Folgenden den zusammenfassenden Überblick von Ehlert, Von der Wende (wie Anm. 71), S. 39–69.

[77] Übergabeprotokoll vom 15.9.1990, BA-MA, DVW 1/44515.

[78] Hoffmann, Das letzte Kommando (wie Anm. 1), S. 306 f.

[79] Hoffmann, Das letzte Kommando (wie Anm. 1) und Hoffmann, Kommando Ostsee (wie Anm. 1).

[80] Rüdiger Wenzke, Generale und Admirale im DDR-Militär, in: Froh/Wenzke, Die Generale (wie Anm. 37), S. 21 f.

[81] Ebd., S. 29.

Dirk Horten

Erfahrungen im deutschen Einigungsprozeß.
Die Auflösung der Volksmarine 1990/91[*]

Die DDR war ein großes Gefängnis! Wachtürme an der innerdeutschen Grenze und an der Küste als Teile eines gestaffelten Überwachungssystems lassen dies überdeutlich sichtbar werden. Zu diesem Überwachungssystem gehörte auch die 6. Grenzbrigade Küste, die Teil der Volksmarine war, für die an der äußeren Grenze des Systems der Schießbefehl galt und auch praktiziert wurde – mit seemännischen Variationen. In diesem Gefängnis gab es Stützen des Systems, solche, die sich arrangierten und solche, die sich in Nischen zurückzogen, um zu überleben. Für Einzelne war die NVA vielleicht auch eine solche Nische, denn sie war ein Staat im Staate, in dem man, wie unter einer Glasglocke, gut leben konnte. Sie war auch eine Stütze des Herrschafts- und Machtsystems. Im Herbst 1989 hatte die NVA, so auch die Volksmarine, Einsatzgruppen aufgestellt und darauf vorbereitet, Demonstrationen gewaltsam niederzuschlagen. Die Aussagen über deren Einsatz sind widersprüchlich, einerseits wurden Aufstellung, Vorbereitung und Einsatz solcher Gruppen negiert, andererseits gaben Angehörige an, daß sie derartige Einsätze nicht durchgeführt hätten, weil sie sich vor ihren Landsleuten fürchteten[1]. Die NVA gewährte ihren Angehörigen Privilegien – je höher der Dienstgrad, umso mehr und umso bessere Privilegien. Andererseits hatte die NVA Nachwuchsprobleme und verlangte höchste Bereitschaft und Präsenz über längere Zeiträume. Während Zeitsoldaten mit einer Verpflichtungszeit von mehr als zwei Jahren mit Vergünstigungen rechnen konnten, waren Grundwehrdienstleistende und Kürzerdienende Dispositionsmasse und wurden überwiegend zu niedrigen Diensten eingesetzt, nicht an Bord. Eine zivile Verwaltung gab es nicht, die finanzökonomischen Organe waren Teil der militärischen Hierarchie. Der Disziplinarvorgesetzte konnte für gute Leistungen ansehnliche Prämien gewähren und somit Wohlverhalten und Abhängigkeit erreichen. Zitat eines Rostocker Bürgers: »Sie hieß zwar Armee des Volkes, sie war es aber nicht, vielmehr war sie unbeliebt bis gehaßt, unter anderem wegen der schlechten Behandlung der Grundwehrdienstleistenden und wegen der sichtbaren Privilegien.«

Bürger der DDR waren an umfassende staatliche Vorsorge von der Geburt bis zum Begräbnis gewöhnt. In dieser Zeitspanne war fast alles geregelt: Erziehung, Arbeitsplatz, Gesundheitsdienst, Rente usw. Initiative oder vorsorgliche Aktivitäten waren nicht erforderlich. Das war zwar bequem, aber entmündigend. Das System gab durch die Partei oder den Vorgesetzten die Richtung vor, diese war dann sakro-

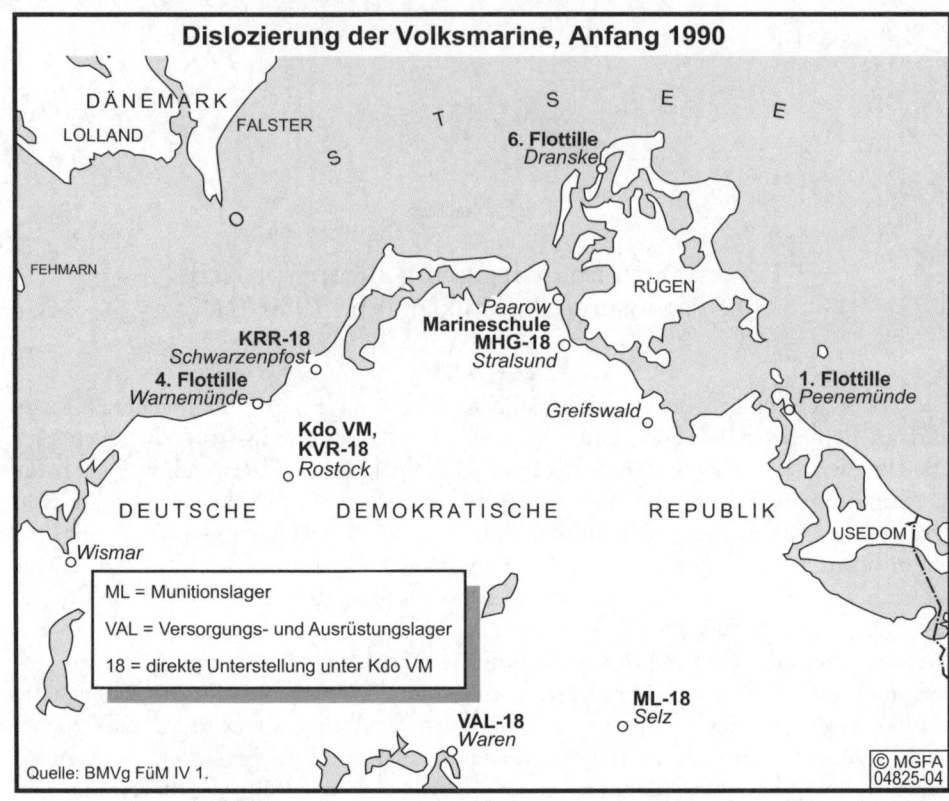

Dislozierung der Volksmarine, Anfang 1990

Quelle: BMVg FüM IV 1.

© MGFA
04825-04

ML = Munitionslager

VAL = Versorgungs- und Ausrüstungslager

18 = direkte Unterstellung unter Kdo VM

sankt. Eigeninitiative gab es nur in Randbereichen, wo sie notwendig war zum Organisieren von Dingen des täglichen Bedarfs, die es nicht überall gab. So zum Beispiel bei der Ausgestaltung der Wohnung oder beim Ausbau des Gartenhauses. Nach der Wende, nach der Währungs-, Wirtschafts- und Sozialunion und nach der Vereinigung war dies alles über Bord gegangen. Nun waren plötzlich Eigeninitiative und das persönliche Kümmern um die eigenen Angelegenheiten vonnöten. Unmittelbar, von einem Tag auf den anderen, mußte umfassendes Umdenken in bisher nie dagewesenem Ausmaß einsetzen. Das war nicht leicht zu bewältigen und ist auch heute bei manchem noch nicht abgeschlossen. An die Stelle der Partei mußte nun der Öffentliche Dienst treten, dieser war jedoch oft fachlich und personell überfordert, zudem unterbezahlt. Die öffentliche Verwaltung funktioniert kaum, die überwiegend materiell orientierten und jetzt erwartungsvollen Bürger sind verunsichert bis hilflos. Das bietet Nährboden für Einflüsterungen, Gerüchte, Parolen und Demagogen – hier liegt viel politischer und sozialer Zündstoff.

Die Lage

Am 3. Oktober 1990 übernahm der Bundesminister der Verteidigung die Befehls- und Kommandogewalt über die ehemalige Nationale Volksarmee. Als zentrale militärische Kommandobehörde in den fünf neuen Bundesländern wurde das Bundeswehrkommando Ost aufgestellt, dem Kommandos aller drei Teilstreitkräfte unterstellt sind. Das Marinekommando Rostock führte seither die ehemalige Volksmarine der Nationalen Volksarmee (NVA/VM) in den alten Strukturen:

- Drei Flottillen in Peenemünde, Warnemünde, Dranske, wobei eine Flottille jeweils eine Flotte im kleinen darstellte mit eigenen Depots, Instandsetzungs- und Ausbildungseinrichtungen sowie eigener Personalführung,
- Küstenverteidigungsregiment (KVR),
- Küstenraketenregiment (KRR),
- Nachrichtenregiment,
- Hubschraubergeschwader (MHG),
- Schulen und
- Depots, Munitions- und Materiallager (ML, VAL).

Die Kommandeure der ehemaligen Volksmarine blieben mit drei Ausnahmen in ihren Dienststellungen. Lediglich beim Marinekommando Rostock, dem ehemaligen Kommando der Volksmarine, sowie bei der Marineschule Stralsund, die sich aus den Lehrgruppen Offizierhochschule, Schiffsstammabteilung und Flottenschule zusammensetzte, und bei der 4. Flottille in Warnemünde wurden Offiziere der »alten« Bundesmarine als neue Kommandeure eingesetzt: Kapitän zur See Michael Kämpf als Kommandeur der 4. Flottille (Warnemünde), Kapitän zur See Holger Petersen als Kommandeur der neugeschaffenen Marineschule Stralsund.

Zum »Erbe« gehörten weiterhin:

- ein Personalbestand von 8323 Soldaten, davon 2741 Grundwehrdienstleistende und 2246 Offiziere sowie 3700 zivile Beschäftigte,
- 69 Kampfschiffe in den drei Flottillen,
- 14 000 Tonnen Munition in vier Depots,
- 78 Kampf- und Schützenpanzer (Kette),
- 177 Schützenpanzer (Rad),
- 10 Startrampen für Land/Schiff-Flugkörper SSN 2 mit ca. 90 Raketen und 180 Tonnen hochgiftigem Treibstoff,
- schlechte Unterkünfte, insbesondere hinsichtlich der Sanitäreinrichtungen, der Küchen und der allgemeinen Sauberkeit und Hygiene,
- ein Leistungszentrum für Rudern,
- ein Nachwuchsförderzentrum für Boxen, Judo und Ringen,
- Relikte weiterer sportlicher Aktivitäten, zum Beispiel Segeln,
- undurchsichtige, nur teilweise abgewickelte Verträge über den Verkauf von Wehrmaterial und Liegenschaften an Außenstehende und an ehemalige Angehörige der NVA,
- der ehemalige Chef der Volksmarine als Berater auf Zeit.

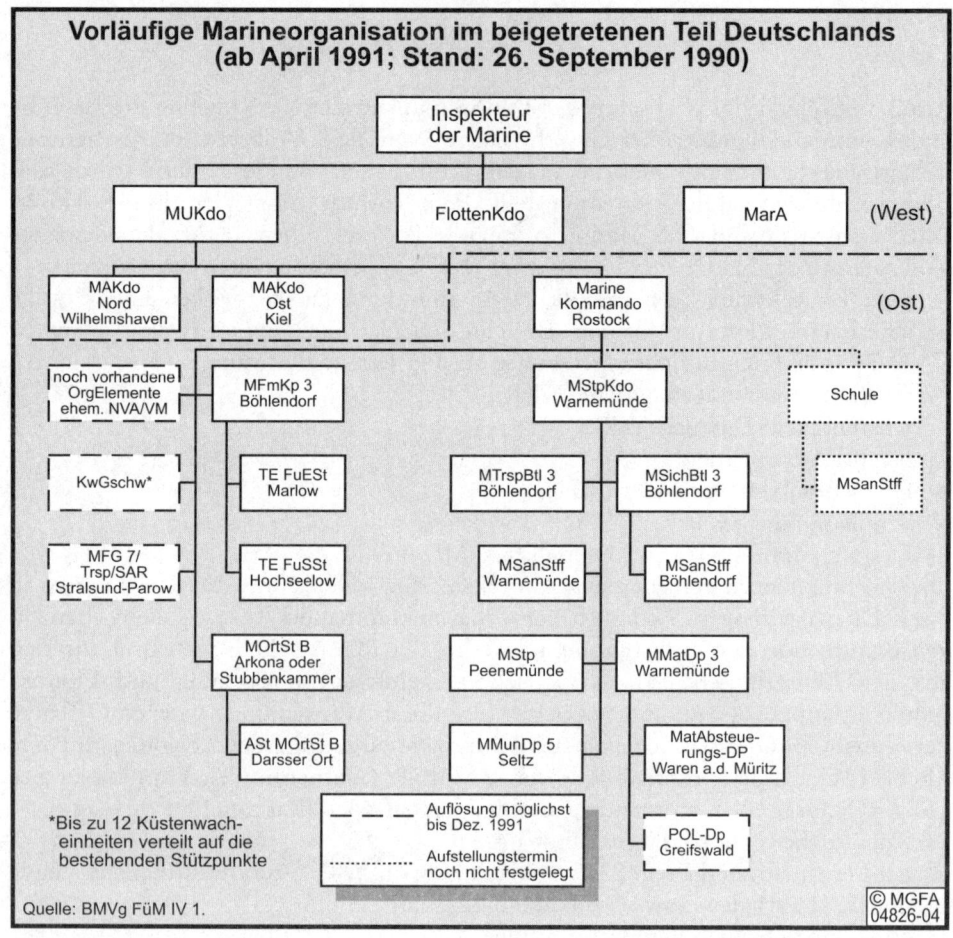

Dieses »Erbe« wurde seit dem 4. Oktober 1990 von einer Gruppe von 85 Soldaten und 15 Beamten in den vorgenannten drei Kommandeurgruppen und in sogenannten Unterstützungsgruppen bis auf Regiments-/Flottillen-Ebene geführt. Da für die Zusammensetzung dieses Teams Freiwilligkeit ausschlaggebend war, ist leicht zu folgern, daß nicht alle erforderlichen Fähigkeiten und Erfahrungen vorhanden waren. Gepaart mit begrenzter Arbeitskapazität waren deshalb auch Fehler zu erwarten, die freimütig eingestanden werden.

Der Auftrag

Die Dienstanweisung für den Kommandeur des Marinekommandos Rostock wurde am 20. November 1990 unterschrieben und am 4. Dezember 1990 ausgehändigt. Sie bezeichnet als erste Aufgabe:

»Der Kommandeur Aufstellungskommando Marine/Marinekommando Rostock führt die unterstellten Truppenteile nach den für Führung, Ausbildung und Erziehung verbindlichen Normen der Bundesrepublik Deutschland und der Bundeswehr, löst nach den Weisungen des Befehlshabers Bundeswehrkommando Ost Verbände auf oder gliedert sie in durch STAN[2] bestimmte Strukturen um.«

Holzschnittartig seien folgende Einzelaufgaben dargestellt:

- Führen der unterstellten Dienststellen und Überwachen der demokratischen Grundsätze,
- Steuern der Auflösung von Truppenteilen,
- Vorbereitung der Neuorganisation,
- Unterstützen und Beraten der Personalführung der Stammdienststelle der Marine – Außenstelle Rostock – und Außenstelle des Bundesministeriums der Verteidigung Strausberg – Abteilung Personal,
- Fördern von Maßnahmen der Weiterbildung, Umschulung mit dem Ziel der Eingliederung in das zivile Leben,
- Aufstellen von Sozialplänen,
- Unterstützung, Beratung, Überwachung der laufenden Ausbildung.

Kommandoübernahme in Rostock am 4. Oktober 1990. Meldung an Generalmajor Werner von Scheven, dahinter Flottillenadmiral Dirk Horten (Archiv des Verfassers)

Erfahrungen

Hier sei vorangestellt, daß eine nahezu ausschließlich deutsche, mit Fremdwörtern ergänzte Sprache vorgefunden wurde. Sie war nicht mit Sprachfetzen des Russischen durchsetzt, wie im Westen mit dem Englischen praktiziert, sondern höchstens mit wörtlichen Übersetzungen. Die Sprache wirkt weniger lebendig und anschaulich, durch häufige Substantivierungen steif und gedrechselt. Es gab viele Worthülsen, insbesondere bei der Beschreibung von »Aufgabenstellungen« und deren Durchführung, nicht zuletzt im Schnittbereich zwischen Führung und Politorganisation. Neuschöpfungen und andere Begriffinhalte als im westlichen Sprachgebrauch waren üblich, wie die folgenden Beispiele zeigen:

vordergründig	–	hauptsächlich
Auskunftsbericht	–	Briefing
Technik	–	Gerät, Wehrmaterial
Projekt	–	Schiffs-/Bootsklasse
Objekt	–	Kaserne
Polylux	–	Prokischreiber
Abverfügung	–	Abkommandierung, Versetzung, Materialverfügung
Basierungspunkt	–	Stützpunkt
Stützpunkt	–	Kommandant Stabsquartier.

Personal

Das Personal der ehemaligen Nationalen Volksarmee verhielt sich zunächst abwartend, da es auf die neue Lage nicht vorbereitet war. Ex-Minister Rainer Eppelmann hatte bis zum Juli 1990 von zwei getrennten Armeen gesprochen. Diese Vorstellungen und Hoffnungen existierten weiter. Die Kaukasus-Vereinbarungen zwischen dem Bundeskanzler und dem Präsidenten der Sowjetunion mit der festgelegten Obergrenze der gesamtdeutschen Streitkräfte von 370 000 Soldaten[3] wurden in ihrer Tragweite nicht registriert oder zum Teil verdrängt. Darüber hinaus war der Einigungsvertrag inhaltlich kaum bekannt, insbesondere soweit in ihm Streitkräfte und Öffentlicher Dienst gleichgestellt wurden.

Bei der Zusammenarbeit sind bis Ende 1990 drei Phasen festzustellen:

1. Aufgeschlossenheit gegenüber allem Neuen, Kooperationsbereitschaft.
2. (Ab etwa 20. Oktober) Irritation. Die allgemeine Verwaltung ist nicht so zügig wie die Streitkräfte; es gibt Widersprüche bei der Interpretation des Einigungsvertrages; die Bundeswehrverwaltung existiert, ist aber nicht arbeitsfähig.
3. (Ab Mitte November) Verunsicherung und Resignation. Die plötzliche Gleichstellung der ehemaligen Armeeangehörigen mit dem Öffentlichen Dienst wird von vielen nicht verstanden.

Die entsprechenden Bestimmungen des Einigungsvertrages zielen auf eine drastische Reduzierung hin, das wurde deutlich durch die Schließung der Rentenordnung der NVA für alle über 50jährigen und Soldaten mit mehr als 25 Dienstjahren zum 31. Dezember 1990 sowie durch die einmalige Prämie zwischen 3000 und 7000 D-Mark für alle Berufs- und Zeitsoldaten, die bis Ende 1990 ausschieden[4].

Die Folgen waren ein starker Aderlaß:

– Viele ließen sich von der Einmalzahlung faszinieren und saßen mit dem Geld, das auf Übergangsgebührnisse und Arbeitslosengeld angerechnet wurde, arbeitslos zu Hause;
– Erfahrungsträger und »Ideologen« fehlten;
– am 1. Januar 1991 war noch ein Kapitän zur See der ehemaligen Volksmarine im Dienst;
– Verunsicherung und Mißtrauen leben fort.

Einige Zahlen zur Personalentwicklung sind in der folgenden Tabelle dargestellt:

	3.10.1990	1.1.1991	Abgang		Neues Ziel
Gesamt	8323	5003	3320	40 %	1385+ZMil
Offiziere	2246	773	1473	66 %	171
PUO	1438	738	700	49 %	240
UO	805	453	352	44 %	288
M	1093	442	651	60 %	266
GWDL	2741	2597	144	5 %	420

Nach dem 1. Januar 1991 trat eine gewisse Beruhigung ein, weil die vormalig Hochpriviligierten und Meistverunsicherten nun nicht mehr im Dienst waren. An ihre Stelle ist jetzt die vor der Wende dritte personelle Ebene getreten. Diese Soldaten sind leistungswillig, besser führbar, jedoch nicht an größere Aufgabengebiete mit übergreifender Information, eigenverantwortlichem Handeln und Mitdenken gewöhnt. Unser Führungsstil ist ungewohnt und führt teilweise zu Skepsis. Informationen, die alle betreffen, werden nicht weitergegeben. Nach wie vor wird auf detaillierte Weisung und persönlich weitreichende Perspektive gewartet. Eigeninitiative ist sehr selten, außer zum Unentbehrlichmachen von Funktionen/Arbeitsplätzen. Das duale System von Streitkräften und Wehrverwaltung verunsichert weiter. Dennoch haben die ersten Ernennungen von Soldaten auf Zeit (SaZ 2 Jahre) beruhigend gewirkt, zeigen sie doch, daß von dem Versprochenen tatsächlich etwas realisiert wird. Da bisher jedoch fast nur positive Übernahmebescheide eröffnet wurden und noch viele Antworten ausstehen, wächst aber allmählich wieder die Unruhe, da die Zahl der Bewerbungen bei den Offizieren und Portepee-Unteroffizieren größer ist als der Bedarf. Umgekehrt liegt bei Unteroffizieren und Mannschaften das quantitative Bewerberaufkommen um ca. 50 Prozent unter dem Bedarf.

Die früher strikte, formale, teilweise hohle Disziplin ist weitgehend aufgegangen in natürlichere Umgangsformen. Die Mannschaften geben sich sehr leger, während die Vorgesetzten verunsichert sind. Innere Führung, besonders Menschenführung, muß gelehrt, vorgelebt und praktiziert werden. Die Erfahrung, daß auch im freundlichen Ton gegebene Befehle und Anweisungen verbindlich sind, muß vielerorts erst wachsen.

Im Marinekommando Rostock haben wir ein Büro »Hilfe zum Berufswechsel« eingerichtet, das seine Ansprechstellen in den Dienststellen und Einheiten des nachgeordneten Bereichs hat und das möglichst viele Informationen und Fortbildungsmöglichkeiten gemäß Arbeitsförderungsgesetz (AFG) und Berufsförderungsdienst sowie weitere Umschulungsmöglichkeiten sammelt und weitergibt. Es arbeitet mit den zuständigen Arbeitsämtern, dem Berufsförderungsdienst und privaten Bildungsträgern zusammen. In dieses Büro kamen auch die Antworten auf ein Schreiben des Inspekteurs der Marine an ca. 400 Unternehmen der deutschen Wirtschaft, in dem darauf hingewiesen wurde, daß hier teilweise qualifizierte Kräfte Arbeit suchen. Aus diesen Antworten haben sich bisher ca. 60 Informationsgespräche ergeben. Etwa 20 Arbeitsverträge sind abgeschlossen worden.

Dieses Büro hat deswegen eine besondere Bedeutung, weil aufgrund der eingangs angesprochenen Ablehnung der NVA durch die Bevölkerung für deren ehemalige Angehörige Schwierigkeiten bei der Arbeitsplatzsuche in den fünf neuen Ländern auftraten.

Überwachung und Material

Die Lauschabwehrtrupps hatten offensichtliche Erfolgserlebnisse. Umfangreich waren die vorgefundenen Überwachungseinrichtungen, vorwiegend per Telefon und Gegensprechanlage. Die Waffensysteme der Volksmarine waren für die Ostsee optimiert und paßten nicht in das neue Konzept der Marine 2005, das eine verkleinerte, moderne, leistungs- und hochseefähige Flotte vorsah. Ein Umbau von Einheiten hätte Abhängigkeiten von wenig zuverlässigen Lieferanten nicht beseitigt, hätte das logistische System sehr stark gefordert und interne Schwachstellen in der Gefechtsorganisation beibehalten. Eine Übung von U-Jagd-Einheiten mit einem U-Boot Klasse 206 Anfang Dezember 1990 im Arkonabecken bestätigte diese Bewertung. Ein beeindruckendes Waffensystem wurde in Form der Küstenraketen vorgefunden, da diese nach Eigenortung der Abschußrampe und im IR-Mode[5] geschossen wurden. Alles übrige Material war hochgezüchtete Röhrentechnik und Elektromechanik, die im Westen mit den Klassen 101, 120 und 401 ausläuft[6]. Automatisierte Funktionsketten zwischen Sensor und Effektor sind auch auf den neuesten Klassen nicht vorhanden.

Die vor der deutschen Einheit abgeschotteten, stark kanalisierten Informationen, die strikte Überwachung und Einhaltung von VS-Bestimmungen, das Versiegeln von Räumen auch bei kurzzeitigem Verlassen und die MfS-Aktivitäten haben bewirkt, daß wir über Interna der NVA tatsächlich nur sehr wenig wußten.

Einsatz und Organisation

Zur Teilhabe an der Präsenz vor der neuen Küste, zur Motivation der Besatzungen und zum Vorführen der Einheiten vor möglichen Kaufinteressenten werden zwölf Kampfeinheiten in den drei Flottillen bis Ende 1991 im Dienst gehalten (TARANTUL, BALKOM 10, PARCHIM, KONDOR)[7], zusätzlich fünf Versorger der DARSS-Klasse, Hafenschlepper, Reedetanker und sechs Wohnschiffe OHRE. Wichtig ist, daß die Besatzungen mit den Booten in den Westen fahren, sie unsere Marine in ihrem Alltag und in dem für sie bisher verteufelten Teil unseres Vaterlandes einschließlich seiner Bewohner kennenlernen. Der Erfolg tritt ein.

Die Hubschrauber, mit Ausnahme der U-Jagd-Hubschrauber, werden weiter für militärischen Transport und schnelle medizinische Hilfe eingesetzt.

Jeglicher Betrieb erfolgt aus den Vorräten. Fremdleistungen werden nur in Ausnahmefällen in Anspruch genommen, um Kosten zu vermeiden.

Das Prinzip der Autarkie, sowohl für das Gesamtsystem, für Großbetriebe, als auch für die Streitkräfte der DDR ist hervorzuheben. Die zwangsläufigen Folgen waren: hoher Personalbestand, geringe Fluktuation bei längerer Stehzeit auch in Führungsverwendungen und hohe Materialbevorratung. Die Führungsorganisation war sehr verschachtelt (wie in der Sowjetunion), wiederum mit Teilautarkien, und nur mit einer größeren Anzahl von Stellvertretern handhabbar. Das Bundesministerium der Verteidigung und die Bundeswehr waren auf die Aufgabe unterschiedlich vorbereitet. Es fehlten zum 3. Oktober 1990 wesentliche Entscheidungen der Leitung.

Während der Befehlshaber Bundeswehrkommando Ost auch in der Öffentlichkeit die Auffassung vertrat, daß es für die Vereinigung keine Vorschrift gibt,
– versuchte das Heer, flächendeckend seine neue Struktur 5 – Vereinigung von Feld- und Territorialheer – zu verwirklichen;
– schwankte die Luftwaffe zwischen neuen Aufgaben, Luftraumkontrolle und Airpolicing, neuen Flugzeug-Modellen und Personalreduzierung bei vergrößertem Territorium;
– ging die Wehrverwaltung nur nach VMBl[8] und Vorschriften vor. Während zum Beispiel bei der neuen Standortverwaltung Rostock erst zwei Dienstposten qualifiziert besetzt waren, wurde Arbeitsfähigkeit von hoher Stelle verkündet.

Die gesamte Arbeit stockte aufgrund fehlender oder nicht abgesicherter Entscheidungen. Während der Haushaltsausschuß bereits im November 1990 lediglich 2500 Stellen bewilligt hatte, wurden vom Bundesministerium der Verteidigung noch 25 000 plus 8000 oder gar 25 000 plus x (SaZ 2) gefordert. Ob und wie letztlich entschieden wurde, war erst nach der abschließenden Verhandlung des Haushalts 91 zu erfahren.

Dieses Vorgehen stößt bei Soldaten, die vor den Ruinen ihres bisherigen Berufslebens stehen, und die die parlamentarischen Spielregeln nicht kennen, auf Unverständnis, da sie Fakten erwarten, um sich sofort entscheiden zu können. Folglich gehen viele Fachleute und Vorgesetzte, auch solche, die gebraucht werden, um die neue Organisation zu füllen und nicht zuletzt um der Gewahrsamspflicht zu genügen. Ähnlich wird es sich bei den Zivilbeschäftigten entwickeln, angesichts der großen Lücke von ca. 50 Prozent zwischen STAN und OSP[9], bei den Angestellten sogar von 61 Prozent.

Schlagkräftiger Beweis für die »Leistungsfähigkeit« der Wehrverwaltung ist, daß bis 19. Februar 1991 kein zutreffendes Dienstsiegel ausgeliefert wurde und daß es den Standortverwaltungen Rostock und Stralsund nicht möglich war, die Umkleidung auf die einheitliche 6-Knopf-Jackettuniform aus Westbeständen zu organisieren, die seit Oktober 1990 im Materialdepot Waren lagerten.

Logistik und Fernmeldewesen

Die Vorratshaltung der NVA war sehr hoch und breitgefächert. Die Bevorratung sah vor:
- einen Kampfsatz an Bord,
- drei Kampfsätze in Lagern der Flottille,
- drei Kampfsätze in Lagern, die dem Kommando der Volksmarine direkt unterstellt waren.

Für das Material wurde gut gesorgt, zum Beispiel durch große, beheizte Garagen für Kraftfahrzeuge und eingelagerte Mobilmachungsergänzung, ebenso wie durch umfangreiche, teilweise moderne Depots.

Für das Stammpersonal wurde teilweise gut gesorgt, so gab es zum Beispiel in der angeblich klassenlosen Gesellschaft drei Offiziersspeisesäle. Für Berufssoldaten waren die Uniformstoffe annehmbar, für die »Lords« eine rauhe, piekende Angelegenheit. Die Kasernenunterkünfte entsprachen knapp unserem Standard der späten 50er Jahre. Da Reinschiff häufig durch den Gebrauch von Lysol ersetzt wurde, kann die »Sauberkeit« nur als atemberaubend bezeichnet werden.

Autarkie gilt auch im Fernmelde-Bereich. Ausreichend ist das Telefonnetz – allerdings auch mit alter Technologie, d.h. zum Beispiel ist kein Umlegen oder Hinterschalten möglich. Ein Führungsinformationssystem ist im Ansatz vorhanden. An EDV-gestützter taktischer Führung wurde konzeptionell gearbeitet.

Deutlich sichtbar wurde eine umfangreiche Beschaffungsmentalität von westlicher Seite. Lange gehegte Wunschträume nach mehr oder anderem Material, naives »Auch-haben-wollen« brachen durch und mündeten in abenteuerlichen Beschaffungsversuchen vom Musikinstrument bis zum V-Boot. Natürlich ohne Rücksicht auf notwendige organisatorische (Kategorisierung, STAN) und betriebliche Voraussetzungen (Einführungsgenehmigung, Betriebssicherheit, Dokumentation etc.).

Ohne Klärung der Voraussetzungen mußte solchen Bestrebungen, sich wie auf einem militärischen Flohmarkt zu bedienen, energisch Einhalt geboten werden.

Ausblick

Seit dem 1. Juli 1991 wird eine Marineorganisation aufgebaut. Das Marineunterstützungskommando führt das Marinekommando Rostock, dem unterstellt sind:
- Nachkommandos ehemaliger Organisationselemente der NVA,
- 1 Marinehubschraubergruppe,
- 2 Marinestützpunktkommandos,
- 1 Marinesicherungsbataillon,
- 1 Marinetransportbataillon,
- 1 Marinefernmeldeabschnitt,
- 2 Marinesanitätsstaffeln,
- 1 Marinematerialdepot,
- 1 Marinematerialabsteuerungsdepot,
- 1 Marinemunitionsdepot.

Ein großes Problem ist die Bewachung der noch Jahre auf Delaborierung wartenden 14 000 Tonnen Munition. Sollten hier nicht eine rasche Zuständigkeitsverlagerung zur Abteilung Rüstung und zur Industrie erfolgen oder zivilgewerbliche Wachen eingesetzt werden, werden über längere Zeit die vom Marinesicherungsbataillon 3 ausgebildeten Soldaten fast ausschließlich Wache gehen müssen. Eine umfangreiche Sanierung der Infrastruktur ist geplant und soll in diesem Jahr noch beginnen, insbesondere bei den Unterkünften des Marinesicherungsbataillons 3 und des Marinestützpunktes Warnemünde, hier als Voraussetzung für die Stationierung schwimmender Einheiten.

Ausbildung

Die erste Stufe des Ausbildungskonzeptes – das Selbststudium – fand bisher nicht statt, da das mit der Aushändigung der Ernennungsurkunde angekündigte Lektürepaket nicht rechtzeitig ausgeliefert werden konnte. Aufgrund der vielen unterschiedlichen Erfahrungshintergründe sowie der mittlerweile eingetretenen Sprachdifferenzen sind Zweifel hinsichtlich der Effektivität und Nachhaltigkeit des Selbststudiums angebracht. Die nächste Stufe, das »on-the-job training«, kann nur funktionieren, wenn gleichzeitig und weiterhin Wissensträger vor Ort tätig sind. Angesichts der bisherigen Regelung der STAN ist das zweifelhaft, da dem Kommandeur zumeist nur ein bis zwei West-Erfahrungsträger zur Verfügung stehen, um innerhalb eines Jahres Westverfahren einzuführen und ihre Verbände und Truppenteile einsatzfähig zu machen.

Entweder findet »on-the-job training« im Westen statt, dann ist jedoch der Betrieb in Mecklenburg-Vorpommern nur stark eingeschränkt sichergestellt, oder dieses Training findet mit zusätzlichem Westpersonal in Mecklenburg-Vorpommern statt. Lehrgänge, Sonderlehrgänge, teilweise mit einer kleinen Zahl von Lehrgangsteilnehmern, werden erforderlich sein, falls eine rasche Wissensangleichung durchgeführt werden soll. Die übernommenen Dienstgrade sind meistens Fachleute mit begrenztem Zuständigkeitsbereich und Erfahrungsschatz, weniger Führer und Manager. Probleme bestehen in der personellen und materiellen Absicherung. Die Personalakten sind bereinigt, die Zuverlässigkeit von Leumundszeugen ist nicht sicher. Gewiß gibt es schlafende Agenten, die nur schwer zu ermitteln sind. Die bisher enttarnten Mitarbeiter des MfS gehen auf eigenes »Verplappern« oder fremde Hinweise zurück.

Wichtig sind finanzielle Anpassung und Gleichstellung, besonders der Grundwehrdienstleistenden, und beim Einsatz im Westen, um die Integration tatsächlich voranzutreiben. Von besonderer Bedeutung ist dabei jedoch, daß ehemalige NVA-Soldaten nicht als zweitklassig sondern als Bundeswehrsoldaten angesehen werden. Weiterhin kommt es auf umfassende und wiederholte Information an, die auch alltägliche Kleinigkeiten einschließt. Nur so können Orientierung über das Leben in einer parlamentarischen Demokratie vermittelt, Verunsicherung abgebaut werden und Vertrauen wachsen.

Zusammenfassung

Die deutsche Einheit war ein historisches Ereignis. Der Prozeß der Vereinigung wurde am 3. Oktober 1990 nicht annähernd vollendet.

Für die Bundeswehr, die von diesem Prozeß wie kaum eine andere Großorganisation betroffen wurde, begann die Verwirklichung der deutschen Einheit mit diesem Tag. Die neue, gewaltige Aufgabe – Aufbau neuer deutscher Streitkräfte – war von idealistischem Engagement, aber auch vom Defizit an Konzeptionen und Entscheidungen gekennzeichnet. Angesichts dieser Lücken gab es trotz guter Vorsätze und Absichten auch kleinkarierte, rückwärts gerichtete fiskalische, vom Neid diktierte Lösungen auf allen Ebenen. Die Folge war nicht nur bei unseren neuen Kameraden Unverständnis, Enttäuschung, Unsicherheit und teilweise Abkehr.

Es gab aber auch positive Ereignisse. So antworteten auf eine Frage, was sich nach dem 3. Oktober 1990 geändert habe:
– ein Truppenarzt: »Endlich kann ich meine Patienten als Individium und Mensch behandeln«;
– ein Inspektionschef: »Ich habe weiterreichende Aufgaben und Zuständigkeiten sowie Handlungsmöglichkeiten, die Aufgabe ist schwieriger, herausfordernder, aber macht mehr Spaß«;
– ein Grundwehrdienstleistender, der NVA und Bundeswehr erlebt hat: »Endlich werde ich als Mensch beachtet, aber die Gleichbehandlung hinsichtlich der Bezahlung fehlt«.
Für die Soldaten der alten Bundeswehr bringt der Einsatz in Mecklenburg-Vorpommern Einsichten und Erkenntnisse:
– Als Staatsbürger hinsichtlich des Sendungsbewußtseins, der zugehörigen Rigorosität und Knausrigkeit der Bundesrepublik Deutschland, die laut Grundgesetz ein sozialer Rechtsstaat für alle Bürger sein soll;

– als Soldat hinsichtlich der offenkundigen Diskrepanz zwischen Absicht und Wirklichkeit, zwischen Wollen und Können, zum Beispiel ist der Personalabbau so rasant, daß bisher kein Sozialplan erstellt werden konnte;
– als Mensch hinsichtlich der Auswirkung von Tugenden und Emotionen, von Aufrichtigkeit, Humanität, Rache, Wille zur Zusammenarbeit und Unterstützung sowie Neid.

Der Aufenthalt im Osten hat Einsichten gewährt, die teilweise noch nicht abschließend bewertet werden können, die jedoch nachhaltig bedrücken.

Der Inspekteur der Marine, Vizeadmiral Hans-Joachim Mann, hat in seiner Ansprache auf der Historisch-Taktischen Tagung der Flotte im Januar 1991 ein mögliches Historikerurteil über den Vorgang der Vereinigung vorweggenommen. Es ist zu befürchten, daß seine Bewertung hinsichtlich Selbstgerechtigkeit, mangelnder Humanität, unzureichender politischer Klugheit und Defizit an selbstverständlichem Patriotismus zutreffend ist. In diesem Kontext paßt die Forderung von Bundespräsident Richard von Weizsäcker, daß die Vereinigung Deutschlands vor allem in den Herzen und Köpfen erfolgen muß. Auf beiden Seiten der überwundenen innerdeutschen Grenze sollte hierzu noch viel Information, Hilfe und Unterstützung gegeben werden – nicht nur mit der kläglichen Diskussion über die Erhöhung von Steuern und Abgaben.

Nachwort aus der Sicht des Jahres 2004

Die Herausgabe diese Sammelbandes 15 Jahre nach der Öffnung der Innerdeutschen Grenze, 14 Jahre nach der deutschen Wiedervereinigung und der Aufstellung des Marinekommandos Rostock ist ein sinnvoller Anlaß für ein rückschauendes Nachwort.

Dabei fällt auf, daß die Terminologie geändert wurde. In der Euphorie der Vereinigung wurde zunächst von Integration der NVA gesprochen. Die Beschlüsse des Haushaltsausschusses des Deutschen Bundestages begrenzten die dafür verfügbaren Haushaltsstellen nach Anzahl und Dauer stark, so daß eine zeitlich begrenzte Übernahme erfolgte, die praktisch eine Abwicklung war mit nicht immer gleichzeitigem Aufbau neuer Strukturen. Dies geschah auch vor dem Hintergrund des 2+4-Vertrages, der den Gesamtumfang deutscher Streitkräfte am Ende des Jahres 1994 auf 370 000 Soldaten festschrieb. Die anschließende Selbstbeschränkung auf 340 000 Soldaten mit den nachfolgenden Organisationsänderungen hat den Aufbau der Marine in Mecklenburg-Vorpommern weiter beeinträchtigt.

Gleichzeit galt es das Material zu inventarisieren, auf seine weitere Brauchbarkeit zu prüfen und einer angemessenen Verwendung zuzuführen. Ähnliches traf auch auf die Liegenschaften zu. Hierbei zeigte sich, daß der Personalabbau teilweise zu schnell erfolgte, daß zivile Investoren nur in Ausnahmefällen wirklich zur Übernahme bereit waren. Übernommene Insider erleichterten die Entscheidung über Weiterverwendung oder Abgabe nicht immer, ebensowenig die mentale Voreingenommenheit über eine Verlegung/Versetzung nach Mecklenburg-Vorpommern.

Die Marine hatte nach Modifizierung der 1990 vom Inspekteur der Marine, Vizeadmiral Hans-Joachim Mann, konzipierten Flotte für 2005[10] schnell ein Organisationsziel vor Augen, das eine Dislozierung von wesentlichen Elementen im Osten ermöglichte – eine höhere Kommandobehörde, eine Schule, ein Marine-Abschnittkommando und eine Flottille.

Die Feinausplanung von verschiedenen Reformschritten erbrachte:

– Verlegung des Marineamtes nach Rostock, Aufbau der Marine-Technikschule in Parow, Einrichtung des Leitenden Sanitätsoffiziers Ost mit SanZentrum und Apotheke;

– Aufbau des Marine-Abschnittkommandos Ost in Warnemünde mit zugehörigem Stützpunkt und Transportgruppe bei Auflösung der früher unterstellten Depots;

– Verlegung der Schnellbootflottille sowie des 2. und 7. Schnellbootgeschwaders nach Warnemünde; Umgruppierung der Landfernmeldeorganisation in eine Fernmeldegruppe.

Alle darin nicht einbezogenen Liegenschaften wurden/werden einer anderen Nutzung zugeführt oder in das Grundvermögen des Bundes überführt, die beibehaltenen Liegenschaften werden nach westlichem Standard modernisiert, teilweise neu gebaut.

Das von der NVA-Volksmarine übernommene Material wurde verschenkt, verkauft und verwertet. Im Bestand der Marine werden drei Schlepper, vier Wohnschiffe, vier Barkassen und sieben Kutter weiter genutzt.

Die Bekanntgabe der Zielstruktur hat das Personal stark enttäuscht, da das Verschweigen der Kaukasus-Vereinbarung – *eine* deutsche Armee im Umfang von 370 000 Soldaten – durch die letzte Regierung der DDR oder das Verdrängen der Realitäten durch die Betroffenen hochgestellte Erwartungen nach zwei deutschen Armeen fortbestehen ließ. Die Diskussion um Struktur- und Stationierungsentscheidungen sowie der Primat der Politik hat viele ehemalige Angehörige der NVA verunsichert und direkt oder nach einer zweijährigen Zwischenverwendung den Weg ins Zivilleben wählen lassen. Dieser Anteil wurde durch Beurteilungen während der Probezeit, Entscheidungen des Gutachterausschusses und Enthüllungen der Gauck-Behörde[11] noch vergrößert.

Die letztlich als Berufssoldaten in die deutsche Marine übernommenen Angehörigen der ehemaligen NVA haben sich im großen und ganzen bewährt. Sie zeigten sich sehr lernbegierig, wissensdurstig und engagiert das zu begreifen, was Geist, Zusammenhalt und täglichen Dienst in unserer Marine ausmacht. Sie waren mobil, und Spitzenleute waren nach entsprechender Vorbereitung bereit, Verantwortung zu übernehmen als Schiffs- und Bootskommandant, als Abschnittskommandeur. Auch bei ihnen ist der Erfolg von der Persönlichkeit, vom Engagement abhängig und vom Geschick, das teilweise in starker Konzentration Erlernte und Erfahrene in die Tat umzusetzen.

Kameradschaftliche Hilfestellung beim Einleben soll nicht verschwiegen werden. Die Herkunft Ost oder West ist bis auf sprachliche Merkmale verschwunden, ausschlaggebend ist der positive Einsatz in und für unsere Marine, also Charakter,

Eignung und Leistung. Hierzu hat auch die Entscheidung beigetragen, solches Personal nicht zu übernehmen, das nach Alter und Vorverwendung zu sehr mit dem kommunistischen System verwachsen war und von dem ein entscheidendes mentales Umsteuern nicht mehr erwartet wurde.

Dieses innere Bild wird gestört durch Umgebungsfaktoren. Der Aufbau Ost wird durch finanzielle Schwierigkeiten und politisches Agieren verlangsamt, auch bei Verzögerungen im Bereich der militärischen Infrastruktur und der Wohnungsfürsorge. Das Klima in der Bundeswehr wird durch die weiterhin reduzierte Besoldung im Osten, die nach meiner persönlichen Bewertung dem Gleichheitsgebot des Grundgesetzes widerspricht, empfindlich gestört.

Die deutsche Wiedervereinigung war das Ergebnis einer epochalen Veränderung in Europa. Die anfängliche Euphorie ist mit der Zeit verebbt. Die Vollendung der Einheit – »das Zusammenwachsen dessen, was zusammengehört«, wie es Willy Brandt bereits im Herbst 1989 formulierte – vollzog sich viel schwieriger als erwartet. Die äußeren Rahmenbedingungen veränderten sich, weil nach dem wirtschaftlichen Zwischenhoch im Zusammenhang mit der deutschen Währungs-, Wirtschafts- und Sozialunion vom 1. Juli 1990 ein Rückschlag spürbar wurde, der in den europäischen Nachbarstaaten bereits früher eingesetzt hatte und der in der Folge der globalen Veränderungen in Deutschland zu einer Strukturkrise führte. Diese erzeugte eine hohe Arbeitslosigkeit, die bis heute nicht überwunden ist.

Die mentale Kluft zwischen Ost und West aufgrund enttäuschter Erwartungen, stärkerer finanzieller Belastungen, unzureichender Information, unterschiedlicher wirtschaftlicher Entwicklung und Arbeitslosigkeit bei zunehmender DDR-Nostalgie geht an den Streitkräften auch angesichts neuer Aufgaben nicht spurlos vorüber. Trotz finanzieller Nachteile ist die heimatnahe Verwendung im Osten relativ begehrter als im Westen – andererseits ist der Umzug in ein neues Bundesland noch nicht Normalität, oft aus wirtschaftlichen Gründen. Bundeswehr und damit Marine waren 1990 Vorreiter in der Verwirklichung der deutschen Einheit, aber sie sind abhängig von einer Politik mit starkem Beharrungsvermögen, unscharfen bis widersprüchlichen Staatszielen, diffuser Information, zögerlichem Willen, Profilierung und Rechthaberei als Ersatz für Problemlösung und Führungsstärke und letztlich unzureichender Finanzierung.

So bleibt auch 14 Jahre nach dem Datum der deutschen Einheit vieles zu leisten, auch in der deutschen Marine, um dem Auftrag entsprechend Einsatzfähigkeit, Motivation und Einsatzbereitschaft auf einem hohen Stand zu halten und Reformen nicht zum Selbstzweck werden zu lassen.

Anmerkungen

* Es handelt sich um die überarbeitete und ergänzte Fassung des Aufsatzes: Zwischen Absicht und Wirklichkeit, Wollen und Können. Die Marine in den neuen Bundesländern, erschienen in: Truppenpraxis, 35 (1991), S. 390–395. Vgl. auch meinen Aufsatz: Das Marinekommando Rostock. Erste Erfahrungen und Ausblicke, in: Marineforum, 66 (1991), H. 6, S. 189–192. – Die Darstellung entspricht nicht mehr der heutigen Lage, gibt jedoch Fakten, Erfahrungen und Stimmungen,

Hoffnungen und Enttäuschungen aus dem Jahr 1991 wieder, wie sie noch einige Jahre später in der Bundeswehr in den fünf neuen Bundesländern anzutreffen waren.

[1] Der Darstellung von Klaus-Peter Gödde, Eine Elite-Einheit rüstet ab, Berlin 1998, S. 43 ist zu entnehmen, daß Soldaten gegen Demonstranten eingesetzt worden sind – obwohl dies offiziell verneint wurde, teilweise heute noch.

[2] STAN = Stärke- und Ausrüstungsnachweis.

[3] Siehe Gespräch des Bundeskanzlers Kohl mit Präsident Gorbatschow im erweiterten Kreis am 16.7.1990, in: Dokumente zur Deutschlandpolitik. Deutsche Einheit. Sonderedition aus den Akten des Bundeskanzleramtes 1989/90, bearb. von Hanns Jürgen Küsters und Daniel Hofmann, München 1998, Dok. Nr. 353, S. 1355–1367, hier bes. S. 1363.

[4] Mit Ablauf des 31.12.1990 verloren alle Angehörigen der ex-NVA, die zu diesem Zeitpunkt das 50. Lebensjahr vollendet oder mehr als 25 Dienstjahre hatten und weiterhin Angehörige der Bundeswehr blieben, ihren erdienten Rentenanspruch mit der Folge, daß sie beim Ausscheiden aus der Bundeswehr nur Ansprüche aus der Dienstzeit ab 3.10.1990 hatten und daher oft auf Sozialhilfe angewiesen sein würden.

[5] IR-Mode: Zielsuchgerät auf Infrarot-Basis.

[6] Klasse 101: Zerstörer der »Hamburg«-Klasse; Klasse 120: Fregatten der »Köln«-Klasse (ab 1962); Klasse 401: Tender der »Rhein«-Klasse (ab 1961).

[7] Es handelt sich um die NATO-Bezeichnungen folgender Einheiten: Flugkörperkorvette »Hiddensee« (465 ts, NATO-Bezeichnung TARANTUL-I); Schnellboot »Saßnitz« (362 ts, NATO-Bezeichnung BALCOM-10); Korvetten »Wismar«, »Lübz«, »Teterow«, »Gadebusch« und »Grevesmühlen« (793 ts, NATO-Bezeichnung PARCHIM-I); Minensuchboote »Bitterfeld«, »Tangermünde«, »Eilenburg«, »Sömmerda«, »Eisleben« und »Bernau« (470 ts, NATO-Bezeichnung KONDOR-II). Daten nach Gerhard Koop und Siegfried Breyer, Die Schiffe, Fahrzeuge und Flugzeuge der deutschen Marine von 1956 bis heute, Bonn 1996, S. 499 ff.

[8] Ministerialblatt des Bundesministers der Verteidigung.

[9] OSP = Organisations- und Stellenplan.

[10] Die Konzeption dieser Flotte, die in ihren Komponenten alle bisherigen Elemente der Marine teilweise in reduzierter Anzahl beibehielt, war das Ergebnis einer Klausurtagung auf Sylt im November 1988.

[11] Kurzbezeichnung für »Der Bundesbeauftragte für die Unterlagen des Staatssicherheitsdienstes der ehemaligen Deutschen Demokratischen Republik«. – Dieser Bundesbeauftragte war von 1980 bis 2000 Joachim Gauck.

V.

Vor neuen Herausforderungen, 1991–2004

Gottfried Hoch

Einsätze am Horn von Afrika.
Die Flotte im neuen Einsatzspektrum 1994 bis 2002

Vorwort

Mit dem Einsatz des Zerstörers »Bayern« im Rahmen der OPERATION SHARP
GUARD im Jahre 1993 in der Adria[1] und der daran festgemachten Verfassungskla-
ge der damaligen Opposition im Deutschen Bundestag hat das Bundesverfassungsgericht mit seinem Urteil vom 12. Juli 1994 die rechtliche Klarstellung geschaffen für alle folgenden »Auslandseinsätze« der Bundeswehr[2]. Einen vorläufigen Abschluß dieser rasanten Entwicklung von einer zur Heimatverteidigung und
Abschreckung im »Kalten Krieg« aufgebauten Bundeswehr zu einem Instrument
im Rahmen der internationalen Krisenbewältigung innerhalb knapp einer Dekade
stellen dabei die »Verteidigungspolitischen Richtlinien« vom Mai 2003 dar[3]. Der
Auslandseinsatz wird mit diesen Richtlinien zu einem die Struktur bestimmenden
Element erhoben, das mit dem stark verkürzten Zitat von Verteidigungsminister
Struck »Deutschland wird auch am Hindukusch verteidigt« für erhebliche Schlagzeilen gesorgt hat[4]. Die Deutsche Marine war in diese Entwicklung frühzeitig eingebunden. Immer hatte sie sich dabei im Vorfeld der Entscheidungen der Diskussion über die Wirksamkeit maritimer Lösungsoptionen zu stellen.

Im Rahmen eines UN-mandadierten Einsatzes waren Verbände des Deutschen
Heeres zur logistischen Unterstützung von UN-Truppen und zur humanitären
Hilfe nach Belet Uen in Zentralsomalia verlegt worden. Im Zeitraum vom Juli
1993 (Vorkommando) bis zum 31. März 1994 (offizielles Ende der Mission UNO-
SOM II) waren ca. 1400 Bundeswehrangehörige im Einsatz. Als die Grundlagen
der UN-Operation scheiterten und für die Rückverlegung des Verbandes der direkte Lufttransport aus Somalia zu unsicher erschien, wurde die maritime Lösung,
d.h. der Transport der Heeressoldaten aus Mogadischu zum nächsten sicheren
Flughafen Mombasa (Kenia) gesucht. Im Zeitraum 27. Januar bis 14. April 1994
lief damit der maritime Unterstützungseinsatz OPERATION SOUTHERN CROSS.

Als Folge der Anschläge des 11. September 2001 auf das World Trade Center
in New York beschloß der Deutsche Bundestag am 17. November 2001, daß
Deutschland sich am Kampf gegen den internationalen Terrorismus beteilige und
Kräfte der Bundeswehr für die OPERATION ENDURING FREEDOM zur Verfügung
gestellt würden.

Beide Einsätze, die in ihrer auslösenden Ursache so völlig verschieden sind, zeigen aber auch deutliche Gemeinsamkeiten, ja man kann Erfahrungslinien von 1994 zu 2002 ziehen, und manche vorsichtige Feststellung und Erfahrung hat sich zwischenzeitlich ausgeweitet oder fast dogmatische Formen angenommen. War im Jahre 1994 der Begriff »Asymmetrische Bedrohung« noch gar nicht entdeckt, so sprachen die damaligen Lageberichte doch auch schon von einer »diffusen Sicherheitslage«. Aus diesem Grund wurden die nachfolgenden Erfahrungsberichte bewußt nicht an aktuelle Erkenntnisse und Begrifflichkeiten angepaßt, sondern vielmehr auszugsweise in der Form wiedergegeben, wie sie vom Autor als damaligem Commander Task Group (CTG) bzw. Commander Task Force (CTF) unmittelbar nach dem Ende des jeweiligen Einsatzes verfaßt wurden.

I. OPERATION SOUTHERN CROSS
vom 27. Januar bis 14. April 1994[5]

1. Auftragslage und Führungsstruktur

Am 21. Januar 1994 erteilte das Bundesministerium der Verteidigung (BMVg) dem Flottenkommando den Auftrag: »Marineverband transportiert deutsche Soldaten aus Mogadischu über See nach Mombasa. 1. Kontingent ist am 13.02.1994 aufzunehmen. Flottenkommando stellt Verband zusammen und rüstet aus. Flottenkommando stellt Verbindung zum III. Korps her.«

Mit dem Operationsbefehl Somalia 01-94 des Flottenkommandos lautete der Auftrag des Marineverbandes: »zeitgerechter Transport der Soldaten inklusive der persönlichen Ausrüstung von Mogadischu nach Mombasa.«

Dieser auf den ersten Blick sehr eng gefaßte Auftrag erfuhr im Verlauf des Einsatzes insgesamt neun Erweiterungen (von denen sieben dann auch tatsächlich durchzuführen waren), die letztendlich die gesamte Bandbreite maritimer Unterstützungsmöglichkeiten umfaßten. Dabei wurden diese durchaus substantiellen Auftragserweiterungen aus Sicht des CTG eher lagebedingt kurzfristig aufgenommen oder auf der Basis direkter Absprachen nachträglich im Sinne des »Command by Veto«[6] sanktioniert.

Aus Sicht der Marineführungsstruktur und der mehr als kooperativen und unmittelbaren Zusammenarbeit mit dem Flottenkommando, das während des gesamten Einsatzes die »Operational Command Authority (OCA)« ausübte, war diese Entwicklung der Auftragslage für den CTG und die Einheiten zu keiner Zeit ein Problem. Es war uns von vornherein klar, daß im Hintergrund dieses Auftrages auch stand »die Marine gut zu verkaufen« und damit die volle Bandbreite maritimer Unterstützungsmöglichkeiten einsetzen zu müssen, falls es gefordert war.

Dieses Auftragsverständnis ging im übrigen durch alle Bereiche des Verbandes und führte zu einer Leistungsbereitschaft, die ausdrücklich hervorgehoben werden muß. Damit wird deutlich, daß dieser Auftrag für jeden Angehörigen des Verbandes eine starke Motivationswirkung hatte und aus dieser Sicht eine leichte Führungssituation gegeben war.

Aus Sicht der Zusammenarbeit mit dem Heer und der dabei auftretenden Führungsstruktur wäre allerdings, aus der Rückschau betrachtet, ein weiter gefaßter Auftrag mit einer allgemeinen, aber auf direkte Zusammenarbeit angewiesenen Unterstützungsaufgabe klarer und einfacher gewesen. Zumindest hätte es in Teilbereichen die Probleme relativieren können, die aufgrund fehlender Teilstreitkraft (TSK)-übergreifender Einsatzführung im Sinne des »Joint Command« gegeben waren.

2. Durchführung

Planung/Ablauf

Obwohl die Einsatzlage der Flotte und das verfügbare Stabspersonal Mitte Januar 1994 wenig Entscheidungsalternativen ließ, kann man in der Rückschau zufrieden feststellen, daß die Verbandszusammensetzung (zwei Fregatten Klasse 122, Versorger »Nienburg«, Tanker »Spessart«)[7] vor dem Hintergrund der verfügbaren Mittel auftragsgerecht und zu jeder Zeit ausreichend war.

Mit den Fregatten »Köln«, »Karlsruhe«, dem Versorger »Nienburg« und dem Tanker »Spessart« standen Einheiten zur Verfügung, die nicht nur auf dem Papier mindestens EF2[8] waren, sondern aufgrund der unmittelbar vorangehenden Einsätze (bzw. bei »Nienburg« bevorstehenden Einsätze) für einen solchen Einsatz im Grund genommen auch gut vorbereitet waren.

Es galt also in der kurzen Vorbereitungsphase die volle Einsatzfähigkeit wieder herzustellen und sich auf die Besonderheiten des Auftrages einzustellen. Die ausgezeichnete Arbeit aller Unterstützungsbereiche hat dazu geführt, daß alle Einheiten zeit- und auftragsgerecht ausgerüstet wurden, und die Marine hat erneut bewiesen, daß sie in der Lage ist, einen Einsatzverband innerhalb der Richtzeit von rund einer Woche aus dem Stand heraus einsatzbereit zu machen.

Dabei sollen die nachfolgenden Einzelerfahrungen aus der Vorbereitungsphase dieses Bild in keiner Weise einschränken, sondern lediglich Teilaspekte aufzeigen, in denen noch Verbesserungen im Sinne der Fähigkeit der Marine zum Einsatz im Rahmen der Krisenbewältigung möglich sind (Stichworte):

— Dormant TG-Prinzip (fallbezogene Zusammenstellung von Einheiten zu entsprechenden Einsatzgruppen, die dann abgerufen werden können).

— Nautische Vorbereitung (Verfügbarkeit von Seekarten incl. Suezkanal-Papiere stellte erhebliche Probleme dar).

— Länderkunde aus dem Amt für Nachrichtenwesen der Bw (ANBw) Abt. 5 (Marine) gut — könnte jedoch hinsichtlich nautischer Gegebenheiten noch verbessert werden.

— generelle Impfprophylaxe — auch ohne das gesonderte Problem der WHO-Vorschriften der Gelbfieberimpfung.

Die grundsätzliche Ablaufplanung bot durch die Raum-Zeit-Faktoren sowie die geforderten Transportumläufe relativ wenig Alternativen oder Entscheidungsspielraum. Der Einsatz war daher auch sehr einfach in die drei Phasen
– Hintransit
– Shuttle- bzw. Transport-Phase
– Rücktransit
einzuteilen. Die lange Anmarschstrecke über mehr als 6000 sm und die Tatsache, daß die Einheiten vor Beginn der Operation in völlig unterschiedlichen Einsätzen gebunden waren (Fregatte »Köln«: im NATO-Einsatz im Mittelmeer; Fregatte »Karlsruhe«: in Wilhelmshaven in einer Zwischeninstandsetzung; Tanker »Spessart«: in Kiel; Versorger »Nienburg« unbeladen in Wilhelmshaven; erhebliche Unterschiede in der Vormarschgeschwindigkeit zwischen den Kampf- und Versorgungseinheiten) haben daher zunächst zu der Entscheidung geführt, jede Einheit einzeln, zum frühestmöglichen Zeitpunkt in Marsch zu setzen, um im Sinne des »Erfolgsdruckes« von Anfang an zeitliche Reserven herauszufahren. Die Wetterbedingungen für die aus Deutschland anmarschierenden Einheiten haben diese Entscheidung (Verzicht auf gemeinsamen Marsch und Verbandsausbildung etc.) in jeder Hinsicht gerechtfertigt.

Für die entscheidende Phase der Transportumläufe und damit den Shuttle-Verkehr Mogadischu – Mombasa (Entfernung: 500 sm) bzw. Djibouti (Entfernung: 1100 sm) waren nachfolgende Faktoren bestimmende Größen und stellten nicht änderbare Rahmenbedingungen in den Planungen des CTG dar:
– Raum-Zeit-Faktoren, insbesondere für den zeitgerechten Anmarsch nach Mogadischu als auch auf der Strecke Mogadischu – Mombasa.
– Verfügbarkeit des einzuschiffenden Heeres-Personals in Abhängigkeit des im Bereitstellungszeitraum am Flughafen Mogadischu mit den Fahrzeug-Konvoys aus Belet Uen eintreffenden Personals.
– Flugplanung bei den Anschlußtransporten der Luftwaffe ab Mombasa.
– Sicherheitslage in Mogadischu mit direkter Auswirkung auf zusätzlichen Unterstützungsbedarf sowie Nutzbarkeit der Liegeplätze im Hafen.

Dabei kann man grundsätzlich sagen, daß es vorteilhaft war, auf den ursprünglich vorgesehenen geschlossenen Einsatz der Task Group (TG) zu verzichten und nur soviel Einheiten für den Transport einzusetzen, wie benötigt wurden. Dies hat zu Reserven geführt mit denen technische Ausfälle ebenso abgedeckt werden konnten wie zusätzliche Unterstützungsforderungen. Gleichzeitig war es möglich, jeder Einheit des Marineverbandes innerhalb von sechs Wochen eine geregelte Hafenliegezeit in Mombasa zukommen zu lassen. Die Fregatten brachten in diesen Verband Führungs- und Unterstützungs-Flexibilität, während mit den 200 Kojen auf »Nienburg« Unterbringungsflexibilität erzielt wurde.

Von den theoretisch in Erwägung gezogenen vier Einschiffungsverfahren
– Einlaufen und Einschiffung an der Pier,
– Einschiffung mit Beibooten,
– Einschiffung mit Charterbooten, z.B. Landing Craft Unit (LCU) etc.,
– Einschiffung mit Bordhubschrauber (BHS),

wurden nur die Einschiffung an der Pier und die BHS-Einschiffung durchgeführt. Die Einschiffung mit eigenen Beibooten aus dem Hafen verbot sich aufgrund der Gefährdungslage. Die theoretisch mögliche Einschiffung mit LCU's der Italiener (Kapazität jeweils 100 Mann) wurde wegen des nicht ganz einfachen Übersteigens mit Gepäck auf die Fregatten in See (Swell!) nicht weiter verfolgt.

Das Einlaufen in Mogadischu selbst erfolgte nach einer Sonderrolle, die von einer zeitlich begrenzten Bedrohung aus dem Altstadtviertel durch Schußwaffen beim Ein- und Auslaufen ausging und auf der Annahme beruhte, daß Personal, das sich im Schiff aufhält, weitgehend geschützt ist (»Rolle« = Einteilung der gesamten Besatzung für bestimmte Aufgaben). Der Pierbereich selbst galt durch eine »Container-Mauer« und Absicherungsmaßnahmen des Heeres (Transportpanzer Typ WIESEL) als gesichert.

Der Ausgangspunkt war die Rolle »Auf Gefechtsstation« mit dem Ziel, die Besatzung weitgehend im Schiff zu halten und die Selbstverteidigungsfähigkeit (mit 20 mm- bzw. 40 mm-Geschützen und Scharfschützen des Sicherungszuges in selbstgebauten Schützenständen an Oberdeck) sicherzustellen. Alles an Oberdeck befindliche Personal war mit Stahlhelm und Splitterschutzweste ausgerüstet – Manöverpersonal hielt sich im Schiff in Bereitschaft und wurde erst vor dem unmittelbaren Erreichen der Pier auf Station geholt. Die einzuschiffenden Heereskontingente wurden unmittelbar vor dem Festmachen aus dem Bereitstellungsraum abgerufen und mit LKW – durch Transportpanzer WIESEL gesichert – auf die Pier gefahren. Die Liegezeit in Mogadischu wurde auf das absolute Mindestmaß (ca. 20 Minuten) begrenzt. Das Einlaufen erfolgte wegen der im Hafen dann vorherrschenden geringeren Windstärken in den frühen Morgenstunden (06.00 bis 08.00 Uhr local).

Sowohl das Einschiffungs- als auch das Unterbringungsverfahren haben sich bewährt. Zusammengefaßt wurden folgende Richtwerte erzielt:

Unterbringung
　　Fregatten: 100–150 Mann
　　»Nienburg«: 200–250 Mann

Einschiffung
　　über die Pier: 200 Mann in 20 Minuten zusätzlich Ein-/Auslaufen, insgesamt 1 Stunde
　　BHS: 100 Mann pro Stunde (Zeit abhängig von der Flugstrecke)

Entscheidenden Einfluß auf den Gesamtablauf der Operation hatte die Sicherheitslage in Mogadischu. Von ihrer Beurteilung waren abhängig:
– Die grundsätzliche Entscheidung für den Marineeinsatz.
– Das Einschiffungsverfahren.
– Die ggf. zu ergreifenden Schutzmaßnahmen der Einheiten.
– Während für die Gesamtlage Somalia sehr gute und für Planungszwecke verwertbare Unterlagen des A 2-Bereiches bzw. des ANBw vorlagen, waren hinsichtlich der »Tageslage« keinerlei Informationen zu erhalten. Ein direktes Meldesystem zwischen Heer und Marine vor Ort gab es nicht, so daß man über

Vorfälle in Mogadischu gewöhnlich über den SITSUM (= Situation Summary Report – zusammengefaßte Meldung über Vorfälle/Ereignisse) des III. Korps mit ca. 12-stündiger Verspätung informiert wurde. Andererseits sind bürgerkriegsähnliche Zustände, wie sie in Mogadischu herrschten, mit einem militärischen G2/N2-Meldewesen auch kaum zu erfassen. Insofern herrschte eine diffuse Sicherheitslage, die zu worst case-Planungen zwang.

Das Großgerät des deutschen Heeresverbandes wurde mit drei RoRo-Frachtern in Charter der Transportdienststelle See (mit jeweils einem Reserveoffizier der Marine als »Super Cargo« an Bord) abtransportiert. Als letzte Einheit lief am 15. März 1994 das Motorschiff (MS) »Mercandian Queen« in Mogadischu ein und wurde wegen der sich verschärfenden Sicherheitslage sofort beladen. Die Beladung und Verzurrung der Fahrzeuge an Bord wurde – auf Grund fehlenden Stauer-Personals – durch die Truppe selbst vorgenommen, die in Hitze und Staub eine beachtenswerte Leistung vollbrachte. Die Problematik der letzten Beladung ergab sich dadurch, daß mit Verladung der letzten Fahrzeuge die Truppe in Stärke von ca. 180 Mann »unbeweglich« und nur mit Handfeuerwaffen bewaffnet sich im Bereich der gefährdeten Pier und am Flughafen aufhielt und von dort in irgendeiner Form schnellstmöglich eingeschifft werden mußte. Dies führte zu der Entscheidung, diese Einschiffung mit den Bordhubschraubern (BHS) der Fregatten durchzuführen.

Einlaufen der Fregatte »Köln« am 13.2.1994 in Mogadischu. Die Pier wird gegen Beschuß aus dem Altstadtbereich durch zwei Transportpanzer Wiesel des deutschen UNO SOM Kontingentes gesichert
Quelle: Flottenkommando, Glücksburg

Festzuhalten bleibt, daß während der ganzen Einsatzzeit des Marineverbandes kein Tag verging, an dem nicht in Mogadischu ein oder mehrere Menschen erschossen wurden (Inter-Clan-Kämpfe), daß daraus resultierend auch immer wieder Schießereien am Flughafen und Seehafen (8. März 1994 ein italienischer Hubschrauber beschädigt, Flughafen geschlossen) stattfanden und daß mit zunehmendem Abzug westlicher UN-Kontingente – insbesondere der amerikanischen und italienischen – im Verlauf des März eine zunehmende Verschlechterung der Sicherheitslage eintrat. So schlug am 16. März eine 120 mm-Mörsergranate in unmittelbarer Nähe der Pier während der Verladung der deutschen Truppenkontingente auf dem MS »Mercandian Queen« ein. Danach kam es zu weiteren Schießereien und Handgranatenwürfen, die letztlich auch zu der Entscheidung führten, die letzte Einschiffung vorgezogen mit Bordhubschrauber (BHS) durchzuführen. Insgesamt wurden fünf Transporte von Mogadischu nach Mombasa und der letzte Transport von Mogadischu nach Djibouti gefahren. Die einzelnen Transporte hatten folgende Belegung mit Heerespersonal: 13.–15.2.1994: Fregatte »Köln« 102 Personen (PX); 19.–21.2.: Fregatte »Köln« 76 PX, Fregatte »Karlsruhe« 68 PX; 25.–27.2.: »Köln« 100 PX, Versorger »Nienburg« 135 PX; 3.3.–5.3.: »Köln« 100 PX, »Karlsruhe« 114 PX, »Nienburg« 198 PX; 9.–11.3.: »Köln« 100 PX, »Nienburg« 121 PX; 18.3.–23.3. nach Djibouti: »Köln« 87 PX, »Karlsruhe« 91 PX[9].

Zusammenarbeit mit dem Heer

Die direkte Zusammenarbeit mit dem Heer (Deutscher Unterstützungsverband Somalia) verlief auf der Arbeitsebene und während der Einschiffungsphasen herzlich und kameradschaftlich und damit in jeder Hinsicht problemlos. Insbesondere während der Einschiffungen entwickelten sich positive Partnerschaften, die rasch zu einem engen Schulterschluß führten. Die eingeschifften Heeresverbindungsoffiziere integrierten sich rasch in den Stab und das Leben an Bord. Sie waren für die Bordgemeinschaft in jeder Hinsicht ein Gewinn.

In der formellen Zusammenarbeit im Rahmen des Unterstützungsauftrags war dagegen eine deutliche Zurückhaltung spürbar mit der Tendenz, den Marineverband wirklich nur für den reinen Transport zu nutzen.

Dabei muß offen bleiben, ob diese Haltung auf
– mangelnde Vorstellungen über maritime Unterstützungsmöglichkeiten,
– Überlastung der Führung durch die wirklich schwierige und mit großer Bravour gelöste Organisationsaufgabe der Rückführung von 1400 Mann mit mehr als 800 Fahrzeugen über 350 km Wüstenpiste,
– innere Ablehnung der Entscheidung hinsichtlich des Rücktransportes über See oder
– eifersüchtiges Bedachtsein, den Erfolg des Somalia-Unternehmens nicht »teilen zu müssen« nach dem Motto »Truppe hilft sich selbst!«
zurückzuführen ist.

Zusammenfassend ist festzustellen, daß das Unterstützungsangebot des Marineverbandes während des gesamten Einsatzes alle Forderungen des Heeres abdecken konnte und die möglichen Kapazitäten nicht in vollem Umfang in Anspruch genommen werden mußten. Darüber hinaus sind es auch wirklich glückliche Umstände, die bei der nicht ganz ungefährlichen Gesamtlage in Mogadischu ab Anfang März dazu geführt haben, daß die volle Bandbreite unserer Unterstützungsmöglichkeiten nicht zum Tragen kam.

Ein noch gesondert zu untersuchendes Kapitel der Zusammenarbeit zwischen den beiden TSK ist der Bereich Fernmeldewesen. Hier ist beim Heer die »Fax-Seuche« ausgebrochen. Der die Operation des III. Korps unterstützende Einheitsführer der Marine hat während des gesamten Einsatzes nicht ein einziges Fernschreiben vom III. Korps erhalten.

Erst mit Abbau der Satelliten-Verbindungen [INMARSAT] stellte sich der Verband in Mogadischu langsam auf das Funkfernschreibverfahren um. Die aufgelaufenen Kosten für die INMARSAT Telefon-/Fax-Verbindungen überstiegen alle bisherigen Marineerfahrungen. Abgesehen von der verführerisch schnellen und einfachen Nachrichtenübermittlung durch Fax führt diese Point-to-Point-Verbindung aber zu einem alle Führungshierarchien durchbrechenden Informationsaustausch, der kaum mehr dokumentierbar ist und letztlich die Führung erschwert.

Internationale Zusammenarbeit

Über die Probleme der Zusammenarbeit mit den U.S.-Streitkräften vor Mogadischu und den hervorragenden Erfahrungen mit den Italienern und den Franzosen sind ausreichend Fernschreib-Berichte getätigt worden. Eine unmittelbare Zusammenarbeit mit der U.S. Navy vor Mogadischu fand nicht statt und von daher war der deutsche Marine-Einsatzverband weitgehend auf sich gestellt. Es bleibt daher zusammenfassend nur festzustellen, daß eine Zusammenarbeit von Seestreitkräften unter rein nationalem Kommando nicht den Befehlshabern vor Ort überlassen werden kann, sondern in der Vorbereitung eines Einsatzes durch höhere Kommandobehörden im Heimatbereich zumindest eingeleitet werden sollte.

3. Einzelerfahrungen

Personal und Innere Führung

Das einzige Problem in diesem Bereich wurde durch die Weisung des Führungsstabes der Marine (Referat M I 1) vom 24. Januar 1994 aufgeworfen, alle Grundwehrdienstleistenden (GWDL) hinsichtlich der Freiwilligkeit ihrer Teilnahme zu befragen und die Entscheidung per Unterschrift entsprechend zu dokumentieren. Gleichzeitig wurde in Aussicht gestellt, »die Zulagenregelung des Auslandsverwendungs-Gesetzes (AVG) für die bisher in Somalia eingesetzten Soldaten auf den Marineverband zu übertragen«.

Das Befragungsergebnis war insgesamt äußerst positiv, von 84 GWDL haben nur sieben den Einsatz aus verständlichen persönlichen Gründen (Vorbereitung auf Zivilberuf nach Ende des Grundwehrdienstes am 31. März 1994; Urlaubsansprüche, die bis zur Beendigung des GWD nicht mehr hätten abgegolten werden können) abgelehnt. Es kam zu insgesamt sechs Weiterverpflichtungen bzw. Anschlußwehrübungen von GWDL auf der »Nienburg«, um den Einsatz bis zum Ende mitfahren zu können.

Neben den Belastungen und auch einem gewissen Erfolgsdruck (»unsere Wehrpflichtigen stehen zum Einsatz der Marine!«) stellte diese Aktion in der heißen Phase der Vorbereitung eine erhebliche zusätzliche Belastung der Schiffsführung dar. Sie zog aber wesentlich weitere Kreise, die hier nur stichwortartig angeführt werden sollen:

– Beunruhigung der Angehörigen (wie gefährlich ist der Einsatz?),
– Unruhe in den Besatzungen mit dem falschen Verständnis, es handle sich um einen Einsatz, an dem (wegen Gefährlichkeit) nur Freiwillige teilnehmen,
– überzogene Begehrlichkeit und Erwartungen hinsichtlich der in Aussicht gestellten finanziellen Zulagen.

Betreuung

Aus der Sicht der Marine war die Betreuung ausreichend. Im ständigen Vergleich mit den durch das Heer gesetzten Standards in Somalia kam teilweise Unmut auf, dem nur mit konsequenten Hinweisen auf Marine-Eigentümlichkeiten begegnet werden konnte. Das Heer war sich darüber im klaren, daß die in Somalia erreichten Betreuungsstandards überzogen waren und zukünftig nicht gehalten werden können. Dennoch darf nicht verkannt werden, daß gerade junge Menschen mit dem ihnen eigenen »Gerechtigkeitsverständnis« immer wieder Vergleiche anstellen und man bei TSK-übergreifenden Einsätzen den »Sheraton-Effekt« nicht immer ausschließen kann[10].

Ein wichtiger Punkt war die psychologische Vorbereitung der Besatzungen und ihrer Angehörigen auf die Besonderheiten des Einsatzes. Für die Akzeptanz des Auftrags durch das einzelne Besatzungsmitglied ist die Einstellung im persönlichen Umkreis (Familie, Freundin) von entscheidender Bedeutung. Es galt daher sicherzustellen, daß auf ängstliche Fragen der Angehörigen offene und ehrliche Antworten gefunden wurden. Dabei hatte die persönliche Information (Treffen der Angehörigen vor dem Auslaufen, Briefe der Kommandanten, Telefonketten der Angehörigen) eine weit größere Wirkung als offizielle »dienstliche« Verlautbarungen.

Die Betreuung der Angehörigen ist in der Marine traditionsgemäß weitgehend der Selbstorganisation der einzelnen Besatzungsgemeinschaften überlassen. Aufgrund individueller Fähigkeiten und Engagements sind innerhalb des Verbandes durchaus qualitative Unterschiede auf den einzelnen Einheiten feststellbar gewesen. Wenn für zukünftige Einsätze der Krisenreaktionskräfte (KRK) an diesem grundsätzlich positiven Prinzip festgehalten werden soll, gilt es, den daraus erwachsenden Anforderungen an die Schiffsführungen und deren Angehörige durch klare Forderungen und Einbeziehung dieser Kriterien in die Personalauswahl stärker Rechnung zu tragen.

Eine Besonderheit stellte die Betreuung der Heeressoldaten während der zweitägigen Einschiffung auf der Fahrt von Mogadischu nach Mombasa bzw. bei der letzten Einschiffung vier Tage von Mogadischu bis Djibouti dar. Hier galt es durch

Unterhaltung und Entspannung die Seereise in den engen Quartieren an Bord so angenehm wie möglich zu gestalten. Die Besatzungen zeigten sich hier in einer stolzen Gastgeberrolle und taten alles (einschließlich Durchführung der Äquatortaufe), um ihre Kameraden[11] des Heeres von den Vorteilen des Bordlebens zu überzeugen.

Sanitätswesen

Der Sanitätsdienst innerhalb des Verbandes war insgesamt zufriedenstellend und lief einschließlich aller Ausschiffungen aus medizinischen Gründen in der bewährten Weise ab, die wir in der Marine seit Jahren kennen. Dies schließt natürlich kleinere Ausstellungen ein, wie zum Beispiel die Vollzähligkeit von Sanitätsmaterialsätzen oder die Frage der Unterbringung ausreichender Mengen medizinischen Sauerstoffs. Dies alles ließ sich in der nachträglichen Aufarbeitung durch Bordmittel beheben. Ausgesprochen problematisch stellte sich die TSK-übergreifende sanitätsdienstliche Zusammenarbeit dar. Auf der Basis der fachlichen Richtlinien für die sanitätsdienstliche Versorgung von Bundeswehrverbänden im Ausland der Inspektion des Sanitätswesens (InSan) aus dem Jahre 1993 fand ein heftiger Disput über die sanitätsdienstlichen Kapazitäten und Leistungsfähigkeit des Marineverbandes statt.

Dieser Disput, der von sehr viel Unwissen über die Möglichkeiten des Bordsanitätswesens geprägt war, führte fast dazu, daß der Verband des Heeres (DtUStgVbd) in der Endphase der Verlegung (8. bis 18. März 1994) nach dem Willen der Sanitätsführung lieber ohne sanitätsdienstliche Unterstützung geblieben wäre, als formal eine verfügbare Marine-Einheit mit ihrem Sanitätsbereich als Unterstützung einzuplanen und entsprechend anzufordern. Als Hauptproblem zeigten sich die in der erwähnten fachlichen Richtlinie von InSan festgeschriebenen Forderungen an die unterschiedlichen Versorgungsebenen. Da der »Truppenarzt« im Heer mit seiner San-Tasche im Zelt der gleichen »Versorgungsebene« zugeschrieben ist wie der »Truppenarzt« an Bord einer Fregatte mit der vollen Ausstattung seines fest eingebauten San-Bereiches, schließt sich hier formal eine Weiterversorgung bzw. Unterstützung zwischen Heer und Marine aus.

Der Sanitätsoffizier der Marine hat fast bei jedem Einlaufen in Mogadischu – wie ein Wanderprediger – Sanitätsoffizieren des Heeres die sanitätsdienstlichen Versorgungsmöglichkeiten der Fregatten vorgeführt und stieß dabei auch jedesmal auf ungläubige Überraschung, weil man sich das so gut nicht vorgestellt hatte.

Logistik und Transport

Die zuverlässige und prompte Unterstützung durch das Marineunterstützungskommando (MUKdo) erübrigt eigentlich, sie im Rahmen dieser Betrachtung, die ja Erfahrungen und Verbesserungsvorschläge herausarbeiten soll, überhaupt zu erwähnen. Es hat eigentlich alles geklappt, und wenn etwas nicht geklappt hat, wurden Alternativen gefunden. Die Auftragserfüllung des Marineverbandes war aus logistischen Gründen zu keiner Zeit in Frage gestellt. Hervorzuheben ist und besonders bewährt hat sich dabei die Führungszelle als zentraler Ansprechpartner, die 24 Stunden rund um die Uhr bei allen Problemen sofort reagieren konnte und in der Lage war, Lösungsvorschläge in Stundenfrist zu präsentieren.

Ein ständiger Erfüllungsstand der logistischen Anforderungen von über 70 Prozent und Bearbeitungszeiten von zwei bis drei Tagen runden das wirklich positive Bild ab.

4. Bewertung

Der Auftrag des Marineverbandes Somalia, das in einem fremden Land operierende eigene Heer vor der Küste zu unterstützen, ist traditionsgemäß ein klassischer Auftrag aller Marinen. In den bisherigen operativen Vorstellungen der Bundeswehr waren die Einsätze des Heeres an die unmittelbare Verteidigung des eigenen Landes gebunden und von daher war dieser Unterstützungsauftrag der Marine nicht vorgesehen bzw. nicht erforderlich. Insofern wurde sowohl in der unmittelbaren Durchführung des Auftrages als auch in der mittelbaren Zusammenarbeit der beiden TSK Neuland betreten. Die Einheiten des Marineverbandes Somalia waren für diesen Auftrag weder besonders ausgerüstet noch konnten aufgrund der kurzen Vorbereitungszeit besondere Nachrüstungen durchgeführt werden. Es galt daher, in vielen Bereichen zu improvisieren. Gleichzeitig konnte bei der Auftragsdurchführung im Rahmen des weitgehend autarken Einsatzes eines Verbandes über Entfernungen von mehr als 6500 sm vom Heimathafen auf bewährte Marineerfahrungen und Ausbildung der Besatzungen zurückgegriffen werden. Vor dem Hintergrund, daß die Marine für diesen speziellen Auftrag nicht gerüstet war, und im Sinne von Multipurpose-Fähigkeit nicht speziell gerüstet sein kann, hat sich das eingesetzte Material gerade auch in den tropischen Klimazonen weitgehend bewährt.

Der Kern des Auftrages, Soldaten des Heeres nach anstrengendem Einsatz zu betreuen und pünktlich abzutransportieren, wurde in jeder Hinsicht erfüllt. Die Durchführung hat bei den parallel abziehenden amerikanischen und italienischen Einheiten hinsichtlich der Schnelligkeit und der Präzision des Ablaufes auch durchaus internationale Anerkennung gefunden.

Die Schlußfolgerung aus den insgesamt erfolgreichen Improvisationsbemühungen des Marineverbandes Somalia darf nicht auf eine Optimierung der maritimen Einsatzmittel abzielen, die auf diesen spezifischen Auftrag abgestellt ist, sondern vielmehr auf eine partielle Stärkung ihrer »Multipurpose-Fähigkeiten«. Dazu muß auch das mit diesem Einsatz gewachsene Selbstbewußtsein zählen, daß mit »Bordmitteln« mehr zu erreichen ist, als man sich gemeinhin vorstellt.

II. OPERATION ENDURING FREEDOM.
Erste Erfahrungen mit dem Einsatzkontingent Marine
von der Planung ab November 2001 bis zum Kontingentwechsel
am 15. Juli 2002[12]

Vorbemerkungen

Der Einsatz im Rahmen der OPERATION ENDURING FREEDOM stellte alle Bereiche unserer Marine vor Herausforderungen, die man sich vor den Terroranschlägen
im September 2001 nicht hätte vorstellen können.

Zum gegenwärtigen Zeitpunkt kann dieser Bericht eher ein »First Impression
Report« des CTG/CTF als ein umfassender Erfahrungsbericht mit dem Anspruch
auf endgültige Feststellungen sein. Gleichwohl sind auch zum jetzigen Zeitpunkt
Konstanten und Variablen erkennbar, deren weitere Beobachtung und Bewertung
nicht nur für unsere Marine, sondern auch für die gesamte Entwicklung der Bun-
deswehr-Einsätze von Bedeutung sind.

Der nachfolgende Bericht umfaßt zeitlich die Planungsphase des »Core Planning Staff« in der Zerstörerflottille in Wilhelmshaven ab November 2001 und die
Durchführung des Einsatzes bis zum Kommandowechsel am 15. Juli 2002.

1. Rahmenbedingungen, Planung und Ablauf

Politische Rahmenbedingungen

In Folge der Terroranschläge des 11. September 2001 beschloß der Deutsche
Bundestag am 16. November 2001 den Einsatz deutscher Streitkräfte zur Unter-
stützung der gemeinsamen Reaktion auf terroristische Angriffe gegen die USA auf
Grundlage des Artikel 51 der Charta der Vereinten Nationen und des Art. 5 des
Nordatlantikvertrags sowie der Resolutionen 1368 (2001) und 1373 (2001) des
Sicherheitsrates der Vereinten Nationen.

Die deutschen See- und Seeluftstreitkräfte sollten bei einer Obergrenze von
insgesamt 1800 Soldaten die OPERATION ENDURING FREEDOM unterstützen.
Daneben wurde ein Heereskontingent zur Stabilisierung der Sicherheitslage in
Kabul unter gesondertem UN-Mandat sowie eine ABC-Abwehrkomponente in
Kuwait im Rahmen der Vorausstationierung verfügbar gemacht. Der zahlenmäßig
größte Anteil war durch das Kontingent der Deutschen Marine zu stellen. Mit dem
Begriff OPERATION ENDURING FREEDOM verbindet sich das Gesamtkonzept der
koordinierten Vorgehensweise gegen den internationalen Terrorismus in Afghani-
stan selbst, aber auch im Bereich des Indischen Ozeans und seiner Randmeere
sowie in bestimmten angrenzenden Küstenländern. Die Operation wird durch die
USA geführt, und zwar vom U.S. Central Command (USCENTCOM) in Tampa
(Florida) bzw. für die maritimen Anteile vom U.S. Naval Command Central Region (USNAVCENT) in Bahrein. Die unterstützenden/sich beteiligenden Nationen

sind in Form einer Koalition zusammengeführt, die über entsprechende Verbindungskommandos in die Planungen eingebunden werden.

Im Verlauf der Vorbereitungs- und Planungsphase erfolgte im Dezember 2001 die nationale Führungsentscheidung hinsichtlich der Aufgabenübertragung auf das Einsatzführungskommando der Bundeswehr. Dieses neue Führungselement befand sich im Rahmen der Umstrukturierung der Bundeswehr im Aufbau, und konnte erst Anfang Januar 2002 die entsprechende Einsatz- bzw. Führungsfähigkeit melden. Für das Einsatzführungskommando der Bundeswehr bedeutete dies die Übernahme von Führungsverantwortung in einem »scharfen Einsatz« unmittelbar nach Abschluß der Aufstellungs- und Aufbauphase, sozusagen aus dem Stand heraus. Für den Kommandeur des Marineverbandes führte dies zu der Situation, daß er nach Abschluß der operativen Planungen durch seinen Planungsstab und der Billigung der Planungsergebnisse durch das Flottenkommando während des Transits in das Operationsgebiet am 20. Januar 2002 einen nationalen Unterstellungswechsel durchzuführen hatte.

Er war von diesem Zeitpunkt an national (die operative Führung erfolgt durch USNAVCENT/Bahrein) – einschließlich der disziplinaren Unterstellung des gesamten Verbandes – aus dem Bereich des Flottenkommandos herausgelöst und in jeder Hinsicht dem Einsatzführungskommando der Bundeswehr unterstellt. Dies bedeutete letztlich die Unterstellung unter eine völlig neue Führungsstruktur mit einem in großen Teilen anderen Führungsverständnis.

Planungsgrundlagen

Am 19. November 2001 zeichneten sich in grundlegenden Zügen die Zusammensetzung des Einsatzkontingentes Marine ab. Unter der Führung des Kommandeurs der Zerstörerflottille als CTG 500.01 sollten drei Fregatten mit eingeschifften Boarding Teams, fünf Schnellboote, fünf Minenabwehreinheiten, zwei Tender, ein Versorger und ein Tanker sowie drei Seefernaufklärungsflugzeuge (MPA) Typ Bréguet Atlantic und drei Hubschrauber Typ SEA KING mit entsprechender logistischer Unterstützungskomponente in den Einsatz gehen. Die Zerstörerflottille stellte den »Core Planning Staff«, der jedoch bereits mit Beginn der Planungsarbeit personell aus allen Flottillen verstärkt wurde, um eine dem Einsatzgruppenkonzept entsprechende breite Kompetenz im Stab verfügbar zu haben.

Im weiteren Verlauf der Planungsphase wurde die Anzahl der tatsächlich eingesetzten Hubschrauber Typ SEA KING auf zwei reduziert, die Minenabwehreinheiten wurden in eine 10-Tage-Bereitschaft versetzt und auf nur einer Fregatte wurden zwei Bordhubschrauber SEA LYNX MK88 eingeschifft. Für die logistische Unterstützung des Einsatzverbandes mit Personal und Material sowie für die SAR-Abdeckung des Verantwortungsgebietes mit Hubschrauber SEA KING wurde am 9. Januar 2002 entschieden, in Djibouti einen nationalen Abstützpunkt aufzubauen.

Damit standen für die durchzuführende maritime Operation nachfolgende Fakten fest:

– Gemessen am Operationsziel handelte es sich um einen Beitrag zu einer maritimen Unterstützungsoperation im Rahmen der »Joint Operation ENDURING FREEDOM«. Damit war der Einsatz aus nationaler Sicht »ein reiner Marine-Einsatz« und kein »Joint«, d.h. Teilstreitkraft-gemeinsamer Einsatz – was im weiteren Verlauf zu häufigen Fehlinterpretationen geführt hat –, auch wenn Teile anderer Organisationsbereiche (Streitkräftebasis, Sanitätswesen, Luftwaffe, Heer) dem Kommandeur des Einsatzkontingents Marine unterstellt wurden.
– Das seit Jahren geübte und fortentwickelte »Einsatzgruppen–Konzept« der Flotte konnte erstmalig in vollem Umfang zum Tragen gebracht werden und war gedankliche Grundlage aller Planungen.
– Das aus NATO-Planungen bekannte und bewährte Führungsprinzip der »Composite Warfare Commanders« (CWC–Concept) konnte auf Grund der nationalen Führungsentscheidung (Unterstellung unter das Einsatzführungskommando der Bundeswehr) im Rahmen der nationalen Führung nur eingeschränkt zum Tragen gebracht werden und mußte zu entsprechenden Reibungsverlusten führen.
– Teil des nationalen Auftrages beinhaltete die Aufgabe, einen »deutlich sichtbaren nationalen Beitrag« zur Gesamtoperation zu leisten. Dies beeinflußte sowohl den Gesamtkräfte-Ansatz im Einsatz wie auch die Verpflichtung, mit entsprechenden deutschen Verbindungskommandos bei allen für die Operation wichtigen Entscheidungsträgern vertreten zu sein.
– Trotz vielfacher und immer wieder hilfreicher Parallelen zu NATO-Einsätzen, war es für das operative Verständnis besonders wichtig, allen Beteiligten klar zu machen, daß es sich um einen Koalitions-Einsatz handelt (zu Beginn des Einsatzes: 16 teilnehmende Nationen – darunter neun »Nicht-NATO-Nationen«).
– Die Grundlage der operativen Planungen war der Auftrag »Intelligence – Surveillance – Reconnaissance (ISR)«. Mit diesen nur in der englischen Sprache verständlichen Begriffs-Synonymen und dem weitgefaßten Operationsziel: »Unterbrechen von terroristischen Verbindungs- und Führungsstrukturen« handelte es sich um einen komplexen Auftrag, der sowohl Elemente einer weitgefaßten »Seeraum-Überwachungsoperation« als auch einen gezielten Einsatz gegen erkannte terroristische Verbindungen auf See enthielt.
– Über das Einsatzgebiet selbst, die Strukturen seiner Seeverbindungswege sowie möglicher gezielter Ansatzpunkte gegen terroristische Verbindungen lagen vor Beginn des Einsatzes nur sehr unzureichende Erkenntnisse vor.
– Ein wichtiger Planungsfaktor in allen Überlegungen war die Frage der sogenannten »Force Protection«, d.h. der Eigenschutz der Einheiten gegen terroristische Angriffe in einem asymmetrischen Bedrohungsumfeld ohne klare Erkenntnisse der Bedrohungsrichtung und des Bedrohungsumfanges.
– Die Vorbereitungen waren so zu planen, daß zunächst bis zum 15. Dezember 2001 (d.h. innerhalb von drei Wochen) die Auslaufbereitschaft aus den Heimathäfen hergestellt war.

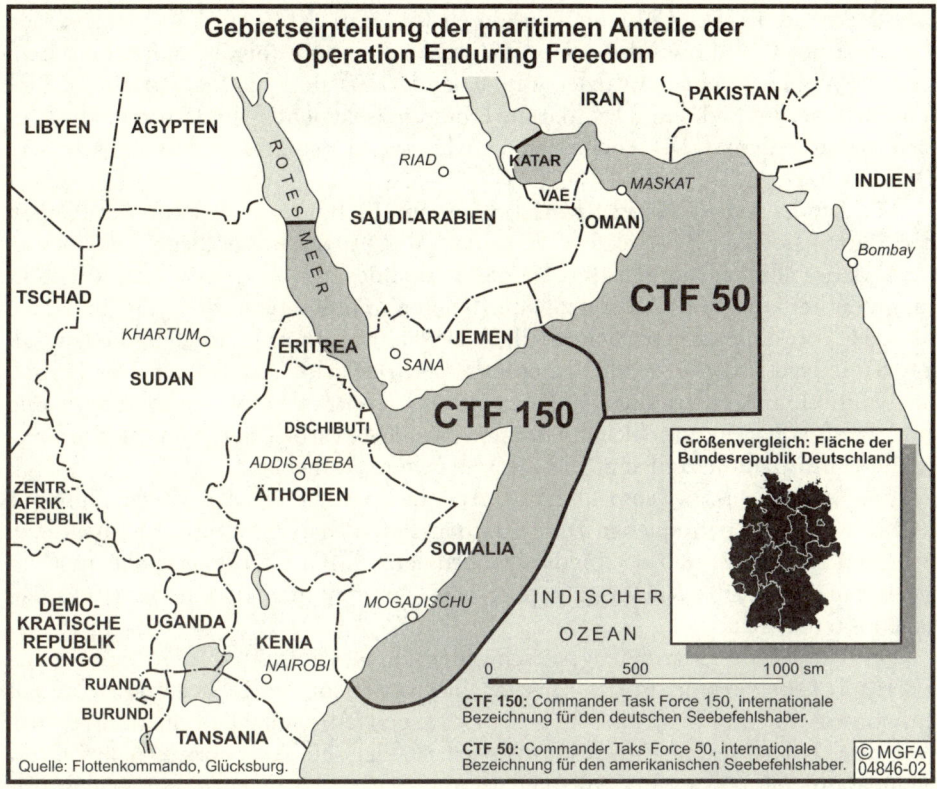

Gebietseinteilung der maritimen Anteile der Operation Enduring Freedom

Größenvergleich: Fläche der Bundesrepublik Deutschland

0   500   1000 sm

CTF 150: Commander Task Force 150, internationale Bezeichnung für den deutschen Seebefehlshaber.

CTF 50: Commander Taks Force 50, internationale Bezeichnung für den amerikanischen Seebefehlshaber.

© MGFA 04846-02

Quelle: Flottenkommando, Glücksburg.

Ablauf der Operation

Entsprechend der Vorgaben des Flottenkommandos meldete der Deutsche Marine Einsatzverband am 15. Dezember 2001 Auslaufbereitschaft. Aus übergeordneten politischen bzw. militärpolitischen Gründen wurde der Auslauftermin dann noch zweimal verschoben. Die Einheiten blieben in einer hohen Bereitschaftsstufe in den Heimathäfen. Am 2. Januar 2002 liefen dann die Fregatten »Emden« und »Köln« zusammen mit Trosschiff »Freiburg« und Tanker »Spessart« sowie den Tendern »Donau« und »Main«[13] aus Wilhelmshaven mit dem Ziel Djibouti aus. Die Fregatte »Bayern«[14] (Flaggschiff), die nach Herauslösung aus ihrem NATO-Einsatz (STANAVFORMED) in Toulon die Weihnachtfeiertage verbracht hatte, stieß im Mittelmeer vor Kreta zum Verband. Der Verband erreichte Djibouti am 24. Januar (Fregatte »Bayern«) bzw. 27. Januar (restlicher Verband) und nahm am 2. Februar seine Überwachungsaufgaben im Verantwortungsgebiet zwischen 18° Grad Nord im Roten Meer und 50° Grad Ost im Golf von Aden auf. Der Kommandeur des 3. Amphibischen Geschwaders der U.S. Navy (USN) (COMPHIBRON 3) führte vor der Ostküste Somalias stehend als CTF 150 den Einsatz mit seiner Amphibious Readiness Group (bestehend aus USS »Bonhomme Richard« – Flaggschiff –, USS »Shreveport« und USS »Whidbey Island«)[15], während der deutsche Verband als TG 150.1 (geführt durch CTG 500.01/CTG 150.1) mit seinen Einheiten im Golf von Aden blieb. Für diesen Zeitraum (bis 26. März) tauschten beide Gruppen je einen Offizier untereinander aus und setzten ihn als Verbindungsoffizier im Stab ein. Das Marineverbindungselement Bahrain (drei Stabsoffiziere) wurde dem CTG ebenso unterstellt wie das Marineverbindungselement Djibouti.

Mit Tender »Main« als Plattform begann am 27. Januar in Djibouti der Aufbau der Marine Logistik Basis im Einsatzgebiet (MLBE). Die wesentliche Aufgabe bestand darin, alle logistischen Belange des Verbandes, wie die Nach- und Rückführung von Personal und Material zu koordinieren und durchzuführen. Hinzu kamen u.a. das Koordinieren und Sicherstellen aller Hafenbetriebsleistungen, die landseitige Sanitätsversorgung, sowie Sicherungs- und Bewachungsaufgaben. Der Betrieb der Hubschrauberkomponente (Marinefliegergeschwader 5 - Detachment) und einer landseitigen Fernmeldeeinrichtung, sowie Pressearbeit durch das eigene Presse- und Informationszentrum (PIZ) waren weitere Aufgaben.

Das Naval Liaison Team Djibouti, Ansprechpartner für das Militär Djiboutis und des vor Ort befindlichen französischen Befehlshabers, knüpfte Kontakte zu örtlichen Behörden, und der Medical Coordinator (MC) koordinierte die landseitige sanitätsdienstliche Versorgung sowie die Zusammenarbeit mit dem französischen Krankenhaus.

Die Anteile des Marinefliegergeschwaders 5 (SEA KING) wurden Anfang Februar mit Lufttransport in das Einsatzgebiet verbracht, sowie Teile des Materials zusammen mit den Schnellbooten auf Dockschiffen nach Djibouti nachgeführt. Die SEA KING waren am 9. Februar einsatzklar, ab 14. Februar nahmen die Schnellboote ihre Einsatz-Aufgaben wahr[16]. Das MPA-Detachment begann die Verlegung nach Mombasa (Kenia) am 13. März und meldete am 16. März drei Luftfahrzeuge für die geplanten Operationen einsatzklar.

Die Entwicklung der Lage in Afghanistan (unerwarteter größerer Widerstand der Taliban-Kämpfer) führte dazu, daß COMPHIBRON 3 (Amphibious Ready Group) Ende März aus dem Bereich Ostküste Somalias abgezogen werden mußte und erste Anfragen hinsichtlich der Übernahme der Verantwortung als CTF 150 an die Deutsche Marine gestellt wurden. Auf Grund der sich auf deutscher Seite verzögernden Entscheidung hinsichtlich der Übernahme der CTF 150-Funktion, wurde am 28. März durch den Commander USNAVCENT der im Golf von Aden operierende COMPHIBRON 4 (Wasp Amphibious Ready Group, bestehend aus USS »Wasp« (Flaggschiff), USS »Trenton«, USS »Oak Hill«)[17] als Interims-CTF 150 eingesetzt. Führten alle Einheiten die Überwachungsaufgaben zunächst gemäß Weisung USNAVCENT nur passiv aus (Radar, optisch, passive elektronische Aufklärung), änderte sich dies ab 16. April im gesamten Verantwortungsgebiet mit der Weisung, nunmehr die Seeraumüberwachung durch gezieltes »Abfragen (Query)« der Handelsschiffe zu verstärken.

Nach entsprechender politischer und militärpolitischer Abstimmung auf nationaler und internationaler Ebene wurde ab 5. Mai 2002, 00:01 C Uhr dem Kommandeur des Deutschen Marine Einsatzverbandes/CTG 500.01 zusätzlich die

Aufgaben des CTF 150 übertragen. Damit erweiterte sich das Verantwortungsgebiet wesentlich um die an die Ostküste Somalias angrenzenden Seegebiete. Des weiteren wurden die Amphibious Reaction Group (ARG) um USS »Wasp« (Flaggschiff) und insgesamt 2500 Mann Marineinfanterie sowie im weiteren Verlauf Schiffe anderer Koalitionspartner (die spanischen Fregatten SPS »Numancia« und SPS »Santa Maria«, die englische Fregatte HMS »Campbeltown«, die französische Fregatte FS »Lavallee«) unterstellt. Aus Sicht der gesamten OPERATION ENDURING FREEDOM – die regional in drei Bereiche unterteilt ist (für den Landeinsatz in Afghanistan sowie für das nördliche Arabische Meer: CTF 50; für »Horn of Africa Operation«: CTF 150) – hatte Deutschland damit die Koordinations-Verantwortung für ein Drittel der Gesamtoperation übernommen und war so der einzige Koalitionspartner der USA auf dieser Führungsebene.

Im weiteren Verlauf der Operation wurden der Einsatzgruppenversorger (EGV) »Berlin« und das Flottendienstboot »Alster« nachgeführt und erreichten am 11. Mai Djibouti[18].

Im ersten Einsatzzyklus im Golf von Aden (16. bis 26. Mai) traten jedoch aufgrund der vorherrschenden klimatischen Bedingungen (hohe Umgebungstemperaturen und Luftfeuchtigkeit) an Bord der »Alster« erhebliche technische Probleme auf, so daß der Einsatz letztlich abgebrochen werden mußte, da die Betriebssicherheit nicht mehr zu gewährleisten war und die Lebensbedingungen für die Besatzung nicht mehr hinnehmbar waren.

Die Schnellbootgruppe mit Tender »Donau« beendete planmäßig ihren Einsatz am 16. Mai, und die Einheiten verlegten auf eigenem Kiel zurück nach Deutschland, wo sie am 15. Juni in ihren Heimathafen Warnemünde einliefen. Der EGV »Berlin«[19] ersetzte Trossschiff »Freiburg« und Tanker »Spessart« im Verantwortungsgebiet (Übergabe zwischen 11. und 14. Mai) und führte das Marineeinsatzrettungszentrum (MERZ) mit.

Wurden bis zu diesem Zeitpunkt im Verantwortungsgebiet nur ISR (Intelligence, Surveillance, Reconnaissance)-Aufgaben durchgeführt, so änderte sich dies am 16. Juni mit den ersten im Rahmen der Suche nach einer bestimmten Dhow durchgeführten Boarding-Einsätzen.

Die Ablösung der Fregatten begann mit dem Wechsel von Fregatte »Bayern« auf Fregatte »Karlsruhe« (20./21. Juni 2002). Fregatte »Bremen« löste Fregatte »Köln« ab (24./25. Juni 2002) und Fregatte »Emden« begann ihren Rücktransit am 1. Juli 2002. Fregatte »Brandenburg« (Typ 123) erreichte Djibouti am 7. Juli 2002 und nahm in ihrer Funktion als neues Flaggschiff des CTG 500.01/CTF 150 den zwischenzeitlich auf Fregatte »Karlsruhe« eingeschifften Stab auf. Tender »Mosel« ersetzte Tender »Main« als Plattform der Marine Logistik Basis im Einsatzgebiet (Übergabe vom 20. bis 25. Juni).

Nach Abschluß des Flaggschiffwechsels erfolgte am 15. Juli 2002 der Wechsel des CTG/CTF und des Chefs des Stabes. Die nationalen Kommandowechsel wurden in Djibouti durch den Befehlshaber des Einsatzführungskommando Generalleutnant Friedrich Riechmann durchgeführt, die internationale Bedeutung des deutschen Beitrages wurde durch den aus Bahrein angereisten COMUSNAVCENT

Vizeadmiral John Keating unterstrichen, die beteiligten Koalitionsmarinen waren durch ihre Kommandanten sowie die nationalen Verbindungsoffiziere bei USNAVCENT vertreten.

2. Erzieltes Zwischenergebnis

Im Rahmen einer langfristig angelegten Operation konnten nach sechs Monaten Einsatz noch keine abschließenden Ergebnisse im eigentlichen Sinn des Wortes vorgelegt werden. Gleichwohl erscheint es erforderlich, das bisher erreichte auf dem Wege zum Operationsziel darzustellen, zu bewerten und damit die Frage zu beantworten, ob man sich noch auf dem Wege der ursprünglichen Planung befand und die Auftragsdurchführung richtig interpretiert wurde.

Flexibilität

Wie bereits während des Golf-Krieges beim Einsatz des Minenabwehrverbandes Südflanke 1991 oder bei der OPERATION SOUTHERN CROSS zur Evakuierung des deutschen Heereskontingentes aus Mogadischu 1994 hat sich auch dieses Mal während der Vorbereitung zur OPERATION ENDURING FREEDOM bewiesen, daß die Marine in der Lage ist, »aus dem Stand heraus« einen Einsatzverband innerhalb von knapp vier Wochen auszurüsten und vorzubereiten. Dieses ist auch deshalb besonders hervorzuheben, da die Freigabe der erforderlichen Haushaltmittel wirklich erst im letzten Moment erfolgt ist und aus dieser Sicht die Rahmenbedingungen alles andere als günstig waren. Dieser Erfolg ist als Leistung aller Bereiche der Marine zu werten, und hier sind vor allem auch der Rüstungsbereich des Marineamtes und das Marinearsenal als Leistungsträger zu nennen. Planmäßig wurde zwischen dem 19. November und dem 15. Dezember 2001 die Auslauf- und Einsatzbereitschaft des größten deutschen Marinekontingentes hergestellt, das nach dem Zweiten Weltkrieg je zum Einsatz aufgerufen worden ist.

Kompetenz im Einsatzgebiet

Die geringen verfügbaren Informationen über die gesamte Struktur und den Seeverkehr im Einsatzgebiet – insbesondere die lokalen Seeverbindungswege zwischen der arabischen Halbinsel und der Nordküste Somalias – machten es erforderlich, zunächst einmal eine umfassende Bestandsaufnahme zu machen, die letztendlich auch den Kern des Aufklärungsauftrags (ISR) darstellte. In einer akribischen katasterähnlichen Aufnahme aller Fakten und Faktoren, unterstützt durch eine weitgehend durch den A 2–Offizier im CTG-Stab entwickelte Datenbank, ist es so nach etwa vier Monaten intensivem Einsatz gelungen, eine Gebietskompetenz für den Bereich des südlichen Roten Meeres und des Golf von Aden aufzubauen, die sowohl bei dem U.S.-Stab in Bahrein als auch bei den beteiligten Koalitionsmarinen entsprechende Beachtung und Anerkennung fand.

Diese Basis wurde im weiteren Verlauf verfeinert und verbessert, und ermöglichte danach ein Vorgehen, das in der etwas reißerischen Sprache der Journalisten später als »Maritime Rasterfahndung« bezeichnet wurde. Diese sowohl von seiten USNAVCENT als auch von den beteiligten Koalitionsmarinen anerkannte fachliche Kompetenz im zugewiesenen Operationsgebiet in Verbindung mit einem bemerkenswerten deutschen Kräfteansatz (berechnet nach »Flaggenstöcken« verstärkte das Anfangskontingent des Deutschen Marine Einsatzverbandes die Koalitionsstreitkräfte um zwölf Einheiten oder immerhin um 14 Prozent), zeigte entsprechende Wirkung und war letztendlich mit ein Grund dafür, daß die Bundesrepublik Deutschland durch die USA im weiteren Verlauf gebeten wurde, die gesamte Führungsverantwortung für die Teiloperation »Horn of Africa« zu übernehmen. Das als nationaler Auftrag gesetzte Ziele eines »sichtbaren deutschen Beitrages« war damit erreicht, die deutsche Mitsprache und Einflußmöglichkeit gegenüber den USA aber auch innerhalb der Koalition wurde erweitert und ermöglicht Zugang und Mitarbeit bei der strategischen Weiterentwicklung der Operation.

Stabilitätszuwachs

Eine systematische und intensive Seeraumüberwachungs–Operation, wie sie in den ersten sechs Monaten durch die Kräfte der Koalitionsmarinen unter maßgeblicher Mitwirkung der deutschen Einheiten mit Schwerpunkt südliches Rotes Meer und Golf von Aden betrieben wird, bleibt nicht ohne Auswirkung auf die gesamte Region. Da es sich bei dem Operationsgebiet einschließlich der angrenzenden Küstenstaaten vor Beginn des Einsatzes weitgehend um eine völlig »ungeordnete« und fast als »rechtsfreier Raum« zu bezeichnende Region gehandelt hat, ist die Wirkung der plötzlich auftauchenden Kriegsschiffe der Koalitionsmarinen um so stärker. Ob Seenotfälle, Piraterie oder auch nur die Fälle völliger Hilflosigkeit der Anrainer im Rahmen ihrer internationalen Verantwortung als Küstenstaat, um die sich bis dato niemand gekümmert hatte, diese Problematik wird nun als Nebeneffekt des Überwachungsauftrags durch die Einheiten der Koalitionsmarinen mit wahrgenommen. Die Tatsache, daß es plötzlich »Ansprechpartner« gibt, die auf Notrufe reagieren, die obskure Aktivitäten auf See beobachten und dokumentieren und die letztlich auch gezielte Nachforschungen anstellen und den zivilen Schiffsverkehr »abfragen«, bewirkt einen Stabilitätszuwachs in der Region, der sich »herumspricht«, d.h. zwangsläufig von allen »Akteuren« wahrgenommen wird und so auch zweifellos dazu führen wird, terroristische Aktivitäten zu behindern oder zu erschweren. Damit wird aber genau das eigentliche Operationsziel der OPERATION ENDURING FREEDOM verfolgt. Dies ist ein sehr langwieriger Prozeß, und die Wirkung läßt sich nur selten in spektakulären Zahlen dokumentieren. Letztlich wird aber genau das gleiche damit erzielt, was im Rahmen der Kriseneinsätze auf den Balkan oder in Afghanistan selbst durch Patrouillen unserer Heereskameraden in Kabul, Priszren oder Sarajewo bezweckt wird.

Einzelereignisse

Die Beschreibung von Einzelereignissen soll im nachfolgenden nur exemplarisch erfolgen und als Skizze für die Einsatzformen dienen, die von den Besatzungen abgeforderte werden und sich teilweise auch erst im Lauf des Einsatzes entwickelt haben. Diese Beschreibung darf allerdings nicht die Maßstäbe verschieben, denn der überwiegende Teil des Einsatzes ist – wie bei allen Seeraum-Überwachungs-aktionen – eine anstrengende, wenig abwechslungsreiche und absolut unspektaku-läre systematische Aufklärungsarbeit.

Geleitschutz (Escort)-Einsatz im Bab-el-Mandeb: Die Meerenge des Bab-el-Mandeb, die zu den meistbefahrenen Schiffahrtsrouten der internationalen Han-delsschiffahrt zählt, gilt hinsichtlich der Gefährdung durch mögliche terroristische Angriffe in Form von »Speedboat-Attacken« als besonders neuralgischer Punkt. Ausgehend von der Bedrohungsanalyse des COMUSNAVCENT wurden für die Pas-sagen aller wichtigen militärischen Transporte (sogenannte »high valuable units – HVU´s«) der Koalitionsmarinen durch das Bab-el-Mandeb ein militärischer Geleit-schutz als Sicherung gefordert. Mit durchschnittlich ein bis zwei Passagen pro Woche führte dies bereits zu einer »Grundauslastung« des Verbandes in der ca. 80 Seemeilen langen Meerenge zwischen den Hanisch-Inseln im Roten Meer und dem Golf von Aden.

Beschuß Fregatte »Emden«

Anfang April 2002 wurde Fregatte »Emden« bei der Annäherung an zwei verdäch-tig wirkende kleine Küstenfrachter, die längsseitsliegend knapp außerhalb der so-malischen Hoheitsgewässer trieben, plötzlich und ohne erkennbaren Anlaß auf große Entfernung mit Handfeuerwaffen beschossen. Durch umsichtiges Verhalten der Schiffsführung konnte sowohl eine Gefährdung der Besatzung als auch eine Eskalation im Grenzbereich der somalischen Hoheitsgewässer vermieden werden. Neben vielen Einzelheiten, die im weiteren umfassend untersucht wurden, zeigt dieser Vorfall überdeutlich, daß selbst ein auf zunächst passive Beobachtung abge-stellter Einsatz jederzeit eskalieren kann und die mit dem Begriff »asymmetrische Bedrohung« verbundene Gefahr tatsächlich in diesem Einsatzgebiet existiert.

Hilfe in Seenotfällen

Die intensiven Einsätze im Golf von Aden führen zwangsläufig dazu, daß der Verband mit allen auftretenden Seenotfällen konfrontiert wird, zumal die Küsten-staaten dafür keinerlei Vorsorge getroffen haben. Von der kleinen Dhow, die mit defektem Antriebsmotor und ohne Funkanlage über mehr als zwei Wochen im Golf von Aden trieb, bis zu deutschen Seglern, die auf »Weltumsegelungstour« mit ihrer Yacht zunächst in Seenot gerieten und sich dann noch von Piraten bedroht fühlten oder der ärztlichen Hilfeleistung auf Handelsschiffen hat der Verband so ziemlich alle Formen der Unterstützung geleistet. Auch dies ist nicht der originäre Einsatzauftrag, in seiner Außenwirkung trägt er aber durchaus zur Stabilisierung einer Region bei.

Motorschiff »Breeze«

Mit dem Fall des MS »Breeze« Anfang Juni 2002 wurde ein anderer Problembereich der Region überdeutlich vor Augen geführt. Es handelte sich um ein sogenanntes »Boat-People Schiff«, das mit 170 Flüchtlingen aus Sri Lanka angeblich auf dem Weg nach Sizilien war.

Nach einer mehr als sechswöchigen Seefahrt über den Indischen Ozean zur Monsunzeit waren die Flüchtlinge am Ende ihrer Kräfte, Kraftstoff und Verpflegung gingen zur Neige. Hier bestand die besondere Herausforderung, die selbstverständliche humanitäre Hilfe zu leisten, ohne in die verpflichtende Situation der Asylgewährung gegenüber den an Bord befindlichen »Boat People« zu kommen. Als Nebeneffekt von direkten Verhandlungen des CTG mit dem Generalstab und der Marineführung des Jemen in Sanaa wenige Wochen vorher konnten diese Ansprechstellen dazu genutzt werden, um für das MS »Breeze« eine Genehmigung zum Einlaufen in einen jemenitischen Hafen zu erhalten. Mit intensiver dreitägiger Unterstützung der Fregatte »Emden« endete dieser Fall dann vorläufig mit dem Einlaufen des Flüchtlingschiffes in Al Mukallah (Jemen). Die Tatsache, daß MS »Breeze« drei Wochen später im Roten Meer gemeldet wurde, zeigt nicht nur, daß die »Boat People« es mit dem Ziel Sizilien offensichtlich noch immer ernst meinten, sondern auch, wie unmittelbar scheinbar weit entfernte Probleme auch zu Problemen Europas werden können.

Piratenfall »Panagia Tinou«

Von den insgesamt vier Vorfällen unter dem Stichwort Piraterie, die der Verbandsführung in den ersten sechs Monaten des Einsatzes zur Kenntnis kamen und bei denen zumindest mittelbare Hilfe geleistet werden konnte, war der Fall des zypriotischen 20 000 to Frachters »Panagia Tinou« Mitte Juni 2002 der wohl spektakulärste Vorfall. Hier gelang es in einer fast zwei Wochen dauernden Verhandlung zwischen Reederei, Versicherung, Bürgen und den Erpressern unter Beteiligung des CTG-Stabes, das Schiff – ohne Verluste unter der Besatzung, allerdings nach Zahlung einer erheblichen Lösegeldsumme – freizubekommen. Es bleibt festzuhalten – und dies wurde u.a. in entsprechenden Dankschreiben der Reederei sowie der internationalen Piraterie-Behörde bestätigt –, daß ohne das Eingreifen des internationalen Flottenverbandes und die geschickte unmittelbare Unterstützung durch die Fregatte »Bremen« der Fall nicht so glimpflich ausgegangen wäre.

Boarding-Operationen

Die im Rahmen des originären Auftrages »Maritime Interdiction« Anfang Juli gezielt durchgeführten drei Boarding-Operation auf Dhows (geboardet durch die Fregatten »Emden« und »Köln« sowie die spanische Fregatte »Victoria«), die sich auf dem Wege vom Jemen nach Somalia befanden, verliefen problemlos und zeigten, daß die bisher durchgeführten Übungen und Vorbereitungen richtig waren. Sie zeigten aber vor allem auch, wie schwierig das Absetzen des Boarding Teams im »Fast Roping-Verfahren« aus einem Hubschrauber auf eine solch kleine, dem Seegang völlig ausgesetzte Einheit ist. In diesem Zusammenhang muß darauf hingewiesen werden, daß sich die Auftragslage in Bezug auf Boarding nicht mit den bekannten Szenarien aus der OPERATION SHARP GUARD (Embargo-Operation in der Adria zwischen 1992 und 1996) vergleichen läßt. Galt es in der Adria ein entsprechendes UN-Embargo durchzusetzen, mit der Folge, daß alle Handelsschiffe mit entsprechenden Zielhäfen zu untersuchen waren, so geht es hier um eine gezielte Suche im Rahmen der Terrorismusbekämpfung, die entsprechende Informationen und gezielte Erkenntnisse voraussetzt, um ein Boarding durchzuführen und zu rechtfertigen.

3. Herausforderungen und Erfahrungen

Wie bereits dargestellt, ist der Einsatzzeitraum von sechs Monaten nicht ausreichend, um eine umfassende Zusammenstellung an Erfahrungen und daraus zu ziehenden Folgerungen vorlegen zu können. Im Nachfolgenden sollen deshalb Kernbereiche und Begriffe aus der bisherigen Gesamtoperation herausgegriffen werden, um den Sachstand der gegenwärtigen Diskussion und die sich weiterentwickelnde kritischen Begleitung des Operationsablaufes zu skizzieren.

Nationale Führungsstruktur

Mit Eintritt des Verbandes in den Golf von Suez wechselte am 20. Januar 2002 das Unterstellungsverhältnis vom Flottenkommando zum Einsatzführungskommando der Bundeswehr (EinsFüKdoBw). Dieses übernahm seine Führungsfunktion zügig und umfassend und war bemüht, den Verband in allen Belangen zu unterstützen. Dabei war allerdings im Verband häufig nicht nachvollziehbar, welche externen Stellen durch das EinsFüKdoBw mit einbezogen werden mußten, um die notwendige maritime Expertise zur Entscheidungsfindung heranzuziehen. Dieses Auslagern von Führungsentscheidungen führte zwangsläufig zu entsprechenden Rückfragen von den Stellen, deren Fachkompetenz in die Entscheidungsvorbereitung mit einbezogen werden mußte. Im Ergebnis kam es letztendlich zu einem erhöhten Kommunikations- und Koordinationsbedarf über mehrere Führungsebenen hinweg einschließlich laufender Informationsverpflichtungen an Bereiche, die außerhalb der unmittelbaren Führungshierarchie lagen. Darüber hinaus stellte sich die Führung jedoch für einen Einsatzverband der Marine auch stark administrativ belastend dar und rückte den kleinen Stab des CTG gelegentlich an die Grenze des Leistbaren. Zum gegenwärtigen Zeitpunkt der Diskussion kann deshalb aus Sicht eines unterstellten Kommandeurs – und diese Bewertungsebene muß dabei besonders betont werden – festgestellt werden:
– »Die neue nationale Führungsstruktur mit dem Einsatzführungskommando an der Spitze, das alle Auslandseinsätze der Bundeswehr zentral führt, ist machbar, sie ist jedoch« im Vergleich zum bisherigen Verfahren (und hier sind persönliche Erfahrungen als Kommandeur des Marineverbandes Somalia 1994 sowie

COMSTANAVFORLANT 1998/99 bewußt mit einbezogen) erheblich aufwendiger und erfordert einen ungleich höheren Koordinationsaufwand.

– Die Führungsstruktur bricht mit den bisher bewährten Konzepten, mit denen international eingesetzte Einheiten der Deutschen Marine in den letzten 35 Jahren geführt wurden.

– Die Abarbeitung der überdimensionierten nationalen Informationsverpflichtungen im Rahmen eines internationalen Einsatzes bringt einen eingeschifften (auf Grund der Unterbringungskapazität an Bord nicht beliebig vergrößerbaren) Marinestab an seine Leistungsgrenzen. Sollte dieser Stab zukünftig stärker international besetzt werden, wird es nicht mehr machbar sein, den sehr spezifischen nationalen Informationsverpflichtungen nachzukommen.

– Die nationale Führungsstruktur entspricht weder der NATO- noch der internationalen Führungsstruktur der OPERATION ENDURING FREEDOM, in der klar nach dem Composite Warfare Commanders Concept (CWC-Concept) die maritimen Anteile durch einen Maritime Component Commander eigenverantwortlich geführt werden.

Internationale Führungsstruktur

Die internationale Führungsstruktur ist geprägt durch die eindeutige »lead function« der USA und die Tatsache, daß es sich um einen Koalitionseinsatz außerhalb aller NATO-Strukturen handelt. Das U.S. Central Command in Tampa zeichnet verantwortlich für den strategischen Ansatz der Gesamtoperation, während der maritime Anteil durch den sogenannten »Commander Joint Forces Maritime Component Command (CJFMCC)« aus Bahrein geführt wurde Dieser hatte in Person des Vizeadmirals John Keating in Personalunion zugleich als COMUSNAVCENT die regionale Zuständigkeit für Marineeinsätze in der CENTCOM Area, war gleichzeitig als Befehlshaber der 5. (US) Flotte (COM 5th Fleet) der wesentliche »Force Provider« und konnte damit über die Masse der maritimen Einsatzkräfte direkt verfügen. Diese zunächst etwas kompliziert erscheinende Organisationsform entspricht der typischen U.S.–Führungsstruktur und bewährt sich durch die direkten Zugriffmöglichkeiten des Oberbefehlshabers auf alle in der Region eingesetzten Kräfte. Die beteiligten Nationen vertreten ihre Interessen durch eigene Verbindungskommandos, die zunächst als reine Verbindungselemente außerhalb des Führungsstabes angesiedelt waren.

Internationale Zusammenarbeit

Die internationale Zusammenarbeit ist auf allen Ebenen sehr gut, sachbezogen und wurde im Zuständigkeitsbereich des CTF 150 auch dadurch erleichtert, daß ausschließlich NATO–Marinen zum Einsatz kamen. Von daher konnte in der unmittelbaren Zusammenarbeit auf bewährte und allseits bekannte Verfahren der »Standing Naval Forces« zurückgegriffen werden. Dennoch bestanden auch hier die beteiligten Nationen auf dem Recht, ihre Einheiten nach nationalen Interessen und Gesichtspunkten einzusetzen. Dieses sogenannte »National Tasking« wirkte

sich besonders in Form unterschiedlicher Verfügbarkeiten (Hafenbesuchpro-
gramme, nationale Einsätze im Einsatzgebiet etc.) der Einheiten aus, was zu einem
erheblichen zusätzlichen Koordinationsaufwand führte. Letztlich standen im Golf
von Aden nur die Einheiten der Deutschen Marine für den CTF 150 permanent
und ohne Einschränkungen zu Verfügung. Als Ziel einer weiteren Intensivierung
der Zusammenarbeit sollte daher angestrebt werden:

– Stärkere Koordination des »National Tasking« in Form von Planungsvorgaben
  der Nationen und eine gewisse »Veto-Funktion« des CTF 150, um eine ausge-
  glichenere Belastung der einzelnen Einheiten ermöglichen zu können.
– Konkrete Absprachen und stärkere Koordination im Rahmen der internationalen Logistik.
– Stärkere internationale Koordination eines »Einsatz-Übungsprogramms« – und
  dabei insbesondere die Verfügbarkeit von Zieldarstellungsmitteln und Übungs-
  partnern.

Führungsfähigkeit

Die Führungsfähigkeit des deutschen Kontingentführers war im wesentlichen
gegeben, solange er mit seinem Stab sich auf die Technologie einer Fregatte Typ
F 123 abstützen konnte. Einschränkungen gab es während der Phasen, in denen
keine der beiden Fregatten der Klasse Typ F 123 (Fregatte »Bayern«, Fregatte
»Brandenburg«) mit entsprechenden Fernmeldemitteln als Führungsplattform zur
Verfügung stand. Mit dieser ausgesprochen positiven Feststellung, daß damit eine
ausreichende Kompatibilität zu den sich wesentlich schneller entwickelnden U.S.-
Führungs- und Informationssystemen möglich war, müssen aber die grundsätzli-
chen Rahmenbedingungen verdeutlicht werden, unter denen es nur möglich ist,
hier den Anschluß zu halten bzw. bei deren Nichtbeachtung es zu entscheidenden
Einschränkungen kam:

– Die Einführung bzw. die Nachrüstung der Fregatten F 123 mit »state-of-the-
  art« Führungs- und Informationstechnologie bedarf einer koordinierten Planung, bei der technische Verwirklichung, Testphase und Bedienerausbildung
  Hand in Hand vor dem Einsatz erfolgen müssen. Wegen zu später Freigabe
  von Haushaltsmitteln erfolgte eine »last minute« Einrüstung der beiden Führer-
  schiffe mit einem Lösungsansatz der Art »muddling through«, der zu nerven-
  aufreibenden Anfangsproblemen geführt hat.
– Spätestens mit Beginn des Einsatzes des zweiten Kontingentes zeigte sich das
  Erfordernis einer koordinierten Regelausbildung zur Bereitstellung ausreichend
  ausgebildeten Bedienerpersonals. Nur so wird es möglich sein, eine ausreichende Standfestigkeit der Systeme zu gewährleisten und von dem sich ständig wie-
  derholenden Einsatz der wenigen Spezialisten wegzukommen.
– Alle Führungs- und Informationssysteme sind nur brauchbar, wenn die entsprechenden Satellitenverbindungen zur Verfügung stehen. Dies ist nicht nur
  ein Problem der Marine, sondern bedarf dringend einer bundeswehrgemeinsa-
  men Lösung.

– Eine Nachrüstung der Fregatten Typ F 122 mit einer SHF–Satcom Anlage mit Multiplexer–Technologie[20] ist die unabdingbare Forderung, um mit diesen nach 20 Jahren Einsatz noch immer ausgesprochen leistungsfähigen Schiffen in einem Verband Rückfall-Optionen zur Verfügung zu haben und die Einheiten ausreichend an die bereits verfügbare Führungs- und Informationstechnologie anbinden zu können.

Schnellboot-Einsatz

Der Einsatz der Schnellboote war von viel falscher und kontraproduktiver Berichterstattung belastet. Es muß deshalb hier eindeutig klargestellt werden, daß der Einsatz vom Beginn bis zum Ende planmäßig verlief, die Boote und ihre Besatzungen unter den besonderen Bedingungen des Einsatzgebietes (u.a. Meerenge Bab-el-Mandeb und räumliche Nähe zur Operationsbasis Djibouti) hervorragende Leistungen erbracht haben, die wesentlich zu den Anfangserfolgen der Operation und damit zur »visibility« des deutschen Einsatzes beigetragen haben. Es ist nicht richtig, daß die Boote aus Gründen der »klimatischen Belastungen« hätten zurückgezogen werden müssen. Vielmehr wurden sie unter Einbeziehung der Zeit für den Rücktransit auf eigenem Kiel so aus der Operation herausgelöst, daß sie die geplante Gesamteinsatzzeit von sechs Monaten nicht überschritten. Diese Feststellung soll die Leistungen der Besatzungen auf den Booten im Einsatz unter den extremen klimatischen Bedingungen nicht relativieren. Sie waren allerdings auch nur möglich, weil durch eine geschickte Einsatzsteuerung des Geschwaderkommandeurs mit einem rotierenden Einsatz die entsprechenden Erholungsphasen (in klimatisierten Wohnbereichen) gewährleistet wurden, um die Einsatzbereitschaft durchgehend auf hohem Niveau zu halten. Über den gesamten Einsatzzeitraum war es mit den fünf Booten möglich, die Überwachungspositionen ohne eine einzigen Ausfall zu besetzen. Neben dem Leistungswillen der Besatzungen darf dabei auch nicht die hervorragende Unterstützung der System Unterstützungsgruppe (SUG)[21] vergessen werden, die schwierigste Reparaturen sozusagen »über Nacht« jeweils so durchführte, daß die Einsatzboote immer zu den geforderten Terminen klar waren. Es bleibt festzuhalten:

– In einer Seeraum-Überwachungs-Operation, in der es darum geht, »Fläche« abzudecken, zählen die »Flaggenstöcke«. Bereits aus dieser sehr einfachen Betrachtungsweise haben die fünf Schnellboote dem Verband ein entscheidendes zusätzliches Aktionselement gebracht.

– Die speziellen Bedingungen des Einsatzgebietes in und vor dem Bab-el-Mandeb sind bestens geeignet für Schnellboot-Einsätze bzw. Booteinsätze ganz allgemein, d.h. auch die Schnellen Minensuchboote würden hier erfolgreich operieren können und sogar noch ein zusätzliches Fähigkeitsprofil (Minenabwehrfähigkeit) einbringen, über das die Koalitionsmarinen insgesamt nur sehr begrenzt und im Golf von Aden überhaupt nicht verfügen.

– In einigen der abgeforderten Einsatzarten (z.B. Überwachungs- oder Escort-Aufgaben im Bab-el-Mandeb) waren die Schnellboote wesentlich effektiver einzusetzen als eine Fregatte.

- Aus den ersten Einsatzerfahrungen hat sich der Begriff »Fregatten-Äquivalent« herauskristallisiert. Das bedeutet, bezogen auf den speziellen gegenwärtigen Auftrag im Rahmen der Operation ENDURING FREEEDOM und das spezielle Operationsgebiet, läßt sich mit fünf Booten (Schnellboote oder SM-Boote) im Dauereinsatz eine Fregatte ersetzen.
- Trotz aller »Unkenrufe« ist es während des gesamten Einsatzzeitraumes bei den Schnellbooten – insbesondere bei den Antriebsdieselmotoren – zu keinen klimabedingten Ausfällen gekommen, obwohl der Einsatz permanent jenseits aller bis dahin bekannten »technischen Grenzwerte« gefahren wurde.

Marine Logistik Basis im Einsatzgebiet (MLBE)

Die Marine Logistik Basis im Einsatzgebiet (MLBE) hat sich für die Nachversorgung des eigenen Verbandes – bei der Koordinierung des Material- und Personalstroms von und nach Deutschland, sowie beim Transport zwischen Flughafen und den Einheiten in Djibouti – als ein unverzichtbares Standbein an Land erwiesen. Die Abstützung mit der Masse des Personals und aller Arbeitsplätze auf einen Tender als schwimmende Plattform hat sich eingespielt und bewährt. Bei der Größe des Verbandes und den vorgegebenen Rahmenbedingungen (z.B. bei Personalaustausch etc.) hat sich als Erfahrungswert ein wöchentlicher Transportbedarf von bzw. nach Deutschland von etwa 15 to Fracht und 40 Personen ergeben. Dies war mit den Routineflügen der Luftwaffe problemlos abzudecken. Neben der Versorgung des eigenen Einsatzkontingentes hat sie mehrfach auch Einheiten der Koalitionspartner unterstützt (Transfer von Material und Personal). Es bleibt festzuhalten:
- Die MLBE in Djibouti einschließlich der SEA KING-Hubschrauberkomponente auf dem Flughafen Djibouti ist der entscheidende Rückhalt für den Gesamteinsatz. Er läßt sich hinsichtlich Flexibilität, Präzision der Unterstützung und Unterstützungsumfang nicht durch das aus Übungen und Auslandsreise bekannte »Schiffsagenten- System« ersetzen.
- Unter dem Gesichtspunkt von »Force Protection« einschließlich ggf. erforderlicher Evakuierung und der Abstützung auf ein zumindest politisch nicht sehr stabiles Gastland bringt der Einsatz eines Tenders als Unterbringungsplattform die entscheidende Flexibilität.
- Der logistische Aufwand für den Einsatz ist nicht direkt proportional zu den unmittelbar im Einsatz befindlichen Kräften. D.h. bei einer weiteren Reduzierung von Einsatzkräften wird der logistische Grundbedarf nicht in gleichem Maße zu senken sein, der Einsatz kann damit Gefahr laufen, die Grenzen der Kosteneffizienz zu überschreiten.
- Der seit Ende Mai 2002 erstmalig in den Einsatz gebrachte EGV »Berlin« als integrierte Versorgungseinheit des Verbandes hat sich sowohl in seiner Rolle als »Versorger und Tanker« als auch durch das eingeschiffte Marine-Einsatz-Rettungszentrum (MERZ) voll bewährt. Er hat entscheidend zur logistischen Unterstützung der im Golf von Aden eingesetzten oder passierenden Einheiten der Koalitionsmarinen beigetragen.

Belastung der Besatzungen

Das Personalkonzept hat sich im wesentlichen auf das Prinzip abgestützt, daß die Besatzungen der schwimmenden Einheiten – geschlossen mit ihren Einheiten – nach ca. sechs Monaten Einsatz herausgelöst werden. Bei dem übrigen Personal (Flieger, MLBE-, MERZ-Personal) hat sich eine Einsatzdauer von ca. vier Monaten eingependelt.

Mit der sechsmonatigen Abwesenheit unserer Besatzungen aus dem Heimathafen und dem Gesamteinsatzprofil der Flotte gerät man zweifellos zu einer Abwesenheitsbelastung, die an die Grenze des Zumutbaren geht und unter den besonderen Bedingungen des Jahres 2002 diese in einzelnen Teilbereichen überschritten hat. Die Einsatzdauer der Fregatte »Bayern« mit zehn Monaten Abwesenheit vom Heimathafen stellt dabei den Extremfall dar. Dennoch ist unter Berücksichtigung aller Rahmenbedingungen die sechsmonatige Einsatzdauer eindeutig einer kürzeren – und damit häufigeren Einsätzen – vorzuziehen.

Als wesentliches Element der Personalführung im Einsatz haben sich folgende Kriterien herausgestellt:
– Die Gewißheit, daß für eine zeitgerechte Ablösung gesorgt wird, und damit die Gesamteinsatzdauer (Auslaufen bis Einlaufen Heimathafen) nicht wesentlich überschritten wird, ist das wichtigste Motivationsmittel für die Besatzungen.
– Die Einführung eines Liberty Port-Aufenthaltes[22] etwa nach der Hälfte des Einsatzes und damit ein Herausziehen der Besatzungen aus dem Einerlei des Einsatzes und dem wenig attraktiven Abstützpunkt Djibouti hat sich als weiterer wichtiger Punkt im Bereich Innere Führung erwiesen.
– Die wöchentliche Flugverbindung nach Deutschland und damit die Möglichkeit, bei allen schwerwiegenden persönlichen Problemen einen kurzfristigen und unkomplizierten Personalaustausch vornehmen zu können, ist ein weiterer wichtiger Garant für die Gesamtstimmung im Verband.
– Die Tatsache, daß bei einer Reduzierung der Einsatzzeit von gegenwärtig sechs Monaten das Erfordernis wächst, häufiger zum Einsatz zu kommen, trägt ebenso zu der Einsicht der Besatzungen bei, wie die Tatsache, daß bei einer Einsatzdauer von z.B. vier Monaten die erforderlichen Transitzeiten für die Ablösung sich so summieren würden, daß sie rechnerisch dem Seetagkontingent einer Fregatte für ein ganzes Jahr entsprechen.

4. Zusammenfassung

Insgesamt sind durch den Verband in der Zeit seit Beginn der Operation bis zum Kontingentwechsel im Juli 2002 bereits eine Vielzahl von Aufgaben erfolgreich bewältigt und gleichzeitig vorzeigbares Detailwissen über den See- und Handelsverkehr im Verantwortungsgebiet erarbeitet worden. Die durch die besonderen klimatischen Bedingungen in diesem Gebiet entstehenden Probleme (technischer, wie auch physischer und psychischer Natur) konnten bisher gut bewältigt werden, wobei insbesondere der sehr niedrige Krankenstand trotz entsprechender Belastungen hervorzuheben ist. Gleichzeitig ist es bisher trotz mancher Risiken glücklicherweise zu keinem schwerwiegenden Unfall oder Personalverlusten gekommen.

Deutscher Marine-Einsatzverband im Golf von Aden April 2002: Fregatten »Bayern« (Flaggschiff), »Emden«, »Köln«, Versorger »Freiburg«, Tanker »Rhön«, 5 Schnellboote (Nicht im Bild: Tender »Donau« als Plattform für die SUG-Schnellboote, Tender »Main« als Plattform der Marine-Logistik-Basis im Einsatzgebiet)   *Quelle: Flottenkommando, Glücksburg*

Nachwort (vom Frühjahr 2004)

Seit Abschluß dieses Berichtes wurde das Mandat zum Einsatz im Rahmen der OPERATION ENDURING FREEDOM bereits zweimal für jeweils zwölf Monate verlängert. Der Terrorismus ist unverändert aktiv und macht den kontinuierlichen Beitrag – auch den maritimen Beitrag – der Bundesrepublik Deutschland weiter erforderlich. Die Flotte ist nun auch an den komplementären Einsätzen im Mittelmeer und in der Straße von Gibraltar beteiligt. Mit jedem Kontingentwechsel werden die Erfahrungen fortgeschrieben.

Stellte die Beschaffung der Suezkanal-Papiere für die Vorbereitungen des Einsatzes im Jahre 1994 noch ein echtes Problem dar, gibt es heute keine größere Einheit der Flotte, die nicht mindestens einmal in jüngster Zeit den Suezkanal in Richtung auf das Einsatzgebiet am Horn von Afrika passiert hat, der »Suezkanal Messbrief« ist selbstverständlicher Teil der Schiffspapiere! Dieses relativ einfache, eher amüsante Beispiel aus den beiden Berichten ist symptomatisch für viele Entwicklungen, die mit den sich ändernden Formen des Einsatzes der Flotte einhergegangen sind.

Auf viele andere Forderungen aus den Erfahrungen des Jahres 1994 stießen die Planer erneut auch im Vorfeld des Einsatzes der OPERATION ENDURING FREEDOM, Forderungen, die noch nicht umgesetzt werden konnten – so wichtig und bedeutend sie auch im einzelnen gewesen sein mochten. Auch dies spiegelt die nicht änderbaren Rahmenbedingungen wieder, unter denen die Flotte heute eingesetzt werden muß. Unverändert erscheint auch der Bedarf gegeben zu sein, die Möglichkeiten »maritimer oder durch maritime Mittel geprägter Lösungen« den Entscheidungsträgern außerhalb der Marine deutlich zu machen. Dabei wird es weiterhin darauf ankommen, daß Flexibilität und Zuverlässigkeit als wesentliche Konstanten eines Einsatzes der Flotte unter Beweis gestellt werden und das Bewußtsein gestärkt wird, damit wichtige maritime Fähigkeiten in das gemeinsame Fähigkeitsspektrum einer Bundeswehr einzubringen, die sich permanent den neuen Rahmenbedingungen anzupassen hat.

Anmerkungen

[1] Es handelte sich um die Überwachungs-Operation des durch die UN gegenüber Serbien erlassenen Embargos in der Adria/Straße von Otranto. Der Zerstörer »Bayern« war – nach entsprechender Beschlußfassung im NATO-Rat (mit Zustimmung der Deutschen Bundesregierung) im Rahmen der Standing Naval Force Mediterranean eingesetzt worden.

[2] Urteil BVG: »Mit Zustimmung des Deutschen Bundestages können deutsche Streitkräfte außer zur Verteidigung gemäß Art. 24 GG auch innerhalb und nach den Regeln eines Systems gegenseitiger kollektiver Sicherheit (UNO, NATO, EU) außerhalb des Bundesgebietes eingesetzt werden (»Out of area-Einsatz«). Sammlung der Bundesverfassungsgerichts-Entscheidungen, Bd 90, S. 286 ff.

[3] Verteidigungspolitische Richtlinien für den Geschäftsbereich des Bundesministers für Verteidigung vom 21.5.2003.

[4] Pressekonferenz Verteidigungsminister Struck am 21.5.2003.

[5] Es handelt sich um einen Auszug aus dem Bericht des damaligen CTG 500.02 anläßlich der Rückmeldung beim Befehlshaber der Flotte am 18.4.1994.

[6] Im Sinne der Auftragstaktik wurde das Flottenkommando an allen Befehlen/täglichen Weisungen und Absichten des Verbandsführers vor Ort beteiligt. Sofern kein Einspruch durch die Operational Command Authority (OCA) erfolgt, waren dann die angeordneten Einzelmaßnahmen gebilligt.

[7] Fregatte Typ 122, 1979–1987 gebaut, 3800 ts, 30 kn, Fahrbereich: 4000 sm/18 kn, 200 Mann Besatzung, Seeziel- und Luftzielflugkörper, ein 7,6 cm-Geschütz, 2 Hubschrauber. »Nienburg«: Versorgungsschiff Typ 701 A, 1965–1968 gebaut, 3534 ts, 17 kn, Fahrbereich: 3000 sm/17 kn, 103 Mann Besatzung, Ladekapazität: 1100 ts Versorgungsgüter, einschließlich Treibstoff. »Spessart«: Betriebsstofftransporter Typ 704, 1974/75 gebaut, 14 200 ts, 16 kn, 42 Mann Besatzung.

[8] Die Gesamtbewertung der Einsatzfähigkeit (EF) einer Einheit erfolgt in einer Abstufung von 5 Einsatzfähigkeitsstufen. Höchste Stufe: EF 1 = »Einsatzfähig ohne Einschränkung«; EF 2 = »Einsatzfähig mit geringen Einschränkungen«; niedrigste Stufe EF 5 = »Nicht einsatzfähig«.

[9] Bei dem letzten Transport wurden 178 Mann mit ihrer persönlichen Ausrüstung und Gepäck durch drei BHS in 69 Einzelflügen von der Pier und aus dem Bereich des Lagers auf die Fregatten ausgeflogen. Ein BHS wurde für Notlagen in Bereitschaft gehalten.

[10] In der Logistischen Basis Djibouti waren die Luftwaffen-Angehörigen im Hotel Sheraton untergebracht, während das Heer in Zelten und in Unterkünften der französischen Fremdenlegion untergekommen war.

[11] Auf diese Weise ist auch der heutige Befehlshaber des Einsatzführungskommandos der Bundeswehr, der als damaliger Kontingentführer als letzter deutscher Soldat Somalia verlassen hat, auf Fregatte »Köln« einer (nicht ganz einfachen) Äquatortaufe unterzogen worden.

[12] Bei den folgenden Ausführungen handelt es sich um die leicht überarbeitete und durch einige Anmerkungen ergänzte Fassung meines Aufsatzes Operation Enduring Freedom, in: Marineforum, 77 (2002), 10, S. 4–13.

[13] Tender Typ 404, 1992–1994 gebaut, 3450 ts, 15 kn, Fahrbereich: 2000 sm.

[14] Fregatte Typ 123, 5100 ts, 29 kn, Fahrbereich: 4000 sm/18 kn, 219 Mann Besatzung.

[15] USS »Bonhomme Richard«: Hubschrauberträger und amphibisches Unterstützungsschiff, 40 530 ts Einsatzverdrängung, 23 kn, 1050 Mann Besatzung plus 1870 Mann Marine-Infanterie, diverse Hubschrauber, einige Jagdbomber Typ HARRIER; USS »Shreveport«: Docklandungsschiff, 17 500 ts Einsatzverdrängung; USS »Whidbey Island«: Docklandungsschiff, 15 165 ts Einsatzverdrängung.

[16] Es handelte sich um S-Boote Typ 143 A, 398 ts Einsatzverdrängung, 38 kn, 40 Mann Besatzung. Seeausdauer etwa 4–5 Tage. Die Boote waren zusätzlich mit zwei 20 mm-Maschinenkanonen ausgerüstet worden.

[17] USS »Wasp«: Hubschrauberträger und amphibisches Unterstützungsschiff wie USS »Bonhomme Richard«; USS »Trenton«: Docklandungsschiff wie USS »Shreveport«; USS »Oak Hill«: Docklandungsschiff, 16 695 ts.

[18] Flottendienstboot Typ 423, 1987–1989 gebaut, 2375 ts, 19 kn, 45 Mann Besatzung.

[19] Einsatzgruppenversorger Typ 702, Einsatzverdrängung 19 980 ts, 19,5 kn.

[20] SHF-Satcom = Super High Frequency Satellite Communication. Es handelt sich um eine moderne, satellitengestützte Fernmeldeanbindung mit digitaler Mehrkanaltechnologie zur gleichzeitigen Übermittlung von Sprache und Daten.

[21] Es handelt sich um das an Bord des Tenders eingeschiffte spezielle Wartungs- und Instandsetzungspersonal, das nach Rückkehr der S-Boote aus dem Einsatz die zwischenzeitlich erforderlichen Wartungs- und Reparaturarbeiten durchführt. Dazu stehen ihm entsprechende Werkstätten und Ersatzteillager in den Containern an Bord der Tender zur Verfügung.

[22] Mit Einplanung eines 4–5tägigen attraktiven Hafenaufenthaltes – unbelastet von den Belastungen und Bedrohungen im Einsatzgebiet (meist wurde ein Hafen auf den Seychellen gewählt) – innerhalb des 6monatigen Einsatzes sollte auch ein gewisser Ausgleich dafür geschaffen werden, daß der bei vergleichbaren Auslandseinsätzen des Heeres an Land gewährte 2wöchige »Heimaturlaub« sich bei Bordbesatzungen nicht verwirklichen läßt.

Wer das grüne, kristallene Meer pflügt
mit des Schiffes eilendem Kiel
der vermählt sich der Macht,
dem gehört die Welt.

Schiller – Die Braut von Messina

Hans Frank

Von der Landesverteidigung
zum Kampf gegen den Terror

Der 3. Oktober 1990 war ein großer Tag, nicht nur für die Mehrzahl der Deutschen, sondern vor allem auch für die deutschen Streitkräfte. Zu lange hatten sie
im Schatten der strategischen Bedrohung aus dem Osten gestanden, getragen zwar
von der Richtigkeit der Abschreckungsphilosophie, aber doch um das tödliche
Dilemma deutscher Sicherheitspolitik zwischen zerstörerischer konventioneller
Kriegführung auf eigenem Boden und ebenso vernichtender nuklearer Waffenwirkung wissend. Die Begeisterung und innere Zustimmung wurde auch nicht gemindert durch die deutlich erkennbare Herkulesaufgabe, nun eine Bundeswehr für ein
Deutschland zu schaffen und gleichzeitig diese neue Armee der Einheit auf die im
Kaukasus vereinbarte Obergrenze von 370 000 Soldaten innerhalb von vier Jahren
zurückzuführen[1]. Damit war auch das Aufgabenfeld der nächsten Jahre abgesteckt:
Übernahme und Abbau der Nationalen Volksarmee der DDR, Vernichtung ihrer
umfangreichen Waffen- und Munitionsbestände, Aufbau neuer Standorte im
Osten bei gleichzeitiger Reduzierung im Westen, Absicherung und Unterstützung
des Abzuges der Westgruppe der Truppen der sowjetischen Streitkräfte, Übernahme der Lufthoheit für ganz Deutschland, Einnahme neuer Strukturen für eine
370 000-Mann-Bundeswehr. Während die dafür notwendigen personellen und
organisatorischen Zielvorstellungen rasch entwickelt und auch zügig entschieden
wurden, fiel die Antwort auf die Frage zukünftiger Aufgaben der Streitkräfte im
Lichte der veränderten sicherheitspolitischen Lage lange Zeit schwer. Dies galt
besonders für Deutschland, denn anders als die anderen Partner in der NATO war
die Bundesrepublik 1949 als Staat ohne Armee entstanden. Erst im Lichte der
zunehmenden Bedrohung durch den Kommunismus stalinistischer Prägung entschied sich die junge Bundesrepublik zur Aufstellung eigener Streitkräfte, fest eingebettet in das Verteidigungsbündnis NATO. Das Rational war dabei eindeutig,
nachzulesen in allen Weißbüchern der Bundesregierung: die Bedrohung erfordert
eine wirksame Verteidigung, für diese sind eigene Streitkräfte als Teil der NATO
unverzichtbar. Nicht wenige gab es daher in Deutschland, die glaubten, nach Weg-

fall der Ost-West-Konfrontation und Verschwinden der Bedrohung sei nun auch die Bundeswehr nicht mehr erforderlich. Diese verbreitete Euphorie verband sich mit der Hoffnung auf ein neues Zeitalter des Friedens, in dem die Vereinten Nationen und ihre Regionalorganisationen wie die Konferenz für Sicherheit und Zusammenarbeit in Europa (KSZE) noch bestehende oder neu entstehende Konflikte regeln würden. Daran knüpfte sich die Erwartung, durch Abbau der Streitkräfte auch eine Friedensdividende erzielen und damit den Aufbau im Osten finanzieren und die Lasten der Vereinigung mindern zu können. Die »Charta von Paris für ein neues Europa« war Ausdruck dieser Euphorie. »Nun, da Europa am Beginn eines neuen Zeitalters steht«, stellten die Staats- und Regierungschefs der KSZE-Länder am 21. November 1990 in Paris fest, wollen wir »ein Europa, von dem Frieden ausgeht, das für den Dialog und für die Zusammenarbeit mit anderen Ländern offen und zum Austausch bereit ist und das mitwirkt an der Suche nach gemeinsamen Antworten auf die Herausforderungen der Zukunft«[2]. Der wenig später stattfindende erste Golfkrieg zeigte aber schnell, wie ungebrochen in manchen Regionen der Machtwille sowie die Bereitschaft, dazu auch militärische Mittel einzusetzen, noch waren. Dennoch ließ die eindeutige Verurteilung der Besetzung Kuwaits durch die Vereinten Nationen mit dem Beschluß, militärisch gegen Saddam Hussein vorzugehen, Hoffnung aufkeimen, auch in Zukunft weiterhin gemeinsam gegen Friedensstörer vorzugehen.

Erste Herausforderung: Sowjetunion/Rußland

Würde allerdings die Sowjetunion den eben erst beschrittenen kooperativen Weg wieder verlassen und in die Konfrontation zurückkehren, wäre damit auch das Ende der gerade erst entstandenen Einigkeit im Sicherheitsrat der Vereinten Nationen gegeben und die Hoffnung auf eine neue Weltordnung könnte zu den Akten gelegt werden. Für Europa und den transatlantischen Stabilitätsraum wäre damit auch ein Aufleben der alten Ost-West-Konfrontation verbunden mit all den Risiken, die in der Vergangenheit bereits gegolten hatten. Als besonderes Sicherheitsrisiko galten dabei für Deutschland die im eigenen Land stehenden und mit modernster Kampftechnik ausgestatteten 340 000 Soldaten der Westgruppe der sowjetischen Truppen. Vor diesem Hintergrund sah die am 18. Juli 1990 von der Bundesregierung eingesetzte »Unabhängige Kommission für die Aufgaben der Bundeswehr«[3] die Frage nach der Zukunft der sich in Auflösung befindlichen Sowjetunion als das zentrale sicherheitspolitische Thema an. In ihrem Abschlußbericht vom 24. September 1991 führte sie dazu aus: »Alle militärischen Stabilitätskriterien der europäischen Sicherheit stehen in einem unauflöslichen Zusammenhang mit dem inneren Zustand, den politischen Strukturen und dem militärisch-rüstungsindustriellen Gesamtpotential sowohl der Sowjetunion als auch des europäisch-asiatischen russischen Staates[4].« Konsequenterweise wurde daher die Fähigkeit und Bereitschaft zur Verteidigung als weiterhin bestehende Hauptaufgabe und politische Legitimation der Streitkräfte gefordert. Hinsichtlich weiterer Risiken sahen die Mitglieder der Kommission eine der künftig möglichen Konfliktlinien im Mittelmeerraum liegen. »Totalitäre Regime, religiöser Fanatismus, hohes Bevölkerungswachstum, weitere Verarmung sowie mögliche millionenfache Wanderungsbewegungen in die Staaten Europas und – nicht zuletzt mit Hilfe westlicher Lieferanten – die Verbreitung von Massenvernichtungswaffen, können nicht nur Süd- und Südosteuropa, sondern auch die südlichen Regionen der Sowjetunion verunsichern und damit die Sicherheit Europas beeinträchtigen[5].« Um Beides, Verteidigung und Bewältigung solcher Konflikte, in die richtige Balance zu bringen und dabei das neue sicherheitspolitische Umfeld zu durchdenken, forderte die Kommission, die militärische Funktion für das Krisenmanagement der NATO ebenso wie für die zukünftige Gewährleistung von Sicherheit, Stabilität und territorialer Integrität des Bündnisses neu zu definieren. Neben dem Beitrag zur Bündnisverteidigung solle die Bundesregierung in der Lage sein, mit der Bundeswehr auch einen Beitrag zur kollektiven Friedenssicherung, Krisenbewältigung und Konfliktregelung der Vereinten Nationen zu leisten. Allerdings fügten die Mitglieder auch gleich hinzu: »Dies wird jedoch auf vergleichsweise geringe Kräfte der Bundeswehr begrenzt bleiben.«

Damit war ganz deutlich, wie sehr es, ohne die vielfältigen Risiken in der Welt vernachlässigen zu wollen, für die Europäer in erster Linie darauf ankommen mußte, die eingeleiteten Schritte der Sowjetunion zu unterstützen und gleichzeitig auch dafür zu sorgen, daß die früheren Mitglieder des Warschauer Paktes und ehemals Verbündeten der Sowjetunion ihren Weg in Freiheit und Demokratie ebenfalls unumkehrbar gestalteten. Dieses zentrale politische Ziel stand auch im Mittelpunkt des wenige Monate später am 7. November 1991 in Rom verabschiedeten strategischen Konzeptes der NATO. Wie schon im Bericht der Unabhängigen Kommission standen auch hier Absicherung der neu gewonnenen Stabilität durch militärische Stärke gegenüber dem Restrisiko Sowjetunion/Rußland[6] und militärische Beiträge zur Krisenbewältigung im Mittelpunkt. Angepaßt an die neue sicherheitspolitische Lage beschloß das Bündnis zur Umsetzung dieser neuen Strategie auch neue Streitkräftekategorien:

– Krisenreaktionskräfte, um innerhalb eines breit angelegten sicherheitspolitischen Ansatzes politische Maßnahmen zu ergänzen oder ihnen Nachdruck zu verleihen und gleichzeitig im Falle einer größeren Bedrohung die erste Verteidigungslinie aufzubauen,
– Hauptverteidigungskräfte, um nach entsprechender Vorbereitung die Verteidigung des Bündnisgebietes zu übernehmen und
– Verstärkungskräfte, um nach Mobilmachung und Ausbildung die Hauptverteidigungskräfte zu verstärken[7].

Während die Krisenreaktionskräfte rasch einsatzbereit, mobil und mit beweglicher Logistik ausgestattet sein sollten, wurden für die Hauptverteidigungskräfte eine geringere Bereitschaft und stärkere Abstützung auf Ausrüstung und Ausbildung nach entsprechender Warnzeit vorgesehen. Besonderen Wert legte das Bündnis bei den Krisenreaktionskräften auf multinationale Verbände, um damit sowohl die Entschlossenheit des Bündnisses zur glaubwürdigen kollektiven Verteidigung unter Beweis zu stellen als auch in einer Krise Solidarität zu demonstrieren.

Dialog, Kooperation und Aufrechterhaltung einer kollektiven Verteidigungsfähigkeit – so beschrieb das Bündnis die drei sich gegenseitig verstärkenden Elemente ihrer neuen Sicherheitspolitik als Antwort auf die strategische Herausforderung, das Verhältnis zum ehemaligen Gegner dauerhaft zu befrieden und den bisherigen transatlantischen Stabilitätsraum bis nach Wladiwostok zu erweitern. Dieser politischen Zielsetzung folgte ein Jahr später, am 8. November 1992, die Schaffung des NATO-Kooperationsrates sowie eine weit gefächerte Zusammenarbeit mit den Streitkräften des Ostens, die 1994 in das Programm der Partnerschaft für den Frieden mündete. Einheiten und Verbände der Marine beteiligten sich mit Hafenbesuchen, Personalaustausch und vielfacher praktischer Hilfe bis zum Minenräumen vor der baltischen Küste an dieser Kooperation, die vor allem half, die früheren Gegner aus ihrer Isolation in die Gemeinschaft der freien Völker zu führen. Gleichzeitig schritt die Gründung von multinationalen Verbänden voran. So wurden 1992 die Ständige Mittelmeerflotte (STANAVFORMED) und das Europäische Reaktionskorps (ACE Rapid Reaction Corps) mit der Multinationalen Division Zentraleuropa (MND-Central) eingerichtet. Ein Jahr später folgte bereits die Aufstellung des Europäischen Korps (EUROKORPS)[8].

Die wichtigen Verbündeten, USA, Frankreich und Großbritannien, stellten sich relativ schnell auf die neue Lage und auf die geforderten Streitkräftekategorien ein. Sie legten ganz deutlich das Schwergewicht auf die Krisenreaktionskräfte und reduzierten dafür die Hauptverteidigungskräfte. Die Bundeswehr tat sich dagegen in dreifacher Hinsicht schwer.

Erstens galt es, das Bild des Soldaten neu zu definieren. Zu lange war das Verständnis von Verteidigung auf das eigene Land verengt, zu wenig damit die bei anderen Partnern selbstverständliche Verpflichtung der Verteidigung auch der Bündnispartner verbunden. Nur die Marine machte hier eine Ausnahme. Für sie war es ebenso gewachsenes wie praktiziertes Selbstverständnis, das gesamte Bündnisgebiet als Einheit anzusehen und die Verteidigung dort aufzunehmen, wo der Gegner auftrat. Dieses Verständnis von der Verteidigung eines Bündnisraumes war bei Heer und Luftwaffe nicht so stark ausgeprägt. Manche Soldaten, gewöhnt an die und vertraut mit der Verteidigung ihres »Gefechtsstreifens« an der ehemaligen innerdeutschen Grenze, stellten sogar die Frage, ob dies denn überhaupt von der Eidesformel: »das Recht und die Freiheit des deutschen Volkes tapfer zu verteidigen«, abgedeckt sei. Mit seiner provokanten Formulierung »Der Fisch fängt am Kopfe an zu stinken« griff der damalige Generalinspekteur Klaus Naumann das Thema bei der Kommandeurtagung der Bundeswehr in Leipzig am 12. Mai 1992 auf und leitete damit die angesichts der veränderten sicherheitspolitischen Lage zwingend notwendige innere Reform der Streitkräfte ein[9].

Zweitens ließen die drastisch gesunkenen Ausgaben für Verteidigung neben den Kosten für den Abbau der Nationalen Volksarmee, der Vernichtung ihrer umfangreichen Waffen und Munition und für den Aufbau im Osten keinerlei Spielraum für Investitionen in modernes Gerät zu[10]. Um dieses Mißverhältnis zumindest in Teilen wieder auffangen zu können, erfolgte 1994 eine weitere Absenkung des Personalbestandes auf 340 000 Soldaten.

Drittens stand die Bundesregierung auch weiterhin zu ihrer Auffassung, daß ein Einsatz der Bundeswehr außerhalb des NATO-Vertragsgebietes nicht von der Verfassung gedeckt sei. Obwohl bereits vom April bis Juli 1991 deutsche Minenabwehreinheiten im Rahmen einer »humanitären Aktion« nach dem Golfkrieg vor Kuwait Minen geräumt hatten, galt dieser Verfassungsvorbehalt weiter. Als Ausweg aus dem Dilemma wurde mit Blick auf künftige Kriseneinsätze nach längerer Diskussion in der Sitzung des Kabinetts auf der Hardthöhe am 19. Februar 1992 vereinbart, die Bundeswehr habe »nach einer – im Hinblick auf unterschiedliche Auffassungen zur Auslegung des Artikels 87 a Grundgesetz – Ergänzung des Grundgesetzes für Einsätze gem. Kapitel VII der Charta der Vereinten Nationen bereitzustehen«[11].

Ohne diese Ergänzung jedoch abzuwarten, betrieb der seit April 1992 amtierende Verteidigungsminister Volker Rühe eine vorsichtige, aber dennoch konsequente Öffnung der Streitkräfte in Richtung friedensbewahrende und friedensschaffende Einsätze, ohne dies allerdings so zu nennen. Wieder unter dem Siegel »Humanitäre Aktion« wurde von Mai 1992 bis November 1993 ein deutsches Feldhospital in Phnom Penh, Kambodscha, betrieben, um dort die Mission der Vereinten Nationen sanitätsdienstlich zu unterstützen. Im August 1992 begann, ebenfalls als »Humanitäre Aktion«, die Unterstützung der Vereinten Nationen in Somalia: zuerst mit dem Transport von Hilfsgütern und ab Mai 1993 mit einem verstärkten Nachschub- und Transportbataillon. Die Mission, die bis zum Februar 1994 dauerte, endete politisch als Fehlschlag, weil es nicht gelang, den Bürgerkrieg zu beenden und tragbare Strukturen aufzubauen. Sie brachte aber wertvolle Erfahrungen für Ausbildung, Ausrüstung, Führung und Struktur der Truppe. Parallel dazu liefen Maßnahmen zur Embargoüberwachung von NATO und WEU gegen das ehemalige Jugoslawien mit Einheiten der Bundesmarine seit Juli 1992 und ab April 1993 die Beteiligung an der Durchsetzung des von den Vereinten Nationen verhängten Flugverbotes über Bosnien-Herzegowina. Gegen die Beteiligung an der Durchsetzung des Flugverbotes sowie den Einsatz in Somalia klagte die Opposition, gestützt von der die Bundesregierung mittragenden FDP, vor dem Bundesverfassungsgericht in Karlsruhe. Dieses stellte dann aber mit seinem Urteil vom 12. Juli 1994 klar, daß die Bundeswehr an solchen Maßnahmen kollektiver Friedenssicherung teilnehmen könne, wenn das Deutsche Parlament mit Mehrheit diesen Einsätzen zugestimmt habe[12]. Damit war die zwei Jahre vorher geforderte verfassungspolitische Klarstellung gegeben.

Neue Aufgabe – Krisenmanagement

Die »verteidigungspolitischen Richtlinien« (VPR) des Bundesministers der Verteidigung vom 26. November 1992, die ersten nach der Wende und auch die ersten, die nicht geheim, sondern der Öffentlichkeit zugänglich waren, analysierten Chancen und Risiken zukünftiger Sicherheitsvorsorge. Mit Blick auf Rußland stellten die VPR in Übereinstimmung mit den bisherigen Überlegungen fest, daß dieses Land

auch weiterhin nukleare Weltmacht, Seemacht und stärkste europäische Landmacht mit einem Spektrum globaler und regionaler Optionen bleibe. Allerdings,
und auch dieses deckte sich mit den bisherigen Folgerungen, würde eine Gefährdung Deutschlands oder seiner Verbündeten auf absehbare Zeit ausgeschlossen
bleiben »sofern im Bündnis die Fähigkeit zum Aufwuchs und zur strategischen
Balance«[13] erhalten bliebe. Neben dieser zentralen Herausforderung gelte es, inner-
staatliche und regionale Konflikte in Europa zu beachten, deren Bewältigung eine
Fähigkeit zum europäischen Krisen- und Konfliktmanagement erfordere. Weitere
Risiken, so die VPR, gingen von Militärpotentialen an der europäischen Peripherie
aus, wobei Massenvernichtungsmittel und ballistische Trägersysteme hierbei ein
wachsendes Risiko darstellten. Hinzu käme die Möglichkeit internationaler Destabilisierung, die allerdings weniger militärische Dimensionen annehmen, als vielmehr negative Einflüsse auf die wirtschaftliche und finanzielle Leistungsfähigkeit
der Industriestaaten ausüben könne. Dazu folgerten die VPR: Risikovorsorge
»muß sich vermehrt an der Interdependenz regionaler und globaler Entwicklungen
orientieren. Risiken müssen schon am Ort ihres Entstehens und vor ihrer Eskalation zu einem akuten Konflikt mit einer vorbeugenden Politik aufgefangen werden«[14].

Damit war ein neuer, breiter Sicherheitsansatz skizziert worden, der »des Zusammenwirkens aller Politikfelder«[15] bedurfte und in dem die Streitkräfte nur eine
unter vielen Komponenten darstellten. Von der Bewahrung des strategischen
Gleichgewichtes durch die Fähigkeit zur Verteidigung bis hin zur Beteiligung an
Krisenvorsorge und Eindämmung zog sich somit das künftige Aufgabenspektrum,
welches die VPR zusammenfassend so beschrieben: »Nicht mehr die alleinige Fähigkeit zur umfassenden Verteidigung gegen eine ständig drohende Aggression,
sondern flexible Krisen- und Konfliktbewältigung im erweiterten geographischen
Umfeld, Friedensmissionen und humanitäre Einsätze bestimmen neben der
Schutzfunktion gegen verbleibende unmittelbare Risiken ihr künftiges Anforderungsprofil[16].«

Hinsichtlich der dazu notwendigen Struktur der Bundeswehr wurde eine Neu-
gliederung in Hauptverteidigungs- und Krisenreaktionskräfte sowie eine beide
Kräfte unterstützende Grundorganisation angekündigt. Dabei gelte es, so die VPR,
die Eignung der Streitkräfte zum Kriseneinsatz – als neue Aufgabe – auf breiter
Grundlage zu verbessern. Krisenreaktionskräfte müßten befähigt sein, nach Art,
Intensität sowie Warnzeit, Dauer und Ort unterschiedliche Krisen und Konflikte
im Bündnis und in internationalen Kooperationsformen erfolgreich zu bewältigen.

Die Verteidigungspolitischen Richtlinien wiesen somit weitsichtig in die Zukunft. Bei der Umsetzung zeigte sich dann aber, wie stark noch die Bindungen an
das alte strategische und operative Denken waren. Sichtbar wurde dies vor allem
bei der weiterhin bestehenden Konzentration auf das Heer mit der Begründung, in
einem maritimen Bündnis wie der NATO, in dem Staaten wie die USA, Großbritannien und Frankreich über relativ starke See- und Luftstreitkräfte verfügten, sei
es wohl verständlich, »daß man von einer Kontinentalmacht wie Deutschland
einen deutlichen Akzent bei den Landstreitkräften erwartet«[17]. Hinsichtlich der

Marine stand nach wie vor die Konzentration auf den Schutz der Seeverbindungslinien in den Ozeanen im Vordergrund. Das fiel deutlich hinter die schon im März
1991 formulierten »Zielvorstellungen der Marine« zurück, in denen neben dem
weiter bestehenden Auftrag, Seeverbindungen zu schützen und Angriffe gegen
Küsten abzuwehren, bereits die Beteiligung an der Krisenbewältigung herausgestellt wurde. Knapp und klar wurde dort festgehalten:

> »Für die Bundesrepublik Deutschland kann es erforderlich werden, sich am internatio-
> nalen Krisenmanagement zu beteiligen. [... Dafür] sind Seestreitkräfte besonders geeig-
> net. Sie können problemlos in Krisengebiete entsandt und wieder herausgelöst werden.
> Die Möglichkeit, sie auf hoher See wirken zu lassen, hat weniger eskalatorischen Cha-
> rakter, als der Einsatz von Land- oder Luftstreitkräften. Sie können im hoheitsfreien
> Raum auf See den politischen Willen eines Staates verdeutlichen und unterstreichen.
> Seestreitkräfte verbinden hohe Mobilität und lange Einsatzdauer mit einem vielfältigen
> und fein dosierbaren Wirkungsspektrum, das von Präsenz über gezielten Schutz der
> Schiffahrt und der Küsten bis hin zu Seekontrolle, Blockade und Waffeneinsatz zur
> Selbstverteidigung und zur Durchsetzung vorgegebener Zielsetzungen reicht. Sie sind
> damit ein flexibles, auch über große Distanz gut führ- und kontrollierbares Instrument
> in der Hand der politischen Führung[18].«

Diese auch heute noch uneingeschränkt gültige Beschreibung der besonderen
Eignung von Seestreitkräften im Rahmen eines geographisch nicht begrenzten
Krisenmanagements wurde in der Folgezeit zwar nie grundsätzlich in Frage gestellt, dennoch blieb der Blick verengt auf die Landdimension, wofür sicherlich
seinerzeit gute Gründe sprachen. So wurde bei den zu schaffenden Krisenreaktionskräften das Bild weitgehend von dem gerade zu Ende gegangenen Golfkrieg
bestimmt mit der Folgerung, daß diese Kräfte rasch einsetzbar sein müßten, sich
gewöhnlich nur auf kurze Einsatzdauer einzurichten hätten und, um rasch wieder
anderweitig zur Verfügung stehen zu können, auch schnell wieder herauslösbar
sein sollten[19]. Die Marine war dazu bereits uneingeschränkt in der Lage, die Luftwaffe konnte in weiten Teilen dieser Forderung nachkommen. Nur für das Heer
mußten die benötigten Kräfte, die Planungen gingen von zwei Divisionsäquiva-
lenten mit fünf bis sechs Brigaden aus, erst aufgestellt, ausgerüstet und ausgebildet
werden. Das war neu, und erforderte neben dem operativen Umdenken vor allem
strukturelle Änderungen. Auch die neue Unterteilung in Hauptverteidigungs- und
Krisenreaktionskräfte forderte das Heer in besonderem Maße unter intensiver
Begleitung durch Parlament und Öffentlichkeit, die das Entstehen einer Zwei-
Klassen-Armee befürchteten. Bei der Marine blieb es hingegen bei der vertrauten
Rotation von Instandsetzung – Einsatzausbildung – Einsatz, jetzt nur unter den
neuen Überschriften, aber dennoch fast laut- und reibungslos ablaufend.

Mit dem Einsatz der Bundeswehr in Bosnien-Herzegowina zur Absicherung
des Dayton-Abkommens ab Dezember 1995 schien sich – wie zuvor schon in
Somalia – die Konzentration auf Landstreitkräfte als richtig zu erweisen, hatte
doch das Heer ganz zweifellos die Hauptlast des Einsatzes zu tragen. Zwar hatte
die Marine beim Abbergen des Somaliaverbandes aus Mogadischu im März 1994
noch einmal demonstrativ ihre Flexibilität und rasche Verlegefähigkeit unter Beweis stellen können[20], doch die weiteren Marine-Einsätze sowohl bei der Fortset-

zung der Blockade des früheren Jugoslawiens wie der Mitwirkung an den verschiedenen ständigen Einsatzverbänden der NATO fanden weitgehend unter Aus-
schluß der Öffentlichkeit statt.

Der Kosovo-Krieg bestätigte das bisher entstandene Bild: rascher Einsatz von
Eingreifkräften, diesmal von den verbündeten Luftwaffen, anschließend lang andauernder Stabilisierungseinsatz durch Landstreitkräfte. Obwohl die Marine durch
Aufklärung, Überwachung und Seegebietskontrolle einen durchaus zu Buche
schlagenden Beitrag lieferte, fiel dieser gegenüber den anderen Teilstreitkräften
kaum ins Gewicht und wurde in der Öffentlichkeit auch nicht wahrgenommen[21].

Die Frage, ob die Bundesrepublik Deutschland in der veränderten Lage überhaupt noch eine starke Marine brauche, wurde daher nicht nur hinter verschlosse-
nen Türen gestellt. Denn ein Vergleich zwischen den USA und ihren europäischen
Partnern hinsichtlich der finanziellen Aufwendungen für die Verteidigung und
dem, was an Kampfkraft tatsächlich dabei herauskommt, fiel und fällt weiter wenig
schmeichelhaft für die Europäer aus: zu unwirtschaftlich die geringen Stückzahlen
bei Waffensystemen, zu vielfältig die Waffenarsenale, zu groß der Organisations-
aufwand für die vielen kleinen Verbände. Aufgabenteilung schien deshalb Abhilfe
zu versprechen. Doch die politische Erfahrung läßt dringend abraten. Ohne Beteiligung an Krisenoperationen ist eine signifikante Mitsprache über politische Lösungen nicht möglich. Und: je später die Beteiligung desto geringer diese Einflußnahme. Der Spätkommende darf, muß sich vielleicht sogar auf äußeren oder inneren Druck beteiligen ohne noch konzeptionell gestalten zu können. In Bosnien-
Herzegowina kam die Bundeswehr erst nach dem Dayton-Abkommen zum Einsatz und hatte zu akzeptieren, was gestaltet war. Im Kosovo gab es hingegen eine
frühzeitige Beteiligung mit signifikanten Kräften. Die Folge war ein maßgeblicher
deutscher politischer Einfluß auf die Konfliktlösung. Wäre die Bundeswehr hingegen der Hauptträger der Heeresverbände gewesen, hätte sich statt politischer Mit-
gestaltung die Wucht der Diskussion um den Einsatz der Bodentruppen auf uns
konzentriert. Daraus wird deutlich, wie wenig sinnvoll eine Aufgabenteilung für
ein Land ist, welches politisch mitgestalten und mitverantworten will. Die deutschen Streitkräfte müssen daher in der Lage sein, das gesamte Einsatzspektrum
mit eigenen Kräften so abzudecken, daß politische Mitsprache und Mitentschei-
dung von Anbeginn an möglich und einforderbar ist. Afghanistan hat dies wiederum eindeutig unter Beweis gestellt. Selbstverständlich besteht Raum für vielfältige
Zusammenarbeit, auch Zusammenlegung von Organisationsstrukturen, wo immer
dies sinnvoll und ressourcensparend ist. Der Einsatz hingegen muß national ent-
scheidbar sein und auch Nichtteilnahme ermöglichen, ohne Schaden für die anderen Partner hervorzurufen, weil wichtige Komponenten dann fehlen würden.

In dieser Lage, aber auch vor dem Hintergrund der finanziellen Enge des
Staatshaushaltes und anderer prioritärer Aufgaben, stellte die neue Bundesregierung im Sommer 1999 den Auftrag und die Struktur der Bundeswehr erneut durch
eine unabhängige Kommission auf den Prüfstand.

Ausrichten auf Kriseneinsätze

Unter dem Titel »Gemeinsame Sicherheit und Zukunft der Bundeswehr« stellte die Kommission unter dem Vorsitz von Bundespräsident a.D. Richard vom Weizsäcker am 23. Mai 2000 ihren Abschlußbericht vor. Ausgehend von der bereits erfolgten und noch bevorstehenden Erweiterung des Stabilitätsraumes durch neue Mitglieder in der NATO und Europäischen Union[22], sah sie Deutschland zum ersten Mal in seiner Geschichte »ringsum von Bündnis- und Integrationspartnern umgeben und keiner äußeren Gefährdung seines Territoriums durch Nachbarn ausgesetzt. Diese neue Grundgegebenheit deutscher Sicherheit ist nicht vorübergehender Natur sondern hat Bestandskraft für die vorhersehbare Zukunft«[23], so die Schlußfolgerung. Auch Rußland stand jetzt nicht mehr im Mittelpunkt der Sicherheitsvorsorge, sondern in Übereinstimmung mit dem 1999 in Washington verabschiedeten neuen strategischen Konzept der NATO[24] sah die Kommission stattdessen vielfältige Risiken. Es sind Risiken, die von Massenvernichtungswaffen über Armut, Hunger, Überbevölkerung, Migration und organisierter Kriminalität bis hin zum Terrorismus reichten und die – wie schon die VPR von 1992 aufgezeigt hatten – einen breiten Ansatz gesamtstaatlicher und gesamteuropäischer Sicherheitsvorsorge erforderten.

Bezogen auf die Streitkräfte rücke daher der Einsatz im Rahmen der Krisenbewältigung an die Stelle der ehemals prioritären Landesverteidigung. Habe vorher der Grundsatz gegolten, daß die Fähigkeit zur Abwehr eines Angriffes auf das eigene Hoheitsgebiet auch die Fähigkeit einschlösse, mit minderen Bedrohungen fertig zu werden, so gelte zukünftig »der umgekehrte Grundsatz: die Fähigkeit zum regional begrenzten Kriseneinsatz schließt die Fähigkeit zur kollektiven Bündnis- und Landesverteidigung ein«[25]. Dazu empfahl die Kommission »Fähigkeiten, Strukturen und Umfänge der Bundeswehr primär aus der Eignung zu Kriseneinsätzen abzuleiten«[26]. Um dies umzusetzen, müsse eine grundsätzlich neue Bundeswehr geschaffen werden mit einem Kern von schnell verfügbaren, präsenten Einsatzkräften von Heer, Luftwaffe und Marine, die für die ganze Breite friedensunterstützender Einsätze und für jede Form der kollektiven Verteidigung im Bündnis geeignet seien. Neben diesen Einsatzkräften, die die bisherige Einteilung in Hauptverteidigungs- und Krisenreaktionskräfte ersetzen solle, müsse eine zentrale Unterstützungsorganisation stehen mit Verantwortung für Transport, Logistik und Einsatzführung.

Als Meßgröße für die neue Bundeswehr sah die Kommission die Notwendigkeit zur gleichzeitigen und zeitlich unbefristeten Beteiligung an bis zu zwei Kriseneinsätzen. Diese Einschätzung war verbunden mit dem deutlichen Hinweis, daß Luftwaffe und Marine einen größeren Anteil an der Krisenvorsorge und Krisenbewältigung einnehmen würden. Das Heer hingegen »wird absolut und relativ kleiner. Gegenüber heutigen Strukturen und Umfängen ist der Veränderungsbedarf dort am größten«[27].

Um längere Einsätze mit angemessener Rotation der Truppen durchhalten zu können, hatte die Kommission einen Gesamtumfang der Einsatzkräfte von

140 000 Soldaten ermittelt, der mit einer Unterstützungsorganisation von 100 000 Soldaten einen empfohlenen Gesamtumfang von 240 000 ergab.

Die am gleichen Tag vom Generalinspekteur dem Minister vorgelegten »Eckwerte für die Weiterentwicklung der Streitkräfte«[28] folgten diesem Neuansatz nur teilweise. Zwar sahen auch sie die gewachsene Bedeutung von Konfliktverhütung und Krisenbewältigung, betonten aber den nach wie vor gültigen Auftrag der Landesverteidigung und stellten fest: »Grundlage für die Auftragserfüllung ist eine gesicherte Verteidigungsfähigkeit[29].« Hinsichtlich einer neuen Struktur sah der Generalinspekteur, ebenso wie die Kommission, in Zukunft Einsatzkräfte und eine zentrale Unterstützungsorganisation, die Streitkräftebasis. Die von ihm empfohlenen Einsatzkräfte sollten aber noch einmal nach Verfügbarkeit und Einsatzbereitschaft in Reaktions- und Verstärkungskräfte unterteilt werden. Hinzukommen sollten präsente Kräfte zur Vorbereitung der Landesverteidigung im Bündnisrahmen. Außerdem vertrat der Generalinspekteur die Auffassung, daß sich die Bundeswehr nach den bisherigen Erfahrungen auf mehr als zwei Einsätze vorbereiten müsse, und schlug als planerische Grundlage dazu die Fähigkeiten für eine große Operation oder für zwei mittlere Operationen sowie jeweils parallel dazu für mehrere kleinere Operationen vor.

Die endgültige Entscheidung durch den Bundesminister der Verteidigung fiel bereits wenige Wochen später am 14. Juni 2000[30]. In den zentralen Punkten wie Landesverteidigung vor Kriseneinsatz, Anzahl der möglichen Operationen, abgestufte Verfügbarkeit und Vorbereitung für die Landesverteidigung folgte er dabei den Empfehlungen des Generalinspekteurs. Lediglich beim Gesamtumfang (Einsatzkräfte plus Streitkräftebasis plus Vorbereitungskräfte), der Generalinspekteur hatte hier 290 000 gegenüber den 240 000 Soldaten der Kommission ermittelt, näherte sich der Minister mit 255 000 der Kommission an. Trotz der strukturell erheblichen Änderungen mit gleichzeitiger drastischer Personalreduzierung (von 340 000 auf 255 000) war dies aber doch nicht die von der Kommission geforderte Erneuerung der Bundeswehr von Grund auf. Auch der Auftrag blieb gegenüber dem von 1992 fast unverändert[31].

Die Bundeswehr 1992
- schützt Deutschland und seine Staatsbürger gegen politische Erpressung und äußere Gefahr,
- fördert die militärische Stabilität und die Integration Europas,
- verteidigt Deutschland und seine Verbündeten,
- dient dem Weltfrieden und der internationalen Sicherheit im Einklang mit der Charta der Vereinten Nationen,
- hilft bei Katastrophen, rettet aus Notlagen und unterstützt humanitäre Aktionen.

Die Bundeswehr 2000
- schützt Deutschland und seine Staatsbürger vor politischer Erpressung und äußerer Gefahr,
- verteidigt Deutschland und seine Verbündeten,
- trägt zur Sicherung von Frieden und Stabilität im europäischen Raum bei,

– fördert den Weltfrieden und die internationale Sicherheit im Einklang mit der Charta der Vereinten Nationen,
– hilft bei Katastrophen, rettet aus Notlagen und unterstützt humanitäre Aktionen.

Einig waren sich Kommission, Generalinspekteur und Minister in ihren Forderungen nach deutlich verbesserten Fähigkeiten in den Bereichen: Aufklärung, strategischer Luft- und Seetransport, Führungsfähigkeit, Luftbetankung, Präzisionsbewaffnung, Mobilität und Logistik. Dies waren Lücken, die schon 1994/95 identifiziert wurden, aber angesichts der Enge im Bundeshaushalt in den Folgejahren nur in Teilen einer Realisierung zugeführt worden waren[32].

Die Kommission empfahl, für die Finanzierung des Umbaus der Bundeswehr zusätzliche Finanzmittel bereitzustellen, abgesichert durch ein Programmgesetz. Der Generalinspekteur forderte Plafondsicherheit und weitere Investitionsmittel. Der Minister hingegen sah vor dem Hintergrund der weiter anhaltenden Ebbe in den öffentlichen Kassen keine Chance für eine Erhöhung des Verteidigungsetats und erklärte, die notwendigen Mittel durch den bevorstehenden Personalabbau[33], Privatisierung und Steigerung der Effizienz im Betrieb erwirtschaften zu wollen.

In diese Phase der erneuten Umstrukturierung und Personalreduzierung schlugen wie ein Blitz die Terrorattacken von New York und Washington.

Kampf gegen den Terror

Mit den Anschlägen vom 11. September 2001, die die USA dort trafen, wo sie sich bisher unverwundbar glaubten, trat ein unter Fachleuten lange bekanntes Risiko plötzlich in das Rampenlicht der Weltöffentlichkeit. Unerwartet war dabei die unglaubliche Brutalität, wenngleich schon der Bericht der Weizsäcker-Kommission Zweifel angedeutet hatte, ob die bislang vorherrschende Meinung, »daß Terroristen im allgemeinen Regierungen unter Druck setzen wollen; dafür brauchen sie ängstliche Zuschauer, nicht ungezählte Tote«, richtig sei, indem er hinzufügte: »Es ist jedoch kein Verlaß darauf, daß alle Terroristen sich dieser Logik beugen[34].«

Für die USA war dies eindeutig der Beginn eines asymmetrischen Krieges[35], während die Europäer zögerten, sich dieser rigorosen Festlegung anzuschließen obwohl die schon 1998 von der Al Quaida proklamierte »Internationale Kampffront gegen Juden und Kreuzfahrer« deutlich gemacht hatte, daß es hier – anders als im Nahen Osten – um eine generelle Auseinandersetzung zwischen islamischem Fundamentalismus und westlichen Vorstellungen ging[36].

Völlige Übereinstimmung bestand hingegen darin, den Terrorismus aktiv mit nachrichtendienstlichen und, wo nötig, mit militärischen Mitteln zu bekämpfen und gleichzeitig den Schutz der eigenen Gesellschaft zu verbessern. Folgerichtig unterstützte die Bundesregierung daher sowohl den Kampf gegen die Führungs- und Ausbildungszentren in Afghanistan durch Einheiten des Kommandos Spezialkräfte (KSK) als auch die Unterbrechung der logistischen Verbindungslinien am Horn von Afrika durch Kräfte der Marine[37]. Doch wieder – wie schon in Bosnien-Herzegowina und dem Kosovo – begann in Afghanistan erst nach dem militärischen Sieg als eigentliche Herausforderung der Versuch, dem in fast 30 Jahren Krieg geschundenen Land und seiner Bevölkerung den Weg in geordnete und gesicherte Bahnen zu ebnen. Deutschland hatte mit der Petersberg-Konferenz politische Mitverantwortung für die Phase des Wiederaufbaus übernommen, zwangsläufig war damit auch die Entscheidung verbunden, militärisch zur Absicherung dieses politischen Prozesses beizutragen.

Trotz der militärischen Aktionen in Afghanistan und am Horn von Afrika standen für den Bürger Fragen des Schutzes vor neuen Terroranschlägen im Vordergrund. Die Diskussion um die Gesetze der Sicherheitspakete I und II[38] verband sich dabei mit der Forderung, die Bundeswehr stärker als bislang an der Sicherung im eigenen Land zu beteiligen. Trotz politisch kontroverser Positionen in dieser Frage wurde sehr schnell deutlich, daß der Kampf gegen den Terror sowohl eines gesamtstaatlichen wie multinationalen Ansatzes bedarf[39]. Die neuen Verteidigungspolitischen Richtlinien (VPR) vom 21. Mai 2003 setzten dafür den sicherheitspolitischen Rahmen.

Globale Sicherheitsvorsorge

Unter Risiken und Chancen stellen die VPR fest, daß »das internationale Umfeld Deutschlands ungeachtet der politisch vorteilhaften Veränderungen der vergangenen Jahre nicht frei [ist] von militärischen und nichtmilitärischen Risiken, die Sicherheit und Stabilität gefährden und bedrohen«[40]. Konkret werden dann als Risiken aufgeführt:

– Terroranschläge, die jederzeit an jedem Ort der Welt erfolgen und sich gegen jeden richten können,
– weiter entwickelte Massenvernichtungswaffen in Verbindung mit weitreichenden Trägermitteln, die die Bevölkerung und die Länder Europas, aber ebenso die Streitkräfte im Einsatz gefährden können,
– Massenvernichtungswaffen in der Hand von nichtstaatlichen Akteuren,
– nationalistisch und ethnisch motivierte, oft von kriminellen Strukturen geförderte Gewaltkonflikte in Europa,
– Krisen an der südlichen und südöstlichen Peripherie Europas,
– Beeinträchtigung von Informations- und Kommunikationssystemen und damit Gefährdung von Staat, Gesellschaft und Infrastruktur,
– Verwundbarkeit der für die deutsche Wirtschaft wichtigen Transportwege und -mittel.

Als Chance in diesem veränderten aber noch risikoreichen Umfeld sehen die VPR vor allem die fortschreitende Erweiterung und Vertiefung der euro-atlantischen Sicherheitsstrukturen, die inzwischen einen einzigartigen Stabilitätsraum geschaffen hätten. Zusammen mit den Verbündeten und Partnern, unter denen besonders Rußland genannt wird, gelte es »kooperative Strategien zur multilateralen Risikovorsorge und zu internationalen Konfliktlösungen weiter zu entwickeln«[41]. Betont wird, daß die Öffnung von NATO und EU für neue Mitglieder die Sicherheit und Stabilität weiter festige und daß die USA für die Sicherheit Europas unverzichtbar blieben.

Die Folgerung daraus ist, daß Deutschland von dieser Entwicklung in Europa profitiere und daher eine Gefährdung des deutschen Staatsgebiets durch konventionelle Streitkräfte derzeit und auf absehbare Zeit nicht zu erkennen sei. Und weiter heißt es: »Ausschließlich für die herkömmliche Landesverteidigung gegen einen konventionellen Angreifer dienende Fähigkeiten werden angesichts des neuen internationalen Umfelds nicht mehr benötigt[42].« Diese Aussage ist eindeutig und setzt damit die Folgerungen der Kommission des Jahres 2000 um.

Mit Blick über den eigenen Organisationsbereich hinaus wird der notwendige umfassende Ansatz in der Sicherheitspolitik unter Berücksichtigung politischer, ökonomischer, ökologischer, gesellschaftlicher und kultureller Rahmenbedingungen dargelegt, umzusetzen in einer gesamtstaatlichen Sicherheitspolitik mit »flexiblen und aufeinander abgestimmten Instrumenten, die mittelfristig in einer nationalen Sicherheitskonzeption gebündelt werden müssen«[43].

Es bleibt abzuwarten, wie sich dieser weitsichtige und zugleich kritische Hinweis auf die Notwendigkeit einer nationalen Sicherheitskonzeption als Voraussetzung ressortübergreifenden Krisenmanagements in reales Handeln umsetzen wird[44]. Ähnliches gilt auch für die dargelegte Verzahnung von Innerer und Äußerer Sicherheit, insbesondere hinsichtlich der Wahrnehmung luft- und seehoheitlicher Aufgaben. Dabei hätte es sicherlich geholfen, wenn die VPR statt eines Ressortpapiers eine Weisung der Bundesregierung oder zumindest eine im Bundessicherheitsrat abgestimmte Grundlage künftiger deutscher Sicherheitspolitik geworden wären.

Als Auftrag wird aus Analyse und Folgerung abgeleitet:
Die Bundeswehr
- »sichert die außenpolitische Handlungsfähigkeit,
- leistet einen Beitrag zur Stabilität im europäischen und globalen Rahmen,
- gewährleistet die nationale Sicherheit und Verteidigung und trägt zur Verteidigung der Verbündeten bei,
- fördert multinationale Zusammenarbeit und Integration[45].«

Die sich daraus ergebende Konzentration der Streitkräfte auf Krisenbewältigung als die Struktur, Ausrüstung und Ausbildung bestimmende Kernaufgabe wird in den weiteren Kapiteln (Umfang und Struktur sowie Fähigkeiten der Bundeswehr) aufgefächert mit den daraus gezogenen Folgerungen:
- Uneingeschränktes streitkräftegemeinsames Denken ist zu fordern,
- Erhalt und Verbesserung militärischer Kernfähigkeiten hat Vorrang,
- Ausrichtung auf die wahrscheinlichen Aufgaben erfordert nach Einsatzbereitschaft und Präsenz differenzierte Kräfte,
- zukünftiges Fähigkeitsprofil besteht aus Führungsfähigkeit, Nachrichtengewinnung und Aufklärung, Mobilität, Wirksamkeit im Einsatz, Unterstützung und Durchhaltefähigkeit, Überlebensfähigkeit und Schutz.

– Beschaffungs- und Ausrüstungsplanung wird aus den Aufgaben abgeleitet, Priorität haben strategische Verlegung und weltweite Aufklärung sowie leistungsfähige und interoperable Führungssysteme.

Ob damit allerdings das weiter bestehende Spannungsfeld zwischen konstanten Betriebsausgaben, hohen Personalkosten und zu geringen Materialinvestitionen aufgelöst werden kann, bleibt abzuwarten. Dennoch liegt mit den neuen Verteidigungspolitischen Richtlinien ein in sich schlüssiges und in die Zukunft gerichtetes Gesamtkonzept für die Ausrichtung der Streitkräfte auf die sicherheitspolitischen Herausforderungen im 21. Jahrhundert vor.

Fast nahtlos passen sich die VPR in die Europäische Sicherheitsstrategie ein, die vom Hohen Vertreter der Gemeinsamen Außen- und Sicherheitspolitik, Javier Solana, erarbeitet und vom Europäischen Rat am 12. Dezember 2003 gebilligt wurden. Unter dem Titel »Ein sicheres Europa in einer besseren Welt« stellt sie in einer kurzen Einleitung fest, daß Europa zwar so wohlhabend, so sicher und so frei sei wie nie zuvor, angesichts der gewonnen Kraft aber auch der weiter bestehenden Herausforderungen und Bedrohungen müsse Europa aber bereit sein »Verantwortung für die globale Sicherheit und für eine bessere Welt mit zu tragen«[46].

In der Analyse des Sicherheitsumfeldes wird dargelegt, daß durch die zunehmende Öffnung der Grenzen »interne und externe Sicherheitsaspekte nicht mehr voneinander zu trennen sind«[47] und betont, wie sehr durch die Globalisierung die Kluft zwischen Arm und Reich größer geworden sei. Krankheiten wie Aids hätten zum Zusammenbruch ganzer Gesellschaften geführt, der Streit um Naturressourcen, insbesondere um Wasser, werde sich sicherlich in den nächsten Jahren noch steigern, eine ganze Reihe von Ländern und Regionen bewegten sich im Teufelskreis von Konflikten, Unsicherheit und Armut. »Sicherheit ist eine Vorbedingung für Entwicklung. Konflikte zerstören nicht nur Infrastrukturen (einschließlich der sozialen), sondern fördern auch Kriminalität, schrecken Investoren ab und verhindern ein normales Wirtschaftsleben«[48], so die Schlußfolgerung. Und es wird auf die Energieabhängigkeit Europas hingewiesen, die in besonderem Maße Anlaß zur Besorgnis gäbe. »Europa ist der größte Erdöl- und Erdgasimporteur der Welt. Unser derzeitiger Energieverbrauch wird zu 50 Prozent durch Einfuhren gedeckt. Im Jahr 2030 wird dieser Anteil 70 Prozent erreicht haben. Die Energieeinfuhren stammen zum größten Teil aus der Golfregion, aus Rußland und aus Nordafrika[49].«

Die dann genannten Hauptbedrohungen folgen im Kern denen der Verteidigungspolitischen Richtlinien, indem sie den Terrorismus, die Verbreitung von Massenvernichtungswaffen, regionale Konflikte, Scheitern von Staaten durch schlechte Staatsführung, Korruption, Mißbrauch sowie die zivilen Konflikte und organisierte Kriminalität aufführen. Oftmals wird diese Analyse untermalt durch deutliche Hinweise auf den Umfang und die Bedeutung dieser Bedrohung wie beispielsweise: »Eine neue Dimension der organisierten Kriminalität, der in Zukunft mehr Aufmerksamkeit zu schenken sein wird, ist die um sich greifende Seeräuberei[50].«

Ebenso wie die Verteidigungspolitischen Richtlinien folgert auch das »Solana-Papier«, daß die Konflikte nicht mehr regional eingrenzbar seien, »die erste Verteidigungslinie wird oftmals im Ausland liegen«[51].

Die Sicherheitsstrategie endet mit dem Fazit: »Wir leben in einer Welt mit neuen Gefahren, aber auch mit neuen Chancen. Die Europäische Union besitzt das Potential, einen wichtigen Beitrag zur Bewältigung der Bedrohung wie auch zur Nutzung der Chancen zu leisten. Eine aktive und handlungsfähige Europäische Union könnte Einfluß im Weltmaßstab ausüben. Damit würde sie zu einem wirksamen multilateralen System beitragen das zu einer Welt führt, die gerechter, sicherer und stärker geeint ist[52].«

Damit befinden sich Europäische Sicherheitsstrategie und Verteidigungspolitische Richtlinien in bemerkenswerter Übereinstimmung hinsichtlich der politisch-strategischen Lage, den Herausforderungen, Risiken aber auch Chancen. Beide betonen den erforderlichen breiten Ansatz in der Sicherheitspolitik und weisen auf die notwendige Verzahnung Innerer und Äußerer Sicherheit hin. Auffällig sind auch die Heraushebung der Wirtschaft und der Hinweis auf sichere Ressourcen, wobei dies heute offensichtlich keinen politischen Zündstoff mehr bildet.

Deutlich wird auch – wiederum in beiden Papieren – auf die Notwendigkeit europäischer Handlungsfähigkeit und aktiver Vorgehensweise, nicht im Gegensatz, sondern in Ergänzung zur NATO und zur transatlantischen Partnerschaft hingewiesen. Zugleich wird mahnend an die Adresse der USA: »kein Land ist in der Lage, die komplexen Probleme der heutigen Zeit im Alleingang zu lösen«, wie auch an die eigenen Regierungen appelliert: »Unser Ziel sollte eine wirkungsvolle, ausgewogene Partnerschaft mit den USA sein. Das ist ein weiterer Grund, warum die EU ihre Fähigkeiten weiter ausbauen und ihre Kohärenz verstärken muß[53].« Ebenso klar formuliert sind die Forderungen nach besserer Abstimmung und Koordinierung der einzelnen Politikfelder und Verbesserung der Verteidigungsfähigkeit. Hinzu kommt bei Solana der Appell, die Verteidigungshaushalte angemessen zu erhöhen.

Besonders eindringlich ist auf beiden Seiten der Hinweis, frühzeitig militärische Macht in die Krisenbewältigungsstrategie einzubeziehen und nicht erst über einen Einsatz der Streitkräfte nachzudenken wenn die anderen Instrumente versagt haben[54].

Konzeptionell befindet sich damit die deutsche Verteidigungspolitik in voller Übereinstimmung mit den in der Europäischen Union abgestimmten und beschlossenen strategischen Zielen der Gemeinsamen Außen- und Sicherheitspolitik.

Künftige Handlungsfelder und Fähigkeiten

So sehr auch diese strategischen Ziele auf Sicherheit und Stabilität im globalen Rahmen zielen, so vordringlich wird in absehbarer Zeit der Kampf gegen den Terrorismus das Bild des Einsatzes der Streitkräfte bestimmen. Dazu, so die aktuellen Planungen der Bundeswehr, wird es künftig eine strukturelle Gliederung in

Einsatz-, Stabilisierungs- und Unterstützungskräfte geben, die sich in Struktur, Ausrüstung und Ausbildung unterscheiden.

Die *Eingreifkräfte* sind vorgesehen für multinationale, streitkräftegemeinsame und vernetzte Operationen hoher Intensität und kürzerer Dauer, vor allem im Rahmen der Friedenserzwingung, wie auch bei Operationen zur Rettung und Evakuierung in Kriegs- und Krisengebieten. Ihr Umfang soll 35 000 Soldaten betragen. Die *Stabilisierungskräfte* sind vorgesehen für streitkräftegemeinsame militärische Operationen niedriger und mittlerer Intensität und längerer Dauer im breiten Spektrum friedensstabilisierender Maßnahmen. Ihr Umfang soll 70 000 Soldaten umfassen, um damit Einsätze in bis zu fünf verschiedenen Einsatzgebieten teilweise auch langfristig durchhalten zu können. Die *Unterstützungskräfte* sind vorgesehen für die umfassende, streitkräftegemeinsame und durchhaltefähige Unterstützung der Eingreif- und Stabilisierungskräfte sowie für den Grundbetrieb der Bundeswehr, einschließlich der Führungs- und Ausbildungsorganisation. Ihr Umfang soll bei 145 000 Soldaten liegen, woraus sich eine Obergrenze von bis zu 250 000 ergibt[55].

Damit wird das Profil jetzt endgültig den gewonnenen Erfahrungen angepaßt, nämlich fähig zu sein für Kampfeinsätze zur Friedenserzwingung, die mit hoher Intensität ablaufen, sowie für lang andauernde Einsätze zur Stabilisierung nach einem Kampfeinsatz. Das eine erfordert hoch technisierte, mobile, voll vernetzte und zur Zusammenarbeit mit Partnern fähige Kampftruppen, das andere Einheiten, die über die ganze Breite friedenssichernder Maßnahmen handlungsfähig sind und gleichzeitig den Wiederaufbau in dem jeweiligen Einsatzland unterstützen können. Der Irak zeigt zur Zeit eindeutig, wie wichtig diese Unterschiede sind und wie wenig es selbst einer siegesgewohnten Kampftruppe gelingt, nach dem Krieg den Frieden zu sichern.

Für Kampfeinsätze ist die Geographie ein maßgeblicher Faktor, liegen doch die meisten Konflikte nicht im unmittelbaren Wirkungsbereich eigener Streitkräfte. Schon der Kosovo hat das Problem des Aufmarschgebietes und der Überflugrechte deutlich werden lassen. Kampfeinheiten benötigen, um zum Erfolg zu kommen, umfangreiche Aufklärung, bestehend aus Satellitenbeobachtung wie breitbandiger Fernmeldeaufklärung. Eine weitere Voraussetzung ist der ungehinderte Aufmarsch der eigenen Kräfte. Dabei zeigt der Blick auf die Karte, daß die Masse der Krisenherde entweder direkt am Meer oder in dessen unmittelbarer Nähe liegt. Gleiches gilt für die potentiellen Gastländer für Terrororganisationen. So sind rund um den Indischen Ozean von Indonesien über Bangladesh, den Iran, den südlichen Teil der Arabischen Halbinsel und an Afrikas Ostküste bis zum Wendekreis des Steinbocks islamische Staaten oder Staaten mit einer großen islamischen Bevölkerung zu finden. Vom Mittelmeer aus läßt sich der gesamte nordafrikanische, islamistisch geprägte Krisengürtel erreichen. Gleiches gilt für den Atlantischen Ozean von Gibraltar bis in den Golf von Guinea.

Aufklärung, Aufmarsch, Angriff, Anlandung – diese Abfolge in den klassischen seestrategischen Operationen gegen die feindliche Küste behält auch im Zeitalter asymmetrischer Kriegführung unverändert ihre Gültigkeit. Wenn zusätzlich ein

Partner Häfen und Flugplätze zur Verfügung stellt, wird sich die Ausgangslage deutlich verbessern. Doch auch bei solcher Unterstützung muß Material und Personal über See in gesicherten Verbänden herangeschafft werden. Der Waffeneinsatz von See aus schafft günstige Voraussetzungen für den Einsatz der Truppen, die – unterstützt aus der Luft – den Widerstand endgültig zu brechen haben. Der Irak-Krieg hat diese Abfolge und die Rolle der Seestreitkräfte darin erneut eindeutig bestätigt[56].

Was kann die *Deutsche Marine* in ein solches multinationales und teilstreitkraftübergreifendes Konzert einbringen? Zum ersten Beteiligung an der Aufklärung durch Flottendienstboote und U-Boote. Zum zweiten Beteiligung am strategischen Seetransport und seiner Sicherung. Zum dritten Absicherung des Aufmarschgebietes je nach Geographie und Bedrohung durch Minenabwehreinheiten, Luftverteidigungskräfte und Kampfschiffe/-boote, die die Bedrohung aus der Küste niederhalten. Zum Einwirken in das Land bedarf es hingegen einer Ausrüstung mit Cruise Missiles und trägergestützten Flugzeugen, und beides fehlt der deutschen Marine zur Zeit. Es könnte aber im Zuge der Stärkung der europäischen Sicherheits- und Verteidigungsidentität gemeinsam mit den größeren Partnern Großbritannien und Frankreich in der Form realisiert werden, daß Schiffe als Cruise-Missile-Träger gemeinsam beschafft und besetzt sowie deutsche Flugzeuge zur Verstärkung auf britische und französische Träger gebracht werden.

Das Zeitalter des Kalten Krieges war geprägt durch die wechselseitige Fähigkeit zur vernichtenden Vergeltung auch nach einem Überraschungsangriff. Dieser Ansatz greift nicht gegenüber den Selbstmordattentätern der Al Quaida, denn die haben ohnehin mit ihrem Leben abgeschlossen. Vergeltungsobjekte wie Regierung und Bevölkerung lassen sich nicht zuordnen, eine willkürliche »Rache« verbietet sich für die westliche Staatengemeinschaft. Auch Einzelvergeltung greift nicht, wie die Israelis aktuell erfahren. Doch auch in dieser Asymmetrie des Krieges kann Abschreckung gegenüber den Staaten wirken, die sich zwar nicht offen zu den Terroristen bekennen, aber doch verdeckte Hilfe und Unterstützung gewähren. Gelingt es durch gezielte Aufklärung, diesen Staaten eine Verbindung zu den Terrorgruppen nachzuweisen oder sie zumindest in die Nähe terroristischer Strukturen zu bringen, rücken sie in das Fadenkreuz der westlichen Antiterrorkoalition und können somit Ziel einer größeren militärischen Operation werden. Das Vorgehen gegenüber Afghanistan und Irak hat gezeigt, wie konsequent und unbeugsam die USA gegen Terroristen und ihre Unterstützer vorzugehen bereit sind. Dies hat seine abschreckende Wirkung nicht verfehlt, denn Syrien und Libyen wie auch der Iran zeigen eine deutlich veränderte Haltung. Seestreitkräfte sind ein ganz herausragendes Instrument, um diesen entschlossenen Willen zu zeigen. Sie »können die Hohe See zur demonstrativen Anwesenheit vor den Küsten von Spannungsgebieten nutzen«[57], besitzen die Fähigkeit zu unmittelbaren und fein dosierbaren militärischen Aktionen[58] und signalisieren damit dem Staat, vor dessen Küsten sie operieren, daß er unter verschärfter Beobachtung steht. Sie verdeutlichen damit den politischen Willen der Koalitionspartner, bei weiterer Unterstützung des Terrors zum Handeln entschlossen zu sein. In diesem Zusammenhang sind die Operationen der deutschen Marine am Horn von Afrika und in der Straße von Gibraltar einzuordnen, wobei zu bedauern ist, daß der damit verbundene politische Wille und die dahinter stehende Absicht der Abschreckung weder in den politisch-parlamentarischen Raum transportiert noch der Öffentlichkeit gegenüber verdeutlicht werden konnten.

Die Verteidigungspolitischen Richtlinien vom 21. Mai 2003 stellten fest: »Der Schutz Deutschlands und seiner Bürgerinnen und Bürger einschließlich der Überwachung des deutschen Luft- und Seeraums hat an Bedeutung gewonnen. Dieser Schutz Deutschlands wird neu ausgerichtet [und] verlangt die Synergie aller staatlichen Instrumente der Sicherheitsvorsorge[59].« Das neue Luftsicherungsgesetz soll nach dem Frankfurter Zwischenfall die Kompetenz im Luftraum regeln[60]. Diese rechtliche Klarheit gilt es auch für den Bereich der Hafen- und Küstensicherung zu schaffen. Daß die deutsche Marine an der neu eingerichteten Küstenwache bislang nicht teilnimmt und – rechtlich gesehen – nicht teilnehmen kann, zeigt den Handlungsbedarf. Deshalb wird es darauf ankommen, die vorhandenen Fähigkeiten der Marine sowohl in der kontinuierlichen Überwachung gefährdeter Gebiete wie auch in der Reaktion auf erfolgte Angriffe zu nutzen.

Ein weiteres Feld eröffnet sich für Seestreitkräfte im Rahmen der Bekämpfung organisierter Kriminalität, und hier insbesondere der Piraterie. Zweifellos sind hier vor allem die Anrainerstaaten im asiatisch-pazifischen Raum gefragt und aufgefordert, dieser Bedrohung des Welthandels entgegenzuwirken. In der Realität sind bislang allerdings solche Ansätze nicht von Erfolg gekrönt gewesen. Deshalb wäre eine politische Initiative der Vereinten Nationen hilfreich, um deutlich zu machen, daß die Völkergemeinschaft nicht bereit ist, diese Art von organisierter Kriminalität hinzunehmen und militärische Zwangsmaßnahmen zu ihrer Eindämmung in Erwägung zieht. Friedenstruppen, auch nach Kapitel VII der Charta der Vereinten Nationen[61], muß es eben nicht nur auf dem Land geben, sie können auch auf See eingerichtet werden und dort aktiv sein. Dies wäre ein großer Fortschritt in der Verbreitung des Völkerrechts ebenso wie des Ansehens der Vereinten Nationen.

Ausblick

Die geographische Lage bestimmt das Schicksal einer Nation – kaum ein anderer Satz beschreibt so prägnant das Dilemma Deutschlands. Es war in der Vergangenheit bestimmt durch die europäische Mittellage, in der existenzgefährdende Bedrohungen von den kontinentalen nahen und fernen Nachbarn ausgingen. Dies hat das politische wie strategische Denken geprägt. Solche Gefährdung ist mit der Auflösung des Ost-West-Konfliktes und mit dem europäischen Einigungsprozeß hinfällig geworden. Die Verteidigungspolitischen Richtlinien haben dies eindeutig und prägnant mit den nötigen Schlußfolgerungen für die Streitkräfte herausgearbeitet. Mögliche Verteidigung findet zukünftig weit ab in geographisch entfernten Räumen – also auch »am Hindukusch« statt. Politisches Ziel muß es dabei sein, regionale Krisen mit der Gefahr des Übergreifens auf Europa auf Distanz zu halten. Der Kampf gegen den Terrorismus erfordert weitere Maßnahmen. Aus beidem ergibt sich die Forderung, zur Projektion von Macht über mittlere wie große Distanz fähig zu sein. Dies ist eine Fähigkeit, die bislang nur den Seemächten eigen war. Von daher sollte es heutiges sicherheitspolitisches Interesse sein, nicht eigenständige Seemacht, aber Bestandteil einer Seemacht zu werden. In letzter Konsequenz bedeutet dies, die vorhandenen maritimen europäischen Potentiale zu einer eigenständigen europäischen Seemacht zusammenzufassen, und dies nicht in Konkurrenz, sondern in partnerschaftlicher Ergänzung zu den Vereinigten Staaten von Amerika. Eine europäische Seemacht, die in der Lage ist, mit den USA zusammen im Rahmen der Bemühungen um Krisenbewältigung und Terrorbekämpfung Stabilität in den gefährdeten Ländern und Regionen dieser Erde zu verbreitern bzw. vorhandene Strukturen des Terrors zu zerschlagen. Dies fordert Fähigkeiten zur Seekontrolle, zum Verbringen von Truppen und zur Waffenwirkung an Land. Damit können gleichzeitig auch regionale Konflikte eingedämmt und auf Distanz gehalten werden. Es gilt, sich dieser Aufgabe zu stellen, sie gestaltend zu beeinflussen und dabei vor allem nicht die eigenen maritimen Elemente an der Garderobe zur Eingangstür der Europäischen Union abzugeben.

Anmerkungen

[1]   Im gleichen Zeitraum hatte auch die in der DDR stationierte Westgruppe der Truppen der Sowjetunion abzuziehen. – Zur sog. Kaukasus-Vereinbarung siehe: Horst Teltschik, 329 Tage – Innenansichten der Einigung, Berlin 1991, S 334 ff. Umgesetzt wurde die politische Vereinbarung in einer Erklärung der Bundesregierung bei der Unterzeichnung des Vertrages über konventionelle Streitkräfte in Europa (KSE); vgl. Karl Kaiser, Deutschlands Vereinigung, Bergisch-Gladbach 1991, S. 363 f.

[2]   Charta von Paris für ein neues Europa, Presse- und Informationsamt der Bundesregierung, Bulletin Nr. 137 vom 24.11.1990, S. 1409 ff.

[3]   Die Mitglieder dieser unter Vorsitz von Prof. Dr. Hans-Adolf Jacobsen tagenden Kommission waren 26 Persönlichkeiten aus Politik, Wissenschaft, Streitkräften und öffentlichem Leben, u.a. General a.D. Wolfgang Altenburg, Dr. Christoph Bertram, Prof. Dr. Helga Haftendorn, Dr. Lothar Rühl, Prof. Dr. Christian Tomuschat, Botschafter a.D. Günther van Well.

[4]   Die künftigen Aufgaben der Bundeswehr. Abschlußbericht der Unabhängigen Kommission vom 24.9.1991, S. 11.

[5]   Ebd., S. 12.

[6]   Am 26.12.1991 löste sich die UdSSR selbst auf.

[7]   Das neue strategische Konzept des Bündnisses, Presse- und Informationsamt der Bundesregierung, Bulletin Nr. 13128 vom 13.11.1991, S. 1039 ff.

[8]   Vgl. Klaus Wiesmann, Die NATO, in: Sicherheitspolitik in neuen Dimensionen, hrsg. von der Bundesakademie für Sicherheitspolitik, Bonn 2001, S. 635 ff.

[9]   Siehe Dieter Farwick, Krisen: Die große Herausforderung unserer Zeit, Frankfurt a.M. [et al.] Bonn 1994, S. 234 f.

[10]   So sank der Verteidigungshaushalt von 53,37 Mrd. DM in 1990 auf 46,86 Mrd. DM in 1998, was zur gleichen Zeit eine Reduzierung des Anteils am Bundeshaushalt von 17,3 % auf 10,3 % bedeutete (Bundesministerium der Verteidigung, Bestandsaufnahme, Bonn 3.5.1999, S. 130).

[11]   Bundesministerium der Verteidigung, Brief zur Truppeninformation 1/92.

[12]   Urteil BVerfG gem. NJW 1994, S. 2207 ff., abgedruckt in: Neue Zeitschrift für Wehrrecht (NZWehrr) (1994), S. 202 ff.

[13] Bundesminister der Verteidigung, Verteidigungspolitische Richtlinien (VPR), Bonn 26.11.1992, S. 13.

[14] Ebd., S. 16.

[15] Ebd., S. 18.

[16] Ebd., S. 25.

[17] Klaus Naumann, Die Bundeswehr in einer Welt im Umbruch, Berlin 1994, S. 154.

[18] Inspekteur der Marine, Zielvorstellungen der Marine, Bonn 26.3.1991, S. 5 f.

[19] Vgl. Naumann, Die Bundeswehr (wie Anm. 17), S. 173 f.

[20] Siehe dazu in diesem Band den Beitrag von Gottfried Hoch, Einsätze am Horn von Afrika. Die Flotte im neuen Einsatzspektrum 1994 bis 2002.

[21] Besonders effektiv waren die Erkenntnisse der elektronischen Aufklärung durch die speziell ausgerüsteten Flottendienstboote, deren Einsätze jedoch wegen der erforderlichen Geheimhaltung eine öffentliche Präsentation ausschloß.

[22] Vgl. dazu Wiesmann, Die NATO (wie Anm. 8), S. 648 ff.

[23] Bericht der Kommission an die Bundesregierung, Berlin 23.5.2000, S. 13.

[24] Strategisches Konzept der Allianz 23. bis 24.4.1999, in: NATO-Brief 2/99.

[25] Ebd., S. 48.

[26] Ebd., S. 48.

[27] Ebd., S. 49.

[28] Generalinspekteur der Bundeswehr, Eckwerte für die konzeptionelle und planerische Weiterentwicklung der Streitkräfte, Bonn, 23.5.2000.

[29] Ebd., S. 8.

[30] Der Bundesminister der Verteidigung, Eckpfeiler für eine Erneuerung von Grund auf, Berlin, 14.6.2000.

[31] VPR von 1992 (wie Anm. 13), S. 29 f. und Eckpfeiler (wie Anm. 30), S. 8.

[32] Vgl. Weißbuch der Bundesregierung 1994, S. 103 ff. und Ressortkonzept zur Materialplanung der Bundeswehr, Bonn, 21.9.1995.

[33] Reduzierung der Soldaten von tatsächlichen 315 000 auf 280 000 und des Zivilpersonals von 125 000 auf 80 000–90 000. Vgl. BMVg, Grobausplanung – Ergebnisse und Entscheidungen, Berlin, September 2000.

[34] Bericht der Kommission (wie Anm. 23), S. 26.

[35] Vgl. Herfried Münkler, Die neuen Kriege, Reinbek 2002.

[36] Vgl. Kai Hirschmann, Das Phänomen Terrorismus, in: Sicherheitspolitik in neuen Dimensionen, hrsg. von der Bundesakademie für Sicherheitspolitik, Bonn 2001, S. 453 ff.

[37] Vgl. in diesem Band den Beitrag von Hoch, Einsätze am Horn von Afrika (wie Anm. 20).

[38] Dabei ging es um ein ganzes Bündel von Maßnahmen, z.B. Verbesserung der Zusammenarbeit zwischen Polizei, Kriminalämtern und Verfassungsschutz, einheitliche Visakontrollverfahren, Einführung fälschungssicherer Ausweise etc. Eine gute Übersicht über alle Veränderungen gibt Lutz Diwell, Gesamtstaatliche Sicherheitsvorsorge, in: Sicherheitspolitik in neuen Dimensionen, Ergänzungsband 1, hrsg. von der Bundesakademie für Sicherheitspolitik, Berlin 2004, S. 47 ff.

[39] Zu Fragen der Verzahnung von Innerer und Äußerer Sicherheit vgl. Die weltweite Gefahr, hrsg. von Hans Frank und Kai Hirschmann, Berlin 2002.

[40] Verteidigungspolitische Richtlinien, Berlin, 21.5.2003, Ziffer 17.

[41] Ebd., Ziffer 29.

[42] Ebd., Ziffer 62.

[43] Ebd., Ziffer 35.

[44] In diesem Zusammenhang ist allerdings darauf hinzuweisen, daß das Bundeskabinett die VPR des Verteidigungsministers lediglich zur Kenntnis genommen, und nicht als eine Richtlinie der Regierung erlassen hat.

[45] VPR vom 21.5.2003 (wie Anm. 40), Ziffer 71.

[46] Ein sicheres Europa in einer besseren Welt – Europäische Sicherheitsstrategie vom 8.12.2003, angenommen durch den Europäischen Rat am 12.12.2003, S. 3.

[47] Ebd., S. 4.

[48] Ebd., S. 4.

[49] Ebd., S. 5.

[50] Ebd., S. 7.

51 Ebd., S. 8.

52 Ebd., S. 16.

53 Ebd., S. 3 und 15.

54 Das Spektrum der Krisenbewältigung wird umfassend behandelt in: Krisen und Konflikte, im Auftrag der Bundesakademie für Sicherheitspolitik hrsg. von Ursula Blanke, Berlin 2004.

55 Vgl. Erklärung der Bundesregierung durch den Bundesminister der Verteidigung vor dem Deutschen Bundestag am 11.3.2003 in Berlin.

56 Einzelheiten dazu in meinem Beitrag: Aufgaben und Fähigkeiten der Bundeswehr, in: Europäische Sicherheit, 12 (2003), S. 8 ff.

57 Bericht der Kommission (wie Anm. 23), S. 89.

58 Vgl. Zielvorstellungen (wie Anm. 18), S. 6.

59 VPR vom 21.5.2003 (wie Anm. 40), Ziffer 86.

60 Als am Sonntag, dem 5.1.2003, ein über Frankfurt kreisender Sportflieger drohte, sich mit seinem Flugzeug in ein Hochhaus im Bankenviertel zu stürzen, stieg ein Jagdflugzeug der Bundeswehr auf, um das Flugzeug ggf. abzuschießen. Obwohl der Pilot des Sportfliegers nach längeren über Funk geführten Verhandlungen aufgab und auf dem Flugplatz Frankfurt landete, zeigte der Vorfall ganz eindeutig die Notwendigkeit, eine klare gesetzliche Regelung darüber zu schaffen, wer in solchen Fällen zuständig sei, welche Befugnisse es gäbe und wer den Befehl zum Abschuß geben dürfe. Vgl. Aus den Politikbereichen, in: Sicherheit und Stabilität, hrsg. von der Bundesakademie für Sicherheitspolitik, 2 (2003), S. 99 f.

61 Nach Kapitel VII kann der Sicherheitsrat der Vereinten Nationen »mit Luft-, See- oder Landstreitkräften die zur Wahrung oder Wiederherstellung des Weltfriedens und der internationalen Sicherheit erforderlichen Maßnahmen durchführen«. Das bedeutet Kampfeinsatz (auch Grünhelm genannt) im Gegensatz zu den Blauhelmeinsätzen unter Kapitel VI (friedliche Beilegung von Streitigkeiten), bei denen die eingesetzten Truppen keinen Kampfauftrag haben. Vgl. Ortwin Buchbender, Wörterbuch zur Sicherheitspolitik, Hamburg 2000, S. 407 f.

VI.

Schlußbetrachtung

Werner Rahn

Zwölf Thesen zur Entwicklung deutscher Marinen im 19. und 20. Jahrhundert

Die folgenden Thesen wurden erstmalig 1988 zur Diskussion gestellt und veröffentlicht. Eine englischsprachige Fassung erschien 1991. Die Thesen wurden für diesen Band überarbeitet und ergänzt[1].

1.

Eine erste deutsche Marine entstand ab 1848, als Deutschland einer dänischen Seeblockade nichts entgegenzusetzen hatte. Die Marine war bald ein Symbol für die bewaffnete Macht der erhofften Reichseinheit und fand im liberalen Bürgertum einen breiten Rückhalt. Die erste deutsche Flotte war als ein politisches Instrument gedacht und verkörperte Ansprüche, die unterschiedliche Entwicklungstendenzen in sich bargen: einmal die liberale Zielsetzung, die auf freien Zugang zur Welt und Ausdehnung des Handels gerichtet war, und zum anderen die mehr machtpolitische Ambition, die das Recht des Stärkeren in Anspruch nahm und auf Hegemoniebestrebungen hinauslief.

2.

Eine Großmacht mit weltweiten Handelsbeziehungen, Kolonialbesitz in Übersee und freiem Zugang zu den Weltmeeren benötigte im 19. und 20. Jahrhundert als militärisches Instrument Seestreitkräfte, die ihr die Fähigkeit gaben, die eigene Position gegenüber anderen Großmächten zu behaupten bzw. auszubauen. Konzeption und Struktur dieser Seestreitkräfte waren jedoch abhängig von der potentiellen Bedrohung. Im 19. Jahrhundert beeinflußte Großbritannien mit seiner überlegenen Flotte und seinem weltweiten Stützpunktsystem als dominierende Seemacht das maritime Machtkalkül aller übrigen Großmächte, die zum Schutz ihrer Interessen eine Marine unterhielten, deren Auftrag über die Küstenverteidigung hinausging. Unter dem Einfluß der Thesen von Alfred Th. Mahan wurden im ausgehenden 19. Jahrhundert Seestreitkräfte in Form einer Schlachtflotte mehr

und mehr als unverzichtbares Instrument einer Großmacht angesehen, die Weltinteressen vertreten und durchsetzen wollte.

3.

Aufgrund der Lage des Deutschen Reiches in Mitteleuropa mit potentiellen Gegnern im Osten und Westen stand der Aufbau einer Marine lange Zeit im Schatten
der Armee. Die Entwicklung im ausgehenden 19. und frühen 20. Jahrhundert
zeigte jedoch, daß für das junge Deutsche Reich aufgrund seiner zentralen Lage in
Mitteleuropa jede Machtpolitik, die auf eine kontinentale Hegemonie des Reiches
hinauslief und gleichzeitig mit dem Anspruch auf weltweite Seegeltung eine Gegenposition zu Großbritannien bezog, das tiefe Mißtrauen der strategisch denkenden Eliten dieser Seemacht wecken mußte, ein Mißtrauen, aus dem sich schnell
eine tödliche Gefahr für das Reich ergeben konnte. Die deutsche Marineführung
überschätzte die begrenzten Möglichkeiten einer deutschen Seekriegführung gegen
Großbritannien, das seine seestrategischen Ziele gegenüber Deutschland aufgrund
der geographischen Gegebenheiten auch ohne Entscheidungsschlacht erreichen
konnte.

4.

Der Aufbau der deutschen Hochseeflotte zu Beginn des 20. Jahrhunderts erfolgte
in einer Zeit des rasanten technologischen Umbruchs, der Waffensysteme – für
den kundigen Beobachter auch sichtbar – sehr schnell veralten ließ. Im 20. Jahrhundert sind maritime Waffensysteme kaum so schnell veraltet wie in dem Jahrzehnt vor Ausbruch des Ersten Weltkrieges. Im maritimen Rüstungswettlauf
konnte das Reich nach dem Übergang zum Großkampfschiffbau nicht mithalten,
da die Ressourcen nicht ausreichten, um alle Rüstungsforderungen des Heeres und
der Marine gleichzeitig zu erfüllen.

5.

Kriegsausbruch und Verlauf des Ersten Weltkrieges bewiesen, daß die politische
und strategische Konzeption der deutschen Marineführung untauglich war: von
der Hochseeflotte ging in der Julikrise 1914 keine abschreckende Wirkung aus. Die
Einsätze der Flotte bewirkten auch keine strategische Entscheidung im Rahmen
der Gesamtkriegführung. Die einseitige und militärisch unzureichende Konzeption
des U-Boot-Krieges trug maßgeblich zum Kriegseintritt der USA bei. Nach einer
ersten inneren Krise der Hochseeflotte im Sommer 1917, ausgelöst durch unbe-
wältigte Führungsprobleme des langjährigen Bereitschaftsdienstes, wurde die Ma-

rine im November 1918 nicht zuletzt aufgrund von Eigenmächtigkeiten der Marineführung zum Ausgangspunkt des politischen Umsturzes im Reich.

6.

Die Reichsmarine entstand 1919/20 aus den Strukturen der Kaiserlichen Marine. Umfang und Struktur der Seestreitkräfte waren durch den Friedensvertrag von Versailles drastisch begrenzt. In den ersten Jahren der Weimarer Republik hatte das Marineoffizierkorps erhebliche Probleme mit der inneren Anpassung an die neue republikanische Staatsform. Die Reichsmarine verstand sich wohl in erster Linie als ein unverzichtbares Element der Landesverteidigung, doch sie hoffte auch auf bessere Zeiten, um ohne Rüstungsbeschränkungen wieder eine Flotte aufbauen zu können, die nach Einschätzung der Marineführung nicht nur den Sicherheitsbedürfnissen, sondern auch der vermeintlich angemessenen Machtposition des Reiches entsprechen sollte. Diese langfristigen Zielvorstellungen wurden allerdings eher verschleiert als offen ausgesprochen. Der Versailler Vertrag vermochte keine dauerhafte gesamteuropäische Friedens- und Sicherheitsordnung zu begründen, weil er letztlich von keinem der Betroffenen akzeptiert wurde. Auf deutscher Seite hat man aus den militärischen und politischen Dimensionen der Niederlage von 1918 nicht die Schlußfolgerungen gezogen, die für die innen- und außenpolitische Konsolidierung des Reiches notwendig gewesen wären. Die deutsche Marineführung hat sich mit dem Vertrag ebensowenig abgefunden wie große Teile der politischen und militärischen Eliten Deutschlands. Diese Haltung bedeutete allerdings für die deutsche Politik nicht von vornherein eine Einbahnstraße in Richtung 1939.

7.

Nach 1933 wurde die Marine bald ein williges Instrument der langfristigen Welt- und Seemachtambitionen Hitlers. Nach der Kündigung des deutsch-britischen Flottenabkommens im April 1939 strebten Hitler und die Marineführung eine Seemachtstellung des Reiches an, die langfristig die britische Vorherrschaft zur See ablösen sollte. Doch ehe sich die damit verbundenen Planungen für ein gigantisches Flottenbauprogramm auswirken konnten, entfesselte Hitler einen europäischen Krieg, auf den die Marine in keiner Weise vorbereitet war. Da ein Kampf um die Seeherrschaft im Atlantik aus Mangel an Kräften von vornherein aussichtslos war, versuchte die Marine allein mit der Minderung und Ausschaltung des Transportelements der überlegenen atlantischen Seemächte eine strategische Entscheidung zu erzwingen.

8.

Ab 1940 verfügte Deutschland über eine günstige geographische Ausgangsbasis
für die Seekriegführung im Atlantik, doch es fehlten die notwendigen Seekriegsmittel, d.h. Überwasserstreitkräfte, Seeluftstreitkräfte und U-Boote, um die Vorteile dieser Basis voll ausnutzen zu können. Mit dem Waffensystem U-Boot stand
wohl bis 1942 ein effektives Seekriegsmittel für die Bekämpfung des gegnerischen
Transportelements zur Verfügung, doch aufgrund der allgemeinen Kriegslage war
die Marineführung oft gezwungen, das einzige noch vorhandene deutsche Offensivpotential wie eine »operative Feuerwehr« einzusetzen, was einen enormen
Kräfteverschleiß zur Folge hatte und nicht dem strategischen Grundkonzept der
Schwerpunktbildung im Atlantik entsprach. Die Konzeption des U-Boot-Krieges
scheiterte bereits im Herbst 1942, weil das Wettrennen im Tonnagekrieg zwischen
Versenkungen und Neubauten gegen die amerikanischen Schiffbaukapazitäten
nicht mehr zu gewinnen war. Hinzu kam, daß bald darauf das Waffensystem U-Boot
in seiner Eigenschaft als Tauchboot die Fähigkeit eingebüßt hatte, sich der Überwachung und Abwehr des Gegners zu entziehen.

9.

Mit Großadmiral Karl Dönitz stand ab 1943 an der Spitze der Marine ein Offizier,
der einerseits eine charismatische Führerpersönlichkeit war, und andererseits eine
enge innere Bindung an Hitler und die NS-Ideologie hatte. Diese Bindung trug
dazu bei, daß Seestreitkräfte, vor allem U-Boote, ab 1943 oft ohne jede Rücksicht
auf Erfolgs- und Überlebenschancen eingesetzt wurden. In der Schlußphase des
Zweiten Weltkrieges mißbrauchte die Marineführung die hohe Einsatzbereitschaft
ihrer Soldaten beim Einsatz der Kleinkampfmittel und des Marinepersonals im
Landkrieg, um in einem längst verlorenen Kampf noch einzelne Erfolge zu erzwingen und damit einen Diktator zu beeindrucken, der den Kampf bis zur eigenen Vernichtung zum Endzweck seiner letzten Tage gemacht hatte. Erst nach dem
Tode Hitlers wandelte sich Dönitz »vom nahezu blinden Werkzeug eines Verbrechers zum verantwortungsbewußten Soldaten traditioneller preußischer Schule«
(Salewski), indem er den verlorenen Krieg mit einer Kapitulation beendete und
zugleich in den letzten Kriegstagen alles daran setzte, um so viele Menschen wie
möglich über die Ostsee nach Westen zu evakuieren. Diese letzte Leistung der
Marine im Kriege verschaffte ihr in einer breiten Öffentlichkeit viel Anerkennung.

10.

Im 20. Jahrhundert hat Deutschland zweimal versucht, in einer direkten Konfrontation mit den atlantischen Seemächten Großbritannien und USA durch die

Unterbrechung der Seeverbindungen eine strategische Entscheidung zu erzwingen. Beide Versuche sind mit einer Niederlage gescheitert, die zweite Niederlage brachte das Ende des Deutschen Reiches und die Auflösung aller deutschen Streitkräfte. Nach dem Beitritt der Bundesrepublik Deutschland zur NATO im Mai 1955 begann in einer bereits gefestigten Demokratie der Aufbau neuer Streitkräfte, zu denen auch die Teilstreitkraft Marine gehörte. Diese war nach Entstehung, Struktur und Auftrag nicht mit früheren deutschen Marinen zu vergleichen. Die neue Marine, »Bundesmarine« genannt, war von Anfang an eine Marine im Bündnis, und die Bündnispartner waren auch darum bemüht, ihren Aufbau materiell und personell zu unterstützen. Dabei gelang es bald, im Bündnis eine Vertrauensbasis aufzubauen, die sich über Jahrzehnte hinweg festigte und heute eine Selbstverständlichkeit ist. Die Einbindung der Bundeswehr in das atlantische Bündnis bedeutet für die Marine, daß erstmalig in der Geschichte deutscher Seestreitkräfte Auftrag, Konzeption und Umfang so aufeinander abgestimmt waren und sind, daß eine deutsche Marine in enger Kooperation mit den großen Seemächten nur das leisten muß, was sie auch leisten kann.

11.

Auch auf der anderen Seite des Eisernen Vorhanges entstand eine Marine. Während die Bundesrepublik Deutschland in die NATO integriert wurde, erfolgte die Einbeziehung der DDR in den Warschauer Pakt. Die hier entstehenden leichten Seestreitkräfte setzten dabei eine Aufrüstung fort, die bereits 1950 mit der Aufstellung der Volkspolizei (See) eingeleitet worden war. Diese Marine grenzte sich nach Entstehung, Struktur und Auftrag nachhaltig von den vorangegangenen deutschen Marinen ab. Dem ideologischen Führungsanspruch einer sozialistischen Partei konsequent unterworfen, knüpfte sie lediglich an die revolutionären Traditionen von 1918 an, was unter anderem in der ab 1960 geltenden Bezeichnung »Volksmarine« zum Ausdruck kam. Im Rahmen des Warschauer Paktes sollte ihr schließlich die Rolle einer offensiven Randmeermarine zufallen. Die kaum mehr Gemeinsamkeiten aufweisenden beiden deutschen Marinen betrachteten die jeweils andere als bloßen Teil des gegnerischen Bündnisses. Das Kräftemessen in einem heißen Krieg ist ihnen erspart geblieben. Reste der Volksmarine sind im Herbst 1990 in der Marine der Bundeswehr aufgegangen.

12.

Ab 1990 wandelte sich die »Deutsche Marine« zu einem wirksamen Instrument einer vorausschauend angelegten Politik der weltweiten Krisenbewältigung und Konfliktverhütung. Das sicherheitspolitische Ziel sowohl des europäischen als auch des atlantischen Bündnisses, Krisen und Konflikte bereits am Ort ihres Entstehens einzudämmen und zu bewältigen, erforderte ein neues Rollenverständnis der Deutschen Marine. Bildeten Geleitaufgaben während der eher statisch angelegten Ost-West-Konfrontation den Schwerpunkt, war eine Neuausrichtung hin zu einer auch in entfernten Seegebieten operierenden Marine erforderlich. Der Schwerpunkt verlagerte sich in einem streitkräftegemeinsamen und weiterhin multinationalen Ansatz hin zu Randmeeren und ins Küstenvorfeld von Krisengebieten. Die Wahrnehmung seehoheitlicher Aufgaben zum Schutz Deutschlands und seiner Verbündeten blieb bestehen, richtete sich jedoch zunehmend gegen die Abwehr asymmetrischer Bedrohungsformen des internationalen Terrorismus aus.

Anmerkungen

[1] Diese Thesen wurden 1988 veröffentlicht als Zusammenfassung meines Vortrages: Deutsche Marinen in 140 Jahren – von Konfrontation zur Kooperation, in: Dokumentation Symposium Deutsches Marine Museum, hrsg. von der Nordseestadt Wilhelmshaven, Wilhelmshaven 1988, S. 33–44, hier S. 42–44. Eine englischsprachige Fassung erschien unter dem Titel: »140 Years of German Navies: Their Defeat and Rebirth – From Confrontation to Cooperation«, in: The Influence of History on Mahan. The Proceedings of a Conference Marking the Centenary of Alfred Thayer Mahan's The Influence of Sea Power Upon History, 1660–1783, ed. by John B. Hattendorf, Newport 1991, S. 81–84. – Ich danke den Herren Vizeadmiral a.D. Hans Frank und Fregattenkapitän Dr. Frank Nägler für wertvolle Hinweise.

Dank des Herausgebers

Die Planung für diesen Sammelband begann vor knapp zehn Jahren. Nach den Zusagen einiger Autoren lagen bald darauf auch die ersten Manuskripte vor. Doch die Realisierung des Bandes mußte immer wieder zurückgestellt werden, da ich andere Projekte zu bearbeiten hatte. Als sich im Frühjahr 2004 abzeichnete, daß der Band in Verbindung mit der Verabschiedung von Kapitän zur See Dr. Jörg Duppler erscheinen sollte, mußten die Konzeption zügig aktualisiert und weitere Autoren gewonnen werden, um bei den Themen ein breites Zeit- und Inhaltsspektrum abzudecken. Daher gilt zunächst allen Autoren ein kollegialer Dank für ihre spontanen Zusagen und für das große Engagement, die Manuskripte zeitgerecht vorzulegen und dann auch nach den Wünschen des Herausgebers und des Lektors zu überarbeiten.

In gleicher Weise gilt mein großer Dank den Mitarbeiterinnen und Mitarbeitern der Schriftleitung des MGFA, die alle erforderlichen Arbeiten mit großer Kompetenz erledigt haben. Dabei lag die ganze Last der Koordination und Kontrolle des Lektorats bei Herrn Wilfried Rädisch, der diese Aufgabe neben seinen sonstigen Verpflichtungen übernommen und vorbildlich wahrgenommen hat. Seine Fragen und Hinweise waren für mich nicht nur eine Herausforderung, sondern stets auch ein Gewinn, da ich auf diese Weise einen tiefen Einblick in die schwierige Produktion eines Sammelbandes gewann.

Die Druckvorbereitung der Manuskripte und die Korrekturarbeiten lagen in den erfahrenen Händen von Frau Angela Becher, Frau Carola Klinke und Frau Antje Lorenz, denen ich zu tiefem Dank verpflichtet bin.

Bei der Vorbereitung des Bandes und der Klärung von Einzelfragen konnte ich wie so oft auf die zuverlässige Hilfe meiner Kameraden und Kollegen innerhalb und außerhalb des MGFA rechnen. Mein Dank für diese Unterstützung gilt zunächst all den Autoren, die ich unter Ausnutzung der modernen Kommunikationsmittel erreichen konnte und die mir in der Regel sehr schnell geantwortet haben. Dieser Dank gilt besonders den Herren Oberst i.G. Dr. Hans Ehlert, Fregattenkapitänen Herbert Kraus, M.A. und Dr. Frank Nägler sowie nicht zuletzt dem Leiter der Schriftleitung des MGFA, Herrn Dr. Arnim Lang, dessen Ratschläge stets von großer Erfahrung geprägt waren.

Bei den Abbildungen konnte ich zunächst auf mein eigenes Archiv zurückgreifen, das in langjähriger Lehrtätigkeit entstanden ist. Darüber hinaus halfen – neben den Autoren – vor allem das Wehrgeschichtliche Ausbildungszentrum der Marineschule Mürwik (Flensburg), das Flottenkommando (Glücksburg) und das Deutsche Schiffahrtsmuseum (Bremerhaven). Frau Gerda v. Maltitz (geb. Michaelis) und die Herren Admiral a.D. Theodor Hoffmann, Fregattenkapitän a.D. Friedrich Lendrich, Fregattenkapitän a.D. Axel v. Mantey und Fregattenkapitän Axel Ostermann stellten Bilder aus Familienbesitz bzw. aus ihrem jeweiligen Bildarchiv zur Verfügung, wofür hier herzlich gedankt werden soll.

Ein besonderer Dank gilt abschließend dem Lektor, Herrn Oberst a.D. Dr. Roland G. Foerster, der die Manuskripte mit großer Sorgfalt durchgesehen und korrigiert hat. Seine Fragen und Anregungen waren sowohl für den Herausgeber als auch für die Autoren stets wertvoll und besonders hilfreich dann, wenn es galt, eine manchmal zu stark maritim geprägte Diktion einem breiteren historisch interessierten Leserkreis verständlicher zu machen.

Werner Rahn
Berlin, im November 2004

Die Autoren

(Bei den Angaben wurden die Wünsche der Autoren berücksichtigt)

Rüdiger Bergien, Jg. 1977, Doktorand, Potsdam

Wulf Diercks (1945–1986), Fregattenkapitän

Dr. Jörg Duppler, Jg. 1944, Kapitän zur See, Militärgeschichtliches Forschungsamt, Potsdam

Knut Eckstein, Jg. 1948, Fregattenkapitän, Bundesamt für Informationsmanagement und Informationstechnik der Bundeswehr, Koblenz

Dr. Hans Ehlert, Jg. 1947, Oberst, Militärgeschichtliches Forschungsamt, Potsdam

Dr. habil. Michael Epkenhans, Jg. 1955, Privatdozent, Otto-von-Bismarck-Stiftung, Friedrichsruh

Hans Frank, Jg. 1939, Vizeadmiral a.D., Meckenheim

Dr. Herbert Graubohm, Jg. 1939, Kapitän zur See a.D., Heimerzheim

Dr. Gerhard P. Groß, Jg. 1958, Oberstleutnant, Militärgeschichtliches Forschungsamt, Potsdam

Dr. Dieter Hartwig, Jg. 1943, Fregattenkapitän a.D., Kiel

Dr. Dr. h.c. John B. Hattendorf, Jg. 1941, Ernest J. King Professor of Maritime History, Naval War College, Newport, Rhode Island, USA

Dr. Holger H. Herwig, Jg. 1941, Professor, Canada Research Chair in Military and Strategic Studies, University of Calgary

Dr. Jörg Hillmann, Jg. 1963, Fregattenkapitän, Helmut-Schmidt-Universität der Bundeswehr, Hamburg

Dr. Rolf Hobson, Jg. 1961, Institut für Verteidigungsstudien, Oslo

Gottfried Hoch, Jg. 1947, Konteradmiral, Flottenkommando, Glücksburg

Dirk Horten, Jg. 1939, Vizeadmiral a.D., Heikendorf

Herbert Kraus, M.A., Jg. 1958, Fregattenkapitän, Militärhistorisches Museum der Bundeswehr, Dresden

Dr. Bernhard R. Kroener, Jg. 1948, Professor für Militärgeschichte, Universität Potsdam

Dr. Dieter Krüger, Jg. 1953, Wissenschaftlicher Direktor, Militärgeschichtliches Forschungsamt, Potsdam

William Michaelis (1871–1948), Vizeadmiral a.D.

Dr. Günter Moltmann (1926–1994), Professor für Mittlere und Neuere Geschichte, Universität Hamburg

Peter Monte, Jg. 1947, Kapitän zur See, Botschaft der Bundesrepublik Deutschland, London

Dr. Frank Nägler, Jg. 1953, Fregattenkapitän, Militärgeschichtliches Forschungs-
    amt, Potsdam

Dr. Werner Rahn, Jg. 1939, Kapitän zur See a.D., Berlin

Dr. Michael Salewski, Jg. 1938, Professor für Mittlere und Neuere Geschichte,
    Christian-Albrechts-Universität Kiel, Eckernförde

Dr. Thomas Scheerer, Jg. 1949, Fregattenkapitän, Führungsakademie der Bundes-
    wehr, Hamburg

Dr. Gerhard Schreiber, Jg. 1940, Fregattenkapitän a.D., Gundelfingen

Dr. Walter Schwengler, Jg. 1939, Fregattenkapitän a.D., Merzhausen

Dr. Heinrich Walle, Jg. 1941, Deutsches Marine Institut, Bonn